中国史纲要

THE ESSENTIAL HISTORY OF CHINA

（增订本）上

翦伯赞 主编

北京大学出版社
PEKING UNIVERSITY PRESS

图书在版编目(CIP)数据

中国史纲要(增订本)上、下/翦伯赞主编.—北京：北京大学出版社，2006.9

ISBN 978-7-301-10720-1

Ⅰ.①中… Ⅱ.①翦… Ⅲ.①中国—古代史 Ⅳ.①K22

中国版本图书馆 CIP 数据核字(2006)第 048077 号

书　　名	中国史纲要(增订本)上、下 ZHONGGUO SHI GANGYAO（ZENGDING BEN）SHANG、XIA
著作责任者	翦伯赞　主编
责任编辑	刘　方　张　晗
标准书号	ISBN 978-7-301-10720-1
出版发行	北京大学出版社
地　　址	北京市海淀区成府路 205 号　100871
网　　址	http://www.pup.cn　新浪微博：@北京大学出版社
电子邮箱	编辑部 wsz@pup.cn　总编室 zpup@pup.cn
电　　话	邮购部 010-62752015　发行部 010-62750672 编辑部 010-62752025
印刷者	三河市北燕印装有限公司
经销者	新华书店
	965 毫米 × 1300 毫米　16 开本　46.25 印张　770 千字 2006 年 9 月第 1 版　2025 年 7 月第 24 次印刷
定　　价	88.00 元

未经许可，不得以任何方式复制或抄袭本书之部分或全部内容。
版权所有，侵权必究
举报电话：010-62752024　电子邮箱：fd@pup.cn
图书如有印装质量问题，请与出版部联系，电话：010-62756370

关于本书的几点说明

《中国史纲要》一书，是1961年高等学校文科教材编选计划会议决定，委托翦伯赞教授组织编写，作为高校文科中国通史教材之用的。在写作、讨论过程中，翦伯赞教授经常就体例、理论运用和史料鉴别等问题与编写组同志们反复商讨。他再三强调，一定要坚持从历史出发，用历史事实说明问题，把论述建立在坚实的科学研究的基础上。最后定稿时，他还字斟句酌地进行推敲。这些，都充分体现了他作为主编的认真负责精神和对历史科学的严肃态度。

本书从1962年至1966年，先后出版了第三、第四和第二册。1979年在邓广铭教授主持下全书四册一并印行。

全书编写分工如下：

主编：翦伯赞

第一册 先秦部分：吴荣曾　　秦汉部分：田余庆

第二册 三国两晋南北朝部分：田余庆　　隋唐部分：汪篯、吴宗国

第三册 五代十国辽宋金部分：邓广铭　　元明清部分：许大龄

第四册 近代部分：邵循正、陈庆华

张传玺参加了全书各部分的讨论。

1982年应读者要求，本书改为上、下二册。1994年修订再版。2006年进行第二次修订，并改由北京大学出版社出版。这两次修订都是在保持原有特色的基础上，吸收了新的研究成果，并对一些内容进行适当的调整和增补，力求使本书符合当前的研究水平和教学需要。参加1994年修订的人员，古代部分为原作者吴荣曾、田余庆、吴宗国、邓广铭、许大龄，近代部分为林华国。

参加2006年修订的人员有：

先秦部分：吴荣曾、何晋

秦汉部分：田余庆、陈苏镇

三国两晋南北朝部分：田余庆、罗新

隋唐部分：吴宗国
五代十国辽宋金元部分：邓小南、刘浦江、张帆
明清部分：王天有
近代部分：王晓秋

2006年8月

目录

上 册

第一章 史前时代 /1
    第一节 旧石器时代 /1
    第二节 新石器时代 /3
    第三节 文献与传说中的古史 /6

第二章 夏与商 /9
    第一节 夏 /9
    第二节 商 /12
        一 商的兴起 商王朝的建立和发展 /12
        二 商的经济和社会结构 /14
        三 商的政治制度 /16
        四 商的衰亡 /18
        五 商朝的文化艺术 /18

第三章 西周、春秋与战国 /21
    第一节 西周 /21
        一 周族的兴起和西周王朝的建立 /21
        二 西周的经济结构和社会阶层 /26
        三 西周的政治制度 /30
        四 周和其他各族的关系 /31
        五 西周的衰亡 /34
    第二节 春秋 /36
        一 春秋时期的政治形势 /36
        二 春秋时期的经济发展 /42
        三 西周、春秋的文化 /44

第三节　战国/45
  一　社会经济的发展/46
  二　各国的变法和君主集权制度的形成/51
  三　七国的兼并战争和秦的统一/54
  四　各少数民族/58
  五　战国的文化/59

第四章　秦汉时期/64
 第一节　秦　统一的专制国家的形成/64
  一　秦始皇建立专制统治和巩固统一的活动/64
  二　推翻秦朝的农民战争/69
 第二节　西汉时期统一的专制国家的确立/72
  一　西汉初年的"休养生息"政策和
　　　削弱王国势力的措施/72
  二　西汉社会经济的发展/78
  三　西汉社会各阶级的状况/82
  四　汉武帝时期统一的巩固和专制主义
　　　中央集权制度的加强/87
  五　边境各民族　西汉王朝同边境各族的关系/95
  六　社会矛盾的发展与王莽改制/104
  七　推翻王莽政权的农民战争/111
 第三节　东汉时期豪强大族势力的扩张和
　　　　统一国家走向瓦解/114
  一　社会经济的发展和豪强势力的扩张/114
  二　专制体制的完备和统治集团内部的矛盾/121
  三　边境各民族　东汉王朝同边境各族的关系/128
  四　东汉后期的社会矛盾和农民战争/135
 第四节　秦汉时期的文化/138
  一　学术思想和宗教/138
  二　史学、文学、艺术/148
  三　自然科学/154

第五章　三国两晋南北朝时期/158
 第一节　三国鼎立和西晋短期统一/158

  一　割据势力混战和三国鼎立局面形成/158
  二　魏国的政治和经济/161
  三　蜀国的政治和经济/168
  四　吴国的政治和经济/170
  五　从西晋统一到八王之乱/175
  六　西、北边疆各族的内迁/178
  七　汉族流民和内迁各族人民大起义/182
 第二节　十六国北朝的民族斗争和民族融合/184
  一　十六国时期各族贵族的封建割据/184
  二　北魏前期(386—451 年)各族人民的反压迫斗争/189
  三　北方社会各阶级的状况/192
  四　北魏中期(452—499 年)的阶级斗争和
    孝文帝的改革/196
  五　北魏后期(500—534 年)的社会经济/201
  六　六镇、关陇、河北等地各族人民大起义/205
  七　北齐、北周的短期对峙　隋统一南北/207
  八　北朝的边境各族/211
 第三节　东晋南朝社会经济的发展/216
  一　东晋的统治和南北战争/216
  二　孙恩、卢循领导的农民战争/220
  三　南朝的政治/223
  四　南方的社会经济和阶级状况/229
  五　南方各民族/236
 第四节　三国两晋南北朝的文化/239
  一　玄学和宗教/239
  二　史学、文学和艺术/249
  三　自然科学/258

第六章　隋唐时期/261

 第一节　隋朝　统一国家的再建/261
  一　南北统一前后的新局面/261
  二　隋与边疆各族和邻近国家的关系/265
  三　隋末农民战争/267

第二节　唐前期政治的发展和社会经济的繁荣/270
　　一　唐王朝的建立和唐初三省政治体制的完善/270
　　二　唐初恢复发展生产的措施　贞观之治/279
　　三　永徽到开元初年的政治发展/287
　　四　唐前期社会经济的发展繁荣/294
　　五　开元、天宝时期的政治军事形势/300
　　六　唐前期的边疆各族/307

第三节　唐后期的政治经济/313
　　一　安史之乱和安史乱后的政治军事形势/313
　　二　两税法的实行和社会经济的恢复和发展/316
　　三　唐后期统治阶级内部的矛盾/321
　　四　唐朝晚期的农民战争/326
　　五　边疆各族/330

第四节　隋唐文化/335
　　一　思想和宗教/335
　　二　史学和地理学/342
　　三　文学/345
　　四　艺术/350
　　五　科学技术/354

第五节　唐代中国与亚洲各国的经济文化交流/357

下　册

第七章　五代十国宋辽金元时期/363

第一节　五代十国/363
　　一　五代的更替/363
　　二　南方的九个割据王国/366

第二节　北宋和辽的对峙时期/370
　　一　北宋的建立、巩固及其统一/370
　　二　北宋社会阶级结构　北宋政府的赋役剥削制度/372
　　三　北宋社会经济的发展/375
　　四　辽和西夏的政治经济　北宋与辽、西夏的和战/381
　　五　北宋前期、中期的阶级矛盾和农民起义/388

六　庆历新政和王安石变法/391
　　七　北宋晚期的政治　北宋末年的农民起义/397
　　八　女真族的兴起和金政权的建立　辽和北宋的灭亡/403
第三节　南宋和金的对峙时期/407
　　一　南宋的建立及其与金的和战　北方人民的抗金
　　　　斗争/407
　　二　金朝统治下的北部中国/413
　　三　南宋的社会经济/416
　　四　南宋的阶级矛盾和阶级斗争/423
　　五　北方形势的剧变　蒙古族的兴起和金朝的灭亡/428
　　六　蒙古南侵　南宋灭亡/435
第四节　回鹘　壮族　大理/439
　　一　西迁后的回鹘/439
　　二　壮族/442
　　三　大理及其与宋朝的关系/446
第五节　元朝的统治和元末农民起义/447
　　一　元朝的建立/447
　　二　元朝的社会经济/449
　　三　元代的民族矛盾和阶级矛盾/454
　　四　元末农民大起义/457
第六节　五代十国宋辽金元的文化/465
　　一　两宋文化的高度发展/465
　　二　两宋的两个主要学派/466
　　三　古文、诗、词、小说、戏曲/469
　　四　两宋的史学/474
　　五　五代十国和宋元的绘画/476
　　六　五代十国宋辽金元的科学技术/479
　　七　宋元的宗教/483
第八章　明清(鸦片战争以前)时期/486
　第一节　明前期的经济政治措施/486
　　一　明初社会经济的恢复和发展/486
　　二　开国制度与明初政治/491

第二节 明中期政治、经济与社会变化/498
　　一 明中期的社会矛盾/498
　　二 明朝社会经济的发展与变化/508
第三节 明朝的民族关系/516
　　一 北方、西北、西南各族及其与内地的联系/516
　　二 满族的兴起　建州女真部与明朝的战争/522
第四节 明朝的对外关系/527
　　一 明朝与南洋各地的关系/527
　　二 倭寇在东南沿海地区的骚扰　万历时期的援朝战争/529
　　三 西方殖民者的入侵和耶稣会士的东来/532
第五节 明后期社会矛盾的激化和农民起义/534
　　一 明后期社会矛盾的激化/534
　　二 明末农民起义/541
第六节 清兵入关及其统一全国/546
　　一 清朝迁都北京　汉族人民的抗清斗争/546
　　二 清朝对边疆各地的用兵和疆域的奠定/551
第七节 清朝的社会经济/556
　　一 清初农业生产的恢复和发展/556
　　二 手工业和商业　资本主义萌芽的缓慢发展/565
第八节 清朝的政治　清朝统治下的社会矛盾/572
　　一 康熙、雍正、乾隆时期的制度及其政治措施/572
　　二 嘉、道中衰和各族人民的起义/578
第九节 清朝的对外关系/584
　　一 清朝与邻近各国的关系/584
　　二 西方殖民主义者在中国的活动/586
第十节 明清的文化/591
　　一 哲学思想/591
　　二 考据/595
　　三 史学/596
　　四 编纂《永乐大典》《古今图书集成》和《四库全书》/597
　　五 小说和戏剧/598

六　科学技术／601

　　七　建筑艺术／603

　　八　绘画／604

第九章　近代时期上（1840—1864年）／605

　　第一节　鸦片战争／605

　　第二节　鸦片战争后中国社会经济和阶级关系的变化　农民战争的酝酿／611

　　第三节　太平天国农民战争的爆发和前期革命斗争／616

　　第四节　第二次鸦片战争　太平天国后期的革命斗争／621

第十章　近代时期中（1864—1894年）／629

　　第一节　各地武装斗争对反动统治秩序的继续打击（1864—1873年）　农民进行恢复生产的斗争（1864—1880年）／629

　　第二节　中国社会加速半殖民地化和洋务运动／632

　　第三节　官办民用企业的出现　民族资本主义的产生／635

　　第四节　中国沿边遭受侵略和中法战争／638

　　第五节　中日甲午战争／642

　　第六节　民族危机和社会变化／648

　　第七节　资产阶级维新运动——戊戌变法／657

　　第八节　民族危机加深和义和团反帝运动／664

第十一章　近代时期下（1901—1919年）／672

　　第一节　20世纪初年革命形势的发展和资产阶级革命政党的成立（1901—1905年）／672

　　第二节　同盟会成立后革命形势的发展／679

　　第三节　武昌起义和清王朝的覆灭　中华民国临时政府的成立／686

　　第四节　辛亥革命前后的蒙古和西藏／690

　　第五节　袁世凯窃取政权和二次革命　洪宪复辟和护国战争／693

第六节　北洋军阀的黑暗统治和帝国主义在中国的争夺/701
第七节　社会经济的变化和工人阶级的壮大/706
第八节　近代中国的文化思想/710
　　一　早期今文学派影响下经学、史学和文体的变化/711
　　二　鸦片战争和太平天国革命时期的文化/713
　　三　太平天国革命失败后封建文化的日益没落/714
　　四　19世纪末年的新学/716
　　五　20世纪初叶的中国文化思想/720
　　六　五四以前的新文化运动/722

第一章
史前时代

第一节 旧石器时代

北京人 我们中华民族和世界上别的民族一样,在文明社会出现之前,曾经历过长时期的史前历史。所谓史前历史,是指有确切文字记载以前的人类历史。

通过地下出土的人类化石和文化遗物等资料,可以把我国的史前历史追溯到旧石器时代初期。属于这一阶段的人类化石有元谋人、蓝田人、北京人等。北京人的文化遗物较为丰富,是我们了解我国史前社会历史的一个重要依据。

北京人化石及其文化遗存是从 1927 年开始发现于北京西南的周口店。在北京人的洞穴中发掘出许多人骨化石,能看出是属于 40 个男女老幼的。还发现不少石器和动物化石。北京人距今约有 50 万年之久。

北京人的体质特点是,一方面已具备人的性质,另一方面还保留着某些猿的特征,所以称之为猿人。北京人头盖骨低平,头骨较厚,脑容量小,平均只有 1075 毫升,而现代人脑容量平均为 1400 毫升。眉骨隆起,吻部突出,牙齿粗大,缺乏下颏,这都是北京人体质上还有原始征象的表现。北京人身体各部的发展是不平衡的,像四肢就和现代人差别不大。特别是上肢和现代人已很接近,可知他们的两腿已能直立行走,双手能够进行劳动。手已作为劳动器官,所以手发展最快。

北京人已会制造石器,他们用砾石为原料,把砾石打成石片,一般不作第二步加工,便可成为工具了。所以石器的形状,缺乏一定的类型。他们用这种粗糙的石片工具去制作木棍,或拿去刮割兽皮和兽肉。考古学上称使用这种原始石器的时代为旧石器时代,北京人属于旧石器时代的初期阶段。

在北京人居住过的洞穴中，发现黑色和其他颜色的灰烬，其中还有被火烧过的土块、石块和兽骨，这些遗迹证明北京人已能用火，火不仅能取暖，而且还可防止野兽对人的侵袭。火又可使人熟食，熟食的结果，使人体能更好地吸收食物的养分，对促进人体发展十分重要。知道用火，这是人类和自然界斗争所取得的一个巨大胜利。

在北京人生活的时代，当时在周口店附近有河流、草原和丛林，栖息着多种野兽，据统计哺乳动物有96种，其中有虎、象、犀牛、野猪、鹿等。野兽肉是北京人的一种重要食物，猎取较多的是鹿。洞穴中发现有朴树籽，他们也采集野果以充饥。

北京人的工具和生产技术都很原始。为了获得必要的食物和抵御猛兽侵袭，他们必须结合成群，否则就无法生存。这种原始群是人类最早的社会组织。

丁村人 比北京人晚的古人类及文化有丁村人、许家窑人等，距今约有十几万年，考古学上称之为旧石器时代中期。在这时期，人类在体质发展上进入到一个新阶段，即脱离猿人这一范畴，人类学家称之为早期智人，或称古人。

丁村人发现于山西襄汾丁村，出土的人类化石仅有三枚牙齿，此外尚有大量的石器和动物化石。丁村人体质特征上保留的原始性比北京人少。在石器制作上也比北京人有了相当的提高。

属于这一时期的人骨化石，在我国南部也有发现，在湖北长阳发现了长阳人，在广东韶关发现了马坝人。

山顶洞人 旧石器时代晚期的人骨化石发现较多，有山顶洞人、柳江人、资阳人、麒麟山人等。在河南、广东、云南都发现过一些洞穴和石器，虽无人骨化石，但可以确定是旧石器时代晚期的文化遗迹。根据考古学的知识，知道在旧石器时代晚期，随着经济的发展，人口逐渐增多，生产规模有所扩大。

山顶洞人发现于北京周口店山顶洞，除人骨化石外，还有工具和饰物，是旧石器时代晚期文化的重要代表，距今约有一万八千余年。

山顶洞人在体质方面和现代人基本相同，而且明显地显示出蒙古人种的特征。

山顶洞人已会磨制骨器，这是制作工具技术的一大进步。在遗址中曾发现一根磨制的骨针，在针的一端还挖有穿线的小孔。发现的饰物有穿孔的兽牙、砾石，有经过磨制的鸟骨、石珠，这说明山顶洞人穿孔、磨制的技术还应用于装饰品上。

山顶洞人除猎取野兽外,也捕捉鱼类以供食用。骨针的发现,证明他们已能用兽皮缝制衣服。在身上还佩戴着饰物。人们的生活较以前确实有了显著的改善。在遗物中发现有用赤铁矿的粉末和海蚶壳做的饰物。赤铁矿和海蚶壳都非当地所出,说明山顶洞人已和远处有了交往关系。

旧石器时代长达上百万年,人类使用的生产工具以打制石器为主,加工比较粗糙。目前我国境内已知的旧石器文化遗迹约有三百余处。

第二节 新石器时代

大约距今一万年开始,人们从狩猎、采集进入到锄农业和畜牧业,磨制石器得到广泛使用,陶器被发明和大量使用。这相当于考古学上的新石器时代。新石器时代文化的遗址和遗物在我国各省各地都有发现,约有一万余处,这反映出人活动的范围比旧石器时代要广阔得多。在我国大致可以划分为几个大的考古学文化区系:主要以燕山南北长城地带为重心的北方,以山东为中心的东方,以关中、晋南、豫西为中心的中原,以环太湖为中心的东南部,以环洞庭湖与四川盆地为中心的西南部,以鄱阳湖至珠江三角洲一线为中轴的南方。

新石器早期文化遗迹的代表,有湖南道县玉蟾岩遗址、江西万年仙人洞遗址、河北徐水南庄头遗址等,它们距今一万年左右。稍后则有河北武安磁山文化、河南新郑裴李岗文化、山东的北辛文化、东北的兴隆洼文化等,它们距今约七八千年。新石器中晚期文化遗迹则遍布全国,中期以仰韶文化为代表,晚期以龙山文化为代表。

仰韶文化 仰韶文化是黄河流域新石器时代中期的一种文化。它的年代约是公元前5000年到公元前3000年。仰韶文化主要分布于黄河中游一带,包括陕西的关中、山西南部和河南大部分地区,它西面可到达甘肃洮河流域,东面到河北中部,北面到内蒙南端,南面到汉水上游,遗址一般都在靠近河流的黄土台地上。仰韶文化的典型遗址有半坡遗址和姜寨遗址等。

仰韶文化的居民已过着定居的农业生活。当时已有多种农具,有砍伐或掘土用的石斧和石锄,也有翻土用的大型磨光石铲,有很多收割谷物的长方形石刀或陶刀。还有是供谷物加工用的石磨盘和磨棒。从这些工具来看,知道原始的锄农业已经比较发达了。在好几处遗址中都发现有粟的皮壳,西安半坡遗址中还有藏粟的窖穴。粟是较为耐旱的作物,适合在黄土地带生长。仰韶时期，黄河流域种粟大约是很普遍的。家畜饲养也已开始，人们豢养着猪和狗。

与经营农业的同时，狩猎、捕鱼也仍是重要的。狩猎的工具是弓箭和长矛，箭头、矛头是用兽骨或石片磨成的。鹿、獐是当时人经常猎取的对象。捕鱼工具有骨制的鱼叉和鱼钩，用网捕鱼也很普遍。

为了弥补食物的不足，人们也采拾蚌、螺蛳之类的水生动物，也采集栗子、榛子之类的野果。

根据民族志的材料，在锄农业阶段，农业、采拾主要由妇女来担任，男子则多从事于渔猎。仰韶文化也不能例外，故而当时妇女在社会上有很高的地位，形成了以母权制为特点的氏族社会。

在衣着方面，人们用石纺轮纺线，用线织布。在陶器的底部，往往保留有布的印痕，可看出是平纹组织的粗布，这种布可能是以野生的麻类纤维纺织而成。当时人除穿兽皮外还穿这种粗布所做的衣服。在身上还佩戴着环、珠子、饰片等物。遗址中曾发现过笄，知道当时人已有束发的习俗。

陶器是当时人日常生活中不可缺少之物，陶器可作容器、食器、炊器、汲水器。还有些工具、饰物也是陶制的。制造陶器是用手制法，即用泥条盘成器形，然后将器壁拍平。在有些陶器上有陶轮修整过的痕迹，说明萌芽状态的陶轮已经出现。陶器的颜色以红色或红褐色为主，烧成这种颜色的陶器需摄氏950度左右的高温。陶器种类颇多，有瓮、罐、钵、盆、盘、碗、瓶等。在红陶器物上施以黑色、赭红色或白色的彩绘，这就是著名的彩陶。彩陶上常见花纹有几何纹、涡纹、方格纹等。也有绘上人面形图案或鱼、鹿、鸟、蛙等动物形者。值得注意的是，有些陶器上发现有类似文字的简单刻画，或许就是中国原始文字的雏形。

仰韶文化村落居住情况，可以西安半坡遗址为例。遗址是在浐河东岸，整个村落估计由200座小屋组成，面积约为三万平方米。小房屋有方形的，也有圆形的。每所房屋的面积在20平方米左右。室内地表抹有一层草泥土，用火烧过，表面坚硬而平滑。室中央有一烧火的灶，为了取暖和炊饪之用。屋顶是由许多木柱支架起来的，墙壁、屋顶都涂抹上泥。房屋附近有贮藏物品的窖穴。这种小房屋可能是供对偶家庭居住的。在村落中心有一座长方形大屋，面积约为160平方米，可能是大家族或氏族的公用房屋。村落周围有壕沟一道，似起着某种防护作用。在村落之外，东面有窑场区，北面是氏族墓地，墓坑排列较规整，墓中一般只以陶器为殉葬品。

在仰韶文化时代，江汉平原鄱阳湖畔有大溪文化，长江下游有马家浜文化和河姆渡文化,黄河下游有大汶口文化,东北辽宁有红山文化。

在黄河下游今山东及苏北一带,是大汶口文化的分布区。人们的经济生活以农耕为主,种植的作物有粟。磨制石器的技术很好,能用硬度较高的石料磨成薄而锋利的工具,同时也能用玉加工为饰物。在制陶方面,陶轮的使用日益普遍,从而提高了制陶的劳动生产率。白陶、黑陶是这时期才有的品种。黑陶的高柄杯,器薄如蛋壳,是新石器时代制陶业当中杰出的作品。生产技术上的种种进步,标志着新石器文化至此已发展到一个很高的阶段。

以龙鳞纹图案彩陶为主的红山文化,主要分布在辽河流域。在辽宁东山嘴,发现了规模巨大的祭祀遗址,在祭坛的周围出土了不少陶塑女性人像残块。在辽宁牛河梁,发现了女神庙和女神像遗迹,以及较大的积石冢。此外,红山文化中还出土了许多精美的玉器,其中有许多玉龙。

龙山文化 较仰韶文化为晚的是龙山文化,它的年代是从公元前3000年到公元前2000年左右。它的主要分布地区是河南、陕西、山东、河北等省。

龙山文化也仍是以锄农业为主,农具中打制石器已很少,磨制石器则普遍使用。出现了器形厚大的磨制石斧。收割工具出现了磨制的半月形石刀,还有是可装木柄的磨制石镰或蚌镰。木器中出现了掘土工具双齿木耒。以上工具都是仰韶文化中所没有的,说明龙山文化在农业生产的规模上比仰韶文化有了扩大。

家畜饲养也随着农业生产力的提高而获得进一步的发展。根据河南三门峡、庙底沟的发掘材料,龙山文化遗址中的猪骨数量比仰韶时期的多。家畜品种方面除猪、狗之外,牛、羊也开始被驯养了,有些地区还出现了鸡和马。

龙山文化遗址中兽骨、鱼骨、蚌壳、螺蛳壳不少,渔猎工具如矛、镞、鱼叉、鱼钩也颇多。

烧制陶器的技巧有了提高,突出表现是轮制陶器增多。还可以肯定,先进的制陶工具快轮已出现。龙山文化陶器和仰韶文化不同之处是以灰陶、黑陶为主,彩陶也还有,但数量很少。陶器器形有罐、瓮、盆、杯、豆、鼎、鬲、甗、斝等,其中像鬲、甗、斝是龙山文化中带有特征性的器物。陶器外表一般都拍印有篮纹、方格纹或绳纹。

龙山文化的房屋有圆形、方形两种,室内地表一般都抹上一层白灰。西安客省庄还发现一种前后两间连在一起的房屋。

黄河流域的新石器时代文化发展到龙山文化阶段,由于社会生产力不断提高,引起了社会经济的变化。到龙山晚期,母权制逐渐让位于父权制,从大量的地下文物得到证实。龙山文化和夏、商文化有明显的继承关系,在龙山文化衰落以后,夏、商文化在它的基址上逐渐发展起来。

此外在其他地区,也发现不少龙山文化或和它相类似的原始文化遗存,如江汉平原上的屈家岭石家河文化,内蒙古长城地带的小河沿文化,西北地区的齐家文化,长江下游的良渚文化。

不同的文化区具有不同的特点。长江中下游江浙和两湖地区种植的主要作物是水稻,饲养的家畜有猪、狗,后来还有水牛。在手工艺方面,人们除了会制作木器之外,还擅长用竹片编制成筐、篓等物。他们还掌握了高超的磨琢玉器的技巧。

包括江西、湖南、广东、福建、台湾等省在内的华南地区,也以栽培水稻为主,但在沿海一带,发现较多的贝丘遗址,则渔猎、采拾经济在有些地方还占着重要的地位。

北部的新疆、宁夏、内蒙、东北的有些地方也分布着不少细石器文化的遗址。这些文化的特征是陶器较少,而且制陶技术较差,陶器上常压印有篦纹。石器是用燧石、玛瑙等坚硬石料打成细小、精致的刮削器、刀、钻和矢镞。磨制石器较少。骨制工具有鱼叉、鱼钩,出土的兽骨、鱼骨较多。显然,渔猎和牧畜在经济生活中占有重要地位。

曾经繁荣于各地的新石器文化并非是彼此孤立的,而是相互保持着影响和联系,并相互撞击、融合,对中华文明的形成都作出过一定的贡献。

第三节 文献与传说中的古史

我国古代文献中保存着丰富的历史传说,用这些传说也可勾画出中国上古社会的简单面貌。

《吕氏春秋·恃君览》:"昔太古尝无君矣,其民聚生群处,知母不知父,无亲戚、兄弟、夫妻、男女之别,无上下长幼之道,无进揖让之礼。"太古时期没有国家所以也不会有君主,人和人是平等的关系,便不存在"伦常"和"礼教",一夫一妻制家庭尚未出现,因而世系的计算是从母方的。这段话扼要地说出了上古社会的一些特点。

《礼记·礼运》:"昔者先王未有宫室,冬则居营窟,夏则居橧巢。未有火化,食草木之实、鸟兽之肉,饮其血,茹其毛,未有麻丝,衣其羽皮。"在上古社会,人类用着十分简陋的工具,过着和野兽差不多的生活。《韩非子·

五蠹》:"上古之世,人民少而禽兽众,人民不胜禽兽虫蛇,有圣人作,构木为巢,以避群害,而民悦之,使王天下,号之曰有巢氏。民食果蓏蚌蛤,腥臊恶臭,而伤害腹胃,民多疾病,有圣人作,钻燧取火,以化腥臊,而民悦之,使王天下,号之曰燧人氏。"这里虽然夸大了首领的作用,但认为社会是进化的,人通过劳动,就能不断地战胜自然,这还是符合历史的。

据古书记载,古代黄河流域分布着不少部落。在陕西一带有姜姓炎帝部落和姬姓黄帝部落,他们之间世代通婚。在晋、冀、豫交界的地方有九黎部落,他们的首领名蚩尤。炎、黄部落曾和九黎部落发生过激烈的军事冲突,黄帝战胜了九黎,蚩尤被杀①。黄河下游一带有太昊氏和少昊氏,太昊氏活动中心在陈(今河南淮阳),少昊氏在奄(今山东曲阜)。据说太昊氏是蛇身人首,以龙名官,少昊氏则以鸟名官②,看来太昊氏当属蛇图腾,少昊氏应为鸟图腾。

这些部落对上古的物质文明、精神文明都有不同的贡献。古书上说黄帝发明衣服、舟、车③,炎帝又称为神农氏,"斲木为耜,揉木为耒,耒耨之利,以教天下"④。太昊氏又称为伏羲氏,发明网罟,又作八卦⑤。据说蚩尤"以金作兵器"⑥,是金属冶炼的最早发明者。

到传说中的唐、虞时代,随着经济的发展,各部落已结成部落联盟,产生了尧、舜这样的首领,他们的职务是军事统帅,再就是担任主祭,《史记》说尧、舜祭祀天地、山川、百神。当时最高权力机关是四岳十二牧,也即部落酋长会议。唐尧时四岳举鲧治水,尧虽不同意,但仍服从四岳十二牧的决定。尧、舜时有"禅让"的故事,传说尧老年时传位于舜,舜老年时又传位于禹,但也都是得到四岳十二牧的同意的。可见当时的最高首领,一切事情还得听命于部落酋长会议。

古人曾用"大同""小康"来概括上古时期社会发展中的两个不同阶段。《礼记·礼运》:"大道之行也,天下为公,选贤与能,讲信修睦,故人不独亲其亲,不独子其子,使老有所终,壮有所用,幼有所长,矜寡孤独废疾者,皆有所养。男有分,女有归,货恶其弃于地也不必藏于己,力恶其不出于身也

---

① 《国语·晋语》《史记·五帝本纪》。
② 《左传》昭公十七年。
③ 《易·系辞》。
④ 同上。
⑤ 同上。
⑥ 《世本·作篇》。

不必为己。是故谋闭而不兴,盗窃乱贼而不作,故外户而不闭,是谓大同。"大同之世指的即是尧、舜时代。后来社会发展到了"小康":"今大道既隐,天下为家,各亲其亲,各子其子,货力为己,大人世及以为礼,城郭沟池以为固,礼义以为纪,以正君臣,以笃父子,以睦兄弟,以和夫妇,以设制度,以立田里,以贤勇知,以功为己,故谋用是作而兵由此起。""小康"之世也即是以"禹、汤、文、武"为代表的夏、商、周时代。

第二章
夏与商

第一节 夏

约在公元前21世纪左右,是中国历史上夏王朝的开始。

古文献上一再提到,比商更早的是夏王朝。《尚书·召诰》:"我不可不鉴于有夏,亦不可不鉴于有殷。"《诗·大雅·荡》:"殷鉴不远,在夏后之世。"所以说,夏代的存在是不容怀疑的。

夏人活动的主要地区 夏,原来是一个部落联盟的名字,以后才成为王朝的称号。据《史记·夏本纪》所载,这个部落联盟是由夏后氏、有扈氏等12个姒姓的氏族部落组成的。

据古书记载,夏兴起于崇山,夏禹之父鲧也封于崇①,禹建都于阳城②。又说伊水、洛水两岸是"有夏之居"③。从这些记载来看,今河南嵩山到伊水、洛水流域这一范围是夏人活动地区之一。

今山西南部,也是夏人曾经活动过的地方。古书上说禹又都于安邑、平阳④,西周初年,这一带还被称为夏墟,这里的居民尚保存着夏人的一些风俗习惯。

古书上说夏后相曾建都于帝丘⑤,则夏人活动的范围,东面一直达到今河北、河南、山东交界处。

近年来,考古工作者在河南、山西的有些地方,作过一些调查和发掘,发

---

① 《国语·周语》。
② 《世本·居篇》。
③ 《逸周书·度邑》。
④ 《世本·居篇》。
⑤ 《左传》僖公三十一年。

现有介于龙山文化晚期和早商文化之间的不少文化遗存，如山西襄汾陶寺的遗迹，以河南偃师二里头为代表的二里头文化，其中的一部分极有可能就是夏文化的遗存。这对于寻找夏文化不失为重要的线索。

夏王朝的建立和国家的形成　根据《竹书纪年》的记载，夏王朝自禹至桀，共为17君，历时471年。

夏禹传子，不再禅让，是"天下为家"的开始，从此以后，"大人世及以为礼"，就是说父子、兄弟相传便成为制度了。

《史记·夏本纪》说夏禹仍是按照旧的传统制度以天下授益而不传给自己的儿子，据说当时有些诸侯去益而朝启，看来当时不少贵族已是拥护王位世袭制的。由于私有制的发展，掠夺战争日益频繁，氏族制已失去作用，军事首长转化为最早的专制君主。古书上说"启代益作后"，禅让制遂被启破坏。益为了维护禅让制而反对启，结果启杀掉了益[1]。当时有些守旧的氏族如有扈氏，也对启夺位不服，而进行武装叛乱，启与有扈氏战于甘，有扈氏被启所灭[2]。经过了一场激烈斗争之后，传贤才为传子所替代。古老的氏族制被国家所替代，这种巨大的社会变革，在夏启时就初步实现了。

王位世袭制的确立，是一个重大的历史变革，所以《礼记·礼运》把夏禹作为小康之世的开端，以区别于禹以前的大同之世。大同之世的特点就是"天下为公"，而小康之世则是"天下为家"。

传说禹曾设官分职，并作赎刑。《左传》说："夏有乱政，而作禹刑"，这反映出夏代已经形成了国家，并制定出最早的刑法。《孟子·滕文公》说："夏后氏五十而贡"，即夏国家分给每户农民土地五十亩，农民向国家交一定的贡赋。《史记·夏本纪》说，"禹乃行相地宜所有以贡"。《汉书·食货志》也说："禹平洪水，定九州，制土田，各因所生，远近赋入贡棐。"贡赋的产生，是出现国家的一个重要标记。

太康失国和少康中兴　从启开始，夏国家建立起来了，但夏的政权并不是很稳固的。《墨子》称夏启好酒耽乐，其子太康则更为荒淫，《楚辞·离骚》就说他是"娱以自纵"。启子武观便起来作乱，发生了太康失国之事[3]。

太康死，子仲康立，仲康死，子相立。这时东夷族有穷氏正向西发展其势力，有穷氏首领羿自鉏迁于穷石，"因夏民以代夏政"。羿善于射箭，恃其

---

[1] 《竹书纪年》："益干启位而启杀之。"又见《韩非子·外储说》。
[2] 《尚书·甘誓》。
[3] 见《国语·楚语》《逸周书·尝麦》等。

武力而不修民事,日以田猎为乐,不久就被他的亲信寒浞所杀。寒浞是东夷族伯明氏的成员。他不仅夺取了羿的政权,同时还篡夺了羿的氏族及其妻室,后来又命其子浇灭夏的同姓斟灌、斟鄩两族,杀掉了夏后相。后相妻逃奔在外,生下相的遗腹子少康。少康后来为有虞氏庖正,虞君妻以二女,并封之于纶。少康"有田一成,众一旅",少康又争取夏众和夏臣,作为复兴夏国之准备。夏遗臣靡趁寒浞父子不得人心,纠集斟灌、斟鄩的余众而立少康。少康灭浞子浇,少康子杼灭浞子豷,羿和浞对夏人几十年的统治至此结束,少康重新掌握了夏的政权①。

少康死,子杼继位,杼曾"征于东海"。《国语·鲁语》说:"杼能帅禹者也,夏后氏报焉。"夏的统治到杼这时才趋于巩固,因此夏人对杼十分尊崇。杼以后,夏人不断向东发展。后杼时,很多东夷族都臣服于夏,并受夏的爵命。从这时起直到夏末,夏王朝始终是黄河中下游的统治势力。

夏代的社会经济 根据古文献记载,农业在夏代经济中已占重要地位。《论语·宪问》说:"禹稷躬稼而有天下",《论语·泰伯》说禹"尽力乎沟洫"。这些话说明夏人对农业是很重视的,同时也知道夏已开始开沟洫以引水或排水。夏人还制定出适合农业需要的农历《夏正》。《夏正》后来较长时期都为人们所遵用,如孔子就认为要"行夏之时"。保存至今的《夏小正》,就是曾经在春秋战国时通行过的一本农历。

不少古代传说都提到夏代铸造铜器的事,《左传》宣公三年说:"夏之方有德也,远方图物,贡金九牧,铸鼎象物,百物而为之备。"《墨子》中也说:"夏后开使蜚廉采金于山川,而陶铸于昆吾。"这些传说反映出中国从夏代开始,由石器时代进入了铜器时代。

夏代的灭亡 从孔甲时起,夏王朝因内部矛盾日益激化而开始走向崩溃,《史记·夏本纪》说:"帝孔甲立,好方鬼神事,淫乱,夏后氏德衰,诸侯畔之。"

《国语·周语》说:"孔甲乱夏,四世而陨",孔甲以后四世是履癸,履癸即夏桀。夏桀是一个暴君,《尚书》说桀不用贤良,不忧恤于民,"乃大淫昏"。《史记·夏本纪》说:"桀不务德而武伤百姓,百姓弗堪。"在商汤讨代夏桀的誓词中说到当时人民咒骂夏桀说:"时日曷丧,予及汝偕亡。"意思是说大家宁肯与夏王朝一齐同归于尽,表现出人民对这个政权的无比痛恨。

正当夏王朝内部矛盾尖锐化的时候,殷人威胁日益加剧。为了抵抗殷

---

① 《左传》襄公四年、哀公元年。

人的威胁,夏桀曾为"仍之会",企图驱使东方诸部落去牵制殷人,但是夏桀的这种企图失败了。《左传》说:"夏桀为仍之会,有缗叛之。"又说,"桀克有缗以丧其国"。桀靠军事征服上的胜利,也不能挽回其危亡的命运。

最终,商的首领汤率众伐桀,灭亡了夏。

第二节 商

一 商的兴起 商王朝的建立和发展

商的先世 商是兴起于黄河中下游的一个古老部落,传说商的始祖名契,契母简狄是有娀氏之女,吞玄鸟卵有孕而生契①。《诗·商颂·玄鸟》有"天命玄鸟,降而生商"的诗句,就是传颂这个故事。这个故事反映了商族是以燕子作为自己的氏族图腾,也反映了商族在契以前还未脱离母权制氏族的历史阶段。从契开始,商族才有了以父子相承为主的世系,商族进入父系氏族社会大概就在这时。

商人早期经常迁徙。《尚书序》说:"自契至于成汤八迁",八迁的地名见于古书的有商丘、亳、砥石、蕃等②。这些地点大约都在今河南、山东境内。但商人活动的范围则颇为广阔,《诗·商颂·长发》说:"相土烈烈,海外有截",这说明商人曾在海外打过胜仗。古书上记载商王亥曾赶着牛群到有易氏地区,有易之君杀王亥,夺其牛群。后来王亥之子上甲微,战败有易,杀有易之君绵臣③。据此,则王亥时商人势力可能已进入到河北北部了。

《史记》说契曾跟随禹治水。后来冥又做夏的水官,《国语》说冥因治水而死于水。当夏人统治着黄河中下游时,商人大约一直臣服于夏。

《世本》:"相土作乘马""胲作服牛",相土、王亥时商人开始利用牛马挽车,这是商人对古代文明所作出的重要贡献。

汤灭夏和商王朝的建立 夏代末年,夏王桀无道而失掉民心。商汤趁夏乱而翦灭夏的许多属国,以扩大自己的力量,正如《孟子》所说:"汤始征,自葛载,十一征而无敌于天下。"后来汤又灭韦(今河南滑县)、顾(今河南范

---

① 见《吕氏春秋·音初》《帝王世纪》等书。
② 《世本》:"契居蕃""昭明居砥石"。《左传》襄公九年:"陶唐氏之火正阏伯居商丘……相土因之。"
③ 见《竹书纪年》《楚辞·天问》。

县)两国,又用伊尹为佐,于是举兵伐夏。汤与桀战于鸣条(今河南开封附近),夏桀败走。汤灭掉夏最后一个属国昆吾(今河南濮阳),同时也灭桀。《诗·商颂·长发》:"韦顾既伐,昆吾夏桀",正是商人歌颂汤灭夏的史诗。

古书上说汤建都于亳(今河南商丘),一说建都于西亳(今河南偃师)。按《史记》记载,自汤建国到商亡,共传17代31王,历时约554年。

盘庚迁殷 据古书记载,从汤至盘庚,商人"不常厥邑",曾经五次迁都。五迁的年代和地点说法不一。《竹书纪年》说仲丁迁于隞(今河南荥阳附近)。河亶甲迁于相(今河南内黄),祖乙居于庇,南庚迁于奄(今山东曲阜),盘庚自奄迁于北蒙,号之曰殷(今河南安阳)。这五迁的范围仍不出今河南、山东境。

关于盘庚迁殷之事,《尚书·盘庚篇》说起初遭到贵族反对,后来在盘庚的胁迫下,贵族们才服从迁都。迁都的原因,《盘庚篇》未提。汉代学者推测是当时贵族生活奢侈并侵迫平民,盘庚迁殷是为了缓和贫富间的矛盾①。也有人认为商代农业生产力还比较低,经常迁都可能和地力耗竭有关。不过这些推测都缺乏确凿的根据。

《竹书纪年》说:"自盘庚徙殷,至纣之灭,二百七十三年,更不徙都。"由于从殷墟出土了从武丁至帝辛的历代王室的不少占卜刻辞,证明"更不徙都"之说是可靠的。盘庚迁殷以后社会经济方面一定有了较大变化,才会一变过去长期以来经常迁都的局面。

武丁时期的商王国 盘庚迁殷后,商王国在政治、经济各方面都有了发展,特别到武丁统治的五十几年间,可说是商朝最强盛的时期。武丁在商诸王中颇负盛名,《诗经》的五篇商颂,其中《玄鸟》和《殷武》都是为颂美武丁而作。

《尚书·无逸》说:"其在高宗,时旧劳于外,爰暨小人。"意思是由于武丁曾居民间,多少能知道一点民间疾苦。《史记》说"武丁修政行德,天下咸驩,殷道复兴"。

武丁对外不断用兵。在商西北方面的舌方、鬼方,经常去侵扰商。卜辞中有许多武丁时期商与舌方、鬼方作战的记载。经过了较长的时间,武丁挫败了舌方和鬼方。《易经》说:"高宗伐鬼方,三年克之。"商对南方也进行过很激烈的战争,在武丁时期的卜辞中有用兵"南土"的记载。《诗·商颂·殷武》说:"奋伐荆楚,深入其阻,裒荆之旅。"这是武丁时期商人在江、汉流

---

① 《后汉书·杜笃传》:"盘庚去奢行俭于亳",郑玄《尚书注》说与此相似。

域打了大胜仗的证据。《玄鸟》还说武丁时商王国是"邦畿千里,维民所止,肇域彼四海"。随着商人对外征服战争的不断胜利,商的疆域也日益扩大起来。

《孟子》说:"武丁朝诸侯,王天下,犹运之掌上。"显然有夸大之处,但武丁时的商,国家强盛,社会秩序较安定,大体上是可信的。

二　商的经济和社会结构

农业　农业是商代的主要生产部门。商四境之内,分布着许多农田。商王在祈年时既希望"中商受年",也希望"东土""西土""南土""北土"都能获得好收成。

大量的考古材料证实,商代从早期到晚期,农具基本上都是木、石制成的。尽管商代早期就已有青铜的器物,但广大农夫仍不可能拥有青铜的农具。甲骨文中耤字作🀆,表示一人手扶耒柄,用足踏耒而耕。在商代的窖穴、墓壁上还保留着耒挖过的痕迹。木制的双齿耒,无疑是商代的一种重要耕作工具。石铲和骨铲是商代遗址中常见之物。铲装有木柄,是铲土或除草的工具,或者就是古文献上所谓的耝。收获谷物是用石制的镰、铚,也有的镰是用蚌壳磨制而成。石铲和蚌铲,在商代遗址中的数量是较多的。

甲骨文中的田字作囲、囲。在甲骨文中还见到有疆、畎等字。可见田字中间的格子是表示田地上的疆界和沟洫。卜辞中有"曰叴田""王大令众人曰叴田"的记载。叴田是指许多人在一起耕作。由于工具和技术都还比较落后,故而农业中仍保留着大规模的简单协作。

平民是商代农业劳动的主要承担者。卜辞中所见的众或众人就是平民,卜辞中有王令众人入羊方垦田的话,还有"王往氐众黍于囧","更小臣令众黍"的记述。为商王种田的不仅有商人,而且还有外族人,如卜辞中有王令多羌垦田的记载。为了监督劳动,商王还设置"小耤臣""小众人臣"之类管理的官吏。

农业收入是商王国的主要财源,因而商王对农业生产非常关心。商王经常向上帝、祖先和河神祈求降雨和得到好年成,又经常督促"小耤臣""多尹"去指挥具体的田间生产事宜。有时商王也亲自去察看地里的庄稼,或者去参加耤田的收获活动。

出现于卜辞之中的谷物名称,有禾、黍、稷、麦、秜(稻)等。商人在祈年时常常是乞求禾、黍能有好收成。禾、黍适宜于在黄河流域生长,是当时广泛种植的作物。商代贵族饮酒之风极盛,卜辞中除提到酒之外,还有醴和鬯。而黍是主要的酿酒原料,故而卜辞中有较多关于黍的记载。

商人除经营农业外,也饲养着牛、马、猪、羊、鸡、犬等家畜。在不少商遗址中常发现镞、网坠等渔猎工具和兽骨、鱼骨,表明渔猎在民间仍有经济上的意义。卜辞中关于渔猎的记载很多,猎取的野兽以麋鹿、野猪为最多,一次所猎获的鹿可达348只。

手工业和商业 青铜冶铸业在商代获得了重大的进展。丰富的考古材料证明,在商代早期,商人就已能制造出较为精致的武器和容器了。到商代晚期,冶铜术达到了很高的水平。安阳殷墟出土的铜器,不仅数量、品种多,而且制作也更为精美,其中不少器物,成为具有高度艺术价值的珍宝。

商代铜器使用的地区相当广阔,除了偃师、郑州、安阳的商代都城遗址以外,山西、山东、河北等地,也都发现过不少的青铜器物。另外还知道,至少从商代中期开始,青铜器的生产已扩大至长江流域的江西、湖北、湖南等处。

在郑州和安阳都发现了较大的铜器作坊遗址。从出土遗物看出,当时的制作方法是用泥土制成器范,再用木炭为燃料,把陶制坩埚中的铜炼好,然后用铜液注入范中。根据化验的结果,知道安阳出土的铜制容器,铜约占70%,锡约占30%。硬度高的工具、武器,锡的比重较容器为大,显然商人对铜锡的比例是掌握的。安阳出土的司母戊方鼎,重875公斤,铸造这样的大器,若没有丰富的冶铸经验是不能设想的。

现在所见到的商代青铜器物,属于容器者有鼎、殷、壶、盘、鬲、爵、觚、斝、尊、觯、卣、罍、彝、觥等,其他方面有乐器和车马饰物。容器主要是供贵族使用的,制作很讲究,上面有浅浮雕的花纹,常见的有饕餮纹、云雷纹和凤鸟纹、象纹、虎纹等。商晚期的铜器上常常是铸有铭文的。青铜武器有戈、矛、钺、镞等。现在发现,个别的铜钺上还镶有铁刃,这种铁是利用陨铁锻制而成,当时还没有炼铁术,但铁这种金属,已为人们所认识,并加以利用。青铜制的工具有刀、斧、锛、凿、钻、锥、铲、鱼钩等。而石斧、石凿在商代仍被长期使用着,这一现象说明青铜器的出现还无法完全取代石器工具。

虽然青铜器物发现不少,但在商代也只有少数贵族才能使用它。对于大多数人来说,陶器仍是必不可少之物。所以商代陶器生产的规模是较大的,如在郑州就发现过大片的窑场遗址。在陶器中颇为突出的乃是高岭土烧成的陶器,为后来瓷器的出现奠定了基础。

从考古发掘材料得知,商代织物除麻布之外,还有丝织品绮和刺绣,充分说明丝织工艺在商代已发展到较高的水平。

商代手工业和农业已有了初步的分工,商业也有了萌芽。商代遗址中常出土海贝,当时人除用海贝作装饰品外,也可能作为交换的媒介。《尚书·酒诰》说到西周初年朝歌一带的商遗民"肇牵车牛远服贾"的情况,当时各地之间互通有无就是依靠这种小商人。

贵族与平民 掌握着商国家命运的大贵族集团,是由商王及其亲属和显贵所组成的。大贵族都是聚族而居,他们依靠宗法关系来统治其广大的宗族成员,故《尚书》上称他们为"大家"。他们占有大片的田地,也拥有手工业作坊。他们在商王手下任文武要职,官爵一般是世代传袭的。

在商代社会中还存在平民的阶层。《尚书·无逸》中提到的小人,就是指具有自由身份的农民而言。《孟子》说,"殷人七十而助",即商王把一部分土地划成70亩一份而交给民户去耕种。所谓助就是要耕种者给商王提供繁重的力役地租。此外,有时他们还要参加征伐和戍卫。

商代还存在着一定数量的奴隶,其中有由战俘转化而来,尤以羌人为多。卜辞中有妾、奚、仆,当是一些家内服役的男女奴婢。卜辞中所谓的晋妾、沉妾、伐妾,就是指杀女奴来祭神的几种仪式。商代后期,贵族死后要用人殉葬,也往往使用战俘或奴隶,少者一两名,多者几十。

三 商的政治制度

官僚机构和分封贵族 商国家权力掌握于商王之手。商王在臣民前自称为"余一人",以表示其独尊无二的特殊身份。王位是世代相传的。一般是父子相传和兄终弟及相结合,到晚商时期才完全确立起父死子继制。

《礼记》说:"殷人尊神,率民以事神,先鬼而后礼。"从殷墟出土的甲骨卜辞材料证实,商王对国家大事的决策,事先都必须向鬼神占问。《尚书》的记载表明,商汤和盘庚在贯彻其政令时,都假借鬼神的旨意,实行神权统治。

商王手下有着为数众多的"臣"或"臣正"。见于卜辞和铜器铭文的官名很多,有小臣、小耤臣、小众人臣、卜、史、作册、御史、宰、尹等。属于武职的有马、亚、射、卫等。商代小臣的地位颇高,如汤的辅佐伊尹就是小臣。后来也如此,卜辞中有不少小臣代王祭祀或率兵出征的例子。

《尚书·酒诰》:"越在外服,侯、甸、男、卫、邦伯;越在内服,百僚庶尹,惟亚惟服宗工。"《酒诰》指出商代有内、外服之分。内服是商王畿,即商王直接统治的地区。外服是指分封给邦伯的封地,再有派侯、甸去统治的边境地区。内服、外服中都有许多的邑,贵族、平民都聚居在邑中。

封君有侯、伯两种。如见于卜辞的,武丁时有仓侯虎、井伯、易伯,帝辛时有攸侯喜。见于文献的有鬼侯、鄂侯、西伯。侯伯的封地是世袭的,他们各自拥有武装,置有"臣正"。封君对商王有贡纳谷物、龟甲、牛马的义务,再就是要服"王事",即率兵随王出征。商代统治集团就是由大小贵族官僚和侯伯所组成的。

军队和刑法 商统治者拥有一支强大的军队。卜辞记载一次出兵人数可达3000或5000,最多时曾到1.3万人。商人在作战时有步兵,也有战车。战车用两匹或四匹马曳引。车上有几名用青铜兵器装备起来的战士。军队可能分为三支,卜辞有"王作三师,右、中、左"的记载。士兵成分多为平民。军队一般是临时征集的,卜辞中称之为"登人"或"雄众"。军队主帅由王或大臣担任。商代军队的职责除对内镇压外,便是对外进行征服和掠夺。从卜辞记载可看出商代对外战争十分频繁。卜辞中记载被商人杀死的敌人,一次便达二千六百多人,说明当时的战争非常残酷。

《荀子》说"刑名从商",《吕氏春秋》说商代有"刑三百",商代刑法繁多是没问题的。监狱在商代也已出现,纣王曾把周文王拘禁在羑里,羑里即商监狱所在。甲骨文中的执字作𡘈,象一人双手戴上刑具,安阳殷墟出土的陶俑,双手是被枷锁住的。文献记载商代还有醢、炮烙等酷刑,刑法是商代统治者维持统治的重要工具。

商和诸方国的关系 在商的四周,分布着许多小国,有的则穿插于商国境之内。商称它们为方或邦方。在武丁时期有御方、井方、危方、马方等三十几个方国。在商西北方向的有土方、舌方、鬼方、羌方,在商之南有人方、虎方。

舌方、鬼方、羌方、人方是较为强大的方国,和商处于敌对地位,成为商的劲敌。根据卜辞记载,舌方经常去侵扰商的田邑。卜辞中保存着不少商和各方国间发生战争的记录。不过多数的方国比较弱小,它们臣服于商,有些方国后来也渐渐为商所吞灭。

帝乙、帝辛之世,商人对东南的人方发动了大规模的战争,卜辞和铜器铭文中都有不少"征人方"或"王来征人方"的史料。人方即后来的东夷或淮夷,是淮水流域的一个强大方国。《吕氏春秋》:"商人服象,为虐于东夷",商人到东南地区捕象曾给东夷人带来灾难。殷墟出土的鲸鱼骨、海贝、大龟、象骨,可能都是从东南沿海掠夺来的。

卜辞中记载着商人征人方来回所经之地和日期,往返一次大约要200

天。商不断对人方的用兵,自然是劳民伤财的事。安阳殷墟发现过上刻"人方伯"字样的人头骨。显然是商人杀死了人方的君长,并带回其头骨以作为战利品。最后商虽然征服了人方,但商的国力也因此而耗费殆尽。胜利所付的代价是不小的,正如《左传》所说:"纣克东夷而殒其身。"

四 商的衰亡

商国家的崩溃 武丁以后,商统治阶层越来越腐化,《尚书·无逸》:"自时厥后,立王生则逸。生则逸,不知稼穑之艰难,不闻小人之劳,惟耽乐之从。"到商末帝乙、帝辛时,情况最为严重。统治者沉醉于奢侈、享乐生活之中。纣王帝辛"厚赋税以实鹿台之钱而盈巨桥之粟"。在邯郸以南、朝歌以北这一范围内修建许多离宫别馆,又作"酒池""肉林","为长夜之饮"。西周时铜器铭文说,"唯殷边侯、甸雩殷正百辟,率肆于酒"①。可见大小官僚无不沉湎于酒,甚至一部分平民也不例外,出现了"庶群自酒,腥闻在上"的现象。

由于整个统治阶层的奢侈腐化和对民众残酷的压榨、掠夺,平民的反抗活动日益展开,《尚书·微子》说"小民方兴,相为敌雠",正揭示出国内矛盾十分尖锐的情景。

随着阶级矛盾的日益尖锐,统治阶层内部的倾轧也加剧起来。纣王自恃有材力而疏远其旧臣,《尚书·微子》说他:"咈(违)其耇长旧有位人。"《牧誓》说纣把"四方多罪逋逃之人"安插在"大夫卿士"的位置上面,像费仲、恶来、崇侯虎,都是他所信任的人。原来忠于纣王的比干谏而死,箕子佯狂,微子出走。纣王失去了一部分具有实力的大贵族对他的支持,使得统治集团陷于分崩离析的状态,这对于商政权的覆灭也起了加速的作用。

由于商统治力量的削弱,许多小国便纷纷从商的控制下摆脱出来。《左传》说:"商纣为黎之蒐,东夷叛之。"曾经长时期屈从于商的周,这时乘机拉拢一些小国,以壮大自己的力量。《左传》说周文王"帅殷之叛国以事纣",出现了三分天下周人有其二的局面。商要被周灭掉已成定局。

五 商朝的文化艺术

天文和历法 商人对天象变化颇注意,在卜辞中已有日蚀、月蚀的记

---

① 《大盂鼎》。

录,卜辞中还有关于鸟星、商星、大星、火星的记载,当时的人已具备了一定的天文知识。

由于农业生产的需要,商代已有较完善的历法。商人将一年分为12个月,大月为30日,小月为29日,每逢闰年则加一个月,武丁卜辞中有"13月"这样的名称,可知闰月是放在岁末的。从祖甲时起,历法有了改进,置闰岁终为置闰岁中所代替。

文字 现在所见到的商代文字记录材料主要是保存在甲骨、铜器及其他器物上,其中以甲骨上的为最多,甲骨文即指这种文字而言,其时代是从武丁到帝辛。甲骨文的单字约在4000以上,说明商代晚期文字已相当繁多。后人所谓的"六书",即象形、指事、会意、假借、形声、转注这六种构成与使用文字的原则,在甲骨文中基本已具备,则商代晚期已经形成了具有严密规律的成熟的文字系统。无疑,这是经过长期发展而来的。不少刻在甲骨上或是书写在器物上的文字,书体是非常美观的,都是一些宝贵的书法艺术作品。

甲骨卜辞及铜器铭文长的一般约为四五十字,当时写在简牍上的或许更长,周人说"惟殷先人,有册有典",应该是可信的。

宗教迷信 上帝这种宗教观念在商代已经产生,商人认为"帝"或"上帝"是天上的最高统治者,帝下面也有"臣正",上帝既是自然界的主宰,又可降福降灾于人间。日月、星辰、河流、土地也是商人的崇拜对象。此外商人还崇拜祖先,统治者认为商的先公、先王可以宾于帝或是配于天,即他们升到上帝左右,获得和上帝相仿佛的某些权力,商人对先公先王的祭祀名目繁多,仪式十分隆重。

占卜在商代很盛行,各地的商遗址中都发现有卜骨。占卜的方法是用火在牛胛骨或龟腹甲上烧灸,甲骨的背面便出现裂纹,古人称它为"兆",再根据"兆"的形状来断吉凶。从安阳殷墟出土的王室占卜用的甲骨来看,当时卜人将所占问的事和吉凶情况以及日后应验与否刻在兆纹旁,这些刻辞能看出商王占卜的范围很广,从天时、年成、祭祀、征伐到商王个人田猎、疾病等琐事无所不包。安阳历年出土的甲骨刻辞有十万余片,是研究商代历史的重要史料。

艺术 青铜铸造和装饰艺术在商代已发展到较高的水平,在许多青铜器上面,装饰有绚丽的花纹,最常见的和具有特色的是饕餮纹,此外还有夔纹、虎纹、鸟纹、鸮纹、鹿头纹、牛头纹、云雷纹等。有的铜器还做成动物形,造型非常美观。青铜器成为了商代艺术中的代表者。此外,商代有些玉、石、陶、骨、角、牙的制品上也雕刻有精美的花纹。出土文物中发现较多的玉石佩戴物和饰物，多作鸟形或鱼形，用简练的刀法刻琢成很优美的形象。

在殷墟发现的商代乐器有埙、磬和革鼓、铜铙。在甲骨文中有乐字，作樂形，象丝弦架于木上，商代可能已有琴瑟之类的乐器。甲骨文中有舞字，象人身上挂上饰物婆娑起舞之状。

第三章
西周、春秋与战国

第一节 西 周

一 周族的兴起和西周王朝的建立

从公元前 11 世纪末到公元前 8 世纪,是中国史上的西周时期。

周族早期的历史 周是兴起在渭水中游黄土高原上的一个古老部落。渭水有很多支流,漆水、沮水之间,土地肥沃,物产丰饶。这种优越的自然条件,是周能够勃兴的一个重要因素。

相传周的始祖后稷,名弃,其母姜嫄,有邰氏女,出野,践巨人迹,感而生弃。后来弃就留在他母亲的氏族中,安家立业,这就是《诗经》中所说的"即有邰家室"。

后稷诞生的传说,反映出周人在后稷以前,尚未脱离母系氏族社会的历史阶段。从后稷起,古文献上便记载着周人父系祖先的名字,这些名字,显然是周人进入父系氏族社会的标志。

《诗经》上说,后稷长于种植,他种植的稷、黍、麦、豆、瓜、麻等农作物都长得很茂盛①。古书上又说帝尧曾举弃为农师。这些传说反映了在遥远的古代,周人在耕作技术方面是颇为擅长的。

自后稷十几传至公刘,迁居于豳(今陕西旬邑)。《诗经》上说,当时周的整个部族成员到豳以后,在那里建立庐舍、豕牢,然后在靠近河流的原野,开拓田畴,划分疆场,分配土地,继续他们的农业生活②。

---

① 《诗·大雅·生民》。
② 《诗·大雅·公刘》。

周人迁豳后,就渡过渭水,"取厉取锻",改进农业生产工具,提高了农业生产技术,并开始"彻田为粮"。所谓"彻田为粮"就是强制人民用劳役的形式提供地租。

自公刘九传至公亶父,这时被称为戎狄的西北诸游牧部落,也向渭水流域移动,周人受到他们的压迫,公亶父率周人去豳,而迁居岐山下的周原(今陕西岐山)。和周人同时迁徙的还有其他邻近的部落。迁居岐山后,周人的社会发生重大的变化,他们开始营城郭,建室屋,设官司,并把各部落的人民分别组织在很多被称为"邑"的地域性组织之中,即所谓"以邑别居之"。看来周至公亶父时,已粗具国家雏形,所以后来的周人称公亶父为太王,尊奉他为周王朝的奠基人。

周和商很早就发生了关系。武丁时的卜辞中有"璞(伐)周"的记载。《易经》中载武丁伐鬼方,周人也参加,并因战功得到商的赏赐。这些史料说明了周至晚在武丁时已接受了商王朝边侯的封号。

公亶父死,子季历立。这时周人渐渐强盛,先后打败了西落鬼戎、始呼之戎、翳徒之戎①,基本上击退了来自西北的游牧部落的威胁,巩固了周人在渭水中游的统治。周人的强大,引起了商王朝的不安,故商王文丁杀掉了季历②。

季历死,子昌立,是为周文王。从季历起,商周接触日益增多。商为了结好于周人,曾把挚君之女大任嫁给季历,后来又把莘君之女大姒嫁给文王。由于商周关系愈来愈密切,周人就有了更多的机会去接受商文化。

文王对农业生产颇为注意。《尚书·无逸》说"文王卑服,即康功田功",又说文王"自朝至于日中昃,不遑暇食","不敢盘于游田"。还有的古书说,文王宣布了"罪人不孥""有亡荒阅"的法令③。"罪人不孥"是不把罪人的家属籍没为奴婢。"有亡荒阅"是逃亡的人必须找回来。更重要的是他推行"耕者九一",即"九一而助"的办法,把劳动地租制度化。

注意内政的同时,文王又发动了一系列的战争。首先讨伐的是西北方面的犬戎,又伐密、邘等小国。文王还发动了戡黎(今山西黎城)的战争,他东进的意图已越来越明显,使商人大为惊恐。最后灭崇(今西安市长安区)。崇侯虎是商王的亲信,周灭崇使商王朝失去了商在渭水流域的一个

---

① 《竹书纪年》。
② 同上。
③ 见《孟子·梁惠王》及《左传》昭公七年。

立足点。周灭崇后,迁都于丰(今西安市长安区),巩固了周人对渭水流域诸部落的统治。但终文王之世,周人未能摆脱商王朝的控制。

武王伐纣 文王死,子发立,是为武王。武王即位后,迁都于镐(今西安市长安区),积极准备伐商。这时商的统治已经在内外矛盾的交织中濒于崩溃,因而失去了对周的防御能力。

武王即位后,"东观兵,至于孟津(今河南孟州)"。这一次进军,只不过是一种大规模的侦察或试探而已。公元前1046年①,才发动了真正的伐商战争。在这次战争中,武王率戎车300辆,虎贲3000人,甲士4.5万人,并联合了庸、蜀、羌、髳、微、卢、彭、濮等方国部族。武王的军队,顺利地渡过了黄河,没有遇到抵抗。不久即进据商都朝歌郊外的牧野(今河南卫辉北),这时商王纣发兵仓皇应战。《诗经》说:"殷商之旅,其会如林。"古书上说,当时商军虽多,但在前线倒戈,战争以武王的胜利而结束。商最后一个王帝辛,自燔于火而死。

管蔡以武庚叛 牧野之战,周打败了商王组织的军队,商因此而覆亡,但没有彻底全部消灭商的势力,跟着就发生了以武庚为首的商人的武装叛乱。

周灭商后,封纣子武庚于商都,利用他统治殷遗民。周统治者又把商的王畿分为邶、卫、鄘三个封区,分别由武王弟管叔、蔡叔、霍叔去统治,以监视武庚,谓之三监②。

周王朝建立四年,武王就死了,子成王诵年幼,不能管理这个新建立的国家,于是武王弟周公旦"履天子之籍,听天下之断"。管叔、蔡叔对此不满,放出流言,说周公将不利于成王。由于王位继承问题,周统治阶层内部发生了矛盾。以武庚为首的商人残余势力便利用这个机会和管、蔡勾结,发动徐、奄、熊、盈等东方诸部族,举行大规模的武装叛乱③,企图推翻周的统治。

据《尚书·大诰》说,武庚叛乱,声势浩大,致使周人的根据地"西土"也出现了骚动和不安。周公主张用武力讨伐叛乱,有些周贵族不同意,周公作《大诰》,就是为了说服那些在叛乱面前动摇和畏缩的贵族。据《逸周书·作雒》说,周公、召公"内弭父兄,外抚诸侯",终于协调了统治阶层内部的分

---

① 根据2000年公布的夏商周断代工程年表。
② 此说据郑玄《毛诗谱》。《逸周书·作雒》《汉书·地理志》的说法与此不同,认为是三分商王畿,武庚治其一,三叔统治其二。
③ 《逸周书·作雒》。

歧,出兵东征。

周公东征,遇到了商代残余贵族顽强的反抗。经过三年的残酷战争,周公削平了商代残余势力的叛乱,并压服了以奄为首的东夷诸部落,杀武庚、管叔,流蔡叔、霍叔。在这次战争中,周人才真正遇到商代贵族的有力反抗,也才真正征服了商人,把自己的势力伸张到黄河下游,南及淮河流域。

在结束武庚叛乱后,周统治者就把巩固广大的东方地区的军事占领,作为自己首要的政治任务。

周统治者首先把参加武庚叛乱的商顽民,强制迁徙到洛水北岸,命令他们兴建一座成周城(今洛阳东30里)。这座城是周人控制整个东方地区最重要的政治军事枢纽。

周统治者命令商顽民在成周附近定居下来,告诫他们说:"今尔尚宅尔宅,畋尔田。"又说:"尔乃自时洛邑,尚永力畋尔田。"这就是说要商顽民在洛邑附近,安家落业,老老实实种田,永远做周人驯服的顺民,如果敢于反抗,就要遭受严厉的惩罚①。

周统治者又挑选一批商遗民,编成一支军队,驻守成周,这就是常见于铜器铭文的"成周八师"。周统治者利用这支军队镇压商代的残余势力,也利用他们进攻东夷和淮夷。

周初的封建 在兴建成周城同时,周统治者又大封诸侯,在商代国家的废墟上,全面地建立起新的封建诸侯。

周初封建的诸侯,绝大多数是同姓子弟。《荀子·儒效篇》说:周公"兼制天下,立七十一国,姬姓独居五十三人"。《左传》昭公二十八年也说:"昔武王克商,光有天下,其兄弟之国者十有五人,姬姓之国者四十人,皆举亲也。"

同姓的诸侯,都是文王、武王、周公的后裔。《左传》僖公二十四年说:"昔周公吊二叔之不咸,故封建亲戚以蕃屏周。管、蔡、郕、霍、鲁、卫、毛、聃、郜、雍、曹、滕、毕、原、酆、郇,文之昭也;邗、晋、应、韩,武之穆也;凡、蒋、邢、茅、胙、祭,周公之胤也。"周初所封同姓诸侯,当然不止这些,当时的情况大概正像《荀子·儒效篇》所说,周的子孙,只要不是疯痴,都变成了显贵的诸侯。

周初诸侯,不都是同姓子弟,也有异姓的诸侯。这些异姓诸侯,有些是周人的亲戚,有些是归附周人的一些小国的首领,还有所谓神农、黄帝、尧、舜、禹的后裔。

周初的重要封国 在当时的封国中,最重要的是卫、鲁、齐、晋、燕、宋

---

① 《尚书·多方》。

等国。

卫是武王弟康叔的封国,都朝歌(今河南卫辉北)。鲁是周公长子伯禽的封国,都奄(今山东曲阜)。周统治者把殷民七族:陶氏、施氏、繁氏、锜氏、樊氏、饥氏、终葵氏,封赐康叔,把殷民六族:条氏、徐氏、萧氏、索氏、长勺氏、尾勺氏,封赐伯禽。周统治者告诉鲁、卫之君,对待殷遗民要"启以商政,疆以周索",这就是说,在推行政令时,要照顾殷人的习俗,在疆理土地,亦即在改变土地所有制的时候,则要依照周的法制。①

宋是微子启的封国,都商丘(今河南商丘),微子启是归顺于周的商贵族,周封他于宋,并把一部分商遗民交给他去统治。

齐是太公吕望的封国,都营邱(今山东临淄)。周统治者授权于齐,可以讨伐有罪的小国。

晋是成王弟叔虞的封国,都唐(今山西翼城),国号唐,叔虞子燮改为晋。山西南部是夏之故墟,所以《左传》说"命以《唐诰》而封于夏虚"。周统治者把居住在晋国的夏遗民"怀姓九宗"封赐叔虞,并告诉叔虞对待与戎族杂处的夏遗民要"启以夏政,疆以戎索"。这就是说,在推行政令时要顺应夏人的习俗,疆理土地则要适应戎人的成法。

燕是周贵族召公奭的封国,都蓟(今北京)。近年北京出土一批带有匽(燕)侯字样的周初铜器,在辽南也发现不少商、周铜器,证明召公之子确实分封于蓟。周初的燕统治着今河北北部、辽南的一些地区,燕成为周北土的屏障。

齐、卫等大国之君都是周王最亲信的人,他们统治着一些要害之地。周在其完成分封之后,其统治也大大地巩固起来了。

册封 封建诸侯,要举行一种隆重的仪式,谓之锡命。在仪式中,受封者从周天子接受册命,称为册封。《左传》说到封康叔时,"命以《康诰》而封于殷虚"。《康诰》就是册封康叔的册命。

册封的主要内容是授民授疆土,即把某一地区的土地连同这土地上的人民封赐诸侯,让他们去建立侯国。《左传》载康叔受封时"聃季授土,陶叔授民"。鲁公受封时,也是"锡之山川,土田附庸"。被封赐的人民,都是当地的居民,不是从外地移入的。《左传》说鲁国是"因商奄之民"。《诗·大雅·崧高》说申伯受封时,也是"因是谢人,以作尔庸"。诸侯自己带到封国去的,只是祝宗卜史,官司奴仆和军事扈从。

---

① 《左传》定公四年。

诸侯对天子要承担镇守疆土、捍卫王室、缴纳贡物、朝觐述职等封建义务；还要随时准备率领自己的武士、军队，接受天子的调遣，参加战争。

诸侯有权把自己封区内的土地和人民封赐给自己的家族和亲信以为卿大夫，卿大夫对诸侯也要承担从征、纳贡等义务。

卿大夫又有自己的家臣，家臣对卿大夫也要承担各种的义务。

这种层层叠叠的分封，就构成了以周天子为首的等级制度和上下的从属关系。《左传》昭公七年说"人有十等……王臣公，公臣大夫，大夫臣士"，正是这种等级制度和上下的从属关系最具体的说明。

二　西周的经济结构和社会阶层

土地所有制　周天子位于封建的最顶端，名义上是全国土地和人民的最高所有者。《诗·小雅·北山》说："溥天之下，莫非王土；率土之滨，莫非王臣。"

周天子把王畿之内的土地，作为自己直接管理的领地，王畿之外的土地则分封诸侯。诸侯是自己封国内的土地和人民的最高所有者。《左传》昭公七年说："封略之内，何非君土，食土之毛，谁非君臣。"

王畿之内的土地有一部分是王室的藉田，由司徒来管理。每年春耕时，周天子率领他的大臣举行一次亲耕藉田的典礼。当然，所谓亲耕，只是一种仪式，而"终于千亩"的则是被称为"庶人"的平民①。王畿之内的山林川泽，天子也派有虞人、麓人、川衡等官吏管理。除此以外的土地则由天子封赐给他的大臣作为采邑，《中鼎》铭载，王把裹土赐给中为采邑。《趞尊》铭载，王把琵赐给趞为采邑。

周天子有时也不以"邑"的名义而以田若干赐给大臣。《敔殷》铭载，王"锡田于敔五十田，于早五十田"。《大克鼎》铭载："王若曰：克……锡女田于埜，锡女田于渒，锡女井家𤔲田于峖，以厥臣妾，锡女田于康，锡女田于匽，锡女田于陴原，锡女田于寒山。"有时赏赐的土地也以里计算。《召卣》铭载："王自榖赏毕土，方五十里。"

诸侯和卿大夫都有权把自己的一部分封地再分赐给自己的臣属。《卯殷》铭载荣伯呼命卯曰："锡于钊一田"，"锡于崙一田，锡于队一田，锡于截一田"。《不婴殷》铭载，白氏赐给不婴"臣五家，田十田"。贵族之间也可以

---

① 《国语·周语》。

彼此交换田地,不过土地买卖的情况还没有发现。

天子和诸侯都有权把封赐出去的土地收回。《大毁》铭载周天子把封赐给夔的田地收回,改封他人。但一般说来,诸侯和卿大夫是把自己的封国或封邑传给子孙。按宗法制的规定,当时合法的土地继承人是嫡长子。被封赐的土地,也成为各级贵族世袭所有。

社会阶层　西周社会属于统治阶层的贵族,分各种等级,从高到低有天子、诸侯、大夫、士,各级贵族都是土地所有者。《国语·晋语》说:"公食贡,大夫食邑,士食田,庶人食力。"这几句话,具体地说明了这种等级关系。士以下都是被统治者,主体部分是平民。

周族征服者建立作为据点的城及其附近的郊,被称为"国",居于其中的主要是周的统治者贵族以及周族的平民。国人有一定的参政权力,只有他们才能为国家当兵作战。

"国"之外的广大田土被称为"野",在其上的农业劳动者,主要是被征服地区的居民等,他们被称为野人,又称庶人、庶民,是西周时期农业生产的主要承担者,也是被统治阶层的主体。

"国"中的农、工、商,和"野"外的庶人构成了西周社会中的被统治阶层。

贵族们又称"君子",田野里劳动的农人被称"野人"或"小人","君子"和"野人"或"小人"是对立的。《孟子·滕文公》说:"无君子莫治野人,无野人莫养君子。"这两句话也道破了统治者和被统治者的关系。

《大盂鼎》铭载,康王赏给盂"人鬲自驭至于庶人六百又五十又九夫"。《宜侯夨毁》铭载,康王赐给夨土地和"庶人六百又六〔十〕夫"。从这些史料看,庶人的地位很低,但并不像奴隶那样一无所有。《诗·豳风·七月》说:"十月蟋蟀,入我床下,穹窒熏鼠,塞向墐户,嗟我妇子,曰为改岁,入此室处。"这说明当时的农业劳动者有自己的妻子儿女,家室庐舍。《诗·周颂·臣工》说:"命我众人,庤乃钱镈,奄观铚艾。"《载芟》也说:"有略其耜,俶载南亩。"这说明他们有自己的生产工具。

此外,也存在着部分奴隶,主要作为家奴而存在。铜器铭文中有关于赏赐"人鬲""臣妾"的记载,也有用匹马束丝赎回奴隶的记载①。这些奴隶多来自战俘,但其总体数量和用于农业生产的比例都不高。

井田制与地租　古文献上说,周代实行过井田制。关于井田制,《孟子·滕文公》曾有这样的说明:"方里而井,井九百亩,其中为公田,八家皆

---

①　见《令毁》《令鼎》《麦尊》《大盂鼎》等器铭。

私百亩,同养公田,公事毕,然后敢治私事,所以别野人也。"

从这段话看来,井田制的主要内容是把土地划分为方块,井田之中,有公田,也有私田。《诗·小雅·大田》说:"雨我公田,遂及我私",正是公田私田存在的说明。公田的收入归公室或用于公共支出,私田的收入才归农民自己。《孟子》说:"公事毕,然后敢治私事",即农民在田官的监督下必须先耕种公田,然后才种自己的私田。由于当时生产力低下,田地是经常要更换和调整的,一般是三年就须"换土易居",即重新分配土地。当然,换地不能超出一定的范围,"死徙无出乡",成为严格的禁令。因此,所谓井田制,实质上就是劳役地租制。

田野上劳作的农人,被规定在十月向贵族纳禾稼,把黍、稷、禾、麦等最好的粮食连同麻纻全部献给贵族,此外,还要向贵族提供其他各种贡献。他们要用自己的织物"为公子裳",用自己猎取的狐狸"为公子裘",打猎后还要"献豜于公",一年之中十分辛苦,自己吃的是野菜,"六月食郁及薁,七月烹葵及菽",到了年终,还是有"无衣无褐,何以卒岁"之叹。

除贡物外,农民还要担负徭役等。据《诗·豳风·七月》记述,当时农民到了冬季,要替贵族作各种服役,如修理房屋、凿冰、割草、搓索等等。

农业、手工业和商业 周代的农具,见于古文献的有耒、耜、钱、镈、铚等。现在已经发现的西周农具,金属制的不多,绝大部分都是用木石、兽骨、蚌壳制作的。

双齿的耒和铲状的耜,是周人的主要农具。耕田用人力,通常是协作,这就是所谓耦耕。《诗·周颂·噫嘻》说:"十千维耦",《诗·周颂·载芟》说:"千耦其耘",说明了当时农业的繁荣。

周人第一年开种的田称为菑,第二年耕种的田称为畲,第三年耕种的田称为新。《诗·小雅·采芑》说:"薄言采芑,于彼新田,于此菑亩。"《诗·周颂·臣工》说:"如何新畲"。这里所说的"菑""畲""新",就是指耕种年数不同的田地。第三年耕种以后,地力已衰竭,周人就用抛荒的办法以恢复地力。数年之后,再次开种。

《诗·小雅·甫田》说:"或耘或耔,黍稷薿薿。"《诗·周颂·良耜》说:"其镈斯赵,以薅荼蓼,荼蓼朽止,黍稷茂止。"这些诗篇说明周人对于除草培苗已很重视。

《诗·小雅·白华》说:"滮池北流,浸彼稻田",这说明周人已经知道应用人工灌溉。当然在很大的程度上他们还是依靠天然的雨水。《诗·小雅·甫田》说:"琴瑟击鼓,以御田祖,以祈甘雨,以介我稷黍。"说明了周代的农人仍须向大自然祈求恩惠。

《诗经》中记载的西周的农作物品种很多,重要的谷物有黍、稷、稻、粱、菽、麦等,种植最多的是黍、稷。在同一种作物中,还分出不同的品种。《诗·生民》说:"诞降嘉种,维秬维秠,维穈维芑",秬、秠是黍的两种嘉种,穈、芑是粟的两种嘉种。《诗·周颂·思文》说:"贻我来牟",来是小麦,牟是大麦。《诗·周颂·丰年》说:"丰年多黍多稌",稌是稻的一种。桑、麻的种植很普遍。桑、麻在《诗经》中常见,麻往往与禾、麦并提。《诗经》有关于"蓺麻""沤麻""绩麻"的话。桑是养蚕的饲料,蚕丝和麻的纤维都是周人做衣服的主要材料。

狩猎在农民经济生活中还占有一定的地位。农民要用狩猎补充自己的生活资料,还有向贵族提供猎获物的义务。《诗·魏风·伐檀》说贵族是"不狩不猎",而他们却占有别人的劳动成果。

周代的手工业,有官府手工业和属于农民家庭副业的民间手工业,但都是为了自给自足而生产,只有少数的手工业品用于交换。

官府手工业的工匠,铜器铭文中称之为"百工"。《国语·晋语》说:"工商食官",这表明工是隶属于官府的,他们是向王室或贵族领取生活资料的专业工匠。

西周的官府手工业,以冶铸青铜器为主,王室或被封诸侯都有自己的青铜冶铸作坊。随着大封诸侯,青铜冶铸技巧也传播到全国许多地方。现在所知,北面到辽宁、河北,东面到山东、江苏、安徽,南面到河南南部以及湖北,都曾经发现过西周的青铜器。铸造方法大抵继承了商人的技巧,不过类别和数量要比商代为多,铭文也比商代的长,这都显示出青铜器制造业有了进一步发展。

陶器制作方面出现了板瓦和筒瓦。虽然当时瓦只限于使用在天子、贵族的宫室上面,但它的出现,在建筑史上仍是具有重要意义的事。西周时带釉硬陶比商代有了进一步的发展。在西安、洛阳、江苏、安徽的周墓中都发现有带青釉的陶器。

商贾也和百工一样,多半是隶属于官府和贵族的。交换媒介是用贝或一定重量的铜块,铜器铭文中有"王锡(赐)金百寽"或"取遗五寽"的记载,寽就是指铜块的重量单位。铜器铭文中有关于用玉器等物和贝交换的事实,则贝在当时也起一般等价物的作用。

三 西周的政治制度

官制 西周由于土地层层分封以及由此而形成的土地所有的等级结构,就使得这个政权既具有地方分散性又具有等级从属关系。

周王是最高首领,是诸侯的共主,他自称是天的元子,所以称为天子。实质上,以周王为首的西周政府,对它所封建的侯国,保有一定程度的控制权,但它直接统治的地区,则只限于王畿以内,即以镐京和成周为中心的一些地区。

西周时期的王室和侯国的政治机构,已难详考。根据《诗》《书》和铜器铭文所载,可以看出当时王室最重要的官职是卿士,卿士是天子的辅佐。《尚书·顾命》把卿士列于邦君之前,《诗·小雅·十月之交》列卿士于众官之首。铜器铭文中也把卿士寮放在诸侯之前。

太师、尹氏也很重要。《诗·小雅·节南山》说:"赫赫师尹,民具尔瞻",这里所说的师就是太师,尹就是尹氏。在这首诗中又说:"尹氏太师,维周之氐,秉国之均,四方是维。"《诗·大雅·常武》说:"太师皇父,整我六师,以修我戎。"又说:"王谓尹氏,命程伯休父。"这说明了太师、尹氏都是掌握国家军政大权的一些重臣。

常见于古书和铜器铭文中的"三有事"或"三事",是指司徒、司马、司空而言。据古书记载,司徒一般是管土地、赋役,司马是管军政,司空是管筑城、开沟、修路等工程。除"三有事"外,还有掌管刑狱的司寇。

见于古书的西周官名,尚有太保、太史、太宗、冢宰、趣马、膳夫等,统兵作战的官有"师氏、亚、旅"等。这些众多官职的出现,说明了当时政治机构的庞大。

王室的官吏都是由大小贵族充任的。由于他们世代占有土地,所以也世代垄断官职。当时不但有"世官",还有"世职",铜器铭文中记载王命令大臣继任其父祖旧职的例子很多。

周天子把畿外之地分封诸侯,诸侯中绝大多数是姬姓贵族。天子和诸侯除了君臣关系外,还保持以血缘纽带联系起来的宗法关系,这种宗法关系,对于维系西周贵族的统治是一种重要的力量。《诗·大雅·板》说:"大邦维屏,大宗维翰。"又说:"宗子维城。"这里所说的"大宗""宗子"就是指同姓诸侯的长子,周天子依靠他们作为屏翰来保卫自己的统治。

按照周制,大国诸侯有时还可兼任王室的官吏,如周初卫康叔为周司寇,周末郑桓公为周司徒。诸侯在自己的封国内,设置和王室类似的官吏,还拥有军队,他们各自成为一方之主。西周时,诸侯尚未强大,他们还能听从天子的号令,向天子纳贡。《左传》昭公十三年说:"昔天子班贡,轻重以列,列尊贡重,周之制也。"除纳贡外,还要朝觐述职,出兵从征。天子还有权干涉诸侯的内政,有些侯国的官吏要由天子任命。天子还可以惩治和撤换诸侯,周夷王曾烹齐哀公而立其弟静[1]。周宣王曾派兵伐鲁,杀伯御而立其弟孝公[2]。

西周时畿外的封君一般都称为侯,如鲁、卫之君称鲁侯、卫侯。畿内的封君多称伯,如芮伯、郑伯。侯、伯当是爵位的名称。西周时称公比较普遍,王朝大臣都称公,如周公、虢公,公在当时也可能是一种爵位。另外侯、伯之臣民称侯伯为公,则公又成为君主的同义语。

兵制　属于周王室的军队有周六师和虎贲。周六师是由周人组成的,驻在周京所在的西土地区,所以铜器铭文中称它为西六师。六师是周的主力军,昭王、穆王曾率六师出外远征。殷八师是殷遗民编成的,将帅则由周人充任。周人对南方各族多次的征战,往往是六师、八师并用。虎贲是周王的禁卫军,武王伐纣,即以虎贲为先锋。

刑罚　《尚书·康诰》说:"文王作罚。"《牧殷》铭亦载:"不用先王作刑,亦多虐庶民。"周人很早就依靠刑罚来加强他们的统治。《左传》文公十八年说西周时有刑书九篇,刑书中规定:"窃贿为盗,盗器为奸。"触犯了这种规定的要受到严厉的惩罚。这说明了当时的法律已经把保护私有财产和标志封建等级制的名器当作首要的任务。

《尚书·吕刑》说周代有墨、劓、剕、宫、大辟五刑,而且五刑之属多至3000,当时刑罚既苛且滥的状况是可以想见的。铜器铭文中有关于官吏对其下级施用鞭刑和墨(黥面)刑的事。西周时是"礼不下庶人,刑不上大夫",即使贵族、官吏犯法,他们也完全可以按"金作赎刑"的规定而交纳金货以免罪。用铜几百爰赎罪的事,在铜器铭文中是有例可寻的。

四　周和其他各族的关系

周和东夷、淮夷的关系　当周人覆灭了商王朝,继续向黄河下游进军的

---

[1] 《史记·齐太公世家》。
[2] 《国语·周语》。

时候,很快就遇到了强大的东夷、淮夷等东方部落的抵抗。东夷和淮夷是分布在今山东和淮河流域这一广大地区之内的最早的居民。他们聚族而居,从事农业生活。在商王朝统治时期,他们之中有一些部落已经在商文化的影响之下,走到了历史上文明时代的边缘,但更多的部落,可能还停留在氏族制的阶段。在殷周之际的历史变革中,东夷和淮夷受到了震动。西周初年,薄姑(今山东临淄)和奄(今山东曲阜)曾经参加以武庚为首的商代残余势力的叛乱,曾顽强地抵抗了周公的东征。经历了三年的持续战争,周人才把他们镇压下去。

胜利的周统治者在今山东境内建立了齐、鲁等封国,要这些诸侯把东夷和淮夷置于自己的军事控制和政治支配之下,但东夷和淮夷的反抗并未停止。《尚书·费誓》载鲁伯禽和淮夷、徐戎有过激烈的战争,鲁国受到的威胁很大,以致不敢打开国都的东门。

据铜器铭文记载,自周初以至厉王、宣王之世,周王朝和东夷、淮夷诸部落间,不断地发生战争。淮夷中最强大的是徐方。周穆王时,徐偃王曾起兵攻周,一直打到黄河边上。铜器铭文中也有穆王时周与淮夷作战的记载。厉王时周人和南方又有许多战争。《后汉书·东夷传》说:"厉王无道,淮夷入寇,王命虢仲征之,不克。"《虢仲盨》铭亦载:"王南征,伐南淮夷。"

淮夷的铜可能是周人掠夺的重要对象之一,铜器铭文中"孚金"的记载不少。也掠夺人口和牲畜。《师寰殷》铭载发生在周宣王时的一次战争中,周人"敓孚士女、羊牛,孚吉金"。

铜器铭文中称被征服的淮夷为"帛晦人"或"帛晦臣",意思就是贡纳之臣。《兮甲盘》铭:"淮夷旧我帛晦人,毋敢不出帛,其积,其进人,其贮",又说"敢不用命,则即刑戮伐",就是要淮夷向周王朝交纳布帛和其他财物,还要提供劳动力,否则就要受到讨伐。把淮夷置于周的统治和奴役之下,这是周人不惜付出很大力量不断征伐南淮夷的一个重要原因。

周和楚、吴的关系 西周时楚人分布在汉水流域到长江中游的两岸。楚的历史很悠久,早在商代就和商人有过接触。今河南南阳、信阳都发掘出西周时期的遗迹,说明周人在很早时已经占领了河南南部。在湖北圻春发现西周早期的木建筑和其他一些遗物,则周人有些据点已深入到长江边上。

西周时周和楚发生不断的冲突,在西周早期的铜器铭文中,一再提到周人"伐楚荆""伐反荆"的事。古书中记昭王率师远征楚人的记载颇多,说昭王打了败仗,"丧六师于汉",昭王最后死在汉水之中①。表明楚人是难以制服的。

宣王时,宣王封其舅申伯于谢(今河南南阳),谢是周通向楚的门户,宣王封申伯一事,可能是为了加强对南面的攻守。与此同时,周人的军队又出现在江汉地区。《诗·大雅·江汉》说:"江汉之浒,王命召虎,式辟四方,彻我疆土。"又说:"于疆于理,至于南海。"经过频繁的战争,江汉流域在宣王时曾被划入周的势力范围之内。

《史记·吴太伯世家》记载周太王之子太伯、仲雍逃奔荆蛮建立吴国的传说,这个传说反映出早在殷末,周人已经到达了长江下游,统治着那里"断发文身"的土著居民。

在今江苏发现过不少西周的铜器和遗址。《宜侯夨殷》说康王时周封虞侯夨于宜。可见西周初期,在今江苏境内也有过周人的据点,尽管在后来较长时期内,扎根在那里的一些来自中原的周人和周已没什么联系,但他们对开发长江下游一带还是作出过一定的贡献。

周和西北、东北各族的关系 分布在周的北面和西北方面的是一些游牧部落,其中最强大的是鬼方和严允。早在商代,他们就紧紧地跟在周人的后面,企图进入渭水流域。西周时,他们还是不顾周人的抵抗,向东南推进。《小盂鼎》铭载,康王二十五年,鬼方和周人发生过一次规模很大的战争,在这次战争中,周人大败鬼方,俘获鬼方一万三千多人,酋长三人,还俘获车、马和很多的牛羊。

《国语·周语》说,穆王时,"犬戎氏以其职来王"。穆王并强徙一部分犬戎于太原(今甘肃平凉、镇原一带),这里所说的犬戎,或许就是严允。

穆王以后,严允日益强盛,经常向南袭击,成为周的严重威胁。《后汉书·西羌传》说:"夷王命虢公率六师伐太原之戎,至于俞泉,获马千匹。"《虢季子白盘》铭也提到这次战争,说虢季子白"经维四方,薄伐严允,于洛之阳,折首五百,执讯五十"。双方激战于洛水(今陕西洛河)北岸,这一带离周的统治中心不远。由于严允经常对周侵袭,使周人的兵役负担加重。《诗·小雅·采薇》:"靡室靡家,严允之故,不遑启居,严允之故。"这就是当时行役者发出的感叹。

宣王时,严允已逼近周都。《诗·小雅·六月》说:"严允匪茹。整居焦穫,侵镐及方,至于泾阳。"《六月》诗中又说到当时周宣王派尹吉甫迎击严

---

① 见《竹书纪年》及《吕氏春秋·音初》。

允。《兮甲盘》铭也说到这次战争,铭文中说"伐严允于嚣虘,兮甲从王,折首执讯"。宣王并没有打退严允和其他西北游牧部落的进攻。《竹书纪年》载宣王命秦仲伐西戎,秦仲败死。到幽王时,申侯、缯侯联合犬戎攻杀幽王于骊山下。戎狄势力的强盛,逼迫周统治者在渭水流域无法继续立足下去。故幽王死后,子平王只得迁都于洛邑。

肃慎是居住在今东北境内的少数民族。《国语·鲁语》说武王克商之后,"肃慎氏贡楛矢、石砮"。《书序》说:"成王既伐东夷,息慎来贺。"息慎即肃慎,早在西周初年,周人和肃慎之间的往来关系已被载入史册。

《左传》昭公九年传,记周大夫詹桓伯之言曰:"我自夏以后稷、魏、骀、芮、岐、毕,吾西土也;及武王克商,蒲姑、商奄,吾东土也;巴、濮、楚、邓,吾南土也;肃慎、燕、亳,吾北土也。"确实,周灭商以后,周的疆域和其势力范围比商王朝更大,现在证之考古发现,《左传》这段话比较接近于实际状况。

古书和铜器铭文中有关周人和各族的关系,大部分是属于战争的记录,但隐藏在它背后的则是各族人民之间的和平往来,这应是历史的主流。

五　西周的衰亡

自成、康、昭、穆至共王统治时期,是周的盛世。到懿王时,内外矛盾交织并乘,周王朝便开始走上衰败的道路。

首先是统治者内部矛盾的加剧。到夷王时,"诸侯或不朝,相伐",王室不能制;或有来朝,夷王也不敢坐受朝拜,他甚至要"下堂而见诸侯"[1]。其次是民族矛盾的加剧。紧紧跟踪周人的西北诸游牧部落,到懿王时,以日益加强的攻势,向渭水中下游推进,成为周王朝的威胁。

夷王死,厉王立。铜器铭文记载厉王时南征的事相当多,看来当时周和楚的关系也很紧张。厉王既要加强西北边境的防御,又在东南开辟战场,显然处于两面作战的形势之下。战争使周王朝甚至也损害贵族们的利益。史载厉王以荣夷公为卿士,荣夷公好利,垄断山林川泽之利。山林川泽在当时是各级贵族所共同的享有品,厉王把山林川泽之利收归王室所有,是违背典章制度的。《国语·周语》说:"厉始革典",大概就是指此而言。

厉王专利,引起了贵族和平民的怨恨,他们都发出了怨言。《逸周书》说:"下民胥怨,财力单竭,手足靡措。"为了压制舆论,厉王使卫巫监谤,"以

---

[1] 《礼记·郊特牲》。

告,则杀之"。于是"国人莫敢言,道路以目"。邵公规谏厉王,他说:"防民之口,甚于防川,川壅而溃,伤人必多。"但厉王不听。矛盾愈来愈尖锐。到公元前841年终于爆发了国人暴动。据《盠盨》铭载,参加这次暴动的,除国人外,还有"正人""师氏人"等。显然这次暴动是有低级贵族、武人参加的。暴动没有遇到来自王室方面的武装镇压,史载当时国人围王宫,袭厉王,厉王出奔于彘(今山西霍县),朝政由诸侯共管,史称"共和行政"。

共和行政,维持了14年,厉王死于彘,诸侯归政于厉王之子宣王静。宣王在位46年,"内修政事,外攘夷狄,复文武之境土",史称中兴。《诗经》上有很多诗篇歌颂宣王的武功,从这些武功诗看来,宣王在对严允、西戎和徐、楚的战争中,都取得了一些胜利,并新建了韩、申等几个封国。但宣王也遭遇到一系列的失败,他命秦仲伐西戎,秦仲败死;伐太原之戎、条戎、奔戎,都打了败仗。最大的失败,是公元前789年的千亩之战,"王师败绩于姜氏之戎"。与此同时,对南方的战争也失利,史称"宣王既丧南国之师,乃料民于太原",企图补充军队,结果引起大臣们普遍的反对①。

宣王并没有打退外来的威胁,反而在频繁的战争中,激化了社会内部的矛盾。《诗经》中有很多诗篇说到当时兵役繁重,统治者把平民当作野兽,驱于旷野,使他们脱离了生产,长期远戍,以致町畽变成鹿场,田园鞠为茂草。留在农村的农民亦瓶罍俱罄,"杼柚其空",不得不抛弃家园,逃亡他乡。

据古书载,宣王元年大旱,二年不雨,至六年乃雨。《诗·大雅·云汉》说,这次旱灾带来了严重的饥馑,致使"周余黎民,靡有孑遗"。

很多低级贵族也遭到大贵族的劫夺,变为琐尾流离之子。《诗·大雅·瞻卬》:"人有土田,女反有之;人有民人,女覆夺之。"正是反映这一事实。这些破落的贵族对于无休止的"王事"和不公平的待遇,也表示不满。《诗·小雅·北山》反映了贵族愤恨的情绪。在这首诗中,他们提出这样的质问,为什么同样的人,"或燕燕居息,或尽瘁事国;或息偃在床,或不已于行;或不知叫号,或惨惨劬劳;或栖迟偃仰,或王事鞅掌;或湛乐饮酒,或惨惨畏咎;或出入风议,或靡事不为"。

显然在宣王统治的半个世纪中,国内外的矛盾都更加深化了。

宣王子幽王即位的第二年,关中发生大地震,"岐山崩,三川(泾、洛、渭)竭"。这次地震是很严重的。《诗·小雅·十月之交》所说的"百川沸腾,山冢崒崩,高岸为谷,深谷为陵",就是描述这次地震所造成的灾情。由

---

① 《国语·周语》。

于旱灾和地震同时来临,使农业受到严重的危害,从而给人民带来了饥馑。《诗·大雅·召旻》说:"民卒流亡,我居圉卒荒",人民因灾荒而到处流亡。严重的自然灾害,更加速了周的灭亡。

和天灾同时,西北诸游牧部落的侵袭,更加严重,致使当时的诗人,发出"日蹙国百里"的感叹。就在这时,王室内部发生了王位继承的斗争。史载幽王嬖爱褒姒,废申后及太子宜臼,以褒姒为后,立褒姒所生的伯服为太子,引起了申侯的叛变。公元前771年,申侯与缯侯引进犬戎,入攻西周,将幽王杀死于骊山下(今陕西临潼附近),西周遂亡。

第二节 春 秋

一 春秋时期的政治形势

周东迁和诸侯的强大 公元前770年,周平王放弃镐京而迁都洛邑。从这年到公元前476年,是中国史上的春秋时代。据《左传》记载,春秋时共有一百四十几国①。其中重要的是齐、晋、楚、秦、鲁、郑、宋、卫、陈、蔡、吴、越等国。

西周末年,关中因为受战争和灾荒的破坏而残破不堪,周统治者的实力也大为削弱,平王依仗晋、郑等诸侯的力量而东迁。

东迁后的周,起初尚占有今陕西东部到豫中一带的地方,后来有些土地被秦、虢等国割去,周的领土仅局限于洛阳周围几百里的范围之内。过去以封建从属关系而形成的统一纽带逐渐废弛,中原各诸侯国不再定期向天子述职和纳贡。周王室由于贫弱而不得不放弃天子的尊严,向诸侯伸手去"求赙""求金""求车"。周实际上已和一个小国差不多,它不能对各诸侯发号施令,反而在政治上、经济上都必须依附于强大的诸侯。东迁之后,周天子失去其天下共主的地位。西周时的"礼乐、征伐自天子出",遂为"礼乐、征伐自诸侯出"所取代。各个强国为了要挟天子以令诸侯而争做霸主,故而春秋时期出现了大国争霸的斗争。

齐桓公的霸业 齐在经济、文化上都较为先进,春秋时号称泱泱大国。公元前685年,齐襄公死,桓公继位,他任用管仲为辅佐。管仲整顿了齐国的内政,经济获得了发展,齐的国力大为充实。桓公稳定了国内的局势之

---

① 据顾栋高《春秋大事表》。

后,便积极开展对外活动。首先是拉拢宋、鲁两国,接着把郑也争取到自己这边。这时戎狄势力很盛,对华夏的一些小国有极大的威胁。公元前661年,狄伐邢(今河北邢台)。公元前660年,狄又破卫(今河南淇县),卫只剩下遗民5000人。齐于是出兵救邢存卫,迁邢于夷仪(今山东聊城),迁卫于楚丘(今河南滑县),史称"邢迁如归,卫国忘亡"。由于齐联合了华夏各国,击退了戎狄的进攻,把一些小国从戎狄的蹂躏下拯救出来,从而提高了齐在中原的威信。

南方的楚国,从武王到文王,不断向北发展,灭掉了邓、申、息等国。到成王时,楚的势力已逼近中原。这时由于齐开始称霸,故一向服属于楚的江、黄等小国转向于齐。楚当然不会甘休,于是连年伐郑,以此来对齐施加压力。公元前656年,齐桓公率鲁、宋、陈、卫诸国之师,讨伐追随于楚的蔡国,蔡溃败,齐于是伐楚。当时楚也很强,而且也不肯向齐示弱。最后双方结盟于召陵(今河南郾城)。齐这次虽然未能把楚压服,但楚北进的锋芒却受到了挫折。

公元前651年,齐桓公又大会诸侯于葵丘(今河南兰考),参加盟会者有鲁、宋、郑、卫等国的代表,周天子也派人前往。这次盟会规定,凡同盟之国,互不侵伐,必须共同对付外敌。通过这次盟会,齐桓公遂成为中原的霸主。

桓公死,诸子争立,齐国从此之后就失去了霸主的地位。齐称霸时间虽不长,但对于阻止戎狄和楚人的入侵中原还是起了一些作用。

晋文公的霸业 晋在春秋初年是很小的。晋建都于翼(今山西翼城),它的疆域包括今晋南和汾、浍流域一带。《国语》说晋国是"景霍以为城,而汾、河、涑、浍以为渠"。晋西面有吕梁山,东面、南面有太行山和中条山,《左传》说:"晋居深山,戎狄之于邻。"这样的地理环境,对于晋和中原的交往是大有妨碍的。

晋在春秋初期的几十年间,内乱一直未停息。到公元前678年,武公才结束了长期的分裂状态而把晋统一起来。到献公时,他把原来晋国的一军改为二军以扩大兵力。随后灭掉了耿(今山西河津)、霍(今山西霍州)、魏(今山西芮城)三个小国,接着又灭虢(今河南陕县)、虞(今山西平陆)两国,晋的疆土开始从黄河北岸伸展到南岸。另外又占领了黄河以西的一些地方。晋开始强大起来。

献公死,诸子因争位而酿成内乱,相继在位的是碌碌无能的惠公和怀公,晋一直处于动荡不安的状态。

公元前636年,流亡在外19年的公子重耳,在秦的援助下回国继位,他就是有名的晋文公。《左传》说他备尝"险阻艰难",所以即位后能任用有才干的赵衰、狐偃等人,并注意发展农业、手工业生产。经过文公的整顿,晋政权得到了巩固,并出现"政平民阜,财用不匮"的局面。

公元前635年,周王室发生了王子带之乱,周襄王出居郑以避难。晋文公出兵杀王子带,护送襄王回国。襄王为了酬谢文公的功劳,把阳樊、温、原和攒茅之田(今河南济源、武陟一带)赐给晋国。文公兴兵勤王,不仅获得了土地,更重要的是提高了晋在中原诸侯中的威望。

自从齐霸中衰以后,楚又成为中原局势的支配力量,不仅鲁、郑等国都屈服于楚,甚至像齐这样的大国也受到楚的威胁。野心勃勃的晋文公,为了要称霸于中原,就必须先对付楚。

公元前633年,楚围宋,宋告急于晋。晋人先去侵伐楚的与国曹和卫,并将侵占到的曹、卫之田送给宋。楚遣使至晋,表示愿释宋围,但交换条件是晋也必须从曹、卫撤兵。而晋人私许曹、卫撤兵,使曹、卫背楚而从晋,晋又拘楚使以激怒楚。公元前632年,晋联合了秦、齐、宋,出兵车七百乘,与楚大战于城濮(今河南范县),楚人战败。晋文公和齐、鲁、宋、卫等七国之君盟于践土(在今河南原阳县境),并得到周王的策命。这年冬天,晋又会诸侯于温(今河南温县),周王也被召赴会,晋由于胜楚而跃升为中原的霸主。

文公死,襄公立。襄公依靠的是文公手下的一批老臣,晋并没有因为文公死而中断其霸业。

秦霸西戎 在晋称霸之时,秦也很想向东扩展自己的势力。晋文公刚死,秦穆公即乘晋丧而派兵偷袭郑国,后因郑有备而退回。但在行经殽地时(河南渑池、洛宁一带),遭到晋伏兵的狙击,秦师全军覆灭,三帅都被晋俘获。公元前625年,秦伐晋,战于彭衙(今陕西白水),秦又战败。过了一年,秦穆公亲自率兵伐晋,渡过黄河后烧毁乘舟,晋人见秦有决一死战之心,不敢应战。这次秦虽然取得了胜利,但秦的国力终究不如晋,特别是秦东进的道路被晋牢牢地扼住,所以秦无法向东迈出一步。出于这种原因,秦只能转而致力于征服邻近的戎人,史称穆公"益国十二,遂霸西戎"。

楚庄王的霸业 在晋文、襄称霸期间,楚不敢与晋争锋,所以只能向邻近小国去寻衅。楚穆王时期,楚先后灭掉了江(今河南正阳)、六(今安徽六安)、蓼(今河南固始)等小国。晋襄公死后,晋国大权旁落于赵盾之手,他为了树立自己的势力,在贵族中展开了兼并斗争,使得晋放松了它的争霸活动。楚穆王末年,范山向穆王说:"晋君少,不在诸侯,北方可图也。"晋的无暇外顾,给楚提供了到中原夺取霸权的机会。

穆王死,庄王立。庄王初年,楚国发生好几起贵族暴乱,与楚邻近的群蛮、百濮也都乘机进行骚扰,但不久都被庄王平息。庄王是一位有雄才大略的君主,《左传》说他在内政方面作过一些改革,因而减少了统治集团内部的摩擦。另外,在生产方面也有所发展,所谓"商农工贾,不败其业",楚的国势为之一振。

公元前606年,庄王伐陆浑之戎,观兵于周郊,并派人向周王去问九鼎之轻重,以表示有吞周的意图。公元前598年,楚又攻破陈的国都。次年又兴兵围郑,郑被困三月才被楚攻破,郑降于楚。晋闻讯后,派大兵救郑。晋楚两军大战于邲(今河南郑州北),这时晋国政令不行,将帅不和,晋军为楚所败而狼狈逃归。公元前594年,楚又围宋达九月之久,宋向晋告急,晋畏楚而不敢出兵。这时宋、郑等国都屈服于楚,庄王便成为中原的霸主。

鞍之战和鄢陵之战 随着晋霸的中衰,和晋一向站在一边的齐,渐渐对晋产生藐视的态度。齐顷公时,齐一面和楚联结,一面不断对鲁、卫两国用兵。公元前589年,鲁、卫两国因不堪齐的侵伐而向晋乞师,晋派大军到靡笄山下(今山东长清),齐、晋大战于鞍(今山东济南),齐师战败。齐和晋结盟,并答应归还所占鲁、卫的土地。这次战役的结局表明,晋仍是强大的,齐企图代替晋的霸主地位是难以实现的。

晋战胜齐,又引起了楚的不满,是年冬,楚以救齐为名而大兴兵。楚又举行盟会于蜀(今山东泰安),参与者有齐、秦、鲁、卫等十国,声势很盛。这时期晋不敢与楚争,楚也不敢攻晋,晋、楚基本上处于相持阶段。

公元前580年,晋厉公立,厉公很有重整晋国的意愿。他即位之初就打败了狄人和秦人。晋人一向称齐、秦、狄、楚为"四强",而这时除楚之外,都为晋所制服。

公元前579年,晋、楚两国在华元的调停下议和,但两国都无诚意,只是矛盾的暂时缓和。到公元前576年,楚就首先不遵守盟约而向郑、卫进兵。次年,晋因为郑服于楚而伐郑,郑求救于楚,楚恭王亲率大军救郑。晋、楚两军大战于鄢陵(今河南鄢陵),楚战败而退兵。

晋的战胜,助长了厉公的骄傲情绪。他于公元前574年,"欲去群大夫",杀掉了郤至、郤锜、郤犨,想以此来加强君权。但晋公室弱而卿大夫强的趋势已难以扭转,所以次年厉公又被栾书、中行偃所杀。

晋悼公复霸 晋厉公被杀之后,晋卿大夫之间的斗争渐渐缓和,故在悼公统治期间,晋势稍振。

悼公在对付戎人方面采纳魏绛和戎的策略,即用财物去骗取戎人的大片土地,以代替过去的军事杀伐。这样便可把兵力抽出来以加强对中原的争霸活动。

公元前571年,晋在虎牢(今河南汜水)筑城以逼郑。鄢陵之战以来,郑一直服从于楚。这时,郑经不住晋的压力而又倒向于晋。《左传》说悼公时"晋三驾而楚不敢与争"。这时晋、楚俱弱,但比较起来,晋略占优势,楚不敢与晋对抗,故而悼公能复霸。不过,晋的霸业,至此也接近于尾声了。

向戌弭兵 公元前546年,宋向戌继华元而提出弭兵之议,当时像晋、楚、齐、秦等大国都表示同意。是年六七月间,晋、楚、齐、秦、宋、卫、郑、鲁等十四国在宋都开弭兵之会。齐、秦是大国,邾、滕是齐、宋的属国,这四国不参与盟约。会上规定,晋、楚之从国必须交相见。就是说两国的仆从国必须既朝晋又朝楚,承认晋、楚为共同的霸主。霸业由两强来平分,这是前所未有的。如果不是两强势均力敌,这一现象是不会出现的。

弭兵之会以后的几十年中,由于两强力量接近于均衡,战争比以前减少了。

吴的强大和攻陷楚之郢都 地处长江下游的吴国,春秋前期和中原各国没什么来往,所以史书上缺乏有关吴的事迹。

公元前583年,晋采纳从楚逃亡到晋的申公巫臣的策略,扶植吴国以制楚。晋派巫臣到吴,把中原的乘车、射御、战阵教授给吴人,又"教之叛楚"。吴果然开始扰楚,属于楚的一些蛮夷,也渐被吴吞并。

公元前515年,吴公子光杀王僚而自立,即吴王阖闾。《左传》称阖闾与民"辛苦同之",吴日益强盛。公元前512年,吴灭徐(今安徽泗县北),楚的卿大夫这时已感到吴将是楚不易对付的劲敌。

逃亡于吴的楚臣伍员受到阖闾的重用。他认为"楚执政众而乖,莫适任患",他建议吴王把吴军分成三部分,每次出一师以击楚,如此轮番的去扰楚,便可削弱楚人,而后以三军攻之,一定能把楚打败。吴王接受了这一计谋,果然,从楚昭王即位之后,"无岁不有吴师",使楚疲于奔命。

公元前506年,吴大举攻楚,吴军溯淮而上,转战于小别山、大别山一带。吴与楚战于柏举(今湖北麻城),楚军失利。从攻楚以来吴五战皆捷,吴军遂攻入郢都(今湖北荆州),昭王奔于随(今湖北随州)。楚申包胥入秦乞师,秦襄公派兵车500乘以救楚。楚人在秦的援助下,把吴军逐出楚境。楚由于这次失败而失去了它强大的霸国地位。

吴伐越和越灭吴 与吴相毗邻的越国,乘吴忙于攻楚之际而经常去袭击吴。公元前496年,吴伐越,战于槜李(浙江嘉兴),吴师战败,吴王阖闾负伤而卒。公元前494年,吴王夫差为报父仇而败越于夫椒(今江苏苏州),又乘胜而攻入越都。越王勾践率领5000甲盾而退保于会稽山(今浙江绍兴),并使人向吴求和。伍员要求夫差灭越以除心腹之患,但夫差因胜越而骄傲自满,不听伍员建议而许越议和。

吴胜越以后,自以为从此可无后顾之忧,故一心想到中原和齐、晋试比高下。公元前486年,吴人在邗(今江苏扬州附近)筑城,又开凿河道将长江、淮水连接起来,辟出一条通向宋、鲁的水道。

随着吴的强大,中原的鲁、邾等国都屈服于它。吴为了压服齐人,于公元前485年,派舟师从海上去伐齐。次年,吴又兴兵伐齐,大败齐师于艾陵(今山东莱芜),齐军主帅国书被杀,吴俘获齐兵车达八百乘。

公元前482年,吴王夫差与晋、鲁、周等国会于黄池(今河南封丘)。在会上吴与晋都争做霸主,晋由于国内内乱未止,故不敢与吴力争,吴夺得了霸主的位置。

《左传》说夫差时,"吴日敝于兵,暴骨如莽",又说他不恤民力,"视民如雠"。吴在争霸方面虽有所得逞,但连年劳师动众,造成了国内的空虚。

越王勾践战败以后,不忘会稽之耻,卧薪尝胆,"十年生聚而十年教训",越的国力渐渐恢复起来。而吴对此毫不警惕,吴王夫差为参加黄池之会,竟率精锐而出,使太子和老弱留守。越王勾践乘虚而入,大败吴师并杀死吴太子。夫差闻讯,匆匆赶回,与越议和。由于吴的长期穷兵黩武,民力凋敝不堪,难以和越对抗。公元前473年,越灭掉了吴。

勾践灭吴后,也步吴之后尘,以兵北渡淮,会齐、晋诸侯于徐州,越兵横行于江淮以东,"诸侯毕贺,号称霸王"。

华夏和戎狄蛮夷的关系　　由于经济文化发展的不平衡,春秋时中原各国因经济、文化上较先进而自称为华夏,和他们相毗邻的或是错杂居住的则被称为戎狄蛮夷。

戎和狄主要分布于黄河流域和其北面。北戎、山戎在今河北或辽宁一带。姜戎、陆浑之戎本在今甘肃境内,后来被迁徙到今河南中部。狄分为白狄、赤狄。白狄在今陕西境,白狄别种的鲜虞、肥、鼓三国在今河北西部。赤狄有潞氏、留吁、铎辰、东山皋落氏、廧咎如,大约都在今晋东南。夷分布于今江淮流域或沿海等地,如齐的东面有莱夷,淮、泗流域有淮夷。楚的南面有群蛮、百濮。

据古文献记载,不少戎狄的生活方式以至语言、礼俗都和华夏人不同,如姜戎"饮食、衣服不与华同,贽币不通,言语不达"。"被发左衽"似是戎狄人普遍的习俗。有些戎狄和华夏并无种族上的差异，如姬姓、姜姓之戎，他们和周人本是同族之人。他们之所以被周人看作戎人，原因就是他们文化上落后于周人。

春秋早期，戎狄势力颇盛，华夏各小国固然受到较大威胁，就连晋、齐等大国同样也遭到戎狄人的侵伐。春秋中期后，华夏各国日益强大，许多戎狄蛮夷被他们征服和吞并。在今陕西境内的许多西戎被秦所灭，赤狄、白狄大多被晋所灭。齐灭莱夷，大部分淮夷小国被楚、鲁所灭。楚还吞并了南方蛮族所建立的小国或部落。军事上的征服，使一些戎狄蛮夷被强制接受较为先进的华夏文化。到春秋末，大多数居住在中原或靠近中原的各族逐渐地融合于华夏族，华夷之间的差别、界限也就渐渐地泯灭了。

二 春秋时期的经济发展

贵族与庶人 春秋时各国都按宗法关系而进行分封，故而受封地者多为公族出身的卿大夫。受田的多少依封建等级的高低而定，如晋国之制，卿受"一旅之田"，一旅之田为 500 顷。上大夫受"一卒之田"①，一卒之田为 100 顷。卫国的制度是卿可得百邑之封②。卿大夫除受封地之外，还可因功而得到赏田。《左传》有关这方面的记载较多，如郑君因子展、子产破陈有功而赏赐他们几个邑。宋君赏向戌 60 邑。当时国君也可从卿大夫手中把土地收回，另外，卿大夫抢夺别人田地之事也很多，如鲁闵公之傅"夺卜齮田"，晋国"先克夺蒯得田于堇阴"③。当时土地还没有成为商品，所以买卖田地的情形还未出现。

卿大夫在自己采邑内，具有生杀予夺之权。他们任命家臣为邑宰去治理采邑，可以派宰去杀死有罪的家族成员。采邑内设有武装组织，任命司马或马正去管理。晋国的韩氏、羊舌氏两家的封地达九县之多，每县都可以出100 辆兵车。

采邑内也有手工业和商业。鲁国叔孙氏的郈邑中有管理手工业、商业的工师和贾正④。

---

① 《国语·晋语》。
② 《左传》襄公二十七年。
③ 《左传》闵公二年、文公八年。
④ 见《左传》定公十年、昭公二十五年。

卿大夫从国君那里获得土地，因此他们也必须为国君尽一定的义务，除了要向国君交纳贡税之外，还得为国君提供军队和粮草。

在采邑中处于被压迫、被剥削地位的是庶人或小人。他们要为"君子"去耕种公田以提供徭役租。《国语》说"君子劳心，小人劳力，先王之制也"正反映出当时这种统治与被统治的关系。庶人除了种公田之外，还有许多沉重的徭役负担。各国国君为了筑城和修建宫室台榭，都要征调大量的庶人去服劳役，为此而"妨于农收"的事，当时是经常有的。农人有不堪压迫而沦为盗贼的，也有被迫而组织武装暴动的。

田制和税制的变化 春秋时期，田亩制度基本上沿袭自西周。《左传》说楚国是"井衍沃"，即在平原地区划成许多的井田。经济上先进的齐、郑等中原国家，也同样保存着井田制。《国语·齐语》说："陵阜陆墐，井田畴均，则民不憾。"子产治郑，实行"田有封洫，庐井有伍"。这些例子表明，管理好井田，成为施政内容的不可缺少部分。可见，这种田制在当时经济生活中具有重要的意义。

随着农业生产技术的进步，春秋时期土地利用率方面较过去有了提高。西周时耕地连种几年就要弃置不用而另换新地。春秋中叶开始，实行自辕其处的辕田制，即农民无须换土易居，而仅在自己小片田地上分区休耕即可。

春秋早期，还是"藉田以力而砥其远迩"。所谓"藉田以力"，就是指农人在种私田之外，还须共耕公田，提供力役地租。但是，随着农业生产率的提高，种公田一事愈来愈行不通了。《诗·齐风·甫田》："无田甫田，维莠骄骄。"甫田即公田。公田中长满了野草，说明由于农人的消极怠工，公田荒芜的现象日趋严重。

随着农民种私田积极性的提高，共耕公田的做法逐渐被废弃了，而是按农民实际的耕地面积来收取实物税。如齐桓公时，实行"相地而衰征"，即把私田分成等级以征税。公元前594年，鲁国宣布"初税亩"，即履亩而税，取代传统的"藉田以力"的徭役租。过去农民除耕作公田外，很少与国家发生关系。现在随着国、野的逐渐泯灭，国家除了要对农民履亩征税，还要农民承担兵役。国家对人口、土地的控制逐渐加强了。

工商业的发展 农业的发展对手工业、商业的发展都起到了一定的促进作用。

独立富商的出现，是春秋时期工商业较过去有了进步的重要标志。春秋晚期,晋国都城绛的富商"金玉其车,文错其服,能行诸侯之贿"①。特别到春秋末年,民间的富商日益增多,如越大夫范蠡弃官后经商,"十九年之中,三致千金";孔子弟子子贡经商于曹、鲁之间,"所至,国君无不分庭与之抗礼"②。由于经济的发展,农业、手工业生产规模扩大,产品流入市场增多。旧的"工商食官"制已不能适应形势的需要,故而民间独立的商人应运而生。

与商人阶层出现的同时,是金属铸币的开始铸造、使用。春秋晚期,周景王嫌钱轻而铸大钱。在山西侯马春秋末晋的遗址中,发现有铸作钱币的作坊。早先作为一般等价物的海贝、计量铜块,到春秋末不得不让位于金属钱币。

三 西周、春秋的文化

孔子及儒家学派 春秋末期,宗法制度已走向崩溃,世秉国政的公族已越来越腐朽和无能。出身于较低层贵族的士,开始在政治、文化方面发挥日益重要的作用。由于礼坏乐崩,一些能顺应当时需要的学说思想产生出来。孔子及其所创立的儒家学派正是在这种历史条件下出现的。

孔子名丘字仲尼,鲁国人,生于公元前551年,卒于公元前479年。孔子是中国早期社会中伟大的思想家和教育家。

在天道观方面,孔子是信神和畏天命的,表明他未能摆脱西周以来天命鬼神的影响。另一方面,他对天命鬼神又持怀疑的态度,"敬鬼神而远之",并认为"未能事人,焉能事鬼"。把探讨和解决人世间的问题放在优先的地位,树立起儒家重视人事的一贯传统。

孔子对周礼很重视,把西周看做是理想的时代,尽管他对于旧制度认为应该有损有益,而不是全部照搬,但他对古代仍是比较向往的。

在孔子的哲学体系中,仁的思想是其重要的核心部分。仁是由孔子最早提出的,所谓仁就是"爱人",他认为仁是贵族才能具备的一种品德。

在政治观点方面,孔子主张"节用而爱人,使民以时",反对国君横征暴敛,反对用残杀的手段统治人民。他提倡"为政以德",即试图用德化的方法来使人民在统治者面前能够俯首听命。

---

① 《国语·晋语》。
② 《史记·货殖列传》。

孔子一生中教出了许多有才干的学生，对促进教育事业的发展作出了重大贡献。他自己是虚心地向别人学习，而且是"学而不厌"，对学生是"诲人不倦"。他倡导"知之为知之，不知为不知"的作风。他本着"有教无类"的精神，使得许多出身非高贵的人也可获得文化知识。战国时期学术文化和教育的发达，孔子起到开风气之先的作用。

《尚书》《春秋》《诗经》 今文《尚书》28篇，其中有少数成书于战国，其余的均为西周和春秋时的作品。《尚书》是周王及诸侯的命令、文告一类的文书，是铜器铭文以外的最古老的散文，其中保存着不少古史材料。

春秋时鲁国官修的《春秋》，是流传至今的我国最早的一部编年史。它通过极为简练的文字，概括出一些重大历史事件，并表示出作者对这些事件的褒贬。《春秋》对于后世历史编写起到了示范的作用。

《诗经》是一部从西周到春秋的诗歌总集，里面共收诗305篇。《周颂》《鲁颂》《商颂》为庙堂诗歌，《小雅》《大雅》多出于贵族、官吏之手。15国风中有贵族的作品，但以民歌为多。《周颂》和《小雅》《大雅》产生于西周，其余的多为春秋时作品。《诗经》内容包罗甚广，从祭祀、征伐到民间的恋爱、劳动等社会生活的各个方面，都可成为它所选择的题材。《诗经》是具有现实主义特色的文学作品。

第三节 战　　国

《史记》将周元王元年（公元前475年）定为战国七雄历史的开端，从这年到公元前221年秦灭六国，是中国历史上的战国时期。这期间各国混战不止，战国就由此而得名。

春秋时一百多国，经过不断兼并，到战国初年，见于文献者约有十几国。大国有秦、魏、赵、韩、齐、楚、燕，即所谓的"战国七雄"，此外还有越国。小国有周、宋、卫、中山、鲁、滕、邹等。当时还有不少少数民族分布在四周，北面和西北面有林胡、楼烦、东胡和仪渠，南面有巴、蜀和越人。

七国的疆域情况大约如此：秦的国土包括今陕西关中和甘肃的东南部。魏约占有今山西南部、河南北部、中部、东部。赵约占有今山西北部、中部和河北的中部、西南部以及内蒙古自治区的一部分。韩约占有今河南中部、西部和山西东南部。齐占有今山东北部、河北东南部。楚约占有今湖北全省以及河南、安徽、湖南、江苏、浙江等省的一部分。燕约占有河北北部和内蒙、辽宁、吉林的一部分。

一　社会经济的发展

铁器的广泛使用　春秋末到战国初,铁工具开始在生产中广泛使用。《管子》说农夫必须有铁制的耒、耜、铫,女工必须有针和刀,制车工必须有斤、锯、锥、凿,否则就不能成其事。《孟子》提到"铁耕",证明当时耕田必定用铁器。根据解放后丰富的考古发掘材料,更加证实了战国时铁工具大量出现这一事实。现在所知,辽宁、河北、山东、河南、陕西、湖南等省都出土有铁器。毫无问题,铁器的使用和生产已普及于许多地区。出土的工具,种类颇多,有犁头、锄、臿、镰、铚之类的农具,也有斧、锛、凿、刀、锤等手工工具,这些铁工具代替了过去的木、石和青铜器,大大提高了工作效率,对社会生产力的发展起着极大的推进作用。

农业生产力的发展　铁器的使用,增强了开荒的能力,使耕种面积不断扩大。当时记载中常提垦辟草莱之事就说明了这点。耕作技术也有了相应的变化,主要是出现了深耕,这是使用木、石工具时无法实现的。《孟子》《韩非子》说:"深耕易耨""耕者且深,耨者熟耘",表明深耕已经普遍推行。《庄子》说:"深其耕而熟耰之,其禾繁以滋",《吕氏春秋》说深耕可使"大草不生,又无螟蜮",使禾、麦得到好收成。深耕不仅能提高亩产量,而且还可减轻虫、旱之灾,所以受到人们的特别重视。大约和使用铁器同时,也开始用牛耕田,《国语》说:"宗庙之牺为畎亩之勤",就是一个例证。

施肥和人工灌溉也有了发展。《荀子》说:"多粪肥田,是农夫众庶之事",并认为"田肥",就可多收谷实。战国时的粪主要是指以水沤草或焚草为灰,《礼记·月令》说把田间野草烧灰,既除草害,也能肥田。《周礼》有薙氏,专掌"杀草"。这些记载都是关于用草作肥料的例子。《周礼》中还提到施种肥之法,以兽骨汁浸种,可使作物生长得更好。人们对于人工灌溉也很重视,《荀子》说:"修堤梁,通沟浍,行水潦,安水臧,以时决塞,岁虽凶败水旱,使民有所耘艾。"中原一带种稻,更非人工灌溉不可,《战国策》记载西周君放水,东周君方得种稻的故事。《周礼·稻人》讲到如何在田中放水和蓄水。战国时还出现一种叫桔槔的汲水工具,是利用杠杆原理做成的,多用于小面积土地的灌溉。

战国时出现了有关农学的著作。《管子·地员篇》记录了许多有关土壤的知识,并指出结合哪些土壤应该种植何种的作物。《吕氏春秋》的《上农》《任地》《辩土》《审时》四篇,是战国末的重要农学著作。其中十分强调

"深耕熟耨",既要耕得深,还要多耕多耨。在整地方面认为在田间须开沟作垄,好依土壤湿、燥不同而决定将作物种在沟中或垄上。种植作物必须疏密适中,整齐成行。对于农时极为注意,认为播种、收获都必须"得时",过早为"先时",过迟为"后时",这样都会影响谷物的产量和质量。这些先进经验的提出,反映了当时农业技术的进步。

战国时农产量比过去有了提高。据魏李悝的估计,魏国 100 亩田平常年景能收粟 150 石,如遇大丰收可增加到 300 石或 600 石。《吕氏春秋》说:"上田夫食九人,下田夫食五人,可以益不可以损,一人治之,十人食之。"随着农业生产力提高,农民能提供多一些的剩余产物应是无疑问的。

水利工程的兴修　水利灌溉工程在战国时获得很大发展,这对农田灌溉和航行都有很大好处。

魏在惠王时曾开大沟引河水南入圃田泽(今河南中牟县西),又引圃田之水到大梁。魏襄王时,邺(今河北临漳)令史起,开渠引漳水灌溉邺一带的土地,使盐碱地变成良田,改变了当地的经济面貌。

秦昭王时,蜀郡守李冰,在今四川灌县附近,将离堆凿开,使岷江变为两股,以分水势,既解除了岷江水害,又使成都大平原得到灌溉和通航之利。这一工程即后来有名的都江堰。

战国末年,秦用韩国水工郑国,在关中开渠以沟通泾、洛二水,即所谓的郑国渠。渠长三百余里,渠两岸的"泽卤之地四万余顷",变成"收皆亩一钟"的良田,史称关中于是成为沃野,秦国更为富庶。

田制的变化　战国时,井田制已走到尽头,当时的土地仍基本为国家所掌握,国家直接向农民授田,也叫行田。《周礼·遂人》说:"以岁时稽其人民,而授之田野。"《吕氏春秋·乐成》说:"魏氏之行田也百亩,邺独二百亩,是田恶也。"授田只是给予使用权,且有期限,农民所受之田不能据为私有。授田的对象主要是平民,有的国家还授给外来者,以招徕人民增强实力。

授田基本都以一户 100 亩为标准,所谓"一夫挟五口,治田百亩"①,"百亩之田,勿夺其时,数口之家可以无饥矣"②。由于生产力提高,百亩之田不仅能养活一家人,还能养活更多的人,《孟子》里说,"耕者之所获,一夫百亩,百亩之粪,上农夫食九人,上次食八人"。③ 农民接受国家的田地后,就

---

① 《汉书·食货志》。
② 《孟子·梁惠王》。
③ 《孟子·万章》。

要承担田租和力役。田租一般为十取一。除田租外有时还要交纳刍稾。睡虎地秦简《田律》规定："入顷刍稾,以其受田之数,无垦不垦,顷入刍稾三石、稾二石。"

此外国君也会把大片土地赏赐给一些贵族和功臣。魏吴起曾许诺赏给有功的战士"上田上宅",秦将王翦还向秦始皇请求"美田宅、园池甚众"。

由于主要是由国家掌握着大量耕地,故田地还不能大量随意买卖。只有个人所有的住宅、园圃才能买卖。战国初,赵中牟之人已有卖住宅、园圃者。

授田制虽然提高了农民的积极性,但农民在沉重的租税负担下,生活仍是十分贫困。魏李悝曾对农民的收支情况作过计算,他说五口之家的小农,种田百亩,一般情况下百亩之田年收 150 石粟,交纳十一之税需要 15 石,五人每年口粮共需 90 石,余下的 45 石出售后可得 1350 钱,而全家衣着、祭祀两项支出就须 1800 钱,这样每年尚亏空 450 钱,至于疾病、丧葬之费,以及其余的苛捐杂税还未计算在内。另外,战国时农民还有很重的力役负担。《孟子》说农民"乐岁终身苦,凶年不免于死亡"。又说在凶年饥岁之时,老弱冻饿而死,壮者流散于四方。破产的农民,或"嫁妻粥子",或流亡,有的进入城市做小商贩或小手工业,也有的去做佣工,《韩非子》提到雇佣工去耕耨或排涝。有些流亡破产的农民甚至"聚群多之徒",在深山广泽林薮中,做掘墓或抢劫之事。

手工业的发展 农业生产力的提高和铁器用于手工业,大大推动了手工业的发展。

《周礼·考工记》记载官府手工业分制造木器、铜器、玉器、陶器和染色等不同工种。《考工记》有"攻木之工七""攻金之工六""攻皮之工五"等记载,这又表明在每一工种之中还分不同的专业。手工业内部分工如此细密,反映出手工制造业的发达。

冶铁是新兴起的一种金属冶铸业。随着社会上对铁器的大量需要,冶铁业得到迅速发展。《管子》说:"山上有赭者,其下有铁。"则当时人已知道通过矿苗来找矿的方法了。在《山海经》中提到出铁之山很多处,有"出铁之山三千六百九十"这样的话。人们对铁矿如此之注意,表明了冶铁生产的规模不断地在扩大。

新中国成立后各地出土的战国铁器,其中以农具、手工工具的数量为最多,兵器、日用器皿则较少。在河北兴隆发现有铸造斧、锄、镰、凿等工具的铁质铸范四十付,在河南新郑发现了泥质的铸范。范的发现,进一步证实战国时已有热铸技术。通过对实物的化验,知道最初多用块炼法而得到纯铁。后来掌握了热铸法。战国晚期,又学会了将纯铁加热渗碳而制成钢的技术。在战国时期的几百年间,由于劳动人民的智慧和才能,冶铁技术获得了很快的发展,这在世界冶金史上也是非常突出的事。

青铜器制作在战国手工业中仍占有重要地位。青铜制品除官僚、贵族所用的礼器、乐器、铜镜之外,还有数量较多的各种兵器和货币。在冶铸技巧方面也有进步。《周礼·考工记》记载有"钟鼎""斧斤""戈戟""大刃""削杀矢""鉴燧"六齐。齐是指铜、锡的比例,这说明当时在铜、锡比例的掌握上已有很丰富的经验。

战国时错金银器大为盛行,即用红铜或金、银在铜器上镶嵌出文字或花纹,这是一种精细的工艺技巧。

战国时纺织品生产也颇为发达。东方的齐国以多"文采布帛"著名于世。长沙出土的楚简上,有"罗""阿缟"等纺织物名称,反映出品种的繁多。楚墓中出土有织出菱形纹的丝绢残片,还有织得很细的麻布,每平方厘米有经线28支,纬线24支。此外还发现绣有夔凤纹的丝织品。

盐在战国时有较大规模的生产。燕、齐两国以产海盐著称,《管子》说:"齐有渠展之盐,燕有辽东之煮。"魏国的河东有大盐池(今山西运城),生产的池盐也很有名。

漆器生产在战国时也很发达,楚墓中常出土一些精美的漆器,有杯、奁、豆、匣等物,色彩鲜明,花纹绚丽。

战国时手工业生产仍有相当大部分是由官府经营的。《管子》提到统治者很重视盐业的收入。《管子》又提到齐设有"铁官",甚至铁矿山也为官府所垄断,严禁人民入内。河北兴隆出土的铁范,上有官府名称的铭记。当然设铁官者不仅限于齐、燕两国。盐、铁业能为统治者提供巨大的收入,因而官府是不轻易放弃的。据器物铭文记载,三晋和秦管理、监督铜器生产的官吏是"工师"或"丞"。秦国冶铸铜器的工匠,常由"鬼薪""隶臣"等罪犯奴隶担任。

战国时民营手工业也有很大发展。魏猗顿以煮盐致富,魏的孔氏,赵的卓氏、郭纵,都以冶铁成业。孔氏"家致富数千金",郭纵甚至"与王者埒富"。由此可见,民营作坊具有很大的生产规模。

商业交换的发展 农业和手工业之间的分工加强,导致了交换的发达,正如《孟子》所说,当时农民不从事手工业,可获得布帛和陶器、铁器,而手工业者不耕田也能得到粮食。《荀子》说当时北方的走马、吠犬,南方的羽翻、齿革、丹干，东方的织物和鱼盐，西方的皮革、文旄，都出现在中原的市场上。交换又使各地区间经济上的联系逐渐密切起来。

商业交换兴盛，商人也日益增多。在交通方便、经济繁荣的三晋、周、鲁等地，居民中以商贩为业者占有相当的比例。战国时商人靠买贱卖贵和囤积居奇来牟取暴利。著名的大商人白圭，根据"人弃我取，人取我与"的准则，丰年时收购粮食，抛售出丝、漆、茧，荒年时又售出粮食而收进帛、絮。当时有"末病则财不出，农病则草不辟"的说法，在当时的历史条件下，商人对扩大产品流通还是有一定的作用。

为了适应商业交换的需要，各国都铸造了大量的金属钱币，当时各国钱币形式是不一样的。三晋和周以铲状的铜质布币为主，燕、齐则以铜质的刀币为主，刀、布早先曾当作交换的媒介，所以在钱币形式上还有所保留。楚国通行小方块黄金作的"郢爰"币，还有是贝形的铜币，也即后人称之为"蚁鼻钱"者。为了使用起来方便，在各国铜币中，也有大小、轻重之别，如晋阳、安邑布各分为"二釿""一釿""半釿"三种。战国晚期，三晋、周、齐都铸造过一些圆孔或方孔的圆钱，秦统一后，圆钱便成为固定不变的形式了。战国时钱币往往由城邑来发行，钱币上多铸有地名，常见的有安邑、阴晋、垣、邯郸、晋阳、离石、蔺、长子、皮氏、高都、安阳、即墨、襄平等一百多个地点。这说明当时铸造钱币的城邑相当的多。

战国时度、量、衡实物资料流传下来的不少，有铜尺、铜权、铜量等。重要的铜量有齐子禾子釜、陈纯釜和秦商鞅量。战国时一升约合200毫升，一斤约合250克，一尺约合23厘米。值得注意的是各国度、量、衡标准渐趋于一致，应是商业交换频繁的结果。

在货币出现的同时，高利贷资本也活跃起来，当时称之为"子贷金钱"。放债者有商人，也有像孟尝君这样的贵族官僚。史载孟尝君每年利息收入达十万钱之多。《孟子》说农民经常要向别人去借贷，《管子》说有些农民甚至靠告贷维持生活。当时有所谓"倍贷"者，即利率达100%。广大贫苦农民，自然是高利贷残酷剥削的主要对象。

春秋时作为统治中心的城邑，到战国时往往成为交换的中心，当时如周的洛阳、魏的大梁、韩的阳翟（今河南禹州）、齐的临淄、赵的邯郸、宋的陶（今山东定陶）、卫的濮阳（今河南濮阳）、楚的郢（今湖北荆州）、燕的蓟（今北京），既是政治中心，又是有名的商业城市。《战国策》说战国以前，"四海之内，分为万国。城虽大，无过三百丈者，人虽众，无过三千家者"，战国时则"千丈之城，万家之邑相望"，城邑规模扩大，人口增多，这和工商业的发达有一定的关系。《战国策》说齐都临淄"甚富而实","临淄之途,车毂击,人肩摩","其民无不吹竽鼓瑟,击筑弹琴,斗鸡走犬,六博蹋鞠",城市的繁华情景,可见一斑。

战国时不少城邑的遗址,现在已作过勘探。齐都临淄城址,东西约广三公里,南北长四公里。河北易县燕下都故址,长宽各达四公里左右。这和文献上说的"七里之郭,五里之城",颇为符合。在燕下都的城址内,城北部发现不少大宫殿建筑遗迹,在其周围有冶铁、烧陶和骨器、兵器、钱币作坊遗址,居民住区集中于城西南部。围绕着城墙还有一道起护卫作用的城壕。通过对燕下都城址的勘查,可以了解到战国时大城市的规模和城市布置的一般情况。

二 各国的变法和君主集权制度的形成

魏、楚、齐、韩的变法改革 战国初年各国为富国强兵,都进行了变法活动。各国中以魏国进行变法为最早,开始于魏文侯时。文侯礼贤下士,师事儒门弟子子夏、田子方、段干木等人,又任用李悝、吴起、西门豹等人。这些出身于小贵族的士参与政治,标志着世族政治开始为官僚政治所替代。

李悝是魏文侯、武侯时参加政治改革的重要人物之一。

李悝曾兼采各国成文法而作《法经》。《法经》分"盗""贼""囚""捕""杂""具"六篇。① "盗篇"中规定大盗要戍边为守卒,重者则处以死刑。甚至还禁止道路拾遗,李悝说拾遗是有"盗心"的表现,犯者要受刖刑。"贼"指伤人、杀人,"杀人者诛",其家属没入于官。"盗""贼"两篇都是对生命、财产如何保护的具体条文,李悝认为它最重要,所以列于《法经》之首。《法经》中规定一人越城者诛,"十人以上夷其乡及族"。"群相居一日以上则问",三日以上要处死。这些规定显然是为了镇压人民的反抗活动。对于盗窃符、玺者要处重刑,又禁止人民议论法令,违者要处死。这些条文都是为了保护王权和加强专制主义。

李悝作《尽地力之教》。他认为农民"治田勤谨,则亩益三斗,不勤则损亦如之",即要农民加强劳动强度,以增加国库收入。李悝又作"平籴法",即在丰年时向农民多征粮食以作为储备,供荒年时调剂之用,农民便不致因饥馑而破产、流散。李悝这些措施,"行之魏国,国以富强"。

---

① 《法经》主要内容见于桓谭的《新论》(见董说的《七国考》)。

楚在悼王时，魏吴起奔楚，悼王用吴起进行变法。当时楚"大臣太重""封君太众"，吴起的改革便先从摧毁贵族封君势力入手。他下令："封君之子孙三世而收爵禄。"另外又"罢无能，废无用，损不急之官"，"废公族疏远者"，命令这些贵族迁徙到边远旷虚之地①。这样，国家收入增多了，吴起便用这笔钱来养兵。进行改革仅一年，悼王死，旧贵族攻杀吴起于悼王丧所。楚肃王即位，便以伤害悼王尸体的罪名惩治了旧贵族，"夷宗死者七十余家"，使旧贵族遭到很大的打击。

齐威王时，即墨大夫治即墨，"田野辟，民人给"，阿大夫治阿，则"田野不辟，民贫苦"。威王诛阿大夫而重赏即墨大夫，"齐国大治"。威王用邹忌为相，邹忌也注意"谨修法律而督奸吏"②。由于齐国和三晋一样地实行君主集权和法治，到威王末年，"齐最强于诸侯"。

韩昭侯时，"申不害学术以干昭侯"，昭侯用申不害为相。申不害的"术"是要求君主"因任而授官，循名而责实，操杀生之柄，课群臣之能"，即君主应有一套控御臣下的办法。史称申不害"修术行道，国内以治"。

秦商鞅变法 秦在战国初年，社会经济也在发生剧烈的变化。公元前408年"初租禾"，即从力役地租转化为实物地租；公元前378年"初行为市"，表明商业交换也正在活跃起来。秦的这种发展，比起关东各国仍要落后一步。秦孝公时，秦国是"君臣废法而服私，是以国乱、兵弱而主卑"，受到楚、魏两国的侵迫。秦在外交上地位颇低，不能参与中原各国之盟会，各国都以"夷狄遇之"。秦孝公在内外压力下，迫切地要求变法图强。

卫人公孙鞅，在魏相公叔痤门下任事。公叔痤死，鞅听说秦正下令求贤，于是离魏而入秦，"说孝公变法修刑，内务耕稼，外劝战死之赏罚"，孝公便用他进行变法。后来秦封公孙鞅于商，故又号为商鞅。

公元前356年，商鞅下变法令，"令民为什伍而相收司连坐，不告奸者腰斩"，"匿奸者与降敌同罚"。凡民有二子以上不分家者，"倍其赋"。把大家庭拆散为小家庭，无非使农民能更多地提供租税和力役。对于农民"致粟帛多者"，可免除徭役或租税；不努力耕作，和弃本逐末者，全家都要被罚为奴隶。又鼓励人民立军功，有功者可得爵，私斗者则要受罚，宗室无军功者，便不能取得贵族身份，新的军功贵族按爵位高低来决定他们占有田宅、奴隶的多少和服装的等次。

---

① 《韩非子·和氏》。
② 《史记·田完世家》。

商鞅的新法令和旧贵族的利益是有抵触的。新法实行了一年，"秦民之国都言初令之不便者以千数"，当时太子也违法，商鞅严惩太子的师傅以儆众，从此无人敢公开反对。实行几年之后，秦民"勇于公战，怯于私斗，乡邑大治"。

公元前 350 年，秦从雍（今陕西凤翔）迁都咸阳，商鞅又下第二次变法令，禁止家人"同室内息"，为使父子、男女有别；"平斗桶、权衡、丈尺"，即统一度量衡制。将全国的小都、乡、邑集合成 41 县，县置令、丞，旧贵族的封邑遭到彻底的破坏。又下令废井田，开阡陌，实行授田制。

秦经过变法，国家开始富强。对外方面首先是向魏进攻。公元前 354 年，夺取了魏的少梁（今陕西韩城），公元前 352 年，商鞅率兵围安邑（今山西夏县），公元前 340 年，商鞅又虏魏将公子卬而战胜魏军。

公元前 338 年，秦孝公死，子惠文王即位，商鞅被杀，但变法的成果仍沿袭不变，终于使秦走上日益强大的道路。

官制和兵制 各国经过变法后，在国君之下有一套受他控御的官僚机构，确立起君主集权制。战国时是"量能而授官"，即官吏由国君任免，完全改变了春秋时世族垄断官职的局面。战国时也起用平民做官，如申不害、蔺相如都出身低微，不过普遍的情况仍是由宗室、同姓或大族担任要职，如齐国的诸田，楚的屈、昭、景三家。

官僚机构中地位最高者为相，当时称为"相邦"或"丞相""宰相"，独楚国称为令尹。相是国君的助手，《荀子》说相是百官之长，治理朝中之"百事"，和春秋时执政有相似之处，所不同者相一般不率兵出外作战。相下面的重要官吏有司徒、司空、司寇、尉、御史等。

官吏一般都是领取实物俸禄，以代替过去的采邑。高官的俸禄在三百石以上，有"食禄千钟"或三千钟、万钟者。百石、五十石是小官之俸，最低者有所谓"斗食"者。各国宗室受封者不少，如齐的靖郭君、孟尝君，魏的信陵君和赵的平原君。大臣立大功者也受封，如赵封廉颇为信平君，燕封乐毅为昌国君，秦的魏冉、范雎都封侯。不过战国的封君在封邑中无统治权，且不能长期世袭，仅是食租税若干户而已。

战国时大小官吏都靠玺来行使其权力。玺是国君发给的，可随时"夺玺"或"收玺"。国君掌握了玺，也即掌握了对官吏的任免权。国君还通过"上计"来对官吏进行考核。"上计"是官吏将一年应收赋税数，分别书写在两片木券上，一片交国君，年终时国君以券来确定官吏的成绩。《韩非子》中关于县令在"上计"时被国君收玺免官的例子颇多。《荀子》说相"岁终奉其成功以效于君,当则可,不当则废",则对于相这样的高官也不例外。

各国都开始在地方上设立属于中央管辖的县,县下面又有乡、里之类的组织。《战国策》用"百县"来表示魏国设县之多。秦商鞅变法后,全国设立了41县。各国在边远地区,为了加强防御力量,又设郡以统县。魏有上郡,楚有汉中郡、黔中郡、巫郡,赵有云中、雁门等郡。郡的大小不一,如韩的上党郡有17县,赵的代郡和燕的上谷郡各有36县。郡设有守,守既管地方行政,又管军队和防守。县设有令,令下面还有御史、丞、尉,此外还有管理市的官吏。乡、里中设"里正""伍老"等直接统治农民的小吏。守、令都由国君来任免。

战国时各国都实行征兵制。战争发生,凡属适龄的男子都有可能被征调去作战。此外也还有相当数量装备较好的常备兵,并受过一定的训练,当时称为"练卒"或"练士"。

兵权操于国君之手,作战时由国君任命将帅。国君通过虎符来调动军队。虎符是铜铸的,分左右二符,有子母口可扣合起来。右符在王所,左符归将领,将领如无王符就不能发兵。根据秦《新郪虎符》铭文记载:地方上发兵超过50人,就必须有王符。① 可见国君对军队控制是异常严密的。

三　七国的兼并战争和秦的统一

战争规模的扩大　战国时期兼并战争比春秋时更为激烈和频繁,规模也更大。各大国都拥有雄厚的武装力量,三晋、齐、燕各有带甲之士数十万人,秦、楚两国各有"奋击百万"。在作战时往往是大量出动,战国末秦、赵长平之战,赵国出兵40多万人。秦为了灭楚,动员兵力达60万人之多。春秋时的大战,有时数日即告结束,战国时则短者要数月,长者可以"旷日持久数岁"。作战双方都要求消灭对方实力,因此一次战役中被斩首的士兵是数万或数十万,正如《孟子》所说:"争城以战,杀人盈城,争野以战,杀人盈野",充分反映出当时战争的残酷性。战争中消耗的物力也是惊人的,《战国策》说一次大战,仅以损失的兵甲、车马而言,"十年之田而不能偿也"。当然战争的费用都是由人民来负担的。

各国都致力于发展坚甲利兵。像楚、韩两国,都以武器制作精良而著称于世。战国时兵器仍以青铜为主,普遍使用的是铜戟和铜剑。铁兵器也开

---

① 见《秦汉金文录》。

始使用,如《史记》说"楚之铁剑利",《荀子》说:"宛钜铁釶(矛),惨如蜂虿。"战国末年已有钢制的剑、戟,这已为考古材料所证实。铠甲除皮制的之外,还出现了铁甲。铁制的头盔也同时出现。新发明的重要武器为弩,弩是在弓上安装木臂和简单的机械,有很强的发射力。韩国所造的劲弩,可把箭射至六百步以外。作战器械方面,攻城用的云梯、冲车,水战用的"钩拒",战争中常见使用。

作战方法、兵种,也随着战争规模扩大而发生变化。受地形条件限制较少的步战越来越重要,车战则渐居次要地位。北方民族骑战之法也传入中原。赵武灵王即提倡"胡服骑射"。为了便于骑战,公元前302年,赵下令"将军""大夫""戍吏"都要穿胡服。《战国策》记载七国各有骑数千匹或万匹,骑兵这一新的兵种在各国已得到推广。

为了加强防御,各国不惜动用大量人力来修建长城。齐长城西起于平阴防门(今山东平阴),南面到海边的琅琊。魏为了保护其河西地,曾在今陕西洛水以东筑长城。赵国修长城于漳水、滏水流域,武灵王又在阴山下修长城。燕国在大破东胡以后,造长城西起于造阳(今河北怀来),东止于襄平(今辽宁辽阳)。燕、赵北边长城,都是为防御北方各族的入侵而建造的。

魏的强盛和徐州相王 魏经过政治改革后,成为春秋末战国初年的一个强国。文侯、武侯两世,魏灭中山国,东面屡败齐人。西面侵入秦之河西,派李悝、吴起守西河、上地,一再挫败秦人的进攻。

到武侯子惠王时,魏更加强盛。公元前361年,惠王从安邑(今山西夏县)迁都于大梁(今河南开封),从此更加紧了对宋、卫、韩、赵等国的进攻。公元前354年,魏攻赵,围邯郸。次年,魏攻陷邯郸,但齐也胜魏于桂陵(今山东曹县)。公元前344年,惠王在逢泽(今河南开封东北)开会,并"率十二诸侯,朝天子于孟津",魏惠王开始称霸于天下。

公元前343年,魏攻韩,韩求救于齐,齐派田忌、孙膑击魏救韩,魏军在马陵(今河南范县濮城镇),为齐伏兵所败,损失十万兵,主将太子申、庞涓都战死。魏在西面则屡败于秦,失去了少梁(今陕西韩城)和安邑(今山西夏县),河西屏障开始被秦突破。战败于马陵的次年,秦商鞅又率兵伐魏,虏魏将公子卬。魏一再战败,已不能独霸天下,公元前334年,魏惠王和齐威王在徐州(今山东滕州)相会,互尊为王,承认魏、齐的对等地位,以共分霸业,并缓和魏、齐的矛盾。

秦的对外进攻和疆土的扩大 秦经过商鞅变法,国势蒸蒸日上,秦首先进攻的对象是魏国。公元前333年,魏战败于秦,次年魏割阴晋(今陕西华阴)与秦。次年秦又大败魏兵,虏魏将龙贾,次年魏又纳河西地,次年秦渡河取汾阴(今山西万荣)、皮氏(今山西河津),又攻下了焦(今河南陕县)。次年魏只得割上郡15县向秦求和,从此魏失去了在河西的全部领土。

公元前325年,秦惠文王也开始称王。秦的强大和不断向东进攻,给予三晋很大的威胁。公元前318年,魏公孙衍起来联赵、韩、燕、楚"合纵"攻秦。结果被秦打得大败,将帅被俘。公元前316年,秦攻占赵的中阳(今山西乡宁)、西都(今山西平遥),公元前315年又攻占赵的蔺(今山西离石西)。公元前314年秦又大败韩军于岸门。公元前308年,秦武王派甘茂攻下韩有名的大城宜阳(今河南宜阳),秦的势力从此向中原步步深入。

公元前312年,秦、楚大战于丹阳(今河南淅川一带),楚大败,楚的军将死于此役者七十多人,怀王又派兵袭秦蓝田(今陕西蓝田),又败于秦。秦取得楚汉中地的一部分,置汉中郡。楚的西北门户于是落入秦人之手。秦惠王又不断攻打义渠之戎,以扩大秦的领土。

公元前316年,蜀有内乱,秦惠王派司马错一举而灭蜀,于是"秦益强,富厚轻诸侯"。

齐宣王伐燕和燕破齐　魏、齐相王以后,魏日益衰弱,关东六国中最强者就只有齐国了。在燕王哙晚年,让国于大臣子之,太子平聚众攻子之,引起了内乱。公元前315年,齐宣王派田章率兵攻燕,仅50天便攻下了燕。由于齐军对燕人的蹂躏,燕人起来反抗,赶走了齐兵,但燕国也因此而残破。赵武灵王护送燕公子职回国继位,是为燕昭王。

齐到湣王时,对外发动了一系列的战争。公元前301年,齐率韩、魏去攻楚,败楚于垂沙(今河南泌阳一带),杀楚将唐蔑。公元前296年,齐又联合三晋、宋等国"合纵"攻秦,秦也不得不退出一部分侵地以求和。齐和燕又战于桓之曲,燕损失十万兵。齐这几次的大胜,对各国都有很大震动。公元前288年,齐和秦曾一度互相称帝,齐湣王为东帝,秦昭王为西帝,表明齐和秦是东西的两强。公元前286年,齐又灭"五千乘之劲宋",使得"泗上诸侯邹鲁之君皆称臣,诸侯恐惧"。齐因连年兴师用兵,造成"稸积散""民憔悴、士罢弊",灭宋以后,齐实际上已成强弩之末。

燕昭王即位之后,礼贤下士,乐毅等人都奔赴燕,经过28年而"燕国殷富"。公元前284年,燕联合三晋、秦、楚而大举伐齐,齐无力抵御,燕将乐毅很快就攻下齐都临淄,湣王出走,不久就被杀。齐除莒、即墨以外的七十余城,都为燕占领,并成为燕的郡县。公元前279年,燕昭王死,子惠王立,惠王以骑劫代乐毅,齐将田单举兵反攻,杀骑劫,大破燕兵,收复了所有失地,迎齐襄王入临淄。齐虽然取得胜利，但国力未能因此而重振。

楚的削弱 楚在战国时，地广人众，在关东各国中是比较强大的一国。公孙衍"合纵"攻秦之时，楚怀王曾被推为纵约长。怀王时楚又灭越，楚国的疆域扩大到长江下游的沿海地区。自从秦、齐两国日益强盛，楚也不断和秦、齐进行斗争，但都遭到失败，最后楚怀王被秦诱至秦国而死于秦。

到楚顷襄王时，统治者"淫逸奢靡，不顾国政"，又不修城池，不设守备。公元前280年，秦攻下楚的汉北地及上庸（今湖北竹山），司马错又从蜀而攻楚的黔中郡（今湖南西部），次年，秦将白起更是引兵深入，攻下鄢（今湖北宜城）、邓（今湖北襄樊附近）和西陵（今湖北宜昌西），次年攻占了郢都，秦军继续南进，一直打到洞庭湖边上。楚的军队溃散而不战，楚顷襄王逃窜于陈（今河南淮阳）。秦在占领的楚地上设立黔中郡和南郡，从此"楚遂削弱，为秦所轻"。

赵的向北发展和长平之战 赵武灵王实行"胡服骑射"，改革了军事装备和作战方法，以增强军队的战斗力。武灵王向北进攻，"攘地北至燕、代，西至云中、九原"。武灵王晚年，传位于子惠文王，自号为"主父"，"而身胡服，将士大夫西北略胡地"。当时关东各国除齐以外，当以赵的国力最为雄厚。尤其在燕破齐后，能与秦较量者更是非赵莫属。公元前270年，秦、赵战于阏与（今山西和顺），赵将赵奢大败秦兵。

公元前266年，秦昭王用范雎为相，昭王采纳了范雎的"远交近攻"之计，这样既能破坏各国的"合纵"，又能使秦得到的领土得以牢固占有。公元前263年，秦攻占韩的南阳（今河南沁阳一带），使韩和其上党郡隔绝。郡守冯亭便以上党降赵。秦和赵为争夺上党郡而发生了有名的长平之战。公元前260年，赵军被困于长平（今山西高平），因粮绝而全军降秦，秦将白起坑杀赵卒四十余万人于长平。次年，秦军又乘胜而进围邯郸。秦攻了两年多未攻下，后来魏信陵君及其他国家派兵救赵，秦解兵而去。经过长平之战和邯郸之围，赵国在实力上，受到严重的损失。

秦灭六国 由于秦在对外兼并战争中不断取得胜利，到秦昭王末年，属于三晋的上郡、河东、上党、河内、南阳等地都被秦攻占。秦南面有巴、蜀以及汉中郡、黔中郡、巫郡。疆域之大，六国罕有能与其匹敌者。尤其是中原的不少经济、文化先进的地区大都为秦所有，大大增强了秦的实力。这时关东六国已次第削弱，像韩、魏两国甚至入朝于秦，"委国听令"。秦对六国的斗争已取得决定性的胜利。

到秦庄襄王时，东周、西周都已被秦灭掉，"秦界至大梁"。

公元前246年,秦王政即位,吕不韦为相,不韦招致天下宾客,准备灭六国。公元前237年,秦王政亲自执政,以李斯为佐。开始大规模出兵,与此同时,又用金钱收买六国权臣分化其内部,以配合军事上的猛烈攻势。

公元前230年,秦灭韩,以韩地为颍川郡。公元前229年,用反间计杀赵将李牧,次年攻下邯郸,虏赵王迁,赵公子嘉逃至代,自立为王。公元前226年,秦破燕,燕王喜逃至辽东。次年,秦决河水灌魏的大梁城,城破,魏王投降,魏亡。公元前223年,秦将王翦率60万人攻楚,虏楚王,次年,秦完全攻占楚地,楚亡。公元前222年,秦攻燕辽东,虏燕王喜,又攻代而虏代王嘉,燕、赵两国亡。公元前221年,灭齐,天下统一。

战国时由于社会生产力的提高,农业、水利、交通、商业等方面都有了发展,使各地区经济上的不平衡性渐渐减少,彼此间联系加强,经济的发展首先为全国统一准备好了条件。政治方面,各国都废除了贵族封邑制,开始实行郡县制和君主集权,为出现大一统的国家奠定了基础。经过战国全国从分裂走向统一,是长时期历史发展的必然结果。全国的统一对于中国历史无疑是有重要意义的。

秦能够最终统一全国,是有原因的。秦变法比六国更为成功,对旧贵族势力铲除较彻底。秦无论在经济上或政治上后来都比关东各国先进。秦昭王时有名学者荀卿曾到秦国去过,他说秦国实行法治很成功,政治不腐败。他认为秦从孝公至昭王,军事上屡能获胜,决非偶然。

四 各少数民族

在燕、赵、秦的北面,有东胡、林胡、濊、貊、楼烦和匈奴人。大约在今东北、河北北部,是东胡、濊、貊的分布区。在今内蒙古自治区西南部和晋北分布着林胡、楼烦,匈奴人又在他们的北面。

不少北方民族陆续被燕、赵两国所征服。赵武灵王曾大破林胡、楼烦,以侵占的土地建置为郡县。战国末赵将李牧又"灭襜褴,破东胡,降林胡"。燕昭王时,燕将秦开袭破东胡,"东胡却千余里"。燕修筑长城,并建置了上谷、渔阳、右北平、辽西、辽东郡。战国时匈奴尚未强大起来,故它和中原各国的接触还不多。

在辽宁、内蒙和河北北部一带,发现不少属于战国时期的古墓,出土有不少的青铜剑、戈、匕首和工具、马饰,有的墓中还有铁器和燕的铜币,这些古物无疑是东胡或濊、貊人所遗留下来的。从这些古物能清楚地看到中原文化给他们留下的影响。

战国时蜀人分布在今四川北部和西部一带，巴人分布在川东的嘉陵江、长江沿岸。

秦惠王因贪图蜀地物产富饶，派司马错灭蜀，同时也灭巴。秦把蜀王降为蜀侯，并派陈庄为蜀相以监督蜀人。公元前301年，蜀起来反抗，秦又派司马错定蜀，后来就开始在蜀、巴设立起郡县。

约相当于中原商周时，蜀人就已进入青铜时代，到战国时已有发达的青铜文化。成都扬子山出土有青铜的鼎、罍、盘、盂、戈、矛、弩机等物。在昭化、巴县发现用大木挖成舟形棺的古墓，出土有铜剑、铜钺等物。这些遗物当是巴人所遗留下来的。蜀人和巴人的文化，能看出它们受到秦、楚的影响。

越人分布地区颇广，北至浙江、江西，南到两广、福建等地。战国记载中已有"百越""扬越""瓯越""闽"的名称，名号不一，则表明越人部族分散。

根据考古的发现，知道战国时越人在文化发展上是不平衡的。有些地区的越人可能还未脱离石器时代，也有像在广东、广西境内的一些越人，他们已能制造出精美的青铜钟、鼎和多种的工具、武器，工艺水平已接近中原各国，器形、花纹和楚的基本相同，当然也保存了一些地方特色，这表明当时的这些越人和楚的关系极为密切。

五　战国的文化

学术的繁荣和百家争鸣　随着社会大变革的到来，以往学在官府的传统被打破了，少数贵族已不能再继续垄断文化知识，文化教育开始普及于民间。于是"孔墨之弟子徒属，充满天下"，社会上涌现出大量的文学游说之士。

各国国君为了富国强兵而争相礼贤下士，甚至一些官僚、贵族也招贤养士。齐国在临淄稷门设馆，延请了邹衍、慎到等76人，给予他们优厚的生活待遇，让他们不任职而论国事。由于养士之风的盛行，文学之士的队伍不断扩大，他们著书立说，上说下教，文化学术获得空前的发展。

《汉书·艺文志》说："时君世主，好恶殊方，是以九家之术，蜂出并作，各引一端，崇其所善。"为了适应政治需要而学术思想的流派日益增多。战国时除孔、墨显学之外，还有道、法、阴阳、名辩等家。甚至同一家之内也不断地再分化成小的宗派，如"儒分为八，墨离为三"。各家都抱着"以其学易天下"的宗旨,而且他们确是"皆有所长,时有所用",因此各国的君主对各家是"兼而礼之"。由于不主一家,并允许各家之间展开相互的批判和论战,便出现了"百家争鸣"的局面。正是这种争鸣,大大地促进了思想学术的活跃和繁荣。

诸子的学说和思想 墨子名翟,约生于春秋末年,鲁人,是墨家的创始人。

面对当时的实际,墨家提出了尚贤、尚同、节用、节葬、非乐、非命、天志、明鬼、兼爱、非攻这样十种主张。尚贤是要求做到"官无常贵,民无终贱",就是说出身低贱的人只要有才能,君主也应擢用他们,以此来反对贵族的世官制。墨家又提倡节用来反对当时君主和贵族的奢侈无度,以"去无用之费"。又提出非乐、节葬来反对贵族久丧厚葬和对钟鼓之乐的沉溺。墨家竭力宣扬天下如能"兼相爱则治,交相恶则乱"。从兼爱的观点出发,墨家提出非攻以反对当时以强欺弱的残酷战争。

墨家尊天事鬼,相信天有意志,能降祸福于人,认为君主如违背兼爱、非攻或节用、尚贤,就将受到天和鬼神的谴罚,反之,则能受到福佑。

老子的事迹不详。写成于战国时的《老子》,是研究老子思想的主要依据。

老子哲学中具有自发的辩证法因素。他认为事物中总包含着大小、有无、长短、强弱、生死等对立的两个方面。而彼此又是互有联系的,还可相互转化,弱可变强,小可变大。"祸兮福之所倚,福兮祸之所伏。"又认为"反者道之动",即认识到矛盾的运动,是事物发展的推动力。

在政治上,老子主张无为。老子指出,国家不安定是统治者所造成的。他说:"民之饥,以其上食税之多,是以饥;民之难治,以其上之有为,是以难治;民之轻死,以其上求生之厚,是以轻死。"针对这种情况,应该"损有余而补不足",使农民生活得到一些改善,国家就易于治理了。

庄子名周,宋人,他曾做过漆园吏。庄子是老子以外的道家重要代表人物。

把世间事物都看做是相对的,这是庄子哲学的一个特点。他说:"天下莫大于秋毫之末,而太山为小;莫寿于殇子,而彭祖为夭。"庄子从不同的角度、用不同的标准去衡量事物,那么有时就可以把大小、寿夭颠倒过来。他又说儒墨两家各以对方所是为非,所非为是,最后争辩不出一个结果。在庄子看来,认识事物的客观是非标准是没有的,他在认识论上走向了相对主义。

相对主义也被运用到人生和处世这方面。庄子要求人们对于诸如寿夭、生死、祸福等现象不必计较。根据相对主义,人们判断社会政治的是非善恶的标准也是没有的,庄子认为讨论尧和桀的是非是没有意义的。所以庄子对待生活的态度是,"依乎天理,因其固然",要"安时而处顺","知其不可奈何而安之若命,德之至也"。斗争是无必要的,一切都顺从命运、安于现状就可以了。

孟子名轲,邹人。曾受业于孔子之孙子思的门下,是战国中期儒家学派中的大师。

孟子主性善之说,认为人的本性是善的,而仁、义、礼、智这四种品质是先天固有的。他要求人们通过存心养性,使这些品质扩而大之,以达到改造客观世界的目的。孟子这种理论对后来儒家思想的发展有很大的影响。

在性善论的基础上,孟子又导引出关于仁政的学说。仁政的具体内容就是要求统治者注意改善劳动者的生活处境。他认为最要紧的是应该让农民不失去土地,所谓"有恒产者有恒心",这样才能使农民不致起来反抗,统治才能巩固。

孟子对统治者是否得民心也特别强调。他说尧、舜之得天下,主要是民心所向,而桀、纣之失天下,主要是失去了民心。他说国君如果"暴其民者",就将得到"身弑国亡"的下场。如商纣那样的暴君,臣下把他杀死,不算是弑君行为。

荀子名况,字卿,战国末赵人。他的学识异常渊博。他批判各家,又吸取各家之长。他曾在齐的稷下讲过学,并取得稷下首领的地位。荀子是战国末儒家中最有影响的人物。

道家的自然观被荀子所接受。他把天看做是自然界,"天能生物,不能辨物",断言天是没有意志的。天有变化和运动的规律,但和人间的治乱并无关系,他说:"天行有常,不为尧存,不为桀亡。"至于生产上的歉收和社会上出现动乱,主要是"楛耕伤稼"和君主"政险失民"所造成的。道家虽承认天具有物质属性,但觉得人在自然面前是无能为力的。荀子则比道家前进了一大步,提出了"制天命而用之"的著名论点。

儒家崇礼的传统,也为荀子所继承。但他所讲的礼,已被他灌注进一些法治的成分,和孔子所讲的礼有所不同。荀子和孟子相反,是性恶论的主张者,这也是他要用礼义教化和刑罚来加强统治的理论依据。他对于实行法治和君主集权非常重视,他认为君主应该"量能而授官",并做到"有功必赏,有罪必罚"。王霸并用,德治和法治相结合,是荀派儒学的一个特点。

荀子认识到民众的力量是强大的。他把君主和人民譬喻为"舟"和"水",他用"水则载舟,水则覆舟"的话来提醒当时的君主们。荀子仍沿袭了儒家的重民思想,他认为欲求国家之安定,就须"平政爱民","轻田野之税","罕兴力役,无夺农时","节用裕民,而善藏其余"。

韩非,战国末韩人。他和李斯都曾师事荀况,他是战国末年法家学说的集大成者。

韩非把人类历史看做是发展变化的。他说从上古的有巢氏、燧人氏到夏禹,人的物质生活逐步有所改善。如果有人在夏禹时再去钻木取火,构木为巢,那就势必被鲧、禹所讥笑。同样道理,今天若有人还想颂扬尧、舜、汤、武,那也必定被今天的君主耻笑。所以他认为应该根据今天的实际来制定政策,即所谓"论世之事,因为之备"。他说:"上古竞于道德","当今争于气力",因此仁义只适用于古代,而当今就必须依靠法治和暴力。

韩非继承和总结了战国时期各个法家学派的经验,认为法、术、势三者必须并重。君主制定出法律之后,还要有一定的权势,否则法令就贯彻不下去。再就是国君要有一套控驭臣下的权术,否则,君主的地位不会巩固。他又以商鞅、申不害为例,说明只用法或只注重术都是有缺陷的。这种法、术、势的说法,是后来实行专制主义政治时所必须遵奉的准则。

韩非认为趋利避害是人的本性,由于这样,治国就不能离开刑赏。他说:"以过受罪,以功致赏,而不念慈惠之赐,此帝王之政也。"还说:"威势之可以禁暴,而德厚之不足以止乱也。"用德治、仁义等手段,他认为是不可取的。他不仅主张用刑法,而且还特别强调"明主峭其法而严其刑"。他认为不用严刑酷法就镇压不住人民。韩非主张实行专制主义,而且要把它扩大到思想领域。他说:"明主之国,无书简之文,以法为教,无先王之语,以吏为师。"就是不允许法家以外各个学派的活动和存在。他以上这些主张,在秦统一后曾得到实现。

《孙子》十三篇是战国时的一部杰出军事理论著作。

孙子对于了解敌我双方十分重视,认为:"知己知彼,百战不殆,不知彼而知己,一胜一负。不知彼不知己,每战必殆。"孙子还把辩证的思想贯注于军事哲学方面。他认为对立的条件是会相互转化的,有时少可胜众,弱能胜强,处于不利地位也可转败为胜。孙子特别强调仅懂得军事学的基本原理和一般法则是不够的,提出"势者因利而制权也",即必须结合具体情况而灵活掌握。

流行于战国时的诸子百家的学术思想,对后来中国长期的政治和文化都有着深远的影响。

散文和诗歌 从战国开始,由于教育逐渐普及和学术思潮的活跃,对文学的发展也起到一定的推动作用。重要的标志是,当时出现了明白易晓和内容丰富的散文,它从过去仅是少数人看得懂的古奥的诰命体中解脱出来。当然,文学上的这种变化,也有助于文化知识的广泛传播。

成书于战国早期的《左传》,长于记事、记言,语言简练生动,刻画人物栩栩如生。它不仅是史学中的名著,而且也是一部文学的杰作。另外如《战国策》,也善于叙事,而且带有夸张,具有很强的艺术感染力。

诸子的作品,虽为谈论哲理的著作,但也具有很高的文学价值,像《孟子》《庄子》《荀子》《韩非子》都是这方面有代表性的作品。其主要特点是文笔流畅,语言丰富,逻辑性强,而且也运用譬喻、寓言来加强说理。《庄子》的文章还富于想象,带有浪漫主义气息。

出现于战国时的各种体裁的散文名著,在文学史上占有重要的地位,一直被后代的人们作为学习的楷模。

诗歌方面的重要作品是屈原、宋玉所作的《楚辞》。屈原的《离骚》,是一首抒情长诗,它想象丰富,词藻瑰丽,是古代诗歌中的杰出之作。

第四章
秦汉时期

第一节 秦 统一的专制国家的形成

一 秦始皇建立专制统治和巩固统一的活动

专制主义中央集权制度的建立 公元前221年,秦王政(公元前246—前210年在位)结束了战国以来封建诸侯长期割据的局面,统一了全中国,建立了一个以咸阳为首都的幅员辽阔的国家。这个国家的疆域,东至海,西至陇西,南至岭南,北至河套、阴山、辽东。为了统治这个前所未有的大帝国,秦王政创建了专制主义中央集权的政治制度,树立了绝对皇权,巩固了统一。

统一战争结束以后,秦王政立即着手进行集中权力的活动。他兼采传说中三皇、五帝的尊号,宣布自己为这个统一的专制国家的第一个皇帝,称始皇帝,后世子孙世代相承,递称二世皇帝、三世皇帝。他规定皇帝自称曰"朕",并制定了一套尊君抑臣的朝仪和文书制度。这些措施,都是为了显示统一国家最高统治者的无上权威,表示秦的统治将万世一系,长治久安。

周代以来封国建藩的制度,与专制皇权和统一国家是不相容的,所以必须加以改变。始皇二十六年(公元前221年),丞相王绾请封皇子为燕、齐、楚王,得到群臣的赞同。廷尉李斯力排众议,主张废除分封,全面地推行郡县制度。秦始皇接受了李斯的建议,把全国分成36郡,以后又陆续增设至四十余郡。这些郡完全听命于中央和皇帝,是中央政府辖下的地方行政单位。中央集权的制度,从此就确立了。

秦始皇把战国时期的官制加以调整和扩充,建成一套适应统一国家需要的新的行政机构。在这个机构中,中央设丞相、太尉、御史大夫。丞相有左右二员,掌政事;太尉掌军事,不常置;御史大夫是丞相的副贰,掌图籍秘书,监察百官。丞相、太尉、御史大夫以下,是分掌具体政务的诸卿,其中有掌宫殿掖门户的郎中令,掌宫门卫屯兵的卫尉,掌京畿警卫的中尉,掌刑辟的廷尉,掌谷货的治粟内史,掌山海池泽之税和官府手工业制造以供应皇室的少府,掌治宫室的将作少府,掌国内民族事务和外事的典客,掌宗庙礼仪的奉常,掌皇室属籍的宗正,掌舆马的太仆等。丞相、太尉、御史大夫与诸卿议论政务,由皇帝裁决。

地方行政机构分郡、县两级。郡设守、尉、监(监御史)①。郡监直属中央的御史大夫。副贰郡守的是郡尉而非郡监。县按大小设令或长,领有丞、尉及其他属员。郡、县主要官吏由中央任免和调动。县下有乡,乡设三老掌教化,啬夫掌赋税诉讼,游徼掌治安。乡下有里,是最基层的行政单位。里有里典,后称里正、里魁,以乡人强有力者为之。此外还有司治安、禁盗贼的专门机构,叫做亭,亭有长。两亭之间相距大约十里。

战国后期,秦国建立了以"告奸"为目的的"户籍相伍"制度②,以图加强统治。秦王政十六年(公元前231年)"初令男子书年",三十一年(公元前216年)"使黔首自实田"③。这样,农民的户籍中增加了年纪和土地占有状况,不但便于国家的政治统治,而且也便于征发租赋兵徭。户籍制度从此成为国家把农民牢牢地固着在土地上进行统治和剥削的依据,成为国家"庶事之所自出"④的一项重要制度。

在湖北云梦睡虎地发现的秦简,有《秦律十八种》《秦律杂抄》《法律答问》和《封诊式》等法律文书,保存了秦孝公至秦王政时期陆续修成的秦律的部分内容⑤。从中我们看到,秦律已具备了刑法、诉讼法、民法、军法、行政法、经济法等方面的内容,对农田水利、山林保护、牛马饲养、粮食贮存和发放、货币流通、市场交易、徭役征发、工程兴建、刑徒监管、官吏任免、军爵赏赐、物资账目、军队训练、战场纪律、后勤供应、战后奖惩等,都有具体规

---

① 阚骃《十三州志》:"大郡曰守,小郡曰尉。"小郡但置尉而不置守,秦制已如此。
② 《史记》卷五《秦本纪》献公十年(公元前375年)"为户籍相伍";《史记》卷六八《商君列传》孝公六年(公元前356年)"令民为什伍而相收司连坐";《商君书·境内篇》:"四境之内,丈夫女子皆有名于上,生者著,死者削。"
③ 《史记》卷六《秦始皇本纪》。以下不注出处的引文均见此。
④ 徐幹《中论·民数篇》:"民数者,庶事之所自出也,莫不取正焉。以分田里,以令贡赋,以造器用,以制禄食,以起田役,以作军旅。国以之建典,民以之立度。"徐幹所说的名数即户籍,亦称名籍。
⑤ 《睡虎地秦墓竹简》,文物出版社,1990年。

定。秦律处刑较重,体现了"重刑轻罪"的原则。对官吏的管理很严,也是一个值得注意的特点。秦始皇统一六国后,以秦律为基础,参照六国律,制定了通行全境的法律①,并大力推行,使注重法治成为秦政的特色。

统治一个大国,还需要强大的军队。秦军驻守全国,南北边塞是屯兵的重点。秦制以铜虎符发兵,这是保证兵权掌握在皇帝手中的重要制度。在秦始皇陵侧发现的兵马俑坑,有武士俑数千件,还有战车战骑。兵马俑所反映的军阵规模之大,军容之盛,是秦军强大的表征。

秦始皇不但建立了这一套专制主义中央集权的统治机构和制度,而且还采用了战国时期阴阳家的终始五德说,来辩护秦朝的法统。终始五德说认为,各个相袭的朝代依土、木、金、火、水这五德的顺序进行统治,周而复始。秦得水德,水色黑,所以秦的礼服旌旗等都用黑色;与水德相应的数是六,所以符传长度、法冠高度各为六寸,车轨宽六尺;水德主刑杀,所以政治统治力求严酷,无"仁恩和义";与水德相应,历法以亥月即十月为岁首,等等。秦始皇还确定了一套与皇帝地位相适应的复杂的祭典以及封禅大典,不许臣民僭越。秦始皇在咸阳附近仿照关东诸国宫殿式样营建了许多宫殿,并修造富丽宏伟的阿房宫。在他看来,这些宫殿建筑不但是天下一统的象征,而且"端门四达,以制紫宫"②,俨然是人间上帝的居处。他还在骊山预建陵寝,"以水银为百川、江河、大海,机相灌输,上具天文,下具地理"。这些措施除为了满足奢欲以外,还和他采用皇帝的名号一样,是要表示他在人间的权力无所不包,与上帝在天上的权力相当,从而向臣民灌输皇权神秘的观念。神秘的皇权观念,是专制主义中央集权制度的思想基础。

皇权的加强和神秘化,郡县制的全面推行,体现专制皇权的官僚机构的建立,大大地巩固了国家的统一。专制主义中央集权制度,在当时的条件下是维持国家统一所不可少的条件,有利于社会经济的进一步发展。

防止封建割据的措施　焚书坑儒　秦始皇为了防止割据势力的复辟,做了许多事情。他把缴获的六国武器和没收的民间武器加以销毁,在咸阳铸成12个各重千石的钟𨱇铜人。销兵器的事件发生在铜兵器转换为铁兵器的历史过程中,在客观上对这个过程起了促进作用③。

---

① 云梦龙岗发现的秦简,保留了其中与禁苑有关的部分内容。见《龙岗秦简》,中华书局,2001年。
② 《三辅黄图》卷一《咸阳故城》。
③ 江淹《江文通集》卷三《铜剑赞序》首先提出过这个看法。

秦始皇把六国富豪和强宗12万户迁到咸阳,一部分迁到巴蜀、南阳等地,使他们脱离乡土,以便监视。他又下令"堕坏城郭,决通川防,夷去险阻",尽可能消灭封建贵族依以割据的手段。为了控制广阔的国土,秦始皇还修建由首都咸阳通到全国各地的驰道,"东穷燕齐,南极吴楚"。他自己多次顺着驰道巡游郡县,在很多地方刻石"纪功",以示威强。为了加强北方的防务,秦始皇三十五年(公元前212年),又修筑由咸阳直达九原的直道,堑山堙谷以通之。在西南地区,还修筑了今四川宜宾至云南昭通的五尺道,设官进行统治。

秦始皇对分裂割据的思想和政治倾向,也进行了严厉的打击。当时的一些儒生、游士,希望割据局面复辟,他们"入则心非,出则巷议",引证《诗》《书》、百家语,以古非今。始皇三十四年(公元前213年),丞相李斯请求焚毁《诗》《书》,消灭私学。秦始皇接受李斯如下的建议:"史官非《秦记》皆烧之;非博士官所职,天下敢有藏《诗》《书》、百家语者,悉诣守、尉杂烧之;有敢偶语《诗》《书》者弃市;以古非今者族;吏见知不举者同罪;令下三十日不烧,黥为城旦;所不去者医药卜筮种树之书;若欲有学法令,以吏为师。"这样就发生了焚书事件。第二年,为秦始皇求仙药的方士有诽谤之言,又相邀逃亡,于是秦始皇派御史侦察咸阳的儒生方士,把其中被认为犯禁者四百六十多人坑死。焚书坑儒是野蛮残暴的事,对于古文献的保存和学术的传授,造成了很大的损失。但是在当时统一与分裂激烈斗争的年代里,秦始皇用这种手段来打击复活割据局面的思想,是他维护统治的有力措施。

整齐制度 秦始皇以原来秦国的制度为标准,整齐划一全国政治、经济、文化方面的一些制度,企图尽可能消除由于长期分裂割据造成的地区差异,以利于国家的统一。

战国时期,各国文字的基本结构虽然相同,但字体繁简和偏旁位置却有差异。李斯受命统一文字,他以秦国的文字为基础制定小篆,并写成范本,在全国推行。当时还流行一种书法,叫做隶书,比小篆更简便。

秦始皇废止战国时各国形制轻重各不相同的货币,改以黄金为上币,以镒(20两)为单位;圆形方孔的铜钱为下币,文曰半两,重如其文。

秦始皇又用商鞅时制定的度量衡标准器,来统一全国的度量衡[①]。他

[①] 现存青铜器"商鞅量",有商鞅铭文和秦始皇二十六年统一度量衡的诏书,可见商鞅量曾在商鞅时和秦始皇时两次作为标准器使用。据铭文所记数据测定,秦一尺约合今0.23公尺,秦一升约合今0.2公升。又,现存王莽"嘉量"的容积、尺度与"商鞅量"同,可见汉制与秦制一致。

还规定六尺为步,240步为亩。

文字、货币、度量衡的统一,为经济、文化的发展提供了便利条件,促进了统一国家的发展。

在秦以后的社会中,由于小农经济的分散性,统一国家在某种程度上仍旧保留着割据的状态,因而在一定条件下分裂还可能再现。虽然如此,秦始皇在历史条件所允许的限度内,开创了统一局面,并力图加以巩固,这就大大减少了割据战争,增强了抗拒外来侵略和周边各族统治者骚扰的力量,有利于经济、文化的发展。所以秦始皇的统一事业,对中国历史是一个伟大的贡献。

对匈奴和对越人的战争 匈奴人分布在蒙古高原上,战国末年以来,常向南方侵犯。全国统一以后,秦始皇派蒙恬率领秦军30万抗击匈奴。蒙恬于始皇三十三年(公元前214年)收河套以南地,以为44县,城河上为塞。秦朝军民还把战国时燕、赵、秦三国长城修复并连接起来,筑成西起临洮(今甘肃岷县)、东迄辽东的古代世界伟大工程之一的万里长城,用来保护北方农业区域,免遭游牧的匈奴人的侵袭。接着,秦又徙民几万家于河套。这对于边地的开垦和边防的加强,起了积极作用。

中国境内的越人分布在华东、华南地区,分为闽越、南越、西瓯三个部分。闽越在今浙江、福建一带,南越在今广东,西瓯在今广东西南部、广西南部以至于云南东南部。越人"断发文身,错臂左衽"①,依山傍海,从事渔猎和农业。西瓯人主要从事农业生产②。

秦王政二十四年(公元前223年),王翦率秦军灭楚,继续南进,夺得越人一部分土地,置会稽郡(治今江苏苏州)。二十六年,秦始皇"使尉屠睢发卒50万为五军,一军塞镡城(今湖南靖州境)之岭,一军守九嶷(今湖南江华境)之塞,一军处番禺(今广州)之都,一军守南野(今江西南康境)之界,一军结余干(今江西余干境)之水,三年不解甲弛弩"③。秦军击败了闽越的抵抗,以其地置闽中郡(治今福建福州)。攻南越的秦军,也占领了番禺。只有西线的秦军遇到西瓯人顽强的抵抗。为了解决秦军转饷的困难,监禄率卒在湘水、漓水间开凿灵渠(在今广西兴安县),沟通了长江和珠江水系

---

① 《水经注》卷三七《叶榆河》引《交州外域记》载:交趾的雒越人"土地有雒田,其田从潮水上下,民垦食其田,因名为雒民,设雒王、雒侯,主诸郡县,县多为雒将。"中国境内的西瓯人,大致也是这样。

② 《战国策》卷一九《赵策》。

③ 《淮南子》卷一八《人间训》。

的交通。在秦军和西瓯人的战斗中,西瓯君译吁宋和秦军统帅尉屠睢相继战死。三十三年,秦始皇又谪发内郡"诸尝逋亡人、赘婿、贾人"增援,征服了西瓯,在南越、西瓯故地及其相邻地区建置了南海郡、桂林郡和象郡,并继续征发人民前往戍守。这样,几十万北方农民就留在那里与越人杂居,共同开发珠江流域。

二　推翻秦朝的农民战争

秦代的急政　秦始皇的事业,是在残酷地剥削压迫人民的条件下,在短短的十几年中完成的,这使秦的统治具有急政暴虐的特色。

在秦统一以后的十几年中,秦始皇维持了一支庞大的军队,建立了一个庞大的官僚机构,进行了大规模的战争,完成了巨大的国防建设和土木建筑。为了动员人力和筹集费用,秦始皇大大增加了租赋力役的征发,达到"力役三十倍于古,田租口赋盐铁之利二十倍于古"①的程度。据估计,当时当兵服役的人远远超过二百万,占壮年男子1/3以上②。当兵服役的人脱离了农业生产,靠农民养活,这就出现了"男子力耕,不足粮饷,女子纺绩,不足衣服,竭天下之资财以奉其政"③的严重局面,大大动摇了秦的统治基础。为了强化专制国家的统治,秦朝又推行严刑峻法以镇压农民,并且把数十万农民变为官府的囚徒。

秦始皇"使黔首自实田",也意味着把旧秦的土地私有制推行到东方六国旧境,在全国范围内正式承认地主的土地所有权。土地私有制与"溥天之下,莫非王土"的制度比较,是进步的。但地主凭借这个命令,不仅得以合法占有大量土地,而且还用各种手段剥夺农民的土地,农民却没有办法保障自己免于被剥夺。在这种情况下,大量的农民出卖土地,成为无地或少地的人,不得不以"见税什五"的苛刻条件耕种豪民之田。农民的生活非常悲惨,他们经常只能"衣牛马之衣,食犬彘之食"。在地主剥削和暴吏酷刑的逼迫下,他们纷纷逃亡山林,举行暴动。

这种种情况说明,由于专制制度内在的矛盾,由于急政暴虐,秦始皇在完成统一事业的同时,也造成了秦王朝倾覆的条件。所以西汉时的贾

---

① 《汉书》卷二四下《食货志下》。
② 据《续汉书·郡国志》一注推算,战国末年人口数约为一千多万,秦时当约略如此。
③ 《汉书》卷二四下《食货志下》。

山谈到秦代"群盗满山"的情况时说:"秦皇帝身在之时,天下已坏矣,而弗自知也。"①

公元前210年,二世皇帝即位。他进一步加重对农民的剥削和压迫,以"税民深者为明吏",以"杀人众者为忠臣"②。他令农民增交菽粟刍稾,自备粮食,转输至咸阳,供官吏、军队以至于狗马禽兽的需要。他继续修建阿房宫,继续发民远戍。徭役征发的对象进一步扩大,农民的困苦达于极点,社会生产力的破坏达到极其严重的程度,大规模的农民起义已经到一触即发的地步了。

陈胜、吴广领导的农民起义 二世元年(公元前209年)七月,一队开赴渔阳(今北京密云)的闾左戍卒900人,遇雨停留在大泽乡(今安徽宿州境),不能如期赶到渔阳戍地。秦法"失期当斩",这900戍卒面临着死刑的威胁。为了死里求生,他们在陈胜、吴广的领导下,在大泽乡发动了中国历史上第一次大规模的农民起义。

陈胜,阳城(今河南境)人,雇农出身;吴广,阳夏(今河南太康)人,也是农民。他们都是戍卒的屯长③。为了举行暴动,他们在帛上书写"陈胜王"三字,置鱼腹中,戍卒买鱼得书,传为怪异。为了提高陈胜在戍卒中的威望,吴广又在驻地旁丛祠中篝火狐鸣,发出"大楚兴,陈胜王"的呼声。接着,陈胜、吴广率领戍卒,杀掉押送他们的将尉,用已被赐死的秦公子扶苏和已故楚将项燕的名义,号召农民反秦。附近农民纷纷斩木揭竿,投入暴动的队伍。农民军分兵东进,主力则向西进攻,连下今豫东、皖北的铚、酂、苦、柘、谯诸县。当他们推进到陈(今河南淮阳)的时候,已是一支数万人的声势浩大的队伍了。

在这支农民军的影响下,许多郡县的农民杀掉守令,响应陈胜;特别是在旧楚国境中,"数千人为聚者不可胜数"④。一些六国的旧贵族、游士、儒生,也都乘机来归,想利用农民的力量,达到旧贵族复辟的目的。游士张耳、陈余甚至劝陈胜派人"立六国后",被陈胜断然拒绝了。陈胜自立为"张楚王",分兵三路攻秦。吴广为"假王",西击荥阳;武臣北进赵地;魏人周市攻魏地。吴广军在荥阳被阻,陈胜加派周文西击秦。

---

① 《汉书》卷五一《贾山传》。
② 《史记》卷八七《李斯列传》。
③ 据《商君书·境内篇》,一屯五人。
④ 《史记》卷四八《陈涉世家》。

周文军很快发展到车千乘,卒数十万人,进抵关中的戏(今陕西临潼境),逼近咸阳。秦二世慌忙发修骊山陵墓的刑徒为兵,以少府章邯率兵应战,把周文军打败。

武臣占领了旧赵都城邯郸后,在张耳、陈余怂恿下自立为赵王。陈胜为了顾全大局,勉强予以承认,并命他率兵西上,支援周文。武臣抗命不救周文,却派韩广略取燕地。韩广在燕地贵族的怂恿下,也自立为燕王。

周市进到旧魏南部和旧齐境内。齐旧贵族田儋自立为齐王,反击周市。周市在魏地立魏旧贵族魏咎为魏王,自为魏丞相,并派人到陈胜那里迎接魏咎。

旧贵族的势力很活跃,陈胜缺乏经验,决心不够,眼看着分裂局面形成了。陈胜周围也出现了不团结的现象。

秦将章邯军连败周文,周文自杀。章邯又东逼荥阳,吴广部将田臧杀吴广,迎击章邯,一战败死。章邯进到陈,陈胜败退到下城父(今安徽蒙城),被叛徒庄贾杀死,陈县失守。陈胜部将吕臣率领一支"苍头军"英勇接战,收复陈县,处决了庄贾。陈胜作为反秦的先驱者,只有半年就失败了,但是反秦的浪潮却被他激起,继续不断地冲击秦的统治。

楚汉之战 陈胜起兵后,旧楚名将项燕之子项梁和梁侄项羽在吴(今江苏苏州),杀掉秦会稽郡守,起兵响应。不久项梁率领 8000 子弟渡江北上,队伍扩大到六七万人,连战获胜。闽越贵族无诸和摇也率领族人,跟着秦番阳令吴芮反秦。原沛县亭长刘邦和一部分刑徒逃亡山泽,这时也袭击沛令起事,后归入项梁军中。项梁立楚怀王之孙为楚王,继续与秦军战斗。以后,项梁在定陶败死,秦章邯军转戈北上,渡河击赵。这时,代替蒙恬戍守朔方边塞的王离,也率大军由上郡(治今陕西榆林东南)东出,包围了张耳和赵王歇驻守的巨鹿城(今河北平乡境)。楚王派宋义、项羽救赵,派刘邦西入关中。

宋义北至安阳,逗留不进。项羽杀宋义,引兵渡河,破釜沉舟,每人只带三天的食粮,表示决死。项羽军在赵地经过激战,当着畏慑的燕、齐等诸侯军的面解了巨鹿之围,威名大振,被推为诸侯上将军。以后,秦将章邯也率20万人向他投降了。

乘虚西进的刘邦迂回进入武关,到达咸阳附近的灞水。那时秦二世已被赵高杀死,继立的子婴贬去帝号,称秦王,在公元前 207 年十月①向刘邦投降。刘邦废除秦的苛法,只约法三章,"杀人者死,伤人及盗抵罪",深得

---

① 十月为汉元年首月,这一月在公元前 207 年,但汉元年绝大多数月份都在公元前 206 年。

秦人拥护。

项羽听说刘邦已入咸阳,也立即率军入关,进驻鸿门。他依靠强大的军力,暂时压服了刘邦,进入咸阳,大肆烧杀掠夺。他在诸王并立的既成局面下,自立为西楚霸王,都彭城。他调整诸王土地,徙置诸故王于其原据地的边缘,而把自己的亲信封于各王国的善地为王。这样就并立着18个王国,受制于西楚霸王。项羽的这一措施不但不能收拾割据局面,反而加剧了分裂割据。不久齐国首先发难,诸侯混战再次爆发。

被项羽逼处巴蜀汉中一隅为汉王的刘邦,于汉元年(公元前206年)八月,乘机进入关中,陆续消灭了项羽用来阻塞他扩展势力的关中三王(雍王章邯、塞王司马欣、翟王董翳)。接着他领军东出,远袭彭城,但为项羽所败,退守于荥阳、成皋之间,与项羽相持。后来,刘邦巩固了关中后方,又联络反对项羽的力量,在一再失败之后,逐渐转为优势。汉五年(公元前202年)十二月,刘邦与韩信、彭越等会攻项羽,项羽兵败垓下(今安徽灵璧境),退至乌江(今安徽和县境)自刎。同年二月,刘邦即皇帝位。

楚汉之战是由秦末农民战争直接演变而来的。在当时的社会条件下,农民战争虽然胜利地推翻了旧的王朝,但曾经是农民军领袖的刘邦和项羽,逐步转变为国家统治权的角逐者。在这场角逐中,项羽具有强烈的旧贵族意识,不善于用人,不能重建统一的王朝。刘邦知人善任,因势利导,终于战胜项羽,登上了西汉皇帝的宝座。

第二节 西汉时期统一的专制国家的确立

一 西汉初年的"休养生息"政策和削弱王国势力的措施

汉高祖稳定社会秩序的措施 秦末农民战争推翻了秦朝的统治,但跟着而来的,是楚汉之际争夺国家统治权的长期战争。在这场战争中,生产受到严重的破坏,社会经济凋敝。农民大量流亡异乡,不得耕作。还有一些农民为生活所迫,不得不卖妻鬻子,或者自卖为奴。经过战乱的城市,也是人口减少,商业萧条。投机商人囤积居奇,物价踊贵,米一石值万钱,马一匹值百金。新建立的西汉政权,府库空虚,财政困难。史载当时"自天子不能具钧驷,而将相或乘牛车,齐民无藏盖"①。

---

① 《史记》卷三〇《平准书》。

面对这种残破局面,以刘邦为首的西汉统治者,不得不把恢复农业生产,稳定社会秩序,作为自己的首要任务,陆续采取了一些重要的措施:

一、"兵皆罢归家","以有功劳行田宅"。① 入关灭秦的关东人愿留在关中为民的,免徭役12年,回关东的免徭役6年。军吏卒无爵②或爵在大夫(五级爵)以下的,一律晋爵为大夫;大夫以上的加爵一级,并一律免除本人及全家的徭赋。爵在七大夫(即公大夫,七级爵)以上的,"先与田宅",并给以若干户租税的封赏,叫做食邑。从军归农者除少数高爵的上升为地主外,大部分还是普通农民。这些农民由于获得了一份土地,提高了生产积极性,因此是汉初稳定农村社会秩序、恢复农业生产的一支重要力量。

二、号召在战乱中流亡山泽的人各归本土,恢复故爵、田宅。各地小吏在战争时期占夺的土地,也事实上予以承认。这些人大多数是地主。那些出身于农民或贫民、以军功获得高爵和较多土地的人,也成为汉初的地主。

三、以饥饿自卖为奴婢的人,一律免为庶人。

四、抑制商人,不许他们衣丝、操兵器、乘车骑马,不许他们做官,加倍征收他们的算赋,以限制商人对农民的兼并。

五、减轻田租,十五税一。

六、命丞相萧何制定九章律,代替临时颁行的约法三章。在湖北江陵张家山发现的汉墓竹简中,有《二年律令》和《奏谳书》③。前者是吕后二年以前发布的汉初律令的部分内容,共有《贼律》《盗律》《具律》《告律》《捕律》《亡律》等27种律和一种令。后者是议罪案例的汇编,其中有汉高祖时期郡县上报廷尉的16件疑难案例。这些资料使我们知道,汉初的法律大量继承了秦律的内容,但量罪处刑较秦法缓和,对东方王国地区的干预也较少。

以上这些措施,是农民战争后西汉王朝适应社会的变化而采取的唯一可行的政策。汉高祖推行了这一政策,一方面使国家的统治秩序重新得到稳定,另一方面也使脱离生产的农民回到了土地上,得到生产的条件,从而使农业生产逐步恢复起来。

汉高祖命陆贾著书论说秦失天下的原因,陆贾在他所著《新语》一书的《无为》篇中指出:秦代"事逾烦天下逾乱,法逾滋而奸逾炽,兵马益设而敌人逾多。秦非不欲为治,然失之者乃举措暴众而用刑太极故也。"从陆贾所

---

① 《汉书》卷一下《高帝纪下》。
② 爵,秦制,以赏功劳。爵分二十级,见《汉书》卷一九上《百官公卿表上》。
③ 见《张家山汉墓竹简(二四七号墓)》,文物出版社,2001年。

揭示的历史教训中,汉初统治者认识到,在当时的条件下,只有轻徭薄赋缓刑,才能缓和农民的反抗,以巩固自己的统治。这样就形成汉初统治者的所谓"黄老无为"的政治思想。汉高祖以及文景时期"与民休息"的各项措施,正是这种无为思想的体现。

"**文景之治**" 惠帝、吕后时期(公元前194—前180年),无为思想在政治上起着显著作用。丞相曹参沿袭萧何辅佐汉高祖的成规,"举事无所变更"①。在这15年中,很少兴动大役。惠帝时几次发农民修筑长安城,每次为期不过一月,而且都在冬闲的时候进行②。惠帝四年(公元前191年)又"省法令妨吏民者,除挟书律"③,吕后元年(公元前187年)"除三族罪、妖言令"④。边境戍卒一岁一更的制度,也在这时重新确定了。

文帝、景帝统治时期(公元前179—前141年),继续"与民休息",社会经济逐渐发展,史称"文景之治"。

文帝重视农业,屡诫百官守令劝课农桑。文帝十三年(公元前167年)下诏全免田租;景帝元年(公元前156年)复收田租之半,即三十税一⑤,并成为汉朝定制。文帝时,丁男徭役减为"三年而一事"⑥,算赋也由每年120钱减为40钱。长期减免田租徭赋,对地主有利,但也促进了广泛存在的自耕农民阶层的发展。西汉初年"大侯不过万家,小者五六百户";到了文景之世,"流民既归,户口亦息,列侯大者至三四万户,小国自倍,富厚如之"⑦。户口繁息的迅速,就是自耕农民阶层得到发展的具体说明。

农业的发展,使粮价大大降低,史载文帝初年每石"粟至十余钱"⑧。商业也活跃起来了。文帝十二年取消过关用传的制度⑨,有利于行旅来往和商品流通。文帝弛山泽之禁,促进了盐铁业的发展,对农民的副业生产,也

---

① 《史记》卷五四《曹相国世家》。
② 《汉书》卷二《惠帝纪》。又,惠帝三年六月"发诸侯王、列侯徒隶二万人城长安",这次征发没有照顾农时,役期也无规定,但征发对象是徒隶而非农民,不同于一般的征发。
③ 《汉书》卷二《惠帝纪》。
④ 《汉书》卷三《高后纪》。
⑤ 据《盐铁论·未通篇》,"三十税一"是"以顷亩出税",不是按实际收获量定税。十五税一大概也是这样。
⑥ 《汉书》卷六四下《贾捐之传》。
⑦ 《汉书》卷一六《高惠高后文功臣表序》。
⑧ 《史记》卷二五《律书》。《太平御览》卷三五引桓谭《新论》,则谓文帝时"谷至石数十钱,上下饶羡"。
⑨ 传,是一种通过关津的信物,像通行证一样。过关用传制度到七国之乱以后又恢复了。

有一些好处。

随着粮价的降落和商业的活跃,也出现了新的问题,即大商人势力膨胀,囤积居奇,侵蚀农民,使广大农民破产流亡。文帝、景帝都曾重申商人不得为吏的禁令,企图限制商人的发展。为了提高谷价,缓和谷贱伤农的现象,晁错向文帝提出了"入粟拜爵"的建议,准许富人(主要是商人)买粟输边,按所输多少授予爵位。输粟达 600 石者爵上造,达 4000 石者爵五大夫,达 1.2 万石者爵大庶长。晁错又建议,入粟拜爵办法实行后,边境积粟足以支五年,可令入粟者输于郡县,使郡县也有积粟;边境和郡县都已充实,就可以免除天下田租。入粟拜爵办法的实行,使农民的处境暂时有所改善。

文帝提倡节俭,在他统治期间,宫室苑囿,车骑服御,都无所增益。史载文帝为了节省黄金百斤①而罢建露台,他说:"百金,中人十家之产也。吾奉先帝宫室,常恐羞之,何以台为!"②皇帝尚节俭,对地主、商人中正在兴起的侈靡之风,多少会起一些制约作用。

文景时期,在法律方面也有一些改革。文帝废除了汉律中沿袭秦律而来的收孥相坐律令,缩小了农民奴隶化的范围。文帝、景帝又相继废除了黥、劓等刑,减轻了笞刑。这个时期许多官吏断狱从轻,但责大指,不求细苛,所以有"刑罚大省,至于断狱四百,有刑错之风"③之说。

文景时期推行"与民休息"的政策,目的是使农民能够稳定地提供赋税徭役,使汉朝的统治进一步巩固起来。一些看来对农民有利的措施,都对地主、商人更为有利。例如文景减免田赋,地主获利最大;入粟拜爵,也大有助于商人政治地位的提高。所以这些措施归根到底还是会助长兼并势力的扩展,加剧社会矛盾。

削弱王国势力 汉初 70 年的历史,是社会经济从凋敝走向恢复和发展的历史,也是中央集权逐步战胜地方割据的历史。

西汉初年,六国旧贵族如齐之田氏,楚之昭、屈、景氏和怀氏以及燕、赵、韩、魏之后,仍然是强大的地方势力。汉高祖把这些旧贵族以及其他"豪杰名家"十余万口,迁到长安附近。这次迁徙的规模很大,一度使得关东"邑

---

① 汉制一斤约合今 0.45 市斤,据现存王莽"嘉量"所刻自重之数(二钧,即 60 斤)和实际称量的结果算出。
② 《汉书》卷四《文帝纪赞》。
③ 《汉书》卷二三《刑法志》。

里无营利之家,野泽无兼并之民"①,六国旧贵族和关东豪杰的分裂活动基本上被控制了。

西汉社会中还有另一种割据势力,这就是诸侯王。西汉初年,功臣为王者七人,即楚王韩信、梁王彭越、淮南王英布、韩王信、赵王张敖、燕王臧荼、长沙王吴芮,史称"异姓诸王"。异姓诸王据有关东的广大区域,拥兵自重,专制一方,是统一的隐患,是中央集权的严重障碍。汉高祖采取了断然手段,来消灭异姓诸王。他首先消灭燕王臧荼,立卢绾为燕王。以后又接连消灭楚、韩、赵、梁、淮南和燕等六王。只有长沙王由于其封国僻远,又处在汉与南越的中间地带,可以起缓冲的作用,所以直到文帝时才由于无后而国除。

在消灭异姓诸王的同时,汉高祖无力直接控制全国,又"惩戒秦孤立之败",所以在异姓诸王的旧土上分封自己的子弟为王,用以藩屏汉室,史称"同姓诸王"。同姓王国辖地共达39郡,而中央直辖的土地只有15郡,其中还夹杂了不少列侯的封国和公主的"汤沐邑"。这依旧是干弱枝强的局面。王国"大者跨州兼郡,连城数十"②,例如齐国辖地六郡73县,代、吴各辖地三郡53县,楚国辖地三郡36县。为了控制诸侯王国,汉政府规定中央派太傅辅王,派丞相统王国众事,并重申无中央虎符不得发兵。但是王国得自置御史大夫以下的官吏,自征租赋,自铸货币,自行纪年,实际上仍然处于半独立状态。

吕后统治时期,大封诸吕为王、侯。吕后死,刘氏诸王与西汉大臣合力消灭了诸吕的势力,迎立代王刘恒为帝,是为文帝,同姓王的势力更加发展。贾谊在《治安策》中陈诉当时中央和王国形势说:"天下之势,方病大瘇,一胫之大几如腰,一指之大几如股";而且"病非徒瘇也,又苦蹠戾",这就是说"亲者或亡分地以安天下,疏者或制大权以偪天子"。贾谊认为:"欲天下之治安,莫若众建诸侯而少其力。力少则易使以义,国小则亡邪心。"③贾谊的建议,在当时没有引起文帝的重视。但是贾谊死后四年,即文帝十六年(公元前164年),文帝分齐国之地为六国,分淮南国之地为三国,实际上就是贾谊"众建诸侯"之议的实现。

---

① 《续汉书·五行志三》注引《东观书》载杜林上疏。参看《汉书》卷四三《娄敬传》。按徙民也具有充实关中的意义。
② 《汉书》卷一四《诸侯王表序》。
③ 《汉书》卷四八《贾谊传》。

继贾谊之后,晁错屡次向文帝建议削夺诸王的封土。景帝时,吴国跋扈,晁错又上"削藩策"。他说诸王"削之亦反,不削亦反。削之,其反亟,祸小;不削之,其反迟,祸大"①。景帝三年(公元前154年),用晁错之策,削楚王东海郡,削赵王常山郡,削胶西王六县,以次削夺,将及吴国。这时吴王濞就联络楚、赵、胶西、胶东、淄川、济南等六国,发动叛乱,史称"七国之乱"。

七国之乱,是地方割据和中央集权之间矛盾的爆发。由于梁国的坚守和汉将周亚夫所率汉军的进击,叛乱在三个月内就被平定了。七国之乱平定以后,景帝损黜王国官制及其职权,降低诸侯王权力,规定诸侯王不再治民。从此诸侯王强大难制的局面大为缓和,中央集权逐渐巩固。

对匈奴的和亲和对南越的安抚 汉高祖消灭异姓诸王时,邻接匈奴的诸王有的投降匈奴,有的勾结匈奴内侵。汉七年(公元前200年),高祖进击投降匈奴的韩王信时,曾被匈奴围困在白登(今山西阳高境),史称"白登之围"。以后,匈奴常常寇边,掳略人畜。娄敬向汉高祖建议与匈奴结"和亲",劝高祖以嫡长公主嫁给匈奴冒顿单于,"厚奉遗之",并于每年馈赠絮缯酒食等礼物,以缓和匈奴的侵扰。娄敬说:"冒顿在,固为子婿;死,外孙为单于。岂曾闻外孙敢与大父亢礼哉!"②汉高祖用娄敬之议,取"家人子"为公主,与匈奴结和亲,并开放汉与匈奴之间的关市。

文景时期,继续与匈奴和亲,厚予馈赠,但是匈奴仍然不断侵犯边境,每次入塞,都要抢走人畜,毁坏庄稼。文帝十四年(公元前166年)匈奴南下,游骑迫近长安。为了抵抗匈奴的侵扰,文帝用晁错之议,募民迁徙塞下,垦田筑城,加强边防。晁错所倡入粟边塞者得以拜爵的办法,也是在匈奴的严重威胁下提出来的。

南越之地本是秦朝的郡县,越、汉杂居。秦末农民战争中,秦龙川令赵佗行南海尉事占据岭南,绝道聚兵自守,自立为南越王。赵佗依靠汉越地主贵族,采用秦和汉初的政治制度,进行统治。赵佗治理南越"甚有文理,中县人以故不耗减,粤(越)人相攻击之俗益止"③,在一定的时期内起了保境安民的积极作用。

汉高祖十一年(公元前196年),派陆贾出使南越,册封赵佗为南越王,剖符通使,使他"和集百越"。赵佗接受了汉朝封号,愿为藩辅。吕后统治

---

① 《汉书》卷三五《吴王刘濞传》。
② 《汉书》卷四三《娄敬传》。
③ 《汉书》卷一下《高帝纪下》。

时期,严边防之禁,曾令曰:"毋予蛮夷外粤金铁田器;马牛羊即予,予牡,毋予牝。"这个禁令对南越地区农业经济的发展极为不利,也破坏了民族关系。赵佗反对吕后的这项政策,他自称南越武帝,"乘黄屋左纛称制"①,与汉朝皇帝相抗衡。他还进攻长沙国,控制闽越、西瓯,使南越成为一个"东西万余里"的大国。吕后派周灶征南越,军未逾岭而罢。汉初汉军使用过的两幅帛制长沙国南部地区地图,已在长沙马王堆汉墓出土。

文帝为了"休养生息",尽量避免对南越用兵。他按照赵佗的要求,罢省边界戍军,并为赵佗修治真定(今河北正定)祖坟,给赵佗在故乡的兄弟以尊官厚赐。在这种情形下,陆贾再次出使南越,赵佗答应取消帝号,恢复藩属关系。

闽越贵族无诸和摇,率部众参加过反秦战争,以后又助汉灭楚。汉初,无诸受封为闽越王,都东冶(今福建闽侯);摇受封为东海王(又称东瓯王),都东瓯(今浙江温州)。景帝时,东瓯王、闽越王都参与了七国之乱,但景帝对他们没有追究。

二 西汉社会经济的发展

铁农具、牛耕的普遍使用和农业的发展 汉初至文、景的六十多年内,社会经济逐渐由凋敝走向恢复和发展,到武帝时,便出现了一种繁荣的景象。史载当时"都鄙廪庾皆满,而府库余货财。京师之钱累巨万,贯朽而不可校。太仓之粟陈陈相因,充溢露积于外,至腐败不可食"②。

西汉初年,铁制农具已推广到中原以外的很多地区;武帝时冶铁制器归国家垄断,铁器的传播更为迅速。今辽宁、甘肃、湖南、四川等省以及更远的一些地方,都有西汉的铲、镬、锄、镰、铧等铁制农具出土。出土铁犁铧数量很多,宽窄大小不一,这是各地区因地制宜地发展犁耕技术的结果。最大的铧宽达42厘米,这也许就是武帝时期以来"县官鼓铸铁器,大抵多为大器,务应员程,不给民用"③的所谓"大器"(一说"大器"指兵器和煮盐牢盆)。

马耕和牛耕(主要是牛耕)已很普遍。除了二牛三人的耦犁以外,还有二牛一人的犁耕法,山西平陆发现的王莽时期墓葬画像砖上有二牛一人的

---

① 《汉书》卷九五《南粤传》。
② 《史记》卷三〇《平准书》。
③ 《盐铁论·水旱》。

犁耕图。这种犁耕法较之二牛三人的耦犁,是一个重要的进步。武帝以后,随着大规模徙民边陲,进行垦田,牛耕技术也传到西北。与犁耕技术的传播同时,播种用的耧也开始使用,西汉晚期,耧已传到辽阳一带,辽阳的汉末村落遗址和北京清河汉代遗址中,都发现铁制耧足。

武帝时由于大规模战争的消耗,耕马、耕牛严重不足,价格昂贵,北方一度出现以人挽犁的现象。经济落后的淮南地区,还是蹠耒而耕。江南大部分地区仍处于"伐木而树谷,燔莱而播粟,火耕而水耨"①的阶段,同北方的农业生产水平相差很远。

西汉初期,农民已有"深耕穊种,立苗欲疏"②的经验。武帝末年,赵过推行代田法。代田法是先把土地开成深广各一尺的沟,叫做甽,甽旁堆成高广各一尺的垅。一亩之地(广1步,长240步),开成三甽三垅。下种时把种子播在甽中,苗长出后进行耨草,用垅上的土和耨除的草培植苗根。盛夏垅土用尽,甽垅培平,作物的根既深且固,不畏风旱。甽垅的位置每年互相调换,轮流种植,以恢复地力。代田法在长安附近试验的结果,每亩产量比别的田超过一斛甚至二斛以上,所以很快就被推广。边远各郡也使用了代田法,居延(在今内蒙古额济纳旗境)的代田,在汉简上有很多记载。赵过除了推行代田法以外,还改进了农具,史载"其耕耘下种田器,皆有便巧"③。

西汉时期,水利事业也很发达。武帝时,关中开凿了许多渠道,形成一个水利灌溉网。漕渠自长安引渭水东通黄河,便利了漕运,还能溉地万余顷。泾水与洛水之间,修建了白渠,与原有的郑国渠平行,溉田四千五百余顷。当时有歌谣赞美这一渠道说:"田于何所?池阳、谷口。郑国在前,白渠起后。举臿为云,决渠为雨。水流灶下,鱼跳入釜。泾水一石,其泥数斗,且溉且粪,长我禾黍,衣食京师,亿万之口。"④其他如龙首渠、六辅渠、灵轵渠、成国渠等溉田都很多。龙首渠在洛水旁,由于渠岸易崩,它的某些段凿成若干深井,井与井间有水流通,叫做井渠。这种修渠方法,在沙土地带特别有用。京畿以外,关东地区也兴修了一些水利。如汉初羹颉侯刘信在舒(今安徽舒城)修造七门三堰,灌溉田亩。文帝时文翁在蜀郡穿湔江以灌溉繁县土地。稍后,"朔方、西河、河西、酒泉,皆引河及川谷以溉田……汝南、

---

① 《盐铁论·通有》。
② 《史记》卷五二《齐悼惠王世家》载《耕田歌》。
③ 《汉书》卷二四下《食货志下》。
④ 《汉书》卷二九《沟洫志》。"水流""鱼跳"二句,据荀悦《汉纪》补入。

九江引淮,东海引巨定,泰山下引汶水,皆穿渠为溉田,各万余顷。它小渠披山通道者,不可胜言。"①西汉时,中原种植水稻,主要就是依靠这些水利灌溉。至于凿井灌溉,北方到处都有,甚至居延边地,也凿井开渠,进行屯垦。

西汉时期最重要的水利工程,是治理黄河。文帝时黄河曾在酸枣(今河南延津)决口,武帝元光三年(公元前132年),黄河又自瓠子(今河南濮阳附近)经巨野泽南流,灌入淮泗,泛滥达16郡。丞相田蚡封地在鄃(今山东高唐),地在黄河以北,他为了使自己的封地不受水灾,力阻修复故道,所以黄河泛滥越来越严重。元封二年(公元前109年),武帝发卒数万人堵塞决口。武帝曾巡视工地,并命随从官员"自将军以下皆负薪填决河"。经过这次修治,黄河才流归故道,此后80年中未成大灾。

铁农具、牛耕的普遍应用,水利的发达,农业技术的进步,使西汉时的农业生产提高到一个新的水平。据西汉末年的统计,当时全国有户1220多万,口5956多万;全国垦田数达到827万多顷。这就是西汉农业发展规模的一个说明。

手工业的发展 在西汉的手工业中,冶铁业占有重要地位。西汉冶铁的技术,铁器的种类、数量和质量,都比战国时有了重大的进步。西汉后期"吏卒徒攻山取铜铁,一岁功十万人以上"②,规模是很大的。西汉铁器出土的地点,已发现六十多处。在山东、河南、江苏等省都发现冶铁遗址,其中河南巩县、郑州的冶铁遗址规模最大,包括矿坑、冶铁工场,以及从开采矿石到制出成品的全部生产设备。巩县遗址发现了矿石加工场所,发现冶炼炉、熔炉、锻炉共20座。遗址中炼铁的燃料,除木材外,还有原煤和煤饼,这是现在所知的我国历史上最早用煤的遗存。"淬火法"已开始应用,这大大提高了铁器的坚韧和锋利程度。汉初的铁兵器,各地经常有出土;武帝以后,铁兵器更多,替代了铜兵器所居的主要地位。西汉中期以后,铁制的日用器皿也逐渐增多。

西汉的采铜和铜器手工业也很发达。铜主要产在丹阳郡和西南的蜀、越巂、益州等郡。汉初准许私人仿铸货币,所以铸钱场所分布在一些郡国中,武帝时铸币权集中到中央,在上林苑三官铸钱。西汉货币发现极多,铸币用的铜料、铸范以及铸所遗址也有发现。铜器制造主要属少府和蜀、广汉等郡工官,也有很多出于私人作坊,所制器物种类繁多,其中最著

---

① 《史记》卷二九《河渠书》。
② 《汉书》卷七二《贡禹传》。

名的是铜镜。

丝织业是西汉的重要手工业之一。当时的临淄(今山东临淄)和襄邑(今河南睢县)设有规模庞大的官营作坊,产品供皇室使用。元帝时,临淄三服官"作工各数千人,一岁费数巨万"①。长安的东西织室规模也很大,每年花费各在 5000 万钱以上。已有了提花织机,钜鹿陈宝光的绫机"用一百二十蹑"②,能织成各式各样的花绫。西汉的精美织物通过馈赠、互市或贩卖,大批输往边陲各地,远至中亚各国和大秦(罗马帝国)。

西汉漆器出自蜀、广汉以及其他各处工官,漆器加鎏金扣或银扣,称为釦器。漆器和釦器都是名贵的手工业品,《盐铁论》所举当时富人使用的"银口黄耳","金错蜀杯"③,就是这类器物。在国内许多地方的墓葬中,出土漆器釦器很多。今朝鲜境内的乐浪王盱墓及其他墓葬中,蒙古境内诺颜乌拉匈奴贵族墓中,也发现了大量的汉代漆器和釦器。漆器制作的分工很精细,见于漆器的工名有素工、髹工、上工、铜耳黄涂工、画工、雕工、清工、造工以及各种监工等十几种,这说明《盐铁论》中的"一杯棬用百人之力,一屏风就万人之功"④的说法,是有一定根据的。

此外,煮盐(包括海盐、池盐、井盐等)、制陶、造船、造车、酿造等业,在西汉时都有发展,生产规模和技术都超过前代。

在上述各种手工业中,官营作坊的劳动者主要是吏、卒、刑徒、官奴婢和少数佣工;私营作坊主要是僮仆、佣工,他们之中很多来自逃亡农民。他们在极度的剥削压迫和极艰苦的条件下所从事的创造性的劳动,使当时的物质文化表现得丰富多彩。

商业的发展　　随着农业、手工业的发展,商业也繁荣起来了。据《史记》记载,西汉时期全国已形成了若干经济区域,每个区域都有大的都会。关中区域膏壤沃野千里,最为富饶,其地"于天下三分之一,而人众不过什三,然量其富,什居其六"⑤。首都长安户 8 万余、口 24.6 万,是关中的交换中心,也是全国最繁华最富庶的城市。长安城周围 65 里(据实测,周长 25700 米,合当时 62 里强),有 9 市、16 桥、12 门,每个城门都有 3 个宽达 6 米的门道,以三条并列的道路通向城中。长安城的城市布局规整宏伟,各种

---

① 《汉书》卷七二《贡禹传》。
② 《西京杂记》卷一。
③ 《盐铁论·散不足篇》。
④ 同上。
⑤ 《史记》卷一二九《货殖列传》。

建筑物稠密巍峨。长安市面上除有本地和附近的各种物产包括官府手工业的产品以外,还有从全国各地运来的货物出售。

洛阳、邯郸、临淄、宛、成都(当时合称五都)、番禺(今广州)等城市,是全国主要的都会。蓟、阳翟、江陵、寿春、合肥、吴,也都是一方的都会。全国各地区、各都会之间,有大道相连。在这些大道上,驿传罗布,车马杂沓,货物转输,络绎相属。江南多水,船和车同是重要的交通工具。今广州、长沙等地的汉墓中,发现有木车、木船和陶船的模型,船有锚、舵,结构坚固,可载重致远。

出现在通都大邑里的商品,有牲畜、毛皮、谷物、果菜、酱醋、水产、帛絮、染料、木材、木器、铜铁器等类。奴隶被当作一种商品,在市场上出卖。高利贷也成为一种重要行业。高利贷者被称作子钱家,列侯封君有时也向他们告贷。

西汉中期以后,对外贸易发达起来了。自河西走廊经塔里木盆地南北边缘通向中亚、西亚以及更远地区的道路,已经畅通。沿着这条道路,运入各种毛织物和其他奢侈品,运出大宗丝织物。西方人称这条道路为"丝绸之路"。海上贸易的重要港口是番禺。近年来广州、贵港、长沙等地,经常发现玻璃、琥珀、玛瑙等物,其中一部分是从海外运进来的。

三　西汉社会各阶级的状况

在西汉社会中,基本的阶级是地主阶级和农民阶级。地主阶级包括皇帝、贵族、官僚以及一般的地主,他们是统治阶级。农民阶级包括自耕农、佃农和雇农。手工业者的经济地位相当于农民。他们是被统治阶级。商人的经济地位比较复杂。大商人一般都是大地主,是统治阶级的一部分;小商人虽然不是劳动群众,但其经济地位类似手工业者和自耕农,是被统治阶级的一部分。除此以外,还有数量颇大的奴婢,他们的身份和经济地位最为低下。

在西汉社会经济的发展中,各个阶级都在一定程度上起着变化。地主阶级和大商人迅速扩充势力,强占民田,役使和盘剥农民,掠夺财货奴婢,其中一部分逐步发展成豪强大族。农民阶级中的自耕农,经过汉初一个短暂的较稳定的发展时期后,少数上升为地主,多数则逐步陷入破产流亡的境地,从中分离出大量的人,成为"游食"的小商小贩,或者补充着原有的佃农、佣工和奴婢的队伍。

地主阶级 地主阶级拥有最大部分的土地。居于这个阶级最上层的，是以皇帝为首，包括诸侯王、列侯和大官僚(很多大官僚也有列侯或其他封号)的贵族地主。参加过反秦战争，在汉初获得官、爵的军功地主，是地主阶级中的一个重要阶层。皇帝在直辖郡内，诸侯王在王国内，列侯和其他军功地主在封域或食邑内，凭借国家机器，强迫农民缴纳租赋，提供无偿劳役。中央政权的租赋所入，由大司农掌管，用来养活官吏和军队。皇帝、诸侯王、列侯等在辖区或封域内，还以山川园池市肆租税之入作为"私奉养"。皇帝的私奉养，置少府官主领。最晚到汉武帝时，少府开始向贫民出假公田，收取地租①。武帝置水衡都尉统一铸币，得利亦入少府。元帝时，国家和皇帝每岁收入，计百姓赋钱藏于都内(大司农属官)者40万万，水衡钱25万万，少府钱18万万②。少府、水衡钱供皇帝私奉养者数目十分巨大。

地主阶级掠夺土地日趋严重，官僚地主更为突出。萧何在关中"贱强买民田宅数千万"③，田蚡向窦婴强索长安城南田④，霍去病为生父中孺"买民宅奴婢"⑤，淮南王安后荼、太子迁、女陵和衡山王赐，都侵夺民田宅⑥，甚至汉成帝也"置私田于民间"⑦。西汉中期以后，拥有土地三四百顷的大地主为数不少，个别大地主的土地甚或至千顷以上。如武帝时酷吏宁成买陂田千余顷，哀帝宠臣董贤得哀帝所赐苑田竟至2000余顷。

农民阶级 西汉政权继续用名籍制度控制民户。举凡姓名、年纪、籍贯(郡、县、里)、爵级、肤色、身长、家口、财产(田宅、奴婢、牛马、车辆等及其所值)，都要在名籍上一一载明⑧。在列入名籍的编户齐民中，人数最多的是自耕农民。自耕农民是当时农业生产的主力。

---

① 除了少府以外，三辅、太常、水衡以至郡国，都有公田出假，见《汉书》卷八《宣帝纪》地节元年、三年，卷九《元帝纪》初元元年、二年等。假民公田是一种租佃剥削，其剥削率不详。《九章算术》卷六命题，有假田初假之年三亩一钱，明年四亩一钱，后年五亩一钱的说法，假税最低，逐年递减。不知实际情况是否如此。

② 《汉书》卷八六《王嘉传》。又，《太平御览》卷六二七引桓谭《新论》："汉定(疑当作宣)以来，百姓赋敛一岁为四十余万万，吏俸用其半，余二十万万藏于都内为禁钱。少府所领园地作务之八(疑当作入)十三万万，以给宫室供养诸赏赐。"据此，《王嘉传》所列钱数可能是库存数而非一年所入。

③ 《史记》卷五三《萧相国世家》。

④ 《史记》卷一〇七《魏其武安侯列传》。

⑤ 《汉书》卷六八《霍光传》。

⑥ 《史记》卷一一八《淮南衡山王列传》。

⑦ 《汉书》卷二七《五行志》中之上。

⑧ 汉简中，保存了大量的汉代名籍资料。

西汉政府对自耕农的剥削,较之秦代有所减轻。但是按照西汉生产力水平估计,农民租赋负担仍然沉重。据《汉书·食货志》所载,五口之家的农户,种地百亩,不计副业收入,每年约收粟150石①,除去食用和田租,约剩50余石。汉制,民年15—56,岁纳120钱,叫做算赋;7—14岁的儿童,岁纳20钱(武帝时增至23钱),叫做口赋。通常的农户,每户应服徭役的男丁约为二口,为了不误耕作,就要以每人一月300钱的代价雇人代役,叫做更赋。农家卖粟纳口赋、算赋和雇人代役,所收之粟就所余无几甚至没有剩余。为了进行再生产所需的种子、耕畜、农具等项支出,以及农民衣着、杂用所费,还未计算在内,这些支出就要视副业(主要是蚕桑)收入的有无多寡而定了。如果碰上歉年,农民生活困难更大。所以《盐铁论》中贤良、文学叙述农家入不敷出的情况说,田虽三十税一,如果"加之以口赋更徭之役,率一人之作,中分其功。农夫悉其所得,或假贷而益之。是以百姓疾耕力作而饥寒遂及己也"②。

西汉时期,粮食和土地价格因时因地而有不同,甚至相差悬殊,但一般说来是偏贱的。粮价如前所述,文景时每石高不足百钱,低则十余钱。田价据《九章算术》资料,善田每亩300钱,恶田70余钱。居延边地,每亩约值百钱。关中善田,每亩千余钱③。但是农民所需耕牛,一头值千余钱至数千钱。马当时也是耕畜,由于战争的需要,更为昂贵,每匹低则4000,高则20万④。铜铁器物和食盐,价格都不贱。物价的这种不平衡状态,对于地主、商人的剥削兼并有利,对于农民极为不利。农民贱价出卖谷物,甚至出卖土地,高价购买耕畜、农具和其他必需品,进出之间,损失很大。何况纳税季节,地主、商人乘农民之急,还要将粟价压而又压。这也是农民生活困苦的重要原因。

还在号称"无兼并之害"的文景时期,晁错就尖锐地指明这种危及国家统治秩序的现象。他说,农家终年辛苦,除了纳税服役之外,还有"送往迎

---

① 此据《汉书》卷二四《食货志》载李悝估计战国农家收入为准。如据同书所载晁错对汉代农家的估计,则一户之收不过百石,只够食用和缴纳田租,连简单再生产也难进行。
② 《盐铁论·未通篇》。
③ 《汉书》卷五四《李广传》:李广从弟李蔡盗取阳陵(景帝陵)地三顷,卖钱40余万,每亩合千余钱。又,《汉书》卷六五《东方朔传》有"亩价一金(万钱)"的记载,是指"号为土膏"的长安附近的上地。而且东方朔意在谏阻汉武帝取鄠杜民田以广上林苑,所说地价有夸张。
④ 牛马价资料分见《九章算术》卷七卷八;《居延汉简考释》释文卷三;《汉书》卷六《武帝纪》元狩五年。《汉书》卷二四《食货志》说楚汉之战时马至匹百金,是特例,不是常情。

来、吊死问疾"之费;"尚复被水旱之灾,急政暴虐,赋敛不时,朝令而暮改。当具有者半价而卖,亡者取倍称之息。于是有卖田宅、鬻子孙以偿债者矣"①。这种情况,到武帝以后更为严重。

破产的农民,多数被迫依附于地主作佃客。《盐铁论》说:"大抵逋流皆在大家,吏正畏惮,不敢督责,刻急细民。细民不堪,流亡远去,中家为之色出,后亡者为先亡者服事。录民数创于恶吏,故相仿效,去尤甚而就少愈多"②。正是由于地方官"刻急细民",畏惮"大家",使越来越多的农民破产流亡,使豪强大家得以兼并更多的土地和佃客。关东地区,这种情况更为严重。豪强宁成役使贫民至数千家之多③。边地居延,有向屯田卒收取地租的记载,计田 65 亩,收租 26 石,每亩合租四斗④。内地的租额,当然更高。汉代不见佃客免徭赋的法令,佃客还要受徭赋之苦。

还有一些破产农民,迫于生计,为佣工糊口。秦末陈胜为人佣耕,起兵以后,故人为佣耕者都来军中谒见。汉代佣工种类,见于文献的除佣耕、仆役以外,还有采黄金珠玉、治河、筑陵、为酒家佣保⑤等等。武帝筦盐铁以前,豪强大家冶铁煮盐,"大抵尽收放流人民"⑥为之,这些人有一部分是雇佣身份。筦盐铁后,盐铁生产除用官奴婢外,还用徭役劳动。由于道远作剧,农民无法"践更",不得不出钱"取庸代"⑦。佣工月值,据《汉书·吴王濞传》注说是 300 钱⑧。官僚地主甚至凭借权力,雇工而不给佣值⑨。

在汉代社会里,雇佣劳动在社会生产中不占重要地位。佣工还受种种人身束缚。庸和奴的称谓有时是混同的,表明庸工身份的低下⑩。汉昭帝始元四年(公元前 83 年)诏书里,有"比岁不登,民匮于食,流庸未尽还"之语,可见在剥削压迫稍见缓和,或年景稍佳之时,流庸是可以返回乡里的。

---

① 《汉书》卷二四《食货志》。
② 《盐铁论·未通篇》。
③ 《汉书》卷九〇《酷吏宁成传》。参《汉书》卷七〇《陈汤传》、卷八九《循吏黄霸传》。
④ 《居延汉简甲编》图版编号 1585;《居延汉简考证》第二卷。
⑤ 分见《汉书》卷五《景帝纪》、卷二九《沟洫志》、卷七〇《陈汤传》、卷三七《栾布传》、卷五七《司马相如传》等。
⑥ 《盐铁论·复古篇》。
⑦ 《盐铁论·禁耕篇》。
⑧ 更卒雇人代役,据《汉书》卷二九《沟洫志》注及《汉书》卷七《昭帝纪》注,都说是每月 2000 钱。又,《九章算术》卷三、卷六记有较此低得多的佣值。
⑨ 《汉书》卷四〇《周勃传附周亚夫传》。
⑩ 东汉末和三国历史上有这样的例证:《世说新语·言语篇》注载刘琮往候司马徽,琮左右骂徽为死庸,又骂为田奴;《三国志》卷二八《魏书·王凌传》注载单固骂杨康为老庸,又骂为老奴。

商人 西汉时期,商人势力蒸蒸日上。西汉继承秦代重本抑末政策,限制商人。但是,经商是剥削者方便的致富之道,正如当时俗语所说:"用贫求富,农不如工,工不如商,刺绣文不如倚市门"①。所以商人都用各种手段逃避限制,抑商法令等于具文。晁错看到这种情况,向文帝说:"今法律贱商人,商人已富贵矣!"②西汉前期,出现了许多大盐铁商,大贩运商,大子钱家。蜀卓氏在临邛,"即铁山鼓铸,运筹策,倾滇蜀之民,富至僮千人"。程郑在临邛,也以冶铁致富,"贾椎髻之民"。南阳孔氏"大鼓铸,规陂池",致富数千金,多和诸侯王交接。曹邴氏以铁冶起家,"贳贷行贾遍郡国",时人有"布衣有朐邴,人君有吴王"之语。山东刁间驱使奴隶,"逐鱼盐商贾之利"。洛阳师史专事贩运,"转毂以百数,贾郡国无所不至"。宣曲任氏在楚汉之战时从事粮食囤积居奇致巨富。子钱家无盐氏在七国之乱时以千金贷给从军东征的列侯封君,一岁获息十倍,富埒关中。许多贵族、官僚、大商人铸钱牟大利,邓通和吴王濞最有名,所铸的钱流通天下。汉武帝筦盐铁,实行平准均输,禁止私人和郡国铸钱,大商人多经营加工制造等大手工业,经营囤积和高利贷。

在西汉社会中,"以末致财"的大商人,虽然家资数千万乃至成万万,但仍须"用本守之"。这就是说,需要掠夺土地,成为大地主,才能守住产业。所以大商人无不规陂池,求田宅,"蹛财役贫"。另一方面,大地主、大官僚也多兼营商业,以图暴利。元帝时贡禹奏请"近臣自诸曹、侍中以上家,亡得私贩卖"③,可见那时大官僚经营商业的普遍。

大商人兼并土地,加速了农民的破产流亡。他们还因其富厚,交往王侯,助长诸侯王的割据。因此国家和大商人的矛盾依然存在,终于导致汉武帝打击大商人的结果。

人数众多的小商人,有的列肆贩卖,有的负货求售,有的兼为小手工业者自制自销,有的以车傱载收取运费。他们多数由农民或城市贫民转化而来,同样受剥削压迫,同大商人大不相同。小商人无法突破抑商法令的限制,而国家的徭役征发,也往往首先轮到他们头上。秦汉的七科谪④,有四科是谪发商人或他们的子孙。

---

① 《史记》卷一二九《货殖列传》。以下不注出处者,均见此,或见《汉书》卷九一《货殖传》。
② 《汉书》卷二四《食货志》。
③ 《汉书》卷七二《贡禹传》。
④ 七科谪:吏有罪一,亡命二,赘婿三,贾人四,故有市籍五,父母有市籍六,大父母有市籍七。见《史记》卷一二三《大宛传》、《汉书》卷六《武帝纪》、卷六一《李广利传》及注。

奴婢 奴婢有官奴婢和私奴婢,数量颇大。

官奴婢的来源,一为罪犯本人以及重罪犯的家属没官为奴;一为原来的私奴婢,通过国家向富人募取或作为罪犯财产没官等途径,转化为官奴婢;一为俘虏没官为奴。西、北边地诸苑养马的官奴婢有三万人。元帝时长安诸官奴婢游戏无事者,有十万人之多。官奴婢用于宫廷、官府服役,用于苑囿养狗马禽兽,也用于官府手工业、挽河漕、筑城等劳作。

私奴婢主要来自破产农民。他们有的是被迫自卖为奴,有的是被人掠卖为奴,有的是先卖为"赘子",无力赎取而为奴①。官奴婢由统治者赏赐给私人,可转化为私奴婢。边境少数民族人民,有被统治者掠为奴婢者,例如来自西南夷中的"僰僮"。大官僚、大地主、大商人的奴婢成百成千。陈平以奴婢赠陆贾,数达100。市场出卖奴婢,通常是与牛马同栏。也有被卖的奴婢在市场上被饰以绣衣丝履,以图高价。奴婢价格,一万二万不等。经营奴婢买卖的大商人,每出卖100个奴婢,获利20万。汉代有不许任意杀奴以及杀奴必须报官的法令,也有因违令杀奴被罚的事例②。但在通常情况下,主人对奴婢有"颛杀之威"③,奴婢生命实际上是没有保障的。

私奴婢除从事家内服役以外,也有许多被驱使从事农业、手工业生产或商业活动。季布为朱家奴,被用于田间劳动;张安世家僮七百,"皆有手技作事"④;刁间的奴隶被驱迫运输商品。王褒所作《僮约》⑤,列举了奴隶服劳役的项目,包括家内杂役、种田种园圃、放牧、做工、捕鱼、造船、修屋乃至经商等等。

四 汉武帝时期统一的巩固和专制主义中央集权制度的加强

汉武帝统治的50余年(公元前140—前87年),是西汉王朝的鼎盛时期,也是中华民族的一个蓬勃发展时期。在经济繁荣、府库充溢的基础上,汉武帝在政治、经济、军事等方面采取了许多措施,改革了一些制度,以适应

---

① 《汉书》卷六四《严助传》注:"卖子与人作奴婢,名为赘子,三年不能赎,遂为奴婢"。
② 《汉书》卷七六《赵广汉传》,广汉为京兆尹,疑丞相魏相夫人妒杀傅婢,乃突入相府召夫人跪庭下受词;《汉书》卷九九《王莽传》,莽子获擅杀奴,莽令获自杀。
③ 《汉书》卷五六《董仲舒传》。
④ 《汉书》卷五九《张汤传附张安世传》。
⑤ 《僮约》录自《艺文类聚》《初学记》《太平御览》等书,文字多讹错,参看严可均辑《全汉文》卷四二。《僮约》是一篇游戏文章,但所列奴隶服役项目,当符合西汉社会实际情况。

统一国家的需要。

进一步削弱王国势力 汉武帝时期,诸侯王虽然不像以前那样强大难制,但是有的王国仍然"连城数十,地方千里"①,威胁着西汉中央政权。元朔二年(公元前127年),汉武帝采纳主父偃的建议,允许诸侯王推"私恩"把王国土地的一部分分给子弟为列侯,由皇帝制定这些侯国的名号,隶属于汉郡,地位与县相当。因此王国析为侯国,就是王国的缩小和朝廷直辖土地的扩大。推恩诏下后,王国纷请分邑子弟,于是诸王"支庶毕侯"②,西汉王朝"不行黜陟而藩国自析"③。武帝以后,王国辖地都不过数县,其地位相当于郡。这样,诸侯王强大难制的问题,就进一步解决了。

诸侯王问题解决后,全国还有列侯百余。汉制每年八月,举行饮酎大典,诸侯王和列侯献"酎金"助祭。元鼎五年(公元前112年),武帝以列侯酎金斤两成色不足为名,削夺106个列侯的爵位。其余列侯因各种原因而陆续失爵的,还有不少。

汉初贵族养士的风气很盛,强大的诸侯王都大量招致宾客游士,扈从左右,其中有文学之士,有儒生、方士,还有纵横论辩之士。诸侯王策划反汉时,宾客游士往往是他们的重要助手,所以武帝力加压制。淮南王安和衡山王赐被告谋反,武帝于元狩元年(公元前122年)下令尽捕他们的宾客党羽,牵连致死的达数万人。接着,武帝颁布"左官律"和"附益法",前者规定王国官为"左官",以示歧视,后者限制士人与诸王交游。从此以后,"诸侯惟得衣食租税,不与政事"④,其中支脉疏远的人,更是与一般富室无异了。

实行察举制度 建立太学 汉朝初年,2000石以上的大官僚可以送子弟到京师为郎,叫做"任子";拥有资产十万钱(景帝时改为四万钱)而又非商人的人,也可以候选为郎,叫做"赀选"⑤。郎是皇帝的侍从,掌"守门户,出充车骑"⑥,可以补授别的官职。西汉初年,地主阶级子弟为郎,是他们出仕的一个重要阶梯。在这种选官制度下,"长吏多出于郎中、中郎、吏二千

---

① 《史记》卷一一二《主父偃列传》。
② 《汉书》卷一五《王子侯表序》。
③ 《汉书》卷一四《诸侯王表序》。
④ 同上。
⑤ 汉代郎选除此之外,还有献策上书为郎,举孝廉为郎,射策甲科为郎、六郡良家子为郎等途径,其中多数是武帝时期或以后才出现的。参见《汉书》卷五六《董仲舒传》王先谦《补注》。
⑥ 《汉书》卷一九《百官公卿表》。

石子弟,选郎吏又以富訾"①,未必都能得人,所以难以适应日益加强的专制王朝的需要。惠帝以来,汉朝在各郡县推选"孝弟力田",复免这些人的徭役,让他们"导率"乡人。文帝诏"举贤良能直言极谏者"②,这种诏举多从现任官吏中选拔。无论选孝弟力田或举贤良等,都还没有成为正式的制度。

武帝初年,董仲舒在举贤良对策中,提出了"使诸列侯郡守二千石,各择其吏民之贤者,岁贡各二人,以给宿卫"③的主张。这个主张包括岁贡和定员,对象有吏有民,在制度上比文帝时的诏举较为完备。元光元年(公元前134年),武帝"初令郡国举孝、廉各一人"④。从此以后,郡国岁举孝廉的察举制度就确立起来了。

察举制初行的头几年,郡国执行不力,有的郡不荐一人。所以武帝规定二千石"不举孝,不奉诏,当以不敬论;不察廉,不胜任也,当免"⑤,用来督促察举制度的实行。

武帝以后,孝廉一科成为士大夫仕进的主要途径。被举的孝廉,多在郎署供职,由郎迁为尚书、侍中、侍御史,或外迁县令、长、丞、尉,再迁为刺史、太守。

武帝又令公卿郡国举茂才、贤良方正、文学等,从中拔擢了一些人才。不过这类察举属于特科性质,并不经常举行。武帝时还有上书拜官的办法,如田千秋上书言事称旨,数月即由郎超升为丞相。

武帝在长安城外,为太常博士的弟子兴建学校,名为太学,使他们在太学中随博士受业。博士弟子共50名,由"太常择民年十八以上仪状端正者"⑥充当,入学后免除本人徭赋。还有跟博士"受业如弟子"的若干人,由郡县择人充当。这些人学成经考试后,按等第录用。武帝还令天下郡国皆立学校官,初步建立了地方教育系统。太学和郡国学主要培养统治人民的官僚,在传播文化方面,也起了积极的作用。

实行察举制度和建立太学后,大官僚子嗣和大豪富垄断官位的局面有所改变,一般地主子弟入仕的门径比过去宽广了。在这种新的制度下,皇帝通过策问和考试,可以在较大的范围内按自己的意旨选择称职的官吏。这

---

① 《汉书》卷五六《董仲舒传》。
② 《汉书》卷四《文帝纪》。
③ 《汉书》卷五六《董仲舒传》。
④ 《汉书》卷六《武帝纪》。
⑤ 同上。
⑥ 《汉书》卷八八《儒林传序》。

对于网罗人才,加强专制皇权的统治,也具有重大的作用。

削弱丞相权力 西汉初年的官制,基本上沿秦之旧,没有大的改变。汉高祖以功臣为丞相,丞相位望甚隆,对皇帝敢于直言不讳,甚至敢于言所不当言。惠帝时曹参为丞相,无所事事,惠帝托参子曹窋婉转进言,曹参竟向惠帝申述"陛下垂拱,参等守职"①的道理,而不改变自己的态度。文帝幸臣邓通对丞相申徒嘉礼意怠慢,申徒嘉严斥邓通,还对文帝说:"陛下幸爱群臣,则富贵之,至于朝廷之礼,不可以不肃"②。从这些事实中,可以看出皇帝与丞相之间,在权力分配上存在着一定的矛盾。

景帝时,高祖功臣死尽,陶青、刘舍等人以功臣子列侯继为丞相,丞相权力开始有所削弱。但是直至武帝时,皇帝与丞相在权力上的矛盾还有表现。丞相田蚡骄横,"荐人或起家至二千石,权移主上",武帝甚至问他"君除吏尽未?吾亦欲除吏"③。因此,继续削弱丞相权力仍然是加强皇权的一个迫切问题。元朔五年,武帝任命公孙弘为相,封平津侯。公孙弘起自"布衣",在朝无所援接,只有唯唯诺诺,不敢稍违皇帝旨意。从此以后,功臣列侯子嗣独占相位的局面结束,丞相完全在皇帝的掌握之中,居职"充位"而已。

武帝从贤良文学或上书言事的人当中,先后拔用了严助、朱买臣、吾丘寿王、主父偃、严安等人,在他们的本职以外,另给侍中、给事中、常侍等加官,让他们出入禁省,随侍左右,顾问应对,参与大政。武帝曾经令严助等"与大臣辩论,中外相应以义理之文,大臣数诎"④。为皇帝掌书札的尚书(少府属官),更是出纳章奏,操持机柄。武帝还参用宦官为中书,掌尚书之职。这些人日在皇帝左右,逐渐形成一个宫内决策的机构,称为"中朝"或"内朝",与丞相为首的政务机关"外朝"相对应。皇帝依靠中朝,加强统治;中朝则恃皇帝之重,凌驾外朝。这样,专制制度就进一步加强了。

武帝寝疾时,用外戚霍光为大司马大将军。武帝死后,霍光又领尚书事。自此以后,大将军以及前后左右将军都成为掌握实权的"中朝"官,大将军领尚书事更是权倾内外,丞相虽还有很高的位望,但实际职权大大削弱了。

加强中央军力 秦和汉初,兵役制和徭役制结合在一起。制度规定:男

---

① 《史记》卷五四《曹相国世家》。
② 《汉书》卷四二《申徒嘉传》。
③ 《汉书》卷五二《田蚡传》。
④ 《汉书》卷六四《严助传》。

子在 23—56 岁的期间内,服兵役两年,一年在本郡为材官(步兵)、楼船(水军)或骑士,称为正卒;另一年或在京师为卫士,或在边郡为戍卒。此外,男子每年还要服徭役一月,称为更卒,或在本县,或在外地,叫做践更;不愿服役的可纳钱 300(一说 2000),使人代役,叫做过更。汉代兵徭制度由于资料错乱,还没有定说。

在地方,军事由郡尉或王国中尉主管,他们统领本地的正卒,进行军事训练。每年秋季,郡太守举行正卒的检阅,叫做都试。皇帝发郡国兵时,用铜虎符为验,无符不得发兵。

在京城,驻有南北二军。北军守京师,士卒多由三辅(京兆、冯翊、扶风)选调,由中尉率领;南军保卫皇宫,卫士多由三辅以外各郡国选调,由卫尉率领。南北军力都不甚大,南军卫士数目,西汉初年为两万人,武帝即位,减为万人。南北军以外,还有侍从皇帝的郎,由郎中令率领。

按照汉初的军事制度,军力分散于全国各地,都城内外,都无重兵。这样的军制,自然不能适应武帝时加强中央集权的需要。要改变这种情况,首先必须建立一支可以由中央随时调遣的"长从"的而不是"番上"的军队。只有这样,才能起强干弱枝的作用,才能加强国家的镇压职能。

元鼎六年(公元前 111 年),武帝创建屯骑、步兵、越骑、长水、射声、虎贲、胡骑七校尉,常驻京师。七校尉兵都统于原有的中垒校尉,所以又合称八校尉。八校尉中每校兵力约为数百人至千余人。

建元三年(公元前 138 年),武帝设期门军;太初元年(公元前 104 年),设羽林军。期门约为千人,羽林 700 人,选三辅以及陇西、天水等六郡"良家子"充当,归郎中令掌管,以备宿卫。《汉书·地理志》说:"六郡良家子选给羽林、期门,以材力为官,名将多出焉。"可见期门、羽林在全国军事系统中地位的重要。武帝后来又取从军战死者的子孙养于羽林军中,加以军事训练,号称羽林孤儿,以加强宿卫力量。

八校尉和期门、羽林相继建立后,京师才有长从募士。宣帝神爵元年(公元前 61 年)发胡骑、越骑以及期门、羽林孤儿出击羌人,可见这支长从募士已经用于边境的战争了。

设置刺史 惠帝三年(公元前 192 年),相国曹参奏请派御史监三辅,部分地恢复了秦的御史监郡制度。文帝十三年(公元前 167 年),丞相遣史分刺各地,考察地方官,并督察监郡御史,时置时省。文帝还常常派特使巡行。

元封五年(公元前 106 年),武帝把全国分为 13 个监察区域,叫 13 州部,每州部设刺史一人。刺史每年八月巡视所部郡国,"省察治状,黜陟能否,断治冤狱,以六条问事"①。这六条详细规定了刺史监察的范围,其中一条是督察强宗豪右,五条是督察郡国守相。征和四年(公元前89年),武帝置司隶校尉。司隶校尉率官徒"捕巫蛊,督大奸猾";后罢兵,察三辅(京兆、冯翊、扶风)、三河(河东、河内、河南)和弘农郡,职权同部刺史相似。刺史和司隶校尉的设立,加强了中央对地方的控制,起了强干弱枝的显著作用。

刺史为六百石官(成帝改刺史为州牧,秩二千石),秩位不高,但出刺时代表中央,可以监察二千石和王国相。刺史除了"断治冤狱"以外,并不直接处理地方其他行政事务。所以刺史的设立得"小大相制,内外相维"②之宜,比秦朝的御史监郡制度周密。

任酷吏,严刑法 随着封建制度的发展,地主阶级中出现了一些豪强,他们宗族强大,武断乡曲,既欺凌百姓,也破坏国家法度。济南瞷氏,颍川灌氏,都是西汉前期的豪强大族。

那个时期,还有一些人以游侠著名。游侠以义气侠行相标榜,振人于穷急,脱人于厄困,"权行州域,力折公侯"③。朱家、剧孟、郭解都是汉初的著名游侠。有些游侠"作奸剽攻","睚眦杀人",称霸一方;还有一些游侠,则被司马迁目为"盗跖居民间者"④。游侠豪强同官府之间,除了上下依恃以统治人民的关系以外,显然还存在着某种矛盾。

为了打击游侠豪强,出现了酷吏。景帝时,郅都为济南守,"族灭瞷氏首恶,余皆股栗"⑤。宁成为中尉,为政效法郅都,"宗室豪杰皆人人惴恐"。郅都、宁成是西汉最早的酷吏,他们的活动,是汉武帝打击游侠豪强的先声。

汉武帝除了"徙强宗大姓,不得族居"⑥以外,还大批地任用酷吏,诛锄豪强。张汤为御史大夫,"排富商大贾,出告缗令,锄豪强并兼之家,舞文巧诋以辅法"⑦。杜周为廷尉,"专以人主意旨为狱","诏狱逮至六七万人,吏所增加十有余万"。周阳由为郡守,"所爱者挠法活之,所憎者曲法灭之,所居郡必夷其豪"。像张汤、杜周、周阳由这样的内外官吏,当时比比皆是。他们的这些活动,对于抑压豪强的猖獗气焰,提高专制皇权,起了显著的作用。

---

① 《汉书》卷一九《百官公卿表》注引《汉官典职仪》。
② 顾炎武《日知录》卷九部刺史条。
③ 《汉书》卷九二《游侠传序》。
④ 《史记》卷一二四《游侠列传》。
⑤ 《史记》卷一二二《酷吏列传》。
⑥ 《后汉书》卷三三《郑弘传》注引谢承《后汉书》。
⑦ 《汉书》卷五九《张汤传》。

但是酷吏同豪强、游侠并不是绝对对立的势力。酷吏宁成罢官回乡,"役使贫民数千家",酷吏义纵少年时"攻剽为群盗",这些人自身就是豪强或游侠。所以他们治郡的时候,也往往以"豪敢"为爪牙,对人民为非作歹。酷吏王温舒杀河内豪强,竟至株连千余家,流血十余里。

在诛锄豪强的同时,酷吏张汤、赵禹等人条定刑法,"缓深故之罪,急纵出之诛"。经过他们条定以后,律令增加到 359 章,大辟之罪 409 条 1882 事,死罪决事比(死罪判例)13472 事。刑法的条定,虽然与诛锄豪强的需要有关,但更主要的还是为了镇压百姓。由于刑法繁密驳杂,郡国治狱时无法运用,常有罪同而论异的事情。加以官吏舞文弄法,罗织成狱,"所欲活则傅生议,所欲陷则予死比"①,以此而冤死的人,不可胜数。《汉书·刑法志》说:"穷民犯法,酷吏击断,奸轨不胜。"《汉书·酷吏传》说:由于郡国守相多效法王温舒的残暴杀人行为,所以"吏民益轻犯法,盗贼滋起"。可见用酷吏和刑法来加强专制皇权,势必要激化社会矛盾。

统一货币 汉武帝连续发动了许多次对边境各族的战争,长期而激烈的战争消耗了大量的财富,文景时期留下来的府库积蓄亦都用尽。因此他募民入奴婢、入羊,又设武功爵出卖,力图筹措财货。元狩中,他打破商人不得为吏的禁令,任用大盐商东郭咸阳、大冶铁家孔仅为大农丞领盐铁事,任用洛阳贾人子桑弘羊主持计算。这些人凭借强大的专制政权,推行统一货币的措施,建立筦盐铁和均输、平准制度,企图扩大财政收入,抑制商人的活动,稳定农业生产和商品市场。

汉初以来,高祖所铸荚钱和文帝所铸四铢钱,质量都很低劣。文帝允许私铸,诸王、达官、豪商大量铸钱牟利,因此货币大小不一,轻重不同,严重影响了社会生产和交换,也不利于国家的统一。武帝颁行三铢钱,禁止私铸,规定"盗铸诸金钱,罪皆死"②。元狩五年(公元前 118 年),以五铢钱代替三铢钱,但是盗铸之风不减,"吏民之坐盗铸金钱死者数十万人……天下大氐无虑皆铸金钱矣"。武帝又改行赤仄钱,仍然不能稳定币制。

元鼎四年(公元前 113 年),武帝取消郡国铸钱的权利,专令水衡都尉所属的钟官、辨铜、均输三官③,负责铸造新的五铢钱,名为三官钱。他还责

---

① 《汉书》卷二三《刑法志》。
② 《汉书》卷二四《食货志》。本段不注出处的引文均据《汉书》卷二四《食货志》或《史记》卷三〇《平准书》。
③ 三官,一说为钟官、辨铜、伎巧。

成各郡国把以前所铸的钱一律销毁,所得铜料输给三官。这次禁令很严格,新币质量又高,盗铸无利可图,所以币制得到较长期的稳定。货币的统一,没有强大的国家力量是不可能的;而货币统一以后,国家的经济力量得到加强,专制主义中央集权制度也获得一种经济上的保证。

笼盐铁和实行均输法、平准法 笼盐的办法,是在产盐区设立盐官,备置煮盐用的"牢盆",募人煮盐,产品由官家收购发卖。笼铁的办法,是在产铁区设立铁官,经营采冶铸造,发卖铁器。西汉盐官有遍及28郡国的35处,铁官有遍及40郡国的48处。盐铁官统属于中央的大农。诸侯王国原来自置的盐铁官,也由大农所设盐铁官代替。盐铁官吏,多用过去的盐铁商人充任。

均输法是由大农在各地设均输官,把应由各地输京的物品,从出产处转运他处出卖,再在卖处收购其他物品,易地出卖,这样辗转交换,最后把关中所需的货物运达长安。均输法的推行,消除了郡国贡输"往来烦杂,物多苦恶,或不偿其费"①的不合理现象,使大农诸官得以"尽笼天下之货物",因而也充实了府库。

平准法是由大农在京师设平准官,接受均输货物,按长安市场价格涨落情况,贵则卖之,贱则买之,用以调剂供需,节制市场。

笼盐铁和实行均输、平准,使大农控制了盐铁生产和许多货物买卖,使富商大贾无所牟大利,也使物价不致暴涨暴落。同时,一部分商业利润归于国家,供给汉武帝巡狩、赏赐的挥霍和军事费用,因而"民不益赋而天下用饶"。

西汉以来,不但豪强大家从煮盐、冶铁、铸钱中获取大利,而且一些企图进行政治割据的人,也常常在深山穷泽中或海边上,聚众千百人从事盐铁铸钱,以积蓄经济力量和军事力量。景帝时吴王濞发动叛乱,就是得力于此。所以桑弘羊在论证笼盐铁和实行平准、均输的必要性时说:"山泽之财,均输之藏,所以御轻重而役诸侯也。"又说:"今意总一盐铁,非独为利入也,将以建本抑末,离朋党,禁淫侈,绝并兼之路也。"②可见笼盐铁和实行均输、平准,还起着控制诸侯王和豪强大贾的政治作用。

西汉王朝经营盐铁和商业,也直接给人民带来了一些痛苦。例如官盐价昂味苦,农具质劣而不适用等等。以后一部分贤良、文学反对笼盐铁和平

---

① 《盐铁论·本议篇》。
② 分见《盐铁论·力耕篇》和《复古篇》。

准、均输制度,即以此作为他们的一个重要理由。这些制度也难于长期有效地实行下去。

算缗和告缗 除了统一货币、榷盐铁、实行平准、均输制度以外,汉武帝还采取了直接剥夺大商贾的措施,这就是算缗和告缗。

元狩四年(公元前119年),武帝"初算缗钱",规定商人及手工业者,无论有无市籍,其"贳贷卖买居邑贮积诸物",都必须向政府申报,每2000钱纳税一算,即120钱;"诸作有租及铸",每4000钱一算。轺车一乘一算,商人轺车加倍;船五丈以上一算。商人有产不报或报而不实,罚戍边一岁,没入赀财。有市籍的商人及其家属,不许占有土地,违令者没收其土地和奴僮。元鼎三年(公元前114年),武帝下令"告缗",鼓励告发,并规定以所没收违令商人赀财的一半奖给告发人。武帝命杨可主持告缗,命杜周处理案件。在这次告缗中,政府"得民财物以亿计,奴婢以千万数,田,大县数百顷,小县百余顷,宅亦如之。于是商贾中家以上大率破"。算缗告缗以后,上林苑财物贮积充溢,府库得到充实,商人们受到一次沉重的打击。所以算缗、告缗的措施,也起了加强专制主义中央集权制度的作用。

汉武帝一方面对大商人采取限制、打击乃至剥夺的措施,一方面又允许一部分商人充当盐铁官,为政府服务。西汉统治者与大商人的矛盾缓和了。

五 边境各民族 西汉王朝同边境各族的关系

西汉以来,我国各民族之间,出现了比以前更为密切的政治、经济、文化交往,也发生过一些战争。汉王朝(主要是在汉武帝时期)对各族的战争,有的属于防御性质,起了维护安全、保障生产的作用;有的则是对少数民族的侵犯,造成了破坏。但是从总的后果看来,各民族之间的联系加强了,许多民族地区正式进入中国的版图,汉族的经济和文化,也以各种不同的方式影响着周围各民族。西汉经济的繁荣和国家的统一,正是各族人民共同进步的结果。

越人 汉初以来,南方的越人在经济上有了显著的提高。武帝初年,淮南王刘安上书说:"越人欲为变,必先田余干(今江西余干县)界中,积食粮"[①],这是东瓯、闽越人农业有所发展的表现。南越经济的发展,比东瓯、

---

① 《汉书》卷六四《严助传》。

闽越还要明显。南越"多犀象玳瑁珠玑银铜果布之凑"①,早已吸引了许多北方的商贾。除了吕后统治时期以外,中原和南越一直维持着关市贸易,铁农具和耕畜通过关市,源源不断地输入南越,促进了南越的农业生产。南越和西南地区也有经济联系。

武帝建元三年(公元前138年),闽越发兵围东瓯,东瓯求援于汉。汉武帝派严助发会稽郡兵浮海救东瓯,援兵未达,闽越已退走。东瓯人为了避免闽越的威胁,请求内徙,汉王朝把他们的一部分徙至江淮之间,他们从此成为西汉的编户齐民。

建元六年(公元前135年),闽越又攻南越边地,南越向汉廷告急,武帝派兵分由会稽、豫章两路攻闽越。闽越王郢之弟余善杀郢,汉退兵。汉封原闽越王无诸之孙繇君丑为越繇王,以后又封余善为东越王,封越人贵族多人为侯。

元鼎六年(公元前111年),东越攻入豫章。元封元年(公元前110年)冬,汉军数路攻入东越。越繇王和东越贵族杀余善,汉封越繇王和其他贵族为列侯,把越人徙处江、淮之间。江、淮之间的东瓯人和闽越人此后逐渐同汉人融合,留在原地的越人则分散在山岭中,与汉人来往较少。

汉朝和南越的关系,较为复杂。建元三年,严助率汉军解除了闽越对南越边邑的威胁;六年,严助又受命出师南越,南越王赵胡派太子赵婴齐宿卫长安。后来婴齐之子赵兴继为越王,按其生母太后摎氏(汉人)的意见,上书武帝,"请比内诸侯,三岁一朝,除边关"②。南越丞相吕嘉代表越人贵族势力,反对赵兴和摎太后,并杀赵兴、太后以及汉使,立婴齐长子的越妻所生子建德为王。元鼎五年(公元前112年),路博德、杨仆等率汉军攻入南越,招纳越人,夺得番禺,俘吕嘉和赵建德,越人贵族很多人受汉封为列侯。南越的桂林监居翁,也谕告西瓯四十余万口,一起归汉。汉以南越、西瓯及其相邻之地立为儋耳、珠崖、南海、苍梧、郁林、合浦、交趾、九真、日南九郡。

广州市内发现南越王墓,墓主很可能是赵胡。出土器物甚多,其青铜器有汉式、楚式和南越式。墓制及其所反映的官制基本上同于西汉诸侯王制度。但是墓内人殉多至十余,又反映南越社会落后的一面。

匈奴 汉初以来,匈奴族的领袖冒顿单于以其"控弦之士"三十余万,

---

① 《汉书》卷二八《地理志》。
② 《史记》卷一一三《南越列传》。

东败东胡,北服丁零,西逐大月氏,使"诸引弓之民,并为一家"①。匈奴的统治区域东起朝鲜边界,横跨蒙古高原,向西与氐羌相接,向南伸延到河套以至于今晋北、陕北一带。冒顿把这一广大地区分为中、左、右三部,中部由冒顿自辖,与汉的代郡(今河北蔚县境)、云中郡(今内蒙古托克托境)相对;左部居东方,右部居西方,由左右屠耆王(左右贤王)分领。左右屠耆王之下有左右谷蠡王、左右大将、左右大都尉、左右大当户、左右骨都侯等,各领一定的战骑和分地。单于的氏族挛鞮氏以及呼衍氏、兰氏、须卜氏,是匈奴中最显贵的几个氏族。

匈奴人以游牧为生,逐水草迁徙,但在某些地点也建有一些城堡,并有少量的农业生产。匈奴各部经济发展不平衡,有些部落已开始使用铁器,在一些匈奴墓葬中,有铁马具、铁武器和铁工具出土。匈奴的法律规定,"坐盗者没入其家"。匈奴人作战时,"得人以为奴婢"。匈奴贵族死时,"近幸臣妾从死者多至数十百人"②。

元光二年(公元前133年),武帝命马邑人聂壹出塞,引诱匈奴进占马邑,而以汉军三十余万埋伏近旁,企图一举歼灭匈奴主力。单于引骑十万入塞,发觉汉的诱兵计划,中途退归。从此以后,匈奴屡次大规模进攻边郡,汉军也屡次发动反击和进攻。在这长期的战争中,影响较大的有汉攻匈奴的三次战役。

元朔二年(公元前127年),匈奴入侵,汉遣卫青领兵从云中出击,北抵高阙,迂回至于陇西,夺回河套一带,解除了匈奴对长安的直接威胁。汉在那里设置朔方郡(治今内蒙古杭锦旗北),并重新修缮秦时所筑边塞。同年夏,汉王朝募民十万口徙于朔方。

汉得朔方后,匈奴连年入侵上谷、代郡、雁门、定襄、云中、上郡,汉军也在卫青指挥下数度出击。元狩二年(公元前121年),武帝命霍去病将兵远征。霍去病自陇西出兵,过焉支山(今甘肃山丹县境),西入匈奴境内千余里,缴获匈奴休屠王的祭天金人。同年夏,霍去病由北地出击,逾居延海,南下祁连山,围歼匈奴。这次战役,沉重地打击了匈奴右部,匈奴浑邪王杀休屠王,率部四万余人归汉。汉分徙其众于西北边塞之外,因其故俗为五属国。后又迁徙关东贫民72万余口,充实陇西、北地、西河、上郡之地③。西

---

① 《史记》卷一一〇《匈奴列传》。
② 同上。
③ 这次徙民72万余口中,有一部分徙于会稽。

汉王朝又在浑邪王、休屠王故地陆续设立酒泉、武威、张掖、敦煌四郡。汉得河西四郡地，不但隔断了匈奴与羌人的联系，而且沟通了内地与西域的直接交通，这对西汉和匈奴势力的消长，发生了显著作用。河西水草肥美，匈奴失河西，经济受到很大损失。所以匈奴人唱道："亡我祁连山，使我六畜不蕃息；失我焉支山，使我妇女无颜色。"①

元狩四年（公元前119年），卫青、霍去病带领十万骑，"私负从马凡十四万匹"，步兵及转运者数十万人，分别从定襄、代郡出发，向漠北穷追匈奴。卫青在漠北击败单于，单于率残部向西北溃走，汉兵北至寘颜山赵信城而还。霍去病军出塞二千余里，与匈奴左部左屠耆王接战获胜，至狼居胥山，临瀚海而还。这次战役以后，匈奴主力向西北远徙，"漠南无王庭"。汉军占领了朔方以西至张掖、居延间的大片土地，保障了河西走廊的安全。这时，汉在"上郡、朔方、西河、河西开田官，斥塞卒六十万人戍田之"②，逐渐开发这一地域。

经过这几次重大战役以后，匈奴力量大为衰竭，除了对西域诸国还有一定的控制作用以外，不能向东发展。百余年来，北方农业区域所受匈奴的威胁，到此基本解除了。汉军在这几次战役中，损失也很大。元封、太初以后至武帝之末，汉同匈奴虽然还发生过不少战事，但是这些战事的规模和影响都不如过去了。

西汉王朝战胜匈奴以后，北方边地出现了新的局面。边郡和内地之间，邮亭驿置相望于道，联系大为增强。大量的徙民和戍卒，在荒凉的原野上开辟耕地，种植谷、麦、糜、秫等作物。中原的生产工具、耕作技术、水利技术，通过屯田的兵民，在边郡传播开来。从令居（今甘肃永登境）西至敦煌，修起了屏蔽河西走廊的长城，敦煌以西至盐泽（罗布泊），也修建了亭燧。北方旧有的长城进行了大规模的修缮，今包头、呼和浩特附近的长城沿线，还设置了许多建有内城、外城的城堡。边塞的烽燧系统完全建立起来了，"自敦煌至辽东万一千五百余里，乘塞列燧"③，吏卒众多。屯田区、城堡和烽燧，是西汉在北方边境的政治、军事据点，也是先进经济、先进文化的传播站，它们对于匈奴以及其他相邻各游牧民族社会的发展，有着一定的影响。

戍守张掖居延的汉军修障塞，开屯田，自汉武帝太初三年（公元前102

---

① 《史记》卷一一〇《匈奴列传》注引《西河旧事》。
② 《汉书》卷二四《食货志》。
③ 《汉书》卷六九《赵充国传》。此宣帝时事，但所云障塞亭燧，则是武帝时建立的。

年)延续至东汉时。戍军遗存的简牍文书,迄今发现者达三万余枚,被称为居延汉简。今甘肃、新疆许多地点以及内地各省也有大量汉简出土。这些都是研究汉史的珍贵资料。

匈奴人向西远徙以后,部落贵族发生分裂,出现五单于并立的局面。宣帝甘露元年(公元前53年),呼韩邪单于归汉,引众南徙于阴山附近。竟宁元年(公元前33年),汉元帝以宫人王嫱(昭君)嫁给呼韩邪单于,恢复了和亲,结束了百余年来汉同匈奴之间的战争局面。近年在包头等地的汉末墓葬中,发现有"单于和亲"等文字的瓦当,正是这一时期汉、匈关系和洽的实证。

西域诸国 西汉以来,玉门关和阳关以西即今新疆,被称作西域①。西域境内以天山为界,分为南北二部,南部为塔里木盆地,北部为准噶尔盆地。西汉初年,西域共有36国,绝大多数分布在天山以南塔里木盆地南北边缘的绿洲上。楼兰(鄯善)以西,在塔里木盆地的南缘,有且末、于阗、莎车等国(南道诸国);在盆地的北缘,有焉耆、尉犁、龟兹、姑墨、疏勒等国(北道诸国)。这些国家多以城郭为中心,兼营农牧,有的还能自铸兵器,只有少数国家逐水草而居,粮食仰赖邻国供给。西域诸国语言不一,互不统属,由于自然条件的限制和其他原因,它们每国的人口一般只有几千人到两三万人;人口最多的龟兹,才达到八万人,最少的仅有几百人。

在盆地以西,葱岭以南,还有蒲犁、难兜等小国,有的城居,有的游牧,发展水平不一。

天山以北的准噶尔盆地,是一个游牧区域。盆地东部的天山缺口,由车师(姑师)控制着。西部的伊犁河流域,原来是塞种人居住的地方。汉文帝时,敦煌、祁连一带的月氏人被匈奴人逼迫,向西迁徙到这里,赶走了塞种人。后来,河西地区的乌孙人又向西迁徙,把月氏人赶走,占领了这块土地。乌孙人有12万户,63万口,"不田作种树,随畜逐水草,与匈奴同俗"②。

西汉初年,匈奴的势力伸展到西域,征服了这些国家,置"僮仆都尉"于北道的焉耆、危须、尉犁之间,榨取西域的财富。匈奴在西域的统治非常暴虐,西域东北的蒲类,本来是一个大国,其王得罪匈奴单于,单于徙其民

---

① 当时也把中亚乃至更远的许多地方,包括在西域这一地理概念之内,本书所指的西域,主要是今新疆。
② 《汉书》卷九六《西域传》。以下未注出处的引文,均见《汉书》卷九六《西域传》或《史记》卷一二三《大宛列传》。

6000 余口,"内之匈奴右部阿恶地,因号曰阿恶国"①,贫羸的蒲类人逃亡山谷间,才保存了蒲类的国号。匈奴对西域其他国家的生杀予夺,于此可见一斑。

自玉门关出西域,有两条主要的路径。一条经塔里木盆地东端的鄯善,沿昆仑山北麓西行至莎车,称为南道。南道西出葱岭至中亚的大月氏、安息。另一条经车师前王庭,沿天山南麓西行至疏勒,称为北道。北道西出葱岭,至中亚的大宛、康居、奄蔡。

与西域相邻的中亚诸国中,大宛户6万,口30万,有城郭屋室,属邑大小七十余城,农业和畜牧业都比较发达,产稻、麦、葡萄和良马。大宛西南是从河西迁来的大月氏。大月氏地处妫水(今阿姆河)以北,营游牧生活。原住妫水南的被大月氏所臣服的大夏人,"俗土著,有城屋,与大宛同俗"。大月氏以西的安息是一个强大的国家,"其属大小数百城,地方数千里","商贾车船行傍国"。在大宛以西,安息以北,今咸海以东的草原,则由游牧的康居人控制着。

汉武帝听说西迁的大月氏有报复匈奴之意,所以募使使大月氏,想联络他们夹攻匈奴。汉中人张骞以郎应募,建元三年(公元前138年)率众一百余人向西域进发。张骞在西行途中,被匈奴俘获,他保留汉节,居匈奴十余年,终于率众逃脱,西行数十日到达大宛。那时大月氏已自伊犁河流域迁到中亚,张骞乃经康居到达大月氏。大月氏在中亚"地肥饶,少寇,志安乐,又自以远,远汉,殊无报胡之心"②。张骞不得要领,居岁余而还。他在归途经过羌中,又被匈奴俘获,扣留了一年多。元朔三年(公元前126年),张骞回到长安,元朔六年受封为博望侯。张骞出使西域,前后达十余年,历尽各种艰险。他的西行,传播了汉朝的情况,获得了大量前所未闻的西域资料③,所以司马迁把此行称为"凿空"。

张骞东归后,武帝即开始了广求西域道路的活动。元狩元年(公元前122年),武帝遣使自巴蜀四道并出,指求身毒国(今印度),企图开辟一条经身毒到大夏的交通线,但是没有成功。第二年,汉军击破匈奴,取得了河西地带,从此,"自盐泽(今罗布泊)以东,空无匈奴,西域道可通"。

---

① 《后汉书》卷八八《西域传》。按《汉书》卷九六《西域传》所记蒲类国及蒲类后国人口共为3102人,远不及单于所徙6000余人之数。
② 《汉书》卷六一《张骞传》。
③ 《史记》卷一二三《大宛列传》的前半部,即根据张骞所获资料写成。

元狩四年(公元前119年),张骞再度出使西域,目的是招引乌孙回河西故地,并与西域各国联系。张骞此行率将士300人,每人备马两匹,并带牛羊以万数,金币丝帛巨万。张骞到乌孙,未达目的,于元鼎二年(公元前115年)偕同乌孙使者数十人返抵长安。随后,被张骞派到大宛、康居、大夏等国的副使,也同这些国家报聘汉朝的使者一起,陆续来到长安。从此以后,汉同西域的交通频繁起来,汉王朝派到西域去的使臣,每年多的十几批,少的五六批;每批大的几百人,小的百余人。这些使者"皆贫人子,私县官赍物,欲贱市以私其利外国",所以使者队伍实际上也是商队。

那时候,西域诸国仍在匈奴的控制中,西域东端的楼兰和姑师,受匈奴控制更加严密。汉使往还时,沿途需索饮水食物,也使楼兰、姑师等国应接不暇。所以楼兰、姑师人在匈奴的策动下,常常劫掠汉使,遮断道路。为了确保西域通道,元封三年(公元前108年),汉将王恢率轻骑击破楼兰,赵破奴率军数万击破姑师。元封六年(公元前105年),西汉以宗室女细君与乌孙王和亲,以"分匈奴西方之援国"。细君死,汉又以宗室女解忧和亲。细君与解忧先后在乌孙多所活动,巩固了汉与乌孙的联系,使乌孙成为钳制匈奴的重要力量。

为了打破匈奴对大宛的控制并获得大宛的汗血马,武帝于太初元年(公元前104年)派贰师将军李广利领军数万击大宛,无功而还。太初三年(公元前102年),李广利第二次西征,攻破了宛都外城,迫使大宛与汉军言和,汉军获得良马几十匹,中马以下牝牡三千多匹。此后,汉政府在轮台、渠犁等地各驻兵数百,进行屯垦,置使者校尉领护,这是西汉王朝在西域设置行政机构的开始。

以后,汉在车师一带还屡次与匈奴发生战争。宣帝时匈奴分裂,日逐王于神爵二年(公元前60年)归汉,匈奴设在西域的"僮仆都尉由此罢,匈奴益弱,不得近西域"。汉乃在西域设立都护,都护治乌垒城,并护南道和北道各国,"督察乌孙、康居诸外国动静,有变以闻"①。西域诸国与汉朝的臣属关系,至此完全确定。元帝初元元年(公元前48年)汉在车师地区设立戊己校尉,管理屯田和防务。

元帝建昭三年(公元前36年),西域副校尉陈汤发西域各国兵远征康居,击杀了挟持西域各国并与归汉的呼韩邪单于为敌的郅支单于,匈奴的势力在西域消失,汉和西域的通道大为安全了。

---

① 《汉书》卷九六《西域传序》。

西域道通以后,天山南北地区第一次与内地联为一体,在中国历史上具有非常深远的意义。除此以外,中原同西域乃至更远地区之间,经济、文化联系日益密切。西域的葡萄、石榴、苜蓿、胡豆、胡麻、胡瓜、胡蒜、胡桃等植物,陆续向东土移植;西域的良马、橐驼、各种奇禽异兽以及名贵的毛织品,也都源源东来。以后,佛教和佛教艺术也经中亚传到西域,再向东土传播,对中国文化发生了很大的影响。中原地区则向西域输送大量的丝织品和金属工具,并把铸铁、凿井(包括井渠)的技术传到西域。这种频繁的经济、文化交流,促进了西域社会的进步,也丰富了中原汉人的物质生活和精神生活。

羌 羌族是我国古老的民族之一,商周时已出现在我国历史上。羌人分布在西海(青海)附近,南抵蜀汉以西,西北接西域诸国。羌人有火葬习俗①。据《后汉书·西羌传》记载,战国初年,羌人无弋爰剑被秦人拘执为奴,后来逃回本族,被推为豪,爰剑和他的子孙,从此就成为羌人世袭的酋长。羌人原来以射猎为事,至爰剑时始营田畜牧。以后羌人人口逐渐增殖,分为很多部落,"不立君臣,无相长一,强则分种为酋豪,弱则为人附落"②。

西汉初年,羌人臣服于匈奴。汉武帝击走匈奴后,在今甘肃永登县境筑令居塞,并在河西列置四郡,以隔绝羌人与匈奴的交通。羌人曾与匈奴连兵十余万攻令居塞,围枹罕(今甘肃临夏)。汉遣李息等率兵十万征服了羌人,并设护羌校尉统领。宣帝时,羌人与汉争夺湟水流域的牧地,汉将义渠安国斩羌豪,镇压羌人,羌人遂围攻金城郡。宣帝令赵充国等率兵六万,屯田湟中,相机进攻,取得了胜利,置金城属国以接纳归附的羌人。此后一部分羌人逐渐内徙,在金城、陇西一带与汉人杂居。王莽时在羌人地区设西海郡,徙汉人入居其中。

西南各族 西南地区,分布着许多语言、习俗不同的民族,汉朝时统称为西南夷。大体说来,贵州西部有夜郎、且兰,云南滇池区域有滇,洱海区域有嶲、昆明,四川西南部有邛都,成都西南有徙、筰都,成都以北有冉駹。甘肃南部的白马氐,当时也列在西南夷中。夜郎、滇、邛都等族人民结发为椎,从事农耕,有邑聚,有君长。嶲、昆明等族人民编发,过着游牧生活,没有君长。氐和冉駹有火葬习俗。

战国时期,楚将庄𫏋领兵溯沅水西上略地。庄𫏋经夜郎至滇,适值黔中

---

① 《太平御览》卷七九四引《庄子》:"羌人死,燔而扬其灰。"又参见《吕氏春秋·义赏篇》。
② 《后汉书》卷八七《西羌传》。

地为秦国所夺,庄蹻归路被截断,留滇为王,全军变服从滇俗。以后秦朝的势力达到西南夷中,在今宜宾至昭通一带开通"五尺道",并在附近各地设置官吏。

西汉初年,西南地区与巴蜀等地维持着交换关系。汉人商贾从西南夷中运出筰马、髦牛和僰僮(奴隶)。巴蜀的铁器和其他商品也运入西南夷中,有的还经由夜郎浮牂柯江转贩到南越。建元末年,番阳令唐蒙在南越发现了蜀地出产的枸酱,探知从蜀经西南夷地区有路可以通达南越,因此他向武帝提出发夜郎兵浮江抄袭南越的建议。武帝派唐蒙领千人,携带缯帛食物,到夜郎进行活动。稍后,汉在巴蜀之南置犍为郡(治今四川宜宾),并发巴蜀卒修筑自僰道(在今四川宜宾)通向牂柯江的山路。武帝又命司马相如深入邛、筰、冉駹,在那里设置都尉和十余县,但不久就罢省了。

张骞在中亚的大夏时,曾发现邛竹杖和蜀布,据说来自身毒(印度),因而得知巴蜀与身毒可以交通。武帝根据这一情况,于元狩元年(公元前122年)派使者自巴蜀四出,企图找到通身毒的道路,以便从那里通向西域。经过这些活动,汉和滇的道路打通了,汉对夜郎及其附近各族的控制加强了。但由于嶲、昆明等族的阻拦,寻求身毒道路的目的则始终没有达到。

元鼎五年(公元前112年),汉发夜郎附近诸部兵攻南越,且兰君以此反汉,杀汉使者及犍为太守。第二年,汉兵从巴蜀南下,攻下且兰,设置牂柯郡(治今贵州黄平西)。汉又以邛都为越嶲郡(治今四川西昌东南),筰都为沈黎郡(治今四川雅安南),冉駹为汶山郡(治今四川茂县北),白马为武都郡(治今甘肃成县)。元封二年(公元前109年),武帝发兵临滇,降滇王,以其地为益州郡(治今云南晋宁)。

云南晋宁石寨山陆续发掘出的几十座滇人贵族墓葬中,除滇王金印以外,还有战国末至东汉初的大量古滇国遗物出土。战国末至西汉初的滇青铜制品,具有浓厚的民族特色;西汉中晚期的滇国器物,与贵州、广西出土的西汉器物相似,在种类与形制上部分地受到了汉文化的影响。到了西汉末至东汉初年,滇国遗物中纯汉式器物占据重要地位,这些汉式器物多数来自中原,有的则可能是本地的仿制品。

大量滇国青铜农具的出土,说明农业在滇人经济生活中占有重要的地位。同时,滇国器物上的图像,表明滇人牧养牛、马、猪、羊、犬,猎取鹿、虎、野猪,畜牧和狩猎经济都相当发达。青铜铸造是滇人最主要的手工业,铜器相当精美。铁制品数量不多,有些铁器实际上是铜铁合体。《后汉书·西南夷传》说:滇人之地"有盐池田渔之饶,金银畜产之富",这与滇国遗物所表现的滇人社会的经济情况大致相同。

滇国铜器上有许多反映奴隶和俘虏生活的铸像,如奴隶在主人监督下织布,以奴隶作牺牲,捕捉俘虏,俘虏被裸体悬挂等等。奴隶多编发或披发,同滇人奴隶主的椎髻不同,他们显然是从外族俘虏来的奴隶。滇人墓中殉葬物丰富精美,可以印证《后汉书·西南夷传》的记载:滇人奴隶主"性豪忮,居官者皆富及累世"。

乌桓　鲜卑　乌桓是东胡的一支,汉初以来,活动在西喇木伦河以北的乌桓山一带。乌桓人"俗善骑射,弋猎禽兽为事,随水草放牧,居无常处"①。他们也经营农业,种植耐寒耐旱的穄和东墙。乌桓"男子能作弓矢鞍勒,锻金铁为兵器",妇女能刺绣,善于编织毛织品。乌桓部落分散,邑落各有小帅,但还未出现世袭的酋长,凡"有勇健能理决斗讼者,推为大人"。血族复仇的风习,在乌桓社会中还很盛行。乌桓部落中自"大人以下各自畜牧营产,不相徭役",还未出现明显的阶级分化。

西汉初年,乌桓为匈奴冒顿单于所破,力量孤弱,臣服于匈奴,每年向匈奴输牛马羊皮。过时不纳,要受到匈奴统治者的惩罚。武帝时霍去病率军击破匈奴左地后,把一部分乌桓徙于上谷、渔阳、右北平、辽西、辽东五郡(今河北北部及辽宁南部),设护乌桓校尉监督他们,让他们替汉军侦察匈奴动静。昭帝以后乌桓渐强,常常骚扰汉幽州边郡,也常常攻击匈奴。

鲜卑也是东胡的一支,言语习俗与乌桓大致相同,但比乌桓落后。鲜卑自从被冒顿单于击破后,远徙辽东塞外,南与乌桓相邻,没有同西汉发生直接联系②。

六　社会矛盾的发展与王莽改制

汉武帝末年的农民暴动　西汉初年以来的社会经济发展过程,同时是愈来愈严重的土地兼并过程,是农民经过一个短暂的稳定时期以后重新走上流亡道路的过程。还在所谓"文景之治"的升平时期,就隐伏着深刻的社会矛盾。贾谊为此警告文帝说:"饥寒切于民之肌肤,欲其无为奸邪,不可

---

① 《后汉书》卷九〇《乌桓传》。
② 《战国策·赵策》《楚辞·大招》《史记·匈奴列传》等有所谓"师比""鲜卑""胥纰""犀毗",都是鲜卑一词不同的音译,意即革带钩。《史记》卷一一〇《匈奴列传》张晏注:"鲜卑郭落带,瑞兽名也,东胡好服之。"可见上述"师比""犀毗"等词来自东胡。今满洲语鲜卑为祥瑞,郭落为兽,可证张晏注。据此,可知战国以来鲜卑人和汉人之间在文化上已存在着某种联系。

得也。国已屈矣,盗贼直须时耳!"①贾谊笔下的"盗贼",指的就是行将出现的农民暴动。

汉武帝统治时期,一方面社会经济发展到很高的水平,"非遇水旱,则民家给人足";另一方面,豪党之徒兼并土地,"武断于乡曲"的现象,比以前更严重。官僚地主无不"众其奴婢,多其牛羊,广其田宅,博其产业,畜其积委"②,交相压榨农民。武帝"外事四夷,内兴功利",在完成了辉煌事业的同时,也耗尽了文、景以来府库的余财,加重了农民的困苦。贫困破产的农民,多沦为豪强地主的佃客、佣工,受地主的残酷剥削。农民卖妻鬻子,屡见不鲜。针对这种情形,董仲舒建议"限民名田以赡不足,塞并兼之路,盐铁皆归于民,去奴婢,除专杀之威,薄赋敛,省徭役,以宽民力"③。这个建议的目的,在于从长远着眼来巩固汉朝的统治,即所谓"财不匮而上下相安"④。但是它在一定程度上触及了大地主和政府的现实利益,所以无法实行。从此以后,农民的困苦更是有加无已。

武帝前期,东郡(治今河南濮阳)一带到处有农民暴动发生⑤。以后流民愈来愈多。元封四年(公元前107年),关东流民达到200万口,无户籍的40万。天汉二年(公元前99年)以后,南阳、楚、齐、燕、赵之间,农民暴动不时发生,"南阳有梅免、百政,楚有段中、杜少,齐有徐勃,燕赵之间有坚卢、范主之属,大群至数千人"⑥。关中也不安静,《盐铁论》说"关中暴徒保人阻险"⑦。暴动农民建立名号,攻打城邑,夺取武库兵器,释放死罪囚徒,诛杀郡守、都尉。至于数百为群的农民,在乡里抢夺地主的粮食财物,更是不可胜数。汉武帝派官吏分区镇压,大肆屠杀,但是农民军散而复聚,据险反抗。汉武帝又作"沉命法",规定太守以下官吏如果不能及时发觉并镇压暴动,罪至死。

在农民再接再厉的打击下,汉武帝感到专靠镇压无济于事,考虑过改变统治办法的问题。他曾对卫青说:"汉家庶事草创,加四夷侵陵中国,朕不

---

① 《汉书》卷四八《贾谊传》。
② 《汉书》卷五六《董仲舒传》。
③ 《汉书》卷二四《食货志》。
④ 董仲舒《春秋繁露·度制篇》:圣人"制人道而差上下也,使富者足以示贵而不至于骄,贫者足以养生而不至于忧,以此为度而调均之,是以财不匮而上下相安,故易治也"。这就是董仲舒限民名田等议的最终目的。
⑤ 《汉书》卷六四《吾丘寿王传》。
⑥ 《汉书》卷九〇《酷吏咸宣传》。
⑦ 《盐铁论·大论篇》。

变更制度,后世无法,不出师征伐,天下不安。为此者不得不劳民。若后世又如朕所为,是袭亡秦之迹也。"①他在征和四年断然罢逐为他求仙药而伤民靡费的方士,拒绝在轮台(今新疆轮台)屯田远戍,并且下诏自责,"深陈既往之悔",申明"当今务在禁苛暴,止擅赋,力本农,修马复令(养马者得免徭役)以补缺,毋乏武备而已"②。同时,他还命赵过推行代田法,改进农具,以示鼓励农业生产。这样,农民暴动暂时缓和了。

昭、宣时期社会经济的恢复和发展 武帝死后,霍光辅佐昭帝,继续实行武帝晚年以来的"与民休息"政策,史载"流民稍还,田野益辟,颇有蓄积"③,西汉统治相对稳定。

昭帝始元六年(公元前81年),御史大夫桑弘羊等与郡国所举贤良、文学六十余人辩论施政问题。贤良、文学力主罢盐铁、酒榷、均输官,示以节俭,并进而对于内外政策提出许许多多的主张。这就是有名的盐铁之议,桓宽《盐铁论》一书即是根据这次辩论写成的。贤良、文学之议对于"休养生息"政策的继续实行,显然起了促进作用;但是他们关于盐铁等方面的具体要求,多未被西汉政府采纳。始元六年七月,诏罢郡国榷酤和关内铁官,其余盐铁等政策,仍遵武帝之旧。

宣帝慎择刺史守相,平理刑狱。他继承昭帝的遗法,把都城和各郡国的苑囿、公田假给贫民耕种,减免田赋,降低盐价。这些政治经济措施,使社会矛盾继续得到缓和,农业生产开始上升。由于连年的丰稔,谷价下降到每石五钱,边远的金城、湟中地区,每石也不过八钱,这是西汉以来最低的谷价记录。过去,每年需要从关东漕运粮食600万斛,以供京师所需,宣帝五凤年间(公元前57—前54年)大司农从三辅、弘农、河东、上党、太原各郡籴粟运京,关东漕卒因此罢省半数以上。这是三辅、河东等地农业有了发展的具体说明。沿边许多地方这时都设立了常平仓,谷贱则籴,谷贵则粜,以调剂边地的需要。更值得注意的,是包括沿边的西河郡(郡治今内蒙古鄂尔多斯市东胜附近)以西共11郡以及二农都尉,都因屯田积蓄,有了可供大司农调发的钱谷。

官府手工业继续得到发展。齐三服官,蜀、广汉以及其他各郡工官,东西织室,生产规模都很庞大。铸钱和制造铁器等手工业呈现繁荣景象。所

---

① 《资治通鉴》卷二二,征和二年。
② 《汉书》卷九六《西域传》。
③ 《汉书》卷二四《食货志》。

以班固称赞宣帝时"技巧工匠器械,自元、成间鲜能及之"①。

汉宣帝被后世的历史家称为"中兴之主",刘向甚至还赞扬他"政教明,法令行,边境安,四夷清,单于款塞,天下殷富,百姓康乐,其治过于太宗(文帝)之时"②。但这只是当时社会情况一个方面的夸饰之词。从另一方面看来,当时西汉统治集团积弊已深,豪强的发展和农民的流亡,都已无法遏止,所以社会矛盾外弛内张,实际上比文帝时要严重得多。胶东、渤海等地,农民进行暴动,早已发展到"攻官寺,篡囚徒,搜朝市,劫列侯"③的程度,连宣帝自己也承认当时"民多贫,盗贼不止"④。

西汉末年社会矛盾的尖锐化　元帝时,西汉社会更是险象丛生。农民在"乡部私求,不可胜供"的情形下,"虽赐之田,犹贱卖以贾,穷则起为盗贼"⑤。元帝为了怀柔关东豪强,消除他们对西汉王朝的"动摇之心",甚至把汉初以来迁徙关东豪强充实关中陵寝地区的制度也放弃了⑥。儒生京房曾问元帝:"陛下视今为治邪?"元帝莫可奈何地回答:"亦极乱耳,尚何道!"⑦

成帝时,西汉王朝走上了崩溃的道路。成帝"大兴徭役,重赋敛"⑧。假民公田的事不再见于记载。这时,外戚王氏控制了西汉政权,帝舅王凤、王商、王音、王根兄弟四人和王凤弟王曼之子王莽相继为大司马大将军,王氏封侯者前后共达九人之多,朝廷中重要官吏和许多刺史郡守,都出于王氏的门下。外戚贪贿掠夺最为惊人。红阳侯王立在南郡占垦草田几百顷,连贫民开辟的熟田也在占夺之列。王立把这些土地高价卖给国家,得到的报偿超过时价一万万钱。外戚在元帝时势力还不很大,"资千万者少"⑨;他们后来家财成亿,膏田满野,宅第拟于帝王,都是在成、哀的短期内暴敛的结果。其他官僚也依恃权势,大占良田,丞相张禹"多买田至四百顷,皆泾渭溉灌,

---

① 《汉书》卷八《宣帝纪赞》。
② 《风俗通·正失篇》。
③ 《汉书》卷七六《张敞传》。
④ 《汉书》卷八《宣帝纪》黄龙元年。
⑤ 《汉书》卷七二《贡禹传》。
⑥ 以后成帝企图恢复徙民奉陵制度,由于朝野的反对而作罢,参《汉书》卷一〇《成帝纪》及卷七〇《陈汤传》。
⑦ 《汉书》卷七五《京房传》。
⑧ 《汉书》卷八五《谷永传》。
⑨ 《汉书》卷八六《王嘉传》。

极膏腴上价,它财物称是"①。哀帝宠臣董贤得赐田二千余顷,贤死后家财被斥卖,得钱竟达43万万之巨。

商人的势力,这时又大为抬头。成都罗裒,临淄姓伟,洛阳张长叔、薛子仲,长安和附近诸县的王君房、樊少翁、王孙大卿、樊嘉、挚网、如氏、苴氏,多是资财巨万的大商人。罗裒除了垄断巴蜀盐井之利以外,还往来长安、巴蜀之间,厚赂外戚王根、幸臣淳于长,"依其权力,赊贷郡国,人莫敢负"②。

成帝即位不久,今山东、河南、四川等地相继爆发了农民和铁官徒的暴动。建始四年(公元前29年),有东郡茌平(今山东茌平)侯毋辟领导的暴动。阳朔三年(公元前22年),有颍川(郡治今河南禹州)铁官徒申屠圣等的暴动。鸿嘉三年(公元前18年),有广汉(郡治今四川梓潼)郑躬等的暴动③。永始三年(公元前14年),有尉氏(今河南尉氏)樊并④等和山阳(郡治今山东金乡)铁官徒苏令等的暴动。苏令领导的暴动经历19郡国⑤,诛杀长吏,夺取库兵,声势最大。

哀帝时,西汉王朝的危机更加严重。师丹建议限田、限奴婢,孔光、何武等人拟定了一个办法,规定诸王、列侯以至吏民占田以30顷为限;占奴婢则诸王最多不超过200人,列侯、公主100人,以下至吏民30人;商人不得占田,不得为吏。这个办法受到当权的外戚官僚反对,被搁置起来了。

在官府和地主的双重压迫下,农民"有七亡而无一得","有七死而无一生"⑥,除了继续反抗以外,没有其他道路可走。哀帝在农民暴动的威胁下,采纳阴阳灾异论者的主张,企图用"再受命"的办法来解脱西汉统治的危机。因此他自己改称"陈圣刘太平皇帝",改元"太初元将"。这种自欺欺人的易号改元,除了暴露西汉统治者绝望的心情以外,毫无其他意义。

王莽改制 当农民战争迫在眉睫,西汉王朝摇摇欲坠,"再受命"说风靡一时的时候,王莽继诸叔之后出任大司马大将军,辅政一年多。哀帝即位后,王莽失势。当丁、傅等外戚和其他达官贵人激烈反对限田之议时,太皇

---

① 《汉书》卷八一《张禹传》。
② 《汉书》卷九一《货殖传》。
③ 《汉书》卷一〇《成帝纪》、卷二七《五行志》均说郑躬自称"山君",或亦为铁官徒。
④ 樊并为儒生,见《汉书》卷八八《儒林孔安国传》。
⑤ 《汉书》卷二六《天文志》及卷二七《五行志》均作"经历郡国四十余",几占西汉百三郡国的一半,恐非事实。卷一〇《成帝纪》作"经历郡国十九"。
⑥ 《汉书》卷七二《鲍宣传》。

太后王氏表示以"王氏田非冢茔,皆以赋贫民"①,这实际上就是王莽对待当前社会危机所表示的笼络人心的态度。平帝时,王莽复任大司马,屡次捐钱献地,收揽民心。在政治上,他一方面排除异己,穷治与平帝外家卫氏有关的吕宽之狱,"连引郡国豪杰素非议己者"②,死者以百数;另一方面,他又极力树立党羽,笼络儒生,让他们支持自己夺取政权的活动。在这种情况下,各地上书颂扬王莽功德者,以及献祥瑞、呈符命者络绎于途,这些人都力图证明汉祚已尽,王莽当为天子。

平帝死,孺子婴立,王莽继续辅政,主持祭祀时称假皇帝,民臣谓之摄皇帝。汉宗室刘崇和东郡太守翟义相继起兵反对王莽,但都被他压平了。居摄三年(初始元年,公元8年),王莽自立为帝,改国号曰新。

西汉王朝结束了,但西汉社会遗留下来的社会矛盾仍然十分尖锐。王莽为了解决这个矛盾,陆续颁布法令,附会周礼,托古改制。

始建国元年(公元9年),王莽下诏,历数秦汉社会兼并之弊:"强者规田以千数,弱者曾无立锥之居;又置奴婢之市,与牛马同栏,制于民臣,颛断其命"。他针对这种情况,宣布:"更名天下田曰王田,奴婢曰私属,皆不得卖买。其男口不盈八而田过一井(九百亩)者,分余田予九族、邻里、乡党。故无田今当受田者如制度。敢有非井田圣制,无法惑众者,投诸四夷,以御魑魅。"

王莽颁布这个诏令的目的,并不是真正改变私人的土地所有权,也不是改变奴婢的社会地位,而只是冻结土地和奴婢的买卖③,以图缓和土地兼并和农民奴隶化的过程。在此以后,地主官僚继续买卖土地和奴婢,以此获罪的不可胜数,因此他们强烈反对这个诏令。始建国四年,王莽不得不取消这个诏令,"下诏诸食王田及私属,皆得卖买,勿拘以法"④。这样,王莽解决当前最主要的社会矛盾的尝试,就完全失败了。

始建国二年(公元10年),王莽下诏实行五均六筦,企图以此节制商人

---

① 《汉书》卷一一《哀帝纪》。
② 《汉书》卷九九《王莽传》。以下不注出处的引文,均见此传。
③ 《汉书》卷九九《王莽传》地皇二年载卜者王况谓魏成大尹李焉曰:"新室即位以来,民田奴婢,不得卖买……"《后汉书》卷一三《隗嚣传》载器讨莽檄文中,也只说到"田为王田,卖买不得"。王莽在取消这个诏令时同样只说允许土地和奴婢的买卖。
④ 《汉书》卷二四《食货志》。这个诏令还没有提到取消"王田""私属"的名称。《汉书》卷九九《王莽传》地皇三年(公元22年)"议遣风俗大夫司国宪等分行天下,除井田奴婢山泽六筦之禁,即位以来诏令不便于民者皆收还之",才是最后废除王田、私属等法令的措施。这时已是王莽政权彻底崩溃的前夕了。

对农民的过度盘剥,制止高利贷者的猖獗活动,并且使国家获得经济利益。五均是在长安以及洛阳、邯郸、临淄、宛、成都等大都市设立五均司市师,管理市场。每季的中月,司市官评定本地物价,叫做市平。物价高过市平,司市官照市平出售;低于市平,则听民买卖;五谷布帛丝绵等生活必需品滞销时,由司市官按本价收买。民因祭祀或丧葬需钱,可向钱府借贷,不取利息;欲经营生业而缺乏本钱的,也可低利借贷。

六筦是由国家掌握盐、铁、酒、铸钱、五均赊贷等五项事业,不许私人经营;同时控制名山大泽,"诸采取名山大泽众物者税之"。六筦中除五均赊贷一项是平准法的新发展以外,其余五项都在汉武帝时实行过。王莽用来推行五均六筦的,多是一些大商贾,这也同武帝以贾人为盐铁官一样。但是武帝凭借国家的力量,能够基本上控制为国家服务的商人,而王莽则无力控制这些人。这些人"乘传求利,交错天下,因与郡县通奸,多张空簿,府藏不实,百姓愈病"①。所以王莽实行五均六筦,同武帝实行同类措施,其结果也就各异了。

居摄二年(公元7年),王莽加铸错刀、契刀、大钱等三种钱币,规定错刀一值5000,契刀一值500,大钱一值50,与原有的五铢钱共为四品,同时流通。始建国元年,王莽废错刀、契刀与五铢钱,另作小钱,与大钱一值50者并行,并且颁令禁挟铜炭,以防盗铸。第二年,王莽改作金、银、龟、贝、钱、布,名曰宝货,凡五物(钱、布皆用铜,共为一物)、六名、二十八品。人民对王莽钱币毫无信任,都私用五铢钱,王莽又加严禁,以致"农商失业,食货俱废,民人至涕泣于市道。及坐卖买田宅、奴婢、铸钱,自诸侯、卿大夫至于庶民,抵罪者不可胜数"。王莽迫不得已暂废龟、贝等物,只行大、小钱,同时加重盗铸的禁令,"一家铸钱,五家坐之,没入为奴婢"。地皇元年(公元20年),王莽又尽废旧币,改行货布、货泉二品②。

王莽屡易货币,加速了人民的破产。他滥行五家连坐的盗铸法,实际上恢复了残酷的收孥相坐律。犯法的人没为官奴婢,"男子槛车,儿女子步,以铁锁琅当其颈,传诣钟官,以十万数。到者易其夫妇,愁苦死者十六七"。这项法令增加了汉末以来奴隶问题的严重性,使人民受苦最深,人民的愤恨也最大。

---

① 《汉书》卷二四《食货志》。
② 改行货布、货泉年代,《汉书》卷九九《王莽传》作地皇元年(公元20年),卷二四《食货志》作天凤元年(公元14年)。

在政治制度方面，王莽也大事更张。他把中央和地方的官名、官制、郡县名和行政区划，都大大加以改变，屡易其名。他还恢复五等爵，滥加封赏。官吏俸禄无着，就用各种办法扰民。

王莽改制所引起的混乱愈来愈大，达到不可收拾的地步。他为了挽回自己的威信，拯救自己的统治，一面玩弄符命的把戏，欺骗人民；一面虚张声势，发动对匈奴和东北、西南边境各族的不义战争。沉重的赋役征发，战争的骚扰，残酷的刑法，使农民完全丧失了生路。据官吏报告，人民"愁法禁烦苛，不得举手；力作所得，不足以给贡税；闭门自守，又坐邻伍铸钱挟铜。奸吏因以愁民，民穷悉起为盗贼"。严重的天灾也不断袭击农村，米价高达5000钱、万钱一石，甚至黄金一斤只能易豆五升。这种情况更促使农民暴动风起云涌。西汉宗室旧臣反对王莽的斗争也不断发生，而且逐渐与农民的斗争发生了联系。更始元年（公元23年），王莽的统治终于在农民战争的无情打击下彻底崩溃，王莽本人也成为西汉腐朽统治的替罪羊了。

七　推翻王莽政权的农民战争

绿林军　反对王莽政权的农民暴动，首先发生在北方边郡地区。王莽为出击匈奴而进行的征发，在边郡比在内地更为严重。边境数十万驻军，不但仰给边民供应，而且还大肆骚扰，破坏人民的生产和生活。边民不堪其苦，有的流亡内地，为人奴婢；有的铤而走险，聚众反抗。始建国三年（公元11年），边民弃城郭流亡，随处暴动，并州、平州一带最为猛烈。天凤二年（公元15年），五原、代郡民举行暴动，"数千人为辈，转入旁郡"①。

接着，黄河流域和长江流域也相继出现了农民暴动。天凤四年（公元17年），临淮人瓜田仪在会稽长洲（今江苏苏州）举行暴动，出没于湖海之间；同年吕母在海曲（今山东日照）举行暴动，杀海曲县宰，入海坚持战斗。此起彼伏的暴动，预示大规模的农民战争即将来临。

天凤年间，荆州一带遇到连年的大饥荒，农民相率到野泽中掘草根为食。新市（今湖北京山境）人王匡、王凤替人家排难解纷，被推为首领。他们人数越聚越多，形成一支武装力量，不时攻击附近的乡聚。他们隐蔽在绿林山中（今湖北当阳境），因此被称作绿林军。几个月后，绿林军发展到七八千人。但是那时他们还没有攻城略地的打算，只盼望年成好转，

---

①　《汉书》卷九九《王莽传》。

能够返回田间。

地皇二年(公元21年),王莽的荆州牧发兵进攻绿林军,绿林军出山迎击获胜,部众增至数万人,战斗意志高涨起来。地皇三年(公元22年),绿林山中疾疫流行,绿林军出山,一支由王常、成丹等率领,西入南郡(治今湖北荆州),称下江兵;另一支由王匡、王凤、马武等率领,北上南阳,称新市兵。新市兵攻随县时,平林人陈牧、廖湛率众响应,于是绿林军中又增添了一支平林兵。西汉宗室刘玄,这时也投身于平林兵中。

南阳大地主刘縯、刘秀兄弟也是西汉宗室,他们抱着"复高祖之业"①的目的,联络附近各地主豪强,并且把宗族、宾客组成一支七八千人的军队,称为舂陵军。舂陵军与王莽军接战不利,乃与向北折回的下江兵约定"合纵"。这时绿林军连败莽军,发展到十多万人。绿林军领袖为了扩大影响,拥立刘玄作皇帝,恢复汉的国号,以公元23年为更始元年。刘玄在西汉宗室中是没落的一员,他参加农民军较早,而且又无兵权。拥立宗室刘玄,这是农民受到刘汉正统思想影响的表现;但是立刘玄而不立野心勃勃的刘縯,又是绿林军领袖疏远刘縯、刘秀的结果。

绿林建号以后,王莽发州郡兵42万,由王邑、王寻率领,阻击绿林军。三月,王莽军前锋近十万人,围绿林军于昆阳(今河南叶县)。绿林军八九千人,由王凤、王常率领,坚守昆阳,刘秀则轻骑突围出城,征集援兵。那时昆阳城外围兵数十重,列营百数,围兵"或为地道,冲輣撞城,积弩乱发,矢下如雨,城中负户而汲"②。在这千钧一发的时刻,刘秀发郾、定陵营兵数千人援昆阳,王邑、王寻一战失败,王寻被杀。城中守军乘势出击,"中外合势,震呼动天地,莽兵大溃,走者相腾践,奔殪百余里间"③。绿林军在这一战役中夺获军实辎重车甲珍宝,不可胜数。这就是中国历史上著名的以少胜多的昆阳之战。昆阳战后"海内豪杰翕然响应,皆杀其牧守,自称将军,用汉年号,以待〔更始〕诏命,旬日之间,遍于天下"④。显然,这次战役对于绿林军入关和王莽覆灭,起了决定性的作用。

刘秀在昆阳之战中立了功绩,他们兄弟的势力逐渐凌驾农民军,因此新市、平林诸将劝更始帝把刘縯杀了。接着,绿林军分兵两路进击王莽。一路

---

① 《后汉书》卷一四《齐武王縯传》。
② 《后汉书》卷一《光武帝纪》。
③ 《资治通鉴》卷三九,更始元年。
④ 《后汉书》卷一《光武帝纪》。

由王匡率领,攻克洛阳。更始帝在洛阳派遣刘秀到黄河以北去发展势力,刘秀北上后,就逐步脱离了农民军的控制。另外一路绿林军由申屠建、李松率领,西入武关。析县人邓晔起兵攻下武关,迎入绿林军,合兵直取长安,关中震动。这时长安发生暴动,王莽被杀,长安被绿林军迅速攻克。公元24年初,更始帝迁都长安。

进入长安的绿林军纪律严明,府库宫室一无所动,长安市里不改于旧。绿林军瓦解了一批关中的豪强武装,迅速平定三辅。但是不久以后,更始帝自己首先沉醉在腐化的宫廷生活中,地主儒生乘机大肆活动,绿林军内部离心离德的现象逐渐滋长起来了。

赤眉军 比绿林军举行暴动稍后,琅琊人樊崇等在莒县暴动。樊崇作战勇敢,附近各地农民军领袖逄安、徐宣、谢禄、杨音等都率部归附他。他们在泰山、北海一带进行斗争,击败田况所部莽军。参加这支队伍的都是为饥饿所迫的农民,他们同绿林军一样,起初并无攻城徇地的意图。他们因袭汉朝乡官和地方小吏称号,把各级首领分别称为三老、从事、卒史,彼此之间以巨人相呼。他们没有文书、旌旗、部曲、号令,口头相约:"杀人者死,伤人者偿创。"①

公元22年,王莽派太师王匡和更始将军廉丹,率军十多万,进攻这一支农民军。为了作战时与敌人相区别,农民军把眉毛涂红,因而获得赤眉军的称号。王匡、廉丹的军队残害百姓,十分横暴,百姓作歌道:"宁逢赤眉,不逢太师(王匡),太师尚可,更始(廉丹)杀我。"②赤眉军在成昌(今山东东平)击败莽军,杀廉丹,势力大为扩展。当刘玄进入洛阳时,赤眉军也在中原活动,樊崇等二十多人还接受了刘玄的列侯封号。由于刘玄排斥赤眉,樊崇等人脱离刘玄,转战于今河南一带。

赤眉军虽然连战获胜,但是部众思归,军心有些涣散。赤眉领袖认为部众回乡必散,于是率领他们西攻长安。公元25年,赤眉军进至华阴,有众30万。赤眉领袖在地主和巫师怂恿下,在军中找到一个没落的西汉宗室、15岁的牛吏刘盆子作皇帝。接着,赤眉军进攻长安,推翻了刘玄的统治。

刘秀建立东汉王朝 赤眉入关时,刘秀也派兵向关中进发。在此之前,当刘秀于公元23年冬渡河北上时,黄河以北已有铜马、大肜、高湖、重连、铁胫、大枪、尤来、上江、青犊、五校、檀乡、五幡、五楼、富平、获索等部农民军。

---

① 《后汉书》卷一一《刘盆子传》。
② 《汉书》卷九九《王莽传》。

他们各领部曲,"或以山川土地为名,或以军容强盛为号"①,共有数百万人。除了农民军以外,各地豪强地主武装和王莽的残余势力也还不少。豪强地主在邯郸拥立诈称成帝之子的卜者王郎为帝,声势最大。刘秀依靠信都太守任光、昌成人刘植、宋子人耿纯等地主武装的支持,又得到上谷太守耿况、渔阳太守彭宠的援助,击败了王郎。更始帝派人立刘秀为萧王,并令他罢兵去长安。刘秀羽翼已成,力量强大,于是拒不受命,留在河北镇压农民军,并坐观关中的变化。他逐个吞灭了铜马、高湖、重连等部农民军,关中一带把他称作"铜马帝"。

公元25年6月,当赤眉军迫近长安时,刘秀在鄗(今河北柏乡)南即皇帝位(光武帝),沿用汉的国号,以这一年为建武元年。不久,刘秀定都洛阳,史称东汉。

同年九月,赤眉军入长安。长安附近的豪强地主隐匿粮食,武装抵制赤眉。赤眉军粮尽不支,又无法打破豪强地主的封锁,于是西走陇坂,企图获得出路。赤眉在那里受到割据势力隗嚣的阻挡和风雪的袭击,折返长安,引众东归。这时,刘秀的军队已经扼守洛阳以西地区,截断了赤眉东归道路。赤眉军奋勇力战,但终因粮尽力绌,于建武三年(公元27年)春战败。

轰轰烈烈的农民战争推翻了王莽政权。刘秀恢复了汉朝的统治后,除了继续镇压河北农民军余部以外,还致力于削平各地的割据势力,于建武五年(公元29年)统一了北方的主要地区。建武九年(公元33年),他平定了割据陇西的隗嚣,建武十二年(公元36年)平定了割据蜀地的公孙述,实现了全国的统一。

第三节 东汉时期豪强大族势力的扩张和统一国家走向瓦解

一 社会经济的发展和豪强势力的扩张

生产的发展 南方经济水平的显著提高 光武帝在国内统一战争中,利用农民战争造成的有利形势,于建武二年至十四年(公元26—38年)连续六次颁布释放奴婢的诏令。诏令规定:凡属王莽以来吏民被没为奴婢而

---

① 《后汉书》卷一《光武帝纪》注。

不符合西汉法律的,青、徐、凉、益等割据区域吏民被略卖为奴的,吏民遭饥乱嫁妻卖子为奴而要求离去的,一律免为庶人;奴婢主人如果拘执不放,按西汉的"卖人法"和"略人法"治罪。建武十一年(公元35年),光武帝又连续颁令:杀奴婢的不得减罪;炙灼奴婢的按法律治罪,免被炙灼者为庶民;废除奴婢射伤人弃市律。西汉后期和王莽统治以来,"卖人法"和"略人法"已成具文,收孥相坐律得到恢复,奴隶问题的严重性增加了。光武帝的这些诏令,缓解了奴婢问题,也起了动摇青、徐、凉、益等州割据势力的作用。这对农民处境的改善,对社会经济的发展,都是有利的。

光武帝对于严重的土地兼并问题,没有也不可能提出解决办法。那时地主阶级仍然保有大量土地和依附农民,以光武帝为首的新的统治集团,也大肆搜括土地,洛阳地区和南阳地区尤为严重。但是在农民战争之后,腐败的政治有所刷新,农民"七死""七亡"的情况多少有了改变,东汉统治集团还能注重生产。由于这些原因,农业和手工业在东汉前期得以向前发展一步。

东汉时的农业生产比西汉时有了提高。北方出土的东汉铁农具钁、锸、锄、镰、铧等,数量之多,大大超过西汉。犁的铁刃加宽,尖部角度缩小,较过去的犁铧坚固耐用,便于深耕。大型铧比较普遍,其他农具,一般也比过去宽大。东汉出土的曲柄锄和大镰,便于中耕、收获。回转不便的耦犁在某些地方已被比较轻便的一牛挽犁所代替。比较落后的淮河流域和边远地区,也在推广牛耕和铁铧犁。南方的一些地方还发展了蚕桑业。

黄河的修治,是促进东汉前期北方农业恢复和发展的一件大事。平帝时黄河决口,河水大量灌入汴渠,泛滥数十县。东汉初年,国家无力修治;河北的官僚地主为了使自己的田园免除河患,乐于以邻为壑,又力阻修治汴渠。因此黄河以南的兖、豫等地人民,受灾达60年之久。明帝时,以治水见长的王景和王吴,用堰流法修作浚仪渠。永平十二年(公元69年),王景与王吴又率卒几十万修治黄河、汴渠。王景、王吴在从荥阳东到千乘(今山东利津)海口的地段内勘察地势,开凿山阜,直截沟涧,疏决壅积;还在汴河堤上每十里立一水门,控制水流。他们用这个办法终于使河汴分流,消除了水患,使黄泛地区广大土地重新得到耕种。河工告成后,明帝还把"滨渠下田赋与贫人,无令豪右得固其利"①。

关东地区以至于长江以南,陂池灌溉工程也陆续兴建起来。汝南太守

---

① 《后汉书》卷二《明帝纪》。

邓晨修复了鸿郤陂,以后鲍昱继续修整,用石闸蓄水,水量充足。南阳太守杜诗修治陂池,广拓土田。渔阳太守张堪在狐奴(今北京顺义境)引水溉田,开辟稻田八千多顷。章帝时,王景为庐江太守,修复芍陂(在今安徽寿县),境内得以丰稔。在芍陂旧址发现过一处东汉水利工程,可能就是王景修筑芍陂闸坝的遗存。这项工程采用夹草的泥土修筑闸坝,是我国水利技术史上的一项重要成就。江南的会稽郡在稍晚的时候修起了镜湖,周围筑塘三百多里,溉田九千多顷。巴蜀地区的东汉墓葬中,有许多池塘、水田的陶制模型出土,池塘和水田之间,连以渠道,这是巴蜀地区水利灌溉发达的实证。此外,各地兴复或修建的陂湖渠道还有不少。

最晚到两汉之际,我国出现了水碓,它在谷物加工方面的功效,比用足践碓高十倍,比杵臼高百倍①。东汉末年,出现了提水工具翻车、渴乌,翻车"设机车以引水",渴乌"为曲筒以气引水"②。

生产工具和生产技术的改进,使农产品的亩产量显著提高。据《东观汉记》记载,章帝时张禹在徐县开蒲阳旧陂,垦田四千余顷,得谷百万余斛,每亩产量在两三斛之间③。这比《汉书·食货志》所记西汉的亩产量高出一倍以上。史籍记载东汉户口数和垦田数都比西汉的最高数字略少④,这是由于东汉地主隐匿的土地和人口大大超过西汉,不能据以判断东汉农业水平。

东汉时期,手工业也同农业一样,比西汉时提高了。东汉铁器出土地点,建国以来陆续发现的达百余处,远比西汉为多。西汉时冶铁不发达的南方地区,也逐渐出现了冶铁和铁器制造业。桂阳郡的耒阳出铁,东汉初年,别郡的人常聚集在这里冶铸;卫飒任桂阳太守,"上起铁官,罢斥私铸,岁所增入五百余万"⑤。今南京、杭州、绍兴、南昌等地,都有东汉铁器出土。这个时期,主要兵器全为铁制品,铜兵器出土极少。和铁农具一样,铁兵器外形也比西汉时期加大。铁制的生活日用品,在南北各地都有发现。这种种情况,都说明铁的总产量比过去大为增加了。

东汉初年,杜诗在产铁地南阳任太守,他推广水力鼓风用的水排,用力

---

① 《太平御览》卷八二九引桓谭《新论》。
② 《后汉书》卷七八《宦者张让传》注。
③ 《东观汉记·张禹传》。又《后汉书》卷四九《仲长统传》载《昌言·损益篇》估计,通肥硗之率,计稼穑之人,亩收三斛,与此相近。
④ 关于东汉垦田和户口数,备见《续汉书·郡国志》序注及书后注。东汉垦田以和帝时最多,达7320170顷。户口以桓帝时最多,但数字有讹误,只能窥见大概。
⑤ 《后汉书》卷七六《循吏卫飒传》。

少,见功多,是冶铁技术史上一项重大改革。

和帝时罢盐铁之禁,自此以后,大地主和大商贾又重新公开冶铁制器。据桓帝时曾任五原太守的崔寔说:"边民敢斗健士,皆自作私兵,不肯用官器"①。可见那时连兵器也可以私造了。

炼铜和铜器制作,在长江以南的很多地方都很发达。广汉、蜀郡、会稽以及犍为属国的朱提县堂狼山②等地,都有兴盛的铜器制作业。广汉、蜀郡的官府作坊仍有一定规模,但是私人作坊所造铜器,数量更多些。朱提堂狼的铜洗,会稽的铜镜,历代出土都很多。此外蜀郡、广汉的漆器,北方各地品种繁多的精美丝织品,都在西汉的基础上继续提高。东汉末年,成都织锦开始发达起来。漆器生产也有发展,出土漆器数量很多。此外,出土的东汉画像砖表明,巴蜀人民此时已经利用火井煮盐。

东汉时期,北方的通都大邑,商业仍然发达。豪强富室操纵了大商业,他们"船车贾贩,周于四方,废居积贮,满于都城"③。他们还大放高利贷,"收税(利息)与封君比入"④。这个时期,"天下百郡千县,市邑万数"⑤,都卷进了商品流通范围。东汉政府铸币能力不够,五铢钱不能满足市场流通需要,所以缣帛谷物兼具货币职能。这也反映了自然经济成分的增长。官僚贵戚凭借权势,从事西域贸易和国外贸易。窦宪曾寄人钱80万,从西域市得杂罽十余张;又令人载杂彩700匹,白素300匹,以市月氏马、苏合香和毾毲⑥。

上述东汉经济情况中,值得注意的是南方经济水平的显著提高,这在农耕、蚕桑、水利、铜铁冶炼、铜器制造等方面都有表现。与此同时,南方人口也大量增加,扬州人口从西汉时的321万增加到东汉时的434万,荆州从374万增加到627万,益州从455万增加到724万⑦。南方人口增加,除了

---

① 崔寔《政论》,见《群书治要》卷四五。
② 按西汉有朱提(今云南昭通境)、堂狼(今云南东川境)二县,东汉堂狼县并入朱提县,所以《续汉书·郡国志》注引《南中志》谓朱提县有堂狼山。据此,传世东汉朱提铜器与堂狼铜器实为朱提县堂狼山一地所造。东汉铜器铭文有"朱提堂狼造"和"堂狼朱提造"之例,亦可为证。
③ 《后汉书》卷四九《仲长统传》。
④ 《后汉书》卷二八《桓谭传》。
⑤ 王符《潜夫论·浮侈》。
⑥ 据班固《致班超书》,所市诸物分见《太平御览》卷八一四、八一六、九八二,《艺文类聚》卷八五。
⑦ 户口增加概数,据《汉书》卷二八《地理志》和《续汉书·郡国志》比较得出。由于上计不实和郡国分合等原因,这个数字不很精确。

生产水平提高和北人南移的原因以外,还由于南方各族人民大量成为东汉的编户。史籍表明今云南地区人口增加五倍之多,主要即东汉时"徼外蛮夷内附"的直接结果。丹阳、豫章、长沙、零陵等郡人口增长也非常快,这自然与越人、蛮人成为东汉编户有关。桓帝时抗徐"试守宣城长,悉移深林远蔽椎髻鸟语之人置于县下"①,就是一例。南方社会生产力的提高,南方人口的增长,也是南方各民族社会进步的表现。

南方经济的发展,使东汉后期得以屡次调拨荆、扬各郡租米赈济中原灾民。明帝永平年间,东汉王朝发徒2000人,重开今宝鸡与汉中之间的褒斜道,并在沿途修建驿亭和桥阁②,便利了益州与中原的交通。据《华阳国志》记载,东汉时"府盈西南之货,朝多华岷之士"③,可见益州经济在当时的重要。

光武帝对豪强地主武装的安抚和斗争　社会经济的发展,在西汉时期导致了豪强势力扩张的结果。刘秀本人就是南阳的大豪强,他靠着自己的地主武装,才得以扩大势力,最后抢得了皇帝的宝座。南阳、河北等地区响应刘秀的人,都是拥有宗族、宾客、子弟的豪强地主。河北的刘植、耿纯以私兵随刘秀,成为东汉开国勋臣,他们在病危时都指定子侄代统营众,不愿放弃私家武装。在农民军所至的地区,豪强地主多聚众自保,待机渔利,如刘秀母舅南阳樊宏作营堑以待刘秀;京兆第五伦聚宗族邻里依险阻固,抗拒赤眉;南阳族姓冯鲂"聚宾客,招豪杰,作营堑,以待所归"④。这些豪强地主都先后归附刘秀,成为刘秀的有力支柱。

那时,也有许多拥有武装的豪强地主,称为兵长、渠帅,雄张乡土,抗拒政令。他们既不愿放弃自己的割据武装,归附刘秀,又无力建号自守,以与东汉统治集团公开抗衡。刘秀除了用武力削平一批之外,尽量采取安抚的手段对待他们,企图以官爵相诱,不战而使他们降服。建武二年(公元26年),冯异代邓禹取关中,刘秀告诫冯异说:"征伐非必略地屠城,要在平定安集之耳。"⑤他还具体指明:"营堡降者遣其渠帅谒京师,散其小民令就农

---

① 《后汉书》卷三八《度尚传附抗徐传》。
② 褒斜道,汉武帝时一度修通,以转输漕运,事见《史记》卷二九《河渠书》。东汉明帝扩建,事见《金石萃编》卷五《开通褒斜道石刻》。
③ 《华阳国志·公孙述刘二牧志》。
④ 分见《后汉书》卷三二《樊宏传》、卷四一《第五伦传》、卷三三《冯鲂传》。
⑤ 《后汉书》卷一七《冯异传》。

桑,坏其营壁无使复聚。"①冯异如令而行,"威行关中"。

但是在东汉建国以后的十余年中,兵长、渠帅的活动迄未停止。他们散在郡县,威福自行,权势胜过官府,"小民负县官不过身死,负兵家灭门殄世"②。在光武帝的攻击下,这些兵长、渠帅更是"各生狐疑,党辈连接,岁月不解"③。所以,尽管全国统一战争已经完成,地方豪强势力仍然很嚣张,东汉统治很不巩固。

针对这种情况,光武帝在建武十五年(公元 39 年)采取了一个新的措施。他下诏州郡检核垦田顷亩和户口年纪,名为度田。度田的目的,除为了掌握确实的名籍和垦田数目,以增加赋税收入外,更重要的是企图通过户口年纪的检核,以控制和解散豪强武装。但是州郡官吏畏惧豪强,不敢对他们推行度田,反而借度田之名蹂躏农民。光武帝以度田不实的罪名,处死了曾任汝南太守的大司徒欧阳歙、河南尹张伋以及其他郡守十余人。接着,"郡国大姓及兵长、群盗处处并起,攻劫在所,害杀长吏。郡县追讨,到则解散,去复屯结"④。显然,这是大姓兵长对度田的抗拒。光武帝发兵威胁他们,把捕获的大姓兵长迁徙它郡,赋田授廪,割断他们与乡土的联系。经过这次斗争后,豪强武装转为隐蔽状态,割据形势相对缓和了。度田与按比户口的制度,在形式上也成为东汉的定制⑤。

度田虽然取得了一些成就,但是豪强势力并没有被根本削弱,土地兼并仍在继续发展,广大农民生活仍然很痛苦。在这种情形下,光武帝忧心忡忡,甚至不敢贸然举行封禅,他说:"即位三十年,百姓怨气满腹,吾谁欺,欺天乎!"⑥

明、章、和帝时,社会经济虽然向上发展,但农民弃业流亡,"裸行草食"⑦的现象依然存在。明、章、和帝不得不屡下诏令,以苑囿地和郡国公田赋予贫民耕种。有时还要给予种粮,蠲免租赋,以缓和农民的不满。

大地主的田庄 豪强地主势力的基础,是他们的大田庄。光武母家南

---

① 《资治通鉴》卷四〇,建武二年。
② 《续汉书·五行志》注引《东观汉记》载杜林上疏。
③ 《后汉书》卷二八《桓谭传》。
④ 《后汉书》卷一《光武帝纪》。
⑤ 《后汉书》卷三九《刘般传》和《江革传》有光武帝以后实行度田和按比户口的材料,但这些都是偶见的事。
⑥ 《续汉书·祭祀志》。
⑦ 《后汉书》卷三九《刘平传附王望传》。

阳樊氏"治田殖至三百顷,广起庐舍,高楼连阁,波陂灌注,竹木成林,六畜放牧,鱼蠃梨果,檀枣桑麻,闭门成市,兵弩器械,赀至百万"①。田庄除经营丝麻等手工业外,还用自产的木材制作各种器物,"其兴工造作,为无穷之功,巧不可言"。四川出土的一种画像砖,刻画着地主宅院外面的大片稻田、池塘、山林和盐井;山东滕县出土的画像石,则表现了地主田庄中冶铁的情景。这些资料,除了说明地主田庄经济力量的强大以外,还说明田庄经济达到了很高的自给自足程度。

东汉后期,崔寔著有《四民月令》②一书,是地主经营田庄的家历。从书中所记的种植时令看来,它主要是根据中原地区特别是洛阳一带的田庄情况写成的。《四民月令》的资料,说明地主田庄中种有许多种类的谷物、蔬果、竹木、药材和其他经济作物,饲养各种牲畜,还有养蚕、缫丝、织缣帛麻布、染色、制衣鞋、制药、酿酒、酿醋、作酱等手工业。田庄主为了盘剥农民,在各种产品的收获季节分别收购这些产品,而在农民需要种子、食物、绢布的季节把这些物品卖出去。地主甚至在四五月间天暖时购进农民御寒用的絮絮,十月天寒时卖出,从中取利。这些也就是上述樊氏田庄"闭门成市"的一部分具体内容。

田庄里被剥削的劳动者,是地主的宗族、亲戚和宾客,其中宗族占主要地位。每年腊月,地主选配人力,安排田事,让农民收拾农具,准备春耕。春冻一解,繁忙的农事正式开始,直到隆冬为止。农事稍闲的时候,农民还要为主人修理沟渎,葺治墙屋。田庄主人对依附农民榨取实物地租,这种地租在今存《四民月令》辑本中没有记载,但是按东汉初年马援在苑川役属宾客之例,是地主"与田户中分"③。如果加上劳役部分,则地主对依附农民的剥削率就要更大了。

崔寔在他另一著作《政论》中,叙述了农民沦于依附地位的过程和他们的痛苦生活。他说:"下户踦跂,无所跱足,乃父子低首,奴事富人,躬帅妻孥,为之服役……历代为虏,犹不赡于衣食。生有终身之勤,死有暴骨之忧。岁小不登,流离沟壑,嫁妻卖子。"④地主为了使依附农民不致逃亡,在一定的时节按不同的亲疏关系"振赡贫乏"、"存问九族"、"讲和好礼",使残酷

---

① 《水经注》卷二九《比水》引《续汉书》。参看《后汉书》卷三二《樊宏传》。
② 《四民月令》的辑本见严可均《全后汉文》。《四民月令》是地主的家历,同人君"敬天授时"的《礼记·月令》不同,与《吕氏春秋·十二纪》《淮南子·时则训》也不同。
③ 《水经注》卷二《河水二》。
④ 崔寔《政论》,《通典》卷一引。

的剥削关系蒙上一层宗族"恩纪"的伪装,以便更有力地束缚他们。在东汉时修成的《白虎通》一书中,更从意识形态上规定了宗族统治的秩序。

拥有大田庄的大族地主聚族而居,往往有族墓,重厚葬。族姓源流日益受到士大夫的重视,王符《潜夫论》和应劭《风俗通》都有关于姓氏的专篇。

《四民月令》所描绘的大田庄,在东汉是大量存在的。据仲长统的估计,东汉末年"百夫之豪,州以千计"①。他还说这种"豪人之室,连栋数百,膏田满野,奴婢千群,徒附万计,船车贾贩,周于四方,废居积贮,满于都城"②。从这个记载中,还可以看到豪强地主同时也是大商人,他们不但武断乡曲,也控制着城市中的经济生活。

《四民月令》的记载表明,大地主的田庄里,还拥有一支私家武装。每当二三月青黄不接或八九月寒冻将临时,地主就纠集一部分农民,在田庄里"警设守备"、"缮五兵、习战射",准备镇压可能出现的农民暴动。出土的一些东汉楼阁、院宅模型,有武士持兵守卫,他们显然都是地主的私兵。还有一些东汉农夫俑和持盾武士俑,两者衣着完全一样,都佩带环首大刀,表现了依附农民和私兵身份的一致。

据《四民月令》看来,地主的私兵不是常设的,而是定期召集农民组成的,这与光武帝度田以前地主武装"岁月不解"的情况,自然有所不同。这种私兵是维持本地封建秩序的支柱,是实现国家镇压职能的补充力量③,这与度田以前地主武装公开割据反抗的情况也不一样。但是这种私兵在一定条件下又能转化为公开的割据武力,转化为统一国家的对立物。东汉末年豪强地主武装割据局面的骤现,其根源就在这里。

由于豪强地主势力的发展,东汉农民创造的物质财富,大部分不是作为赋税流入国库,而是作为地租为豪强地主所攫取。所以对于东汉王朝说来,社会经济的发展,不是像西汉那样表现为国家的强大和统一的巩固,而是表现为国家的贫弱和政治的不稳。

二 专制体制的完备和统治集团内部的矛盾

专制体制的完备 西汉后期社会矛盾和统治集团内部矛盾交织的历

---

① 《文选》卷五九王简栖《头陀寺碑文》注引《昌言》。
② 《后汉书》卷四九《仲长统传》载《昌言·理乱篇》。
③ 私兵甚至还可以由主人率领外出作战。《后汉书》卷七一《朱俊传》:光和元年为交趾刺史,"令过本郡简募家兵",以镇压交趾的暴动。后来朱俊还率领家兵镇压过黑山军。

史,使东汉统治者触目惊心。王莽代汉,绿林、赤眉暴动,都是东汉统治者的严重教训,他们力图使这种历史不致重演。同时,东汉统治者面对着豪强地主强大的势力,也力图加以控制,尽可能把它纳入东汉统治的轨道。在这种历史教训和现实要求交相作用之下,光武、明、章等帝都极力使专制主义中央集权制度进一步完备起来,以此加强统治。

东汉初年,功臣众多,封侯者百余人,明帝时将其中功绩较大的28人画像于云台。列侯封地大者六县,超过汉高祖对功臣侯的封赏。但是在政治上,光武帝则一反汉高祖以功臣任丞相执政的办法,不给功臣实权实职,剥夺他们的兵柄。功臣除了任边将的以外,多在京城以列侯奉朝请,只有邓禹、李通、贾复等少数人,得与公卿参议大政。鉴于王莽代汉,光武帝不让外戚干预政事,不给他们尊贵地位。马援功勋虽大,但以身为外戚,甚至不得列入云台28将数中。明帝令外戚阴、邓等家互相纠察;梁松、窦穆虽尚公主,但是都由于请托郡县、干乱政事而受到屠戮。章帝后兄窦宪以贱价强买明帝女沁水公主园田,章帝甚至切责窦宪,还说"国家弃宪如孤雏腐鼠耳!"①对于宗室诸王,光武帝申明旧制"阿附蕃王之法",不让他们蓄养羽翼。建武二十八年(公元52年),光武帝命郡县收捕诸王宾客,牵连而死的以千数。明帝兄弟楚王英被告结交方士,作符瑞图谶,楚王被迫自杀。永平十四年(公元71年),明帝又穷治楚王之狱,被株连而致死徙的外戚、诸侯、豪强、官吏又以千计,系狱的还有数千人。

在中央政府中,号称三公的太尉、司徒、司空②只是名义上的首脑,实际权力在中朝的尚书台。光武帝曾裁并其他许多中朝官职,所以尚书台更能集中事权。尚书台设千石的尚书令和六百石的尚书仆射,令、仆以下有左右丞,掌"文书期会"等事,有六曹尚书③分掌庶政,每曹有尚书郎若干人。皇帝挑选亲信的大臣"录尚书事",无异于自己直接指挥尚书台,所以尚书台专权用事,实际上就是专制皇权的加强。宫内许多官员西汉时例由士人充任或者参用士人,这时专由宦官充任,以便皇帝直接掌握。皇权的加强,相权的削弱,在东汉后期王朝衰败的条件下,导致了外戚宦官挟主专权的结果,这是东汉统治者始料所不及的。

---

① 《后汉书》卷二三《窦融传附窦宪传》。
② 太尉、司徒、司空由太尉、丞相、御史大夫演变而来,西汉末年已是如此。
③ 《晋书》卷二四《职官志》载东汉尚书六曹为:三公曹,主岁尽考课诸州郡事;吏部曹(西汉为常侍曹),主选举祠祀事;民曹,主缮修功作盐池园苑事;客曹,主护驾羌胡朝贺事;二千石曹,主辞讼事;中都官曹,主水火盗贼事。六曹并令、仆,谓之八座。

在地方政权方面,光武帝裁并四百多县,这相当于西汉的县、邑、道、侯国数的1/4①。吏职减去了9/10,边塞的亭候吏卒也陆续罢省了。这些措施,主要是为了减少开支。地方政权中最重要的改革,是废除内郡的地方兵,裁撤郡都尉,并其职于太守;取消郡内每年征兵操练的都试,让地方兵吏一律归还民伍。废除地方兵后,国家军队常常招募农民或征发刑徒组成,指挥权完全集中在中央和皇帝之手。这样就有可能加强皇帝镇压叛乱、控制全国的力量,减少州郡豪强掌握本地军队的机会。不过终东汉之世,地方兵并未全废,有事的时候,仍常征发内郡地方兵,由太守或刺史率领作战。内郡的都尉也常复置。但是内郡地方兵由于没有都试,缺乏经常的训练,所以战斗力不如西汉的正卒、戍卒。同时刺史领兵之制,使刺史兼有一州军政大权,开东汉末年刺史割据之渐。这些结果,也是同东汉统治者加强专制集权的愿望背道而驰的。

光武帝深知儒学是统治者重要的精神武器,所以他特别提倡讲经论理,从儒生中选择统治人才。早在"宫室未饰,干戈未休"的建武五年(公元29年),光武帝就着手建立太学,设置博士,让他们各以"家法"传授诸经。明帝更是广召名儒,自居讲席,让诸儒执经问难。郡国学校也纷纷建立起来了②。除了通过学校培植统治人才以外,政府又用察举孝廉、征辟僚属以及举贤良方正、直言极谏、茂才、明经等科目,网罗地主士大夫的子弟做官。孝廉按郡内人口每20万人举一人为率,每岁选拔,是儒生仕进的主要阶梯。征辟由三公及郡守为之,被征辟的士大夫,往往由于"才高名重"而躐等升迁。光武帝对于隐居山林,不仕王莽的人,多方搜求,重礼征聘,表示他对名节的表彰,企图以此使"天下归心"。他以特礼相待隐居不仕的严光(严子陵),就是一个著名的例证。东汉王朝通过提倡经学,表彰名节,广开仕宦之路,收揽和培育了大量的统治人才,培养了重名节的社会风气,使它自己在豪强势力严重发展的时候,仍然得以维持统治。

外戚、宦官的黑暗统治 东汉王朝专制体制的加强,在一定的时间内起着稳定统治秩序的作用。但是和帝以后,当这个王朝趋于衰败时,它又起着相反的作用,促成了外戚、宦官的专权和他们之间的争斗。

---

① 《汉书》卷二八《地理志》:西汉平帝时"凡郡国一百三,县、邑千三百一十四,道三十二,侯国二百四十一",县、邑、道、侯国共1587。《续汉书·郡国志》:东汉顺帝时"凡郡国百五,县、邑、道、侯国千一百八十"。按《汉书》卷一九《百官公卿表》:县"有蛮夷曰道"。

② 《文选》卷一班固《东都赋》:"四海之内,学校如林。"

和帝十岁即位,窦太后临朝。她以窦宪为侍中,内幹机密,出宣诰命。窦宪诸弟都居亲要之职,大批的窦氏党徒,都作了朝官或守令。窦宪还以"仁厚委随"的老臣邓彪为太傅录尚书事,以与自己呼应。窦氏的奴客缇骑,杀人越货,横行京师。和帝在深宫中与内外臣僚隔绝,可以依靠的只有贴身的宦官。永元四年(公元92年),他用宦官郑众掌握的一部分禁军,消灭了窦氏势力。郑众从此参与政事,并受封为鄛乡侯,这是宦官用权和封侯的开始。

安帝时,实际掌权的是邓太后和她的兄弟邓骘等人。这个期间,邓太后除了并用外戚、宦官以外,又起用名士杨震等,以图取得士大夫的支持。邓太后死,安帝与宦官李闰、江京等合谋,消灭了邓氏势力。此后李闰、江京等人大权在握,而皇后阎氏的兄弟阎显等人也居卿校之位,形成宦官、外戚共同专权的局面。

延光四年(125年),宦官孙程等19人,拥立11岁的济阴王为帝(汉顺帝),并且杀掉阎显。顺帝时,孙程等19人皆得封侯,宦官的权势大为增长。他们不但可以充任朝官,还可以养子袭爵。后来,顺帝也扶植外戚势力,相继拜后父梁商和商子冀为大将军。

顺帝死后,梁太后和梁冀先后选立冲、质、桓三帝。梁太后也任用宦官,还扩充太学,尽力争取官僚士大夫,但是根本大权还是掌握在梁冀手里。梁冀为大将军,"十日一入平尚书事",专权近20年。他的宗亲姻戚充斥朝廷和郡县,官吏升迁,都得先向他谢恩,满足他的各种需索。他还"遣客出塞,交通外国,广求异物"①。他又在洛阳周围强占土地,调发卒徒,兴建私人苑囿,绵延近千里。他擅立苛刻禁令,不许别人触动苑中一草一木,苑兔被人误杀,牵连处死的至十多人。他还占夺几千口良人作奴婢,名之曰"自卖人"。梁冀当政时期,对郡县的调发比过去增多十倍,人民大批地被榜掠割剥,死于箠楚之下。延熹二年(159年),梁皇后死,桓帝与宦官单超等人合谋消灭梁氏,连及公、卿、刺、守,死者数十人。梁冀被抄的家财达三十多万万钱,官府获得这笔巨大收入后,为了收揽人心,得以在这一年减收天下租税之半。

梁冀死后,宦官独揽政权,他们"手握王爵,口含天宪"②,权势达于顶点。宦官的兄弟姻亲临州宰郡,杀人越货,与盗贼无异。宦官侯览前后夺人

---

① 《后汉书》卷三四《梁统传附梁冀传》。
② 同上。

宅舍竟达381所,夺人田地118顷。

和帝以来外戚、宦官交替专权,是东汉统治集团的内部矛盾在专制制度下的尖锐表现。专制制度的完备,使权力高度集中于皇帝之手,皇帝成为一切权力的化身,觊觎权力的人,都力图挟持皇帝。外戚由于接近皇帝,利用皇帝幼弱,易于掌握朝政;而宦官又因缘时会,取外戚的地位而代之。无论外戚或宦官当权,都力图拥立幼主,以便自己继续操纵。他们又都趁权力在手的时候排除异己,竭泽而渔。从士大夫看来,宦官是他们所不齿的微贱的暴发户,所以在外戚、宦官的争斗中,外戚较多地得到士大夫的支持。随着这种党争的愈演愈烈,东汉统治愈来愈腐朽,大规模农民暴动的条件也愈来愈成熟了。

官僚士大夫集团的形成　世家大族的出现　在宦官、外戚的反复争斗中,还有另一种政治力量在起作用,这就是官僚士大夫结成的政治集团。

东汉时期,士人通过察举、征辟出仕。郡国察举时,"率取年少能报恩者"①,这在明帝时已是如此。征辟的情形也是一样。被举、被辟的人,成为举主、府主的门生、故吏,门生、故吏为了利禄,不惜以君臣、父子之礼对待举主、府主,甚至"怀丈夫之容而袭婢妾之态,或奉货而行赂,以自固结"②。举主、府主死后,门生、故吏服三年之丧。顺帝时,北海国相景某死,故吏服三年丧者凡87人③。秩位高于景某的官僚,其门生、故吏服丧者更不知有多少。大官僚与自己的门生、故吏结成集团,因而也增加了自己的政治力量。

东汉后期的士大夫中,出现了一些累世专攻一经的家族,他们的弟子动辄数百人甚至数千人。通过经学入仕,又形成了一些累世公卿的家族,例如世传欧阳《尚书》之学的弘农杨氏,自杨震以后,四世皆为三公;世传孟氏《易》学的汝南袁氏,自袁安以后,四世中居三公之位者多至五人。这些人都是最大的地主,他们由于世居高位,门生、故吏遍于天下,因而又是士大夫的领袖。所谓世家大族,就是在经济、政治、意识形态上具有这种种特征的家族。东汉时期选士唯"论族姓阀阅"④,所以世家大族的子弟,在察举、征辟中照例得到优先。

---

① 《后汉书》卷三二《樊宏传附樊儵传》。
② 徐幹:《中论·谴交》。
③ 《金石萃编》卷七《北海相景君碑》,碑立于汉安三年(144年)。钱大昕《潜研堂金石文跋尾》说:碑文中"谅暗沈思""陵成宇立"诸语,非臣下可用,景君碑用之,可证景君与其故吏之间,确有君臣名分。
④ 马总《意林》载仲长统《昌言》:"天下士有三俗,选士而论族姓阀阅,一俗。"

世家大族是大地主中长期发展起来的一个特殊阶层。由于他们在政治、经济以及意识形态方面所具有的特殊地位,当政的外戚往往要同他们联结,甚至当政的宦官也不能不同他们周旋。世家大族在本州、本郡的势力,更具有垄断性质,太守莅郡,往往要辟本地的世家大族为掾属,委政于他们。宗资(南阳人)为汝南太守,委政于本郡的范滂,成瑨(弘农人)为南阳太守,委政于本郡的岑晊,因而当时出现了这样的歌谣:"汝南'太守'范孟博(滂),南阳宗资主画诺;南阳'太守'岑公孝(晊),弘农成瑨但坐啸。"①操纵了本州本郡政治的世家大族,实际上统治了这些州郡。崔寔在《政论》中记有这样的歌谣:"州郡记,如霹雳,得诏书,但挂壁"②,这表明地方势力的强大,已超过皇帝诏书的力量了。

清议和党锢 东汉后期,官僚士大夫中出现了一种品评人物的风气,称为"清议"。善于清议的人,被视为天下名士,他们对人物的褒贬,在很大的程度上左右乡间舆论,因而影响到士大夫的仕途进退。郭泰就是这样一个"清谈闾阎"③的名士,据谢承云:"泰之所名,人品乃定,先言后验,众皆服之。"④汝南名士许劭与从兄许靖,"好共核论乡党人物,每月辄更其品题,故汝南俗有月旦评焉"⑤。大官僚和世家大族为了操纵选举,进退人物,对于这种清议也大力提倡。在当时政治极端腐败的情况下,这种清议在士大夫中间,多少起着一些激浊扬清的作用。但是风气所至,士大夫相率让爵、推财、避聘、久丧,极力把自己伪装为具有孝义高行的人物,以博得清议的赞扬。许多求名不得的人,不惜"饰伪以邀誉,钓奇以惊俗。不食君禄,而争屠沽之利;不受小官,而规卿相之位"⑥。

安帝、顺帝相继扩充太学,笼络儒生,顺帝时太学生多至三万余人。太学生一般都是出自地主阶级,同官僚士大夫有着密切的联系,因此太学就成为清议的中心。太学生为安帝以来风起云涌的农民暴动所震动,深感东汉王朝有崩溃的危险。他们认为宦官外戚的黑暗统治是引起农民暴动、导致东汉王朝衰败的主要原因,所以力图通过清议,反对宦官外戚特别是当权的

---

① 《后汉书》卷六七《党锢传序》。
② 崔寔《政论》,见《太平御览》卷四九六引。
③ 《抱朴子·正郭篇》。
④ 《后汉书》卷六八《郭泰传》注引谢承《后汉书》。
⑤ 《后汉书》卷六八《许劭传》。
⑥ 司马光语,见《资治通鉴》卷四三顺帝永建二年。《后汉书》卷六八《郭太传附黄允传》载,"以俊才知名"的黄允,被妻子攘袂揭露"隐匿秽恶十五事",就是一例。

宦官,挽救东汉统治。

在宦官外戚统治下,"州郡牧守承顺风旨,辟召选举,释贤取愚"①,不附权贵的士人受到排斥。顺帝初年,河南尹田歆察举六名孝廉,当权的贵人勋戚交相请托,占据名额,名士入选的只有一人。桓帝以后,察举制度更为腐败,时人语曰:"举秀才,不知书。察孝廉,父别居。寒素清白浊如泥,高第良将怯如鸡。"②在士大夫中,有一部分人"向盛避衰","交游趋富贵之门"③,"妪媚名势,抚拍豪强"④,助长了宦官外戚的声势。这种情形,也使太学清议集中到攻击腐败的朝政和罪恶的权贵,而对敢于干犯权贵的人,大加赞扬。桓帝永兴元年(153年),冀州刺史朱穆奏劾贪污的守令,打击横行州郡的宦官党羽,被桓帝罚作左校(左校掌左工徒)。太学生刘陶等数千人诣阙上书,表示愿意"黥首系趾,代穆校作"⑤,因此桓帝不得不赦免朱穆。延熹五年(162年),皇甫规得罪宦官,论输左校,太学生张凤等三百余人,跟大官僚一起诣阙陈诉,使皇甫规获得赦免。官僚、太学生的这些活动,对当政的宦官是一种巨大的压力。郡国学的诸生,也同太学清议呼应。

太学诸生,特别尊崇李膺、陈蕃、王畅等人,太学中流行着对他们的评语:"天下模楷李元礼(膺),不畏强御陈仲举(蕃),天下俊秀王叔茂(畅)"⑥。李膺的名望最高,士人与他交游,被誉为"登龙门",可以身价十倍。李膺为司隶校尉时惩办不法宦官,"诸黄门、常侍皆鞠躬屏气,休沐不敢复出宫省"⑦。延熹九年(166年),李膺杀术士张成,张成生前与宦官关系密切,所以他的弟子牢修诬告李膺"养太学游士,交结诸郡生徒,更相驰驱,共为部党,诽讪朝廷,疑乱风俗"⑧。在宦官怂恿下,桓帝收系李膺,并下令郡国大捕"党人",词语相及,共达二百多名。第二年,李膺及其他党人被赦归田里,禁锢终身。这就是有名的"党锢"事件。

党锢事件发生后,士大夫闻风而动。他们把那些不畏宦官势力,被认为正直的士大夫,分别加上三君、八俊、八顾、八及、八厨等美称,清议的浪潮更

---

① 《后汉书》卷七八《宦者曹节传》。
② 《抱朴子·审举》。
③ 马总《意林》卷五载仲长统《昌言》,谓天下士有三俗,"交游趋富贵之门,二俗";天下士有三可贱,"向盛背衰,三可贱"。
④ 赵壹《刺世疾邪赋》,见《后汉书》卷八〇《文苑赵壹传》。
⑤ 《后汉书》卷四三《朱晖传附朱穆传》。
⑥ 《后汉书》卷六七《党锢传序》。
⑦ 《后汉书》卷六七《党锢李膺传》。
⑧ 《后汉书》卷六七《党锢传序》。

为高涨。度辽将军皇甫规没有被当作名士列入党锢,甚至自陈与党人的关系,请求连坐。

灵帝建宁元年(168年),名士陈蕃为太傅,与大将军窦武(窦太后之父)共同执政。他们起用李膺和被禁锢的其他名士,并密谋诛杀宦官。宦官矫诏捕窦武等人,双方陈兵对阵,结果陈蕃、窦武皆死,他们的宗亲宾客姻属都被收杀,门生、故吏免官禁锢。建宁二年,曾经打击过宦官势力的张俭被诬告"共为部党,图危社稷",受到追捕,党人横死狱中的共百余人,被牵连而死、徙、废禁的又达六七百人。熹平五年(176年),州郡受命禁锢党人的门生、故吏和父子兄弟。直到黄巾军的暴动发生后,党人才被赦免。

官僚士大夫和太学生的反宦官斗争,在当时具有一定的正义性,博得社会的同情,因此张俭在被追捕时,许多人破家相容,使他得以逃亡出塞。但是官僚士大夫和太学生的反宦官斗争,只是为了缓和社会矛盾,维护东汉王朝的正常统治秩序,从而维护自己的利益。所以这仍然是统治集团内部的斗争。当农民暴动不但没有因此偃旗息鼓,而且还发展到从根本上危及东汉统治的时候,被禁锢的党人就获得赦免,他们也就立刻同宦官联合,集中力量来镇压暴动的农民。官僚士大夫与世家大族息息相通,根深蒂固,总的说来力量比宦官强大。所以在农民暴动被镇压下去后,他们重整旗鼓,发动了对宦官的最后一击,终于彻底消灭了东汉宦官的势力。

三　边境各民族　东汉王朝同边境各族的关系

南匈奴　北匈奴　东汉初年,当光武帝刘秀进行国内统一战争时,匈奴的势力有所发展。建武二年(公元26年),渔阳太守彭宠反对刘秀,曾结匈奴为援。割据三水(今宁夏同心)的卢芳依附匈奴,在匈奴的支持下占据五原、朔方、云中、定襄、雁门等郡,同匈奴一起经常寇扰北边。光武帝也曾遣使与匈奴修好,但是没有取得结果,匈奴对北边的压力丝毫没有减轻。以后东汉派吴汉率军抗击匈奴,也经岁无功而返。统一战争结束后,卢芳于建武十四年(公元38年)逃入匈奴。东汉为了避免边境冲突,罢省定襄郡,徙其民于西河;徙雁门、代郡、上谷等郡吏民六万余口于居庸、常山以东。这样,匈奴左部就得以转居塞内。建武二十年(公元44年),匈奴一度进至上党、扶风、天水等郡,成为东汉王朝严重的威胁。

正在这时,匈奴人遇到连年的旱蝗,赤地数千里,人畜死耗很大。东面的乌桓乘机进击匈奴,迫使匈奴北徙。接着,匈奴贵族中又发生了争夺统治权的内讧。建武二十四年(公元 48 年),匈奴日逐王比被南边八部拥立为南单于,他袭用其祖父呼韩邪单于的称号,请求内附,得到东汉的允许。从此以后,匈奴分裂为南北二部。

建武二十六年(公元 50 年),南单于入居云中(今内蒙古托克托),不久又转驻西河郡的美稷(今内蒙古鄂尔多斯市东胜附近),分屯部众于北边各郡,助汉守边。东汉王朝常以财物、粮食、布帛、牛羊等赠给南匈奴,供给之费,每年达一亿零九十余万钱。南匈奴同东汉和平相处,边境安宁,原来内徙的沿边八郡居民,也多陆续回归本郡。和帝初年,南匈奴领有三万四千户,二十三万多口,包括军队五万人。南匈奴人逐步转向定居和农耕生活,并且逐渐向东、向南迁徙。

北匈奴离汉边较远。他们控制着西域,常常侵扰河西和北方郡县,掳掠南匈奴人和汉人。东汉王朝为了避免这种侵扰,答应与北匈奴"合市",一些南匈奴贵族因此对东汉发生怀疑,他们同北匈奴贵族暗中联络,准备共同反对东汉王朝。东汉王朝为了隔绝南、北匈奴的交通,设置度辽营,屯兵于五原曼柏(今内蒙古鄂尔多斯市东北部)。章帝时,北匈奴贵族驱牛马万余头,到武威与汉人"合市",得到郡县的隆重款待和东汉王朝的馈赠。

北匈奴受到北面的丁零、东面的鲜卑、东南面的南匈奴夹攻,又受到西域许多国家的反击,势力薄弱,部众离散。东汉王朝为了保障河西四郡的安全,并相机恢复同西域的交通,于是利用这一时机,发动了对北匈奴的进攻。明帝永平十六年(公元 73 年),汉军四路出击:祭肜、吴棠出高阙塞,窦固、耿忠出酒泉塞,耿秉、秦彭出张掖居延塞,来苗、文穆出平城塞。窦固、耿忠的军队追击北匈奴至天山和蒲类海(今新疆巴里坤湖),夺得伊吾卢(今新疆哈密),在那里置宜禾都尉,留吏士屯田。和帝永元元年(公元 89 年),窦宪、耿秉率师出击北匈奴,北匈奴降者二十余万人。汉军出塞三千余里,直至燕然山,命班固刻石而还。

永元二年(公元 90 年),汉军复取伊吾;永元三年(公元 91 年),汉军出居延塞,围北单于于金微山,匈奴战败后离开了蒙古高原,向西远徙。从这时起,匈奴东面的鲜卑族逐步西进,占据了匈奴的故地。

西域诸国　班超在西域的活动　王莽时期,西域分割为 55 个小国,其中北道诸国,复受制于匈奴。莎车在塔里木盆地西端,当匈奴入西域时,莎车王康保护着受匈奴攻击的原西域都护吏士及其眷属千余人,并率领近傍诸国军队抵抗匈奴的侵犯。建武五年(公元 29 年),莎车王康"檄书河西,问中国动静"①,河西大将军窦融承制立康为"汉莎车建功怀德王西域大都尉"。建武十四年(公元38年),莎车王贤与鄯善王安遣使到汉,请派都护,光武帝没有力量,只好拒绝。此后匈奴遇到连年旱蝗,势力衰竭,莎车则逐渐骄横,攻掠近傍小国。在这种情势下,车师前王、鄯善、焉耆等18国,于建武二十一年(公元45年)遣王子入侍,再请汉派都护,光武帝仍然没有答应。莎车王贤见都护不出,于是攻破鄯善,杀龟兹王,兼并南道许多小国,重征贡赋。鄯善王警告东汉朝廷:如果再不置都护,只有臣服于匈奴。光武帝回答说:"如诸国力不从心,东西南北自在也。"②这样,车师、鄯善、龟兹先后投降匈奴。此后,于阗攻灭莎车,势力增强,称雄南道,但不久也被匈奴控制了。

明帝时,东汉开始发动了进击匈奴的战争。永平十六年(公元73年),窦固、耿忠出酒泉塞,占领伊吾卢,设置宜禾都尉,进行屯田。伊吾卢是西域东部门户,"宜五谷桑麻蒲萄,其北又有柳中,皆膏腴之地",所以是东汉与匈奴争夺西域的关键。永平十七年(公元74年),东汉恢复了西域都护,以陈睦充任,并以耿恭为戊校尉,关宠为己校尉,分驻车师后王部和前王部。

窦固占领伊吾后,派假司马班超率吏士36人,出使西域南道各国,争取他们断绝和匈奴的关系,同东汉一起抗拒匈奴。那时西域各国的一部分贵族,希望摆脱匈奴的野蛮统治,终止各国之间的纠纷,所以愿意帮助班超。也有一部分贵族受匈奴挟持,凭借匈奴势力,与班超为敌。班超就是在这种复杂的形势下进入南道诸国的。

班超先到鄯善。他夜率吏士烧匈奴使者营幕,杀匈奴使者,控制鄯善。接着班超西至于阗,迫使于阗王杀匈奴使者,归服汉朝。

永平十七年(公元74年)班超前往西域西端的疏勒。当时疏勒役属于匈奴,班超遣人间道驰入疏勒,废黜匈奴人所立的疏勒王,另立亲汉的疏勒贵族为王。

当班超在西域南道获得进展的时候,匈奴所控制的焉耆、龟兹等国,在永平十八年(公元75年)发兵攻击东汉都护,都护陈睦被杀。匈奴围困己校尉兵,杀校尉关宠;车师也发兵助匈奴,攻戊校尉耿恭。章帝建初元年(公元76年),耿秉率东汉援军败车师,击退匈奴,救出耿恭和残存的吏士二十余人。东汉无力固守车师,于是撤销都护和戊己校尉,召班超回国。建

---

① 《后汉书》卷八八《西域传》。
② 同上。

初二年,东汉撤退伊吾屯田兵,西域门户重又被匈奴掌握。

南道诸国怕班超撤退后匈奴卷土重来,进行报复,都苦留班超,疏勒、于阗挽留班超最为恳切。在这种情况下,班超决心留驻西域。班超压服了疏勒一部分亲匈奴的势力,击平了姑墨,并且用东汉前后两次援兵千余人以及于阗等国兵,迫使匈奴在南道的属国莎车投降,又击败了龟兹援助莎车的军队,西域南道从此畅通。

和帝永元元年至三年(公元89—91年),东汉窦宪率军连破匈奴,匈奴主力向西远徙,西域的形势发生了有利于汉的变化。永元二年(公元90年),大月氏贵霜王朝发兵七万,逾葱岭入侵,企图建立对西域的统治。班超发西域各国兵,逼退了这次侵略。永元三年(公元91年),北道龟兹等国降于班超,汉以班超为西域都护,驻守龟兹,并复置戊、己校尉。永元六年(公元94年),焉耆等国归汉,北道完全打通,西域五十余国全部内属,班超以此受封为定远侯。

永元九年(公元97年),班超派甘英出使大秦,甘英达到条支国(今波斯湾北头),临海欲渡,为安息人所阻而还。这是中国使节远至波斯湾的最早记载。

班超在西域奋斗了30年,他运用各种方法,帮助西域人解除了匈奴贵族的束缚,使西域重新与内地联为一体,这在客观上是有利于西域各族和汉族人民的。永元十四年(102年)八月,班超回到洛阳,九月病卒。

班超东归以后,继任的都护任尚失和于西域诸国,受到诸国的攻击。接着陇西羌人与东汉发生战争,陇道断绝。安帝永初元年(107年),东汉派班超之子班勇率兵西出,迎接都护及屯田卒东归。西域交通中断后,残留于天山与阿尔泰山间的北匈奴,又乘机占领伊吾卢,寇掠河西,杀害出屯伊吾卢的敦煌长史索班。东汉朝廷经过激烈辩论后,于延光二年(123年)决定,派班勇为西域长史,出屯柳中。

班勇进驻西域后,陆续逐退了残余的匈奴势力,再一次打通了西域道路,保障了河西边塞。班勇自幼随父在西域成长,深悉西域道里、风土和政治情况。他编著的《西域记》一书,是范晔撰《后汉书·西域传》的重要根据。

桓帝以后,东汉无力控制西域,西域内部情况也混乱起来。但是西域长史和戊己校尉作为凉州刺史的属官,一直存在到灵帝末年。建安时凉州大乱,东汉与西域的交通断绝。

近几十年来,有不少关于东汉时期西域经济生活的考古资料出土。在罗布泊附近的古鄯善国、尼雅河流域的古精绝国以及沿丝绸之路的其他各处遗址中,陆续发现许多东汉的精美丝织物、刺绣服物、铜镜、钱币。尼雅河流域还发现冶铁遗址、铁工具以及麦粒、青稞等农作物遗存。这许许多多的遗物,表明东汉时期中原与西域的经济联系相当密切,也表明西域地区物质生活大有进步。西域是中亚、南亚商人荟萃的地方,这一带出土的简牍中,有月氏人的名籍,有古窣利文、佉卢文、婆罗谜文的文书。塔里木盆地曾出土大量的压有汉文和佉卢文的钱币,年代约当东汉晚期。西域商人以及中亚、南亚商人沿着西域大道,向内地运来毛皮、毛织物、香料、珠玑和其他奢侈品,交换内地盛产的丝织物和铜铁器物。

乌桓　鲜卑　东北各族　东汉初年,乌桓常与匈奴联结,"朝发穹庐,暮至城郭"①,骚扰北方沿边各郡。光武帝以币、帛招服乌桓,建武二十五年(公元49年)封乌桓渠帅81人为侯王君长,让他们率领部众入居塞内,为东汉侦察匈奴、鲜卑的动静。东汉在上谷宁城(今河北宣化附近)复置护乌桓校尉,兼领鲜卑,并管理与乌桓、鲜卑互市事务。中平四年(187年),前中山太守张纯叛入乌桓,为各郡乌桓元帅,寇掠今河北、山东一带。稍后,乌桓王蹋顿强盛,河北地区的吏民为避豪强混战之祸,投奔乌桓的达十余万户。

东汉初年,鲜卑人常与乌桓、匈奴一起骚扰边郡。光武帝末年,许多鲜卑大人陆续率部归附东汉,东汉封他们为王侯,"青徐二州给钱岁二亿七千万为常"②。东汉击走北匈奴后,鲜卑逐步向西发展,残留的北匈奴人十多万落,也自号鲜卑,与鲜卑人逐渐融合。从此以后,鲜卑趋于强盛。2世纪中叶,鲜卑部落大人檀石槐统一鲜卑诸部,立庭于弹汗山歠仇水上(今山西阳高北)。檀石槐"南抄缘边,北拒丁零,东却夫余,西击乌孙,尽据匈奴故地"。他把领地分为东、中、西三部,右北平(今冀东一带)以东为东部;以西至上谷(今河北怀来)为中部;再西至敦煌、乌孙为西部,各置大人主领,总属于檀石槐。鲜卑"兵利马疾,过于匈奴",连年寇扰幽、并、凉三州边郡。光和年间(178—184年),檀石槐死,鲜卑分裂,力量渐衰。

在松花江流域,居住着以农业为主要生活的扶余人。扶余有宫室、城栅和监狱、刑罚,蓄养奴隶,盛行人殉。扶余东北今乌苏里江流域有挹娄人,受扶余贵族控制。挹娄人穴居于山林间,经济生活以农业为主,好养豕,阶级分化不明显。

扶余东南鸭绿江流域的山地,聚居着能歌善舞的高句丽人,是扶余人向

---

①　《后汉书》卷九〇《乌桓传》。
②　《后汉书》卷九〇《鲜卑传》。

南发展的一支。据传说:朱蒙在忽本立高句丽国,后人迁都国内城,又迁丸都城(均在今吉林集安)。汉武帝时,以高句丽为县,属玄菟郡。高句丽人主要从事农业生产,其社会中已出现了明显的阶级分化。

羌 东汉王朝同羌人的战争 王莽末年,羌人大量入居塞内,散布在金城等郡,与汉人杂处。他们"数为小吏黠人所见侵夺,穷恚无聊"[1],常常起而反抗。东汉王朝屡次派兵镇压羌人的反抗,并把一部分羌人迁徙于陇西、汉阳等郡及三辅地带。

安帝永初元年(107年),东汉撤回西域都护和西域田卒,并征发金城、陇西等郡羌人,前往掩护。羌人害怕远戍不还,行抵酒泉时纷纷逃散。东汉郡县发兵邀截,并捣毁沿途羌人庐落,羌人多惊走出塞,相聚反抗。他们久居郡县,没有武器,只是用竹木当戈矛,用木板当盾,屡次打败了东汉军队。北地、武都、上郡、西河等地羌人一时俱起,东攻赵、魏,南入益州,进击关中,截断陇道。各地的汉军和地主大修坞壁,企图节节阻拒,但羌人仍然所向无敌。永初五年(111年),一部分羌人进至河东、河内,迫近洛阳。东汉沿边诸郡纷纷把治所内徙,同时还割禾拆屋,强徙居民。被迫迁徙的人流离失所,随道死亡,有许多人同羌人合作,武装抗拒东汉的官吏。汉阳人杜琦、杜季贡、王信等联合羌人,起兵反对东汉统治,成为羌人队伍的首领。羌人的反抗斗争支持了12年,才被东汉统治者压服下去。在这次战争中,东汉所耗战费达240多亿钱,东汉王朝经过这次大震动,根基动摇,内地的农民暴动也此起彼伏地相继爆发了。

顺帝永和元年(136年)以后,凉州、并州和关中的羌人,又相继发动反抗斗争。这次战争延绵十年之久,东汉所耗军费又是80余亿钱。

桓帝延熹二年(159年)以后,各地羌人又相继对东汉进行了反抗斗争。东汉王朝用陇右、河西大姓皇甫规、张奂、段颎等人领兵作战。皇甫规、张奂主张"招抚"羌人,并且惩治羌人所怨恨的贪虐官吏,羌人先后归服的达20余万人。段颎残暴异常,羌人被他残杀的达数万人。

在羌人的反抗斗争中,羌人贵族分子和东汉军队同样烧杀抢掠,他们不但摧残了羌人,同时也使边郡汉人死徙流亡,造成了极其严重的恶果。桓帝初年的童谣:"小麦青青大麦枯,谁当获者妇与姑,丈人何在西击胡。吏买马,君具车,请为诸君鼓咙胡。"[2]由此可见,在长期的战争中,内地的男丁征

---

[1] 《后汉书》卷八七《西羌传》。
[2] 《续汉书·五行志》。

发已尽,经济受到很大的破坏。从此以后、农民暴动更为激烈,东汉王朝也日益走向崩溃。

南方各蛮族 在洞庭湖和湘江以西的山岭中,居住着古老的以犬为图腾的盘瓠蛮,又称武陵蛮,五溪蛮。他们很早以来就从事农耕,但是还没有"关梁符传租税之赋"①。西汉向蛮人征收"賨布",大口每岁一匹,小口二丈。东汉初年,武陵蛮强盛起来,攻击郡县。东汉在那里增置官吏,加强对蛮人的统治,因此蛮人反对东汉的斗争延绵不断,屡伏屡起。

在今鄂西、川东地区,居住着以虎为图腾的廪君蛮,又称巴蛮或巴郡南郡蛮。战国末年秦惠王并巴中后,以廪君蛮的巴氏为蛮夷君长,巴氏岁出少量赋钱,并且世以秦女为妻。廪君民户,则岁出"幏布"八丈二尺,鸡羽三十镞。东汉时,廪君各部常常起兵,反抗东汉,东汉军队屡次强徙廪君部民,置于江夏郡(郡治今湖北新洲)界中,因此廪君蛮得以逐步向东发展。

四川嘉陵江流域的阆中一带,住有爱好歌舞的板楯蛮。相传板楯蛮应募射杀白虎,秦昭襄王与他们约定"顷田不租,十妻不算,伤人者论,杀人者得以倓钱赎死",他们因此以射虎为事。楚汉之际,板楯蛮曾助汉高祖攻下关中,所以蛮中罗、朴、督、鄂、度、夕、龚七姓渠帅得以免除租赋,一般蛮户则每人岁纳"賨钱"40。西汉初年,板楯蛮的巴渝舞,已成为汉朝庙堂的一种歌舞。

东汉时期,板楯蛮经常被征发作战,屡著战功。但东汉王朝对待板楯人却是"仆役箠楚,过于奴虏",板楯人"愁苦赋役,困罹酷刑",以至常常邑落相聚,反抗东汉统治。直到中平五年(188年),他们还响应了巴郡黄巾的起义斗争。

在川西、川东、鄂西北和湘西等地,相继发现过许多独木舟葬具——船棺葬。战国时期的船棺葬,本地文化特点表现较多;秦汉之际的,则显著地受到中原文化的影响。从出土地域、出土铜器上的花纹等特点看来,船棺葬大概就是廪君蛮和板楯蛮祖先的墓葬。廪君蛮和板楯蛮同为巴人的裔族,文化类型相同。秦汉船棺葬中原文化影响的显著和以后船棺葬的消失,说明廪君蛮和板楯蛮从西汉时起,正经历着与汉人融合的历史过程。

西南各族 东汉时期,西南地区除了夜郎、滇、嶲、昆明、徙、邛都、筰都、冉駹等族以外,还有哀牢及其他许多部落或民族,在那里开山辟土,放牧种谷。

---

① 《后汉书》卷八六《南蛮传》。

哀牢人住在今云南澜沧江以东的哀牢山中,以龙为图腾,主要经营五谷蚕桑,生产精美的丝织物和麻织物。哀牢地区富有铜铁铅锡金银等矿藏,还出产各种珠宝和奇禽异兽。光武帝时期,一部分哀牢人和东汉联系,归附东汉。明帝永平十二年(公元69年),哀牢人内附的达五万余户,五十五万余口,东汉在澜沧江以西置永昌郡(治今云南保山)。从那时起,东汉通过哀牢地区,同滇西和缅甸境内的掸族,有了直接往来,发生了经济文化联系。

　　东汉时期,西南边徼以外的部落和民族,遣使贡献方物和请求内属的还有很多。明帝永平年间(公元58—75年),汶山以西的白狼、槃木、唐菆等百余部相率内附,人数很多,白狼王还作诗三章,纪念这一重大的历史事件,称作《白狼歌》。《白狼歌》词的汉字声读和意译,都保存在《后汉书·西南夷传》和注中,是研究西南民族历史和语言的宝贵资料。

四　东汉后期的社会矛盾和农民战争

　　东汉后期的社会矛盾　和帝、安帝以后,东汉统治集团趋于腐朽,豪强势力日益扩张,轮流当政的宦官外戚竞相压榨农民,农民处境日益恶劣。从这时起直到东汉末年,水旱虫蝗风雹连年不断地袭击农村,地震有时也成为一种严重灾害,牛疫更是特别流行。沉重的赋役和疠疫、饥馑严重地破坏了农村经济,逼使农民到处流亡。东汉王朝屡颁诏令,用赐爵的办法鼓励流民向郡县著籍,但这不过是画饼充饥,对流民毫无作用。流民数量越来越多,桓帝永兴元年(153年),竟达数十万户。地方官吏为了邀赏,常常隐瞒灾情,虚报户口和垦田数字,这又大大增加了农民的赋税负担,促使更多的农民逃亡异乡。

　　灵帝时,宦官支配朝政,政治腐败达于极点。灵帝开西邸公开卖官,二千石官2000万钱,四百石官400万钱,县令长按县土丰瘠各有定价,富者先入钱,贫者到官后加倍缴纳。公卿等官千万钱、500万钱不等。在豺狼当道的情形下,天灾有加无已,流民颠沛流离,正常的社会秩序几乎完全破坏了。

　　流亡的农民走投无路,到处暴动。早在安帝永初三年(109年),就有张伯路领导流民几千人,活动于沿海九郡。顺帝阳嘉元年(132年),章和领导流民在扬州六郡暴动,纵横四十九县。汉安元年(142年),广陵人张婴领导流民,在徐、扬一带举行暴动,时起时伏,前后达十余年之久。桓帝、灵帝时,从幽燕到岭南,从凉州到东海,到处都有流民暴动发生。流民暴动的规模也越来越大,从几百人、几千人扩展到几万人、十几万人。一些举行暴动的流民队伍,还与羌人、蛮人反对东汉王朝的斗争相呼应。从安帝到灵帝的八十余年中,见于记载的农民暴动,大小合计将近百次,至于各处的所谓"春饥草窃之寇""穷厄寒冻之寇"①,更是不可胜数。那时,农民中流传着一首豪迈的歌谣:"小民发如韭,翦复生;头如鸡,割复鸣。吏不必可畏,民不必可轻!"②这首歌谣,生动地表现了东汉农民前赴后继地进行斗争的气概。

东汉时期,暴动农民首领或称将军、皇帝,或称"黄帝""黑帝""真人"。前者表示他们进行反抗斗争时,无须假托当权集团人物来发号施令;后者表示他们懂得利用宗教组织农民,以与东汉王朝抗衡。

分散的农民暴动,虽然在东汉军队和豪强武装的镇压下一次又一次地失败了,但是继起的暴动越来越多,规模越来越大,终于形成了全国性的农民起义。

黄巾军 灵帝时,道教的一支——太平道,在流民中广泛地传布开来。巨鹿人张角是太平道的首领。张角称"大贤良师",为徒众符咒治病,并派遣弟子分赴四方传道,得到农民的信任,"天下襁负归之"③。张角还和洛阳的一部分宦官联系,利用他们作为内应,据说张角自己还曾"窥入京师,觇视朝政"④。

张角的活动,引起了东汉统治集团的注目。东汉王朝屡下"赦令",企图以此瓦解流民群。但是流民群在张角的领导下,仍然日益壮大。东汉王朝的阴谋失败,又准备令州郡用武力大肆"捕讨"。司徒杨赐深恐单纯的镇压会加速大规模农民起义的发生,因此主张"切敕刺史二千石简别流人,各护归本郡,以孤弱其党,然后诛其渠帅"⑤。稍后,侍御史刘陶等人建言,要求汉朝下诏"重募角等,赏以国土,有敢回避,与之同罪"⑥。东汉统治者所有这些对策,都没有达到预期的目的。

张角的道徒,发展到几十万,遍布在青、徐、幽、冀、荆、扬、兖、豫八州。张角部署道徒为36方⑦,大方万余人,小方六七千人,各立首领,由他统一

---

① 《齐民要术》卷三引崔寔《四民月令》。
② 《太平御览》卷九七六引崔寔《政论》。文字据严可均《全后汉文》订正。
③ 《后汉书》卷五四《杨震传附杨赐传》。
④ 《后汉书》卷五七《刘陶传》。
⑤ 《后汉书》卷五四《杨震传附杨赐传》。
⑥ 《后汉书》卷五七《刘陶传》。
⑦ 《后汉书》卷七一《皇甫嵩传》:"方,犹将军号也"。《后汉纪》36方作36坊。

指挥;并传播"苍天已死,黄天当立,岁在甲子,天下大吉"①,向人民宣告东汉崩溃在即,新的朝代将要代起。太平道徒广为散布"黄天泰平"的口号,并在各处府署门上用白土涂写"甲子"字样。经过这些酝酿和部署以后,大规模农民起义的形势,在城乡各地完全成熟了。

中平元年(184年,甲子年)初,大方马元义调发荆、扬等地徒众数万人向邺城集中,又与洛阳的道徒相约,在三月初五日同时举行暴动。但是,在这个紧要关头,暴动计划泄露,东汉王朝捕杀马元义,诛杀洛阳"宫省直卫"和百姓千余人,并令冀州逐捕张角。张角得知计划泄露,立即通知36方提前起事。中平元年二月,以黄巾为标志的农民军,在7州28郡同时俱起,中国历史上第一次组织、准备比较严密的农民起义,就这样爆发了。

势力强大的黄巾军,有如下几个部分:波才领导的颍川黄巾;张曼成、赵弘、韩忠、孙夏等人相继领导的南阳黄巾;彭脱等人领导的汝南、陈国黄巾;卜已领导的东郡黄巾;张角、张宝、张梁兄弟领导的巨鹿黄巾;戴风等人领导的扬州黄巾;今北京地区的广阳黄巾,等等。黄巾人众极多,声势浩大,被称为"蚁贼"。南阳黄巾杀太守褚贡,汝南黄巾败太守赵谦,广阳黄巾杀幽州刺史郭勋和太守刘卫。巨鹿附近的农民也俘虏安平王刘续和甘陵王刘忠,响应黄巾。黄巾军"所在燔烧官府,劫略聚邑,州郡失据,长吏多逃亡;旬日之间,天下响应,京师震动"。同年七月,汉中爆发了五斗米道首领巴郡人张修领导的农民暴动,被称为"米贼"。此外,湟中义从胡(小月氏)和羌人,也在陇西、金城诸郡起兵,反对东汉统治。

黄巾军一开始就威胁着东汉的都城,东汉王朝首先力图加强洛阳的防守力量。外戚何进受命为大将军,将兵屯守洛阳都亭,部署守备。洛阳附近增设了八关都尉。为了统一统治集团内部的力量,防止一部分士大夫与黄巾合谋,东汉王朝宣布赦免党人,解除禁锢。东汉统治者还诏敕州郡修理守备,简练器械,并"远征三边殊俗之兵"②,对各部黄巾先后发动进攻。

皇甫嵩、朱俊率军四万,进攻颍川波才的黄巾。波才打败了朱俊军,并在长社把皇甫嵩军围住,皇甫嵩全军恐慌。波才缺乏经验,依草结营,在汉军火攻下受到挫折,又被皇甫嵩、朱俊军与曹操的援军追击于阳翟,陷于失

---

① 《后汉书》卷七一《皇甫嵩传》。按《三国志》卷一《魏书·武帝纪》注引《魏略》载陈群、桓阶奏:"桓、灵之间,诸明图纬者皆言汉行气尽,黄家当兴。"可见黄天之说是当时流行的谶语,张角加以利用。

② 《续汉书·百官志》五注引应劭《汉官仪》。

败。汉军接着向东进攻,击败了汝南、陈国黄巾。皇甫嵩又北上东郡,东郡黄巾领袖卜已被俘。

南阳黄巾领袖张曼成战死后,赵弘率十余万众继起,据守宛城。朱俊军转击南阳,围宛城三月不下,战斗非常激烈,赵弘、韩忠相继战死。十一月宛城陷落,这支黄巾军也失败了。

巨鹿黄巾领袖张角称天公将军,弟张宝、张梁分别称地公将军、人公将军,号召力很大,是黄巾的主力。东汉先后以涿郡大姓卢植和率领羌胡军队的董卓进击张角。张角坚守广宗(今河北威县)。八月,东汉以皇甫嵩代董卓进攻巨鹿黄巾。那时张角病死,部众由张梁统率,"梁众精勇,嵩不能尅"。十月,汉军偷袭张梁军营,张梁阵亡;又攻张宝于下曲阳(今河北晋州),张宝败死。东汉统治者对起义农民展开了血腥的报复,他们对张角剖棺戮尸,又大量屠杀农民,在下曲阳积尸封土,筑为京观。

黄巾起义发生以后,黄河以北农民纷纷保据山谷,自立名号,反对东汉统治。他们是博陵张牛角(青牛角)、常山褚飞燕(张燕)以及黄龙、左校、郭大贤、于氐根、张白骑、刘石、左髭丈八、平汉、大洪、司隶、缘城、雷公、浮云、白雀、杨凤、于毒、五鹿、李大目、白绕、眭固、苦蝤等部,大者二三万,小者六七千。张燕联络太行山东西各郡农民军,众至百万,号黑山军,势力最为强大。中平五年(188年),各地农民又相继以黄巾为号,起兵于西河、汝南、青徐、益州等地区,江南地区也屡见黄巾军活动。

黄巾起义发生在地方割据倾向迅速发展的时代,豪强地主拥有强大的武装,这种地主武装同官军联合,处处阻截和镇压农民军,迫使农民军不能大规模集中力量发动进攻。所以黄巾军虽然坚守过一些据点,但是终于不能摧毁敌方的主力军。起义高潮过去以后,黄巾余部和黑山军各部更是缺乏攻击力量,只能各守一方,待机而动,以至于在四面八方的敌军夹攻中相继失败。

这场农民战争瓦解了东汉王朝。极端黑暗腐败的宦官、外戚集团,失去东汉王朝的凭借,经过短暂的反复,不久以后陆续从历史上消失了。

第四节　秦汉时期的文化

一　学术思想和宗教

从提倡黄老到独尊儒术　秦始皇统一六国,接着又统一文字,这使文化学术的发展获得了有利的条件。但是不到十年,秦始皇颁令焚书,禁绝私学,文化学术又受到严重的摧残。以后,项羽入咸阳,焚秦宫室,博士官典藏的图书也荡然无存。

秦朝置博士官,多至70员,诸子百家,包括儒家在内,都可以立为博士。博士掌通古今,备顾问,议礼议政,并教授弟子。焚书坑儒事件发生后,博士、诸生受到打击,官府之学衰微。有些博士后来投奔陈胜,参加了反秦活动。

西汉初年,汉高祖继续实行秦代挟书之律①,蔑视儒学和儒生。在这种情况下,儒家学术源流几乎完全断绝,"独有一叔孙通略定礼仪,天下唯有易卜,未有它书"②。博士制度在汉初依然存在,高祖曾以叔孙通为博士,文帝曾以申公、韩婴、公孙臣等人为博士,但是这些博士人数不多,不过具官待问而已,不受当世的重视,在传授文化方面也没有起多大的作用。

在学术思想发展的低潮中,道家的黄老无为思想为汉初统治者所提倡,占据支配地位。道家"历记成败存亡祸福古今之道,然后知秉要执本,清虚以自守,卑弱以自持"③,所以它适应农民战争后的政治形势,适合恢复生产、稳定社会秩序的需要。道家虽有可考的传授源流④,但是"所言道者传之其人,世无师说"⑤,学术内容可以在很大的程度上随时损益,使一切合当时统治者的具体要求。惠帝初年,胶西盖公好黄老言,应齐丞相曹参之聘,仕于齐国,为当时黄老之宗。盖公对曹参"为言治道贵清静而民自定"⑥,就是直接陈述了汉初统治者迫切需要的"安集百姓"的办法。所以汉初统治者把黄老之言当作"君人南面之术"⑦加以利用,而各种不同流派的思想家也都乐于称说黄老之言。

西汉初年代表黄老政治思想的著作,是陆贾的《新语》。陆贾针对汉初的政治经济形势,探讨了"以寡服众,以弱制强"的统治方法,认为"道莫大于无为,行莫大于谨敬"。他说:虞舜之治天下,"寂若无治国之意,漠若无

---

① 惠帝四年始废挟书之律,见《汉书》卷二《惠帝纪》。
② 《汉书》卷三六《楚元王传附刘歆传》。
③ 《汉书》卷三〇《艺文志》。
④ 《史记》卷八〇《乐毅列传赞》载有黄老之言的师传。
⑤ 《隋书》卷三四《经籍志》三。
⑥ 《史记》卷五四《曹相国世家》。
⑦ 《汉书》卷三〇《艺文志》。

忧民之心,然天下治"①,因此治天下必须无为。但是陆贾兼有儒家及其他诸家思想②,他之强调无为,是为了使西汉的专制统治由弱转强,使统治者得以"执一政以绳百姓,持一概以等万民","同一治而明一统"③,也就是说,有所不为是为了有所为,这是与老子"绝圣弃智""剖斗折衡",追求小国寡民理想大不相同的。系统地阐明道家思想的著作《淮南鸿烈》,也叫《淮南子》,是武帝时淮南王刘安集宾客写成的。《淮南子》问世时,黄老思想在政治上已不占支配地位了。

在汉初特定的社会条件下,统治者的无为而治,使农民生活比较安定,社会生产较易恢复,也使统治秩序渐形巩固。但是到了文景时期,无为而治又产生了新的问题:王国势力凌驾朝廷,商人豪强日甚一日地兼并农民,匈奴对汉无止尽地慢侮侵掠。因此,无为而治已不再适应经济、政治的需要了。贾谊提出了变无为为有为的要求,他在《治安策》里说:"夫俗至大不敬也,至亡等也,至冒上也,进计者犹曰毋为,可为长太息者此也。"④

文景时期,政治思想上出现了由无为到有为、由道家到儒家的嬗变的趋势。文帝时,"天下众书往往颇出,皆诸子传说,犹广立于学官,为置博士"⑤。故秦博士伏生出其壁藏《尚书》二十余篇,文帝曾使晁错从他受业。博士之数,恢复到了秦时的七十余人,百家杂陈而儒家独多。儒家的《书》《诗》《春秋》以及《论语》《孝经》《孟子》《尔雅》,都有博士,其中《诗》博士就有齐、鲁、韩三家,内容各异;《春秋》博士也有胡母生、董仲舒二家。这种情形,为汉武帝独尊儒术提供了有利的条件。

武帝建元元年(公元前140年),董仲舒在举贤良对策中提出:"诸不在六艺之科、孔子之术者,皆绝其道勿使并进"⑥。同年,武帝采纳丞相卫绾之议,罢黜"治申、商、韩非、苏秦、张仪之言"⑦的贤良。卫绾没有直接指斥黄老之言,但是好黄老的窦太后(武帝祖母)仍然力加反对,借故把鼓吹儒学的

---

① 分见《新语·慎微篇》和《无为篇》。
② 《史记》卷九七《陆贾列传》说:陆贾对汉高祖"称说诗书",认为秦以不"行仁义、法先圣"而亡,这是儒家思想。陆贾"有口辩","常使诸侯",并"游汉廷公卿间",促成诸吕之灭,这近于纵横之士。又,《新语》一书,《汉书·艺文志》归入儒家,而在刘歆《七略》中,则又别见于兵权谋家。
③ 《新语·怀虑篇》。按汉初真正的黄老之徒,也大谈君臣上下之分,维护西汉的专制制度。《史记》卷一二〇《儒林辕固生列传》所记黄老之徒黄生的政治见解,就是这样。
④ 《汉书》卷四八《贾谊传》。
⑤ 《汉书》卷三六《楚元王传附刘歆传》。
⑥ 《汉书》卷五六《董仲舒传》。
⑦ 《汉书》卷六《武帝纪》。

御史大夫赵绾和郎中令王臧系狱。儒家势力虽然暂时受到打击,可是建元五年(公元前136年)武帝设置五经博士,儒家经学在官府中反而更加齐备。

建元六年(公元前135年)窦太后死,武帝起用好儒术的田蚡为相。田蚡把不治儒家五经的太常博士一律罢黜,排斥黄老刑名百家之言于官学之外,并且优礼延揽儒生数百人。这就是有名的"罢黜百家,独尊儒术"。独尊儒术以后,官吏主要出自儒生,儒家逐步发展,成为此后2000年间的正统思想。这种情况对于学术文化的发展是非常不利的,但是在当时条件下,有利于专制制度的加强和国家的统一。

取得独尊地位的儒家,在先秦儒家"仁义"学说之外,吸取了阴阳家神化君权的学说,极力鼓吹封禅和改制。元封元年(公元前110年),武帝举行封禅大典。太初元年(公元前104年),武帝颁令改制,以汉为土德,"色上黄,数用五,定官名,协音律"①,并采用以正月为岁首的太初历,代替沿用了百余年的以十月为岁首的秦历。新的儒家也吸取了法家尊君抑臣的思想,力图用刑法来加强统治。所以汉武帝一方面"外施仁义"②,一方面又条定刑法,重用酷吏;汉宣帝更宣称汉家制度"霸王道杂之",并且"所用多文法吏,以刑名绳下"③。

董仲舒的思想　儒家的独尊,不但由董仲舒首倡其议,而且新儒学的思想内容,也由他奠立基石。董仲舒,广川(今河北枣强境)人,习《公羊春秋》,景帝时为博士。武帝时,他上《天人三策》,系统地阐明了他的哲学思想和政治思想。他著有《春秋繁露》一书。

董仲舒认为人君受命于天,进行统治,所以应当"屈民而伸君,屈君而伸天"④。如果人君无道,天即降灾异来谴告和威慑。如果人君在灾异之前不知改悔,就会出现"伤败"。因此人君必须"强勉行道"⑤。这就是他的"天人感应"学说。他认为《春秋》一书著录了长时期的天象资料,集中了天人相与之际的许多解释,所以后世言灾异要以《春秋》为根据。

董仲舒主张"道之大原出于天,天不变道亦不变"。这是他的形而上学的宇宙观。同时他又认为朝代改换,也有举偏补弊的问题。他说:"继治世

---

① 《汉书》卷六《武帝纪》。按贾谊曾在此前建议:"改正朔,易服色制度,定官名,兴礼乐",但是"文帝谦让未皇也"。事见《汉书》卷四八《贾谊传》。
② 《史记》卷一二〇《汲黯列传》。
③ 《汉书》卷九《元帝纪》。
④ 董仲舒《春秋繁露·玉杯》。
⑤ 《汉书》卷五六《董仲舒传》。本段引文未注出处者均本此。

者其道同,继乱世者其道变。"他认为秦朝是乱世,像"朽木粪墙"一样,无可修治,继起的汉朝必须改弦更张,才能"善治",这叫做"更化"。更化不但应表现为改正朔、易服色、制礼乐,而且还应表现为去秦弊政。这就是他提出限民名田、禁止专杀奴婢等要求的理论根据。不过在他看来,"王者有改制之名,无易道之实"①,所以改制并不影响"天不变道亦不变"的理论。

董仲舒据《公羊春秋》立说,主张大一统。他说:"《春秋》大一统者,天地之常经,古今之通谊也。"他的所谓"大一统",就是损抑诸侯,一统乎天子,并使四海"来臣"。但是如果"师异道,人异论,百家殊方,旨意不同",人君就无以持一统。因此他要求罢黜百家,独尊儒术。

对于人君应当如何实行统治的问题,他主张效法天道。"天道之大者在阴阳,阳为德,阴为刑",所以人君的统治必须阴阳相兼,德刑并用。天道以阳为主,以阴佐阳,因此人君的统治也应当以德为主,以刑辅德。他的所谓德,主要是指仁义礼乐,人伦纲常。他以君臣、夫妻、父子为"王道之三纲",并认为三纲"可求于天"②,与天地、阴阳、冬夏相当,不能改变。他主张设学校以广教化,因为这是巩固统治的最可靠的堤防。

董仲舒的学说,基本上是借用阴阳家的思想重新解释儒家经典。这种新的儒家学说,适应文景以来政治、经济发展的要求,对于巩固国家的统一,有其积极作用。他的更化和任德的主张,有助于防止暴政,缓和对人民的剥削压迫。董仲舒思想的核心是维护统治秩序,神化专制皇权,并力图把政权和族权、神权、夫权紧密结合起来。由于这种原因,董仲舒的学说在以后曾长期地为历代王朝的统治者所拥护。

经学和谶纬 武帝以来,儒学传授出现了一个昌盛的局面。博士官学中不但经学博士完备,而且由于经学师承的不同,一经兼有数家,各家屡有分合兴废。宣帝末年,《易》有施、孟、梁丘,《书》有欧阳、夏侯胜、夏侯建(大小夏侯),《诗》有齐、鲁、韩,《礼》有后氏,《春秋》有公羊、穀梁,共12博士③。博士就是经师,他们的任务是记诵和解释儒家经典。他们解经繁密驳杂,有时一经的解释达百余万言。博士有弟子,武帝时博士弟子50人,以后递增,成帝时多至3000人,东汉顺帝时甚至达到30000人。经学昌盛和博士弟子众多,主要是由于经学从理论上辩护王朝的统治,因此,统治者对

---

① 《春秋繁露·楚庄王》。
② 《春秋繁露·基义》。
③ 据王国维《汉魏博士考》,《观堂集林》卷四。

儒生广开了"禄利之路"①的缘故。

在儒学发展的同时，也出现了搜集与整理图书的热潮。汉武帝"敕丞相公孙弘广开献书之路"②，还设写书官抄写书籍。当时集中的图书数量颇多，"外则有太常、太史、博士之藏，内则有延阁、广内、秘室之府"③。以后成帝命陈农访求天下遗书，又命刘向总校诸书。刘向校经传、诸子、诗赋，任宏校兵书，尹咸校数术（占卜之书），李柱国校方技（医药之书）。每一书校毕，都由刘向条成篇目，写出提要。刘向子刘歆继承父业，完成了这一工作，并且写出了《七略》④一书。《七略》是我国第一部目录书，它著录的书目，大致都保存在《汉书·艺文志》中。

刘歆在校书的过程中，发现了一些经书的不同底本，因而导致了经学内部今文经和古文经的区分和两派的争论。原来西汉博士所用经书，是根据老儒口授，用当时通行的隶书写成的，而民间却仍有用秦以前的古文字写成的经书。后来刘歆宣称他发现了古文《春秋左氏传》，并利用它来解《春秋经》。他还说发现《礼》39篇（《逸礼》），《尚书》16篇（《古文尚书》），这两种书是鲁共王坏孔子旧宅而得到，由孔子12世孙孔安国献入秘府的。刘歆要求把这些书立于学官，并与反对此议的博士进行激烈辩论，指斥他们"因陋就寡"，"保残守阙"，"信口说而背传记，是末师而非往古"，"挟恐见破之私意，而无从善服义之公心"⑤。这场论战之后，经学中出现了今文和古文两个流派，各持不同的底本，各有不同的经解。王莽当政时，为了托古改制的需要，曾为《古文尚书》《毛诗》《逸礼》等古文经立博士。王莽命甄丰摹写几种古文经典，镌刻石上。这是我国最早的"石经"。东汉初年，取消古文经博士，复立今文经博士，共14博士⑥。东汉时期民间立馆传经之风很盛，某些名学者世代传经，形成了经书的"家法"，著录生徒成千上万人。在民间传播的经学，有很多是古文经。

西汉末年，又出现了一种谶纬之学。谶是伪托神灵的预言，常附有图，

---

① 《汉书》卷八八《儒林传赞》。
② 《文选》卷三八任彦昇《为范始兴作求立太宰碑表》注引刘歆《七略》。
③ 《汉书》卷三〇《艺文志》如淳注引刘歆《七略》。
④ 《七略》包括《辑略》（诸书总要）、《六艺略》《诸子略》《诗赋略》《兵书略》《术数略》《方技略》，总共著录图书13269卷。
⑤ 《汉书》卷三六《楚元王传附刘歆传》。
⑥ 据《续汉书·百官志》及注：东汉博士与西汉比较，《易》增京氏，《书》仍欧阳、大小夏侯，《诗》仍齐、鲁、韩，《礼》有戴德（大戴）、戴胜（小戴），《春秋》则废榖梁而并立公羊严、颜二氏，共14博士。

故称图谶。据说秦始皇时卢生入海得图书,写有"亡秦者胡也",这是关于图谶的最早记载。纬是与经相对而得名的,是假托神意解经的书。东汉初年,谶纬共有 81 篇。当时的儒生以《七纬》①为内学,以《五经》为外学,他们为了利禄,都兼习谶纬。谶纬的内容有的解经,有的述史,有的论天文、历数、地理,更多的则是宣扬神灵怪异,其总的思想属于阴阳五行体系。这些内容,除包含一部分有用的自然科学知识和古史传说以外,绝大部分都是荒诞不经的迷信妄语,极便于人们引用来穿凿附会,作任意的解释。王莽、刘秀称帝,都曾利用过谶纬。刘秀把谶纬作为一种重要的统治工具,甚至发诏班命,施政用人,也要引用谶纬,谶纬实际上超过了经书的地位。中元元年(公元 56 年),光武帝"宣布图谶于天下"②,更使图谶成为法定的经典。汉章帝会群儒于白虎观,讨论经义,由班固写成《白虎通德论》(又称《白虎通义》《白虎通》)一书,这部书系统地吸收了阴阳五行和谶纬之学,形成今文经学派的主要论点。《白虎通》的出现,是董仲舒以来儒家神秘主义思想的进一步发展。

谶纬的流行,今文经的谶纬化,使经学的内容更为空疏荒诞,所以一些较有见识的士人如桓谭、尹敏、郑兴、张衡等,都表示反对谶纬。桓谭陈说:"诸巧慧小才伎数之人,增益图书,矫称谶记,以欺惑贪邪,诖误人主。"③他力言谶不合经,表示自己不读谶书。桓谭在神秘主义思想统治一切的时候,提出了"精神居形体,犹火之然(燃)烛矣"④的见解,在哲学史上有可贵的意义。

在反谶纬思潮的影响下,许多儒生专攻或兼攻古文经。古文经治学重在训诂,解经举其大义,不像今文经那样徒重章句推衍。东汉古文经大师贾逵、服虔、马融等人,在经学上都有过一定贡献。古文经学家许慎为了反对今文经派根据隶定的古书穿凿附会而曲解经文,于是编成一部《说文解字》,共收小篆及其他古文字 9353 个,逐字注释其形体音义。郑玄兼通今古文经而以古文经为主,他网罗众家之说,为《毛诗》《三礼》等书作出注解。许慎、郑玄的著作,除起了抑制今文经和谶纬发展的作用外,对于古史和古

---

① 《七纬》以与《易》《诗》《书》《礼》《乐》《春秋》《孝经》等所谓《七经》相对而得名,经都有纬。
② 《后汉书》卷一《光武帝纪》。
③ 《后汉书》卷二八《桓谭传》。
④ 《弘明集》卷五桓谭《新论·形神》。严可均辑《全后汉文》卷一四《新论》辑本以此归于《新论·祛蔽篇》。

文字、古文献的研究,也有贡献。熹平四年,蔡邕参校诸体文字的经书,用隶书书写五经(或云六经)经文,镌刻石碑,立于太学,这是我国最早的官定经本,后世称为"熹平石经"。这对于纠正今文经学家臆造别字,对于维护文字的统一,起了积极作用。

王充的思想 古文经学家用训诂的方法反对今文经学和谶纬,虽然取得了一些成就,但是他们局限于探索经文本义,除了桓谭以外,在理论上都没有重大的发挥。他们不可能超越于儒家思想体系之外,而且有复古倾向。在这场反对今文经学和谶纬的斗争中,只有王充跳出了经学的圈子,以唯物主义思想攻击了今文经和谶纬。

王充,会稽上虞人,生于建武三年(公元27年),死于和帝永元年间。王充出身于"细族孤门"①,早年曾在太学受业,常在洛阳书肆中博览百家之言。后来,他作过短时期的州郡吏,其余的岁月,都是"贫无一亩庇身","贱无斗石之秩"②,居家教授,专力著述,写成了《论衡》85篇(今存84篇)二十余万言。

王充自称其思想"违儒家之说,合黄老之义"③。他以道家自然之说立论,而对自然作了唯物主义的解释。在论证方法上,他强调"引物事以验其言行"④。他反对儒者的"天地故生人"之说,主张"天地合气,人偶自生"⑤。他认为儒家天人感应说是虚妄的,因为"天道,自然也,无为;如谴告人,是有为,非自然也"⑥。在他看来,天之所以无为,可以从天无口目,不会有嗜欲得到证明。他说:"六经之文,圣人之语,动言天者,欲化无道,惧愚者之言"⑦,揭露了统治者神道设教的目的。

王充认为精神依存于形体,他说:"形须气而成,气须形而知,天下无独燃之火,世间安得有无体独知之精?"⑧根据这种道理,他反对人死为鬼之说。他说:"人之所以生者,精气也,死而精气灭。能为精气者,血脉也。人死血脉竭,竭而精气灭,灭而形体朽,朽而成灰土,何用为鬼?"⑨他从无鬼论

---

① 《论衡·自纪》。
② 同上。
③ 《论衡·自然》。
④ 同上。
⑤ 《论衡·物势》。在《自然》篇中,王充还说明了"天地合气,万物自生"的道理。
⑥ 《论衡·谴告》。
⑦ 同上。
⑧ 《论衡·论死》。
⑨ 同上。

出发,反对厚葬,提倡薄葬。

王充对于传统的思想和成见,具有批判精神。他甚至对孔、孟和儒家经典,也敢于提出怀疑和批判。他在《论衡·问孔》中反对世俗儒者对孔子的片言只语进行无穷无尽的推衍,因而对孔子反复提出问难。他说:"夫贤圣下笔造文,用意详审,尚未可谓尽得实,况仓卒吐言,安能皆是?"他还说:"苟有不晓解之问,迢难孔子,何伤于义?诚有传圣业之知,伐孔子之说,何逆于理?"他在《论衡》的其他部分,还分别对孟子、墨子、韩非、邹衍等人进行了分析,所涉及的问题,有许多与汉朝的政治、文化设施有直接关系。

王充受当时生产水平和知识水平的限制,对于他自己引为论据的某些自然现象,有时理解错误。他同中国古代的许多思想家一样,无法透彻阐明复杂的社会历史现象和客观规律,不能正确说明人的主观作用。所以他不得不用天命来解释社会事物变化的终极原因,用骨相来解释个人的贵贱夭寿,因而陷入了宿命论。这是王充思想的重大缺陷。

由于《论衡》对汉代占统治地位的思想进行了无情的攻击,所以这部著作在很长时间内无法公诸于世,直到东汉末年才流传开来。

佛教和道教 佛教产生于印度,经由中亚传入我国新疆地区,西汉末年传入内地①。

佛教入中国后,最早的信徒多为帝王贵族,如楚王英"喜黄老,学为浮屠(佛)斋戒祭祀"②,桓帝"宫中立黄老浮屠之祠"③。当时的人把佛当作一种祠祀,近于神仙方术④;并且把佛教教义理解为清虚无为,"省欲去奢"⑤,与黄老学说相似,因此浮屠与老子往往并祭,而"老子入夷狄为浮屠"⑥的传

---

① 关于佛教传入中国的年代,有多种不同的说法。《三国志》卷三〇《魏书·东夷传》评注引《魏略·西戎传》:"汉哀帝元寿元年(公元前2年),博士弟子景卢受大月氏王使伊存口受《浮屠经》。"大月氏是中亚佛教盛行之地,口授佛经又是印度传法和中国早期翻译佛经的通行办法,所以这一说是比较可信的。献帝初平年间写成的《牟子理惑论》以及以后的《四十二章经序》等,都说东汉明帝遣使者于大月氏写佛经42章,为佛教入中国之始。但是据《后汉书》所载,明帝永平八年(公元65年),楚王国内已有信佛的优婆塞(不出家的男佛教信士)与沙门,楚王英曾为他们设盛馔,可见以明帝写经为佛教东来之始,似不可信。关于这个问题,还有很多异说,其考证备见汤用彤《汉魏两晋南北朝佛教史》第一、二章。
② 《后汉书》卷四二《楚王英传》。
③ 《后汉书》卷三〇《襄楷传》。
④ 上述楚王、桓帝都是这样。范晔解释其原因说:"将微义未译,而但神明之邪?"见《后汉书》卷八八《西域传论》。
⑤ 《后汉书》卷三〇《襄楷传》。
⑥ 同上。

说也颇流行。

桓、灵之世,安息僧安世高、大月氏僧支谶等相继来中国,在洛阳翻译佛经,汉人严浮调(他是见于记载的最早出家的汉人)受佛学于安世高,参与译事。从此以后,佛教经典翻译,才算正式开始。不过汉代所译佛经,仍然掺杂了许多祠祀的道理,佛教与道家仍然被联系在一起。所以东汉末年的《牟子理惑论》虽然反对神仙方术,但仍用老庄无为思想来发挥佛教教义。

初平四年(193年),丹阳人笮融为徐州牧陶谦督广陵等郡漕运,他断盗官运,大起浮屠祠,造铜浮屠像,用复免徭役来招致信徒,"由此远近前后至者五千余人户,每浴佛,多设酒饭,布席于路,经数十里,民人来观及就食且万人,费以巨亿计"①。这是我国佛教造像和大规模招致信徒之始。

东汉时期,民间流行的巫术与黄老学说的某些部分结合起来,逐渐形成了道教。顺帝时,琅琊宫崇"上其师于吉于曲阳泉水上所得神书百七十卷",号为《太平清领书》,"其言以阴阳五行为家,而多巫觋杂语"②。今存的《太平经》残本,即是从《太平清领书》演化而来,是道教的主要经典。《太平经》推尊图谶,多以阴阳之说解释治国之道,还采撷了一些佛教义理加以缘饰。《太平经》中有一些地方宣扬散财救穷、自食其力,这些经义易于为农民所理解和接受。东汉后期被称为"妖贼"的许多次农民暴动,就是农民用道教作为组织手段而发动的。

灵帝时,巨鹿张角奉《太平清领书》,在冀州传教,号为太平道,自称"大贤良师","蓄养弟子,跪拜首过,符水咒说以疗病";并且派遣弟子"使于四方,以善道教化天下"③,组织徒众举行了黄巾暴动。

与太平道形成和传布同时,还出现了道教的另一派,即五斗米道。顺帝时,张陵学道于蜀地鹄鸣山中,以道书招致信徒,信道者出米五斗,有病则令自首其过。这就是五斗米道。张陵死,子张衡、孙张鲁世传其道。张鲁为益州牧刘焉督义司马,保据汉中④。张鲁自号师君,置祭酒以治民,不置长吏。诸祭酒于途次作义舍,置义米肉,行路者量腹取足。民犯法,三原然后行刑。张鲁保据汉中的30年中,人民生活比较安定。建安二十年(215年),曹操

---

① 《三国志》卷四九《吴书·刘繇传》。
② 《后汉书》卷三〇《襄楷传》。
③ 《后汉书》卷七一《皇甫嵩传》。
④ 据《三国志》卷八《魏书·张鲁传》与注引《典略》以及《后汉书》卷八《灵帝纪》与注引刘艾《灵献二帝纪》,可知在张鲁入汉中前,巴郡人张修已在汉中传布五斗米道。后修与鲁同受刘焉之命占领汉中,鲁又杀修,始在汉中建立了政治的和宗教的统治。

灭张鲁。此后五斗米道继续流传，后世以张陵为教主的天师道，主要就是从五斗米道发展而来的。

二 史学、文学、艺术

史学 官府撰修本朝历史的传统，在秦汉时期被继承下来了。汉武帝时政治的发展，提出了"通古今之变"①的要求，这就需要整理古今历史，用以说明当代社会的状况。太史令司马谈次第旧闻，裁剪论著，开始了这一项繁重的工作，但是没有完成。

司马迁是司马谈之子，左冯翊夏阳（今陕西韩城）人，生于武帝建元六年（公元前135年），或景帝中元五年（公元前145年），死年不详。司马迁幼年从孔安国受《古文尚书》，20岁后遍游长江中下游和中原各地，还曾出使巴、蜀、邛、筰、昆明，并随汉武帝四出巡幸，有很广泛的社会见识。元封三年（公元前108年），司马迁为太史令。他继承父业，"䌷史记石室金匮之书"，"网罗天下放失旧闻"②，于太初元年（公元前104年）正式开始撰修《史记》。天汉二年（公元前99年），李陵败降匈奴，司马迁在朝廷为李陵辩护，被武帝处以腐刑。他效法古代"倜傥非常之人"③在困厄中发愤著书的先例，完成了不朽的著作《史记》。

《史记》原名《太史公书》，包括12本纪、10表、8书、30世家、70列传，共130卷。它是一部上起传说中的黄帝，下迄汉武帝时期的中国通史，是中国历史上第一部内容完整、结构周密的历史著作。《史记》以人物传记为主，吸收了编年、记事等体裁的长处，创造了历史书籍的纪传体的新体裁，这种体裁，成为此后2000年中编写王朝历史的规范。

《史记》作为一部不朽的名著，可贵之处首先在它敢于正视社会实际，按当时的认识水平，尽可能如实地勾画出了社会历史面貌。《史记》一方面把历史上的社会经济、意识形态、天文历法、水利工程等方面的制度与大事，同政治制度、政治大事并于一书，广泛地反映了历史面貌；另一方面，它又把医生、学者、商贾、游侠、农民领袖等人物的传记，与帝王将相并于一书，反映了不同阶级、不同阶层的历史动态。《史记》把许多少数民族的社会历史写

---

① 《汉书》卷六二《司马迁传》载《报任安书》。
② 《史记》卷一三〇《太史公自序》。
③ 《汉书》卷六二《司马迁传》载《报任安书》。

成列传,更增加了历史的完整性。

《史记》在记载某些人物时所持的褒贬态度,表现了这一著作的杰出的思想价值。它把项羽同秦始皇、汉高祖一起列入本纪,把农民领袖陈涉(胜)同诸侯一起列入世家。它不但敢于斥责历史上的暴君,而且还敢于"作景帝本纪,极言其短"①。它在称赞武帝功德的同时,也斥责武帝"内多欲而外施仁义"②。他赞扬了游侠的某些侠义行为,揭露了酷吏对人民的残暴统治。由于这种悖背传统的褒贬态度,《史记》曾经被后世史学家视为"是非颇谬于圣人"③,并且被诬为"谤书"④,不见容于某些统治者。

《史记》概括了大量的经过选择的历史资料,包括他亲身采访所得的古老传闻。它叙事讲求实事求是,不强不知以为知,不轻下断语。所以刘向、扬雄、班固等人都称赞《史记》,认为它"不虚美,不隐恶,故谓之实录"⑤。

司马迁作《史记》,自比于孔子作《春秋》,在写作方法上,力图遵循据传为孔子所说"我欲载之空言,不如见之于行事之深切著明"的原则。《史记》写作以叙事为主,是非褒贬一般寓于叙事之间。顾炎武认为"古人作史有不待论断而于序事中即见其指者,惟太史公能之"⑥。

《史记》采用以人物传记为主的体裁,这种体裁使司马迁能够充分发挥文学才能,使《史记》同时成为中国文学史上的一部辉煌著作。

司马迁相信天命,认为秦的统一是"天所助焉"⑦,认为刘邦是"受命而帝"⑧。此外,《史记》在叙事上也"甚多疏略,或有抵牾"⑨。这些缺陷除了叙事不当是创始之作难于避免的以外,主要是由于时代局限造成的。

东汉班固所撰《汉书》,是继《史记》之后的又一部史学名著。班固的父亲班彪作《后传》数十篇,拟将《史记》续至西汉末年为止。班固继承父业,用了二十余年时间,完成了这一著作的绝大部分。班固由于外戚窦宪之狱

---

① 《史记》卷一三〇《太史公自序》注引卫宏《汉旧仪》。
② 《史记》卷一二〇《汲黯列传》。
③ 《汉书》卷六二《司马迁传赞》。
④ 《三国志》卷六《魏书·董卓传》注引谢承《后汉书》载王允语。又,《三国志》卷一三《魏书·王肃传》载魏明帝谓司马迁著《史记》"内怀隐切","令人切齿"。
⑤ 《汉书》卷六二《司马迁传赞》。
⑥ 《日知录》卷二六《〈史记〉于序事中寓论断》条。当然司马迁并不排斥必要的议论,《史记》每篇之后的"太史公曰",往往能概括或加深作者的见解。
⑦ 《史记》卷一五《六国年表序》。
⑧ 《史记》卷一六《秦楚之际月表序》。
⑨ 《汉书》卷六二《司马迁传赞》。

的牵连,和帝时下狱死。据说和帝命班固之妹班昭补写八《表》,马续补写《天文志》,最后完成了《汉书》的编撰。

《汉书》是我国第一部完整的断代史,它基本上因袭《史记》的体裁,但比《史记》更为严密。《汉书》的《百官公卿表》《刑法志》《地理志》《艺文志》等,是《史记》的《表》《书》里所没有的。《汉书》叙事周密详尽,"不激诡,不抑抗,赡而不秽,详而有体"①,具有很高的史学价值和文学价值。但是班固生活在儒家伦常完全定型的东汉时期,历史观受到儒家尊君思想的严密束缚,所以《汉书》中"论国体则饰朝阙而折忠臣,叙世教则贵取容而贱直节"②,缺乏批判性,比《史记》逊色。

东汉时期修成的史书,还有荀悦《汉纪》(成于建安时)、赵晔《吴越春秋》和佚名的《越绝书》等,前一种系改编《汉书》而成的编年史,后二种专记一方之事,开后代地方史志之始。东汉史官所修的《东观汉记》是当代史的著述,为后世各家后汉书的重要根据。

文学　汉代的文学作品,主要有赋、散文、乐府诗三种形式。

赋是散文韵文并用、"铺采摛文,体物写志"③的一种文体,是直接从骚体演变而来的。西汉早期的赋,如贾谊的《吊屈原赋》《鵩鸟赋》等,都是借物抒怀,文词朴实,与骚体诗还很接近。赋的出现,也与战国诸子的散文有重要的关系。章学诚说:"古之赋家者流,原本《诗》《骚》,出入战国诸子。假设问对,庄、列寓言之遗也;恢廓声势,苏、张纵横之体也;排比谐隐,韩非《储说》之属也;征材聚事,《吕览》类辑之义也。"④

汉初的赋家枚乘,以《七发》著名。汉武帝之世,是赋的成熟时期,赋家接踵而出,其中最著名的有司马相如、东方朔等人。司马相如的《子虚赋》《上林赋》,是这个时期赋的代表作。这些赋都是气势恢廓,景物迷离,辞藻华丽而奇僻,反映了西汉国家的宏伟辽阔和物质世界的丰富多彩。西汉后期,最著名的赋家是扬雄;东汉时期,则以班固、张衡最有名。除了他们之外,两汉重要的思想家、文学家,几乎都是赋的重要作者。但是汉武帝以来的赋,以文字的雕琢和辞藻的堆砌取胜,思想内容贫乏。有些赋家企图以赋作为讽谏的工具,但是结果往往是"劝而不止"。武帝好神仙,司马相如"上

---

① 《后汉书》卷四○《班固传论》。
② 《史通·书事》引傅玄语。
③ 《文心雕龙·诠赋》。
④ 章学诚《校雠通义》卷三。

《大人赋》欲以风(讽),帝反缥缥有凌云之志"①。所以有些赋家对自己的文学生活颇为不满,赋家枚皋"自悔类倡"②,赋家扬雄也慨叹"童子雕虫篆刻……壮夫不为也"③。

东汉后期,大赋稍趋衰歇,各种抒情写物的小赋代之而兴,这类小赋多少摆脱了大赋的铺张刻板的格式,意境较为清新,但是仍然缺乏充沛的生命力。

两汉的散文文学,有很大的成就。西汉初年贾谊、晁错的政论文,如《陈政事疏》《过秦论》和《论贵粟疏》等,都是言辞激切,有声有色,感情充沛,富于文采,对后代散文的发展,有深远的影响。

汉代散文的最高成就,是司马迁的《史记》一书。司马迁在《史记》的人物传记中,刻画了社会各方面许多人物的有血有肉的形象,贯注了他自己爱憎的感情。《史记》叙事带有强烈的故事性,善于使用绘声绘影的人物对话,来暴露人物的性格。司马迁的这些文学手法,大大加强了他的以叙事表现历史的史学方法的效果。《史记》在文学上的成就,同在史学上的成就一样重要,所以鲁迅把《史记》评为"史家之绝唱,无韵之《离骚》"④。

汉代的乐府民歌,是我国文学宝库中极有价值的遗产。乐府本来是政府的音乐机构,汉武帝始设乐府,以李延年为协律都尉,编制庙堂乐歌。乐府也广泛地在民间采风配乐,"代赵之讴,秦楚之风"⑤,都在乐府采集之列。乐府采集的民歌,经过加工配乐,后来就称为乐府诗或乐府。

乐府诗大部分是"感于哀乐,缘事而发"⑥的民间优秀作品,它们的内容,广泛而深入地反映了当时的社会生活。如《战城南》《十五从军征》反映了人民被迫当兵服役的痛苦,《平陵东》《思悲翁》反映了官府对人民的横暴掠夺,《东门行》描写了贫民为饥饿所迫铤而走险的复杂心情,《上山采蘼芜》《有所思》表现了妇女命运的悲惨和受到遗弃后的愤怒,《陌上桑》《上邪》描绘了妇女忠贞的爱情和坚强的性格。这些篇章,有完整的故事性和强烈的浪漫主义色彩,感情发自内心,既细腻而又深刻,所以思想性和艺术性都很强。

---

① 《汉书》卷八七《扬雄传》。
② 《汉书》卷五一《枚乘传附枚皋传》。
③ 扬雄《法言·吾子篇》。
④ 《汉文学史纲要》,《鲁迅全集》第8卷,人民文学出版社,1957年,第308页。
⑤ 《汉书》卷三〇《艺文志》。
⑥ 同上。

东汉时期,在乐府民歌的影响下,还出现了一些模仿乐府写成的五言诗。这些作品比乐府诗篇幅长,叙事较曲折。《文选》所录《古诗十九首》的大部分,都是东汉的五言诗(其余是入乐的乐府歌词)。《古诗十九首》的思想内容很复杂,其中有的是离情怨语,如《冉冉孤生竹》等;有的是抒发爱情的诗篇,如《迢迢牵牛星》等;有的是宦途不顺的遣怀之作,如《青青陵上柏》等。这些诗都没有接触最尖锐最根本的社会矛盾,所反映的生活是狭窄的。至于另外一部分哀叹人生短促,要求早获荣华和及时行乐的作品,更是反映了一些士大夫在东汉腐朽统治下蝇营狗苟而又惶惑不安的庸俗感情,是十九首中的糟粕。从艺术价值看来,《古诗十九首》吸取了乐府的技巧,词句平易动人,意境隽永,可以和乐府媲美。

长篇叙事诗《孔雀东南飞》,是汉代诗歌中最杰出的作品。它描写的是建安时期庐江府小吏焦仲卿妻刘兰芝为焦母所迫还家,其兄逼嫁权贵,兰芝、仲卿殉情自杀的故事。在这首诗中,宁死不屈的刘兰芝、焦仲卿和代表家族宗法势力的焦母、刘兄,形象都非常鲜明;刘兰芝勤劳、纯洁、倔强,更是我国古典文学中光辉的妇女形象之一。

绘画和雕刻 西汉以来,装饰性的壁画非常流行,宫殿邸舍到处都有壁画。宫殿壁画题材,大抵如《鲁灵光殿赋》所说:"图画天地,品类群生,杂物奇怪,山神海灵。"人们以这类人物鬼神入画,其目的在于"恶以诫世,善以示后"①,宣扬伦常道德。汉代黄门令(少府属宫)官署中有许多画工。汉元帝时画工毛延寿善"为人形,丑好老少,必得其真";画工陈敞、刘白、龚宽等"并工为牛马飞鸟众势";画工阳望、樊育等则以"善布色"②著称。东汉画工种类更多,邓后诏令中,曾提到画工39种。

长沙马王堆汉墓出土帛画,幅长205厘米,画面分为上、中、下三个部分,分别表现天上、人间和地下的情景,描绘细致,色彩绚烂,极其珍贵。

汉代坟墓壁画,保存到现在的为数不少,其中以平陆、望都、辽阳等处的东汉彩色壁画,艺术价值较高。这些壁画的线条刚劲有力,色彩浓淡有度,画面的立体感很强。壁画内容多为人物车马、饮宴祭祀等,是东汉官僚地主生活的反映。东汉时期,官僚地主常用石材修建坟墓或祠堂,在石材画像上施以阴线或阳线的雕刻,一般称之为画像石。现存的画像石以嘉祥武氏祠、肥城孝堂山的石祠和沂南的石刻画像最为著名。画像石的题材丰富,有渔

---

① 《文选》卷一一王延寿《鲁灵光殿赋》。
② 均见《西京杂记》卷二。

猎、耕织、宴飨、作战、伎乐、舞蹈等场面,以及许多历史故事。此外,在四川境内出土的一种画像砖,表现了生产和生活的情景,线条清晰,形态逼真,与画像石同是宝贵的艺术遗产和重要史料。

汉代的立体雕刻艺术也很可观。陕西兴平霍去病墓前的石兽群,是利用天然石的形态略为加工而成,制作古朴,浑厚有力。山西安邑的西汉石虎,技法简练,形象生动,可与兴平石兽媲美。东汉时期,雕刻技术更为成熟,雅安高颐墓和南阳宗资墓前的石兽,都神姿优美,气魄雄伟。东汉陶俑出土也很多,其中以成都的说唱俑和洛阳的杂技俑造型最生动,是汉代艺术珍品。

乐舞和角抵 西汉初年,盛行楚歌、楚舞,巴渝舞也传入了长安宫殿。武帝以后,琵琶、箜篌等乐器从西域等地陆续传入中土。乐府在采风的同时,创造了不少新声乐曲,按音乐类别,除了价值不大的郊庙歌词以外,主要有鼓吹曲词、相和歌词和杂曲歌词三大类。从此以后,中国古典乐舞比过去更为丰富多彩。汉朝人喜爱乐舞,民间酒会,"富者钟鼓五乐,歌儿数曹,中者鸣竽调瑟,郑舞赵讴"①。祭祀喜庆,也都是载歌载舞。

最晚到汉代时,出现了窟礧子,亦云魁礧子,即今之傀儡戏。窟礧子"作偶人以戏,善歌舞,本丧家乐也,汉末始用之于嘉会"②。

角抵之戏,战国和秦朝已有③,秦二世曾在甘泉宫作"觳抵(角抵)优俳之观"④。汉武帝时安息以"黎轩(罗马帝国)善眩人献于汉"⑤。东汉安帝时掸国(今缅甸境内)国王雍由调献大秦国的"乐及幻人,能变化吐火,自支解,易牛马头,又善跳丸,数乃至千"⑥。中国原有的角抵、跳丸诸戏,至此又增添了许多新内容。

据张衡《西京赋》和李尤《平乐观赋》的描绘,东汉洛阳平乐观的角抵,不但有角技、眩变、假面之戏,而且还敷衍仙怪故事,演员中并杂有俳优。在现存的东汉画像石上,还可以看到栩栩如生的乐舞和角抵场面。

---

① 《盐铁论·散不足》。又同书《崇礼》:"家人有客,尚有倡优奇变之乐,而况县官乎"。
② 《旧唐书》卷二九《音乐志》二。盖据《续汉书·五行志》一刘昭注引《风俗通》。
③ 《汉书》卷二三《刑法志》:"战国稍增讲武之礼,以为戏乐,用相夸视。而秦更名角抵"。
④ 《史记》卷八七《李斯列传》。
⑤ 《史记》卷一二三《大宛列传》。
⑥ 《后汉书》卷八六《西南夷传》。

三　自然科学

天文历算　天象的研究,是同农时的推定直接联系着的,所以历来就较发达。关于天体结构,曾有三种不同的学说,即宣夜说,盖天说,浑天说。宣夜之说已失师传,研究的人不过"好奇徇异",并非"极数谈天"①。盖天说以《周髀算经》一书为代表,认为"天象盖笠,地法覆盘"②。这一学说虽然"数术具存",但"考验天状,多所违失"③,所以史官不用。浑天说认为天地之象如卵之裹黄,"天成于外,地定于内。天体于阳,故圆以动;地体于阴,故平以静"④。这种说法在科学上虽然仍有很大缺陷,但比上述二说近于实际,所以被史官采用,汉代史官观象的铜仪,即是根据浑天说设计而成的。

浑天说的代表人物,是东汉的太史令张衡。张衡是有名的文学家,又是反谶纬的思想家,也是杰出的科学家。他撰有关于天体结构的著作《灵宪》一书,书中正确地阐明了一些天文现象,如说"月光生于日之所照,魄生于日之所蔽,当日则光盈,就日则光尽"⑤。张衡在西汉天文学家落下闳、耿寿昌等人创造的浑天仪的基础上,设计了一种新的浑天仪,以漏水转动,其中星宿出没,与灵台观象所见完全符合。张衡鉴于东汉地震频繁,还创造了候风地动仪,以测定地震的方位。张衡的这些创造,被当时人视为神奇,所以崔瑗在张衡的碑铭上,盛赞张衡"数术穷天地,制作侔造化"⑥。

汉人对于星辰的测定,积累了丰富的知识。《史记·天官书》和《汉书·天文志》都详细记载了周天28宿的名称和部位。汉人从星辰运行中推算出一年的24节气,其名称和顺序与后世通行的完全符合。武帝征和四年(公元前89年)关于日食的观测记录,成帝河平三年(公元前26年)关于太阳黑子的观测记录,都是天文学上的珍贵资料。

天文学的发展,使历法的修订成为可能。秦和汉初沿用颛顼历(秦历),这种历法年代久远,日月差数无法校正,甚至出现"朔晦月见,弦望满

---

① 《晋书》卷一一《天文志》上。
② 《周髀算经》卷下。
③ 《续汉书·天文志》注引蔡邕《天文表》。
④ 《续汉书·天文志》注引《灵宪》。
⑤ 同上。
⑥ 《后汉书》卷五九《张衡传论》。

亏多非是"①的现象。汉武帝命司马迁与射姓、邓平、唐都、落下闳等人造历,于太初元年(公元前104年)颁行,称太初历。西汉末年,刘歆对太初历作了系统的解释,并调整为三统历。这是中国第一部记载完整的历法。东汉元和二年(公元85年)改用四分历。

最晚到汉武帝时期,出现了我国第一部算学著作《周髀算经》。《周髀算经》主张盖天说,它记载了用竿标测日影以求日高的方法,从而认识了勾股定理。除此以外,西汉张苍、耿寿昌都整理过古代的算书,《汉书·艺文志》还著录了许商和杜忠两家《算术》,但都已失传。

汉代最重要的算学著作是《九章算术》。《九章算术》是出于众手,经过长期修改和补充而成的著作,它最后定型,当在东汉和帝时期。这部书是246个算术命题和解法的汇编,分为方田、粟米、衰分、少广、商功、均输、盈不足、方程、勾股等九章。《九章算术》的命题,包括田亩计算、土地测量、粟米交换、比例分配、仓库体积、土方计算、赋税摊派等,都是从实际生活中提出的问题。在这些问题的解答中,《九章算术》应用了分数计算方法、比例计算方法、开平方、开立方、二次方程和联立一次方程的解法,还提出了负数的概念和正负数的加减法等等。《九章算术》的出现,标志着中国古代数学的完整体系的形成,开启了中国数学研究的一个新阶段。在世界数学史上,《九章算术》也占有重要地位。

农学 两汉时期,在农业生产经验积累的基础上,农学已成为一种专门的学科。《汉书·艺文志》里著录了农学著作九种,除了《氾胜之书》以外,至少还有两种可以确认为西汉著作。

氾胜之,汉成帝时议郎,曾在三辅教田,据说关中因此丰穰。他所著的《氾胜之书》概括了他从农业生产实践中所获得的丰富经验,是我国历史上第一部完整的农学著作。氾胜之根据关中地区的自然条件,细致地探索了精耕细作的生产方法。他提倡复种、间种以及两种作物混合播种,以增加土地利用率,提高单位面积产量。他十分重视人在农业生产中的作用,认为"农士惰勤,其功力相什倍"。他的最大贡献,是总结出了著名的区种法。

区种法要求掘坑点播,按不同的作物决定不同的行距、株距和掘土深度,并且要求在作物生长过程中大力进行中耕、灌溉、施肥。这种方法把大田的耕作提高到园艺的水平,因此每亩收成高达二三十斛乃至百斛。区种法在科学上有很高的价值,但是由于它对技术条件和人力条件要求过高,所

---

① 《汉书》卷二一《律历志》。

以不能普遍推行①,只有在灾年为了少种多收,人们才偶尔采用这个方法。

氾胜之还对植物栽培的一般过程进行了总结。他说:"凡耕之本,在于趣时和土,务粪泽,早锄早获。"他掌握了各种不同作物的生长规律,确定了禾、黍、麦、稻、桑、麻以及蔬果的不同栽种法。氾胜之提出的溲种法,即用肥料和虫药来处理种子,以增加种子发育和抗病能力的方法,在农业科学上也很有价值。

东汉后期成书的崔寔《四民月令》,主要是地主经营田庄的家历,但是所记农业技术经验也很丰富,为后人所取法。所以《隋书·经籍志》把这部书列入农家著作,唐末的韩鄂把这部书称为"崔寔试谷之法"②。

医学 中国医学的完整体系,也是在秦汉时期建立起来的。西汉时最后写定的《黄帝内经》一书,包括《素问》与《灵枢》(或称《针经》)两部分,是中国最早的一部医书。《素问》假托黄帝与岐伯的对话,阐述了许多生理病理现象和治疗原则。《灵枢》则记述了针刺之法。汉时还有《难经》一书,用问难法发明《内经》本旨。东汉出现的《神农本草经》,是我国第一部完整的药物学和植物分类学著作。

西汉医家,以淳于意(仓公)最有名,淳于意传阳庆之方,治病多验。《史记》所载仓公诊籍二十余例,是最早的病案。东汉时的涪翁、郭玉等,均以针灸见长。汉代太医令还集中民间医方,加以推广。今存居延、武威汉简中,有多种医简,马王堆汉墓出有《五十二病方》,满城汉墓出有医具。

建安时期的张机、华佗,是当时病理、医术造诣最高的人。张机字仲景,南阳人,汉末长沙太守。建安中,南阳疾疫流行,张机宗族病死三分居二,其中死于伤寒的又十居其七。于是张机"勤求古训,博采众方"③,撰《伤寒杂病论》。晋王叔和编次其书,析为《伤寒论》和《金匮要略》二种。《伤寒论》对伤寒诸症分析病理,提出疗法,确定药方。《金匮要略》一书,则是杂病病症、医方的汇集。张机被后世称为医圣,他的著作,"其言精而奥,其法简而详"④,是后世医家的重要经典。

---

① 《氾胜之书》说:"区田不耕旁地,庶尽地力";"凡区种,不先治地,便荒地为之"。《后汉书》卷三九《刘般传》说:"郡国以牛疫水旱,垦田多减,故诏敕区种,增进顷亩,以为民也。而吏举度田欲令多前,至于不种之处,亦通为租。可申敕刺史二千石务令实核,其有增加,皆使与夺田同罪。"由此可见,区种法与汉代的土地私有制和赋税制度不相适应,也是它不可能普遍推行的原因。
② 侯康《补后汉书艺文志》卷四引韩鄂《四时纂要序》。
③ 张机《伤寒杂病论集》。
④ 高保衡等《伤寒论序》。

华佗,沛人,"精于方药,处齐(剂)不过数种,心识分铢,不假称量;针灸不过数处"①。对于针、药所不能治的疾病,华佗用外科手术加以治疗。施手术时,先令病人用酒调服"麻沸散"使失知觉,然后"刳破腹背,抽割积聚。若在肠胃,则断截湔洗,除去疾秽。既而缝合,傅以神膏,四五日创愈,一月之间皆平复"②。华佗还提倡"五禽之戏",即模仿虎、鹿、熊、猿、鸟的活动姿态以锻炼身体。他认为人体必须经常活动,才能使饮食消化,血脉流通,少生疾病。

纸的发明 中国古代的书写材料有两类,一类是竹简木简,一类是缣帛。秦汉时期简帛并用,以简联为册的书籍称为编,以缣帛曲卷成书,则称为卷。但是简编笨重,缣帛价贵,都不是合适的书写材料,不能适应文化发展的需要。纸就是在这种情形下,逐渐被人们创制出来的。

西汉末年,出现了一种名叫赫蹏的薄小纸,是用残丝制成。这种纸价格仍然昂贵,不能大量制造和广泛使用。

在出现残丝制纸的同时或更早,已有人用植物纤维造纸。1957年,在西安灞桥的西汉早期墓葬中,发现过一些用麻类纤维制成的残纸,据认为这是世界上已知的最早的人造纸片。西汉中期末期和东汉初期的植物纤维纸的遗存,20世纪以来在甘肃、新疆也常有发现。植物纤维造纸方法的大规模推广,当始于东汉和帝时。当时宦官蔡伦集中了前人的经验,用树皮、麻头、敝布、破渔网造纸,价格低廉。以后全国普遍制造,人们就把这种纸称作"蔡侯纸"。造纸技术经过二百多年的发展,渐趋完善,到东晋末年完全代替了简帛,成为最通常的书写材料。中国的造纸术逐步传入朝鲜、日本和中亚各国,又经阿拉伯传入欧洲,对世界文化的发展起了促进作用。

化学的起源 两汉时期,由于铜铁冶炼和制陶、制革、染色、酿造等手工业生产的发展,人们观察到生产过程中的一些物质变化现象,积累了一些化学反应的知识。汉武帝时期,方士们一方面像战国、秦代的方士一样鼓吹入海求仙药,另一方面试图从丹砂中提炼出丹药和金银。方士炼丹术自然是无稽之谈。但是他们通过炼丹的实践,更多地了解到汞、铅、硫黄等物质的属性和它们在一定条件下的变化规律。东汉时会稽人魏伯阳根据自己炼丹的经验,写成《周易参同契》一书,记载了一些基本化学变化的知识。这部书是世界上最古的炼丹书籍,在化学史上有相当的地位。

---

① 《后汉书》卷八二《方术华佗传》。
② 同上。

第五章
三国两晋南北朝时期

第一节 三国鼎立和西晋短期统一

一 割据势力混战和三国鼎立局面形成

董卓之乱和割据势力混战 黄巾大军被镇压下去后,各地农民反对统治者的斗争,一度沉寂下来。中平五年(188年),并、青、徐、益等州黄巾又起,他们力量分散,没有再次形成反对汉朝统治的高潮。

在镇压农民起义的过程中,豪强地主原有的私家武装由隐蔽转为公开,并且大大加强了;州郡官吏也纷纷扩充势力,同东汉王朝保持若即若离的关系。长期以来地主经济发展所导致的分裂形势,进一步明朗起来,东汉王朝实际上已无法维持对全国的统治。

为了防范农民军和加强对州郡的控制,东汉把一些重要地区的刺史改为州牧,选择有名望而又可靠的宗室和其他的列卿、尚书充任,给以一州的军政大权。改设州牧不但没有加强中央的控制,反而使某些地区的分散的割据势力按地区集中起来,更便于实行割据。

在斗争转入低潮的形势下,东汉统治集团中外戚、宦官的斗争又趋激烈。中平六年(189年),汉灵帝死,刘辩(少帝)继立,大将军何进掌握大权。何进联络大族地主的代表人物袁绍,起用一批名士,并且杀掉统领西园八校尉军的宦官蹇硕①。他还密召并州牧董卓入京,帮助他铲除宦官势力。正在这时,宦官杀何进,袁绍又勒兵发动政变,把宦官一网打尽。接着,董卓带兵进入洛阳。

---

① 西园军,灵帝中平五年初置,凡八校尉,袁绍、曹操皆为校尉,蹇硕以上军校尉统领之。

董卓本是陇西豪强,他同羌中豪帅有很多联系,曾镇压羌人和黄巾的起义斗争。灵帝死前,董卓出任并州牧,驻军河东"以观时变"①。他入京后,并吞何进兄弟和执金吾(中尉改名)丁原的军队,尽揽东汉朝政。他废黜少帝,立陈留王刘协为帝(汉献帝),并逼走袁绍、曹操等人。董卓的专横,洛阳的混乱,使各地的分裂割据活动迅速扩大。州郡牧守各树一帜,招兵买马,讨伐董卓,混战立即在北方各地展开了。

初平元年(190年),关东各路讨伐董卓的军队以袁绍为盟主,进屯洛阳周围各地。董卓为了躲避关东兵锋,避免并州黄巾截断后路的危险,挟持汉献帝西迁长安,并驱迫洛阳一带百姓西行。他行前大肆烧掠,使洛阳周围室屋荡尽,一空如洗。关东联军本来都是乌合之众,尔虞我诈,彼此并吞,很快就分崩离析了。

不久以后,长安发生政变,董卓被杀。董卓死后,关中成了他的部将李傕、郭汜等彼此攻杀的战场,长安附近居民死亡逃散,关中行旅断绝。

经过五六年复杂的分合过程后,全国逐渐形成许多割据区域:袁绍占据冀、青、并三州,曹操占据兖、豫二州,公孙瓒占据幽州,刘备、吕布在陶谦之后相继占据徐州,袁术占据扬州的淮南部分,刘表占据荆州,刘焉占据益州,孙策占据江东,韩遂、马腾占据凉州,公孙度占据辽东,等等。北方的割据形势特别严重,割据者烧杀掳掠,混战经年,使社会生产受到空前的大破坏,出现了"白骨纵横万里"②的惨象。

在割据者展开混战的时候,北方和长江流域各地的黄巾,继续活跃。青州黄巾群辈相随,众至百万,转战青、兖各地,势力很盛,往往"父兄歼殪,子弟群起"③。但是不久以后,他们陆续被一些强大的割据者镇压下去了。

曹操统一中原 曹操(155—220年)是沛国谯(今安徽亳州)人;父曹嵩,宦官曹腾养子。董卓入京后,他逃至陈留,聚兵5000,同各地的"名豪大侠、富室强族"④一起,参加了讨伐董卓的关东联军。初平三年(192年),他在济北诱降黄巾军30余万,男女百余万口,选其精锐,改编为自己的主要队伍,名叫青州军。一些豪强地主如李通、任峻、许褚、吕虔、李典等,也先后率领宗族、部曲、宾客,追随曹操。在当时的割据者中,曹操对东汉黑暗统治和

---

① 《后汉书》卷一〇二《董卓传》。
② 曹丕诗,见《三国志》卷二《魏书·文帝纪》延康元年注载丕令。
③ 《三国志》卷八《魏书·陶谦传》注引《吴书》。
④ 《三国志》卷二《魏书·文帝纪》注引《典论》。

农民起义威力有较深的认识,是地主阶级中的一个有远见的人物。建安元年(196年),他把汉献帝迎到许县,取得了"挟天子以令诸侯"的地位,扩大了政治影响。他在许县和其他地方设立屯田,积蓄军资,巩固了军事势力。因此他得以陆续消灭黄河以南许多割据势力,隔黄河与袁绍抗衡。那时袁绍又并有幽州,是北方最强大的割据力量。

建安五年,袁曹两军发生了官渡(在河南中牟境)会战。袁绍兵多粮足,而统治混乱,军心涣散。曹操虽然力寡粮绌,后方不稳,但是他采用各个击破和偷袭粮囤的战术,迅速击溃了袁军,全歼袁军主力,奠定了统一中原的基础。官渡战后,曹操利用袁绍之子袁谭、袁尚的矛盾,相继占领青、冀、幽、并四州,统一了中原。建安十二年,曹操率军出卢龙塞(今河北喜峰口),打败了与袁氏残余势力勾结的乌桓蹋顿单于,这对于巩固中原统一,保障人民安居生产,起了积极作用。

赤壁之战和三国鼎立 建安十三年(208年),曹操挥军南下,企图夺取刘表之子刘琮据有的荆州(今湖北襄樊),然后再进占江东,逐步统一全国。在中原活动失败的刘备,正依托于荆州,他在曹军的追逐下自樊城南奔江陵,行抵当阳,为曹军所败。那时孙权已经继孙策统治江东,他与刘备的谋士诸葛亮结盟于柴桑(今江西九江),共与曹军相持于赤壁(今湖北赤壁市西北)。一场大战在赤壁展开,在这一战役中,曹军将近30万人,号称80万;而孙刘联军只有5万左右,处于绝对的劣势。但是曹军远道疲惫,军中又流行时疫,战斗力不强。孙吴军主帅周瑜乘东南风纵火焚烧曹军水师,与刘备军队水陆并进,迫使曹操退回北方。这就是决定南北相持局面的有名的赤壁之战。

赤壁战后,曹操经过短期的准备,于建安十六年(211年)将兵进入关中,驱逐了韩遂、马超。建安二十年,曹操从武都(今甘肃成县境)出征汉中,击败了长期保汉中的张鲁,完成了北方的统一,并徙汉中民八万余口于洛、邺。建安二十三年,曹操子曹彰率兵击平了代郡乌桓,北方边境也安静了。

刘备占领了荆州的长江以南四郡后,于建安十六年进入益州,逐步消灭了原来益州的割据者刘璋(刘焉之子)的势力。建安二十四年,刘备从曹军那里夺得汉中,并命关羽在荆州向曹操发动猛攻,一度震动许都。孙权袭杀关羽,占领荆州全部,解除了关羽对曹操的威胁。这样,三国鼎立的局面事实上已形成了。

220年,曹操之子曹丕称帝,建都洛阳,国号魏。第二年,刘备在成都称帝,国号汉,世称蜀。孙权则接受了曹丕的封号,称吴王。222年,蜀军出峡,与吴陆逊军相持于夷陵(湖北宜昌境),被火攻击溃,败退回蜀。从此以后,长江上下游两大势力处于平衡状态,蜀国辅政的诸葛亮与孙权结盟,共抗曹军。229年,孙权在建业称帝,建立吴国。

三国鼎立局面出现的根本原因,在于各个地区经济的发展,导致了分裂倾向的加剧。长江流域上下游几个区域的经济,发展到了勉强可以自给和彼此均衡的程度,给南方孙、刘的割据提供了物质基础。而同一时期北方的国家则由于社会经济受到割据混战的严重摧残,无力消灭南方的国家,以统一全中国。但是统一的历史在中国已存在过四百多年,统一的因素仍在程度不等地起着作用,统一仍然是中国历史发展的趋势。所以在无数割据者角逐的混乱局面中,终于出现了魏、蜀、吴三大割据范围,它们的统治者在各自的区域内削平了较小的割据势力,巩固了内部的统一,并且都力图打破均衡局面,实现全中国的统一。

二　魏国的政治和经济

屯田制和士家制　曹操在统一中原,奠定魏国基础的同时,还实行了许多经济措施和政治措施,对北方社会转向安定和经济的恢复,起了促进作用。

长期不断的豪强兼并战争,使北方农业生产难于进行,使千千万万的农民死亡流徙。许多地主在战乱中也不能自保,不得不丢下土地,大量地向南方和其他地点流亡。这样,北方农村中到处是"田无常主,民无常居"①,大量荒地无法开垦,农业生产严重衰败,人民生活在饥饿之中,就连靠抢劫来维持的地方军队,也得不到粮草。

当所有的割据者面对着这种艰难境况熟视无睹时,曹操却采取枣祗、韩浩的建议,着手屯田积谷。建安元年,曹操攻破汝南、颍川黄巾,夺得大批劳动人手和耕牛农具,在许昌附近开辟屯田,成效很大。接着,曹操令郡国置田官,招募流亡屯田,并用国渊典屯田事。国渊"相土处民,计民置吏,明功课之法"②,把屯田制度广泛地推行起来。

屯田区一般都设立在肥沃易垦或其他重要处所,由典农中郎将、典农校

---

① 《后汉书》卷七九《仲长统传》引《昌言·损益》。
② 《三国志》卷一一《魏书·国渊传》。

尉和屯田都尉等农官而不由郡县官管理,统属于中央的大司农①。屯田区的土地所有权属于国家。屯田民(或称屯田客)是国家的佃客,他们被编制成军队形式,分种国家土地,按四六分(用官牛的)或对分(不用官牛的)向国家缴纳地租。屯田区的这种分成取租办法(当时称为分田之术)保证了国家随着生产力的提高获得日益增多的地租,而使屯田客不能完全占有自己增产所得,所以是一种"于官便,于客不便"②的办法。在这种剥削和束缚下,屯田客生活痛苦,为了备荒,甚至不得不种植产量特高的稗当粮食③。

虽然这样,屯田民一般不负担另外的徭役,生活又有一定的保障,这自然比颠沛流离要好。在生产方面,屯田区能够保障农时,能够提供耕牛,能够集中力量兴修水利,而且在技术上讲究精耕细作,不强求扩大耕种面积④,这些都适合屯田民的要求,有利于提高粮食的产量。屯田制具有这些条件,所以能够在短期内稳定北方的农业生产,保证统一战争的需要。

魏国屯田中,有很大一部分是军屯。军屯以军士耕种,由大司农属官度支中郎将调遣。军屯的实行,对于开垦荒地,减轻农民养兵运粮的负担,起了积极的作用。

为了保持一部分固定的兵源以应付战争的需要,魏国还建立了士家制度。士家有特别的户籍,世代当兵,或服挽船、养马、鼓吹等各种特定的劳役。士家中的妇孺与尚未轮代的男丁,也要为政府耕田或服役。士家身份低于平民。为了使他们不与平民混杂,法律规定士家的妻因夫死改嫁,或者女儿出嫁,都只能嫁给士家;士逃亡,妻子要被没为官奴婢或处死。冀州的士家有十万户以上。

屯田制和士家制,都是只能在社会发展的一定阶段上出现的制度。东汉以来,豪强地主用租佃制度剥削佃客,并把佃客组成自己的部曲家兵。曹操建立的屯田制和士家制,就是国家在特定条件下用豪强征敛方式剥削国家佃客、用私人部曲方式组织国家军队的制度。这些制度,一方面是豪强地主统治农民的方式在国家统治中的反映,另一方面又是对豪强地主的一种制约,使他们不能无限制地占夺土地,招纳流民,从而阻碍国家的统一。

---

① 置大司农在建安十八年(213年)。屯田官属于大司农,见《三国志》卷一二《魏书·司马芝传》及卷九《魏书·曹爽传》注引《魏略·桓范传》。在未置大司农以前,屯田官由司空掾属(后来是丞相掾属)权管,国渊为司空掾属典屯田事可证。

② 《三国志》卷一六《魏书·任峻传》注引《魏武故事》。

③ 《齐民要术》卷一注。

④ 《晋书》卷四七《傅玄传》:"魏初课田,不务多其顷亩,但务修其功力。"

在当时的条件下,在建安年间,屯田客和士家成为国家榨取粮谷和征集兵员的主要对象,但是自耕农民也仍然是国家租调兵徭的重要负担者。曹操统一中原后,适应自耕农民农业和家庭手工业密切结合的特点,规定他们每亩土地交纳租谷四升,叫做田租,每户人家交纳绢二匹、绵二斤,叫做户调,除此之外,官吏不得擅自兴发。曹操还命令州郡督察豪强,"重豪强兼并之法",并重用满宠、王修、司马芝、杨沛等人,打击严重破坏国家法度的豪强地主。

颁行租调制和重豪强兼并之法,虽然多少改善了农民在经济上的处境,但是由于战争频繁,他们的兵徭负担,仍然未见减少。诗人左延年在黄初时写成的《从军行》里说:"苦哉边地人,一岁三从军,三子到敦煌,二子诣陇西,五子远斗去,五妇皆怀身。"①这种残酷的兵徭,在曹操时大概还要多些;而且内地农民所受徭役之苦,也不会比边地农民有多大的差别。

"唯才是举"和九品中正制　在农民战争和稍后的豪强割据混战的过程中,北方的一些豪强地主受到打击和兼并,无法独立称雄,不得不率部归降曹操。曹操善于统驭他们,拔擢他们为将校牧守,因此他们都成了曹操的重要支柱。

这个时期,还有一些士大夫贫困不能自存②。有的还避难他乡,变易姓名③,通财合族④,丧失了族权和门第的凭借,得不到乡举里选的机会,社会地位显著降低。管宁觉察到当时"妄变氏族"的普遍,"著《氏姓论》以原本世系"⑤,正是企图稳定这些士人的社会地位的一种表现。所以当曹操异军突起的时候,许多士人远道来奔,攀附曹操,庇托于他的帷幄之中,企图保全或挽回自己家族的势力。曹操也乐于借重士人,来巩固自己的统治。官渡战前豫州郡县纷纷叛投袁绍时,曹操派出陈群、何夔等名士作豫州县令,这些名士都效忠曹氏,用自己的社会威望来为他镇静地方,稳定局势。曹操得邺城后,立即辟用原来袁绍辖区的名士为掾属;破荆州后,也大肆搜罗本地的和北方逃来的士人。这些士人也多成了曹操的得力佐助。

但是,也有一部分士人同某些割据势力保持着千丝万缕的联系,他们或者不愿亲附曹操,或者貌合神离,对曹操桀骜不驯,讥刺侮慢,党同伐异,煽

---

① 《乐府诗集》卷三二引《广题》。
② 《三国志》卷二七《魏书·王昶传》注引《任嘏别传》,谓嘏博昌著姓,"遇荒乱,家贫卖鱼"。
③ 《三国志》卷九《魏书·曹休传》,卷一二《魏书·邢颙传》。
④ 《三国志》卷二三《魏书·赵俨传》,谓俨"避乱荆州,与杜袭、繁钦通财同计,合为一家"。
⑤ 《三国志》卷一一《魏书·管宁传》注引《傅子》。

动"处士横议"。曹操对他们是早有戒心的。①

曹操统一中原后,开始向那些不亲附自己的士人展开了进攻。他声称要"整齐风俗","破浮华交会之徒"②,先后杀掉了最狂妄的名士孔融和以家世文才自傲的杨修,也杀掉了浮华惑众、倾动邺都的魏讽以及他的几十名党羽。在曹操统治的后半期中,由于"恃旧不虔"③而被处死的士人颇为不少。曹操与这一部分士人的斗争,表明他企图进一步突破大族名士势力的挟制以树立专制统治,这与他在经济上推行屯田制和重豪强兼并之法的意义是一致的。

与此同时,曹操于建安八年(203年)下令,提出"治平尚德行,有事赏功能"的选官准则,驳斥了"军吏虽有功能,德行不足堪任郡国之选"的议论。十五年,他发布"唯才是举"的教令,十九年、二十二年又屡加重申。这些教令,责成所属把那些不齿于名教但"有治国用兵之术"的人以及"高才异质"的文吏,同那些亲附自己的大族子弟一起加以拔用④。崔琰、毛玠等人典选举,推行曹操的这一主张。"唯才是举"自然是以曹氏统治集团的利益为依归的,但是这对于制止大族地主垄断政权,对于重建专制统一的统治,也起了积极作用。

建安末年,刘廙上《论治道表》,建议使郡县守令居任稍久,三年乃加黜陟,黜陟以户口垦田增减、盗贼发兴和人民逃亡多少为标准。他认为官吏考课"皆当以事,不得依名"⑤。曹操对他的建议,非常赞许。对官吏重事轻名,这就是"唯才是举"精神在吏治方面的贯彻。

建安二十五年(220年)春,曹操死,曹丕继为魏王。他基本上遵循曹操关于选举的主张,并建立了九品官人之法,也就是九品中正制。九品中正制是在中央选择"贤有识鉴"⑥的官员,兼任其本郡的"中正",负责察访与他们同籍的散在各地的士人,评列为九品,作为吏部除授官职的依据(后来在齐王芳时,又增设州中正,也以籍隶本州的中央官员兼任)。九品中正制初

---

① 《三国志》卷一《魏书·武帝纪》。
② 《后汉书》卷一○○《孔融传》。
③ 《三国志》卷一二《魏书·崔琰传》。
④ 《三国志》卷一《魏书·武帝纪》。二十二年令文曰:"今天下得无有至德之人放在民间;及果勇不顾,临敌力战;若文俗之吏,高才异质;或堪为将守,负污辱之名,见笑之行;或不仁不孝,而有治国用兵之术? 其各举所知,勿有所遗。"
⑤ 《三国志》卷二一《魏书·刘廙传》注引《刘廙别传》。
⑥ 《资治通鉴》卷六九,黄初元年。

行时,士人品定之权掌握在政府的中正手中,中正采择舆论,按人才优劣以定品第,多少改变了名士"臧否人伦"、操纵选举的局面,因此中正也就能够选出一些比较有才干的人,用来充实官僚机构[1]。

经济的恢复 曹魏时期,北方的水利事业取得了显著成就。曹操为了出击乌桓,于建安九年至十二年间(204—207年),在清水南端开凿白沟,在清水北端依次开凿平虏渠(滹沱水到泒水间)、泉州渠(沟河口到潞河间)和新河(鲍邱水到濡水间),其中白沟以北一段,就是隋代所修永济渠的基础。除此以外,曹操、曹彪、司马懿等还先后在中原地区开凿了另外一些渠道,如白沟同漳水间的利漕渠,漳水同滹沱水间的白马渠,滹沱水同泒水间的鲁口渠等。在河淮地区,曹魏时期陆续整修了睢阳渠,新建了贾公、讨虏、广漕等渠。上述航运渠道中,有些也具有灌溉效益。这许多水利设施,不但大大便利了北方各地的灌溉、漕运和交通,而且对巩固北方的统一也起了积极作用。

灌溉陂渠的修复和兴建,在曹魏时期也很普遍。襄邑的太寿陂,寿春的芍陂,萧县的郑陂,蓟城的戾陵堰和车箱渠,都是著名的灌溉工程。刘馥在淮南,广开屯田,兴治芍陂、茹陂、七门、吴塘诸遏以溉稻田,"官民有蓄"[2]。郑浑修成郑陂后,附近地带"比年大收,顷亩岁增,租入倍常,民赖其利"[3]。

魏文帝、明帝时,中原地区的农业已有了相当的恢复。洛阳的典农部民"斫开荒莱","垦田特多"[4];洛阳以外,"四方郡守,垦田又加"[5]。由于流民还乡和设置屯田,关中的荒残面貌逐渐改变。战乱时到辽东避难的青州农民,都纷纷渡海回到青州。齐王芳在位时,淮河流域的农业有了显著发展。由于邓艾的倡议,许昌附近的许多屯田区陆续迁移到颍水沿岸和淮河南北。屯田兵民在那里广开陂渠,且田且守,"自寿春到京师,农官兵田,鸡犬之声,阡陌相属"[6]。屯田的收获,除所费以外,每年可积谷五百万斛,这对于支持魏国攻吴的战争,起了重要的作用。

---

[1] 《晋书》卷三六《卫瓘传》:九品之制"其始造也,乡邑清议,不拘爵位,褒贬所加,足为劝励,犹有乡论余风。"《宋书》卷九四《恩幸传序》:九品之制"盖以论人才优劣,非谓世族高卑"。这些都是对九品中正制初行阶段的评价。
[2] 《三国志》卷一五《魏书·刘馥传》。
[3] 《三国志》卷一六《魏书·郑浑传》。
[4] 《三国志》卷二七《魏书·王昶传》。
[5] 《晋书》卷二六《食货志》。
[6] 同上。

铁冶陆续恢复起来,利用水力鼓风冶铸的水排也得到推广①。《魏都赋》列述"锦绣襄邑,罗绮朝歌,绵纩房子,缣总清河"②,可见两汉时期中原各地发达的丝织业,经过一度严重破坏后,又陆续恢复生产了。由于农业和手工业的恢复,商品交换也有了起色,关津重税有所减轻。魏文帝曾罢五铢钱,明帝时重新颁用。北方各地的道路得到修整,汉代以来陆续修凿的连接关东和关中的三门峡栈道,这时也由一支5000人的队伍"岁常修治,以平河阻"③。洛阳是当时北方的商业中心,贾贩很多,西域胡商也远道来此贸易。邺城列肆兼罗,户口殷盛,也是一个比较繁华的都市。

世家大族势力的重起和司马氏代魏 在魏国经济恢复的时候,一些流散四方的地主陆续回家,招纳部曲佃客,重整旧业。过去以事功见用的以及敢于打击豪强的官吏,到魏文帝时多退居闲冗,让位给以经学和文章见长的人④,这些所谓儒雅之士,正是世家大族在政治上的代表。

明帝时,魏国政治已很腐败。明帝宫人众多,后宫所费与军费略等。他大修洛阳、许昌宫殿,征役急迫,农民脱离土地的现象又严重起来。他在荥阳附近广设猎场,破坏农田;猎场周广千余里,有杀场内兽者处死。这个时期,满朝官吏也都一改曹操时比较清素的风气,竞效侈靡。法律虽经整顿,制定了新律18篇,废除了从两汉因袭而来的大量的旁章科令,但是新律"科网本密"⑤,统治者又"用法深重"⑥,百姓手足无措。曹操为了"广耳目"而设立的专以刺举臣属阴私为事的校事官,到文帝、明帝时更为滥虐,校事刘慈数年间"举吏民奸罪以万数"⑦,其中枉屈的人非常多。这种种情况,不仅加深了社会矛盾,而且也激起了统治阶级内部争权夺利的斗争。

景初三年(239年),明帝死,八岁的曹芳(齐王)继帝位,宗室曹爽和太尉司马懿辅政。曹爽重用少年名士何晏、邓飏、李胜、毕轨、丁谧等人,终日

---

① 《三国志》卷二四《魏书·韩暨传》,《水经·谷水注》。
② 左思《魏都赋》,见《文选》卷六。
③ 《水经·河水注》。
④ 《三国志》卷一五《魏书·贾逵传》注引《魏略·杨沛传》,谓沛以助曹操打击豪强见称,"黄初中儒雅并进,而沛本以事能见用,遂以议郎冗散里巷"。
⑤ 《晋书》卷三〇《刑法志》。
⑥ 《三国志》卷二五《魏书·高堂隆传》。
⑦ 《太平御览》卷二四一引《魏略》;《三国志》卷二四《魏书·高柔传》。"举吏民",宋本《三国志》无民字。

浮华交会,清谈玄理,在政治上变易朝典旧章①。司马懿是河内温县的大族,是当时魏国统治集团中最有谋略而又最煊赫的人物。正始十年(249年),他在京城发动政变,一网打尽了曹爽和他的党羽,掌握了魏国的权柄。嘉平三年(251年),太尉王凌(原为车骑将军,镇扬州)以淮南兵反;嘉平六年,李丰、张缉等在京城谋废司马氏;正元二年(255年),镇东将军毌丘俭等以淮南兵反;甘露二年(257年),征东将军诸葛诞又以淮南兵反。这些连续发生的军事反抗和政变,都先后被司马懿和他的儿子司马师、司马昭等人镇压了。

司马氏统治时期,世家大族势力蒸蒸日上。曹操建立的各种制度虽然依旧实行,但是内容愈来愈起着变化。屯田制早已在破坏中②。按照制度本来不负担徭役的屯田民,也同自耕农民一样,为徭役所苦。有些屯田民不得耕作,游食饷口。屯田土地大量被官吏侵吞,何晏等人当政时,分割洛阳、野王屯田达数百顷之多。司马师还募取屯田民为兵,"坏乱旧法"③。魏国末年,司马氏更把类似屯田民的国家佃客即所谓"租牛客户"赏赐给公卿贵势之门,动辄成百户。屯田官和豪强地主都藏纳逃亡农民,所以到魏末时全国户籍中还只有六十六万多户。

九品中正制在世家大族势力的影响下,也发生了显著的变化。掌握机柄的中正官位把持在世家大族之手,如晋代的北地泥阳大族傅畅"祖考历代掌州乡之论",自魏至晋不衰④。通过中正品第入仕的官吏,久而久之也成为世代相承的贵胄,他们的子弟都可以获得较高的品第和官位。在这样的情况下,士人品第自然唯依门第而逐渐远离"唯才是举"的标准。到了晋朝,经中正评定的九品人士中,"上品无寒门,下品无势族"⑤,九品中正制就完全转化为巩固门阀势力的工具了。南北朝时期著名的士族,从他们的家世源流看来,绝大多数都是在魏晋时期形成的。

司马昭得到世家大族的拥护,由晋公升为晋王,势力日益扩展。景元四

---

① 见《三国志·魏书》卷一四《蒋济传》、《孙资传》注引《孙资别传》,卷九《曹爽传》,卷二八《王凌传》注引《汉晋春秋》。

② 屯制田的破坏始于文帝黄初年间。《三国志》卷一二《魏书·司马芝传》:"自黄初以来听诸典农治生,各为部下之计。"

③ 《三国志》卷二八《魏书·毌丘俭传》注引毌丘俭、文钦上表。

④ 《太平御览》卷二六五引傅畅《自叙》。按畅祖傅嘏仕魏,为司马氏死党,父傅祗仕晋,分见《三国志》及《晋书》本传。又,明帝时刘劭作都官考课法72条,司马光讥其"校其米盐之课,责其旦夕之效"(见《资治通鉴》卷七三,景初元年),可见考课法体现了循名责实的精神,不利于大族把持政治。当时反对考课法最力者即泥阳大族傅嘏,考课法终不得行。

⑤ 《晋书》卷四五《刘毅传》。

年(263年),魏灭蜀。两年以后,司马昭之子司马炎终于重演曹丕代汉的"禅让"故事,成为晋朝的开国皇帝。

三 蜀国的政治和经济

蜀国地主阶级各集团的矛盾和南中之战 中平五年(188年),马相、赵祗在绵竹起兵,号黄巾,有众万余人。他们杀刺史,称天子,攻击巴、蜀、犍为三郡。巴郡的板楯蛮也起兵反抗东汉统治,响应绵竹黄巾。但坚持不久,即被官府与豪强武装联合镇压下去了①。就在这一年,汉宗室刘焉出任益州牧,企图割据益州。刘焉利用在蜀郡的南阳、三辅流民数万家作为自己的基本力量,号东州士;命张鲁驻汉中,断绝通长安的斜谷阁道;又杀戮益州一些豪强,以立威名。自此以后,益州地区也和中原一样,地方社会各个集团之间的矛盾逐渐上升。

益州豪强的势力很大,犍为太守任岐和领有家兵的校尉贾龙,曾联兵反抗过刘焉;后来巴西人赵韪也联络大姓,发动叛乱,反对继刘焉为益州牧的焉子刘璋。许多郡县政权更是在豪强把持中,成都令董和执法较严,当地豪强竟至要求把他调走。

建安十六年(211年),刘璋邀刘备入蜀,使击保据汉中的张鲁,实际上是想利用刘备以抗拒曹操的进攻。十九年,刘备灭刘璋,自领益州牧。刘备主要依靠随他入蜀的旧属和荆州士人进行统治,同时也尽力笼络刘璋旧部和益州地主,以图缓和紧张局势。由于刘备多方面的活动,巴蜀各地叛乱相继弭平,但是西南各民族地区的豪强,却又接二连三地起兵反蜀。

今川西和云、贵的许多少数民族,当时统称为"西南夷",他们主要以农耕为生,也兼营畜牧。西南夷很多部分与汉人杂居,同巴蜀地区经济关系非常密切;也有一些部分地境偏远,还处在非常闭塞的状态中,经济文化比较落后。刘备入蜀后,按照诸葛亮所定"西和诸戎,南抚夷越"②的策略,同西南夷和平相处,置庲降都督总摄南中,并用西南夷地区的许多夷汉豪强作本地的守令丞吏。虽然这样,还是有一些豪强不断进行反蜀活动。章武三年(223年)刘备死,蜀国混乱,南中的反蜀活动更形扩大。益州郡(郡治今云

---

① 《三国志》卷四〇《蜀书·李严传》载有建安二十三年郪县农民起义,卷四三《蜀书·张嶷传》也载南充、绵竹农民先后起义,但是都没有发生重大影响。

② 《三国志》卷三五《蜀书·诸葛亮传》诸葛亮《隆中对》。

南晋宁)豪强雍闿执太守张裔,通过保据岭南一带的士燮求附于吴。雍闿攻永昌(郡治今云南保山)不下,乃派郡人孟获到各地进行煽动。牂柯太守(一作郡丞)朱褒、越嶲夷王高定元都起兵响应雍闿。诸葛亮经过一年准备后,于建兴三年出兵平定了越嶲的叛乱,渡过泸水(金沙江),进攻永昌。与此同时,蜀将马忠、李恢分别平定了牂柯、益州等郡,李恢并同诸葛亮会师益州。诸葛亮把夷人渠帅徙置成都为官,把南中青羌编为军队,并允许大姓招引夷人作部曲。南中出产的金、银、漆、朱砂和牛马等,也源源运往蜀中,充实了蜀国的军备。建兴十一年(233 年)马忠为庲降都督,将治所由牂柯平夷(今贵州仁怀境)南移至建宁味县(今云南曲靖境),加强了对南中的统治。

南中之战是蜀国统治者与益州豪强斗争的继续,也带有民族征服性质。这次战争使西南各族人民受到损害,这是不言而喻的;但是另一方面也削弱了西南地区的豪强势力,进一步打破了这个地区的闭塞状态,这对于各族人民的交往和西南夷经济文化的发展,客观上又有积极意义。

蜀国的经济 诸葛亮(181—234 年),琅琊人,汉末随叔父玄流亡荆州,依托刘表。刘备在荆州,与亮相结,以为谋主。诸葛亮除了熟悉汉末各集团之间矛盾斗争的形势以外,还从流亡生活中理解安定民生的重要性。因此他在蜀国当政时循名责实,持法严谨;注意发展经济,力图造成稳定的统治秩序,缓和社会矛盾。他设司金中郎将典作农战之器,还经常用 1200 人维护都江堰的水利工程①。左思《蜀都赋》说,成都"家有盐泉之井";又说"火井沉荧于幽泉,高焰飞煽于天垂",可见火井煮盐颇为发达②。织锦在蜀国经济中占有重要地位,是蜀国的一项重要军资③。《蜀都赋》还说成都"伎巧之家,百室离房,机杼相和",织户之多,可以想见。蜀锦远销魏、吴,是当时丝织物中的上品。据考古发掘,孙吴境内的许多地点,如安徽马鞍山朱然墓和鄂州等地的孙吴墓葬,都有蜀国的铜钱和漆器铜器出土,说明蜀吴由于长期结盟,两国之间存在着频繁的交换关系。

但是蜀国与魏、吴相比,在经济上和军事上都还是最弱的国家。蜀国主要的统治区域,实际上不过巴、蜀、汉中。刘备称帝时,蜀所统户 20 万,口 90 万;直到蜀国末年,也不过户 28 万,口 94 万,战士 10.2 万,吏 4 万。蜀国

---

① 《水经·江水注》。
② 《文选》卷四《蜀都赋》。又,《初学记》卷七地部引《异说》谓临邛火井,经"孔明一窥而更盛"(《博物志》卷七略同),事虽不经,也是煮盐发达的反映。
③ 《太平御览》卷八一五引《诸葛亮集》。

国力之弱,可以概见。

蜀魏战争和蜀的灭亡 建兴五年(227年),诸葛亮在"益州疲弊"的情况下,率军进驻汉中,同魏国展开争夺关陇的激战。诸葛亮急于北进,一方面是由于蜀以刘汉正统自居,因而力图用北进来宣扬"兴复汉室,还于旧都"①,表示同魏国势不两立;另一方面由于蜀国是当时最弱的国家,只有以攻为守,才能图存②。

建兴六年春,蜀军北攻祁山(今甘肃西和境),前军马谡败于街亭,诸葛亮迁居民千余家归汉中。以后三年中他屡次出兵,都由于军粮困难,不支而退。建兴十二年,他率军进驻长安以西百余里的五丈原(今陕西眉县境),病死军中,蜀军撤回。

在蜀魏之战中,诸葛亮表现了卓越的军事才能。他的军队训练良好,纪律严明,作战讲究阵法,指挥若定,因而在一些战役中取得了胜利。不过在魏国看来,关陇战场由于地形险阻,易守难攻,所以在一般情况下只驻有少量军队,由大将镇守,企图以逸待劳,不战而胜。230年(蜀建兴八年,魏太和四年),曹真曾率军攻蜀,数道并发,但仍然不得不半途而返。234年诸葛亮最后一次攻魏,进至五丈原时,魏明帝仍严令司马懿坚壁拒守,还派辛毗持节节制司马懿,不让他贪功擅进。在这种攻守异势的情形下,蜀军倾力以赴,后备不继,越来越疲弱,而魏国的力量却蒸蒸日上,超过蜀军。蜀军北进不能成功,正是由蜀魏的全部力量对比决定的,诸葛亮的个人才能和他的中道病死,在战争的进展和结局中只起了局部的作用。

诸葛亮死后,蒋琬、费祎、董允等执政,因循守成而已。景耀元年(258年)以后,蜀国宦官秉权,政治腐败,力量更趋衰弱。大将军姜维连年北进,与魏军战于陇西,劳而无功。炎兴元年(263年),魏军三路攻蜀。姜维由陇上退守剑阁,抗拒钟会大军。邓艾轻军出阴平(今甘肃文县境)险道,南下江油、绵竹,在这年冬天灭蜀。

四 吴国的政治和经济

孙吴的兴起及其与山越的斗争 东汉后期,农民暴动影响及于江东。

---

① 《三国志》卷三五《蜀书·诸葛亮传》载《出师表》。
② 《三国志》卷二八《魏书·邓艾传》注引《袁子》:"诸葛亮重人也,而骤用蜀兵,此知小国弱民,难以久存也。"又云:"故小国之虑,在于时立功以自存。"

黄巾大起义时，荆、扬各地农民更纷纷揭竿而起，围攻郡县，斗争十分激烈①。富春人孙坚曾在本郡镇压农民起义，以后随会稽朱儁到中原与黄巾作战；黄巾失败后，他又转战长沙、零陵、桂阳、豫章等郡。董卓之乱时，孙坚参加了讨伐董卓的联军，隶属于袁术。孙坚死（初平二年，191年）后，其子孙策率孙坚旧部曲东渡，削平了江南刘繇、王朗的势力，又并吞了淮南刘勋所获袁术的百工、部曲三万余人，击破刘勋，控制了长江下游豫章以东地区。

建安五年，孙策死，策弟孙权统治江南。赤壁战后，孙权的势力逐步在荆州扩展。建安十五年（210年）孙权派步骘进兵岭南，招附了保据岭南一带达二十余年的士燮兄弟，东南半壁大致都处于孙权的统治之下。建安十六年，孙权由京城（今镇江）徙治建业②。建安二十四年，孙权破关羽，据有荆州全部。

孙权势力在江南的扩张，遇到了山越人顽强不屈的抵抗。山越人是秦汉时期南方越人的后裔，散布在长江以南今江苏、浙江、安徽、福建、江西等省境内。越人居平原地区和交通发达地区的，大致已经开始与汉人融合。住在山区的越人，称为山越，他们依阻山险，不纳租赋，"其幽邃民人，未尝入城邑，对长吏，皆仗兵野逸，白首于林莽"③。山越人种植谷物④，在出铜铁的地方，还能自铸甲兵⑤。不过《吴志》中山越、山民、山贼诸词往往混用。汉民山居阻险者与越人杂处，实际上已没有民族差别或差别无多。有些随同孙坚父子外出作战的江东人，以及一些割据险阻的甚至于参与过吴魏之间斗争⑥的山民如吴郡严白虎、丹阳祖郎、费栈等，其族属都难于确认。山越人或山民的渠帅，当以汉人大族为多。孙吴向南方内地发展势力，引起了山越人的疑惧，他们经常发动反抗斗争。山越的反抗不但是吴国统治者严重的后顾之忧，而且也使吴国兵员的补给遇到很大的困难。由于山越的牵

---

① 《续汉书·郡国志》扬州丹阳郡故鄣县条引《吴兴记》曰："……光和末张角乱，以乡守险助国，汉嘉之，故立县。"《元和郡县志》卷二五江南道湖州安吉县条："汉灵帝中平二年张角作乱，荆、扬尤甚，唯此郡（按即吴兴郡）守险阻固，汉朝嘉之，故分立为县。"《吴志》中也有关于南方农民起义的零星资料，但起义的具体过程却不清楚。

② 黄初二年（221年）徙都武昌，黄龙元年（229年）孙权称帝，又迁都建业。

③ 《三国志》卷六四《吴书·诸葛恪传》。

④ 《三国志》卷四六《吴书·孙策传》注引《江表传》、卷四九《吴志·太史慈传》。

⑤ 《三国志》卷六四《吴书·诸葛恪传》。

⑥ 《三国志》卷四六《吴书·孙策传》注引《江表传》，卷五八《吴志·陆逊传》，卷六〇《吴志·周鲂传》。

制及蜀吴的不和,孙权不得不向曹操、曹丕卑词纳贡,迟迟不敢称帝。

嘉禾三年(234年),吴将诸葛恪率军进攻丹阳山越,经过三年的部署和围困,山越十万人出山投降,其中丁壮四万被补为军队,其余的则成为郡县编户。吴国以山越为兵,见于记载的前后达十余万,为编户的数量更多。山越出山是在吴国统治者的军事压迫下实现的,这对越人是一个痛苦的过程。但是山越出山加速了山越人经济文化的发展,加速了平原沃野的开发,使东南地区统一于孙吴政治领域之中,这在客观上又有积极意义。

三吴经济的发展 东汉后期以来,山越人大量出山和北方农民大量南移,为江南经济发展补充了劳动力,提供了技术条件。三国时期,长江沿岸出现了许多屯田区,洲渚的弃地,人烟也逐渐稠密起来。有些地方进行了开湖为田的尝试①。江南经济水平最高的地区,是太湖沿岸和钱塘江以东的所谓三吴。永兴(今浙江萧山境)精耕细作的稻田,一亩可产米三斛②。三吴的丝织业很可观,民间普遍喜爱绫绮之服③,文人也好以蚕织为诗赋的题材④。三吴出产"八蚕之绵"⑤,诸暨、永安一带丝质很好,为御丝取给之处⑥。但是江南的纺织技术不高,织锦仍赖蜀国供给。永安六年(263年),吴国还从外地调发"手工"千余人到建业服役,可见江南手工业者数量的不足。南方民间主要的副业生产是绩麻,麻布产量比丝织物大得多。铜铁采冶比以前发达,产铁之郡设有冶令或丞,管理采铸⑦。会稽郡发达的铜镜制造业,从东汉以来一直没有衰歇,而青瓷业又在这里从汉代釉陶的基础上走向成熟。由于三吴的富庶,联结三吴和建业的运河破冈渎也在这时修建起来。破冈渎从句容到云阳西城(今丹阳市境),于赤乌八年凿成,"以通吴会船舰",沿途"通会市,作邸阁"⑧,军事价值和经济价值都大。

为了适应水战和江海交通的需要,造船业有了重大的发展。建安郡的

---

① 《三国志》卷四八《吴书·孙休传》,卷六四《吴志·濮阳兴传》。《晋书》卷二七《五行志》上谓开湖田未成功。
② 《三国志》卷六〇《吴书·钟离牧传》。
③ 《三国志》卷六五《吴书·华核传》。
④ 杨泉《蚕赋》《织机赋》,均见《艺文类聚》卷六五;闵鸿《亲蚕赋》,辑文见《全三国文》卷七四。
⑤ 《文选》卷五左思《吴都赋》。"八蚕之绵"出于何处,《文选》李善注说法不同。这里根据《太平御览》卷八二五引《永嘉郡记》永嘉有八辈蚕(同卷引张勃《吴录》南阳郡一岁蚕八绩)。
⑥ 《太平御览》卷八一四引《陆凯奏事》。
⑦ 《宋书》卷三九《百官志》上少府东冶令南冶令条。
⑧ 《建康实录》卷二,《三国志》卷四七《吴书·孙权传》。

侯官(今福建闽侯)是造船中心,设有典船都尉,监督罪徒造船①。长江中的大船有的上下五层,有的可容3000人②,可见造船技术的进步。海船经常北航辽东,南通南海;黄龙二年,万人船队还曾到达夷洲(今台湾省),这是大陆与台湾交通的最早记载。由于海上交通的发达,吴国的使臣曾经多次泛海四出,朱应、康泰远至林邑(越南中部)、扶南(在柬埔寨境)诸国,大秦(罗马帝国)商人和林邑使臣也到达建业。这些活动,对于中外经济文化交流起着重大的作用。

1996年出土于长沙走马楼的近十万枚孙吴简牍,对于孙吴的地方政治和经济提供了大量第一手史料。根据其中的"吏民田家莂"及其他各类赋税缴纳档案,可以了解孙吴时期土地管理、农民负担的一般情况。另外还有大量户籍资料,反映当时的家庭一般都比较小。

江南大族的兴起　在江南经济发展的同时,江南的大族地主也在尽力扩充政治经济势力。吴国的勋臣,俸邑多至数县。他们的私兵由父子兄弟相传授,形成吴国大族的世袭领兵制度。一般武将立了战功,也可以得到增兵和赐屯田户的赏赐。孙权把吕蒙在皖城所获人马分给吕蒙,还赐给他寻阳屯田民600户,官属30人。吕蒙死后,孙权又赐守冢300家,并允许吕氏50顷土地不纳租税。官僚地主中这种人口分割的情况,使我们得以理解为什么吴国土地如此辽阔,而吴国版籍所载竟只有52万多户,230万人③。

东汉后期,吴郡的顾、陆诸族,已是"世有高位"④。孙吴初年,孙氏子弟和吴郡朱、张、顾、陆四姓仕郡的非常多,是吴国政权的重要支柱⑤。在朝的官僚,陆氏一门前后就有"二相五侯,将军十余人"⑥。四姓长期操纵吴国政治,形成了每一姓的独特门风,在江南获得了所谓"张文朱武陆忠顾厚"⑦的称誉,这是江南大族统治趋于巩固的一种表现。

---

① 《宋书》卷三六《州郡志》;《元和郡县志》卷二九。又《三国志》卷五三《吴书·张纮传》及卷四八《孙皓传》,张尚、郭诞有罪,"送建安作船"。
② 《太平御览》卷七七〇引《武昌记》"孙权尝装 舡,名大舡,容敌士三千人"。《水经·江水注》略同。又《晋书》卷四二《王濬传》晋灭吴时,王濬所造战舰亦"受二千余人"。
③ 此为吴亡时之户口数,见《三国志》卷四八《吴书·孙皓传》注引《晋阳秋》。《续汉书·郡国志》注载魏"正始五年(244年)扬威将军朱照日所上吴之所领兵户九十三万二千,推其民数不能多蜀矣"。93.2万户,据《郡国志》上下文推敲,可能是当时魏吴总户数。
④ 《文选》卷四四陈琳《檄吴将校部曲文》。
⑤ 《三国志》卷五六《吴书·朱治传》,卷六一《吴书·陆凯传》。
⑥ 《世说新语》中卷下《规箴篇》孙皓问丞相陆凯条。
⑦ 《世说新语》中卷下《赏誉篇》吴四姓条。

江南大族的政治特权,保障着他们掠夺土地,进一步扩充经济势力。顾、陆诸家多立屯邸,役使官兵,藏纳逋逃①。到了吴国晚年,江南大族不但"僮仆成军,闭门为市,牛羊掩原隰,田池布千里",而且还拥有"商贩千艘,腐谷万庾,园囿拟上林,馆第僭太极"②。据左思《吴都赋》所载,建业"富中之甿,货殖之选,乘时射利,财丰巨万。竞其区宇,则并疆兼巷;矜其宴居,则珠服玉馔"。吴国左郎中曹翌墓中的铅地券,载明买田"方十里直钱百万以葬"③,也可以反映江南地主占有土地的一般状况。

与大族地主经济发达同时出现的,是百姓的穷困。江南农民除了"多征役,岁又水旱,年谷有损,而吏不良,侵夺民时,以致饥困"以外,还深受大族地主的剥削和压迫。步骘少年时在会稽种瓜为生,他为了避免豪强焦矫的侵夺,不得不修刺奉瓜以献矫,而且还得忍受焦矫的凌辱。至于真正的贫苦农民,受大族地主剥削压迫更为严重。在这种情况下,江南农民时常举行暴动。孙权不断用军队镇压各地农民暴动,还在赤乌三年(240 年)命令郡县普遍"治城郭,起谯楼,穿堑发渠"④,力加防制。

南北的军事形势和晋灭吴　赤壁之战以后,曹操曾先后数次向巢湖地区的孙权军队发动进攻。为了防止孙权的攻略,曹操还使江滨郡县民户内移,结果庐江、九江、蕲春、广陵民十余万户惊走,皆东渡入吴。文帝曹丕在位时,魏吴时和时战。诸葛亮死,蜀魏停战以后,魏国认为"三隅已定,事在淮南"⑤,因此对吴军的攻击更为频繁。吴国"以洲渚为营壁,以江淮为城堑"⑥,用水师严密防守,并在沿江设督驻军,遍置烽燧⑦。但是吴军弱点在于缺乏骑兵远袭的力量,只能与魏军角逐于江淮之间,无法开拓疆土。江淮之间的魏军以骑步压迫吴军,屡操胜算,并且还几度临江窥伺建业。可是他们缺乏水师,无法横渡波涛汹涌的长江,徒然慨叹"武骑千群,无所用也"⑧。这种军事上的形势,是魏吴双方得以相持达数十年之久的一个重要原因。

---

① 《世说新语》上卷下《政事篇》贺太傅作吴郡条。
② 《抱朴子外篇》卷三四《吴失篇》。
③ 《考古学报》1957 年第 1 期《南京近郊六朝墓的清理》。
④ 《三国志》卷四七《吴书·孙权传》。
⑤ 《三国志》卷二八《魏书·邓艾传》语,时在正始初年。
⑥ 《艺文类聚》卷五九曹植《与司马仲达书》。
⑦ 《三国志》卷四七《吴书·孙权传》赤乌十三年注引庾阐《扬都赋》注:烽火缘江相望,"一夕可行万里,孙权时令暮举火于西陵,鼓三竟达吴郡南沙"。
⑧ 《三国志》卷五五《吴书·徐盛传》注引《魏氏春秋》。又《孙权传》黄武四年注引《吴录》:魏文帝伐吴至广陵,"见波涛汹涌,叹曰:'嗟乎,固天所以隔南北也。'"

司马氏灭蜀以后,南北军事形势起了重大的变化。晋在蜀地大造战舰,训练水师,积极准备从上游攻吴①。这时吴国经过宗室争位的长期斗争,力量大为削弱。吴帝孙皓还以为长江天险,足以屏蔽朝廷,所以只顾大修宫殿,沉湎淫乐,并用极残酷的刑罚镇压人民。甘露元年(265年),孙皓在上游晋军的威胁下迁都武昌,企图加强守备。但是吴国的大官僚地主不愿远离根本,长住武昌;江南人民也疲于逆流供应,表示不满。民谣所谓"宁饮建业水,不食武昌鱼,宁还建业死,不止武昌居"②,就是吴国上下一致反对迁都的反映。正在这时,江南汉人和越人的起义,又严重威胁着空虚的建业城。因此孙皓不得不还都建业,上游的守备更松弛了。

天纪三年(279年),晋军五路大举攻吴,蜀中水师由王濬率领,顺流而下,吴军望风而降。天纪四年三月,王濬的水师到达建业,接受了孙皓的降表。从汉献帝初平元年董卓之乱后出现的分裂割据局面,延续了90年之久,到此又归于统一。

五　从西晋统一到八王之乱

占田制　西晋统一以后,全国出现了一个短暂的和平安定局面。晋统治者为了用蜀、吴地区的人力充实北方,在平蜀之后招募蜀人北来,供给他们两年口粮,免除20年徭役;平吴之后,又规定吴国将吏北来可免徭役10年,百工和百姓20年。晋武帝(265—290年在位)屡次责令郡县官劝课农桑,并且严禁私募佃客。中山王司马睦募徙王国内八县"受逋逃私占及变易姓名、诈冒复除者七百余户"③作自己的佃客,受到晋武帝的诘责,被贬为县侯。晋武帝的这些措施,客观上起了促进生产发展的作用。太康元年灭吴以后,西晋全国有户245.9万,人口1616万,比魏末三国总数增加了户近100万,人口一倍以上。这些数字虽然不很确切,但是户口大量增加却是很显然的,而这正是社会生产发展和国家力量增强的具体反映。

在魏初起过积极作用的屯田制,由于豪强大族的兼并,由于它本身的军事组织形式不能继续适应生产力发展的需要,逐渐趋于破坏。晋武帝即位

---

① 司马昭先灭蜀后攻吴,是既定的计划。《晋书》卷二《文帝纪》:"帝将伐蜀,乃谋众曰:'……略计取吴,作战船,通水道,当用千余万功,此十万人百数十日事也。又南土下湿,必生疾疫。今宜先取蜀,三年之后,因巴蜀顺流之势,水陆并进,此灭虞定虢吞韩并魏之势也。'"
② 《三国志》卷六一《吴书·陆凯传》。
③ 《晋书》卷三七《高阳王睦传》。

前后,两次下令罢屯田官①,从此以后,独立于郡县以外而由农官专管的屯田区被取消了。屯田民一部分成为由郡县管理的国家佃客②,一部分成为私人佃客,还有一部分则成为自耕农民。至于军士屯田的制度,则始终没有废止。

太康元年(280年),西晋颁行户调式。户调式包括占田制、户调制和品官占田荫客制三部分。占田制规定男子可以占田70亩,女子30亩;此外丁男课田50亩,丁女20亩,次丁男25亩。所谓占田,是指农民保有土地数量的一个假定的指标,所谓课田,则是指农民应负担田租的土地数量,这两者多少反映了当时农民占有土地的一般状况,但又同每户农民实际占有的土地数量无关。户调制规定,丁男之户,每年调绢三匹,绵三斤,丁女或次丁男为户者折半交纳。《晋故事》说:"凡民丁课田,夫五十亩,收租四斛,绢三匹,绵三斤"③,据此看来,西晋田租和户调实际上大概都是一户以一丁计,按户征收的。征收租调时,官吏还预先把纳租调户按贫富分为九等,按等定数,而以《晋故事》所述定额为平均指标。这种征收租调的办法,叫做"九品混通",南北朝的统治者,大都沿用此法。

西晋颁行占田制和户调制,目的在于通过田租、户调的调整,尽可能加强对农民的控制,防止他们继续脱籍逃亡④,并使已脱籍的人归入户籍,以便国家进行剥削。太康三年,西晋户数上升到377万⑤,比两年前初行占田制时增加了130余万,可能就是推行此制的效果。但是西晋时期豪强势力强大,剥削严重,西晋政权既无力严格控制农民的户籍,也无法掌握确实的垦田亩数,因此占田制不可能长期实行,到晋惠帝时,就出现了"天下千城,人多游食,废业占空,无田课之实"⑥的严重情况。

西晋的品官占田荫客之制规定:官僚可以按官品高低占有土地从10顷到50顷;占有佃客从1—15户⑦;占有衣食客1—3人。此外,他们还可以按

---

① 《三国志》卷四《魏书·陈留王奂传》:咸熙元年(264年)"罢屯田官以均政役,诸典农(按即典农中郎将、典农校尉)皆为太守,都尉(按即屯田都尉)皆为令长",这是第一次。《晋书》卷三《武帝纪》泰始元年(265年)"罢农官为郡县",这是第二次。
② 罢屯田官后国家佃客的情况,见《晋书》卷二六《食货志》杜预疏。
③ 《初学记》卷二七引。
④ 《晋书》卷三〇《刑法志》引庚寅(泰始六年,270年)诏书:"举家逃亡,家长斩",可见当时农民逃亡是个严重的问题。
⑤ 《三国志》卷二二《魏书·陈群传》注引《太康三年地记》。
⑥ 《晋书》卷五一《束晳传》。
⑦ 《晋书》卷二六《食货志》原作50户,为15户之讹。

官品高低庇荫亲属作自己的依附农民，"多者九族，少者三世"，没有数量限制。这些规定，目的在于保障官僚的特权（特别是以贫穷的族人为荫户的特权）而又限制他们过分强大，以巩固封建统治秩序。但是这种限制并无成效，因为大官僚早已是奴客众多，园田水碓遍及各地了。

统治集团的腐朽 以司马氏为首的西晋统治者，在西晋建立以前已有了十几年顺利发展的历史，形成了一个新的庞大的贵族集团。晋武帝依靠这个贵族集团取代了魏室，因此他也就尽可能满足这个集团对财富和权势的要求。国家统一后生产的发展，使这个集团的贪欲越来越大，挥霍也越来越厉害。所以西晋统治集团一开始就异常贪婪、奢侈、腐败、残暴，和汉初、魏初的统治集团有所不同。淮南相刘颂上书给晋武帝，说是"时遇叔世"①；司隶校尉刘毅甚至当面指斥晋武帝，说他还不如东汉桓、灵那样的亡国之君。

西晋大臣几乎都是魏世以来司马氏的元勋及其子弟，他们都是世代王侯，习于骄奢，不以国事为重。太傅何曾和司徒何劭父子，日食之需达一两万钱，石崇靠居官抢劫发财，这些都是骇人听闻的事，而在当时的统治者中却不以为非。官僚贵族还竞用极端奢侈的排场彼此炫耀，甚至不惜故意破坏财富，来显示自己的豪华。王恺与石崇斗富，"恺以饴澳釜，崇以蜡代薪；恺作紫丝步障四十里，崇作锦步障五十里以敌之；崇涂屋以椒，恺用赤石脂"②。王恺以晋武帝所赐高三尺的珊瑚示崇，石崇顺手击碎，取出自己的珊瑚树，高三四尺者有六七株之多。

奢侈贪婪在当时的官僚名士中被认为理所当然，安之若素，只有少数人感到前途危险，表示忧惧不安。傅咸警告晋武帝说："奢侈之费，甚于天灾"；又说"今者土广人稀而患不足，由于奢也"③。王沉作《释时论》④，指斥士大夫求官买职；成公绥、鲁褒先后作《钱神论》⑤，讽刺当政者嗜财如命，货赂公行。这些作品，是当时统治者中难得的一点清醒的声音。

官僚名士无例外地醉心于清谈，力图用玄学理论来辩护自己贪鄙的行为和欲望。还有一部分士大夫甚至堕落到终日醉酒，裸体狂欢的地步。

八王之乱 西晋统治集团的腐朽，引起了激烈的党争，朝廷长期处在争

---

① 《晋书》卷四六《刘颂传》。
② 《晋书》卷三三《石崇传》。
③ 《晋书》卷四七《傅玄传》附《傅咸传》。
④ 《晋书》卷九二《王沈传》。
⑤ 成公绥之论见《太平御览》卷八三六，鲁褒之论见《晋书》卷九四《鲁褒传》，二论文字多有雷同。又《初学记》卷二七有綦毋氏《钱神论》佚文。

权夺利的倾轧中。晋武帝为了监督异姓功臣和吴蜀地主,曾大封宗室为王,并且允许王国置军,取消州郡武备。他还陆续用诸王统率中央兵马镇守要害,特别是荆、扬和关中,逐渐替换异姓方镇。继立的晋惠帝是个白痴,皇后贾氏为了让自己的家族垄断政权,于元康元年(291年)杀当政的惠帝外祖杨骏,征汝南王亮与卫瓘共同辅政,旋命楚王玮杀亮、瓘,又以专杀之罪杀玮。她以张华、裴頠等居位,而让自己的亲党掌实权。从此以后,诸王为争夺统治权,展开了极其凶残的内战,史称"八王之乱"。元康六年,赵王伦被召入京,他掌握了禁军和朝政,于永宁元年(301年)废惠帝自立。同年,齐王冏(镇许昌)、成都王颖(镇邺)、河间王颙(镇长安)等起兵声讨赵王伦。从此方镇军参加内战,战斗规模扩大,战场从洛阳、长安延展到黄河南北的广大地区。破坏性大为增加。赵王伦被杀后,惠帝复位。齐王冏、河间王颙、长沙王乂、成都王颖、东海王越等又反复冲突,幽州刺史王浚甚至引乌桓、鲜卑兵参战。乌桓、鲜卑兵先后进入邺和长安,暴掠妇女财货,屠杀人民。其他各军,也无不到处烧杀洗劫,使北方生产受到极大的摧残,人民受到极大的痛苦。在延续达16年之久的内战中,参战诸王多相继败亡,贾后被杀,惠帝被毒死,西晋统治集团的力量消耗殆尽。在这种情况下,隐伏着的阶级矛盾和民族矛盾便迅速爆发了。

六 西、北边疆各族的内迁

东汉以来,西、北边陲的许多民族,陆续向内地迁移,在辽西、幽并、关陇等地,同汉族人民犬牙交错地住在一起。这些民族的社会经济都在向上发展,在汉族的影响下,它们都在不同程度上向定居的农业生活或半农半牧生活过渡。汉魏统治者为了边防和经济的需要,也常常招引这些民族入塞。这样,北方的民族关系,就日益复杂起来。

匈奴 鄂尔多斯高原上的南匈奴,东汉末年向今山西北部、中部移动,在那里分成很多部分,与汉人杂居,并逐渐转向农耕生活。匈奴旧日的部落组织还约束着匈奴人,但是匈奴人同时又是汉朝的编户,受汉朝的剥削和压迫。中平五年(188年),匈奴羌渠单于发左部兵帮助东汉攻击幽州鲜卑,匈奴人恐征发不已,右部起而攻杀羌渠单于①。羌渠之子於扶罗虽被亲近推

---

① 据《后汉书》卷一一九《南匈奴传》。《晋书》卷五六《江统传》"中平中以黄巾贼起,发调其兵"云云,则为发南匈奴兵镇压黄巾。

为单于，但不为南庭大众所接受，被迫率领一小股匈奴流亡到平阳及以南等地。於扶罗所部匈奴军，曾在中原参与各派纷争达数年之久。

在北方混战时期，并州匈奴豪右也拥众据土，"张雄跋扈"。避役的汉人，有许多向匈奴部落逃亡。曹操统一中原后，并州刺史梁习召匈奴豪右为官，然后征发匈奴人为义从、兵吏，使随大军出征，再把出征军吏的家属移送邺都，以为士家。对于不愿从命的匈奴人，梁习又兴兵镇压，逼令降服。从此以后，匈奴豪右被控制起来，"部曲服事供职，同于编户"①。

建安二十年，曹操罢省云中、定襄、五原、朔方四郡（在今河套区域东至晋西北一带），郡置一县以统旧民，合为新兴郡，设郡治于今山西忻州②。建安二十一年，匈奴呼厨泉单于留质邺都，曹操乃分匈奴三万余落为五部，置五部帅，派汉人为五部司马，加以监督。匈奴左部居并州兹氏（今汾阳境），右部居祁（今祁州境），南部居蒲子（今隰县境），北部居新兴（今忻州境），中部居太陵（今文水境）。左部帅刘豹（於扶罗之子）并五部为一，魏末晋初又析为数部。司马氏把匈奴部帅改为都尉，取消了他们的部落特权，加强了对匈奴的控制。除了旧有的几万落匈奴以外，西晋时期塞外匈奴、"杂胡"又源源入塞，前后共达二十余万人。

匈奴贵族汉化较深，他们之中最贵的一姓出于匈奴屠各（休屠各，休屠）种，自称为两汉皇室之后，世代作五部帅和五部都尉。左部都尉刘渊是於扶罗之孙，刘豹之子，他随汉族儒生习经史，西晋时曾作为匈奴侍子住在洛阳，同洛阳官僚有很多往来。惠帝永熙元年（290年），晋以刘渊为建威将军、匈奴五部大都督。

羯 羯族在西晋时入塞，其主要部分在上党郡武乡县同汉人杂居。他们原来役属于匈奴，所以被称作"匈奴别部"。羯族高鼻深目多须，拜"胡天"③，有火葬的习俗。他们还保留着部落组织，不过部落比较松弛。上党羯人大部于农耕，经济生活上同汉人的差别已经基本消失。

鲜卑慕容部 鲜卑慕容部原居鲜卑山，后迁居饶乐水（西拉木伦河）。三国时慕容酋长莫护跋曾随司马懿击公孙渊，受魏封号，并徙其部于辽西。晋太康十年（289年），慕容廆率领部落迁居徒河（今辽宁义县），不久又迁

---

① 《三国志》卷一五《魏书·梁习传》。
② 《太平御览》卷一六三引阚骃《十三州志》，《三国志》卷一《魏书·武帝纪》建安二十年条及卢弼《集解》。
③ "胡天"，火祆教之神。火祆教起于波斯，中国之有火祆教始此。魏、齐、周时，火祆教列于祀典。齐有京邑萨甫，诸州萨甫等官，以西域胡人为之，主祠祆神。

到大棘城(今辽宁锦州),从事农桑和畜牧。永嘉以后,北方农民大批流入慕容部中,士大夫来避难的也不少。慕容廆重用士人以建立政治制度,传授经学和文学,同时还设郡以统流民。

鲜卑拓跋部 鲜卑拓跋部先世居于大兴安岭北部东麓地区①,同包括99个氏族的36个游牧狩猎部落(后来演变为八个部落)结成部落联盟。酋长推寅的时候,拓跋部南迁于大泽(或即今呼伦湖)。推寅八传至诘汾,又向南移动,经历"山谷高深,九难八阻"②,始到达匈奴故地。魏黄初元年(220年),诘汾子力微继位,他并吞没鹿回部,拥有战士二十多万,势力强大起来。力微三十九年(258年),拓跋部移居盛乐(今内蒙古自治区托克托县)地区。由于曹魏从这里撤销了云中、定襄等郡,所以拓跋部得以顺利发展。力微的儿子沙漠汗曾两次到洛阳访问,在那里一共停留了八年。那时,拓跋部正处在向阶级社会转化的前夕,保守的部落大人怕沙漠汗回来后变革旧俗,所以在归途中把他杀死了。

以后,拓跋部同汉人的商业往来逐渐增多,许多汉族商人进入拓跋部,甚至洛阳大贾也出现在拓跋酋长周围③。拓跋部吸收了许多匈奴、乌桓、鲜卑慕容部和"杂胡"部落,并州汉人投附拓跋部的也不少④。当北方各族起兵反晋时,拓跋猗卢统一了拓跋部,并先后出兵援助晋并州刺史司马腾以及被匈奴、铁弗和鲜卑白部(慕容部)攻击的继任刺史刘琨。因此西晋封猗卢以晋北五县地为代公,以后又改封代王。猗卢"明刑峻法"⑤,加强统治权力,使拓跋部向阶级社会前进了一大步。

氐 羌 氐族和羌族,除了大部分还住在今青海、甘肃以外,也有不少人移居关中和益州。有些羌人甚至还远离故土,散处中原。魏晋统治者为了充实关中,屏蔽中原,常常向关中强徙氐、羌及其他少数民族。曹操命张既徙武都氐出居扶风、天水界,一次即达五万余落。陇右、河西的割据者,也

---

① 鲜卑拓跋部"祖宗世王幽都","凿石为祖宗之庙于乌洛侯国西北"。北魏太武帝太平真君四年(443年)遣李敞诣乌洛侯国之石室告祭天地,李敞刻祝文于石室之壁而还。近年经考古调查,在大兴安岭北部东麓的内蒙古鄂伦春自治旗阿里河镇附近发现此拓跋部祖先旧墟的石室,室壁刻有李敞祝文,与《魏书·礼志》所载文字基本符合。因此,拓跋部发祥地的"幽都"地址,可以确定。参考《魏书》卷一《序纪》、卷一〇〇《乌洛侯传》、卷一〇八《礼志》,以及米文平《鲜卑石室的发现与初步研究》(《文物》1981年第2期)。
② 《魏书》卷一《序纪》。
③ 洛阳大贾,事见《水经·河水注》,其余商人活动,参看《魏书》卷二三《莫含传》。
④ 《魏书》卷二三《卫操传》。
⑤ 《魏书》卷一《序纪》,卷一一一《刑罚志》。

常常引氐、羌为援,使氐、羌人民远离故土。西晋时氐、羌及其他少数民族的人口,占关中人口的一半。仇池(今甘肃成县西)杨氏是氐人中强大的一支,晋元康六年(296年),杨氏建立仇池国,至北魏正始三年(506年)始灭。

巴 东汉时今鄂西、川东的廪君蛮与板楯蛮,到西晋时已逐渐融合①,称为巴人或賨人。汉末一部分巴人北上,归附汉中的张鲁;以后宕渠的巴人也北入汉中。曹操把巴人迁到略阳,与氐人杂处,所以他们又被称为巴氐。巴人与汉人关系很密切,两者在经济生活上的差异大致已消失了。

以上所述匈奴、羯、鲜卑、氐、羌,在当时称作"五胡",加上賨人,则合称"六夷"。

各族逐渐封建化的趋势 魏晋以来北方各族的移动,加速了各族社会的变化。各族部落愈是远离自己原来的住地而进入汉人地区,它们的成员就愈是容易脱离部落羁绊,以至于成为耕种小块土地的农民。各族人民由游牧转向定居农耕,是民族进步的重要表现。但是这种转变是一个长期而复杂的历史过程,其中既充满了阶级压迫和民族压迫,也充满了反对阶级压迫和民族压迫的斗争。

内迁各民族人民不但深受本族贵族的压迫剥削,而且在他们新迁的地方,还要受魏晋统治者和汉族地主的奴役。并州匈奴人有许多成了汉族地主的奴婢、佃客②,羯人和鲜卑人沦为奴婢的也不少③。羯人石勒的遭遇更为悲惨。石勒父祖都是部落小帅,石勒自己作过行贩,还曾为人力耕,后来又被并州刺史司马腾捕缚,卖给茌平人师懽为耕奴。内迁各族还常常被迫服贱役,有时连贵族也不能免,羌人贵族姚馥就曾长期为晋武帝养马④。驱迫内徙各族人民当兵作战,更是常见的事,由匈奴、鲜卑、乌桓或羌人组成的军队,经常出没在中原的战场上。

但是,内徙较久的一些部落,不论它们的成员所受尚存的部落束缚到什么程度,也不论它们的经历如何曲折复杂,西晋时它们都在走着农业化的道路,逐渐习于农耕。不但匈奴人、羯人、賨人、鲜卑慕容部人是这样,乌桓、

---

① 《晋书》卷一二〇《李特载记》关于賨人的历史部分,即《后汉书》卷一一六《南蛮传》中廪君蛮与板楯蛮(以廪君蛮为主)史文的综合。

② 《晋书》卷九三《王恂传》有匈奴佃客,《初学记》卷一九引《三辅决录》注、王嘉《拾遗记》卷九均有胡婢。

③ 《高僧传》卷一〇《佛图澄传》有鲜卑奴,《世说新语》下卷上《任诞篇》有鲜卑婢。《晋书》卷一〇〇《祖约传》有胡奴与石勒同种类,当是羯人。

④ 王嘉《拾遗记》卷九。

氐、羌等族也是这样①。有许多氐人还已成为国家的编户②或王侯封户③。随着晋末和十六国时期阶级斗争和民族斗争的激烈,部落被迫迁徙或自愿迁徙更加频繁,这种变化的规模也就更大。

在内徙各胡族逐步农业化的过程中,各胡族不但大量吸收了汉人的文化,而且也以自己的文化习俗影响汉人。西晋时洛阳贵族官僚"相尚用胡床貊槃,及为羌煮貊炙……又以毡为绔头及络带、裤口"④。北方汉人还吸收了胡人的习俗,以酪浆为饮料。靠近胡族地区的汉人,甚至在生产上也受到胡人的影响,从事畜牧或兼营畜牧。

各族的内迁,引起了一些汉族统治者的忧虑。特别是某些民族的住地接近洛阳,它们的统治者和人民都对西晋统治不满,甚至"怨恨之气,毒于骨髓",因此有许多人主张把这些民族强迫迁走。魏嘉平年间,邓艾曾建议分割匈奴部落,渐徙与汉人杂处的氐、羌于汉人地区之外。西晋时期,郭钦主张向匈奴住地移徙汉人,加强军事控制,并把最接近洛阳的杂胡迁到匈奴之外,"峻四夷出入之防"⑤;江统更主张把内迁的匈奴、氐、羌一并遣回故土,以使"戎晋不杂"⑥。但是各族内迁和杂居是长期历史发展的结果,不可能强制改变,所以所谓"徙戎"的议论,是根本无法实现的。

七 汉族流民和内迁各族人民大起义

延续达十几年的八王之乱,极其严重地破坏了社会生产,大大加深了各族人民的痛苦。由于生产破坏和天灾而引起的饥荒,驱使数以百万计的农民漂流异乡,随处觅食。一些业已封建化了的少数民族,也参加在流民群

---

① 《三国志》卷二六《魏书·牵招传》:魏文帝时牵招为雁门太守,"表复乌丸(乌桓)五百余家租调"。卷二八《毌丘俭传》注引《魏名臣奏》:武威郡杂胡诣毌丘兴,兴"使尽力田"。又卷二六《郭淮传》:太和五年淮于陇右"抚循羌胡家使出谷,平其输调"。据此知雁门乌桓、武威杂胡和陇右羌胡均已从事农耕,甚至已输租纳调。

② 《文选》卷二〇潘岳关中诗注引《上关中诗表》有"(氐帅)齐万年编户隶属"之语;同书卷五七潘岳《西征诔序》,有"编户之氐"之语。

③ 《晋书》卷三八《扶风王骏传》:"以氐户在国界者增封。"

④ 《晋书》卷二七《五行志》上。按《齐民要术》记载的许多调造之法,有人认为即是所谓"羌煮貊炙"。

⑤ 《晋书》卷九七《匈奴传》载郭钦之议,文有脱漏,此处参用《群书治要》卷二九注引干宝《晋纪》。

⑥ 《晋书》卷五六《江统传》。

中,还有一些民族则纷纷举行暴动,反对西晋统治。西晋州郡武备的取消和藩镇军队大多牵制在内战中,使西晋统治者无法制止各族人民的流亡,也难于压平暴动。这样,流民越来越多,波及的地区越来越广泛,他们"脱耒为兵,裂裳为旗"①,与匈奴、氐、羌等族的反晋斗争呼应,形成了各族人民反对西晋统治的起义斗争。

元康四年(294年),匈奴人郝散起兵上党。两年后,郝度元联合冯翊、北地等郡的马兰羌和卢水胡起兵,关中氐、羌全部响应。他们推氐帅齐万年为帝,众七万人,打败了晋将周处,到元康九年才被镇压下去。

元康年间,略阳、天水等六郡汉族和賨族(巴氏)流民几万家,经汉川入益州觅食。他们在益州为地主佣工,益州官吏逼迫他们立即出境。他们乞留不成,就拥戴賨豪李特为主,反对晋朝。李特与蜀人约法三章,振贷贫人,整肃法纪,得到益州人民的支持。李特之子李雄攻入成都,于永兴元年(304年)立为成都王,后改称帝,国号成②。

太安二年(303年),西晋征发荆州人民进攻益州李雄起义军,人民纷纷逃避。义阳蛮张昌在江夏招集避役的人以及到江夏来就食的流民,举行起义。张昌起义得到几十万农民的拥护,迅速发展到荆、江、扬、徐、豫五州之地。

永兴元年(304年),并州匈奴首领刘渊在左国城(今山西离石)起兵,逐步控制了并州的大部分土地。羯人石勒在关东聚集兵众,后来归降于刘渊。活动于青、徐、兖、豫等州的由王弥率领的一支队伍,在洛阳附近被晋军打败,也降于刘渊。永嘉三年(309年),颍川等郡的并州流民几万家,反抗地主豪霸的虐待,烧城杀官,响应王弥。南阳的雍州流民由王如率领起兵,也与石勒联系。

巴蜀流民在荆、湘二州受到地主的压迫,于永嘉四年(310年)起而暴动,在晋军的镇压下大批地被杀死溺死。流民推举醴陵县令成都人杜弢为领袖,攻下湘南各郡,战斗到建兴三年(315年),才被镇压下去。

参加西晋末年起义斗争的有汉、賨、蛮、氐、羌、匈奴、羯等许多民族的群众。在西晋统治下,各族人民都受到官府和地主的虐待,许多流民更面临被晋军逼遣还乡的威胁,他们的命运相近,斗争对象也是一致的。所以他们暂时突破了民族界线,共同进行斗争。但是有些不当权的地主豪强或失意官

---

① 《晋书》卷五《愍帝纪》史臣语。
② 338年,李寿改国号为汉,347年汉为东晋桓温所灭。

吏,也随着农民一起流亡,往往成为流民的领袖。例如李特是賨豪,张昌出身县吏,王弥父祖都是郡太守,王如是州武吏,杜弢是县令。

西晋末年各族人民起义虽然也包含了一些民族对抗的因素,但是总的说来,其主要性质仍然是阶级斗争而不是民族斗争。可是一些少数民族的首领如匈奴贵族刘渊,原来就抱有利用民族矛盾以树立势力的企图。当西晋王朝瓦解以后,他们更公开地把起义斗争引向民族仇杀。从此以后,北方人民的阶级斗争就以反对民族压迫斗争的形式出现了。

第二节 十六国北朝的民族斗争和民族融合

一 十六国时期各族贵族的封建割据

汉　前赵　后赵　匈奴贵族刘渊利用匈奴人民仇视西晋统治的情绪,于永兴元年(304年)在离石起兵反晋。刘渊自称大单于,又称汉王,表示他既是北方各少数民族的首领,又是刘汉正统的继承者。他攻降了许多地方武装的壁垒,向南发展,屡次打败晋军。在东方各地起兵失败的王弥、石勒,都分别归降刘渊。永嘉二年(308年),刘渊在平阳(今山西临汾)称帝,并派兵攻打洛阳。永嘉五年,匈奴军攻下洛阳,晋怀帝被掳,晋军在荆棘成林的长安拥立愍帝。建兴四年(316年),匈奴刘曜又夺得长安,愍帝出降,西晋灭亡。

并州本来是民族关系复杂的地方,匈奴军把被征服的各胡族人民源源不断地迁入并州,这更增加了并州地区民族关系的复杂性。继刘渊为帝的刘聪采取"胡"、汉分治的办法,设左、右司隶统治40多万户汉民,设单于左、右辅统治25万落包括匈奴在内的胡人。他自己总统胡、汉,实际上是依靠匈奴贵族,控制和利用其他的胡人贵族,压迫汉人。匈奴贵族为了争夺财富和权利,互相倾轧,汉人和胡人大量逃亡,汉国统治很不稳定。318年,镇守关中的刘曜代汉,在长安建立前赵。

在刘渊、刘聪统治时期,并州地区还有西晋并州刺史刘琨的活动。刘渊起兵后,刘琨于永嘉元年历尽艰险,到达晋阳,剪除荆棘,招徕流亡,勉强维持统治。他引鲜卑拓跋部为援,力拒匈奴、铁弗和鲜卑慕容部。后来,他为羯人石勒所败,北奔蓟城依鲜卑段部。东晋元帝大兴元年(318年),刘琨为段部首领段匹䃅所杀。

那时,凉州也存在着汉人建立的前凉政权。西晋灭亡后,原西晋凉州刺史张轨的儿子张寔,子孙世守凉州,保据一方。中原混乱时凉州比较安定,中原汉人来避难的络绎不绝。汉族士人在那里传授儒学,保存了中原失传的一些经籍和学说。前凉控制了西域,在今吐鲁番地设高昌郡,因而加强了西域同内地的联系,有利于中国与中亚的经济文化交流。

前赵对关陇和并州的氐、羌、巴、羯等族进行了长期的征服战争,把被征服的各部落移向长安。前赵仍然用胡汉分治的办法,不过刘曜自己称帝,表示他是北方正统的统治者,而让儿子刘胤作大单于以统治胡人,这比起汉国政权来,显示了较大的汉化倾向。刘曜还在长安设学校传授儒学,并且建立了租赋制度。

刘曜称帝后,羯人石勒在襄国(今河北邢台)称赵王,转战冀州、并州,攻降了许多壁垒,扩大了军力。他把一些坞主署为将军、都尉,但实际上却削弱他们的武装力量。他还把一些汉族士大夫编为"君子营",让他们在军事监督下为他策划,其中的张宾竟成了他得力的谋主。石勒又把被征服的胡人和并州的羯人移往襄国附近,前者是为了就近控制,后者则是为了取得本族上层的支持。329年,石勒灭前赵,称皇帝,迁都邺城,史称后赵。

石勒为了巩固统治,竭力提高羯人的地位,称他们为"国人",严禁称"胡",甚至"诸胡物皆改名"①。他把羯人和其他胡人组成强大的禁卫军,由养子石虎以单于元辅的身份率领,作为自己的基本力量。同时,他也搜罗和利用汉族士人,恢复九品官人之法,设立学校,并且大力提倡佛教。在经济方面,他阅实户口,劝课农桑,制定每户绢二匹、谷二斛的租调制度。这些措施的推行,使后赵政权比汉和前赵显得稳定一些,民族压迫也略见和缓。

继石勒为帝的石虎,是一个穷奢极欲,暴虐荒淫的统治者。他在中原大规模圈地为猎场,摧残了农业生产;又在邺、洛阳、长安大修宫殿和苑囿,使千千万万的农民死于苦役。为了准备侵犯东晋,他调发成百万农民当兵,强迫他们自带粮食车牛,农民被逼死的到处皆是。这种空前的残暴统治,引起了汉族人民的义愤。受害最深的山东人民以道教为纽带,托言李弘出世,策划大规模的起义,不幸事发,连坐而死的达数千家。刘光则假借佛教,自称"佛太子",聚众千人,于终南山建号反赵,不幸被杀②。

后赵的东宫卫士十多万人谪戍凉州,其中一万多人,行至关中时举行兵

---

① 《太平御览》卷八六〇引《后赵录》:石勒"讳胡尤峻,诸胡物皆改名,〔改〕胡饼曰搏炉,石虎改曰麻饼"。

② 《太平御览》卷三七九引《后赵录》。

变,由梁犊率领东归,连下关中许多城戍。梁犊自称晋征东大将军,这显然符合当时汉人反对羯族统治者的要求,因而大大增长了起义的声势。这支军队缺乏武器,用大斧缚上长柄,"攻战若神",占领长安、洛阳,转战荥阳、陈留。后赵军连战皆败,最后用氐、羌兵力才把他们镇压下去。

350年,后赵大将汉人冉闵乘石虎死后石氏子孙混战的机会,夺得政权,建国曰魏。冉闵利用汉人反对石虎残暴统治的正当要求,滥杀羯人,使胡汉彼此猜疑,因而他的统治根本无法巩固,不久就被从辽河流域南下的鲜卑慕容部消灭了。

前燕 前秦 337年,鲜卑慕容皝称燕王。342年,慕容部徙都龙城(今辽宁朝阳),逐步并吞了附近许多部落,收纳了大量的汉族流民,势力日益强盛。慕容皝引贫民耕种龙城苑囿土地,地租极高,用官牛的八成,不用官牛的七成,由于封裕的谏议,才减为四六分或对半分,同魏晋屯田民一样。

352年,慕容儁率部南下,消灭冉闵,在邺城建立前燕。前燕镇压了中原人民的反抗,削平了连跨并州数郡三百多壁垒、拥有胡汉十多万户的豪强张平的势力,统治逐渐巩固起来。史载慕容垂在邺有田园,慕容评障固山泉,卖樵鬻水。慕容部的王公贵戚普遍藏匿荫户,据说荫户总数比国家户口还多,官府一次检括,查出了二十多万户。从这些事实看来,慕容部贵族已迅速成为大地主了。

后赵时徙居中原的氐族,乘后赵崩溃之际,由苻健率领,西归关中,351年,在长安建立前秦。前秦统治者苻坚废除了一部分后赵的苛政,恢复魏晋以来的士族特权,重用汉人王猛治理国家,劝课农桑,提倡儒学。在苻坚统治时期,关中水利工程得到修复,农业有了发展,长安到各地的道路驿亭也得到修整。据说那时"四夷宾服,凑集关中,四方种人,皆奇貌异色"①,可知各族之间以及中国与西方之间的交往都比较发达。前秦在370年灭前燕,376年灭前凉和代,不久又夺得巴蜀,进入西域。这样,北方又出现了统一的局面。

383年(东晋太元八年),苻坚发兵90万,企图一举攻灭东晋。前秦军在淝水一战中被东晋军击溃,前秦政权也土崩瓦解。原来被前秦控制的一些胡族的首领,乘机逐鹿中原,整个北方陷于混乱。各族统治者挑起的战争,使北方本来已趋于缓和的民族矛盾又加剧了。

淝水战后北方的形势和北魏统一北方 淝水之战以后,北方出现了严

---

① 《太平御览》卷三六三引车频《秦书》。

重的分裂局面,持续至数十年之久。在这个时期中,关东、关中和西北三个地区,由于民族融合程度和社会经济状况的不同,混乱的情况也不完全一样。

在关东,鲜卑慕容部贵族先后建立过后燕、西燕、南燕。稍后,鲜卑化的高丽人高云在龙城继为后燕主,其政权旋入鲜卑化的汉人冯跋之手,是为北燕。关东是汉族人口密集、经济文化发达的地区,先后进入这一地区的乌桓人、匈奴人、羯人、鲜卑人、丁零人等,封建化较快,一般都过着和汉人一样的农业生活,所以这里的民族隔阂不算太深。南朝初年的周朗把这里的居民称作"山东杂汉"①,谢灵运更认为"河北悉是旧户,差无杂人"②。淝水战后在这里活动的主要是鲜卑慕容部,政治上的变化虽然不少,但是动乱还不太大。

在关中地区,羌人姚苌建立了后秦。姚苌死,姚兴继位,他提倡儒学和佛教,亲自讲经论道。他又抑制羌族各部豪酋和隐匿户口的武将,放免因荒乱自卖为奴婢的人,招引流民充实关中。但是由于"关西杂居,种类不一"③,氐、羌、铁弗又常有冲突,所以后秦政权难于巩固。417 年,东晋刘裕率军灭后秦。两年以后,铁弗部赫连勃勃又赶走东晋军,占领关中,建立夏国,定都统万(今陕西横山境)。铁弗部本来游牧于今陕北地区,自称其族出于南匈奴,一说出于胡(匈奴)父鲜卑母。赫连勃勃的统治非常残暴,关中居民受害很深。

在西北地区的河西走廊一带,先后建立过五个短期的小王国:陇西鲜卑乞伏部乞伏国仁建立西秦,都苑川(今甘肃榆中);氐人吕光建立后凉,都姑臧(今甘肃武威);与拓跋部同源的河西鲜卑秃发部秃发乌孤建立南凉,都廉川堡(今青海乐都);杂有卢水胡的匈奴沮渠部沮渠蒙逊建立北凉,都张掖;汉人李暠建立西凉,都敦煌。这一地区经济水平较低,民族关系复杂,没有一个民族能够在这里起主导作用,没有一个国家能够把这一地区统一起来。这些小国彼此征战并吞,混乱持续很久,生产破坏很大。

除了上述三个地区以外,在平城(今山西大同)一带,则有鲜卑拓跋部建立的代国。338 年,什翼犍统治拓跋部。他设官分职,"制反逆杀人奸盗之法"④,进一步摧毁氏族制的残余,确立了国家。376 年,代国被苻坚攻灭。淝水之战以后,拓跋珪在 386 年重建国家,改国号为魏。

---

① 《宋书》卷八二《周朗传》。
② 《宋书》卷六七《谢灵运传》。
③ 同上。
④ 《资治通鉴》卷九六,东晋咸康四年。

十六国简表

国名有竖线者在十六国数中,成、汉与汉、前赵均以一国计。
箭头表示灭于某国。国名下小字为族名及始建国者名。

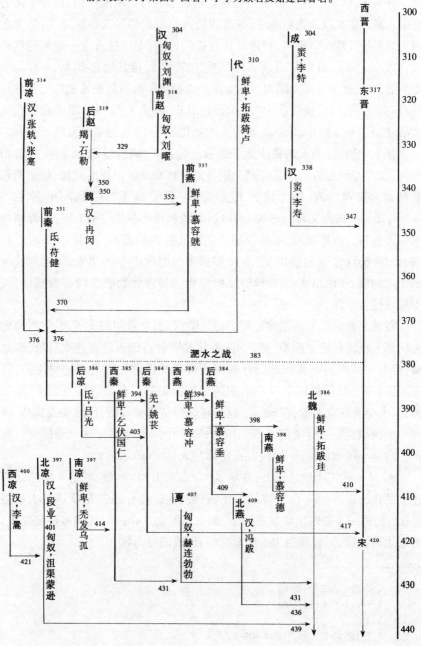

拓跋珪(386—409年在位)是拓跋部的杰出人物,他在盛乐息众课农,又把农业生产推广到五原和梱阳塞外,并且征服了一些北方的游牧部落,俘获了大批人众和牲畜,使拓跋部迅速强大起来。395年,魏军大败后燕军于参合陂,歼灭后燕军四五万人。第二年魏军大举攻燕,夺得并州,又东出井陉,进入河北诸州郡,陆续占领了信都、中山、邺等重镇,基本上平定了关东地区。天兴元年(398年),拓跋珪称帝(后谥道武帝),定都平城。泰常七年(422年),明元帝取得淮河以北刘宋的青兖二州。以后,太武帝经过连年攻战,于神麚四年(431年)灭铁弗部的夏国,太延二年(436年)灭北燕,太延五年灭北凉,完成了北方的统一。

二 北魏前期(386—451年)各族人民的反压迫斗争

北魏前期的民族压迫和各族人民的反压迫斗争 十六国以来百余年的民族斗争与民族融合,为北魏的统一创造了前提。在统一战争过程中,道武帝为了加强统治,离散跟随他进入中原的从属诸部的部落组织,让部落成员分土定居,列为国家编户,不许任意迁徙。但是有一些像高车那样的部落由于过于"粗犷",难于强制,仍得以保全部落组织①。道武帝又把山东六州的汉族民吏和徒河(鲜卑慕容部)、高丽、"杂夷"36万口,强制迁到平城附近,配给耕牛,计口授田。此外,还强徙百工技巧十余万口。明元帝、太武帝时,也曾大规模徙民。这些措施,反映了北方许多民族的部落成员向小农变化的历史趋势,在客观上促进了民族杂居与民族融合,有利于统一的实现。

由于各民族的割据形势在前秦崩溃以后十分严重,所以北魏前期由道武帝、明元帝、太武帝相继进行的统一战争,同时又是残酷的民族征服战争。在民族征服战争过程中,拓跋统治者大规模地掠人为奴,大量抢劫财富,对各民族人民实行民族压迫,这又激起了各族人民的反压迫斗争。

慕容部的反抗是最先发生的。由于北魏曾经在参合陂坑杀后燕降卒,中原的慕容部人到处匿粮守城,节节阻挡魏军东进。被迁往平城的慕容部人"百余家谋外奔",企图摆脱北魏统治,因此被北魏诛杀的达数百人②。由

---

① 《魏书》卷一一三《官氏志》,《北史》卷八〇《贺讷传》、卷九八《高车传》。当时部落未被离散者实际上还有很多,北魏末年和北齐时屡见于史籍的"领民酋长""领民庶长",应即出于北魏初年未被离散的以及以后内附的部落。

② 《魏书》卷二《道武帝纪》。

于慕容部人反抗的激烈,北魏在泰常三年(418年)又一次把散居冀、定、幽三州的徒河徙于平城附近①,以便就近控制。

天兴元年(398年),幽州乌桓②反对北魏的民族压迫,进行了顽强持久的斗争,直到泰常元年才被镇压。

并州境内的杂胡经常受到魏军攻击,也进行了持久的反抗。北魏逐部征服他们以后,除了恣意屠杀之外,还强制离散他们的部落,有些更被大批徙往平城。

沿边各民族的许多部落,处在北魏军镇的控制下,不但得不到正常的生存条件,而且还被驱使进行掠夺战争,所以也常起反抗。高车族的反魏斗争最多,规模最大;斗争失败后,高车人往往被强制编成营户,强徙于今河北、山东地区。

在北魏的北面,游牧的柔然人是北魏的劲敌。太武帝用主要的力量对付柔然,前后发动了许多次反击柔然的远征。北魏把被征服的柔然及其所属高车等部人众南徙于边塞地区,向他们责纳沉重的畜产贡献,并驱使他们进行战争。他们也常常出塞逃亡,反对北魏的统治。

汉族人民反对民族压迫的斗争,同其他各族一样激烈。史载"白涧、行唐(在今河北行唐一带)民数千家负险不供输税"③;"高平(郡治今山东金乡)民屯聚林薮,拒射官军,〔娥〕清等因诛数千家,虏获万余口"④。北魏在中原设有8个军府,每军5000人,用以镇压汉人的反抗。神瑞二年(415年)北魏曾拟迁都邺城,崔浩极力反对,他说拓跋部人口太少,如果分家南徙,不能遍布诸州,居民知道虚实,更会起来反抗,边陲各族也会攻击平城。他认为只有把统治中心放在平城,一旦中原有事,可以随时轻骑南下,这才是"威振诸夏之长策"⑤。从崔浩的话里,可以看出北魏统治者对各族人民反抗的恐惧和防范的用心。

太平真君六年(445年),发生了规模更大的反压迫斗争。这一年,盖吴

---

① 《魏书》卷三〇《娥清传》,卷三《明元帝纪》。
② 《魏书》卷三《明元帝纪》作"徒河部落",卷四《太武帝纪》作"渔阳群盗",卷三〇《王建传》作"乌桓"。按渔阳为乌桓聚居区之一,起兵领袖均为库辱官氏。《北史》卷九八《徒何段就六眷传》云,其伯祖"因乱被卖为渔阳乌丸子大库辱官家奴",可知库辱官为乌桓著姓,所以上述几说应以《王建传》为是。
③ 《魏书》卷三〇《周几传》。
④ 《魏书》卷三〇《娥清传》。
⑤ 《魏书》卷三五《崔浩传》。

领导杏城(今陕西黄陵)卢水胡起兵,"诸众胡争应之,有众十余万"①。一些汉人也结众起兵,与盖吴通谋。盖吴一方面与刘宋联系,一方面分兵几路进攻。别部帅白广平西入新平、安定,同氐、羌、匈奴的反魏力量结合。盖吴进军李闰堡(今陕西大荔境),扩充势力,转攻长安。河东的蜀人由薛永宗率领,也起兵呼应。直到太武帝亲领重兵镇压,起义军才归于失败。

北方的民族矛盾和各族人民的反压迫斗争,在当时的南北关系中有强烈的影响。太平真君十一年(450年)宋军北进中原,河洛关陇人负粮操兵,群起响应,甚至"四山羌胡,咸皆请奋"②。这年冬天魏军进占瓜步时,淮南人民坚壁清野,纷纷逃散。坚守盱眙的宋太守沈璞说:"贼(指魏军)之残害,古今之未有,屠剥之刑,众所共见,其中有福者,不过得驱还北国作奴婢尔。"③这种残暴的民族压迫行为,促使淮南守军在四面被围的情况下坚守不退,最后打败了北魏的围攻。

在魏军内部,民族矛盾也表现得十分严重。魏军作战时,鲜卑铁骑驱逼汉人徒步陷阵,往往不等到接战就被踩死。当魏军猛攻盱眙时,魏太武帝甚至致书宋将臧质说:围城的兵尽是氐、羌、匈奴和丁零,如果宋军杀死他们,正可以减少北方各地的反魏力量,对北魏没有什么不利。由于魏军内部民族压迫严重,所以魏军中的被统治各族士兵常起反抗,大量逃亡。

北魏统治者对汉族地主的笼络　北魏统治者在统一北方的过程中,一方面用强力镇压各族人民的反抗,另一方面又极力笼络各族上层分子,借他们之力来统治被征服各族的人民。

北魏诸帝效法汉高祖的和亲政策,把公主嫁于"宾服之国"④,用以维系各胡族的统治者。北魏还给各胡族统治者以封爵和官职,让他们带领本族军队,供北魏驱使,甚至还让他们替北魏来镇压本族人民的反压迫斗争。

北魏诸帝也使用各种手段,来笼络汉族上层。早在皇始元年(396年)道武帝夺得并州时,就积极招引汉族士人,充实统治机构,并让崔宏主持立官制,制礼仪,定律令。神䴥四年(431年),太武帝诏征中原士族范阳卢玄、博陵崔绰、赵郡李灵、河间邢颖、渤海高允、广平游雅、太原张伟等,州郡所遣共达几百人,给以官爵。北魏灭夏,得赵逸、胡方回等儒生;灭北凉,又把河

---

① 《资治通鉴》卷一二四,宋元嘉二十二年。
② 《宋书》卷七七《柳元景传》。
③ 《宋书》卷一〇〇《序传》。
④ 《魏书》卷二四《崔玄伯传》。

西儒生阚骃、索敞、阴仲达和先世由中原入凉的常爽、江式等人迁到平城,让他们教授生徒,整理经籍,考订律制,撰修国史,传播诗文,厘定文字。太武帝还命令鲜卑官员把子弟送到太学学习。某些鲜卑勋臣在政治上的作用开始有所缩小,其中有的以爵归第,职务由汉族士人代替。

北魏早期,对中原地区还只是军事占领,政治统治不得不假手于割据一方的汉人大族豪强,甚至军事镇压,有时也要借助于汉人士族或拥有武装的汉人地主。泰常八年(423年)北魏叔孙建率军攻青州,青州人坚壁清野,顽强抗拒,明元帝派曾经聚兵于河济之间的刁雍到青州去,诱逼汉人供应租粮①。盖吴起兵时,河东闻喜的大族裴骏率"乡豪"抗击义师②;河东汾阴的蜀人大族薛拔则受北魏之命"纠合宗乡",拦河阻截③。汉族和其他各族人民的反压迫斗争,由于大族豪强的镇压而受到很大的挫折;而大族豪强则由于拥兵自重,得以保全甚至扩充自己的政治经济势力,并且在这个基础上逐步与拓跋贵族联合在一起。

拓跋贵族笼络汉族上层虽然很有成效,但是他们之间的矛盾并未完全消除,这种矛盾有时还发展到很尖锐的程度。道武帝强徙旧燕境内"守宰豪杰吏民"2000家于平城,就是为了加强对汉族地主的控制,消除他们反抗的意图。明元帝诏征各地豪强地主入京,州郡对被召的人加以逼遣,酿成了很大的骚动。直到太武帝时,还有一些关东地主不愿出仕,把到平城做官视为畏途④。太武帝最亲信的汉人士族崔浩由于反对北魏与南朝为敌,又提倡族姓门第,不但自己终于遭到惨杀,而且还牵连到许许多多同宗和姻亲。

三 北方社会各阶级的状况

地主和荫户　宗主督护制　十六国、北魏时期,北方的大土地所有制继续在扩展着。一般地主都拥有庞大的田庄,役使农民种植谷物、桑麻、蔬果,豢养鸡豚,栽培竹木,自办樵苏脂烛,除了食盐以外,基本生活资料都可以自

---

① 《魏书》卷三八《刁雍传》。又《魏书》卷五六《郑羲传》:延兴初年阳武人田智度起兵反魏,魏以羲"河南民望,为州郡所信,遣羲乘传慰谕。羲到宜示祸福,重加募赏,旬日之间,众皆归散"。事虽晚出,而利用汉人大族镇压人民,则更露骨。

② 《魏书》卷四五《裴骏传》。

③ 《魏书》卷四二《薛辩传》附《薛拔传》。

④ 《魏书》卷九四《阉官仇洛齐传》。

给自足①。这样的田庄,适应十六国以来交换经济受到严重破坏的需要,是北方豪强割据的物质基础。

在十六国的混乱年代里,有些大族聚族而居,割据一方,筑成坞壁,保障自己不受胡人的侵犯②。坞壁里聚集的人,多则四五千家,少则千家、五百家③,这些人的绝大多数实际上都是佃客、部曲,在地主支配下,无事时进行生产,有事时执戈作战。十六国后期,大族仍然是"或百室合户,或千丁共籍"④,把农民作为"苞荫户",牢牢地掌握在手里。关中大族的苞荫户也很多,称为"堡户"⑤。北方各少数民族贵族习于农业化生产、生活方式后,也强占土地,扩充荫户,同汉族地主差不多。

大族地主的土地所有权十分牢固,这种土地所有权同政治军事权力以及同族权紧紧结合,残酷地束缚住无地或少地的农民,强迫他们接受大族地主的剥削。北魏统治者为了勾结和利用汉族地主来镇压农民,也承认地主的这种权力的合法性,并且在一部分地区把地主的这种统治当作国家的地方政权,这样就形成了"宗主督护"的制度。

在坞壁统治和以后的宗主督护制下,农民由于占有土地状况、与地主的亲疏关系以及其他条件各有不同,因而与地主的依附关系在程度上可能有较大的差别。但是一般说来,地主可以任意驱使农民当兵、种地或服其他劳役,农民很难摆脱地主的控制。《魏书·食货志》说:"魏初不立三长,故民多荫附。荫附者皆无官役,豪强征敛,倍于公赋。"这里以公赋(通常是指租调)的数量与豪强征敛对比,可见地主对依附农民的主要剥削形式,仍然是实物地租⑥。当然,在依附关系紧密的条件下,地主对农民也会在一定程度上增加劳役剥削。

北方的大族地主中,有许多还世代相承地拥有特殊的社会、政治地位,

---

① 《颜氏家训》卷一《治家》。按《颜氏家训》成书较晚,但是所述北方田庄自给自足的情况,在十六国、北魏时期应当是有过之而无不及的。
② 《郡斋读书志》卷一四有庾衮《保聚图》及《保聚垒议》二十篇。又,今嘉峪关出土魏晋墓室壁画中多有坞壁图像,见《文物》1972.12,1974.9,1982.8。
③ 见《鸣沙石室佚书》所收敦煌写本《晋纪》,疑即邓粲所著《元明纪》。
④ 《晋书》卷一二七《慕容德载记》。
⑤ 《晋书》卷一一七《姚兴载记上》载姚兴诏:"堡户给复二十年。"
⑥ 《通典》卷七《丁中》:"高颎睹流冗之病,建输籍之法。于是定其名,轻其数,使人知为浮客,被强豪收大半之赋;为编氓,奉公上,蒙轻减之征。"杜佑自注:"浮客谓避公税,依强豪作佃家也。"按:杜佑说这个现象自周齐至隋初都存在,可以推知北魏的荫户也是强豪的"佃家",受强豪"大半之赋"的实物地租的剥削。又,当时南方地主对佃客的剥削,也以实物地租为主。

称为士族、郡姓。北方士族,关东以崔、卢、李、郑、王诸姓为大,关中和并州地区以韦、裴、柳、薛、杨、杜诸姓为大①。他们在地方上的势力更是盘根错节,对北方的政治起着重大的影响。

国家的各种依附户 拓跋部贵族建立的封建国家,把战俘和被征服各族的一部分人民(主要是汉人),作为依附户控制在自己的手里,让他们从事各种不同的劳役,受拓跋贵族剥削。隶户或杂户是最常见的一种,他们往往几十户、几百户地被赐给百官将士,供这些人驱使。许多人被发配军镇世代当兵服役,称为军户、营户、府户。平城和各地的手工业者则被编为伎作户,由职司工役的政府部门管理,为官府制造手工业品。此外还有太常寺的乐户、屠户,并州的盐户,汉中的金户等。北魏初年,还曾允许逃户自占为绫罗、细茧、罗縠等户,专门向国家交纳丝织品。州郡有屯田户,国家牧场上还有牧户。所有这些户口,都和杂户相近。罪犯和他们的家属,有时也配充杂户。

各种依附户服役种类不同,但是身份都差不多,大体上都低于自耕农而略高于奴隶。他们都是子孙相袭,不能迁徙、改业,而且一般都不能与庶民通婚,不得读书、做官。他们又都自立门户,有独立的但却是很薄弱的家庭经济,在轮值的时间以外,或上交定量的贡纳以后,他们可以经营家庭生计。

北魏国家控制的依附户特别多,这是由当时的一些社会历史条件决定的。北魏民户多处于宗主督护或残留的部落束缚之下,由国家直接掌握的为数有限。同时,拓跋部生产水平低下,而当时社会上的手工业和商业又很衰落。在这样的情况下,如果北魏统治者不把一部分劳动者作为国家依附户牢固地控制起来,就不能满足自己多方面的特别是对于手工业产品的需要。由于拓跋部奴隶制残余的影响和拓跋贵族的民族压迫政策,北魏国家依附户的人身束缚非常紧密,生活非常痛苦。直到5世纪下半叶孝文帝当政时,北方的农业、手工业生产有所提高,民族关系比较缓和,上述情况才有较大的改变。

此外,佛教寺院也合法地占有依附农民,叫做僧祇户或佛图户,让他们为寺院地主服役。

自耕农民 北魏初年,道武帝大量徙民代北,这种徙民,其土地、耕牛由国家分给,而所受剥削则同于一般编户,是一个比较特殊的自耕农民阶层。

---

① 《新唐书》卷一九九《柳冲传》。

道武帝以代郡以西,善无以东,阴馆以北,参合以南①为畿内之田,设官吏劝课农桑,企图稳定这个阶层的经济地位,以利于北魏的统治。但是不久以后,畿内给田民户贫富分化严重,开始流动起来。太延五年(439年)北魏令畿内民以人力牛力换工,有牛家用牛为无牛家耕田22亩,无牛家以耘锄功7亩相偿;至于老小贫家,则牛耕7亩,偿以锄功2亩。这种换工办法虽然带有互助性质,但实际上还是有牛户对无牛户的变相剥削,所以并不能帮助贫弱农民,一遇水旱,他们就相率四处逃亡。孝文帝延兴三年(473年),曾严诏地主家有兼牛者通借贫下户,否则一门之内终身不仕。太和元年(477年),孝文帝更企图重分畿内土地,一夫治田40亩,中男20亩,但是并无成效。

在中原地区,自耕农民更不稳定。国家对他们征收租调时采用"九品混通"的办法,这种办法把农民的一户同占有成百成千依附农民的地主的一户等量齐观,当作负担租调的单位,对农民是极端不利的②。租调的定额很高,达到帛2匹,絮2斤,丝1斤,粟20石,还有大量的调外之费。官吏征收租调时,往往"纵富督贫,避强侵弱"③,户等划分根本无法公允,甚至大地主规避的租调也要转嫁给自耕农。官吏还使用长尺大斗重秤,上下其手,并且和商人狼狈为奸,高抬帛价,盘剥买帛纳调的农民。租调以外,官役尤其严酷。在沉重的剥削下丧失了土地的农民,有的为人客作(雇佣),他们终年所获约为粟150斛,仅能勉维全家食用和最低生活所需④,一遇到严急的征役和水旱灾害,就立刻断绝了生计。所以农民为了避役,宁愿投靠宗主作苞荫户,甚至不得不卖身为奴。

奴隶 北魏社会中奴隶数量相当多,奴隶劳动相当普遍。奴隶多数是从战俘转化而来,几乎每次大战之后,都有"赐生口""赐军实"的记载。由

---

① 代郡在今蔚县,善无在今右玉县,阴馆在今代县,参合在今阳高县。
② 约在北魏成书的《张丘建算经》卷中,以算题方式提供了一个"九品混通"的实例:九等户每等各若干,调绢平均每户三匹(一匹合四丈),九品混通,每户等应相差二丈,问各等户每户出绢几何?经计算,上上户每户出五匹,等而下之,至下下户每户一匹。按当时实况,上上户与下下户的土地、人口相差何止数十倍,但户调相差只有五倍,可见这种办法对贫苦农民是极不利的。又,同书同卷还有按户等"通融"出银的算题;《孙子算经》卷下有九家分九等输租的算题。
③ 《魏书》卷四上《世祖纪》上。
④ 客作终年所获约为粟150斛,人日廪约需6升,均据《张丘建算经》卷下诸题。150斛恐怕是一个偏高的数字。

于犯罪而籍没为奴的人也不少。魏律虽然严禁卖子及卖亲属①,也严禁"掠人、掠卖人、和卖人为奴婢"②,但是实际上抑良为奴的事还是大量存在。奴婢生活特别悲惨,他们终年麻鞋敝衣,以桑枣果腹,而且还经常受到残杀。由于奴隶经常被使用于农业生产,所以以后孝文帝颁布的均田令中,规定奴婢受田同于良人。

四 北魏中期(452—499年)的阶级斗争和孝文帝的改革

北魏中期阶级斗争的形势 经过长期的民族征服战争后,太武帝统一了北方。随后他大举进攻柔然,稳定了北方的边疆;又率师南征,遏止了刘宋的进攻,使南北力量趋于平衡。这一系列的战争固然巩固了北魏政权,同时也使北魏国力大为虚耗。所以当太武帝死后文成帝即位时,就出现了一个民怨沸腾,"朝野楚楚"③的局面。

文成帝以后,北方的民族矛盾已趋缓和,民族之间的战争出现较少,而阶级矛盾却逐步发展起来。那时候,由于过度的剥削,自耕农民的经济地位极不稳定,逃亡隐匿现象有加无已,因而出现了此起彼伏的农民暴动。兴安二年(453年),文成帝杀戮河间鄚县(今河北任丘)起义农民,并以"男年十五以下为生口,班赐从臣各有差"④。从处理的情况看来,这次农民起义斗争相当激烈,规模也是相当大的。

孝文帝(471—499年)即位后,农民暴动几乎年年发生,有时一年数起。延兴三年(473年),北魏统治者颁令,规定县令能镇压一县"劫盗"者兼治二县,能镇压二县者兼治三县,三年升为郡太守;郡太守能镇压"劫盗"者,也同县令一样兼职升官。残暴的镇压措施更加激怒了农民,所以颁令以后,暴动反而更多起来。平城的奴隶也参加了暴动,还有一部分因逃避赋役而托身寺院的僧侣,也卷进了斗争的行列。

阶级斗争的形势,使北魏统治者无法照旧统治下去,他们不得不改弦更张,另求维持统治的办法。由于北魏同南朝力量已趋均衡,漠北的柔然力量也很衰弱,北魏外部的威胁解除了,所以北魏统治者也获得了改革所必需的

---

① 《通典》卷一六七引崔鸿仪费羊皮一案云:"按律:卖子,一岁刑;五服内期亲在尊长者,死;卖周亲及妾与子妇者,流。"
② 《魏书》卷一一一《刑罚志》:"掠人、掠卖人、和卖人为奴婢者死。"
③ 《魏书》卷五《高宗纪》史臣语。
④ 《魏书》卷五《高宗纪》。

条件。冯太后和孝文帝所进行的各种改革①,就是在这种情形下出现的。

吏治的改革 孝文帝首先从吏治着手,推行改革。北魏初年定制:地方守宰一律三人,其中一人是拓跋宗室,另二人是异姓鲜卑贵族和汉族地主。这些官僚贵族遍布全国,大权在握,毫无顾忌地宰割农民。各级官吏都没有固定的俸禄,由官吏自己尽量搜刮民膏民脂,充实私囊。地方守宰不论好坏,任期一律六年,期满代换。在他们任职期间,国家只问他们能否上缴一定数量的租调,不问如何搜刮和搜刮多少。在各地实行军事镇压的武将,也同样是敲骨吸髓,竭泽而渔。史载公孙轨镇压上党丁零时,"初来单马执鞭,返去从车百辆"②,丁零人都登山辱骂。北魏王朝偶尔也"征问民瘼","访求吏治",但是事实上只是"网漏吞舟,时挂一目"③而已,没有什么实际作用。北魏吏治败坏到这样的地步,一方面使统治集团由于分赃不均而发生无穷的纠纷,另一方面也使阶级矛盾迅速发展,直接激起各处的农民暴动。

孝文帝亲政前,冯太后开始采取了一些改革措施。她规定守宰任期按"治绩"好坏为定,不拘年限;并颁行俸禄之制,规定俸禄之外贪赃满一匹者处死。征收租调时,也禁止使用长尺大斗重秤。孝文帝亲政后,继续整饬纪纲,严明赏罚,使腐败的吏治有所澄清。吏治的澄清虽然很有限度,但是北魏统治者借此整肃了官僚机构,巩固了统治,因而也为其他方面的改革创设了条件。

三长制 均田制 延兴三年(473年),北魏派出使者,分道检括被豪强地主隐匿的户口,被派到冀、定、相等州的韩均,搜括出隐户达十多万户。为了加强国家的统治,并同豪强地主争夺劳动人手,李冲在太和九年(485年)提出推行三长制的主张。三长制就是重建乡官系统,五家立一邻长,五邻立一里长,五里立一党长,选择本乡"豪门多丁"④者为之,用以代替宗主督护的统治。

三长制的建议,引起了北魏统治者的激烈争论。一般说来,鲜卑贵族所役使的主要是奴隶和国家赏赐的隶户,建立三长制不会太多地损害他们的利益,所以他们赞成立三长以加强国家。汉族大地主主要靠大量的苞荫户

---

① 孝文帝即位时(471年)年五岁,政事实际上由太上皇(即献文帝)掌握。承明元年(476年),献文帝死,由太皇太后冯氏执政,至太和十四年(490年)冯氏死为止。所以太和十四年以前的改革,都是由冯氏主持的。
② 《魏书》卷三三《公孙表传》附《公孙轨传》。
③ 《魏书》卷八八《良吏传序》。
④ 《魏书》卷八二《常景传》。

提供剥削,立三长对他们很不利,所以用各种理由加以反对。最后,冯太后还是采纳了李冲的建议,从太和十年开始,把三长制付诸实行。

太和九年,与立三长的建议约略同时,北魏颁布了均田令①。均田令规定:

一、15岁以上的男子受露田(未种树的田)40亩,桑田20亩,妇人受露田20亩。露田加倍或加两倍授给(倍给的部分称为倍田),以备休耕,年满70还官。桑田作为世业,不须还官,但要种上一定数量的桑、榆、枣树。家内原有的种了桑树的私田不动,可是要用来抵消应受桑田及倍田的份额。土不宜桑的地方,男子给麻田10亩,妇女5亩,皆从还受之法。

二、露田不得买卖。原有桑田超过20亩的,其超过部分可以出卖②,不足20亩的可买至20亩为止。

三、地主可以按其拥有奴婢和耕牛的数量,另外获得土地。奴婢受田办法同普通农民一样,耕牛每头受田30亩。

四、土地不足之处,居民可以向空荒处迁移,随力所及借用国家土地,但不许从赋役重处迁往赋役轻处。由于犯罪流徙或户绝无人守业的,其土地归国家所有,作均田授受之用。

五、地方守宰按官职高低,授给公田,刺史15顷,下至县令、郡丞6顷。所授之田不许买卖。

北魏王朝还接受了李冲的另一项建议,制订了与均田制相适应的新的租调制。新的租调制规定一夫一妇出帛1匹,粟2石;15岁以上的未婚男子4人、从事耕织的奴婢8人、耕牛20头,其租调都分别相当于一夫一妇的数量。由于均田制和新的租调制名义上是以一夫一妇的小家庭为受田纳租单位,不再有户等差别,所以废除了九品混通的征收租调办法。

均田制是我国历史上土地所有制的一种补充形式,它是在我国北方土地特别荒芜,自耕农民稀少的特定条件下出现的。从令文看来,均田制好像可以处理一切耕地,但是实际上只有荒地、无主地以及所有权不确定的土地,才能够作为均田授受之用。均田制下的农民基本上仍然是自耕农,北魏王朝把他们连同其原有的小块耕地一起,按均田令规定的土地项目载入户

---

① 均田令见《魏书》卷一一〇《食货志》,其中一些文字须据《通典》校正。又,均田令当与太和元年畿内一夫治田40亩之制有渊源关系。

② 由于均田令规定原有桑田还应当用来抵消应受的倍田,所以实际上要超过60亩(一易之田)或100亩(再易之田),才能出卖其超过部分。

籍,并且限制桑田的买卖,不许他们无故迁移,以加强对他们的控制,保证国家的租调收入和徭役征发。均田农户土地不满均田令规定的部分是否可以多少得到国家的补充,将因时因地,特别是因本乡官府掌握的荒地的有无多寡而有不同。一般说来,国家按均田令完全补足农民的土地,显然是不可能的,现存的西魏大统年间敦煌残计账中,有许多"未受地"的记载,可以证明。但是在有荒地之处,国家还是尽可能把荒地分给农民耕种,以榨取赋税徭役。

至于地主,他们仍然可以用原有桑田的名义,用奴婢、耕牛分田的名义,基本上保有原来的私田,而奴婢、耕牛分田的租调又非常轻,所以均田令对他们的利益实际上触动很少。地主还可以用各种手段,控制住自己的大部分苞荫户。在实行均田制度的时候,地主土地所有制仍旧是土地所有制的支配形态。

虽然这样,三长制和均田制的推行,对于地主经济和农民经济,仍然发生了一些重大的影响。地主的一部分苞荫户,由于行三长制和均田制而成为均田农民。均田农民的增多,使农民的租调得以减少并固定起来。这些结果,或多或少地改善了农民的处境,削弱了大地主对农民的政治的、经济的、宗法的控制力量,因而对生产力的发展起了积极作用。

均田令强制授给露田,实际上就是强制垦荒,这对农民是一种剥削的手段,但是在客观上也有助于耕地的扩大和生产的发展。

残存的西魏大统年间的敦煌计账中,有一些匈奴、高车等族均田农户的名籍,从这些名籍看来,他们的家庭组成、土地状况以及对国家的负担,同当地汉人没有差别。这又说明均田制巩固了各族人民的定居农耕生活,促进了他们的农业化。

迁都洛阳和改革鲜卑旧俗 由于代北地区的农业生产不能满足国都平城的日益增长的需要,由于孝文帝力图摆脱代北鲜卑贵族保守思想的影响,以加速北魏政权的进一步封建化,更由于北魏加强统治中原人民的要求,孝文帝于太和十八年(494年)把都城迁到洛阳。接着,他实行了一系列的改革鲜卑旧俗的措施:以汉服代替鲜卑旧服;朝廷上禁用鲜卑语;规定迁洛的鲜卑人以洛阳为籍贯,死后不得归葬平城;沟通鲜卑贵族和汉人士族的婚姻关系;改鲜卑旧姓为音近或义近的汉姓;规定鲜卑人和汉人贵族姓氏的等第并使鲜卑贵族门阀化,等等。在改变姓氏和规定门第方面,太和二十年改拓跋氏为元氏,门望最高;其余所改鲜卑著姓中,穆(丘穆陵氏改)、陆(步六孤氏改)、贺(贺赖氏改)、刘(独孤氏改)、楼(贺楼氏改)、于(勿忸于氏改)、嵇(纥奚氏改)、尉(尉迟氏改)等,合称八姓,其门第与北方汉人士族崔、卢、李、郑相当,不充猥官,只任清职。

孝文帝迁洛和改革,是北魏政治经济发展、鲜卑族进一步封建化的必然结果。从服装和语言的改革说来,鲜卑旧服不合于"华夏衣冠"传统,也不适宜于中原农业社会的生活;鲜卑语言不能反映迁洛后的经济生活和政治生活内容,不适宜于作全社会的交际工具,因而都需要改革。鲜卑贵族命官班爵以武功为准,与汉人士族制度不合,妨碍了鲜卑族和汉族统治者的进一步糅合,妨碍了北魏统治进一步加强,因而也需要改革。孝文帝的改革主要着眼于鲜卑贵族,着眼于巩固北魏政权,但是客观上却促进了拓跋部全族同汉族的融合。

经过改革以后,迁洛的鲜卑劳动者陆续成为中原的农民,他们筑起简陋的房舍,经营小块土地,"尽力伊、瀍,人急其务"①,最终脱离了游牧生活和部落联系,完成了封建化的过程。鲜卑贵族则抢占良田,成为中原的封建地主,有的还兼事工商聚敛。经济生活的变化使习俗的改变固定下来,虽然以后政治上还发生过一些风波,他们都没有再迁回代北旧土。

孝文帝的改革,说明征服了汉族和其他少数民族的鲜卑拓跋部,自己不得不被汉族较高的文化所"征服"。在这个"征服"过程中,鲜卑族文化的优秀部分被中原汉族文化所吸收,特别是鲜卑族畜牧生产的经验和技能,在北方汉人中获得传播,对北方的经济生活起着一定的影响。孝文帝时的《李波小妹歌》描写李波小妹"褰裙逐马如卷蓬,左射右射必叠双"②,这无论从服饰上或从风尚上,都显示了汉人生活中所受鲜卑文化的影响。稍后,颜之推比较南北方音,认为"南染吴越,北杂夷虏"③,也说明北方汉语吸收了鲜卑语的若干成分。孝文帝迁都、改革以及以后六镇起义,在不同的意义上推动了拓跋部封建化的完成,推动了民族的融合,以至于出现了"自隋以后,名称扬于时者,代北之子孙十居六七"④的结果。至于鲜卑文化习俗遗留至隋唐者也所在多有。李白诗中"脱君帽,为君笑"句,就是鲜卑脱帽欢舞的礼俗⑤。唐

---

① 《魏书》卷六五《李平传》。
② 《魏书》卷五三《李安世传》。
③ 《颜氏家训》卷七《音辞篇》。
④ 《资治通鉴》卷一〇八,太元二十一年胡注。胡三省这段话隐含着对蒙古族统治汉族的感叹,所以带有夸张成分。
⑤ 《资治通鉴》卷一五四中大通二年载尔朱荣在洛,城阳王元徽以太子降生为辞驰骑相告,图赚荣入朝堂,并脱帽欢舞盘旋一事。胡注曰:"唐李太白诗云:'脱君帽,为君笑。'脱帽欢舞,盖夷礼也。"

时婚嫁之礼,喜立毡帐,盖源于北朝穹庐之制①。唐开元时,从驾宫人骑马者皆着胡帽②。

孝文帝的改革,受到一部分守旧的鲜卑贵族的激烈反对。这些人对于孝文帝提倡读书表示不满,他们疑忌丛生,唯恐孝文帝宠幸汉族士人而疏远"国戚"。他们不愿放弃代北的耕地和牧场,害怕迁都后自己的政治地位受到影响,因而极力反对迁都。定都洛阳以后,他们不愿携带家财跋涉艰险的旅途,又害怕洛阳暑热,仍然拒不赴洛。孝文帝允许部分鲜卑贵族留家代北,冬来夏去,当时人把他们称作"雁臣"。但是,守旧贵族的反抗并没有因此停止。太子元恂打算轻骑逃回代北,被废为庶人,后来又因谋反被处死。穆泰、陆叡等人联络宗室王公,在平城发动叛乱,鲜卑贵族八姓除于氏以外都有人参与。孝文帝虽然感到南北纷扰,担心在洛阳立足不稳,但是仍然坚决把叛乱压平下去,巩固了迁都和改革的成果。

五 北魏后期(500—534年)的社会经济

农业的恢复和发展 北魏中期以来,北方衰败的经济开始回升。以后经过孝文帝的改革,到6世纪初期,北方社会经济有了明显的发展。

北魏迁都以后,洛阳重新成为北方的政治经济中心,洛阳附近黄河中游的许多荒地,重新得到开垦,粮食产量比过去增多了。6世纪初期,北魏全国人口比西晋太康年间南北合计,还要多出一倍,这在一定程度上反映了三长制、均田制的成效和农业恢复发展的规模。劳动人民创造的农业生产工具特别是整地碎土工具,比过去复杂得多,这些工具都是精耕细作所需要的。西晋时各地的水碾、水硙、水碓,在十六国时期受到严重的破坏后几乎绝迹,到这时又先后在洛阳和其他地方恢复起来。洛阳城南居民用水力进行碾、磨、舂、簸;城西的千金堰,有水碾磨几十具,"计其水利,日益千金"③。精耕细作的农业经验和农业技术也有了提高,农民特别注意耕作的功力,"宁可少好,不可多恶",所以有"顷不比亩善"④的谚语。气候条件的掌握,土壤的区分,防旱保墒经验的积累,也都有了新的成就。各种作物的栽培技

---

① 《封氏闻见记》卷五"花烛"条。
② 《旧唐书》卷四五《舆服志》。
③ 《洛阳伽蓝记》卷四,《魏书》卷六六《崔亮传》。
④ 《齐民要术》杂说,卷一及注。

术、积肥、施肥、选种、育种的细致方法,都受到农民的重视。

为了适应趋于繁荣的城市生活的需要,城郊蔬菜、果木以及其他经济作物的种植也发达起来。城郊农民所种瓜菜,种类繁多,有车牛的农户自运市场出卖,无车牛的转卖与人,收入比种植谷物要大得多。农民间实行一种带有互助性质的劳动分配办法,例如单夫只妻之家种植红花、兰花、栀子一顷,摘花时日需百人,"每旦当有小儿僮女百十余群自来分摘,正须平量中半分取"①。经济作物的种植,使自耕农民的经济比北魏前期、中期活跃得多。此外,牲畜的品种,牲畜饲养、繁殖和兽医的经验,都比过去丰富,这显然是吸取了鲜卑族畜牧经验和塞外畜群内移的结果。

手工业和商业的恢复和发展 自从孝文帝放松对伎作户的控制后,民间的手工业生产日益活跃起来。绢布的产量大为增加,绢价从北魏初年每匹千钱降落到二三百钱,府库绢帛之多,达到魏晋以来最高的水平。供城市消费的手工业的种类多起来了,手工业者数量激增。洛阳城郊内外聚居了许许多多的手工业户,按行业分居,例如退酤、治觞二里,就是酿酒业集中的地方。官府手工业也有所发展,管理官府手工业的机构太府,组织庞大,部门非常多。农村也出现了多种手工业,如压油、造纸等,都是就地取料,就地加工。

在今河北、河南等地的北魏后期墓葬中,有许多青瓷器出土,它们的器形和制胎上釉,都与南方青瓷有很大的区别,显然是北方新近发展出来的制瓷业的产品。北方青瓷虽然比南方粗糙,但是它对唐宋时期北方制瓷业的繁盛,具有直接影响。

东魏綦毋怀文集中了北方长期的冶炼经验,以灌钢炼宿铁刀,隋代襄国冶家铸器,还用其遗法②。某些地方已经用煤炼铁③,这虽然仍和汉代一样只是个别地区的情况,但是煤的继续使用必将促进冶铸业的发展。

农业和手工业的发展,也使交换关系活跃起来。洛阳城内外出现了许多大市场。城南的"四夷馆"附近住有万多户外来人,销售外地运来的或外地人经营的各种商品。江南人在永桥市出售鱼鳖水产,当时有"洛鲤伊鲂,贵于牛羊"之语。本地的手工业产品,多在城西周回八里的市上出售。为了管理市场,设置了罢市鼓。长期以来的实物交易,正在逐渐为货币交易所

---

① 《齐民要术》卷五。
② 《北齐书》卷四九《綦毋怀文传》。
③ 《水经·河水注》。

代替。洛阳富商大贾很多,最著名的是刘宝,他在州郡都会立宅养马,以通行情,各地所卖盐粟货物,价格全都一样。官僚贵族普遍营商,宗室诸王和邢峦、李崇等汉族官僚以及大宦官刘腾等都远近营运,贩肆聚敛。官吏易地调遣也成了营贩的好机会,郑云贿买到安州刺史的职位,立即向熟习安州情况的封回打听行情①。

洛阳是当时北方交换的中心,城内外共有二百多里(坊),居民达十万九千多户。此外,邺和长安也逐渐恢复为重要的商业城市。北方与南方的贸易增多了,"南货"成为北方畅销的商品。今青海、新疆以及蒙古的各族,也都带着牲畜毛皮以及其他商品来洛阳进行买卖。国外方面,朝鲜半岛、日本、中亚以及更远的许多国家,都同北魏有商业往来,外国人长住洛阳的也不少。《洛阳伽蓝记》说:自葱岭已西,至于大秦,"商胡贩客,日奔塞下"。这虽然有些过甚其词,但也可窥见对外贸易发达的一斑。今库车、吐鲁番、西宁、太原、陕县、定州等地,先后发现过北魏遗存的拜占庭金币和波斯银币,也证明北魏同西方存在着发达的贸易关系。

寺院经济②　北魏后期,佛教寺院遍布北方各地。迁洛后 20 余年中,北魏全国寺院增至 1.37 万余所,洛阳一地即达 500 所;北魏末年,全国更激增至 3 万余所,洛阳 1300 多所。私人建寺之风特别盛行,冯熙一人在各州镇建寺即达 72 所。齐、周寺院有增无减,北齐超过 4 万,北周"有盈万数"③。寺院产业很多,是北朝经济的一个重要组成部分。

寺院"侵夺细民,广占田宅"④,在北朝是很普遍的事。北魏初年,昙摩蜜多在敦煌立精舍,"植柰千株,开园百亩"⑤。北齐末年,寺产扩充特别严重,据说"凡厥良沃,悉为僧有,倾竭府藏,充佛福田"⑥。北周时长安中兴寺庄池内外有稻田百顷,还有"梨枣杂果,望若云合"⑦。北魏末年洛阳的大寺院多拥有富丽堂皇的神殿,曲折幽邃的山林园池,还有高达十余丈至数十丈的浮图(塔),高数十尺、重数万斤的铜佛。有些寺院甚至还拥有武装,用来保护自己的财产。

---

① 《魏书》卷三二《封懿传》附《封回传》。
② 本段内容,通叙至北朝末年为止。
③ 《广弘明集》卷二四释昙积《谏周太祖沙汰僧表》。
④ 《魏书》卷一一四《释老志》。
⑤ 《高僧传》卷三《昙摩蜜多传》。
⑥ 《广弘明集》卷七齐章仇子佗疏语。
⑦ 《续高僧传》卷二三《释道臻传》。

北朝僧尼最多的时候达到二三百万人。僧尼立为僧籍，由僧官管理，不列入国家户籍，完全脱离了国家的控制。一般说来，僧尼是宗教职业者，是一个寄生阶层，但是在当时的僧尼中间，却又存在剥削者和被剥削者的阶级差别。僧官和上层僧尼是寺院地主，他们凭借寺产，甚至还勾结官府，剥削僧俗群众；而一般僧侣则多从事耕作，被寺院地主"驱役田舍"①。他们大多数是"逃役之流，仆隶之类"②，是寺院中的被剥削者。释道安向周武帝说：沙门"或垦植田圃，与农夫等流，或估货求财，与商民争利"③，这表明寺院地主役使僧众营田经商，进行封建剥削，同世俗地主并无二致。

寺院地主还可以享有封户，也可以合法地占有依附农民。远在十六国末期，南燕主慕容德曾以泰山郡奉高、山茌二县作释僧朗的封地，使食租税，"领民户"④。北魏献文帝应沙门统（总管僧众之官）昙曜请求，允许僧曹占有僧祇户和佛图户。僧祇户以一部分"平齐户及诸民有能岁输谷六十斛入僧曹者"⑤为之，他们大致是向僧曹缴纳定额地租（称僧祇粟）的依附农民，这种地租同北魏屯田户向国家所纳者数量相等。僧祇户粟原来由僧曹统一管理，不允许直接属于寺院，但是实际上寺院都争占僧祇户。承明元年（476年）寺院逼召凉州军户赵苟子等200家为僧祇户，酿成50多人被迫自杀的惨剧。佛图户以"民犯重罪及官奴"为之，"以供诸寺扫洒，岁兼营田输粟"⑥，他们同样是寺院依附者，只是经济地位比僧祇户还低。

寺院经济中，高利贷也是一个重要部分。僧曹或寺主以原充赈济僧俗饥民之用的僧祇粟或其他财物，作为寺院高利贷本钱，盘剥人民。寺院高利贷"或偿利过本，或翻改契券，侵蠹贫下，莫知纪极"⑦。僧曹还倚官放贷，如东魏济州沙门统道研"资产巨富，在郡多有出息，常得郡县为征"⑧。

由于寺院耗财伤民，也由于寺院成为农民逋逃渊蔽，所以北朝统治者的

---

① 《高僧传》卷三《释法显传》：法显为沙弥时，"与同学（沙弥）数十人于田中割稻"；同书卷五《释道安传》道安出家后为其师"驱役田舍"。
② 《广弘明集》卷六《叙列代王臣滞惑解》杨炫之条。
③ 《广弘明集》卷八释道安《二教论》其十二。
④ 《广弘明集》卷二八上慕容德《与朗法师书》及释僧朗《答南燕主慕容德书》。《高僧传》卷五《竺僧朗传》。
⑤ 《魏书》卷一一四《释老志》。皇兴元年（467年）北魏夺得宋青州地，把一部分青州人户迁到平城附近，称"平齐户"。
⑥ 《魏书》卷一一四《释老志》，《续高僧传》卷三〇《释慧胄传》。
⑦ 同上。
⑧ 《北齐书》卷四六《苏琼传》。

各种排佛议论和周武帝的毁佛,都具有经济上的目的。

六 六镇、关陇、河北等地各族人民大起义

北魏统治的腐败和阶级矛盾的尖锐化 孝文帝的改革,并没有也不可能使阶级关系获得多大的调整。孝文帝一面进行改革,一面还向臣下询问"止盗"的办法,可见农民暴动对北魏统治者仍旧是很大的威胁。孝文帝死后,继起的北魏统治者由于获得财富更为容易,贪欲也就越来越大,这种无止境的贪欲,直接破坏社会生产,使阶级矛盾更为激化。

北魏统治者在洛阳附近和其他地方霸占良田,垄断工商业,还对农民进行高利盘剥。咸阳王元禧有大规模的田产和牧场,并使用奴仆经营盐铁。高阳王元雍富兼山海,北海王元详也是远近营贩。被称为饿彪将军的元晖任吏部尚书,卖官鬻职都有定价,吏部被人称作"市曹"。河间王元琛同高阳王元雍斗富,奢侈豪华程度超过西晋的石崇、王恺。掌军的武将抄掠农民,还残酷地剥削兵士,兵士在苦役和饥寒疾病中大量地死于沟渎。

无止境的兵役徭役,不断加重的租调,同水旱饥馑一起袭击农村,使均田秩序迅速破坏了。贫苦农民有的逃亡山泽,渔猎为生,有的投靠豪强,重作荫户。寺院大量地隐匿人口,绝户为沙门的到处皆是。掠卖良口为奴婢的事,不再受到法律的制止。无路可走的农民群起暴动,沙门连续起义,沿边氐、羌、蛮、僚等族也吹起了反魏的号角。起义形势激化了统治阶级的内部矛盾,黄河以南各地的汉族官吏纷纷投向南朝,鲜卑贵族之间也常发生内战,北魏统治者在政治上已经走到穷途末路了。

六镇、关陇、河北等地各族人民大起义 北方六镇地区的各族人民,首先树起了大规模反魏斗争的义旗。六镇是今河套西北到河北张北县一线的沃野、怀朔、武川、抚冥、柔玄、怀荒等六个军镇①,原来是北魏抵御柔然、屏蔽平城的军事要地。这一带不设州郡,由军镇直接统治,居民除了相当数量的汉族、鲜卑族府户以外,多是发配来的罪人和被强徙的其他各族人民。他们受民族的和阶级的双重压迫,逐步被鲜卑族强制同化。鲜卑镇将驱使各族兵民种田服役,还时常逼迫他们出塞掳掠。这里经济落后,加上连年旱灾,耕地减少,鲜卑镇将独占了仅有的一些沃土,兵民赖以为生的,只有少量的贫瘠荒田。所以当中原阶级矛盾正在激化之时,六镇兵民早已形成了剑

---

① 六镇的范围和名称,异说甚多,此从沈垚说,见《落帆楼文稿》卷一。

拔弩张的形势。

六镇镇将多是鲜卑等族的贵族,一般官吏也多是鲜卑人或中原强宗子弟,他们戍边求勋,本来升迁很快。柔然衰弱和都城南迁后,他们不再受到重视,出路狭窄起来。他们把这种对自己不利的情况,看做是迁都和改革旧俗的结果,因此有些人也对北魏统治者心怀不满。主要由鲜卑人和高车人组成的洛阳禁卫军羽林、虎贲,也曾在神龟二年(519年)进行暴动,打死主张限制鲜卑武人特权的张彝父子,这更助长了六镇一般官吏反对北魏的声势。因此当六镇兵民酝酿起义的时候,六镇一般官吏也怀着自己的目的,掺杂其间。

正光四年(523年),今张北县以北的怀荒镇民乘柔然入塞掳掠的机会,杀掉镇将于景,起兵反魏。接着,今五原西北的沃野镇民匈奴人破六韩拔陵杀镇将起义,附近各镇胡汉人民广泛响应。正光五年,高平镇(治今宁夏固原)兵民起义,推敕勒酋长胡琛为高平王。秦州(治今甘肃天水)城民起义,推羌人莫折大提为秦王。大提死,子莫折念生继统其众。这些起义军在关陇地区广泛展开活动,连败魏军。

孝昌元年(525年),破六韩拔陵渡黄河向南进攻,有众二十多万。这支军队由于组织不善,在北魏分化之下丧失了战斗力。北魏害怕他们回镇后重整旗鼓,于是逼迫他们到冀、定、瀛三州(今河北中部)就食,他们就在这一带的人民中点燃了反魏的火炬。同年,流浪在上谷(今河北怀来)的柔玄镇兵杜洛周起义称王,把这一带的汉族和其他各族反魏武装集中起来,占领幽州。流浪在定州的五原降户敕勒人鲜于脩礼,也领着流民起义。不久以后,这支起义军被北魏分化,鲜于脩礼被叛将元洪业杀死。脩礼部将葛荣又杀元洪业,于孝昌二年(526年)称天子,建国曰齐,并率领部众,继续战斗。

杜洛周的队伍向南发展,在武泰元年(528年)被葛荣并吞。葛荣拥有数十万众和河北数州之地,力量强大。他率军继续南进,前锋越过汲郡,指向洛阳。关陇起义军各部也已统一于鲜卑人万俟丑奴(万俟氏原来是役属于匈奴的牧民)之下,力量也很强大。魏军在夹击中望风披靡,节节败退。

这时,被起义军震撼的洛阳朝廷中,发生了胡太后与孝明帝争权的斗争,秀容(今山西忻州境)地方的契胡部落酋长尔朱荣,于528年挟持他所立的孝庄帝入京。契胡部是羯人的一个畜牧部落,这个部落镇压了一部分起义队伍,又陆续吞并了不少六镇流民,收容了一批从起义军分化出来的六镇官吏,力量很强大。尔朱荣在洛阳附近的河阴,溺死胡太后,围杀北魏的王公百官两千多人,史称"河阴之变"。接着,尔朱荣入洛,完全掌握了朝政。葛荣军围攻邺城,尔朱荣从晋阳出兵,攻击葛荣。

葛荣受到河北地主武装的阻截,进展缓慢;又面临新投入战斗的凶悍敌人尔朱荣,没有及时警惕和戒备,在军事上处于很不利的地位。邺城附近一战,尔朱荣击破了葛荣军,把葛荣军强制分迁各地,葛荣本人也被俘杀了。那时在青州的河北流民,已由邢杲领导,进行反魏斗争;葛荣余部韩楼、郝长也回到幽州,坚持战斗。但是不久以后,他们相继被尔朱荣击败了。关中的万俟丑奴,在尔朱荣所派尔朱天光、贺拔岳等人率军镇压下,力量也趋于瓦解。

腐朽的北魏政权经过各族起义的打击,陷于分崩离析状态,旋即分裂为东魏和西魏,中国北方又出现了东西对峙的局面。

六镇、关陇起义,主要是各族人民的反压迫斗争,河北起义则带有较多的农民起义性质。在六镇、关陇、河北的起义队伍中,有不少别有企图的边镇官吏和部落贵族,这些人一方面彼此之间常常发生冲突,另一方面又对汉人带着不正当的仇视,进行了一些烧杀活动,因而冲淡了起义的光芒。虽然这样,起义群众瓦解了北魏统治,冲击了士族豪强的势力,功绩仍然是辉煌的。这次起义使边境各族数十万人涌入内地,使一些部落酋长丧失了对本部落的控制权,因而在客观上还推动了十六国以来鲜卑人封建化和鲜卑人同汉人融合的最后一个浪潮,孕育了隋唐统一的新局面。

七　北齐、北周的短期对峙　隋统一南北

东魏　北齐　永安三年(530年)尔朱荣死,其部将高欢率领六镇鲜卑,从并州来到关东地区。高欢自称出于渤海蓨县的大姓高氏,是鲜卑化的汉人。他的祖父因罪徙怀朔镇,他自己生长边地,曾为怀朔队主。六镇起义后,他先在杜洛周军中,后投尔朱荣。高欢东来不久,即转戈相向,陆续消灭了尔朱氏在关东各地的势力。普泰二年(532年)高欢入洛,立孝武帝。永熙三年(534年),孝武帝在高欢的逼迫下西奔长安,高欢乃另立孝静帝,自己掌握朝政并迁都于邺城,史称东魏。

那时候,关东的一些豪强大族各拥部曲,自立州郡,称霸一方。高欢表示尊重这些豪强大族的利益,不加触犯。高欢对于拥有宗族几千家的赵郡李元忠、部曲强大的渤海高乾兄弟等,更是尽量优容,同他们实行妥协。高

欢还企图调和鲜卑人同汉人的矛盾,下令军中"不得欺汉儿,不得犯军令"①。他对鲜卑人说:"汉民是汝奴,夫为汝耕,妇为汝织,输汝粟帛,令汝温饱,汝何为陵之?"他又对汉人说:"鲜卑是汝作客,得汝一斛粟、一匹绢,为汝击贼,令汝安宁,汝何为疾之?"②高欢用这种手段虽然打开了在关东活动的局面,消除了汉族豪强的武装反抗,但是并没有根本解决汉人士族豪强同鲜卑贵族之间的矛盾。

550年,高欢之子高洋废东魏,建立北齐。

代表六镇鲜卑贵族利益的北齐统治者,同关东汉人士族豪强进行了长期的争权夺利的斗争。本来,从北魏孝文帝以后,北方崔、卢、李、郑等士族的势力,就开始有下降的趋势。葛荣起义狠狠地打击了士族豪强,尔朱荣的"河阴之变"又杀掉不少汉人和汉化鲜卑官僚,包括皇族元氏的一部分,士族的势力就进一步衰落了。武定二年(544年),东魏在河北各地检括无籍之户六十余万,其中应当有不少是士族豪强的苞荫户,士族在经济上也受到打击。士族的社会地位越来越下降,他们的子弟越来越不能凭借门第而得官,不得不从吏职中寻求升迁的途径;甚至还有入仕无门的人专门打家劫舍,完全同强盗一样。颜之推说:北齐士大夫"卖女纳财,买妇输绢,比量父祖,计校锱铢"③,这正是士族门第衰微的具体表现。由于这种种原因,东魏、北齐时期汉人士族在鲜卑勋贵的打击下,几乎完全无力回击。

北齐将相大臣中,十之七八为鲜卑贵族和鲜卑化的汉人④,汉人士族受到排挤。天保七年(556年),北齐并省豪强大族自立的州郡,取消了3州、153郡、589县、3镇、26戍,大大削弱了部曲强大的封、高、羊、毕等家族在地方上的势力。为了更方便地统治汉族人民,北齐也曾几度起用汉人士族做宰相。这些被起用的士族利用暂时的权势提拔衣冠子弟,扶植自己的势力,结果往往受到疑忌而以自己被逐被杀告终。齐废帝时鲜卑勋贵杀士族杨愔,齐后主逐士族祖珽,都有一大批士族遭到杀戮。北齐末年佞幸卖官,州郡职司官位多被富商大贾买去,士族豪强几百年来垄断州郡掾属的特权,实际上又被剥夺。不过北方士族根深荫广,死而不僵,还能够凭借旧日的地位,在社会上发生一定的影响。

---

① 《北齐书》卷一《神武纪》。
② 《资治通鉴》卷一五七,大同二年。
③ 《颜氏家训》卷一《治家篇》。
④ 参看万斯同《北齐将相大臣年表》,《二十五史补编》第四册。

在经济上,鲜卑贵族以借田或国家赐田方式,强占肥美土地,发展自己的势力。为了增加租调收入和使鲜卑军人普遍获得土地,北齐于河清三年(564年)重新颁行均田制①。均田制规定邺城 30 里内土地全部作为公田,按等差授给六镇来的鲜卑贵族、官僚和羽林、虎贲;30 里以外,魏郡、广平、林虑等皇畿九郡以内的土地,按等差授给汉族官僚和兵士。京城百里以外,土地授受之法大致与北魏相同。所不同的有:露田一律按倍给数计,而无倍田之名;奴婢受田人数,按官品限制在 300 人至 60 人之间,限外不给田者不输租调;非桑之土按桑田法给麻田为永业,身终不还;均田农户除纳租调外,其丁男有正式服兵役的义务②。河清均田,使鲜卑贵族同汉人官僚都成为中原的大地主,而使鲜卑兵士同汉族农民一样,成为封建国家的均田农民,这对于从六镇内徙的鲜卑人的彻底封建化,显然起了重要的作用。

由于鲜卑贵族的兼并和租调兵徭的沉重,北齐均田农民的土地非常不足,经济地位十分不稳定。他们不得不卖帖自己的土地,甚至出卖按制度不许买卖的露田,逃亡异乡,或者托身寺院,以躲避统治者所加的不堪忍受的压迫。从东魏初年直到北齐之末,关东农民暴动连绵不断,有的攻州拔郡,有的众至万人。地形深阻的豆子䴚(今山东惠民境),就是高齐以来起义农民聚集的中心之一③。

西魏　北周　530 年,尔朱天光、贺拔岳等率军入关,镇压关陇起义。贺拔岳部将宇文泰最后掌握了这支入关的队伍,控制了关陇地区。宇文泰是源出南匈奴的所谓"鲜卑别部"的宇文部人,原居武川镇。六镇起义后,他先后在鲜于脩礼、葛荣军中,葛荣失败,他降于尔朱荣。北魏孝武帝在高欢逼迫下西入长安后,宇文泰鸩杀孝武帝,于 535 年另立文帝,自己掌握政权,史称西魏。

宇文泰是汉化较深的鲜卑人,他不但善于采用各种手段来糅合鲜卑贵族和汉族地主,使他们在剥削关陇农民的基础上维持一致,而且还被迫吸取了六镇起义的教训,采取了一些积极措施来缓和阶级矛盾。这样,西魏就一

---

① 《隋书》卷二四《食货志》说,北魏分裂时,作为京畿禁卫军的六坊鲜卑绝大部分到了邺城。他们不事生产,由东魏岁给常廪衣服。北齐初年简练六坊之众,取其强健者为"百保鲜卑",其余被沙汰的鲜卑兵士,只有从事农耕。河清均田与此当有关系。

② 《隋书》卷二四《食货志》说,北齐设立"百保鲜卑"的同时,又"简华人之勇力绝伦者谓之勇夫,以备边要"。但这只是一个暂时的措施。河清均田令推行后,汉人始得正式服兵役。

③ 《资治通鉴》卷一八一,大业七年:"平原东有豆子䴚,负海带河,地形深阻,自高齐以来,群盗多匿其中。"

天天强大起来,力量逐渐超过东魏。

宇文泰制定计账(租赋的预计数)和户籍制度,以安定统治秩序。他颁布"先修心、敦教化、尽地利、擢贤良、恤狱讼、均赋役"的六条诏书,要求州县守宰作为施政准则。他仿照周官制度,改革西魏的官制朝仪,用六官代替南北朝原有的中央政权组织。他又仿周官六军之制,把十二军鲜卑禁旅近五万人改为六军。六军分由六柱国率领,每军督两大将军,每大将军督两开府,共为24部,由宇文泰总领,形成府兵系统。宇文泰和无实权的西魏宗室元欣都是柱国,合六军的六柱国共为八柱国,这又符合早期鲜卑的八部大人的部落兵制。为了在形式上与八部大人制相似,府兵主将和兵士都改为鲜卑旧姓。府兵兵士由主将率领轮番宿卫,不当番时则练习武艺。他们不列于户籍,因而没有其他赋役。宇文泰接着又把关陇豪强的私家武装乡兵,陆续归并到府兵中,以汉族豪强为乡帅,这样,鲜卑贵族和汉族豪强就进一步结合起来了。宇文泰还颁行均田制,规定了较轻的赋役。

废帝二年(553年),西魏取得蜀地;第二年又取得江陵,控制了萧詧的后梁,并驱掠江陵官民到关中作奴婢。557年,宇文泰之子宇文觉废魏自立,建立北周。建德六年(577年),周武帝宇文邕灭北齐,统一了中国北部。

周武帝实行了多方面的改革。他释放一部分官奴婢和一部分私奴婢,并把另一部分私奴婢转为私家的部曲、客女,即封建依附农民。他宣布放免杂户,削除抑配杂户的办法,又禁断佛道二教,尊崇儒学。他严禁乡官隐匿户口土地,正长隐匿五户和十丁以上,隐地三顷以上,都处死刑。他大量招募普通汉人充当府兵,削弱府兵兵士对主将的身份上的从属关系,使府兵的部落形式大为冲淡,民族差异大为减少。

隋统一南北 宣政元年(578年),北周军政大权逐步落到外戚杨坚手中。杨氏家族出自六镇之一的武川镇,深受鲜卑影响,杨坚之父杨忠曾为府兵的十二大将军之一,为北周立有战功。大象二年(580年)杨坚自居大丞相总知中外兵马事,部署力量,作灭周的准备。尉迟迥、司马消难、王谦等人相继发动声势浩大的兵变,反对杨坚,但是很快都被杨坚镇压了。杨坚恢复了改从鲜卑姓氏的府兵的汉姓,改变了北周的官制。581年(隋开皇元年),杨坚强迫周静帝让位给他,建立隋朝。

接着,隋文帝杨坚铲除了朝廷中的异己势力,以二子杨广、杨秀分镇并、益二州,并命杨素在上游大造战舰,准备向江南进军。在经济上,他采取措施,以充实国家力量。在隋文帝的统治下,隋的国力蒸蒸日上,远远超过了江南的陈朝。经过长期的民族斗争和民族融合以后,北方的民族关系到这时已发生了根本的变化,因而南北对立所具有的民族矛盾的性质完全消失,隋对南方经常发动的战争,已经转化为争取统一的战争了。

在南北关系上,周、齐以来早已出现了明显的变化。南北使节往还日益频繁,充任使节的人往往是特别遴选出来的南北闻名的高门名士。随着南北经济的恢复和发展,打破关禁的要求日益迫切,淮、汉边境经常进行着民间交易,南北守将也违禁互市牟利。双方大官僚常常派人跟随使臣前往对方贸易,所以使臣的随从众多。北方人民过去由于民族压迫严重而大规模地单向南流的现象停止了,南北人民正常地相互往来的现象却增多起来。南北双方的官僚,常常由于政治上失势而投奔对方,依旧得到高官厚禄,不致受到民族歧视。这一切现象,说明南北统一的时机业已完全成熟。

开皇八年冬,晋王杨广统率50万隋军,分五路临江,向江南的陈朝发动总攻;新建立的上游水师,也在这时顺流而下,直趋建康。腐败的陈朝以为长江天险足资凭借,根本没有多少守备。开皇九年(589年)隋军渡江,一举攻下建康,消灭了陈朝,接着又陆续摧毁了南方各地分散的反抗,平定了南方全部州县。这样,历时二百余年的南北分裂局面宣告结束,中国历史上的又一个新阶段就逐步展开了。

八 北朝的边境各族

柔然 柔然①是东胡的苗裔②,统治者姓郁久闾。西晋以来,柔然世居颉根河和弱洛水(均在今蒙古国境内,颉根河即鄂尔浑河,弱洛水即图拉河)一带,冬则南至阴山地区,与鲜卑拓跋部为邻,并以马畜貂豽皮同拓跋部进行交换。柔然人"无城郭,逐水草畜牧,以毡帐为居,随所迁徙"③;也"无文记,将帅以羊屎粗记兵数,后颇知刻木为记"④。西晋、十六国时期,柔然社会中还没有明显的阶级分化。

北魏道武帝时,拓跋部向南发展,柔然势力逐步扩张,"西则西域之地,东则朝鲜之地,北则渡沙漠,穷瀚海,南则临大碛。其常所会庭,则敦煌、张掖之北。小国皆苦其寇抄,羁縻附之"。这时,柔然人进入了阶级社会,在

---

① 柔然,北魏太武帝改称蠕蠕,《宋书》《南齐书》称芮芮,《隋书》称茹茹,都是同名异译。
② 此据《北史》卷九八《蠕蠕传》,但该传后史臣语又云蠕蠕"匈奴之裔"。《宋书》卷九五《索虏传》:"芮芮国,匈奴别种也。"《南齐书》卷五九《芮芮虏传》:"芮芮虏,塞外杂胡也。"
③ 《宋书》卷九五《索虏传》。
④ 《北史》卷九八《蠕蠕传》。以下引文未注出处者均本此。

他们的第一个可汗社崙统治下,建立了奴隶主的国家。社崙"始立军法:千人为军,军置将一人;百人为幢,幢置帅一人",因而军队的战斗力比过去提高了。

柔然同后秦、北燕保持和亲关系,但是他们"风驰鸟赴,倏来忽往",时常侵犯北魏的阴山边塞地区。北魏太武帝为了使北魏摆脱柔然与刘宋的夹攻,解除腹背受敌的威胁,集中力量打击柔然。神䴥二年(429年),他率大军分东西两道远袭,在栗水(今蒙古国克鲁伦河)大败柔然可汗大檀,大檀西走,柔然及其所属高车诸部降魏者三十余万落。从此以后,柔然力量大衰,双方战争,以北魏远袭居多,柔然犯塞较少。

5世纪下半叶,柔然同北魏常有和亲往来。佛教已传入柔然中,西域贾胡也时来贸易。柔然使者还常常经吐谷浑至益州,甚至远至江南,与南朝通好,并曾向南朝索求医、工。宋使者王洪轨,也曾远使柔然。

北魏正光元年(520年),柔然内乱,从属诸部的反抗又很激烈,所以可汗阿那瓌率领一部分柔然人归魏,北魏把他们安置在怀朔镇(今内蒙古自治区固阳县西北)以北。六镇起义爆发后,阿那瓌曾助北魏进行镇压,杀死起义领袖破六韩拔陵。

北魏分裂后,阿那瓌先与西魏和亲通好,继又归东魏、北齐。这时,柔然屡为北方崛起的突厥所败,一些从属部落如高车等也屡起反抗。西魏恭帝二年(555年),突厥灭柔然。

高车 《魏书·高车传》说:"高车盖古赤狄之余种也,初号为狄历,北方以为敕勒,诸夏以为高车、丁零"。但是北朝史籍往往以这一族居大漠南北者为高车或敕勒,以居中原者为丁零。

中原地区最晚到后赵时已有丁零,他们多聚居在定州(治今河北定州)、相州(治今河南安阳),密云也有一部分,其著姓有翟氏、鲜于氏等。丁零翟斌被苻坚徙于新安(今河南新安境),淝水战后,翟斌率部反对苻坚,从此以后,翟氏所部丁零曾长期在中原与鲜卑人角逐。北魏统一北方后,丁零人常进行反抗活动,被北魏镇压下去,因此北魏军中有许多被征服的丁零人[①]。

大漠南北的高车人,诸部各有君长,语言与匈奴人大同小异。高车人衣皮食肉,随水草迁徙,勇猛善战,斗无行阵,阶级分化还不显著。高车与柔然驻地交错,常有战争;高车副伏罗部被柔然征服,长期役属于柔然,不断地举

---

① 《宋书》卷七四《臧质传》载太武帝南侵围盱眙时曾致书宋将臧质,谓攻城兵中有丁零,并谓"设使丁零死者,正可减常山、赵郡贼"。按常山郡、赵郡当时都属定州。

行逃亡和反抗斗争。北魏道武帝分散诸部部落时,"高车以类粗犷,不任使役"①,因而得以维持自己的部落组织。

神䴥二年(429年)魏军大破柔然后,又破高车东部,高车人降者数十万落。北魏把他们安置在滦河上游至阴山地区放牧,岁收贡献,北魏"马及牛羊遂至于贱,毡皮委积"。还有许多高车人被徙置于沿边各军镇,其中有反抗者,更被逼配河北、山东各州为营户。六镇、关陇、河北起义时,高车人都是主力之一;东魏、北齐的统治者中,有很多是高车部人。

塞外高车副伏罗部,于太和十一年(487年)举众十余万落西走,在高昌以西地区建立王国,同嚈哒和柔然进行过三十多年的斗争。

高句丽 鸭绿江以西的高句丽人,其政治中心于山上王十三年(建安十四年,209年),由国内城迁于丸都(均在今吉林集安)②。曹魏和前燕时,丸都先后受到毌丘俭(246年)和慕容皝(342年)的侵袭。北魏初年,当高句丽广开土王时期和长寿王的早期,高句丽势力开始强大,在辽东发展。长寿王十五年(427年),高句丽政治中心移于平壤。留居辽东的高句丽人民,同鲜卑人民和汉族人民一起,共同创造着这一地区的经济和文化。407年,鲜卑化的高句丽人高云曾经一度继为后燕天王;436年北燕亡国,鲜卑化的汉人国王冯弘也出奔高句丽。高句丽还同东晋南朝交往密切。

高句丽人随山谷而居,主要从事农业生产,衣布帛及皮,俗喜歌舞。高句丽农民以布、谷交纳赋税;他们负债不偿,就得以子女为债主奴婢。高句丽社会中已出现了剥削关系,今存文献和高句丽好太王(即广开土王)碑、冉牟墓志中,都有奴客的称谓。

库莫奚 契丹 库莫奚,"其先东部胡宇文之别种"③,居濡水(滦河)上游,主要从事畜牧,随逐水草,迁徙无常。5世纪下半叶,库莫奚人常入塞以名马、文皮与北魏互市。

契丹是东胡的一支,居地在库莫奚以东,辽水以西。契丹人以畜牧射猎为事,5世纪中叶以来,他们在和龙、密云间以名马、文皮与北魏互市,有时还入塞市籴。

吐谷浑 吐谷浑④是鲜卑慕容部的一支,4世纪初经阴山,越陇西,至青

---

① 《北史》卷九八《高车传》。
② 《三国志》卷八《魏书·公孙康传》、卷三〇《魏书·高句丽传》,朝鲜《三国史记》卷一六。
③ 《北史》卷九四《奚传》。
④ 据诸史所载,吐谷浑原为慕容廆之庶长兄,率部人西迁后始以自己的名字为族名。南朝诸史称吐谷浑为河南国。

海地区,与氐、羌杂居,其地界"东至叠川,西邻于阗,北接高昌,东北通秦岭,方千余里"①。吐谷浑人主要从事畜牧,"逐水草,庐帐而居,以肉酪为粮"②;也经营农业,种植大麦、蔓菁、豆、粟等作物。吐谷浑社会贫富分化显著,婚姻厚纳聘礼,"贫不能备财者辄盗女去"。吐谷浑采用中原王朝的官号,置长史、司马、将军等,稍后,还有王公、仆射、尚书、郎中等官。吐谷浑刑罚规定:"杀人及盗马者罪至死,他犯则征物以赎。"吐谷浑还没有形成固定的赋税制度,"调用不给,辄敛富室商人,取足而止"。

阿豺统治吐谷浑时,兼并氐、羌,地方数千里,号为强国。自此以后,吐谷浑南通蜀地,北交凉州,屡与刘宋、北魏通好。5世纪中叶拾寅统治时,吐谷浑人开始"用书契,起城池,筑宫殿",并开始崇奉佛教。西域和益州商贾,常往来于吐谷浑中。

北朝末年,夸吕为吐谷浑可汗,定都于伏俟城(今青海湖西岸)。但是直到这时,吐谷浑人仍然"有城郭而不居,恒处穹庐,随水草畜牧"。吐谷浑频与齐、周通使,并同北周发生过许多次战争。

西域诸国 魏晋以来,西域天山以北的游牧地区,屡次被鲜卑、柔然、高车、嚈哒③、突厥等族所控制;天山以南地区的十余小国,也常常受到北方强族的侵犯。

天山以南各国,经济生活比汉代有了提高。高昌谷麦一岁再熟,宜蚕多漆,赋税计田输银钱,无者则输麻布。于阗宜五谷桑麻,焉耆、龟兹都出稻、菽、粟、麦,养蚕为绵纩。葡萄和畜产,各国都很丰富。龟兹人用煤冶铁,所出铁充西域诸国之用④。今新疆拜城的魏晋石窟寺壁画中,有二牛引犁和农夫持宽头镬的耕作图,反映了西域农业和冶铸业的进步。西域和中亚的商人经常从天山以南地区进入内地,或进入北方其他民族地区贸易。

高昌有不少汉人,他们有些是汉代戍卒、屯田卒的后裔。高昌统治者立有学官,教授《毛诗》《论语》《孝经》。文字主要用汉文,也兼用"胡书",语

---

① 《南史》卷七九《河南王传》。
② 《北史》卷九六《吐谷浑传》。以下引文未注出处者,或出此,或出《晋书》卷九七《吐谷浑传》。
③ 嚈哒,"大月氏之种类也,亦曰高车之别种",游牧为生,居于阗之西,跨有今新疆内外之地。事见《北史》卷九七《西域嚈哒传》。嚈哒在南朝称为滑国,在东罗马和印度等外国史书中称为白匈奴。
④ 《水经注》卷二引《释氏西域记》。

言则为"胡语"。"其刑法风俗婚姻丧葬，与华夏小异而大同。"①西域各国佛教很盛，于阗、龟兹是西域佛教的中心。著名的龟兹乐，4世纪晚期传入后凉；北魏灭后凉，龟兹乐传入平城，并逐渐在北方各地广泛流行。

天山以南诸国，与内地经常有政治联系。约在326年至334年间，前凉张骏遣将杨宣出西域，降南道诸国，以今吐鲁番地区为高昌郡。前秦苻坚派吕光进军西域，淝水战后，吕光退回姑臧，建立后凉，继续控制西域。太延五年(439年)北魏灭北凉后，北凉的沮渠无讳、沮渠安周兄弟一度占领过西域诸国。北魏还曾遣董琬等出使西域，重新沟通了中原与西域的交通。至于高昌一带，则从北魏中期一直到北朝之末，始终在汉人阚氏、张氏、马氏、麹氏相继控制之下。柔然强大时，北魏在西域地区同柔然进行过长期的战争。

突厥 突厥统治者姓阿史那，起初住在阿辅水、剑水(俄罗斯叶尼塞河上游两支流)，过游牧狩猎生活，后来迁徙到高昌的北山(今博格达山)，以锻铁著名。5世纪中叶，他们被柔然征服，成为柔然的锻奴，被迫迁居金山(阿尔泰山)南麓。

6世纪中叶，突厥人逐步摆脱了柔然的束缚，发展锻冶手工业，与西魏边地及西域各国互市，力量壮大起来。西魏废帝元年(552年)，土门建立突厥汗国，称伊利可汗。第二年，木杆可汗立，他占领柔然全部疆土，西破嚈哒，东败契丹，北并契骨(黠戛斯)，领地"东自辽海以西至西海(里海)万里，南自沙漠以北至北海(贝加尔湖)五六千里"②。突厥汗庭在今鄂尔浑河上游的于都斤山。

突厥汗国是游牧民族建立的政权，可汗下面，有叶护、特勤等大小官28等。法律规定反叛、杀人者死，伤人者以女或马赔偿，偷盗者十倍偿还。被征服族人进行反抗或本族人犯法者，都得降为奴隶。为了统治辽阔的国土，突厥在各个地区分立许多可汗，因而突厥统治者内部经常发生争权夺利的冲突。

北齐、北周对峙时期，双方都力求取得突厥的助力，突厥则同时交通二国，乘机取利。北周保定三年(563年)，突厥与周联军攻齐失败，突厥引兵出塞，纵兵大掠，自晋阳以北七百多里，人畜无遗。从此以后，突厥对北方边境的骚扰，日益严重。

---

① 《北史》卷九七《西域高昌传》。
② 《北史》卷九九《突厥传》。

第三节　东晋南朝社会经济的发展

一　东晋的统治和南北战争

东晋的建立　西晋以来,江南是各种社会矛盾交织的地方。阶级矛盾、地主阶级内部的各种矛盾、南北的民族矛盾,在这里错综纷纭地结在一起,形成非常复杂的政治局面。

西晋灭吴以后,江南的豪族士大夫被西晋统治者看作"亡国之余"①,在朝廷中无所依托,得不到过去在江东拥有的政治特权。西晋大军在长江南北防守,又增加了他们的疑虑。所以他们曾屡次起兵反晋。西晋末年北方各族人民和汉族流民起义时,江南豪族徘徊观望,寻找自保的途径。

接着,斗争的浪潮席卷江南,义阳蛮张昌的别帅石冰,于太安二年(303年)占领江、扬等州,威胁着江南豪族的切身利益。江南豪族各领私兵,推举吴郡顾秘为都督扬州九郡诸军事,围攻石冰的义师。广陵度支陈敏,也率领运兵参加镇压,首先攻入建康,消灭了石冰的力量。

永兴二年(305年),陈敏据历阳(今安徽和县)起兵反晋,占领扬、江等州。他礼召江南豪族名士,署为官属。但是江南豪族认为陈敏是江北人,又是小吏出身,不能代表他们的利益,因此他们在永嘉元年(307年)并力把陈敏消灭了。

就在这一年,西晋琅琊王司马睿受命为安东将军都督扬州江南诸军事,偕同北方名士王导等人进驻建康。西晋官僚在此前后陆续南渡的,都与司马睿合流。北方人民也向南迁徙,规模很大。江南豪族受过流民起义的打击,又觉察到北方胡族活动对他们的威胁,于是对司马睿的态度从观望转向支持。王导在他们之间尽力周旋,授给他们各种官职,保障他们的利益,因此南北士族集团的合作就比较稳固起来了。永嘉六年(312年),羯人石勒兵临淮颍,准备南犯,民族矛盾顿形尖锐。那时带兵击退石勒的,就是江南豪族纪瞻。

316年,晋愍帝出降刘曜,西晋灭亡。317年,司马睿在南北士族拥戴下自称晋王,第二年(大兴元年)称帝,这就是东晋元帝(317—322年在位)。

东晋初年,司马睿陆续控制或消灭了一些心怀不满的南方豪族武装,稳

---

① 《世说新语》上卷上《言语篇》蔡洪赴洛条,《晋书》卷五二《华谭传》、卷五八《周处传》。

定了自己在江南的统治。北方各族统治者之间混战频仍,南侵的可能性也暂时减少了。在这个时候,南迁地主中又出现了新的矛盾,爆发了争夺东晋统治权力的斗争。永昌元年(322年),掌握荆州重兵的王敦为了反对晋元帝对他的防制,在其从弟王导的纵容和南方大族沈充的援助下,一度攻入建康,逼死晋元帝。成帝咸和二年(327年),历阳内史苏峻拒绝征调,联合豫州刺史祖约,举兵反叛。这些叛乱事件,由于失掉多数南迁士族的支持,先后归于失败,东晋政权才得以转危为安,勉强维持下去。

北方人民的南迁 西晋末年的腐败政治和内战,以及十六国时北方的混乱,引起了北方人民的外迁。他们或走辽西,或走陇右,但是最大量的还是渡江南徙。南渡的人通常是按籍贯聚集若干家,节节迁移,形成一个又一个的流民群。南渡官僚也往往随带宗族部曲,并且沿途收集流散,以扩大自己的部曲队伍。

南迁人民达到长江流域的,总数至少有70万人,还有约20万南迁人民没有达到长江,聚居在今山东和江苏北部地区。南迁人民中,也有一部分越过长江以后,继续南进,达到今浙江和皖南,甚至深入闽广;还有一些分散在长江中游州郡。据《晋书·地理志》《宋书·州郡志》等有关记载估计,刘宋时有户籍的南迁人口约占西晋北方人口的1/8,约占刘宋时南方人口的1/6。扬州所集南迁的人最多,占全部南迁人总数半数以上。

到达南方的北人被称为侨人,他们除了已经沦为奴客的一部分以外,剩下来的或者占荒耕种,或者逐食流移,当时都没有编入国家户籍,称为"浮浪人"。为了控制他们,东晋在侨人集中的地方,陆续建立许多与侨人旧土同名的侨州、侨郡、侨县,使侨人著籍。这些侨州、侨郡、侨县没有实土而又时合时分,情况复杂异常。侨立州郡内并不全是侨人,南徐州侨人比例最大,占州内侨、旧人口总数42万中的22万。旧有郡县内也有一部分侨人。被大地主招纳为奴为客的侨人,因为多未著籍,其数量难以估计。

著籍的侨人,起先可以获得优复,这对于招徕北方流民,稳定他们于农业生产,阻止他们无限度地流入私门,都起着一定的作用。

侨立郡县越来越多。由于侨人在南方历久年深,他们同南方土著农民在经济地位上的差别越来越小。国家为了榨取侨人的租赋力役,驱迫他们当兵,从成帝咸和年间(326—334年)开始,一再用"土断"的办法来加强对侨人的控制。土断有的是把散居侨人断入所在籍贯;有的是并省没有实土的或民户太少的侨郡县;有的则是整顿版籍,把侨人立为白籍,以与旧人的黄籍相区别。兴宁二年(364年)由桓温主持的庚戌土断,成效比较显著。

桓温在执行土断时严格禁止豪强大族隐匿侨人,彭城王司马玄隐匿五户,发觉后被收付廷尉论罪。

祖逖和桓温的"北伐"　当江南的统治集团纠缠在各种矛盾中的时候,从洛阳南来寄居京口(今江苏镇江)的祖逖,慨然"以中原为己任"①,首先要求向北进军。祖逖在上司马睿书中,陈述了北方人民反对民族压迫的迫切愿望,也估计到北方汉族地主可以合作抗"胡"。建兴元年(313年),祖逖率领百余家部曲,渡江北上。他在长江中流击楫发誓说:"祖逖不能清中原而复济者,有如大江。"②他的豪迈誓言,表现了反对民族压迫的壮志。

祖逖驻在淮阴,一面招集流散,扩充队伍,一面冶炼兵器,屯田积谷。他自己勤劳节俭,不蓄私产,与将士共甘苦。他进军太丘、谯城、雍丘(今河南永城、夏邑、杞县)一带,控制了一些坞壁的地主武装,利用它们对付石勒。不到几年,祖逖军队收复了黄河以南大部土地,迫使石勒不敢过河。正在这时,晋元帝害怕祖逖功高难制,于己不利,派戴渊都督北方六州诸军事指挥逖军,并扼制逖军后路。同时东晋统治者内部明争暗斗非常激烈,王敦之乱已经在酝酿中。这些情形,使满腔热忱的祖逖忧愤成疾,大兴四年(321年)病死军中。豫州人民感念祖逖"北伐"的功劳,到处为他立祠纪念。

祖逖死后,南北之间暂时保持着均衡的局面,东晋统治集团忙于内战,"北伐"的呼声沉寂了一个时期。成帝咸康五年(339年),掌权的庾亮在荆州请求率师"北伐",郗鉴、蔡谟力加阻止。郗鉴认为他所统军民以北人为主,渡江后就会脱离自己的控制;蔡谟更是夸大石虎的力量,故作危言,主张坐守江沔,等待敌人灭亡。这种消极的论调,居然获得朝议的赞同。康帝建元元年(343年),庾翼请求"北伐",抗命进驻襄阳,但仍以受阻而止。后来,荆州镇将桓温的势力逐渐强大,永和三年(347年)桓温率军入蜀,灭賨人李氏的汉国(即原来的成国),声势更盛。他屡次要求"北伐"中原,当朝大臣无法直接阻止,乃于永和五、六年相继派外戚褚裒和名士殷浩"北伐",以图抑制桓温。褚裒进驻彭城,来奔的北人日以千计,鲁郡民五百多家起义附晋,河北民二十多万也渡河来归。在这种有利形势下,褚裒不但不努力向前,反而一触即退,使河北来归的人民在半道上陷入四面受敌的困境。殷浩北进,也以失败告终。

桓温利用褚裒、殷浩北进失败后朝廷暂时无力反对的时机,于永和十年

---

① 《世说新语》中卷下《赏誉》注引《晋阳秋》。
② 《晋书》卷六二《祖逖传》。

(354年)率军攻击前秦,进入关中,受到关中人民的牛酒欢迎。但是桓温不愿在北方战场上过多消耗实力,所以在灞水停军观望,丧失了取胜的时机。秦军芟苗清野,深沟自固,晋军粮食匮乏,全部退回。永和十二年,桓温第二次北进,收复洛阳,徙民而归。太和四年(369年),桓温第三次北进,从扬州到达前燕邺都以南的枋头(今河南浚县境)。前燕在前秦援助下截断了晋军粮道,桓温弃甲烧船败回。

桓温以"北伐"为事,前后十多年。他受到朝臣的牵制,而他自己也把"北伐"作为个人集中权力的手段,所以"北伐"迄无成就。他在"北伐"途中见以前所种柳树大已十围,不禁感慨地说:"木犹如此,人何以堪!"①他不满朝臣"永结根于南垂,废神州于龙漠"的苟安态度,请求"一切北徙",还都洛阳,上表至十余次,都没有得到允许。东晋朝臣反对桓温,除了权力之争的原因以外,更主要的是由于他们在南方产业已丰,无心北归。孙绰以"田宅不可复售,舟车无从而得"为理由,力排还都之议,认为还都洛阳是"舍安乐之国,适习乱之乡"②,这是当时士大夫中最露骨的自白。在这种情况下,虽然以后还有过"北伐",每次"北伐"也都得到过北方人民的支援,但是南北统一的希望却始终无法实现。

淝水之战 宁康元年(373年)桓温死后,军权由其弟桓冲掌握。那时前秦已经统一北方,占领益州,威胁东晋。东晋统治者内部的矛盾,由于大敌当前暂时缓和了。桓冲把扬州让给当政的谢安,自己专镇上游,作防秦准备。谢安侄谢玄在京口组成了一支称为北府兵的军队,是东晋唯一的劲旅。

前秦夺得东晋的彭城、襄阳两大重镇以后,在东晋太元八年(383年)倾力南下,军队旗鼓相望,前后千里。十月,秦前锋苻融等军25万进至淮颍地区,陷寿阳,晋军谢石、谢玄等率北府兵8万人迎战,在洛涧(今安徽怀远境)与秦军相拒。苻坚派被俘的晋将朱序到晋营诱降,朱序把秦军情况密告谢石,并且说如果晋军能乘秦军还未完全集结时一鼓击破苻融,就可能操全局的胜算。谢石、谢玄获得这一重要消息后,立即部署晋军,从容应敌。

十一月,谢玄派北府将刘牢之以精兵5000袭击洛涧,歼秦军万余人,掳获大批粮草器械,取得了首战的胜利。苻坚在寿阳城头望见晋军布阵严整,又以为城外八公山上草木都是晋兵,始有惧色。

---

① 《晋书》卷九八《桓温传》。
② 《晋书》卷五六《孙楚传附孙绰传》。

谢玄乘胜,与逼淝水而阵的苻融相约到淝水西岸决战。苻坚麾军后退,企图乘晋军半渡淝水时加以邀击。但是秦军内部不稳,一退不可复止,顿时溃散奔逃,自相践踏;晋军乘势猛攻,获得了巨大胜利。秦军溃兵在路上听到风声鹤唳,都以为是东晋追兵。

前秦的南侵师出不义,前秦内部隐伏着的民族矛盾,由于师出不义而加深了。淝水之战以前,苻融和一些氐、汉官吏,看到北方人民思念东晋,也看到前秦的鲜卑人与羌人可能乘机起事,都一再反对过南侵。怂恿苻坚南侵最力的,是想借机促成苻坚失败的鲜卑贵族慕容垂、羌人贵族姚苌等人。淝水之战中,秦军是由临时征集来的各族人民组成的,他们离心离德,意气消沉,不愿积极作战;秦军中的汉人面对晋军,更是不愿自相残杀。与此相反,东晋在强敌进犯之前,"君臣和睦,上下同心"①,北府兵又多为流亡南来的北方人或其子孙,他们深受民族压迫之苦,更是英勇接战,奋不顾身。因此在淝水战场上苻融麾军稍退的时候,各族士兵临阵奔逃,而晋军则以一当十,奋勇追击。被俘在长安的晋将丁穆,也乘秦军南下的机会,与关中汉人倡议,响应晋军,加重了苻坚后方的混乱。这种内外交攻的形势,不但决定了秦军的失败,而且更导致了前秦统治的瓦解。

淝水之战是中国历史上的一次以少胜多的著名战役。淝水之战中东晋的胜利,使南方人民避免了氐族统治者的摧残,使南方经济文化免遭破坏,在中国历史上具有重大的意义。

二 孙恩、卢循领导的农民战争

豪强大族统治下南方农民生活的痛苦 在东晋政权的庇护下,大批从北方来的"亡官失守"之士,在南方抢夺土地,占夺流民为部曲、佃客和奴婢;许多南方地主,也继续扩充经济势力。晋初执政的王导力图弥合南北地主的矛盾,所以他为政务求清静,不干预地主的掠夺行为。南方地主顾和还不满足,要求王导"宁使网漏吞舟",而不要"采听风声,以为察察之政"②。谢安效法王导,为政"去其烦细";他不许搜索被豪强舍藏的流民,竟认为"若不容置此辈,何以为京都!"③在这些世家大族相继统治之下,达官豪强

---

① 《晋书》卷一一四《苻坚载记》下权翼语。
② 《世说新语》中卷下《规箴篇》王丞相为扬州条。
③ 《世说新语》上卷下《政事篇》谢公时兵厮逋亡条及注引《续晋阳秋》。

贪污秽浊,恣意害民。豪将盗石头仓米达 100 万斛,东晋王朝不敢追究,反而滥杀管仓小吏塞责。郗愔以"深抱冲退"著名,但是敛财却多达几千万①。地方官吏贪污比京官还厉害,京官不能满足贪欲时常常求为县令。在这样的统治之下,人民受害之深可以想见。

东晋的徭役十分繁重,连京畿境内,徭役名目也多得惊人,庾龢为丹阳尹时,请求废除众役达六十余项。范宁上疏说:"今之劳扰,殆无三日休停,至有残形剪发,要求复除,生儿不复举养,鳏寡不敢妻娶。"②赋税在东晋中期以后也大为增加。太元元年(376 年),东晋废除了度田收租之制,改为不论有无土地,也不论有多少土地,每口一律税米 3 斛;太元八年又激增至 5 斛。从度田收租改为按口税米,对于地主有利,而对于农民却非常不利。

不堪赋役压榨的农民,有些成批地向广州以及南方腹地逃亡,有些聚结在山湖深处,逃避官府搜索。统治者对待逃亡农民,更是极端残酷,史载海陵(今江苏姜堰东)逃亡民近万户聚在青浦的湖泽菰封中,毛璩率军千人围捕无效,趁大旱时四面放火,烧尽菰封,迫使亡户出降,然后把他们编为军队。

南方农民在东晋政权和地主的压迫剥削下,常常发生暴动。由于南北民族矛盾起伏不定,分散的暴动在很长的时期内没有汇集成大规模的农民战争。

淝水之战以后,北方胡族的威胁暂时解除了,东晋地主阶级内部矛盾立即趋于炽烈。隆安二年(398 年)镇守京口的王恭和荆州的殷仲堪、桓玄等人,相继起兵反对当权的司马道子。经过复杂的斗争后,长江中游地区为桓玄割据,下游的京口和江北地区为北府将刘牢之控制,东晋朝廷的辖区,实际上只剩下江南一隅,赋税兵徭的沉重负担,就全部落到江南八郡农民身上。江南农民除了造反以外,再没有别的出路了。

孙恩、卢循领导的农民战争　　王恭起兵后,新安太守、五斗米道教主孙泰借讨伐王恭的名义起兵,被司马道子诱杀了。孙泰侄孙恩逃到海岛上,继续以五斗米道招引流亡。隆安三年(399 年),代司马道子执政的司马元显,征调江南诸郡"免奴为客"者,即从奴隶身份解放出来的佃客,称之为"乐属",移置京师当兵。征发的时候,官吏还大量侵犯不是"乐属"的

---

① 《世说新语》下卷下《俭啬篇》郗公大聚敛条。
② 《晋书》卷七五《范汪传附子宁传》。剪发指出家为僧侣。

一般农民①。无辜农民受到驱逐徙拨,辗转流移,有许多都死亡在道路中。在这种情形下,农民纷纷举行暴动,以反抗东晋政权加于他们的不堪忍受的摧残。那时候,孙恩从海岛带领部众登陆,攻下会稽郡,同正在进行战斗的农民合流,形成有组织的起义斗争。江南八郡农民广泛响应孙恩,不到十天,起义队伍就扩充到几十万人。江南地主不愿东晋夺走佃客,也乘统治阶级内部矛盾和阶级矛盾交织的机会参加孙恩的反晋队伍,以图从中取利。

孙恩自号征东将军,转战于东南各郡,杀戮东晋的郡守县令,建立起义军的地方政权。会稽内史王凝之是有名的道教徒,他用道教仪式进行祷告,请求"鬼兵"帮他守城。起义群众并未因宗教相同的原因而饶恕他,仍然在攻下会稽时把他杀了。建康附近各县也常有小规模的农民暴动,与孙恩大军呼应。东晋派谢琰率北府将刘牢之等进攻孙恩,孙恩率众退入海岛。

隆安四五年间,孙恩连续几度攻入会稽等郡,杀东晋官吏谢琰、袁山松等人。隆安五年,义军十余万,战船千余艘,浮海进至丹徒(今江苏镇江),建康震动。北府将刘裕反攻义军,义军又退回海岛。

元兴元年(402年),割据江、荆的桓玄利用孙恩起义的机会,攻下建康,次年自立为帝,改国号为楚。那时孙恩再次登陆进攻临海,不幸战败,投海而死。继孙恩而起统率义军的卢循为刘裕所迫,浮海南走,于元兴三年占领广州。

刘裕乘义军远走的喘息时机,于元兴三年赶走桓玄,恢复晋安帝的皇位,把东晋实权掌握在自己手里。义熙五年(409年),刘裕出兵攻灭南燕,夺得了淮北河南的大片土地,进一步提高了自己在东晋统治者中的声威。

义熙六年(410年),卢循、徐道覆在始兴(今广东曲江)等地招集汉、溪等族居民为兵,两路北上,分别取得长沙、豫章等郡,顺流而下,直抵建康。刘裕灭南燕后迅速回军建康,抵拒农民军。卢循多疑少决,贻误戎机,使农民军不能取胜,只好退守寻阳。刘裕除了在长江中游节节进逼以外,还派军浮海占领广州,截堵农民军的归路。卢循兵败回师,围攻广州不下,转至交州。他在那里虽然得到俚、僚等族的支持,但终于战败身死。前后有成百万农民参加的转战东南半壁历时13年之久的农民战争,到此终于失败了。

孙恩、卢循起义,是东晋门阀士族也就是最高层的士族统治将近一个世纪以来阶级矛盾的总爆发。起义首先发生的会稽等郡,是南方土著门阀士

---

① 《魏书》卷九七《桓玄传》载桓玄讨司马元显檄文:"……加以苦役乐属,枉滥者众,驱逐徙拨,死叛殆尽。"枉滥者应当主要是自耕农。

族虞氏、孔氏、贺氏等家族集中之地,北方来的门阀士族王、谢等氏也都麇集在这个地方。他们竞相开辟田园,兼并农民,占夺佃客和奴隶。起义农民冲击了士族地主的田庄,杀戮了同他们对抗的许多士族人物,还迫使许多士族地主剥削无所得,在饥饿中"衣罗縠,佩金玉,相守闭门而死"①。门阀士族地主经过这次打击后,实际上丧失了政治上的统治地位,不得不把权力让给以刘裕为代表的门第较低的士族地主;而门第较低的士族地主在其统治的初期,不得不接受历史的教训,缓和一下对农民的压迫和剥削。因此,农民的生活得到了一些改善,社会生产出现了上升的景象,南朝早期的所谓"元嘉之治",就是这样出现的。

孙恩、卢循出身门户较低的士族阶层②,他们领导的农民战争,具有一些严重的弱点。孙恩"逼人士为官属"③,即把东南八郡许多聚众响应他的大地主,一概署为重要官吏,如吴郡陆瓌、吴兴丘尪、义兴许允之被分别署为吴郡、吴兴、义兴太守,家累千金的吴兴富豪沈穆夫,被署为余姚令④。这些人既不能坚决向东晋进攻,也不能为孙恩守土御敌。所以孙恩进则孤军无援,退则群起入海,终于导致了起义的失败。

三 南朝的政治

宋的政治和南北战争 刘裕败桓玄(404 年),灭南燕(410 年),镇压农民起义(411 年)以后,于义熙九年(413 年)攻灭割据成都的谯纵。然后他再次大举北进,于义熙十三年(417 年)灭掉建都长安的后秦。这些活动,使他成为炙手可热的人物。420 年,刘裕废东晋,自立为帝(宋武帝,420—422 年在位),建立宋朝。宋初夺得青、兖二州,西至关中,大致拥有黄河以南的土地,疆域在东晋南朝时期是最大的。

农民战争的风暴,东晋士族挟主专横的情形,对宋武帝来说,都是历历

---

① 《魏书》卷九七《桓玄传》。
② 孙恩是琅琊孙秀之后,为晚渡的士族。孙恩本人有文集传世,见《隋书》卷三五《经籍志》四。卢循是范阳卢谌之后,本来应属门阀士族。《高僧传》卷六《释慧远传》说,慧远少年时在北方,与卢循之父卢嘏同为书生,时间当在后赵末年。据此卢嘏或卢循南渡甚晚。那时晚渡士族照例不为门阀士族所齿,所以孙恩、卢循在南方,社会地位比门阀士族低。卢循娶孙恩妹,可见孙、卢社会地位相同。
③ 《魏书》卷九六《司马德宗传》。
④ 分见《资治通鉴》卷一一一隆安三年十二月,《晋书》卷一〇〇《孙恩传》、卷七九《谢安传附谢琰传》以及《宋书》卷一〇〇《序传》。

在目的教训。所以刘裕称帝前后,杀了奴客纵横的京口刁逵,把刁氏成万顷土地和大量家财分给贫民;以后,又杀了隐匿人口的余姚大族虞亮,以图限制兼并。他实行"土断"以清理侨人户籍,废除一部分屯田池塞以振百姓,禁止豪强封锢山泽。在宋武帝、宋文帝(424—453年在位)父子相继统治时期,史载"兵车勿用,民不外劳,役宽务简,氓庶繁息,至余粮栖亩,户不夜扃"①。这些话虽然带有夸张成分,但是宋初政治比起"纪纲不立"的东晋来,确实要好。

宋文帝元嘉年间,社会生产有所发展,国势比较强盛。元嘉七年(430年)刘宋派到彦之率军北进,被北魏打败,一度使"府藏武库为之空虚"。元嘉二十七年(450年),宋军分两路北进。东路王玄谟军兵精器利,是北进的主力。王玄谟进围滑台后,"河洛之民竞出租谷,操兵来赴者日以千数"②。他对于这些反魏力量不予妥善处理,反而任意割配给自己的亲信部属,引起他们的不满。王玄谟刚愎好杀,不以守备为务;又侵夺百姓财物,因而大失人心,终于被北魏援军打败。西路庞法起、柳元景军进入潼关,释放被北魏驱迫作战的汉人军俘,支援了北方人民的反压迫斗争,深得各族人民拥戴。但是东路军既已溃败,西路军孤立无援,也只得退归襄阳。

同年冬,魏太武帝率大军越过彭城、盱眙,到达瓜步(今江苏六合),扬言要渡江夺取建康。在这个危急局面下,建康附近丁壮全部参加战斗,沿江六七百里严加戒备。北魏后方不稳固,抄掠又无所得,人马饥乏,所以不战自退,转攻盱眙。盱眙守将沈璞、臧质率领军民,坚决抵抗。魏军用钩车、冲车攻城无效,只好驱掠人民北归。江淮间经魏军一进一出,赤地千里,南来春燕甚至无处筑巢,都在林中栖息。江南地区经过大规模的备战,邑里萧条,版籍大坏,所谓"元嘉之治"也就从此结束了。

瓜步之役以后,南北力量对比出现了有利于北魏的变化,北魏对刘宋处于攻势地位,刘宋在江淮地区的防守力量大大削弱,不断丧地折师。泰始三年(467年)刘宋边将背叛,淮北四州以及淮西之地尽失于魏。南北之间的战争虽然还是很多,不过随着北方各民族的逐步融合,民族斗争的意义已开始淡薄了。

宋文帝以后,宗室诸王和将帅发动了连年不断的内战。孝武帝为了制止内战,缩削扬、荆、江三州之地,以分镇将权势,并把亲信的寒人派作监督

---

① 《宋书》卷五四史臣语。
② 《资治通鉴》卷一二五,元嘉二十七年。

镇将的"典签"。但是这些措施都无济于事。

严重的剥削压迫和争权夺利的内战破坏了生产,使人民流离失所,备受苦难。早在元嘉九年(432年),赵广在益州发动起义,众至十余万,整个西南地区为之震动。泰始五年(469年),临海人田流发动起义,称东海王,杀鄞县令,震动东方诸郡。其余小规模的暴动,次数还很多。宋明帝曾重申旧制,"盗劫"者处黥刑,去脚筋远徙,拒战逻司者等一律处斩。但是严刑峻法的镇压,并没能消灭农民的斗争,也没有使宋代的统治延续多久。

齐的统治和寿阳、南阳入魏　宋末内战中掌握了禁卫军的萧道成,在479年自立为帝(齐高帝,479—482年在位),改国号为齐。

齐高帝按虞玩之的建议,设立校籍官,以宋元嘉二十七年版籍为准,进行校籍,企图恢复瓜步之役以前的户籍状况。但是版籍的破坏是政治经济条件改变的结果,单靠校籍是无法整顿的。而齐初的校籍又是弊端百出,贫苦人民常常被诬为户籍诈伪,受到"却籍"的讹诈,罚充远戍或筑城。与此相反,富有者(主要是寒族地主)用各种手段涂改户籍,却又逍遥法外。校籍的纷扰,加剧了阶级矛盾。永明三年(485年),富阳民唐㝢之反对校籍起兵,在钱塘称帝,江南"却籍"户前来投奔的达三万人。他们攻夺郡县,逐杀守令,声势浩大。齐武帝发禁兵镇压,他们才归于失败。

在农民起义的打击和宗室内战的破坏下,萧齐政权非常衰颓,无力维持统治,汉水以北的南阳和淮河以南的寿阳地区被魏军夺去。中兴元年(501年),雍州刺史萧衍带兵攻入建康,第二年灭齐,自立为帝(梁武帝),建立梁朝。

梁武帝的统治和侯景之乱　梁武帝(502—549年在位)目睹宋、齐两朝宗室重臣内乱造成的危害,力图协调统治者内部的利益,避免内战。他改定北来士族的百家谱,以保障他们的社会、政治地位。东南士族不在百家之内,另为一部。他下诏于州、郡、县置州望、郡宗、乡豪各一人,专掌搜荐人物,实际上是为士族地主和寒族地主开辟做官的道路。他还大量增设州、郡、县,增加文武官位,以安插求官的地主。朝士有犯法的,他都暗示群下"屈法申之"。贪污聚敛的人只要不是存心造反,他都可以尽量优容。他提倡儒学,制礼作乐,恢复太学,建立州郡学,以图粉饰太平。他又大力提倡佛教,广建佛寺,用以笼络僧侣地主,麻醉人民。他自己还再三舍身同泰寺,让臣下用成亿的钱到寺院赎取。他采取这些办法使地主阶级的不同阶层和不同集团都能获得利益,因而缓和了他们之间的矛盾,减少了内战。但是在另一方面,梁武帝对待百姓却非常暴虐,百姓受不了剥削压迫,大量逃亡,他又制定法律:"一人亡逃,举家质作。"①在他的统治下,百姓处境更为恶化,暴动没有间断。何之元说:梁武帝时"民尽流离,邑皆荒毁,由是劫抄蜂起,盗窃群行……抵文者比室,陷辟者接门。眚灾亟降,囹圄随满"②。这就是何之元目睹的梁代民间生活的实际情形。

天监四年(505年),梁军攻魏,由于梁军主帅萧宏弃军逃归,魏军在天监五年、六年乘势围攻锺离,守将昌义之、韦叡力战,才转败为胜。北魏六镇起义发生后,魏扬州刺史李宪于普通七年(526年)降梁,梁军收复寿阳等城。中大通元年(529年),梁派陈庆之护送降梁的魏北海王元颢入洛争帝,但陈庆之军不久就败退回来了。

太清元年(547年),东魏大将侯景愿以所据河南之地降梁,不久即进据梁的寿阳。第二年,侯景勾结戍守长江的萧正德,渡江进攻建康。梁援军各路主帅多是梁武帝的子孙,他们觊觎皇位,互相猜疑牵制,无心接战。太清三年三月侯景攻破台城,繁华的建康被焚掠一空,梁武帝被困饿死。接着,侯景领军横行三吴,北折广陵,沿长江西进江陵,在那里被萧绎击败,退返建康,自立为帝。侯景所至之处屠城洗劫,残虐无比,他的野蛮行径,引起南方人民咬牙痛恨,到处起兵反抗。大宝二年(551年)萧绎派王僧辩和陈霸先率军东下。侯景战败后由海道北逃,被部属杀死。不久以后,萧绎就在江陵自立为帝,史称梁元帝。

西魏和北齐趁侯景之乱,分别向南略地,西魏取得益州,北齐取得淮南。梁雍州刺史萧詧投靠西魏,承圣三年(554年),西魏乘机派于谨、杨忠等率军攻下江陵,杀死梁元帝,立萧詧为傀儡皇帝,史称后梁。西魏军长驻江陵,监视萧詧,还把江陵财物抢夺一空,把江陵官吏和百姓几万人掠归为奴隶。

陈代南方内地豪强的割据和隋灭陈 557年,陈霸先杀王僧辩,废梁自立为帝(陈武帝,557—559年在位),建立陈朝。

陈霸先称帝后,得不到各地武将的拥护;南方内地许多寒族豪强,也多乘侯景之乱,自署为州郡牧守,不奉陈朝法度。所以陈的政治局势很不稳定,既无力制止内战,又无力抵抗北朝的进攻。陈朝一度收复过江北之地,但是不久以后又放弃了。陈的经济也是凋敝不堪。陈宣帝屡下诏安置淮南流民,鼓励隐户归籍,但是均无实效。他命令罢任武将率所部到姑孰种田,"有无交货,不责市估,莱荒垦辟,亦停租税";以后又令所有占田垦辟的人,

---

① 《隋书》卷二五《刑法志》。
② 《文苑英华》卷七五四何之元《梁典·总论》。

所占公私荒田"广袤勿得度量,征税悉皆停免"①。这些办法促进了寒人地主经济的发展,而江南农业生产始终还是没有恢复到侯景之乱以前的水平。

隋代北周,于开皇九年(589年)进攻建康,俘陈后主,陈亡,南北统一。

士族与寒人势力的消长 在南北民族矛盾尖锐的东晋时期,门阀士族中曾出现过王导与谢安、祖逖与桓温这样一些人物,他们的某些活动体现了汉族人民的民族利益,得到人民不同程度的支持。但是民族矛盾一旦缓和,苟安局面一经稳定,士族奋励的意气也就消失殆尽。他们习于逸乐,沉湎酒色,"居官无官官之事,处事无事事之心"②,连实现统治的能力也丧失了。以善玄言著名的司马昱(即后来的简文帝),连稻也不认识,问别人"是何草"③。蓬头散带的士族子弟王徽之作桓冲的骑兵参军,"冲问:卿署何曹?对曰:似是马曹。又问:管几马?曰:不知马,何由知数?又问:马比死多少?曰:未知生,焉知死?"④士族名士精神腐朽,躯体脆弱,由他们组成的统治集团,经过农民起义的沉重打击后,被迫把统治权力拱手让给了以刘裕为代表的较低层次的士族地主。

南朝时期,实际上丧失了统治权的门阀士族,还力图凭借父祖余荫,巩固自己的社会地位,尽可能把士族原有的政治经济势力保存下来。他们除了仍旧尊官厚禄,威福自行以外,还通过婚姻和仕宦两途,把自己同其他的人严格区别开来,宣扬"士庶之际,实自天隔"⑤。他们越是感到没落和危殆,越要用自矜婚宦来挽救自己。南朝门阀士族以门第凌辱他人的事例特别多,实际上是门阀士族地位脆弱的表现。

门阀士族把婚姻关系严格限制在门阀士族的范围以内,并且极力排除非士族混入士流的可能性。门阀士族如果不严守这种限制,便被士族社会目为婚姻失类,受到排抑和诋斥。齐代王源嫁女给富阳满璋之之子,御史中丞沈约上章弹劾说:"璋之姓族,士庶莫辨","王满连姻,实骇物听"⑥,因此请求对王源免官禁锢。除了士庶之隔以外,门阀士族之间也还有门第高下的差别。王、谢、袁、萧是最高的士族,王、谢更是士族的冠冕。门阀士族一族之内的不同支脉,由于历史的或其他的原因,有时还有高下之别。江南士

---

① 《陈书》卷五《宣帝纪》。
② 《晋书》卷七五《刘惔传》载孙绰诔刘惔语。
③ 《世说新语》下卷下《尤悔篇》。
④ 《晋书》卷八〇《王羲之传附徽之传》。
⑤ 《宋书》卷四二《王弘传》江奥语。
⑥ 《文选》卷四〇沈约《奏弹王源》。

族以朱、张、顾、陆为高,但一般说来,他们的社会地位又低于北来士族,所以当侯景请求与王、谢为婚时,梁武帝答称:"王、谢门高非偶,可于朱、张以下访之。"①

门阀士族虽然力求在婚姻上表现自己特殊的社会地位,但是他们的婚姻关系实际上已很紊乱。沈约在弹劾王源之时,就说到宋代以来"衣冠之族,日失其序,姻娅沦杂,罔论厮庶"②。门阀士族向大权在握的较低层次的士族攀缘姻娅,同样是他们保全自己的一种重要手段。

门阀士族以官位自固的办法,是独占清流美职,把清浊两途严格区分开来。清流美职,主要是那些职闲廪重,可以无所用心的职位。宰辅中的文职,品秩既高,又可以不勤庶务,自然是他们首先独占的对象。其余官职清浊虽然大致有定,但是也可依居其位者的身份高下而发生变化。南朝官吏从浊职转为清职,胜过品秩的升迁,反之则甚于降黜。为了适应门阀士族出仕的需要,秘书郎、著作佐郎等职,虽然品秩俱低,但是却被门阀士族严格独占,作为入仕阶梯,入署不到百日便得升迁。

但是南朝门阀士族不能胜任武职,因此他们的地位就得不到如同东晋门阀士族那种武力保护,事实上不得不听命于掌权的较低层次的士族。

齐梁以来,门阀士族仍致力于士族谱的撰叙编次,企图用家世源流和婚宦记录作为自己应享特权的凭证。伪造谱牒,篡改户籍,冒充士族的事,常有出现。门阀士族为了极力装饰所谓"礼法门风",还把礼学发展到极其烦琐的地步。但是这也不能挽救他们衰颓的命运。齐明帝说:"学士(按指沈约、王融等士族名士)辈不堪治国,唯大读书耳。"③实际上门阀士族子弟终日"熏衣剃面,傅粉施朱"④,连有志读书的人也很稀少。侯景之乱时,他们"骨脆肤柔,不堪行步,体羸气弱,不耐寒暑,其死仓猝者往往而然"⑤。从此以后,作为南方一种社会政治势力的门阀士族,就更为衰落了。

宋、齐、梁朝政治,是以皇族为代表的、社会层次本来较低的士族掌握统治权力,日益衰落的门阀士族居高位而无所作为。在士族的这两个层次以外,从刘宋后期开始,不预于士族的寒人,其权势越来越大,成为皇权的得力工具。南朝所谓士庶之庶,就是这种寒人。他们之中有的致位将帅,任专方

---

① 《南史》卷八〇《侯景传》。
② 《文选》卷四〇沈约《奏弹王源》。
③ 《南齐书》卷五六《幸臣刘系宗传》。
④ 《颜氏家训》卷三《勉学篇》。
⑤ 《颜氏家训》卷四《涉务篇》。

面;有的作为皇帝的爪牙,出任宗室诸王镇将的典签,实际上掌握州郡和军府的权柄。在中央政权中,寒人充当中书省的通事舍人,参预机密,出纳王命,权势更为显赫。例如宋代的戴法兴当权,民间戏称他为"真天子";齐代的刘系宗势倾天下,齐武帝说经国有刘系宗足矣;梁代的朱异居权要三十余年,举凡"方镇改换,朝仪国典,诏诰敕书,并兼掌之"①,权势最盛。值得注意的是,他们绝大多数都是江南人。

在士族势力更为衰落的梁陈之际,一些"郡邑岩穴之长,村屯坞壁之豪"②,纷纷割据州郡,这表明南方内地寒人地主的势力更进一步发展起来了。史载熊昙朗据豫章,周迪据临川,留异据东阳,陈宝应据晋安,其余寒人地主立砦自保的,遍及今闽、赣、粤、湘、川等省境。陈时南方州郡刺守多为本地地主,他们不但不受陈朝的制约,而且还力图扩大各自的统治范围,经常进行火并。

寒人地主的统治,不论在中央或州郡,仍旧是贪诈勒索,与士族并无二致,因而南朝遍及内地的农民暴动,主要也就是打击他们。但是他们的兴起,说明南方封建经济的发展已不限于三吴一隅而是遍及南方各地,这在南方开发的历史上,又是不容忽视的。

四 南方的社会经济和阶级状况

农业的发展和农民的困苦 东晋南朝时期,南方的农业生产有了很大的提高。北方农民不断渡江南来,补充了南方不足的劳动力,也带来了比较进步的生产工具和生产技术。西晋末年南来的郭文,隐居吴兴大涤山中,区种菽麦为生。这样的区种法,就是南传的一种农业技术。南北农民的结合,北方的生产工具和技术同南方水田种植经验的结合,是南方农业发展的重要原因。

南方河渠交错,水利灌溉自来比较方便。东晋南朝时期水利事业又有发展。寿春的芍陂,会稽的镜湖,都曾修复使用。曲阿、乌程、句章、乐安以及其他地区,也都修建了一些陂堰,便利了农田灌溉。浙江海塘的修筑,保护了沿海地区农业生产免受海潮的破坏,作用也很显著。南方湖泊很多,决

---

① 分见《宋书》卷九四《恩幸戴法兴传》、《南史》卷七七《恩幸刘系宗传》、《梁书》卷三八《朱异传》。
② 《陈书》卷三五后论。

湖泄水,就可以开辟良田。

三吴是南方粮食的主要产区,史载南方"一岁或稔,则数郡忘饥"①,主要就是指三吴地区而言。隋灭南朝以后,把纵贯南北延伸到余杭的大运河连接起来,目的之一就是为了搜刮江南的粮食和其他财富。在三吴以外的扬州各地,在荆州和益州,土地垦辟也有显著的增加,农桑事业大有发展。

南朝时期,南方各地经济的发展还是很不平衡,许多地区还停留在火耕水耨的阶段。梁元帝在《玄览赋》中说到"家给火耕之田"②,陈霸先被斥为"火耕水耨之夫"③,欧阳頠在湘、广地区"务是民天,敦其分地,火耕水耨,弥亘原野"④。这些资料,分别反映出荆州、扬州、广州境内的某些地方农业生产仍然是粗放的。南方水稻耕作的特点,南方人口和铁制农具的不足,都是促使火耕水耨的粗放耕作方法保存较久的重要原因。

在孙恩起义以后的一个时期,随着南方农业的发展,南方农民的处境多少改善了一些。但是过了不久,地主和国家对他们的压迫剥削,又不断加重起来。宋代以来,农民"丁男调布绢各二丈,丝三两,绵八两,禄绢八尺,禄绵三两二分,租米五石,禄米二石;丁女并半之"⑤。宋孝武帝时,又把调布增为4匹,即16丈。除了租调以外,还有更为繁苛的各种杂税。南朝允许以杂物折租,这可能是任土作赋的便民办法。但是实际行用时,官吏在钱币、布帛、粮米以及其他实物之间任意折换,造成了农民更大的痛苦。征调之时计资分等,又是官吏勒索的机会,桑长一尺,田进一亩,都计在资产之内,甚至连屋上加瓦也要计税。在这种情形下,农民不敢种树垦荒,不敢泥补房舍,发展生产的兴趣自然更谈不到了。至于官吏上下其手,把富者税额转嫁贫者,使农民不得不弃业流亡,更是常有的事。

南朝役名非常多,兵役征发完全视统治者需要而定,没有固定的制度。在军情紧急时,统治者强迫人民率户从军,兵士逃亡,全家连坐。有些官吏把战死的兵士列为逃亡,借此"录质家丁;合家又叛,则取同籍;同籍又叛,则取比伍;比伍又叛,则望村而取"⑥。至于长充兵役的营户、军户,更是父兄死、子弟代,没有脱身之日。宋时豫州的军户,甚至"年几八十而犹伏隶,

---

① 《宋书》卷五四《孔季恭等传》史臣语。
② 《艺文类聚》卷二六。
③ 《文苑英华》卷六四五,阙名《为行军元帅韦孝宽檄陈文》。
④ 《艺文类聚》卷五二,徐陵《广州刺史欧阳頠德政碑》。
⑤ 《隋书》卷二四《食货志》。
⑥ 《南史》卷七〇《郭祖深传》。

或年始七岁而已从役"①。

苛刻的租调兵徭,迫使农民无法生产,他们纷纷逃入私门为奴、客,或者托身寺院作白徒、养女,供僧俗地主奴役。还有一些人则浮海远走闽广,或者深入少数民族地区,企图找到安身之所。这些出路对于农民都是十分悲惨的,但是总还可以使他们暂时获得一线生机。由于这个缘故,南朝频繁的农民暴动没有汇合成大规模的农民战争。

大地主的田庄和奴客　东晋时期,地主占夺土地,数量越来越大。王导所得赐田就有八十多顷;侨居京口的大地主刁氏,百年来占夺的土地竟达万顷之多。史载东晋"权门并兼,强弱相凌,百姓流离,不得保其产业"②。到了南朝,这种情形更是有加无已。南朝官僚地主用国家的吏(一种国家依附户)耕种自己的私田,这在宋孝武帝时是由诏令予以承认了的③;甚至吏种的公田,其地租也归官僚所有。梁代豪家富室多占取公田,"贵价僦税",盘剥贫苦农民;梁武帝还正式允许豪家富室利用所占公田,"给贫民种粮共营作"④,以攫取地租。

大地主侵占土地,起先主要集中在建康附近和太湖以北地区,后来逐步向南发展。会稽郡的山水和沃壤,吸引了很多南北大地主,他们纷纷在那里"封锢山泽",建立别墅、屯封。邻近诸郡,也多有这些大地主的产业。大地主不但占有被封锢区域内的土地和河湖,也占有其中的农户。他们还用重税来剥削进入封锢区域打柴捕鱼的人,这又剥夺了附近农民的生计,逼使他们逐步沦落为大地主的奴客。早在咸康二年(336年)东晋就颁布过"占山护泽,强盗律论,赃一丈以上皆弃市"的禁令,但是禁者自禁,占者自占,并没有什么效果。刘宋大明年间(457—464年),孝武帝企图改禁为限,规定:地主原占山泽经过火耕、种树、设置渔场的,一律归地主所有;此后占山护泽以官品为准,数量由一顷至三顷,原占已足此额的不得再占;在这些规定以外擅占水土者,按强盗律治罪。从此以后,占山护泽取得了合法的根据,而数量的限制仍然无法实行。在这种情形下,官府私家,竞相占夺,立屯设邸,遍及江南。齐竟陵王萧子良"于宣城、临城、定陵三县界立屯,封山泽数百里,禁民樵采"⑤,可见封锢山泽的规模发展到多么大了。

---

① 《宋书》卷一〇〇《序传》。
② 《宋书》卷二《武帝纪》中。
③ 《宋书》卷六《孝武帝纪》。
④ 《梁书》卷三《武帝纪》下。
⑤ 《梁书》卷五二《顾宪之传》。

大地主的山泽田庄,规模都很庞大。山阴大族孔灵符除拥有本乡的田庄以外,还在永兴(今浙江萧山)立墅,周围33里,其中有水陆地265顷,山两座,果园9处。谢玄在始宁(今浙江上虞)建立的一处田庄,传到其孙谢灵运时,已是"田连冈而盈畴,岭枕水而通阡"。谢灵运在他的《山居赋》中夸耀他的田庄的富足说:"春秋有待,朝夕须资,既耕以饭,亦桑贸衣,艺菜当肴,采药救颓"①,这表明山居生活所需都可以自给自足,而无须仰赖市场。大地主的屯邸往往从事采伐竹木,制造器物,或者设立冶所,采炼铜铁,甚至还放高利贷,盘剥农民。宋代会稽一带"王公妃主邸舍相望,挠乱在所,大为民患,子息滋长,督责无情"②。

大地主在农业生产中役使的主要对象,是佃客和部曲。关于佃客,东晋在大兴四年(321年)就颁布过占客令,规定一、二品官可占佃客40户,每低一品减少5户。佃客按一定比例向主人交纳实物地租,而不负担国家课役。佃客不自立户籍,他们的名数按规定要注入主人的户籍中。以后北方流民继续南来,南方农民也被迫流亡,这项法令实际上起了保障地主吞并流民为佃客的作用。

部曲是大地主的私家武装。部曲战时为主人打仗,平时为主人种田,与佃客并无严格界限,而且越到后来,部曲用于耕种的越是普遍。梁代退职官僚张孝秀驱使部曲几百人,为他耕种土地几十顷,就是一例。封建国家对地主拥有部曲的数量从无限制,所以扩充部曲就成为大地主增加劳动人手的最方便的途径。

除了佃客、部曲以外,被地主当做依附农民来役使的人还有很多种,如典计、衣食客等。寺院和上层僧尼也占有大量的僧俗农民,为他们种植田园,担负劳役,同地主剥削佃客一样。

南方地主在农业生产中也使用了相当数量的奴隶。东晋南朝时期,奴隶在地主家财中常常是一个和土地并列的重要项目。战俘、南北流民以及南方内地少数民族人民是奴隶的主要来源。法律保障地主对奴隶的所有权,晋令甚至还有奴婢逃亡,黥两眼,再亡,黥两颊,三亡,横黥目下③的残酷条文。东晋南朝曾征发奴隶和免奴为客者为兵,但是这都是极特殊的事,所以刘裕即位时,还要特地把过去征发的奴隶归还本主,有些被征奴隶已死或

---

① 《宋书》卷六七《谢灵运传》。
② 《宋书》卷五七《蔡廓传附蔡兴宗传》。
③ 《太平御览》卷六四八引《晋令》。

因军功获免,也要给主人以报偿。官僚地主有时为了表示"遗落世务"而"罢遣部曲"①,同时增加奴隶,用来经营田园。齐代萧景先死前教诫儿子分散部曲,"启官乞足三处田,勤作自足供衣食,力少更随宜买粗猥奴婢充使,不需余营生"②。从这里看来,大概官僚地主从政治上隐退后自营的田庄,较多地使用奴隶耕种。

东晋南朝南方奴隶和奴隶生产增多,是长期战乱带来的结果,也是封建经济在南方落后的社会条件下发展的结果。这是一种不正常的社会现象。由于奴隶的劳动兴趣远远低于依附农民,所以一般说来,地主在农业中役使的人主要是部曲、佃客而不是奴隶。

寺院经济 东晋南朝以来,江南佛教大为发展,王公贵族竞造寺院浮屠,建康一地,佛寺即达五百余所。僧尼数量与日俱增,东晋末年寺僧"一县数千,猥成屯落"③。梁武帝时建康僧尼达十余万人,郡县更不可胜言,"天下户口,几亡其半"④。寺院拥有大量资产和众多的劳动人手,构成南方封建经济的一个重要部分。

据东晋释道恒说:僧尼"或垦植田圃,与农夫齐流,或商旅博易,与众人竞利……或聚蓄委积,颐养有余,或指掌空谈,坐食百姓"⑤。这里指明僧尼中有剥削者,也有被剥削者。寺院剥削者是"资产丰沃"⑥的僧官和寺院地主,被剥削者是寺院一般僧尼和实际上是寺院奴婢的"白徒""养女"。一般僧尼和白徒、养女,多数来自避役逃亡或觅食糊口的贫苦农民,他们"不书名籍"⑦,脱离了国家的控制,但却又牢牢地束缚于寺院中,"常居邸肆,恒处田园"⑧,终年为寺院地主耕田、经商或服役。寺院地主还直接"侵渔百姓,取财为惠"⑨。

东晋南朝的许多寺院都是金碧辉煌,华丽无比,这些耗费,都是直接、间

---

① 《资治通鉴》卷一三三,宋元徽二年。
② 《南齐书》卷三八《萧景先传》。
③ 《弘明集》卷一二桓玄《与僚属沙汰僧众教》。
④ 《南史》卷七〇《郭祖深传》。
⑤ 《弘明集》卷六释道恒《释驳论》。
⑥ 《南史》卷七〇《郭祖深传》。
⑦ 《广弘明集》卷二四,释真观《与徐仆射领军述役僧事》。又《南史》卷七〇《郭祖深传》,白徒、养女"皆不贯人(民)籍"。
⑧ 同上释真观文。
⑨ 《晋书》卷六四《简文三子传》许营疏语。

接取之于民。宋明帝起湘宫寺,费极奢侈,虞愿说是百姓卖儿贴妇钱所为①。有名的寺院大多是"僧业富沃",江陵长沙寺僧以黄金数千两铸为金龙,埋于土中,历相传付②。寺院甚至经营高利贷,设库放债,受纳质物,盘剥人民。举凡黄金、皮褥、服饰以至于一头黄牛、一束苎麻,都可以作质物。官僚士大夫有时也向寺院举贷,如齐士人甄彬以束苎就江陵长沙寺质钱,齐司徒褚渊以齐高帝所赐白貂坐褥等物就建康招提寺质钱③等是。寺院放债受质,是后代典当业的雏形。

有些寺院地主凭借政治势力,享受特殊的薪给,甚至还能衣食租税。东晋名僧释道安的薪给,和王公相等④。齐初益州刺史傅琰尊崇释玄畅,奉"敕蠲百户以充俸给"⑤;陈宣帝尊崇释智顗,敕"割始丰县调以充众费,蠲两户民用供薪水"⑥。至于凭借政治势力占有土地,在那时更为普遍。梁武帝造大爱敬寺,一次施舍给寺院的土地即达八十余顷⑦。东晋支遁买剡(今浙江嵊州)岬山侧沃洲小岭卜居⑧,昙济道人据有始宁(今浙江上虞)山水极佳的五奥之一⑨,都与士族地主占山护泽无异。梁大同七年(541年)禁公私人等越界封锢山泽的诏令,把僧尼包括在内,正说明僧尼也是一种大规模兼并土地的社会势力。

手工业的发展 东晋南朝时期,丝织业在南方已较普遍。宜蚕之处养蚕技术很可观,如永嘉郡有八辈蚕,每年三月至十月出丝⑩。丝织物和麻布,同是赋税征收的重要实物。晋宋时绢价甚高,匹值二三千钱,贫苦农民为了买绢输税,甚至不得不卖妻鬻子。齐以后绢价大减,永明六年(488年)令沿江各州出库钱收购绢布粮米诸物,这虽然和钱贱有关,但也反映丝麻产量的增长。刘裕灭后秦时,曾南迁长安百工,于建康立锦署,从此南方织锦就不限于成都一地了。刘宋时期,江南织工、缝工随日本使者东渡,对日本的丝织技术和缝纫技术的提高,起了促进作用。

---

① 《南史》卷七〇《虞愿传》。
② 《南齐书》卷三八《萧颖胄传》。
③ 《南史》卷七〇《甄法崇传附甄彬传》,《南齐书》卷二三《褚渊传附褚澄传》。
④ 《高僧传》卷五《释道安传》。
⑤ 《高僧传》卷九《释玄畅传》。
⑥ 《续高僧传》卷一七《释智顗传》。
⑦ 《梁书》卷七《王皇后传》。
⑧ 《高僧传》卷四《竺道潜传》。按此地原属道潜所有。
⑨ 《宋书》卷六七《谢灵运传》载《山居赋》注,昙济道人与蔡氏、郗氏、陈氏、谢氏各占一奥。
⑩ 《太平御览》卷八二五引《永嘉郡记》。

南方产铁地方,设有冶令管理采冶,规模一般不大。有些镇将自行设冶铸器,这种铁冶往往是随置随废,或者时断时续。水排冶铁已在南方得到应用①。著名工匠能造出百炼的"横法钢",钢朴工谢平,凿镂工黄文庆都是"中国绝手"②。梁代陶弘景发明"灌钢",即在炉中杂置生熟铁,生铁熔后注入熟铁之中,再加锻炼,成为质地优良的钢,可以用作刀镰和武器③。不过南方的采冶和锻铸都远远不能满足农业生产的需要,火耕水耨的普遍保存,与此当有密切关系。广州的银矿,开采较盛。

造船业在吴国原有的基础上,有了较大的发展。造船地点有南康(今江西赣州)、建安(今福建建瓯)、晋安(今福建闽侯)等多处④。东海、南海和内地河道,船只往来非常频繁,大船载重达二万斛⑤。

三吴的青瓷业继续发展,出土的越窑青瓷用具,不论在质量上或数量上都超过孙吴时的水平。

由于文化发展的需要,南方出现了发达的造纸业。造纸原料多用三吴盛产的藤,剡溪和由拳的藤纸,是纸的上品。纸的质量比过去提高,因而政府的简牍文书也就最终地被纸书所代替了⑥。

南方重要的手工业,多为官府经营,为官府服务。官手工业工匠被编为官户,受着极残酷的剥削压迫,死亡率非常高。东晋统治者为此把五岁刑以下的刑徒编入官户,发配百官府寺服役。宋代以罪人补冶士的法令很多,可见罪徒也是官府作坊的重要劳动力。南朝后期出现了一些雇佣工匠,表明了民间手工业逐渐发达的趋势。

商业的发展 在长江沿岸以及三吴地区,商业非常活跃。大大小小的河道不仅把大城市同重要的农业区连在一起,而且也把各个大城市连在一起。建康是南方最大的商业城市,秦淮河两岸市集非常多。江陵北抵襄阳,南通湘广,是中南商品运转的一个枢纽,也是长江的管籥。成都不但是与西南各民族交换的重要市场,而且还吸引了不少资货数百万的远方商贾,西域商人也经由凉州前来贸易,当时称之为贾胡。

南朝后期,沔水(汉水)和淮水沿岸,南北贸易也日益增多。军吏和商

---

① 《太平御览》卷八三三引《武昌记》。
② 《太平御览》卷六六五引陶弘景言。
③ 《重修政和类证本草》卷四铁精条引陶弘景言。
④ 《隋书》卷二六《百官志》载梁代南康、建安、晋安有伐船谒者。
⑤ 《颜氏家训》卷五《归心》。
⑥ 《太平御览》卷六〇五引《桓玄伪事》。

人以襄阳和寿春为中心,交换各自需要的货物。

番禺是南海的区域市场和海外贸易中心,梁代外国海舶一年数至,运来奢侈物品,带走丝绵等物。据说广州刺史经城门一过便得 3000 万钱①,这虽是夸张之词,但是也可见商税之多和官吏勒索的严重。

南朝市集商品,以粮食以及纸、席、绵、绢、漆、蜜、纻、蜡等居多。货物买卖,由政府征税。买卖奴婢、马牛、田宅有文券者叫做输估,其余无文券者叫做散估,都是值百抽四。此外还有市税和各种"道中杂税"。关市之税是国家重要收入之一。国家有时把商税交给官吏承包,承包人额外添增,无端勒索,是商业发展的一个重要障碍。

作为交换媒介的货币始终在流通着,但是流通地域不大,流通量也很少。东晋南朝以来古钱、新钱并用,还有盗铸的钱充斥市场。宋代前废帝时币质更劣,鹅眼钱一千长不及三寸,綖环钱入水不沉。梁武帝一度改用铁钱,物价猛升,交易者以车载钱,无法计数。至于南方内地除杂用金银以外,始终是物物交易。

大宗商业被官僚贵族操纵,他们遍设邸店,囤积居奇。官僚罢官时,更以"还资"为名搜括货物,易地出卖。官僚地主和寺院都用高利贷盘剥人民,宋皇室刘休佑在荆州贷人不足陌的短钱 100,秋后索还白米 1 斛,值钱 1000。

五　南方各民族

蛮　除汉族外,南方最大的民族是蛮族。蛮族人民以种植谷物为主要生业②。东晋十六国以来,蛮人从长江中、上游地区向东向北发展,到了南北朝时期,它们活动的范围,已经达到今湘、鄂、豫、皖、赣、川等省。蛮族各部按所居地域区分,有豫州蛮、荆雍州蛮等。各部蛮人分别由蛮王统率,多者万户、几千户,少者几百户,在地域上不相连接,语言也不一致。蛮人的大姓有冉氏、向氏、田氏等。

南朝时期,重要交通线附近的蛮人大致已封建化了。南朝为了强迫蛮人纳租服役,先后在蛮人地区设立了四十多郡,一百多县。宋代还规定"蛮

---

① 《南齐书》卷三二《王焜传》。
② 《宋书》卷七七《沈庆之传》有"蛮田大稔,积谷重岩"及宋军"因粮蛮谷"等语,《南齐书》卷五八《蛮传》则谓蛮中"田甚肥腴"。

人顺服者一户输谷数斛,其余无杂调"①,这比汉族农民负担要轻得多,所以汉族农民有许多逃入附近蛮人地区。汉族商贾有时也入蛮人地区贸易。

蛮人与汉人除了正常的交往以外,也发生过不少战争。一些较强大的蛮族部落,有时由蛮王指挥,进攻汉人地区的城邑;有的蛮王则依违于南朝、北朝之间,或者时南时北,以图获得高官厚禄。南朝军队也常进攻蛮人地区,"搜山荡谷,系颈囚俘"②。蛮、汉统治者间的仇杀造成了两族人民的损失,但是阻止不了蛮族社会沿着封建制前进和蛮汉人民融合的趋势。

僚 成汉时期,约当东晋咸康、永和之际,大量僚人自牂柯郡境蜂拥北上,逐渐散布于巴、蜀、汉中诸郡县山谷中,总数至十余万户,数十万人。永嘉以来巴蜀汉人大量外逃,为僚人北上留下了足够的生存空间。僚人社会处于奴隶制早期阶段,各部酋豪不相统摄,没有形成统一的政权组织。奴隶买卖很盛行,甚至昆季妻孥、亲戚比邻,也互相掠卖。僚人生计以农耕为主,兼有渔猎。与汉人杂居的僚人,赋役同于编户。他们织僚布为服,铸铜为器,俗椎髻、凿齿、鼻饮、竖棺而葬。东晋南北朝时,南北政权常常发动掠夺僚人生口的战争,引起僚人强烈反抗。南北朝后期,巴蜀人口繁息,郡县设置转多,僚人社会也有较显著的进步,有些地区僚汉居民的民族差异减少。《隋书》卷二九《地理志》记载,梁州"傍南山杂有僚户,富室者颇参夏人(汉人)为婚,衣服、居处、言语,殆与华不别"。但是在更多地区,僚人与汉人的融合过程,要缓慢长久得多。

俚 越 爨 在今湘、广等处山地,散布着许多俚族村落。一部分俚人与汉人杂居,同于编户。避役的汉人,常常逃入俚人村落中。中宿县(今广东清远)俚民课银,"一子丁输南称半两"③,俚民不懂买卖,为了购银输课,受商贾盘剥非常沉重。南朝以来湘、广等地的农民暴动,常常有俚民参加。

南方的山越人,在孙吴统治时期活动很多,以后就逐步与汉人融合,所以在东晋南朝的文献上,只有《陈书·世祖纪》提到过会稽山越的事。

分布在今云南境内的各民族,从两晋以来,大多处在爨氏的统治下,被笼统地称为爨人。爨人地区"土多骏马犀象明珠"④,爨人除了从事农业经济以外,还有畜牧业经济以及狩猎、采集经济。东晋南朝政权遥授爨人首领

---

① 《宋书》卷九七《荆雍州蛮传》。
② 《宋书》卷九七《夷蛮传》史臣语。
③ 《宋书》卷九二《徐豁传》。
④ 《新唐书》卷二二二下《两爨蛮传》。

以州郡或将军名号,但是实际上并没有把爨人如同其他州郡民一样控制起来,甚至皇帝年号改易也无法传达到爨人区域。爨人同益州地区汉人关系比较密切,宋元嘉九年(432年)益州赵广起义,宁州(治今云南曲靖境)人民响应,晋宁太守爨龙颜率众激战,才镇压了宁州人民的起义斗争①。

南方各民族的融合　蛮、僚、俚、越、爨等族都是我国南方历史悠久的民族。这些民族所在的地区,在秦汉三国时期陆续设立了郡县,但是除越族以外,这些民族同外界接触仍然较少,多少还处于孤立发展状态。所以当司马睿统治南方时,对于这些民族还只是"羁縻而已,未能制服其民"②。

东晋时期,据《隋书·食货志》说:"诸蛮陬俚洞霑沐王化者,各随轻重收其赕物,以裨国用。又岭外酋帅因生口翡翠明珠犀象之饶雄于乡曲者,朝廷多因而署之,以收其利。"③从这个时期以后,南方各民族的社会发生了不同程度的变化:各族人民从山岭川洞中陆续出居平地,扩大了同相邻民族(包括汉族)的联系,提高了农业生产水平,加速了本民族的阶级分化,也出现了比较显著的封建化和与汉族融合的倾向。

梁朝末年,南方内地许多割据州郡的人,被称为"洞主""酋豪",他们有些当是某些少数民族的首领。陈武帝陈霸先在梁末历任西江督护高要太守等职,久在岭南,与当地少数民族首领有很多联系。他作相时,曾致书"岭南酋豪",邀请他们和他们的子弟赴建康"游宦"④;他称帝以后,所委署的南方内地州镇大吏也多是这些人物,其中有的还把亲属送建康为质⑤。高凉(治今广东恩平)冼氏"世为南越首领,跨据山洞,部落十余万家"⑥,更是陈朝在岭南的重要支柱。

南方各民族的这些情况,说明随着各民族社会的发展,随着各民族经济在南方经济中所占地位的提高,它们的统治者在南方政治中的作用也相应增大,同时这些民族的某些部分,同汉人融合的倾向也更为显著。到了隋朝,蛮、僚、俚、越等族"皆列为郡县,同之齐人"⑦,它们的许多部分更进一步

---

① 《八琼室金石补正》卷九《爨宝子碑》,卷一〇《爨龙颜碑》,及诸家跋语。
② 《魏书》卷九六《司马睿传》。
③ 《隋书》卷二四《食货志》。《食货志》下文云:"历宋、齐、梁、陈,皆因而不改",指任土作赋而无恒法而言,不是说这些民族的社会政治情况在东晋南朝没有变化。
④ 《文苑英华》卷六八二,徐陵《武皇帝作相时与岭南酋豪书》。
⑤ 《隋书》卷八〇《钟士雄母传》。
⑥ 《隋书》卷八〇《谯国夫人传》。
⑦ 《隋书》卷八二《南蛮传序》。

纳入了王朝统治的轨道中,更进一步同汉人融合了。

第四节 三国两晋南北朝的文化

一 玄学和宗教

魏晋玄学 东汉后期以来,豪强兼并势力发展,割据倾向加强,东汉王朝对于全国的控制力量日益削弱。同时,由于外戚宦官相继专政,党争激烈,选举制度日趋腐败,加以农民暴动纷起,统治集团面临严重危机。在意识形态上居于支配地位的儒家今文经学和谶纬,内容空虚荒诞,只能用神学说教为东汉统治作无力的粉饰,而丝毫无助于解决这些实际的社会政治问题。在这样情势下,一部分士大夫杂采儒、名、道、法思想,撰论著书,主张重法治,核名实,举贤才,饬吏治,企图消除危机,重新稳定东汉统治。他们的思想,部分地突破了儒家的限制,对于魏晋哲学思想的发展,客观上起着影响。

黄巾起义以后,东汉王朝瓦解,儒家思想因之受到打击,这对于名家、法家、道家思想的传播更为有利。曹操在这样的历史条件下重建统治秩序,他"术兼名法"①,并且提出"惟才是举"的选士标准,起了否定儒家名教的绝对地位的作用。魏文帝时刘劭著《人物志》,以名家、法家立言而杂糅道家思想,并把品鉴人物的一般原则,提升到哲学高度进行探讨,对于魏晋玄学思潮的出现,具有直接影响。建安时仲长统作《述志诗》,有"叛散五经,灭弃风雅,百家杂碎,请用从火"②之句。魏初荀粲好道家言,他根据子贡所说"夫子之言性与天道不可得闻"的话,认为传世的六经不过是"圣人之糠秕"③。这些思想,更为魏晋玄学的先奏。

儒家经学中今古文的斗争,到汉末暂告停息,经学内容也有所刷新。但是表现儒家根本哲学的《易》学,拘执于象数卜筮,支离破碎,义理隐晦,仍然有待变革。因此出现了《易》学的新探讨,也是玄学形成的一个因素。

曹魏正始年间(240—249年),何晏、王弼等人研究《老》《庄》学说,用

---

① 《文心雕龙·论说》。又《三国志》卷一《魏志·武帝纪》:曹操"揽申商之法术";《晋书》卷四七《傅玄传》:"魏武好法术而天下贵刑名。"

② 《后汉书》卷七九《仲长统传》。

③ 《三国志》卷一〇《魏书·荀彧传》注引何劭《荀粲传》。

道家思想解释《周易》①，这是魏晋玄学思潮的开端。王弼、何晏等人抛弃了两汉正统思想家的神学外衣，在唯心主义的范围内重新解释天道自然之说，构成了自己的所谓"贵无"的思想体系。他们认为"天地万物皆以无为为本"②，认为"道者无之称也，无不由也，况之曰道，寂然无体，不可为象"③。这就是说万物的本体是"无"，"无"是神秘的和不具有物质属性的；圣人体法自然，所以应当以"无"为本，应当无为。王弼还从哲学上探讨了自然和名教的关系，宣称名教出于自然，尊卑名分是自然的必然结果，应当反映自然。王弼、何晏宣扬所谓"无"或"无为"，并不是主张归真返璞，摈弃名教，背离儒家，而是企图探得儒、道思想适当调和的途径。

王弼用《老》《庄》解《易》，强调会通其义，抒发己见，要言不烦，比汉儒以象数解《易》前进了一大步④。王弼、何晏和其他的玄学家承袭东汉清议的风气，就一些哲学问题问难析理，反复辩论，称为"清谈"，这是玄学发展的一种独特方式。玄学家的著作，也多采用问答辩论的文体。

王弼、何晏是魏晋玄学第一阶段的代表人物，他们出自儒家，身居显位，而又寄托心神于老庄，企图显示超脱世俗的姿态。这样的玄学家既能辩护士族官僚统治和他们荒淫生活的"合理性"，又能博得"高逸"的赞誉，对于统治者非常有利，所以玄学在短期间内就蔚然成风。

正始以后，在司马氏与曹氏的政治斗争中，何晏等正始名士多被杀戮，王弼也以疠疾夭亡。司马氏以传统儒家的卫护者自居，继续排斥异己。在司马氏的政治压力下，出现了以阮籍、嵇康为代表的反名教的玄学家，形成玄学发展的第二阶段。

阮籍"本有济世志"⑤，嵇康本来也是推崇名教的人。但是司马氏以名教相标榜而大杀异己，蓄意取代曹魏政权，这又激起了他们的疑惧和反感。因此他们相率以庄、老为师，使酒任性，玩世不恭，"当其得意，忽忘形骸"⑥，走上了独尚自然，反对名教的道路。嵇康主张"崇简易之教，御无为之治，

---

① 《老》《庄》《周易》，当时被称为"三玄"，是魏晋玄学家最喜谈论的著作。
② 《晋书》卷四三《王戎传附王衍传》。
③ 王弼《论语释疑》，辑本见《玉函山房辑佚书》。
④ 《四库全书总目提要》卷一评王弼《周易注》："阐明义理，使《易》不杂于术数者，弼……深为有功；祖尚虚无，使《易》竟入于老庄者，弼……亦不能无过。"这所谓功、过，是以儒家经学正统的观点作出的评价，但亦有参考价值。
⑤ 《晋书》卷四九《阮籍传》。
⑥ 《晋书》卷四九《阮籍传》。

君静于上,臣顺于下"①,甚至"非汤武而薄周孔"②,指斥"六经未必为太阳"③;阮籍则主张"无君而庶物定,无臣而万事理",讽刺礼法之士为裤中之虱④。他们的思想具有颓废的倾向,但是却进一步冲击了儒家僵死的教条,揭露了司马氏的虚伪性,具有一定的积极作用。阮、嵇对于现实政治都表现很谨慎。阮籍"言及玄远,而未曾评论时事,臧否人物"⑤,得以幸免于屠戮;嵇康平时无"喜愠之色"⑥,并提倡"清虚静泰,少私寡欲"⑦,但是仍然以非毁名教和欲助毌丘俭军事反叛的罪名死于司马氏之手。

西晋时期,统治集团倾轧激烈,社会矛盾尖锐,八王之乱和各族人民起义接踵而起,以后又出现了长期的民族斗争。在这些复杂的社会矛盾中,名士阮瞻、王澄、谢鲲等人继承阮、嵇思想中颓废的一面,步阮、嵇放诞不羁的后尘⑧,长醉不醒,裸体为乐。他们的言行,表现了士族名士的空虚绝望的心情,代表了士族名士最腐朽的思想倾向。

西晋时期,玄学的主要代表是向秀、郭象。向秀作《庄子注》,"发明奇趣,振起玄风";郭象又"述而广之,儒墨之迹见鄙,道家之言遂盛"⑨。这是玄学发展的第三阶段。

向秀、郭象注《庄子》,用"要其会归而遗其所寄"⑩的方法,发展了王弼、何晏"贵无"的哲学观点。他们认为"生物者无物而物自生"⑪。认为物之生"外不资于道,内不由于己,掘然自得而独化"⑫。这些仍然是王、何的"有出于无"的观点,不过特别着重在否定客观规律、否定万物变化中物质条件的作用。他们还主张名教即自然,力图使"儒道为一"⑬,互不相违。他们说老子的"绝圣弃智",从根本旨意说来并不是非毁名教,而庄子的"内圣

---

① 《嵇中散集》卷五《声无哀乐论》。
② 《嵇中散集》卷二《与山巨源绝交书》。
③ 《嵇中散集》卷七《难张辽叔自然好学论》。
④ 《阮嗣宗集·大人先生传》。
⑤ 《三国志》卷一八《魏书·李通传》注引王隐《晋书》载司马昭语。
⑥ 《晋书》卷四九《嵇康传》。
⑦ 《文选》卷五三嵇康《养生论》。
⑧ 阮瞻、王澄、谢鲲等人"祖述于(阮)籍,谓得大道之本",见《世说新语》上卷上《德行》注引王隐《晋书》。他们的行为,备见《晋书》本传。
⑨ 《晋书》卷四九《向秀传》。
⑩ 《庄子·逍遥游》注。
⑪ 《庄子·在宥》注。
⑫ 《庄子·大宗师》注。
⑬ 《广弘明集》卷一八谢灵运《与诸道人辨宗论》。

外王"之道,更是自然名教两兼。名士阮瞻认为老、庄与周、孔"将毋同"①,也是出于名教即自然这种思想。

向、郭把名教即自然的观点运用于政治上,认为一切现存事物都是合理的,"天地万物,凡所有者不可一日而相无"②。他们还认为圣人"至至不亏","虽在庙堂之上,然其心无异于山林之中"③;"虽终日挥形而神气无变,俯仰万机而淡然自若"④。在他们看来,这样的圣人就是皇帝和勋贵权臣,也就是蝇营狗苟而又口唱玄言的玄学家自己。

魏晋玄学是儒家唯心主义哲学在新的历史条件下的变种,因此在玄学中,老庄哲学一般是与儒家哲学相表里而不是相排斥。玄学给僵化了的儒家哲学带来了新解,刺激了哲学思想的发展,这是有一定的积极意义的。但是玄学作为士族地主的意识形态,反映了士族的腐朽性。玄学创始人何晏,还在士族名士中倡导一种极为腐朽的生活方式⑤。玄学流行时期,"学者以庄老为宗而黜六经,谈者以虚薄为辩而贱名检,行身者以放浊为通而狭节信,进仕者以苟得为贵而鄙居正,当官者以望空为高而笑勤恪"⑥,这就是玄学家立身处世的写照。

在魏晋玄学流行时期,也有一些思想家反对玄学唯心论。吴人杨泉认为"玄学虚无之谈,尚其华藻,此无异于春蛙秋蝉,聒耳而已"⑦。他著有《物理论》,阐述了元气构成宇宙的观点。西晋名士裴𬱟作《崇有论》,认为万物本体是"有","无"也是"有"的一种表现⑧。两晋之际,鲍敬言承袭阮、嵇无君无臣的思想,倡"无君论"。他认为古时无君无臣,没有聚敛,也没有严刑;后来出现了君臣制度,才随之出现了剥削压迫,出现了人民的反抗斗争。鲍敬言认为在君臣制度下,"人主忧栗于庙堂之上,百姓煎扰乎困苦之中,闲之以礼度,整之以刑罚,是犹辟滔天之源,激不测之流,塞之以撮壤,障之

---

① 《晋书》卷四九《阮瞻传》。按《世说新语》上卷下《文学》以此事属阮修。
② 《庄子·大宗师》注。
③ 《庄子·逍遥游》注。
④ 《庄子·大宗师》注。
⑤ 何晏好声色,喜傅粉,行步顾影,服五石散(即寒食散,是一种配制而成的供服用的毒品),见《世说新语》的《言语》《容止》等篇及注。
⑥ 《文选》卷四九干宝《晋纪·总论》。干宝所说有的是以儒家成见看待玄学,所以不全是可取的。
⑦ 《太平御览》卷九四九引杨泉《物理论》。
⑧ 裴𬱟《崇有论》,见《晋书》卷三五《裴秀传附𬱟传》。

以指掌"①。鲍敬言正确地理解了农民反对封建统治斗争的根源,这与为封建统治者强为辩护的玄学家大为不同;但是鲍敬言只是寄幻想于"曩古之世",这却无助于正在进行阶级斗争的广大农民群众。

晋室南迁后,建康成为玄学的中心。东晋玄学在很大程度上渗入了佛教教义,特别是佛教的般若学说,因而逐步改变了自己的面貌。原来,在西晋时期,某些名士曾与僧侣往还,互相影响,出现了一些具有清谈风趣的僧侣。永嘉以来,北方僧人络绎南渡,其中有些继续与名士交游,他们既谈般若,又谈庄老,用道家的无为释佛家的涅槃,与玄学相唱和。东晋孙绰作《道贤论》②,以两晋七僧与竹林七贤相比拟,正是玄佛结合的证明。僧人竺道潜出身士族,在剡县岇山讲学,兼释佛理和庄老。支遁(道林)善清谈,被玄学家比为王弼、向秀。他在会稽,与王羲之、谢安、孙绰、许询等士族交游,并宣讲佛教的"色空"说,同向、郭的"有无"说一脉相通。他注《庄子·逍遥游》,著《逍遥论》,据说"卓然标新理"于向、郭二家之表③。东晋的玄学家也善谈佛理,殷浩、许询、孙绰、郗超等人都很有名。南朝以后,玄学和佛教,士族的这两种思想武器,结合得更为紧密了。

佛教的发展 东汉末年农民战争的失败,以及随之而来的长期的割据战争和稍后的民族征服战争,给佛教的传播提供了社会条件;玄学与佛理的彼此渗透,也便于佛教的宣扬。因此,在汉代只不过是道术附庸的佛教,到三国两晋南北朝时期就大为发展起来。

三国时期,西域僧侣继续东来,在洛阳传法译经;颍川人朱士行也远赴于阗,求取般若经典。优婆塞支谦、沙门康僧会等,则在江南进行译经活动。

西晋时期,佛教学说中与玄学相通的般若学说,发展得比较迅速。一些僧侣博览六经及百家之言,钻研庄老,参与玄谈,与名士亦步亦趋。一些僧侣为了迎合士大夫的好尚,竞创新义,例如支愍度在南渡时以为"用旧义往江东,恐不办得食",乃立"心无义",在江东讲学④。有些僧徒创立"格义",即"以经中事数拟配外书(玄、儒典籍),为生解之例"⑤,为沟通玄佛义理开辟了新途径。

---

① 《抱朴子外篇》卷四八《诘鲍》。
② 《道贤论》散见于《高僧传》各卷中,《全晋文》卷六二《道贤论》辑文不全。
③ 《世说新语》上卷下《文学》。
④ 《世说新语》下卷下《假谲》。
⑤ 《高僧传》卷四《竺法雅传》。

十六国时期,胡族统治者提倡佛教,企图用佛这种"戎神"①,作为统治汉人的一种精神工具,也企图在兴败不常的民族战争中用佛教寄托自己的幻想。由于胡族统治者的提倡,各地大造寺院,汉、胡各族人出家的数目日增,他们被灌输了佛教因果报应的教义,希望在渺茫的来生消除死亡流徙的痛苦。

在北方和南方佛教发展的过程中,出现过许多所谓"高僧"。佛图澄,西域人,善神咒方伎,曾用报应之说劝石勒、石虎省刑杀,帮助后赵统治者巩固政权。佛图澄的弟子释道安通内(佛)外(儒玄)之学,集佛学中般若、禅法二系的大成。道安先在北方,东晋兴宁三年(365年)南奔襄阳,与徒众数百整理经典,编成《众经目录》,并制定寺院戒规,为各处寺院所取法。他曾派竺法汰至建康,释慧远至庐山,释法和入蜀,在长江上下各地布教。宁康三年(375年),道安北上长安,在苻坚的支持下展开大规模的译经工作。

道安的弟子释慧远,少年时"博综六经,尤善庄老",出家后仍然"不废俗书"②。他在庐山宣讲《丧服经》,名士雷次宗、宗炳等人都执卷承旨。慧远佛学,大乘、小乘两兼,既善般若,又精禅法,同道安一样,影响很大。晋末宋初,竺道生在江南宣讲涅槃佛性,提倡"顿悟";他所倡"一阐提人(按即所谓断绝一切善根之人)皆得成佛"③之说,为一切人开放进入所谓"天国"之门。

后秦时期,龟兹僧鸠摩罗什来长安讲学译经,远近聆听者五千余人,影响所至,州郡"事佛者十室而九"④。罗什译经主张意译,他自己"手执胡经,口译秦语(汉语),曲从方言,而趣不乖本"⑤,在翻译事业上有贡献。

南北佛教的发展,引起了僧侣西行求法的要求。沙门法显等五人矢志寻求天竺戒律,于后秦弘始元年(399年)自长安西行,涉流沙,逾葱岭,备经艰险,终于达到北天竺、中天竺等地。法显在中天竺得《摩诃僧祇律》《方等涅槃经》及其他经典,并学会了梵书梵语。他又至师子国(今斯里兰卡)搜求典籍,然后从海道归国。东晋义熙八年(412年),法显返抵青州,第二年

---

① 《高僧传》卷一〇《佛图澄传》:后赵著作郎王度奏称佛是"外国之神","非天子诸华所应祀奉",石虎下书曰:"朕生自边壤……应兼从本俗,佛是戎神,正所应奉。"按羯人本有火袄教的信仰,但是没有在被统治各族中提倡。
② 《高僧传》卷六《释慧远传》。
③ 《高僧传》卷七《竺道生传》。
④ 《晋书》卷一一七《姚兴载记》。
⑤ 释慧观《法华宗要序》,见僧祐《出三藏记集》卷八。

到达建康。法显译出所获经典共百余万言，还把亲身所历三十余国的见闻写成《佛国记》（又称《法显传》）一书。《佛国记》是一部研究古代中外交通的重要著作，也是研究法显所历今阿富汗、巴基斯坦、印度、尼泊尔、斯里兰卡等国历史的重要文献。法显以后，南北僧侣络绎西行，共有数十人，其中有不少到达天竺，取得经典。

东晋以来，南方许多帝王名士，也持孔、老、释殊途同归之说，提倡佛教。宋文帝立儒玄史文四学，其中主儒学的雷次宗、主玄学的何尚之都是佛教信徒。南朝士族中笃信佛教的很多，士族谢灵运毕生谈佛，与僧侣唱和。齐竟陵王萧子良招致文人学士，于西邸讲论玄、佛和经术、文章。梁武帝萧衍弃道归佛，以护法人主自居，还亲自登坛讲演佛理和《老》《庄》《周易》。在他的倡导下，贵族朝臣转相附和，南方佛教之盛达于顶点。梁沙门释僧祐汇集佛教文献，释慧皎整理僧侣事迹。分别编撰成《弘明集》和《高僧传》二书，它们与唐朝释道宣所编的《广弘明集》和《续高僧传》，同是研究这个时期佛教史和其他历史问题的重要资料。

北魏前期，僧侣四散，佛教除在凉州、辽西稍盛以外，普遍呈衰颓状态。太武帝奉道教，太平真君七年(446 年)，他抱着继统中华、"复羲农之治"[1]的目的，在长安下令屠杀沙门，焚经毁像，造成中国历史上第一次大规模毁佛事件。文成帝时，禁令始解。

孝文帝迁洛以后，北方佛教发展进入新阶段，译经讲论很盛，有些儒生也研习佛理，帝后王公和臣僚勋贵更竞相立寺造像，以求福佑。寺院在统治者的支持下，利用杂伎、女乐，利用神怪诡异的迷信传闻和盛大的佛会，尽量扩大宗教影响。洛阳弥漫着浓厚的宗教气氛。寺院内部生活越来越污秽，由于僧尼除杀人罪以外一概由僧官依"内律"管理，所以封建法纪也无法约束他们。齐、周以来，佛教继续兴盛。

北周天和二年(567 年)，还俗僧人卫元嵩请求省寺减僧，"以城隍为寺塔，即周主是如来"[2]。周武帝屡召百僚、僧道辩论儒、释、道先后；他为了尊崇儒家，提高皇权，剥夺寺产，于建德三年(574 年)下令禁断佛道二教，毁灭经像，勒令沙门道士还俗，以"三宝福财散给臣下，寺观塔庙赐给王公"[3]。建德六年周灭齐后，又把这一禁令扩及关东。不久以后周武帝死，佛教又趋

---

[1] 《魏书》卷一一四《释老志》。
[2] 《广弘明集》卷七《叙列代王臣滞惑解》卫元嵩条。
[3] 《广弘明集》卷八《叙周武帝集道俗议佛法事》。

于复兴。

三国两晋南北朝的统治者一般都保护佛教,这是因为佛教具有麻醉人民的作用,是支持统治的一种重要力量。何尚之答宋文帝问,认为人民奉行佛教,持戒行善,就可以化民成俗,使风教淳谨。他说:"夫能行一善则去一恶,一恶既去,则息一刑,一刑息于家,则万刑息于国……,即陛下所谓坐致太平者也。"[1]北魏文成帝复佛诏也说:释迦如来"助王政之禁律,益仁智之善性,排斥群邪,开演正觉,故前代已来莫不崇尚,亦我国家常所尊事也"[2]。但是专制皇权和儒家的人伦纲常,又同佛教有着某种矛盾,两者之间发生过一些斗争。东晋庾冰、桓玄都主张沙门应依中华礼教,礼敬王者,宋孝武帝时曾一度实行此制。桓玄还曾下沙汰沙门诏书,宋丹阳尹萧摹之曾沙汰沙门数百人。还有许多人利用所谓夷夏之别进行反佛,如西晋王浮摭拾旧闻,作《老子化胡经》以损佛教;东晋蔡谟倡言"佛者夷狄之俗,非经典之制"[3];宋末顾欢著《夷夏论》,认为佛、老虽与孔子同为圣人,但"佛是破恶之方",适于夷俗,"道是兴善之术",适于华夏,华夷性殊,所以应当崇老黜佛,不应当舍华效夷[4]。梁代郭祖深、荀济等人则抨击佛教伤治害政,请加限制。在北朝,也有不少排佛议论,甚至出现了两次大规模的灭佛事件。

专制皇权和儒家礼教的传统力量同佛教之间的矛盾斗争,虽然没有阻挡住佛教的发展,但是终于使佛教没有取得国教的地位,这在中国历史上是具有深远意义的。

三国两晋南北朝佛教的发展,带来了今印度、尼泊尔、巴基斯坦以及中亚等地的绘画、雕塑、音乐艺术和关于医学、音韵学、逻辑学的知识,还留下了大量的哲学著作、翻译经典等思想资料和大量的艺术遗产,因而丰富了中国的精神文化。但是这些文化、艺术遗产和思想资料,有的充斥着宗教神学的内容,有的直接宣扬迷信,因而都需要批判地对待。

范缜及其光辉的哲学著作《神灭论》 在玄学、佛学合流的南朝,思想界进行了长期的形神因果之争。一些先进人物继承了中国历代思想家反对鬼神迷信的传统,打击了有神论,维护了无神论思想。宋代范晔认为死者神灭,曾拟著《无鬼论》而未成。何承天的《达性论》及其他著作,攻击了佛教

---

[1] 《弘明集》卷一一何尚之《答宋文帝赞扬佛教事》。宋文帝语何尚之,曾说到"若使率土之滨皆敦此化,则朕坐致太平,夫复何事"。见《高僧传》卷七《释慧严传》。
[2] 《魏书》卷一一四《释老志》。
[3] 《晋书》卷七七《蔡谟传》。
[4] 《南齐书》卷五四《顾欢传》。

的理论基石神不灭论和因果报应之说。杰出的思想家范缜更以比较系统的唯物主义哲学思想,同佛教唯心主义思想针锋相对地进行斗争,取得了辉煌的成果。

范缜,齐、梁时人,齐竟陵王萧子良的西邸文士之一。他目睹"浮屠害政,桑门蠹俗"①,立志破除时弊。他不信因果报应之说,萧子良曾问他:"君不信因果,何得富贵贫贱?"他回答说:"人生如树花同发,随风而堕,自有拂帘幌坠于茵席之上,自有关篱墙落于粪溷之中。坠茵席者殿下是也,落粪溷者下官是也。贵贱虽复殊途,因果竟在何处?"萧子良集僧难之,文士也著论反对,都不能使他屈服。王琰讥刺范缜道:"呜呼!范子曾不知其先祖神灵所在。"范缜回答道:"呜呼!王子知其先祖神灵所在,而不能杀身以从之。"萧子良还使王融用周孔名教来胁迫他,并用中书郎的美职进行诱惑。范缜答称:"使范缜卖论取官,已至令仆矣,何但中书郎耶?"

梁天监六年(507年),范缜发表了轰动一时的杰出著作《神灭论》。《神灭论》认为:"神即形也,形即神也,是以形存则神存,形谢则神灭也";它又认为"形者神之质,神者形之用……神之于质,犹利之于刃;形之于用,犹刃之于利……舍利无刃,舍刃无利。未闻刃没而利存,岂容形亡而神在?"②范缜唯物地论证了形和神的统一,判明了神是形的产物,神的存亡系于形的存亡,没有形的实体,就不会有神的作用。这种犀利而又严密的论证,不但给佛教的神不灭思想以沉重的打击,而且还在论证方法上克服了汉代先进思想家桓谭、王充以薪、火比喻形、神的某些缺陷,使中国的唯物主义哲学前进了一大步。

在《神灭论》的攻击下,梁武帝属意臣僚六十余人著论反扑,但是范缜"辩摧众口,日服千人"③,始终没有在理论上退却。

范缜继承了无鬼论的思想遗产,拨开了弥漫一时的宗教迷信,为玄学、佛学中长期论争的形神因果问题作出了比较正确的答案,丰富了唯物主义哲学。但是由于当时自然科学水平的低下,范缜只能用偶然论来反对因果论,把器官的差异当做凡圣之分的根源,这在理论上显然是错误的。范缜没有力量触动儒家名教的根本,并且还承袭儒道两家的社会政治观点,主张"小人甘其垄亩,君子保其恬素……下有余以奉其上,上无为以待其下"。

---

① 《梁书》卷四八《范缜传》。下引文不注出处者均见此或《南史》卷五七《范云传附缜传》。
② 刃,《梁书·本传》作刀,《弘明集》卷九萧琛《难〈神灭论〉》所引作刃。
③ 《弘明集》卷九萧琛《难〈神灭论〉》。

这些是他的阶级限制和时代限制的表现,是他的光辉思想中的严重缺陷。

道教的发展 黄巾起义失败后,道教仍在南北各地流传。道士于吉据说曾往来江东,为孙策"助军作福,医护将士"①,得到吴人的尊奉。道士李宽由蜀入吴,以符水治病,"避役之吏民依宽为弟子者恒近千人";李宽"弟子转相教授,布满江表,动有千许"②。道教的符咒,在北方民间的影响仍然很大,建安二十二年(217年)北方大疫,"愚民悬符厌之"③。曹操曾招致方术之士甘始、左慈、郗俭等集中于魏国,据曹植说,这是为了防止他们"挟奸宄以欺众,行妖慝以惑民"④。

道教在统治阶级中发展,形成了一些与民间道教有所不同的内容。两晋之际,葛洪宣扬道教和儒学,著有《抱朴子》一书,内篇言道,外篇属儒,认为"道者儒之本也,儒者道之末也"⑤。他在道教方面主张养心颐神,采炼丹药,认为这样可以禳祸得福,益寿延年。他反对牺牲祭祀和符水治病之法,主张以药石治病,这从医学上说是有进步意义的。但是葛洪却借此对东汉以来用符水治病的民间道教领袖进行政治攻击,他说:"曩者有张角、柳根、王歆、李申之徒,或称千岁,假托小术……诳眩黎庶,纠合群愚,进不以延年益寿为务,退不以消灾治病为业,遂以招集奸党,称合逆乱。"⑥对于这些人,他主张"王者更峻其刑制,犯无轻重,致之大辟"⑦。葛洪的目的,在于使道教完全依附于帝王的礼法权威,消除道教中可以被农民利用来组织起义的教义和仪式,使之成为统治者的长生之术和奴役人民的更可靠的工具。

东晋南朝时期,道教在南方广泛传播,三吴及滨海地区特别盛行。东晋南朝的士族大姓,世奉道教的人很多。道士许迈与王羲之"共修服食,采药石不远千里"⑧。孙泰师事出于道教世家的吴郡钱塘杜子恭,百姓对孙泰"敬之如神,皆竭财产,进子女,以求福庆"⑨。东晋南朝的道教有丹鼎、符箓两派,前者以葛洪、陶弘景为代表,后者以杨羲、许谧为代表。

宋齐之间,道教经典大出,顾欢加以搜求,编为《真迹》;陶弘景又重新

---

① 《三国志》卷四六《吴书·孙策传》。于吉在江东事,疑点甚多,但道教流布江东,则属可信。
② 《抱朴子内篇》卷九《道意》。
③ 《太平御览》卷七四二引曹植《说疫气》。
④ 《三国志》卷二九《魏书·华佗传》注引曹植《辩道论》。
⑤ 《抱朴子内篇》卷一〇《明本》。
⑥ 《抱朴子内篇》卷九《道意》。
⑦ 同上。
⑧ 《晋书》卷八〇《王羲之传》。
⑨ 《晋书》卷一〇〇《孙恩传》。

编次增饰,甚或抄袭佛教的《四十二章经》,成为现存的《真诰》20 卷。陶弘景通阴阳五行,风角、星算、地理、医术、本草,隐居句容茅山,采药炼丹,并屡次进丹给梁武帝。陶弘景的《真灵位业图》把王朝的官僚等级制度引入神仙世界,反映了道教与地主阶级统治的进一步契合。

十六国时期,北方汉人常托言老君当治,李弘出世,聚众起兵,反对胡族的统治。北魏道武帝笃信道教,置仙人博士,立仙坊煮炼百药。太武帝时,道士寇谦之自言受太上老君《云中音诵新科之诫》,辅佐太平真君"清整道教,除去三张伪法,租米钱税","专以礼度为首而加之以服食闭练"①。太武帝和司徒崔浩都敬信寇谦之,崔浩还著论陈述"古治乱之迹"②以帮助他。寇谦之在道教中增加了礼法的内容,摈弃了可以被农民利用来进行斗争的教义,达到了葛洪早先提出的改革道教的目的。寇谦之还劝说太武帝登坛受箓,此后北魏诸帝虽多奉佛,但是躬受符箓却成为北魏传统。

北齐时期,道教继续发展,寺观遍于各地,"黄服之徒,数过于正户"③,縻财病民与佛教相等。天保六年(555 年),齐文宣帝下令灭道教,令道士剃发为沙门。北周武帝建德三年(574 年)禁断佛道,道士也同沙门一起强令还俗。大象元年(579 年),北周复立佛像和天尊像,恢复佛道二教。

道教产生于中国社会,它的某些教义与儒家思想契合,所以具有较佛教更易传播的特点。它一方面吸取了佛教的一些教理和诫规,模仿佛寺组织建立了道观;另一方面又用儒家的一些思想武器,对佛教进行攻击,以图树立宗教上的正统地位。不过道教教理杂乱,哲学思想较为贫乏,在麻醉人民的作用上不如佛教,所以势力也不如佛教那样巨大。

二 史学、文学和艺术

史学 地理学 三国两晋南北朝时期,史学比较发达,私家修史之风很盛。所修史书按时代分,主要有后汉史、三国史、晋史、十六国史、南北朝史等五类,每一类都有若干种。

现存《后汉书》是宋范晔所著。范晔以前,已有纪传体后汉史九家,编年体二家,其中除《东观汉记》成于东汉外,其余都是三国两晋的著作;在这

---

① 《魏书》卷一一四《释老志》。
② 《魏书》卷三五《崔浩传》。
③ 《广弘明集》卷二四齐文宣帝《问沙汰释李诏》。

些著作中,司马彪《续汉书》、华峤《汉后书》和袁宏《后汉纪》较为有名。范书出后,诸家之书除《后汉纪》《续汉书》的八志以及《东观汉记》的一部分以外,都陆续散失了。

现存的《三国志》,是西晋陈寿所著,在陈寿前后,魏史、蜀史、吴史的著述都很多,以后也陆续亡佚了。

两晋南北朝时期,撰述晋史的共有20余家,其中臧荣绪《晋书》较为翔实,唐初重修《晋书》,即以臧书为蓝本。诸家晋史到唐初只剩18家,以后更全部散失。

关于十六国的史书也接踵而出,不下20余种。北魏崔鸿汇集诸书,除烦补阙,成《十六国春秋》。唐修《晋书》多采《十六国春秋》以为《载记》,各家十六国史和《十六国春秋》都散佚了。

关于南朝和北朝的史书,隋以前近20种,其中沈约《宋书》、萧子显《南齐书》和魏收《魏书》尚存。

三国两晋南北朝时期成书的史学著作,思想性都不足取。史料价值较高的是范晔《后汉书》、陈寿《三国志》和沈约《宋书》。范晔《后汉书》删削各家后汉史的繁复,吸取其中的精华,是我国的一部史学名著。范晔自谓其书"体大而思精"[1],刘知几则说它"简而且周,疏而不漏"[2]。《后汉书》辞采可观,议论放纵,在文学上也有一定的价值。《后汉书》志未完成,梁代刘昭取司马彪《续汉书》的八志补入,并为作注,才使《后汉书》成为一部完整的史学著作。

陈寿《三国志》也是我国史学名著之一,与《史记》《汉书》《后汉书》合称四史。《三国志》以列传为主,无表志,叙事简要,文字质直。宋文帝时裴松之本着补阙、备异、惩妄、论辩的宗旨,兼采众书150种,为《三国志》作注。裴松之《注》为《三国志》补充了大量史料,保存了诸家三国著作的许多部分,贡献不下于《三国志》。

沈约《宋书》详赡有法,其中八志概括地叙述了汉代以来某些典章制度的变化,补充了《三国志》无志的一些史实缺陷。

魏晋以来,由于封建割据倾向的加剧和依地域区划而设的九品中正制的推行,出现了许多刘知几称之为"郡书"的一方人物的传记集,如《汝南先贤传》《襄阳耆旧传》等;也出现了许多有关一方风物、史地的书籍,如《洛阳

---

[1] 《宋书》卷六九《范晔传》。
[2] 《史通》卷五《补注篇》。

记》《吴郡记》《汉水记》《庐山记》以及今天还存在的《华阳国志》《洛阳伽蓝记》等。常璩《华阳国志》记载了汉晋时期巴、蜀、汉中、南中的历史、风土和人物,杨衒之《洛阳伽蓝记》记载了北魏末年洛阳的佛寺和其他史实,都有一定的史料价值。

郦道元《水经注》是这个时期的又一名著,它以汉代著作《水经》为底本,详记全国以及邻国水道,著录河流千余条,引用史书、地记以及其他著作四百余种。《水经注》于水道所经之处,历叙山陵、城市、遗迹和地理变迁,旁及风俗、物产、人物等史实,有较高的史学和地理学价值。

与地记、方志的发达相应,还出现了许多地图。西晋地理学家裴秀绘制《禹贡地域图》18 篇,即《地形方丈图》;宋代谢庄"制木方丈图,天下山川土地,各有分理,离之则州郡殊,合之则寓内为一"①。裴秀论制图之体有六,即分率、准望、道里、高下、方邪、迂直;其中分率以定比例,准望以正方位,道里以定交通距离,高下、方邪、迂直以正地势。裴秀的制图六体为地图绘制学提供了当时条件下所能提供的科学基础,在世界地图学史和地理学史上有一定的地位。

文学 三国两晋南北朝是中国文学史上的一个承先启后的重要时期,在这个时期中,诗、文、小说和文学批评都有重大发展。

以曹操、曹丕、曹植为代表的建安诗人,直接继承了汉代乐府民歌的现实主义精神,生动地描写了动乱时期的社会面貌,在文学史上开创了后人称之为"建安风骨"的传统。曹操的乐府诗风格悲凉慷慨,语言古朴自然,其中《蒿里行》《薤露》等篇描述汉末社会的残破景象,暴露了人民的疾苦。曹操的"老骥伏枥,志在千里,烈士暮年,壮心不已"的名句,表现了他自己的抱负。

曹丕和曹植都是出色的诗人,曹丕的七言乐府独创新体,曹植则集五言诗的大成。黄初以后,曹植受到曹丕的疑忌和压抑,所以他的诗篇情思悲愤,深刻地暴露了统治集团内部的矛盾。

在曹操父子周围,聚集了一批才华洋溢的诗人,其中较著名的是所谓"建安七子",即孔融、王粲、刘桢、陈琳、阮瑀、徐幹、应瑒。王粲的《七哀诗》和陈琳的《饮马长城窟行》描述了人民的苦难,是建安七子的代表作品。女诗人蔡琰(文姬)也是建安时期的重要诗人。蔡琰曾为匈奴所掳,后被曹操赎回。她在《悲愤诗》中控诉割据者的凶残,叙述流离的惨痛,

---

① 张彦远《历代名画记》卷六。

是传诵至今的名作。

魏晋之际,以阮籍、嵇康为代表,又出现了一个诗文创作高潮。阮、嵇都是反对司马氏的玄学家,所以他们的诗文都带有一定的庄老思想色彩和浓厚的愤世嫉俗的感情。

西晋时期,文学作品内容贫乏,并且出现了片面追求辞藻和对仗的不良倾向,走上了形式主义的道路。太康年间的著名作家,有三张(张载、张协、张亢)、二陆(陆机、陆云)、两潘(潘岳、潘尼)、一左(左思)。陆机是这一代文风的代表,但是较有成就的文学家则是左思。左思出身寒微,政治上受门阀大族的压抑,所以他在《咏史诗》中借古人抒发自己的情怀,对现实极表不满。

西晋末年以至东晋时期,玄学思想侵入文学领域,出现了盛行一时的"理过其词,淡乎寡味"①的"玄言诗"。晋末宋初,陶渊明在诗坛上异军突起,才给诗坛带来了清新的空气。

陶渊明,寻阳柴桑(今江西九江境)人,曾任州郡僚属和彭泽令,中年时(义熙元年,405 年)归隐田园,盘桓陇亩,至死不仕。陶渊明在诗赋和其他作品中,表现了自己不齿流俗的情怀。他用主要的创作精力写田园诗,在诗中描写如画的农村风光,赞美田园生活。他参加了一些生产劳动,这使他的田园诗比较真实动人。他的名作《桃花源诗》和诗序《桃花源记》,虚构了一个人人怡然自乐、不纳王税的理想境界,作为自己精神寄托之所,以与现实世界的剥削压迫制度对立。

陶诗是中国文学史上的瑰宝,它的思想内容和艺术风格,对于后世诗歌的发展具有一定的作用。但是陶诗中乐天知命的思想和自我陶醉的人生态度,也对后人传播了消极影响。

在陶渊明之后,较有成就的诗人是宋代的鲍照。鲍照的乐府诗辞藻华丽,骨力强劲,题材广泛。鲍照采用不为人所重视的七言体作诗,是七言诗发展的一个重要阶段。

宋齐以来,出现了以描写景物风光为主的山水诗,这种诗在内容上部分地摈弃了玄言,形式上也比较新颖。山水诗以谢灵运为祖,但成熟则在谢朓的时候。

齐永明年间,谢朓、沈约等人在诗歌注重对偶雕琢的风尚中,归纳了诗歌声律方面的特点,把平、上、去、入四声运用于诗歌中,并提出诗歌声律应

---

① 《诗品序》,见《梁书》卷四九《钟嵘传》。

当避免的所谓"八病"。他们开创的这种诗体,被称作永明体,是中国诗歌走向格律化的开端,是古体诗过渡到近体诗的桥梁。

梁陈时期,除了少数较有价值的抒情写景的诗篇以外,充斥一时的是所谓宫体诗。宫体诗反映宫廷腐朽生活,内容绮靡猥琐,是诗歌中的糟粕。

两晋南北朝时期,南方和北方都有许多乐府民歌传诵至今。南方的乐府民歌,主要有吴声、西曲两类。吴声产生在建康一带,西曲产生在荆、郢、樊、邓地区,两者都是大部分出于商贩、船户和其他贫民阶层,内容也都以恋歌为主。吴声、西曲多为五言四句,小巧清新,富有想象力①。吴声、西曲题材狭窄,有精华也有糟粕。

现存的北朝北方乐府民歌,数量比南方少,但是在北方文学中所占的地位却很重要。北方乐府民歌的作者除了汉人以外,还有鲜卑人和其他少数族人。这些乐府民歌题材较广,有的反映人民的疾苦,有的斥责各族统治者的混战,有的表现各族人民的勇健面貌,有的描写北国风光,还有的描写直率的爱情,这些作品大多具有朴质爽朗而又刚健的风格。脍炙人口的《敕勒歌》《木兰辞》,在北朝诗歌中价值最高。《木兰辞》虽然经过隋唐诗人的加工改造,但基本上形成于北朝。它以长篇叙事诗的体裁,刻画了一个代父从军、淳朴勇敢而又不求封赏的妇女形象,在民间影响很大,并且在艺术表现方面对后代某些作家产生了积极影响。

三国两晋南北朝时期的文学作品中,也有一些优秀的文章,得到千古传诵。南朝文人把文章区分为"文""笔"两类,即所谓"无韵者笔也,有韵者文也"②。文章多采用骈体形式,对仗工整,声律协和,文胜于质。这个时期,散文著作亦有可观。《三国志》《后汉书》以及《水经注》《洛阳伽蓝记》等书的某些部分,都是文字流畅,形式活泼的散文。

在诗文发展的同时,记述怪异传闻和文人轶事的小说也逐渐盛行起来。志怪小说的产生,同宗教的流行特别是神不灭论思想的弥漫有关,它的代表作品是干宝的《搜神记》。刘义庆的《世说新语》是一部文人轶事小说,是士族玄谈的产物。这两种小说都是由短篇故事构成,有些部分文字颇为精练。它们之中充斥着宣扬鬼神报应和伦常的内容,渲染士族腐朽的精神面貌。但是其中也保存了一些优秀的民间故事和一些发人深省的轶闻轶事,在中

---

① 但也有长篇诗歌,如《西洲曲》。《西洲曲》,《乐府诗集》入于卷七二《杂曲歌词》。不在《清商曲词》之西曲中。

② 《文心雕龙·总术》。

国小说史上占有一定的地位。

在三国两晋南北朝文学发展的过程中,出现了一些文学批评著作,其中最早的一篇是曹丕的《典论·论文》。《论文》评论了建安七子,评论了各种文章的体裁和特点,强调作者气质决定作品风格。西晋陆机作《文赋》,"论作文之利害所由"①,是文学批评史的重要文献。

齐刘勰的《文心雕龙》一书,是一部体大思精的文学批评和文学理论著作。《文心雕龙》提出了"文变染乎世情,兴废系乎时序"②的见解,分析了文风嬗变和各种文体产生、发展的历史原因。刘勰主张文附于质,质待于文的文质统一论,反对仅以形式取胜的文风。刘勰还广泛地评论了历代的文学家,阐述了文学创作的方法和文学批评的观点。

继刘勰之后,梁代钟嵘写成了《诗品》一书。钟嵘论诗与刘勰相近,主张"干之以风力,润之以丹采"③。他论述了诗体源流,评论了历代诗人的艺术风格和成就,对后代诗评颇有影响。

文学作品积累的丰富,文学批评的发展,促成了文学作品选集《文选》的出现。《文选》的编者是梁昭明太子萧统,他根据当时的文学观点和一定的取舍标准,选录了大量诗赋和文章。萧统之后,陈代的徐陵编成了一部由汉至南朝的诗选《玉台新咏》。

绘画 雕塑 书法 三国两晋南北朝是绘画、雕塑、书法艺术大放光彩的一个时期。这个时期,南方画家辈出。吴孙权时的曹不兴,东晋时的王廙、卫协,都以善画人物像特别是佛像著名。东晋顾恺之作人物画,最重传神,他认为传神的关键,全在所画人物眼上,所以有所谓"点精(睛)便语"④之说。据说他的画"运思精微,襟灵莫测,虽寄迹翰墨,其神气飘然在烟霄之上,不可以图画间求"⑤。顾恺之的画,现存有摹本《女史箴》,是古画中的珍品。

宋代的陆探微,是顾恺之以后较有成就的画家,他作画的艺术风格,与顾恺之相近。据说他的画"参灵酌妙,动与神会,笔迹劲利,如锥刀焉,秀骨

---

① 《文选》卷一七陆机《文赋序》。
② 《文心雕龙·时序》。
③ 《诗品序》,见《梁书》四九《钟嵘传》。
④ 《太平御览》卷七〇二引俗说:顾恺之"为人画扇作嵇、阮而都不点眼精,主问之,顾答曰:'那可点精,点精便语'"。
⑤ 《历代名画记》卷五。

清像,似觉生动"①。梁代画家张僧繇创作了大批寺院壁画,非常生动。相传他作安乐寺四白龙壁画,其中二龙点睛后即飞去,这就是"画龙点睛"这一典故的由来。唐代的张怀瓘综论历代画家,认为顾、陆、张三家人物画各有特色:"张得其肉,陆得其骨,顾得其神。"②

南京出土的晋宋间墓葬中,保存了一套砖刻竹林七贤画,画上人物比例匀称,神态各异。河南邓县南朝墓中出土画像砖出行图,有乐舞、鼓吹等场面。云南昭通的东晋太元年间大姓霍氏墓中,有部曲及其他场面的壁画,部曲装束有为夷人,有为汉人。这些壁画都是这一时期重要的艺术品和历史资料。

在北方,北魏的蒋少游和北齐的曹仲达,也以善画人物著名。

晋宋时期,与山水诗的盛行相应,出现了许多山水画家。顾恺之能作山水画,戴逵、宗炳、王微、谢约等都以山水画名家。北方的山水画"或水不容泛,或人大于山,皆附以树石,映带其地,列植之状,则若伸臂布指"。唐代张彦远评论此点,认为"详古人之意,专在显其所长而不守于俗变也"③。

这一时期,也有绘画理论著作出现。南齐谢赫在他所作《古画品录》中,论述作画六法,即一、气韵生动,二、骨法用笔,三、应物象形,四、随类赋采,五、经营位置,六、传移模写。谢赫的六法,受到后代画家的推崇。

南北朝雕刻艺术广泛发展,许多名画家也以善雕刻著名。戴逵善铸佛像及雕刻,曾造无量寿佛木像,高丈六,他潜听观众议论褒贬,反复修改,三年乃成。戴逵子戴颙传习逵书画及雕刻艺术,造诣颇精。北魏的蒋少游,工于雕刻及建筑艺术,曾参与设计平城和洛阳的宫殿建筑。

这个时期,北方各地无名工匠创作的石窟寺艺术,是雕塑和绘画的综合,是这一时期最高的艺术成果。

石窟寺艺术,是随着佛教东传而在北方各地由西向东陆续发展起来的。中国境内石窟的开凿,最早当在新疆地区。新疆维吾尔自治区今存石窟,以天山以南拜城、库车、吐鲁番等地最为集中。在拜城的克孜尔一处,就有石窟二百余,其中窟形、壁画保存完整的有七十多个,但是窟内塑像全毁。这些石窟开凿的年代,一部分当在东汉后期和晋朝,多数则在北朝和北朝以后。窟中壁画多为佛经故事、佛像以及各种装饰图画。

---

① 《历代名画记》卷六。
② 《历代名画记》卷五。
③ 《历代名画记》卷一《论画山水树石》。

新疆维吾尔自治区以东,甘肃省境内,是西域通向中原的走廊地带,石窟最多。敦煌东南的莫高窟,开凿在鸣沙山的断崖上,延绵排列千余公尺,今存有塑像、壁画的石窟还有 486 个,其中属于前秦到北朝的有 20 多个。敦煌西南的千佛洞,十六窟中多数是北魏时凿成的。敦煌以东安西的榆林窟(万佛峡)、永靖炳灵寺石窟、天水麦积山石窟、庆阳石窟寺等,都是始凿于十六国或北朝时期,其中麦积山的百余窟,绝大多数都是北魏晚期和北周的创作。

由河西走廊向东,石窟艺术传播到了北魏都城地区。大同以西武州山的云冈石窟群共有百余窟龛,规模宏大,其中最早的五窟,是北魏文成帝命沙门统昙曜开凿的。以后献文、孝文诸帝都在这里大量兴造。云冈石窟雕像数量极大,最大的佛像高达十几公尺,气势非常雄伟,艺术价值很高。

洛阳造窟,始于太和初年;孝文帝迁都洛阳以后,石窟艺术在这里更形发展。宣武帝景明(500—503 年)初,在洛阳以南伊阙龙门山营造石窟,以后龙门伊阙两岸石窟工程日益浩大,斩山石数十丈,20 余年中用人工 80 万以上。至于私人造像,也是盛极一时。经过北魏至唐代的不断修造,龙门断壁上石龛遍布,大小石佛林立,足与云冈石窟媲美,成为中国古代雕刻的两大宝库。

魏末至周、齐时期,黄河南北各地凿窟造像之风极盛,著名的石窟寺除了上述各处之外,还有太原天龙山石窟(始凿于东魏)、巩县石窟寺(始凿于北魏末)、邯郸南北响堂山石窟(始凿于东魏)等等。辽宁义县也有万佛洞石窟,建于太和二十三年(499 年)。四川广元的造像,成于北魏末期,就其艺术风格来说,是麦积山石窟艺术的一个支派。至于江南地区,由于地理条件和其他的原因,石窟很少。史载梁沙门僧祐营造摄山大像(在今江苏南京市)、剡县石佛(在今浙江新昌境),其中剡县石佛高达十丈,规模宏伟①。其遗迹经过后代修补,现还存在。

在三国两晋南北朝艺术中,汉族文化所独有的书法艺术,占有重要的地位。书法是与绘画有密切关系的一个艺术部门,由于绘画和书法"骨气形似皆本于立意而归乎用笔,故工画者多善书"②。东汉末年,书法艺术已经形成,名学者蔡邕就是那时书法的能手。汉末至三国初年,梁鹄以善八分书(隶书不带挑法者)著名,梁鹄弟子毛弘传鹄笔法,为晋代八分书法所宗。

---

① 《高僧传》卷一一《释僧祐传》,卷一三《释僧护传》。
② 张彦远《历代名画记》卷一《论画六法》。

张芝善章草(旧隶的草体),据说他"临池学书,池水尽墨"①,时人称他为草圣。他的书法对魏晋书法影响很大,西晋卫瓘、索靖都传张芝草法,号为一台(尚书台)二妙。魏初钟繇擅长真书(楷书),又与胡昭同传汉末刘德升行书。西晋"立书博士,置弟子教习,以钟、胡为法"②。行书、真书比旧隶简易,魏晋间行书、真书流行,是汉字书法的一种进步。

东晋南朝时期,士族文人工于书法的非常多。东晋王羲之、王献之父子,是中国书法艺术史上的重要人物。王羲之被称为书圣,他学钟繇书,同时又吸取了魏晋诸家书法的精华,创造了自己独特的书法风格。他的字"飘若浮云,矫若惊龙"③,完全脱离了隶书的窠臼。王献之被称为小圣,他的字骨力稍逊于父而富有媚趣。唐代张怀瓘《书断》把王氏父子的隶书、行书、章草、飞白、草书等五种字体都列入神品一类,可见后人对他们书法艺术的推崇。

北方士族崔氏、卢氏工于书法的人也很多。卢谌学钟繇,崔悦学卫瓘,谌、悦又同习索靖草书,子孙相袭,为北方书法世家,所以史称"魏初重崔卢之书"④。崔悦孙崔宏善草、隶、行书,行书尤为精巧。北方书法接近汉隶,与南方书法风格有所不同。

乐舞和戏剧 董卓之乱以后,朝廷雅乐散失。曹操破荆州,获汉雅乐郎杜夔,杜夔与歌师、舞师等人增损旧制,恢复了庙堂乐舞。西晋永嘉以后,朝廷乐官、乐器为刘曜、石勒所得,石勒灭后,才有一部分乐人南迁。淝水战时,东晋获苻坚乐工;刘裕灭后秦,又从关中获得由前凉张氏所传汉魏清商乐(即相和歌词的一部分),江南雅乐才稍稍完备。东晋末年以至于宋、齐之世,江南吴声,荆楚西曲,都进入乐府,被之管弦,并且普遍流行起来。

十六国北朝时期,所谓"胡乐",包括西域乐和外国乐,陆续东来,开始形成中国古典乐舞的一大变革。前凉时天竺乐传入凉州。前秦末年,吕光灭龟兹,得龟兹乐,龟兹乐后来散入中原,进入北魏乐府。吕光、沮渠蒙逊等又在凉州以旧乐杂入龟兹乐,成为西凉乐(又称秦汉乐),太武帝灭凉获之。在此前后,北魏灭北燕,得高丽乐;通西域,又得疏勒乐、安国乐。西魏、北周时,高昌乐、康国乐也传入内地。周武帝时,龟兹人苏祗婆传入七调的乐律。

---

① 张彦远《法书要录》卷一。
② 《晋书》卷三九《荀勖传》。
③ 《晋书》卷八〇《王羲之传》。
④ 《魏书》卷二四《崔玄伯传》。

北齐胡乐更盛,"吹笛、弹琵琶五弦及歌舞之伎,自文襄以来皆所爱好。至河清以后,传习尤盛。后主唯赏胡戎乐,耽爱无已"①。曹妙达、安未弱、安马驹等胡人,都以擅长音乐而封王开府。北朝的太常雅乐,大量参用"胡声",胡乐的乐章、乐器、乐舞,在民间也颇流行。

秦汉的角抵戏,魏晋以后继续有所发展。北齐有"鱼龙烂漫、俳优、朱儒、山车、巨象、拔井、种瓜、杀马、剥驴等奇怪异端,百有余物,名为百戏"②。周灭齐后,征百戏入长安。

三国两晋南北朝时期,戏剧开始形成。蜀博士许慈、胡潜由辩论文义而相忿争,终至斗打,刘备使倡家扮演许、胡,"效其讼阋之状,酒酣乐作,以为嬉戏,初以辞义相难,终以刀杖相屈"③。有人认为这是中国戏剧的开端。后赵石勒以俳优演出参军某的故事④,以为笑谑,这就是唐代参军戏的由来。北齐的《兰陵王》(唐时称为"代面"或"大面")歌舞,演出兰陵王著假面作战的故事;《踏摇娘》演出醉汉殴妻,其妻怨苦悲诉的故事⑤。在这些歌舞中,故事情节更为完整,更接近后代的戏剧。

这个时期的乐舞、戏剧,主要是限于宫廷表演,在民间的影响不大。

三 自然科学

随着生产的恢复、发展和科学实践经验的积累,三国两晋南北朝时期自然科学的某些部门,比秦汉时期前进了一步。算学、医学和农学,在这个时期都有一些突出的成就。

算学和历法 魏晋之际,刘徽注《九章算术》,并著有《海岛算经》一书。中国古代算学发展的标志是圆周率的计算,刘徽的贡献,也正在于提供了计算圆周率的科学方法。他正确地指出利用《九章算术》中圆周率等于三的数值来计算面积,所得出的不是真正的圆面积,而是圆内接正六边形的面

---

① 《隋书》卷一四《音乐志》中。
② 《隋书》卷一五《音乐志》下。
③ 《三国志》卷四二《蜀书·许慈传》。钱振锽以"此事不惟为汉儒门户之终,且为后世梨园之始"。
④ 此据《太平御览》卷五六九引《赵书》。唐段安节《乐府杂录》以此故事属汉和帝时。按北魏"太乐奏伎有倡优作为愚痴者"之戏,见《魏书》卷一一《前废帝纪》。
⑤ 此据崔令钦《教坊记》。《旧唐书》卷二九《音乐志》中以此故事属隋末,《乐府杂录》以之属北周。

积。他把圆内接正6边形依次分割为正192边形,计算出圆周率为3.1416。他还认为圆内接正多边形的边数越多,就越同圆周近似,这就是现代数学中的极限概念。

刘徽之后,还出现了佚名的《五曹算经》以及《夏侯阳算经》《张丘建算经》、甄鸾《五经算术》等书,对算学各有发明。但是在算学方面成就最大的人,是宋、齐之间杰出的科学家祖冲之。

祖冲之(429—500年)著有《缀术》一书,已失传。祖冲之求出的圆周率,在3.1415926和3.1415927这两个数值之间,精确程度很高。直到1427年,中亚的一个数学家阿尔卡西(Al-Kashi)才打破祖冲之圆周率的6位准确数值,求出了16位准确数值,但是这已经是在祖冲之以后将近千年的事了。祖冲之还用两个分数值来表现圆周率:一个是密率,为355/113,另一个是约率,为22/7。祖冲之的密率数值,在欧洲要到1573年才由德国数学家鄂图(Valentin Otto)得出,比祖冲之晚了一千多年。祖冲之的儿子祖暅之也是一个算学家,他发现了刘徽所没有解决的计算球体积的公式。

在天文历法方面,东晋虞喜求得春分、秋分点每50年在黄道上西移一度,叫做岁差。祖冲之把岁差应用于历法,制定大明历,并且在大明历中定出了比较精确的每年日数的数值。

在机械学方面,曹魏时期马钧改进了绫机,提高了绫机的效能。祖冲之创造千里船,用机械转动,日行百里。

医学 西晋太医令王叔和是这一时期最著名的医学家,他曾编辑张仲景的《金匮要略》《伤寒论》等书,并集中了秦汉以来医家切脉的经验,写成一部《脉经》。《脉经》把脉象分为24种,根据不同的脉象,判断疾病的种类。东晋葛洪著《肘后卒就方》,梁陶弘景补其阙漏,成《肘后百一方》。这部医方不用难得之药,简要易明,切于实用。陶弘景的《本草集注》著录本草药物七百多种,比汉代的《神农本草》多出一倍。

农学 北魏末年贾思勰所著《齐民要术》,是我国现存的第一部完整的农书。《齐民要术》内容广泛,包括谷物种植法、菜蔬瓜果种植法、种树法、养家畜家禽及养鱼法、酿造法、做菜法等,正如贾思勰在自序中所说:"起自耕农,终于醯醢,资生之业,靡不毕书"。《齐民要术》还记载了有关农作物的异闻以及中原以外和外国的一些植物品种。《齐民要术》不但集《氾胜之书》以来北方农业生产经验之大成,而且反映了当时农村生活状况和社会经济状况,价值很大。贾思勰是一个极为博学的人,他的著作中所征引的古书,有名可考的即达百余种,有些重要古书,如《氾胜之书》《四民月令》等,主要由于他的征引才得以部分流传下来。贾思勰并不局限于此,他作《齐民要术》时"采捃经传,爰及歌谣,询之老成,验之行事"①,把丰富的书本知识同农民的生产经验以及自己的实践密切结合在一起,这样就更增加了《齐民要术》的科学价值。

---

① 《齐民要术序》。

第六章
隋唐时期

第一节 隋朝 统一国家的再建

一 南北统一前后的新局面

减轻赋役和检括户口 隋王朝建立后,北边有强大的突厥,南边有陈和后梁。在隋的统治区内,由于北齐、北周末年,赋重役勤,刑罚苛刻,山东地区农民诈老诈小、隐漏户口、避役逃亡、投依豪室的情况十分普遍。由于制度规定没有娶妻的只交纳半床租调,阳翟一郡,官府登记的户籍上虽有户数万,但籍多无妻。

为了巩固新建立的政权,并进一步统一全国,隋王朝采取了一系列措施。首先是减轻了赋税和徭役。开皇二年(582年),隋文帝颁布了关于均田和租调的新令①。新令规定的党(族)、里(闾)、保组织,丁、中、老、小年限,丁男、妇人受田数额都与魏、齐、周的制度相近。新令又规定一夫一妇为一床,交纳租粟三石,调绢一匹(四丈)或布一端,绵三两或麻三斤;单丁和奴婢、部曲、客女,依照半床交纳;丁男每年给政府服役一月。

开皇三年(583年)隋王朝下令:成丁年龄由18岁提高为21岁,每年服役期限由1月减为20天,调绢由1匹改为2丈,并且规定不役者收庸②。开皇十年又规定,丁年50,免役收庸。成丁年龄提高了,但是原先18岁受田的规定并没有改变。这样,农民在达到受田年龄以后,就可以有3年不纳租

---

① 《册府元龟》卷四八七《赋税》:"(开皇)二年,颁新令。"
② 《北史》卷一一《隋本纪》。

调,不服徭役①。纳庸代役的规定和租调徭役的减轻,有利于农业生产的发展。

为了直接控制更多的农民,隋王朝建立之初就开始在山东地区检括户口。开皇三年,又令州、县官吏检查隐漏户口,大索貌阅:按照户籍簿上登记的年龄,和本人的体貌核对,检验是否谎报年龄,诈老诈小;查出户口不实,保长、里正、党正等②都要发配远方。隋王朝还鼓励百姓互相检举,规定亲属关系在堂兄弟以下的,一律分居,各自立户,以防止以后再发生户口不实的情况。通过这次检括,户籍簿上有40万人查实为壮丁,有160多万人新编入户籍。

紧接着,隋王朝又根据宰相高颎的建议,实行了输籍之法。高颎认为,政府虽然每年按定额征收租调,但军事的调发、徭役、差役的征用,附加税的收取和授田的先后,都和户等有关,因此,长吏肆情,户等划分不实,还是搜括户口的一大障碍。为了使农民感到"为浮客,被强家收大半之赋,为编甿,奉公上,蒙轻减之征"③,从而愿意离开豪强,做国家的编民,高颎建议由中央确定划分户等的标准,叫做"输籍定样",颁布到各州县,每年一月五日,由县令派人到乡村去,以300家到500家组为一团,依定样确定户等,写成定簿。这就叫"输籍之法"。输籍之法实行后,大量隐漏、逃亡的农民成为国家的编户。

三省体制的建立与中央集权的加强　　隋朝建立后,隋文帝废除了北周按《周礼》设立的六官制度。用纳言(侍中)和中书令知政事,与尚书左右仆射共同担任外朝的宰相。同时把门下省和中书省迁出禁中,与尚书省共同组成国家机关,建立了三省体制。皇帝于是成为政府的最高负责人。门下省和中书省由内廷走出来时,也把原来属于皇帝的一部分决策和发令的权力带到外朝,成为已是国家机关中书省和门下省的权力。南北朝时期作为宰相机构的尚书上省的决策权也转移到中书省和门下省。门下省和中书省从皇帝的秘书、咨询、侍御机关变成了国家权力机关。隋文帝还按照类别,把主管行政的二十几个曹分门别类归到六部,六部统归尚书省掌管;同时把寺、监定位为事务机关。隋炀帝时,又成立了侍御机关——殿中省,把所有

---

① 据唐制,18岁以上的中男,须服杂徭,杂徭有时也成为沉重的负担。
② 《隋书》卷六八〇:"及颁新令,制人五家为保,保有长。保五为闾,闾四为族,皆有正。畿外置里正,比闾正,党长比族正,以相检察焉。"
③ 《通典》卷七《丁中》。

侍御事务从中书省、门下省完全分离出来,从而实现了国家事务与皇家事务的最后分离。

接着,又对地方行政制度进行了一系列的改革。

北周灭北齐后,废了许多州郡。但是到大象二年(580年),还有211州,508郡,1124县。平均每州管辖不到三郡,每郡只有两县。开皇三年,隋王朝按照"存要去闲,并小为大"的原则,把州、郡、县三级制,改为州、县两级制(炀帝大业三年,又改州为郡)。地方行政机构的简化,加强了中央对地方的控制。

和废郡相联系,开皇三年又规定:凡是九品以上的地方官,不再由地方长官辟署,一律由中央任免,每年年终并要由吏部进行考核。开皇十四年又规定,州县佐史三年一换,不得重任。隋朝时候,吏部选用地方官,又尽用外地人。至此,大族豪强地主通过担任州县佐官垄断地方实际权力的局面基本上结束了。

以废除郡县佐官由长官辟署之制为起点,地方权力向中央集中,尚书省六部的工作内容随之发生了变化,文案工作量大为增加。原来由低级官吏负责的文案工作改由令史、府史等没有官品的吏担任。在官员系统之外产生了一个协助官员处理文书的吏的系统。

隋王朝废除了九品中正制,取消了官吏任用的门第限制。开皇七年,隋文帝命诸州每年举送三人到中央参加秀才、明经两科考试,正式设立了每年举行的常贡之科。隋炀帝时又添设了进士科。这样就形成了一个层次不同,要求各异,由国家法令规定的按才学标准选拔文士担任官吏的开科考试制度。

开皇十年,隋文帝对府兵制进行了改革,令"军人可悉属州县,垦田籍帐,一与民同,军府统领,宜依旧式"①,府兵一面在州县落籍,从事生产,一面仍保留军籍,轮番宿卫。诏令还决定罢去山东、河南及北方缘边之地设置的军府。这样,军府就集中在关中,也有利于加强中央对地方的控制。

隋王朝的这一系列政治、经济措施,削弱了正在衰落中的大族豪强地主的力量,巩固了中央集权的国家。

江南地区的世家大族,不论是侨姓士族还是吴姓士族,在进入南朝后都已经衰落。但到梁陈时,南方的地方豪强势力兴起。灭陈以后,江南的地方官由隋王朝派出。隋王朝又要把在北方实行的政治、经济措施向江南推行,

---

① 《隋书》卷二《高祖纪》。

江南地方豪强势力受到打击。特别是要依内州检责户籍,更直接威胁到他们的利益。开皇十年(590年),江南发生迁徙豪强入关的流言,各地豪强纷纷发动变乱,几乎整个陈的旧境都骚动了。婺州(今浙江金华)汪文进、越州(今浙江绍兴)高智慧、苏州沈玄恺都自称天子,署置百官。许多州县被攻破,隋官被杀死。隋王朝派杨素等带重兵到江南作战,很快就把变乱压服下去。这次事变以后,隋王朝虽然不再强行在江南检责户籍,但由于隋军深入到江南岭南的各个角落,隋王朝对江南的控制加强了。

社会经济的恢复和发展 隋王朝减轻徭赋的措施,和随之出现的社会安定局面促进了农业生产的发展。大索貌阅、输籍之法实行后,逃亡的农民回到了土地,荫户摆脱了豪强的控制。到开皇九年,隋王朝控制的户口迅速由隋初的四五百万户增加到700万户左右①,根据隋政府的统计,大业二年(606年)全国户数为900万,较开皇九年(589年)多出200万户。

隋文帝时,"强宗富室,家道有余","中外仓库,无不盈积"②。西京太仓,东都含嘉仓、洛口仓、华州永丰仓、陕州太原仓所储存的米粟,多的达千万石,少的也有数百万石。长安、洛阳和太原府库所储存的布帛,也各有几千万匹。再加上全国各地的储积,可供隋统治者支用五六十年。

户口的增长,强宗富室和国家仓储的丰实,反映农业生产有了进一步的发展。手工业继续发展。河南、河北诸郡和蜀郡一带,是当时重要的丝织品产地。在河南巩县和河北磁县都发现了隋代的青瓷窑址。磁县贾壁村窑出产的青瓷,胎厚重,釉透明,是北方重要的青瓷产地之一③。造船技术也有提高,能够制造4层,高45尺,长200尺的龙舟。长安和洛阳的官手工业作坊,集中了全国最优秀的工匠。大业三年,河北诸郡工艺户三千余家被迁到洛阳④。

开皇元年,隋王朝统一货币,更铸五铢钱,重五铢,解决了周齐以来货币名品甚众,轻重不等的问题,便利了商品的流通。大运河开凿后,"商旅往还,船乘不绝"⑤,也促进了商业的发展。长安和洛阳是最大的商业城市。长安有2市,为国内外商旅荟萃之所。洛阳有3市,其中丰都市有120行,3000余肆,市的四壁有邸店400余,"重楼延阁,互相临映,招致商旅,珍奇

---

① 《隋书》卷四二《李德林传》。
② 《隋书》卷二四《食货志》。
③ 《新中国的考古收获》,文物出版社,1961年,第101页。
④ 《大业杂记》,《指海》本,下同。
⑤ 《旧唐书》卷六七《李勣传》。

山积"①。丹阳(今南京)的市廛列肆,可与两京相埒。蜀郡(今成都)水陆所凑,货殖所萃,为巴蜀一都之会。江都(今江苏扬州)和京口(今江苏镇江)夹江对峙,当大运河与长江会合点,商业也很繁荣。

营建东京和大运河的开凿 隋炀帝杨广继承隋文帝统治以后,竭力加强中央对地方的控制,最重要的是营建洛阳和开通大运河。

仁寿四年(604年)隋炀帝下令营建洛阳,指出洛阳"水陆通,贡赋等",便利各地运送贡赋;又指出,"南服遐远,东夏殷大","关河悬远,兵不赴急"②,以洛阳为中心,最便于控制全国。第二年,他命令宰相杨素和著名建筑家宇文恺设计营建洛阳,每月征发丁男200万人修建,10个月修成。新的洛阳城位于旧城之西,规模宏壮,周围55里。隋炀帝把原洛阳城的居民和各地的富商大贾,迁徙到那里居住。为了贮藏各地运来的粮食,供应洛阳众多的人口和庞大的官僚机关及军队,隋炀帝又下令在巩县置洛口仓,穿3000窖,每窖可容8000石;在洛阳北置回洛仓,穿300窖。隋炀帝时候,京城虽然还在长安,但是他常住洛阳。洛阳成了政治、军事和漕运的中心。

隋炀帝为了便利漕运和军事运输,利用天然河流和旧有渠道,开凿了一条以洛阳为中心,沟通南北的大运河。大运河工程分四段进行。大业元年(605年),隋炀帝征发河南、淮北一百多万人开通济渠,由洛阳通到淮水。同年,又征发淮南十几万人开邗沟,从山阳(今江苏淮安)到扬子(今江苏扬州南)入江。渠广40步,渠旁修筑御道,栽种柳树。大业四年(608年),征发河北一百多万人开永济渠,引沁水南达黄河,北通涿郡(今北京)。大业六年,开江南河,从京口(今江苏镇江)通到余杭(今浙江杭州)。这条大运河长达四五千里,是世界上伟大的工程之一。大运河是南北交通的大动脉。它适应南北经济交流的需要,加强了南北的联系,对于中国经济文化的发展和国家的统一,起了很大作用。

二 隋与边疆各族和邻近国家的关系

突厥 隋文帝初年,突厥贵族经常带领骑兵,在东起幽州,西达河西的界线上,对隋进行骚扰。开皇三年(583年),隋王朝用重兵打败了突厥,促进了突厥贵族内部的分裂。此后,突厥形成了以达头、阿波为首的西突厥集

---

① 《大业杂记》。
② 《隋书》卷三《炀帝纪》。

团和以沙钵略、突利为首的东突厥集团这两个对立的势力。

为了防御突厥贵族的进犯,隋王朝几次征发大量农民整修长城,并于朔方(今陕西横山西北)以东沿边险要处筑数十城。

突厥贵族不断进行混战。到开皇十九年(599年),倾向隋朝的东突厥启民可汗被东突厥的都蓝可汗和西突厥的达头可汗联合打败,带领部众南下降隋。隋文帝把夏、胜二州之间水草丰美的地带(河套一带)划为突厥的牧区,并建大利城(在今内蒙古自治区清水河县境)为突厥汗庭。不久以后,突厥牧区出现了"人民羊马,遍满山谷"的繁荣景象。隋和突厥的互市非常频繁,双方在政治经济方面的联系很密切。

吐谷浑　西域　隋初,突厥贵族占领了西域,吐谷浑贵族也经常带领部众向河西走廊进犯,隋和西域的交往受到阻绝。

突厥衰落后,隋与西域关系密切起来。西域的商人多至张掖交市,隋炀帝派裴矩往掌其事。裴矩用厚利吸引西域商人到内地贸易,使西域商人往来相继。

隋代通往西域的商道有三:北道从伊吾(今新疆维吾尔自治区哈密),中道从高昌(今新疆维吾尔自治区吐鲁番),南道从鄯善(今新疆维吾尔自治区若羌)。隋为了控制这三条商道,大业四年(608年),派军队逼降了伊吾,和高昌建立了密切的关系。大业五年,隋炀帝又以重兵击败吐谷浑,逼使其可汗慕容伏允南走。隋王朝以吐谷浑故地置西海(今青海都兰东)、河源(今青海东南部)、鄯善、且末(今新疆维吾尔自治区且末南)四郡,发罪人前往戍守,并设立军镇,大开屯田,以保护通往西域的商道。

流求　台湾在三国时代称夷洲,在隋唐时代称流求。高山族人很早就住在这里,他们的文化与东南沿海地区的文化有密切的关系。在台湾和澎湖的新石器文化遗址中,都曾经发现过彩色陶器,其纹饰与福建地区的非常近似。台湾的几何形印纹硬陶和有肩石锛,也与福建地区的文化面貌完全相同。

隋大业三年(607年)和四年,炀帝两次派朱宽到流求。大业六年(610年),又派陈稜、张镇周带万人前去。他们从义安(广东潮州)出发,经高华屿(澎湖花屿)、龟鳖屿(奎辟屿)到达流求。流求人看见船舰,以为他们是商人,都去做买卖,这说明台湾与大陆早就有联系①。

---

① 到唐朝的时候,台湾和大陆的关系继续发展,韩愈和柳宗元在列举海外贸易时,都提到流求。诗人施肩吾有诗叙述澎湖人民的生活。台湾还发现了唐宋时代的瓦瓶和古钱等器物。

隋时,高山族人民已能种植多种谷物如稻、粱、禾、黍,饲养猪、鸡,织"斗镂树"皮、杂色纻和杂毛为衣,也能织罗文白布。他们的武器有刀、矟、剑和弓箭等。武器已经用铁,但刃皆薄小。生产工具完全是石器,石插"以石为刃,长尺余,阔数寸"①,是耕垦的主要工具。

高山族社会还没有显著的阶级分化。史载,在以波罗檀洞为中心的部落居民里,有一个大酋长,所属诸洞也各有酋长,大小酋长都由部落成员选举最善战的人担任。没有赋税,公共费用由部落成员平均负担;也没有法律,犯罪的人由部落成员共同议决制裁。大酋长"所居舍,其大一十六间,琱(雕)刻禽兽"。大酋长出行时"乘木兽,令左右舁之而行,导从不过数十人"。

对高丽的战争 开皇十八年(598年),隋文帝以水陆军30万人进攻高丽,因为水潦乏食,军中疾疫,失败而还,战士死者什八九。

大业七年(611年),隋炀帝进行了大举远侵高丽的准备工作,在河南和江淮制造戎车5万乘,在东莱海口造船300艘,全国的陆军,不论远近,都到涿郡集中。

大业八年二月至七月,隋炀帝第一次进攻高丽。陆军113万人,分24军从涿郡出发,指向辽东,由隋炀帝亲自节度;水军从东莱海口出发,由来护儿率领,指向平壤。高丽军据城坚守,勇猛抵抗。隋军作战意志不旺盛,逃散的很多。隋炀帝督率的主力军攻辽东(今辽宁辽阳)不下。来护儿率领的水军,也在平壤城下被高丽军队打得大败。宇文述、于仲文率领军队30.5万人,进到距离平壤30里的地方,粮尽引还,受到高丽军的四面包抄。高丽军乘胜追击,在萨水(清川江)击溃隋军。隋的士兵战死逃散,30万余人中,回到辽东的只有2700人。

大业九年和十年,隋炀帝又两次进攻高丽,由于高丽军的抵抗和国内人民的反对,也没有取得胜利。

三 隋末农民战争

繁重的徭役和兵役 隋文帝把大批浮逃、隐蔽的农民检括出来,转为国家的"编民",以此来增加财政收入,保证兵役力役征发的来源。隋文帝不愿意"减功臣之地以给民",又赐给大官僚大片土地,因此,"户口滋多,民田

---

① 《隋书》卷八一《流求传》。

不赡"的现象一直没有得到缓解①。开皇十二年(592年),隋文帝派人到各地均田。在狭乡,每丁只有20亩,不纳租调的老男和中男更少。这说明农民承受赋税徭役的能力是很有限的。

开皇十三年(593年),隋文帝令杨素等人负责营建仁寿宫(在今陕西麟游县西),工程浩大,由于役使严急,丁夫死者成万。

隋炀帝每年远出巡游,从行的有大批士兵、官吏和宫女,大业三年的一次达到50万人。沿途郡县长官要负责整修道路,还要供应最精美的食品。为了隋炀帝的挥霍,很多郡县强迫农民预交几年的租调。

仁寿四年至大业六年(604—610年),隋炀帝不断征发农民掘长堑,筑西苑,营洛阳,缮离宫,伐木造船,凿山通道。在修筑长城和开凿运河等国防、交通工程中,也役使了大量农民。每项工程,大的要经年常役一二百万人,较小的也要征发一二十万人。同时,农民所负担的兵役和其他徭役也极为繁重,丁男不供,役及妇人。大规模的修建和远征,也经常在农忙的季节里进行。官吏强迫农民做过度的劳动,先后有上百万的壮丁死于徭役。为了躲避徭役兵役,农民不惜伤残自己的肢体,称作"福手福足"。

大业七年,为了准备远侵高丽,隋王朝在山东"增置军府,扫地为兵"②。全国有几百万农民被征集去当兵服徭役。民间的车、牛、船只也被大量征用。在东莱海口造船的工匠,被迫昼夜赶工,水中站久了,自腰以下都生了蛆,死者十之三四。转运兵甲军粮的成百万民夫,往返于道,昼夜不绝,也大量死亡。农村里缺乏劳动力,缺乏耕畜,因此"耕稼失时,田畴多荒"③,社会经济受到极大破坏。

农民大起义 隋炀帝修建了各项巨大工程,发动了对高丽的三次战争,使"天下死于役而家伤于财"④,特别是山东、河北地区尤为严重。加以这一带又有不断的水旱灾荒,因此,农民起义首先从这里爆发。

大业七年(611年),王薄领导农民在长白山(在今山东章丘)起义,他自称"知世郎",作《无向辽东浪死歌》,鼓励农民反抗兵役。那时,在山东、河北一带,还有张金称、高士达等好几支义军,到大业九年上半年,它们每支都已经发展到几万人以至十几万人,常常主动出击,攻占郡县,夺取地主的

---

① 《隋书》卷四〇《王谊传》。
② 《隋书》卷二四《食货志》。
③ 《资治通鉴》卷一八一,大业七年。
④ 《隋书》卷二四《食货志》。

粮食,杀死贪官污吏和大族豪强地主。

在大业九年第二次远侵高丽的战争中,杨素子杨玄感在黎阳(今河南浚县)督运军粮,他看到农民到处起义,就乘机起兵反隋。杨玄感军迅速发展到十万人,这支军队虽然很快就被隋军消灭了,但在江南地区又爆发了刘元进、朱燮等人领导的起义。新的起义军越来越多,在黄河流域、长江流域的广大地区,重要的起义军就有七八十支。

大业十一年,隋炀帝令郡县、驿亭、村坞修城筑堡,把农民迁入城堡里居住,想用坚壁清野的办法来扼杀农民起义。但是,新的起义军仍然不断出现。隋炀帝看到河北、山东一带的起义军陆续向南转移到江淮之间,就在十二年七月带领禁军坐镇江都。他还调回了进攻高丽的军队来镇压山东、河北一带的起义军。

几支历史最长的起义军都被隋军打败。淮南地区的起义军也处于不利的地位。受到挫折的各支起义军散而复集,逐渐联合起来,形成了李密、窦建德、杜伏威三个强大的起义军集团。

翟让领导的瓦岗(在今河南滑县)军,是河南一带起义军里比较强大的一支。大业十二年,李密加入了这支起义军。李密出身关陇军事贵族,曾参与杨玄感起兵。他说服附近的许多小的起义军,团聚在瓦岗军的周围。十三年,瓦岗军攻占了洛阳东北最大的粮仓兴洛仓(在今河南巩义境内),把粮食发给饥民。瓦岗军发展到几十万人,攻占了河南的很多郡县。李密成了北方起义军的盟主。

瓦岗军和隋军展开了争夺洛阳的大战。前后投入洛阳争夺战的隋军虽然有几十万人,但是瓦岗军始终处于优势。

窦建德是高鸡泊起义军的最初组织者之一。他收集了张金称、高士达的余部,转战河北中部,兵力发展到十几万人。大业十三年,隋炀帝令涿郡留守薛世雄带兵三万多人驰援洛阳,在河间附近被窦建德打败。河北大部分郡县,很快转入起义军手中。

杜伏威在大业九年参加长白山起义军,后来转战到淮南的六合,力量越来越强。大业十三年,杜伏威大败陈棱带领的隋朝禁军,乘胜攻破高邮,占领历阳(今安徽和县),控制淮南各县。

隋炀帝驻守的江都,陷入东、西、北三面的包围之中。在各路义军的沉重打击下,隋王朝土崩瓦解了。

第二节　唐前期政治的发展和社会经济的繁荣

一　唐王朝的建立和唐初三省政治体制的完善

唐王朝的建立和统一的完成　大业十三年(617年),朔方(今陕西横山)鹰扬郎将梁师都、马邑(今山西朔州)鹰扬府校尉刘武周、金城(今甘肃兰州)府校尉薛举、武威鹰扬府司马李轨、梁室后裔罗县(今湖南湘阴东北)令萧铣等相继打起反隋旗号,劫杀郡县长官,据守地方。

太原留守李渊,以防备刘武周为名,招募军队。他杀掉隋炀帝派来牵制他的两个副留守,在大业十三年夏天,带领三万人从太原南下,顺利地渡过黄河,进入关中,得到关中地主阶级的支持,迅速地打下长安,控制了渭水流域。

大业十四年(唐武德元年,618年),隋王朝的禁军将领宇文化及等利用关中士兵思归的情绪,杀掉隋炀帝,胁迫隋炀帝在江都招募的江淮军队和关中禁军一同北上。

宇文化及带领的军队,被瓦岗军阻挡在成皋至洛口一线,不能西进,渡河北上。关中兵纷纷逃亡,江淮兵大部分投降瓦岗军,宇文化及的势力崩溃了。

瓦岗军在围攻洛阳的战斗中,接受了大批隋军的投降。隋的降将大多成为李密的党羽,李密的势力发展了。大业十三年冬,他杀了翟让,引起瓦岗军将士的不满。十四年,李密打败了宇文化及的军队,但是自己损失也很重大。洛阳的王世充乘虚进攻,李密战败,投降李渊。

隋炀帝被杀以后,李渊在长安称帝,建立唐朝。唐军在李世民的指挥下,首先消灭了割据陇右的薛仁杲(薛举子)势力。武德二年(619年)唐又利用河西地区粟特商人,倾覆了李轨的政权。三年,李世民带领唐军,经过艰苦战斗以后,击溃了勾结突厥贵族的刘武周军队,占领了山西。四年,李世民带领唐军攻打洛阳,俘获了前来援救王世充的窦建德,压服了河北起义军,王世充被迫投降。黄河流域基本上成为唐王朝统治的地区。与此同时,前已归降唐朝的杜伏威平定了长江下游,唐将李靖也包围了江陵,迫使萧铣出降。五年,江西、岭南一带也陆续归入唐的掌握。

唐王朝杀害窦建德,在河北驻屯重兵进行威慑,又严厉绳治窦建德故将,要征集他们到长安。武德四年七月,窦建德旧部在刘黑闼领导下,从漳南(今山东平原县恩城镇西北)发动了起义。各地纷纷响应,不到半年功夫,刘黑闼就完全恢复了窦建德故地,都于洺州(今河北永年),屡败唐军。武德五年三月,李世民采用决水灌敌的办法,才把刘黑闼军击溃。

不久以后,刘黑闼又尽复故地。唐高祖派太子李建成前往镇压。李建成采纳魏徵的建议,释放了全部的俘虏,瓦解了刘黑闼的军队。武德六年正月,刘黑闼战败被俘。

经过几年的战斗,唐高祖李渊削平群雄,统一了全国。

唐朝初年三省政治体制的完善　唐朝初年,中央有三省、六部、一台、九寺、三监。地方有州、县。

唐朝宰相称为"知政事官"。唐高祖时宰相由三省长官中书令、侍中与尚书左右仆射组成。贞观时,唐太宗同时指定一些官员以本官加带知政事、参与朝政、同中书门下三品等名为知政事官。高宗以后这些名称逐渐固定为"同中书门下平章事"。同时,从永徽二年起,仆射为知政事官,需加带同中书门下三品,不再是当然的宰相。但此后七十余年中,仆射仍然几无例外地加带同中书门下为宰相。直至玄宗时,始有专为仆射而不兼宰相者。

唐朝知政事官的职掌,一是和皇帝一起讨论国家大事,确定基本国策,制定方针政策,并对一些重大问题作出决定。二是讨论和处理军国之务。知政事官议事的地方叫政事堂。凡是重要政务和五品以上官员的升降任免都需要由政事堂会议讨论决定,再奏请皇帝裁决。政事堂会议是协助皇帝统治全国的决策机关。决策工作在外朝进行,这与传统的内廷决策,外朝执行有很大的不同。具体政务则由尚书省六部负责。这样,在贞观时期就形成了一个不同层次、各有分工的决策和政务处理系统。

中书省和门下省,唐太宗称之为机要之司,是国家政务处理的中心和发号施令的机关。尚书省统领六部,负责政令、行政和有关事务。三省严格按照政务处理程序分工,各有其特殊的职能。

中书省长官中书令,副长官中书侍郎。中书省负责陈奏来自各方的表章,起草并宣行皇帝的制诏。武则天以后,中书省并负责整理臣下和诸司的议、表、状,并提出处理的初步意见。中书舍人是中书省主要的办事官员。

门下省长官侍中,副长官门下(黄门)。门下省负责审查中书省起草的制诏和尚书省拟制的奏抄。制诏有不便施行的,封奏退还;门下省认为没有问题的,大事复奏而请施行,小事则签署付外。奏抄有违失的,"依法驳正,却牒省司"①。这样,门下省就成为上行下达、政务处理的枢纽。侍中在知政事官中的地位不断提高,并且成为政事堂会议中执政事笔的首相。负责门下省日常工作的是给事中。

给事中与中书舍人还与御史组成三司,审查天下冤滞,并参与吏部对内外官吏的考课。

尚书省是最高行政机关。其首脑部门是都省,尚部左、右丞协助仆射通判都省事。凡需要内外百司处理的文书,都要经过都省,由都省进行登记,注明发出的日期,规定处理的时间即程限,再依内容分发到有关部门处理。皇帝的诏、制、敕经中书省起草,门下省审议后,由尚书省下发施行。凡京师各部门的公文符、移、关、牒下到各州的,先送交都省,由都省发出。尚书省的主要任务就是监督和管理各部门和百官按照法令和程式对诏敕和文案适时和正确地处理,是对以官文书运行为主要形式的政务运作进行监督和管理,而不是对官文书进行批准。尚书都省是上下行文书运转的枢纽。

尚书省下设吏、户、礼、兵、刑、工六部。六部长官为尚书(正三品),副长官为侍郎(正四品上)。六部各设四司,长官为郎中(正五品上),副长官为员外郎(从六品上),一般均为二人。其中头司即司名与部名相同的,为各部"本司",其他三司称为"子司"。头司的主要职能是协助尚书、侍郎执掌政令,并负责本部的核心职能事务。各部四司设立的原则不完全相同。其中吏部四司都与官吏的任用考课和勋爵有关,户部四司则是按政务运行程序来划分,其他各部子司一般多为专门性、技术性、事务性工作。各司政务由郎官主判,案成后送都省检勾。经相关官员(郎中、侍郎、尚书、仆射)签署以后,送门下省审核。

尚书省各部、司所管的是全国性的政令和事务。各部和各司与诸州联系,必须通过都省。

御史台是国家监察机关,长官为御史大夫,副长官为御史中丞。御史台设有侍御史四人(从六品下),又称台院,弹劾百官的不法行为,奉制敕审讯罪犯,并参与其他案件的审讯。殿中侍御史六人(从七品上),又称殿院,主要是在殿廷、郊祀和巡幸时检察仪仗,巡察两京城内不法之事。监察御史十人(正八品上),又称监院,分察巡按郡县、屯田、铸钱,监督太府、司农出纳,监决囚徒。尚书省有会议,亦监其过谬。百官宴会、习射,也要进行监察。

台院、殿院、监院等三院,职责分工明确,不仅负责检察官吏的不法行

---

① 《唐律疏议》卷四《名例四》。

为,还加强了对礼仪的监察和对行政机关尚书都省及六部的监察,并逐步加强了对地方行政机关的监察。同时,对财政和钱谷的出纳以及对军队也都建立了监督机制。唐朝御史台对监察范围内的案件还可以进行审讯。御史台的主要职责就是弹劾中央和地方官吏的违法行为,参与重大案件的审讯,并且监督各政府部门的工作。

三省一台之外,还有太常、光禄、卫尉、宗正、太仆、大理、鸿胪、司农、太府等九寺和国子、少府、将作等三监,掌管各项专门业务。

九寺、三监负责各项具体事务。

太常寺,"掌邦国礼乐、郊庙、社稷之事"。下设八署,其中太乐署,掌管国家祭祀、宴会时的乐舞。大宴会时设十部伎,亦负责乐人及音声人的教习。太医署,掌医疗之法,设有医师、针师、按摩师、咒禁师。另有诸药医、针、按摩、咒禁博士、助教,教授诸生。光禄寺,掌宫廷宴会和郊庙贡品。卫尉寺,掌国家器械、文物之政令,掌管京师武器和大祭祀、大朝会时的羽仪、节钺、金鼓、帷幂、茵席等物。宗正寺,掌管皇族的属籍,开元二十五年后并领掌管京都道观和道士的崇玄署。太仆寺,掌管各地牧监和皇帝的车马。牧监监掌群牧养马。沙苑监则掌牧养陇右诸牧牛羊,供宴会、祭祀和尚食所用。大理寺,"掌邦国折狱详刑之事"。诸司百官犯罪,杖刑以下本部门处理,徒刑以上送大理寺审理;庶人犯流刑、死刑以上,要送大理寺审复,金吾抓获的罪犯,亦送大理寺审理。鸿胪寺,"掌宾客及凶仪之事",负责接待外国使臣和少数民族酋长,以及办理大臣的丧礼。唐初并掌管天下僧尼、道士。司农寺,"掌邦国仓储委积之政令",主要掌管粮食和粮食的出纳。其属上林署、京都苑总监、京都苑四面监掌皇家苑囿园池之事;太仓署及太原、永丰、龙门诸仓掌仓窖储积之事。太府寺,"掌邦国财货之政令",负责四方贡赋和百官俸禄的出纳。其属长安、洛阳四市市署,负责市场管理。左藏署掌邦国库藏,天下赋调经太府卿及御史监阅后,纳于库藏。右藏署则收藏四方所献金银、珠贝、玩好之物。常平署则通过贱籴贵粜,以平抑物价。

九寺长官为卿,除太常卿为正三品,余均为从三品。副长官为少卿,除太常少卿为正四品,余均为从四品上。各寺均有丞,掌判寺事。

国子监,设祭酒一人(从三品)、司业(从四品下)二人,"掌邦国儒学训导之政令,有六学",即国子学、太学、四门学、律学、书学和算学。国子监既是国家教育行政机关,也是最高学府。

少府监,"掌百工伎巧之政令",总管各官手工业部门,设有监(从三品)和少监(从四品下)。将作监,"掌供邦国修建土木工匠之政令",下设署、监,负责有关土木兴建的各项事宜,并总管全国工匠。长官将作大匠(从三品),副长官将作少匠(从四品下)。

就职掌范围而言,太常、光禄、卫尉、宗正等寺和将作监,都是掌管和皇帝、百官和京都有关的具体事务。太仆、大理、鸿胪、司农、太府等寺和国子监、少府监则掌管全国性的事务,有的同时也掌管和皇帝、京城有关的事务,如太仆寺和少府监。

就性质而言,太常、光禄、宗正、大理、鸿胪等寺都是掌管具体事务的机关。而卫尉、太仆、司农、太府等寺以及国子、少府、将作三监都"掌政令",是掌管某一类具体事务的行政机关。

就寺监与尚书省六部的关系而言,尚书六部掌管的是全国性的政令和政务,而九寺三监掌管的则是各种专门业务和具体事务。寺监对六部没有隶属关系,但在业务上,寺、监要接受六部政令,按照政令的要求行事,有关情况要申报六部有关的司。例如,户口、籍账、粮食、钱帛的储运、出纳的指挥归户部的户部、度支、金部、仓部四司。而粮食的仓储、出纳归司农寺。司农寺各仓凭户部仓部司所发符牒和木契支给粮食。钱帛归太府寺,太府寺则凭户部金部司所发符牒和木契支给钱物。土木兴建归工部掌管,而具体负责组织施工的则是将作监。总之,尚书六部是根据令、式或奉行制敕以掌政令,寺、监则是根据政令以掌诸事。卫尉、少府等寺监亦通过政令对其下属机构进行具体指挥。

地方行政机关仍为州、县二级。州设刺史,上州(四万户以上)刺史,正三品;中州(二万户以上)刺史,正四品上;下州(二万户以下)刺史,正四品下。刺史下设别驾、长史、司马,称为上佐,协助刺史工作。上州和中州设有司功、司仓、司户、司兵、司法、司士等六曹,下州设司仓、司户、司法三曹。各曹设参军事一人。司功掌官吏考课、选举、学校等事;司仓掌租赋征收、仓库保管等事;司户掌户籍、计账、婚姻、田亩等事;司兵掌武官选举、兵甲器仗、烽候传驿等事;司法掌刑狱的审讯;司士掌建筑和工匠的管理等事。各州均有录事参军事一人,负责往来文书的收发和审核;经学博士一人,掌《五经》教授诸生;医药博士一人,以百药救民疾病,并教授医学生。

县设县令。上县令从六品上,中县令从七品上,下县令从七品下。下设县丞(上、中县从八品下,中、下县正九品上,下县正九品下)、主簿(上县正九品下,中、下县从九品上)、县尉(上县从九品上,中、下县从九品下)。县令掌导扬风化,察冤屈,听狱讼,注定籍账,给授田地。传驿、仓库、盗贼、道路虽有专门官负责,县令也要兼知。县丞为县令之副手。主簿负责勾检。

县尉分判众曹,"割断追催,收率课调"。此外,还有司户佐、史,司法佐、史等吏员,分别负责各项事务的处理;经学博士,以经学教授诸生。

州县各项政务都必须向上级申报,一些比较重大的政务,须经上级行政机关直至皇帝审查批示,才能执行。

县以下设乡,乡下设里。里是最基层的行政单位,百户为里,设里正一人,选勋官六品以下或富户白丁充当,负责户口的查核及赋役的征发催督。

在边疆地区,则设有都护府和都督府、州,都督、刺史由各少数民族的贵族、酋长担任,皆得世袭,称为羁縻府州。

为了培养官僚,隋唐政府设立了学校。唐朝中央的国子监统管的六学均设有博士、助教。国子学、太学、四门学主要学习儒家经典。"凡教授之经,以《周易》《尚书》《周礼》《仪礼》《礼记》《毛诗》《春秋左氏传》《公羊传》《穀梁传》各为一经,《孝经》《论语》兼习之。"律学"以律令为专业,格式法例亦兼习。"书学"以《石经》《说文》《字林》为专业,余字书兼习之。"算学"二分其经,以为之业。习《九章》《海岛》《孙子》《五曹》《张邱建》《夏侯阳》《周髀》十五人,习《缀术》《缉古》十五人。其《纪遗》《三等数》亦兼习之"。都是学习专门学问。生徒入学有等级的限制。国子学招收三品以上官僚及国公子孙,二品以上曾孙;太学招收五品以上及郡县公子孙,从三品曾孙;四门学招收七品以上及侯、伯、子、男之子及一部分庶民子弟。律、书、算学招收八品以下及庶民子。国子、太学、四门诸学学生有能通两经以上的,由祭酒、司业考试合格,保送参加常举考试。

州县有州学、县学。各州均设有经学博士,以《五经》教授诸生。州学学生,可补为国子监学生。县亦设博士,以经术教授诸生。

唐朝继承和发展了隋朝的选官制度,确立了严密的铨选制度。唐朝选官制度的核心就是做官必须通过考试。官员任用和提升都需要经过一定的程序。不论是什么人,做官首先必须通过各种出身考试,获得做官的资格。然后还要到吏部参加铨选,通过身、言、书、判的考试。武官则要到兵部参加铨选,通过试能、较异,审其功能,而定其留放。

唐获得出身的途径主要有三种。一是以门荫入仕。三品以上亲贵,四、五品高级官吏和勋官上柱国、柱国的子或孙,根据父祖官爵的高低,都可根据法令的规定,获得不同品阶的官职。但在授予职事官之前,需先入学校学习,或先充当五至八年皇帝或太子的宿卫官(三卫)。期满考试合格,才能参加铨选。铨选考试合格,才能授予官职。在唐朝前期,门荫入仕是高级官吏的重要来源。

二是杂色入流。中央各官府及其直属机构的胥吏升到一定级别后,品子(六品以下官及三至五品勋官子)、勋官按规定服役或纳资期满,考试合格后,均可到吏部参加铨选,考试合格即获得做官的资格,并委派官职,这叫做入流。中央各官府的胥吏是经考试加以任用的,称为流外官。他们获得官职,叫做流外入流。杂色入流,特别是流外入流,在整个唐代,都是低级官吏,乃至中级官吏的主要来源。

三是科举。作为一种完全按照才学标准,通过考试选拔官吏的制度,科举制在唐代确立下来。科举在唐代称为贡举,有常举和制举两种。常举每年举行考试,分为秀才、明经、进士、明法、明书、明算等科。秀才科很快废除。应考的有国子监的生徒,也有不在学自己向州、县报名的乡贡。地方的贡士须经州考试合格,才举送中央。应考者集中在明经和进士两科。明经主要考试儒家经典。唐初50年间,是按经的章疏试策。调露二年(680年)加试帖经,儒家经典的背诵程度逐步成为明经录取的主要标准。进士唐初止试策,考时务策五道,其中包括经、史、时务等三个方面的内容。调露二年,加试帖经。永隆二年又加试杂文。杂文最初是指箴、铭、论、表之类,至天宝时开始专用诗赋,并成为进士录取的主要标准。后来,重要的官员大多出身于进士,考上进士的被视为"登龙门"。常举是取得出身资格的考试,考中以后,还要到吏部参加铨选,考试合格,才能委派官职。

制举是由皇帝临时定立名目,下令考选的。制举名目很多,有文辞清丽科、博学通艺科、武足安边科、军谋越众科、才高未达、沉迹下僚科等近百种。平常人和官吏都可以参加考试;考中以后,原是官吏的立即升迁,原来不是官吏的,也立即由吏部给以官职。

贡举考试最初由吏部考功员外郎(从六品上阶)负责,开元二十五年以后由礼部侍郎(正四品下阶)或临时指定的官员负责,称为知贡举。

唐前期沿用隋朝的府兵制。中央的左、右卫等12卫各领40到60个折冲府(即军府或兵府)。每一府统领卫士千人左右。折冲府设在州县,但分布极不平衡。关中一带因是京城长安所在地,拥有40%左右的折冲府,形成"举关中之众以临四方"的军事布局。接近关中的河东和河南,也有很多折冲府。这样,中央政府就能够随时调集重兵。

折冲府设折冲都尉,果毅都尉。卫士挑选壮丁充当,从21岁入军,到60岁免役。他们平时在家乡进行农业生产,农闲时受军事训练,其主要任务之一是轮番到京城宿卫,谓之番上。遇有战事发生,卫士要应征作战;战事结束,即解甲归农。卫士不服徭役,不纳租调,但是要番上、出征,并自备兵甲衣粮。征发兵士的规定极其严格，只有在军情紧急，不及奏闻的情况下，方许灵活征调。这是一种极为周密的专制主义中央集权的军事制度。遇有战争，临时委派将领率兵出征，战事结束，将归于朝，兵归于农。由于大将很少与兵士联系，他们不能专兵干政。

唐初政府规定，拣点卫士，"财均者取强，力均者取富，财力又均，先取多丁"①。这种征发制度使府兵中保有相当数量的富裕农民和中小地主，府兵就能更有力地执行其对内镇压对外防御和征服的职能。

遇有大的战事，唐政府则不仅征调府兵，而且临时招募士兵，令其出征。这些非卫士，临时募行者，称为"征人"。这种招募实际上是强制性的拣点，其拣点标准与卫士同。征发时巧诈以避征役者，要受到严厉的法律制裁。

府兵以外，唐朝又有禁军，其任务是守卫皇宫。唐高祖留太原从兵三万人充宿卫，称为"元从禁军"（又称"屯营兵"），守卫宫城北门。唐太宗贞观十二年于玄武门置左右屯营，其兵名飞骑。又于飞骑中选才力骁健善骑射者，号为百骑，作为皇帝的侍卫。高宗龙朔二年（662年）改左右屯营为左右羽林军。武则天时，百骑扩大为千骑，中宗时扩大为万骑。左右万骑与左右飞骑均隶属左右羽林军，开元以后称为"北门四军"。

十二卫所领卫士驻屯于皇城南门朱雀门内，称为"南衙"，禁军守卫宫城北门，称为"北衙"。通过北门，可以进入皇帝居住之所，唐前期历次宫廷政变，其成败均与北衙禁军的向背有关。

尚书兵部是军事行政机关，只负责武官任免及地图、军卫、兵器等军事行政事务，不参与战争的指挥。唐朝初年没有专门的作战指挥机关。战争的决策由政事堂和皇帝作出。遇有战事，由皇帝临时遣将发兵。领兵出征的亲王称"元帅"，而文武官统帅则称"大总管""总管"。

为了鼓励将士英勇作战，唐朝设置了勋官，授予作战有功人员。勋官共分十二转，十二转上柱国，比正二品；十一转柱国，比从二品；七转轻车都尉，比从四品；五转骑都尉，比从五品；三转飞骑尉，比从六品；一转武骑尉，比从七品。勋官有勋田。勋官的笏和服饰以及犯罪后的减、赎与同品的职事官、散官相同。上柱国、柱国并享有门荫的特权。勋官在兵部或地方服役期满，由兵部送吏部或留在兵部应选，铨试合格还可以获得官职。敦煌、吐鲁番出土的户籍簿、差科簿中不少人即具有上柱国、柱国等勋官身份。吐鲁番阿斯塔那出土的《唐永淳元年氾德达飞骑尉告身》《武周延载元年氾德达轻车都

---

① 《唐律疏议》卷一六《擅兴律》拣点卫士、征人条。

尉告身》①,具体记载了汜德达参加战争获得勋级的情况。勋官制度在唐朝前期对吸引百姓从军,提高军队战斗力起了有力的作用。

唐朝的法,有律、令、格、式四类。"律以正刑定罪"②,就是刑法典。唐律在太宗时修订完成,高宗时又制定了疏议,以解释律文的内容。《唐律疏议》是我国现存最早的一部成文法典。

《唐律》篇目及其次序源自隋《开皇律》,分《名例》《卫禁》《职制》《户婚》《厩库》《擅兴》《盗贼》《斗讼》《诈伪》《杂律》《捕亡》《断狱》等12篇,律条共有502③。刑名有五:笞、杖、徒、流、死。在量刑定罪上,唐律比隋律又有减轻。贞观元年(627年),把绞刑50条改为加役流,贞观十一年颁行新律,比隋代旧律减大辟者92条,减流入徒者71条,其余变重为轻的还很多。

这样的安排,把总则《名例》列为首篇,把维护皇权和保证政府机构正常有效地运转放到了首要地位,把对百姓的控制放到了突出地位,然后再涉及民事和刑事的各个方面,完全突破了李悝《法经》以来贼盗为首的格局。这在以往各朝的律中是从来没有的。唐律的基本精神是保护专制主义的统治,维护尊卑贵贱的等级制度和伦理道德,因此,在《名例》中,把谋反、谋大逆、谋叛、恶逆、不道、大不敬、不孝、不睦、不义、内乱定为十恶,"特标篇首"。罪入十恶,刑等虽有不同,但大多不能减、赎,有的且为常赦所不原。保护公私财产,保持社会稳定等原则,也都贯彻在唐律的各篇律条之中。

唐律对于隐匿户口、诳报年龄、私度入道以及不按期纳租调、服徭役的人,定出轻重不等的刑罚。唐律对于谋反、大逆和逃亡山泽,抗拒追捕者,都要处以死刑,他们的家属也要分别处死、流放和没为官奴隶。

贵族、官僚、良人、部曲、奴婢的不同身份在唐律中也有反映。贵族、官僚犯罪可以减、赎、官当。平民侵犯贵族官僚,要加等处罪。主人有随意殴打部曲的权力;部曲有愆犯,主人殴之致死,也不算犯罪。奴婢"律比畜产",主人只要报请官府,就可以杀死他们。

律以外有令。"令以设范立制"④,其内容是对于各种制度所作的规定。如《三师三公台省职员令》《户令》《田令》等,共30卷。唐令早已散佚,日本

---

① 《吐鲁番出土文书》第七册《阿斯塔那100号墓文书》,文物出版社,1986年,第221—227页。
② 《旧唐书》卷四三《职官志·刑部》。
③ 根据历史记载,唐律共500条,此处系根据现存唐律律条计算。
④ 《旧唐书》卷四三《职官志·刑部》。

学者曾努力进行了复原工作,其成果体现在《唐令拾遗》和《唐令拾遗补》两部书中,最近,一部明抄本北宋《天圣令》附唐令在天一阁被发现,为我们了解甚至复原唐令原貌提供了宝贵的资料。

唐朝的法,又别有格、式二种。"格以禁违正邪",是律的补充和各种具体禁令。"式以轨物程事"①,是各项行政法规和办事细则,是对令的补充。唐王朝不断以制敕的形式,对律、令加以某些补充和修改。这些制敕经过整理、删订,按其性质,分别编为格、式。垂拱元年在删改格式的同时,又以武德以来、垂拱以前诏敕便于时者,编为新格2卷,其律令惟改24条,又有不便者,大抵依旧。这说明唐朝政府已经开始放弃对律、令的修订。制敕和新格成为最便于时用的法律文件。格也开始被赋予全新的意义,即《新唐书·刑法志》所云"格者,百官有司之所常行之事也"。神龙元年,又删定垂拱格及格后敕,把制敕对律令、式的补充和修改,另编为新格和格后敕,把格的内容加以扩大。唐代的格、式都已不复存在,我们今天可以从敦煌、吐鲁番文书中看到其中的一些片段②。

唐朝初年运用制度和法律来保证政府机构的正常运转,规定了公文处理的程序和办事的天数限制,并且设立了专门的官员来负责督促和检查。还按照在政务处理过程中地位和作用的不同,把官吏分为长官、通判官、判官和主典四等,即四等官。对官吏失职、违法乱纪、贪赃枉法等,从法律上规定了具体的处分办法。

二 唐初恢复发展生产的措施 贞观之治

均田租庸调法 唐朝初年,社会经济凋敝。武德晚年,户不满300万,约当隋盛时900万户的1/3弱。黄河下游地区,"萑莽巨泽,茫茫千里,人烟断绝,鸡犬不闻"③。直到贞观时期,当地户籍簿上登记的户数还不到70万,约为隋大业初年470余万户的1/7④。

面临着这样残破的社会经济,唐王朝不得不采取一些措施,促使生产恢复,以保证租税的收入。武德七年(624年)四月,颁新律令,其中包括田令、

---

① 《旧唐书》卷四三《职官志·刑部》。
② 刘俊文《敦煌吐鲁番唐代法制文书考释》,中华书局,1989年。
③ 《贞观政要》卷二《直谏篇》。
④ 以今河北、河南,山东三省为准。据《隋书》及《旧唐书·地理志》有关材料统计。

赋役令和户令,即《资治通鉴》所谓的均田租庸调法。

唐的田令规定:

一、丁男和18岁以上的中男,给田一顷,其中永业田(世业田)20亩,口分田80亩;老男、笃疾人、废疾人①各给口分田40亩,寡妻妾各给口分田30亩,他们或她们的丈夫原有的永业田,纳入户内口分田数额里计算。丁男和18岁以上中男以外的人,凡作户主的,则各给永业田20亩,口分田30亩。

二、有封爵的贵族和五品以上的官员,可以依照品级请受永业田5顷至100顷。有战功受勋的人,可以依照勋级请受勋田60亩至30顷。

三、受田足的叫宽乡,不足的叫狭乡。狭乡的口分田减半给授。狭乡的人准许在宽乡遥受田亩。官人永业田和勋田只能在宽乡授给,但准许在狭乡买荫赐田充。

四、永业田皆传子孙,不再收还。

五、庶人有身死家贫无以供葬的,准许出卖永业田;迁往宽乡和卖充住宅、邸店、碾硙的,并准许出卖口分田。官人永业田、勋田和赐田可以出卖。买入的田地不能超过应受田限额;狭乡的人买地,准许依照宽乡的限额。

六、在职官,依照内外、官品和职务性质的不同,有80亩至12顷的职分田,以其地租充作俸禄的一部分。离职时,要把职分田移交下一任的官员。内外各官署还有多少不等的公廨田,其地租充办公费用。

田令上的"给田""授田",不是由国家按每丁百亩或若干亩把土地平均分给农民,也不是由国家主动把荒地分给农民。田令中所规定的"给田""授田"数量,指的是户籍上的"应授田",是百姓可以占有或请垦田的最高限额。官员和百姓可以根据这个限额向国家请受荒地、无主田以及绝户田、没官田和还公田。还可以在限额以内购买土地。北齐河清三年(564年)令:"职事及百姓请垦田者名为永业田。"唐令规定:"所给五品以上永业田,皆不得狭乡受,任于宽乡隔越射无主荒地充(即买荫赐田充者,虽狭乡亦听)。其六品以下永业,即听本乡取还公田充。"唐的田令还规定:"诸买地者,不得过本制。"②在狭乡,占田是禁止过限的,但在宽乡有剩田之处,只需

---

① 唐天宝三年以前的制度,男年16岁为中男,21岁为丁男,60岁为老男。痴哑、侏儒、腰脊折、一肢废等为废疾,癫狂、两肢废、两目盲等为笃疾。

② 《通典》卷二《食货二·田制下》。

经过申牒立案的手续,"所占虽多,律不与罪"①。

户籍簿上的"已受田",则是农民实际占有的土地。国家根据农民申报的手实,将这些土地登记在户籍上,承认该户对这些土地的产权。唐的田令规定:"凡授田,先课后不课,先贫后富,先无后少。"根据敦煌、吐鲁番出土户籍簿和文献记载,已受田远远不足应授田之数,且与应授田没有任何对应关系,也说明给田并不是实授。因此,给田、授田的基本含义就是限田和公田,包括荒地的请受,以及对官人和百姓实际占有土地的产权的认定。

至于还田,唐田令规定,身死"口分田则收入官"。《唐律·户婚律》也规定里正"若应受而不授,应还而不收,应课而不课,如此事类违法者,失一事笞四十"。在敦煌、吐鲁番民户占地不足的情况下,一般都传给子孙。在中原,唐初尽管荒地很多,且宽乡占田不限,但农民都是按自己的实际耕种能力去占有土地的,一般是每丁30亩。唐朝前期一个六口之家的自耕农,平均占地六七十亩,均不足受田数。一般土地都传给子孙。同时,口分田在一定条件下也可以出卖,因此只有在绝户、逃死的情况下,才会发生还田问题。在吐鲁番退田、给田文书中,官府从农民那里收回的土地,主要有还公、逃死、户绝三大类。② 因此单纯口分田收入官,一般不会发生。

所以,永业田、口分田的区分,只是在户籍登记上才有意义,而实际上没有区别。在《唐律·户婚律》中,永业田、口分田、墓田的占有者都称为"本主""地主",一律视为私田而加以保护。对于"盗耕种公私田"、妄认盗卖公私田、"在官侵夺私田""盗耕人墓田"者,都要视情节轻重,处以刑罚。就产权而言,法律上强调的是公田和私田,而不是永业与口分。公田在唐代大体包括政府经营的官田(职田、公廨田、屯田、驿田)、还公田(绝户、逃死、罪没、自动退还)、荒地。对此,国家拥有最高主权,可以直接进行处分。私田即民间所有的土地,包括永业、口分和宽乡的籍外田。

唐的田令取消了奴婢、部曲和耕牛的受田,降低了农户的受田限额③,并且禁止在狭乡"占田过限"。这些都反映了自耕农民和中小地主的经济在唐初占据着优势地位。

唐的田令规定狭乡买地听依宽制和宽乡田地可以限外更占的规定,以

---

① 《唐律疏议》卷一三《户婚律》占田过限条。
② 宋家钰《唐朝户籍法与均田制研究》第八章,中州古籍出版社,1988年。
③ 隋炀帝除妇人、部曲、奴婢之课,大约同时也废除了他们受田的制度。在隋炀帝以前,一夫一妇的应受田为140亩,隋炀帝废除妇人受田的制度,自后改为一丁受田百亩。

及勋官可以占有勋田和勋级给授的广泛,给新地主合法地多占田地提供了可能。在隋末唐初长达十几年的战乱中,人口死亡逃散的很多,土地大量荒废。唐朝初年,原来无地或少地的农民都已占有相当数量的土地。农民根据田令和户令,向国家呈报户口和田地。国家通过户籍,承认农民对这些田地的占有。唐田令也使那些回到本乡本土的农民可以依令向国家请受荒田,进行耕种。因此,田令和户令的颁行,对于唐初农业生产的恢复和发展,起了积极的作用。

唐的赋役令规定:每丁每年向国家缴纳租粟2石;调随乡土所出,每年缴纳绢(或绫、䌷)2丈,绵3两;不产丝绵的地方,则纳布2丈5尺,麻3斤。此外,每丁每年还要服徭役20日,闰月加2日;如无徭役,则纳绢或布替代,每天折合绢3尺或布3尺7寸5分,叫做庸。如果政府额外加役,加役15天,免调;加役30天,租调全免。每年的额外加役,最多不得超过30天。这也就是租庸调法。

正役之外,还有杂徭,由地方政府临时征发丁男和中男充夫,一般不超过39天,超过时折免其他赋役。赋役令还规定出依照灾情轻重,减收或免收租庸调的具体办法。灾情一般分为水灾、旱灾、虫灾和霜灾,根据灾情严重程度决定蠲免多少。4/10以上受损,免租;6/10以上受损,免租、调;7/10以上受损,课、役俱免。

唐的赋役令规定了役期的最高限度,以庸代役的办法也逐渐成为通常的制度,这些都使农民有较多时间从事农业生产。但是,皇帝可以随时下令"别差科"①,从而使这种规定有时失去实际意义。

租庸调是唐前期国家的主要税源。这种据丁征收同样数额的税制,只有在自耕农大量存在,土地占有比较平均的条件下才能实行。

贞观之治 唐朝建立以后,唐高祖的长子李建成被立为太子,经常留居长安,协助唐高祖处理国事。次子李世民被封为秦王,长年率领军队西征东讨。李世民在削平群雄、统一全国的战争中立下了很大的功勋,实力和威望大大提高。他的一些行动也引起李渊的不快和疑虑。李世民不安心自己的秦王地位,在谋臣房玄龄、杜如晦等人的辅佐下,积极谋取皇位继承权,和太子李建成展开了激烈的明争暗斗。

武德九年(626年),李世民在长安宫城北门玄武门埋下伏兵。他射杀李建成,他的弟弟齐王李元吉也被杀掉。是为玄武门之变。唐高祖李渊只

---

① 《唐律疏议》卷一三《户婚律》差科赋役违法条。

好立他做太子。不久,唐高祖被迫退位,李世民继立为帝,是为唐太宗。

唐太宗继承了唐高祖协调地主阶级内部各集团的利益的办法,兼用关陇、关东和江南的贵族和士族。同时,他抛弃前嫌,大胆起用了李建成集团核心成员,曾经建议李建成及早搞掉自己的魏徵和王珪,并且陆续提拔和重用了一批主要是来自关东的普通地主,如戴胄、马周、李勣等。这些人多数参加过隋末农民起义军,对关东复杂的阶级关系和政治形势比较熟悉。他们在缓和阶级矛盾,稳定统治秩序方面,起了重要作用。唐太宗还用江南儒生为文学侍从之臣,以备顾问。

太宗即位之初,朝廷展开了一场怎样估计当时形势和如何进行统治的辩论。一些大臣认为三代以后,人渐浇讹,人心越变越坏,必须实行霸道,对百姓进行高压统治。魏徵等大臣则认为,大乱之后人心思安,应实行王道、帝道,对百姓进行教化。唐太宗接受了魏徵的意见。

唐太宗经常和大臣讨论治道政术。他们从历史中吸取了教训,认识到,农民反抗是由于"赋繁役重,官吏贪求,饥寒切身"引起的,只有"去奢省费,轻徭薄赋,选用廉吏,使民衣食有余",才能巩固统治。贞观君臣反复引用《荀子·王制篇》中所说的"君者,舟也;庶人者,水也;水则载舟,水则覆舟"来警励自己。太宗还说:"天子者,有道则人推而为主,无道则人弃而不用,诚可畏也。"①

对于如何治理国家,以及如何处理边疆问题,乃至于处理一些突发情况,贞观君臣也都根据当时的实际情况进行讨论和做出决定。

贞观君臣不仅进行讨论,而且还努力学习。唐太宗命魏徵把历代文献按儒家经典、诸子和历代史书分类摘编为《群书治要》一书,以备学习。他还下令修撰史书,总结历代兴亡教训。贞观君臣讨论现实问题时,言必先王、诸子,语必历代兴亡教训。在理论、历史与现实结合的基础上,以宏观的眼光,发展的观点,君臣之间进行平等的、深入的讨论。这是贞观君臣论治的重要特色,也是能够比较准确分析形势进行正确决策的前提。

唐太宗认识到皇帝一人不能遍知天下之事,因此也不能独断天下之务。贞观四年唐太宗与大臣谈到隋文帝不肯信任百司,每事皆自决断时说过一段话:"朕意则不然。以天下之广,四海之众,千端万绪,须合变通,皆委百司商量,宰相筹画,于事稳便,方可奏行。岂得以一日万机,独断一人之虑

---

① 《资治通鉴》卷一九二,武德九年十月。《贞观政要》卷一《论君道》《论政体》,卷四《论教戒太子诸王》等。

也。且日断十事,五条不中,中者信善,其如不中者何?以日继月,乃至累年,乖谬既多,不亡何待!岂如广任贤良,高居深视,法令严肃,谁敢为非!"因令诸司,若诏敕颁下有未稳便者,必须执奏,不得顺旨便即施行,务尽臣下之意①。这是对贞观君臣治理国家的理论和实践的最好总结。

　　唐太宗能够广泛听取官僚的意见,集思广益。他还认识到,自己的决断也是会出现错误的,要求臣下经常给自己提出意见,注意纳谏。魏徵长期任职于门下省,更敢于直谏,经常围绕怎样巩固统治,为太宗筹谋划策。他曾对太宗说:"兼听则明,偏信则暗",要太宗兼听广纳,使社会下情得以上通。到唐朝统治巩固的时候,魏徵仍然关心封建国家的命运,不断对太宗进谏,提醒太宗"居安思危","慎终如始"。而当时的大臣大多也能从关心国家命运出发,出于公心,没有保留地提出自己的意见。这是贞观前期能够做出正确决策的最重要的条件。

　　对于广任贤良,贞观君臣认识到:"为政之要,唯在得人,用非其才,必难致治,今所任用,必须以德行学识为本。"②"今所以择贤才者,盖为求安百姓也。用人但问堪否,岂以亲故异情?"③并提出,"君子用人如器,各取所长。古之致治者,岂借才于异代乎!正患己不能知,安可诬一世之人!"④

　　法令严肃,在贞观时期这是对君臣的共同要求。唐太宗曾经说过:"法者,非朕一人之法,乃天下之法。"贞观十一年魏徵回顾说:"贞观之初,志存公道,人有所犯,一一于法。纵临时处断,或有轻重,但见臣下执论,无不忻然受纳。民知罪之无私,故甘心而不怨;臣下见言无忤,故尽力以效忠。"⑤

　　从贞观元年到三年(627—629年),关东、关中各地连续发生水旱霜蝗之灾,关中饥馑尤甚,至有鬻男女者。唐太宗命令灾区开仓赈济,准许就食他州,还命令出御府金宝赎男女自卖者还其父母。非灾区的人民,也竭力帮助灾民度过灾荒。据史载,当时有的州做到了"逐粮户到,递相安养,回还之日,各有赢粮,乃别赍布帛,以申赠遗"⑥。同时,唐太宗又并省了很多州县,并把中央各官府的官员从二千多人精简到六百余人,以紧缩国家开支。对于河南、河北、山东等战乱中破坏最严重的地区,唐王朝在相当一个时期

---

①《贞观政要》卷一《政体》。
②《贞观政要》卷七《崇儒学》。
③《贞观政要》卷五《公平》。
④《资治通鉴》卷一九二。
⑤《贞观政要》卷五《公平》。
⑥《旧唐书》卷一八五上《陈君宾传》。

内,不在这里征发徭役。对于关中和其他地区,在征发徭役和兵役时也注意到不夺农时,以利于农业生产的恢复。

贞观四年,全国大丰收,流散的人大都返回乡里。以后又连年丰稔,米粟每斗不过三四钱。生产状况迅速好转起来。

贞观后期,唐太宗不再能很好地纳谏,逐渐抛弃了轻徭薄赋的政策,他甚至说"百姓无事则骄逸,劳役则易使"。战争和徭役频繁起来。贞观二十一、二十二年,唐东征高丽,西犯龟兹,西南征服了松外蛮,北边攻灭了薛延陀。同时,太宗又令营缮翠微宫(在今西安终南山)和玉华宫(在今陕西宜君境)为避暑之用;征发江南、剑南民工造船,以备远侵高丽。剑南一带,州县督迫严急,既役人力,复征船庸,"民至卖田宅,鬻子女不能供"。官吏们还扩大征发范围,役及山僚,终于激起了雅、邛、眉三州僚人的反抗。

唐初与边疆各族和邻近国家的关系 唐朝初年,国家直接控制着大量的农民,向他们征取租税、徭役和兵役,国力比较强盛。同时,大量的富裕农民力图上升为地主,中小地主更有扩充土地和财富的贪欲。他们都希望从战争中掠夺财物,建立军功以取得占有勋田的权利。唐太宗、高宗父子为了发展国家的力量,并满足这般人的要求,继续隋王朝执行征战政策。军事征发使大量自耕农民贫困破产,有利于地主进行土地兼并。

唐王朝建立以后,东突厥贵族经常侵犯唐的边疆,蹂践禾稼,并把大批边疆居民掳去当奴隶。

武德九年八月,唐太宗初即位,颉利可汗带领十多万骑兵进到长安附近的渭水北岸。唐太宗亲自到渭水岸上与颉利可汗谈判,同时震耀军容,以示必战。颉利可汗跟太宗订盟约和而退。东突厥退兵后,唐太宗下诏修葺缘边障塞,进行反击的准备工作。

贞观元年、二年间,突厥内部矛盾重重,陷入分崩离析的状态。后来,唐与摆脱东突厥统治的薛延陀建立了联系;统辖东突厥东部的突利可汗也降了唐。唐太宗派李勣、李靖带领军队十几万人,分道出击。贞观四年,唐军击败东突厥,俘颉利可汗,东突厥灭亡。

唐太宗把大批南下的突厥人安置在东起幽州、西到灵州的土地上,又在东突厥故地设置了许多都督府、州,任用东突厥贵族为都督、刺史。

唐破突厥后,贞观四年三月,西北各族君长请唐太宗为天可汗。唐太宗高兴地说:"我为大唐天子,又下行可汗事乎!"群臣和各族君长皆高呼万岁。"乃下制,令后玺书赐西域北荒之君长,皆称皇帝天可汗,诸蕃渠帅有死亡者,必下诏册立其后嗣焉。统制四夷。自此始也。"①这样,唐就取代了突厥对西北各族的统治,唐太宗也以天可汗而成为西北各族的最高君长。

唐败东突厥以后,伊吾(今新疆维吾尔自治区哈密)归属唐朝,高昌王麹文泰亲来长安,焉耆王也遣使请开碛路以通往来。唐与西域的交通打开。这时,吐谷浑贵族多次犯边,威胁着河西走廊。唐太宗派李靖节度诸军,于贞观九年击溃吐谷浑军,吐谷浑降唐。

唐对东突厥和吐谷浑的战争,起初都具有防止骚扰,保障内地生产的意义。但唐太宗终于征服了东突厥和吐谷浑,并把它们置于自己的控制之下。

唐朝是在魏晋南北朝时期民族大融合的基础上建立起来的,社会上民族隔阂不深。北周、隋和唐初的统治集团都是胡汉结合组成的。唐太宗的祖母、母亲和妻子都出自鲜卑贵族家庭。唐太宗本人并曾与处罗可汗之侄突利可汗结为兄弟。因此,唐太宗对各民族没有歧视的心理。在击败突厥、吐谷浑后,唐太宗没有惩处其首领,也没有将其男女没为奴婢,并继续让突厥、吐谷浑贵族统领其部落,进行羁縻统治。对于南下的突厥人和入朝的突厥贵族,也进行了妥善的安置。唐太宗所实行的民族政策是比较开明的。

由于高昌王垄断东西交通的商道,阻断西域诸国使臣入唐,贞观十四年(640年),唐派侯君集率军击灭高昌。为了保护西域商道和加强对西域的控制,唐以高昌之地为西州,以高昌附近原为西突厥所据的可汗浮图城为庭州(今新疆维吾尔自治区吉木萨尔),各置属县。又置安西都护府于交河城(今新疆维吾尔自治区交河故城),留兵镇守。后来,唐又击败龟兹,移安西都护府于龟兹,统龟兹、焉耆、于阗、疏勒四镇,史称安西四镇。

7世纪初,吐蕃强大起来。贞观十五年,唐太宗把文成公主嫁给吐蕃松赞干布,与吐蕃建立了亲密的关系。

在稳定西南边疆以后,贞观十九年(645年),唐军分陆海两路大举进攻高丽,唐太宗亲自到前线督战。高丽人据城坚守,唐军每夺取一城,都要付出很大代价。最后,唐太宗集中了全部兵力,使用了巨大的攻城撞车和飞300斤石于1里之外的抛车等最新武器,攻打安市城(今辽宁牛庄附近)。由于安市城高丽军队的坚守,唐军围攻了4个月,仍不能攻下,天寒粮尽,唐太宗只得下令班师。后来,唐太宗又两次派兵泛海远侵高丽。

当唐军和高丽作战的时候,漠北的薛延陀曾乘机进犯河套。唐太宗于贞观二十年发兵分数道进击,破灭薛延陀,原来服属薛延陀的铁勒诸部降

---

① 《唐会要》卷一〇〇《杂录》。

唐。九月,唐太宗亲自到灵州。敕勒诸部俟斤遣使相继诣灵州者数千人,咸云:"愿得天至尊为奴等天可汗。"①二十一年,唐于铁勒诸道之地设置了瀚海府等六府,皋兰州等七州,以铁勒诸部贵族为都督、刺史。应回纥等部请求,唐又在回纥以南,突厥以北,开了一条"参天可汗道",置68驿,驿站备有马及酒肉,以供往来使人的食宿。

三 永徽到开元初年的政治发展

废王立武 唐高宗继位后,朝廷大权掌握在以长孙无忌为首的关陇贵族手中。长孙无忌是高宗的舅父。他和依附于关陇贵族的江南侨姓士族后裔褚遂良,是唐太宗临终前托付后事的顾命大臣。他们把宰相换为清一色的关陇贵族。同时极力维护出自关陇贵族家族、北周大将王思政裔孙的王皇后的地位。连唐太宗生前特别关照,在他死后要安排担任尚书左仆射的来自关东普通地主家庭的元老重臣李勣,也被迫辞去尚书左仆射,被剥夺了实权。贞观中后期名臣刘洎、马周的亲信,来自剑南的李义府,来自江南的太宗旧相许敬宗,也都受到排挤。

武则天是唐太宗的才人。太宗死后送到感业寺为尼。高宗继位后,把她召入宫中,不久被封为昭仪。永徽六年(655年)高宗以王皇后无子而武昭仪有子为名,向宰相提出要废掉王皇后,立武昭仪为皇后。褚遂良出面表示坚决反对。宰相韩瑗、来济也表示反对。褚遂良既是顾命大臣,背后又得到长孙无忌和一些宰相的支持,高宗也感到无可奈何。一天李勣进见。高宗对他说:"将立昭仪,而顾命之臣皆以为不可,今止矣!"李勣答道:"此陛下家事,无须问外人。"②意思是皇后废立是皇帝个人的家事,不是国家大事,不必理会宰相和顾命大臣的意见。高宗听后立即决意立武则天为皇后。

这年十月,王皇后被废为庶人,武则天被立为皇后。褚遂良、韩瑗、来济和王皇后的舅父柳奭先后被贬到边远州。显庆四年(659年)四月,长孙无忌也以谋反罪于黔州(今重庆市彭水)安置,不久被逼令自杀。太子太师、同中书门下三品于志宁也因议废王皇后时中立不言,在这时被免官,不久贬为荣州(今四川荣县)刺史。

关陇贵族本来人数就不多,经过朝代变迁和隋末动乱,所剩家族更少,

---

① 《资治通鉴》卷一九八,贞观二十年九月。
② 《新唐书》卷九三《李勣传》。

因此,在废王立武的斗争中,完全丧失了抵抗的能力,处在被动挨打的地位。经过这一段大规模的贬杀,只剩下了少数几个家族,已经不成其为一个集团了。西魏、北周以来,关陇贵族集团控制中央政权的局面,终于结束。

而在社会上,崔、卢、李、郑、王等山东士族虽然已经衰落,但旧望不减。新贵争相与之通婚,以提高自己的社会地位。山东旧族子孙也负其世望,"嫁娶必取多赀,故人谓之卖婚"①。针对这种情况,唐太宗曾下令修订《氏族志》,规定不论数代以前,"止取今日官爵高下作等级",企图建立一个以李唐皇室和外戚为核心的新门阀。但由于编撰者没有摆脱传统门阀观念的影响,故其内容仍是着意考辨士族的真伪,不叙新贵本望。因此,房玄龄、李勣、魏徵等仍然与山东旧族通婚,还有一些新贵与之通谱,故其望不减。

显庆四年(659年),在武则天的主使下,高宗命令重修《氏族志》,改称《姓氏录》,"以后族为第一等,其余悉以仕唐官品高下为准,凡九等"。仕唐"得五品官者,皆升士流。于是兵卒以军功致五品者,尽入书限"。《姓氏录》虽然受到士族和贵族的轻视,被目为"勋格",但是它完全打破了门阀和庶族的界限,提高了出身低微的官员的地位。

显庆五年,高宗风眩头重,目不能视,百司奏事,或使武则天决之,武则天开始直接参与政事的处理。武则天"及得志,专作威福,上欲有所为,动为后所制"的做法,以及李义府恃中宫之势,专以卖官为事,都引起了高宗的不满。龙朔三年(663年)十月,"诏太子每五日于光顺门内视诸司奏事,其事之小者,皆委太子决之"。麟德元年(664年)高宗更命上官仪草诏废武则天。虽然经过武则天的"自诉",没有废成,上官仪也被杀掉,但《通鉴》所云,自是"天下大权,悉归中宫,黜陟、杀生、决于其口,天子拱手而已"②,也并不尽然。高宗坚持实行三省制,军国大事均由宰相在政事堂议决,决策必须通过宰相。而武则天自从李义府、许敬宗下台后,就没有掌握一个宰相。高宗用人,也并不以对武则天的态度为标准,曾经反对立武则天为皇后的裴行俭,就受到高宗的一再提拔。因此,武则天在此后一段时间,即麟德至咸亨(664—674年)年间,在国家事务中,还起不了重大作用。

唐高宗时期的军事和政治 唐高宗显庆二年(657年),唐以苏定方为伊丽道行军总管,率军击败西突厥沙钵罗可汗的军队于曳咥河(今额尔齐斯河)西。沙钵罗可汗逃往石国。次年,石国人擒沙钵罗可汗付唐军。唐

---

① 《新唐书》卷九五《高俭传》。
② 《资治通鉴》卷二〇〇,显庆四年;卷二〇一,龙朔三年、麟德元年。

分别于碎叶川(今楚河)以东和以西的地方设置崑陵、濛池二都护府,以西突厥的贵族为都护,统辖各部人民①。唐取代了西突厥对西域的统治,唐的疆域扩大到巴尔喀什湖一带。

高丽和百济屡次联军攻新罗,显庆五年(660年),新罗向唐请援,唐企图乘机控制朝鲜半岛,就派苏定方率军自成山(今山东成山角)渡海,和新罗军合势打下百济都城泗沘(今韩国大田西)。龙朔三年(663年),唐军和新罗军合力进攻周留,水军在白江口(锦江口)战胜了援助百济的倭国水军,焚烧了倭船400艘。唐军占领百济全境。

乾封元年(666年),泉男生继为高丽莫离支,高丽统治集团内部发生争乱,泉男生走保国内城(今吉林集安),向唐求援。唐王朝乘机以李勣为辽东行军大总管,统辖诸军侵入高丽。总章元年(668年),唐将薛仁贵攻下扶余城(在今吉林公主岭一带),李勣打下高丽的都城平壤。唐在平壤设安东都护府。唐高宗终于完成了从隋文帝到唐太宗几代皇帝的大业。

唐的统治引起了高丽和百济人民的不断反抗,他们和新罗联合起来,沉重打击了前来镇压的唐军。吐蕃也强大起来,与唐展开了夺河湟、安西的战争。唐在周边地区,到处挨打,由攻势变成守势。继续实行战争的政策行不通了,国内广大老百姓从积极参加战争,求取勋赏富贵,转变为要求停止战争。

同时,由于土地集中的发展,农村贫富分化已日益发展,作为地主阶级中新兴阶层的一般地主的经济力量有了很大的增长。他们对贵族子弟的借荫得官,垄断政权,对关东士族的高自标置,都深为不满。他们希望在政治上也得到相应的地位,没有做官的希望能够获得一官半职,已经做官的希望能够升到高位,以便通过政治权势来保护和发展他们的经济利益。形势的变化,要求唐朝政府改变国策。

上元元年八月,唐高宗和武则天称天皇、天后。十二月(675年1月),武则天上表建言十二事②,建议"息兵,以道德化天下","劝农桑,薄赋徭","省功费力役",提出了停止战争,在边地由进攻转为防守,在内地实行无为而治这样一个基本国策转变的重大问题。提出"上元(674—676年)前勋官已给告身者无追核",承认上元以前前方军将所授勋官;"京官八品以上益禀入","百官任事久,材高位下者得进阶申滞",增加八品以上官吏的俸禄

---

① 据《旧唐书》卷四《高宗纪》。《资治通鉴》误系于显庆二年。
② 《新唐书》卷七六《则天武皇后传》。

和迁升久滞低位的有才能的官吏。唐高宗接受了武则天的建议,把建言十二事付诸实施。九年后,高宗临终前在《改元弘道诏》中还特别申明:"比来天后事条,深有益于为政,言近而意远,事少而功多,务令崇用,式遵无怠。"而武则天也因此提高了威望。高宗末年,出现了"隆平日久,户口滋多"的局面。武则天在《改元光宅诏》中赞扬高宗"富贵宁人"①是有所本的。

武则天统治时期的政治 弘道元年(683年),高宗死,太子李显立。第二年,武则天废李显,改立豫王李旦,自己临朝称制。天授元年(690年),她改唐为周,正式称帝,成为中国历史上唯一的女皇帝。

武则天称制后,受到许多贵族、官僚和一些在政治上失意的人的反对。光宅元年(684年),徐敬业、骆宾王等人以拥戴李显为号召,从扬州起兵反对武则天。垂拱四年(683年),唐宗室诸王又在博州(今山东聊城)、豫州(今河南汝南)等地发动变乱。这两次变乱都迅速归于失败。

从徐敬业起兵以后,武则天"任威刑以禁异议",任用酷吏,奖励告密,对抱有反抗意图的唐宗室、贵族和官僚施以严厉的镇压,"先诛唐宗室贵戚数百人,次及大臣数百家,其刺史郎将以下,不可胜数"。武则天诛杀的范围相当宽泛,但其中也包括了一批关陇军事贵族。经过武则天的严重打击,他们在政治上就不起很大作用了。

为了收揽人心,巩固自己的统治,武则天在称制称帝期间,大力求访人才,广开入仕之门,"进用不疑,求访不倦"。她大开制科,使优秀人才能脱颖而出。除了经常督令朝臣推荐才能以外,还允许官吏和一般人自举其才。有一次,她对十道存抚使所举送的一百三十多人,一律用为三省的官员,正额安置不下,就给予"试官"的名义。臣下举荐的人才和自举其才者,只要考试合格,立即加以任用。她虽然常常破格用人,但同时进行严格的考核,对于有些不称职的官员,一旦发现,立即罢免,甚至诛杀;有才能的则迅速提拔到负责的岗位上去。

武则天能够做到明察善断,务取真才实学,故"当时英贤亦竞为之用",能把当时最杰出的人才吸引到自己的周围,如李昭德、狄仁杰、娄师德、李峤、徐有功等。武则天还为开元之治储备了人才。开元时期活跃在政治舞台上的姚崇、宋璟、张说、张九龄等人都是在武则天时期培养和提拔上来的。

武则天在朝堂设置铜匦,奖励臣民上书言事,对于"人(民)间善恶事,多所知悉"。在武则天统治的50年中,户口增加得很快。在她握权前夕的

---

① 《唐大诏令集》卷三《改元光宅诏》。

永徽三年(652年),全国有380万户,到她退位的神龙元年(705年),增加到615万户。

武则天在巩固国家的边疆方面,也做了不少工作。

咸亨元年(670年),吐蕃贵族陷龟兹拨换城(今新疆维吾尔自治区阿克苏),此后,唐军又连为吐蕃军所败。为了对吐蕃军作战的需要,唐在鄯州(今青海乐都)、甘州、凉州一带兴置了大量的屯田。永隆(680年)前后,鄯州河源军的屯田达五千多顷,岁收谷百余万石。武则天时,甘州、凉州的屯田连岁丰收,所积军粮可支数十年。垂拱二年(686年),吐蕃占领安西四镇。长寿元年(692年),唐军在王孝杰的指挥下,击败吐蕃军,夺回了龟兹、碎叶、于阗、疏勒等安西四镇①。唐再置安西都护府于龟兹,从内地发兵前往驻守,长期保证了西域地区的稳定。

万岁通天元年(696年)契丹军事贵族率领部众进入河北,圣历元年(698年)突厥的军队深入定、赵,也先后被唐打败。

由于官僚机构的膨胀,关中漕运不继,高宗后期,常常带领百官就粮于东都洛阳。武则天称制称帝期间,更经常住在洛阳。他们在那里修建了很多宫殿。武则天还在洛阳修造明堂、天堂,铸造天枢,规模都极宏壮。铸造天枢时,因为买铜铁不能足,竟至"赋民间农器以足之"。此外,她还到处大修佛寺、佛像,使百姓劳弊。

武则天晚年,河北地区人民先后遭受契丹军事贵族和东突厥军的骚扰杀掠,损失极为惨重,而唐王朝却在这里大量调发军事供应,使他们"家道悉破"、"四壁皆空",以至"剔屋卖田,人不为售"。州县官吏又威逼他们"修筑城池,缮造兵甲"。徭役的苦重,更甚于军事的调发。对于被契丹和突厥贵族驱掠的人民,还要处以反罪,这就逼使他们"露宿草行,潜窜山泽"②。与此同时,在蜀中诸州,也由于防御吐蕃军,大量征发壮丁运输军粮,有三万多户逃亡在山林之中,结成武装力量。他们攻城破县,势力发展得很大③。这两度紧张形势都以武则天及时采取了措施而缓和下来。

中宗复辟和韦后专权 神龙元年(705年),宰相张柬之等联合禁军将领李多祚,杀掉武则天身边的亲信张易之、张昌宗兄弟,拥戴李显复位,是为

---

① 调露元年(679年)唐平定西突厥阿史那都支的反叛后,唐于碎叶(今吉尔吉斯斯坦伊塞克湖以西托克玛克城附近)筑城设镇,取代焉耆。
② 《旧唐书》卷八九《狄仁杰传》。
③ 《陈子昂集》卷八《上蜀川安危事》。

中宗。武则天被迫徙居上阳宫。

中宗时,韦后、安乐公主、上官婕妤和武则天之侄武三思勾结,操纵朝政,把政治弄得混乱不堪。

韦后等人竞起宅第,恣情奢纵,以侈丽相高,使"帑藏为之空竭"①。纳贿卖官,只要纳钱30万,他们就以墨敕除官,斜封付中书,称为斜封官。于是,员外同正、试、摄、检校、判、知官达到数千人,造成了员外置官数倍正员的现象。

权贵们还盛造佛寺。纳钱三万,便可度为僧尼。针对当时盛兴佛寺,百姓劳弊,帑藏为之空竭的情况,左拾遗辛替否上疏指出:"当今出财依势者尽度为沙门,避役奸讹者尽度为沙门;其所未度,唯贫穷与善人。将何以作范乎?将何以役力乎?""今天下之寺盖无其数,一寺当陛下一宫,壮丽之甚矣!用度过之矣!是十分天下之财而佛有七八,陛下何有之矣!百姓何食之矣!"②

唐初,开国功臣有封爵兼得食实封的,只有二三十家。中宗景龙(707—710年)中,食封家总数达到140以上。食封的人多指射富实地区的高赀多丁户充封户,封户遍及54州,包括60万以上的封丁。食封的人派遣官吏或奴仆直接向封户征索租调,督迫严急,甚于战时。收租人还要多索"裹头""中物"。有的更用租调作买卖,放高利贷,制造事端,进行讹诈。水旱之年,食封家还要阻挠政府减免灾区人民的租税。在这种情况下,封户往往流散逃亡。

皇后、皇子、公主、外戚都想夺取皇位,互相倾轧。涌进朝廷的大批官吏分别依附他们,并协助他们从事秘密攫取皇位的勾当,政变就频繁起来了。中宗太子重俊非韦后所生,受到安乐公主凌逼,于景龙元年(707年)发羽林军杀武三思,以未能攻下玄武门败死。景云元年(710年)安乐公主谋为皇太女,怂恿韦后毒杀了中宗。中宗子重茂为帝,韦后临朝称制。接着,李旦子李隆基、妹太平公主合谋,利用万骑兵杀掉韦后和安乐公主,拥李旦即位,是为睿宗。睿宗立李隆基为太子。不久,中宗子谯王重福谋从东都起兵,自立为帝,事败投水死。太平公主企图动摇李隆基的太子位,睿宗怕再度发生政变,于先天元年(712年)传位给李隆基,是为玄宗。太平公主仍不甘心,于先天二年谋以羽林军发动政变,事为玄宗获悉,捕杀了与她同谋的宰相和

---

① 《旧唐书》卷八八《韦嗣立传》,卷一〇一《辛替否传》。
② 《旧唐书》卷一〇一《辛替否传》。

羽林军将领,太平公主被迫自杀。从神龙元年张柬之推翻武则天起,到开元元年(713年)太平公主谋废玄宗止,前后不过八年半的时间,政变就发生了七次,皇帝就更换四次,政局极为动荡不安。

开元初年的政治经济措施 唐玄宗杀掉太平公主以后,立即起用姚崇做宰相,他们在稳定统治秩序方面,进行了一系列的工作。

玄宗认为,协助他夺取皇位和压平太平公主叛乱的功臣郭元振、刘幽求、张说、王琚等人,是一些阴谋家,"可与履危,不可得志"[①]。因此,他利用种种借口,把他们相继贬逐到远方。玄宗觉得他的几个兄弟可能危及他的皇位,就从开元二年起,先后任命他们作外州刺史,不让他们长期留居长安,又规定他们把州中政务委于长史、司马,这样就堵塞了从京城或地方发动政变的道路。

为了安定地方,玄宗对于地方官吏的人选,给予了比较多的重视。左拾遗内供奉张九龄上疏言:"县令、刺史,陛下所与共理,尤亲于民者也。今京官出外,乃反以为斥逐,非少重其选不可。"为了强调地方官的重要,纠正重京官,轻地方官的风气,开元三年六月诏,县令、州刺史有业绩者可调任京官,"京官不曾任州县官者,不得拟为台省官"[②]。在科举日益成为高级官员主要来源的情况下,强调台省官员要有州县基层工作的经历,是有深远意义的。

同时,对地方官员在政治上和文化上也开始提出更高的要求。开元四年,唐玄宗在宣政殿召见全体新授县令,问以治人之策,把其中全不合格的45人斥退,放归学问。

针对富户强丁多削发为僧以避徭役的事实,开元二年,玄宗命令沙汰天下僧尼。这次以伪妄被勒令还俗的,有一万二千余人。玄宗又规定,自此以后,各地不得新建佛寺;旧寺颓坏了,也要报请官府查实,才许加以修葺。

睿宗时,曾经罢黜斜封官数千人,但在太平公主等人的影响下,不久又命令:先停任者,并量材叙用。开元二年,玄宗悉罢员外、试、检校官,规定此后非有战功及别敕,吏部和兵部不得注拟这三项官。这样就在一定程度上矫正了长期以来官员冗滥的现象。

开元三年,唐廷作出规定:封户的租调,改由政府统一征收;征收未完时,封主不得派人到出封州直接向封户催索,也不得出放高利贷;而只能等

[①] 《旧唐书》卷一〇六《王琚传》。
[②] 《新唐书·选举志下》,《册府元龟》卷六三五《铨选部·考课一》。

到征收完毕后,到京城或州治领取。于是封户严重受害的问题,也多少得到了解决。

开元三年和四年,关东连续发生严重的蝗灾。在姚崇的主持下,朝廷派出专使,督察州县官吏大力捕蝗,并规定他们把各州县捕蝗勤惰的情况上报。这才使"连岁蝗灾,不至大饥"。

在姚崇的辅佐下,经过数年的努力,稳定了政局,为社会经济的迅速发展创造了有利的条件。开元四年,姚崇罢相,继任的宰相宋璟坚守姚崇所制定的政策,并在防止边将贪功生事方面,作了很大的努力。

开元八年、九年,政局稳定,生产发展,唐王朝进入了它的全盛时期,出现了"家给人足,人无苦窳,四夷来同,海内晏然"的局面。这就是历史上有名的"开元之治"。

四 唐前期社会经济的发展繁荣

农业 根据考古发现和文献记载,唐代的犁有了改进。犁铧上部加宽,装有犁壁。耕田时,犁壁可以推开犁铧翻起的土块,便于深耕。犁辕不论曲直,都较前减短很多,短辕犁没有"回转相妨"①的缺点,因而提高了耕作的速度。这种改进了的犁比较省力,一般是用单牛曳引的。

有齿的耙和砺礋,有觚棱的碌碡,在唐代已经普遍使用。耕后使用这些农具来松土碎土,平整田面,对于抗旱保墒,提高单位面积产量,有很大作用。唐代的镰刀,两头窄,中间宽,较之前代前窄后宽的镰刀,更便于收割。

唐代除了桔槔、辘轳以外,在北方,"以木桶相连汲于井中"的水车②,已经开始应用于农田灌溉。在长江流域,还出现了筒车。筒车的形状类似纺车,四周缚以竹筒,随水流自行旋转,由竹筒将水汲至高处。

唐朝统治者比较重视兴修水利和管理灌溉设施。国家制定"水部式",其中包括灌溉法规。隋朝开凿的大运河,对沿途的水利灌溉也发挥了重大作用。唐代的水利工程70%兴筑于前期,比较大的工程大多分布在北方。唐初,在关内的同州、华州,殽函的虢州、陕州,河东的蒲州、晋州、并州等地,兴建了一些水利工程。此后,在河南道的汴水、睢水、颍水、汝水、淮水、泗水流域和青州、兖州、沂州一带,在河北的永济渠及其他河流附近,又陆续修建

---

① 《齐民要术》卷一《耕田》。
② 《太平广记》卷二五〇《邓玄挺》。

了许多渠道、陂塘。河北道,不仅在靠近太行山区的恒、赵、相等州,建置了一些地方性的灌溉系统,而且还在近海的沧州,筑堤捍海,引水灌溉,开渠排涝。

唐代前期,南方各地也都开凿湖塘,蓄水灌溉。根据《新唐书·地理志》的记载,当时的水利事业,已经推广到福州和泉州境内。

经过农民一百多年的辛勤劳动,农业生产有很大发展。耕地面积扩大了,史称"开元、天宝之中,耕者益力,四海之内,高山绝壑,耒耜亦满"①。人户增加了,天宝十三年(754年)唐王朝所控制的户口达到906万户,5288万口。而据杜佑估计,当时实有人户当有一千三四百万户。随着人口的增加和垦田的扩大,出现了许多新的居民区,唐政府在福建、四川、江南等地新增设了一批州县。

农业生产力的提高,耕地面积的扩大,大大提高了粮食的总产量和人均粮食产量。社会财富迅速积累起来,史称"人家粮储皆及数岁,太仓委积,陈腐不可校量"②。政府仓储的粮食,天宝八年(749年)约有一万万石③。物价长期稳定,从开元十三年到天宝年间,长安和洛阳的米价始终保持在每斗15文到20文上下,最贱时达13文;青、齐米1斗5文,最贱时3文。绢价也一直保持在200文左右。

在这个基础上,社会分工进一步扩大,私人手工业、商业、城市有了巨大发展。

私手工业 纺织是唐代主要的手工业部门④。丝织业的中心仍在河南、河北地区,那里人民向政府缴纳的庸调,一般都是绫、绢、绝。宋州(今河南商丘)和亳州(今安徽亳州)民间织的绢,质量居全国之首。定州每年常贡的细绫、瑞绫和特种花纹的绫,达到一千五百多匹,较之其他的州,高出百倍左右,是一个重要的丝织工艺品的产地。剑南诸州,普遍出产丝织品。益州的锦,尤负盛誉。山南、淮南和江南的一些州县,丝织业也比较发达。扬州的锦袍,最为驰名。但这三个地区和关内、河东、陇右一样,一般民间织品仍以火麻、紵布和苎布等麻织品为主。此外,岭南的桂州(今广西桂林)一带和西北的西州(今新疆维吾尔自治区吐鲁番),则出产棉织品。

---

① 《元次山集》卷七《问进士第三》。
② 同上。
③ 《通典》卷一二《轻重》。
④ 《唐六典》卷二〇《太府寺》太府卿条,《通典》卷六《赋税下》。

镂版印染的夹缬法已经发明,由宫廷而"遍于天下,乃为至贱所服"①。涂蜡印染的蜡缬法,这时也已流行。

冶铁业在南北朝时期冲破了官府的控制,在民间普及。唐朝政府允许采矿、冶铁由私人经营,官收其税。唐代铁冶分布很广,据《新唐书·地理志》《元和郡县志》统计,在山东、河北、河东和剑南,铁矿有四十余处。兖州莱芜西北的韶山,自汉至唐,鼓铸不绝,是一个重要的铁产地。江南铁冶有二十余处,产量也有很大增加。这对于铁农具的广泛使用和在一些地区的普及具有重要意义,对农业生产发生了重大影响。唐政府还对铁农具采取免税政策。

铜矿主要分布在河东、淮南、江南和剑南,蔚州的飞狐(今河北涞源)和润州的句容,产量最大。

瓷器的制作技术在唐代有很大进步。越州的青瓷类玉类冰,邢州的白瓷类银类雪。洪州的名瓷酒器和茶具,也深得人们的喜爱②。《元和郡县志》记载河南府开元贡白瓷,现在巩县窑址中就发现了唐代的白瓷。杜甫曾说邛州大邑的白瓷碗胜过霜雪,现在在大邑也发现了唐代窑址。饶州浮梁昌南镇(今江西景德镇)的瓷器,从唐初以来,相传有假玉器之称。据考古发现,早期景德镇的瓷器是青白兼有的。特别是在胜梅亭发现的唐代白瓷,经化验后得知,瓷胎白度已达到70%,接近于现代细瓷的水平③。

铜器的主要产地有扬州、并州、越州、桂州等。扬州的铜镜尤为著名,有百炼镜之称。在两京和中原唐墓出土的器物中,铜镜是最常见的。花纹装饰的种类很多,构图自由奔放,线条刻画流畅。同时,还有螺钿镶嵌的铜镜④。

益州的麻纸,杭、婺(今浙江金华)、衢、越、信(今江西上饶)等州的藤纸,蒲州(今山西永济)的薄白纸,最为驰名。其他如宣州(今安徽宣城)、常州、均州(今湖北丹江口)等地,也都盛产纸张。名墨的产地有绛州、潞州、易州等。虢州(今河南灵宝)出产名砚。宣州溧水出的兔毫笔,最称精妙⑤。

天宝末年(754年),唐政府管口总约5300万,所收庸调绢、布和回造纳

---

① 《唐语林》卷四《贤媛篇》明皇柳婕好条。
② 陆羽《茶经》卷中《盌》,《陶说》卷二《古窑考》,《旧唐书》卷一〇五《韦坚传》。
③ 《新中国的考古收获》第100—101页。
④ 《新中国的考古收获》第99页。
⑤ 本段据《唐六典》卷二〇《太府寺》右藏署令条,《旧唐书》卷一〇五《韦坚传》,《元和郡县志》相关卷,《通典》卷六《赋税下》。

布总约 1.1 亿丈①,诸色资课和勾剥还不在其内,平均每人每年向政府缴纳的绢、布在二丈以上,可见作为农村家庭手工业的绢、布产量之大。

一般民间的手工业者,通常还是同土地牢固地联系着。唐的田令和赋役令规定,以工商为业的人,在宽乡的,永业、口分田依照农民减半给授,只有在狭乡的不给。凡受田的,也要向政府缴纳租调。那时候,甚至从诸州挑选出来的"材力强壮,技能工巧"的短番匠,也还没有完全脱离农耕②。

在城市,特别是在较大的城市里,存在着相当数量的不同种类的手工业作坊,如纸坊、毡坊、酒坊、铜坊、染坊、绫锦坊等。作坊的主人有的是师傅,他们与家属、学徒在一起劳动;有的则为地主、官僚和大商人。在作坊劳动的,有不少是短期的雇工和按件领取报酬的工匠。此外,也还有一些依靠自己的简单工具以求取衣食的个体劳动者。他们大抵还与农业保持着一定的联系。个别的作坊规模很大,如定州何明远家有绫机 500 张,即为一例。

官手工业 少府监和将作监是掌管官手工业的机构。监下有署,是直接管理生产的。诸署所属的作坊,规模很大,内部分工也很细。官手工业所用原料,一部分来自地方贡品,另一部分则由自己生产。少府监掌管百工技巧,主要是制造精致手工艺品和贵族官僚的器用服饰。将作监掌修建宫殿、坛庙、官署和陵寝等土木工程。它所领的甄官署,除打石烧砖以外,还制作供贵族、官僚丧葬之用的明器。唐墓出土的三彩陶俑,大多是甄官署里烧造出来的。少府监和将作监诸作坊生产的手工业品,不在市场出售。

兵器的制作,在唐前期一般归少府监的左尚署掌铸,有时专设军器监司其事。唐代还在铜、铁、木料的产地设置铸钱监、冶监和就谷(在陕西周至)监等。这些官手工业的规模都很大。

官手工业作坊中的劳动者,有官奴婢、官户杂户、刑徒和工匠四类。

官奴婢长役无番,经过一次赦宥,改为官户,二次改为杂户,三次改为良人。官户每年上番三次,杂户每二年上番五次,每番的期限皆为一月。如不上番,可以纳资课代替。

每年十月,刑部都官司在官奴婢和官户中挑选一部分人为工户,送到少府监学习细镂、车辂、乐器制造等精细手艺。业成以后,依照官户例分番上下③。

---

① 据《通典》卷六《赋税下》天宝计账计算。
② 《唐六典》卷七《工部郎中员外郎》条,《唐大诏令集》卷一〇八《停修大明宫诏》。
③ 《唐六典》卷六《都官郎中员外郎》条,参《新唐书》卷四八《百官志》少府监条。

被判徒刑的男子,在京城的送将作监服劳役,女子送少府监缝作;在外州的,供当处官役。被判流刑的,在配所居作一年,加役流居作三年。在州县设置的手工业作坊中,也有不少刑徒在里面劳动,如扬州的钱坊,就包括囚徒和工匠两类劳动者①。刑徒居作,都带钳或盘枷,做的是苦重的劳动。在官手工业作坊的劳动者中,他们占的比例也较大。

工匠可分为杂匠、短番匠、明资匠和长上匠四种,他们的身份是良人。杂匠是民间的各种工匠,他们与均田农民相同,每年须服役20天,不役则收其庸。唐初,杂匠还需要到官手工业作坊中服役,以后,一般都纳庸代替。短番匠是由官府挑选杂匠中"材力强壮,技能工巧"②的人,让他们到官府作坊去做工,免除他们的课役和杂徭,但延长其番期为每年一月。明资匠和长上匠都是官府"和雇"的工匠。明资匠轮流上番,通常每年做工三个月。长上匠则经常在官手工业作坊中劳动③。武则天时,少府监内的绫锦坊巧儿、内作使绫匠、掖庭绫匠、内作巧儿等,就是明资匠或长上匠。

城市、商业和交通　　由于工商业的发展,一些地方性的政治军事中心和水陆交通的要冲,成为较大的商业城市。唐代最著名的城市有长安、洛阳、扬州、益州、广州、荆州、相州、幽州、汴州、宋州、凉州等,其中最大的是长安和洛阳。

当时的长安城规模很大,周围70里。长安城分为宫城、皇城和外郭城三个部分。宫城为宫殿区,皇城为中央衙署区,这是长安城的核心。在外郭城中,列置着108坊,由11条南北大街和14条东西大街分割而成④。坊主要是住宅区,四周围以高墙,其中遍布王侯勋贵和大小官员的宅第。外郭城内还有一百多座寺观,最大的寺观,占据一坊之地。坊以外有东西两市,对称地坐落在皇城外的东南和西南。市是手工业和商业的场所,两市共占有四坊大小的面积。

在市内,出售同类货物的店肆,集中排列在同一区域里,叫做行。堆放商货的货栈,叫做邸。邸招徕外地的商客,并替他们代办大宗批发的交易。

---

① 《资治通鉴》卷二〇三,光宅元年九月。
② 《唐六典》卷七《工部郎中员外郎》条。
③ 《唐六典》卷二三《将作监》凡诸州匠人长上条,《新唐书》卷四八《百官志·少府监》和《将作监》,《鸣沙石室古佚书初编·水部式》)。
④ 《长安志》卷七唐京城条所记"郭中南北十四街",意思是从南数到北,共有十四条大街。这些街就是今天说的东西大街。同条所记"东西十一街"意同,也就是今天说的南北大街。

长安东市有"二百二十行,四面立邸,四方珍奇,皆所积集"①。西市较东市更为繁华。

各州治和多数的县治,都设有市。市有市令,"主执钥",按时启闭市门。唐的关市令规定:"凡市以日午,击鼓三百声而众以会;日入前七刻击钲三百声而众以散。"②市令掌管市内交易之事。市的各行都有行头,负责一行的事务,主持对官府纳税和交涉其他事项。行头与官府有联系,官府通过他们控制各个行户③。

当时城市的商业和手工业主要为贵族、官僚和地主服务。城市手工业作坊的产品如铜镜、毡毯、绫锦、锦袍、乐器、金银器、酒类和其他手工艺品等,也大多供应本城和其他城市,而与农民的需要很少关联。当时最大的商人是经营珠宝珍玩的。

市场上商品品种的变化和行业的增多,是唐代商业发展的显著特征。市上商品过去除了生产和生活必需的盐、铁之外,主要是满足贵族高官奢侈生活需要的珠宝和高级工艺品。唐代城市里一般地主官僚增多,他们所需要的各种日用物品多取给于市场。市里出现了生产铜镜、毡毯、绫锦、锦袍、靴帽、乐器、金银器、酒类、车辆和文具纸张等的私营手工作坊,以及许多饭馆、酒店和小食铺。长安、扬州等大城市还有胡人开设的酒店。各地的名产、特产乃至外国货物也充满了市场。《唐国史补》记载开元至元和(713—820年)时的情况:"凡货贿之物,侈于用者,不可胜纪。丝布为衣,麻布为囊,毡帽为盖,革皮为带,内邱白瓷器,端溪紫石砚,天下无贵贱通用之。"这样,在城市中就出现了众多的行业。据北京房山云居寺石经题记,唐幽州、涿州有绢行、彩帛行、布行、染行、幞头行、靴行、大米行、粳米行、油行、果子行、肉行、炭行、生铁行、杂货行等。

唐代的富商大贾有的富可敌国,有的"邸店园宅,遍满海内"④。他们与贵族、官僚和地主有着千丝万缕的联系。亚洲各国人来中国经商的很多,尤以昭武诸国人、波斯人和大食人为最,几乎在所有的较大的城市里都有他们的足迹,最集中的则为长安、洛阳、扬州和广州。

随着商业的繁荣,铸钱数量不断增加。唐初废隋五铢钱,铸开元通宝,

---

① 《长安志》卷八《东市》。
② 《唐律疏议》卷八《卫禁律》越州镇戍等城垣条,《唐六典》卷二〇《太府寺·两京诸市署》。
③ 《周礼注疏》卷一五《肆长》条贾公彦疏:"此肆长谓一肆立一长,使之检校一肆之事,若今行头者也。"
④ 《太平广记》卷四九五《邹凤炽》条。

开元通宝每十钱重一两,钱上不记重量。此后钱成为两以下的重量单位。钱币从此改称通宝、元宝或重宝,不再以重量命名。天宝时,全国有 99 铸钱炉,每年用铜 200 万斤,铸钱 32 万贯。

运输货物的道路贯通全国。在宽广的驿道上,每隔 30 里有一所驿站。驿道交通情况是,以长安为中心,"东至宋、汴,西至岐州,夹路列店肆待客,酒馔丰溢。每店皆有驴赁客乘,倏忽数十里,谓之驿驴。南诣荆、襄,北至太原、范阳,西至蜀川、凉府,皆有店肆,以供商旅,远适数千里,不持寸刃"①。

水路运输也很发达,贯通南北的大运河发挥了很大作用。在南方,更有许多河流、湖泊构成巨大的水道网,把各个城市联结起来。唐前期水路运输的情况是:"天下诸津,舟航所聚,旁通巴汉,前指闽越,七泽十薮,三江五湖,控引河洛,兼包淮海。弘舸巨舰,千轴万艘,交贸往还,昧旦永日。"②

五 开元、天宝时期的政治军事形势

土地兼并的发展 唐初,在生产发达、地狭人稠的地区,自耕农民每丁可营种 30 亩地上下③,就全国说,一个六口之家的自耕农户,平均占田为六七十亩④。唐代亩产,平均约为五斗到一石⑤。农民收获以后,除去赋税、口粮、籽种和其他生产费用,所剩还不足以应付天灾人祸和政府突然的征发。因此,自耕农民的经济地位很不稳定,贫富分化日益迅速。

高宗以后,战争频繁,兴建日多。地主不愿当兵出赋,史载当时"征科赋役,差点兵防,无钱则贫弱先充,行货则富强获免"⑥,繁急的赋役差科大多转嫁到农民身上。

咸亨、垂拱(670—688 年)以后,地方吏治日益败坏。各地地主和官吏勾结起来,对于人民的土地、财物,肆意夺取⑦。在财产诉讼中,官吏们受请

---

① 《通典》卷七《历代盛衰户口》。
② 《旧唐书》卷九四《崔融传》。
③ 隋开皇中均田,狭乡每丁只有 20 亩;唐贞观时,灵口每丁有田 30 亩。唐储光羲诗:"种黍三十亩。"这是当时地狭人稠地区的一般情况。
④ 据《通典》卷六《天宝计账》中地税数,可知当时唐政府所掌握的实际垦田数为 620 万顷。当时唐政府所掌握的户数为 890 余万,平均每户约得 70 亩。
⑤ 《新唐书》卷五四《食货志》,《通典》卷七《历代盛衰户口》,李翱《李文公集》卷三《平赋书》。
⑥ 《唐大诏令集》卷八二《申理冤屈制》。
⑦ 《旧唐书》卷一〇〇《毕构传》。

托,纳贿赂,使贫苦农民"有理者不申","合得者被夺"①。

高宗末年,西有吐蕃军犯边,北有突厥贵族反唐,唐先后调动了几十万军队作战。紧接着,关东和关中又都发生严重的水旱灾荒。于是灾区的人民死亡流散,十有四五②。武则天晚年,河北地区人民先后遭受契丹军事贵族和东突厥军的骚扰杀掠,唐王朝的大量军事调发,使他们"家道悉破","四壁皆空",以至"剔屋卖田,人不为售"。由于防御吐蕃军,大量征发壮丁运输军粮,蜀中"诸州逃走户,有三万余在蓬、渠、果、合、遂等州山林之中,不属州县,土豪大族,阿隐相容"③。大足元年(701年),李峤概括当时的情况说,"天下编户,贫弱者众,亦有佣力客作,以济糇粮;亦有卖舍贴田,以供王役"④。农民不得不典田卖地,佃种、佣耕地主的土地。还有大量的农民"弃其井邑,遍窜外州",他们有的逃入山林之中,辟地营种,有的转入城市,"专事末游"⑤,更多的"或因人而止,或佣力自资"⑥,转成被地主隐匿起来的佃户和佣保。

开元年间,在赋税繁苛,兵役日重的情况下,农民更加贫困,有的农民"虽有垅亩,或无牛力",耕种十分困难;有的"农桑之际,多阙粮种,咸求倍息"⑦,落入地主富户高利贷的罗网。地主、官僚乘机大肆兼并,有的用借荒的名义侵夺熟田,有的以置牧为借口占据山谷;还有的用私改籍书或典贴等方式向农民掠买土地。唐玄宗在天宝十一载(752年)诏中也不得不承认,"如闻王公百官及富豪之家比置庄田,恣行吞并,……致令百姓无处安置,乃别停客户,使其佃食"⑧。史称"开元之季,天宝以来,法令弛坏,兼并之弊,有踰于汉成哀之间"⑨。地主隐蔽的佃户以及流落他乡不在籍的农民达到四五百万户以上⑩。半自耕农、佃户和佣保在总人口中所占的分量,大大增加。

---

① 《唐大诏令集》卷八二《申理冤屈制》。
② 《陈子昂集》卷八《上军国利害事·人机》,参《资治通鉴》卷二〇三,垂拱元年。
③ 《陈子昂集》卷八《上蜀川安危事》。
④ 《唐会要》卷四九《像》。
⑤ 《唐大诏令集》卷一一〇《诫励风俗敕》。
⑥ 《唐大诏令集》卷一一一《置劝农使安抚户口诏》。
⑦ 《唐大诏令集》卷一〇四《处分朝集使敕之五》,《册府元龟》卷一〇五《惠民》开元二十年二月辛卯制。
⑧ 《册府元龟》卷四九五《田制》天宝十一载诏。
⑨ 《通典》卷二《田制下》原注。
⑩ 据杜佑估计。见《通典》卷七《丁中》及原注。

地主集中在一个地方的田产,称为庄、庄田、或庄园。庄有小到几亩的,也有大到数十顷的。唐代的庄不是一个经济上的生产单位。唐代地主一般是把庄田租给农民耕种,"坐食租税",即收取地租。不少庄居的地主经常督责佣保,城居的地主在农时也常下乡监视生产①。贵族、大官僚、大地主的庄则或派专人管理,或定期派人巡视收租。

租种地主庄田的农民,一般被称为"庄客""田客"。地主对佃户的人身控制比豪强大族对佃客要松弛一些,没有世袭的人身依附关系。地租一般称作"庄租""租课"。庄客除了要把收获的粮食一半以上作为地租交给地主,还要交纳油、柴等其他生产物,以满足地主的需要。此外,还要为地主服一些临时性的劳役,如修房、打墙、护院等。庄客除了租种地主的土地外,往往还要向地主租借种子、粮食、农具和房屋,陷入地主高利贷的罗网。除了佃客以外,在庄田上劳动的,特别是在庄舍毗连的园中劳动的,多半是奴婢和佣保。园中种植蔬菜,多用于自给,有余也在市上出售,以换取其他日用品。

开元中年的政治、经济措施　　唐玄宗在开元之治形成以后,进行了检括户口,改变地税、户税征收办法和改革兵制等工作,以求符合政治经济方面发生的新情况。

一、改政事堂为中书门下。唐初的三省体制,谋议决策和行政明确分离,尚书省六部,机构简单,职掌固定,少有弹性,主要是处理日常政务。随着社会经济的发展和边疆形势的紧张,出现了有些事情无部门负责,无令式可循的情况,只能奏请皇帝定夺。皇帝需要亲自处理的奏章越来越多。唐高宗后期,把一些文士招到禁中,帮助阅读处理这些奏章。这些文士被称为"北门学士"。武则天时期,开始把奏章交给中书省来处理。

为了解决新出现的军事、财政等各种问题,武则天以后往往派遣官吏出使,处理各种新出现的问题,出现了越来越多的临时差遣。与此同时,朝廷也不断颁发解决具体问题的制敕。制敕中多为临时处置办法,而指明"以为永式"的部分则成为令式的一部分。作为临时差遣的使职则逐渐发展为固定的使职,包括节度使等常设的使职。使职的广泛设立,在原来尚书省六部之外又出现了一些行政机构。

从武则天时期开始,中书省开始直接参与政务的处理。宰相不仅参与政事堂的讨论决策,而且负责具体政务的运行。为了从制度上把决策与行

---

① 《旧唐书》卷一八五上《王方翼传》,《陈子昂集》卷五《梓州射洪县武东山故居士陈君碑》。

政合一肯定下来,同时把尚书省六部和使职这两个系统统一起来,开元十一年(723年)唐玄宗接受张说的建议,改政事堂为中书门下,下设吏、枢机、兵、户、刑礼五房,分掌庶政。中书门下正式成为最高决策兼行政机构。开元后期,宰相人数减少,并且往往兼任尚书仆射或六部首长职务。

二、检括户口。武则天以来农民大量逃亡,有的成为地主潜停的客户,有的则在外乡开垦荒地。进入开元以后,尽管土地不断开垦,人口不断增加,但由于大量逃户的存在,政府控制的户口却不见增加,严重影响到国家的财政收入。

唐朝前期,在正役和杂徭之外,不同身份、年龄和具有各种技能的也要服各种不同的役。其中最主要的是勋官番上、杂匠、白丁供官府和各级官吏驱使。开元时统称为色役。他们定期到官府和官手工业作坊服役。不服役时,纳资代役,称为资课。开元时期,由于民间手工业和商业的巨大发展,官僚对货币的需求增加,官府作坊也普遍使用和雇的工匠。白丁担任的,主要供各级官吏役使的各种色役普遍改为纳资课,工匠也由不役时输庸改为纳资代役。在开元六年以后的制敕中,已不断把资课与庸调或租庸并提。资课成为国家的一项重要收入。由于充当色役可免征行,色役大部分转化为资课后,只需纳资,连上番服役也免了。不少人便采取假冒勋官或其他办法冒充色役,以逃避征行。色役伪滥也成为影响国家收入的一个因素。

开元九年(721年),宇文融建议检察色役伪滥,搜括逃户。玄宗命融充使推勾。根据唐的《户令》和《唐律·户婚律》,京畿附近和有军府州的农民是不能迁往京畿以外和无军府州的。农民逃亡要受到刑罚的制裁。开始时唐朝政府只是宣布不追究逃亡之罪,只有符合条件的才能就地落籍,其余的都要送回原籍。结果收效甚微。宇文融只是检出"伪勋及诸色役甚众"①。开元十一年,唐政府作了新的规定:逃户自首,听于所在附籍,并且免除他们六年的租调和徭役,只收轻税,括户工作才收到实效。到开元十二年结束时,检括出逃户八十余万户和相应的籍外田。

三、改变地税和户税的征收办法。地税、户税在太宗、高宗时就已开始征收,但户税尚非定制,地税起初只是作为义仓用,亩收二升。后来又改为按户等征收,上上户仅收5石,相当于亩收2升时250亩的地税。地税、户税在当时国家收入中,都不占重要地位。

由于土地日益集中、贫富升降、户口转徙日甚,原来按丁口征收租庸调

---

① 《通典》卷七《历代盛衰户口》。

的办法,越来越不适用了。为了调整租税负担,减少农民逃亡,增加财政收入,开元中唐王朝把地税从按户等征收改为按亩征收,亩收二升。宽乡根据实际垦田数,狭乡根据户籍簿上登记的田亩征收。户税也成为定制,按户税钱,三年一大税,每年一小税,以供军国传驿和邮递之用,每年别税,以充州县官吏月料①。同时每乡开始量放若干丁租调②。天宝时,每年地税得1240余万石,约为粟米收入的1/2,户税平均约200万贯,折算约当绢布收入的1/3③。地税、户税在财政收入中份额的增加,成为向两税法过渡的先声。

四、改革兵制。高宗以后,战争频繁,不仅勋赏不行,甚至还要夺赐破勋。地主富户开始逃避兵役,最初雇人代替,后来就勾结官吏,伪度为僧,以逃避点拣④。兵役全部落到贫下户身上。贫下户失去土地,无力自备衣粮,出征时往往"多无衣食,皆带饥寒"⑤,番役更代也多不以时,其家人又不免征徭,因此,卫士在班休之后,"逐渐逃散,年月渐久,逃死者不补,三辅渐寡弱,宿卫之数不给"⑥。开元十一年(723年),唐政府废弃了府兵番上宿卫的制度,招募强壮男丁12万人,免其征镇赋役,号长从宿卫。十三年,改称彍骑,分隶十二卫。开元二十五年(737年),唐政府又于诸色征行人内及客户中招募丁壮,长充边兵,府兵征行,也从此停止。此后,卫士不再简补,中央禁卫军和边镇兵全由招募而来的雇佣兵组成。府兵制度完全破坏。

高宗、武则天以后,边疆形势越来越严峻,特别是与吐蕃的战事日益胶着,原有镇戍制和临时发兵遣将已不足以应付。从武则天统治时期开始,开始在边地设立军、镇,驻扎重兵,一方面屯田,一方面防守。镇戍和行军制度为屯防制度所代替,最后发展为节度使制度。开元初年,唐王朝在沿边先后设立了安西、北庭、河西、陇右、朔方、河东、范阳、平卢、剑南等九个节度使和岭南经略使,各自总管一个地区的军事。

为了防御吐蕃、突厥、契丹军队的进犯,节度使的兵员不断扩大,天宝元年边镇兵达到49万人。而中央禁卫军只有八九万人,且缺乏训练。一般州县则没有军队。军事布局上形成了外重内轻的局面。

---

① 《唐六典》卷三《尚书户部》凡天下诸州税钱各有准常条。
② 《通典》卷六《赋税下》,《全唐文》卷二五玄宗《安养百姓及诸改革制》。
③ 据《通典》卷六《赋税下》天宝计账计算。
④ 《旧唐书》卷八四《刘仁轨传》,《新唐书》卷一二三《李峤传》,《玉海》卷一三八引《邺侯家传》。
⑤ 《旧唐书》卷一〇一《辛替否传》。
⑥ 《唐会要》卷七二《府兵》,《新唐书》卷五〇《兵志》。

开元二十二年,唐王朝在国内诸道设采访处置使,管理州县事务。天宝中,边地各道的采访使由节度使兼领①,节度使获得了专制一道的军政大权。

此外,玄宗还解决了长安的粮食供应问题。在经济发展,社会安定的情况下,长安的人口不断增加。长安的粮食供应问题越来越严重了。开元二十二年,宰相裴耀卿兼江南、淮南转运使,对漕运制度加以改善,于黄河、运河和黄河渭水交汇处及三门峡东西置仓,使江南之船不入黄河,黄河之船不入渭水,三门峡一段改为陆运。这样,就缩短了舟行的日期,提高了运输的效率,减少了覆溺的损失。在3年之内,运米700万石,省陆运费30万贯。

关中粮储充足以后,唐政府从开元二十五年起,实行了回造纳布与和籴制度,江南郡县的租粟和脚钱一律折价纳布,运往关中,用来向当地人民和籴米粟,作为漕运的补充。当年得粟数百万石,天宝时,各地和籴米粟运到长安的,每年有百余万石。

天宝年间社会矛盾的发展 开元末,边镇兵的衣粮逐渐改由政府供给,唐王朝军费开支大为增加。天宝以后,每年要用粮食190万石,绢布1000万匹段,所用绢布,约为政府每年绢布收入的一半。唐玄宗"视金帛如粪壤,赏赐贵宠之家,无有限极"②,政府库藏支出经常感到不足。因此,"其时钱谷之司,唯务割剥,回残剩利,名目万端"③。杨慎矜掌管太府出纳,诸州所输布帛,凡有渍污穿破的,皆令州县征收折估钱,转买轻货。天宝时,王鉷为户口色役使,按照户籍追征戍边死亡而边将没有申牒除籍的丁男的租庸,有并征30年者。

唐王朝加强了国家的力量以后,又不断在边疆进行战争。开元末年,宗室宰相李林甫排挤了宰相张九龄和其他大臣,开始独掌大权。东突厥灭亡后,唐王朝在西北大举用兵。天宝六年,河西、陇右节度使王忠嗣拒攻吐蕃石堡城,李林甫乘机倾陷,王忠嗣被贬逐。此后诸道节度使多由胡人担任。哥舒翰、高仙芝、安思顺、安禄山等受到唐王朝的特别重视,成为唐王朝进行战争的工具。这时候,皇帝的禁卫军已经腐化,羽林、龙武四军和诸卫彍骑多是"市人白徒,富者贩(服)缯彩,食粱肉,壮者角抵拔河,翘木扛铁,日以

---

① 《通典》卷三二《都督》原注:"初,节度与采访各置一人,天宝中,始一人兼之。"
② 《资治通鉴》卷二一六,天宝八年二月。
③ 《通典》卷六《赋税下》。

寝斗，有事乃股慄不能授甲"①，完全丧失了战斗力。唐王朝的猛将精兵，都掌握在节度使手中，形成了外重内轻的局面。哥舒翰等担任节度使后，屡立战功，权位渐高。诸节度使彼此之间以及他们与朝廷大臣之间的矛盾大了起来：哥舒翰与安思顺、安禄山不协，杨国忠与安禄山也有矛盾。

天宝十一年，杨国忠继李林甫独专大权。他一人兼领四十余使，军国机务，"决于私家"，事务"责成胥吏，贿赂公行"②。杨国忠一人所受中外贿赂，积缣达3000万匹，相当于国家一年半的庸调。各种矛盾迅速向前发展。

开元、天宝时期唐与边疆各族和邻近国家的关系 开元四年（716年），契丹摆脱了突厥贵族的控制，倾向于唐。次年，唐把营州都督府从幽州境内迁回柳城。后来，契丹由于内部的发展，势力强大起来，与唐时战时和，互有胜负。唐一方面通过和亲笼络契丹军事贵族，一方面在营州设平卢节度使，用重兵防守。

突厥在默啜晚年逐渐衰落。开元四年，默啜为回纥所杀，继立的毗伽可汗与唐基本上和好，但也不时犯边，唐设朔方、河东节度使，进行防御。天宝四载（745年），东突厥覆灭。代兴的回纥还不够强大，对唐和好。唐把力量集中到西北边疆，去对付吐蕃的军队。

由于唐在河西、陇右建立了坚强的防务，开元时，唐和吐蕃的相持线推到青海境内石堡城一带。吐蕃在东线不能占据优势，向西侵入了小勃律，企图从西线攻占唐的安西四镇。天宝六载唐将高仙芝将万骑远袭小勃律，俘其王及吐蕃公主，留兵戍守。天宝八载，哥舒翰攻拔石堡城。

唐王朝的军事活动进一步转向中亚，与大食展开了争夺昭武诸国控制权的斗争。天宝九载，高仙芝攻入石国，大肆杀掠，引起中亚各国的愤怒，他们"潜引大食，欲共攻四镇"③。天宝十载，高仙芝将蕃汉兵三万越过碎叶水，在怛罗斯城下与大食遭遇，相持五日，葛罗禄部临阵背叛，与大食夹攻唐军，唐军大败，被俘者二万人。怛罗斯战役以后，唐丧失了对昭武诸国的控制能力，大食也未继续东进。

8世纪初，吐蕃贵族的势力已进入云南，征服了洱河诸部，控制了六诏。唐支持南诏统一六诏以抵御吐蕃。南诏贵族的势力强大起来，向东征服西

---

① 《唐会要》卷七二《军杂录》。
② 《旧唐书》卷一〇六《杨国忠传》。
③ 《资治通鉴》卷二一六，天宝十年。

爨、东爨。唐王朝和南诏统治者为了争夺对东爨、西爨的统治①,从天宝十载到十三载发生了战争。唐的士兵由强迫而来,又不能适应南方的气候水土,因而遭到大败,唐军死者前后近 20 万人。

六 唐前期的边疆各族

突厥 隋唐之际,东突厥复强,拥有战士一百多万人。隋朝末年,突厥支持北方各支武装力量反隋,并授予他们可汗称号。唐朝建立后,突厥贵族支持北边的刘武周等跟唐军作战。唐朝消灭北边各武装集团以后,他们经常直接进犯唐的边疆。武德八年(625 年),唐跟突厥恢复互市,从突厥交换很多牲畜,有助于解决耕牛不足的问题②。

颉利可汗(620—630 年在位)加紧剥削各族人民,回纥和薛延陀等部相继反抗,摆脱了东突厥的统治,东方的奚、霫、契丹也先后脱离东突厥,投向唐朝。贞观二年(628 年),突利可汗降唐。颉利可汗信任粟特(昭武九姓国)商人,引起了突厥贵族的不满。突厥牧民对贵族展开了猛烈的斗争③。被俘的唐人也都"自相啸聚,保据山险"④。在这种情况下,东突厥于贞观四年(630 年)为唐所灭。大批突厥人迁到大漠以南。

调露元年(679 年),东突厥的贵族阿史德温傅和奉职为了恢复东突厥贵族对本族牧民的最高统治权力,率部起来反对唐王朝的控制,漠南诸州的东突厥贵族纷纷响应。这次反唐事件经过一年多,被唐压服下去。不久以后,骨咄禄建牙于乌德鞬山,以黑沙城(今内蒙古自治区呼和浩特北)为南牙。默啜时,突厥东西拓地万余里,拥有战士 40 万人,恢复了以前的强盛局面。在南迁的五十多年中,东突厥受唐的影响很大,农业已经有一定的发展。武则天曾经接受默啜的请求,归还了突厥降户数千帐,同时还送给突厥谷种 4 万斛,杂采 5 万段,农器 3000 件,铁 4 万斤。

由于突厥和被统治民族之间缺乏经济文化上的联系,再建的东突厥政权仍然很不巩固。默啜经常带兵在唐的边疆大事骚扰,圣历元年(698 年),突厥军深入到河北定州、赵州境内,所过残杀,不可胜纪,并俘走大批唐人。

---

① 《南诏德化碑》。
② 《唐会要》卷九四《吐谷浑》。
③ 突厥文《阙特勤碑》,见《突厥集史》卷一六,第 880 页。
④ 《旧唐书》卷六八《张公谨传》。

默啜又不断进攻周围各族。他还"自恃兵威,虐用其众",终至"部落渐多逃散"①。他死后,突厥的内部矛盾重重,毗伽可汗(716—734年在位)采取了对唐和好的政策。在他统治的20年中,唐和突厥之间很少战争②,唐人和突厥人"皆得一处养畜资生,种田未作",并互相交易③。双方的互市规模很大,唐每年用帛数十万匹换取突厥的马④。

东突厥贵族内部不断纷争,各族人民不断反抗,东突厥力量日益削弱。天宝四载(745年)东突厥为回鹘所灭,突厥人大部分入回鹘,一部分西迁中亚,一部分南迁丰州、灵州之间,也有一部分转入河北。

回鹘⑤ 回鹘人是铁勒的一支,住于娑陵水(色楞格河)和嗢昆水(鄂尔浑河)流域,也有一部分住在天山一带。在很长的时间里,他们"无君长,居无恒所,随水草流移"⑥。

从6世纪中叶起,回鹘人服属于突厥。突厥统治者经常征发回鹘人打仗,又向他们索取很重的贡赋,引起了回鹘人的不断反抗。隋炀帝初年,回鹘和其他铁勒部落屡次打败西突厥的军队。唐太宗贞观元年(627年),他们又以少胜众,击败东突厥的骑兵十万人于马鬣山(当在今甘肃境内),并逐北至于天山。

东突厥灭亡以后,回鹘和另一个铁勒部落薛延陀并为北方强大的势力。贞观二十年(646年),回鹘的军事贵族乘薛延陀内乱的机会,配合唐军攻灭了薛延陀,占领了薛延陀的大部分土地。

武则天时,东突厥占领了铁勒故地,一部分回鹘人被东突厥所破,徙居甘、凉间⑦,大部分役属于东突厥贵族。开元中,东突厥衰乱,回鹘逐渐强大。天宝三载(744年),唐玄宗封回鹘首领为怀仁可汗。次年,怀仁可汗灭了东突厥。

回鹘政权组织"皆如突厥故事"⑧。回鹘统治各族人民的办法也采用突厥旧制,派回鹘监使驻在被征服各族境内,索取贡赋,并监视他们的行动。

---

① 《通典》卷一九八《突厥中》。
② 《张曲江文集》卷一一《敕突厥苾伽可汗书》《敕突厥可汗书》。
③ 《册府元龟》卷九七九《外臣部和亲门》。
④ 《资治通鉴》卷二一三,开元十五年。
⑤ 回鹘即回纥,贞元五年(789年)更名回鹘。回鹘盛时辖地甚广,有一部分在我国境内。回鹘人又是后来我国天山以南地区的维吾尔族的主要祖源。
⑥ 《旧唐书》卷一九五《回纥传》。
⑦ 《新唐书》卷二一七上《回鹘传》,参《唐会要》卷九八《回纥》。
⑧ 《旧唐书》卷一九五《回纥传》。

天山南北各族　隋唐时期,天山以北、金山西南地带是西突厥人、一部分铁勒人和黠戛斯人生活的地区。天山以南是操印欧语系不同语言的焉耆、龟兹、疏勒、于阗人和粟特移民。

西突厥人游牧于乌孙故地(约当今伊犁河流域)。隋时,射匮可汗在龟兹以北的三弥山建牙(即鹰娑,在裕勒都斯河谷),"自玉门以西诸国皆役属之"①。后来,西突厥贵族北并铁勒,西南侵入吐火罗。唐初,西突厥分裂,各部互争雄长,力量在混战中削弱。

贞观十四年(640年),唐在天山以北地区设置了庭州(今吉木萨尔)。显庆三年(658年),唐灭西突厥后,在西突厥旧境设置了很多府、州,其中很多在天山以北,金山西南地带②。唐以各部贵族为都督、刺史。考古学者在今伊犁河流域、阿尔泰山南麓及巴里坤一带,发现了7世纪左右的突厥人为纪念死者而树立的石雕像。这些石像都是利用天然的长形石块,以简单线条刻成③。

贞观十四年(640年),唐在天山以南的高昌设立西州。从吐鲁番一带发现的唐代残户籍、残状、残牒等文书来看,唐政府在西州推行了均田制,农民受田、纳租调、服徭役。农民佃种地主的土地,订有契约,要依约交纳地租,比较通行的是定额租制④。

唐王朝设安西都护府于龟兹,以龟兹、于阗、焉耆、疏勒为四镇,在这里修建许多戍守城堡,并大兴屯田。焉耆的唐王城是一座屯戍城堡,考古学者在城中的窖藏里发现有小米、高粱、麦粉和胡麻,还有石碾、铁犁和铁镰等生产工具。铁犁铧头较长,套进犁底的部分凹入,比较进步。在龟兹故地还发现了长达100里的干渠遗迹和管理水渠的"掏拓所"的文书。这些说明唐在天山以南的屯垦活动,带来了中原的先进农业技术,对当地的农业生产,有很大的影响⑤。

---

①　《旧唐书》卷一九四下《西突厥传》。
②　唐在西突厥旧境设置的府州,在今新疆维吾尔自治区境内的有匐延都督府(以处木昆部置,在塔城一带)、盐泊州都督府(以胡禄屋阙部置,在乌苏一带)、双河都督府(以摄舍提暾部置,在博尔塔拉河流域)、鹰娑都督府(以鼠尼施处半部置,在裕勒都斯河流域)、轮台州都督府(乌鲁木齐一带)、金满州都督府(以处月部置,在吉木萨尔一带)、凭洛州都督府(乌鲁木齐东北)、沙陀州都督府(巴里坤一带)以及金附、阴山、大漠、玄池四州都督府(俱以葛逻禄部置,在额尔齐斯河、乌伦古河流域)等。
③　《新中国的考古收获》第103页。
④　黄文弼《吐鲁番考古记》第36页,第45—46页。
⑤　参考《新中国的考古收获》第102页。

在吐鲁番和库木吐拉等地发现了唐代抄写的《论语》《汉书》《史记》《针经》《神农本草》和阴阳杂书等残纸。这说明汉族的传统文化和先进技术在这里得到传播。

天山以南地区的各族文化,对内地有不小影响。龟兹乐在隋时,分为"西国龟兹、齐朝龟兹、土龟兹等凡三部"①,为汉人所爱好。唐朝坐、立部伎中,也有采用龟兹乐舞的。在唐太宗时的十部伎中,出自天山以南的就有三部,即龟兹伎、疏勒伎、高昌伎②。隋唐时候,天山以南地区有不少画师和乐工也进入内地,带来新的声乐和新的画风。画师如于阗人尉迟跋质那和乙僧父子,乐工如龟兹人白明达和疏勒人裴神符,就是其中最著名的。

吐蕃 吐蕃人很早就生活在西藏高原一带。到六七世纪之交,他们有的过定居农业生活,种植青稞麦、小麦、荞麦和豌豆。有的过游牧生活,"逐水草,无常所"③。家畜有牛、马、狗、羊、猪和单峰驼。吐蕃人能够制造金器、银器和铜器,也能用铁制造精良的铠甲和锋利的兵刃,还能捻毛线、织布、织毡。

吐蕃人信奉鬼神巫术,敬奉大角羊为大神。人死以后,子女要截发、黛面、黑衣以志哀,赞普死后,更要以人殉葬。吐蕃人还有用赭红色涂饰面部的习俗。

在六七世纪之交,吐蕃已经建立了政权。王称作赞普,由赤脱赞④的子孙世袭。最高政权机关叫尚论掣逋突瞿,由论莤(大论,大相)、论莤扈奔⑤(小论,副相)等大臣组成,这些大臣都由王族和外戚担任。吐蕃的军队由藏如、右如、中如、左如组成,每如又分为几个千户所。同一千户所的战士都是同部的人,统将由该部贵族担任⑥。吐蕃人重战死,世代战死的家庭被尊为高门。吐蕃的刑罚非常残酷,犯小罪的人,也要受挖眼、剁足、劓鼻、鞭打等惨刑。罪囚被关在几丈深的地牢里。吐蕃还没有成文法,量刑轻重取决于贵族的喜怒。

6世纪时,在西藏高原上有三个强大的势力。西部是羊同,以畜牧为

---

① 《隋书》卷一五《音乐志》。
② 《新唐书》卷二一、二二《礼乐志》。
③ 《新唐书》卷二一六上《吐蕃传》。
④ 王忠《新唐书吐蕃传笺证》第18页。
⑤ 同上书,第4页。
⑥ 同上书,第7—8页。

业①;中部和北部是苏毗,以射猎和畜牧为生,年楚河和拉萨河流域的苏毗部人,则多经营农业;西南部是吐蕃,赞普居于跋布川(西藏泽当西南的琼结县)。那里的农业已甚发达,"牧地与农田合为一片,湖泊星列,沟渠相通。坡上的水蓄而为池,山间的水引出使用"②。7世纪初,吐蕃的朗日论赞吞并了苏毗。他的儿子松赞干布(629—650年在位)又击灭了羊同,完成了统一西藏高原的事业。

在松赞干布统治的时期,吐蕃人创制了文字,制定了成文法典《十善法律》。松赞干布几次向唐请婚,贞观十五年(641年)唐太宗派李道宗护送文成公主入吐蕃,松赞干布亲自在柏海(青海鄂陵湖和扎陵湖)迎接。唐蕃通婚以后,吐蕃贵族子弟被派到长安国子学学习,许多唐人被聘请到吐蕃掌管文书,综合唐蕃式样建筑的城堡和宫殿,也在新都逻些城(拉萨)出现了③。

文成公主到吐蕃的时候,把蔬菜的种子、精致的手工艺品、药物和一些有关生产技术的书籍等带到吐蕃。唐高宗又依照松赞干布的请求,给吐蕃送去蚕种,并派遣许多擅长养蚕、酿酒、制碾硙和制纸、墨、笔的工匠到吐蕃传授技艺。唐人先进生产技术的传入,对吐蕃经济文化的发展,起了一定的推动作用。

松赞干布死后,吐蕃贵族征服了不少邻近的民族,并曾一度攻占安西四镇。长期的战争使吐蕃人疲于徭役,发生了人民起义,被征服的各族也纷纷起来反抗④。长安二年(702年)吐蕃赞普遣使跟唐修好。景云元年(710年),唐把金城公主嫁给吐蕃赞普尺带珠丹,金城公主带去了锦缯几万匹,杂伎诸工多人和一个龟兹乐队。吐蕃又从唐取得精工书写的《毛诗》《礼记》《左传》《文选》各一部。

吐谷浑 隋唐之际,吐谷浑可汗伏允悉收河湟故地。唐高祖时内地民乏耕牛,吐谷浑以牛和杂畜与唐互市。贞观九年,唐军击败吐谷浑,伏允为左右所杀,国人立伏允子慕容顺为可汗,太宗封他作西平郡王。慕容顺子诺曷钵继立,太宗又封他作河源郡王,并且把弘化公主嫁给他。

唐高宗时,吐蕃贵族的势力伸展到青海高原,龙朔三年(663年),吐谷浑战败,牧地逐渐为吐蕃所吞并。咸亨三年(672年),唐把吐谷浑人迁到灵

---

① 《通典》卷一九〇《大羊同》。
② 《新唐书吐蕃传笺证》第10、19—20页。
③ 《文物》1960年第六期,王毅《西藏文物见闻记》。
④ 《新唐书吐蕃传笺证》第55、59页,《资治通鉴》卷二〇五,万岁通天元年。

州的鸣沙县(今宁夏中卫东),于其地设安乐州①,以诺曷钵为刺史,世袭其职。武则天晚年,又有一部分青海的吐谷浑人脱离了吐蕃贵族的统治,迁徙到凉、甘、肃、瓜、沙等州。

西南各族 唐朝时候,云南东部、东北部和贵州西北部居住着东爨乌蛮。这里"邑落相望,牛马被野"②,居民主要从事畜牧业。在云南西北的铁桥(今巨甸北)一带,还有乌蛮的一些部落,也从事畜牧。

从石城(今曲靖)西至洱河(洱海)一带,居住着白蛮,有西爨、洱河诸部。这里"村邑连甍,沟塍弥望"③,居民种植稻、麦和麻、豆、黍、稷。他们已普遍实行牛耕,还开辟了许多"山田"。柘蚕的饲养很盛,出产绢、锦。冶铁铸剑和盐井煮盐技术也相当发达。

在云南的西南部还散居着许多部落。他们不饲蚕,大多用木棉絮捻线织布。茫部人用象耕田,寻传部人则以射猎为生,得豪猪生食其肉。

洱海一带的居民除白蛮外,也有很多乌蛮。7世纪后期,乌蛮贵族建立了六诏。这就是蒙舍(今巍山)、蒙嶲(在蒙舍西)、越析(今宾川)、浪穹、施浪(并在今洱源)、邆川(今邓川)。其中蒙舍诏居地最南,又称南诏,王为蒙氏。南诏跟唐的关系非常密切。武则天时,南诏的首领逻盛曾经来唐。唐玄宗时,五诏衰微,南诏首领皮逻阁(728—748年在位)打败了洱河部,合并了其他五诏。开元二十六年(738年),唐玄宗封皮逻阁为云南王,皮逻阁迁都于太和城(大理南十五里)。他派孙子凤迦异到长安,唐玄宗送给凤迦异许多文物和胡部、龟兹两个大乐队。皮逻阁子阁逻凤(748—779年在位)时,唐王朝和南诏贵族为了争夺对东西两爨部的控制,发生冲突。天宝十年(751年)、十三年,唐两度发兵攻南诏,结果都是全军覆没。此后,南诏臣属于吐蕃赞普。

奚　契丹 奚人住在濡水(滦河)上游,主要从事畜牧,也种植一些耐寒的作物如穄等。在六七世纪,奚人的内部已有贫富的分化,但阶级划分还不很显著。契丹居住在潢河(西拉木伦)和土河(老哈河)之间,过着畜牧射猎生活。

契丹由八个部落组成部落联盟,联盟长由部落酋长议事会选举,照例由大贺氏的氏族贵族担任。在部落联盟长之外,还有一个军事首领,叫做"夷

---

① 安史之乱后,吐蕃贵族攻下了安乐州,吐谷浑的残部再度迁徙到朔方、河东一带。
② 樊绰《蛮书》卷四《名类》。
③ 《蛮书》卷四《名类》,卷五《六险》。

离堇"①,这就是氏族社会末期军事民主制度下的二头首长。畜牧渔猎,由各部落单独进行,若遇有军事行动,征发丁壮作战时,则由各部落酋长共同商决,一部落不得独举②。

突厥兴起以后,奚和契丹长期受东突厥的控制。贞观二十二年(648年),奚和契丹归唐,唐太宗于奚地置饶乐府,以奚人首领可度者为都督;于契丹地置松漠府,以契丹首领窟哥为都督。这两个府都受营州都督府的节制。武则天万岁通天元年(696年),契丹的军事贵族率部攻陷营州、冀州和幽州的许多城邑,所到之处,焚杀掳掠。一年以后,唐王朝得到东突厥和奚的助力,才把契丹打败。

唐玄宗开元年间,契丹贵族内部发生了严重的纷争。结果大贺氏失败,一部分契丹人依附于奚。夷离堇耶律雅里定立遥辇氏的迪辇俎里为阻午可汗。自此联盟长例由遥辇氏选出,而夷离堇则例由耶律氏选出③。阻午可汗时,契丹始立制度,置官属④,刻木为契,穴地为牢,又将旧有的8部划为20部⑤。

第三节 唐后期的政治经济

一 安史之乱和安史乱后的政治军事形势

安史之乱和安史乱后的政治军事形势 营州柳城(今辽宁锦州)胡人安禄山在对东北各族的战争中,立下军功,受到唐玄宗的重视,以一身兼领范阳、平卢、河东三镇节度使,控制了经济文化素称发达的河北和河东地区。他不断招兵养马,积聚财富,奏请提升许多胡族将领做大将,引用不得志的汉族地主做幕僚。天宝十二年(753年),他诱降了被回纥攻破的突厥西叶护阿布思的残部,加强了自己的军事力量。安禄山与宰相杨国忠个人矛盾激化,于是利用唐中央兵力空虚的机会,于天宝十四年(755年)冬,以诛杨国忠为名,从范阳起兵,带领所部及由同罗、奚、契丹和室韦人组成的军队共

---

① 《辽史》卷二《太祖纪赞》。
② 《旧唐书》卷一九九下《契丹传》。
③ 《辽史》卷二《太祖纪赞》。
④ 《辽史》卷七三《萧敌鲁传》。自萧敌鲁五世祖胡母里起,世为决狱官,其时约当八九世纪之交。决狱官即阻午可汗或略后所置。
⑤ 《辽史》卷三二《营卫志上》,卷三四《兵卫志》。

15万人南下,准备夺取中央政权。

唐的内地多年没有发生战争,河南、河北的州县没有军事准备,甲仗库里的兵器全朽坏了。安禄山的军队没有遇到多少抵抗,很快就渡过黄河,进到洛阳附近。唐玄宗急派封常清前往洛阳募兵抵御,又在长安募集一些市井子弟和白徒游手,与原有的飞骑、彍骑及在长安的边兵共五万人,交由高仙芝带领东下,屯驻陕州。

封常清在洛阳募集的六万人多是白徒,没有受过军事训练,在虎牢关和洛阳城下接连被叛军打败。安禄山占据洛阳,高仙芝退守潼关。唐玄宗杀掉封常清和高仙芝,改派病废在家的原河西、陇右节度使哥舒翰为统帅,率领从河西、陇右、朔方抽调回来的汉族士兵和奴剌等13部落,连同高仙芝旧卒,号称20万,镇守潼关。

天宝十五年正月,安禄山在洛阳称帝,国号燕。

唐军在潼关一带与叛军相持了将近半年以后,唐玄宗强令哥舒翰带兵东出潼关,收复陕洛。叛军败唐军,乘胜攻入潼关,长安大震。唐玄宗和杨国忠等匆忙向成都逃走,行至马嵬驿(今陕西兴平西),从行军士哗变,杀掉杨国忠,并迫使唐玄宗缢死杨贵妃。长安落入叛军手中。

叛军到处烧杀抢掠,河北一带的人民纷纷结成一两万人的队伍,同叛军对抗。关中一带的人民也到处杀死安禄山委派的官吏,使叛军不敢远离长安。河南方面,唐的地方官张巡、许远等,也在人民的支持下,坚强地守住雍丘(今河南杞县)、宁陵、睢阳(今商丘南)一线,遏阻了叛军南下的道路。在人民的抗击下,叛军遭受到挫折,内部矛盾加深。安禄山被他的儿子安庆绪杀死。

唐太子李亨从马嵬驿回军北上,在灵武(今宁夏吴忠)即位,是为肃宗。他用李光弼、郭子仪为统将,集合了朔方、陇右、河西、安西和西域的军队,又得到回纥的援助,于至德二年(757年)夺回了长安和洛阳。安庆绪退保邺郡(今河南安阳)。

乾元元年(758年),唐王朝以李光弼、郭子仪等九节度使之兵攻邺,不设统帅,以宦官鱼朝恩为观军容使。唐方军令不一,各节度使又互不为谋,以致围攻数月而不能下。次年三月,降唐复叛的史思明自范阳引兵救邺,大破九节度使之兵,诸节度使各溃归本镇。史思明杀安庆绪,即帝位于范阳。这年秋天,他又领兵南下,再度占据洛阳。后来,史思明又被他的儿子史朝义杀死。

宝应元年(762年),新即位的唐代宗借回纥兵收复洛阳。接着,叛军的几个主要将领相继降唐。宝应二年正月,史朝义穷蹙自杀。

安史之乱虽然结束,但由于唐廷已无力消灭安史残余势力,继续任用降唐的安史部将为节度使,在河北、山东形成了藩镇割据的局面。在剑南、山南、河南、淮南和岭南,甚至京畿之内,也时常发生节度使或军将的叛变。

在安史之乱期间,唐把河西、陇右的军队大批征调入援,吐蕃贵族乘西北边防空虚的机会,攻占了陇右诸州土地。代宗广德元年(763年),吐蕃军攻入长安,代宗东奔陕州,郭子仪临时招募数千人在关中抵御。吐蕃军不久退出长安,但陇右十余州仍被吐蕃贵族控制着,长安经常处在吐蕃军的威胁之下,剑南西川也不断受到吐蕃和南诏联军侵犯的威胁。

淮浙地区的农民起义　安史之乱以后,由于人民的大量流亡和地主大量隐匿人口,国家掌握的户口大大减少了。肃宗上元元年(760年),向唐中央政府申报户口的有169州,总户数293万余,总人口1699万余,其中课户175万余,课口237万余,只约当天宝末年的1/3①。那时,河北握在叛军和割据自为的节度使手里,河南、山东、荆襄和剑南等地,都驻有重兵,租赋也不上解到中央,唐王朝的财政收入主要依靠淮南和江南。

为了应付巨大的军费开支,唐朝政府征收种种苛捐杂税。科敛之名,凡有数百,"废者不削,重者不去,新旧仍积,不知其涯"②。官吏有免除课役的特权。地主富户"或假名入仕,或托迹为僧,或占募军伍,或依倚豪族"③,来逃避课役。由于土户和客户户税征收标准大不相同,客户又不应徭役、差科,豪绅仕宦之家就纷纷以"寄住户"或"寄庄户"的名义,取得轻税和免役的待遇④。这样,一切赋役就都落在农民身上,加以"权臣猾吏,因缘为奸",农民只得"竭膏血,鬻亲爱,旬输月送,无有休息"⑤,甚至背井离乡,荡为浮人。地方官吏把逃亡丁口的课役,加在他们的邻里身上。邻里负担不起,也相继逃亡。

肃宗宝应元年(762年),唐政府向江淮人民追征天宝末年以来积欠的八年租调,不问民户有无欠负,也不管资产高下,见到有粟帛的,就强取其半,甚或十取八九,谓之"白著"。有不服的,更用严刑威逼。于是江淮人民大量逃向山林薮泽,进行反抗,州县不能制服。史称上元、宝应间(760—

---

① 《通典》卷七《历代盛衰户口》,按《通典》原文有误,此处是核算后改正的数字。
② 《新唐书》卷一四五《杨炎传》。
③ 《通典》卷七《食货七·丁中》。
④ 《唐会要》卷八三《租税上》大历四年敕。
⑤ 《旧唐书》卷一一八,《新唐书》卷一四五《杨炎传》。

763),"人不堪命,皆去为盗贼"①。袁晁在浙东台州、衢州一带,吸收了大批疲于赋敛的农民,很快发展到 20 万人。方清聚集饥馑流亡的农民几万人,占据黟歙山区。陈庄则在宣州秋浦(今安徽贵池)一带与方清相呼应。此外,在苏州、常州和越州,也都发生过规模较小的农民起义。这些此起彼伏的起义,前后持续了十多年②。

二 两税法的实行和社会经济的恢复和发展

财赋制度的整理和两税法的实行 面临着安史之乱以来的财政匮乏和严重的社会矛盾,唐朝政府着手整理财赋制度,先后实行了榷盐制度和两税法。

肃宗乾元元年(758 年),唐王朝采纳盐铁使第五琦的建议,于产盐区设立监院,统购亭户所煮的盐,把每斗盐价由 10 文提高到 110 文,在州县设盐官专卖。盐是日常生活必需品,专卖收入总额很大,成为唐政府的一项重要财政收入。

刘晏担任盐铁转运使以后,对财政制度进行了进一步的整顿:

一、改变盐法:撤销原来非产盐区州县的盐官,只在出盐之乡置盐官,收购亭户所煮的盐,加价转卖给商人,任由他们运到各地出售;后又取消州县加收的榷盐钱,禁止堰埭征收通过税,以保持盐价的平稳,便利盐的转运。盐法初行时,唐政府的盐利岁入 60 万贯,到代宗大历末年,增加到 600 万贯。

二、整顿漕运:刘晏疏浚了运河,建造了坚牢的运船。他不再征发沿河郡县的壮丁为役夫,而以盐利雇募船工挽漕,又继续行用裴耀卿的分段转输法。过去因河流湍险,漕粮往往损耗 2/10 以上,经整顿后,据史载:"每岁运谷或至百余万斛,无斗升沉覆者。"

三、行常平法:刘晏在诸道设巡院,各置知院官,让他们随时上报当地物价的涨落情况,官府遇贵则卖,遇贱则买;同时,要知院官每旬月向使司申报州县雨雪丰歉之状,丰则以高于市价的价格籴粮,歉则以低于市价的价格粜粮。唐政府获得了大利,各地物价也在一定程度上保持了平稳。

此外,刘晏还先期筹划各地的蠲免和赈济工作,减少了人民的逃亡。

---

① 《新唐书》卷一四九《刘晏传》。
② 同上。

代宗大历年间,唐王朝的赋税收入,已经逐渐改变为以户税、地税为主。德宗建中元年(780年),宰相杨炎制定了两税法。两税法的实行是土地兼并改变了土地占有状况在赋税制度上的反映。安史之乱后,百姓田地,"多被殷富之家、官吏吞并"①,大量的自耕农民成为地主的佃户。寄庄户、寄住户、客户、逃户和隐户在户口总数中占了很大的比例。与大量的自耕农、半自耕农的存在相适应的租庸调制,已不再适用。两税法就是在这种情况下出现的。

两税法的基本精神是:"户无土客,以现居为簿;人无丁中、以贫富为差。"不论是土著户还是外来的客居户,一律编入现居州县的户籍。征税不再以人丁为主,而以土地财产为主。两税法的具体内容是:(一)中央根据财政支出定出总税额。而这个总税额实际上是按照大历中各种税额加起来最多的一年确定的。这就是"量出以制入"。各州、县也根据旧征税数确定税额,向当地人户征收;(二)依照丁壮和财产(包括田亩和杂货财)的多少定出户等;(三)两税分夏秋两次征收,夏税限六月纳毕,秋税限十一月纳毕;(四)租庸调、杂徭和各种杂税全都取消,但丁额不废;(五)两税依户等纳钱,依田亩纳米粟;田亩税以大历十四年的垦田数为准,均平征收;(六)没有固定住处的商人,所在州县依照其收入征收1/30的税②。

两税法以土地、财产的多少为征税的主要标准,扩大了赋税的承担面,多少改变了课役集中在贫苦农民头上的情况。但是,在这种制度下,土地兼并不再受任何限制,在此后30年间,"百姓土田为有力者所并,三分逾一"③,到处都可以看到"富者兼地数万亩,贫者无容足之居"④的现象。

两税法在以后的实行中,逐渐成为人民苛重的负担。始立两税法,户钱多折绫绢,初时纳绢一匹,当钱三千二三百文,其后货币紧缩,钱重物轻,到贞元十年(794年)左右,纳绢一匹,只当钱一千五六百文,赋税实际上提高了一倍⑤。宪宗元和十四年(819年)绢价落到初定两税时的1/3,纳税户的负担实际上增加三倍⑥。穆宗即位,令各地依照元和十五年征纳布帛的折

---

① 《唐会要》卷八五《逃户》宝应元年敕。
② 《新唐书》卷一四五及《旧唐书》卷一一八《杨炎传》,《唐会要》卷八三《租税上》建中元年正月赦文,参《陆宣公翰苑集》卷二二《均节赋税恤百姓第三条》"每至定户之际"下数语。
③ 李翱《李文公集》卷三《进士策问第一道》。
④ 《陆宣公翰苑集》卷二二《均节赋税恤百姓第六条》。
⑤ 《陆宣公翰苑集》卷二二《均节赋税恤百姓第二条》。
⑥ 《李文公集》卷九《疏改税法》。

价,改配布帛为税额①。这与40年前相较,已增加了几倍。

经济的恢复和发展 安史之乱使北方经济受到严重破坏。史载自崤函东到成皋,只剩下千余编户。郑汴徐怀,也都"人烟断绝,千里萧条"②。唐邓一带,同样是"荒草千里""万室空虚"③。就连没有直接遭到破坏的江东地区,也出现了大片的"闲田荒壤"④。

安史之乱以后,大规模战争结束,社会秩序相对稳定下来,农民又回到土地,投入生产。他们"销遗镞为锄耙,伐蒿莱为场圃,掘腥秽为泉井"⑤,从而使社会经济得到恢复和一定程度的发展。南方比较安定,社会经济得到了迅速的发展。

唐朝后期,在旧江南东西道采访使境内修建的大型水利工程,约有五十处,其中润州的练塘能灌溉丹阳、金坛、延陵三县之田;润州句容县的绛岩湖,常州武进县的孟渎,湖州长城县(今浙江长兴)的西湖,明州鄮县(今浙江宁波)的仲夏堰等,都能溉田数千顷至万顷⑥。中小型陂塘广泛修凿,如宪宗(806—820年在位)时,韦丹在南昌一带开凿了陂塘598,得田1.2万顷⑦;穆宗时,元稹为浙东观察使,"命吏课七郡人,冬筑陂塘,春贮水雨,夏溉旱亩"⑧。江南农民还修建许多堤堰和斗门,辟划成大量的湖田和渚田,扩大了耕地面积⑨。

由于土地的垦辟和水利的兴修,江南各地粮食的生产有很大增长。江淮诸州,"每一岁善熟,则旁资数道"⑩,湖南、江西诸州,也"出米至多,丰熟之时,价亦极贱"⑪。

南方很多地方大量种植茶树。淮南、浙东、浙西、福建、岭南、荆襄、东

---

① 《唐会要》卷八四,元和十五年。
② 《旧唐书》卷一二〇《郭子仪传》,卷一二三《刘晏传》。
③ 《元次山集》卷一〇《请省官状》。
④ 《全唐文》卷四三〇李翰《苏州嘉兴屯田纪绩颂》。
⑤ 《全唐文》卷六八九符载《邓州刺史厅壁记》。
⑥ 《新唐书》卷四一《地理志》。
⑦ 《韩昌黎集》卷二五《韦公墓志铭》。
⑧ 《白香山集》卷六一《河南元公墓志铭》。
⑨ 《全唐文》卷三一四李华《润州丹阳县复练塘颂》,李翱《李文公集》卷一二《东川节度使卢公传》。
⑩ 《权载之文集》卷四七《论江淮水灾上疏》。
⑪ 《唐大诏令集》卷七二《乾符二年南郊赦》。

川、西川都是产茶区。饶州的浮梁县,元和时每年税茶达十五余万贯①,是最大的商品茶产地。歙州的祁门县"山且植茗,高下无遗土",晚唐时,那一带的人民,有十分之七八以茶为业②。湖州的长城县(今浙江长兴),"贞元(785—805年)以后,每岁以进奉顾山紫笋茶,役工三万人,累月方毕"③。元和时,雅州的严道县(今四川雅安西),"每岁贡茶,为蜀之最"④,德宗后,茶税开始成为唐政府的一项重要税收。

唐朝后期,南方的丝织业有很大发展。安史之乱后,唐王朝"辇越而衣"⑤。用以交易回鹘马匹的缣帛,也主要是江淮织造的。江南丝织品的质量,胜过了唐前期居全国之冠的宋、亳⑥。代宗时薛兼训为浙东观察使,选军士未娶者,厚给货币,密令到北方娶织妇以归,每年得百余人。此后越州绫纱竞添花样,妙称江左。贞元以后,越州贡品中精致的丝织品达数十种⑦。宣州工匠用丝头线织毯,既软且温,兼有成都锦褥和太原毛毯之长而无其短。宣州绫绮,也极为珍贵,可与淮南、两浙相比⑧。

江南和岭南的矿藏,在唐后期也有更多的开采。江西、鄂岳、桂管、岭南诸道境内,都盛产铜、锡。宣州和郴州在元和时每岁各铸钱五万贯。饶州余干县有银山,每岁出银十余万两。郴州义章县(今湖南宜章)的银坑,所出银至精好,别处莫及。五岭以南的连州出白铜,贺州的临贺县(今广西贺州)和冯乘县(今湖南江华西南),都有较大的锡冶。当时的农民,为了补充生活的不足,往往深入山林之中,采冶金属矿物⑨。

瓷器开始在民间普遍使用。邢州内邱的白瓷器,销售范围很广⑩。据近来的考古发现和调查,属于越窑系统的余姚上林湖窑,从晚唐开始进入全盛时期。长沙铜官镇的瓦渣坪窑,能在青釉下烧出褐绿色彩的花纹,还可以

---

① 《元和郡县志》卷二八《饶州浮梁县》:"每岁出茶七百万驮,税十五余万贯。"七百万驮,其数过大,疑有讹误。浮梁茶业最盛,参白居易《琵琶行》及李肇《唐国史补》。
② 《全唐文》卷八〇二张途《祁门县新修阊门溪记》。
③ 《元和郡县志》卷二五《湖州长城县》。
④ 《元和郡县志》卷三二《雅州严道县》,《唐国史补》下。
⑤ 《吕和叔文集》卷六《京兆韦府君神道碑》。
⑥ 《全唐文》卷五三〇顾况《韩公行状》。亳州治谯。
⑦ 《元和郡县志》卷二六《越州》,参白居易《新乐府·缭绫》。
⑧ 《元和郡县志》卷二八《宣州》,参白居易《新乐府·红线毯》。
⑨ 《刘梦得文集》卷一四《答饶州元使君》。
⑩ 《唐国史补》下。

在白釉或青黄釉下画绿彩。这证明釉下彩的技法在唐代已经应用①。产品不仅畅销国内,还大量运往国外,在东南亚、中亚和西亚的古代遗址以及在印尼海域发现的唐代沉船中,都发现了长沙窑生产的瓷器。

纸张文具的制作,更为发达。益州、越州等地出产的纸张,品种更为繁富,扬州的六合笺,韶州的竹笺,临川的滑薄纸都是著名的新产品。北方的宋、亳一带还有织成界道的绢素,称作乌丝栏、朱丝栏;又有茧纸。端州(今广东高要)的紫石砚,已闻名全国②。

在唐代长安城的发掘工作中,发现了七枚大中十四年(860年)的鎏金茶托子。托作莲花形,极为美观。西安韩森寨发现的鎏金莲瓣鸾凤纹银盘,西安洪庆村所出的鎏金花草人物纹小银盘,制作极为工细③。1987年陕西扶风法门寺塔地宫中出土金银器121件套,其中有直径达40厘米的鎏金鸳鸯团花双耳圈足银盆、鎏金银龟盒、迎真身银金花12环锡杖,及包括茶槽、茶碾、茶罗、茶匙在内的金银茶具等,数量之大,品种之多,规格之高,工艺之精,都是少见的。

唐朝后期的商业比前期有所发展。长安和洛阳虽然经历了战乱的破坏,但很快就恢复了繁华。长江流域的城市较前期发达。扬州当长江与运河交汇处,是中外富商巨贾的荟萃之所。益州的繁盛稍亚于扬州,当时有"扬一益二"④之说。荆南各州在安史之乱后,由于"襄邓百姓、两京衣冠"的南流,"井邑十倍其初"⑤。洪州扼扬、汴间交通要冲,鄂州当汉水入江之处,皆为一都之会。苏州在繁剧的浙西最为大县,户口较前期有所增加⑥。杭州"于江南繁大,雅亚吴郡"⑦,其城"骈檐二十里,开肆三万室"⑧。在沿海地区,除广州外,福建的泉州、浙江的明州也开始成为重要的对外贸易港。

扬州因为发展迅速,"侨寄衣冠及工商等,多侵衢造宅"⑨,打破了坊市严格区分的旧制。扬州、汴州和长安都出现了夜市⑩。在水陆要道或津渡

---

① 《新中国的考古收获》第100页。
② 《唐国史补》下。
③ 《新中国的考古收获》第101页。
④ 《容斋随笔》卷九《唐扬州之盛》,参《全唐文》卷七四四卢求《成都记序》。
⑤ 《旧唐书》卷三九《地理志》。
⑥ 《元和郡县志》,《全唐文》卷五一九梁肃《吴县令厅壁记》。
⑦ 杜牧《樊川文集》卷一〇《杭州新造南亭子记》。
⑧ 《全唐文》卷三一六李华《杭州刺史厅壁记》。
⑨ 《旧唐书》卷一四六《杜亚传》。
⑩ 《全唐诗》王建四《寄汴州令狐相公》,五《夜看扬州市》;《唐会要》卷八六《市》开成五年。

之所，又兴起了许多定期集市，一般称作草市。这些定期集市有的交易繁盛，"富室大户，多居其间"①，其中还有一些后来发展成为县城②。

盐、茶是当时最大的商业部门，刘禹锡《贾客词引》："五方之贾，以财相雄，而盐贾尤炽。"③往来于长江下游的"西江大商客"④，屡见于唐人的诗歌。《南楚新闻》所记江陵郭七郎，资产殷富，江淮河朔间，悉有贾客仗其货贸易往来⑤。唐后期的商人多与官府有联系，而官吏和军将也有很多参加了商业的活动。

除了珠宝商和转运南北各地土特产品的贩运商，又出现了许多经营茶叶、大米和木材的商人。在江淮一带，每逢茶熟之际，四处商人就带着茶区所需的丝织品和金银饰物入山交易。小商小贩把茶叶转运到浮梁（今江西景德镇北）、寿州（今安徽寿县）等集散中心，再由富商巨贾贩往各地。白居易《琵琶行》中有"商人重利轻别离，前月浮梁买茶去"的诗句。随着经济作物种植的扩大，农产品的商品化也有所发展。南方一些商人以贩运粮食为业。江淮贾人，往往积米以待踊贵。皖南宣、歙一带耕地面积少，粮食全靠商人用船从四方运去。江西出产木材，商人运到扬州，获利数倍。

适应交易频繁，贸易额扩大的需要，为了减少支付钱币的麻烦，在唐后期的大城市中出现了柜坊，或称"僦柜"。商人将钱币存放在柜坊中，交纳一定的保管费用。柜坊根据商人所出凭证支付，商人之间买卖商品时免除了现钱交易的麻烦。唐朝后期，钱币铸造不敷需要，诸道州府往往禁止现钱出境。为了解决远地携带钱币不便，以及物价下落引起的钱荒，各地来长安的商人，把货款交给本道的进奏院及诸军、诸使、富家，取得文券，轻装以赴四方，或回到本地，到指定地点合券取钱。这种文券就叫做飞钱或便换。

三　唐后期统治阶级内部的矛盾

唐王朝对藩镇的战争　安史之乱结束后，唐代宗承认了安史降将在河北的势力，任命李宝臣为成德节度使（统恒赵等州），李怀仙为幽州卢龙节度使，田承嗣为魏博节度使，薛嵩为相卫节度使。他们与山东淄青节度使李

---

① 《樊川文集》卷一一《上李太尉论江贼书》。
② 《唐会要》卷七一《州县改置下·河北道德州归化县》。开元乃贞元之误。
③ 《刘梦得文集》卷二。
④ 白居易《新乐府·盐商妇》；《刘梦得文集》卷二《贾客词》，《外集》卷八《夜闻船中筝》。
⑤ 《太平广记》卷四九九《郭使君》。

正己,山南东道节度使梁崇义紧密联结,凭恃河北"出则胜,处则饶,不窥天下之产可自封殖"①的经济条件,乘唐朝政府平定京畿叛乱和西御吐蕃无力东顾的时机,治兵缮邑,建立了以牙兵②为核心的强大的武装力量。田承嗣父子在魏博拥兵十万,繁刑暴赋,发丁壮从征役,以"老弱事耕稼"。李正己在山东"赋徭均纳,为政严酷,所在不敢偶语"。割据一方的节度使父死子袭,官爵自为,甲兵自擅,刑赏自专,户籍不报中央,赋税不入朝廷。

两税法施行后,唐王朝的财政收入增加,每年税钱有三千余万贯,税米麦共千六百余万石③。在此前后,唐军于大历十四年(779年)在西川边境击退了吐蕃和南诏军队的联合进攻,唐王朝又派使臣到吐蕃,改善了双方的关系,边疆形势得到缓和。唐德宗乘此机会,开始裁抑藩镇的活动。

建中二年(781年),成德节度使李宝臣死,其子李惟岳自为留后,请求继任,为德宗所拒绝。于是李惟岳就和魏博、淄青、山南东道等节度使连兵叛变。淮西节度使李希烈也起兵反唐,出现了五镇连兵的局面。

建中四年,唐军被淮西军围困于襄城,唐王朝调泾原兵前往援救。泾原兵在长安叛变,拥朱泚为秦帝,德宗出奔奉天(今陕西乾县)。兴元元年(784年),德宗在奉天诏赦李希烈等五镇节度使,专讨朱泚。不久,自河北前线入援奉天的朔方节度使李怀光又反,与朱泚联合起来,于是德宗又逃奔梁州(今陕西汉中)。这种大纷乱的局面,直到贞元二年(786年)李希烈死,才告结束。唐王朝与河北、河南强藩妥协,藩镇割据的局面,继续存在。

贞元二年起,吐蕃贵族又对唐发动了进攻,一度占领盐(今宁夏回族自治区盐池境)、夏(今陕西横山西)诸州,并于贞元六、七年攻占北庭和西州。唐在沿边修复城塞,开置屯田,加强了备御;北和回纥,南与南诏正式恢复和好关系,削弱了吐蕃贵族的力量。唐并在西川进行了对吐蕃军的反击。

在边疆形势逐渐缓和的情况下,唐德宗一面加强中央禁军神策军对京畿附近各地的控制,一面极力向人民搜刮财富,以充实国库。到宪宗初年,国家财力比较丰厚,又展开了裁抑藩镇的斗争。

宪宗首先压平了剑南西川和镇海浙西节度使的叛乱。元和七年(812年),魏博节度使田弘正举六州之地归附唐朝,河北形势发生了变化。

---

① 《樊川文集》卷五《战论》。

② 牙兵即衙兵,是节度使的亲兵,初,河北各镇节度使选军中强健者,丰给厚赐,以自卫;后来,他们父子相袭,亲党磐结,便形成为一个特殊的军人集团,节度使的废立,往往由他们决定。

③ 《通典》卷六《赋税下》。

淮西节度使吴少阳死，其子吴元济自领军务，拒纳唐朝吊祭使者，发兵四出焚掠。元和十年(815年)，宪宗下令讨伐吴元济。元和十一年，又下令讨伐与吴元济勾结的成德节度使王承宗。次年，宪宗暂停进攻王承宗，专讨吴元济。宰相裴度亲赴淮西督战。唐将李愬乘雪夜攻下蔡州城(今河南汝南)，擒吴元济，淮西平定。成德王承宗、卢龙刘总也转归朝廷。元和十四年(819年)唐朝又消灭了淄青李师道的势力。

战争期间，军运不息，牛驴死者什四五，生产受到很大破坏。为了进奉供军，各地官吏在两税外横加赋敛，"惟思竭泽，不虑无鱼"，迫使农民大量逃亡。李渤根据所闻记载，渭南长源乡原有400户，到元和十四年，只剩下百余户；阌乡县旧有3000户，也只剩下1000户①。

长期战争使天下厌苦，帑藏虚竭。唐王朝无力进一步消除河北藩镇的牙兵集团，只有以高官厚赏来换取骄兵悍将的暂时服从。穆宗即位以后，调换了河北诸镇的节度使；在河北实行了榷盐法和两税法②；又实行销兵，下令天下军镇每年减除8%的兵员。这就引起了各镇兵将的不满，形成了河朔再叛的局面。

长庆元年(821年)，卢龙发生兵乱，拘囚了唐朝委派的节度使，推朱克融为留后。成德将领王庭凑也杀掉唐朝委派的节度使，发动叛乱。由于销兵而落籍的兵士纷纷投入他们的军中，二镇叛军众至万余人。唐王朝发诸道兵15万人征讨，由于宦官监军，节将太多，指挥不能统一，诸将又多观望不前，结果屯守逾年，财尽力竭，终不能取胜。长庆二年，魏博也发生变乱。唐王朝无力压平叛乱，只好任命叛将做节度使。河北藩镇的势力更加巩固。

宦官的专权 唐朝宦官的擅权，从玄宗时的高力士开始。高力士得到玄宗的宠幸，四方表奏都先经他看过，再转呈玄宗，小事就由他断决，但是，他并不掌握军权。宦官掌握军权是从肃宗时李辅国开始的。

肃宗以李辅国有拥立之功，用他作判元帅府司马，宣传诏命，四方文奏，宝印符契，晨夕军号，一以委之。回到长安后，又让他专掌禁军，一切制敕都需经他押署。这样，军政大权就全落在他手里了。

肃宗死后，李辅国拥立代宗，恣横更甚，曾对代宗说："大家但内里坐，

---

① 《旧唐书》卷一七一《李渤传》。
② 《唐会要》卷八八《盐铁》元和十五年九月条，长庆元年三月敕条；《唐大诏令集》卷七〇《长庆元年正月南郊改元敕》。

外事听老奴处置。"①后来代宗利用宦官内部矛盾杀掉了李辅国,典掌禁军的宦官程元振和鱼朝恩又相继专权。大历五年(770年)代宗又诛杀了鱼朝恩,不再让宦官典兵。

朱泚、李怀光叛乱后,德宗疏忌宿将,又用宦官典禁兵。贞元十二年(796年),宦官窦文场、霍仙鸣为左右神策护军中尉。京畿以西,多用神策军出镇。神策军待遇优厚,北边诸镇也多请遥隶神策军,神策军增加到15万人。穆宗以后还有枢密使二员,以宦官充任,得知机密。他们与两中尉合称四贵。

为了争夺朝廷的大权,宦官中分成党派,互相攻杀,废立皇帝。宪宗和敬宗都是被宦官杀死的。穆宗、文宗、武宗、宣宗、懿宗、僖宗、昭宗都是由宦官拥立的。

在各道和出征军中,都有宦官监军,监军的权力甚至超过节度使。监军又常干预军事指挥,使军令不能统一,大大削弱了军队的战斗力。

禁军大将常向巨室富商借贷巨款,贿赂中尉,求为节度使。到镇之后,他们就搜括民财,用来偿债,时人谓之"债帅"。文武群臣也多重赂宦官,以求升迁。

宦官领宫市使,派"白望"数百人在长安东西市和要闹坊强买货物,讹诈勒索。禁军将士也倚仗宦官的庇护,在京畿横行不法,欺压人民。宦官和禁军将士还在渭水平原一带夺取了大量的良田美地。

官僚士大夫对宦官的斗争 宦官的专恣骄横,引起皇帝和一些官僚士大夫的不满。贞元二十年(804年)顺宗即位,他的东宫旧臣王叔文、王伾居翰林用事,引用韦执谊为宰相。他们与刘禹锡、柳宗元等人结成政治上的革新派,共谋打击宦官的势力。他们革除了宫市等弊政,又用范希朝为左右神策京西诸镇行营兵马节度使,以图逐步收夺宦官的兵权。这个计划为宦官所阻,未能实现。在宦官的压力下,顺宗被迫让位宪宗,改元永贞。王叔文、王伾等人都被贬逐到南方。

文宗深患宦官专横,大和五年(831年),与宰相宋申锡谋诛宦官,为宦官所知。宋申锡被贬逐。大和八年(834年)和九年,文宗擢用李训和郑注,贬逐了与宦官有连结的宰相李德裕和李宗闵,铲除了一些有势力的宦官。九年十一月,李训等布置兵力,诈言大明宫左金吾厅事后石榴夜有甘露,诱使中尉、枢密等大宦官观看,企图一举消灭他们。事被发觉,宦官带禁兵在

---

① 《旧唐书》卷一八四《李辅国传》。唐宫中习称皇帝为大家。

皇城和外郭城大事搜捕杀掠,李训和宰相王涯、舒元舆等人都被杀害,亲属皆死。这就是所谓甘露之变。此后 70 年间,宦官一直掌握军政大权,直到唐末昭宗天复三年(903 年)才被朱温的军队消灭。

官僚集团之间的党争　穆宗时期,边疆形势已经缓和,唐廷与河北藩镇之间形成了均衡的局面,社会矛盾也还没有达到激化的程度,而唐朝官僚集团之间却发生了长达 40 年之久的党争。

元和年间(806—820 年),宰相和仆射、尚书等高级官吏中,进士出身者稳定地占据多数。进士科成为高级官僚的主要来源。士族的含义也开始发生变化,或指读书应举的布衣之家,或指进士出身的家族,或指公卿百官。

元和三年(808 年)牛僧孺、李宗闵等在制举对策时批评时政,得罪了宰相李吉甫,久久不得授官。考官杨于陵也被贬官。长庆元年(821 年),李宗闵子婿苏巢进士及第,翰林学士李吉甫之子李德裕深怨李宗闵讥切其父,与翰林同僚元稹、李绅附和段文昌,举发考官取士不公。考官钱徽和李宗闵都因事涉请托而被贬官。这样,就揭开了党争的序幕。

以牛僧孺、李宗闵为首的"牛党"和以李德裕为首的"李党"都与宦官有勾结。文宗时内廷宦官分为两派,势均力敌。牛党、李党各自依靠一派,相持不下,每逢朝廷议政,双方总是争吵不休。文宗曾慨叹说:"去河北贼(指藩镇)非难,去此朋党实难。"①武宗时,与李德裕有连的宦官杨钦义为枢密使,李德裕自淮南节度使入相。牛党的主要人物全被贬逐到岭南。武宗死,与李党有连的一派宦官失败,得胜的一派拥立宣宗,李德裕贬死崖州(今海南三亚)。党争基本结束。

牛李党争是官僚集团之间争权夺利的斗争。双方结党基本上都不是基于共同的政见,而是通过各种关系建立起来的。李党的重要人物多为李德裕任翰林学士和宰相时的同僚。牛党则以科举为纽带,来扩大自己的势力。其党人经常"为举选人驰走取科第,占员阙"②。个人的权力地位和恩怨得失在党争中起了重要作用。

李党的重要人物李德裕、郑覃是以门荫出身,并且都是山东士族的后裔,但李党其他成员亦多为进士出身。就两党的多数成员而言,他们的家世和出身没有显著的差别。

在进士科成为高级官吏主要来源的情况下,两党对进士科都非常重视。

---

① 《旧唐书》卷一七六《李宗闵传》。
② 《旧唐书》卷一七六《杨虞卿传》。

李德裕虽然恶进士"祖尚浮华,不根艺实",但同时从"朝廷显官,须是公卿子弟"出发,强调进士科应注意录取公卿子弟①。牛党的重要人物李珏、杨嗣复同样主张用人要以地胄词采者居先,要把进士出身的公卿子弟放在优先的地位。郑覃请求废除进士科,只是一种个人的主张,与党争无涉。

两党成员在他们执政时,都做过一些有益的事。但他们都无心解决日益严重的社会矛盾。

四　唐朝晚期的农民战争

唐朝晚期社会矛盾的激化　河朔再叛以后,唐王朝与河北藩镇基本上处于休战状态,边疆上也没有大的冲突。社会表面安定,实际上社会矛盾渐趋激化。

两税法把租庸杂徭并入两税,但两税法刚一施行,地方上就"变征役以召雇之目,换科配以和市之名"②,不久,就以杂徭、差役等名目正式恢复了徭役。徭役成为人民越来越繁重的负担。武宗以后,差科也成为百姓一项与两税、徭役并列的正式负担。地主阶级用大量隐匿田亩和降低户等的办法逃避两税。有的"十分田地,才税二三"③。他们还用假托为僧,隶名仓场盐院,在诸州、诸军假职等办法逃避差役。很多地主竭力营求一官半职,官满即移住他州,兼于诸军、诸使假职,便称衣冠户④。没有得到官位的富豪,就交纳一定的财物给衣冠户,用典贴的名义,把自己的财产全部系在衣冠户的名下,以减轻两税,并全免差役⑤。于是,唐朝晚年繁重的两税,特别是差役,就都转嫁到少数贫苦的农民头上了。

唐朝后期,吏治败坏。晚唐官禄尤滥,当时人刘允章曾说:食禄之家凡有八人,即节度使奏改,用钱买官,诸色功优,从武入文,虚衔入仕,改伪为真,媚道求进,无功受赏⑥。随着这些人大批拥入官府,官僚机构膨胀,财政支出增多。吏治也越来越腐败,贪赃枉法成为通常的现象,从上到下,"递

---

① 《旧唐书》卷一八《武宗纪》。
② 《陆宣公翰苑集》卷二二《均节赋税恤百姓第一条》。
③ 《元氏长庆集》卷三八《同州奏均田》。
④ 《全唐文》卷七八武宗《加尊号赦文》《加尊号后郊天赦文》。两税法原定"户无主客,以现居为簿,人无丁中,以贫富为差"。但不久寄住衣冠户就又可以享受输税全轻和免除差役的权利。
⑤ 《全唐文》卷八六六杨夔《复宫阙后上执政书》。
⑥ 《全唐文》卷八○四刘允章《直谏书》。

相蒙蔽,不肯发明①。在朝廷"居要位者,尤纳贿赂,遂成风俗"②。节度、观察和刺史上任或调动时的资送钱物,刺史上府或县令上州的费用,也要向百姓征取③。下级胥吏更直接对农民进行敲剥,"所由入乡村,是为政之大弊,一吏到门,百家纳货"④,所以人民对官吏都"畏之如豺狼,恶之如雠敌"⑤。

唐王朝以户口增减和督赋完成情况作为进退地方官吏的标准⑥,刺史、县令为求取上考,就"招携逃户,侵夺已成产业",等到定税征科之时,穷苦农民"依前逃散"。税钱因为已经申报省、使,便摊配到见在户身上⑦。对于受灾田亩,地方官吏也不上报,而把应出税额摊配给不受灾的农户⑧。朝廷因为经费支绌,甚至要求地方预征两三年的租税⑨。

在繁重的赋敛、差役下,从穆宗前后起,地主在土地兼并中采用了两种苛刻的形式。一种是地主以低价典进农民的土地,但不申报官府,在私契里言明地主所纳两税,在农民收赎时,需要全部偿还。如果农民无力偿还,他们就可以长期占有农民的田地⑩。另一种是地主乘农民危急买进土地,逼迫农民和他们"私勒契书",不申报官府办理移户手续,并在私契里规定两税和差役仍由农民负担⑪。这样,即使完全失去土地的农民,也不能免掉赋税和征徭。他们除了逃亡山海,或武装反抗,没有别的出路。

唐王朝实行榷盐、榷茶以后,不断提高茶盐价格,因此,在河南、淮北地区,出现了一些到淮南、宣歙、荆襄一带私贩茶盐的人。唐王朝设立监院巡卒来搜检,并用严刑峻罚来压制,宪宗时,还采用了连坐之法。茶盐私贩就结成群体,对唐王朝实行武装斗争。他们与沿途人民有一定联系,到文宗、武宗时,其势力已遍及江湖淮海一带⑫。

宣宗时,在剑南蓬果山区出现了一支影响及于剑南东西川和山南东道

---

① 《全唐文》卷八二宣宗《受尊号赦文》。
② 《旧唐书》卷一六七《宋申锡传》。
③ 《旧唐书》卷一八下《宣宗纪》大中五年。《全唐文》卷八三懿宗《勾并年终赋租委御史郎官论奏制》。
④ 《全唐文》卷七一五韦处厚《驳张平叔㩁盐法议》。
⑤ 《旧唐书》卷一九〇下《刘贲传》。
⑥ 《旧唐书》卷一八下《宣宗纪》会昌六年;《唐孙樵集》卷三《书何易于》。
⑦ 《全唐文》卷七八武宗《加尊号后郊天赦文》。
⑧ 《全唐文》卷七八武宗《加尊号赦文》,卷八一宣宗《禁加征熟田敕》。
⑨ 《新唐书》卷五二《食货志》。
⑩ 《全唐文》卷六六穆宗《南郊改元德音》,《唐大诏令集》卷七〇《宝历元年正月南郊赦》。
⑪ 《唐会要》卷八四《租税下》大中四年正月制,《新唐书》卷五二《食货志》。
⑫ 《全唐文》卷七八武宗《加尊号后郊天赦文》,《樊川文集》卷一一《上李太尉论江贼书》。

的起义力量。在湖南,也发生了邓裴领导的农民起义。阶级矛盾开始激化。

宣宗大中十三年(859年),裴甫领导的起义军攻下象山。裴甫以剡县(今浙江嵊州)为根据地,自称天下都知兵马使,建元罗平,铸印曰天平。浙东是唐王朝财赋所出的主要地区之一,又是唐王朝军事力量比较薄弱的地区。起义军迅速发展到三万人,连续打败浙东观察使的军队,先后攻占了上虞、余姚、慈溪、奉化、宁海等县,并分兵攻打衢州和婺州(今浙江金华)。唐王朝急派王式做浙东观察使,带领河南和淮南的军队前往镇压。

王式把浙东地主武装"土团子弟"配备到各路军中作向导;同时令各县"开仓廪以赈贫乏",以孤立起义军。起义军迎战失利,咸通元年(860年)六月失败。

大中十三年(859年)以后,唐和南诏在西川、黔中、邕管一线发生了战争。唐王朝在山东、河南、山南和江南各地征募士兵到岭南戍守。

咸通四年(863年),徐泗士兵800人戍守桂州(今广西桂林),约定三年一代。但是,直到咸通九年(868年),徐泗观察使崔彦曾还不肯发兵更代,调他们回乡。这就激起了戍兵们的愤怒。他们杀死都将,推粮料判官庞勋作首领,结队北还。这支北还的士兵在徐州附近受到崔彦曾的截击后,南取宿州(今安徽宿州)。他们在宿州开仓库赈济贫民,得到农民的拥护。许多农民参加到庞勋的队伍里。

起义军纪律良好,无所侵扰。他们在运河线上打败官军,接着包围了徐州。徐州城外的人民都争着运送柴草,纵火焚烧城门,协助起义军作战。起义军攻破徐州城后,附近农民"父遣其子,妻勉其夫,皆断钼首而锐之,执以应募",参加起义军。原来散处在河南、山东、淮南一带的许多小支农民军,也陆续归附庞勋,起义军发展到20万人。

起义军占领了淮南、淮北的广大地区,切断了从江淮通往长安的漕运线。他们收夺富商巨室的财产,镇压匿财的豪富数百家。

唐王朝派义成、魏博等十镇兵,合沙陀、吐谷浑、达靼、契苾等部落兵,共十万人前来镇压。咸通十年(869年),庞勋与起义军近万人战死。起义军余部散到兖、郓、青、齐各地,继续进行斗争。

黄巢领导的农民战争 懿宗和僖宗时,最高统治集团的奢侈腐化达到极点,唐对南诏的战争也愈演愈烈,从而对人民的赋敛和征发日益加重。关东一带,连年水旱。咸通十四年(873年),灾情特大,自潼关东至海滨,麦收只有一半,秋收几乎全无,农民以蓬实当粮,槐叶为菜。但是官吏还照旧催逼人民纳税,农民拆屋伐木,卖妻鬻子,也只能供催税吏人的酒食之费,税钱还是无法交足。在这种情况下,终于爆发了震撼唐王朝的全国性农民战争。

乾符元年(874年),濮州人王仙芝领导几千人在长垣起义。他以天补平均大将军兼海内诸豪都统的名义传檄诸道,痛斥唐朝官吏贪暴,赋敛繁苛,赏罚不平。

乾符二年,王仙芝率军打下了濮州(今河南范县濮城镇东)和曹州(今山东曹县北)的州城,冤句(在唐曹州城北)人黄巢聚集数千人响应。散在青、齐、兖、郓一带的庞勋余部也归附到他们的旗帜下。山东"民之困于重敛者争归之,数月之间,众至数万"。

王仙芝和黄巢都贩过私盐。他们熟悉交通路线和各地情况,具有与官军斗争的经验。乾符三年,他们第一次出山东作战。他们在过去"茶盐私贩"最为活跃的淮南和荆襄一带,迂回打击敌人,攻克汝、郢、复、蕲等州。

唐王朝派宦官与王仙芝联系,企图用授予官职的办法诱他投降。王仙芝为所诱骗,派人到唐军中磋商。黄巢极力反对,带领一部分起义军返回山东。这样,起义军就分裂为两支。

王仙芝派遣的使人被唐廷杀害。他看清了骗局,于乾符五年(878年)初攻破江陵罗城。但接着他就连为唐军所败。最后在黄梅战死。他的部下一部分北上投依黄巢,一部分南下进到江西、湖南、宣歙和浙西活动。

王仙芝死后,黄巢成为起义军统帅,称冲天大将军。黄巢在山东、河南活动了一个时期以后,为了避开唐朝重兵的攻击,带领起义军渡过长江,突入江西,打下虔(今赣州)、吉(今吉安)、饶(今鄱阳)、信(今上饶)诸州,经宣歙抵达浙东,修整了自衢州至建州(今福建建瓯)的700里山路,进入福建境内。

乾符六年(879年),起义军的主力出现在岭南,占领了广州。黄巢在广州发布文告,指斥唐朝宦官专权,纲纪败坏,铨贡失才;提出"禁刺史殖财产,县令犯赃者族"①的主张。他并且宣布就要北上攻打长安。

黄巢带领起义军取道桂州(今广西桂林)北上,顺湘江进入湖南。从荆南、鄂岳转战到江西、宣歙和浙西。广明元年(880年),起义军突破唐军的长江防线,从采石渡江,不久渡过淮水,顺利地攻入洛阳。

起义军攻破潼关,唐僖宗和掌权的宦官田令孜南逃。起义军进入长安,"甲骑如流,辎重塞涂"。长安居民夹道欢迎。黄巢部将尚让向聚观的居民宣告:"黄王起兵,本为百姓,非如李氏不爱汝曹。汝曹但安居无恐。"起义

---

① 《新唐书》卷二二五《黄巢传》。

军常常把钱帛赠给穷人,杀掉人民最痛恨的官吏①。

黄巢在长安建立政权,国号大齐,建元金统。他任命了中央政府的主要官吏,规定唐官三品以上的皆停任,四品以下的进行登记留居原位。

起义军流动作战,占领了新的地区,就把原有的地区放弃了。他们虽然取得长安,却没有控制住广大地区。

唐的凤翔节度使郑畋用伪降的办法延缓了起义军的西进。他暗中把残留在关中的禁军纠集到自己周围,又密约邻近藩镇共同抗拒起义军。北方各地的藩镇,也暂时停止了彼此之间的冲突,把矛头指向起义军。起义军的重要将领朱温,在同州(今陕西大荔)投降了唐朝。唐王朝又重赂沙陀贵族李克用,让他从代州率兵南下,镇压农民军。

起义军被包围在长安及其附近,兵源、粮源几乎断绝,将士们甚至剥树皮吃。中和三年(883年)起义军撤离长安,东向河南。李克用的沙陀军进入长安,唐的诸道兵也相继到长安,在长安大肆烧杀抢掠。

起义军围攻陈州,近300日不能下。朱温、李克用的军队追逼而至。中和四年(884年)黄巢军退到泰山下的狼虎谷(今山东莱芜境内),黄巢自杀。各地区的起义农民,也先后被各地的唐军和地方武装——土团镇压下去。

黄巢领导的农民起义军转战南北,瓦解了腐朽的唐王朝,使新的统一得以在公开的大破裂中孕育、成长起来。

五 边疆各族

回鹘 安史之乱期间,回鹘贵族曾两度派兵协助唐政府军作战。从此,双方的关系更加密切。吐蕃占领了陇右,唐和西域、中亚的交通必须假道回鹘。回鹘从东西贸易中得到很大利益,回鹘人常以马数万匹向唐换取数十万匹绢帛。除了满足自己的需要以外,回鹘人还把绢帛运往中亚牟取厚利。为了和吐蕃贵族争夺西域,回鹘贵族极力支持唐在北庭、安西的驻屯军。贞元六年(790年),吐蕃败回鹘,占领北庭,次年,又占领安西。此后,唐与回鹘继续以丝马互市,回鹘人留居长安的,数以千计。唐还先后把崇徽、咸安、太和公主嫁给回鹘可汗。

在唐的先进文化影响下,回鹘人的经济文化有很大发展。考古材料证明,回鹘人已经从事农耕,他们使用的铁犁铧头较长,有了犁壁。回鹘人建

---

① 《资治通鉴》卷二五四,广明元年十二月。

筑用的莲花纹瓦当,与中原出土的唐代瓦当完全一样。

中亚粟特地区受大食侵逼,许多昭武九姓人东迁到回鹘境内,留居下来经商传教。在昭武诸国人的影响下,回鹘人放弃了原来信奉的萨满教,改信摩尼教并把它定为国教。回鹘人起初采用突厥文字,后来根据粟特字母创制了古回鹘文。著名的九姓回鹘可汗碑就是用古回鹘文、汉文和粟特文三种文字刻写而成的。

开成五年(840年),回鹘西北的黠戛斯人攻占回鹘都城,迫使回鹘人大部分向西迁徙。迁到天山东部地区的是主要的一支,后来以西州为中心建立了政权,称作西州回鹘或高昌回鹘。另一支迁到河西走廊一带,后来以张掖为中心建立政权,称作甘州回鹘。此外,可能还有一支迁到葱岭及其以西的地方。

吐蕃　在安史之乱后的三十多年里,吐蕃贵族先后占领了陇右、河西和剑南西川边界的大片土地,采用封建剥削方式来统治这里的人民。吐蕃又把大批汉人迁到吐蕃本部,这在客观上有助于吐蕃生产技术的改进①。唐蕃经济、文化交流继续向前发展,汉族地区的茶传入吐蕃,逐渐成为吐蕃人民不可缺少的饮料②。唐蕃双方还举行了几次会盟,唐穆宗时,唐和吐蕃订立了盟约。长庆三年(823年)建立的会盟碑文说:"舅甥二主,商议社稷如一,结立大和盟约,永无渝替。"③这个碑现在还屹立在拉萨大昭寺的门口。从这次会盟以后,直到唐末,双方没有发生大的战争。

吐蕃贵族在长期对唐、对回鹘和对大食的战争中,力量削弱。8世纪末,羌人诸部和南诏都摆脱了吐蕃贵族的统治。

八九世纪之交,佛教在吐蕃普遍流行。在吐蕃贵族之间,贵族和僧侣之间,不断发生冲突④,西藏高原逐渐分裂成许多割据势力,陷入极端混乱的状态。吐蕃统治的河湟一带人民相继起义归唐,西域也逐渐转到回鹘手里。

吐蕃贵族的战争给人民带来很大的灾害,从咸通十年(869年)到乾符四年(877年),爆发了从康区开始发展为全境性的农牧人民的大起义⑤。

南诏　安史之乱前后,阁罗凤东向吞并了东爨和西爨,西向征服了寻传和裸形诸部,并且派兵攻进西川,打下清溪关(今四川越西、汉源间),力量

---

① 《新唐书吐蕃传笺证》第88页、第116页。
② 《唐国史补》下。
③ 《文物》1959年第七期《跋唐蕃会盟碑》。
④ 《新唐书吐蕃传笺证》第146—149页。
⑤ 《新唐书吐蕃传笺证》第157页。

更加壮大。

唐朝后期,南诏的政权组织已趋完备。最高统治者称为诏,即王,下有清平官和大军将,与王共同参决大政。执行政务的机关有九爽,每三爽有一督爽管辖。在原六诏地区置睑,相当于州,在被征服各族的地区置节度①。

南诏的土地归王所有。王把大片土地分给官吏,勃弄川(弥渡坝子)东西20余里,南北百余里的地带,全是官吏的分田②。六诏地区,平民可以分得土地,上户30双(150亩),中户下户各有差降③。他们每人每年交给国家2斗米④。所有的壮丁都是战士,要自备武器,出征时还要自带粮食。王常常大规模地迁徙被征服的各族。迁到滇池一带及其以西的各族人民,在官吏鞭杖的监督下从事农业劳动,收获以后,官吏只留给他们少量的口粮,其余全部输官⑤。

阁罗凤爱慕汉人的文化,让儿孙拜被俘的唐西泸令郑回为师。天宝十载唐进攻南诏时,阁罗凤向吐蕃称臣。此后,吐蕃统治者常常征发南诏人远征,赋敛也很繁重,南诏人很想摆脱吐蕃贵族的束缚。由于唐的积极争取和郑回的竭力推动,南诏的王异牟寻(779—808年在位)与西川节度使韦皋取得联系。贞元十年(794年),唐册封异牟寻为"南诏王",双方恢复和好。南诏不断派遣学生到成都学习书算,前后达到千人。

文宗大和三年(829年),南诏军队一度攻入成都外郭,掳去男女工匠几万人,这些工匠进入南诏,对南诏手工业的发展有着重大影响。南诏人学会了织绫罗的技术,精妙与西川媲美。南诏城邑的修建,大多模拟唐制⑥。现存的大理崇圣寺塔,是由汉人工匠设计建成的。

大中十三年(859年),南诏王世隆(859—877年在位)称帝,发动了大规模的对唐战争。此后十多年中,南诏的军队两陷邕管,一入黔中,四犯西川⑦。世隆把15岁以上的男子全数征发从军,田事只能由妇女担任。这一长期的掠夺战争,不仅给唐的人民带来极大灾难,而且也使南诏的劳动人民

---

① 《蛮书》卷五《六睑》,卷六《城镇》。
② 《蛮书》卷五《六睑》。
③ 《蛮书》卷九《南蛮条教》。
④ 《新唐书》卷二二二上《南诏传》。
⑤ 《蛮书》卷六《城镇》,卷七《云南管内物产》。新传"人岁输米二斗"系六睑即六诏本部征税之制;《蛮书》所载"其余悉输官",明言"悉被城镇蛮将差蛮官遍令监守催促",乃城镇即节度使管下对被征服民族剥削之制。
⑥ 《蛮书》卷六《城镇》云南城条,参卷五《六睑》阳苴咩城条,白崖城条。
⑦ 《资治通鉴》卷二五三,广明元年。

蒙受严重损害。昭宗天复二年(902年),南诏的统治者舜化贞(897—902年在位)死,郑回的后裔郑买嗣夺取了蒙氏政权,改国号为大长和。

奚 契丹 唐后期,奚和契丹不断与唐贸易,有时一年分两三批来唐,每批往往各来几百人。他们到达幽州后,选派三五十人到长安,其余的留在幽州,就近交易①。

9世纪时,契丹的生产获得很大的进展。在耶律氏所领的迭剌部里,已经务稼穑,善畜牧,种桑麻,习织组,并且学会了冶铁的技术②。

唐天复元年(901年),耶律阿保机被立为夷离堇,以后他代替遥辇氏为首领,并于后梁贞明二年(916年)称帝,建立契丹国。阿保机统率契丹军马连年展开对周围各族的大掳掠,先后吞并了室韦、奚和渤海。他把掳掠和征服的渔猎游牧部落如奚人、室韦人等,分编为隶属于契丹八部的新八部,由契丹八部的贵族分别进行统治。对于避乱迁入契丹和从河北俘掠来的汉人,阿保机采取了汉人的州县制度进行统治。他在契丹境内设置一些与河北地区同名的州县以居汉人,使他们受契丹贵族的统治和奴役,但仍然保存汉人习俗,从事农业生产。对于俘虏来的渤海人,则让他们与汉人杂居,也像对待汉人那样,设置州县统治③。

渤海 靺鞨人住在粟末水(松花江)和黑水(黑龙江)流域。他们依山负水,掘地为穴,架木覆土,群聚而居。他们用耦耕法耕田,种植粟、麦、穄等耐旱的作物。也饲养家畜,最多的是猪,用猪皮做衣服。他们还射猎貂鼠、白鹰等。

靺鞨人分为数十部,居地最南的是粟末部。高宗时,一部分粟末靺鞨人和高丽人徙居营州。武则天万岁通天元年(696年),契丹反唐,粟末部首领乞乞仲象带领靺鞨人和高丽人东走。其子大祚荣以靺鞨、高丽之众击败唐军,回到靺鞨故地。大祚荣在奥娄河(牡丹江)畔的东牟山修筑城堡(吉林敦化敖东城),并于圣历元年(698年)建立政权,称震国王。开元元年(713年),唐封大祚荣为渤海郡王。从此,这个政权就以渤海为号④。天宝末年,渤海以忽汗河(牡丹江)东的上京龙泉府(黑龙江宁安东京城)为都城。

在渤海旧都敖东城以南十里的六顶山,考古学者发现渤海王族的墓地,发掘了渤海宝历七年(780年)贞惠公主的墓葬。墓道里发现的一对石狮,

---

① 《旧唐书》卷一九九下《奚传》。
② 《辽史》卷二《太祖纪赞》,卷五九《食货志》。
③ 参看《历史研究》1964年第5—6期蔡美彪《契丹的部落组织和国家的产生》。
④ 《新唐书》卷二一九《渤海传》。唐人习称渤海国为渤海靺鞨,《册府元龟·外臣部》各卷均以渤海靺鞨为称,《旧唐书》卷一九九下亦以渤海靺鞨为传题。

具有浓厚的唐代雕刻作风。汉文墓碑,也完全模仿唐代碑志文体。墓顶是用大石块抹角砌成,与集安地区高句丽的大型石墓的构造形式相同①。

渤海年年遣使到唐,派遣许多学生到唐留学,大量汲取了唐的先进技术和文化。

渤海人在卢城(在显州之东。显州在今吉林桦甸东北之苏密城)一带开辟了大片的稻田。渤海人用铁来铸造器物,还以多余的铜对外交换。渤海有高度发展的金银器工业②,还能烧造瓷器③。显州之布,龙州(即上京龙泉府)之䌷也很有名。

渤海的政权组织相当完备。在中央设有政堂、宣诏、中台三省和中正台,也有寺、监、院、局等机构。地方政权则有节度使、州刺史、县丞等官。

926年,渤海为契丹所吞并。

室韦 契丹、靺鞨之北,在俱轮泊(呼伦湖)、望建河(额尔古纳河)、那河(嫩江)、啜河(绰尔河)、捺越河(嫩江支流)一带,散居着为数众多的室韦部落,有岭西室韦、蒙兀室韦、黄头室韦、山北室韦等。室韦诸部的族系大多与奚、契丹相近,语言也相近或相同。

隋唐时期,室韦诸部还不会冶炼④。有些部落有简单的农业,他们剡木为犁,不加金刃,人牵以种,不知用牛。他们饲养猪牛,无羊少马。有的部落以渔猎为生,他们捕貂,猎取麞、鹿,凿冰捕鱼。

室韦诸部的社会处于氏族公社的父权制阶段。在婚姻习惯方面,有的部落是"二家相许,婿辄盗妇将去,然后送牛马为聘"⑤。有的部落是男子先在女家劳动三年,期满之后,女家分予财物,夫妇同车而载,鼓舞共归⑥。室韦诸部已经有了贫富分化,但还很少窃盗,"盗一征三,杀人者责马三百匹"⑦。部落联盟还未形成,无君长,无赋敛。部落酋长叫余莫弗瞒咄或乞引莫贺咄,开始由固定的家族担任。

室韦诸部曾受东突厥控制。到九、十世纪之交,逐渐为契丹所吞并。

---

① 《新中国的考古收获》第102页。
② 《册府元龟》卷九九九《外臣部互市门》,《册府元龟》卷九七二《外臣部朝贡门》。
③ 《杜阳杂编》下。
④ 《辽史》卷六○《食货志》下有"太祖始并室韦,其地产铜铁金银,其人善作铜铁器"的记载,但史学工作者多认为室韦指室韦山,即今鞍山之千山,实不在室韦诸部境内,详陈述《契丹社会经济史稿》第42页。
⑤ 《隋书》卷八四《室韦传》。
⑥ 《旧唐书》卷一九九下《室韦传》。
⑦ 《魏书》卷一○○《室韦传》。

第四节 隋唐文化

一 思想和宗教

佛教 从南北朝末年至隋唐之际,中国佛教开始出现了宗派。每个宗派不仅有自己的教义,而且有自己的寺院。隋唐时的主要宗派有天台宗、法相宗、华严宗、禅宗。

中国佛教史上最早建立宗派的是天台宗,智𫖮(531—597年)是天台宗的创始者。他汇合了北方的禅学和南方的义学,提出止(坐禅)、观(宗教理论)并重或定慧双修的修养准则。它所崇奉的经典是《法华经》,故又称法华宗。天台宗是隋唐时期势力最大的佛教宗派之一。

唐朝初年,玄奘(596—664年)为了解决"纷纭争论,凡数百年"①的佛性问题,毅然西行求法。回国以后,他和他的弟子窥基把印度后期佛教大乘有宗的佛学体系介绍过来,建立了法相宗。这一宗派的经典是玄奘综合印度十大论师的著作糅译而成的《成唯识论》,所以,又称唯识宗。法相宗教义烦琐,不易为一般人接受,虽然在唐初曾风靡两京,但前后不过三四十年,就逐渐衰落下去。

华严宗和禅宗是在武则天时期兴起的。武则天改唐为周,利用《大云经》作为女主受命的符谶,并将佛教的地位提升到道教之上。她一再宣称,她做皇帝是符合佛教预言的②。

华严宗的实际创始人法藏(643—712年),武则天给予国师的礼遇,赐号贤首,故又称贤首宗。它强调宗教灵异,又以"性相通融,无障无碍"③的理论说明人人都能进入宗教幻想的幸福世界。华严宗以《华严经》为最高经典。由于经中提到山西五台山是文殊菩萨道场,五台山从唐开始成为佛教的圣地。

禅宗在唐代分为两派。弘忍(602—675年)弟子慧能在岭南一带提倡顿悟见性,宣传诵《金刚经》,即以见性。他的另一弟子神秀则在北方活动,

---

① 《全唐文》卷九〇七玄奘《谢高昌王送沙弥及国书绫绢等启》。
② 《唐大诏令集》卷一一三《释教在道教之上制》,《全唐文》卷九七《大周新译大方广佛华严经序》。
③ 法藏《华严一乘教义分齐章》卷四。

信奉《楞伽经》,主张不断修行,逐渐觉悟。这样,禅宗就分为南北两宗。神秀受到武则天的礼遇,在两京影响很大。至天宝初,慧能的弟子神会入洛大行禅法,神秀渐修之教开始衰落。

密宗,又称真言宗,完成于盛唐时期。创建人物有来唐传法译经的中印度摩揭陀国人善无畏(637—735年),南天竺摩赖耶国人金刚智(671—741年)和狮子国人不空(705—774年),并称"开元三大士"。一行和新罗僧慧超均为他们的弟子。密宗重视念诵咒语(陀罗尼),宗教仪轨复杂、严格,带有神秘色彩;主要经典是《大日经》《金刚顶经》《苏悉地经》。

人人都有佛性,顿悟即可成佛,这是唐代佛教各宗理论的共同特点。禅宗的慧能(638—713年)宣称:佛性即在心中,心外本无一物,只要认识到这一点,不需要累进修行,也不需要大量布施财物,就可以"顿悟成佛"。天台宗的湛然(711—782年),提出"无情有性"①之说,宣扬连没有生命的东西也都有佛性,都能进入天国。华严宗的宗密(780—841年),将华严宗与禅宗合流,也提出"一切有情,皆有本觉真心。……若离妄想,一切智,自然智,无碍智即得现前"②。这些理论的形成是因为现实世界等级界限森严的门阀制度已经崩溃,社会上存在着大量暴贫暴富的现象。佛教各宗就竞相利用这种新现象,创立自己的理论,以达到大量吸收信徒的目的。

净土信仰在南北朝时就已开始流行,大别有二,一为弥勒净土,一为阿弥陀净土。弥勒净土信奉弥勒佛,有弥勒下生的信仰。南北朝以来民间常以弥勒佛出世来组织反抗,曾受到统治者的禁止。唐初因玄奘信弥勒净土,曾盛行一时。武则天时,薛怀义据《大云经》女主出世之说,"陈符命,言则天是弥勒下生,作阎浮提主,唐氏合微"③。弥勒信仰继续流行。这个时期的大佛,其中就有弥勒的造像。

唐朝时候,阿弥陀净土影响很大。唐初的道绰竭力提倡口念佛号,宣传"若一念称阿弥陀佛,即能除却八十亿劫生死之罪"④。他的弟子善导更倡言念佛的人,现生即得"延年转寿,长命安乐",可以"行住坐卧,常得安稳;长命富乐,永无病痛"⑤。因为法简易行,阿弥陀净土教遂成为民间最流行的宗教信仰。

---

① 湛然《金刚錍》。
② 宗密《原人论》。
③ 《旧唐书》卷一八三《薛怀义传》;陈寅恪《武曌与佛教》,见《金明馆丛稿二编》。
④ 道绰《安乐集》卷上。
⑤ 善导集记《观念阿弥陀佛相海三昧功德法门》。

唐代还开展了大规模的佛经翻译工作。贞观十九年(645),玄奘在政府的支持下,组织译场。除他本人口译,还有证义12人,缀文9人,字学证梵语、梵文各1人,笔授、书手若干人,共译出佛经75部,1335卷,内容包括瑜伽、般若、大小毗昙等。其后义净译出61部,261卷,着重于律典。不空译出61部,260卷,都是密宗经典。从贞观三年(629)到元和六年(811),共译出佛经372部,2159卷。

隋唐统治者一贯大力提倡佛教。隋文帝"诏境内之民任听出家",于是"民间佛书,多于六经数十百倍"①。中宗时,"度人不休,免租庸者数十万"②。玄宗时沙汰僧尼,整顿寺院,全国仍有寺5358,僧尼共13万人。安史之乱后,社会动乱,统治阶级大力提倡佛教③,而人人都可顿悟成佛的思想和唱念佛号即得现世善报的信仰,把幸福的幻想悬得更近,因此,信奉佛教,度为僧尼的越来越多。不少人借此规避赋役,寺院的土地也日益增多。文宗、武宗时,"天下僧尼,不可胜数","寺宇招提,莫知纪极"④,一座寺院的土地,最多的达数十顷。国家的财政收入,受到影响。因此,武宗下令灭佛,毁寺4600所,招提、兰若4万余所,还俗僧尼26万人,放为两税户的寺院奴婢15万人。宣宗即位后,面临更加紧张的阶级形势,特别注意提倡佛教。当时的李节说:"夫俗既病矣,人既愁矣,不有释氏使安其分,勇者将奋而思斗,知者将静而思谋,则阡陌之人,皆纷纷而群起矣。今释氏一归之分而不责于人,故贤智儁朗之士皆息心焉。"⑤

道教 唐朝皇室追尊老子李耳为其祖先,道教的地位提到了佛教之上。唐太宗诏:"道士女冠,可在僧尼之前。"⑥高宗时,又追尊老子为太上玄元皇帝。武则天改唐为周,规定佛教居道教之上。睿宗又下令:"僧尼道士女冠,并宜齐行并集。"⑦玄宗时编订了《开元道藏》。天宝八载,将其颁于天下,由诸道采访使负责,令各州转写。开元二十一年(733)玄宗亲注《老子》,并令士庶家藏《老子》一本。开元二十九年(741年)令两京和诸州各

---

① 《资治通鉴》卷一七五,太建十三年。
② 《旧唐书》卷一〇一《辛替否传》,参《新唐书》卷一二三《李峤传》。
③ 《资治通鉴》卷二二四,大历二年六月丁卯条。
④ 《唐大诏令集》卷一一三《拆寺制》。唐朝寺院官赐额者为寺,私造者为招提、兰若。
⑤ 《全唐文》卷七八八李节《饯潭州疏言禅师诣太原求藏经诗序》。
⑥ 《唐大诏令集》卷一一三《道士女冠在僧尼之上诏》。
⑦ 《唐会要》卷四九《僧道立位》。

置玄元皇帝庙和崇玄学,置生徒令习《老子》《庄子》《列子》《文子》①,每年依明经例考试。长安的玄元皇帝庙后改称"太清宫",它具有道观和皇家宗庙的双重性质,在盛唐之后的国家祭祀系统中占有重要地位。至于遍布全国的宫观网络,则会定期举办各种仪式,为国祈福。

就道教自身而言,随着隋唐时期国家的统一,南北朝以来分化发展的道教也走向进一步的融合。上清派(又称茅山宗)是唐代道教的主流,王远知、潘师正、司马承祯、李含光等上清宗师相继为皇帝所重,且与士大夫交往密切,影响深远。不过,唐代道教各派的界限在逐步淡化,正一、灵宝、三皇等,虽然在唐代依旧有活动,但随着相互融合的深入,道教各派本身逐渐形成了一个比较清晰的法位阶梯,正一箓是最低一级法箓,其次是灵宝,最后是授上清箓,这也是道教徒所能获得的最高法箓。在科仪的整理方面,唐代道教也取得了丰硕成果,其中盛唐时期的张万福与晚唐五代的杜光庭对此作出了巨大贡献,经由他们整理之后的斋醮科仪成为后世道教仪式的正统模式。

炼丹术是道教重要方术之一,唐代金丹黄白术一类的书颇多。此后诸帝,如宪宗、穆宗、武宗等,均饵服道士金丹。

在统治者大力扶持下,唐代的道教也很盛行。事实上,除了上清一系外,唐代还活跃着其他一些具有不同面貌的道士,比如以法术著称的叶法善、张果等。道教对于文学的影响颇大,李白、贺知章、施肩吾等文学家都信仰道教。道教多讲炼丹服食之术,主要在社会上层流行。

祆教　景教　摩尼教　伊斯兰教　唐朝统治者深知宗教是维护统治的有力工具,对外来的宗教也一概欢迎。随着中西交通的发展,西方的祆教、景教、摩尼教、伊斯兰教等宗教也在唐时相继传入。

祆教又称火祆教或拜火教,为波斯人琐罗亚斯德所创,流行于波斯和中亚诸国。其教义是宇宙间有光明的善神和黑暗的恶神互相斗争,以火代表善神而加以崇拜,也拜日月星辰及天。十六国时,祆教传入中国。唐时,在长安、洛阳、凉州、沙州等地的波斯和中亚商人建立了祆祠。唐王朝还承齐、隋之旧,置萨宝主祀祆神并管理祆教徒。近年来,随着太原、西安地区虞弘、安伽、康业、史君等墓葬的相继发掘,一批具有浓厚祆教色彩的文物、图像等呈现在我们面前,使得主要经由粟特人带入中国的祆教文化在隋唐时期的影响日益受到人们的重视。

景教是基督教的别支,为叙利亚人聂斯脱利斯所创,流行于波斯。其特

---

① 《旧唐书》卷九《玄宗纪》作文中子,误。

点是不拜圣母。贞观九年(635年),景教教士阿罗本自波斯来长安,十二年,唐太宗令在长安置波斯寺一所,高宗时又令诸州置寺。景教徒夸耀其时景教的盛况为"法流十道","寺满百城"。玄宗天宝四载(745年),令两京及诸府、郡波斯寺改名大秦寺。德宗建中二年(781年),立《大秦景教流行中国碑》于鳌屋(一说出土于长安)。此碑现存于西安碑林。

摩尼教为波斯人摩尼所创,一称明教,流行于中亚及地中海沿岸。其教义是:宇宙间有明和暗二宗的斗争,初际天地未分,明暗各殊,势均力敌;中际暗来侵明;后际明暗各复本位。现时处于中际,人应助明斗暗。教徒应制欲,不茹荤,不饮酒,不祭祖,白衣白冠,死则裸葬。武则天延载元年(694年),波斯人拂多诞把摩尼教的《二宗经》传入中国。安史之乱后,摩尼师与回鹘使者同来长安。代宗大历三年(768年),敕许回鹘奉摩尼者在长安建大云光明寺。以后,又许于荆、扬、洪、越等州和洛阳、太原二地置摩尼寺。祆教和景教后来衰落下去,而摩尼教则仍在江淮、福建一带流传。

伊斯兰教为阿拉伯人穆罕默德所创。唐代,广州等地有许多信奉伊斯兰教的阿拉伯人留居,相传穆罕默德舅父赛得·伊本·阿比瓦加的墓就在广州。怛逻斯战役中被俘的杜环在大食留居十年,他在返国后所著的《经行记》中,记述了伊斯兰教的情况。这是我国有关伊斯兰教的最早记录。

思想和学术 唐初的傅奕虽究阴阳术数之学,但却一概不信。他屡次上疏请罢佛教,对佛教施加了猛烈的抨击。他指出:"生死寿夭,由于自然;刑德威福,关之人主。"①而僧徒却宣传一切由佛,这完全是谎言。他还集魏晋以来驳佛教者为《高识传》十卷。

唐初的思想家还有吕才。吕才认为,世界的根源是浑然一元之气。他从历史事实揭穿了禄命论的无稽,指出人的寿夭、祸福、贫富、贵贱都是客观条件决定的,和禄命无关。他又说,卜葬本为"备于慎终之礼",亦与吉凶无涉②。他还抨击了巫师倡导风水迷信、诈骗人民的行为。

唐太宗以儒学多端,注释繁杂,命国子祭酒孔颖达和诸儒撰定五经义疏,名为《五经正义》。高宗时复加考证,永徽四年颁布天下。南北朝时期,对于儒家经典"南北所治,章句好尚,互有不同","大抵南人约简,得其英华,北学深芜,穷其枝叶"。隋统一后,各地学者集中京师,研核异同,其间出现了"拔萃出类,学通南北,博极今古",集南北儒学大成的刘炫和刘焯。

---

① 《旧唐书》卷七九《傅奕传》。
② 《旧唐书》卷七九《吕才传》。

他们"所制诸经义疏,缙绅咸师宗之"①。《五经正义》即在此基础上,对汉儒的注文加以诠释。南北儒学最终以官方的形式加以统一。《五经正义》除了三礼和《诗经》用南北通用的郑玄的笺注,其他都用南方通行的注。《易》用王弼注,《书》用孔安国注,《左传》用杜预注,实际上是南方儒学统一了北方儒学。

唐代经学不仅是对两汉以来经学的总结和对南北朝经学的交融,而且是在这个基础上,结合历史,根据当时实际情况而加以运用和发挥。唐初贞观君臣对五经,特别是《周易》《尚书》和《周礼》中的辩证观点、民本思想和政治管理理论非常重视,并加以发挥。贞观君臣论治中引用《尚书》的内容,大部分来自《虞书》《夏书》,重点是帝道和王道,主要是统治理论和治国方略;引用《周易》的主要来自《系辞》,内容涉及发展、变通的观点,君臣关系等。而唐代的政治制度则与《周礼》有着相通之处。这些新的成果也反映在《五经正义》的注疏中。

佛教和道教在上层社会和民间广泛流传,产生了巨大的社会影响。而佛学思想和道家思想在思想界的影响更是广泛而深远。唐朝统治者所提倡的三教论衡,也促进了佛学思想和道家思想对儒学的渗透。韩愈尽管对佛、道采取批判的立场,但还是吸收了许多佛学思想。柳宗元更是认为,佛教经典中的一些内容是和儒家经典相通的。正是利用了这些思想材料,唐朝后期的思想家作出了许多新的创造,为宋代理学的发展创造了条件。

贞元、元和之际,政治、经济形势好转。一些关心国家命运的士大夫,一方面鼓吹革新政治,同时也注意从维护儒家的伦理道德方面来巩固统治。

韩愈(768—824年),字退之,河阳(今河南孟州)人。在《原道》中,韩愈开宗明义提出:"博爱之谓仁,仁而宜之之谓义。由是而之焉之谓道,足乎己无待于外之谓德。"他力斥佛、道,陈言佛道的弊害,并提出了儒家的道统。他说,他的道是传先王之教。这个道,尧传舜,舜传禹,禹传汤,汤传文、武、周公,文、武、周公传之孔子,孔子传之孟轲。孟轲死后,儒家道统不得其传。他把道之传授止于孟轲,而把汉朝以来的儒学全抛在一边,表明了他建立新的儒学体系的意图。韩愈还援引了《大戴礼记·大学》中的"古之欲明明德于天下者,先治其国;欲治其国者,先齐其家;欲齐其家者,先修其身;欲修其身者,先正其心;欲正其心者,先诚其意"。并特别强调"然则古之所谓正心而诚意者,将以有为也"。韩愈吸取了佛教禅宗直指人心、见性成佛之

---

① 《隋书》卷七五《儒林传序》。

旨,而利用《大学》来阐明其说,把抽象之心性与具体的政治社会组织加以融会贯通。①也就是《大学》中所说的:"意诚而后心正,心正而后身修,身修而后家齐,家齐而后国治,国治而后天下平。自天子以至于庶人,壹是皆以修身为本。"韩愈在这里不是抽象地谈心性、修身,而是与治国平天下联系起来,是要"将以有为也"。这样就把自己的观点与禅宗的心性之说区别开来。

到唐朝中后期,传统经学衰落。建立新儒学已经不能以《五经》为主要依托,需要不同于以往的思想材料来加以发挥。韩愈首先引用《大学》来阐明其说;把儒家道统止于孟子,突出孟子地位,为《大学》独立成书和《孟子》入经铺平了道路,是由传统的突出《五经》到宋代突出《四书》过程中重要的一环。这些都是韩愈在新儒学建立过程中不可磨灭的贡献。

在《原性》等文中,韩愈认为,人的性与生俱生,构成性的要素是仁、礼、信、义、智。性有上、中、下三品。性上品者善,就学而愈明,性下品者恶,畏威而寡罪,故上者可教,而下者可制,其品终不可移,中品则可导而上下②。在韩愈的思想体系里,统治者是一种"人性",而被统治者又是一种"人性"。他说,君主是发号施令的,官吏是奉行君主命令并以之施加于人民的,人民则是"出粟米麻丝、作器皿、通货财以事其上"的。"民不出粟米麻丝、作器皿、通货财以事其上,则诛"③。

李翱作《复性书》三篇,又与韩愈合著《论语笔解》。他的著作一方面继承了孟子的思想,同时又吸收了佛学内容。他说,凡人之性与圣人之性没有差别,都是善的。人性本静,当动感外物,有了情时,才分出善恶来。圣人得性而不惑,不为情所累;凡人则溺于情,而不能知其本。凡人只有不断祛除生活的情欲,弗思弗虑,最后达到"寂然不动""情性两忘"的境界,才算复性。

在韩愈的世界观中,天命论占着统治的地位。他认为,天是有威灵的,贵与贱,祸与福,都决定于天的意志,人对于天只应随顺敬畏。

韩愈的天命论观点受到柳宗元和刘禹锡的批评。

柳宗元(773—819年),字子厚,河东人,生长于长安。他的有关思想和哲学方面的论著,主要有《天说》《与韩愈论史官书》《答刘禹锡天论书》《天对》《贞符》《封建论》《非国语》等篇。柳宗元认为,宇宙无极,元气浑然而

---

① 陈寅恪《论韩愈》,见《金明稿丛稿初编》。
② 《韩昌黎集》卷一一《原性》。
③ 《韩昌黎集》卷一一《原道》。

处其中。阴阳二气"呀炎吹冷,交错而动"①,呈现出各种状态。天地、元气、阴阳,没有意志,不可能赏功而罚祸。向天呼号,希望它有赏罚,希望得到它的怜悯,是极其谬误的。柳宗元的思想有唯物主义的成分和无神论的精神。

柳宗元还认为,人类最初与万物俱生,不能搏噬,又无毛羽,故必须假物以为用,架巢、空穴以居,用草木、皮革遮体,噬禽兽,咀果实,合偶而居。假物必争,争而不已,就有了断曲直的人,这样就产生了"君长刑政"。自天子至于里胥,其有德者,死后,人必求其嗣而奉之。所以,柳宗元认为,帝王"受命不于天,于其人"②。历史的发展,"非圣人意也,势也"③。柳宗元提出"势"这个范畴,力图寻求历史进化趋势的答案。

刘禹锡(772—842年),字梦得,彭城人。他写了《天论》三篇,进一步探索天人关系问题。他认为,"大凡入形器者,皆有能有不能。天(自然),有形之大者也;人,动物之尤者也。天之能,人固不能也;人之能,天亦有所不能也"。天之所能在生万物,人之所能在治万物。天与人各有其自身的自然特点,"交相胜","还相用"④。

在《天论》里,刘禹锡还提出了他对有神论的社会根源的看法。他认为,在法大行的社会里,是为公是,非为公非,蹈道必赏,违善必罚,人们就会说,祸福决定于人的行为,与天没有关系。在法大弛的社会里,是非颠倒过来,赏恒在佞,罚恒在直,人们对不合理的现象找不到解释,就不得不把一切归之于天。他又认为,当"理明"时,人们就不会讲"天命";当"理昧"时,就不会不讲天命。刘禹锡从法弛和理昧来解释天命思想产生的根源,指出"天"是人在一定条件下创造出来的。

二 史学和地理学

史学 隋文帝下令禁止私人"撰集国史,臧否人物"⑤。唐太宗置史馆,修撰本朝的历史,并令宰相监修。从此,官修正史和宰相监修成为定制。

唐太宗还下诏修前代史,编成的正史有《晋书》《梁书》《陈书》《北齐书》《周书》《隋书》等六部。高宗时又编成了《五代史志》,这就是现在《隋

---

① 《柳河东集》卷一四《天对》。
② 《柳河东集》卷一《贞符》。
③ 《柳河东集》卷三《封建论》。
④ 《刘梦得文集》卷一二《天论》。
⑤ 《隋书》卷二《高祖纪》开皇十三年。

书》里的志。此外,李延寿还独自删补宋、齐、梁、陈、魏、周、齐、隋八代史书,写成《南史》和《北史》。

刘知几撰写的《史通》,共 20 卷。这部书完成于中宗景龙四年(710年),是我国第一部有系统的史学批评和史学理论的著作。

刘知几在《史通》中对于过去史书的编纂体例,史料选择,语言运用,人物评价以及史事叙述各方面,进行了批判和分析,同时,还提出了自己的史学主张。

在答郑惟忠问史才时,刘知几指出,史才必须兼备才、学、识三长。他把才比作生产的技能,学比作材料和工具。他对于识,尤加重视。他说:"犹须好是正直,善恶必书,使骄主贼臣,所以知惧。"①他认为才、学、识三者必须结合。在《史通》里,他说:"假有学穷千载,书总五车,见良直不觉其善,逢抵牾而不知其失,……虽多亦安用为。"②他反对史家阿世取容,挟私受贿,任意歪曲历史,主张"仗气直书,不避强御","肆情奋笔,无所阿容"③。

刘知几认为,史家必须博采史料而善加选择,必须兼取各家所长而不拘于一家之见,需要"探赜素(索)隐,致远钩深"④,深入到事物内部去探索。

刘知几在《疑古篇》里以丰富的历史知识来反对传统的对古代圣贤的偶像崇拜;在《惑经篇》和《疑古篇》里指出了儒家经典《尚书》《论语》等对统治者丑恶面貌的讳饰和虚美。

开元中,玄宗下令编纂《唐六典》,要求"法以《周官》,作为《唐典》。览其本末,千载一朝"⑤。《唐六典》模仿周礼六官来叙述开元时,主要是开元二十五年正在行用的制度,将令式按内容分类系在有关职官之下。《唐六典》保存了大量唐朝前期的田亩、户籍、赋役、考选、礼、乐、军防、驿传、刑法、营缮、水利等制度和法令的重要资料。《唐六典》的注文有的是叙述职官本身的沿革,有的是解释正文。还有一些注文是叙述当时实际行用的新的制度。

杜佑于德宗贞元七年写成《通典》。这部书是在刘秩《政典》的基础上,用了三十多年时间,加以扩充,并重新编次整理而成的。全书共 200 卷。杜佑写作本书的目的是"征诸人事,将施有政"。他认为,"理道之先在乎行教化,教化之本在乎足衣食","夫行教化在乎设职官,设职官在乎审官才,审

---

① 《旧唐书》卷一〇二《刘子玄传》。
② 《史通》卷一八《杂说下》。
③ 《史通》卷七《直书》。
④ 《史通》卷五《采撰》,卷一〇《杂述》,卷一八《杂说下》,《史通》卷七《鉴识》,参《探赜》。
⑤ 《旧唐书》卷二六《礼仪志六》大和六年太常博士顾德章议中所引《定开元六典敕》。

官才在乎精选举"。是以食货为之首,选举次之①。以下依次是职官、礼、乐、兵、刑、州郡、边防,共九门。各门再分子目。每事以类相从,上起先秦,下迄天宝,都详其本末,并征引了很多前代和当时人的重要论议。对于天宝以后的事,则选择重要的加以记述。

地志和地图 裴矩在隋代撰成《西域图记》3卷,绘制了西域44国的山川形势的地图和帝王庶人仪形服饰的图像。

唐高宗时修成的《隋书·地理志》,记载了梁、陈、齐、周、隋五代郡县设置和户数。还继承《史记·货殖列传》和《汉书·地理志》传统,借用《禹贡》等书九州的概念,把全国分为九个大的区域,分别论述它们的地理特征,经济发展和风俗、文化等情况。

唐代各州普遍修纂图经。诸州每三年还要把州图送兵部职方司。有的县也纂修图经。在这个基础上,先后出现了十几种全国地理总志。流传下来的只有宪宗时宰相李吉甫撰写的《元和郡县图志》。全书40卷,分10道47镇,记述了各州的户口、物产、州县的沿革、山川险易、古迹史事等。每镇篇首皆有图,图已散佚,文大部尚存。这部书是我国现存最古的一部舆地总志,史料价值很高。

德宗时宰相贾耽著有《古今郡国县道四夷述》40卷和《皇华四达记》10卷。两书均佚。《新唐书·地理志》引用了《皇华四达记》中唐朝入四夷之路:"一曰营州入安东道,二曰登州海行入高丽渤海道,三曰夏州塞外通大同云中道,四曰中受降城入回鹘道,五曰安西入西域道,六曰安南通天竺道,七曰广州通海夷道。"所引《皇华四达记》还记载了唐朝周边各民族和亚洲一些国家的山川聚落、交通路线和远近距离。其中"广州入海夷道"是岭南到波斯湾和非洲航海路线的最早记录,是中西交通史的珍贵文献。

贾耽制作的《海内华夷图》,长3丈3尺,宽3丈,规模之宏大,是前所未有的。图上的1寸表示实际的100里②,相当于1比1500000。这个图虽然早已亡失,但刘豫伪齐阜昌七年(1136年)时把它缩成《华夷图》和《禹迹图》刻于石上,刻石现存西安碑林博物馆。《华夷图》中所绘我国山川及平面地形的轮廓,大致和今天的地图相近,这是流传下来的我国最古的地图。

懿宗时,曾任安南经略使幕僚的樊绰,以其在安南搜集的关于云南地区的史料,写成《蛮书》十卷。《蛮书》又称《云南志》,全面而系统地记录了当

---

① 杜佑《通典》卷一。
② 《旧唐书》卷一三八《贾耽传》。

时云南地区的途程道里、山川城镇、六诏历史、民族分布、各民族的生活习俗、土宜物产以及南诏的经济、政治制度等,是研究今天云南地区各兄弟民族历史的最珍贵的文献。

三 文 学

唐诗 唐代是我国古典诗歌的黄金时代。流传到今天的,就有二千二百多个诗人创作的近五万首的诗歌。诗歌的内容十分丰富,反映了唐代历史发展的面貌和社会生活的各个方面。

唐代诗歌繁荣的根本原因,在于唐代正处于中国中古社会变迁的转折时期,整个社会正处在上升发展的时期。从社会各阶层中间涌现出的大量诗人,以向上的精神进行创作,冲决了旧的形式主义文学的藩篱,使唐代诗歌具有豪迈雄浑、丰富多彩的特点。唐代的进士考试着重文学辞章,也推动了唐代诗歌的发展。六朝以来,诗歌的艺术形式逐渐趋向成熟,这是唐诗发展的前提条件。唐代疆土广阔,经济繁荣,交通发达,对外经济文化交流频繁,各种艺术都有相当高度的发展。这些都使人们的眼界开阔,并为诗歌提供了新的素材,成为诗歌繁荣昌盛的客观条件。

隋和唐初的诗人,大多是达官贵族。他们的作品承袭了齐、梁宫体诗的遗风,缺乏真实的思想感情和现实的社会内容。

唐高宗和武则天统治时期,诗坛开始活跃。号称初唐四杰的王勃、杨炯、卢照邻、骆宾王是当时诗人中的佼佼者。他们虽然还没有完全摆脱堆砌辞藻的诗风,但是开始来写城市和边塞的生活,对唐代诗歌的发展,有一定的贡献。

为了表达自己的思想和抱负,梓州射洪人陈子昂(661—702 年)力斥"齐梁间诗,彩丽竟繁,而兴寄都绝"①,主张恢复诗歌反映现实生活的优良传统。他的诗,刚健素朴,一扫齐、梁以来绮靡、颓废的遗风。他为以后唐诗的发展开拓了道路。

开元、天宝时期是文学史家羡称的盛唐时期,这时的诗人发展了诗歌的各种体裁和形式,流派众多,风格各异,蔚为万紫千红、缤纷灿烂的壮观。盛唐的诗人王翰、王之涣、王昌龄等,善于以简短的绝句表达复杂的感情。他们的边塞诗既写出了征人思妇的抑郁情怀,又充满着乐观豪放的精神。

---

① 《全唐诗》陈子昂《与东方左史虬修竹篇》。

盛唐的另一些诗人如李颀和岑参(715—770年),擅长古体诗,特别是七言歌行。他们善于捕捉人和物的特征,加以刻画和铺陈,以取得具体而生动的效果。李颀在描写音乐声响和塑造人物形象方面,有新的创造。岑参长期在边疆生活,是最著名的边塞诗人。他以高亢的韵调,峭丽的风格,写出了许多壮丽的边塞诗。但是他对统治阶级的穷兵黩武,边将的横暴贪残,却很少揭露和批判。

孟浩然(689—740年)和王维(701—761年),他们的诗歌描绘了恬静的田园和幽寂的山水,在写作技巧上,有很高成就,但在思想内容上,却带有逃避现实的消极因素。

开元后期到天宝年间,社会矛盾更加深刻,高适(702—765年)首先写出了反映农民疾苦的诗篇①,成为诗人杜甫的先驱者。他的著名的边塞诗《燕歌行》,有很高的思想性和艺术性。

盛唐时期的李白和杜甫把诗歌艺术推到了高峰。他们不仅是唐代双峰并峙的两大诗人,也是我国古典诗歌中两个流派最杰出的代表。

李白(701—762年)字太白,出生于碎叶,成长于四川的江油。他继承了屈原的积极浪漫主义精神,汲取了魏晋以来优秀诗人的艺术技巧,学习民歌语言而采撷其精华,加以他敢于革新创造,这就使得他能在创作实践中作出很大的贡献。豪迈奔放的热情,宏阔磅礴的气势,大胆的想象和夸张的手法,生动、轻快的语言,构成了他的艺术特色。

李白在古风59首和大量的乐府诗中,揭发了统治集团骄奢淫逸的生活,谴责了他们穷兵黩武和无视人民疾苦的行为。"济苍生""安黎元"的政治抱负,蔑视王侯富贵和封建礼教的精神以及追求美好生活的理想主义,时时在他的诗篇中闪烁着光芒。李白还写了许多游历名山大川的诗歌,庐山飞瀑,长江远帆,奔腾汹涌的黄河,崎岖峻险的蜀道,都写进了他的诗篇。

李白的政治理想是非常抽象的,他又深受道家思想影响,追求所谓自由自在、无拘无束的生活。当他感到理想不能实现时,就以求仙、饮酒来排遣忧闷,因此,在他的诗中,也常常流露出浮生若梦、及时行乐的颓废思想。

杜甫(712—770年)字子美,河南巩县(今巩义)人。他以"不薄今人爱古人","转益多师是汝师"②的态度,从《诗经》《楚辞》直至同时代的优秀文

---

① 《全唐诗》高适《苦雨寄房四昆季》,《自淇涉黄河途中作十三首》之九,《东平路中遇大水》等。

② 《全唐诗》杜甫十二《戏为六绝句》。

学成果中撷取精英,进行革新创造,故其诗"尽得古今之体势,而兼人人之所独专"①。真挚细腻的感情,沉郁雄浑的基调和洗练的语言,构成了他的艺术特色。

杜甫的一生,大部分是在忧伤和痛苦中度过的。由于生活的艰难,他逐渐体察到人民的痛苦。安史之乱以前,他已经写了《兵车行》《丽人行》《自京赴奉先县咏怀五百字》等现实主义作品。安史之乱后,他又经历了逃难的生活。在安史之乱期间,杜甫写出了《悲陈陶》《春望》《北征》《羌村》及组诗《三吏》《三别》等一系列杰出诗篇。他的很多诗篇反映了安史之乱前后的复杂的社会矛盾,被称为诗史。

杜甫在作品中,不止一次地揭发了当时尖锐的贫富对立,并且指出,"无贵贱不悲,无富贫亦足"②。他从自己的苦难联想到人民的苦难,当他看见自己的"幼子饥已卒"时,他的悲痛并不停留在个人的遭遇上。他"默思失业徒,因念远戍卒",才觉得"忧端齐终南,澒洞不可掇"。

杜甫受儒家正统思想的支配,把伦理纲常,特别是忠君视作立身的最高准则。这是时代给予他的局限。

肃、代之世,唐王朝面临着严重的危机。在这种情势下,以元结、顾况为代表的一些诗人,与杜甫走着同样的道路,以质朴无华的风格,写出一些反映现实生活的诗篇。与此同时,也存在着以钱起、卢纶为代表的大历十才子。他们着力于山水田园、自然景物的描写。他们的诗歌有一定的艺术成就,但思想内容却很贫乏。

贞元、元和之际,社会经济逐渐恢复繁荣,唐王朝的经济、军事力量也在加强。一些关心国家命运的士大夫,看到唐朝"中兴"有望,就要求改良政治。他们以学习陈子昂和杜甫为号召,提出"文章合为时而著,歌诗合为事而作"的主张,发起了新乐府运动。

白居易(772—846年)和元稹(779—831年)是新乐府运动的核心人物。他们写了很多讽喻诗,白居易的《秦中吟》10首和《新乐府》50首,是这些诗的代表作品。犀利的观察力,平易通俗的风格,强烈对比的手法和"一吟悲一事"③的结构是《秦中吟》和《新乐府》的特色。

元稹的《连昌宫词》,白居易的《长恨歌》《琵琶行》等长篇叙事诗,思想

---

① 《元氏长庆集》五六《杜子美墓志铭》。
② 《全唐诗》杜甫七《写怀二首》之一。
③ 《全唐诗》白居易《伤唐衢二首》之二。

结构和艺术手法都和讽喻诗有相通之处。元稹的艳体诗和白居易的杂律诗反映了当时的都市生活,也开辟了晚唐纤丽的诗风。

白居易晚年的闲适诗,寄情佛道,追求闲适,这说明在唐王朝走向下坡路的情势下,诗人的意志消沉了。

中唐时期,还形成了以韩愈、孟郊为代表的诗派,这派诗人重视艺术的技巧,险僻奇奥是他们共同的特点。韩愈以文入诗,笔力刚健,气势雄浑。

李贺(790—816年)以奇异的想象和艳丽的辞藻进行创作,具有特殊的风格。但由于他过分追求奇谲险怪,某些诗内容比较空虚,而且不免流于晦涩。

晚唐的杜牧(803—853年)和李商隐(813—858年),生活在社会表面平静、繁荣而实际危机四伏的时代,处于党争激烈的环境中,这种时代因素和个人遭遇结合在一起,就使得他们一方面忧国忧时,写了一些借古讽今、感怀伤世的作品,另一方面却莫可奈何,写了更多的放浪冶游或幽期密约之作。杜牧的诗风比较明朗、俊爽。李商隐的诗谐和婉转,清丽含蓄,但是骨力纤弱,情调哀伤。

在唐末动乱的年代里,皮日休、聂夷中、杜荀鹤等诗人,继承了杜甫、白居易等人的传统,写出揭露统治的罪恶,反映社会矛盾的诗歌。韦庄、韩偓、司空图为代表的诗人,有的逃避现实,着意创作香艳诗或山水诗。

古文运动和古文　齐梁以来柔靡浮艳和形式僵化的骈体文,日益成为文学发展的障碍,自北周至隋,屡有人倡议改革。武则天时,陈子昂也要求改变文体。他撰写表疏,议论时事,都采用明朗而素朴的文字。但是当时朝廷考试进士,颁行制诏都采用骈体,骈体文的势力很强大。同时,由骈文改为散文,也需要经历一个长期摸索的过程。

开元、天宝以后,很多文学家提倡古文。古文就是散文,因为散文是周秦两汉通行的文体,唐人称之为古文。当时以写作古文著称的有萧颖士、李华、元结、独孤及、梁肃等人。贞元、元和之际,适应当时政治思想发展的需要,出现了古文运动,这个运动的核心人物是韩愈和柳宗元。韩愈说:"愈之志在古道,又甚好其言词。"①柳宗元说:"文者以明道。"②韩、柳所说的道,就是传统的儒家思想。他们强调文章必须言之有物,反对六朝骈文中的形式主义文风。所以,古文运动是一个改革文风的运动。韩愈主张,作文要

---

① 《韩昌黎集》卷一六《答陈生书》。
② 《柳河东集》卷三四《答韦中立论师道书》。

"惟陈言之务去","文从字顺各识职",即要求语言新颖,文字通畅。他还认为文章言语,要与事相侔①。所以,古文运动又是一个改革文学语言的运动。古文运动在恢复古体散文的基础上,创造出一种适于反映现实、表达思想的文体,这种文体迅速获得广泛的流传。

韩愈和柳宗元都是杰出的散文家。他们的散文都有丰富的内容,成熟的技巧,语言简练,逻辑性强。韩愈的作品气势雄健,奔放流畅。柳宗元的作品峭拔俊秀,含蓄精深。他们对散文的发展都有很大贡献。

传奇小说　隋和唐初的传奇小说,流传下来的只有《古镜记》《补江总白猿传》和张鹭的《游仙窟》等寥寥几篇。

中唐时期,内容丰富的城市生活向文学提出了新的主题;六朝志怪小说和唐代民间说话(市人小说)为传奇小说提供了创作经验;古文运动的开展,为小说的写作提供了灵活而表现力较强的文体;唐代诗歌的繁荣也在语言、意境等方面,给了传奇小说以丰富的营养。因此,在贞元、元和间,传奇小说的写作繁盛起来。

这一时期传奇小说的代表作品有陈鸿的《长恨歌传》、元稹的《会真记》、李朝威的《柳毅传》、白行简的《李娃传》、蒋防的《霍小玉传》等,这些小说都以精炼、优美的语言,成功地塑造了各种性格的人物形象。

晚唐时期,传奇小说的创作依然很盛,出现了不少的传奇集,著名的有牛僧孺的《玄怪录》、李复言的《续玄怪录》、牛肃的《纪闻》、裴铏的《传奇》、皇甫枚的《三水小牍》等。有的今天虽然已经散佚,但还可以从《太平广记》中窥见其大概。这些传奇小说,多是文人猎奇记怪的作品。

俗讲和变文　随着佛经的大量翻译和佛教的流传,印度传经的梵呗和唱导也传入了。梵呗是运用佛曲和中国民间曲调歌唱赞偈,唱导是用通俗的语言,夹叙夹唱,来宣传佛教教义。到唐代,梵呗和唱导的方法发展为俗讲和僧讲,俗讲的听众限于普通人,僧讲的听众限于僧侣②。唐朝后期,俗讲曾盛极一时。元和至会昌间,俗讲僧文淑以"其声宛畅"③而享有盛名,"听者填咽寺舍,瞻礼崇奉,呼为和尚,教坊效其声调以为歌曲"④。

---

① 《韩昌黎集》卷一六《答李翊书》,《韩昌黎集》卷三四《南阳樊绍述墓志铭》,《韩昌黎集》卷一五《上襄阳于相公书》。
② 《新建设》1961年第六期汤用彤《康复札记》四则之三《何谓俗讲》。
③ 段安节《乐府杂录》文叙子条。文叙,据《圆仁入唐求法巡礼行记》卷三开成六年正月九日作文淑。
④ 赵璘《因话录》四。

俗讲的话本叫变文,唐末吉师老有看蜀女转昭君变诗①。随着俗讲的流行,变文已经推广用来讲唱非佛经故事,说唱变文的已不限于僧侣。

现在流传下来的变文,是近代在敦煌发现的,其中除了演绎佛经故事的《维摩诘经变文》《降魔变文》和《大目乾连冥间救母变文》等以外,还有《伍子胥变文》《秋胡变文》《孟姜女变文》《王昭君变文》《张义潮变文》等多种。这些都是以古代历史故事、民间传说或当代人物传作为题材的。

变文对于传奇小说以及后来的民间说唱文学有很大影响。

四 艺 术

雕塑 隋、唐的雕塑主要包括石窟寺造像、陵寝前的石雕和墓葬中的俑器,其他还有碑碣、经幢上的浮雕等。

隋唐时期的石窟艺术是为宗教服务的,主要有敦煌莫高窟、洛阳的龙门、天水的麦积山,太原的天龙山和重庆大足的北山等。

洛阳龙门奉先寺的雕像造于唐高宗时,是唐代最大最著名的。这里原有大像9躯,现存6躯。中央是卢舍那佛坐像,高12米66厘米。佛的两旁依次为比丘立像、胁侍菩萨立像、天王和力士像,造像的巨大,它们顶线的波浪起伏以及它们之间距离的远近疏密,使得这一组造像不仅显出宏伟的气势,而且能够突出主像。

天龙山第14窟两壁的菩萨雕像神态动人,肌肤饱满,是我国唐代最精美的雕像之一。

重庆大足北山的石窟从唐朝末年开凿,那里的第245号龛洞的深浮雕,雕出了内容纷繁、层次重叠的净土变。这一布局严密的创作,在古代雕刻史上是罕见的。

除了洛阳龙门奉先寺卢舍那佛,唐代各地也出现了一批大佛。敦煌莫高窟的北大佛高33米,南大佛高26米,均为弥勒坐像,分别塑于武则天和玄宗开元年间。四川乐山大佛,高71米,也是弥勒坐像,系由整体山岩雕凿而成,气势雄伟,具有独特的震撼人心的艺术魅力。

昭陵六骏浮雕,是为夸耀唐太宗战功而雕造的。浮雕简练有力,神态各异,摆脱了宗教和象征意味。

隋唐陶俑以唐代的彩绘陶俑和三彩陶俑最为精美。人物俑有单像,有

---

① 《才调集》八。

群像,塑工们利用手势、动作、面部表情以至服饰等,刻画人物的精神状态和思想感情。动物俑以马和骆驼为最多,形态逼真,制作也很精美。

唐代也出现了一些著名的塑像家,盛唐的杨惠之最为杰出。据说他曾经在长安为名优留杯亭塑像,长安人看到它的背,就能辨识出来是谁①。

绘画 宫殿、陵墓、寺庙和石窟的壁画以及屏风画仍然是隋唐绘画的重要组成部分。而人物、山水、花鸟卷轴画也在盛唐时期发展成熟。

在1960年出土的永泰公主墓、1971年出土的章怀太子李贤墓和懿德太子李重润墓中,发现了大量壁画。近年来在洛阳等地又发现了一批壁画墓。其中懿德太子墓的壁画,面积达400平方米,保存比较完整的有40余幅。这些壁画色彩鲜艳,布局谨严,内容丰富,有王子、客使、侍女、陪臣、宦官等人物形象,以及出行、马毬、歌舞、游戏等宫廷活动的场景,还有宫阙、器物等画面。

初唐,人物故实画越来越发达,佛道画逐渐退居次要地位。

阎立德和立本兄弟,都是初唐著名的人物故实画家,现存阎立本的《历代帝王图卷》和《步辇图》笔力刚健,线条有如屈铁盘丝,他能以简练的笔法传达出人物的性格。

盛唐时期人物、山水卷轴画兴起,绘画已经从宫廷、寺庙中走出来,成为文人士大夫抒情写意的工具。画家也开始摆脱画匠的身份,成为士大夫的一个组成部分。

吴道子年轻时做过画工,玄宗招为内教博士,最擅长人物和写意山水,被称为画圣。他敢于大胆革新创造,在传统画法和从西域传来的铁线描之外,别创出一种圆润的莼菜条(兰叶描)。他又吸取了梁代张僧繇和西域画派的晕染法(凹凸法),而加以发展变化,于焦墨痕中别施彩色,微分浅深,使他的画特别富有立体感。吴道子作画不但求其形似,且进而求其神似。他画人物则"虬须云鬓,数尺飞动,毛根出肉,力健有余"②;画仙女则"窈眸欲语"③。他先后在寺观图画墙壁三百多间,其经变画中的人物,奇形异状,无一相同④。

盛唐、中唐之际的张萱和周昉都以画仕女著名,他们通过描写一些生活

---

① 刘道醇《五代名画补遗》。
② 《历代名画记》卷二《论顾陆张吴用笔》。
③ 段成式《寺塔记》卷上常乐坊赵景公寺条。
④ 朱景玄《唐朝名画录》。

琐事表现了当时贵族妇人优越、逸乐的寄生生活①。张萱的《捣练图》和《虢国夫人游春图》现有宋徽宗摹本。周昉的《簪花仕女图》是他现存作品中的代表作品。

山水画在隋唐时期有了发展。在现存的隋展子虔《游春图》中，人马和山石树木比例匀称，近大远小，合乎透视原则。

初唐、盛唐之际的李思训以善画金碧山水著称，开工笔山水先声。他的画贵族气息很浓厚，艺术特点是描绘工细，设色绚丽，景物逼真。他的儿子李昭道也善画山水，"变父之势，妙又过之"②。

吴道子对山水画也有贡献，他画的怪石崩滩，"若可扪酌"③。玄宗遣他在大同殿画嘉陵江300里山水，一日而就。诗人王维首创水墨山水，以破墨法画山水田园画，宋人苏轼说："味摩诘之诗，诗中有画；观摩诘之画，画中有诗。"④

唐代还有很多特具专长的画家，如边鸾善画花鸟，曹霸、韩干善画马，韩滉、戴嵩长于画牛⑤。

莫高窟艺术 在敦煌莫高窟现存的480窟当中，隋窟95，唐窟213，几乎占了全部的2/3。唐代洞窟的规模很宏壮，石窟艺术的成就也很辉煌。

在洞窟的塑像中，占主要地位的是佛像，也有菩萨像和天王、力士像。洞窟的四壁布满了经变、佛传或本生故事的辉煌绚丽的图画。其中画得最多的是西方净土变，其次是东方药师净土变、弥勒净土变、维摩变和法华经变等。在西方净土变的画面中洋溢着欢乐的气氛，这是唐代社会经济繁荣和地主奢华生活的反映。

经变画画面的巨大，内容的纷繁和构图的紧密，充分显示出画工们高超的设计才能，他们创作态度认真严肃，技巧手法也很纯熟。在描绘飞天时，他们只用一个飞舞的姿势和一条飘拂的长带，就叫它们很自如地霞举飞升在空中了。从唐代的各种经变画中，我们可以看到当时的乐舞和建筑，还可以看到中华帝王和西域各族君长的形象。在经变画的周围，还有许多故事画。里面有耕地、收获、饲养牲畜、伐木、射猎、拉纤等生产活动，也有角抵、

---

① 《宣和画谱》卷五《人物》张萱条，卷六《人物》周昉条。
② 《历代名画记》卷九李思训子昭道条。
③ 《历代名画记》卷一《论画山水树石》。
④ 《东坡题跋》卷五《书摩诘蓝田烟雨图》。
⑤ 《历代名画记》卷九曹霸条，韩干条；卷一〇边鸾条，韩滉条、戴嵩条。参朱景玄《唐朝名画录》。

百戏等艺术活动。画工们画出统治阶级的豪华生活,也生动地描绘了劳动人民勤劳勇敢的面貌,并表达了劳动人民的痛苦。

在甬道两壁或经变下方,画着供养人像。这些像都尽态极妍,生意宛然,达到了我国古代人物画的高度水平。

在藻井、龛顶、莲座等处,都有丰富多彩、色彩绚丽的图案画。隋代藻井上的图案多由莲花、飞天、小千佛等构成。唐代图案中应用得最广泛的是卷草纹。

书法 隋代的书法家汇合前代碑版体的方严遒劲的风骨和书简体的疏放妍妙的气韵,创造出新的风格。

唐太宗喜好王羲之书法,他在为《晋书·王羲之传》所写的赞中从书法史角度指出:"所以详察古今,研精篆素,尽善尽美,其惟王逸少乎!观其点曳之工,裁成之妙,烟霏露结,状若断而还连;凤翥龙蟠,势如斜而反直。玩之不觉为倦,览之莫识其端,心慕手追,此人而已。其余区区之类,何足论哉!"①他极力搜求王羲之墨迹,共得王羲之真迹行草290纸,草书240纸。他命拓书人冯承素等四人各拓《兰亭序》数本。

欧阳询(557—641年)和虞世南(558—638年)同是由陈入隋而终于唐初的大书法家。欧阳询以骨气劲峭、法度严整为特色,代表作品有九成宫醴泉铭。虞世南的书法"内含刚柔","姿荣秀出"②,孔子庙堂碑是他的代表作品。褚遂良(596—658年),综合各家所长,又微参以隶书的笔法,别创一格,他的代表作品有三藏圣教序等。

盛唐的颜真卿(708—784年),把篆书的中锋和隶书的侧锋结合起来,运用到楷书上,使书法起了很大的变化。用笔匀而藏锋,内刚劲而外温润,字画如棉裹铁。字的曲折处圆而有力,如折钗股。他的书法气势雄浑,形体敦厚。他的传世作品较多,颜氏家庙碑、麻姑仙坛记、多宝塔碑等都是极著名的。

柳公权(778—865年)的书法与颜真卿齐名。他吸取了欧、颜二家之长,写的字谨严而又有开阔疏朗的神致,代表作品有李晟碑、玄秘塔等。

唐代草书也有很高成就。孙过庭、张旭和怀素等都很著名。

乐舞 隋和唐初,宫廷乐舞中占主导地位的是谨享时演奏的燕乐。燕乐是宫廷宴会时演奏的,是宫廷礼乐的一部分。隋炀帝定九部乐,唐太宗改

---

① 《晋书》卷八〇《王羲之传》。
② 《张氏法书要录》卷八张怀瓘《书断》。

为十部乐,有燕乐、清乐、西凉乐、天竺乐、高丽乐、龟兹乐、安国乐、疏勒乐、高昌乐和康国乐。其中燕乐和清乐是汉族的传统音乐。西凉乐是十六国时期在凉州一带形成的,它融合了中原旧乐和龟兹乐,乐器有中原的钟、磬、笙、箫,南方的法螺(贝)和西域的竖箜篌、横笛等。龟兹乐传入内地后,其声亦多变易。它的15种乐器中有6种是鼓。周隋以来,管弦杂曲多用西凉乐,鼓舞曲多用龟兹乐。

高宗以后,艺术家根据民族传统,吸取了边疆民族和邻近国家乐舞的精华,创作了许多新的乐舞,逐渐形成了坐立二部伎,十部乐逐渐废亡。坐部伎舞队规模较小,只有3—12人,乐队在堂上坐着演奏。立部伎舞队规模很大,有60—180人,乐队站着演奏。

玄宗时,出现了以清乐为主,"杂用胡夷里巷之曲"[1],演奏新声的法曲。玄宗选坐部伎子弟和宫女数百人于梨园教习法曲,称皇帝梨园弟子。

不仅是宫廷乐舞,民间乐舞也有了很大发展[2],出现了一些著名的歌唱家、舞蹈家,还有沿街卖唱的歌者。人们手牵着手,踏地为节,边歌边舞。这种民间自娱形式的踏歌更是节庆活动乃至送别时不可缺少的节目。

隋唐舞蹈有软舞和健舞之分。软舞有鸟夜啼、凉州、回波乐等;健舞有剑器、胡旋、胡腾等。柘枝舞来自中亚的石国,本是健舞,经过长期的演变,逐渐接近软舞。

唐代的乐曲,长的叫大曲,短的叫杂曲。五七言诗都可以配在乐曲里唱,新发展起来的词就是依照乐曲的节拍而填制的。唐代的大曲都是舞曲,每曲分12大段,结构很复杂。

参军戏、踏摇娘、兰陵王等具有故事情节的戏,在唐代仍旧流行,内容不断丰富。木偶戏也很流行,叫做窟礧子。

隋唐的杂技也很发达,除了在宫廷、城市表演,杂技艺人还巡村演出。从唐人的壁画中,我们可看到当时杂技表演的片段。

五 科学技术

天文历算 唐初王孝通的《缉古算经》,第一次运用了解三次方程式的方法来解决一些复杂的工程计算问题,是一部比较高深的数学著作。高宗

---

[1] 《旧唐书》卷三○《音乐志》。
[2] 参见王克芬《中国舞蹈发展史》,上海人民出版社,1989年。

时,李淳风等人审定并注解了《九章算术》《海岛算经》《孙子算经》《五曹算经》《张丘建算经》《夏侯阳算经》《周髀算经》《五经算术》《缉古算经》《缀术》十部算经。十部算经由唐朝政府规定作为算学的教本。

隋代刘焯造皇极历,吸取北齐张子信关于太阳视运动的不均匀性的成果而加以损益,他发明了等间距二次内插法,来推算每天的太阳视运动速度。高宗时,李淳风造麟德历,抛弃了以每月29日和30日相间排列的"平朔",而采用按照太阳和月亮位置真正相合的时刻来定朔日的"定朔"。

唐玄宗命僧一行(683—727年)主持改历。一行与梁令瓒合作,创制了能够直接测量黄道坐标的黄道游仪,用它测量了28宿距天球北极的度数,在世界上第一次发现了恒星位置变动的现象。

一行根据南北各地实测北极高度和冬至夏至日影短长的结果,推翻了过去"王畿千里,影差一寸"的说法,证明影差和距离的比例并不固定。他又根据在河南浚仪、扶沟、上蔡三地实际测量的结果,得出大率351里80步(唐度,合现在的123.7公里)而极差一度的结论,与现代值相对误差11.8%。这个数字虽不准确,但这是世界上第一次在地面实测子午线的长度。

一行的大衍历在开元十五年作成。一行比较正确地掌握了地球在绕太阳运行时速度变化的规律,提出了比较正确的"定气"概念:在每两个节气之间,黄经差相同,而时间间距则不同。由此,他还发明了不等间距二次内插法。

此外,在开元十三年,一行与梁令瓒合作,制成了以漏水转动的浑天铜仪。铜仪外络二轮,缀以日月,也能运行。仪体29转有余而日月会为1月,365转而日周天为1年。铜仪又有两个木人,一个每刻一击鼓,一个每辰一撞钟。这种既能表示天体运动,又能指示时间的仪器是后来天文钟的前身。

医学 隋唐医学在分科治疗方面有新的发展。当时已有体疗(内科)、疮肿(外科)、少小(小儿科)、耳目口齿科,还有针科和按摩科等。

有一些著名的医学家写出了很有价值的著作。

隋代巢元方等人撰写的《诸病源候论》,共50卷,分67门,1720论,是一部研究病因、疾病分类、鉴别和诊断的巨著,对后代医学影响很大。

隋代和唐初的孙思邈(581—682年)以毕生精力贡献于医药学。他特别注意发扬我国古代医师的优良传统。他认为:"人命至重,有贵千金,一方济之,德逾于此。"① 他撰成《千金方》30卷,《千金翼方》30卷,内容丰富。

---

① 《千金要方序》。

他还重视特效药物的研究和药物的采集方法,后人称他为药王。

玄宗时的王焘撰《外台秘要》40卷,分1104门,记录单方6900多个,对前人成果"并采精英,铨其要妙"①。

唐高宗时,苏敬等人受命重修《本草》,共53卷,称《唐本草》。《唐本草》记录药物844种,其中改正了陶宏景《本草经集注》里错误记述的药物400多种;在新增加的114种药物中,有不少是从波斯和南海传来的。《唐本草》是世界上第一部由国家编定颁布的药典。

建筑 赵州安济桥是现存世界最古的跨大弧平的单孔石拱桥。这座桥由隋代匠师李春设计造成,全长约54米,跨距37.02米,券高7.23米。在主券两端的上方,各有两个空腔小券,用以减轻桥身和桥基负重,增加过水面积。这种造桥方法,在世界上是首创的。

隋、唐都城长安是经过隋代建筑家宇文恺、高龙义和唐代建筑家阎立德等设计建筑的。长安城建制严密,规模宏伟。根据考古勘测结果,城东西长9550米,南北8470米,周围约70里②。在分区、坊市、街道、绿化和水道等方面都有完整的规划。东西对称的布局,棋盘式的街道,宫殿、衙署与坊市的分置,封闭式的里坊和集中的市场,构成了长安和这一时期重要城市布局的特色。

长安宫城、兴庆宫和外郭城北的大明宫,称为三大内。大明宫在唐高宗时建成。它的正殿含元殿面阔11间,进深三间(59.2×16米),阶基高出平地40余尺③。宫内的麟德殿分为前、中、后三殿,高低错落,用重廊把大殿和左右的楼、亭连结在一起,结构复杂,规模宏壮,可以适应不同规模和性质的宫廷活动。

唐代的木构技术已经达到相当成熟的水平。山西五台山的南禅寺建于建中三年(782年),佛光寺建于大中十一年(857年),是我国现存最古的木构建筑物。

唐中叶以来,砖瓦建筑在南方各城市逐渐推广。广州、苏州、洪州(今江西南昌)等地的竹木建筑开始为瓦房所代替④。成都、江夏(今湖北武昌)等地的城墙开始包砖⑤。

---

① 《外台秘要序》。
② 《新中国的考古收获》第95页。
③ 《新中国的考古收获》第97页,《唐长安大明宫》三(一)。
④ 《新唐书》卷一二四《宋璟传》,卷一六一《王仲舒传》,《韩昌黎集》二五《韦公墓志铭》。
⑤ 《旧唐书》卷一八二《高骈传》,《新唐书》卷一七四《牛僧孺传》。

印刷术 隋唐时候,文化繁荣,读书识字的人增多,单靠抄写书本已经不能满足社会的需要了,因此,就出现了雕版印刷术。

雕版印刷术在隋末唐初已经发明,唐初玄奘曾用来印刷佛像,但使用还很不普遍。文宗大和九年(835年)冯宿《禁版印时宪书奏》说:"剑南两川及淮南道皆以版印历日鬻于市。每岁司天台未奏颁下新历,其印历已满天下。"①雕印的历书,在晚唐已广泛流传。

现存的最早的雕版印刷品,是咸通九年(868年)王阶印造的《金刚经》。经券高约30厘米,长约5米,由7个印页粘结而成。卷首是一幅扉画,后面是《金刚经》正文,画和文字都刻得很精美。刀法的纯熟和印刷的清晰,足证当时的刻印技术已经很成熟。现存的唐代印刷品实物还有乾符四年(877年)历书和中和二年(882年)历书等。1953年在成都望江楼附近唐墓中出土的龙池坊卞家印卖《陀罗尼经》,是国内现存的最早印本。

唐朝末年,印刷术已流行于东川、西川、淮南、江南、浙东、江西和东都等地。出版的书有字书(如《玉篇》)、韵书(如《唐韵》)、历书、佛经、咒本和阴阳杂记、占梦、相宅、九宫五纬之类的术数书。成都是当时印刷业的一大中心,一些书肆大量出售雕版印刷的书籍②。

印刷术发明以后,从我国逐渐传播到全世界。印刷术的发明,是我国人民对世界文化的伟大贡献。

第五节　唐代中国与亚洲各国的经济文化交流

唐代中国和亚洲各国经济文化的交流,进一步频繁起来。亚洲各国的商人、僧侣和学者不断来到中国,聚集在长安、洛阳、广州、扬州等大城市中。当时中国成了亚洲各国经济文化交流的枢纽。

当时中国与亚洲各国的交通比较发达。陆路由今天的河西走廊经新疆至中亚、西亚和巴基斯坦、印度;由四川经西藏至尼泊尔、巴基斯坦和印度;由云南至缅甸和印度;由河北经辽东至朝鲜。

海上交通的主要路线是从广州通向越南、印度尼西亚、斯里兰卡、伊朗和阿拉伯。唐朝中叶,广州江中"有婆罗门、波斯、昆仑等舶,不知其数,并载香药、珍宝,积载如山,舶深六七丈,师子国、大石国、骨唐国……等往来居

---

① 《全唐文》卷六二四。参《旧唐书》卷一七下《文宗纪》及卷一六八《冯宿传》。
② 《爱日斋丛钞》卷一。

住,种类极多"①。代宗时,每年来广州的各国船只达到四千余艘。唐朝末年,泉州成为一个重要的港口。唐的商船也远航马来半岛、阿曼湾和波斯湾一带。唐朝后期,由于中国水手掌握了季候风的规律,中日之间的海上交通也日益发达。中国商船可以直航日本,新罗的船只也时时往来于中国、朝鲜和日本之间。

唐代中国与朝鲜、日本的文化交往 隋唐时期,中国和朝鲜半岛的关系更加密切了。

9世纪中叶,在今山东、苏北沿海诸县,有许多新罗坊,是新罗侨民聚居的地方。侨居中国的新罗人民有的经营水运,有的务农力作,他们对中国东部沿海的经济、文化发展,有所贡献。新罗商人的船只来往于今山东、江苏沿海之间,并常常航行到日本②。

在新罗统一朝鲜半岛前,新罗贵族就开始派遣他们的子弟来唐留学。统一以后,更有大批留学生来唐。开成五年(840年),新罗留学生和其他人员一次回国的就有105人。有的新罗人在唐应科举,考试及第。其中如崔致远12岁入唐,18岁中进士,他的《桂苑笔耕集》,流传到现在。新罗国学里,以儒家经典作为考试的项目。新罗的士大夫对中国文化有很深的了解,唐玄宗派使臣到新罗时,考虑到"新罗号君子国,知诗书",特别挑选了经学家邢璹前去。白居易的诗歌在新罗流传很广。

新罗人民在唐以前就已经利用汉字作为记事的工具。到7世纪中叶,他们又创造出了"吏读",利用汉字字形作为音符,表示助词、助动词等,夹在汉文中间使用,以帮助阅读汉文。

唐朝时期中国的天文、历法和医书传入新罗,新罗的绘画、雕塑和音乐也受到中国的影响。现存庆州石窟庵的石佛和菩萨像,与唐的石刻造像,风格十分相近。

7世纪初,日本圣德太子两次派遣小野妹子为遣隋使来中国,并开始派遣留学生和学问僧直接来隋学习中国文化。唐朝初年,日本留学生高向玄理、南渊请安和学问僧僧旻先后回国。他们大力介绍中国文化,对于中日文化交流起了很大的促进作用。日本的养老令源出唐令,日本的平城京也是仿照长安城的设计修建的。

在唐代,日本前后共派遣了19次遣唐使,都挑选博通经史、娴习文艺和

---

① 《唐大和尚东征传》。这里的波斯,一般认为是苏门答腊岛北岸的 Pasé。
② 圆仁《入唐求法巡礼行记》卷一、卷二。

熟悉唐朝情况的人担任。遣唐使的随行人员中还有一些医师、阴阳师、乐师等,是为了进一步深造和求解疑难而被派来中国的。最近,在西安发现了一方《井真成墓志》,这是首次发现的在唐日本留学生的墓志。

遣唐使、留学生、学问僧带来彩帛、香药、珍宝等,带回乐器、书籍、经卷、佛像等。留学生吉备真备把中国在科学上取得的新成就介绍到日本。学问僧空海带回大批真言宗(密宗)的经典,在日本建立了真言宗。空海编写的《文镜秘府论》和《篆隶万象名义》是关于中国文学批评和文字学的重要著作,对中日文化交流很有贡献。唐人的文集,在9世纪后大量输入日本,白居易的诗歌尤其受到日本人的喜爱。日本人还利用草体汉字表示声音,创造了平假名;利用楷体汉字偏旁表示声音,创造了片假名;这种字母一直沿用到今天。

日本正仓院现存的文具、衣饰、屏风、乐器等唐代文物,是唐代中国和日本广泛进行文化交流的最好见证。

去日本的唐朝僧人鉴真对中日文化交流也有很大贡献。鉴真(688—763年),姓淳于,扬州人。他在十多年中,经过六次努力,才实现渡海的愿望,于天宝十三载(754年)到达日本。这时他已双目失明,年近七旬了。鉴真把戒律传到日本,同时还把佛寺建筑、佛像雕塑的艺术介绍过去。日本现存的唐招提寺及卢舍那佛,就是鉴真及其弟子在天平宝字三年(759年)创建的。鉴真精通医学,尤精本草学,他以鼻嗅辨正日本药物的真伪,对日本医药学的发展作出了贡献。

唐代中国与南亚各国的文化交往　　隋唐时期,中国和尼婆罗(今尼泊尔)、天竺(今印度)、林邑(今越南南部)、真腊(今柬埔寨)、诃陵(今印度尼西亚的爪哇)、骠国(今缅甸卑谬一带)、师子国(今斯里兰卡)等国建立了联系。许多中国僧人到今天的印度、巴基斯坦等国求经礼佛,其中玄奘和义净对中国与印度、巴基斯坦和印度尼西亚文化的沟通,贡献最为突出。

玄奘(596—664年)姓陈,河南缑氏(今偃师南)人。贞观初年,他从长安出发西行,抱着"若不至天竺,终不东归一步"①的决心,在高昌王麴文泰的帮助下,战胜了沿途流沙雪山、严寒酷暑等种种障碍,经过现在我国的新疆维吾尔自治区、中亚地区和阿富汗,终于到达了巴基斯坦和印度。他在今巴基斯坦、尼泊尔和印度北部游学了三年,随后来到当时印度的佛教学术中心那烂陀寺(今伽雅城西北),学习《瑜伽师地论》。在那烂陀寺刻苦学习了

---

① 《大唐大慈恩寺三藏法师传》。

五年以后,玄奘继续到印度和巴基斯坦各地巡礼求学。经过五六个年头,又回到那烂陀寺,在那里主讲《摄大乘论》,发表了重要的论文《会宗论》,并在辩论中驳倒了他的论敌。642年,戒日王为玄奘在曲女城(今印度卡诺吉城)举行了一次佛教经学辩论大会,有五印度十八国国王和各派僧人数千人参加。在大会上玄奘获得了很高的荣誉。

玄奘从印度取回佛教经典657部,于贞观十九年(645年)正月回到长安。他在长安组织专门机构翻译佛经。根据他在旅行中的丰富见闻写成的《大唐西域记》一书,记载了我国新疆以及中亚地区、阿富汗、印度、巴基斯坦、尼泊尔和斯里兰卡境内的138个古国的山川、物产、风俗、宗教和政治经济情况,是研究这些地区和国家7世纪中叶历史的重要文献。

玄奘启程返国后不久,戒日王的使臣就来到了长安。唐太宗与戒日王互通使节。太宗、高宗时期,唐使王玄策曾三次出使天竺和尼婆罗,访问了许多地方。

义净(635—713年)姓张,范阳人。他于高宗咸亨二年(671年)从广州乘船出国,在那烂陀寺学习了十年,又到室利佛誓、末罗瑜(均在今印度尼西亚的苏门答腊)继续搜求和抄写佛经。证圣元年(695年)义净回到洛阳,取回的经、律、论约有400部。义净写的《南海寄归内法传》《大唐西域求法高僧传》,介绍了当时南亚一些国家的佛教和生活、文化方面的情况,记载了当时去印度的中国僧人的经历。

印度来唐参加译经的僧人,见于记载的先后有二十余人。有一些僧人通医学、善治眼病。印度的天文学者在长安司天台中担任职务,参加历书的制订工作,并翻译了印度九执历。他们对中印文化交流,也起了促进作用。

印度梵文传入中国后,促进了汉语音韵的研究。隋代出现了《切韵》,唐代也有许多研究音韵的书。僧守温还仿拟梵文字母的体系,择定了汉语的30个字母①。

德宗贞元十八年(802年),骠国的王子率领乐队来到长安,《新唐书·骠国传》详细地记载了骠国乐的曲名和所用的乐器。

唐代中国与中亚、西亚、北非各国的经济文化交流　唐与中亚的康国、石国、安国等昭武诸国和西亚的波斯交往频繁,不断互通使节。永徽二年(651年)唐与大食建立了联系。拂菻(东罗马帝国)的使臣也曾几次来唐。

---

① 守温制定30字母,其后经宋人修订为36字母。参《东方杂志》第三十一卷第十四期,罗常培《中国音韵学的外来影响》。

许多波斯、阿拉伯和中亚的商人在中国定居下来,有的经营珠宝、香药,买卖丝绸,放高利贷,也有的开店出售胡饼、毕罗和波斯名酒三勒浆。还有许多商人来往于中国和亚洲各国之间,贩运商品,进行贸易。据开元时慧超记载,当时波斯人泛海直至广州,"取绫绢丝绵之类"[1]。在两河流域和埃及的开罗附近,发现了唐代的青白瓷器。近年在新疆还发现了公元7世纪的商人窖藏,有波斯和阿拉伯银币947枚,金条13根。

751年怛逻斯战役中,高仙芝军为大食所败,中国的战俘把造纸法输入撒马尔罕。从那以后,许多地方都造起纸来。此后,造纸术又由中亚传入阿拉伯国家。中国的绫锦纺织技术也传入阿拉伯国家,大食首都就有中国的纺织工匠[2]。中国的陶瓷制造技术、炼丹术和硝,也在唐代传去。

中亚石国和康国的胡腾舞、胡旋舞和柘枝舞传到长安,中亚的音乐在长安也很流行。

---

[1] 慧超《往五天竺国传》。
[2] 《通典》卷一九三《大秦》。

目 录

下 册

第七章 五代十国宋辽金元时期/363

第一节 五代十国/363
一 五代的更替/363
二 南方的九个割据王国/366

第二节 北宋和辽的对峙时期/370
一 北宋的建立、巩固及其统一/370
二 北宋社会阶级结构　北宋政府的赋役剥削制度/372
三 北宋社会经济的发展/375
四 辽和西夏的政治经济　北宋与辽、西夏的和战/381
五 北宋前期、中期的阶级矛盾和农民起义/388
六 庆历新政和王安石变法/391
七 北宋晚期的政治　北宋末年的农民起义/397
八 女真族的兴起和金政权的建立　辽和北宋的灭亡/403

第三节 南宋和金的对峙时期/407
一 南宋的建立及其与金的和战　北方人民的抗金斗争/407
二 金朝统治下的北部中国/413
三 南宋的社会经济/416
四 南宋的阶级矛盾和阶级斗争/423
五 北方形势的剧变　蒙古族的兴起和金朝的灭亡/428
六 蒙古南侵　南宋灭亡/435

第四节 回鹘　壮族　大理/439
一 西迁后的回鹘/439
二 壮族/442
三 大理及其与宋朝的关系/446

第五节 元朝的统治和元末农民起义/447
一 元朝的建立/447

二　元朝的社会经济/449
　　三　元代的民族矛盾和阶级矛盾/454
　　四　元末农民大起义/457
第六节　五代十国宋辽金元的文化/465
　　一　两宋文化的高度发展/465
　　二　两宋的两个主要学派/466
　　三　古文、诗、词、小说、戏曲/469
　　四　两宋的史学/474
　　五　五代十国和宋元的绘画/476
　　六　五代十国宋辽金元的科学技术/479
　　七　宋元的宗教/483

第八章　明清(鸦片战争以前)时期/486
　第一节　明前期的经济政治措施/486
　　一　明初社会经济的恢复和发展/486
　　二　开国制度与明初政治/491
　第二节　明中期政治、经济与社会变化/498
　　一　明中期的社会矛盾/498
　　二　明朝社会经济的发展与变化/508
　第三节　明朝的民族关系/516
　　一　北方、西北、西南各族及其与内地的联系/516
　　二　满族的兴起　建州女真部与明朝的战争/522
　第四节　明朝的对外关系/527
　　一　明朝与南洋各地的关系/527
　　二　倭寇在东南沿海地区的骚扰　万历时期的援朝战争/529
　　三　西方殖民者的入侵和耶稣会士的东来/532
　第五节　明后期社会矛盾的激化和农民起义/534
　　一　明后期社会矛盾的激化/534
　　二　明末农民起义/541
　第六节　清兵入关及其统一全国/546
　　一　清朝迁都北京　汉族人民的抗清斗争/546
　　二　清朝对边疆各地的用兵和疆域的奠定/551

第七节　清朝的社会经济/556
　　一　清初农业生产的恢复和发展/556
　　二　手工业和商业　资本主义萌芽的缓慢发展/565
第八节　清朝的政治　清朝统治下的社会矛盾/572
　　一　康熙、雍正、乾隆时期的制度及其政治措施/572
　　二　嘉、道中衰和各族人民的起义/578
第九节　清朝的对外关系/584
　　一　清朝与邻近各国的关系/584
　　二　西方殖民主义者在中国的活动/586
第十节　明清的文化/591
　　一　哲学思想/591
　　二　考据/595
　　三　史学/596
　　四　编纂《永乐大典》《古今图书集成》和《四库全书》/597
　　五　小说和戏剧/598
　　六　科学技术/601
　　七　建筑艺术/603
　　八　绘画/604

第九章　近代时期上(1840—1864年)/605

第一节　鸦片战争/605
第二节　鸦片战争后中国社会经济和阶级关系的变化　农民战争的酝酿/611
第三节　太平天国农民战争的爆发和前期革命斗争/616
第四节　第二次鸦片战争　太平天国后期的革命斗争/621

第十章　近代时期中(1864—1894年)/629

第一节　各地武装斗争对反动统治秩序的继续打击(1864—1873年)　农民进行恢复生产的斗争(1864—1880年)/629
第二节　中国社会加速半殖民地化和洋务运动/632
第三节　官办民用企业的出现　民族资本主义的产生/635

第四节　中国沿边遭受侵略和中法战争/638
第五节　中日甲午战争/642
第六节　民族危机和社会变化/648
第七节　资产阶级维新运动——戊戌变法/657
第八节　民族危机加深和义和团反帝运动/664

第十一章　近代时期下(1901—1919年)/672
第一节　20世纪初年革命形势的发展和资产阶级革命政党的成立(1901—1905年)/672
第二节　同盟会成立后革命形势的发展/679
第三节　武昌起义和清王朝的覆灭　中华民国临时政府的成立/686
第四节　辛亥革命前后的蒙古和西藏/690
第五节　袁世凯窃取政权和二次革命　洪宪复辟和护国战争/693
第六节　北洋军阀的黑暗统治和帝国主义在中国的争夺/701
第七节　社会经济的变化和工人阶级的壮大/706
第八节　近代中国的文化思想/710
　一　早期今文学派影响下经学、史学和文体的变化/711
　二　鸦片战争和太平天国革命时期的文化/713
　三　太平天国革命失败后封建文化的日益没落/714
　四　19世纪末年的新学/716
　五　20世纪初叶的中国文化思想/720
　六　五四以前的新文化运动/722

第七章
五代十国宋辽金元时期

第一节 五代十国

一 五代的更替

后梁、后唐、后晋 出现在 10 世纪前半期的五代十国,是开始于 8 世纪末的藩镇割据局面的延续;但从这时起,一个走向统一的趋势也开始出现了。

朱温在 907 年篡夺了唐朝的政权,建立了后梁。后梁王朝共有 16 年的寿命。在这 16 年中,后梁政府对人民一直是横征暴敛,残酷压榨。

朱温不断地南征北战,征战的目的主要在于掠夺。他出兵淮南,进攻杨行密,从吴的地区掠夺了数以万计的耕牛,又把这些耕牛以苛刻的条件出租给后梁统治区内的农民,令其按年交纳牛租。912 年,朱温领兵和李存勖争夺蓨县(今河北省景县),蓨县的农民"荷耝奋梃",迎头痛击朱温,使他不得不抛弃了大量的军资器械,狼狈逃回贝州(今河北省清河县)。

由于后梁统治者的残酷压迫和剥削,后梁统治区域内的阶级矛盾一直很尖锐。920 年后梁皇亲朱友能做陈州的刺史,"恃戚藩之宠,动多不法",陈州的农民便在毋乙和董乙的领导之下起而反抗。起义群众千余人,首先对附近乡村中的豪强地主给以打击,然后攻打州县城镇。到这年秋季,起义军控制了陈、颍、蔡三州,并且屡次打败后梁派来镇压的军队。到这年十月,后梁出动了全部禁军,并调集了好几个州郡的地方军队,对起义军"合势追击",起义军失败了。

后梁在农民起义军的不断打击下,在和李存勖的长期混战中,实力日益削弱,到 923 年便被李存勖推翻了。

在923年以前，李存勖已经把华北地区纳入他的统治范围之内。923年他到洛阳建立了后唐，把统治范围扩大到后梁统治的全部地区。925年，后唐出兵四川，灭掉前蜀，并且打算以"舟师下峡，为平吴策"。但是在灭了前蜀之后，后唐最高统治集团内沙陀贵族之间的矛盾斗争日益剧烈，平吴的愿望未能实现。到936年，在太原的石敬瑭，以出卖燕云十六州的土地和人民为代价，向契丹请来了援兵，把后唐推翻，建立了后晋。

契丹南侵和后晋人民反契丹的斗争 契丹贵族取得了燕云十六州以后，日益加强对后晋的压迫。石敬瑭死后，契丹贵族便于944年春，从幽州和云中两路南犯。由于在德州、贝州等地遭到了"乡社兵"的迎头抗击，撤兵而归。

946年九月，契丹贵族再次大举南犯。后晋派去抵御的军队纷纷降敌，到岁末，契丹便攻陷了后晋的都城开封。契丹皇帝耶律德光于947年春在开封又举行了一次即位仪式，改契丹国号为辽。辽的统治者对华北和中原人民进行了残暴的统治和掠夺：一、派兵四出抢掠物资，称为"打草谷"，开封及其四周几百里内民间财货和牲畜几被抢劫一空。二、派人在开封及各州县搜括钱帛，砍伐林木。三、把华北和中原地区的州县官吏尽量换用契丹贵族或其他少数民族中的贵族，或投靠契丹贵族的汉人，让他们到各州县去横征暴敛。

这时，后晋王朝已被推翻，后晋的军队也几乎全部瓦解了；在太原的刘知远也采取依违观望的态度，不敢抗击契丹军；后晋统治集团当中未被契丹俘虏去的高级官僚，也纷纷投降契丹。但是各地汉人却群起反对契丹贵族的统治。他们多者几万人，少者不下千百人，攻克州县城，斩杀契丹统治者新派的官吏。河南的归德、安徽的亳州、山东半岛的密州（今山东诸城）、河北的重要军事城镇相州（今河南省安阳）和澶州（今河南省濮阳），都被起义民兵攻占了。另外，河北的定州还有孙方简等领导的起义军，山西、陕西还有王易、侯章等人领导的起义军，他们也都给予契丹侵略者沉重的打击。

在受到起义民兵的强烈打击之后，契丹皇帝耶律德光便被迫在947年三月从开封撤退，在撤退的途中，耶律德光病死在河北栾县的杀胡林。

这次汉人的武装反抗，不但把契丹贵族及其南侵军赶出中原和华北，且使契丹贵族从此不敢长驱直入到黄河以南，终辽之世，契丹也不敢把首都迁到燕京。

后汉和后周 947年春，刘知远乘契丹兵马撤退之时，在太原称帝。以后迁都开封，是为后汉。

刘知远只做了十个月的皇帝就死了,其子继位不久,河中、长安、凤翔三镇连衡抗命。后汉派遣郭威出兵讨伐,经过一年多的时间才相继平定下去。此后不久,后汉统治集团内部发生矛盾,将相之间相互为仇,皇帝也因将相的事权过高,"厌为大臣所制",而把"总机政"的杨邠、"典宿卫"的史弘肇、掌财赋的王章一起杀掉,并派人往邺都(即魏州大名府)去谋害郭威,以致激起郭威叛变。950年冬,郭威举兵南向,攻入开封,推翻了后汉王朝,于951年正月即位建元,是为后周。

在刘知远建立后汉王朝之前,其弟刘崇即与郭威因争权而有隙。到郭威在后汉政府当权之日,刘崇正做太原留守,他借防备契丹为名,募勇士,缮甲兵,实府库,罢上供财赋。及郭威称帝,刘崇也称帝于太原,占有河东地区的并、汾、忻、代等12州之地,是为北汉。

北汉是十国当中唯一的在北方的国家。

五代时期中原地区的农业生产 10世纪前半期,中原地区的农民一直处在战乱之中,但他们还是在艰难困苦的条件下坚持生产。在梁末帝和李存勖对垒于河上之日,河南之民虽困于辇运,仍然不肯流亡①。

洛阳及其附近的几个州郡,从9世纪末到10世纪20年代,前后40年,都在张全义的统治之下。这一地区,在9世纪后期屡经战乱,"县邑荒废,悉为榛莽。白骨蔽野,外绝居人"。张全义"率麾下百余人"到那里去做地方官,首先在洛阳所属的18县中招集农户,令其耕种,并于最初几年内免其租税和关市之征。"刑宽事简,远近归之如市。五年之内,号为富庶。"这里的农民得到了能够从事生产的条件,"田夫田妇"都"相劝以力耕桑为务"。彼此之间也能够互相帮助:如有某家缺人少牛,不能耕锄,其邻伍便相率助之。"是以家家有蓄积,水旱无饥民。"后梁政权统治时期,"外则干戈屡动,内则帑庾多虚",其军政费用主要就是从这里的农民身上榨取来的②。

953年,后周下令把前此由政府出租给农民的官田,全部拨归耕种的农民所有,作为他们的永业田。农民们原来所住的庐舍和所使用的牛畜农具,也全归农民所有。又废除从后梁时沿袭下来的"租牛之课",减轻农民的负担。得到土地的农民,都在各自的田地上修造房舍,种植树木,尽可能使地力得以发挥,因而使生产得到较快的发展。周世宗柴荣继位之后,对于佛教的剃度僧尼加以严格限制;把后周统治区域内的寺院的90%以上废为民

---

① 《旧五代史》卷一四六《食货志》。
② 张齐贤《洛阳搢绅旧闻记》卷二《齐王张令公外传》。

居,共达三万多所;亦毁掉铜佛像而改铸为钱。这些措施都是有利于恢复生产的。

周世宗试图结束割据局面　与恢复生产同时,周世宗在政治和军事方面也作了一番整顿。特别是在军事方面,他把骄兵悍将们飞扬跋扈的局面基本上扭转过来。接着,他便开始了"混一"中国的军事行动。

这时后蜀割据四川,并且占据了陇西的秦、凤、阶、成四州,周世宗为了进取四川,首先把这四州攻克;他又对南唐用兵,取得了淮南、江北的14个州;对契丹用兵,收复了燕云十六州中的瀛、莫二州。但是周世宗并没有完成"统一"中国的事业,他在959年北伐契丹的战役中得了重病,这年夏间就病死了。960年正月初,赵匡胤推翻后周,建立了北宋政权,结束分裂割据局面的历史任务,便由北宋政府去承担了。

二　南方的九个割据王国

吴和南唐的更替　农业生产的恢复和圩田的出现　9世纪末,江淮之间先后有高骈部将的厮杀,秦彦、毕师铎和杨行密等人的相互争战,一连六七年都处在战乱的灾祸当中。战争迫使这里的人民纷纷向外地逃亡,致使属于这一地区的"八州之内,鞠为荒榛,圜幅数百里,人烟断绝"①。后来杨行密在这一地区建立了吴国,为使这种残破荒凉局面能得到改善,他不得不把战争停止下来,和相邻的割据势力保持互不侵犯的关系,并且采取一些措施,招回流亡的人民,把这一地区的农业生产恢复起来。

937年,李昪灭吴,建立了南唐。南唐的统治者,把地盘扩大到江东、江西、湖北以及浙江和湖南的一部分地区。他们仍然继承吴的"与民休息"的政策,鼓励农民多多垦种,栽桑养蚕。有时还提高农产品和丝织品的价格,借以刺激生产。农民得到了能够从事生产的最低条件之后,不到十年的工夫,就使这一地区的大部分荒地重新垦辟出来,凡可以种桑的地方也很少再继续闲废了。而且,在大江南岸水渠较多之地,农民们还创造了一种圩(围)田。江东水乡河身较高,田在水下,这里的农民便在河渠两岸农田周围筑成堤坝,内以围田,外以隔水。每一圩方圆几十里,像大城一样。沿堤有许多闸门(斗门),旱则开闸引水入圩,以收灌溉之利;涝则关闭闸门,以避泛滥之灾。这样就在很大程度上加强了抗拒自然灾祸的能力,使农产物

---

①《旧五代史》卷一三四《杨行密传》。

的收成能得到较多的保证。

吴越农业的发展 浙江流域以至太湖周围的 13 州之地,是在吴越控制之下的。唐末农民大起义时,钱镠在杭州一带组织了地主武装,对起义军进行镇压,到后来,他便凭借这支力量,在上述地区建立了一个割据王国,叫做吴越。钱镠和他的继承人都没有过分地加重人民的徭役和赋税的负担,也没有发动频繁的战争,因此,在吴越统治的八十多年中,这一地区的经济得以平稳发展。

从浙水两岸到太湖周围,河渠、港汊、湖泊很多,农民尽量地利用了这些优越的自然条件,经过几十年的努力,这一地区的河流大都修造了堤堰和闸门,可以用人工控制水流,使其蓄泄有时。在遭逢水旱灾害时,就可以得到适当的调剂。

吴越地区的农民也同样修造了很多圩田。吴越的统治者还分拨一部分军队去屯驻在明州(今浙江宁波)和苏州等地,称为"营田都",把政府在这些地区所控制的水田一律修造了圩岸,从事耕种。

在钱塘江的入海处,两岸的田地经常遭受海潮的冲击,淹没在咸潮中。那一带的农民,早在五六世纪时就已修筑了"防海大塘",但总是随修随坏,不能持久。到吴越统治时期,他们创造了一种"石囤木桩法":编竹为笼,把石头装在笼内,积叠为堤,再于其外打大木桩加以维护,是即"捍海塘"。

在西湖和太湖,吴越统治者都设有"撩湖军",经常负责修治和疏浚工作,这对当地的生产事业也发生了积极作用。

前蜀和后蜀 9 世纪末叶,唐朝委派在四川的几个军将,陈敬瑄、顾彦朗和王建等人,彼此兼并吞噬,互相火并了好几年。891 年,王建打败了敌对的势力,把四川的绝大部分地区攫为己有。到朱温杀掉唐昭宣帝而建立了后梁(907 年)之后,王建也在成都建立了一个割据王国,是为前蜀。

919 年王建死,其子王衍继位。王衍在成都扩建宫苑,土木之功,穷极奢巧。他自己荒于游宴,而把军国大政委于王宗弼和宋光嗣。这两人都"但益家财,不恤民事"①。有一个应制科考试的举子,在对策中描述说:"衣朱紫者皆盗跖之辈,在郡县者皆狼虎之人。奸谀满朝,贪淫如市。"②可见当时蜀中政治的黑暗。到 925 年,后唐出兵四川,把前蜀灭掉了。

---

① 《旧五代史》卷一三六《王衍传》。
② 《蜀梼杌》卷之上。

后唐出兵伐蜀,是受到蜀人的欢迎的①。但在灭掉前蜀之后,后唐统治集团内部的矛盾斗争便剧烈起来。后唐派去统治四川的孟知祥,利用时机,在四川逐步发展其势力,到 934 年,又在成都建立了一个割据政权,是为后蜀。

孟知祥称帝仅半年即死去,其子孟昶继位。孟昶统治的初期,以前蜀王衍的骄奢淫逸为戒,表示要"与民休息",但到他统治的后期,后蜀政府的当权者却大都是些贪污腐化的人。例如,宰相李昊"资货巨万,奢侈逾度";曾做过三任节度使的李处回,也是家资巨万,其财富能抵到后蜀府库所藏的三分之二②。

在前后蜀相继统治的五十多年内,政府的府库之积,无一丝一粒入于中原,所以财币充实。又因四川地区内没有发生过较大规模的战争,农民能够致力于生产,地主们得以坐享其成而日益富庶。地主家庭都竞相移住城市中,其子弟以至不识稻麦之苗,甚至以为笋芋都是生在林木之上。留在农村中的地主之家,也都是管弦歌舞,酒筵会聚,昼夜相接。

楚 9 世纪末在淮南与杨行密争城夺地的孙儒,在宣州城下被杨行密击溃之后,他的部将刘建锋和马殷率师转入湖南。10 世纪初,马殷已攻占潭、澧、衡、道等二十几州之地。后梁建立之初,封马殷为楚王,从此湖南就出现了一个独立小王国。

马殷感到自身的兵力不够强大,而四周都是敌国,遂极力结中原王朝为外援,使邻国不敢相犯。他在从湖南到河南的交通要道上的郢、复、襄、唐等州,都设置邸务,卖茶取利。他不征收商税,借以招徕四方商贾,但在境内只铸造铅铁钱行用,外地商贩出境不能通用,只有尽数贩运湖南的物产而去,"故能以境内所余之物易天下百货,国以富饶"。他又奖励民间种桑养蚕,"命民输税者皆以帛代钱。未几,民间机杼大盛"③。

马殷死后,诸子纷争不已,951 年南唐乘机出兵把楚国消灭。不久,楚的旧将周行逢等人又把南唐的军队赶走,周行逢从此控制了潭、朗、衡、永等数州之地,并把治所迁往武陵,依然是一个小小的独立王国。

闽 闽的建立者王潮和王审知兄弟,是河南固始人。他们乘黄巢的起义军把唐朝在东南诸道的统治力量打垮的机会,率兵入闽,占据了泉、汀等

---

① 《蜀梼杌》卷之上,张唐英《自序》。
② 《蜀梼杌》卷之下。
③ 《通鉴》卷二七四《后唐纪》三。

五州之地。唐昭宗任命王潮为福建的节度使。王潮死后,王审知即自称福建留后。后梁封王审知为闽王。王审知"起自陇亩,以至富贵,每以节俭自处。选任良吏,省刑惜费,轻徭薄敛,与民休息。三十年间,一境晏然"①。福建地区的经济和文化,在这期间都有所发展。

925年王审知卒,其子延翰、延钧相继立,延钧立未久,即称帝建元,国号闽。935年延钧为其子所杀。从此以后,王家子弟内讧不已,945年为南唐所灭。

闽的旧将留从效驱逐了南唐屯守泉州的军队,占有泉州和漳州,继续在那里割据称雄。史称"从效起自行阵,知人疾苦",还说他"常衣布素。涉猎史传,延纳名士,部内清治"②。留从效在泉漳二州的统治,一直继续到北宋建国之后。

南平 朱温在建立后梁政权时,其势力已扩大到荆州。他于即位之初就派高季兴去做荆南节度使。高季兴到荆州后不久,又占有归、峡二州。后唐初年,封高季兴为南平王。从此南平也俨然成为一个小小的独立王国。荆、归、峡三州之地物产不丰,高季兴和他的继承人便对四周称帝的各国"所向称臣,利其赐予"。当时吴与南唐相继建国于长江下游,控制了江淮间的交通孔道,南汉、闽、楚诸国对中原政权的进贡和贸易,都要假道荆州,北方商人贩茶也必须到荆州去趸买。荆州成为当时南北交通的枢纽,而且是最大的茶市。南平的统治者对于诸国过境的货物时常"邀掠","诸道移书诮责,即复还之,亦无惭色"。因此,诸国都把他们称为"无赖子"③。

南平是十国当中最小最弱的一国。

南汉　南汉统治区域内的农民起义 在广东地区,一个因参加镇压唐末农民起义军而起家的军人刘隐,从905年以来形成了一个以广州为中心的割据势力。随后他又把势力范围扩大,包有潮、容、邕、韶诸州。到917年,刘隐弟刘龑(岩)就在这地区建立了南汉国,并自称皇帝。

刘龑和他的继承人都很残暴荒淫,赋敛繁重,政刑苛酷,因而,从10世纪30年代之初,在广东的山区和海滨都出现了反抗南汉的武装起义。几年之后,这些分散的力量集合在博罗县人张遇贤的统一领导之下。张遇贤建号为"中天八国王",建元永乐,署置百官,并且出兵攻占了番禺以东的惠

---

① 《旧五代史》卷一三四《王审知传》。
② 路振《九国志》卷一〇《留从效传》。
③ 《九国志》卷一二。

州、潮州以及另外的许多县城。

942年,起义军转师北进,这时参加起义的群众已达十多万人。在越过大庾岭后即攻占了虔州(今赣州)的一些属县,屡次打败了南唐屯驻在虔州的军队。

起义军选择了虔州境内一个险要地方白云洞,在那里建造了宫室、官署和兵营,并以此为基地向四周发展。南唐政府急忙增调军队到虔州去镇压,并依靠当地的地主作向导,从白云洞的背后抄袭,又利用起义军内部的叛徒作内应,943年十月,张遇贤为南唐的军队俘获,起义军失败了。

第二节 北宋和辽的对峙时期

一 北宋的建立、巩固及其统一

五代十国割据局面的结束 960年正月,后周的殿前都点检赵匡胤在陈桥驿发动兵变,率领军队回到开封,夺取了后周的政权,建立了北宋。

北宋初年,在广州、泉州、成都、常德、江陵、杭州和金陵,都还存在着割据政权,在黄河流域的河东还有一个北汉,而建都在临潢府的辽国,更是在北边的劲敌。

北宋建国三年之后,就开始进行统一全国的战争。北宋的战略计划,是先消灭南方的几个王国,然后转移兵力,北向收复燕云等州。这是因为,北宋的最高统治集团认为,在建国之初,还没有足够的军事力量战胜强劲的契丹,只能在北边的国境线上配置一些足资防守的兵力,在那里采取守势;而南方的几个割据王国,占据的地方大都是物产丰富的地区,广州和泉州更是当时对外贸易的最大口岸,这些王国的实力又较薄弱,容易消灭,得到这些地区之后,宋朝的军政费用便会充裕,到那时才可以去收复燕云。收复燕云,是宋初最高统治集团北向用兵的终极目标,他们全不存在征服辽国的念头。

乾德元年(963年),北宋出兵两湖,灭掉荆南(南平)和湖南。乾德三年又出兵灭后蜀。开宝四年(971年)灭南汉。开宝八年灭南唐。稍后,又使用政治压力,迫使吴越的钱弘俶和漳泉的陈洪进相继纳土归附。

开宝元年(968年)、二年和九年,北宋都曾出兵进攻北汉,但这三次都因遇到辽对北汉的援兵,无功而还。到太平兴国四年(979年)宋太宗赵光义又亲率大军出击北汉,才把十国中的最后一国征服了。

专制主义中央集权的强化 在结束五代十国局面的过程中,北宋统治者着重考虑的问题有两个:一个是如何使唐末以来长期存在的藩镇跋扈局面不再继续出现,另一个是如何使北宋政权能长期巩固下去,不再成为五代之后的第六个短命朝代。

为防范藩镇割据局面的再现,北宋政府削减州郡长官的事权,不许他们兼任一个州郡以上的职务。州郡的财权和兵权也都收归中央政府。又规定州郡长官改由文人充任,长官之外另设通判,使其互相牵制。后来又把全国州郡划分为十五路,每路设转运使和提点刑狱等官,统称为监司,等于是中央政府的特派员,总管所辖州郡的财赋司法等事,也有监察辖境内州县官吏之权。这样,中央政府对于任何地方的任何事务,都可以直接行使权力。

北宋建国之后,宋太祖和宰相赵普等人就开始收夺高级将领的兵权,取消殿前都点检和副都点检,次一级的军官则用一些资望较浅、容易驾驭的人物充任,且时常加以易置和更调,使"兵无常将,将无常师",借以防范兵士和将领之间发生深厚的关系。军队的驻屯地区也时常更换,名义上是要借此使士兵"习勤苦、均劳佚",实际上是防范军队和某一地方结成不解之缘。

北宋政府的宰相机构称作中书门下,简称中书。为分担宰相事任且不使其事权太高,在宰相之下添设参知政事,并把晚唐五代时权宜设置过的枢密使和三司使定为常设官员,以枢密使负责军政大权,以三司使负责财政大权。枢密院和中书对称"二府",二府的正副长官称为执政;三司使则号称"计相"。枢密使的事权与统兵的高级将领互相牵制:高级将领虽统领军队,但发号施令之权则归枢密院;枢密院虽有制令之权,但枢密使并不统领军队。这样就使枢密使或高级将领都没有可能发动军事政变了。

对农民的防范、束缚和压制 北宋初年的最高统治者们认为:"国家若无内患,必有外忧,若无外忧,必有内患。外忧不过边事,皆可预为之防;惟奸邪无状,若为内患,深为可惧。帝王当合用心于此。"①这里所说容易成为内患的"奸邪",当然首先是指朝廷上的宰辅大臣和握兵权的高级将官而言的,上节所述宋初的各种官僚结构,其针对对象正在于此。但在此以外还表明了他们对于农民的反抗斗争怀着深重的恐惧心情。当他们制定对内政策时,如何防范和束缚农民使其不能起而反抗,也成为他们着重考虑的一个方面。

北宋沿用开始于唐后期的雇佣兵制度,并希图充分利用这种制度,把破

---

① 《杨文公谈苑》;《续资治通鉴长编》卷三二,淳化二年八月。

产的农民收容到军队中去,免得他们铤而走险,武装暴动。凡是发生灾荒的地方,宋政府就在那里大量招募甚至强制饥民入伍。他们认为,通过这样的做法就可以把兵和民截然分开,凶荒年份,纵有"叛民",却不至有叛兵;如不是凶荒年份而发生了兵变,当地农民也不至相从而起。然而,这样做的结果,就使得军队的数额不断增长。北宋初年的军队只有20万人,到仁宗庆历年间(1041—1048年),已增加为125万人了。

在统一南北方的割据政权以后,北宋统治者对于军队的使用、分布和屯驻,采取了"守内虚外"的原则,在边防地带依然只驻有仅仅可资防守的部队,把大部分军队驻屯在诸州郡的冲要地区,专力镇压各地的农民大众。

除了禁军之外,在每一州县还都有一定数量的厢军和弓手,分设总管、钤辖、巡检和"捉贼使臣"等职为之统领,专门负责"肃清所部",亦即完全是用在对内镇压方面的。而对于采矿和冶铸处所,聚集群众较多的地方,北宋统治者更加意警备,总是选一些最"得力"的人员去担任县尉、巡检等职务。

从唐代后期以来,各地人民多因宗教信仰,或因生产上和生活上的需要,相互结合为乡社。到北宋初年,在黄河流域和长江流域各地,都出现了很多这样的组织,有的且"设置教头,练习兵仗"。北宋政府对于这类组织,严厉地加以取缔。它对任何一点星星之火都会发生恐怖之感,唯恐其发展到燎原的猛烈程度。

二 北宋社会阶级结构 北宋政府的赋役剥削制度

北宋社会阶级结构 宋太宗晚年,北宋政府公布的全国民户数是四百一十多万,其后逐年有所增加,到11世纪80年代,已经是一千七百多万户了。

北宋政府把全国居民分作主户和客户两类。主户是指占有土地,有常产,承担赋役的户。官户和形势户也都包括在主户里边。客户是指住在农村,不占有土地,租种地主土地的农民。根据北宋政府多次公布的户籍数字平均计算,客户占总户数的35%左右,另外的65%左右则为主户。

宋代地租的交纳有"定额"和"分成"两种办法,比较普遍采用的是分成租。分成租一般都是"出种与税而后分之"①:佃客自有耕牛的,称作"牛客",耕种所得一般是和地主对分;无耕牛而需使用地主的耕牛的,称作"小

---

① 《欧阳文忠公集》卷五九《原弊》。

客",一般是要把收获物的六成以上交给地主。

就一般的情况说,客户不向政府交纳夏秋二税;但各地区都有不同名称的人头税,客户中的成年男子都要负担。修治城池、河渠、堤坝等徭役,也常常直接加派在客户身上。

北宋政府依资产高下把主户分作五等,其中占比例最大的是第五等户。依照北宋中叶河北路安喜县(今定州市)的情况说,第五等户占全部主户的2/3左右①。这一等级的民户,绝大多数是占有小块土地而仍然不能自给的半自耕农,他们还要租种地主的部分土地。他们既须向政府纳税,又须向地主交租。

客户和主户中的第五等户相加,其人口数量约占全国总人口数的80%以上。他们是当时社会生产的主要担者。男子则"寒耕热耘,沾体涂足,戴星而作,戴星而息";妇女则"育蚕治茧,绩麻纺纬,缕缕而积之,寸寸而成";然而每到收成时节,"则公私之债交争互夺,谷未离场,帛未下机,已非己有"②。所以,他们又是反对地主阶级的经济剥削和政治压迫的主要力量。

就当时北方的一般情况说,主户中的第四等户,每户的家产只值四五十贯上下,全部都应是自耕农民。在北方一个具有1.3万多户的县里,其第四等户为1600户,相当于全部主户的20%左右③。

主户中的第二三等户,是指占田在三顷以下以至不满一顷的人家,是当时的中小地主阶层。主户中的第一等户,都是占田在三顷以上以至几十顷几百顷的人家,是当时的大地主阶层。

北宋中叶,乡村当中的上三等户"乃从来兼并之家"④。当时全国已经垦种的土地,有70%被享有免税免役特权的官僚豪绅大地主们所占有⑤。

赋税徭役和其他征敛　　北宋农业税,分夏秋两次征收。宋初,一般是按照亩输一斗的定额课取谷物,有的地区(例如江南、福建等地)则沿袭十国分立时的旧制,每亩每年纳税三斗⑥。后来又改为夏税纳钱,秋税纳米,其

---

① 《长编》卷三六四载王岩叟元祐元年(1086年)正月所上疏,谓安喜县共一万三千余户,熙宁推行役法时,自第五等户升三千四百余户入第四等。疏中未明言该县原来共有若干第五等户,但升入第四等户之数目,估计最多不能超过原第五等户数的五分之二。依此推算,则原来应有第五等户八千五百左右,相当于全县户数三分之二。
② 司马光《温国文正司马公文集》卷四八《乞省览农民封事札子》。
③ 《长编》卷三六四,王岩叟元祐元年正月所上奏疏。
④ 《韩魏公家传》卷九。
⑤ 《文献通考·田赋考四》。
⑥ 《梦溪笔谈》卷九《人事·两浙田税亩三斗》;王之道《相山集》卷二四《论增税利害书》。

每亩所纳钱米之数各地依然不平衡。

在交纳赋税时,北宋政府还规定有"支移"和"折变"的办法:为了防御辽和西夏,北宋在北部和西北的边境上屯驻有大量的军队,需要大量粮饷,因此,规定河北、河东和陕西等路的纳税户都要把秋税谷物送到沿边的城镇中去,人畜盘费全须自备。这叫做支移。在不把税物支移的地方,纳税户也要按照税米数量每斗加纳脚钱。北宋政府虽然规定了夏税输钱、秋税输米,但有时以钱折麦,有时又将麦折钱;有时以钱折绢,有时又将绢折钱。这叫做折变。经过一再折变的结果,纳税户的负担就加重几倍。例如,陈州地区的夏税,原是交纳大小麦的,仁宗时忽然改令交纳现钱。当时当地的市价,每斗小麦为 50 文,政府却令每斗折纳现钱 100 文,另外还要附加脚钱 20 文,仓耗 20 文,共为 140 文,平白地把纳税户的负担加重了两倍[①]。

两税之外,还有丁口之赋和杂变之赋。前者是把五代十国各政权所曾征收的"身丁钱绢""身丁米麦""丁口盐钱""身丁钱米"之类沿袭下来而改用的一个总名;后者则是把五代十国征收的皮革、筋角、农具、鞋钱以及曲引等税目沿袭下来,"以类并合"而成的一个总名,也叫做"沿纳"。这二者,都必须"随同两税输纳"。丁口之赋不分主客户全须交纳,而且也常常采用"折变"的办法,使得交纳者的负担加重好几倍。

还有"和买绢帛"与"和籴粮米"。在实行"和买""和籴"之初,是按地产多少分别派定强制征购的数量,并付与一些价款;到后来,则都是"官不给钱而白取之"。更后,又把白取的绢帛或米粟折算为现钱而勒令民户交纳,变成纳税户的经常负担了。

南宋学者朱熹说:"古者刻剥之法,本朝皆备。"[②]其实,宋朝除把古代已有的剥削办法尽量沿用外,新添的剥削项目也很不少。

宋代的纳税户还要轮流到各级政府去服差役(也叫做职役)。当时的差役有以下几种:

衙前——主管运送官物或看管府库粮仓之类。

里正、户长、乡书手——掌管督催赋税。

承符、人力、手力、散从官——供州县衙门随时驱使。

耆长、弓手、壮丁——逐捕盗贼。

按照宋政府的规定,主户中的第五等户一律免役,上四等户则量其资产

[①] 《包孝肃奏议》卷七《请免除陈州折纳见钱疏》。
[②] 《朱子语类》卷一一〇《论兵篇》。

而分别给以轻重之役:例如,第一等户轮充衙前、里正,第二等户轮充户长等①。规定虽是如此,但官绅豪强大地主和僧、道、及第进士及军籍中人都可免役,真正轮流充任各种差役的,只是那些中级民户。充任衙前者如遇仓库财物或所押运的财物有伤耗损失,须负责赔偿,故凡轮充此役者大都不免于倾家荡产的后果。轮充里正者,如遇其乡里中有不能按期交纳或根本无力交纳赋税的,则须先为垫付或代为交纳,也往往是倾家而不能给。

繁重的税赋和差徭的负担既全部集中在中下等级的纳税户身上,这些民户为了逃避重负,或则去为商贾僧道,或则流亡佣作,其中的大部分则采用"诡名寄产"或"诡名子户"的办法,有的把田产的全部或大部诡称献纳于僧寺、道院,有的则假立契书,诡称典卖于命官形势之家,有的则又诡立好几个户名,把产业与人丁化整为零。总之,他们用种种办法使自己成为贫下单丁之户,借以避免纳税和服役。从宋仁宗时起,"诸般侥幸影占门户"和"诡名寄产、分户匿税"的事便已非常流行。到后来,每一正户之下往往有十几个子户。到王安石推行新法的时候,单在无锡县便查出了五千多家"诡名挟佃"的人家,而长洲县内的户长,为"诡名挟佃"户之加多而赔垫税钱有到二百余贯的②。其时淮南东西两路共查出不载入簿籍中的"诡名挟佃"户476000家③,两路共有88县,每县平均也是5400多家。

三 北宋社会经济的发展

农业生产的恢复和发展 北宋农民对国家负担的课税是相当繁重的,但和晚唐以前按丁口交纳租庸调相比,计亩纳税的办法总是稍好一些。"杂变之赋"也是极其沉重的,但名目和数量在大体上已经固定下来,和五代十国时期内随时随地都会增加无定名无定量的税捐相比,也要轻一些。

在实物地租占支配地位的情况下,佃户庄客对于地主阶级的人身依附关系也相应有所减弱。原来最和农奴身份相近似的僮仆,在北宋的法律上也承认他们是良人了。宋以前,只有地主能划夺佃户的租佃权,到北宋,法律上规定佃户在某种条件下,也可以主动地脱离甲地主而去佃种乙地主的土地。佃客在购买三五亩土地之后,也可以脱离地主自立户名。

---

① 《通考》卷一二《职役考》。
② 《长编》卷二四九,熙宁七年正月丙寅条沈括疏中语。
③ 《宋史·食货志·赋税》;《长编》卷三〇〇,元丰二年九月癸酉注。

上述种种虽不能改变佃农和仆隶所处的类似农奴的地位,但这样的一些改变,多少改善了佃农和仆隶的社会地位,他们的生产兴趣也因而会有某种程度的提高。

在农业生产工具方面,除草用的弯锄,碎土疏土用的铁耙,安装在耧车脚上的铁铧,在北宋的中原和华北地区都已普遍使用,这说明耕作程序的增多,也说明农民们更加注意于精耕细作。戽水灌田的龙骨翻车,已为南方农民普遍使用;南方山田的大量垦辟,又需要使用高转筒车作为引水上山的工具。湖北鄂州地区的农民还创制了一种秧马,农民们骑在秧马上劳作,可以减轻弯腰曲背的辛苦,而且可以把工作效率提高很多[1]。

在北宋王朝完成了统一南北割据政权的工作之后,宋太宗曾下诏给江南、两浙、荆湖、岭南、福建诸路州郡的长吏,令其劝民杂植粟、麦、黍、豆,缺少这类种子的于淮北州郡给之;江北诸州则令广种秔稻[2]。这就使南北农民的生产经验和农作物品种的交流,都得到了方便条件,使农作技术得到改进和提高。所以,北宋的统一对于农业生产的发展具有极其重要的意义。

由越南传入中国的占城稻,在北宋以前仅为福建地区的农民所栽种,到北宋初年,大量传入长江流域和淮水流域。占城稻的抗旱力强,成熟较快,这样就使江浙的某些地区有可能一岁收获两次。又因为它"不择地而生",使得种稻的土地面积扩大,谷物总产量大增。

长江下游各地,圩田的数量,在北宋时期也大有增加。在北宋中叶,单是从宣州到池州,就有千区以上的圩田。当时常用圩田的受害程度作为衡量水灾轻重的标准,可见其所占比重必已很大。当时江浙地区的稻田,平常年份的收获,每亩可得二石至三石。

在南方的多山地带,如福建、江西、湖南等地,农民开山为田;从北宋初年以来,福建境内的农民"缘山导泉",在山田里种植水稻。江西的抚州、袁州等地的农民,也都把岭坂开辟为禾田,层层而上,直达山顶,在那里"山耕而水莳"[3]。湖南潭州的农民也大量地垦辟山田"莳禾"。开山为田的结果,使北宋一代实际垦田的面积大为增加。

茶树的栽培种植,在北宋也有很大发展。当时淮南、江南、荆湖、福建诸路,都有不少州郡以产茶出名。由这些地区每年输送与北宋政府茶专卖机

---

① 苏轼《东坡全集》卷二二《秧马歌小序》。
② 《宋史·食货志·农田》。
③ 王安石《临川先生文集》卷八三《抚州通判厅见山阁记》。

构的,共为一千四五百万斤;而淮南的产茶地则是官自置场,督课园户茶民采制,其岁入数量尚不包括在上举数字之内;川峡路所产的茶,政府虽不许出境销售,但产量也很多①。

手工业 在北宋,独立手工业者的数量较前代加多了,矿冶、制瓷、丝织和造纸等手工业部门的发展都十分显著。

在采矿业中值得首先提出的是煤炭的大量开采。河东境内的居民多用煤炭作燃料②,其地贫民,在北宋前期即多以采煤出卖维持生计③,可知其用煤为燃料之历史已很久。北宋都城开封及其附近城乡的上百万户人家也用煤炭作燃料④。江西的丰城、萍乡二县山间的煤炭已被开采⑤。河南鹤壁市发现的北宋晚期的煤矿遗址,竖井矿口的直径达 2.5 米,深达 46 米左右,依煤层伸延开掘巷道。其中较长的 4 条巷道总长达 500 余米,并有排水井和木制辘轳等排除地下积水的设备⑥。

11 世纪初,河东转运使陈尧佐曾减免泽州(今山西晋城)大广的冶铁课数十万⑦,可见这一冶铁作坊规模之大。从其所在地推测,必是以煤为燃料的。

在河北邢台、安徽繁昌和福建同安等地,都曾发现过宋代冶铁遗址⑧。繁昌遗址的炼炉作圆形,用栗树柴作燃料,石灰块作溶剂。这样的遗址不制造铁器,是只炼铁块的作坊。

用煤冶铁的作坊很多。用煤冶铁,火力强,改进了铁的冶铸技术,提高了铁的质量,这对于改善农具所起的作用很大。苏轼在徐州西南山中发现了煤炭,用以冶铁作兵器,"犀利胜常"⑨。

铁的开采和冶炼,在宋代,有的是由地主豪绅经营,有的则由政府设监经营。前者役使的大都是所谓"流亡"和"逋逃",后者则是把各地被判决服

---

① 《宋史·食货志·茶(上)》;《长编》卷一〇〇,天圣元年正月癸未。
② 《通考》卷九《钱币考》二,载宋仁宗时李昭遘上言,谓"河东民烧石炭,家有囊橐之具"。
③ 《宋史》卷二八四《陈尧佐传》。
④ 庄季裕《鸡肋编》卷中有云:"昔汴京数百万家,尽仰石炭,无一家燃薪者。"
⑤ 《古今合璧事类备要》外集卷五五《灯火门》。
⑥ 河南省文化局文物工作队《河南鹤壁市古煤矿遗址调查简报》,《考古》1960 年第 3 期。
⑦ 《宋史》卷二八四《陈尧佐传》。
⑧ 任志远《沙河县的古代冶铁遗址》,《文物参考资料》1957 年第 6 期;唐云明《河北邢台发现宋墓和冶铁遗址》,《考古》1959 年第 7 期;胡悦谦《繁昌县古代炼铁遗址》,《文物》1959 年第 7 期;陈仲光《同安发现古代炼铁遗址》,《文物》1959 年第 2 期。
⑨ 据苏轼《东坡全集》卷一〇《石炭诗·小引》。

重役的"罪犯"发配到监中劳作。商州的一个铸铁监,在宋仁宗时,就有这样的罪犯两千多人。

丝织的技术水平,在宋代仍以四川地区为最高。宋太祖在乾德四年(966年)曾以平蜀所得锦工200人置绫锦院于开封。江南的丝织业,从北宋开始也已逐渐胜过北方。丝织物的花样和品种比前代增加了很多,染色技术的进步也很大。丝织品制作技术已经提高,特别是刻丝和刺绣,已经达到极其精致的程度。李觏(1009—1059年)曾描述当时丝织的盛况说:"平原沃土,桑柘甚盛,蚕女勤苦,罔畏饥渴。……茧簿山立,缲车之声连甍相闻。非贵非骄,靡不务此。……争为纤巧,以渔倍息。"①这可见,丝织业在当时虽还是农村的家庭手工业,但已不只是为了自给,有些已在从事商品生产了。在北宋还出现了一些独立丝织业作坊,叫做机户。机户中的劳动人手大都是一个家庭中的成员。豪绅地主以及北宋的各级官府,也有设置丝织作坊,前者除满足自身的消费外也生产一些商品,后者则完全供皇室贵族和高级官僚的消费之用。这两类作坊的劳动力都是雇募来的,官营作坊中的"募工"都要在手背上刺字②,私营作坊中的募工虽不刺字,其所受封建性束缚也很强烈。

瓷器的制造,在北宋一代,不论在产量或制作技术方面,都比前代有很大的提高。烧造瓷器的窑户,当时已遍布全国各地,各地所造瓷器且都已具有特点。其中最著名的,有河北的定窑,河南的汝窑,处州的龙泉窑,江西景德镇瓷窑等。据说设在郑州的柴窑,从五代末年以来就已能够烧制"青如天、明如镜、薄如纸、声如磬"的精美瓷器③。

瓷器是当时对外贸易的主要货物之一种,远销到日本、朝鲜、南洋诸国、印度以及阿拉伯、叙利亚、埃及等地。

北宋的造纸业和刻版印刷业,不仅在量的方面有普遍的发展,在技术上也有很大的提高。当时有很多城市分别采用竹子、大麻、檀、楮和木棉等不同原料,制造质地不同的纸张。福建的建阳、安徽的徽州、四川的成都以及江浙地区的许多地方,都已成为纸的著名产地。当时的一些书画家,有的定制各种特别精致的纸张和笺札等,有的人定作了印花笺,而且已开始采用两色套印的办法。

---

① 《李直讲文集》卷一六《富国策》三。
② 吕大防《锦官楼记》,见扈仲荣等编《成都文类》卷二六。
③ 谷应泰《博物要览》卷二。

北宋的中央政府和某些地方政府都刻印了很多书籍,私人出资刻书的也很多。开封、成都、婺州、杭州等地是当时刻版印刷业最发达的地方。

造船业在北宋也很发达。浙江的明州、温州、台州、婺州,江西的虔州、吉州,湖南的潭州、鼎州,陕西凤翔的斜谷等地,在当时都已成为造船业的中心。从北宋初年起,每年由这些地区为政府制造的漕运官船就有三千多只①,其所打造的民间自用船只的数目,必然更多。当时的海外贸易,中外商人所乘用的船只大都是在中国制造的,往来于印度中国之间的更几乎全部都是中国船只。这种海船的构造,下侧狭尖如刃,便于破浪,抵抗险涛骇浪的能力也比当时外国船舶为强。这可见,北宋时中国工人的造船技术,已经超越当时东西洋其他国家了。

商业 在农业和手工业都有很大发展的基础之上,北宋的商业也比前代有了更大的发展。

作为自然经济的一个组成部分,在北宋时期,南北各地的农村中,已出现了定期的集市——草市、墟市,或统称为坊场——进行小范围的地区性商业活动。凡属于米、谷、麦、豆、鸡、鱼、蔬、果、柴、炭、陶瓷用具、竹木什器、丝、绵、布、帛、衣、鞋、猪、羊、马、牛、驴、骡等等,都在坊场买卖。苏轼的诗说:"籴米买束薪,百物资之市。"②可见市集已很普遍。北宋政府已经把从这类坊场中征收的商税,和从大城市中所收的商税列为同等重要的项目,又可见市集交易在当时各地居民的经济生活中,在政府的财政上,都已占有相当的地位。

北宋首都开封城内的街巷当中,随处都有商铺邸店和酒楼饭馆之类,繁盛的夜市也早已在开封出现。当时的洛阳③、扬州、成都等大城市,其情况也和开封城相仿佛。在唐代的长安和洛阳城内,坊巷只是住宅区,黄昏后坊门锁闭,禁止夜行;商店都集中在市里,交易活动基本在市里进行,而且只能在白天进行。北宋的各大城市中,既突破了坊和市的界限,也突破了白昼和夜晚的界限。这说明,北宋时期的城市经济,较之唐代已经有了一种突破性的发展。

北宋时期的对外贸易,虽然大多只是取道于海洋,却比较唐的极盛时期

---

① 《宋会要辑稿·食货》四六之一,《通考》卷二五《漕运》。
② 《东坡全集》卷二四《籴米》。
③ 张齐贤《洛阳搢绅旧闻记》卷四《洛阳染工见冤鬼》条,谓开宝中洛阳即有夜市卖熟食等物。

还更繁荣一些。当时从中南半岛到南洋群岛以至阿拉伯半岛上的一些国家，都和宋有贸易关系。遇到这些地方的"蕃商"不来或来得较少时，宋廷就派遣使臣前去招致。从这些地方进口的东西，是香、药、犀角、象牙、珊瑚、琥珀、珍珠、翡翠、玳瑁、玛瑙、水晶、镔铁、蕃布、乌樠、苏木等物，大多是从自然界采集而来或稍微加工的一些物品；从中国出口的，则是金、银、铜、铁、铅、锡，乃至铜钱和各种丝织品和瓷器之类，全都是经过人工冶炼、织造或制作而成的一些物品。从双方交易的物品来看，也可证知当时中国的物质文明是居于世界领先地位的。广州、泉州、明州、杭州、扬州等城市，在北宋都是对外贸易的主要口岸。北宋政府在这些城市都设立了市舶司，专门管理对于进出口船舶的检查和抽税。市舶司从进出口的船只征收的税款和实物，也是北宋政府的一项重要财政收入。宋太宗时，政府府库中已充满了从海舶抽取来的珍异宝货，便在开封设置榷易署，增价出卖，每岁获利五十万贯①。后来，宋廷更以其中一部分向各地住户派销，换取金帛急需，资助政府用度。

纸币的出现 由于商品货币关系日益发展，北宋政府每年所铸钱币的数量虽已较前代大增，但仍不能满足社会的需求。在宋真宗初年，行使铁钱的四川地区便由几家豪富地主人家发行了纸币，叫做交子。其后不久，北宋政府收夺了私家发行纸币之权，由政府在成都设置专局，负责印制和发行纸币的事。此后，发行数量越来越多，行使纸币的地区也越来越扩大，北宋政府便在开封设置了交子务，专门负责纸币的发行。

行会 北宋时期，大城市当中的商人都按照不同的行业组成各种行会。政府则通过行会对商人进行控制和勒索。耐得翁的《都城纪胜》说："市肆谓之行者，因官府科索而得此名。不以其物大小，但合充用者，皆置为行。虽医卜亦有职医、克择之差占，则与市肆当行同也。"北宋的官吏有很多人是在暗中出资经营商业的，他们也在暗中对行会加以操纵。所以，北宋的商业行会是统治阶级中的官绅和豪商大贾们共同组成的。各行业的小商贩们在城市当中经常遭受到同业行会的欺压，因而也经常与之展开斗争，这也构成北宋城市中阶级矛盾的一个侧面。

手工业者的行会，或称为"行"，例如做鞋的称为"双线行"；或称为"作"，例如"金银镀作""油漆作""木作""腰带作"等。在手工业者当中，作坊主或店主、工匠和学徒，是三个截然不同的等级，这是封建等级制在城市手工业中的体现，所以手工业者的行会完全是一种封建性质的组织。它不

---

① 《宋史》卷二六八《张逊传》。

同于欧洲中世纪晚期的情况,不是在与封建地主官僚的对抗中成长起来的,而是自始就处在他们的操纵把持之下的。

四 辽和西夏的政治经济 北宋与辽、西夏的和战

辽的政治制度 耶律阿保机在建立辽国之后,就使用了从燕蓟地区俘虏去的许多汉族士人,如康默记、韩延徽、韩知古等人,仿照汉制为辽国制定一些典章制度。阿保机晚年,灭掉了东北方的渤海国,耶律德光即位后,又占有了燕云十六州。

辽国境内包括多种民族,这些民族的社会经济发展情况各不相同,一般说来,可以统括为两类①:一是"耕稼以食,城郭以居"的汉人和原属于渤海国的一部分人民;二是"渔猎以食,车马为家"的契丹人和另外的许多游牧民族。为了适应这种不同的生产方式和生活方式,在耶律德光统治时期,辽国便制定了一种胡汉分治的制度,即所谓"以国制治契丹,以汉制待汉人"。其具体办法是:统治契丹族和其他游牧民族一律适用契丹旧制,办事处所设在皇帝的牙帐之北,称为北面官;凡属于"宫帐、部族、属国"和"兵机、武铨、群牧"范围内的政务,都由他们负责。统治汉人和旧渤海国人则适用汉制,办事处所设在皇帝牙帐之南,称为南面官;凡属于"汉人州县、租赋、军马之事"和"文铨、丁赋之政",都由他们负责。

辽的地方行政区划,从阿保机时即已开始建置许多州县,后来在设官分职方面也"大略采用唐制",分设刺史、县令,也有节度使、观察使、防御使等等名号。

在辽的地方行政区划中,还有一种"头下军州"(亦称"头下州军")。这种州具有私属性质,都是辽的亲贵、外戚、大臣和所属部族首领立有战功的人,以其所分得的或所俘获的人口设置的。每个州大致都修建城郭,把所分或所俘人口聚居其中。所俘掠的汉人和渤海人,大部分都被安排在适于农耕的地区,有技艺的则使其从事手工业。这些从事农耕的头下户,一方面要向头下军州领主交纳实物地租,另外还须向辽政府交纳课税。头下军州的官吏,除节度使以外,都由其领主自行委派,州境内的税收,除酒税须交纳给辽政府外,其余全归于头下军州领主。

自10世纪末叶以来,在辽的行政上,中央集权的趋势已日益加强,前此

---

① 自此以下,主要依据《辽史·食货志》及《百官志》《营卫志》。

所建置的一些头下军州，或因其领主后嗣断绝，或因其领主犯了某种罪过，已逐渐收归中央政府直接管辖了。

辽的社会经济 辽上京临潢府（今内蒙古自治区巴林左旗林东镇南波罗城）周围地区，"地沃宜种植，水草便畜牧"①，阿保机把首都建置在这里，这种经济条件应是一个重要的因素。阿保机在建立辽国的前后，也把其"南攻燕、蓟所俘人户"分散置在潢水以北适合农耕的地方。攻下扶余以后，又把扶余的农民迁徙到临潢府以西的定霸县，"与汉人杂居，分地耕种"。这就不但使这一地区的农业劳动力日益加多，而且使汉族人民的农业生产技术和生产工具也流传到那里，对于这一地区的开发和农业的发展造成了有利的条件。

辽对所俘获的具有手工业技术的汉人，从阿保机时起，即尽量把他们安置在临潢府城内和述律后所领头下军州中。到燕云十六州归辽之后，"并汾幽冀之人"被安置在临潢府的更多，在临潢府城内，布帛绫锦等类作坊也出现了②。

临潢府的南城称为汉城，那里有店铺、街市，是商贩聚居之地。到这个首都来进行商贩的回鹘人很多，汉城里专有一个回鹘营作为他们的聚居之地③。

辽中京大定府（今内蒙古自治区宁城西大明城）的府城，是辽圣宗时从燕、蓟选拔了一批"良工"去修建的。中京道灵河（今大凌河）流域的一些州县，地生桑麻，辽前期的几个皇帝便都把"俘户"中的一些善于织纴的人安置在这里。河北的定州在唐代就是盛产丝绸的地方，辽世宗时就把从定州俘掠的一些民户集中安置在灵河流域，并建立弘政县（今辽宁义县境内）以居之。从此以后，"工织纴，多技巧"，便成为弘政县以及与之相邻的白川州（今辽宁朝阳县境内）的居民的特点。沿灵河一带的居民，只向辽政府输纳蚕丝或绢帛，而不交纳谷物，当时叫做"丝蚕户"④。辽朝每当派遣使臣往北宋去拜年庆寿或作别种交际时，多用白川州的绢帛作为赠送宋朝的礼物⑤，可见其地所产绢帛质量必较高。

中京道的泽州（长城喜峰口外）有银冶，柳河（今河北伊逊河）西北有铁

---

① 《辽史·地理志》。
② 《新五代史》卷七三《四夷附录》引胡峤《陷虏记》。
③ 《辽史·地理志》。
④ 路振《乘轺录》，载《宋朝事实类苑》卷七七。
⑤ 《武经总要》前集卷一六下《北蕃地理》。

冶。山区中林木繁茂,近山居民多以烧炭为业①。

辽的东京辽阳府所属各州县,大部分是渤海国的故地,那里"地衍、土沃",适于农耕,且有"木铁鱼盐之利"。辽灭渤海之后不久,便把渤海故地的遗民大量迁移到辽阳府境内②。这一措施,一方面是为了分化渤海遗民,便于进行统治,另一方面也是要使辽阳地区的农田能得到更多的人去垦种,其"木铁鱼盐之利"能得到更多的人去开采。10 世纪中叶的辽海地区,"编户数十万,耕垦千余里"③,其富庶已不下于燕云十六州了。辽圣宗时,燕京地区有一次连年饥荒,辽廷的臣僚有人建议,应当"造船,募民谙习海事者,漕运辽东粟以振燕"④。这个建议虽未被采纳,但却反映出辽海地区农业生产的富足情况。

辽的东北边境谐里河(今海拉尔河)流域,从耶律德光时就已开始经营农业。耶律德光把这一地区分赐给契丹贵族,令其前往垦种。其北部边境胪朐河(今克鲁伦河)流域,则是辽国为了抵御"西蕃"而置戍屯田的地方。辽道宗初年(11 世纪中叶),胪朐河流域的农业已经发展得很好,在其附近的一个边防城镇州⑤积谷达数十万斛,每斗谷只值数钱⑥。

北宋与辽的和战 宋太祖夺取政权之后,先向南方用兵,而在北边,则只在瀛州(今河北间)、常山(今河北正定)、易州(今河北易县)、棣州(今山东惠民)等重要军事据点配置重兵,从事防御。宋太祖还特地设置了一个"封桩库",贮积金帛,准备作为赎取燕云的费用,辽如不允赎取,就把这些金帛用作攻取燕云的兵费⑦。但在十国割据局面尚未完全结束之时,宋太祖便于 976 年死在斧声烛影之下了。

辽穆宗(951—968 年)是一个昏庸残暴的国王。他"畋猎无厌,嗜杀不已"⑧,对于国家的军政大事不甚理会。他在位时,契丹贵族不断发生内讧,在辽统治下的黄头室韦和乌古等部族,也不断进行反抗,而且,这种情况一直继续到辽景宗时(969—982 年)。所以,当北宋对辽采取守势期间,辽国

---

① 王曾《上契丹事》;《续资治通鉴长编》卷七九,大中祥符五年十月己酉条。
② 《辽史·太宗本纪》《耶律羽之传》。
③ 《宋史》二六四《宋琪传》。
④ 《辽史·食货志》;参见《辽史·圣宗纪》八,太平九年八月。
⑤ 《辽史·地理志》说:镇州在辽的上京西北三千余里,为回纥可敦城旧址。今按其地当为蒙古国境内之青托罗盖城,在东经 104 度、北纬 48 度交接点附近。
⑥ 《辽史·食货志》。
⑦ 《续资治通鉴长编》卷一九,太平兴国三年十月末记事。
⑧ 《辽史·穆宗纪赞》。

除曾几次出兵援助北汉外,对北宋也没有发动过军事攻势。

979年宋灭北汉,割据局面结束,宋太宗乘胜移师河北。幽州外围的易、涿、顺、蓟诸州都望风归附。六月下旬,宋太宗亲自指挥围攻幽州城的战役,十五日不能下。其后辽的援兵大至,横击宋兵于高梁河上,宋兵大败。

982年,辽圣宗继位,年方十二,母萧太后当政,宠臣韩德让(赐契丹名耶律隆运)握大权。宋太宗认为辽国"主幼国疑",正是可乘之机,986年又分三路出兵:以曹彬、米信为一路,率师出雄州;田重进率师由定州出飞狐;潘美和杨继业率师出雁门。宋太宗制订的作战计划,是用河北的两路军队把辽的大军牵制在幽州,使其不能兼顾右翼,潘、杨所领的一路兵便可以出雁门攻取云州,然后再从那里东进而与河北的两路宋军会师,夹攻幽州。但辽方在应战之初就已变被动为主动。萧太后和辽圣宗都亲到幽州,把主力也集中在这一路,大破曹彬军于涿州西南的岐沟关,并使田重进的一路也随之溃退。此后辽军即集中力量迎击潘美和杨继业的军队。宋廷急诏西路军队撤退,并令杨继业负责迁徙云、朔、寰、应四州人民于内地。而潘美和监军王侁却又逼迫杨继业去进攻朔州,杨继业率军至朔州南,为辽的伏兵邀击,被俘不屈,绝食而死。

宋朝两次发动攻势都遭到失败,便放弃以武力收复燕云的打算,只在河北平原上与辽方相持。宋人把河北中部的一些河道加以疏浚、沟通,使西起保州(今河北保定)西北、东达泥姑海口(今塘沽附近)的屈曲九百里之地,遍布塘泺,筑堤储水,借以遏制辽的兵马。

在宋朝改采守势之后,辽国对宋却又采取攻势了。1004年,萧太后、辽圣宗领兵大举南侵。宋朝大臣多主张迁都金陵或成都以避其锋,只有寇准等少数人力主抵抗,且力主宋真宗亲往前线督师,以振士气。宋廷遂把抗辽战争的军事部署全交寇准负责,宋真宗也与寇准等人同到澶州(今河南省濮阳县)前线去了。这时寇准倚重的将领,是在历次抗辽战斗中屡立战功的杨延昭和杨嗣等人①。杨延昭这时也上疏给宋真宗,主张乘辽国以大兵南下之际,袭取幽、易诸州,然而未被采纳。

宋真宗对于这次抗辽战争的信心是不足的。契丹贵族则因有辽太宗在947年南侵失败的经验教训,知道汉族人民不易制服,因而这次南侵,其目的只是想进行一次物资掠夺和政治讹诈。辽军刚到澶州境内,大将萧挞览即中宋军伏弩而死,辽军士气大挫。因此,在宋真宗抵达澶州之初,双方的

---

① 寇准《论澶渊事宜疏》,见《宋文鉴》卷四二。

议和活动就开始了。宋真宗只希望辽军能尽快撤退，遂应允每年向辽方输纳银 10 万两、绢 20 万匹，双方约为兄弟之国。这就是所谓澶渊之盟。

西夏的建立① 党项是羌族的一支，原住在今四川省西部边境内外。由于受到吐蕃的侵逼，在八九世纪内就逐渐向今甘肃省东部、宁夏回族自治区以及陕西北部一带移徙。迁到夏州（今陕西横山县境）的部落是拓跋氏。当黄巢在长安建立了政权的时候，这个部落在其酋长拓跋思恭的率领下，曾参加了唐朝围攻农民起义军的战役。拓跋思恭因此得到唐朝的赐姓和夏国公的封号。这一支党项人从此就据有河套以南的五州之地。直到北宋初年，这一情况并无改变。

宋太宗即位后，令其首领挈家入朝，企图消灭这一割据势力，这种做法没有成功，而党项首领李继迁却从此长期与北宋为敌，并结辽国为外援。辽国这时也愿和党项结成掎角之势以共困北宋，遂以契丹贵族女与李继迁结亲，并册封李继迁为夏国王。11 世纪初，李继迁攻占灵州（今宁夏灵武），并建都其地。灵州是北宋控制西北少数民族地区的枢纽，也是北宋购买西北边区马匹所必经之地，它的失陷，对宋的影响是很大的。

党项贵族所控制的这一地区的居民，主要是汉人和党项人。在党项族各部落移居这一地区为时已久之后，由于汉化程度的不同，也逐渐有了熟户与生户之分，各部落间也常互相攻打。到 11 世纪初，基本上都归附在李继迁的统属之下，其时党项人已有数十万帐（户）。

此时，河西的凉州（今甘肃武威）为吐蕃六谷部所占据，甘州（今甘肃张掖）为回鹘的一支所占据。宋廷在失掉灵州之后，便想与此两族首领联合，共同对付西夏。但到 11 世纪 20 年代末和 30 年代初，这两地先后被西夏攻占。这时西夏的首都也从灵州迁到黄河西岸的兴州（今宁夏银川市）去了。

1032 年，西夏国王元昊继位，继续向河西用兵，先后占领瓜州（今甘肃瓜州）、沙州（今甘肃敦煌）、肃州（今甘肃酒泉）。从此西夏国境"东尽黄河，西界玉门，南接萧关，北控大漠，地方万余里，倚贺兰山以为固"，在东西北三方面都不存在太大的军事威胁，于是专力对北宋采取军事攻势。

元昊仿效北宋政府的组织，建立了一整套官制、兵制，制定了官民的服式，立十二监军司，制定西夏文字，建立年号，更定礼乐。到 1038 年十月，便改称皇帝，正式定国号为大夏，表示与北宋完全处于对等地位。

---

① 以下主要依据《宋史·夏国传》。

西夏境土,共包括 22 州。居民除汉人和党项人外,还有吐蕃人、回鹘人、塔塔人等。当元昊建立官制时候,凡属左右侍从一类的,都由党项贵族中选用;凡是仿宋官制而设置的,中书、枢密、宰相、御史大夫以下,则参用汉人。

党项、吐蕃和回鹘的各部落人民,主要从事游牧,汉人则是农业居民。在河西和河外的 13 个州以及黄河东岸的灵州,都是"地饶五谷,尤宜稻麦"。甘州和凉州两地,水草丰美,极有利于畜牧经济的发展。两地小河较多,也富有灌溉之利。很早以前,灵州的官民就"支引黄河"修建了"唐来""汉源"诸渠。它们加强了抗旱和防涝的能力,虽不能像《宋史·夏国传》所说,已使这一地区"岁无旱涝之虞",但对于农业经济的发展却确实是极有利的。

在今陕西北部以至陕宁交界处的银、夏、宥、绥等州,土地是比较瘠薄的,且间有沙漠地带,不适于农耕,但山丘林木,对于畜牧则很合适。盐州(今宁夏盐池县)境内的乌池和白池所产的青白盐,色味俱佳,物美价廉,因得广泛销售于关陇各地,并从那里换取谷物,以补诸州境内居民食粮之不足。

夏州境内多山,元昊在称帝之后,即于州东设置了一个"铁冶务",制造甲胄兵器。从榆林窟壁画中的锻铁图来看,当时锻铁已采用了比较进步的竖式风箱的设备。而其所造甲胄,"皆冷锻而成,坚滑光莹,非劲弩不可入"①。

北宋与西夏的和战　自李继迁率领党项族的拓跋等部公开与北宋为敌之后,宋太宗屡次调兵遣将,想用武力把他制服,但因李继迁经常出入侵扰的几个州,都在西北边陲,山路险狭,并间有沙碛,北宋的行军转饷都很困难,故常因此而致失利。至道二年(996 年)春,北宋派军队护送粮草共 40 万石,束赴灵州,在州南浦洛河上为李继迁的伏兵截击,粮草全部被夺。这年八月,在宋太宗亲自部署下,由李继隆统五路兵去解灵州之围,诸路兵的进程参差不齐,有的"失期不至",接战之后,双方互有胜负,最后战于乌白池,李继迁被北宋军队打败,才撤离了灵州。宋廷在采取军事解决办法的同时,还采取了经济封锁的办法。从淳化四年(993 年)开始,禁止把青白盐输入关陕地区销售。这一办法没有收到宋廷所希望的效果,反而使沿边倚靠贩卖青白盐为生的大量熟户"无以资生",被迫投到李继迁的军队中去了②。

德明继位为夏国王时,宋夏鏖兵已经 20 年了,这时西夏正要集中全力

---

① 田况《兵策十四事》,见《宋朝诸臣奏议·御边门》及《长编》卷一三二。
② 同上。

攻取河西州郡,所以改变策略,与北宋修好,要求宋廷承认其在西北诸州郡的统治权,按年给予一定数量的物资,取消青白盐的禁令,并开设互市榷场。宋廷应允了这些要求,于景德三年(1006年)册封德明为西平王,每年给予银万两、绢万匹、钱二万贯。在陕西的保安军(今陕西延安境内)设置榷场,"以缯、帛、罗、绮易驼、马、牛、羊、玉、毡、毯、甘草,以香、药、瓷漆器、姜、桂等物易蜜、蜡、麝脐、毛褐、羱羚角、硇砂、柴胡、苁蓉、红花、翎毛。非官市者,听与民交易。入贡至京者,纵其为市"。到宋仁宗即位后,又于宋夏交界处增设了三个榷场。榷场以外,民间贸易也很频繁,出现了"商贩如织"①的情况。

德明死,子元昊立。元昊"性雄毅,多大略",是一个野心勃勃的人。当他继位时,河西地区已全部并入西夏的领土之内,经济方面和军事方面的实力都已较前雄厚得多,因此,他撕毁了已经维持了将近30年的宋夏和约,积极谋划对北宋进行军事侵犯。宋廷也停止了按年给予西夏的银绢和钱币,停止了沿边榷场的互市,双方民间的商贩往来也从此中断。

在康定元年和庆历元、二年内(1040—1042年),西夏每年都对北宋发动一两次大规模的军事侵犯,常常把宋军打得大败,宋的主将刘平、石元孙为夏人所俘,葛怀敏则死在阵上,每次被夏人所俘或死在战场上的士卒都在万人上下。官私庐舍被西夏军队焚毁,人民和牲畜被西夏军队屠掠的,不计其数。

自元昊启兵衅以来,北宋调集到西北边境上的禁军已及20万人,所调西北各州郡的乡兵和厢兵总计也不下此数。因此,在历次战役中虽都败于西夏,而每一次却都能迫使西夏军队不得不撤退。西夏虽然打了胜仗,并得不到实际的胜利果实。和过去依照和约和通过榷场互市从北宋方面所取得的物资相较,实在是得不偿失。而且,由于民间贸易的中断,西夏人民生活所必需的茶和布都很缺乏,他们遂厌恶战争,希望恢复和平互市。再加上辽国在辽夏接境处修治城堡,调集军队,有进攻西夏的迹象。因此,元昊在庆历四年(1044年)又表示愿与北宋重订和议。双方于当年议定:西夏取消帝号,仍由宋册封为夏国王,宋廷每年在各种名义下给与西夏银7万两,绢15万匹,茶3万斤,重开沿边榷场市易,恢复民间商贩的往来。持续了7年之久的宋夏战争,到此宣告结束。

---

① 宝元二年九月富弼奏疏中语,见《长编》卷一二四。

五 北宋前期、中期的阶级矛盾和农民起义

王小波、李顺领导的农民起义 根据北宋前期的记载,四川地区土地集中的情况特别严重,客户的数目高达全境人口的百分之七八十。豪强地主役使着几十、几百乃至上千家的"旁户"(佃客)。地主对待旁户,几乎是和奴隶主对待奴隶一样的。地主每年应向政府交纳的课税,都直接由旁户负担①。

北宋政府灭后蜀之后,对于四川农民的这种处境不但未作任何改善,还加强了对他们的剥削。它在成都设置博买务,迫令当地居民按期织作冰纨、绮绣等类精美丝织品,并严禁百姓、商人在市场上对这类东西进行买卖。到宋太宗淳化四年(993年)春,广大旁户就在王小波的领导之下,在眉州发动了武装反抗斗争。

王小波向农民宣告:"吾疾贫富不均,今为汝均之!"②这个口号反映了农民对于生产资料和生活资料的要求,因而得到了他们的拥护和响应,在起义后十天左右,参加的群众就达好几万人。攻占彭山县后,起义军把贪污害民的县令齐元振处死,并把县署所存金帛散发给群众。这些措施更受到贫苦农民的拥护,起义的队伍更加壮大起来了。

王小波在作战中受伤死亡,起义军推举李顺为领导人。李顺继续贯彻"均贫富"的主张,凡起义军所到之处,首先召集当地的"富人大姓,令具其家所有财粟,据其生齿足用之外,一切调发,大赈贫乏"③。

在起义的第二年春,起义军攻克成都,李顺即位称王,国号大蜀,年号应运。参加起义的农民都在面部刺上"应运雄军"四个字。这时,起义军所向州县,都"开门延纳,传檄所至,无复完垒"④。北起绵州,南到巫峡,其间绝大部分的郡县都已入于起义军的掌握之中。

宋廷听到起义军攻占成都之后,极为震惊,立即派遣两路大军,分别从长江和剑阁向四川进发。起义军想在宋军未到之前先把剑门夺取到手,把宋军阻截在这一险要关口之外。然而攻夺战竟没有成功,在这一战中起义

---

① 《宋会要·刑法》二之五,至道二年八月二十八日记事;《宋史》卷三○四《刘师道传》。
② 曾巩《隆平集》卷二○《妖贼》,王辟之《渑水燕谈录》卷八。
③ 沈括《梦溪笔谈》卷二五。
④ 同上。

军伤亡极重。北宋政府军遂得长驱入川。其后,李顺又调动20万起义军围攻梓州(今四川三台县),和宋军相持了两个多月,后来因为受到宋军的夹击,遭到失败,撤回成都。

从剑阁攻入四川的宋军,在994年五月围攻成都,起义军进行了英勇的抵抗,十多万人大部分壮烈牺牲,成都终于落入宋军手中。

这次的起义虽然失败,但是,成都的博买务从此取消了,这说明北宋的统治者受到了起义军的沉重打击;旁户这一称呼从此也永不出现了,这又说明在四川地区的封建生产关系上也多少得到了一些调整。

北宋中叶的阶级矛盾和小规模的农民起义 北宋初,土地侵占已成为严重的社会现象。太宗时,土地占有的情况是"富者有弥望之田,贫者无卓锥之地。有力者无田可种,有田者无力可耕"①。仁宗初年,更发展到"势官富姓占田无限,兼并伪冒习以成俗,重禁莫能止"②的地步了。土地集中的过程,就是农民们倾家破产、流离失所的过程。

北宋政府用恩荫和科举这两种办法,随时扩大它的内外官员的额数,它的雇佣兵的数字也在不断增加。官俸和粮饷,随之都成为庞大的财政开支。在和辽国订立了澶渊之盟以后,每年又须向辽国交纳银10万两、绢20万匹的所谓岁币。到11世纪30年代之末,为了抵御西夏的军事侵犯,调集大兵到陕西诸路,军费开支陡然大增。北宋政府每年从陕西地区征取的钱、帛、粮、草总数,前此本为1978万,而用兵以来,就增加到3390万,比原数增多了7/10左右③。其他各路也都有增加。

宋夏战争停止之后,加敛的数字未再减少。正当西夏犯边的时候,辽国又迫使宋廷把每年交纳的岁币,增为银20万两、绢30万匹,即较澶渊盟约所定数目增加了2/3。北宋政府只有依靠增加课税的收入,来解决这些问题。当时的官僚豪绅大地主阶层既都享有免税免役的特权,赋税的负担便都落在中小地主以至自耕农民的身上。这就促使广大的负担赋税者和统治集团之间的矛盾日益加深。中小地主的赋税负担,总是通过加重地租或出放高利贷而转嫁给佃农,这就促使农民阶级与地主阶级及北宋统治集团间的矛盾日益尖锐。从宋仁宗初年(11世纪20年代)开始,小规模的农民起义已经不断在各地爆发了。

---

① 《长编》卷二七,雍熙三年七月甲戌李觉奏疏中语。
② 《宋史·食货志·农田》。
③ 《宋史·食货志·会计》。以上均包括贯、匹、石、束之混合总数。

宋仁宗庆历三年(1043年),在河南、河北、山东、山西、陕西、四川、湖北、湖南、江西等地,都有小规模的农民起义,其中声势较盛的是王伦领导的起义和张海、郭邈山领导的起义。

王伦本是京东路沂州地方"捉贼虎翼军"中的一个士兵,他在庆历三年五月杀死巡检使朱进,发动兵变①,当地的很多平民都参加到这支队伍中去。王伦率领这支队伍由沂密两州向南移动,一度攻占了海州、扬州、泗州、楚州等地。王伦身着黄衫,"署置官吏",建立年号。到这年七月,北宋政府以数路兵力对王伦进行围攻,在历阳(安徽和县)把王伦的军队打败,王伦被俘牺牲。

庆历三年,陕西地区遭逢饥荒,这年八月,饥民一千多人在张海、郭邈山、李铁枪等人领导下起义。他们以商州为起点,环绕虢州卢氏以东和洛阳长水以西,后来更向南发展到襄、邓、荆南,活动于纵横千余里的地方。驻守光化军(今湖北老河口)的官军,在张海率众到达那里之后,也因受到起义群众的影响而哗变。起义军攻破州县,总是打开府库,分散财帛给贫民,并斩杀贪官污吏和最凶恶的地主。

这支起义军的活动,使得北宋统治集团极为惊惶。他们以为"天下之忧恐自此始",于是调集了上万的禁军追剿这支义军,在接战后却被起义军打得损兵折将,溃不成军。宋廷后来又"特立赏格",招募"敢死士",进行残酷的镇压。到这年年底,张海等人在作战中牺牲,大部分起义群众则化整为零,分散到各地去活动。

湖南桂阳监境内的瑶族人民,在庆历三年也起来反抗北宋的统治。

从湖南衡州的常宁县起,绵亘于桂阳监和郴、连、贺、韶四州之境的山岳地带,是当时"蛮"瑶族的聚居之地②。"蛮"瑶族的人民每年向北宋政府输纳皮、粟,并不交纳两税,然而山区不产盐,须向政府的专卖机构购买海盐。他们嫌官盐价贵,便成群结伙到岭南去贩运私盐,因此时常和驻屯当地的官军发生冲突。到庆历三年,有5000"蛮"瑶族人民,在盘知谅(本桂阳盐民,庆历初年为蛮所掳)③、唐和等人的率领下,从桂阳监蓝山县的华阴峒出发,开始了反抗宋政府的斗争,杀掉了北宋政府派驻当地的巡检和都监。北宋

---

① 《宋会要·兵》一〇之一四"讨叛",庆历三年五月记事。
② 此下皆依据《宋史》卷四九三《西南溪峒诸蛮传》、《长编》卷一四七庆历四年三月记事及《欧阳文忠公文集》卷一〇五诸奏章。
③ 《长编》卷二一三,熙宁三年七月癸丑条。

政府调集了大量军队到湖南去镇压,并定出了"捕杀赏格"。军队贪赏,对当地居民展开了血腥的屠杀,这又把常宁全县及其附近的居民全部逼上了武装反抗的道路。

桂阳、衡、永地区少数民族反抗北宋政府的斗争,一直持续了五年之久。到庆历七年,宋政府知道单凭武力征剿是不可能把斗争镇压下去的,便采用了"安抚"的办法,派遣官员到山区里去宣布"安抚"的条款,盘知谅、唐和等人接受了这些条款,这一场斗争才宣告结束。

庆历四年(1044年),河北保州(今保定)缘边都巡检司的军队,因为出巡的钱粮廪赐被取消而"据城以叛"。到庆历七年冬天,河北贝州(今河北省清河县)驻军中的一个士兵王则也发动了兵变,并且通过弥勒教的关系,和山东德(今德州)、齐(今济南)诸州的驻军也有联系。宋廷调集了数路兵力,并派遣参知政事文彦博到贝州主持围攻,经过了三个多月,才把这一事变镇压下去。

爆发在宋仁宗庆历年间的这许多次武装斗争事件,虽然并不都是农民的起义,然而,就连保州和贝州的兵变,也反映出北宋雇佣军中下层士兵与北宋统治阶级之间的矛盾。通过这许多次事变,使得北宋的最高统治集团认识到,他们已经处在危机四伏的情况之中,因而想找出缓和阶级矛盾的对策来挽救这一危机。庆历年间范仲淹的改革,以及后来王安石的变法,就都是这一时期阶级斗争的副产物。

六 庆历新政和王安石变法

庆历新政① 宋仁宗庆历年间(1041—1048年),阶级矛盾和民族矛盾都已发展到比较严重的程度,北宋统治集团中的一部分人,包括宋仁宗在内,感觉到若不采取措施缓和这些矛盾,北宋的统治便岌岌可危。

宋仁宗在庆历三年,分别任用范仲淹、韩琦、富弼、欧阳修等人担任了参知政事、枢密副使和谏官的职务,责成他们在政治上有所更张,以"兴致太平"。

范仲淹等人认为,当时最根本、最中心的问题是吏治问题,即内外官吏过于冗滥,其中老朽、病患、贪污、无能的人应当一律裁汰②。庆历三年,他

---

① 这一子目皆依据《长编》庆历三年和四年诸卷记事。
② 欧阳修《欧阳文忠公文集》卷九七《再论按察官吏状》。

们就这一问题公布了好几道诏令,规定:一、中外官吏必须按时考核政绩,依其政绩的好坏分别升降。二、对恩荫制度严格加以限制,使官位不至被已经掌权得势的集团所垄断。三、由中书和枢密院负责慎选各路和各州的长官,县官也得由中央政府的高级官吏负责保荐,择其举主多者尽先差补。四、对于科举制加以改善,"先履行而后艺业,先策论而后诗赋",并废除弥封糊名办法。另外还在各州郡设置学校,讲授"经济之业",以培养"经济之才"。他们认为,通过这样的一些措施,就可以培养和选拔出贤明能干的官吏,"庶几爱惜百姓,均其徭役,宽其赋敛",使百姓能够"各获安宁",不至再爆发反抗斗争。

庆历三年还颁布了关于"厚农桑"和"减徭役"的诏令。前者是,号召诸路州县的吏民向政府陈报有关农桑方面的可兴之利和可去之害,应开的河渠或应修的堤岸,凡属可行的,都由州县政府计定工料去修建。范仲淹等人认为,这一法令实施几年之后,便可使"农利大兴"、"下无饥岁",更主要的是,北宋政府此后在北方就可以买到大量的粮食,供官吏的俸禄和军队的给养,不必再全部仰赖于东南的岁籴,可以大大节省漕运的费用。后者是,要把人口较过去减少了的县份加以合并,或者改县为镇,以便减少在县衙中服职役的人员,令其还乡务农。

在当时错综复杂的矛盾中,最主要的是农民阶级与地主阶级的矛盾,然而范仲淹等人却把改善吏治作为最关键、最中心的一环,很明显,他们并没有找到真正的关键问题。但是,这些法令毕竟还是触犯了当时上层官僚的利益,因而在陆续施行的过程中,随时都遭遇到他们的阻挠。反对者的谤议愈来愈甚,最后,甚至说范仲淹与韩琦、富弼、欧阳修等人结为朋党,这就构成了皇帝最不能容忍的罪状。在庆历四年的下半年,范、韩、富、欧阳诸人被排斥出中央政府,推行不及一年的"新政"也在此后明令废罢了。

王安石变法 "庆历新政"是失败了,严重的阶级矛盾并未稍得缓和。在这样的情况下,王安石于嘉祐四年(1059年)上书给宋仁宗,要求他对现行法度大加改革,并且说,不这样做,汉末张角和唐末黄巢"横行天下""变置社稷"的事说不定又要发生了。这一封言事书受到了一般士大夫的称赞,却没有从最高统治集团中得到任何反应。

嘉祐八年宋英宗继承帝位。宋英宗是一个"有性气,要改作"[①]的人,但即位以后,因受到仁宗的曹皇后的牵制,不能有所作为。治平四年(1067

---

① 《朱子语类》卷一三〇《自熙宁至靖康用人》。

年),宋神宗继位,向元老重臣富弼等人征询富国强兵和制胜辽与西夏之策,他们规劝神宗,在20年内不要提及"用兵"二字①。宋神宗从此不再倚靠这班元老重臣,而把"负天下大名三十余年"的王安石召入政府,用为参知政事,要倚靠他来变法立制,富国强兵,改变积贫积弱的现状。当时,人们对王安石的期望很高,都以为只要他能登台执政,"太平可立致,生民咸被其泽"②。

在王安石看来,北宋国家贫困的症结,不在于开支过多,而在于生产过少,生产少则民不富,民不富则国不强③。而农民④之所以贫困和不能从事生产,一方面是由于兼并之家"侵牟"和"蚕食细民"⑤,另一方面则是由于政府只把繁重的徭役加在农民身上,却不帮助他们兴修水土之利⑥,不在播种收获时候补助其不足⑦。因而,王安石所提出的解决办法,是"因天下之力以生天下之财",即动员所有的劳动力去从事生产,以发展社会生产。而为了使农民有从事生产的条件,又必须"摧制兼并",减免徭役⑧,耕敛时节加以补助,并"为之修其水土之利"。根据这样的一些认识和主张,王安石和吕惠卿、曾布、章惇等人,从熙宁二年(1069年)开始,先后制定和推行了以下的一些"新法"。

一、均输法——为了供应皇帝、皇族和中央政府的消费物资,北宋政府从其初年以来,除征收税赋之外,还在东南的江、浙、荆、淮六路设置了发运使,命其总管购买物资和运往开封等事。发运使只是机械地按照规定办事,"丰年便道,可以多致,而不敢取赢;年俭物贵,难于供亿,而不敢不足"。且多求于不产之地,责于缺乏之时。行之多年,弊端丛生:"远方有倍蓰之输,中都有半价之鬻";富商大贾乘机操纵物价,获取暴利;农民深受其苦。为了革除这一弊端,王安石创立了均输法,责成发运使必须周知六路的生产情况和北宋宫廷的需求情况,依照"徙贵就贱,用近易远"的原则,不但必须在生产地采购,且尽可能在路程较近的生产地采购,借以节省价款和转运的劳

---

① 邵伯温《邵氏闻见录》卷五《熙宁初富公再相》条。
② 《温公集》卷六〇《与王介甫第一书》。
③ 《临川文集》卷一《上仁宗皇帝言事书》、卷四一《本朝百年无事札子》。
④ 王安石所说的"农民",包括中小地主的。
⑤ 《长编》卷二二三,熙宁四年五月丙午条;卷二三七,五年八月辛丑条。
⑥ 《临川文集》卷四一《本朝百年无事札子》。
⑦ 《长编》卷二一三,熙宁三年七月癸丑条。
⑧ 《长编》卷二二〇,熙宁四年二月庚午条。

费。此外，还使发运使能够斟酌某时某地的具体情况而适当地作些权宜措施。

均输法实施之后，北宋政府的物资需求和东南财富之区的物资供应得到了较好的配合，纳税户的许多不合理的额外负担，稍稍有所减轻，政府的财政收入却反而较前增多了。

二、农田水利法——各地湖港、河汊、沟洫、堤防之类，凡与当地农业利害相关，需要兴修或疏浚的，均按照工料费用的大小，由当地住户依户等高下出资兴修；私家财力不足的，可向州县政府贷款。凡可供共同利用的水渠而被豪强兼并之家垄断了的，须重新"疏通均济"①。

这项法令推行了六七年后，全国共兴修了较大的水利工程一万多处，灌溉的土地三千六百多万亩。疏浚的河汊、湖港之类不计其数②。

三、青苗法——在每年的正二月和五六月，各州县政府分两次贷钱或粮食给农村住户，利息二分③。贷借数目依户等高下分为五等，第一等户借十五贯，下至第五等户借一贯五百。春初的贷款，随同夏税于六月内归还；夏季借贷的，随同秋税于十一月内归还④。

推行此法的目的，是要使农民在耕种、收获时节不至缺乏种子和食粮，因而可以"赴时趋事"；使兼并之家不能"乘其急"，"以邀倍息"⑤。上等户也要依照定额借贷、纳息，则是为了要"多取于兼并豪强，以宽济贫弱"⑥。

四、募役法——废除了前此依照户等轮充州县政府职役的办法，改为由州县政府出钱募人应役。诸路州县每年预计应用募役费用若干，由管内住户照户等高下分摊。原来轮流服役的人家所交纳的，叫做免役钱；原来享有免役特权的品官形势之家，以及女户、僧道户和未成丁户，也都得依照户等交纳，叫做助役钱。在募役应用的正数之外，还要多收20%，叫做免役宽剩钱。遇到严重灾荒时，便不向民户征收役钱，即以宽剩钱供募役之用⑦。

募役法的推行，使原来轮班充役的农村居民回乡务农，使农业生产能得到较多的劳动人手。它还规定官户、僧道户等都与民户一同按田产多寡交

---

① 《宋会要·食货》一之二七至二八。
② 《文献通考·田赋考》六《水利》。
③ 《宋会要·食货》四之一六至一七。
④ 同上。
⑤ 《宋史·食货志·常平义仓》。
⑥ 《长编》卷二二三，熙宁四年五月庚子记事。
⑦ 《宋史·食货志·役法上》。

纳役钱。从此以后,开封附近诸县原来轮充差役的中等人家,每年只出役钱三贯左右①。

五、方田均税法——对各州县已经垦种的土地作一次清查,以四边各千步作为一方,进行丈量。丈量后,先核定某户占有土地若干,然后依照土地的高下、厚薄分为几类,分别规定每亩的税额②。

到宋神宗元丰八年(1085年),已经丈量过并规定了税额的土地,将近250万顷,约为当时纳税土地的半数。

北宋的官僚豪绅地主,很多是有产而无税的,而农民则常常产去而税存,这严重地影响了北宋政府的财政收入。通过方田均税法的施行,把产权履亩查明,使赋税的负担与土地占有的实况相符合,政府的田赋岁入也得到了保证。

六、市易法——在开封设置市易务,由政府拨付资金180万贯,供收买货物和各行商贩借贷之用。市易务收购市场上滞销的货物,待至市场上需要时,商贩即可向市易务交纳抵押物品,成批地赊购出去,进行贩卖。贷款和货价,都于半年或一年之后,加息一分或二分,偿还市易务③。后来又在杭州、润州(今镇江)、长安、凤翔等城市内陆续设置市易务,都依照开封市易务的成规办事。

市易法的推行,在很大程度上使豪商大贾们垄断市场的权利受到了限制,商业方面的"开阖敛散"之权大部分都移到了北宋政府手中。小商贩不至随时遭受到大商人的欺压,货物价格也不至随时发生人为的大起大落,这对于当时商品经济的正常发展是有好处的。

七、将兵法——在"强兵"的问题上,王安石执政之后,首先在西北的泾、渭、仪、原四州驻军中设置负专责操练军队的将官,选择武艺精良的军官充任,分番教阅戍守当地的军队④,称为"将兵法"。后来又向黄河流域各路推行,每路分为若干单位,每一单位设置将与副将各一人,选用武艺较高、作战经验较多的军官充任,专负训练军队之责⑤。稍后,便将此法向全国各地推行。在此以前,北宋政府所豢养的上百万的职业兵,终年只是"饱食安坐

---

① 苏辙《栾城集》卷四三《三论分别邪正札子》。
② 《通考·田赋考》四。
③ 《宋会要·食货》三七之一四、一五;《长编》卷二二一,熙宁五年三月丙午记事。
④ 《长编》卷二一三,熙宁三年七月丙申记事。
⑤ 《长编》卷二五六,熙宁七年九月癸丑记事。

以嬉"①,以至连每次领取到的口粮都无力负荷,还得找人替他们扛送;卫兵入宿,自己的衣被也同样得由别人持送②。在将兵法普遍施行之后,这一情况得到了改变,士兵受到了一些训练,军队的素质有了一些提高。

八、保甲法——各地农村住户,不论主户和客户,每十家组成一保,五保为一大保,十大保为一都保。凡家有两丁以上的,出一人作保丁,选取其中有物力、有才能的人充任保长、大保长和都保长。农闲时保丁按时集合,练习技艺。夜间则轮流值班巡查,维持治安③。

推行保甲法的目的之一是:各地壮丁受到了军事训练,就可以和正规军相参为用,雇佣军因病死或逃亡而出的缺额不再填补,养兵费用日渐减少,北宋政府财政负担方面的最大压力就可日益减轻。及年岁稍久,除还保留少量的常备兵外,全国各地经过训练的大量壮丁便可以完全取代雇募的军队了。推行保甲法的另一目的则是,用什伍之法把各地人民编制起来,固着在土地之上,封建社会的秩序便可以得到稳定④。

九、保马法——废掉前此设在大名、沙苑、安阳等地的牧马监,把原占牧地还给民户,而在开封府界和京东、京西、河东、河北、陕西五路推行民户代养官马的办法:五路义勇保甲愿养马者,户一匹,家产高者可养两匹。马用原来的监马配给,或官给钱令其自买。养马户岁免折变、沿纳钱。马如病毙,三等以上的养马户偿其全值,四等以下的养马户偿半值。到元丰年间,又在上述诸路改行计资产买马代养的办法:坊郭户家产及3000贯、乡村户家产及5000贯者,各养一马,家产倍增者马亦如之。凡养马户皆免其征役,据说"民皆乐从"⑤。

十、军器监——设监于开封城内,统属京城的东西广备作和各州的都作院,依其制作之精粗而为之赏罚。此后,兵器衣甲的制造,产量加多,质量也有所改善。

在以王安石为首的变法派所制定推行的一系列新法当中,其中心环节是要通过发展农业生产以达到富国的目的。发展农业生产的先决条件,是以"去其疾苦、抑兼并、便趣农为急"⑥。从新法次第实施,到新法为守旧派

---

① 吕祖谦《历代制度详说》卷一一《兵制》。
② 《欧阳文忠公文集》卷五九《原弊》。
③ 《宋会要·兵》二之五至七;《宋史·兵志》六。
④ 《长编》卷二三〇,熙宁五年二月甲寅记事。
⑤ 《文献通考》卷一六〇《兵考》一二《马政篇》。
⑥ 《长编》卷二二〇,熙宁四年二月庚午记事。

所废罢,其间将近15年。在这15年中,每项新法在推行后,虽然都不免产生了或大或小的弊端,但是,基本上都能收到它所预期的一些效果:使豪强兼并和出放高利贷者的活动受到了一些限制,使地主阶级的下层和自耕农民从事生产的条件获得一些保证。贫苦农民从新法中得到的好处则很有限。虽然如此,王安石的变法总归多少缓和了当时的阶级矛盾,稳定了北宋的统治。中央政府和各州县的仓库里所积存的钱粟"无不充衍"①,富国的效果也是十分显著的。

正因每项新法都在不同程度上触犯了豪绅大地主阶层的利益,在每一种新法的推行过程当中,遂无例外地都遭受到他们的阻挠和反对。到宋神宗逝世之后,以司马光为首的守旧派掌握了政权,他们便极其颟顸鲁莽地把新法全部废罢。

七 北宋晚期的政治 北宋末年的农民起义

统治阶级内部矛盾的发展 宋神宗于元丰八年(1085年)逝世,其子哲宗继位,时尚不满十岁,朝政完全取决于他的祖母太皇太后高氏。在王安石推行新法时,对于皇亲贵戚的特权也作了种种限制,高氏当时对此就有很大的反感,时常向宋神宗提出反对新法的意见。哲宗即位后,她大权在握,便首先起用守旧派的首脑司马光为宰相,由他主持废除新法的事。

司马光当政以后,一切都要还原到神宗即位以前的老样子。甚至像熙宁年间为了对西夏完成军事包围形势而建立的熙河兰会路,元丰年间在延州和庆州外围所建立的一些军事堡垒,司马光也要拱手送与西夏。他说:这样做,可以免致激令西夏愤怒,免致西夏"兴兵犯塞",可以换取双方三数年间的"无事"②。

当司马光一意要把全部新法废罢的时候,在守旧派中,只有刘挚、王岩叟和刘安世等人是完全赞成的;另外的很多人,认为新法的某些部分还是应当继续施行下去的。例如范纯仁不主张废除青苗法,苏轼、苏辙等人不主张废除免役法。为了役法问题,苏轼等人还曾与司马光发生过激烈的争论。经司马光把全部新法废罢之后,新法的存废问题已不容再有争论,当时的守旧派便由于争夺政治地位而互相进行人事倾轧,形成了洛、蜀、朔三党。

---

① 《宋史》卷三二八《安焘传》。
② 司马光《传家集》卷五〇《论西夏札子》、卷五三《乞不拒绝西人请地札子》。

元祐八年(1093年)九月,宋哲宗亲政,次年改年号为绍圣,明确表明他要继承他父亲的遗志和遗业。他起用章惇、曾布和蔡卞等变法派主要人物,重新推行青苗、免役等主要的新法。

变法派的人物由于在元祐年间受到了守旧派的沉重打击,在这次重新掌握到政权之后,便力图报复。凡元祐年间在政治上当权的人物,都先后被排挤出政府,连死了七八年之久的司马光,也被追夺了官秩,有人甚至提议要斫其棺、鞭其尸,毁其《资治通鉴》书板等等。他们虽然又推行了新法,在熙宁年间制定各项新法时所悬的目标,如摧抑豪强兼并,发展农业生产等等,却都不在他们的考虑之中,这时推行的新法,实际上已经是有名无实。

宋徽宗的腐朽统治 12世纪最初的25年,是宋徽宗统治的年代。宋徽宗是一个荒淫腐朽的皇帝。他即位以后,先后最受信任的宰相是蔡京、王黼等人,最受他宠爱的宦官,是童贯、杨戬等人。在这25年内,宋徽宗的这些宠臣互相结托,狼狈为奸,专干一些残害人民的罪行。他们提出了一个"丰亨豫大"的口号,要把北宋朝廷以至宫廷的场面尽量搞得富丽堂皇。他们要集中奇花异石于首都开封,以供观赏。从崇宁元年(1102年)起,便由童贯在苏州和杭州等地设置了"造作局",集中东南地区的各种工匠几千人,制造象牙犀角金玉竹藤以及雕刻织绣的各种工艺品,所用原料器材,都取于东南民间①。三年后又在造作局以外添置"应奉局",向东南各地居民搜刮花石竹木和珍异物品,用苏州人朱勔主持其事。百姓家中凡有一石一木可供赏玩的,全被指名强取。在搬运时,拆屋撤墙,全不顾惜。应奉局中人员经常假借机会进行敲诈,无数人家为此而倾家荡产。应奉局把搜刮所得,用大量船只向开封运送,每十船组成一纲,称为"花石纲"。船夫也倚势贪横,使运河两岸的居民大受骚扰。当时人把应奉局称为东南小朝廷,其势焰之高可以想见②。

宋徽宗迷信道教,开封和各大城市都添修了许多道教的宫观。还设置了道官26等,使其与政府官吏同样领取俸禄。他宠信道士林灵素,单是林的门徒,任道官支厚俸的就将近两万人。蔡京、童贯、王黼、杨戬、朱勔等人,都公开卖官鬻爵,官位各有定价:"三千索,直秘阁;五百贯,擢通判。"③尽管这记载未必全实,但必也大致近似。北宋政府的官员数目因此大增,在徽宗

---

① 《九朝编年备要》卷二九,宣和三年罢苏杭造作局条。
② 《宋史》卷四七〇《朱勔传》。
③ 朱弁《曲洧旧闻》卷一〇。

即位七八年后,已比以前多至十倍。北宋政府支出的官俸和兵饷,在神宗元丰年间(1078—1085年)每月为36万贯,到徽宗宣和二年(1120年)每月已是120万贯了。政府开支日益增多,人民的负担当然也要日益加重。

  宋徽宗即位以后,由于奢侈浪费,财政上立即出现了入不敷出的局面,一年的全部财赋收入只能供八九个月的支用。为弥补财政上的缺欠,曾多次铸造当五当十的大钱,结果徒然造成币制的混乱。另外还把茶税的定额比以前提高了好几倍①,把政府出钱"和买"的绢帛也改为无偿的榨取②,但仍然不能弥补财政上的赤字。从政和元年(1111年)开始,又设置了一个专管掠夺私人土地的机关,叫做"西城括田所",先后用杨戬、李彦主管其事。在名义上,是北宋政府要把一些天荒或死绝逃亡户的土地没收,作为公田,实际上是强占肥沃土地,把原业主迫充佃户,令其依对分方式向政府交纳租课。例如河南汝州鲁山县的土地适于种稻,就全部括为公田,成千累万的农民因此丧失了土地,冻馁致死。后来把掠夺面扩大到山东、河朔、淮南、江浙各地,所有湖泊的退滩地、黄河决口湮没过的土地,全被作为无主土地没收。到宣和三年(1121年)止,经杨戬掠夺的民田已达三万四千三百多顷③。

  除了"西城所"对私家土地大量掠夺外,蔡京、童贯、朱勔、李彦等人,也都倚仗权势掠夺了大量的田园房舍。朱勔的田产"跨连郡邑,岁收租课十余万石,甲第名园几半吴郡"④。到宋钦宗籍没他的家产之日,田地一项就有30万亩⑤。蔡京的土地也很多,他在江南的一所永丰圩就有水田近千顷。这时,所有官僚豪绅地主无不对土地肆行掠夺。

  北宋末年,在宋江领导下的北方人民的起义,主要就是由于北宋政府"括公田"的罪行所激起的;在方腊领导下的南方人民的起义,则主要是为"花石纲"的骚扰所激起的。

  方腊领导的南方农民起义 北宋末年的福建和江浙地区,是摩尼教秘密传播最盛的地方,而睦州(今建德市)青溪县(淳安县)就是摩尼教在浙西活动的中心。摩尼教的教义中有"二宗三际"之说,"二宗"是指明与暗,"三际"是说光明与黑暗斗争过程中的三个阶段。它以为,要通过斗争,光明才可以制服黑暗。它还主张"是法平等,无有高下"。摩尼教提倡不吃肉,不

---

① 《建炎以来朝野杂记》甲集卷一四《总论东南茶法》。
② 《文献通考》卷二〇《市籴》一。
③ 《文献通考》卷七《官田》,《宋史·杨戬传》。
④ 《玉照新志》卷四。
⑤ 《宋史》卷四七〇《朱勔传》。

饮酒；对于贫穷的教徒则大家敛财以相助；同教中人都称为"一家"，凡出入经过，不论识与不识，到处都可以居住饮食①。

青溪县境内的梓桐、帮源诸洞，山谷幽险，方圆都有几十里，里面有成丛成林的竹子、漆树和松杉等等经济作物；其地东北靠睦州，西边紧靠歙州(今安徽歙县)，因而也成为商贾辐辏之地。在北宋后期，青溪县是以"民物繁庶"著称的②。但正因为如此，造作局和应奉局对这里的人民的勒索和骚扰也特别严重苛酷，单是向这里索取的漆就上千万斤③，所要花石竹木的数量也极庞大。到宣和二年（1120年）十月，这一县的人民在方腊的领导之下，以诛朱勔为名，发动起义。

方腊是当地摩尼教的首领，摩尼教徒是最先发动起义的基本群众。在起义之初，这一支起义队伍就有上千人。方腊向着更广大的群众揭露北宋政府贪残昏暴的罪行，号召他们参加起义。他宣告说：

> 今赋役繁重，官吏侵渔，农桑不足以供应。吾侪所赖为命者，漆楮竹木耳，又悉科取，无锱铢遗！……暴虐如是，天人之心能无愠乎？
>
> 且声色、狗马、土木、祷祠、甲兵、花石、糜费之外，岁赂西北二虏银绢以百万计，皆吾东南赤子膏血也。二虏得此，益轻中国，岁岁侵扰不已。……独吾民终岁勤动，妻子冻馁，求一日饱食不可得！……东南之民苦于剥削久矣，近岁花石之扰尤所弗堪，诸君若能仗义而起，四方必闻风响应。……

东南地区的人民群起而响应这一号召，几天之后，起义队伍便有十万人以上④。在起义的3个月内，先后攻占了睦州、歙州、杭州、婺州、衢州和处州以及青溪等52县。

各地农民集合起来响应起义的，有浙东兰溪灵山的朱言、吴邦，剡县仇道人，仙居吕师囊，苏州石生，归安陆行儿等⑤。湖、秀、常、苏诸州所领各县乡村人户，也都在那里互相结集，"窥伺州县"。响应起义的人，都打着方腊

---

① 《鸡肋编》卷上《事魔食菜》。
② 方勺《青溪寇轨》。
③ 《独醒杂志》卷七《方腊家有漆林》条。
④ 《青溪寇轨》。
⑤ 《宋史》卷四六八《童贯传》。

的旗帜,只要喊一声"方腊来了",所到之处便望风瓦解①。这时起义军的人数已在百万以上。

这时有人向方腊献策,以为应当乘胜攻取金陵,得到金陵,东南诸路的郡县便可传檄而定②。这一建议未为方腊采纳,在此以后,总的形势便开始逆转了。

北宋政府在宣和三年(1121年)正月派遣童贯为"江淮荆浙宣抚使",令其率领西北劲兵15万人南下,还从湖南调遣了鼎澧枪排手前往协同作战。童贯率领的军队,是北宋禁军的精锐,过江以后,一路指向杭州,一路指向歙州。杭州的起义军虽是由方腊直接指挥的,但兵器和人数方面都处于劣势,在几次英勇抗击之后,便放弃杭州,撤回青溪县。歙州也在这时候落入政府军手中。

起义军退回到青溪县后,仍然坚持斗争,与政府军又相持两三个月。到最后,童贯采取了血腥屠杀手段,他下令凡能斩人首以献的就受赏,不问被杀害者是否为起义军。此后官军凡遇到往来行人即行杀戮,甚至进入居民家中,杀其全家,前去请赏③,对起义军中的男女老幼就更加残酷了。

起义军退守帮源洞中,与政府军相持累月之后,食粮日益不足,军器也极感缺乏,坚持到四月末,政府军从溪谷小径攻入洞中。这一场轰轰烈烈的农民战争被北宋统治集团扑灭了。

宋江领导的北方农民起义　北宋期内,黄河曾大决口两次,使得曹、单、濮、郓、澶、济诸州原有的一些小湖泊都与梁山泊汇而为一,所以在北宋末年,梁山泊的面积扩大了很多,周围达八百里④。上述各州的人民,有不少是依靠梁山泊的蒲、鱼、莲、藕之利为生的。在北宋政府设置了"西城括田所"以后,整个梁山泊都被收为"公有",此后凡是要进入梁山泊中捕鱼或采取莲藕蒲苇的,都必须按照船的大小交纳很重的课税,漏税的当作盗窃处罚。后来把这些税额固定下来,每一县都平均要负担十多万贯。在遇到水旱之灾而蠲免两税的年份,梁山泊渔民的课税还得照样交纳⑤。

北宋的统治集团一向认为"京东故多盗",总是选用一些酷吏去做这一路的地方官。宋徽宗宣和初年被派作京东路转运使的刘寄、王宓等人,就是

---

① 《朱子语类》卷一三三《本朝盗贼》篇。
② 《独醒杂志》卷七《方腊家有漆林》条。
③ 《独醒杂志》卷七《童贯之讨方腊》条。
④ 《读史方舆纪要》卷二三《寿张县梁山泺》条,《日知录》卷一二。
⑤ 《宋史》卷四六八《杨戬传》。

以特别残暴出名的。这就更使得民不堪命,皆起而反抗①。起义民众集合地点,就是地势险阻的梁山和梁山泊。

南宋人写的史书上,在宣和元年(1119年)十二月初,有的说北宋政府下诏"招抚宋江"②,有的又说京东东路③这时有人起而反抗北宋政府,北宋政府下诏"令京东东西路提刑督捕之"④。这反映出,至晚应在宣和元年,以宋江为首的这一支农民军,已经离开了梁山和梁山泊,向着现今的鲁南和苏北的地区活动了。

宋江领导的起义军的人数并没有发展到成千上万,但是北宋政府却派遣了两路提刑,率领上万的兵去"督捕"。在抗击政府军的围剿时,起义军每次都能以少胜多,后来这上万的官兵竟至没有人敢再与起义军交锋。北宋的官僚看到这种情况,知道宋江等人"才必过人",在方腊起义之后,有人便向政府建议说,"不若赦过招降,使讨方腊以自赎"⑤。宋政府采纳了这一建议。宋江等人一度接受了招安,但并没有遵从宋政府的意愿去从征方腊,而是在都城停留一些时候之后,又逃脱出去造反去了⑥。

起义军一直还是在鲁南苏北地区活动,到宣和三年(1121年),起义军正由沭阳乘舟向海州境内移动,海州的知州张叔夜侦察到这一动向,"募死士,得千人",埋伏在中途等候,及起义军经过其地,所乘船只全被伏兵举火烧毁,人和物资都有损伤⑦。在此以后,起义军便离开这一地区,转移到河北。官军也跟踪到那里追捕。官军有上千的人,远远超过起义群众的数目,但每次接战仍大都被起义军所败,甚至有"束手就死"的⑧。

到宣和三年夏间,宋政府军镇压了方腊的起义军之后,移师北向,从中抽调了折可存等人的部队专力去追击宋江的起义军⑨。起义军人数与官军相比过分悬殊,又坚持战斗将及一月,宋江等人先后被折可存等队伍所俘

---

① 《挥麈后录》卷二《人不堪命皆去为盗》条。
② 《皇宋十朝纲要》卷一八。
③ 北宋京东东路治所在青州,领有济南府、青、密、沂、登、莱、潍、淄七州和淮阳军。京东西路治所在东平府,领有郓、兖、亳、曹、濮、济、单、拱、徐等州和广济军。
④ 《宋史》卷二二《徽宗本纪四》。
⑤ 《东都事略》卷一〇三《侯蒙传》。
⑥ 李若水《忠愍集》卷二《捕盗偶成》诗。
⑦ 《宋史》卷三五三《张叔夜传》及汪应辰《文定集》卷二三《王师心墓志铭》。《张叔夜传》说宋江等人要乘舟下海,与事理不合,今不取。
⑧ 《宋会要·刑法》七之二七。
⑨ 见1939年陕西府谷县出土的折可存墓志铭。

获,这次的起义到此便被镇压下去了。

在宋江失败后的第二年,北宋政府以极大的代价从金人手中赎回了燕京及其附近的六州。燕京驻军的粮饷和官吏的俸禄,都被摊派在山东、河朔居民身上,还逼使这些居民必须送往燕京交纳。为了运送一石粮食,沿途的盘费须得十石以上,因而这又造成北方人民的极大灾难①。到宣和六年,山东和河朔的人民便群起反抗:在青州地区的有张仙,此外刘大郎据水鼓山,高托山据望仙山,贾进据集路山②,徐大郎据莒县,他们所率领的起义群众都在万人以上,在沂州的徐进和在临沂的武胡,每人也都率领了三五万人。在大名境内还有据水为险而从事斗争的③。

正当北宋社会内部阶级矛盾激化的时候,从外面又来了金人的威胁。宣和七年(1125年)秋,金军分两路南下。从此民族矛盾上升为主要矛盾。山东河朔各地的这些起义军,都把斗争的锋芒转移到民族战争上去。此后,他们有的仍然保聚在山间或水旁,抗击金军,有的则自动投归抗金将领宗泽等人的旗帜之下去了。

八 女真族的兴起和金政权的建立 辽和北宋的灭亡

女真族的兴起和发展 女真族原即黑水靺鞨。5—6世纪以来,就居住在今黑龙江和松花江流域以及长白山麓。在8—9世纪内,它役属于粟末靺鞨建立的渤海国。到10世纪前期辽灭渤海时,黑水靺鞨已以女真之名见称于世。

辽灭渤海之后,为了削弱女真族的实力,把其中汉化较深的豪右数千家迁徙到辽阳以南,编入辽的户籍之内,被称为熟女真。其未被迁徙的,仍旧留居在"粟末江(今松花江)之北,宁江州(今吉林松原市东)之东。地方千余里,户口十余万"④。他们都未编入辽的户籍,被称为生女真。

生女真这时有72个部落,散居于河流沿岸或山谷之中。每个部落各推雄豪为酋长。各部落的居民,小者千户,大者数千户。他们都处在原始氏族社会的历史阶段。

---

① 《三朝北盟会编》卷二一引《北征纪实》。
② 水鼓、望仙、集路诸山,均不知在今何地。
③ 《琬琰集删存》卷一,赵雄撰《韩世忠神道碑》。
④ 《三朝北盟会编》卷三。

生女真中的完颜部,从 11 世纪之初绥可为酋长时,就已定居在按出虎水(今阿什河)的附近各地。此地"土多林木,田宜麻谷"①,完颜部在那里种植五谷,刳木为器,制造舟车,修盖屋宇,并已能够烧炭炼铁②。

铁器的使用,使得完颜部的农业生产取得了前所未有的进步。劳动生产率的提高,有了获得和榨取剩余生产物的可能,这便为奴隶制的产生创造了条件。

11 世纪中叶,在完颜部的酋长石鲁和他儿子乌古乃的时期,对于部落内的氏族成员已经"稍以条教为治",且常和青岭白山间的一些部落作战,"所至克捷",终至能"役属诸部"③。达到了使完颜部能够奴役那些部落中的成员,掠夺其人为奴隶的目的。

契丹贵族为了向东北海滨的五国部(今黑龙江省依兰以东,乌苏里江以西)索取北珠和鹰鹘等物,曾经引起五国部的反抗,乌古乃便借用辽的力量去袭击五国部,借以达到完颜部向外发展的目的。在乌古乃以后,完颜部的酋长还继续北向发展,征服了居住在今松花江外呼兰河沿岸的诸部落;又向东南发展,征服了居住在今吉林省宁古塔和敦化的诸部落;又用兵于纥石烈部而取得今延边一带地方。到这时,完颜部的"基业始大",并且已"建立官属,以统诸部"了④。

11 世纪末,完颜部酋长盈哥出兵打败了乌古论部,把城中的"渠帅"一律杀死,"取其孥累资产而还"⑤。这类事件也说明,这时期完颜部对族外的战争,正是以掠夺财货和奴隶为目的的。

根据完颜部的不成文法,凡是犯了杀人和剽劫罪的,除本人要处死外,还要"没其家资,以其家人为奴婢。亲戚欲得者,以牛马财物赎之"⑥。由此看来,完颜部的贵族和富人也已开始把同族中的负债人和罪犯变为奴隶。

12 世纪之初,完颜部所在地的年景不好,这时便有大量的人,由于负债而出卖妻子为奴婢,或用妻子去偿债。这说明,在完颜部内,债务奴隶已成为常见的现象。

在完颜部内部的阶级分化已日益明显的时候,也正是以完颜部为中心

---

① 《三朝北盟会编》卷三。
② 《金史·世纪》、《三朝北盟会编》卷一八引《神麓记》。
③ 《金史·世纪》。
④ 同上。
⑤ 《金史》卷六七《留可传》。
⑥ 《金史》卷四五《刑法志》,参见《三朝北盟会编》卷三。

的生女真诸部落逐步走向统一的时候。而被"女真众酋结盟推为首领"的,正是完颜部的酋长。完颜部酋长从这时开始取得了作为部落联盟的世袭酋长的权力。

生女真的这种部落联盟的组织,就是后来女真国家的雏形。

女真族的反辽斗争和辽的灭亡 辽天祚帝统治的后期,在辽的全部境土之内,已经普遍卷起了汹涌澎湃的反辽斗争的狂澜。而最终推翻了辽朝的,则是以完颜部为中心的生女真的武装反抗。

从天祚帝即位以后,契丹贵族对于生女真各部落的压榨勒索越来越严重[①]。生女真地区的土产,如人参、貂皮、生金、名马、北珠、俊鹰、蜜蜡、麻布等等,除定期定量向辽国进贡而外,契丹贵族们还经常到榷场中用"低值"去强购。他们对于女真人且时常加以拘辱,称为"打女真"。

辽廷派往国境东部地区的地方长官,如东京留守和黄龙府(今吉林农安县境)尹等,每每在到任之后,先逼迫女真各部落奉献礼物,并有各种名目的摊派。

辽廷还经常派遣一些"银牌天使"到生女真各部落去,他们到了女真部落以后,就迫使女真人献出部落中的美女"荐枕",既不问其出嫁与否,也不问其家门高低。

契丹贵族对生女真诸部的这些行径,使得生女真的各部落无不愤恨怨叛,后来遂都"潜附"于完颜部酋长阿骨打,都愿在阿骨打的领导下对辽进行武装反抗。阿骨打遂于1114年举兵抗辽。

阿骨打领导生女真各部起而反辽之后,首先就在宁江州和出河店(今吉林扶余境)大败辽兵。后来辽廷急忙调兵增援,结果仍被女真打败。辽廷为了防范生女真的起事,原来曾在北出河店,中经黄龙府、咸州(今辽宁开原),南到东京辽阳府布置了一道军事防御线,女真在起事之初就先把这道防线给粉碎了。

1115年阿骨打称帝建元,正式建立金国。这年秋天便攻占了黄龙府,并渐次攻占了辽在涞流河(今拉林河)、咸州和好草峪等地的军事据点。凡女真人攻占的地方,就在其地签拣强人壮马充军,从此女真乃有铁骑万余。

在黄龙府被女真攻占之后,辽天祚帝带领蕃汉兵十多万东下亲征,在扶余附近又被女真打得大败,辽军威势从此扫地以尽。

1116年,阿骨打出兵攻占了辽阳,被辽廷迁徙在这一地区的熟女真,从

[①] 自此以下,皆据《松漠纪闻》《契丹国志·天祚纪》及《三朝北盟会编》卷三。

此也归属在他的统率之下。

1120年阿骨打攻占了辽的上京临潢府。其后因契丹贵族的内讧愈演愈烈,都统耶律余睹降金,并为金人作向导。至1122年,辽的中京大定府、西京大同府和南京析津府(今北京)都先后被金人攻占。

1125年,天祚帝在逃往党项的途中为金人追兵俘获,辽亡。

女真南侵和北宋的灭亡 在女真贵族建立金朝,连续打败辽军并攻占黄龙府、辽阳府等地的消息传到北宋之后,宋廷的君臣认为辽国有必亡之势,遂要乘机出兵恢复燕云诸州。宣和二年(1120年),宋廷派人浮海去与金国订立了"海上之盟",欲与金人夹击辽国。盟约的大致内容是:长城以外辽的中京由金军负责攻取,长城以南的燕京由宋军负责攻取;待夹攻胜利之后,燕云之地归于北宋,北宋则把前此每年送与辽国的岁币,照数送与金国。

宣和四年(1122年),北宋两次出兵攻打燕京,都被辽的燕京驻军击败。到这年年底,金人由居庸关进军,攻占了燕京。这样,金人就表示不再按照原约把燕云诸州交给北宋了。后来经多次往返交涉,才又约定:金人把燕京和涿、易、檀、顺、景、蓟六州交割给北宋,北宋则在原定岁币数目外加纳钱百万贯,而且同意金人把这一地区的金帛子女官绅富户席卷而去。北宋以这样高的代价换来的只是几座空城。

从北宋对辽作战的过程中,从宋金交涉交割燕云的过程中,金人已经看出北宋政治的腐朽和军事的无能,到1125年辽天祚帝被金人俘获之后,女真贵族即乘胜侵犯北宋。

宋徽宗听到金兵南下的消息之后,不敢亲自担当领导抵抗敌人的责任,急忙传位给他的儿子赵桓,即宋钦宗。

侵宋的金军分两路南下:西路由粘罕率领,从云中(今山西大同)出发;东路由斡离不率领,由平州(今河北卢龙)取道燕京南下。西路军在太原城下遭受到河东军民的顽强抵抗,长时期被阻滞在那里。东路军在到达燕京后,由于北宋驻守燕京的官吏和军队全都投降,遂得长驱直入,渡过黄河,包围开封,并向北宋政府提出如下要求:输金500万两,银5000万两,牛马万头,绢帛100万匹,割太原、中山(今河北定州)、河间(今河北河间)三镇和这三镇所辖全部州县给与金人。

当金军包围北宋首都时,黄河以北的许多重要城镇还是宋兵驻守着,他们完全有可能切断金军的归路;开封被围的消息传到各地之后,驻守陕西等地的政府军都迅速前来救援,各地的乡兵和人民也自动组织起来迅速向开封集中,他们开到开封四郊之后分别给予金军一些打击。有许多支起义军这时也把斗争锋芒转向金军,原在青州的张仙的起义军且已自动开到开封近甸,要乘机邀击金兵①;李纲和种师道等人也建议增兵扼守黄河,断绝敌军的粮道和归路②。这都迫使金军首脑不得不考虑尽早撤退③。然而,怯懦的北宋最高统治集团,对这一形势缺乏正确的估计,他们看不出金军已陷入进退维谷的情况之中,竟然答应了金人赔款割地的要求。

女真的南侵军队撤退之后,河北人民展开了保卫乡土的斗争,"怀土顾恋,以死坚守"④,使金人不能凭靠北宋政府的诺言而劫取到三镇20州的土地和人民⑤。女真贵族遂再向北宋政府施加军事压力。北宋的君臣对于究竟割让三镇与否的问题,意见很分歧,然而,宋廷的议论未定,金军又分东西两路于靖康元年(1126年)同时南下。由于宋廷早已把各路的勤王之师和民兵等遣返原地,在大河两岸也没有布置足够的防御力量,金兵遂在无抵抗的情形之下渡过黄河,攻破了开封,把徽、钦二帝先后扣押在金兵营中,并尽量把开封各个府库所存以及官户民户的金银币帛加以搜括。到靖康二年的四月初一,金人便俘虏了徽钦二帝和后妃、皇子、皇女以及宗室贵戚等三千多人北去。北宋朝廷上的舆服、法物、礼器、浑天仪、铜人、漏刻,所收藏的书籍、天下府州县图,以及伎艺工匠和倡优等等,都被搜罗一空,满载而去。北宋政权终被金人颠覆了。

第三节 南宋和金的对峙时期

一 南宋的建立及其与金的和战 北方人民的抗金斗争

南宋的建立 统治集团中主战派与主和派的斗争 粘罕和斡离不于靖康二年(1127年)四月从开封撤退之前,册立了原任北宋宰相的张邦昌为楚帝,使其在女真贵族支配之下统治黄河以南地区。

---

① 《三朝北盟会编》卷三五,唐重《论攻守利害劄子》。

② 参据李纲《靖康传信录》,《三朝北盟会编》卷三三所载《郑望之奉使录》的附注及《许翰上书》条的附注。

③ 《三朝北盟会编》卷三九,杨时《论三镇利害书》。

④ 《大金弔伐录》卷上"靖康元年七月宋再遣使乞免割三镇、增岁币书"。

⑤ 《三朝北盟会编》卷四四引《中兴遗史》,谓城下之盟虽许割三镇,而三镇之人均为"为国坚守",朝廷知三镇人心不愿割地,乃降诏令其固守。又,同书卷一七二载秦桧奏疏亦有云:"金虏入寇之初,庙堂大怯,遽以三镇许之,不知民不肯为夷狄,虽欲割弃而不可。"

金人在撤退前,虽曾按照赵姓皇室的谱牒把皇室中的男女老幼俘虏了去,但宋徽宗的第九子康王赵构,这时正以天下兵马大元帅的名义,在河北进行建立帅府和组织部队的事,幸而得脱。金兵撤退以后,宋廷旧臣不再拥戴张邦昌,而把赵构拥戴出来。靖康二年五月,赵构即位于应天府(今河南商丘),改元建炎,是为宋高宗。

高宗即位之初,起用李纲为相。李纲是北宋末年抗战派的代表人物,后来虽被排斥出政府,其在士大夫间的声望却越发提高。这时河东河北的忠义民兵已在当地对女真兵马展开斗争,李纲要把这些力量加以领导、组织和使用,便推荐张所作河北招抚使,王璪、傅亮为河东经制使、副,宗泽为开封留守,要他们共同措划收复河东和河北的失地,并把开封的战守之备重加整顿,使其成为恢复河朔的基地。

宗泽到开封之后,一方面沿黄河南岸修筑防御工事,一方面募集军队,加以教练。以前散在各地的一些农民起义军,有许多支都自动投奔到他的旗帜之下①。他还与河北的忠义民兵,特别是王彦领导的"八字军"密切联系,要派大军过河去收复失地。

抗战派的这些谋划,受到投降派的阻挠,未能实现。李纲任相仅仅七十几天就被罢免,他推荐的一些抗战派人物也被罢免。宗泽虽还留在开封留守任上,但他的出兵过河的计划一直得不到宋高宗的允许,他几次吁请高宗回开封,也未被采纳。他因愤成疾,到建炎二年(1128年)秋,就在三呼"过河"之后与世长辞了。

以宋高宗和汪伯彦、黄潜善等人为首的投降派,代表了宋朝统治集团中最腐朽和怯懦无耻的一伙,他们害怕农民甚于害怕女真贵族,极不愿意农民的力量在抗金战争当中壮大起来,因此,他们只希望通过对于女真贵族的降服,从那里换取一点"恩赐",让他们继续统治和奴役东南半壁的农民。当时女真贵族对于南宋的统治集团,采取了"以和议佐攻战,以僭逆诱叛党"②的两种手法,这使南宋的投降派更认为屈膝投降是保全权势地位的好办法,因而更抱定投降政策不放。只有在欲投降而不可得的时候,他们才不得不暂时对女真的南侵军进行武装反抗。

主战派的人物被罢免之后,投降派把新成立的政府从应天府迁往扬州,不但不打算收复河北河东之地,连整个黄河流域也弃置不顾了。投降派的

---

① 《宋会要·兵》一三之一。
② 《大金国志》卷七《太宗纪》。

这种怯懦表现鼓励了金军进一步南侵。建炎二年(1128年)秋,金兵又分路向山东、河南、陕西三地进发。其取道山东的一路,在建炎三年春初就攻下徐州,渡淮而南,直指扬州。宋高宗等人乃又仓皇逃往杭州。

南犯的金军,在江淮之间的和州、庐州、滁州等地都遭受到当地山水寨中民兵的袭击①,而南宋政府的军队却没有能够堵截住金军的主力。建炎三年九月,金将兀朮的军队分两路渡过长江,连破建康等重要城镇,进逼杭州。宋高宗又从杭州出奔,经越州(今绍兴)转明州(今宁波),最后逃到定海,把南宋政府的人员和文物装入几只楼船之中,避难于台州、温州间的沿海各地。

兀朮的军队先后攻破了杭州、越州和明州,因为骑兵不习舟船,无法下海去追袭宋高宗,而在浙水沿岸,又被严州的乡兵击败于桐庐县的牛山下②。兀朮受挫之后,便宣称"搜山检海"已毕,在杭州等地大肆掳掠了一番,于建炎四年春北返。在黄天荡为韩世忠军截击,受阻48天方得通过。从此以后,金军不再渡江了。金兵从江南撤退以后,宋高宗才又回到杭州,并把南宋政府在杭州安顿下来。

在兀朮率师南侵的同时,侵入关中的金军也攻占了长安等地。到这时,女真统治者为要集中全力经营和镇抚华北地区,又在大名把宋的叛臣刘豫立为傀儡皇帝,建立了伪齐政权,予以陕西、河南之地,使其作为宋金之间的一个缓冲势力。

黄河南北忠义民军的反金斗争　南侵的金军虽在靖康二年四月从开封撤退,但黄河以北的地区以及河东路全部境土都落在女真贵族的手中了。女真的军事统帅粘罕和挞懒等人在这里开始其野蛮残暴统治:任意霸占这地区的土地、金帛、子女;这地区的成年男子大量地被抓去当兵;有时竟在这地区挨户搜捕壮丁,标价出卖,或驱往鞑靼和西夏去交换战马;甚至有成千的人被粘罕下令活埋在云中府的郊外。分散在诸路州县的金军,经常凌虐捶掠当地居民,只要村里有一人从事抗金斗争,便把这一村的男女老幼全部屠杀;有人据城抵抗,在城陷之后就把全城居民屠杀。他们任意捕戮村民,以致到处积尸狼藉,各州县的牢狱关满了囚犯。他们强迫华北居民剃发结辫,改从女真人的装束。到后来,女真统治者竟在华北下令,要"以人口折

---

① 《宋会要·方域》一九之二二。
② 《新安文献志》卷九六《英烈钱氏二侯传》。

还债负",也就是,强制一切负债的人都去做债务奴隶①。

女真贵族和女真南侵军的这种种罪行,激起了华北人民的武装反抗。河东路各州县的人民,多结为忠义社,用红巾作为标志,以相识别。他们到处邀击女真军。他们曾长期把粘罕的南侵军阻截在太原城下。泽、潞间的一个忠义社曾几乎袭破粘罕的大寨。他们和金兵多次接触之后,摸清了金军的情况,对金军"略无所惧"。他们深信,只要南宋政府调拨一定数目的正规军前来配合作战,一定可以打败敌人。

河北、山东地区的忠义民兵,后来发展壮大起来的,有以下几支:一支是在赵邦杰、马扩和一个冒充信王赵榛的燕人赵恭共同领导之下的。这一支的主要部队聚集在河北庆源府(今赵县)五马山上,结为朝天、铁壁等寨,人数达十万以上。散处在河北以至河东各地的一些忠义社,大部分都和五马山寨互通信息,相为声援,并且都打着信王的旗榜,总计不下几十万人。赵邦杰和马扩等人不断地用蜡书向南宋政府报告北方的军事情况,要求给予五马山寨以物质支援,特别是派遣政府的军队过河来协同抗击金军。但南宋政府对于这些呼吁始终置之不理。

另一支是王彦领导的"八字军"。王彦本是政府军队中的统制官,他在宋高宗即位之初就率领了岳飞等十几个小首领和7000士兵,到河北去组织忠勇军民抗金。他们曾一度攻入新乡城内,后来被金军打败,便转移到共城县西山去继续斗争。聚集到这里来的人越来越多,都十分忠勇坚决。他们都在面部刺有"赤心报国、誓杀金贼"八字,所以被称为八字军②。两河忠义社的首领傅选、孟德、刘泽、焦文通等所领导的诸寨,都听从王彦的号令,人数总计也在十万以上。兵寨绵亘数百里,金鼓之声相闻。此后,凡散在河东并、汾、泽州和河北怀、卫、相州的一些抗金的人民武装,也全部接受王彦的约束。他们千方百计地邀击金人。在女真统治者下令强制河北人民剃头辫发之后,激起广大汉族人民的反抗,八字军的队伍便因此而得以日益壮大。王彦原想向河东地区转进,到太原去建立抗金的根据地,因受到金军的"扫荡",未能实现,他就率领八字军中一部分队伍随同南宋政府南下了。

还有一支,是张荣领导的梁山泊的水军③。这支水军据守梁山泊已经

---

① 《三朝北盟会编》卷一九七引《金虏节要》。
② 《三朝北盟会编》卷一一三,建炎元年十月二十九日记事;《建炎以来朝野杂记》甲集卷一八《八字军》条。
③ 《建炎以来系年要录》卷三三,建炎四年五月乙丑记事。

好几年,原是为了反抗北宋的统治而聚集在这里的,在金军侵入宋境之后,他们也把矛头转向女真军队。建炎二年(1128年)金兵经山东南侵,梁山泊内出动了上万的船只邀击金军①。第二年,金将挞懒再一次由山东南侵,在北返途中也遭受到这支水军的袭击②。在此以后,女真贵族要消灭这支水军,接连好几次集中军队去围攻。为了保全这支水军,张荣便率领全部人船顺清河转移到楚州(今江苏淮安)的鼍潭湖去③。到了那里又积荄为城,修造攻守之备,仍然继续其抗击金军的斗争。

这一些忠义民兵的活动,大大牵制了金军的南侵,也使女真贵族在华北的统治长期不能稳定下来。但是,这些忠义民兵只能起牵制作用,解决宋金战争的命运,主要是依靠南宋政府军队的正规战。然而南宋政府的军队不但没有把主要的战斗任务承担起来,甚至不肯协同诸路忠义民兵去作战。忠义民兵在组织、指挥、武器等方面,比之他们所面对的敌人都远远不如,所以在女真统治者集中力量对他们进行扫荡的时候,他们或被各个击破,或则屡次转移阵地,或者化整为零,对于金军就不能给予致命的打击了。

岳飞领导的抗金战争　宋高宗、秦桧对金投降　到南宋政府在临安(今杭州)安顿下来之后,以岳飞为首的抗战派和以赵构、秦桧为首的投降派之间的斗争,愈演愈烈。

岳飞出身于农民,在他从军以后,一直坚持用武力抗击女真军的主张,而且一直英勇地投身在抗金斗争的最前线上。建炎三年(1129年)陷落在金人手中的东南军事重镇建康城,就是由岳飞在建炎四年率军收复的。绍兴二年(1132年)秋,岳飞驻屯江州(今九江),这时他就制定了"连结河朔"的战略方针。此后,他经常与河北忠义民兵保持密切的联系,发动他们与岳家军遥相配合、呼应。

从绍兴三年开始,南宋政府把从江州到江陵的沿江防务交与岳飞负责,江州以下和淮南东西诸路则由刘光世、韩世忠和张俊分区防守。在此后的七八年内,只有岳家军曾对伪齐和金国采取过几次主动的攻势,其余几支军队,只有当敌人打到防区内时,才被动地做一些军事上的周旋,有时且还必须岳家军前往协助,才可以招架得住。

岳家军在担任了这一地区的防务以后,曾先后三次对敌伪采取过主动

---

① 《金史·斜卯阿里传》。
② 《金史·赤盏晖传》。
③ 《建炎以来系年要录》卷四三,绍兴元年三月壬子记事。

的攻势。第一次在绍兴四年(1134年),这一次从伪齐和女真的联军手中收复了襄阳、郢、随、唐、邓、信阳六个州郡。第二次在绍兴六年,攻克了伪齐新设的镇汝军,前锋深入敌境,收复了虢州的卢氏县和长水县(今河南洛宁县西),大军抵达蔡州(今河南汝南)城下。第三次在绍兴十年,岳家军进驻颍昌(今许昌),在郾城一战,大败兀朮的主力,先锋部队北上克复了郑州,西上克复了洛阳。黄河以北、太行山东西的忠义民兵,这时都积极活动起来,有的在大名、磁、相等处截断了金人的补给线,有的则攻打城邑:南城(今河南孟州以西,即古孟津)、赵城和绛州垣曲县城都被忠义军攻入了。前此还没有组织起来的民众,也都暗自积聚一些兵器和粮食,要在岳家军过河后与之配合作战。兀朮这时把随军南下的女真老小送回河北,一部分军队也撤退到河北。这些迹象表明,金军有从河南全部撤退的打算了。

然而,以宋高宗、秦桧为首的投降派,是南宋政府的当权派,他们既害怕抗金战争会招惹女真贵族的愤怒,更害怕岳家军和忠义民兵在抗金胜利后会成为他们统治的威胁,因而,当岳家军正迫使兀朮不得不考虑从河南撤退的时候,宋高宗和秦桧却下令要岳飞班师回朝;并尽先撤回驻屯在东路宿、亳等地的军队,使岳家军陷入正侧两面受敌的严重局势之中。岳飞到这时也只有"忍令十年之功废于一旦",遵命从郾城班师。

宋高宗和秦桧等人为了向女真贵族表示驯服,在绍兴十一年四月明令解除了岳飞、韩世忠、张俊三大将的兵权,撤销了专为对金作战而设置的几个宣抚司。兀朮在知道南宋政府已自动摧毁其国防力量的消息之后,就乘机再一次进行军事威胁,他通知宋高宗说,"已会诸道大军水陆并进",又要"问罪江表"了①;并示意给他:如真肯降顺,必须把淮水以北的土地和人民割归金国,并且必须把在抗金战争中最出力的岳飞杀害。投降派按照金人的授意,在绍兴十一年岁末把岳飞和岳家军的重要将领张宪、岳云一齐杀害了。

绍兴十一年(1141年)十一月,南宋的投降派和金国签订了屈辱投降的条约,其主要条款是:一、南宋称臣于金,并且要"世世子孙谨守臣节"。二、宋金两国,东起淮水中流、西至大散关(今陕西宝鸡境内)为界,中间的唐、邓二州皆属金国。三、南宋每年向金国输纳银25万两,绢25万匹。这就是所谓绍兴和议。

---

① 《三朝北盟会编》卷二〇六,绍兴十一年八月八日记事。

二　金朝统治下的北部中国

金迁都燕京和完颜亮的南侵　在金太宗统治时期（1123—1134 年），金军已经占领了山东、河北、河东以至陕西诸路，但由于忠义民兵的抗金斗争，金政府在这些地区内的统治一直不能稳定，直到熙宗统治时期（1135—1149 年），金朝还是以会宁府（今哈尔滨市阿城区白城子）为其首都。但到宋金和议签订之后，南宋的统治者已把淮水以北的土地和人民割让于金，女真贵族便不能不考虑把都城迁到关内。金熙宗还没有来得及实行迁都，便被完颜亮所杀。完颜亮夺取了帝位之后，1150 年派人到燕京增广旧城，营建宫廷，1153 年三月改燕京为中都，并于同时正式宣布以中都作为首都。

在完颜亮迁都燕京以前，中原和华北地区是先后由女真贵族中的军事首脑粘罕、挞懒、兀术等人直接统治的，在搜括财赋、用人行政以及对南宋的和战决策等方面，他们都可以专断处理，不必先得到金中央政府的同意。到完颜亮迁都燕京以后，金政府才把中原和华北的军事、行政和财赋等大权收归自己掌握。所以此次迁都，也标志着金政府完成了走向中央集权的进程。

完颜亮的迁都，一方面是为了加强对于中原和华北地区的控制，另一方面则是因为，以燕京为首都更便于对南宋进行军事侵犯。他在迁都之后不久，就在中原和华北地区大量征调壮丁和民间马匹，并把金军大量向河南调集，积极进行南侵的准备。

1161 年（绍兴三十一年）秋，完颜亮率领号称 60 万的兵马四路南侵。南宋布置在淮东和淮西的军队都不战而溃，撤退到江南，淮南诸州郡的官吏也把州郡府库中的储积搬运到江南的京口[①]。宋廷更陷入非常惶恐的境地：宋高宗又想"解散百官，浮海避狄"[②]，杭州的居民也逃避一空[③]。幸而当时企图在采石（即牛渚，今安徽当涂县西北）渡江的金军被虞允文督率南宋兵将迎击于江中，被迫从采石撤退，宋高宗的浮海之计才未实行。

完颜亮为了对南宋进行军事侵犯，对中原和华北居民不断加重其勒索，这一地区的人民遂乘其大军南侵时机群起反抗：在泰山附近的有耿京、辛弃

---

① 《容斋续笔》卷四《淮南守备录》。
② 杨万里《诚斋集》卷一二〇《虞允文神道碑》。
③ 《宋史》卷三七四《胡铨传》。

疾等人领导的一支,众20万;在胶东有开赵领导的一支,众10余万;在大名有王友直领导的一支,众亦10余万。此外,"潼关以东,淮水以北,奋起者不可胜纪"①。这些起义群众,"大者连城邑,小者保山泽",有的只是以十数骑张旗帜而行,女真统治者对之也莫能奈何②。金朝辖区内的这种局势,严重地影响了南侵金军的战斗情绪。

也是在完颜亮南侵之时,其安置在大名附近的屯田军万余人自动逃回辽阳。辽阳留守完颜雍乘机自立为帝,下诏暴扬完颜亮的罪恶,并从辽阳进据燕京,是为金世宗。

金的南侵军在采石被击退,转向扬州,及完颜亮听说完颜雍自立于辽阳,乃急欲灭宋北归,迫令将士三日内渡江,因此激成部将叛变,叛将们杀死了完颜亮,派人至南宋议和,引军北还。

屯田军　女真贵族对土地的大量掠夺　在金国建立之后,女真族的社会基层组织,是以三百户组成为一个谋克,每十个谋克组成一个猛安。猛安、谋克户中的壮丁,平时从事"畋渔射猎",战时则应征出战。所以这个社会基层组织,同时又是军事上的基层编制。在此以后,凡是降附于女真族的各少数民族,金的统治者也是"率用猛安、谋克之名,以授其首领而部伍其人"③。

女真贵族侵占了广大的华北地区之后,为了加强其镇压力量,从天会十一年(1133年)起,金政府就下令从东北移徙女真人于华北汉人地区,"命下之日,比屋连村,屯结而起"。到华北地区后则"棋布星列,散居四方"④。淮水以北之地归金直接统治之后,金朝更是有计划地把大量的猛安、谋克从东北移入中原、华北以及陕西、陇右之地,并正式名之为屯田军。完颜亮迁都燕京之后,又一次把上京会宁府附近的一些猛安、谋克迁徙到燕京附近,而把前此移到燕京附近的某些猛安、谋克再迁往河南开封的周围。

屯田军一律不住在州县城内,而是筑寨于村落之间,与汉族百姓杂处。

女真统治者对于内迁的这些屯田军户,都要"计其户口,给赐官田,使自播种,以充口食"⑤。在中原华北等地区没有足供分配的官田,于是屯田军户内徙的过程,也就是金政府在华北中原等地大肆掠夺土地的过程。正

---

① 《南渡十将传·魏胜传》。
② 《金史·海陵纪》。
③ 《金史·兵志》。
④ 《大金国志》卷八《太宗纪》。
⑤ 《三朝北盟会编》卷二四四引张棣《金虏图经》"屯田"条。

隆元年(1156年)完颜亮曾派出11名官员到山东、真定和燕京附近各地,名义上是去检查官田、荒闲牧地、逃绝户地以及僧道寺观的土地,但他们所到之处,并不检查官荒,而专去指占肥沃土地,以供分予屯田军户之用。

  一部分屯田军户分得土地后自行耕种,他们和汉族农民杂居,相处既久,"彼耕此种",逐渐汉化①。但大部分屯田军户对于农业生产不熟悉,不肯亲去耕种,他们分得的土地便日趋荒芜。猛安、谋克贵族们所分得的土地,或则强迫邻近的汉族农民无偿地为他们耕种、收获;或则佃给汉人耕种。由于剥削特别苛酷,而且常常向佃户预借三二年的租课,以致没有人肯租种他们的土地,结果只有"听其荒芜"②。到金世宗的统治时期(1161—1189年),以前分与屯田军户的土地,大多数都已荒芜起来。金世宗看到这种情况,便屡次派遣官吏到各地去"拘刷良田"。这些官吏凡遇到以"皇后庄""太子务""长城""燕子城"等为名的地段,一律指为旧来的官田,没收入官,分配给屯田军户。原业主交验凭证也不被理睬。黄河退滩地和梁山泊退滩地,也都"括为官地""安置屯田"③。

  到13世纪初,即金章宗在位的后期,女真统治者还以为"中都、山东、河北屯驻军人地土不赡",派遣官吏到诸道去继续搜括土地,又向民间掠夺了三十余万顷农田④。

  《金史·食货志》的《田制篇》,几乎全部都是女真统治者掠夺土地的记录。除了金政府在河南、陕西两地占夺民田将近十万顷作为牧地,以及为了分与屯田军户土地而连续不断地进行土地的"检括""拘没"外,女真贵族也都利用军事政治的特权各自兼并大量的土地。金世宗时曾有人陈告说,官豪霸占大量土地,致使贫民无可耕种,并且说,有三十几家女真贵族⑤,总共冒占了3000多顷土地,平均每家在百顷以上。更有一家霸占土地达800顷。可见,女真贵族统治时期的土地兼并之祸是很猛烈的。

  金的社会经济 农民对地主阶级的人身依附关系,从唐代后期到北宋一代,已较前有所松弛,到宋政权南渡时,河东、河北的官僚豪绅地主阶层中虽有大量人家随同南下,但原来在他们奴役下的佃户、庄客等却没有跟随他们同去,自耕农民也都"恋着乡土",不肯舍去。根据金世宗时期所宣布的

---

① 《金史·唐括安礼传》。
② 《三朝北盟会编》卷二三〇,梁淮夫《上两府札子》。
③ 《金史·食货志》"田制篇"。
④ 《金史》卷九三《宗浩传》。
⑤ 此从《金史·纳合椿年传》,《食货志》谓七十余家。

金国的全部人口数字,是4470.5万以上。汉人在金国全部人口中所占比例数字,约计总不应少于2/3;而汉族农民也应占全部汉人的2/3以上。这就是说,金国社会生产事业的主要承担者,仍然是汉族农民。

当文明较低的女真人占领了华北地区的初期,他们是以征服者和战胜者的姿态出现的。他们的焚杀掳掠,使这一地区的生产力遭受到严重的破坏。在经过金太宗和熙宗两代二十多年之后,女真的统治终于不得不和汉人已经达到的较高的经济发展水平相适应。他们虽然也带来一些落后的东西,但在最主要的方面,还是不能不让汉族地区原来的生产方式维持下去。

在女真的本土,即东北的上京路以及辽阳府路,其农业生产劳动主要由奴婢负担。金世宗即位前,在辽阳府做留守时,便拥有"奴婢万数"和"孳畜数千"①。到他即位之后,因为要根据奴婢多少而征取物力钱,上京路的女真人户,为规避物力钱而自卖其奴婢,"致耕田者少,遂以贫乏"②。这些事实都反映出,直到12世纪的中叶,在东北的女真族内还是盛行奴隶占有制的。

女真人在农业生产上使用的奴隶,其中一部分就是原来辽朝各头下军州中的"二税户"。二税户都是被契丹贵族俘虏去的汉族农民,他们在被俘之后,仍然被安排在农业生产上,其收获所得,要向其所属的契丹贵族交租,也要向辽的政府纳税。金灭辽后,女真贵族从契丹贵族手中夺占了这些二税户,把他们视同战争得来的俘虏,抑为"贱民"③。从金世宗初年到金章宗初年,曾屡次下令要把这般被"抑为贱民"的二税户免为民,"为良为驱,皆从已断为定"。这反映出,在汉族的封建经济的强烈影响下,女真族的奴隶占有制已不可能再照旧维持下去了。

三　南宋的社会经济

农业　南宋的国土比较北宋虽已减少了将近一半,但是,农业生产最丰富的江、淮、湖、广诸地都在南宋境内。在南宋境内,水利灌溉事业本来很发达,南宋政府为求增加赋税收入,又奖励州县官兴修陂塘堤堰等水利灌溉工程,当时凡富有水渠之地,其州县官大抵都兼"提举圩田"或"主管圩田"的

---

① 《金史·食货志》"通检推排"。
② 《金史·食货志》"户口"。
③ 《中州集·李晏小传》,《金史·食货志》"户口"及《李晏传》。

职务①。在南宋初期的 50 年内,各地兴建或修复的较大的水利工程,就有湖南潭州的龟塘,可溉田万顷;兴元府的山河堰,溉田 9300 多顷;镇江府练湖的 72 源,溉田在万顷以上。此外,在绍兴府会稽、山阴、诸暨诸县的旧湖都得到了修浚,恢复了灌溉之利,被豪家霸占填塞了的鉴湖也重行开掘;明州也开掘了东钱湖潴水灌田②。太平州当涂、芜湖两县的田地,圩田十居八九③,圩岸大小不等,如果连接在一起,周回达四百八十余里④。

只拥有小块土地的农民,都努力把自己所有的山地或陆地施用功力,开垦成水田,如果是硗确之地,也把它垦辟成可以种植的田亩。两浙和江西抚州等地的地方官吏均曾一度对这种改良过的田亩增收苗税⑤,可见,当时改良过的田亩为数必已很多。这说明在南宋一代,不但田野日辟,栽种水稻的面积也在增加。

因为占城稻"不择地而生",成熟较快较早,所以在北宋时期,长江南北各地多已栽种这种稻种。南宋初年的江南西路,"乡民所种稻田,十分内七分并是早占米,只有三二分布种大禾(晚稻)"⑥。而苏、湖一带,"厥壤沃,厥田腴",改用占城稻种之后,部分地区且可以每年收获两次⑦。在丰收年份,上田所得每亩可达五六石,因而有了"苏湖熟,天下足"的谚语⑧。

栽培茶树的地区,南宋比北宋加多。制糖原料的甘蔗,在闽、浙、川、广的某些州县内已大量栽种。四川的遂宁,到处都是蔗田。农民把甘蔗和谷物轮流栽种,借以保持土壤的肥力。

海南岛的黎族人民和云南大理地区的农民,在北宋以前已栽种棉花,纺织为白氎布,制为衣衾。12 世纪初,福建路内一些地方已经以出产木绵(即棉花)著名⑨。到 13 世纪,江南农民也开始栽种棉花,而且不久就比较普遍地种植了。

手工业 瓷器产量的激增,制瓷技术的提高,各地瓷窑规模的迅速扩大,使得制瓷业在南宋的全部手工业中占有突出的地位。

---

① 《宋会要·食货》一之三六。
② 《文献通考》卷六《水利田门》。
③ 《宋会要·食货》六一之一〇九至一一二。
④ 《文献通考》卷六《水利田门》。
⑤ 《宋会要·食货》六之二六、二七。
⑥ 李纲《梁溪全集》卷一〇六《申省乞施行籴纳晚米状》。
⑦ 吴泳《鹤林集》卷三九《隆兴府劝农文》。
⑧ 高斯得《耻堂存稿》卷五《宁国府劝农文》。
⑨ 叶梦得《石林奏议》卷一二《堂白收买木绵札子》。

南宋政府在杭州的凤凰山、乌龟山下均设有官窑，所制瓷器继承了北宋官窑的风格。

浙江的龙泉县以及瓯江沿岸诸地，是青瓷的产地。在龙泉大窑的窑址中，曾出土带有南宋年号和"姚宅富位"铭记的瓷盘，说明在南宋的制瓷工业中已流行订货的办法。

江西景德镇的制瓷业，在南宋也有较大的发展。这里的瓷器，"鬻于他所，皆有饶玉之称"。这里的瓷窑各有其著名的特产：有的窑"器尚黄黑"，最受浙江人欢迎；有的窑专产高足碗、雪花碟等，最受川广荆湖人欢迎；有的窑专产绣花、银绣、弄弦之类的碗碟，最受江浙福建人欢迎①。

福建沿海的制瓷业密集在同安、泉州、福清、连江等地，都以烧造青瓷为主，产品包括各式碗、盏、碟、盘等，主要是销售海外。

广州和潮州的瓷器制造业，也以烧造外销瓷器为主。

近年所发现的南宋瓷窑遗址的堆积，有广达20亩、高至20米的，可见其规模已很大。当时内部已有很细的分工：有陶工、匣工、土工之分，有利坯、车坯、釉坯之分，还有印花和画花之分。"秩然规制，各不相紊"②。

南宋的造纸业也有普遍的发展。当时印书所用纸张一般都达到薄、软、轻、韧、细的水平。纸的种类很多，有白色纸、自然色纸等，在质量方面有薄厚与粗细之分，又有全料与半料之别。江浙所制纸质厚色白，蜀纸质细而重，皖纸轻薄，建阳多自然色竹纸。建阳书坊曾用一种特制的椒纸印书，系用山椒果实煮汁染成，纸性坚韧，且可防蠹。

南宋所制色笺极为精致。笺色有红、紫、褐、黄、碧等色，而以红色笺最为流行。故宫博物院所藏南宋张孝祥、范成大等人的书札，多是用红色笺写的。

雕版印刷业在南宋有很大发展。南宋的中央和地方政府、各地寺院和书坊，都从事刻印书籍。当时刻印图书的数量之多，技艺之高，流传范围之广，不仅空前，有些方面甚至明、清两代也难与之相比。凡是当时经济比较繁荣、文化比较发达、纸的产量较多较好的地方，如两浙、福建、江西、四川等地，刻版印刷业都很发达，都有大批熟练的刻字工人，并且在字体刻风上，都已形成各地特有的风格。

杭州是南宋刻书业最发达的地方，北宋时开设在开封的书籍铺，也多有

---

① 光绪《江西通志·陶政门》引元蒋祁所著《陶记》。
② 同上。

迁徙到杭州去的。婺州和苏州的雕版印刷业也都盛极一时。两地的刻字工人常有被雇到外地去刻书的。

饶州、抚州和吉州,在南宋中期也都刻印了一些大部头书,都成为当时刻书业的中心地之一。

福建建州的刻书业在南宋初年已很兴盛。建州的书坊集中在麻沙、崇仁两坊,其所刻印书籍数量之多,可能还超过杭州。到南宋中期,建州的"版本书籍,行四方者"已经是"无远不至"了①。

南宋时成都依然是四川刻书业的中心,眉山也出现了不少书坊,刻印了不少历史书和唐宋人的诗文集等。

南方多水,陆路交通不便,交通运输主要依靠舟楫。在海外贸易方面,不论华商外商,也多是乘用中国所造的海舶。这种种,都促使南宋的造船业有很大的发展。福建泉州城南门外,南宋时曾设有规模巨大的造船厂,专门制造远航的海舶。近年已经发现了它的遗址,出土有粗长的桅杆和船索以及船板、船钉等遗物。福州、广州、明州也有海船制造厂,建炎三年冬,宋高宗要逃往海中避难时,仓卒之际就从这几处募集到大海船三百多只。南宋人所画《江帆山市图》,画出建有很长舱房的船三艘。由此图可以看出南宋人所用货船的具体构造。

湖南洞庭湖周围的人民有善于造船的传统。在钟相、杨幺起义的过程中,为了抵抗南宋的水军,起义人民制造了许多只车船和楼船,用作战船。最大的车船上有24车,分为3层,高及10丈以上,其上可载千人。稍小一些的船,高亦数丈。船上都装置了轮子,用轮激水而行,快速如飞。绍兴三十一年(1161年),虞允文在采石抗击金军时,除使用了这样的车船外,还有艨艟战舰和海鳅船等。海鳅船行驶快速,便于驰逐。船的种类多,而且各有各的功能,这反映出南宋各地造船工匠的高度技术水平。

商业 南宋一代商品生产和商品流通的情况,也显然比北宋时期更为发达。根据近数十年来考古工作者所发现,南宋时湖州制造的铜镜,在今四川、广州、吉林和内蒙古等地的墓葬中均曾出现。福建刻印的书籍,且曾出现在内蒙古西部的黑水城遗址当中。景德镇和龙泉瓷器也遍及全国。这说明,南宋人民所制作的商品,不只销行于南宋境内,且远及于金和西夏的境土内了。从这些踪迹看来,当时各地所产丝绵布帛等类物资的贸易流通情况,也必是十分繁盛的。

---

① 《朱文公文集》七八《建宁府建阳县学藏书记》。

两广、福建、江浙等沿海州郡,经常有大商海船往来其间,贩运商货。苏州昆山县的黄姚税场,就是这类商船的一个辐辏地。宁宗嘉定中,这个税场每月所收"南货商税动以万计"①,则其地物货交易之兴旺,可以想见。

南宋对外贸易的繁盛也超过了北宋。江浙的丝织品、瓷器、铜镜、印本书籍,福建的瓷器和印刷品,以及各地所铸铜钱,都大量输往日本。日本镰仓海岸曾发现很厚的南宋龙泉青瓷片的堆积层,湖州、明州的铜镜在日本的许多地方都曾发现,日本现存有名的"道元缎子"和"大灯金襕",都是南宋的丝织品。南宋的铸币、铜镜和龙泉瓷等输往朝鲜的也为数很多。

南宋海外贸易的重要场所仍然是在南海以至阿拉伯地区的一些国家。丝织的绢帛锦绮和龙泉等地的瓷器,是当时最主要的输出品。越南、缅甸、马来亚都曾有许多地方出现过南宋瓷器残片。爪哇海岸也时常打捞出南宋瓷器。印度、波斯湾沿岸的许多地方,非洲的埃及、索马里海岸,也都有宋瓷、宋钱出土。南宋海外贸易所及之地,大约以非洲中部的东海岸为其最西的界限。

纸币的大量发行　宋朝和海外的贸易,其输出品虽规定以绢帛、锦绮和瓷漆器物为主,但大量的铜钱也随之外流。且常常是"边关重车而出(流往辽境),海舶饱载而回(流往海外)"②。因此,在北宋晚期已经造成了严重的钱荒现象。

南渡之后,宋高宗曾屡次下诏禁止钱币外流,规定一切出海船舶都要经由市舶司的官员检查,不许其中搭载铜钱。但这些禁令并不生效。一直到13世纪中叶,铜钱还是大量地流向国外。近年来曾在广东珠海地下发掘出南宋人窖藏的铜钱一万多斤,大约就是集中在那里准备偷运到海外去的。因此,南宋钱荒的问题比北宋更严重得多。

南宋每年铸钱一般不过8万贯,最多的年份也只有16万贯。而每年都有大量铜钱被运往海外,或被地主富豪人家窖藏起来,于是公私交易和军政开支便不能不主要仰给于纸币。南宋政府在杭州设有专管印造纸币的机关,叫做"行在会子务"。所印会子的票面分1贯、500文、300文、200文4种,代替现钱行使。另外还有"川引""淮交"和"湖会",是限制在特定地区行用的纸币。还有"钞引",是商人输纳现钱给政府,政府发与商人批发茶、盐、香货的凭证。

---

① 《宋会要·食货》一八之二九。
② 《宋史·食货志·钱币》。

政府没有足够的铜钱作为兑换纸币的本钱,而纸币的印造则与日俱增,币值便不能不日益跌落。到后来,南宋政府竟不许民户用纸币交纳课税,币值的跌落更甚,其为民间之害也就越发厉害了。

土地兼并之祸 宋政权南迁之初,皇室在南方原来并无土地,出身于北方地主阶级的高级官僚和武将,在南方原来也无土地,因此,他们到了南方之后,便利用政治权力大力掠夺土地。特别是武将,把抵抗金军的入侵作为托词,首先忙于建立自己的家业。

原来就居住在南方的一些官僚豪绅地主,一方面既同样可以利用政治特权,另一方面又因为南宋初年政治极度紊乱,各州县的土地账簿多在战争中散失,他们便和一些"乡村保正乡司,通同作弊"①,霸占别人的土地,据为己有。

从北宋以来,南方商品经济的发展就已凌驾于北方之上,社会上已出现了大量的富商大贾之家。到南宋初年,这些富商大贾也"多以金帛窜名军中,侥幸补官",他们也和官僚地主一样地利用政治特权,对土地肆行兼并掠夺,并且"假名冒户,规免科需"②。

北宋一代,每年从东南诸路运送到开封的上供粟米之数,共为六百二十多万石。宋政府南迁后,东南诸路仍在它的统治下,其中除淮南路和湖北路一部分地区因系宋金战场而致农业生产衰退外,其余各路无不是土地日益垦辟,生产日益发展。然而在宋高宗的绍兴年间,从东南诸路所得的上供粟米却只有二百八十多万石,抵不到北宋时期的一半。浙江东西两路,田地肥沃,且几无不耕之土,而南宋初年,那里的上供粟米之数,每年却比北宋时少了 50 万石③。单就平江府(今苏州)所属各县而言,北宋时的簿籍所载,每年上供米粟之数为 39 万石,而南宋初年每年实际征收到的只有 20 万石④。这些事实反映出,东南诸路的农田,被官僚豪绅武将等具有免税特权的人家兼并了去的,其数目又远远超过北宋时期了。

掠夺土地的人首先把目标集中在水利田上。长江下游,当涂县的广济圩,宣城县的惠民、政和诸圩,芜湖的万春、永兴等圩,在南宋初年无不被豪家所霸占。绍兴府的鉴湖,也为"奸民豪族公侵强据"⑤,以致鉴湖仅有湖的

---

① 《宋会要·食货》六一之一〇,绍兴五年四月十九日臣僚上言。
② 《宋会要·食货》六一之七八,绍兴十七年正月十五日臣僚上言。
③ 《建炎以来系年要录》卷一四九,绍兴十三年六月戊子王循友奏章。
④ 《宋会要·食货》六之三六,绍兴十二年十一月五日李椿年奏章;《中兴小纪》卷三〇,李椿年奏章及周葵与李椿年论辩语。
⑤ 王十朋《梅溪文集·后集》卷二七《鉴湖说》上。

空名,被他们变为二千三百多顷湖田了。明州广德湖有湖田五百七十多顷,也都被权势之家霸占①。建康府的永丰圩,有田将及千顷,最初是归南宋政府的军队营种,不久赐予大将韩世忠,以后又改赐秦桧,秦桧死后又收归淮西总领所,数十年间,总是辗转于皇室、大将、权臣手中,"其管庄多武夫健卒,侵欺小民,甚者剽掠舟船,囊橐盗贼"②。

四大将中的张俊,在解除兵权家居以后,岁收租米60万斛③,估计其所占有的土地,当不下六七十万亩。另一大将杨存中,单在楚州宝应县就有田近四万亩,到乾道元年(1165年)全数献纳给南宋政府④,可见这还不是他的产业的主要部分。他因女儿生育,赠以吴门良田千亩⑤,可见他在江南州郡中所占良田是很多的。岳飞被害之后,南宋政府没收其家产,共有水田七百多亩,旱田一千一百多亩⑥,在当时的诸大将当中算是占地最少的。

宋宁宗开禧三年(1207年),权臣韩侂冑被杀,南宋政府没收了他和他的党羽们的土地,每年从这些田地中所收租米为七十二万二千七百余斛,另外尚有现钱一百三十一万五千余贯,则其所占土地顷亩之多可以推知。另外的一些贵势之家,都尽力兼并百姓的膏腴之田,有些人的田产连亘于数路之内,岁入租米号称百万斛⑦,则其所占土地至少当在百万亩。

南宋政府对于这种土地集中的现象,不但不设法制止,到贾似道当权之日,为了筹措军粮和解决财政的困窘,从景定四年(1263年)开始,又制定了"公田法",以政府的名义对土地进行疯狂掠夺。依照公田法的规定,浙江东西路和江南东西路内官户民户的逾限之田,一律要由政府抽买1/3,每亩收租满1石的给40贯,不满1石的按比例递减。然而所给价钱,一半是会子,另一半是官告和度牒。事实上所强买来的并不专是大户人家的逾限之田,小户人家的土地也包括在内。民间所得官告度牒皆无法售出,而所得会子则随时贬值。因此,在"公田法"施行之后,上述四路诸州郡为之骚然。

到贾似道失败之后,南宋政府于德祐元年(1275年)才废止了"公田

---

① 《宋会要·食货》一之三五,绍兴二年七月十七日薛徽言奏章。
② 《通考·田赋考》六《水利田》。
③ 《通考》卷二〇《市籴考》。
④ 《宋会要·食货》六三之一三八。
⑤ 《齐东野语》卷六《向氏粥田》条。
⑥ 《宋会要·方域》四之二五。
⑦ 《后村大全集》卷五一,端平元年《备对札子》;《宋史·食货志·农田》所载淳祐六年谢方叔奏章。

法",并且下诏说:"公田最为民害,稔怨召祸,十有余年。自今并给佃主,令率其租户为兵。"①然而这时已经是临安失陷、南宋政权灭亡的前夕了。

四 南宋的阶级矛盾和阶级斗争

南宋初年赋税的繁重 南宋初年的最高统治集团,虽则对金采取逃避和妥协投降的政策,而对于国内的纳税户,总是以大敌当前为借口,向他们进行苛酷的压榨:夏秋两税,身丁钱米,以及名为"和买""和籴"而实际是由纳税户无偿输纳的绢帛米粟等等,都较旧定额数增加了五倍至七倍②。在输纳时,米粟之类还要加收"正耗""加耗"和"斗面米"等等,其数目往往超过正额。在交纳时,衙吏还百般刁难,谷物则挑剔成色,绢帛则涂抹打退。为了避免麻烦,只有通过"揽户"代为交纳,这就又要遭受揽户的剥削。此外,还有所谓"经总制钱",即所有民间的钱物交易,每千钱要抽取56文为税。还有"月桩钱",是为供应军事开支而勒令各州县政府按月解送的一种横赋。州县无所从出,只有巧立名目向民间榨取,于是,在江南西路则有所谓"麹引钱、白纳醋钱、卖纸钱、户长甲帖钱、保正牌限钱、折纳牛皮、筋角钱,两讼不胜则有罚钱,既胜则令纳欢喜钱。殊名异目,在处非一"③。当时有人描述江西和湖南北三路纳税户的情况说:"正税之外,科条繁重。税米一斛有输及五六斛、税钱一千有输及七八千者。如所谓和籴米,与所输正税等,而未尝支钱。他皆类此。"④

南宋时,江南农民大多栽种占城早稻,然而南宋政府向各地征收两税和各种苛捐杂税时,却借口"早米不堪久贮",所有"受纳秋苗及和籴米斛,并要一色晚米"⑤。这就逼使纳税民户不能不向兼并停蓄之家去购买,其结果是把纳税户的负担成倍地加重。

制作军器所需要的大量翎毛、箭干、皮革、铁条、铁叶以及竹木物料等等,南宋政府也都逼令各地百姓按亩或按户无偿输纳。这些都是临时的勒索,既无定时,也无定量。这些东西并非贫下民家所素有,只有用高价向豪富人家购求,这又成为一般纳税户无法承担的重负。

---

① 《宋史·食货志·农田》。
② 《建炎以来系年要录》卷四二,绍兴元年二月乙酉条。
③ 《历代名臣奏议》卷一〇八,赵汝愚《请蠲减江西月桩钱物疏》。
④ 《建炎以来系年要录》卷四二,绍兴元年二月乙酉朱胜非奏疏。
⑤ 李纲《梁溪全集》卷一〇六《申省乞施行籴纳晚米状》。

南宋的统治阶级借用抗金的名义把民脂民膏朘削无余,实际却不肯认真地把武装力量使用在抗金斗争上,以致长江以南的明州、杭州、江州、洪州、潭州等地全部遭受到金人的蹂躏、屠杀惨祸。在靖康年间从前线上溃败下来的一些散兵逃将,如孔彦舟、李成、张用、曹成等伙,都流窜于江南以及湖广地区,奸淫掳掠,打家劫舍。当时有人把这种情况概括描述说:"金人未到而溃散之兵先之,金人既去而袭逐之师继至。官兵盗贼,劫掠一同;城市乡村,搜索殆遍。盗贼既退,疮痍未苏,官吏不务安集而更加刻剥,兵将所过纵暴而唯事诛求。嗷嗷之声,比比皆是,民心散叛,不绝如丝。"①

上述种种,说明了南宋初年,尽管民族矛盾是主要矛盾,而阶级间的矛盾也日益严重。

钟相、杨幺的起义 建炎四年(1130年),在福建路的建州、江西路的吉州和虔州(今赣州)、湖北路的鼎州(今常德)等地,先后都爆发了农民反抗南宋统治的斗争。其中,以钟相领导的湖湘地区的起义,规模最大,历时最久。

钟相是鼎州武陵县人。北宋末年,武陵县的一些从事"农亩渔樵"之业的农民,曾以钟相为中心组织了一个社。入社的农民,为了保证生产能及时进行,共同攒积钱财作互助共济之用,因而都能"田蚕兴旺,生理丰富"②。此后加入这一团体的人越来越多。

针对着北宋末年统治集团的横征暴敛和官僚豪绅的兼并搜刮,钟相提出了一个拯救时弊的政治主张:"法分贵贱贫富,非善法也。我如行法,当等贵贱,均贫富。"③这个主张提出之后,环绕武陵县几百里内的百姓都"翕然向往",跑到武陵去求见钟相的人,"络绎道途,莫知其数"。到南宋建炎年间,湖湘地区的人民既苦于南宋统治者的苛敛,又遭到金军的蹂躏,还连续遭到马友、曹成、孔彦舟等几个溃兵游寇集团的窜扰。他们为了生存,亟须拿起武器展开斗争。到建炎四年春天,便以钟相为首,揭起了反抗的旗帜,建立政权,国号楚,年号天载。

为了实现"等贵贱、均贫富"的主张,钟相宣布:凡是参加起义军的,一律免除税赋差科,不受官司法令的束缚④。

---

① 《建炎以来系年要录》卷四一,绍兴元年正月癸亥韩璜奏疏。
② 鼎澧逸民《杨幺事迹》。以下所有关于这次起义的叙述,凡不另注出处的,都是根据《杨幺事迹》。
③ 《三朝北盟会编》卷一三七《武陵百姓钟相反》条;《建炎以来系年要录》卷三一,建炎四年二月甲午记事。
④ 《梁溪全集》卷七三《乞发遣水军吴全等付本司招捉杨幺奏状》。

起义军"本农亩渔樵之人",他们把斗争目标首先集中在当地的那些剥削者和统治者。他们宣布要诛杀官吏、僧道和卜祝等不从事生产的寄生人群,对于"执耒之夫"则不许伤害①。这样的一些口号和行动,受到湖湘地区人民的热烈拥护,起义不久,洞庭湖四周的鼎、澧、潭、峡、岳、辰诸州所辖的19个县,除个别县城之外,都归入起义军的掌握中了。

居住在鼎州城内的豪商官绅地主,为要把起义军消灭,竟把孔彦舟匪军勾引到鼎州城来。孔彦舟遣派大量匪徒混入起义军中,建炎四年四月,里应外合地打进了钟相的营寨,钟相父子被他们俘获杀害。但起义军并没有被消灭,他们又在杨幺的领导下,继续坚持斗争。

全部起义军都是兵农相兼,"陆耕水战",平时从事耕种,敌人前来侵袭则登舟作战。这样坚持斗争一年以后,起义军所控制的地区已经东达岳阳,西达枝江,北至公安,南至长沙界内了。

从绍兴元年(1131年)到四年,起义军曾连续把南宋派来进行"剿讨"的水军打得大败。湖湘地区的地方官吏,在官军屡次失利的情况下,也常有人派遣说客到起义军各首领的营寨中,试图进行"招安";伪齐刘豫及其臣僚也不止一次派人到起义军中,约其顺江而下,与伪齐配合,共取杭州。但每一个被派到水寨中的人都被起义军处死了。

从绍兴二年以来,南宋政府先后派遣程昌寓、王瓒、折彦质等人率领大军到湖湘对起义军进行镇压,每一次都被起义军打得大败。王瓒对起义军所采用的手段非常残酷,他"纵其部曲,捉刺农夫,剽掠杀伤,莫知其数"②。然而,在绍兴三年冬的鼎江(今沅江)之战,王瓒所率领的崔增、吴全两支水军却全军覆没。尽管如此,在受到大量敌军屡次围攻之后,起义军在洞庭湖外的一些重要军事据点和交通孔道已渐次失落在敌军手中,因而"兵农相兼"和"陆耕水战"的办法逐渐不能实行。起义军既不能再去生产,水寨中的食粮和物资便日益短缺。于是,在起义军的首领和士兵中有人发生了动摇。恰在这时,南宋政府派遣岳飞率兵前来镇压。岳家军到湖南后,一方面把包围圈缩小,扼守住所有的重要路口,加紧了对起义军的经济封锁;另一方面又派人潜入起义军营寨中对动摇分子加以利诱。在周伦、杨钦等人投降后,岳飞更进一步"因敌人之将,用敌人之兵,夺其手足之助,离其腹心之托"③,并

---

① 胡宏《五峰集》卷二《上光尧皇帝书》,胡寅《斐然集》卷一七《寄张德远》。
② 《建炎以来系年要录》卷八七引张绚奏疏。
③ 《金佗续编》卷一九《百氏昭忠录·章颖经进鄂王传》。

采用了各个击破的办法,在很短的时期之内便把起义军的全部营寨攻破了。

绍兴五年(1135年)六月,岳飞攻下了杨幺的营寨,杨幺被俘不屈,被杀害。

南宋中期的小规模农民起义 宋高宗和秦桧签订了对金的卖国条约之后,把50万匹、两的岁币负担加在了南宋人民身上,而所谓"经总制钱"和"月桩钱"①等等还是照旧征收。在此以外,秦桧又"密谕诸路,暗增民税七八"②。各郡县则把民户所有的耕牛、水车、舟船、农具等等都"估为物力",依其数目的多少,摊派各种苛捐杂税以及差徭③。再加上土地兼并之祸从南宋初年以来就已经十分严重,其后也一直不曾得到缓和,这就使得南宋境内的农民的反抗斗争,总是断断续续,此伏彼起。

宋孝宗统治的时期(1163—1189年),在南宋算是较好的一个阶段,然而,政府的横征暴敛和官僚豪绅对土地的兼并等情况并无改变,因而,小规模的农民起义事件还是时常爆发。乾道元年(1165年),因为政府向各地民户强制推销乳香,程限颇急,激起了湖南郴州地方李金领导的起义④。淳熙六年(1179年),南宋政府又用和籴名义向民间大量搜括粮米,在湖南境内又逼起了陈峒领导的起义。在同一年,由于赋敛过于苛重,在广西境内也爆发了李楫(亦作李接)领导的起义。李楫在起义之后,张贴榜文,宣布起义军十年内不收赋税⑤。起义群众先杀掉宋政府派驻在当地的"九州巡检",接着就攻下了容、雷、高、化、贵、郁林六州八县之地⑥。起义军所到之处,开发仓廪,振施贫乏,招纳"亡命",委派官吏,各地人民都"翕然从之"⑦。群众称李楫为李王,而称南宋政府的军队为贼。起义军的斗争坚持了半年以上的时间,到这年年底被广西经略刘焯和武将沙世坚率兵扑灭。

南宋晚期的政治 宋宁宗开禧三年(1207年),权相韩侂胄因对金用兵失败而被杀,继任宰相的史弥远一贯采取对金屈服妥协的政策。从开禧三年到绍定六年(1233年),中间26年,是史弥远执政的时期,这比秦桧独揽

---

① 《中兴小纪》卷三三,绍兴十七年九月载有诸路月桩钱数。
② 《通考·田赋考》五。
③ 《建炎以来系年要录》卷一六三,绍兴二十二年五月癸卯记事。
④ 《宋会要·兵》一三之二四;《朱文公集》卷八八《刘珙神道碑》;《朝野杂记》甲集卷一五《市舶司本息》条。
⑤ 《朱子语类》卷一三三《本朝盗贼》。
⑥ 魏了翁《鹤山先生大全集》卷八九《吴猎行状》。
⑦ 《历代名臣奏议》卷三一九《弭盗门》所载蔡戡奏疏。

大权的时间还多六七年。在这一时期之内，以史弥远为首的南宋统治集团，对当时的民族矛盾和民族斗争等事全不理会，把全副注意力都集中在如何掠夺人民的财富上面。史弥远等人招权纳贿，货赂公行，他们所任用的州县官吏，既多是通过行贿而得到官职的，到任之后便也都"争自为盗"，像豺狼一般地贪残苛刻。金银珠玉、田园宅第，都是他们争相掠夺的对象①。

史弥远当权之初，南宋政府发行的会子，其数目已达 3000 万贯。在此以前，南宋政府曾经屡次用库存的金、银、铜钱等进行兑换，所以其时会子虽已贬值，还不甚厉害。史弥远当权之后，大量印造新会子，却不再以金、银、铜钱兑换，而只以新会子兑换旧会子，并且把旧会子折价一半，旧会子两贯才能兑换新会子一贯。自此以后，会子的印造数目愈来愈多，政府向民间籴买粮食、支付茶盐本钱等等都是一色的会子；百官的俸给，军兵的支犒，州县政府的百般费用也无一而非会子。会子充斥于社会之上，政府却绝不再考虑兑换回收的事，因而造成了币值跌落，物价飞涨，"民生憔悴"的现象②。到理宗绍定年间（1228—1233 年），处在求生不得的情况中的农民，便在福建、江西等地相继起义。

福建江西地区的小规模农民起义　福建路的建州、汀州等地，江西路的赣州、南安等地，在南宋一代，都是实行食盐官卖的地区。这几州都去海较远，又都是山区，把海盐运送到那里很不容易，所以这几州官卖食盐的价格都很高。运盐的船户又都在途中大为奸弊，把大量的灰土掺杂到食盐中去，致使当地民户虽付出高价，所买到的却是不堪食用的恶盐。因此，在上述诸地便出现了大量贩卖私盐的人。他们千百为群，结伙而行，到广东路的循、梅、潮诸州去贩运。那里道路较近，运费较省，所产的盐又比较洁白，所以民间都乐于购买。私盐畅销，官盐便失去销路。其后地方政府一方面严禁私盐的运销，另一方面又采用按每户人口强制派销官盐的办法。因为禁贩私盐，私盐贩遂成群结伙地行动，遇到官府追捕便共同进行武装反抗；因为按人口强制派销，一般居民遂也时常联合行动，群起拒而不受。绍定年间爆发于汀州和赣州的起义事件，都是由于这样的原因激逼起来的③。

在晏彪等人领导下、以汀州潭飞礤地方为中心的起义群众，就被当时的

---

① 真德秀《西山文集》卷一三，端平元年《召除户书内引札子》。
② 《通考》卷九《钱币》二。
③ 《朝野杂记》甲集卷一八《福建盐》条；《历代名臣奏议》卷三一九《弭盗》门，赵汝愚《论汀赣盗贼利害疏》；《西山文集》卷一三，端平元年《得圣语申省状》。

统治阶级称为"盐寇"。起义开始于宋理宗宝庆和绍定之际(1227—1228年),最初不过几百人,不久就发展到万人以上。他们活动于建宁、宁化、清流、泰宁、将乐诸县境内,大本营设在汀州和邵武,在汀州的莲城境内建立了72寨。斗争持续了将近四年之久,到绍定三年的冬天,为南宋政府的军队所扑灭①。

绍定元年(1228年),在江西的南安和赣州爆发了张魔王和陈三枪等人领导的起义。这支起义军活动于江西、广东、福建三路的十几个州郡、数千里的地域之内。主力驻屯在松梓山,在周围的各州县内分别建立了60个营寨②。官方派来试图进行诱降的说客,都被起义军杀掉了。起义军在继续斗争了六年之后,到端平元年(1234年)虽然终于被统治阶级镇压下去,但福建的地方政府从此明令废罢了"计口敷盐"的办法,漳、泉、兴化的官吏还以别项岁入代替人民输纳丁钱四万余贯③;而江西的地方政府则减轻了这一带11个州郡的上供银和上供米的数量。

南宋一代的许多次农民起义,自始至终,没有任何一次发展成为全国规模的事件,其中的原因是多方面的:例如,南宋政府对内的防范很严密,布置在各地的军事镇压力量比较雄厚,某地方有起义爆发,立即能够出动兵马去进行镇压,这就使起义军的发展受到很大的限制;地主阶级的知识分子,在这一时期内比以前任何时期都更致力于封建的纲常伦理的宣扬,加强其对农民的精神束缚,这对于广大农民的反抗斗争也起了釜底抽薪的作用。然而其中最重要的原因则是由于在南宋一代民族矛盾始终是最主要的矛盾。在与蒙古联合灭金之前,风烛残年的金国一直还是南宋的一个极大威胁,到金国既灭之后,蒙古对南宋的威胁比金国更加严重。在民族矛盾的制约之下,尽管农民阶级与地主阶级、被统治者与统治者之间的矛盾也还是很严重地存在着,南宋的广大人民却必须先把主要的斗争锋芒指向这一主要的矛盾方面,因而就使这许多次的阶级斗争都不至发展为全国规模的了。

五 北方形势的剧变 蒙古族的兴起和金朝的灭亡

蒙古族的兴起和蒙古国的建立 蒙古族在唐朝一般是称作"蒙兀室

---

① 《宋季三朝政要》卷一。
② 《后村大全集》卷一四六《陈𬬭神道碑》。
③ 《后村大全集》卷一四二《赵以夫神道碑》。

韦"的,原住在今内蒙古自治区东北的额尔古纳河上游,约在 8 世纪时开始西迁,游牧于斡难河和怯绿连河之间。

11—12 世纪时,在今蒙古草原上及草原的周围,有许多大小部落,其中有蒙兀部(即蒙古部)、克烈部、塔塔儿部、蔑儿乞部、斡亦剌部、乃蛮部、翁吉剌部、汪古部等。当时的蒙古还只是一个部落的名称,到了蒙古部统一以后,蒙古一名就成为草原各部的通称了。

蒙古族过着游牧的生活,"以黑车白帐为家"①。又兼营狩猎,"生长鞍马间,人自习战,自春徂冬,旦旦逐猎"②。12 世纪时,蒙古族的社会经济有了显著的发展,开始使用铁制的生产工具和兵器,畜群也繁殖得更多。辽金以来中原的先进文化对与汉地毗邻的塔塔儿、克烈、翁吉剌、汪古等部有较大的影响,各部经常以马匹、皮毛换取汉地的绢帛和铁器,汪古部人已知务农业③。畏吾儿文化也传入西部的一些部落,乃蛮部已使用畏吾儿文字。

随着畜牧生产的发展,蒙古各部贫富分化日益激烈,已出现了部落贵族、牧民和奴隶等阶级与阶层。部落贵族被称为"那颜"(官人),"必勒格"(智者)或"薛禅"(贤者),都拥有大量的牲畜,并且控制了牧地。强大的贵族又都拥有一批"那可儿"(亲兵)。为了满足财富的贪欲,贵族之间进行着无休止的掠夺战争,以致"天下扰攘,互相攻劫,人不安生"④。一般的牧民被称为"哈剌出"(黑头),因为战乱的逼迫,不得不寻求强大贵族的庇护,向他们纳贡服役,沦为他们的依附人口。有的牧民还通过交换关系或在战争中被俘虏而成为贵族的奴隶。奴隶主要是供家内劳役。

蒙古孛儿只斤部的贵族铁木真(1162—1227 年),在长期作战中壮大了自己的势力。他最初联合札只剌部的札木合和克烈部的王罕,击败了塔塔儿、泰赤乌、蔑儿乞诸部,以后又与王罕合兵击败了札木合。1203 年,铁木真又攻王罕于土拉河,王罕败亡。克烈部是当时蒙古草原最强大的部落之一,铁木真战胜了克烈部,就创造了统一蒙古的条件。不久,铁木真又削平了乃蛮部,乃蛮部首领塔阳汗战死,塔阳汗子屈出律逃奔西辽。

1206 年,铁木真结束了蒙古长期分裂的局面,建立了蒙古国⑤,在斡难河源做了蒙古大汗,被各部尊称为成吉思汗。

---

① 李志常《长春真人西游记》。
② 赵珙《蒙鞑备录·军政》。
③ 李心传《建炎以来朝野杂记》乙集卷一九"鞑靼款塞"条。
④ 《元朝典故编年考》卷九。
⑤ 《蒙鞑备录·国号年号》。

成吉思汗在蒙古地区建立了分封制度，把他所属的亲兵和归附的各部首领分封为万户那颜、千户那颜和百户那颜，按照等级赐以牧地和依附的牧民。此外，大汗、皇后、太子、公主、亲族以下"各有疆界"①。牧民必须向政府或封主缴纳羊、马以及其他畜产品，并担负军役和各种杂役。没有封主的许可，不得任意迁徙。

成吉思汗从各万户、千户或"白身人"（一般牧民）的子弟中，拣选其"有技能、身材壮的"充怯薛军，即护卫军②。怯薛军有一万人，是蒙古最精锐的军队，平时分四班轮流宿卫，战时随大汗出征，其地位高于在外的千户那颜。怯薛军的设置加强了大汗的威力和中央对地方的控制。

成吉思汗为了巩固蒙古的统治，颁行了法典《大扎撒》。又任命失吉忽秃忽为"扎鲁忽赤"（断事官），凡是"盗贼诈伪"和"百姓每（即们）分家"的事都由他科断③。成吉思汗在征服乃蛮部时，命居留乃蛮部的畏吾儿人塔塔统阿用畏吾儿字拼成蒙古国书，蒙古族从此有了通行的文字④。

成吉思汗是蒙古族的一位杰出的领袖。成吉思汗在统一蒙古和建国的过程中所采取的各种政治、军事措施，都顺应并加速了当时蒙古社会经济的发展。

蒙古统一以后，以成吉思汗为首的蒙古贵族即向金朝发动了大规模战争。1211 年，蒙古军大举攻金。1213 年，蒙古军又分三路，破金九十余郡。1214 年，蒙古军围金中都，金宣宗遣使求和。蒙古军的攻势给金朝带来严重的威胁。

从 1218 年到 1223 年，在成吉思汗亲自率领下，蒙古贵族发动了第一次西侵。蒙古军攻灭了西辽和花剌子模国，在迦勒迦河打败了斡罗思诸部，把蒙古国的领土扩充到今中亚细亚地区。从 1235 年到 1241 年，蒙古大汗窝阔台在灭金之后，派遣拔都、贵由、蒙哥等率军二次西侵。这次蒙古军攻占了斡罗思（今俄罗斯），军锋直逼东欧的孛烈儿（今波兰）和马扎儿（今匈牙利）等地。从 1253 年到 1258 年，蒙古大汗蒙哥又派遣旭烈兀三次西侵。1258 年，蒙古军战败了黑衣大食，攻陷巴格达和大马士革城，蒙古的势力已发展到西南亚。蒙古军在几次西侵的过程中，烧毁城市，杀掠居民，破坏农

---

① 徐霆、彭大雅《黑鞑事略·差发》。
② 《元朝秘史》卷九。
③ 《元朝秘史》卷八。
④ 《元史》卷一二四《塔塔统阿传》。

业生产,使各地人民受到巨大的损害。

蒙古贵族进行军事征服的结果,出现了一个以蒙古地区的和林①为中心的横跨欧亚的大汗国。这个汗国客观上在进一步沟通中西交通、促进中西文化的交流方面起了积极的作用。但是这个汗国只是一个不稳固的政治军事联合体,没有共同的经济基础,不久就分裂成为几个独立的汗国。

金朝后期社会经济的衰落和北方人民的反金起义　在完颜亮和金世宗统治时期,女真贵族连续不断地收夺汉人的土地拨归屯田军户,在汉族人民和屯田军户之间造成了"互相憎疾"的情况。劫夺得来的土地,"腴田膏壤则尽入势家",一般的屯田军户所得的只是一些较差的乃至是瘠薄的土地,因之屡次劫夺土地的结果,并不能使屯田军户获得实利,而对汉族人民却造成了严重的长期性灾难②。所以,因互相憎疾而至"怨嗟争讼"等等的纠纷,一直到金宣宗迁都开封(1214 年)以后,还不见减少③。

在金章宗统治时期,金政府看到"齐民与屯田户往往不睦"的矛盾现象,曾下令要他们"递相婚姻",企图借此使他们之间的矛盾能有所缓和,但这一措施并未奏效。

北部中国的肥沃农田,大片大片地被女真统治者掠夺去分配与屯田军户,过不了多久,这大片的肥沃土地便由瘠薄而至荒芜,女真统治者又再向另外的肥沃地区去进行掠夺,重行分配。这样就使大量的农田一批一批地落荒,农业生产也随之而出现严重的萎缩状态。

这些事实说明了,北方社会经济的凋敝景象,完全是女真统治者制造出来的。因此,北方的农民,为了争取自己的活路,便不能不起而与女真统治者进行斗争。

1211 年在金国境内,东起莒、淄、潍、青诸州,西至河中、陕西各地,都爆发了农民起义。杨安儿和耿格、张汝楫、刘二祖、李全等人,各自领导了几万以至十几万的起义群众,分别活动于山东半岛以及沂、海、邳诸州之地④。

各地起义的群众,对于屯田军中的头目和侨寓各地的女真贵族及其建立在各地的军事营垒,都"起而攻之",并且"寻踪捕影,不遗余力"⑤。在女

---

① 和林建于窝阔台时,是蒙古国时代的都城。
② 以上据《金史·高汝砺传》。
③ 见《金史·食货志》"田制"所载刘元规奏章。
④ 《金史》卷一〇二,《仆散安贞传》,《大金国志》卷二五,贞祐四年(1216 年)记事。
⑤ 《元遗山文集》卷二八《完颜怀德碑》。

真贵族直接奴役下的一些家奴和驱口,也大量地投入起义军的行列①。

杨安儿、李全等人领导的起义军,都穿红袄作为标志,时人称为红袄军。红袄军控制了山东半岛的绝大部分地区,并迫使金朝委派的莱州知州徐汝贤也举城而降。杨安儿的声势大振,遂建置官属,并改元为天顺。李全率领的一支也攻占了东海、海州和邳州等地。

金朝派军对山东的起义军进行镇压,杨安儿在率众向即墨县和莒县境内转移途中病死,起义军即由其女杨四娘子(名妙真)带领,下寨于莒县的磨旗山中②。其后杨四娘子与李全结为夫妇,共同率领义军向南宋境内转移,驻扎在楚州一带。1219 年金兵又去侵犯南宋,游骑已到东采石的杨林渡,使得建康大震,结果却被李全的军队打败。

但在 1220 年以后,李全夫妇不再反抗女真统治者,只是力求发展其个人实力。对红袄军中另外的一些首领,或则杀其人而并其军,或则企图把其人其军全部消灭。他还不断向南宋政府进行要挟,甚至还打算要渡江去攻打南宋的首都。及蒙古军队进入河北、山东地区,李全回到青州,竟然投降了蒙古。

正当李全对起义军首领进行残害的时候,起义军的另一首领彭义斌率众回到山东,攻入东平府和恩州、大名诸城。这支起义军既反抗女真贵族的统治,也与侵入这一地区的蒙古兵进行斗争。他们所到之处,当地人民都起而响应,以致不论金军或蒙古军,都把彭义斌视为劲敌,不敢轻易与他作战③。1225 年,彭义斌以大军进攻真定,迫使金将武仙和他合力抗击蒙古。这时这支联军已拥有几十万人。彭义斌致函南宋军事统帅,与之相约:南宋出兵涟、海,收拾李全,然后进军汴、洛,他本人则转战河北,南北互相配合,庶几"神州可复"。但当时的南宋政府早已放弃了恢复中原的打算,对他的建议置之不理。及蒙古命史天泽以优势兵力围攻彭义斌军于赞皇的五马山下,彭义斌兵败身死,军队溃散④。

蒙古入侵和金的灭亡 金宣宗在即位的第二年(1214 年),由于蒙古军的威胁日甚,便南迁开封。次年,燕京为蒙古军攻占。

女真统治者分布在华北、中原各地的屯田军,长期以来不耕不战,已失

---

① 《金史》卷一○二《蒙古纲传》及《仆散安贞传》。
② 此据《宋史·李全传》。磨旗山亦作马鬐山,此山上至今尚有"杨四娘子在此山下寨"的石刻。
③ 《元遗山文集》卷二九《乔惟忠神道碑》《赵天锡神道碑》。
④ 《元朝名臣事略》卷七《丞相史忠武王(天泽)事略》。

掉了作战能力,到金政府南迁时所倚靠的军事力量,主要是由从前辽朝所编组的边境各少数民族的乣军,而乣军也在南迁途中叛变,投降了蒙古。为了补充武装力量,金政府迁到开封之后,一方面招募"燕赵亡命"及回纥、羌人,编制为"忠孝""忠义"等军,厚其月给,屡加犒赏,以求他们为金效力;另一方面又派官四出,签发汉人为兵,凡家有壮丁的,不论是多丁单丁,一律签发。到后来,甚至除现任官吏之外,赋闲或退休官员,也被征发。这些拼凑而成的军队,战斗力自然是不会强的。

在金政府迁都开封以后,黄河以北的地区,东起太行山以东,西至关陕,不一二年便都落入蒙古人手中;由山东半岛以至东平府一带,则是起义军与金及蒙古经常交战的地方。金政府为了抵御蒙古的军事进攻,把大部分军事力量用来守黄河,保潼关。在这种"日蹙国百里"的情况之下,金政府决定要"南窥江汉",想把失之于蒙古人手中者再从南宋方面取得一些补偿。从金宣宗兴定元年(宋嘉定十年,1217 年)开始,金政府在西起大散关、东到淮水流域这一分界线上,从许多处所展开了对南宋的军事进攻。南宋政府虽从金政府南迁之年就已不再向金交纳岁币,然而它的军事实力却也正在日益衰弱,对于金人的军事攻势无力抵抗,边境线上的许多城镇被金人夺去。

金政府迁到开封后,原来分布在黄河以北的屯田军及其家口,也都争先恐后地迁往开封,不久便达百余万口。他们的口粮全靠金政府供给。每日每人领粟一升,一年需要三百六十多万石,超过金政府每年搜括到的米粟一倍以上。金政府无法负荷这一重担,便又打算在黄河以南大量掠夺土地,重新分配给这些屯田军户。但是,一则河南境内的土地在那时已经是"民地官田计数相半"①,不容易再下手了;二则屯田军户已过惯了寄生生活,不愿参加农业生产劳动,"得地不能以自活",他们不乐于再接受土地。因此,大规模搜括土地的事才未再实行。

金政府由会宁府迁到燕京之后,已开始发行纸币。到卫绍王统治时期(1209—1213 年),由于财政极端窘困,金政府几乎只能依靠大量印发纸币,以供政治上和军事上的各项开支。迁都开封以后,金的境土只剩了黄河南岸西起潼关东到邳州的一个狭长地带,农业上和各种生产事业上的产品都微乎其微,军政费用更要仰仗无限制地印发纸币。于是发行了一百贯、二百贯以至一千贯的各种交钞,结果纸币贬值,"交钞每贯仅直一钱,曾不及工墨之费"。后来又相继发行"贞祐宝券""贞祐通宝""兴定宝泉",实际上都

---

① 《金史·高汝砺传》。

是行用不久便一文不值。跟着纸币贬值而来的是市场萧条，经常出现"市肆昼闭、商旅不行"的情况。

金的内部虽有此伏彼起的起义斗争，但起义的各支队伍始终不能协同一致，配合行动，没能把金朝推翻。蒙古的军队在占领了黄河以北的地区之后，便在成吉思汗率领下大举西征，只由木华黎以偏师经略华北之地。在这一情况之下，金政府在迁到开封之后得以苟延残喘达20年之久。

蒙古的西征军于1227年东返，成吉思汗在这年死于六盘山，窝阔台继为大汗，由南北两路对金发动进攻：北路由孟津过黄河攻下洛阳；南路则假道南宋，经邓州以趋开封。1233年金哀宗放弃开封，逃往归德，又逃往蔡州（今河南汝南县），南宋应蒙古之约，出兵与之夹攻。1234年正月，蔡州城破，金亡。

蒙古在河北的统治 在蒙古攻金的战争中，华北地区遭到极大的破坏。蒙古军队除了大肆劫掠财货、牲畜外，又到处掳掠人口，把汉人抑为贵族的工匠或诸王将校私人的驱口（奴仆）、部曲。连年的战祸迫使华北人民纷纷南向流亡，致使北方生产凋敝，荒残不堪。如泽州所属6县在金朝原有59416户，到1235年兵燹之余，竟只剩下973户①。赵州在战乱中"焚毁尤甚，民居官寺，百不存一"②。其他如陕西、辽东、四川以及山东北部都有这种情况。

当时，蒙古统治者还不知道农业生产在经济上的重要性。蒙古大臣别迭等人甚至提出了"汉人无补于国，可悉空其人以为牧地"的主张③。同时，蒙古统治者又委派大臣驻守燕京，"总中原财赋"，"旁蹊曲径而科敛者不可胜言"④。

蒙古统治者把北方的一些州县分封给诸王、功臣、驸马作为"投下"（封地）。诸王、功臣等在被称为"投下"的封地内，自置官属，拥有行政、司法、财政等方面独立的权力。封地内的人民，被看成封主的私产，不得任意迁移⑤。且贡赋极为沉重。如拔都在平阳、真定及河间等地的封地，贡赋不收银绢杂色，要收黄金。属民须把农产品或手工业品换成白银，再以银易金，几经转折，十倍其费。人民往往倾家荡产仍无法完纳，致遭"榜掠械系，不

---

① 李俊民《庄靖先生文集》卷八《泽州图记》。
② 《遗山文集》卷三二《赵州学记》。
③ 《元史》卷一四六《耶律楚材传》。
④ 《黑鞑事略》。
⑤ 《元史》卷一六七《张础传》。

胜痛苦"①。

金人南迁时,河北的豪强地主多乘乱而起,结寨自守,各拥名号,自保一方。以后,这些地主大多数都投降了蒙古,充当蒙古统治者镇压人民、搜括财赋的帮凶。这些人中如河北的张柔、史天泽,山东的严实等都拥有强大武装,他们的势力跨州连郡,而且子孙世袭。在他们各自的领地内,"爵人令官,生杀予夺","取财货,兼土田",十分暴虐专横。

当时的北方人民,除向政府负担丝料、包银等科差外,还有军户的签发,马匹的拘括,使臣的骚扰,官吏的诛求,豪强的压榨。所有这些剥削,无一不是敲骨吸髓,残民以逞。许多州县的官吏,因为要上缴科差、贡赋,只有以高利乞贷于回回富商。往往本银一锭,十年之后,本息就高达千锭,当时称这种高利贷为"羊羔儿息"。为了偿债,他们更想尽一切办法来剥削所属的人民。回回商人还与蒙古贵族勾结,帮助他们进行搜括,甚至还向政府"扑买"课税(即承包课税)。

所有这些混乱和黑暗现象一直延续了近半个世纪(从1214年金人南迁至1260年忽必烈即位)。在窝阔台时期,中书令耶律楚材反对把农田改为牧场,在他的积极策划下,蒙古统治者在户口、赋税等方面确立了一些制度,还规定由政府派官向封地内人民征收"五户丝",然后分赐给封主,禁止封主擅自征敛②。但是这些制度大多没有很好地施行。耶律楚材还反对回回商人的剥削,结果他自己也受到回回商人的排斥③。

六 蒙古南侵 南宋灭亡

蒙古对南宋全面的军事进攻 金亡之后,南宋政府希望收复黄河以南的地方,遂从淮西调兵进入开封城内,并从开封分兵占据了洛阳。南宋政府的打算是:首先把开封、洛阳、归德三城恢复,然后北守黄河、西据潼关,以抵御蒙古。不料宋军刚开进洛阳,蒙古兵即前来争夺,宋军溃败,从洛阳撤退。在开封的宋军,也因粮饷不继和蒙古兵决黄河之水以灌开封,也全部撤退。从此以后,在四川,在襄汉,在蕲黄,在江淮之间,蒙古贵族对南宋展开了全

---

① 郝经《陵川集》卷三二《河东罪言》。
② 《元史》卷一四六《耶律楚材传》。
③ 《元文类》卷五七《中书令耶律公神道碑》。

面的军事攻势①。

宋理宗端平三年(1236年),蒙古兵由汉中向四川进攻,南宋守将在大安军(今宁强)的阳平关顽强抵御,终以众寡悬殊,全军壮烈牺牲。蒙古兵占领了剑门关以外的地方后即长驱入蜀,一月之间,成都、利州(今广元)、潼川(今三台)三路中有54个州郡相继陷落,全蜀境内未遭蒙古兵马蹂践的,只有泸、果(今南充)、合三州之地和沿长江的夔州一路。蒙古兵这次攻入四川,在大肆掠夺和破坏之后,又从四川撤走了。在此以前,四川诸路的财赋收入,单是钱币一项,每年上交到南宋中央政府的有五百多万贯,解送到湖广、蜀、淮总领所的有二千五百多万贯,而金银绫锦丝绵之类尚全不计入。经过蒙古兵这次的掠夺破坏之后,短期内不能恢复起来,四川境内人民的生计,南宋政府的军政费用,都受到了极其严重的影响②。

南宋在京西南路和荆湖北路的重要军事据点,是襄阳、德安、枣阳、随州四地。襄阳自绍兴四年(1134年)被岳飞收复之后,即成为南宋抗金的一个重要军事据点。到理宗端平年间(1234—1236年),这里已经整整100年没有遭受过战祸,因而生聚繁庶,仓库中所积贮的钱谷不下3000万,金银盐钞尚不在内。军器有24库。其雄厚富实的情况,为南宋沿边诸城之冠。端平二年春季,蒙古兵围攻襄阳甚久,始终不能攻下。但到端平三年春间,在南宋驻屯襄阳的军队中,北军与南军发生了冲突。北军的主将放火烧掉襄阳的府库城郭,投降了蒙古;南军的将官则趁势大肆抢劫了一番而撤离其地。襄阳城因此一度变为瓦砾之场,且非复南宋所有。德安、枣阳、随州三地,在端平三年也都一度被蒙古兵攻破。凡蒙古兵所到之处,总不免发生掳掠人畜,焚烧屋舍,蹂践禾稼,毁伤薪木等类事件③。

当蒙古军进入京西南路的信阳、光州诸地时,当地的农民曾在"义甲头目"和"牛社总首"们的领导之下进行了抵抗,他们随宜剿杀截击蒙古军队。在京西、湖北两路中,乡民丁壮这样屯聚相保的处处都有。在刘廷美、廷辅兄弟领导下的一支民军有四万人以上,他们还到处招收山寨民丁、庄农与诸处溃散兵民,共同协力,在端平三年夏间又把襄阳、樊城、信阳诸地夺了回来④。

---

① 《宋季三朝政要》卷一。
② 《宋季三朝政要》卷二。
③ 《宋史·理宗纪》,《鹤山集》卷二九《自劾》及《榜谕北军》。
④ 《鹤山集》卷二九《缴奏奉使复命十事》。

淮南东西两路是南宋驻屯重兵的地方。蒙古兵于端平三年冬季进攻真州（今江苏仪征），于嘉熙元年（1237年）冬进攻安丰，于嘉熙二年秋进攻庐州，都被宋兵打退了。

南宋在四川的军事布置及其对蒙古南侵军的斗争 蒙古兵在控制了川北的蜀口之后，曾于嘉熙三年（1239年）和淳祐元年（1241年）两次侵入四川，攻破成都。在前一次的防御战中，宋的四川制置使丁黼战死；在后一次，制置使陈隆之也因兵败被俘而死。从此以后，南宋政府不再在成都设置军事统帅，而把军事重点移至重庆。

南宋政府从嘉熙二年就派彭大雅去守重庆，并兼任四川制置副使。彭大雅到任后立即着手改变那里的残破局面。他"披荆棘，冒矢石，竟筑重庆城，以御利（今广元）、阆（今阆中）、蔽夔、峡（今宜昌），为蜀之根柢"①。在此后多年抗拒蒙古的战争中，重庆城一直起着坚强堡垒的作用。

继彭大雅之后镇守重庆并兼任四川制置使的是余玠。余玠采纳了播州（今贵州遵义）人冉琎、冉璞的建议，在境内行军所必经的山险隘口，如钓鱼山、云顶山、青居山、大获山和大梁山等处，都因山为垒，修建了军事营寨，加以控扼，并把州治迁徙到这些堡垒中去。这样的一些军事防御据点，棋布星分于四川境内，或守嘉陵江，或备长江，彼此都能互相联络呼应。同时还在成都平原兴置屯田，贮积谷物，教练军旅。余玠还采取措施，减轻徭役以宽民力，减轻商税以通商贾，从各方面设法使这一地区内的农业和商业得以恢复和繁荣起来。

宝祐六年（1258年），蒙古兵由大汗蒙哥亲自率领，攻入四川。在保卫成都的战役中，云顶山上的城堡起了很大的作用，直到这座山城中的军队因食尽而溃散，成都才被蒙古兵攻破。其后在蒙古兵更深入蜀境的过程中，青居等山上的城堡都发挥了阻截蒙古军前进的重要作用。由于沿途都受到宋兵的阻击，蒙古兵进入四川境整整一年之后，才到达了钓鱼山的合州城下。

这时合州的知州是王坚。蒙古兵围攻钓鱼山城达九个月之久，王坚和他的部将张珏一直在那里固守力战。到开庆元年（1259年）七月，正是四川的雨季，蒙古军因军中痢疫盛行，死伤极多，蒙哥汗又为宋军的飞矢射中身死，遂解合州之围而去。后来王坚被调走，由张珏继为合州守，他继续在那里练士卒，修器械，以兵护耕，教民垦田，并碇舟于嘉陵江中，建为水上城堡，以断绝蒙古兵的通路。咸淳三年（1267年）蒙古发兵数万来攻，被他打退。

---

① 《宋季三朝政要》卷二，淳祐三年记事。

到恭帝德祐元年(1275年),张珏知重庆府兼四川制置副使,仍坚守着合州、重庆及其周围的一带地方。第二年,南宋首都临安被蒙古军攻破,张珏仍在川中坚持战斗。直到1278年,他在重庆的保卫战中兵败被俘,在解送燕京的途中,解弓弦自缢而死①。

襄阳、临安的失陷和南宋的灭亡 蒙哥为蒙古大汗时,命其弟忽必烈开府漠南,统治漠南汉地民户。在蒙哥汗率兵攻入四川时,忽必烈也渡河南下,围攻鄂州。南宋的权臣贾似道统率诸路重兵去救援鄂州,却暗中向蒙古军求和,愿意向蒙古称臣纳币,双方划江为界。这时蒙哥汗已死在钓鱼城下,忽必烈急欲北返争夺汗位,遂答应了贾似道所提出的议和条件而撤兵。

贾似道回到临安,把暗中求和的事隐瞒不提,却欺骗宋度宗说:在前线上打了胜仗,把蒙古兵打退了。

1260年,忽必烈即大汗位于开平(今内蒙古正蓝旗东),派遣郝经到南宋去要求其履行和约,贾似道恐求和事暴露,把郝经拘留在真州,这又成了蒙古贵族大举南侵的借口。

从度宗咸淳三年(1267年)冬起,蒙古兵即前来围攻襄阳和樊城。襄、樊两城夹汉水对立,汉水上有浮桥,两城可相互声援。两城中所储粮饷都可支用数年,沿长江上游诸州的商旅还可以取道襄阳之南,供应襄樊守军一些必需的物资。两城的守将依靠这些条件,长期坚守。被蒙古军围攻既久之后,两城的守将屡次向南宋政府告急求援,权臣贾似道却始终不肯出兵救援。到咸淳九年,蒙古军增强了水陆兵力,截断江道,断绝了宋军外援,切断了襄阳和樊城间的交通,采用水陆夹攻办法,又用西域炮匠新造的大炮去攻打两城,在这年的正二月内,樊城、襄阳便相继为蒙古军攻破,襄阳守将吕文焕投降了蒙古。

咸淳十年(1274年)宋度宗死,恭帝立,政权仍操在贾似道手中。这年秋,蒙古丞相伯颜督率几路大军,水陆并进,向临安进军。其主力是舟师,由伯颜与阿尤率领,以吕文焕为前锋,由襄阳顺汉水而下,入于长江。南宋守将以战舰数千横列江面,迎战败绩,沿江的鄂、黄、蕲、江诸州相继陷落。

恭帝德祐元年(1275年)正月,贾似道在朝野舆论的压迫之下不得已出兵应战。他率领了诸路精兵13万人,还有大批装载金帛辎重的船只,舳舻衔接,百有余里。宋军在池州下游的丁家洲与蒙古军遭遇。蒙古军于长江两岸立炮射击,在长江中游则用"划车"数千艘,乘风直进。贾似道慑于敌

---

① 《宋史》卷四五一《张珏传》。

军来势之猛。未曾迎战即鸣锣退兵，13万大军一时溃散。

德祐二年，蒙古兵攻入临安，俘恭帝及谢、全两太后并宗室官吏而去。宰相陈宜中先已从城中逃出，遂与张世杰、陆秀夫等共同拥立益王昰于福州，是为端宗，后为蒙古兵所逼，逃往海中，死于硇洲（今广东雷州湾南海中）。文天祥、陆秀夫继立卫王昺为帝，流徙于南海中的崖山（今广东新会南海中）。1279年蒙古遣张弘范率水军追击。文天祥抗击蒙古军于潮阳，战败被俘，张世杰的水军也被蒙古军打败，崖山的薪水道路被切断，崖山人食干饮咸十余日，皆疲乏不能应战，于是陆秀夫负帝昺投海而死，南宋亡。

第四节　回鹘　壮族　大理

一　西迁后的回鹘

甘州回鹘、西州回鹘和哈喇汗王朝　9世纪中叶，回鹘因内部矛盾及自然灾害，已日渐衰弱，及为黠戛斯击败，少部分移居唐的北部边境，绝大部分则分三支向西迁徙：一支西南至河西地区；一支西到天山东部地区；一支远移葱岭地区。

当时占有河西走廊和塔里木盆地南部的吐蕃，因赞普遇刺身亡，国内大乱，势力遽衰。各地纷纷起义，推翻吐蕃的统治。其中以张议潮节度的沙州归义军势力最强，领地盛时东接灵武，西尽伊州。塔里木盆地北沿的龟兹、焉耆、高昌（今吐鲁番），自9世纪初已进入回鹘的势力范围。南沿的于阗，也恢复了尉迟王家的统治。

进入河西地区的回鹘，经过与归义军及其他民族的反复争夺，9世纪末在甘州（今张掖）设立了稳固的牙帐，并逐渐扩大自己的势力范围，曾一度打败归义军张氏后裔张承奉建立的西汉金山国，扼制着中原和西域交往的孔道，且曾想与北宋连兵抗击西夏。到11世纪30年代，河西走廊被西夏攻占，甘州回鹘政权灭亡，河西地区的回鹘成为西夏的附庸。1227年蒙古灭西夏后，河西回鹘又归蒙古和元朝直接统治了。

迁往天山东部地区的一支回鹘主力，统一了原来就在这里的回鹘部众和西迁中分散出来的一些势力，在866年，以西州、北庭为中心，形成一个统一的政体，史称"西州回鹘"或"高昌回鹘"，辖境在9世纪末扩展到龟兹、焉耆、伊州等地，都城设在高昌。11世纪初，乘西夏不断进攻甘州回鹘和沙州归义军之机，曾把势力一度扩张到酒泉。1125年辽为金灭，契丹贵族耶律大石带领一支军队到中亚建立了西辽国,西州回鹘成了西辽的附庸。13 世纪初,成吉思汗建立了大蒙古国。西州回鹘亦都护(即国王)听到这一消息,杀死西辽派来的"少监",投奔成吉思汗,被当作成吉思汗的第五个儿子,受到蒙古的特别保护,西州回鹘也改称为畏兀儿。蒙古初期的文化和政治方面的一些制度,有好些是从畏兀儿人学来的。13 世纪末,支持元朝的畏兀儿王国被蒙古察合台系的宗王攻灭。

迁往葱岭地区的回鹘,会同当地的突厥葛逻禄等部,在 10 世纪下半叶,建立了一个强大的哈喇汗王朝,地跨葱岭东西,实行游牧部族的双汗制,可汗分别驻八拉沙衮城和喀什噶尔(今喀什)。11 世纪初,汗国分裂为东西两部,喀什噶尔是东部汗国的都城和文化中心。与此同时,经过三十多年的战争之后,哈喇汗王朝终于灭亡了于阗尉迟氏王朝。于阗被纳入哈喇汗王朝的版图,语言、人种逐渐回鹘化。12 世纪初期,东部哈喇汗王朝成为西辽的附庸。13 世纪初与西辽同时灭亡。

10—13 世纪回鹘社会经济的发展 作为河西回鹘聚居地点的甘州地区,南跨青海,北控居延海,在绵亘数千里之内,水草丰美,极适合于畜牧业的发展。有些地方也宜于农耕。在 8 世纪内(唐朝中叶),从河西到西域的高昌等地,就已出现"闾阎相望,桑麻蔚野"的情况。9 世纪中叶迁徙到甘州和西州一带的回鹘人,大部分还从事畜牧生活,也有一部分人转变为农业居民,进行农业生产。在回鹘人徙居之后的高昌,仍然是地产五谷①,而且"厥土良沃,麦一岁再熟"②。

据《梁书》和《南史》所载,6 世纪时,高昌就以产白叠子(棉花)著名。回鹘人迁居其地之后,依然种植白叠③。

高昌的回鹘人用橐驼耕种土地④。还利用高昌城周围的水渠,"以溉田园,作水碓"⑤。

由于畜牧业还很盛,西州又盛产马、橐驼、氂牛及其他兽类,回鹘人便用兽毛织为氍毹⑥和毾㲪⑦。高昌北庭的山中盛产磠砂,回鹘人便用来揉制獐

---

① 《宋史》卷四九〇《高昌传》所载王延德《使高昌记》。
② 《契丹国志》卷二六《高昌国》条。
③ 《宋史》卷四九〇《高昌传》所载王延德《使高昌记》。
④ 《新五代史》卷七四《回鹘传》。
⑤ 《宋史》卷四九〇《高昌传》所载王延德《使高昌记》。
⑥ 《松漠纪闻》的《回鹘》条。
⑦ 《新五代史》卷七四《回鹘传》。

皮、野马皮,用以为靴。地产白叠,则用来织成白叠布和花蕊布。地有野蚕,则用来织为绵帛①。另外,还能制造各种不同名称的丝织品,如兜罗锦、注丝、熟绫等②。

高昌境内出产砺石,回鹘人把砺石锻为镔铁③;于阗和高昌都盛产葡萄,回鹘人"酿以为酒,甚美"④。

甘州、西州和喀什噶尔从很早以来就已经是东西亚陆路交通要道上的咽喉之地,回鹘人移居其地之后,就又成为一个善于经商的民族。他们的足迹,西到波斯、印度,东到陕西、河南北、山东,特别是当时的政治中心汴京、燕京和辽的上京临潢府等地。

五代各朝和北宋政府所需要的战马,主要是从回鹘购买的。甘州、西州和于阗回鹘,每年都不只一次以进贡的名义送一些马匹到开封,五代或北宋政府"估直回赐",实即付以价款。965年年初,甘州回鹘一次就贡入北宋政府"名马"1000匹,另有橐驼500只⑤。北宋政府还在陕西设有提举买马监牧司。北宋中叶,这个司每年买马的固定经费为银4万两、绢7.5万匹⑥,其中的大部分也是用以购买回鹘马匹的。

12世纪金朝统治了华北之后,金政府也时常用种种办法交换或购买回鹘的马匹⑦。

回鹘人也通过"朝贡"的名义或榷场互市,把白叠布,各种细毛织品如褐、斜褐、罽毹等,貂鼠皮和野马皮,乳香、珠、玉、琥珀、玛瑙、硇砂、镔铁兵器等等,大量地出售于宋人、辽人和金人。辽的上京且特别建置了回鹘营作为回鹘商人的聚居之地。

回鹘人用上述的各类货物,从五代各朝和宋、辽、金的政府换取到大量的铜钱、白银和绢、帛、丝、茶等物。

西迁后的回鹘的文化　回鹘在西迁以前使用的文字是古突厥文,信仰的宗教主要是摩尼教。在西迁后的初期,这种情况并未改变。但在西域整个地区,包括于阗和高昌在内,从很早以来就是佛教极盛行的地方,

---

① 《宋史》卷四九〇《高昌传》所载王延德《使高昌记》。
② 《松漠纪闻》的《回鹘》条及《宋史·高昌传》所载王延德《使高昌记》。
③ 同上。
④ 《宋史》卷四九〇《于阗传》。
⑤ 《宋会要辑稿·蕃夷》四。
⑥ 《宋会要辑稿·兵》二十二之六。
⑦ 《大金国志》卷六。

回鹘人在徙居其地稍久之后,便逐渐有大批人改信佛教。与此同时,回鹘人也废弃了古突厥文,逐渐采用粟特字母,创制成一种今天称为古回鹘文的文字。

古回鹘文在当时使用的地区,曾经远达葱岭以西。到13世纪初,蒙古人向西发展到西域之前,已在畏兀儿人的带动下,采用了回鹘文的字母创制了蒙古文。可见古回鹘文曾经发生过很大的影响。

回鹘人在葱岭以西建立的哈喇汗国,地域邻近阿拉伯势力范围,所以他们首先改信伊斯兰教。10世纪的后半叶,伊斯兰教又随同哈喇汗国回鹘势力的向东发展而进入喀什噶尔,继而传入叶尔羌,又传入和阗。这时,在高昌回鹘所聚居的西域东部,还盛行着摩尼教和佛教。到13世纪初,据李志常的《长春真人西游记》所载,当时西域除北庭、高昌等个别地区外,西迁的回鹘人已大都成为伊斯兰教徒了。

回鹘人改信伊斯兰教之后,他们用粟特字母所创制的古回鹘文字,也渐渐被阿拉伯的字母所排挤。这种变化,也是先从徙居葱岭以西的回鹘开始的。在喀什噶尔等地,是从11世纪开始部分地发生这种变化。

从11世纪后半叶到12世纪,哈喇汗王朝的文化发展到极盛时期。玉素甫·哈斯·哈吉甫所写的长篇叙事诗《福乐智慧》和马合木·可失合里用阿拉伯字母撰写的《突厥语辞汇》,都是出现在这一时期的有名的著作。

近代考古学家曾在吐鲁番发现了很多回鹘文的雕版印刷品,其中时间最早的,是13世纪初的印制品。在敦煌的一个洞窟中,还发现了一桶回鹘文的木刻活字,其刻制时间应在1300年前后。这些遗物确凿证明,至晚在12世纪,回鹘人已经掌握了刻版印刷的技术了。

从近代发现的回鹘人所造佛像和所绘壁画看来,回鹘人在西迁以后,其艺术发展趋势,是兼采东西文化的某些特点而熔于一炉的。

二 壮 族

壮族及其社会发展 远在唐宋以前,壮族(即古僮族)人就聚居在现今的广西壮族自治区,以及广西、云南与越南交界处的一些地方。自唐至宋,一般称之为"西原蛮"或"广源蛮",有时也泛称为"溪峒蛮"。到南宋时期才出现僮的称呼。在7、8、9三个世纪内,唐朝曾在这些地区先后设置了五十多个羁縻州县,任用壮族的首领为都督、刺史等官职,并世袭这些官职。

这里的贡赋和户籍,并不上缴或上报到唐的中央政府①。

在7、8、9三个世纪内,壮族社会已经进入奴隶制时代。柳宗元于9世纪初到柳州去做刺史,那时柳州的土俗是:"以男女相质,久之不得赎,尽没为奴。"②当时的柳州居民,壮族实居多数,这里所说的柳州土俗,主要是壮族习俗。《旧唐书·地理志》还说,邕州每岁向唐政府贡奴婢,直到8世纪后期,唐朝才明令废除。

宋朝把岭南地区划分为广南东、西两路,壮族的主要聚居地在广南西路。广南西路的大部分地区,宋朝都设置了州县,进行直接统治,只是在壮族和其他少数民族最集中的左右江流域和柳州四周之地,仍参用唐制,在那里设置了羁縻州、县、峒五十余所③,用当地的部落首领为知州、知县、知峒等,称为"土官"。到北宋中叶,宋政府明令规定,广西路诸州的知州一律改用武臣,并兼带"溪峒都巡检使"的名义。羁縻州境内的各级土官,此后也多参用宋政府军队中的汉人将士。这说明,宋朝对壮族的统治,比之唐朝已大为加强了④。

直到12世纪,在壮族社会中还没有出现土地私有制。壮族的首领以及任各级土官的,称为"主户",都有"养印田"和"荫免田";平民称为"提陀",计口给田,只有使用权而不得典卖,惟自行开荒之土田则归己有,可以传之子孙,称为"祖业口分田"。贵族、首领和"官典",因为攻剽附近的部落居民以及"博买嫁娶所得",各自拥有为数不等的奴隶,叫做"家奴"或"家丁"。奴隶主都依照奴隶数量而另外分得土地。家丁中年富力强、可以从事战斗的,叫做"田子甲","言耕其田而为之甲士也"。单是邕州的左右江一带,就有称为家丁的奴隶四万人,钦州境内为数也不少。家丁的"生杀予夺,尽出其酋"。他们必须按日把在陆上或水中的劳动所得供献给主人,每每是"为之力作终岁而不得一饱,为之效死战争而复加科敛"⑤。

8—12世纪壮族的社会生产　壮族人在其集中聚居的邕州左右江一带地区,至晚从8世纪以来就已栽种水稻和使用耕牛了。8世纪70年代,壮人曾不断武装起义,反抗唐政府的奴役。后为唐军所败,有二十多万人为唐军所围困或俘虏。唐政府为了缓和这一矛盾,就发给这些人耕牛种粮,令其

① 《新唐书》卷四三《地理志七》。
② 韩愈《罗池庙碑记》。
③ 范成大《桂海虞衡志·志蛮》。
④ 《岭外代答》卷一《边帅门》。
⑤ 《岭外代答》卷三《峒丁》条。

各还旧居①。可见在此以前,牛耕在此地区已相当普遍了。但是,根据南宋人的记载,在12世纪内,静江(今桂林)的汉族农民,"其耕也,先施人工踏犁,乃以牛平之。踏犁五日可当牛犁一日,又不若牛犁之深于土。问之,乃惜牛耳。牛自深广来,不耐苦作,桂人养之不得其道"②。则其时其地壮族人的牛耕,也应与此情况相似。邕州和钦州的壮族贵族,主要的还是把奴隶使用在农业的劳动上面。而钦州等地,地气温暖,谷物极易生长。那里的农民虽用牛耕种,却极其粗放,就田点种,更不移秧,既种之后,不耘不灌,任之于天,然而竟是"无月不种,无月不收"③。广源州也是"土宜五谷,多种秧稻"④。

居住在山区的壮人,进行农业生产比较困难,其生活资料的来源主要依靠打猎,因而居住很不固定。例如在宜州之南的抚水州,其所辖四县中的壮族人民,有的也种水田和捕鱼,但山居者则"虽有畲田,收谷粟甚少",需要经常用药箭射生取鸟兽,及一地已尽,即转徙他处⑤。

居住在地形险厄的高山地带的,则是"刀耕火种,以为馑粮"⑥。

手工业方面:壮族地区少蚕桑,触处富有苎麻,洁白细薄,纤维特长。壮族妇女能耕善织。邕州左右江地方所出产的"白缘"和"练子",都是有名的特产。白缘是"白质方纹,广幅大缕,似中都之线罗,而佳丽厚重,诚南方之上服"。练子则是选用苎麻纤维之尤其细而长者所织成的,"轻凉离汗",最适合做夏衣。"有花纹者为花练。一端长四丈余,而重止数十钱。卷而入之小竹筒尚有余地。以染真红,尤易著色。稍细者一端十余缗。"⑦

广西的梧州、藤州、桂州、融州等地,都产铁,当地人民冶铸的铁器,有很多是著名于时的。例如梧州的生铁最良,所制铁器既薄且轻,并能耐久,被称为"天下美材"。藤州的黄岗铁最易熔,用以"制剑,亦颇铦"。12世纪广西农民比较普遍使用的踏犁,都是当地铁工用当地所产的铁制作的⑧。冶铸制作这些器物的人,虽也包括汉人或其他少数民族人在内,但其中为数最

---

① 《唐大历平蛮碑》。
② 《岭外代答》卷四《踏犁》条。
③ 《岭外代答》卷八《月禾》条。
④ 《宋史》卷四九五《广源州蛮》。
⑤ 《宋史》卷四九五《抚水州蛮》。
⑥ 《宋史》卷二九四《苏绅传》。
⑦ 《岭外代答》卷六《服用门》。
⑧ 《岭外代答》卷六《器用门》。

多的是壮族人民。

除铁以外,壮族地区还出产黄金、丹砂和铜。"邕州溪峒"的金坑,所产多于诸郡。这里的金"不自矿出,自然融结于沙土之中,小者如麦麸,大者如豆,更大者如指面,皆谓之生金。峒官之家,以大斛盛金镇宅,博赛之戏,一掷以金一杓为注"。邕州右江溪峒的归德州大秀墟出产丹砂,名为金缠砂,大如箭镞,经火质重,每八斤可炼水银十斤。大秀墟还有一个出产"真汞"的丹穴,其色红粉,与水银之作白青色者殊异,其重亦倍于水银。邕州右江溪峒之外有一"蛮峒",是产铜之地,"掘地数尺即有矿,故蛮人多用铜器"①。

侬智高的反宋斗争 11世纪内聚居在邕州左右江流域各羁縻州中的壮族人,以韦氏、黄氏、周氏、侬氏四大姓占最大多数。侬氏的聚居地中有一个广源州,是邕管的羁縻州之一。11世纪的40年代内,侬氏的首领侬智高,企图在岭南地区建立一个独立小王国。他利用当地的山泽之利,"招纳亡命",聚积力量,向外发展。最初曾攻占了傥犹州,建国曰大历。及为交阯出兵所败,乃又派人向北宋政府献金银和驯象,并请求宋朝正式授以官职。宋廷以"智高叛交阯而来,恐疆埸生事,却而不受"②,也未授以官职。于是他又积怨于宋。到40年代之末,他便集中力量,进攻宋的广南西路,企图"拔邕州,据广州以自王"。

1052年四月,侬智高率众5000,沿郁江东下,攻占了右江上游的一个重镇横山寨(今田东县平马镇),继即攻破邕州(今南宁),杀死其知州,在那里建立大南国③,自称仁惠皇帝,并建置官吏,"皆称中国官名"。这时候,宋朝在岭南各州县设置的武备非常薄弱,地方官吏不知所措,多弃城而遁。侬智高因此"所向得志",相继攻破了横、贵、浔、梧、康、端等九州,所过杀官吏、焚府库甚众,不二旬便抵达广州城下。由于广州城内的守备力量比较坚强,侬智高围攻了五十多天未能攻下,他的战舰也被番禺县令萧注所募土丁及海上强壮所焚毁,遂于七月间解广州之围,向邕州撤退,途中又攻破贺(今广西贺州)、昭(今广西平乐县)、宾(今宾阳)等州,昭州民数千逃往山谷中避难,侬智高追至其地,放火把避难者一齐烧死。

1053年初,宋廷派遣狄青至广西镇压侬智高,狄青率诸道步骑兵两万人,出昆仑关,直趋邕州。侬智高悉众而出,拒战于归仁铺,其军队被宋军断

---

① 《岭外代答》卷七《金石门》。
② 司马光《涑水记闻》卷一三《侬智高世为广源州酋长》条,《宋会要辑稿·蕃夷》五之六一。
③ 《续资治通鉴长编》卷一七二,皇祐四年五月乙巳记事。

而为三,前后左右交击,大败。侬智高焚益州城(今云南昆明境),由合江口逃入大理国,被宋军俘获的侬智高的官兵有五十余人,并夺回了以前为侬智高所俘掠的人口万余。

自从侬智高反宋失败以后,宋的统治力量更加深入到壮族地区。宋廷所采用的是高压政策,其办法是:"以民官治理之,以兵官镇压之,以诸峒财力养官军,以民丁备招集驱使。"①但是,由于汉人之往戍岭南和迁往壮族地区者日益加多,汉族的先进文化和先进生产技术得以更多地传播到壮族地区,汉壮两族在经济上和文化上的联系也都得以进一步加强。

三　大理及其与宋朝的关系

9世纪晚期,建都在云南大和城的南诏,改国名为大礼。从此以后,它在广西和四川等地与唐朝交兵不已,使得唐朝感到极难招架。到后来,唐朝派驻桂林的军队,久戍思归,便在庞勋的领导下自动撤离防地北归。以这一批戍卒为核心,终至形成了一次亘时一年之久的反抗唐统治者的武装斗争。

10世纪初,大礼国的政权转入郑姓手中,改名大长和国②。30年代末,政权又转入段氏手中,改名为大理国。

北宋政权建立之后,"宋太祖鉴于唐之祸基于南诏,乃弃越嶲诸郡,以大渡河为界",使大理国既不能借臣属的名义随时对宋朝有所邀求,也不能对宋的西南边境随时进行侵扰③。但到太宗即位初年,其首领白万请求内附,宋廷册为云南八国都王。然此后仍"不通朝贡"④。到1076年(宋神宗熙宁九年)大理曾派遣使臣向宋廷贡献方物。1116年(宋徽宗政和六年)又曾派人向宋廷贡马及麝香等。直到宋朝南渡之后,双方统治者之间仍然只是偶尔地发生类似这样的一些接触。

大理境内盛产马匹。北宋虽主要是向西北的回鹘、党项地区购买战马,但从神宗元丰年间起,就已在广西邕州设置了专管购买大理马的官吏。到南宋时候,西北买马之路不能通,宋政府便在邕州的横山寨和宜州两地都设置了专管买马的机构和吏员,以金、银、彩帛及诸色钱购买大理的马,每年定

---

① 《文献通考》卷三三〇《四裔考七·西原蛮》后引《桂海虞衡志》。
② 《资治通鉴》卷二七四后唐庄宗同光三年十二月记事。
③ 《文献通考》卷三二九《四裔考六·南诏》;《建炎以来系年要录》卷一〇五,绍兴六年九月癸巳朱震奏言。
④ 《续资治通鉴长编》卷二六七,熙宁八年八月朔附注引宋如愚《剑南须知》。

额为3500匹①。

随着大理马而一同来至横山寨等博易场贸易的,还有云南地区所产的麝香、胡羊、长鸣鸡、披毡、云南刀及诸药物,汉族商人大都是用锦、缯、豹皮、文书及诸奇巧的手工艺品与之交易②。

第五节 元朝的统治和元末农民起义

一 元朝的建立

元朝的建立及其巩固统一的措施 元世祖忽必烈至元八年(1271年)定国号为元,建立了元朝。至元九年,将在金中都东北修建的新城定名大都(即汗八里),作为元朝的都城。

元朝建立之前,蒙古已将势力伸入吐蕃地区。忽必烈在蒙哥汗即位的第三年(1253年)攻占大理,压服了云南其他地区各部落。元朝建立之后,忽必烈又在至元十三年(1276年)攻占临安,至元十六年(1279年)灭南宋,统一了全中国。

元朝的疆域,"北逾阴山,西极流沙,东尽辽左,南越海表","唐所谓羁縻之州,往往在是,今皆赋役之,比于内地"③,较之汉唐盛世,领土更加广阔。元朝政府除以今河北、山东、山西等地为"腹里"外,还设置了岭北、辽阳、河南、陕西、四川、甘肃、云南、江浙、江西、湖广等"行中书省",简称"行省"或"省"。

元朝政府的组织大都"遵用汉法"。在中央设中书省统领全国行政,枢密院管理军事,御史台负责监察。又设宣政院掌佛教,通政院掌驿站,此外还有翰林院、集贤院、太常礼仪院、太史院、太医院、将作院等机构。中书省设有右、左丞相,平章政事,右、左丞,参知政事;枢密院设知枢密院事、同知枢密院事、枢密副使;御史台设御史大夫、御史中丞等官职④。在地方设行中书省,行中书省以丞相或平章政事为长官,凡地方军政大事无不统领。行中书省下为路,路下为府,府下为州县。路、府、州、县皆设达鲁花赤("监临

---

① 《岭外代答》卷五《财计门》。
② 同上。
③ 《元史》卷五八《地理志》序。
④ 《元史》卷八五《百官志》一。

官"),掌管并督察辖区的行政。

元朝政府为了镇压各族人民的反抗,在全国遍驻军队。"以蒙古军屯河、洛、山东,据天下腹心,汉军、探马赤军戍淮、江之南,以尽南海,而新附军(原南宋的军队)亦间厕焉"①。此外,又有辽东的乣军、女真军、契丹军、高丽军、福建的畬军、云南的寸白军等,皆不出戍,称"乡兵"。为了加强对边远地区的统治,元世祖又封诸子为王,分别镇戍和林、云南、回回、畏吾、河西、辽东等地。各地驻军都设有屯田,据《经世大典·序录》统计,全国北至岭北、和林,南至海南、八番,共设屯田军 122879 户又 56800 人,所垦田土达 177880 顷。

元朝政府在全国设置驿站。驿站分陆站、水站,陆站用马、牛、车,水站用船。"汉地"由兵部统领,"北地"由通政院统领,并于各郡县冲要处所设脱脱禾孙之官,以监察驿政。据《元史·兵志》统计,全国共有站赤 1383 处②。与驿站相辅而行的有急递铺。元制:每 10 里、15 里或 20 里设一急递铺,铺设铺兵 5 人,传递紧急的文书。驿站和急递铺的设置,不仅便于"通达边情,布宣号令",还有利于全国的交通。史载当时"梯航毕达,海宇会同,元之天下,视前代所以为极盛"③。

元朝政府在青藏地区设立了乌思、藏、纳里速古鲁孙等三路宣慰司都元帅府,其下又各设若干万户府,并在该地设置驿站,调查户口,征收赋税,屯戍军队。当时西藏地区的喇嘛教已经流行。蒙哥汗三年(1253 年),喇嘛教萨迦派法王八思巴在开平会见忽必烈,忽必烈即位后尊八思巴为"国师",至元七年又升号"帝师、大宝法王"。元朝政府所设的宣政院,其主要职责之一即是兼管青藏的政务,"遇吐蕃有事,则为分院往镇"④。这都说明青藏地区在元朝已正式成为我国行政区划的一部分,其政治制度和宗教制度都是由元朝政府规定的。

至元十一年(1274 年),元朝政府在云南设置行省,云南地区从南北朝以来的长期割据局面至此结束了。云南行省之下还设置了路、府、州、县,又设置若干军民总管府。元世祖派回回人赛典赤赡思丁统治云南,赛典赤赡思丁在云南开辟水田,"教民播种,为陂池以备水旱"⑤,还把内地种桑、养蚕

---

① 《元文类》卷四一《经世大典·序录·政典总序·屯戍》。
② 《元史》卷一〇一《兵志·站赤》。
③ 同上。
④ 《元史》卷八七《百官志》三。
⑤ 《元史》卷一二五《赛典赤赡思丁传》。

的经验介绍过去,对云南地区的开发起了一些组织的作用①。

至正二十年(1360年),元朝政府又在澎湖设置巡检司,管辖澎湖、台湾。

元朝的对外关系　　元世祖时曾多次用兵侵入邻近国家,至元十一年(1274年)、十八年两次出兵日本,至元二十二年、二十五年两次出兵安南,至元二十年、二十四年两次出兵缅甸,至元十九年出兵占城,至元二十九年出兵爪哇。还与马八儿、马兰丹和苏木都剌等国保持了政治的联系。

元朝建立时,成吉思汗时期所奠定的横跨欧亚的蒙古国,除元以外,已逐渐分裂为钦察、察合台、窝阔台、伊利等独立的汗国,但元朝的皇帝在名义上仍是各汗国的大汗,彼此间还有一定的联系,忽必烈弟旭烈兀统治的伊利汗国,与元朝的关系更为密切。元朝与伊利汗国之间从未发生过战争,使臣长期往来不绝,伊利汗国的政治、经济制度和文化各方面都深受元朝的影响。

在元朝统治时期,中国是当时世界上最强大最富庶的国家,它的声誉远及于欧、亚、非三洲。西方各国的使节、商人、旅行家、传教士来中国的络绎于途。元世祖时,威尼斯人马可·波罗曾经遍游中国各大城市,并且在元朝做官。在他所留下的游记中,对元朝的幅员广阔和工商业的繁盛作了生动、具体的描绘,激起西欧人对中国文明的向往。由于中外交通的频繁,中国人发明的罗盘、火药、印刷术经阿拉伯传入西欧,阿拉伯人的天文学、医学、算学知识也陆续传来中国。也里可温教(基督教的一支)开始在中国内地传布②,伊斯兰教的信徒和清真寺院更加增多了。当时还有不少中国人到达中亚、西亚和南洋等地,中国所造的巨大海舶已闻名于世。

二　元朝的社会经济

农业生产和土地占有关系　　在忽必烈统治时期,原来蒙古较落后的游牧经济,对北方地区仍有一定的影响。当时一部分农田曾继续被占为牧场。赵天麟上疏指出:"今王公大人之家,或占民田近于千顷,不耕不稼,谓之草场,专放孳畜。"③在山东的一些蒙古军官,也"据民田为牧地","畋游无度,

---

① 《元史》卷一六七《张立道传》。
② 参阅陈垣《元也里可温教考》。
③ 《历代名臣奏议》卷六六。

害稼病民"①。蒙古统治者屡次向民间括马,仅至元二十三年(1286年)、二十五年两次括马即达22万匹之多,还在一些地区下令不得把马和车用于拽碾耕作。

在元朝,有些农民再度沦于奴隶或农奴的命运。元朝的"驱口"或"驱丁"是主人的私产,主人对他可以任意买卖,实际上就是奴隶。元朝法律规定:主人杀死无罪驱口杖87,良人打杀他人驱口杖107,和私宰牛马的刑罚几乎相等。驱口除供家庭劳役外,有的从事农业,有的还自有土地。世祖、成宗时,池州路达鲁花赤别的因在大名、陈州等地买田二万亩,又买有马、牛、农具,督课奴隶二百余人为其耕作②。叙州安抚使张庭瑞,家有"奴婢千指",共种"上田五千亩"③。世祖攻占江南,元将阿里海牙把降民三千八百余家没为家奴,"岁责其租赋",这些人虽然还是耕种自己的土地,实际上已成为阿里海牙的农奴④。

蒙古统治者进入中原后,曾把所辖的地区分封给诸王贵族领有,作为他们的食邑。诸王在其食邑内自置官吏,向所属民户横征贡役。后来蒙古统治者规定,由政府直接向诸王封区的民户征收丝绵等物,再转拨诸王位下,每五户征丝一斤,叫做"五户丝",诸王除五户丝外不得滥征。但这种规定对王公贵族并没有什么约束力。这种落后的分封食邑的办法,使北方人民的负担更加沉重。

元朝统一前后,蒙古统治者在中原和江南地区高度发展的农业经济影响下,不得不放弃落后的游牧经济和剥削方式,开始重视农业,进行一些恢复农业生产的措施。

元世祖曾多次颁布诸王贵族不得因田猎践踏田亩和不得改田亩为牧场的禁令。他在给南宋降将高达的诏书中指出要"使百姓安业力农"⑤。为了巩固统治,恢复农业生产,元世祖在中统二年(1261年)设立劝农司,至元七年(1270年)设立司农司(不久更名大司农司),大力提倡垦殖。至元二十三年(1286年),元朝政府向所属各州县颁行《农桑辑要》一书,在这部书中,"蚕桑之术,畜孳之方,天时地利之所宜,莫不毕具"。《农桑辑要》颁行

---

① 《元史》卷一三四《撒吉思传》。
② 黄溍《黄金华集》卷二八《答禄乃蛮氏先茔碑》。
③ 姚燧《牧庵集》卷二〇《宣抚使张公神道碑》。
④ 《元史》卷一六三《张雄飞传》。
⑤ 《元史》卷八《世祖纪》。

后,号称为"利布四方,灼有明效"①。

元朝初年,北方农民成立了一种"锄社"。"先锄一家之田,本家供其饮食,其余次之,旬日之间,各家田皆锄治"。"间有病患之家,共力助之",往往"苗无荒秽,岁皆丰熟"②。至元七年(1270年),元朝政府也下令在汉地立社。规定50家为一社,以"年高通晓农事有兼丁者"为社长。社长组织本社居民垦荒耕作,修治河渠,经营副业。元朝政府也通过村社组织监视农民,禁止农民集会结社,向农民宣传要服从蒙古的统治③。这种"村社"制度,以后遍行南北各地,与里甲制度并行,成为元朝统治和剥削农民的农村基层组织,但在鼓励农业生产方面也起了一些作用。

元朝政府又设都水监和河渠司掌管水利。世祖至元九年(1272年)、二十五年(1288年)、成宗大德三年(1299年)先后修治了黄河,至元二十六年(1289年)凿山东会通河,至元二十九年(1292年)凿北京通惠河,又治淀山湖"以兴三吴之利",修泾渠"以溉关中之田",在兴修水利上也取得一定的成绩④。

在蒙古贵族的征服战争中,受到严重破坏的是北方的农业,江南的农业一直没有遭受大的破坏。元世祖时,北方的农业也日益恢复,"民间垦辟种艺之业,增前数倍"⑤,其他如岭北、云南等地的屯田也有显著的推广。据《元史·食货志》所载垦田数,江浙省官、民田995081顷,河南省官、民田已达1180769顷。全国户口除边远和"山泽溪洞之民"外,共有民户11633281户,53654337人⑥。这都说明当时的社会比较安定,农业生产比以前也有了相对的恢复和发展。

元朝的土地分为官田和私田两种。私田是蒙古贵族、汉族地主和一部分自耕农民私人占有的土地。官田是政府掌有的土地,在北方主要是金朝屯田军遗留的田土,南方则包括南宋的入官田、内府庄田和贾似道当权时掠夺民田而设置的公田。元朝统一后,把这些官田的一部分作为军事屯田,一部分作为官吏的职田,一部分赏赐寺院的僧侣,一部分赐给蒙古王公贵族,剩余的由政府直接招人耕种。这些官、民田地的绝大部分都以佃耕的方式

---

① 《元文类》卷三六蔡文渊《农桑辑要序》。
② 王祯《农书》卷三《农桑通诀·锄治篇第七》。
③ 《元典章》卷二三《户部》九。
④ 《元史》卷六四《河渠志》。
⑤ 《农桑辑要》王磐原序。
⑥ 《元史》卷九三《食货志》一《农桑》。

出租给农民。从驱使较大量的驱丁为其耕作到采取佃耕办法以剥削农民的地租,从早期的领受食邑到获得大批赏赐的官田,是蒙古贵族在剥削方式上的重大改变。

土地集中的现象非常突出。蒙古贵族都广占田土,"诸赐田者"往往在各地"驰驿征租"①。在北方,占地四顷以上的地主有很大数量,"其军、站户富者,至有田亩连阡陌,家资累巨万,丁队列什伍"②。在江南,"富户每有田地,其余的百姓每无田地",富户之中,"一年有收三二十万租子的,占着三二千户佃户"。《元史·武宗纪》也记载:"富室有蔽占王民奴使之者,动辄百千家,有多至万家者",而江浙寺院所占佃户竟达50万家。元朝灭宋时,许多汉族的官僚地主乘势侵占农民的土地,范文虎在湖州、南浔一带强占了大量膏腴的田土,以海运起家的张瑄、朱清更是"田园宅馆遍天下,库藏仓庾相望"③,一般在职的官吏也纷纷夺占百姓的田产。

广大的佃户在地主奴役下长期过着贫困的生活。苛重的地租使得元朝政府也不得不屡次下诏嘱地主减免。在某些地区,南宋以来曾经发生过的地主干预佃户婚姻、任意奴役佃户子女,甚至把佃户随田转卖的现象仍然严重存在④。元律规定,主人打死佃户只杖一百七,可见当时佃户地位的低下,他们对田主的人身依附是很强烈的。

自耕农民的生活也很痛苦。元朝政府把所属人户分为民户、站户、军户、铁冶户、打捕户等等,他们都各自负担特殊的差役。很多人一被签发为军户或站户,在繁重的差役之下,往往破家流亡,成为佃户或流民。

一般民户的赋税和差役南北不同,但都很沉重。在北方,有"税粮"和"科差",税粮又有丁税和地税的分别,其中主要是丁税,又叫"丁石"。世祖时,"淮北内地,惟输丁税"⑤。科差又分为"丝料"和"包银"两种,最初"丝料"是规定每两户科丝一斤,"输于官",每五户科丝一斤,"输于本位下"。又规定每户交纳"包银"四两,以后征收的数额又因时因地而有所变化。在南方,赋税制度沿用南宋的两税法,主要是"税随地出",秋税征粮,夏税征木绵、布、绢、丝绵等物。元代税粮总数为1200余万石,约有1/3出于江南。

手工业和商业 随着农业生产的恢复和发展,元朝的手工业也在前代

---

① 《元史》卷二三《武宗纪》。
② 王恽《秋涧大全集》卷三五《上世祖皇帝论政事书》。
③ 陶宗仪《辍耕录》卷五《朱张》。
④ 《元典章》卷五七《刑部》十九。
⑤ 《元史》卷一七五《张珪传》。

的基础上有一定的发展。元朝的江南地区已盛种棉花,北方陕甘一带从西域传来了新的棉种。至元二十六年(1289年),元朝政府设置了浙东、江东、江西、湖广、福建等省木绵提举司,年征木绵十万匹①,成宗元贞二年(1296年),始定江南夏税折征木绵等物,这都反映了棉织业在江南已有普遍的推广。

成宗大德时,松江人黄道婆从黎族地区带来了先进的棉纺技术和工具,从此松江有了轧车和弹弓。松江乌泥泾的妇女以棉织业为副业的有一千余家,所织棉布,已成为名扬远近的商品②。

江南地区的丝织业主要是农民的家庭副业,也有专门以机织为生的机户。杭州城内,已经出现了拥有四五架织机、雇工十余人的丝织业手工作坊。作坊内的雇工除领取工资外还要"衣食于主人"③。

窝阔台统治时,在弘州(今河北阳原)、荨麻林(今河北万全西北)两地有三千三百余户西域的回回工匠,他们带来了织造"纳失失"的技术④。纳失失是一种金绮,由金线织成,上贴大小明珠。这些回回工匠在传播新的丝织技术方面作出了贡献。

元朝政府很重视手工业,为了满足蒙古贵族的消费和供应官府的急需,在大都及其附近设置了各种管理手工业和官营的手工业作坊的机构,如诸色人匠总管府、提举司和各种局院,其中有毡局、银局、染局、绣局、纳失失局、毛缎局、罗局、镔铁局、玛瑙玉局等等,以后又分别在大都、上都、涿州、建康、平江、杭州等地设立织造局。在这些局院内劳作的官工匠叫做"匠户",匠户系从民间搜括而来。世祖至元十二年(1275年)"籍江南民为工匠凡三十万,选有艺业者仅十余万户,余悉奏还为民"⑤。至元十六年(1279年),在北方括匠达42万人,立局院70余所⑥。匠户皆掌握专门的手工艺技术,子孙世袭,由政府给予一定的口粮,被长期"鸠聚"在官营手工作坊或工场内工作,经常受到官吏的鞭笞和奴役,昼夜不得休息,又不能自由离开或改业。这种情况不仅阻碍了当时私营手工业的发展,使官营手工业也受到很大的限制。

---

① 《元史》卷一五《世祖纪》。
② 王逢《梧溪集》卷三《黄道婆祠》。
③ 徐一夔《始丰稿》卷二三《织工对》。
④ 《元史》卷一二〇《镇海传》,卷一二二《哈散纳传》。
⑤ 《元史》卷一六七《张惠传》。
⑥ 王恽《秋涧大全集》卷五八《浙西道宣慰使行工部尚书孙公神道碑铭》。

元朝的商业极为繁荣。这与全国的统一、农业和手工业的恢复和发展、海运和漕运的沟通、纸币交钞的发行都有紧密的关系。元世祖时用桑皮纸印造"中统元宝交钞",交钞的使用已通行于全国各地。当时的大都、杭州、泉州都是闻名于世的大商业都市。大都城内经常流通的商品有粮食、茶、盐、酒、绸缎和珠宝。在这里有米市、铁市、皮帽市、马牛市、骆驼市、珠子市和沙刺(珊瑚)市等。泉州是对外贸易的商港,金、银、瓷器、丝绸等出口的商品,和丁香、豆蔻、胡椒、钻石、珠宝等进口的商品都在这里集散或起运。当时指示航行的灯塔——六胜塔,至今还在泉州完整保存下来。

在国内外各地经营商业或举放高利贷的大多是回回商人,他们在"斡脱"名义下,持有元朝皇家颁给的制书和驿券,不服差役,不纳商税,不受河闸关税的限制,横行无忌。另一部分蒙古贵族、寺院僧侣和汉族官僚地主也都"开张店铺作大买卖",或专盐酒之利①,还有人"以下蕃买卖致巨富"。如泉州巨商佛莲有海船 80 艘、珍珠 130 石,张瑄和朱清更是"巨艘大舶交番夷中"。

至元十八年(1281 年),元朝政府以钞二万锭赴和林贸易,至元二十四年(1287 年),又以新钞 11.06 万锭,银 1593 锭、金百两付给江南各省"与民互市"。元朝政府还在泉州、杭州设市舶都转运司,"官自具船给本,选人入番贸易诸货"②。这样较大规模的从事贸易活动,在历史上是很少见的。在当时,商税也成为政府一项重要的收入,元朝商税的名目多至三十余种,而且随着钞价的下跌而日日上升。从世祖至元至文宗天历之间,政府所增的商税不啻百倍,官僚地主和富商大贾有免税的特权,受害的都是小商民。

三　元代的民族矛盾和阶级矛盾

民族歧视和民族压迫政策　元世祖至元时,把居住在当时中国境内的人分为四等:第一等是蒙古人,包括原来蒙古各部的人;第二等是色目人,包括西夏、回回、西域以至留居中国的一部分欧洲人;第三等是汉人,包括原来金统治下的汉人、女真人、契丹人以及四川、云南地区的居民;第四等是南人,指最后被元朝征服的南宋统治区居民。元统治者把色目人列为第二等,是要使他们成为蒙古贵族统治的助手。把汉族分为汉人和南人,则是为了

---

①《元典章》卷二二《户部》八。
②《元史》卷九四《食货志·市舶》。

要分化汉族人民,削弱他们的反抗力量。

元朝政府采取各种方法来固定这些民族的等级。在统治机构中:长官和掌权的官吏都是蒙古人或色目人,其次才是汉人,而南人很少担任高官。地方的监临官达鲁花赤一般也由蒙古人担任,并规定色目人作同知,汉人作总管,同知、总管彼此互相牵制,都要服从达鲁花赤的指挥①。在军队组织上:有蒙古军、探马赤军、汉军和新附军的区别。出兵时各军参差调用,而以蒙古军为主力,军权都掌握在蒙古军帅的手中。在刑法上:规定蒙古人、色目人和汉人分属不同的机关审理,蒙古人殴打汉人,汉人不得还手,蒙古人打死汉人只流放北边充军。又规定汉人、南人不得聚众畋猎和迎神赛会,不得执弓矢,甚至连养狗、养鹁鸟都不许可②。在征敛方面:如括马,蒙古人不取,色目人取1/3,汉人、南人则全取。此外,在《元典章》中记录的很多法令,都是针对汉人、南人制定的,并且指出蒙古人不受这些法令的约束。

但是这种民族歧视的政策对于某些投靠蒙古统治者的汉族大地主是不适用的。元朝的法令禁止汉人执弓矢,元世祖却对汉官汪惟和说:"汝家不与它汉人比,弓矢不汝禁也,任汝执之。"③有些很早就投靠蒙古统治者的汉族地主,如大兴史氏、易州张氏、真定董氏等,在元朝的地位和待遇都与蒙古贵族相差无几。相反的,许多蒙古族的下层人民也没有享受到所谓统治民族的特权。草原上的蒙古牧民,在繁重的军役和租赋剥削之下日趋贫困,甚至破产流亡。到了元朝中叶,常有大批蒙古族贫民流亡到大都、通州、漷州等地,有的被卖到汉、回之家作奴婢④。

对汉族地主的笼络 元世祖在即位之前,即在开平金莲川设立幕府,笼络原来金朝的地主士大夫。当时著名的学者刘秉忠、赵璧、姚枢、许衡等人,都向他介绍了一套儒家治国平天下的经验和理论。到世祖即位后,更积极标榜文治,学习汉法,任用刘秉忠、姚枢、许衡、郭守敬等定朝仪、治礼乐、设学校、建官制、奖励农桑、兴修水利,又命令一批蒙古国子生跟从许衡等学习程朱的理学。元世祖的这些政策,曾经遭受到一部分蒙古王公贵族的反对,认为他违背了蒙古的"旧俗"⑤。但是既要统治汉地,就不能不任用汉人,接受汉法,这是当时某些蒙古贵族所不能理解的。

---

① 《元史》卷六《世祖纪》。
② 苏天爵《滋溪文稿》卷一二《韩公神道碑铭》。
③ 《元史》卷一五《世祖纪》。
④ 《元史》卷二二《武宗纪》,卷二六《仁宗纪》,卷二七《英宗纪》。
⑤ 《元史》卷一二五《高智耀传》。

元世祖也笼络了一批汉人和女真将领，如张弘范、李庭、刘国杰等人，帮助他进攻南宋和镇压各族人民的反抗。至元二十四年（1287年），蒙古贵族乃颜的叛乱就是在汉将领导下，用汉人组成的步军平定的①。在出征南宋的过程中，他又先后招降了南宋的将领刘整、吕文焕、范文虎等人，使他们成为蒙古军作战的前锋。为了进一步得到汉族地主的支持和拥护，元世祖更采用了招抚和"安业力农"的政策，使更多的汉族官僚地主归附了元朝。

元朝的统治机构虽然也用汉人，但政权主要掌握在蒙古贵族的手中。蒙古贵族信任回回人，派他们经商理财，又信任上层的喇嘛僧，这些人与蒙古贵族和汉族地主，共同加强了对各族人民的统治。在元朝，蒙汉统治阶级之间的民族隔阂始终是存在的，但他们在阶级的利害上取得了一致性。有些汉族地主在蒙古贵族的保护之下，"广占农地，驱役佃户，无爵邑而有封君之贵，无印节而有官府之权；恣纵妄为，靡所不至"②。有的人投充在蒙古王公帐下，成为王府的帮闲，有的人更摇身为佐贰杂职或蒙古官吏的幕僚。在元朝官僚地主吕师孟等人的墓葬中，有大量精巧的金玉饰物出土，吕墓中还埋有金条7根、金器3件、金带12条，这些豪华的随葬品，反映了他们生前的奢侈生活和对人民残酷的剥削。

各地人民反抗蒙古统治者的斗争 在元朝的统治下，各族人民受到民族和阶级的双重压迫，不断起来反抗。

在北方，蒙古的统治比较巩固，汉人以秘密组织形式进行反抗活动。世祖至元十九年（1282年），大都人民在千户王著和高和尚的领导下，锤死残酷害民的回回官僚阿合马，并声称要杀蒙古人和回回人。这次事件就是在秘密结社的组织下发动起来的③。

元朝政府曾一度把一些秘密结社改变为公开的组织，使他们的活动符合统治者的利益。成宗大德时，平阴女子刘金莲宣传所谓"妖术"，"所至官为建立神堂"④。但不久元朝政府又对农民结社采取镇压的办法。武宗至大时，赵万儿在黄州、南阳、归德、汝州、汴州各地以"妖言"聚众，元朝政府派人严行搜捕，万儿被害。史载万儿的基本群众都是农民和小商人⑤。武宗以后，元朝政府对秘密会社更加强了镇压，但农民始终利用秘密结社的组

---

① 《元史》卷一七三《叶李传》。
② 《历代名臣奏议》卷六六《治道》赵天麟奏策。
③ 虞集《道园学古录》卷一七《张忠献公神道碑》。参考冯译《马可波罗行纪》。
④ 《元史》卷一六八《陈天祥传》。
⑤ 程钜夫《雪楼集》卷八《何文正公神道碑》。

织在各地坚持反元的斗争。

在南方，反元的武装起义更是前仆后继。从至元十七年（1280年）到至元二十三年（1286年）之间，漳州陈吊眼、许夫人、福州林天成、南康杜可用、廉州霍公明、郑仲龙以及福建的黄华、四川的赵和尚都先后起兵，建号称王。起义的主力最初聚集在福建，以后蔓延到各行省，以至"荆湖闽广之间，兵兴无宁岁"①。

起义的首领大都是南宋抗战将领张世杰的旧部，有的与文天祥有过联系，他们多以恢复南宋为号召。起义的群众除农民外，还有一部分"豪富"以及被元朝改编的新附军，除汉族外，还有畲族和其他各民族，他们主要是在民族压迫下举起反抗旗帜的。

元朝政府一面派兵镇压各支起义军，一面更加强了对江南人民的搜括。为了发动对日本、安南、爪哇的战争，先后在江南括马、造船、拘水手，而回回官吏的暴敛，蒙古驻军的劫掠，更引起人民的愤恨。至元二十五年（1288年），起义的地区共达四百余处，湖广、云贵等地的彝、壮、瑶、苗各族都起来反抗。其中福建循州钟明亮的起义军，较之过去黄华的声势更为壮大②。

由于这些起义军过于分散，彼此缺乏联系，又没有有力的领导，所以，终于被元统治者分别镇压下去。但是他们使元朝在南方的统治极不稳定，同时也牵掣了元朝政府的兵力，使得元统治者奴役安南、日本人民的愿望不能得逞。

四　元末农民大起义

元朝后期民族和阶级矛盾的日益激化　元朝后期，土地高度集中，许多蒙古贵族已成为大地主，各自占有大量的田土。泰定帝也孙铁木儿在其即位以前，曾献给政府7000顷土地。顺帝时，公主奴伦陪嫁的土地由政府转拨给大臣伯颜的也有5000顷。献纳和拨给的土地尚如此之多，占田的实际数量当然更多。元朝皇帝为了笼络蒙古王公，一登帝位，就把金银和田土分赐给他们。元世祖时，政府赐给大臣田一次不过百顷，以后增至千顷、万顷。以前赐田多在北方，后来更转向江南苏州等膏腴之区了。

大部分蒙古贵族把从农民那里夺来的土地，再以苛刻的条件租给农

---

① 《元史纪事本末》卷一《江南群盗》。
② 《秋涧集》卷九二《论草寇钟明亮事状》。

民,用租佃的方法进行剥削。武宗时,"近幸"为人请田 1230 顷,每年收租 50 万石,平均每亩要收 4 石①,这样苛重的剥削,必然要陷农民于死地。淮南王的家人也在扬州广占田土,时常派人纵骑至各乡"索债征租,驱迫农民,剽掠麦禾"②。文宗时,大臣燕帖木儿请求皇帝把苏州一带的官田包租给他的兄弟和女婿,再由他们转租给农民。

汉族地主兼并之风与日俱增。福建崇安县有田税人户共 450 家,纳粮 6000 石,其中 50 大家即纳粮 5000 石,占全县纳税户 1/9 的地主大户,竟占有 5/6 的土地③。在江南地区,田主除向佃户征租外,还随意向佃户征收丝料,勒派附加粮,甚至迫使佃户代服差徭。有的地主还用飞洒、诡寄等办法躲避差役,赋役不均的现象非常严重,其结果是"大家收谷岁至数百万斛,而小民皆无盖藏"④。在北方地区,由于赋役不均,也是"富者愈富,贫者愈贫"⑤。

元朝初年,政府曾屡次命令地主减租,以后这种禁令也废止了。仁宗延祐二年(1315 年),又下令在两淮、江南"核实田亩",但地主买通官府,隐匿田产,而官吏又欲借此以"多括为功",结果把两淮地区由农民耕作的沙碱土地,也作熟地充数。"苛急烦扰",民不堪命,激起了江西等地农民反对括田增租的斗争。

武宗(1308—1311 年)以后,历仁宗(1312—1320 年)、英宗(1321—1323 年)以至泰定帝(1324—1328 年),元朝的政治日趋腐朽。从武宗至大元年(1308 年)至顺帝元统元年(1333 年)二十五年间,换了八个皇帝。由于争夺帝位,蒙古贵族之间长期相互倾轧,往往演成内战。这时,国家军政大权已经转移到握有实力的蒙古、色目大臣之手。

在最高统治集团中,奢侈腐化成为风气。蒙古皇室和元朝政府把每年搜括来的民脂民膏,大部分用于无节制的岁赐和"作佛事"。武宗时,政府年入钞 280 万锭,但他即位不到一年就用掉 820 余万锭。仁宗即位后支出更达 2000 万锭,其中大部分用于赏赐蒙古贵族⑥。武宗时,用在敬神、修寺等宗教活动上的开支,一度高达政府全部收入的 2/3。据仁宗延祐四年

---

① 《元史》卷二三《武宗纪》二。
② 至顺《镇江志》卷一一。
③ 《道园学古录》卷一一《建宁路崇安县尹邹君去思之碑》。
④ 余阙《青阳集》卷三《宪使董公均役记》。
⑤ 危素《危太仆续集》卷九《书张承基传后》。
⑥ 《元史》卷二二《武宗纪》,《元史》卷二四《仁宗纪》。

(1317年)宣徽院统计,仅供佛饮食一项,该年共用面43.95万斤,油7.9万斤,蜜2.73万斤,每日宰羊至万头。英宗以后诸帝更是贪财好货,掠夺无厌。在这种情况下,财政经常支绌,以致"朝廷未尝有一日之储"。元朝统治者要弥补亏空,只有加重税收,滥发纸币,而人民所受的剥削也愈重。

元朝末期,贪污剥削愈来愈严重。政府卖官鬻爵,贿赂公行。官吏敛括的花样无奇不有。"所属始参曰拜见钱,无事白要曰撒花钱,逢节曰追节钱,生辰曰生日钱,管事而索曰常例钱,送迎曰人情钱,勾追曰赍发钱,论诉曰公事钱。觅得钱多曰得手,除得州美曰好地分,补得职近曰好窠窟"①,甚至连肃政廉访官吏也是"所至州县,各带库子检钞秤银,殆同市道"②。

到了顺帝时,一切腐败现象达到极点,蒙古贵族和喇嘛僧的跋扈,官吏的贪污,地主豪强的专横,与日俱增。以顺帝为首的蒙古王室,也是"丑声秽行,著闻于外"。元朝的统治已经走上了崩溃的道路。

和残酷的贪污剥削平行,又接连出现严重的天灾。元统元年(1333年)京畿大雨,饥民达40余万。二年江浙被灾,饥民多至59万,至元三年(1337年)③,江浙又灾,饥民40余万。至正四年(1344年)黄河连决3次,饥民遍野。在天灾人祸的迫害下,农民成群地离开土地,武装起义相继而起。

早在泰定二年(1325年),河南息州赵丑厮、郭菩萨的起义,提出了"弥勒佛当有天下"的口号,揭开了元末农民起义的序幕。顺帝至元三年(1337年),又有广东朱光卿、聂秀卿的起义,称"定光佛出世"。同年又有河南棒胡的起义,棒胡烧香聚众,起义者"举弥勒小旗"。至元四年,彭和尚、周子旺在袁州起义,起义农民五千余人,"背心皆书佛字"。到了至正初,小规模起义已遍及全国,仅京南一带的起义即达三百余起④。

举行起义的农民多是汉人、南人,因此蒙古统治者对汉人、南人更加仇视。伯颜等人曾提出了要杀绝汉人张、王、刘、李、赵五姓的主张,同时又重申汉人不得执兵器,不得执寸铁,并且下令北人殴打南人不许还报等。这些禁令的实施,更激发了反抗的火焰。

反抗蒙古统治者的各种各样的民谣到处传播。刘福通以"贫极江南,富夸塞北"为号召。当时有人说:"塔儿白,北人是主南是客。塔儿红,南人

---

① 叶子奇《草木子》卷四下《杂俎篇》。
② 同上。
③ 元朝有两个"至元"年号,一在世祖时,一在顺帝时。
④ 《元史》卷四〇《顺帝纪》。

来做主人翁。"又说："天雨线,民起怨,中原地,事必变。"①这些民谣都强烈地反映了当时日益激化的民族矛盾和阶级矛盾,元末红巾军大起义正是民族矛盾与阶级矛盾的总爆发,而更主要是阶级矛盾。

"石人一只眼,挑动黄河天下反",这是至正十年(1350年)普遍流行于黄河灾区的一个民谣②。到顺帝至正十一年,果然因为挑动黄河,天下反了。这一年,元朝政府命工部尚书贾鲁发汴梁、大名等13路农民共15万人修治黄河,同时又派兵沿黄河镇压。就是这些黄河工地上服役的农民,点燃了红巾军起义的导火线。红巾起义爆发以后,一时"贫者从乱如归",不出数月,黄河长江两淮之间,到处揭起起义的旗帜。

红巾军大起义 至正十一年(1351年)爆发的红巾军大起义,主要分为两支,一支起于颍州,领导人是刘福通,一支起于蕲、黄,领导人是徐寿辉、彭莹玉(即彭和尚)。

同年五月,刘福通率领农民军攻下颍州。刘福通长期以来即以白莲教组织农民进行反元斗争。他最初在永年推韩山童为首,称韩为宋徽宗八世孙,"河、淮、襄、陕之民,翕然从之"。不料事机泄露,韩山童被捕,其子韩林儿逃至武安,刘福通即来颍州,攻下朱皋,在朱皋开仓赈济贫民,"从者数十万"。以后又相继占领罗山、真阳、确山、汝宁、息州、光州等地。

八月,徐寿辉、彭莹玉攻下蕲州。彭莹玉是袁州"庄民家子",自幼出家,以清泉为人治病,袁民"事之如神"。他长期利用白莲教组织农民起义。至元四年(1338年)起义失败,逃匿淮西,淮民"争庇之"③。至此彭莹玉又推布贩徐寿辉为首,在蕲、黄起义,建元治平,国号天完,很快便占领了武昌、安陆、沔阳、江州、饶州各地。

这两支农民军头裹红巾,称为红巾军或红军,他们都信奉弥勒佛,烧香聚众,又称"香军"。此外,以红军为号的还有萧县芝麻李,南阳布王三,荆、樊孟海马,濠州郭子兴,"两淮、丰、沛、许、汝、荆、汉"的农民都起来响应。

红巾军的基本群众都是贫苦的农民。叶子奇说当时"人物贫富不均,多乐从乱"④。朱元璋也说濠州地区,"民弃农业执刃器趋凶者万余人"⑤。农民起兵抗元的根本原因是由于元末社会的贫富不均,但也由于蒙古统治

---

① 《元史》卷五一《五行志》。
② 钱谦益《国初群雄事略》卷一《宋小明王》。
③ 权衡《庚申外史》卷上。
④ 《草木子》卷三上《克谨篇》。
⑤ 朱元璋:《纪梦》,《全明文》卷一二,上海古籍出版社,1992年,第1册。

者的民族压迫所造成。

与红巾军起义同时,又有至正八年(1348年)浙东方国珍和至正十三年(1353年)泰州张士诚的起义。方国珍出身佃农,传说他因杀收租的地主而逃命海上①。张士诚以操舟运盐为业,因卖盐于富家,"富家不给值",遂率众起兵。他们所领导的反元斗争,都牵制了元朝的军力,壮大了红巾军的声势。

当红巾军以燎原之势向四面八方发展之时,元朝政府派遣御史大夫也先不花前往镇压。也先不花率军30万进驻沙河,企图一举扑灭刘福通领导的红巾军,但慑于红巾军的声威,元军夜惊,尽弃军资器械逃走。元朝政府又派丞相脱脱率军攻徐州芝麻李,元军会集徐州,这就使红巾军的两支主力得到发展的机会。

至正十二年(1352年),徐寿辉、彭莹玉领导的红巾军攻占了杭州。他们在杭州等地,纪律严明,不淫不杀,只把归附的人登名于户籍②,得到人民的拥护,队伍很快便增加到百万人。

刘福通领导的红巾军也在战斗中壮大起来。至正十四年(1354年),元顺帝把脱脱解职,脱脱统率的"大军百万,一时四散",很多人都投入红巾军,刘福通的声势日盛③。至正十五年(1355年)刘福通奉韩林儿在亳州称帝,改元龙凤,国号大宋,中原各地的红巾军都接受了大宋的领导。

至正十七年(1357年),刘福通分兵三路伐元。东路由毛贵率领,扫荡了山东、河北等地的元军,直抵柳林、枣庄,离大都不过百余里。在大都的蒙古贵族都纷纷建议北逃。但红巾军在河北中部遇到元朝援军的阻击,又撤回山东。中路由关先生、破头潘等率领,攻绛州,入保定路,折经大同,直趋塞北。至正十八年(1358年)十二月,这支起义军攻占了上都,烧毁了"富夸塞北"的蒙古宫阙,旋即转战辽东各地。西路由李喜喜、白不信等率领,由荆、樊出武关,进攻长安。李喜喜入四川,余部又攻占了甘肃、宁夏等地。与三路进军同时,刘福通也攻占汴梁,并以汴梁为都,于是"造宫阙,易正朔,巴蜀、荆楚、江淮、齐鲁、辽海,西至甘肃,所在兵起,势相连结"④。正如红巾军檄文所说:"慨念生民,久陷于胡,倡义举兵,恢复中原,东逾齐鲁,西出函

---

① 黄溥《闲中今古录摘钞》。
② 《辍耕录》卷二八《刑赏失宜》。
③ 《庚申外史》卷上。
④ 《元史》卷一四一《察罕帖木儿传》。

秦,南过闽广,北抵幽燕,悉皆款附,如饥者之得膏粱,病者之遇药石"①,红巾军的反元斗争至此已达到高潮。

以毛贵为首的红巾军在山东等地,甚得民心,有的人把得到的衣粮分与贫民,凡无罪而被掠者一律放还。"又于莱州立三百六十屯田,每屯相去三十里:造大车百辆以挽运粮储,官、民田只十取其二分。"②又立"宾兴院"罗致人才。

为了解除红巾军的威胁,元朝政府宣告免除南人、北人的界限,凡起兵镇压红巾军的人都给以万户、千户、百户的爵赏。元朝政府还赐方国珍、张士诚龙衣、御酒,给以官号,收买他们为蒙古统治者效力。方国珍、张士诚接受了元朝的官号,转而与红巾军为敌。至正十二年(1352年),察罕帖木儿、李思齐等起兵进攻红巾军,"所在义士俱将兵来会"。同年,答失八都鲁也"招募襄阳官吏及土豪避兵者",北上袭击亳州③。答失八都鲁的军队于至正十六年(1356年)被刘福通歼灭,但察罕帖木儿得到元朝统治者的大力支持,军容日盛。至正十八年(1358年),察罕帖木儿以兵分镇关陕、荆州、河洛、江淮四地,又以重兵屯太行,成为红巾军最凶恶的敌人。

汉族地主阶级在农民起义的过程中,一部分人始终对元效忠,坚决与农民为敌。他们要"竭忠以报国家"④。另一部分人则不愿向元效忠,结寨自保,观变待机。但这些人实际上与元统治者也是站在一起的。也有一小部分人参加了农民军,这是由于汉族地主与蒙古统治者之间还存在着民族的矛盾,有的人则是迫于农民军的威力。

徐寿辉领导的红巾军经过多次血战,许多地区得而复失,彭莹玉也在战斗中牺牲⑤。以后徐寿辉又派部将明玉珍攻取四川,四川和云南一部分地区也被红巾军控制。至正二十年(1360年),徐寿辉为其部将陈友谅所杀,陈友谅作了皇帝,国号大汉。明玉珍不服陈友谅的领导,不久也在四川自立,国号大夏。

刘福通领导的红巾军逐渐处于不利的形势。北伐的三路大军在事前并无精密的布置,军令既不统一,彼此间也缺乏联系。关先生、破头潘和李喜喜的军队始终在各地流动作战,没有巩固的根据地,前方胜利,后方又遭到

---

① 郑麟趾《高丽史》卷三九《恭愍王世家》。
② 《元史》卷四五《顺帝纪》。
③ 《元史》卷一四二《答失八都鲁传》。
④ 宋濂《宋学士文集·翰苑别集》卷九《陈府君墓志铭》。
⑤ 钱谦益《牧斋初学集》卷八〇《回金正希馆丈书》。

敌人的攻击。至正十九年(1359年),察罕帖木儿攻占汴梁,韩林儿、刘福通撤兵走安丰。这时,驻守山东的毛贵被部属赵君用所杀,察罕帖木儿乘机进迫山东,山东各城亦被察罕占领。山东一失,安丰的屏藩就被撤除了。至正二十三年(1363年),张士诚围安丰,城破,刘福通遇难。

刘福通、韩林儿领导的红巾军虽然失败,但是在反元斗争中,前后13年,"大小数百战"①,给予蒙古贵族和汉族官僚地主致命的打击,已从根本上摧毁了蒙古的统治。

朱元璋的起义和元朝的灭亡 当红巾军正在和元军主力进行艰苦斗争的时候,朱元璋开始独树一帜,逐渐发展了自己的势力。

朱元璋,濠州钟离人,出身于一个贫农家庭,小时候做过和尚,至正十二年(1352年)参加濠州郭子兴领导的红巾军。至正十四年(1354年),他奉命南略定远,招降驴牌寨壮丁3000人,又夜袭元军于横涧山,收精兵2万,随即进占滁州。至正十五年(1355年),朱元璋进兵和阳,渡江攻下太平、溧水、溧阳等地。这时,韩林儿在亳称帝,他接受了韩林儿的官职、封号,军队皆以红巾裹头,亦称香军②。朱元璋军纪严明,又知人善任,文士如冯国胜、李善长等都为他出谋划策,勇猛善战的常遇春、胡大海也都来投奔他。至正十六年(1356年)朱元璋占领建康,成为红巾军内部一支强大的武装力量。

从至正十六年至十九年间(1356—1359年),朱元璋以建康为根据地,不断向外扩充势力。这时,在他北面是韩林儿、刘福通,西面是徐寿辉,东面是张士诚,唯有皖南、浙东一部分地区驻守的元兵势力较弱。至正十七年(1357年),朱元璋派徐达、常遇春、胡大海分别攻占宁国、徽州、池州等地,次年又亲自率兵攻克婺州。至正十九年(1359年)继续攻占衢州、处州,皖南以及浙东的东南部地区。

至正二十年(1360年),朱元璋罗致了浙东地主阶级的代表人物刘基、宋濂、叶琛、章溢等人,特别是刘基、宋濂在朱元璋的开创事业中起了显著的作用。从此朱元璋进一步取得东南地主阶级的支持,巩固了他对这一地区的统治。朱元璋也注意恢复农业生产的工作。至正十八年(1358年),他以康茂才为都水营田使,在各地兴筑堤防,兴修水利,预防旱涝,经营农田。又设管理民兵万户府,仿古代寓兵于农之意,选拔强壮农民,使其"农时则耕,

---

① 《罪惟录》传五《韩林儿传赞》。
② 《庚申外史》卷下。

闲则练习",还屡次蠲免田赋①。这些措施收到一定的成效,在他统治的地区,农民生活比较安定,军粮也有充足的供应。

在朱元璋占领浙东等地时,韩林儿、刘福通所领导的红巾军正遭遇到察罕帖木儿等地主武装的袭击,徐寿辉又为部将陈友谅所杀。陈友谅力量虽强,但"将士离心"、"政令不一",明玉珍也只是割据四川,偏安一隅。占据苏州的张士诚和浙东庆元的方国珍,早已归附了元朝。他们在所辖地区之内只知霸占田产,奴役佃户,腐化享乐,不关心人民疾苦,因而得不到人民的支持。这种形势极有利于朱元璋的发展。

至正二十年(1360年),陈友谅率军攻占太平,直入建康,在江东桥为朱元璋所败。朱元璋复率军反攻,先后攻克饶州、安庆、洪都等地。至正二十三年(1363年),陈友谅与朱元璋会战于鄱阳湖,友谅中矢死,全军大败。第二年,其子陈理投降,至此,朱元璋解除了西方最大的威胁。

至正二十五年(1365年),朱元璋把兵锋转向苏州张士诚。他采取了"翦其肘翼"的军事部署,派将攻占久被张士诚控制的高邮、淮安等地,一面又东向湖州、嘉兴和杭州,歼灭张士诚军的主力,然后进围苏州。至正二十七年(1367年)九月,苏州城破,张士诚被俘自缢而死,三吴平定。据守庆元、温、台一带的方国珍也遣使归降。同年,又分别派将攻取广东、福建,朱元璋已奄有东南半壁。

进攻张士诚时,朱元璋在檄文中已公开骂白莲教是"妖术",诬蔑红巾军"焚荡城郭,杀戮士夫,荼毒生灵,无端万状"。至正二十六年(1366年)冬,他派人在瓜步杀了韩林儿。

朱元璋既打败江南的各个割据势力,更积极准备北上伐元。此时,蒙古统治者更加腐化堕落,元顺帝信任喇嘛僧,朝夕逸乐,宫廷的政变不断发生,军力也一蹶不振,只有倚靠扩廓帖木儿和孛罗帖木儿等人的地主武装支持残局。扩廓帖木儿守河南,孛罗帖木儿守大同,李思齐、张良弼等守关中,他们彼此连年交兵,到处掠夺屠杀,给人民带来深重的苦难。

至正二十七年(1367年),朱元璋决意北伐。在宋濂等人草拟的一篇声讨元朝的檄文中,提出了"驱逐胡虏,恢复中华"和"立纲陈纪,救济斯民"的口号②。檄文中责备扩廓、李思齐等"假元号以济私,持有众以要君",指出这些人相互吞并是人民的巨害。同时更指出蒙古、色目虽不是汉族,只要

---

① 分见《明太祖实录》卷六戊戌(即元至正十八年)二月,及卷一二癸卯(至正二十三年)二月。
② 《明太祖实录》卷二一,吴元年十月。

"愿为臣民者",皆与汉人同等对待。

由徐达、常遇春等人率领的北伐军先后在山东、汴梁、潼关等地打败扩廓、李思齐、张思道的军队。至正二十八年(1368年)七月,徐达会诸将于临清,连下德州、通州等城,元顺帝率后妃、太子和一部分蒙古大臣从大都北逃。八月,北伐军进占大都,结束了元朝的统治。这一年,朱元璋已建立了明朝,改元洪武,是为明太祖。

第六节 五代十国宋辽金元的文化

一 两宋文化的高度发展

刻版印刷和造纸技术的广泛流行和日渐提高,为社会上各阶层人群文化水平的提高提供了良好的条件;而中小地主、富裕农民人家为提高其社会地位和政治地位,对于当时政府所实行的,向着所有读书士子开放的科举制度,更都趋之若鹜。三年举行一次的进士和诸科的考试,平均虽仅录取三四百人,只占应试举子们的极少数,但为求应举而被吸引到各类学塾中去的,却不只百倍千倍于此数的青少年,这对于当时社会人群文化水平的提高,当然是一种积极的推动力量。而从北宋到南宋,不论在各路的"漕试"或朝廷上的省试与殿试各层次,其命题的范围和答卷的文义,全都没有死板的规定,不像明清两代的八股文那样,命题必须出之于四书(即《论语》《孟子》《大学》《中庸》),答卷必遵照朱熹的注释。尽管在某些短暂期内,科场的文风曾发生过某些倾斜,但总的说来,基本上并没有在举子的思想上和行文体式上给予一道道的紧箍咒。所以,科举制度在两宋期内之继续施行,虽然也遭到当时人这样那样的评议,大致说来,却还是利多于弊,对于中国文化的发展,还是起了一定的推动作用。

周世宗在位期内,又曾严厉地推行过一次毁灭佛法的政令,但他那时所统辖的地区只限于黄河和淮水流域,此外各地全没有受其影响。北宋政权建立以后,对于佛教和道教,均不再采用禁制政策,而且还先后由地方或中央政府刻印了佛教和道教的许多书籍。在当时一般儒生的意识当中,唐代佛道两教的昌盛超过了儒家的情况,还保留着很深的印象,他们都要改变这种情况,要把儒家学说的声势和地位重新振兴起来。其中的少数人,只想固守着儒家旧有的思想阵地而对佛、老进行抵排;而绝大多数儒生的取向,则皆或明或暗地对佛、老两家所讲说的义理尽可能予以吸取,以充实儒家的学说,以求与佛、老相抗衡。

从唐代后期以来的儒家学者,如李翱等人,已开始趋重于对儒学义理的发挥,而摈弃了从汉到唐儒生们烦琐累赘的章句训诂笺注。宋代的儒家,则如被《宋元学案》列作首位的胡瑗,当其在湖州讲学时便已把学舍分为"经义斋"和"治事斋"两个部分;他讲说"五经",也都重在讲说其大义。及至广大儒生都因立意要与佛老抗衡而大量摄取佛老以充实儒家学说之后,对先儒传注一切废弃不用的便不限于王安石一人,而且也并不开始于王安石其人。于是一个与前代大不相同的新儒家学派,至晚在北宋中叶便已形成。

新儒学家们一方面着重于儒家经典著作中义理的充实和阐明,另一方面也极注意于经世致用,要求真正达到《中庸》所说"致广大而尽精微",《庄子》所说"内圣外王"的境地。因此,宋代新儒学家们所涉足的领域,既包括了孔门所谓"四科",而又因为时代的不同而突破了那"四科"。例如,既有因长期从事于政治实践而著名的政治家范仲淹、王安石等人;也有以长期从事于史书编撰而著名的历史学家司马光、范祖禹、李焘、李心传等人;也有以丰富的文章、诗、词创作而著名的文学家欧阳修、苏轼、陆游等人;也有以富有自然科学知识或以制作了天文仪器而著名的沈括、苏颂等人;也有专致力于历代和当代典章制度研究,如两浙东路的吕祖谦、薛季宣、陈傅良等人;更有专致力于阐发儒家学说中的义理,务使其达于精微玄妙极致的,如北宋的程颢、程颐和张载,南宋的朱熹、陆九渊等被称为理学家者,他们的言论和思想,自南宋后期直到明清两代,在中国的学术界和思想界,曾经发生过巨大的影响。

以上所表述的,虽还并非两宋文化的全部情况,然而已经足可证明,在中国封建社会历史时期之内,两宋文化所达到的高度,不但超越了它以前的隋、唐,也是它以后的元、明、清诸代之所不能及的。

二 两宋的两个主要学派

宋代的理学 这一学派是从宋代新儒家学派中衍生出来的一个支派。对于两宋的理学家们,大体说来,可以分作两派,即以张载、程颢、程颐、朱熹诸人为代表的客观唯心主义者和以陆九渊为代表的主观唯心主义者。这两派理学家对于哲学上的基本问题如宇宙起源问题,理和气即精神和物质的依存关系问题,都有不同的意见。

张载(1020—1077年),关中郿县横渠镇人,他的主要哲学著作是《正蒙》。

张载认为,一切存在都是由气构成的,"气"是万物的本体,太虚(即天空)也是物质性的,它是"气"之散而未聚的一种状态。无限的物质世界,是由太虚与万物共同构成的。张载又认为气是变化不已运动不止的,而气的变化运动,则是由于对立面的斗争。他把气的变化规律(亦即物质的变化规律)称之为道。

张载虽认为人类知识的来源在于感官有所接受,但他又认为"性者万物之一源","至静无感,性之渊源"。他还说:要"为天地立心,为生民立命,为往圣继绝学,为万世开太平"。这些说法又暴露出来唯心主义在张载的哲学中仍然占主要地位。

程颢(1032—1085年)及其弟程颐(1033—1107年),洛阳人,他们共同建立了一套比较完整、有系统的客观唯心主义哲学体系。二程的哲学著作被后人编辑在一起,称为《二程全书》。

程颢承认事物对立的普遍性,并且承认对立的相互作用是事物变化的原因。这表明他对于客观辩证规律是有一些认识的。但他把天、理、心都等同起来,不把天和心作为物质性的实体,而认为二者的最本质的东西却是一个"理"。

程颐的哲学的中心命题为"性即理也",他认为"天下更无性外之物"。理和性是一切事物的基础,而性或理又是先于物质而存在,并且是离开物质而独立存在的。

朱熹(1130—1200年),生于闽之延平,祖籍是徽州婺源。他是南宋时期最大的理学家。他继承并发展了北宋理学家的学说。二程的客观唯心主义思想体系,到朱熹就更加完整和具有系统了。

朱熹是一个很渊博的学者,对于儒家经典著作中的《论语》《孟子》《大学》《中庸》都作了注解阐释的工作。他通过对于这些经典著作的注释来阐明自己的哲学思想。所以,他所作的《大学》《中庸》章句和《论语》《孟子》集注以及《太极图说解》《通书解》等,事实上就是他的重要哲学著作。他平时对学生的一些谈话,被记录下来,后来辑为《朱子语类》,也是朱熹的一种重要哲学著作。

对于物质和精神二者的关系,朱熹以为:"理在先,气在后",以为"虽未有物而已有物之理",以为"理是本","理终为主"。而这个理的极致,即其最高境界,则为"太极"。但他又说天下没有无气之理,说气不聚结则理亦无所附着。因而,朱熹的学说常不免陷入自相矛盾之中。

陆九渊(1139—1192年),江西金溪人,是一个主观唯心主义者。他所提出的一些哲学命题,和朱熹一派的客观唯心主义大都是针锋相对的。朱熹着重读书明理,着重观察事物以穷其理,陆九渊则以为这都是"支离事业"。陆九渊提出"心即理也"的命题,以为"宇宙便是吾心,吾心便是宇宙",因而主张所谓"致知格物"多应当采用"易简工夫",即"发明人之本心",也就是只在内省和反求诸己方面多下工夫。他既反对博览群书,也反对著书立说。①

以上这些思想家的哲学见解虽然不尽相同,但对于从孔孟以来历代儒家所倡导的纲常名教,则是一致强调和维护的。张载以为周礼必可行于后世,还特别强调谱系、世族和宗法,实即要把"族权"更加提高。程颐主张寡妇不应再嫁,即使贫穷无依,也应为亡夫守节。他说,"饿死事小,失节事大"。这样一些名教思想和行为轨范,经宋儒们大力宣扬之后,政权、族权、夫权这几条绳索对人们的束缚便较前更紧了。

浙东学派和功利主义思想家陈亮　与朱熹、陆九渊同时,在浙江东路还有一些学者同时并起。其中较为重要的,有吕祖谦、薛季宣、陈傅良、陈亮以及稍晚的叶适等人。这些人的乡里都壤地相接,声气易于相通,他们在研究学问的途径上,趋向也大致相同:从经史百家、礼乐兵刑、典章制度以至舆地边疆、水利农田等等,他们都要"通其委曲,以求见诸事功"。他们最着重的,是一些能够在政治经济军事等方面见之实用的学科。他们不但不像前面所举述的周、张、程、朱、陆等人那样,只是谈论一些关于道德性命理气等类的抽象的问题,而且还反对从事于这些空谈。其中的陈亮,是反对理学家们空谈道德性命最力的一人。

陈亮(1143—1194年)以为,处在民族矛盾那样尖锐的情况之下,学者们的首要任务是要讲求兵刑钱谷等等可以富国强兵、复仇雪耻的实用学问,舍此不讲,却天天低头拱手、徐行缓语地去谈道德性命,并自以为是得到了古圣先哲关于正心诚意的不传之绝学,这般人实际上都是一些"风痹不知痛痒"的人。他以为,天下"千途万辙,因事作则",无物非道,因而学者都应"各务其实,而极其所至"。他对于研究学问的对象和目的性都提得很明确:凡是足以"开物成务、治国家平天下"的,都要兼蓄并包,不应只把修真

---

① 旧来都把宋代的理学家体系归纳为"濂洛关闽"四字,亦即把周敦颐(湖南道州濂溪人)作为宋代理学的始祖,并谓二程均传他之学。今按,此说乃朱熹的《伊洛渊源录》编造出来的,与史实并不相符。不唯二程之学与周无关,周与北宋学术思想界中人也全无联系。他的著作只应列入道家类而不应列入新儒家的理学类中,故此节未述及其人。

养性等内省工夫当作真学问,把此外的一切反都视为粗疏的东西而不屑去注意。他要做的是一个"成人",而不是一个"醇儒"。他要做一个"推倒一世之智勇,开拓万古之心胸"的人物,而不肯去"穷究义理之精微",做一个"枯木死灰"般的人物。

关于王霸义利之辨,陈亮曾和朱熹进行过长时期的争论。他反对朱熹只把三代说成合于王道、合于义,把汉唐以来千五百年的历史则一律认为是昏暗无道。他以为"功到成处,便是有德;事到济处,便是有理";否则对汉唐的昌盛之局是无法加以解释的。

三 古文、诗、词、小说、戏曲

北宋的古文运动 古文运动和恢复儒家道统的运动,一直是北宋文坛上的一个主流。

当时政治上一部分当权的人物,范仲淹、富弼、韩琦等人,对于古文运动都是大力支持的。欧阳修且是这一运动的主将。到王安石、曾巩、苏洵、苏轼等人相继而起,使古文运动获得全胜,而北宋的文坛也呈现了一个繁荣健实的局面。

欧阳修力革当时浮靡诡怪的文风,他的文章纡徐委备,"条达疏畅"①,"引物连类"②,而能"丰约中度"③,不论叙事、说理或抒情,都能婉转透辟,曲尽其意。王安石一方面主张写文章应当"务为有补于世",同时又说,文章应当"以适用为本,以刻镂绘画为之容"④。这就是说,写文章主要是为政治服务,但也应当注意文章的艺术性。他的文章的特点是"简劲精洁",深刻峻峭。有些篇章虽着语不多,却同样富有波澜起伏。苏轼是北宋文人中最富才华的人。他反对五代以来的"浮巧轻媚,丛错采绣之文"⑤,也反对用"艰深之辞以文浅易之说",主张写作文章当"如行云流水,常行于所当行,常止于所不可不止。文理自然,姿态横生"⑥。他驾驭文字的艺术修养是很高的。

宋代的诗 在两宋的三百多年中,诗的风格和趋向曾有好几次较大的

---

① 《嘉祐集》卷一一《上欧阳内翰书》。
② 《苏东坡前集》卷二四《欧阳文忠公文集序》。
③ 《栾城后集》卷二三《欧阳修神道碑》。
④ 《临川文集》卷七七《上人书》。
⑤ 《苏东坡续集》卷一一《上欧阳内翰书》。
⑥ 《苏东坡后集》卷一四《答谢民师书》。

变化。在北宋初年,杨亿、刘筠等人崇尚李商隐的诗,过于重视雕琢字句,堆砌典故,并把他们互相唱和的诗合为一集,取名为《西昆酬唱集》,遂致形成了所谓"西昆体"。这一派诗人的作品,既缺乏生动的内容,真挚的情感,也没有鲜明的思想性。实际上无论在艺术性方面或意境方面,与李商隐的诗全都相去甚远。然而这种风气支配了宋初的诗坛数十年之久。到北宋中叶,欧阳修、梅尧臣等人力排西昆体,以优游平淡之辞矫而正之,风气为之一变。梅尧臣的诗旨趣清淡,当时人以为"有晋宋遗风"。继起的苏轼,才华富赡,无施不宜,他的诗也兼备众格。苏诗的最突出的特点是洒脱豪放,但有许多也伤于率易,华而不实。江西的黄庭坚(号山谷道人)力矫率易之弊,倡导作诗作文都要"无一字无来处",主张"陶冶万物",镕铸故实,通过锤炼,创造出一些奇峭坚实的作品。

南宋的诗人,最著名的有尤袤、范成大、杨万里、陆游等人。其中最杰出的是陆游。陆游是一个爱国诗人。他的才情繁富,能够触手成吟。他的诗气派大,波澜壮阔,其中具有代表性的许多篇章,都是抒写他爱国家爱民族的思想感情的,激昂感慨、沉郁跌宕的胸怀跃然纸上。南宋政府对金采取屈辱政策所造成的恶果,呻吟于女真贵族压榨下的北方人民的愿望,南宋统治者对人民的残酷剥削,在陆游的诗中都有深切的反映。

西蜀、南唐和两宋的词 词是由五七言近体诗发展变化而来的。为求配合管弦,便于歌唱,唐代中期以后的一些诗人,首先是一些无名的民间诗人,便开始把近体诗的整齐句子加以改变,依照民间流行的一些曲调的节拍和韵律而裁定其字句,这就是所谓倚声填词。一首词中的前后各句长短不一,所以词也叫做长短句。

在五代十国期内,以善于填词出名的人已为数不少。在西蜀,有韦庄和欧阳炯等人,他们的作品后来被编选在《花间集》中。在南唐,则有冯延巳和中主李璟、后主李煜等人。"花间"派作品的共同风格是绮丽靡软,而南唐诸人的作品则较为清新俊逸。李后主的词,前期所反映的是封建贵族思想感情,被宋俘虏到开封以后的作品则反映了对宫廷生活的怀念,有很重的感伤颓废情绪。但他用语清新、朴素,自然而无斧凿痕迹,在艺术技巧上达到了高度水平。

到宋代,地主经济进一步发展,城市经济也比唐代更繁荣。当时不但宫廷内设有"教坊",大城市中都有歌楼伎馆,贵族官僚豪绅家中也多有歌伎舞女。这都促使歌词更加普遍发展。

北宋的文学家大都是把散文用作明道、载道的工具,不大用它去抒写悲欢离合之情;近体诗则因字句的拘束而与音乐相去日远;只有词的体裁能够"长短其句以就曲拍",能够配合管弦的音阶和舞蹈的节奏,所以它便成为表现哀乐怨悱时最经常采用的一种文体。北宋的许多政治家和文学家,例如寇准、范仲淹、晏殊、欧阳修等人,都填写过多少不等的词。他们的词的风格,一般说来都是承袭南唐二主和冯延巳等人的。

欧阳修、晏殊等人所写作的词都是一些短调小令,而与他们同时的柳永则开始创作慢曲长调。柳永是一个落魄文人,"好为冶淫讴歌之曲"。教坊的乐工每次得到新的曲调,必去求柳永填写新词,因此他的声名便和他的作品一同传播,以致"凡有井水饮处,即能歌柳词"①。这样他就成为北宋词坛上影响最大的一人。

正当柳永一派的歌词风靡北宋词坛的时候,具有高才逸气的诗人苏轼,也以其写作诗文的余力,"溢而作词曲"。他对于从《花间集》直至柳永等人的作品风格都不满意。他写的许多首词,意境豪放雄壮,涤除了当时词坛上的那种"绮罗香泽之态",摆脱了那种"绸缪宛转之度"②。

李清照是北宋末年、南宋初年的杰出词人。她的词婉约清新,只把一些寻常习用语言随手拈来,度入音律,炼句既很精巧,又极平淡自然,表情达意都能曲尽其妙③。就内容来说,她的词对南渡前后社会现实的反映比较微弱,在她颠沛流离的晚年作品中,还多有意兴阑珊的消极情绪和感伤调子。但是从她的诗句"南渡衣冠少王导,北来消息欠刘琨"来看,她也不是不关心国家命运的。

创始于北宋苏轼的爽朗英发的风格,在南宋中叶词人辛弃疾的作品中,得到了高度的发展。辛弃疾是一个爱国志士,他既有文才,又有武略。他的歌词慷慨豪放,唱出了处在民族危难当中的一个英雄豪杰人物奋发激越的情怀,表达了当时人民反抗女真入侵者的愿望。辛词"用经,用史,牵雅颂入郑卫"④,而且用以抒情、写景、记事、说理,"横竖烂缦",无往不宜。

宋金的话本小说和说话人 唐代的俗讲和变文,到宋代,便发展演变而成为"说话人"的话本。话本的内容,有的是演说佛经中的故事,有的是讲说历史故事,如说三分和说五代史等。有的讲说一些烟粉、灵怪、传奇、公案

---

① 叶梦得《避暑录话》卷三。
② 胡寅《酒边集后序》中评苏词语,见《斐然集》卷一九。
③ 张端义《贵耳集》卷上。
④ 刘辰翁《辛稼轩词序》。

以及某个人物发迹变泰的故事。当时把最后一类称做"小说",把讲说长篇历史故事的则称为"平话"。宋代的话本流传到今天的还有《大唐三藏取经诗话》《五代史平话》《大宋宣和遗事》以及《京本通俗小说》等。话本的出现,在中国文学史上开辟了一个新纪元。明代以来的一些章回小说,很多都是从宋代话本逐渐发展和改变而成的。

宋代说话人有的专说三国史事,有的专讲小说,每个人都以专门名家。宋仁宗和高宗,都喜欢听人讲说故事或自己阅读话本①。当时不但城市中较热闹的场所有固定的说话人,在乡村中也常有说话人讲说小说或历史故事。苏轼在《东坡志林》中有"涂巷小儿"从家中持钱、出外聚坐、听说话人讲说三国故事的记载。陆游有一首诗说:"斜阳古柳赵家庄,负鼓盲翁正作场。身后是非谁管得,满村听说蔡中郎。"可见说话人不但在城市中讲说,也经常地走向乡村里去了。

金军攻破开封后,向北宋政府索取乐工伎艺诸色人,也指名索取杂剧、说话、小说、嘌唱、弄影戏、弄傀儡等类的艺人一百五十余家②。金人把这些艺人一齐押送到金国去。在金国,不但汉族人民是说话人的听众,女真贵族也喜欢听说话人讲说故事,完颜亮的哥哥完颜充就是其中的一人③。在完颜亮统治期内,金的西京大同府有一个名叫刘敏的,就是专门讲说五代史的说话人④。

宋金的戏曲 在宋代,傀儡戏、影戏和杂剧都已十分流行,从较大的城市到一般的乡村之中,无不如此。凡当时的说话人所常讲说的烟粉灵怪故事、铁骑、公案和历代君臣将相故事等,也都是傀儡戏和影戏所经常表演的。杂剧是从唐代的参军戏发展演变来的。北宋杂剧基本上还只是"因题设事,杂以谐谑",情节一般都比较简短,有时只是夹杂在其他伎艺中演出一段或两段⑤。这样的杂剧,"大抵全以故事世务为滑稽,本是鉴戒,或隐为谏净"⑥。但在北宋开封的勾栏(剧场)当中,也已经有了以故事情节为主的长

---

① 郎瑛《七修类稿》谓小说起于宋仁宗,仁宗令人每日采进一奇怪故事以自娱。《古今小说·叙言》说宋高宗禅位后喜阅话本,宦官们四处去访求先代奇迹和闾里新闻,倩人敷衍进御。
② 《三朝北盟会编》卷七七,靖康二年正月二十五日记事。
③ 苗耀《神麓记》,见《三朝北盟会编》卷二四三。
④ 同上。
⑤ 《东京梦华录》卷七《驾登宝津楼诸军呈百戏》条。
⑥ 《都城纪胜·瓦舍众伎》。

篇杂剧。每年从七夕到中元节,勾栏中每晚都要扮演目莲救母杂剧①。这类杂剧不但情节复杂一些,演员也已发展到四五人了。

宋代还有一种以歌舞讲唱为主的戏曲,这种戏曲是由曲词连缀而成的。从北宋中叶以来,有些词人已经开始试用一个词调而填写数首歌词,接连铺叙一个故事。例如有人用《商调蝶恋花》一调填写十二首歌词,咏述《会真记》中张生与莺莺的恋爱故事。这种用许多首曲词前后连贯合叙一事的歌舞剧曲,已经具有了后代戏剧的雏形,它也就是金元时期套数杂剧的鼻祖。

南宋末年的周密,在其所著《武林旧事》中载有《官本杂剧》段数二百八十本,其中有歌舞剧,也有民间游艺的曲艺。由此可见,其时上自贵族宫廷,下至一般村镇市集,戏曲都已十分流行了。

在金的统治地区内流行以讲唱为主的一种戏曲,名叫诸宫调。诸宫调是把不同的曲调编缀在一起,用以铺叙一个长篇故事。乐谱的音节既多变化,文字也以韵文和散文相间使用。这比宋朝流行的《官本杂剧》,显然又有了发展。金代人所写的诸宫调,流传到今天的,有《刘知远传》和董解元的《西厢记》二种。前者是写刘知远"发迹变泰"的故事,后者是把《会真记》加以改编而成的。《会真记》仅有几千字,到《西厢记》诸宫调便成为好几万字的剧本了。

解放后,在山西侯马的金代坟墓里,发现了一座戏台模型,上边有五个角色正在作场。这说明诸宫调的演唱在金国是普遍流行的。

元曲 杂剧是元朝文学的主流。元代杂剧是在宋金以来民间讲唱文学的基础上,综合了宋词的成就,并直接发展了金代诸宫调而成的一种歌舞剧。杂剧一般分为四折,个别的有五折,在各折之前或各折之间多加有"楔子"。每折内又有十个以上的小曲,每一组小曲称作一套,一套内的小曲,都限于同一宫调,使用同一音韵。演时除歌唱外,还伴以言语和动作,言语叫"白",动作叫"科","于科白中叙事,而曲文全为代言"②。

元代杂剧的兴起,与宋金以来城市经济的繁荣有密切的联系。杂剧作家很多都是大都人或平阳人。大都和平阳都是以工商业发达、人口殷繁、文化昌盛而著称的城市,大都在元朝统一后更是全国政治、经济、文化的中心。这些北方的城市在金元之际也曾遭受兵火的洗劫,广大农民和城市居民在民族和阶级压迫下过着痛苦的生活,民族矛盾和阶级矛盾都很尖锐,这种社

---

① 《东京梦华录》卷八《中元节》条。
② 王国维《宋元戏曲史》八《元杂剧之渊源》。

会的环境又给剧作家提供了思想的源泉。元朝政府规定了"诸妄撰词曲诬人以犯上恶言者处死","诸乱制词曲为讥议者流"的法令①,但是大多数的作品仍然表达了人民的感情,对当时黑暗的社会给以无情的揭露。

在元代,出现了大批优秀的剧作家和剧本。钟嗣成《录鬼簿》著录元杂剧 458 种,朱权《太和正音谱》著录 535 种,这些杂剧流传至今的还有一百几十种。又据《录鬼簿》的记载,当时知名的杂剧作家共达 79 人,其中生活在金末至元世祖统一时期的作家即有 56 人②。他们大都是北方人,不是"布衣",便是"省掾令史",社会地位不高。

关汉卿是元朝最杰出的剧作家。他出生于金元之际,入元为太医院尹。他长期居留大都,晚年到过杭州,与当时的剧作家、曲家杨显之、梁进之和王和卿等是莫逆之交。关汉卿又能深入被压迫的社会下层,与教坊、勾栏的歌伎、演员也有联系,所以称他为"杂剧班头","梨园领袖"。关汉卿毕生写过 60 多种剧本,保存下来的还有 18 本。其中《窦娥冤》《鲁斋郎》《拜月亭》《救风尘》《单刀会》《望江亭》等都是最为社会人群喜闻乐见的作品。这些作品痛快淋漓地揭发了蒙古贵族、汉族官僚地主的残暴黑暗统治和罪恶活动,充分表现了作者向恶势力战斗的精神和强烈的正义感。

元代著名的剧作家还有马致远、王实甫、白朴、宫天挺、纪君祥、郑光祖等人。马致远的《汉宫秋》、王实甫的《西厢记》、宫天挺的《范张鸡黍》、白朴的《墙头马上》和纪君祥的《赵氏孤儿》,都是数百年来脍炙人口的名著。

四　两宋的史学

通史　司马光的《资治通鉴》,是我国古代的一部杰出编年史。司马光用了 19 年的时间,并在史学家刘攽、刘恕、范祖禹等人的帮助下,写成了这部上起战国、下迄五代的包括 1362 年史事的巨著。他的取材范围极广,凡正史、杂史、笔记、小说、地志、文集等等,无不"左右采获,错综铨次"。司马光认为,"实录正史未必皆可据,杂史小说未必皆无凭"③。他编写此书的目的,是要为统治者提供统治人民的经验,所以,他用较多的篇幅记述历代的"君臣治乱成败安危之迹",也搜采了历代的典章、制度、天文、地理以及与

---

① 《元史》卷一〇四、一〇五《刑法志》。
② 《录鬼簿》中所载元剧作家,凡只撰有小曲而无杂剧剧目存世的不计算在内。
③ 司马光《传家集》卷六三《答范梦得书》。

社会经济发展有关的资料。《通鉴》采用《左传》的叙事之体,而不着重于"春秋义法"①,对于所引史料一般都不大加窜改。对于原来记载中分歧较大的事项,则只选择其"证据分明、情理近实者修入正文",其余的则另行编录,辨其谬误,说明其舍此取彼之故,别成《通鉴考异》一书,以解读者之疑。在《资治通鉴》刊布之后,编年体成为历史编纂者们最喜欢采用的体裁;司马光在编写《通鉴》时所创立的各种体例,例如别成《考异》的办法,也成为后来编写编年体史书的典范。

不采用编年体而着重叙述历代典章制度沿革的通史,有南宋初郑樵编撰的《通志》和宋末元初马端临编撰的《文献通考》。郑樵博学多闻,他反对断代为史,力主编写通史。他所著《通志》中,虽有历代君臣的本纪和列传,但其精华所在则是天文、地理、都邑、职官、选举、刑法、食货等20略。《文献通考》全书分田赋、钱币、户口、职役等24考。杜佑《通典》只分为食货、选举、职官等8典,《通考》却大加扩充,单把《通典》的食货一门就分作田赋、征榷、市籴、土贡、国用等8考。书中叙述历代制度的演变,不但采用经史中的文字,而且摘录唐宋诸臣的奏疏和士大夫的议论,夹叙夹议,使读者对于一事之本末利弊能得到比较概括的知识。书中各"考"都记述到南宋末年为止,而对于南北宋典章制度的因革损益所记特详。元代所修《宋史》中的各志,例如《职官志》《兵志》《食货志》等,有很多部分都是抄《文献通考》的。

当代史 宋政府设置史官,分别纂修实录、国史、会要等类史书,内容都较前代的同类书详备得多。北宋以前,从来没有设官编修本朝会要的。现在流传的《宋会要辑稿》,是从《永乐大典》中辑出的一部残缺不全的书,而其内容已极为繁富。两宋史学家私人编写的当代史书,数量尤多。其中比较杰出的巨著,流传到今天的有:李焘的《续资治通鉴长编》,是专记北宋一代史事的,其书今只有清人辑本,内容已多残缺,然所存尚有520卷。《长编》采摭广博,考论详悉,并把异同诸说附注于正文之下,与《通鉴》的《考异》略相似。李心传的《建炎以来系年要录》,是专记宋高宗一朝史事的。此书是为接续李焘的《长编》而作,其采摭之广博与内容之详备,也都和《长编》不相上下。徐梦莘的《三朝北盟会编》是专记宋徽宗、钦宗、高宗三朝与金国的和战关系的。书中广泛地搜罗了当时官府和私人有关宋金交涉与议和作战的言论和记述,按照年月日的顺序加以编次。其中引用的史料,有很

---

① 南宋胡寅就认为《通鉴》"事备而义少",并专为此而写了《读史管见》。

大一部分是由对金和战的决策人、外交使臣以及各种当事人亲手记录下来的，徐梦莘在引用时一律照录原文，不加更改，使其"是非并见，同异互存"，不以己意有所取舍，也不以己意为之折衷。这样就保存了大量的直接史料，因而它是一部史料价值很高的书。

北宋末年方腊领导的一次农民起义，在《泊宅编》和《容斋逸史》两书中都有较详细的记载；南宋初年钟相、杨幺领导的一次农民起义，鼎澧逸民在《杨幺事迹》一书中详为记述。这些著述虽对这两次起义都不免有所诬蔑，但都对宋朝统治者的腐朽黑暗加以揭露，多少流露着对起义者的同情，在宋代浩繁的历史著作当中，它们都应算别开生面之作。

金石学 金石学是宋代学者在史学领域中开辟的一个新园地。它把历史学研究的范围从古典文献扩大到古金石器物。欧阳修的《集古录》和赵明诚的《金石录》，都是根据商周铜器铭文和秦汉以至隋唐的石刻碑志拓本，审定考释，写为题跋，荟萃编次而成的。洪适的《隶释》和《隶续》，搜集了汉魏碑刻的文字，附以解说和论证。欧阳、赵、洪诸人，利用搜集到的大量金石拓片，"抉剔幽隐，考核旧闻"，对于考订史事提供了新的资料。

北宋时吕大临著的《考古图》《续考古图》，王黼编著的《宣和博古图》，摹绘当时所见商周彝器的形制，并摹写器上的款识，再附以释文和考说。对于商周典章制度的研究，是极有用的参考资料。

地方史志 专记一州一县历史和风土人情的地方志书，在宋代，特别是南宋，也大量出现。每一部地方志当中，大都包括城邑、山川、物产、风俗、学校、人物、仕宦以及名胜、古迹等门类，且多把当地的城镇和山川形势绘制为图，列在书的最前面。范成大编纂的《吴郡志》，梁克家编纂的《三山志》，罗愿编纂的《新安志》，施宿编纂的《会稽志》，高似孙编纂的《剡录》等等，是当时人所编写地方志当中比较出名的几种。其总志全国州县地理的，有乐史的《太平寰宇记》，王存的《元丰九域志》，祝穆的《方舆胜览》，王象之的《舆地纪胜》等，采摭都很繁富，叙事也很详赡。另外，如孟元老的《东京梦华录》专写北宋末年开封的繁华景象，周密的《武林旧事》专写南宋时杭州的繁华景象，也都富有史料价值。

五 五代十国和宋元的绘画

山水花鸟画 从唐以来就开始独立发展的山水画和花鸟画，到五代两宋时期便出现了繁荣的局面。

10世纪前半的北方山水画家,重要的有荆浩和关仝二人。荆浩的画皴染并用,浓淡分明,自称是采唐代吴道子和项容二家之所长而成一家之体的。关仝的画,"石体坚凝,杂木丰茂",虽师荆浩而能"青出于蓝"①。

南唐画家董源用"披麻皴"法画山水,长于描绘秋岚远景。他的画"多写江南真山,不为奇峭之笔"②。巨然是董源派的传人,后来随李后主一同到开封,作画极负盛名。苏轼以为他的画淡墨轻岚,自成一体。

北宋的山水画家李成、范宽和郭熙,都是属于荆浩一派的。李成是北宋初年人,善于画平远寒林的山水。郭熙是北宋中叶人,长于写实,注意意境、色泽明暗和山石树木远近大小的比例。

北宋中晚期米芾和米友仁父子,运用水墨渲染的所谓泼墨法,画出一些笼罩在云烟中的山岚树木。

十国的花鸟画家,以西蜀的黄筌和南唐的徐熙最为著名。黄筌对于山水、竹石和人物画无所不能,而最负盛名的则是他的花鸟草虫画。他的这类画都是根源于写生而来,笔法工整,神采生动。徐熙"多状江湖所有汀花野竹,水鸟渊鱼","翎毛形骨贵轻秀而天水通色"。当时有"黄家富贵、徐熙野逸"之说③。

北宋的花鸟画是从黄徐二家发展来的。富贵与野逸的不同作风,在北宋中叶已逐渐趋于融合。

从北宋初,在宫廷中就成立了翰林图画院,凡要进入画院的先须经过绘画考试,而试题则是前代人的诗句,如"乱山藏古寺""踏花归去马蹄香"之类。这就诱导了当时的画家在平时也都着意去玩味古人描写景致的诗句,因而就推动了他们向山水花鸟画方面发展。宋徽宗时画院发展到极盛,而画院众工所画山水人物花木鸟兽也都能"种种臻妙"。

宋徽宗是一个昏君,但他在绘画方面造诣很深,而以花鸟画最为上乘。现尚存世的《柳鸦芦雁图》和《芙蓉锦鸡图》,都是用精练的笔墨,准确地画出了花鸟的外形,而又能在工整之中达到形神俱妙的境地。

从北宋末年就已成为画院中出名画家的李唐,南渡后依然为画院待诏。李唐对于山水、人物画都很擅长,又善画牛。他好作长图大障,风格雄伟有气势。他作山水画,先施墨色,再着青绿,这种画风,对于南宋一代的山水画

---

① 郭若虚《图画见闻志》卷一《论三家山水》。
② 沈括《梦溪笔谈》卷一七。
③ 《图画见闻志》卷一《论黄徐体异》。

家的影响极大。

南宋后期的山水画家,最主要的是马远和夏珪二人。马远是一个具有多方面才能的画家,而以山水画为最工。他的山水画的特点是:构图简率峻刻,作风淋漓洒脱。夏珪的山水画,在构图和运用笔墨方面都和马远相似,而笔墨精工劲爽,更发展了马远的画风。他有很多长卷大幅作品,流传下来的也不少,从中都可以看出他的写实工夫和雄伟魄力。

宗教、人物画 南唐画院中的周文矩和顾闳中,都是以善画人物著名的。顾闳中的著名作品《韩熙载夜宴图》,现在尚可看到北宋人的临摹本。周文矩的仕女画继承唐代画家周昉的风格,作风却更加纤丽。他的著名作品《重屏会棋图》现尚存在,图写数人围坐下棋,其中所画南唐中主李璟的肖像,富有个性特征。

后蜀画家石恪,善于用简笔画人物和佛道。他喜欢画一些寓有讽刺性的作品,并"多为古僻人物,诡形殊状,以蔑侮豪右"①。

北宋中叶的李公麟,初以画马得名。后来,他把主要精力用在画佛道宗教画和人物故实画方面,而尤以后者最为杰出。他画人物,对于不同阶级、不同地区、不同职业的人物性格及其动作态度的特点,都能够刻画出来②,这表现出他所具有的高度写实技巧,深刻的观察、体验和多方面的修养。他是北宋一代最卓越的现实主义艺术大师。

张择端是北宋晚年画院中人,他所画的《清明上河图》,在当时的风俗画中是具有代表性的作品。这幅画,描写清明时节开封城汴河上店铺林立、市民熙来攘往的热闹场面,突出地表现了运载东南粮米财货的漕船通过汴河桥梁的紧张繁忙情况,是当时社会生活的忠实记录,具有极大的史料价值。

南宋一代的人物画家,最著名的有李嵩、刘松年等人。

李嵩曾根据南宋民间流行的梁山泊英雄好汉的传说,画出宋江等36人的像,实际上等于对反抗统治者的英雄们的赞歌。他的作品流传下来的有一幅《货郎图》,生动真切地描绘出几个儿童及其母亲被货郎担所吸引的神情和动态。

刘松年的重要人物故事画是宋的《中兴四将图》。另外还有《便桥见房图》,是借用唐太宗在渭河便桥上斥退突厥颉利可汗的故事,对南宋时事暗示讽谕的。他和李唐、马远、夏珪被称为南宋四大画家。

---

① 刘道醇《圣朝名画评》。
② 《宣和画谱·李伯时条》。

元代的绘画,以山水画为大宗,一方面继承了宋画的流派,一方面创立了新派。新派以黄公望、王蒙、吴镇、倪瓒等人为代表,对于景物的描写更加提炼概括,但另一方面又侧重笔墨情趣,影响了明清画风。他们的作品成了"文人画"的范本。

六　五代十国宋辽金元的科学技术

火药、火器的发明和发展　904年,杨行密的军队围攻豫章(江西南昌),部将郑璠"以所部发机飞火,烧龙沙门,率壮士突火先登入城,焦灼被体"①。所谓"飞火",就是"火炮、火箭之类"②。"火炮"是把火药制成球状,把引线点燃后,用抛石机抛掷出去。"火箭"则是把火药球缚于箭镞之下,将引线点燃后用弓射出。据此可知,至晚在9、10世纪之交,火药就已经被使用在军事上了。

宋太祖开宝二年(969年),冯继升等向北宋政府献火药箭法,并经试验成功。到开宝八年(975年)北宋攻打南唐时,就把火箭、火炮一齐使用上了。后来北宋政府在首都设置了"广备攻城作",其中即有专管制造火药的部门。宋仁宗时编成的《武经总要》一书中说到当时有火箭、火药鞭箭、火球和霹雳火球等,并详细开具了三种火药方子。

北宋末年,金人围攻开封,李纲担任军事防御总责,他下令发"霹雳炮",曾一度把敌人打退。绍兴三十一年(1161年),金主亮企图在采石渡长江,南宋军队又曾使用"霹雳炮"把金兵打退。"霹雳炮"③是用纸管、石灰和火药做成的,是一种爆炸性的火器。

金人在和北宋交战的过程中,很快就把宋人制造火药、火器的方法全部学会。1126年冬,金人围攻开封,就曾使用飞火炮燔烧开封城的楼橹④,并使用火箭把开封城东南的敌楼烧坏⑤。1221年,金兵攻打南宋的蕲州(今湖北蕲春),用抛石机发射了一种叫做"铁火炮"的火器,其形似瓠,口小身粗,系用生铁铸成,厚可二寸⑥。1232年,蒙古围攻开封,金哀宗又从城内发射

---

①　路振《九国志》卷二,吴臣《郑璠传》。
②　许洞《虎钤经》卷六《火利第五十三》。
③　杨万里《诚斋集》卷四四《海鳅赋后序》。
④　《靖康要录》卷一三,靖康元年闰十一月十二日记事。
⑤　汪若海《麟书》记靖康元年冬金人围攻开封时事。
⑥　赵与褣《辛巳泣蕲录》。

了一种叫做"震天雷"的铁火炮,轰炸蒙古的军队。震天雷是"以铁罐盛药,以火点之,其声如雷,闻百里外。所爇围半亩之上,铁甲皆透,人与牛皮迸破无遗"①。

在南宋、金、蒙古三方长期交战的过程中,管形火器也逐步出现了。1132年陈规守德安(今湖北安陆),曾发明了一种叫做"火枪"的管状火器。其法是把火药装在巨竹之内,临阵交锋时将其点燃,用以焚烧敌方的人和物资。1232年金哀宗在开封和归德抗拒蒙古兵时,曾使用过"火枪"。其制造方法是:"以敕黄纸十六重为筒,长二尺,实以柳灰、铁滓、磁末、硫黄、砒霜之属。以绳系枪端。军士各悬小铁罐藏火,临阵烧火,焰出枪前丈余,药尽而筒不损。"②1259年寿春(今安徽寿县)军民创造了一种叫做"突火枪"的管形火器:其法以巨竹为筒,筒中实以火药,再安上"子窠",火药点燃后即将"子窠"发射出去③。这种"子窠"即后世子弹的前身。

管形火器的出现,标志着火器制造史上一个划时代的进步。因为前此用抛石机投射燃烧性或爆炸性的火药,不但不能准确,且易伤及射者;使用管形火器之后,这一毛病在很大程度上就可以避免了。

13世纪,蒙古军西征中亚各国,火药、火器的制造方法亦随之而传入伊斯兰教各国。13世纪末叶,伊斯兰教各国人所著兵书中多有"契丹火轮""契丹花""契丹火箭"等名称,都是指中国人发明的火药与火器而言。伊斯兰教各国人学会制造火药火器的方法后,又加以改进,再把改进后的制造方法传回南宋和蒙古。《宋史·兵志》记载,南宋于1273年曾颁布制造"回回炮"的法式给沿边州郡,有人触类巧思,所制炮能超出"回回炮"之上。

刻版印书的盛行和活字版的发明 刻版印刷术自从唐代中期出现以来,对于文化的传播、普及和提高,都起着越来越重要的作用。10世纪前半,后唐国子监曾刻印过《贞观政要》④和儒家的"九经"⑤,后蜀也刻印过"九经"和《昭明文选》⑥。在上举诸书之外,吴蜀地区的人专为出卖而刻版印刷的书籍,"色类绝多"。到北宋初年,佛教经典五千多卷也在成都刻印,太宗时新编成的《太平广记》等书,也都是刻版印刷颁行各州郡的。在此以

---

① 《金史·赤盏合喜传》。
② 《金史·蒲察官奴传》。
③ 《宋史·兵志》。
④ 汪应辰《文定集》卷一〇《跋贞观政要》。
⑤ 《资治通鉴》卷二九一,《挥麈录余话》卷二《印行书籍自毋昭裔》。
⑥ 同上。

后,官府与私家之刻书事便日益盛行。

宋仁宗庆历年间(1041—1048年),布衣毕昇发明了制造活字的办法,其法是:用胶泥刻字,使字笔画凸出,每字均为独立的一颗,用火烧之使坚硬。另以铁板,上敷用松脂、蜡和纸灰制成的药品,要印时便把活字镶入铁板,以火烤之,待药熔化、凝固之后,即用以印刷。

毕昇的这种发明,在宋代不曾广泛利用,后来元代人发明的木活字及稍后所使用的铜活字,却都是在毕昇泥活字的启发下创制出来的。欧洲在15世纪中叶才创制活字版,比毕昇的发明晚400年。

指南针 北宋学者沈括,是一个富有科学知识的人。在他撰写的《梦溪笔谈》中有一条记载说,当时以"看风水"为业的"方家",已经普遍使用磁石磨针锋,使之指南。使用时有的把磁针浮于水上,有的放在指爪或碗唇上,最好的一种办法则是"缕悬"——取新纩中独茧缕,用芥子般大小的蜡缀于针腰,于无风处悬之,则针常指南。这里所记述的磁针,就是稍后出现的罗盘针的雏形。

北宋末年朱彧所写的《萍洲可谈》,记述了他于11世纪末年在广州的见闻,其中有一条说,当时中国海舶上的舟师都"识地理",他们在海上航行,"昼则观日,夜则观星,阴晦则观指南针"。在同一时期出使高丽的徐兢,在其所撰《高丽图经》中也说到海船舟师使用指南针事。根据这些记载可以断言,至晚在11世纪的后半期,我国人民已经把指南针应用于航海业了。

指南针之用于航海,对于此后海上交通事业的发展,中外经济文化的交流,起了极其重要的作用。

天文钟(水运仪象台) 从唐到北宋,农业生产不断发展,促进了天文学的进步。同时,水利灌溉事业也日益发展,排灌机械和齿轮应用的技术创造也有所提高。11世纪后半期的苏颂和韩公廉等人,吸取了天文学方面的知识和齿轮应用技术上的成就,创制成人类有史以来第一台"天文钟"(水运仪象台),并写成《新仪象法要》一书,把"天文钟"的全部结构,用图和文字记载下来。

苏颂和韩公廉都是精通律算和天文学的,他们创制的"水运仪象台"是利用水轮为原动力的自动运转的天文钟,其中有类似钟表中擒纵器的机械装置。仪象台的创制者通过秤杆和水车轮的结合,第一次悟出了构成擒纵器的基本原理。这种具有擒纵器装置的天文钟,很可能就是在几百年后才出现于欧洲的天文钟的直接祖先。

苏颂和韩公廉所创制的水运仪象台和他们编写的《新仪象法要》,反映出 11 世纪我国在天文学和技术科学方面的伟大成就。

郭守敬的授时历 元代的科学家郭守敬在天文、历法方面作出了巨大贡献。他特别重视实际的观测和仪器的运用,认为"历之本在于测验,而测验之器莫先仪表"。他创造、改进的仪器近 20 种,其精确程度在当时技术条件下是十分可贵的。在他主持下,全国建立了 27 个天象观测所,从事历法的改订工作。至元十七年(1280 年)新历告成,名为"授时历",以 365.2425 日为一年,比地球绕日一周的周差只有 26 秒,与现行的格里高利历相等,但比它早出现 300 年。

北宋的医学 从宋太祖开宝年间开始,北宋政府和私人都编辑和刊印了一些医药学或医方的书籍:属于医药学方面的有几次增订的《本草》等,属于医方的有《太平圣惠方》《苏沈良方》和《太平惠民和剂局方》等。从唐代以来,中国和阿拉伯之间的交通贸易日趋频繁,外国的香药如乳香、龙脑、蔷薇水等都先后传入中国,因而在宋代官私编刻的医药学书籍当中,新药品种得以不断增加。宋太祖时所编刻的《开宝本草》较《唐本草》已增加新药 133 种,仁宗时所修《嘉祐补注本草》又增药 82 种,到北宋末所编刻的《政和经史证类本草》又新增药品 628 种。《政和经史证类本草》还汇录北宋一代的医方数十种。它是一部科学价值很高的医药书,被以后的医药学界沿用了近 500 年。医药学书籍以及医方书籍刊行日多,医药学的知识得以普及于多数人,这对于医学的发展和进步是具有重大意义的。

在临症医学方面,北宋一代所取得的进步是很多的,其中尤以儿科的进步为最大:在诊察疾病方面,不但已能把麻疹与其他热病区别开来,而且还能区别天花、麻疹和水痘是三种不同的病症,病原各不相同①。

针灸和铜人 北宋初年的医书都是辗转传抄的,其中所载经络俞穴部位很紊乱,仁宗初年,医官王惟一设计用铜铸成人体模型,刻画经穴,标注名称,更写成《铜人俞穴针灸图经》一书,使此后学习针灸的人对俞穴部位能有正确的知识。当时湖南耒阳更为针灸特制一种精巧刺针,减轻了针刺的痛苦。铜人的铸造是北宋医生在医学上的一大贡献。

膏丹丸散等熟药的大量制作和应用,酒浸剂(当归酒、虎骨酒等)的大量流行,也都是从北宋初年开始的。熟药的应用较汤药大为便利,所以这也是中国医学上的一大进步。

---

① 《医宗金鉴》等书都说,宋真宗时,王旦曾请到峨嵋山的神医为其子种痘。这一说乃是明清间人捏造的,中国之有种痘术,应为明代中叶事,宋代还没有。

王祯农书　王祯所编的《农书》是一部农业科学著作。这部书总结了从《齐民要术》以来我国人民在农业生产上取得的成就,包括宋金时期南北方在农业生产技术和工具方面的创造。

王祯,山东东平人,元初先后做过安徽旌德、江西永丰的县官。在他任县官时期,汲汲以农桑为务。每年"教民种桑若干株。凡麻苧禾黍牟麦之类,所以莳艺芟获,皆授之以方。又图画所为钱镈耰耧耙杊诸杂用之器,使民为之"①。有名的《农书》就是在这时编成的。王祯不仅在农具上有过不少新的创造,还有其他的发明。《农书》末所附的"活字版韵轮法",也是他对活字印刷术的一个新发展。《农书》之外,在元代有关农业科学的专著还有十来种之多。其中较著名的是由政府编行的《农桑辑要》。这部书几次由政府刊行,颁发各地,对当时农业生产的恢复起过一定的作用。

七　宋元的宗教

佛教　在唐武宗毁禁佛教以后,佛教禅宗一派仍然广泛流传。到了五代,禅宗南岳派分为沩仰、临济二宗;青原派分为曹洞、云门、法眼三宗②。宋初,禅宗五宗并盛。宋真宗时编写的《景德传灯录》是最初的一部禅宗史。佛教对宋代理学的影响极大,理学家的哲学思想,修养工夫以及语录体裁,都受有佛教的影响,朱熹的《伊洛渊源录》就是仿照《景德传灯录》写的。

元代重视佛教,特别尊崇喇嘛,喇嘛信奉密宗。元世祖尊喇嘛八思巴为国师,命他制蒙古新字,当时凡有诏旨,都用蒙古新字,而以各地区原来文字为副。至元十六年(1279年),八思巴卒,赐号大宝法王、西天佛子、大元帝师,以后相继为帝师的有十余人。"百年之间,朝廷所以敬礼而尊信之者,无所不用其至,虽帝后妃主,皆因受戒而为之膜拜;正衙朝会,百官班列,而帝师亦或专席于坐隅。"③元代统治者在修寺院、作佛事各方面浪费了大量的财富。至于番僧的骄横不法,在《元史》中记载极多。元世祖时,杨琏真加为江南释教总统,发掘南宋在钱塘、绍兴的陵墓和大臣冢墓,戕杀平民,攘夺财物,引起当地人民很大的愤恨。

佛教有藏经,来源已久,目录也较完备。自五代雕刻"九经"以后,佛经

---

① 戴表元《剡源文集》卷七《王伯善农书序》。今本《农书》由《永乐大典》辑出,无此序。
② 参考陈垣《中国佛教史籍概论》。
③ 《元史》卷二〇二《释老·八思巴传》。

刊印渐多。宋太祖于开宝四年(971年)派人到成都,依《开元释教录》所载藏经,次第刊行,在太宗太平兴国八年(983年)完成,约5000卷,共13万版,为刊印全部藏经之始。以后各代又陆续刊印。辽、金、元亦刻藏经。辽藏始刊于重熙初,迄咸雍时,完成了579帙,校勘、雕印都很精致,近年在山西应县木塔的佛像中发现了部分经卷,皆在燕京印造。金刻藏经始刊于皇统八年(1148年),完工于大定十三年(1173年),山西赵城县广胜寺旧藏,是现存唯一的一部。宋元藏经约有七八种,流传亦不多,曾经影印过的《碛砂藏》,刊印在宋元之交,是其中较重要的一种。大藏经的刊印,不仅对佛教的研究有用,也丰富了我国文化宝库。

道教 北宋重视道教,自真宗时伪造天书,夸大宣传,道教在政治上的势力超过佛教。宋徽宗更加尊崇道教,要群臣推戴他为道君皇帝。他信任道士林灵素,奉之如神明。又将佛教的"沙门"改为道教的"德士",连《汉书·古今人表》上原来列在第四等的老子,也被提升到第一等。至南宋道教稍衰。但道教宫观已遍于名山,文官依靠主管宫观名义领取半退休的祠禄,终宋一代,并未改变①。

道教的旧派正一教,亦称天师道,天师世住江西龙虎山,实际道教流传最广的地方也在南方。金兵入中原后,黄河以北出现了三个新的道教,即全真教、大道教(亦称真大道教)、太一教。这三个新的道教和正一教无直接关系,彼此间也无关系,他们都是北宋遗民在金人统治之下,隐居不仕,逐渐聚徒讲道而形成的。全真教祖师王喆,咸阳人;大道教初祖刘德仁,沧州人;太一教初祖萧抱珍,卫州人;这三个新道教的创始人又恰好在陕西、河南、河北三处同时并出。金对全真、太一两教,一度禁止。及蒙古灭金前后,北方地区长期陷入战乱中,人们多用宗教作精神麻醉剂,道教遂更为兴盛,全真教的流传也更广。王喆的弟子丘处机,号长春真人,曾受成吉思汗的尊崇,被召至中亚等地,丘处机弟子李志常撰有《长春真人西游记》,以记其事。元并江南后,正一教的天师也被召入京城。元朝对四个道教,兼容并蓄,其政治地位仅次于佛教②。

《道藏》是一部内容丰富而又庞杂的书,自宋代开始刊印,北宋亡时散佚。金明昌(1190—1196年)年间,在燕京重刊,是为金藏,金亡又佚。元太宗时,又重刊于平阳,是为元藏。

---

① 参看赵翼《二十二史札记》卷二五《宋祠禄之制》条。
② 参看陈垣《南宋初河北新道教考》。

基督教 景教自唐代传入中国,宋以后寂然无闻。到元代,有所谓也里可温,实即基督教。蒙古西侵欧洲,北抵俄罗斯,基督教徒被掳和随使节至和林的日多。罗马教皇也派柏朗嘉宾等教士至和林。燕京既下,蒙古人、色目人随便居住,基督教徒遂入居内地,当时称为也里可温,亦称也立乔,意思是奉基督教的人①。元代基督教徒中如马祖常、阔里吉思已经以儒学著称。至明初,也里可温衰落,史书就没有记载了。

伊斯兰教 宋辽金元各朝,与伊斯兰教各国的关系也很密切。辽史称伊斯兰为阿萨兰。宋、辽与中亚的大食国,自辽天赞三年(924年)至宋开禧(1207年),这284年内,正式遣使见于记载的有39次。辽与大食通使,多由陆路,宋与大食通使,多由海道。到了元代,大食人入中国的更多,载于元史氏族表的多至百余人。伊斯兰教徒如落户真定的瞻思,为元好问的再传弟子,以汉文著书十余种,并文集30卷;丁鹤年是诗人;也黑迭儿是北京宫城的创始人。元人称回鹘为畏兀儿,而称伊斯兰教徒为答失蛮。元代诏书常以和尚、先生、也里可温、答失蛮并称,可惜关于答失蛮的记载太少了②。

---

① 参看陈垣《元也里可温教考》,《元也里可温教考》引《至顺镇江志》镇江侨寓户3845,也里可温有23;口10515,也里可温有109;亦即在167户中有也里可温1户,63人中有也里可温1人,可以看出也里可温人数的一个大概。

② 参看陈垣《回教入中国史略》,《东方杂志》第25卷5号。

第八章
明清(鸦片战争以前)时期

第一节 明前期的经济政治措施

一 明初社会经济的恢复和发展

明初恢复发展经济的措施 明朝初年,即洪武、建文、永乐、洪熙、宣德68年间(1368—1435年),社会生产有了显著的恢复和发展,这与明太祖朱元璋建国后采取的一系列恢复发展社会经济的政策和措施有关。

经过元末的长期战乱,明初社会经济十分凋敝,在全国各地,特别是在北方出现了大量的抛荒土地:有的是元朝统治者的"官田",有的是蒙古贵族的"庄田",有的是"废寺田",有的是"畏吾儿田"。明初统治者认识到要恢复发展经济,就要创造宽松的条件,调动农民生产的积极性。朱元璋说过:"步急则蹶,弦急则断,民急则乱,居上之道,正当用宽。"①在他看来,明朝建立后的首要任务是复兴农村经济,因为"农为国本,百需皆其所出"②。洪武元年(1368年),朱元璋下令农民归耕,承认已被农民耕垦或即将开垦的土地都归农民自有,并分别免除3年徭役或赋税。二年,又下令把北方各城市附近荒闲的土地分给无地的人耕种,人15亩,另给菜地2亩,"有余力者不限顷亩"③。洪武二十七年(1394年),明朝政府又发布了"额外垦荒,永不起科"的诏令,规定山东、河南、河北、陕西的农民除纳税的土地外,如有余力继续垦荒,垦地听其自有,永不征税。这种办法前后施行七十余年,农村出现

---

① 《明太祖实录》卷三六,洪武二年正月。
② 《明太祖实录》卷四一,洪武二年五月。
③ 徐光启《农政全书》卷一《国朝重农考》。又见《明太祖实录》卷五三,洪武三年六月。

了大量的自耕农。这些自耕农拥有一定数量的"无粮白地"(即不纳税的土地),生产积极性大大提高,对农业生产的恢复和迅速发展起了积极的作用。

移民屯田是明政府发展农业经济的另一项重要措施。当时全国各地在在兴屯,特别是在北京、淮西及沿边地区,屯田有组织地进行。屯田有民屯、军屯和商屯三种,民屯和军屯的规模较大。洪武、永乐时,曾多次组织和调配无田的农民,包括一部分降民和罪囚从狭乡往宽乡屯种。洪武三年(1370年),徙苏、松、嘉、湖、杭农民四千余户住临濠屯种,洪武四年(1371年),徙今内蒙古和山西北部一带的"沙漠遗民"三万二千余户往北平屯种,洪武十五年(1382年),徙广东增城等地降民二万四千余人往泗州屯种①。此外,还经常徙山东登、莱农民于东昌,徙山西泽、潞人民于北平,徙江西农民于云南和湖广。民屯与一般的垦荒不同,屯民所种的是官田,他们是官家的佃户,"官给牛种者十税五,自备牛种者十税三"②。军屯由卫所军户耕种,规定每户给田18亩至50亩,边地驻军三分戍守,七分屯种,内地驻军二分戍守,八分屯种,交纳的谷物供作军粮。商屯又称"开中法",是由盐商在边地募人屯垦,就地交粮,向政府换"盐引"领盐贩卖。

为了使屯田制度顺利推行,明朝政府还发给屯种的军士和农民大量的耕牛。洪武二十五年(1392年),在江西湖广等地共买牛二万二千余头分给山东的屯种农民。永乐二年(1404年),又在朝鲜买牛万头分给辽东屯田的军士。三年(1405年),陕西诸卫军缺耕牛,明朝政府又把大批的耕牛运往该地,规定每百名军士给牛40只,使其及时耕作③。此外,明朝政府又命宝源局制造农具分配给屯田之家。有了耕牛和农具,屯田的生产就有了保证,军粮的供应可由屯田户负担,朱元璋曾夸张地说:"养兵百万,不费百姓一粒米。"到了宣德时,史载沿边军士的用度,也多倚仗屯田的谷粟,很少用民力运输。明初大规模的移民屯田,具有很大的强制性,但客观上调整了全国不同地区劳动力与土地配置疏密的状况,使更多荒芜的土地得到开发。

明朝对农业经济作物的种植也大力提倡。洪武初年,朱元璋下令,农民有田五亩至十亩,俱令种桑、麻、棉各半亩,地方官不督促的要处罚,不种桑的便出绢一匹,不种麻和棉的出麻布或棉布一匹。洪武二十七年(1394年)

---

① 分见《明太祖实录》卷五三,洪武三年六月;卷六六,洪武四年六月;卷一四八,洪武十五年九月。
② 《明史》卷七七《食货志·土田》。
③ 分见《明太祖实录》卷二二三,洪武二十五年闰十二月。《明太宗实录》卷二九,永乐二年六月;卷三四,永乐三年三月。

下令各地的农民,若有余力开地植棉,"率蠲其税"①,同年又下令山东、河南地区的农民,凡洪武二十六年(1393年)以后栽种桑枣果树的土地,不论多寡,俱不起科②。为了使鼓励栽种桑棉的政令能够更好地执行,明朝政府还把淮北的桑种20石,分发给湖广各州郡种植③。这些措施,不仅使荒废的土地尽量被利用,扩充了农业经济作物的种植面积,优化了农产品结构,并且也为纺织手工业提供了更多的原料,促进了明清时期丝织业和棉织业的发展。

明朝初年,政府还组织各地农民及时兴修水利,许多大小的水利工程都修复了。朱元璋下令各州县的官吏,凡有关修水利的事都要立时呈告,并由中央政府派人监修。据洪武二十八年(1395年)统计,前后不到两年,在全国范围内共开塘堰40987处,浚河4162处,修建陂、堤、岸共5048处④。洪武间,陕西的洪渠堰、四川的都江堰和广西的灵渠都先后被修复。宁夏卫所修渠道"灌田数万余顷"⑤,浙江定海所浚东钱湖亦"灌田数万顷"⑥。这些工程的兴建改变了元末水利失修、河溢成灾的情况,对农业生产起了推动的作用。永乐元年(1403年),有大批军民在户部尚书夏原吉的指挥下开始了对吴淞江的疏导工程。夏原吉随处建置水闸,按时蓄泄,"苏松农田大利"⑦。永乐九年(1411年),又有30万人在工部尚书宋礼的指挥下,开始了修浚会通河的工程⑧。南北大运河的重新沟通加强了南北经济的联系,同时也为许多农田提供了灌溉之利。

洪武时,明政府在南京和全国各州县设立了"预备仓",规定府州县各置东西南北四仓,储粮备荒,"多者万余石,少者五千石"⑨,遇有水旱,即用以贷给贫民。永乐、宣德间又下令各州县的官吏随时注意修补。宣德七年(1432年),巡抚周忱和苏州府知府况锺在苏州各县设济农仓,以官钞籴米储存,共积粮29万石,修建水利和赈贷农民之费都由此出⑩。周忱还对江南田赋制度进行了改革,创立了"平米法",将重赋官田与民田的加耗(指抵

---

① 《明太祖实录》卷二三二,洪武二十七年三月。
② 《明太祖实录》卷二四三,洪武二十八年十二月。
③ 《明太祖实录》卷二四六,洪武二十九年五月。
④ 《明太祖实录》卷二三四,洪武二十七年八月;卷二四三,洪武二十八年十二月。
⑤ 《明太祖实录》卷二四五,洪武二十九年四月。
⑥ 《明史》卷八八《河渠志》。
⑦ 《明史》卷一四九《夏原吉传》。
⑧ 《明史》卷一五三《宋礼陈瑄传》。
⑨ 《明宣宗实录》卷九一,宣德七年六月。
⑩ 《明宣宗实录》卷九四,宣德七年八月。

补损耗的附加税粮)摊平征收,在一定程度上缓和了田赋不均和逃赋现象,使济农仓得以长期维持,终周忱在任的二十余年,"江南数大郡,小民不知凶荒,两税未尝逋负"①。

明朝也推行了一些有利于工商业的措施。明初,手工业工人分为轮班匠和住坐匠两种。他们除去规定时间内为官府服役外,其余时间可以"自由趁作",与元代一部分工匠终年拘留在官营手工作坊中劳作的情况有了很大改善。当时政府商税征收也有严格限制。洪武、永乐时,一般的商税是三十税一,农具以及军民嫁娶丧葬之物,舟车丝布之类全都免税②。洪武十三年(1380年),朱元璋下令裁撤了全国的税课司局354所,改由各府州县直接征税③。这些措施不同程度地起到了保护工商业发展的作用。明朝政府又限制官营的矿业,许可民间开采,矿税一般是三十税二。这些都有利于农业、手工业和商业的发展。

明初还整顿了元末以来币制混乱的状况,钱钞兼行,既铸造"洪武通宝"的铜钱,又统一发行"大明宝钞"。不过后来宝钞印发失控,逐渐贬值,民间流通日少,白银日渐成为与铜钱并行的主要货币。

明初社会生产力的提高 明初,农民的垦荒有很大的成就。耕地的数量显著增加。洪武时,各州县每年垦田,少者亩以千计,多者至20万。据不完全统计,从洪武元年至十六年(1368—1383年),各地新垦田土共达1805216顷,约合当时全国土地数额的一半④。根据明朝政府的普遍丈量和农民的继续开垦,到了洪武二十六年(1393年),全国的田土包括官田、民田、旧额、新垦已达8507623顷,比元末增长了4倍有余。永乐、宣德时,屯田面积更加扩大。于是"东自辽左,北抵宣大,西至甘肃,南尽滇蜀,中原则大河南北,在在兴屯矣"⑤。

粮食的总产量也在逐步提高,这从明朝政府税粮的增长也可以看出。洪武十八年(1385年),全国收入麦、米、豆、谷20889617石,到二十六年增加为32789800石,比元代差不多增长了两倍。洪武末年军屯的上缴粮不过500余万石,永乐时已达2300余万石⑥。全国各地的仓储都极为充裕。史

---

① 《明史》卷一五三《周忱传》。
② 《明太祖实录》卷一三二,洪武十三年六月。
③ 《明太祖实录》卷一二九,洪武十三年正月。
④ 据《明太祖实录》所载垦田数统计。
⑤ 《明史》卷七七《食货志·屯田》。
⑥ 参考吴晗《明初社会生产力的发展》一文。

载永乐时,福建、陕西某些地区的仓储可支当地的俸饷 10 年、20 年、30 年或 40 年,四川长寿县的仓储足支当地俸饷百年①。《明史·食货志》也说:"是时宇内富庶,赋入盈羡,米粟自输京师数百万石外,府县仓廪蓄积甚丰,至红腐不可食。"这显然有夸张,但也反映了在某些地区有足够的粮食储备。

宋、元以来,棉花的种植多在湖广、江南一带,到了明初,山东、河南、河北等地也开始大量植棉了。洪武二十五年(1392 年),开封、大名等地的棉花得到了丰收,产量高达 1180 万斤②。桑枣果木的种植也很普遍,其中果木一项已超过了 10 亿株。永乐时,布帛、丝绢、棉花绒和果(课)钞已成为明朝赋税的重要部分,据永乐十七年(1419 年)统计,该年共征收布帛 1206887 匹、丝绵 246507 斤、棉花绒 583324 斤、果钞 15945601 锭③。除布帛外,其他都是当时收入的最高额。这表明了农村家庭的副业已日益恢复,经济作物的种植比以前增多了。

明初的官营手工业如采铁、铸铜、造船、制瓷、织染、军器、制盐等,生产规模庞大,分工细密,工匠对国家的人身依附关系比元朝有所松动,手工业产品在质量上已超过了前代的水平。南京的龙江造船厂,北京的军器局、宝源局、遵化铁厂,苏州的织染局,饶州的御窑厂所设的工场都有细致的分工。洪武时,官办铁冶的定额每年已达一千八百四十七万余斤④,钱币年铸最高量已达一亿九千九百八十四万余文⑤。宣德时,饶州传造的瓷器一次达 443500 件⑥,其他绫罗纱绸、彩缎、雕漆等消费品的制造更是不可胜数。郑和下西洋时所乘宝船皆为官营船厂所造,其规模不仅超过前代,在当时的世界上也是首屈一指。现存北京大钟寺永乐年间所造的大钟,高 5.8 米,重 8.4 万多斤,上铸《金刚经》《华严经》等经文 20 余万字,充分展示了明朝前期官营手工业的技术水平。

由于农业和手工业生产的发展,商业活动也更加频繁。明初整顿驿站,设立递运所、急递铺等官方交通设施,永乐时疏通运河,都为商业发展创立

---

① 《明太宗实录》卷八三,永乐十年五月。
② 《明太祖实录》卷二二三,洪武二十五年十二月。"至是还报南德、卫辉、广平、大名、东昌、开封、怀庆七府……计今年所收谷粟麦三百余万石,棉花千一百八十万三千余斤,见种麦苗万三千一百八十余顷。上甚喜曰:'如此十年,吾民之贫者少矣。'"
③ 《明太宗实录》卷一一五,永乐十七年十二月。
④ 《明会典》卷一九四《工部》十四《各处铁课》。
⑤ 《明太祖实录》卷九五,洪武七年十二月。
⑥ 《明会典》卷一九四《工部》十四《陶器》。

了便利条件。南、北两京,江南苏州、杭州,以及运河沿岸的淮安、济宁、临清、德州等地,"四方百货,倍于往时"①。北京不仅成为全国的都城,还是一个最大的商业城市。宣德时,明朝政府在全国33个城市增收商税,这些城市的工商业也日趋繁荣②。

明初社会生产力比以前发展了,社会矛盾也有一定的缓和。但是,农民和手工业工人仍然没有、也不可能摆脱地主阶级的压迫和剥削。

皇帝、勋戚和一般地主继续占有广大的土地。据洪武三十年(1397年)统计,全国占地7顷以上的地主共有14241户之多③。明朝的新贵6国公、28侯,早在洪武四年(1371年)就已拥有佃户38194家了④。永乐时,勋臣李增枝"于各处多立庄田,每庄蓄佃仆无虑千百户"⑤。永乐时,在北京的黄垡,已出现了第一个"皇庄"⑥。明初功臣之家的佃农由皇家随田赐给,这一类佃农的身份还是很不自由的。

明朝政府把赋税额规定得较低,一般是官田五升三合,民田三升三合。但各地的征收实额并不一致,如苏州、浙西等地每亩要征至二三石⑦。其中部分地主"大户",例不纳粮,粮无增耗(即附加税),又都有免役的特权,于是官府便把赋役转嫁到贫苦农民的头上。有些农民仍过着贫困的生活,一般的年景尚且不能自给,遇到灾荒就不免于流亡。永乐年间,山东邹县、滕县地区的农民吃的是稗子、草根和树皮。宣德时,苏州一带的农民在重租重税的剥削下逃亡的愈来愈多,积欠的税粮达790万石。社会不安定的因素依然存在。永乐十八年(1420年)二月,山东地区爆发了以唐赛儿为首的农民起义,农民军据益都卸石棚寨,攻下了即墨城。这一切都说明了在明初70年中,社会矛盾虽比元代有所缓和,但有时依然很激烈。

二　开国制度与明初政治

开国制度　明太祖即位后,一方面加快统一战争的步伐,另一方面创制

---

① 《明太宗实录》卷一二五,永乐二十一年正月。
② 《明宣宗实录》卷五〇,宣德四年正月。
③ 《明太祖实录》卷二五二,洪武三十年四月。
④ 《明太祖实录》卷六八,洪武四年十月。
⑤ 《明太宗实录》卷三〇,永乐二年八月。
⑥ 沈榜《宛署杂记·月》。
⑦ 《明史》卷七八《食货志·赋役》。

立法,建立新王朝的各项制度。

首先是完善中央和地方的官制。中央官制最大的变化是废除中书省和丞相。明太祖认为皇帝怠政、中书省丞相专权是元朝衰亡的重要原因,建国后虽沿元制设中书省,但丞相多不满员,僚属也不全设。洪武十三年(1380年)以谋反罪杀中书省左丞相胡惟庸,并宣布废除中书省,从此不设宰相,由皇帝直接统领吏、户、礼、兵、刑、工六部。六部分割了原宰相事权,地位上升,并与中央其他权力机构分理庶务,形成牵制之局。军政由兵部和五军都督府分掌,五军都督府负责军队的日常管理,兵部负责武官选授和军队的调发;刑政由刑部、都察院和大理寺分典,刑部受理天下刑名,都察院纠察,大理寺驳正、平反案件,使其互相牵制,一切兵刑大权都总揽于皇帝。在地方官制中,洪武九年(1376年)废除了沿元制设立的行中书省,在全国设十三布政使司(俗称省)①。各省的兵、民、钱、谷分别由布政使、按察使、都指挥使管理,布政使掌民政,按察使掌刑,都指挥使掌兵,叫做"三司"。元朝行中书省的丞相无所不统,明初则分权于三司。明太祖为了加强监察机构的职能,在都察院下设监察御史。监察御史出为巡按御史,代皇帝巡视地方,弹劾官吏,监察民情。此外,还设立通政司处理臣民的章奏,规定除田土、诉讼之争,一般民户皆可上书言事。上述对官制的调整和改革,表明了专制皇权在明初有了进一步的发展。

明代又施行了比唐、宋更为完备的学校制度和科举制度。官办学校分为国子学和府州县学两种。国子学在洪武十五年(1382年)改名国子监,学生通称监生,其中品官勋贵子弟、土司子弟及外国生为官生,地方保举的民间俊秀和府州县学生员为民生。洪武初年,官生人数较多,以后民生占有压倒多数。监生在学校结业后可直接做官或通过科举做官。洪武时,很多监生经过短期的学习,即调往各地"历事"(历事是结业后在各衙门见习的意思),有的被超擢为布政使、按察使等官吏。府州县学的学生叫生员。明初规定府学生员40名,州学30名,县学20名,皆给廪膳。他们不能直接做官,必须参加科举考试,或是经由"岁贡"入国子监,才可能有做官的机会。此外,民间乡村则有民办社学和私塾,几乎做到"无地而不设之学",故史称"明代学校之盛,唐、宋以来所不及也"②。

---

① 洪武时以北平、山东、山西、河南、陕西、四川、湖广、江西、浙江、福建、广东、广西、云南为十三布政使司,并在辽东置都指挥使司。成祖时撤销北平布政使司,增贵州布政使司。
② 《明史》卷六九《选举志》。

明朝科举制度始于洪武三年(1370年),因效果不尽理想,一度停罢。洪武十五年重开科举,十七年颁布科举程式。科举考试每三年一行,分乡试、会试、殿试三级。乡试每逢子、卯、午、酉年在各省举行,中试者为举人。会试于乡试第二年在京师举行,中试者可参加由皇帝主持的殿试,分三甲发榜,统称进士。一甲三人,称进士及第,依次为状元、榜眼、探花。二甲若干人,称进士出身。三甲若干人称同进士出身。进士即可以直接做官。科举考试的内容有四书义、经义、论、判、诏(或诰、表)、经史时务策等。其中最重要的是四书义和经义,即从四书五经命题,四书要以朱熹的注为依据。这样就把知识分子的思想限制在程朱理学之内。明朝政府还不断扩充科举的名额,洪武十八年(1385年)一次会试录取至472人①,从此有更多的庶民子弟通过考试参加到政府的机构中来。

为了加强国家的武装力量,明太祖创设了卫所制度。明朝的军队约有180万,都编制在卫所之中,卫所遍布全国各地,大抵5600人为1卫。1120人为1千户所,112人为1百户所,卫所设有卫指挥、千户、百户等官。军士皆别立户籍,叫做军户,军户是世袭的,一经签派为兵,就不能随意脱籍②。明朝规定,军户皆由国家分给土地,令其屯田自养,平时军士由卫所军官负责操练、屯田,一遇国家有事,则拨归兵部派遣的总兵官统领,这样,兵部、都督府、总兵官都不能独专军权。明代卫所有实土、非实土之分,上面提到的卫所为非实土卫所,设于府州县境内,其屯田与民田相杂,不完全自成区域。实土卫所设在尚未设立府州县的边区,拥有固定辖区,如辽东都司下的卫所,全是实土卫所。边疆少数民族地区的卫所,与实土卫所、非实土卫所均不相同,长官由当地民族首领担任,称羁縻卫所。

洪武时期也是明朝法制建设的开创阶段。明太祖制定了多种法典、法规,包括律、令、诰、榜文、条例等,其中最主要的是《大明律》和《大诰》。《大明律》是一部综合性刑法典,以《唐律》为蓝本,但又"因时以定制,缘情以制刑",具有自己的特点。全书分30卷,律文460条,按六部分类编排相关律条,较之《唐律》简核,是对传统法典结构的一次改革。《大明律》的特点是"重其重罪,轻其轻罪"③。重罪是指危害国家的谋反及重大经济犯罪,量刑比《唐律》要重,连坐范围也广。轻罪指一般犯罪行为,惩处要比《唐律》为

---

① 《明史》卷七〇《选举志二》。
② 《明史》卷九〇《兵志二》。
③ 薛允升《唐明律合编》卷九。

轻。《大明律》还加大了对官吏和勋贵违法的打击力度,较《唐律》新增死罪27条,大部分是针对这些人的。至于官员贪污受贿律文中条目最多,仅受赃一项《刑律》中就单列一卷。《大诰》是洪武中后期朱元璋亲自撰写、刊发的刑事法规,分大诰、大诰续编、大诰三编、大诰武臣4个部分,共236条。诰文包括"官民过犯"判例,法令法规,以及朱元璋对臣民的训诫之辞。朱元璋颁布《大诰》是想通过"不循朕教"、"自取灭亡"的判例,张扬刑威,向臣民灌输"趋吉避凶"之道。由于相当多的判例采用了律外刑罚,几成重刑恫吓。朱元璋死后《大诰》基本不再行用。

明初经战乱之后,户籍散佚,赋役征调也面临着重重困难。为此朱元璋非常重视户籍的重建工作。最初是根据元朝册籍来抄报户籍。洪武三年(1370年),在人口登记的基础上创设户帖。洪武十四年(1381年),明朝政府在社会日趋稳定的形势下,开始编制黄册,详细登记了各地居民的丁口与产业情况。平时人口的增减、产业的变迁都要呈报政府登入黄册备案,每年由政府审定一次①。洪武二十年(1387年),明朝政府又经过普遍丈量土地,编制了鱼鳞册,详细记载每乡每户土地的亩数和方圆四至,并绘制成图②。鱼鳞册与黄册相互配合,"鱼鳞册为经,土田之讼质焉,黄册为纬,赋役之法定焉"③。明朝政府正是通过这两种册籍建立起一套比前代更加详备的户籍和赋役管理制度,在巩固明朝专制国家经济基础方面发挥了重要作用。此外,明政府还在全国推行了里甲制和关津制。里甲是以110户为1里,1里又分为10甲,里设里长,甲设甲长。里甲内的人民都要互相知保,不得隐藏户口,亦不得任意流徙。关津制是在全国"冲要去处"分设巡检司盘查行人,没有政府颁行的路引不能放行,越渡者以逃民律论。里甲制和关津制把人民牢固束缚在土地上,强制他们屈从于专制国家的统治,不能离开乡土一步。

明太祖在创制立法的过程中,对某些地区的豪强地主进行了打击,他曾经籍没苏州、嘉兴、松江、湖州等地的豪族富民的土地④,并把他们中的几万户强行迁徙到南京、临濠地方。又在南京抄杀了豪民一百七十余家,这些人在京城与官府勾结,私设公堂,隐匿逃犯,这当然不为专制政权所容⑤。为

---

① 《明太祖实录》卷一三五,洪武十四年正月。
② 《明太祖实录》卷一八〇,洪武二十年二月。
③ 《明史》卷七七《食货志》。
④ 《明史》卷一五三《周忱传》。
⑤ 《大诰三编·递送潘富第十八》。

了扫除君主集权的障碍,明太祖对功臣曾两次大肆杀戮。洪武十三年(1380年)丞相胡惟庸一案,牵连被杀的功臣达三万余人。洪武二十六年(1393年)蓝玉一案,牵连被杀的也有一万五千余人。明太祖对贪官污吏也进行了严厉的惩罚。洪武十八年(1385年),户部侍郎郭桓等吞没浙西秋粮事发,官吏数百人被处死刑,下狱的达数万人,追赃达数百万石[①]。这一系列的措施,大大加强了中央政府和皇帝的权力,打击了豪强势力,整肃了吏治,也起了抑制兼并、缓和社会矛盾的作用。

靖难之役与永乐政局 明太祖在加强专制皇权的同时,还把他的24个儿子和1个从孙分封在全国各地。一部分授以兵权,如燕王棣、晋王㭎、宁王权等,命他们驻守北方,抵御蒙古;另一部分则驻于内地各省,如周王橚、齐王榑等,使他们监督地方的官吏。在诸王中,以北方诸王的势力最大。宁王"带甲八万,革车六千,所属朵颜三卫骑兵皆骁勇善战"[②]。燕、晋二王更是长期在北方筑城兴屯,训练兵丁,中央派来的将领如宋国公冯胜、颍国公傅友德等皆听其节制[③],甚至"诏二王军务大者始以闻"[④]。为了避免权臣擅政,明太祖又规定诸王有移文中央索取奸臣和举兵清君侧的权力[⑤]。但是他又怕诸王权势日大,威胁了中央集权的统治,申明诸王"惟列爵而不临民,分藩而不锡土"[⑥]。这种分封制度虽与西汉初年的分封王国不同,但仍然会造成割据的局面,与强化专制皇权的目的背道而驰。

洪武三十一年(1398年),明太祖死,太孙朱允炆(即建文帝)继位,朱允炆及其大臣齐泰、黄子澄等人,鉴于北方诸王势力太大,决定采取削藩的办法。当时晋王已死,他们打算先废去一些力量较小的藩王,然后再及于拥重兵的燕王朱棣。朱棣是朱元璋第四子,《明史》说他"智勇有大略"[⑦],他曾节制沿边兵马,并多次战败蒙古统治者,在边为"屡建奇功"。建文元年(1399年),朱棣以入京诛奸臣为名,向南京进兵,于是明朝统治集团内部的斗争演变为武装的冲突,这就是"靖难之役"。

经过三年的战争,燕王棣打败了建文帝,夺取了明朝政权,建元永乐,是

---

① 参见《大诰·陕西科敛第九》《朝廷优劣第二十六》各条。
② 《明史》卷一一七《宁王传》。
③ 《明史》卷一一六《晋王传》。
④ 《明史》卷三,《太祖本纪》三。
⑤ 《皇明祖训·法律》。
⑥ 《明史稿·列传》三《诸王》。
⑦ 同上。

为明成祖。

明成祖朱棣在巩固专制皇权方面进行了一些重大的改革:

第一,继续执行了削藩的政策,先后把被封在北方的诸王迁徙至南方,有的被废为庶人。如徙谷王于长沙,徙宁王于南昌,削去代王、辽王的护卫等等。从此分裂割据的势力更加削弱,军政大权再度集中于皇帝。

第二,对中央行政机构作了进一步的调整,正式设立秘书咨询机构内阁。内阁的成员由皇帝亲自从翰林院官僚中选拔,入直文渊阁,参预机密,协助皇帝办理政事。内阁臣僚一般在五至七人,这是在废除丞相后为了加强皇权的又一次改革①。明成祖又重用司礼监宦官,并给予宦官"出使、专征、监军、分镇、刺官民隐事"等大权②。在当时,宦官与内阁的权势相抗衡,重大政务最后取决于皇帝,皇权进一步巩固了。

洪武十五年(1382年),明朝政府在南京设立了一个保卫皇帝、并从事侦缉活动的军事机构,叫做锦衣卫。到了永乐十八年(1420年),又设立了"东厂",由皇帝信任的宦官统领。锦衣卫和东厂合称为"厂、卫"。厂、卫专门在南北两京搜捕所谓"妖人""叛逆"和"大奸恶"③,在厂、卫中有特设的监狱和法庭。厂、卫的出现,标志着君主专制统治的加强。

第三,永乐十九年(1421年),明成祖把都城从南京迁到北京。在当时的形势下,迁都北京有利于抗击从北边袭来的蒙古骑兵的威胁,又能进一步控制东北地区,这对于巩固边防以及维护全国的统一都是有积极意义的。永乐迁都北京后有反复,直到正统初年明朝才正式定都北京。南京作为留都,依然保持一套中央机构,明朝实行的是两京制。

明初,蒙古地区分为鞑靼、瓦剌和兀良哈三大部,其中以鞑靼的势力最为强大。永乐元年(1403年),元顺帝后裔坤帖木儿为鞑靼别部首领鬼力赤所杀,鬼力赤称可汗。不久,阿鲁台又杀鬼力赤,立本雅失里为可汗。他们"与瓦剌相仇杀,数往来塞下"④。明朝政府对各部采取了羁縻和防御并用的政策,在兀良哈地区设置了兀良哈三卫,封其首领为都督、指挥、千户、百户等官。又先后封瓦剌部马哈木为顺宁王、太平为贤义王,把秃孛罗为安乐王,封鞑靼部阿鲁台为和宁王,许各部与明朝贸易或迁来内地居住⑤。同时

---

① 孙承泽《春明梦余录》卷二三《内阁》条。
② 《明史》卷三〇四《宦官传序》。
③ 《明史》卷九五《刑法志》。
④ 《明史》卷三二七《鞑靼传》。
⑤ 同上。

明朝又积极加强北方的兵备,屯田练兵,防止他们南侵。

明成祖在位时期,兀良哈部的首领与明朝的关系极为密切,贸易也十分频繁,彼此没有发生过战争,但鞑靼和瓦剌部却经常在北边纵兵骚扰。从永乐八年(1410年)到永乐二十二年(1424年)之间,明成祖曾亲自率兵五次出塞,先后打败了本雅失里、阿鲁台和马哈木的蒙古骑兵,使鞑靼、瓦剌两部统治者都遭受很大的挫折。

永乐元年(1403年),明朝政府在今东北地区设置了建州卫和兀者卫,二年(1404年)设置奴儿干卫,七年(1409年)又设置奴儿干都司①。建州等卫和奴儿干都司的设立,对东北地区的开发起了很大的作用。

仁宣致治 永乐二十二年(1424年)七月,明成祖病死,明仁宗朱高炽即位。第二年五月,仁宗也病卒,明宣宗即位。仁宣两帝一共在位11年,其间明朝统治走上了正常轨道。

宣德初,汉王朱高煦在乐安(今山东广饶)举兵反叛,宣宗亲率大军平叛。平叛后各地藩王护卫相继裁减,势力削弱,再也不能构成对中央的威胁,皇权进一步加强。

仁宣时期文武官员的地位也有所变化,洪、永时期用人文武并进,武将在国家政治生活中有较大的发言权,仁宣时期文臣独重,文官政治的格局完全形成,特别是内阁地位明显上升,他们通过票拟参与议政,影响皇帝批红。(票拟,亦称拟票、调贴、条旨,即代皇帝草拟对臣下章奏的处理意见,用小票墨书,贴各疏面上进。批红是指皇帝根据阁票用朱笔批示最终决定。)在地方管理上,针对三司分权,互不统属,遇重大问题造成事权不一的现象,采取中央派"巡抚"管理地方的制度。巡抚是中央官,也是文官,他们在地方长驻久任,或督理税粮,或总制河道,或协调地方三司,又都有监察官吏、安抚百姓的职责。以后巡抚逐渐固定挂都察院官衔,与正统初年出现的总督共同成为位居三司之上的方面大员,进一步加强了中央对地方的控制。

仁、宣两帝与大臣之间的关系极为融洽,君主不专断,内阁与六部同心辅政,改变了洪、永时期大臣动辄得咎的现象。当时明政府提倡节俭,专心内治,与民休息,使社会经济持续繁荣。史称"仁宣致治"。

---

① 分见《明成祖实录》卷二四,永乐元年十一月;卷二五,永乐元年十二月;卷二六,永乐二年二月;卷六二,永乐七年闰四月。

第二节　明中期政治、经济与社会变化

一　明中期的社会矛盾

宦官专政　从明英宗到武宗时期,明朝的统治已开始走向腐败的道路,出现了宦官专政的局面。

一部分得到皇帝宠信的宦官拥有了强大的经济势力,他们是皇帝私产的管理人。自己又占有大量的土地。他们在京城内外广置田园、庄所、马坊、塌坊,奴役着大批佃户、家丁、军余和义男,常常假借各种名义如修建寺院等,侵夺人民的田产①。宪宗成化时,宦官汪直占田达二万余顷,武宗正德时,宦官谷大用占田亦达万顷。这些宦官依靠皇权恣意妄为,实际上成为皇族占田的一种形式。

明成祖为了强化君主专制政治,曾给予宦官一定的权柄,使他们成为皇帝得力的助手。明朝又在宫内设置了宦官二十四衙门,其中以司礼监的职权为最大②。司礼监代皇帝审阅奏章,传布政令。英宗正统以前,皇帝多上朝听政,一遇大事,还要亲临内阁会议,对宦官的管束也很严,一般不能横暴生事。到了明朝中叶,英宗、景帝、宪宗、孝宗、武宗等人都长期不问政事,于是宦官乘机窃夺权势,挟制内阁,从此宦官在国家权力运作中地位凸显。

英宗正统初年,内阁大学士杨荣、杨溥和杨士奇执政,号称"三杨"。在"三杨"执政的时期,内阁还没有完全为宦官控制。不久,三杨或死或退,司礼监太监王振权势膨胀,从此宦官随时都有颠覆内阁、左右政局的可能。宪宗成化时,宦官汪直气焰嚣张,以至当时的人"只知有汪太监,不知有天子"。武宗正德时,宦官刘瑾的气焰更大。北京城内外都说有两个皇帝,一个坐皇帝,一个立皇帝;一个朱皇帝,一个刘皇帝③。在刘瑾干政的时期,大臣的奏章要写双份,一份送到皇帝那里,另一份送到刘瑾的府内。内阁大学士焦芳、曹元都是刘瑾的党羽,焦芳甚至跑到刘瑾家内去办事。刘瑾更利用权势,变乱铨法,滥改刑律,随意增加科举的名额,命各地镇守太监"接受民

---

①　《明英宗实录》卷一八六,正统十四年十二月。阙名《燕京杂记》,载《北京历史风土丛书》。
②　《明史》卷七四《职官志》三《宦官》。
③　张萱《西园闻见录》卷一〇〇《内臣上》。

词",又"检核各边屯田,倍增其税"①,明中叶宦官权势之大已到了顶峰。

明代宦官大都用厂卫作工具来巩固他们的权位。厂卫的机构在明中叶也有很大的扩充和发展。成化时,宦官汪直在东厂之外又建立了西厂,西厂"所领缇骑倍东厂"②,专门在南北两京侦察异己,并对人民的秘密结社进行严厉的镇压。西厂从建立到废除,先后凡六年,冤死者相属。武宗正德时,刘瑾掌司礼监,命其党马永成掌东厂,谷大用掌西厂。当时除恢复西厂外,又设立内行厂,内行厂的权势更大,连东、西厂的人员也在其侦缉之列③。明朝中叶,锦衣卫也成为一个拥有几万人的庞大的机构,其中有指挥、将军、校尉、力士等职位。

宦官倚仗政治特权,贪污受贿,巧取豪夺。王振家产有金银60余库,刘瑾家产有黄金24万锭又57800两,银500万锭又1583600两,其中大都是文武官僚所敬奉④。很多勋戚拉拢宦官,内外各地的大官僚也纷纷投靠宦官,有的人甚至勾结宦官,排斥异己,争夺权位。官僚士大夫中也有人起来与宦官作斗争,有时效果明显,如西厂和内行厂设置时间不长,就被裁革,但在大多数情况下都没有结果或是反遭迫害。

土木之变　北京保卫战　英宗正统初年,蒙古瓦剌部强盛起来,其首领脱欢统一了蒙古诸部,拥立原元朝皇室后裔脱脱不花为汗,自称丞相。脱欢死后,其子也先西侵哈密,东破兀良哈三卫,并自称太师淮王,成为明朝北方严重的边患。

这时明朝政府的军政大权操纵在宦官王振之手,王振不但不布置边防,反而接受瓦剌的贿赂,私运兵器与瓦剌贸易。明朝的大臣如翰林院侍讲刘球、兵部侍郎于谦等人,已看出瓦剌强盛,北京有被侵袭的可能,主张整顿边防,加强军备。正统八年(1443年),刘球上疏指出瓦剌"包藏祸心",应派遣御史阅视京边,训练军卒,行召募屯田之法⑤。但刘球疏中触犯王振,结果下狱被杀。

正统十四年(1449年)七月,也先发动瓦剌军4路南犯,大同告警。面对瓦剌的军事威胁,王振调动三大营军士共50万人挟英宗亲征。八月初,大军抵达大同,王振得报前线明兵屡败,惧而未战就打算从蔚州撤退,中途

---

① 《明史》卷三〇四《刘瑾传》。
② 《明史》卷九五《刑法志》三。
③ 同上。
④ 田艺蘅《留青日札摘抄》卷四,《纪录汇编》本。
⑤ 《明史》卷一六二《刘球传》。

又折往宣化。行至土木堡（今怀来县西南），为瓦剌军所袭，英宗被俘，王振为乱军所杀，明军全军覆没。也先军在沿途劫掠杀戮农民男妇达数十万①，很快就兵临北京城下。这次事件，史称"土木之变"。

为了应付这一严重的事变，留守北京的明朝兵部侍郎于谦，果敢地采取了下列的紧急措施。第一，请英宗弟郕王监国，这即是后来的景泰帝。第二，宣布王振的罪状，诛其余党。第三，反对南迁，积极备战，坚决保卫北京。于谦的这些措施，得到了北京军民一致的支持和拥护。当王振党羽马顺的尸首被拖到街头示众时，"军民犹争击不已"②。

在北京，手工工匠在几天之内赶制出几万副盔甲，并投入军器、火炮和战车的生产③。很多居民也纷纷拿起枪刀，"赴官投报杀敌"，守城的军士很快就增加到22万人。

同年十月，也先驱兵直趋北京城下，于谦率兵出城迎敌，北京西郊的居民多登屋掷砖瓦助战，喊声动地④。战斗延续了五日，也先被迫退兵。在退却途中，良乡、清风店等地的军民都纷纷起来邀击瓦剌的军队，瓦剌军终于被打退。

北京保卫战的胜利，使也先不得不放弃夺取北京的计划，不久便把英宗送回北京，与明朝议和。明朝政府在于谦等人的策划下，仍然积极布置边防，又把北京的三大营改为"团营"，以便集中操练，提高军士的战斗力。此时，北方的形势才暂时稳定下来。

英宗回北京后不久，又勾结宦官曹吉祥和宦官党羽徐有贞、石亨等人，阴谋复辟。景泰八年（1457年）正月，景泰帝病危，英宗和他的支持者夺取了东华门，重新登上皇帝的宝座。英宗复辟以后，立即派人逮捕于谦，于谦遇害。夺门有功的人俱授封赏。不久，徐有贞与曹石集团发生矛盾被贬。曹石权倾天下，朝野侧目。天顺四年（1460年）英宗在内阁大学士李贤的帮助下，依靠锦衣卫，果断地处置了石亨。次年七月二日，曹吉祥在北京发动政变，当天即被平定。此事史称"曹石之变"。曹石之变后，人们开始议论于谦的功绩，宪宗即位后正式为于谦平反。从此政局趋向稳定，但在这一系列的动荡后，明朝元气大伤。

---

① 《明英宗实录》卷一八二，正统十四年九月。
② 《明英宗实录》卷一八一，正统十四年八月。
③ 《明史》卷一五三《周忱传》。
④ 《明英宗实录》卷一八一，正统十四年十月。

土地兼并和农民流亡 明朝中叶,土地兼并日趋激烈,皇帝、王公、勋戚、宦官所设置的庄田数量之多,超过了以前任何时代。弘治时,京畿的皇庄才有 5 座,占地 1.28 万余顷,到了正德即位,1 月之间增添了 7 座,以后增至 36 座,占地共 3.75 万余顷①。管理皇庄的宦官军校每处多至三四十人,他们一到庄地,"凡民间撑驾舟车、牧放牛马、采捕鱼虾之利,靡不刮取。而邻近地土则辗转移筑封堆,包打界至,见亩征银",不仅庄内的佃户受到沉重的剥削,连皇庄周围的农民也一同受害②。王公、勋戚、宦官掠夺土地更是普遍成风。弘治二年(1489 年)统计,顺天府的各项庄田共计 332 座,占地 3.3 万余顷,到了正德十六年(1521 年),蔓延至北直隶的庄田已达 20.09 万余顷③。王公勋戚占田采取"请乞"的方式,"名曰请乞,实则强占"④。更严重的是在请得土地之后,又把庄田外围的沃土也一概吞没。如吉王请田 3800 顷,其侵占"比之原额,已过数倍"。勋戚王源乞地 27 顷,但吞没民产达 1220 顷⑤。在占田的过程中,他们强夺农民的产业,烧毁房屋,铲平坟墓,砍伐树木,逼得很多人逃离家乡⑥。对于所属的佃户,向其征收每亩五分、七分至二钱的银租,甚至任意进行人身迫害。有的地主乡绅,又把一部分土地投献给勋戚王公,做他们的亲随和庄头,助纣为虐,倚势欺压乡民。皇帝大量设置庄田和王公、勋戚与地主豪绅勾结侵夺民产,已成为明朝中叶北方地区土地兼并的显著特点。

一般官僚地主豪绅占地的情况也很严重,其中南方的江浙、福建、江西等地最为突出。在江浙,地主豪绅的土地"阡陌连亘",或"一家而兼十家之产",农民"佃富人田,岁输其租"⑦,每亩所得不过数斗,而地租却至一石二三斗,"至有今日完租而明日乞贷者"。所借贷的利息又有"一倍至五倍者"⑧。在福建,官绅和住在城市的大地主多占有大量的土地⑨,他们与官府狼狈为奸,向农民"多取田租,倍增债息"⑩。一般农民则有田无几,大部分

---

① 《皇明经世文编》卷二〇二,夏言《查勘报皇庄疏》。
② 同上。
③ 分见《明孝宗实录》卷二八,弘治二年七月李敏疏;《皇明经世文编》卷八八《林俊疏》。
④ 《明史》卷一八〇《李森传》。
⑤ 《明宪宗实录》卷二〇四,成化十六年六月。
⑥ 《皇明经世文编》卷一三八李梦阳《论三害》。
⑦ 《明英宗实录》卷五,宣德十年五月。
⑧ 《日知录集释》卷一〇《苏松二府田赋之重》。
⑨ 《明史》卷二〇三《欧阳铎传》;《明英宗实录》卷一七八,正统十四年五月。
⑩ 《明英宗实录》卷一七五,正统十四年二月。

沦为佃户。在江西,土地的兼并尤为激烈,"豪右"之家多招募流民为雇工和佃户,任意拷打吊杀。小说《醉醒石》说明朝各地的富民,以笔杆功名出身的占十之七,以锄头柄起家的不过十之三。这些以笔杆出身的官绅,居乡横暴、霸占田产及鱼肉人民的事件,史不绝书①。杨士奇的儿子杨稷在乡贪暴生事至数十起,大学士焦芳在乡修建住宅,役使数郡的农民。

官僚地主们不仅抢掠农民的土地,连军卫屯田也成为他们侵占的对象。正统时,凤阳等处的军官占田有多至"千余亩者",陕西等处的军官占田有多至"三四十顷者"②。成化、弘治间,顺天、保定二府的屯田被侵占了"四万余顷"③,大同、宣化二府的屯田被侵占了"无虑数十万顷"④。军官在各地不仅"广置庄田""私役屯军",而且还"专擅水利""侵夺民利"⑤。在屯田大量被兼并的情况下,军屯制度破坏了,军户也大量逃亡,他们的命运与农民同样的悲惨。

赋税和徭役也加重了。原来北方"永不起科"的土地,景泰时已全部征收赋税。正统元年(1436年),明朝政府把江南诸省的田赋大部分折征银两,叫做"金花银",规定米麦每石折价二钱五分。成化时又增为一两,这就使农民的负担比以前增加了三倍。

政府的"官田"一向租给农民耕种,但是江南某些地区的官田赋税很重。一般也有三五斗,有时,农民打七斗粮,要向政府缴纳六斗赋税,打一石粮,要向政府缴纳八斗赋税,无法生活,只得把"官田民卖"。地主富豪乘机图利,于是又出现了"买产而不过割"和"产去税存"的现象⑥。明朝人有"一亩官田七斗收,先将六斗送皇州,止留一斗完婚嫁,愁得人来好白头"⑦的歌谣,深刻反映了当时农民的处境。此外,农民在徭役方面所受的剥削,也更加苦不堪言。里甲、均徭和各种杂泛差役,名目日益繁多。官吏任意加派,豪强势家贿赂官府营私舞弊,并以"诡寄""飞洒"种种手法隐瞒丁口,躲避赋税,一切役作皆放富差贫。成化时,给事中丘弘即指出徭役之害是:

---

① 参见赵翼《廿二史札记》卷三四《明乡官虐民之害》。
② 《明英宗实录》卷一〇六,正统八年七月;卷一〇八,正统八年九月。
③ 《皇明经世文编》卷六三《请屯田以复旧制疏》。
④ 《明宪宗实录》卷一五六,成化十二年八月。
⑤ 《明英宗实录》卷一〇三,正统八年四月;卷一〇六,正统八年七月。《明宪宗实录》卷一五,成化元年三月。
⑥ 参考《日知录集释》卷一〇《苏松二府田赋之重》。
⑦ 《广治平略》卷三《舆地篇》。

"孤寡老幼皆不免差,空闲人户亦令出银,故一里之中,甲无一户之闲,十年之内,人无一岁之息。甚至一家当三五役,一户遍三四处。"①正德以后,明朝政府又把各项力差,相继改为银差,银差之外,又征力差,千方百计加重农民的负担。

明朝初年,全国土地的数额有850万顷,到了天顺七年(1463年)就只剩下429万余顷,弘治十五年(1502年)实额才422万余顷,比明初已减少了一半。明朝初年,全国户口数额有1600万户,永乐间增至2000万户,到了弘治四年(1491年)只剩下900余万户,尚不足永乐时的半数。这说明地主隐瞒土地的数量日益加多,农民被迫离开土地、辗转流亡的数量已经十分惊人了。

在土地日益集中和赋税徭役日益加重的过程中,农民衣不蔽体,食不果腹,供税不足,则鬻男卖女。但更多的农民结队流亡,宣德时,许多地区已经出现了较多的流民,正统时,从山西流亡到南阳的人不下10余万户,天顺成化间,流民的数量几至100万、200万户。有的地区人口"逃亡过半",甚至"十者只存其一",所抛荒的土地"少者千百余亩,多者一二万顷"②。流亡的农民扶老携幼,露宿荒野,采野菜、吃树皮,妻啼子号,辗转千百里,历尽了千辛万苦。这些流民除去有极少一部分人进入城市或到海外谋生之外,大部分仍然沦为地主的雇工、佃户和奴婢。还有一些人,进入山区,从事垦佃或开矿,过着"食地利而不输租赋"的自耕自食的生活。

明朝政府通过里甲、关津、禁山等措施防止农民的流徙,有时甚至展开残酷的镇压。然而在流民的队伍里,藏有武器,有秘密结社的组织,也有自己的领导人,于是流亡的斗争形式便发展为武装的起义。

明中期的农民起义 明朝中叶,在全国各地先后爆发了多次的农民起义,其中规模较大的三次是正统时赣浙闽山区的农民起义,成化时郧阳山区的农民起义和正德时从河北平原发动的农民起义。

浙江、福建、江西等地一向是南方土地兼并最激烈的地方,许多农民流亡到山区耕种或采矿为生。正统时,福建布政使宋彰禁止流民入山私开银矿,并多次派巡卒入山镇压。正统十二年(1447年),闽浙山区的流民在叶宗留的领导下于浙江庆元、福建政和等地举行起义。这支农民军从江西、福建、浙江三省交界地区转战各地,声势日强。

---

① 《明宪宗实录》卷三三,成化二年八月。
② 《明英宗实录》卷五二,正统四年闰二月。

正统十三年(1448年),福建沙县佃农邓茂七,号召当地佃农不要向地主送租,而要地主亲自来佃农家取租;并不许地主再向佃农勒索"冬牲"等物。地主告知官府,官府派兵前来逮捕,茂七杀地主和官兵揭竿而起,称"铲平王"①。这支起义军不久就攻占了沙县、尤县,进攻延平,并提出了"进京诛王振"的口号。他们与叶宗留的军队彼此呼应,屡败明军。在叶宗留军的掩护下,邓茂七又连续攻下福建二十余州县,设官建政。

正统十四年(1449年),邓茂七、叶宗留两人都先后战死,他们的部众仍坚持顽抗,直到景泰二年(1451年),叶宗留的部下陶得二还继续在山区进行斗争②。

在福建、浙江等地的农民起义被镇压之后不到20年,郧阳地区又爆发了更大规模的起义。郧阳地处河南、陕西、四川、湖广4省交界之处,是一个未开垦的山区。长期以来,许多农民流亡在这里垦荒、采矿为生,聚集的流民达150万以上③。英宗天顺八年(1464年),刘通(刘千斤)、石龙(石和尚)等人,因为反对禁山,领导流民4万余人在房县海溪寺起义④。成化二年(1466年),农民军从房县转战四川大昌、巫山等地,受到明军的围攻而失败。成化六年(1470年),流民又在刘通部下李原的领导下,再度起来反抗。起义军迅速地控制了整个荆襄地区,起义群众达百余万人,许多人没有武器,只凭赤手空拳。明政府调动25万军队,并携有大量的攻山火炮,对起义军节节追逼。李原等终因山洪暴发兵败被俘,后送北京处死。在镇压郧阳起义的过程中,明朝政府采取了极端残酷的手段,大肆杀戮,还把一部分流民迁往贵州充军,但许多农民仍然不愿出山。最后明朝政府不得不开设郧阳府并竹溪等七县,允许农民附籍耕种。经过农民的开发,郧阳地区有无数的荒地变为良田沃土。据不完全统计,仅成化十三年(1477年)即垦田达一万四千三百余顷⑤。

郧阳农民起义以后,又爆发了福建佃农丘隆领导的起义和广西大藤峡瑶、壮的起义。到了正德时期,四川、湖广、江西、福建以至河北、山东等地,都出现了农民起义,其中较大的是刘六(宠)、刘七(宸)的起义。

刘六、刘七的起义爆发于北京附近的霸州。霸州庄田交错,军屯密布,

---

① 《明英宗实录》卷一七五,正统十四年二月;《明史》卷一六五《丁瑄传》。
② 同上。
③ 《罪惟录》传一一上《项忠传》。
④ 《明宪宗实录》卷三一,成化二年六月。
⑤ 《明宪宗实录》卷一六七,成化十三年六月。

贫苦的农民和屯军在勋戚、宦官、管庄军校的剥削和政府的养马差役的压榨下，过着极端痛苦的生活。很多失掉土地的农民经常在平原上骑马出没，劫富济贫，明朝统治阶级诬称他们为"响马盗"。武宗正德五年（1510年）十月，以刘六、刘七为首等34人，在霸州号召起义，不出几月，农民军发展到10余万。起义者主要是流民、饥民、养马户和屯军，也有个别知识分子如文安县的生员赵鐩等。农民军分为两支，一支由刘六、刘七领导，另一支由赵鐩、刘惠领导，他们以流动作战的方式，转战于今河北、山东、山西、河南、湖北、江西、安徽和江苏八省地区，与江西、四川的起义势相连结。《明实录》记载农民军在北方"所过乡落，莫不椎牛供具，甚至为之持门屏以扞矢石，为乡导以攻州县"，又记载"凡过之处，则乐于供给"，甚至"弃家从乱者比比而是"①。农民军所过之处，对地主豪绅予以很大的打击。过泌阳时，即火焚焦芳的庄宅，把焦芳的衣冠放置树上，砍之以解恨②。正德六年（1511年），农民军又先后四次进逼北京。为了打退农民军的进攻，明武宗不仅调集了京营的军队，而且把延绥宣大的边兵也调来北京。北京解围以后，明朝政府又在各地对农民军进行堵击追剿，刘六、刘七先后战死，农民军终于失败了。

嘉靖朝的政治　张居正整顿政治的措施　明中叶的一系列的农民起义，使得明朝政府在世宗嘉靖初年不得不在政治上做一些适当的改革，先后实行了减轻租银、整顿赋役以及抑制宦官、裁撤锦衣卫校尉等等措施。更重要的是勘查了皇庄和勋戚庄田，把一部分土地退还农民。但是到了嘉靖中期，统治集团内部的矛盾日益尖锐，政治日益腐化，这些点滴的改革又都成为泡影了。

嘉靖时，宦官的势力受到排斥，"阁权始专"，形成了长期的门户之争。内阁大学士有首辅、次辅和群辅的区别，首辅位极人臣，一切朝政都归其调度。为了争夺首辅的权位，大学士联朋结党，攀引门生，互相倾轧排挤，采用各种权术打击竞争的对方。张璁、夏言、严嵩、徐阶等人的出任首辅都是通过这些手段取得的。

在内阁达21年的严嵩，以谄媚取得世宗的信任。嘉靖二十七年（1548年），严嵩借收复河套为名，陷害首辅夏言，取代了夏言的地位。严嵩"子为侍郎，孙为锦衣中书，宾客满朝班，姻亲尽朱紫"，又"募朝士为干儿义子至

---

① 并见《明武宗实录》卷七四，正德六年四月。
② 《罪惟录》传三一《刘宠等传》。

三十余辈"①。当时一般士大夫大都"辐辏附嵩","天下藩臬诸司岁时问遗动以千计"②。刑部员外郎杨继盛劾嵩十大奸恶,为嵩所害。大学士徐阶的同乡董传策、门生张翀等也上疏劾嵩奸恶,御史邹应龙、林润更以劾嵩子严世蕃得到徐阶的支持。嘉靖四十一年(1562年)严嵩父子事败,徐阶即代严嵩出任内阁的首辅。

在严嵩专政时,北有俺达汗的战争威胁,东南沿海又有倭寇的骚扰。明朝中叶,蒙古瓦剌部衰落,鞑靼部乘势兴起,鞑靼达延汗统一了蒙古各部。嘉靖二十三年(1544年)达延汗死,其孙俺达汗势力独盛。在这一时期内,蒙古各部曾屡次侵入内地,嘉靖二十九年(1550年),俺达率军长驱直入北京城下,明朝拜严嵩党羽大同总兵仇鸾为大将军,仇鸾"愞懦不敢战",率兵逡巡敌后,听鞑靼所至焚掠。嘉靖时,鞑靼曾三次逼京师,给明朝造成严重的威胁。严嵩义子赵文华奉令督视海防,倾陷御倭督臣张经,于御倭终无实着。

在明朝内部,官僚贪污成风,勋贵官绅兼并土地有加无已。严嵩在北京附近有庄田一百五十余所,又"广置良田美宅于南京、扬州无虑数十所"③,至于他原籍袁州一府四县之田,7/10都被其家侵占④。此外如徐阶在松江占田达6万亩⑤,江西安远叶楷占田18万⑥。由于贪污的盛行和庞大的军费支出,造成明朝财政的困难,政府"每年所入二百万之额,不能充所出之半"。嘉靖三十年(1551年),明朝政府于南畿、浙江等州县增赋120万,叫做"加派"。嘉靖三十六年(1557年)又在江南等地增役银40万,叫做"提编"。以后又出现了箕敛、派括、算税契、折民壮等等加派的名目⑦。官绅地主有特权免赋免役,贫苦农民的生活更加痛苦,小规模的农民起义在各地不断爆发。

内阁的纷争直到穆宗隆庆时仍在继续进行。当时内阁大学士高拱结党排斥了徐阶,以后徐阶的门生张居正又于穆宗病危时与司礼监太监冯保相结,取高拱而代之。

---

① 《明史》卷二一〇《张翀传》《王宗沐传》。
② 同上。
③ 《明史》卷二一〇《邹应龙传》。
④ 《皇明经世文编》卷三二九《申逆罪正其刑以彰天讨疏》。
⑤ 沈德符《万历野获编》卷八《内阁·吕光》条。一说徐阶占田20万亩,一说24万亩。
⑥ 谈迁《国榷》卷六九。
⑦ 《明史》卷七八《食货志》二《赋役》。

张居正(1525—1582年),字叔大,湖北江陵人,于穆宗隆庆元年(1567年)入阁,神宗万历元年(1573年)出任首辅,他在当时明朝统治集团中是一个比较有才干的人。为了缓和阶级矛盾,挽救明朝统治的危机,张居正从军事、政治、经济各方面进行了一些整顿,特别是着重于经济的改革,企图扭转嘉、隆以来政治腐败、边防松弛和民穷财竭的局面。

隆庆五年(1571年),明朝政府在兵部尚书王崇古的建议下,奉行了与蒙古俺达汗之间的封贡互市政策,明蒙关系缓解,史称"俺答封贡"。这件事是在 明穆宗和内阁大学士张居正的支持下进行的。张居正认为这样做不仅能使北方的农业生产暂免于战争的破坏,更可以借此兴修屯田,加强边备。同时他命戚继光守蓟门,李成梁镇辽东,又在东起山海关,西至居庸关的长城上加修了"敌台"三千余座①。从此北方的边防更加巩固,在二三十年中,明朝和鞑靼没有发生过大战争。

在内政方面,张居正裁撤了政治机构中的冗官冗员,整顿了邮传和铨政。"尊主权,课吏职,行赏罚,一号令"和"强公室,杜私门"是他的为政方针②。他反对因循苟且,奖励官吏的"急公进取",他更希望统治集团内部的行动能够取得一致,以加强专制皇权的统治。

张居正的成就最突出是在经济方面。他曾任用著名水利学家潘季驯督修黄河,当时黄河常年泛滥,漕运破坏,农田也大量被淹没。潘季驯筑堤塞决,使黄河不再南流入淮,于是"田庐皆尽已出,数十年弃地转为耕桑"③,而漕船也可直达北京,在水利上收到一定的功效。他还任用户部尚书张学颜整顿财政。张学颜"撰会计录以勾稽出纳,又奏列清文(应作丈)条例"④,在丈量土地和从事赋役改革的过程中,以他出力最多。

丈量土地和赋役改革是张居正颁行的重要的经济政策。张居正看到当时土地兼并和赋役负担的不平均会给明朝统治带来危险,他指出:"夫民之亡且乱者,咸以贪吏剥下而上不加恤,豪强兼并而民贫失所故也。"又指出:"私家日富,公室日贫,国匮民穷,病实在此。"⑤为了解决这个症结性的问题,他不顾豪强地主和勋戚的反对,于万历六年(1578年)下令清丈全国的土地,包括勋戚的庄田和军屯地在内。这次丈量正如他所说的,"在小民实

---

① 《明史》卷二二二《谭纶传》。
② 《张文忠公全集·书牍》二八《答陆五台书》;《明史》卷二一三《张居正传》。
③ 《张文忠公全集·附录》一《行实》。
④ 《明史》卷二二二《张学颜传》。
⑤ 《张文忠公全集·书牍》六《答应天巡抚宋阳山论均田足民》。

被其惠,而于官豪之家殊为未便"①。经过多年的努力,完成了土地丈量的工作,共丈出土地七百余万顷,一部分被勋戚豪强和军官隐没的庄田、屯田也被清丈出来。尽管这一田亩数额由于各地官吏都改用小弓丈量,有一定的夸张,但毕竟有计划地清出了大批土地,使一些豪强地主多少受到了抑制。

神宗万历九年(1581年),张居正又在丈量土地的基础上,把嘉靖初年已在福建、江浙等地施行的一条鞭法,推广到全国范围内实施。实施一条鞭法的目的是均平赋役,它的主要内容是把原来按照户、丁派役的办法改为按照丁、粮派役,或丁六粮四,或粮六丁四,或丁粮各半,然后再与夏秋两税和其他杂税合编为一条,无论税粮、差役一律改为征银,差役俱由政府用银雇人充当②。一条鞭法规定按照丁、粮派役,即是把一部分差役逐渐转入地亩之中,使一部分无地或少地的农民,多少减轻一些丁役的负担。它又规定要把赋税和差役合编为一,这就简化了赋役的名目和征收的手续,使官吏不易与豪强地主通同作弊,以致对农民任意勒索。这些对于贫苦的农民都是有些好处的。一条鞭又规定让农民交纳代役银,然后由政府再用银雇役,这种折银制度的确立和从此被稳定下来,不仅在客观上促进了明中叶后商品货币经济的继续发展,也说明农民对封建国家的人身依附关系比以前又有一定的松弛了。

在明穆宗隆庆后期至神宗万历初期前后约20年中,社会矛盾暂时缓和了,社会经济又有了相对的恢复和发展。史载明朝政府太仓的藏粟曾达到一千三百余万石③,国库积银也有六七百万两之多,因而使明朝政府财政支绌的情况也有所改变。

二 明朝社会经济的发展与变化

农业和手工业生产水平的提高 明朝中叶,农业和手工业的生产水平

---

① 《张文忠公全集·书牍》十三《答山东巡抚何来山》。

② 一条鞭法的内容比较复杂,各地施行也不一致,在《明史》中有较概括的说法。《明史》卷七八《食货二》:"一条鞭法者,总括一州县之赋役,量地计丁,丁粮毕输于官。一岁之役官为佥募,力差则计其工食之费,量为增减;银差则计其交纳之费,加以赠耗。凡额办、派办、京库岁需,存留、供亿诸费,以及土贡方物悉并为一条,皆计亩征银,折办于官,故谓之一条鞭。"又"嘉隆后行一条鞭法,通计一省丁粮,均派一省徭役,于是均徭、里甲与两税为一,小民得无扰而事亦易集。"

③ 《张文忠公全集·书牍》六《答河漕王敬所》。

都超过了前代。在农业方面，犁、锄、杈、镰、水车等主要工具已十分完备。铁工具的数量增加了，质量也有了提高，并且有更普遍的推广。从《农政全书》的记载看，当时的农业生产技术，不论在耕耘、选种、灌溉、施肥、园艺各方面都积累了丰富的经验。福建、浙江等地有了早晚稻兼作的双季稻，在岭南有三季稻，北方直隶地区开垦了更多的水稻田。当时南方一般水稻亩产量到两石或三石，有些地区到五六石。在北方，山东、河北和陕西的关中等地，麦、豆、或谷子或黍或稷的二年三熟制已相当普遍。从美洲引入的番薯和玉蜀黍等高产的作物在此时也开始种植了，如番薯即盛植于江浙、福建等地，这对农作物生产的发展具有重大的意义。在明代，河北、山东、河南、两淮之间已普遍种植棉花，而松江更是"官民军皂垦田凡二百万亩，大半植棉，当不止百万亩"①。烟草在明中叶后从吕宋传入，很快便推广到福建、广东以及长江流域等地，到了明末，"北土亦多种之，一亩之收，可以敌田十亩，乃至无人不用"②。蚕桑业除太湖地区比以前更加发达外，浙江杭、嘉、湖三府也得到发展，其中湖州最盛。江南、闽、广地区的甘蔗、蓝靛、杉漆以及各种油料作物的产量也都有相应的提高。农业经济作物种植面积的日益扩大，不仅使一些荒废的土地充分被利用，而且更直接为手工业生产提供了原料。

在手工业方面，冶铁、铸铁和制瓷业都有了一定的发展。当时全国产铁的地区共达一百余处，在河北遵化、山西阳城、广东佛山、福建尤溪等地已出现了规模较大的冶铁、铸铁业。铁炉用盐泥砌成，大部分已用煤炭为原料。遵化的铁炉深一丈二尺，每炉可熔矿砂两千多斤。景德镇官窑的制瓷业，有58座，而民窑已超过了900座，民窑所烧造的薄胎纯白器、青花以及各种颜色釉等都能与官窑媲美，甚至还超过官窑的水平③。

突出地反映了手工业生产水平和卓越技巧的是当时最发达的丝织业和棉纺织业。在明代，"花楼机"的构造比过去更为复杂。弘治时，福建的机匠已改用了新式的织机，叫做"改机"。万历时，嘉兴濮院镇的机匠也把原有的土机改为新式的"纱绸机"。在明末苏州的市场上，作为商品贩卖的织机就有绫、绢、纱、罗、绸、布六种之多，织出的成品更是巧变百出，花色日新④。

棉纺织业的生产工具比以前也大有改进，出现了脚踏纺车和装脚的搅

---

① 徐光启《农政全书》卷三五，引张五典语。
② 杨士聪《玉堂荟记》下。
③ 颜石麟《瓷都史话》，载1961年9月19日《人民日报》。
④ 分见嘉庆《濮川所闻记》卷三、崇祯《吴县志》卷二九。

车。元朝的弹弓用竹弓绳弦,到这时已改为以木为弓,以腊丝为弦。元朝的纺车容三繀,这时已有容四繀、五繀的纺车。搅车的式样很多,专供轧花去子之用,元朝一般用两人,这时改用一人,其生产量可当三人,句容式的搅车和太仓式的搅车一人可当四人。在明代,棉纺织业已成为普遍的家庭副业,也是当时产量最多销路最广阔的手工业。棉纺织业的发展对经济生活具有重大的影响。尽管棉纺织业的产品主要还是由农民一家一户一手一足地进行操作,但是涓滴成泉,仅在松江一地每人每天可织一匹,积聚起来,就能够"日出万匹"。所以明朝人有"买不尽松江布,收不尽魏塘(在嘉善县)纱"之谣。

社会分工的进一步发展 明朝中叶,男耕女织仍是社会分工的基本形式。所以《天工开物》说农家"十室之内,必有一机",在棉织业最称发达的松江,也是"以织助耕"。另一方面,随着社会生产力的提高,手工业脱离农业独立发展的趋势比以前更加显著了。

在江南的某些城镇里,如嘉兴的王江泾镇,"多织绸收丝缟之利,居民可七千余家,不务耕绩"①。濮院镇人"以机为田、以梭为耒"②,而吴江的盛泽、黄溪的居民更是"尽逐绫绸之利,有力者雇人织挽,贫者皆自织,而令其童稚挽花,女工不事纺绩而日夕治丝"③。这说明以织绢为生的机户已愈来愈多,他们有的人已完全从农业中分离出来。棉纺织业的情况也是一样,在松江城郊,有些农民已把织布作为自己的专业。在这里有以织布为业的机户,有专门从事棉花加工的轧花业与弹花业,有专门从事棉花加工的浆染业和踹布业,还有棉布再制品的行业如制袜业等等。

另外有些地区的农民,不少人专门从事农业经济作物的生产,以供应手工业的需要。如湖州的农民大多植桑养蚕。在这里"尺寸之堤,亦树之桑","湖丝虽遍天下,而湖民身无一缕"④。山东、河南一带的农田沃壤,也是"半植木棉,乃棉花尽归商贩,民间衣物,率从贸易"⑤,这些地区的农民也不完全是男耕女织、自给自足的形态。

在这种情况下,原料产地和手工业地区的地域分工已日益明显。素以丝织业发达著称的苏州和福州,所用的蚕丝主要仰仗湖州。松江棉织业的

---

① 万历《秀水县志》卷一《市镇》。
② 胡琢《濮镇纪闻》卷一《风俗》。
③ 乾隆《吴江县志》卷三八《生业》。
④ 董斯张《吴兴备志》卷二六《方物征》。
⑤ 钟化民《救荒图说·劝课纺绩》,载《荒政丛书》卷五。

原料虽然也用本地种植的棉花，但本地所产不足所需，大多数都由山东、河南运来，"北土广树艺而昧于织，南土精织纴而寡于艺，故棉则方舟而鬻于南，布则方舟而鬻于北"①。于是棉花和棉布、蚕丝和织绢都相互成为商品，并形成了商品交换的市场。

  在当时，从农业中分离出来的劳动力只有极少人从事手工业，但是从事手工业的人口比以前确实是增加了。除去大量从事个体经营的手工业者如铁匠、木匠、染匠、鞋匠、铜匠、银匠、织匠、窑匠、石匠、铸匠、弹花匠等等"百工杂作"之外，还出现了更多的雇工。如万历时期，分散在苏州"机坊"和"染坊"里的织工和染工就各有数千人。景德镇的制瓷业的佣工，"皆聚四方无籍之徒，每日不下数万人"②。石塘镇的造纸业，"纸厂槽户不下三十余槽，各槽帮工不下一二千（应作十）人"③。至于在各地矿厂内工作的矿工，随着民营矿业的发展，数量也日益增加。徽州的炼铁业每炉需工四五十人，尤溪的炼铁业每炉需工达五七百人，这些都是与市场有紧密联系的手工业，并且本身都具备有比较细密的分工。如造纸业"一槽四人，扶头一人，舂碓一人，检择一人，焙干一人"④。炼铁业："煽者、看者、上矿者、取钩（矿）砂者、炼生者而各有其任，昼夜轮番，约四五十人，若取炭之夫、造炭之夫又不止是。"⑤在苏州的丝织业中，有车工、纱工、缎工、织工，在织绸时也要经过"打线、染色、改机、挑花"等等的分工。像这种从农业分离到手工业中的劳动力日益增多和各个手工业部门分工的日益细密的情况，已标志着手工业生产的发展和社会分工的加强。

  商品货币经济的发展 明朝中叶，农民生产的粮食首先是缴纳租税，其次是为了自给，多余的部分才能作为商品在市场上出卖。但一般是"收成还租之余，仅足食用"⑥，或是全部产品都被国家和地主取走，"终年勤动，也不免饥寒缧绁之苦"⑦。在纺织业最发达的江南五府地区，农民的纺织品虽然大部分投入市场，其目的也仍然是为了"上供赋税，下给俯仰"⑧，不如此

---

① 《元明事类钞》卷二四引王象晋《木棉谱·序》。
② 萧近高《参内监疏》，载光绪《江西通志》。
③ 陈九韶《封禁条议》，载康熙《上饶县志》卷一〇。
④ 万历《铅书》卷一《食货》。
⑤ 嘉靖《徽州府志》卷七。
⑥ 《明英宗实录》卷一七八，正统十四年五月。
⑦ 康熙《德清县志》卷九引明陈元垆《德清农田水利议》。
⑧ 《农政全书》卷三五。

就不能负担沉重的租税和维持自己起码的生活。从城市的手工业来看,官手工业的产品主要是供给皇室的消费和国家的急需,与市场几乎没有任何的联系,也根本不具备商品的性质。一般民间手工业的产品也首先要作为贡课上缴给官府。如湖州的丝,苏杭的绸,都要"岁办以供上用"①,潞安的绸缎也是"除贡篚互市"外,才能"舟车于直省,流衍于外夷"②。尤溪的炼铁也是"除贡课外,转市他省,以利器用甚夥"③。但这些手工业又往往在官府的严重压榨下得不到进一步的发展。这一切都说明了当时的商品生产是为国家政府服务的,它们与自然经济同属于一个经济的范畴,在当时的条件下,商品生产是有限度的,并且只能作为自然经济的补充。

尽管如此,由于生产力的提高和分工的加强,明中叶以后商品经济的发展确已超过了以前任何时期。

在这时,农民和手工业工人所生产的粮食、棉花、生丝、蔗糖、烟草、绸缎、棉布、纸张、染料、油料、木材、铜器、铁器、瓷器以及其他各种手工艺品都成为重要的商品。其中江南松江的"绫布二物衣被天下,家纺户织,远近流通"④。苏州的绫罗纱缎也是"产兼两邑,而东城为盛,比屋皆工织作,转贸四方"⑤。景德镇的瓷器更是"所被自燕云而北","东际海,西被蜀,无所不至","穷荒绝域之所市者殆无虚日"⑥。至于湖丝、潞绸、蜀锦、杭缎、江西的南丰大篓纸、福建的黑白砂糖和蓝靛、广东的锡器和铁锅都是"利布四方"的产品,不仅行销国内,还有一部分行销海外日本、南洋等地。这些商品大部分是农村副业的产品,也有一些出自手工作坊。

随着商品数量的增多,商业资本也非常活跃,在全国出现了更多的商人,其中最多的是徽商,其次是西商、江右商,再其次是闽商、粤商、吴越商、关陕商。他们在各地设立了会馆,组织了各种商帮。他们之中大多数都是中小商人,但也有拥资数万、数十万至百万的大商人。这些人从事的贸易活动主要是贩粟、贩盐,其次是经营典当业,再次才是贩丝、贩绸、贩布以及转贩其他各种商品。也有一小部分商人投资于手工业,如江右商,"其货之大

---

① 正德《新市镇志》卷一《物产》。
② 乾隆《潞安府志》卷八《物产》。
③ 万历《闽大记》卷一一《食货考》。
④ 《农政全书》引《松江志》。
⑤ 嘉靖《吴邑志》卷一四《土产》。
⑥ 王宗沐《江西省大志》卷七《陶政》,康熙《饶州府志》引万历《饶州志》序言。

者摘叶为茗,伐楮为纸,坯土为器,自行就荆湖吴越间,为国家利"①,如闽商"货湖丝者,往往染翠红而归织之"②,而江南各地的徽杭大贾,不仅贩布,而且染布、踹布,不仅贸丝,而且开车缫丝,甚至有人往来苏州和湖州之间"贸丝织缯绮,通贩贸易,竟用是起其家"③。

商品经济的发展还表现在工商业城镇的兴起。明朝中叶,各个地区工商业的发展是极不平衡的,如西北等地往往是"商贾罕至",甚至"五谷财物无所售",或"不能尽售"。有的城市除定期的市集之外,"余日则若丘墟"④。但是随着农业和手工业的发展,有些城市的商业也日趋繁荣了。当时工商业发展比较显著的城市,除去南北两京外,大致分布在江南、东南沿海和运河沿岸等三个地区,而其中以江南地区最为繁华。在这里,已经形成为五大手工业的区域,即松江的棉纺织业、苏杭二州的丝织业、芜湖的浆染业、铅山的造纸业和景德镇的制瓷业,它们之间已保持了极紧密的商业联系。但江南的繁华主要又集中在苏、松、杭、嘉、湖等五府之中,这五府地区若干镇市的兴起,在当时也是一个非常突出的特征。这些镇市大都是商业或拥有特种手工业的镇市,特别是以丝织业和棉纺织业著称的镇市,如苏州的盛泽镇、震泽镇,嘉兴的濮院镇、王江泾镇,湖州的双林镇、菱湖镇,松江的枫泾镇、朱泾镇、朱家角镇和杭州的唐栖镇等等。这些镇市大都是在此时发展起来的,各镇的人口都在显著地增加,如盛泽镇在明初还是一个只有五六十户人家的小村,随着织绸业的发展,到了明末,已成为拥有人口五万的大镇⑤。湖州的双林在明初也是一个只有几百人家的小村,随着缫丝业的发展,在明末也成为拥有一万六千多人的大镇了⑥。这些镇市的人口不仅是土著的居民,更多的是外来的商贾、小手工艺者和流民。有些流民已成为被人雇佣的手工业工人。

白银的使用更为广泛,工商业发达的地区,"虽穷乡亦有银秤"⑦。在市场上,一切商品都已用银计价,大交易用银,小买卖也用碎银。由于海外贸易的发展,在万历以后,西班牙银币每年输入国内达数百万元之多,福建漳

---

① 康熙《饶州府志》四《舆地志》,引汪肩吾《记浮梁风俗》。
② 王世懋《闽部疏》。
③ 《陆尚宝遗文·友松胡翁墓志铭》。
④ 霍与瑕《霍勉斋集》卷一八《申稿》,《肇域志》第十九册《陕西》。
⑤ 乾隆《吴江县志》卷四《镇中村》。
⑥ 民国《双林镇志》卷一八《户口》。
⑦ 《天下郡国利病书·福建》。

泉一带,已经通行这种银元了。

明代中叶,在江南杭州、松江和广东南海等商品经济比较发达的地区,或是种植经济作物的某些地区,已经零星地出现了银租①。不过这种银租也还是一种折租。这说明了当时商品货币经济的发展还没有达到从实物地租向货币地租转化的程度。但是当时的田税、徭役、商税、手工业税、海关税大部分都用银折纳了,官吏的薪给、国库的开支也用银支付,并且还从此稳定下来,这种变化是要以商品生产、城市工商业和与此相联系的货币流通已经获得较高度的发展为前提的。

值得重视的是代役银的普遍出现。明朝政府在嘉靖以来曾逐步施行了一条鞭法,把原来的徭役改为用银代役,农民对国家的人身依附关系又有了进一步的松弛,农民生产的产品与市场的联系也更加紧密了。宪宗成化时,明朝政府已经采取了工匠缴纳代役银就可以不再轮班赴役的办法。到了嘉靖八年(1529年),更下令废除轮班制,一律改纳"班匠银",由政府用银雇人充役。匠籍虽没有废除,但从此手工工匠和国家的隶属关系也相对减轻了,甚至有"操技术以食于民者,曾不供一王之役"②的情况,工匠们的技术和产品也可以更多地投向市场。这一改革对当时商品经济的发展也起了推进的作用。

在明代,很多手工业的雇工还不以银计价,在某些矿场内,只是用对分产品的方式来代替货币付酬,而且这些矿工都要受到矿头或硐头的"约束",他们的人身是极端不自由的。在商品货币经济发展的影响之下,官府手工业中的雇工已经用银计价了,但是这种劳动力还没有摆脱劳役制的束缚,而且也根本不是商品。当时民间手工业作坊的一些雇工也用银折价了,他们很多都是行会老板的帮工,还要"衣食于主人",和主人的关系也还不是"彼此以平等的商品所有者的资格发生关系"。在湖州等地也涌现了一些专门替人养蚕、剪桑、缫丝的短工。如养蚕一筐,佣金一两,缫丝一车,佣金六分,以上是计件工资。缫丝的雇工每日工资六分,剪桑的雇工每日工资二分,以上是计时工资。这些短工往往是在农隙时出来帮忙的人,他们与土地还没有脱离联系③。但是在江南苏州等地的丝织业和浆染业中,已出现

---

① 参考《中国资本主义萌芽问题讨论集》下册,第934页。
② 王夫之《噩梦》。
③ 崇祯《吴县志》卷一〇《风俗》:"滨湖近山小人最力穑,耕渔之外男妇并工捆屦、缉麻、织布、织席、采石、造器营生,梓人、甓工、垩工、石工,终年佣外境,谋早办官课。"说明当时农民从事的手工业主要是与农业结合的家庭副业,即或出外做工,其目的也是为了缴纳贡税。

了一批与生产资料完全脱离，又可以比较自由地支配自己，把劳动力作为商品出卖的手工业技术工人，这种情况，在前此的历史时期还从未见过。

明代商品经济虽然还处在自然经济的附属地位，主要是为专制国家服务，但是在当时江南某些地区，商品经济比以前确有了更显著的发展，这已经为资本主义的萌芽准备了良好的条件。

手工业部门中出现的资本主义萌芽 明代中叶，在江南五府地区，特别是在苏州城内和它所属的某些城镇里，有很多以织绢为生的机户。这些机户大多数都是小商品生产者，有的从事家庭的手工业，自己劳动，妻子儿女作帮工。有的也雇佣两三个工人，开设了小作坊。但是由于手工业工具和技术的不断提高，丝织品市场的日益扩大，在这些机户之间已有明显的分化，有的人已成为拥有织机二十余张或四十余张，雇用人工数十人的手工作坊主或手工工场主了。这些作坊主最初都"以机杼起家致富"，他们各"富至数万金"甚至有的到"百万金"①。

在苏州郡城内外还有很多掌握生产技术的织工。有的人自己没有织机，专门以出卖劳动力为生。他们"得业则生，失业则死"，又都"计日受值"，与机户的关系是"机户出资，机工出力"②的商品货币关系，已经从人身依附上自由了。他们是"自食其力之良民"，又是短工，按照明朝政府法令上的规定，"有受值微少工作只计月日者以凡人论"③，可知他们在法律上也获得较自由的地位。

从以上苏州丝织业的某些手工作坊或工场内部机户和机工的生产关系来看，资本主义萌芽已经在这里出现了。

在江南地区的浆染业、造纸业、榨油业、铸铁业、制瓷业中也有类似的情况。有的窑场、染坊、油坊和槽房已经雇佣了较多的日工。这些日工和作坊主的关系都不像是传统人身依附关系或是宗法关系。例如万历时，嘉兴的石门镇已有二十家大油坊专门榨油生利，油坊的内部已有了一定的分工。所雇佣的油工"二十家合之八百人，坊须数十人"，油工的工资是"一夕作而佣值二铢"④，仅根据这些资料来看，它们也像是具有资本主义萌芽状态的手工工场了。

---

① 张瀚《松窗梦语》卷六《异闻记》，沈德符《万历野获编》卷二八。
② 《明神宗实录》卷三六一，万历二十九年七月。
③ 《明神宗实录》卷一九一，万历十五年十月；卷一九四，万历十六年正月。
④ 贺灿然《石门镇彰德亭碑记》，载康熙《嘉兴府志》卷一五《艺文》下。

在明代,某些手工业中所出现的资本主义的萌芽都是非常微弱的,而且这一些手工业也还不是自由的手工业,作坊主一般都"名隶官籍",经常受到政府"坐派"和重税的榨取,想以生产致富还很困难。而雇佣工人也不能进一步摆脱行会的束缚和专制国家的控制,工资常被坊主和行头无理克扣。在当时的条件下,他们还不可能得到完全的自由。特别是万历时期的大征工商税,表明国家又加强了对工商业的掠夺,于是机坊、油坊、染坊、槽坊都有被迫停工的危险,雇工就会转化成为失业的流民,连生活都没有保障。

第三节　明朝的民族关系

一　北方、西北、西南各族及其与内地的联系

蒙古族　洪武元年(1368年)八月,明军占领大都,元顺帝带领少数的蒙古贵族退回蒙古草原,依然保有政权,史称北元。当时大多数的蒙古人居留于河北、山西、陕西、河南、甘肃、云南等地,他们已从事农业生产,与汉人没有什么区别。明人丘濬指出:"国初平定,凡蒙古色目人散处诸州者,多已更姓易名,杂处民间","久之固已相忘相化,而亦不易以别识之也"①。但是原来住在蒙古地区的部落,这时仍然过着游牧的生活。在北元政权的统治下,牧区生产日益凋敝,牧民生活非常贫困。洪武二十年(1387年),明军再度北伐,北元主脱古思帖木儿败亡。此后北元内乱不已,君主五传至坤帖木儿,皆被弑,帝号不尊。北元走向分崩离析。游牧于漠北东部和辽东边外的兀良哈部较早降附明朝,明朝设朵颜、福余、泰宁三羁縻卫以统之。建文四年(1402年)"非元裔"的鬼力赤夺取汗位,去元国号,仅称蒙古,明朝人则称"鞑靼"。与此同时漠西蒙古瓦剌部崛起。鞑靼与瓦剌互争雄长,并经常骚扰明朝北边。

永乐以后,明朝逐渐失去扼控北边的主动权。英宗正统时,瓦剌部日益强大。瓦剌首领脱欢和他儿子也先曾经一度统一了蒙古。由于内讧,蒙古各部不久又重新走向分裂。孝宗弘治时,鞑靼部的达延汗(《明史》称"小王子")再度统一了蒙古,但在达延汗死后,各部之间又分崩离析,各自为政,直到达延汗孙俺答汗时,蒙古地区的混战才暂告结束。

鞑靼、瓦剌各部的统治者与明朝政府之间长期处在对立的地位,战争时

---

①　丘濬《区处畿甸降夷》,载《皇明经世文编》卷七三。

断时续。蒙古的骑兵在宣、大、延绥等地,经常犯边,抢掠物资,杀掳居民,明军也时常出塞烧荒、捣巢,严重破坏了北方的生产①。为了防止蒙古的侵扰,"终明之世,边防甚重,东起鸭绿,西抵嘉峪,绵亘万里,分地守御"。最初在北方设有辽东、宣府、大同、延绥四镇,以后又增设宁夏、甘肃、蓟州三镇,加上固原和山西的偏关,叫做"九边"②,皆布有重兵。明朝政府又积极在沿边修缮长城。成化九年(1473年),巡抚余子俊请筑偏西一段长城,在东起清水营,西抵花马池,长达1770里的地区,"凿崖筑墙"、"连比不绝",又"每二三里置敌台、崖訾备巡警"③。嘉靖三十年(1551年),兵部命令督修宣大、蓟东各地的边墙,以后隆庆、万历间,经张居正、戚继光等人的筹划,又在蓟镇边垣二千里地区,增筑了"空心敌台"。这些历史遗迹,至今还完整保留下来。

频繁的战争,当然要破坏蒙、汉两族正常的经济关系,但也没有完全遮断蒙、汉两族的往来。有很多蒙古人为生活所迫,突破当时的军事的封锁线不断向内地迁徙。正统时,仅居留在北京一地的"达官"和"达兵",不算其家属,就有一万人之多④。也有很多汉人因为逃避赋税,或经营商业,大量流入蒙古。还有些汉人为蒙古所掳掠而留在蒙古。嘉靖时,在蒙古古丰州一地就居住有汉族人口数万人。进入内地的蒙古人大抵都学会了农耕,过着定居的生活,流入蒙古的汉人大都"居屋佃作,号曰板升(汉人居住点)"⑤。居住在青海西宁地区的"达民",也大半占有一小块土地,从事耕作,并定期向明朝政府缴纳夏税和秋粮⑥。居住在东北地区的蒙古部落,每当朝贡之期,往往把贡市所得的彩帛,向内地的汉人换取铁器和耕牛⑦。这一切说明了在汉人的影响下,有更多的蒙古人开始了农业定居的生活。

蒙古地区与内地的商业关系一直没有中断,到了明代后期,商业关系更加频繁。汉族商人常常携带着铁锅、茶叶、绸缎、布帛等日用品,偷越关防,换取蒙古人的马匹、牛羊、皮毛和马尾。由于蒙古草原在经济上与内地有着紧密的依赖关系,也由于明朝在隆庆、万历时防御力量的加强,蒙古统治者

---

① 《明史》卷三二七《鞑靼传》。
② 《明史》卷九一《兵志》三《边防》。
③ 《明史》卷一七八《余子俊传》。
④ 《明英宗实录》卷二五,正统元年十二月。
⑤ 《明史》卷二二二《王崇古传》。
⑥ 《明英宗实录》卷二二,正统元年九月。
⑦ 《明英宗实录》卷五四,正统四年四月。

看到了发动掠夺战争反不如与明朝通好贸易对自己更为有利,于是俺达汗在隆庆五年(1571年)即与明朝言和,明朝封他为顺义王,并册封蒙古各部首领以都指挥使、指挥同知等附塞官号①,史称"隆庆和议"。隆庆和议后,明朝在沿边各地开马市与蒙古贸易。在万全等地开市之日,除去茶马互市外,市集上"贾店鳞比,各有名称","南京罗缎铺、苏杭绸缎铺、潞州绸铺、泽州帕铺、临清布帛铺、绒线铺、杂货铺,各行交易,铺沿长四五里许"②,商业极为繁盛。在俺达汗晚年和他的妻子三娘子统治的30年中,蒙、汉两族一直维持着这种友好的关系。

神宗万历九年(1581年),俺达汗和三娘子在古丰州地方修建了呼和浩特城(蒙古语青色的城),明朝政府命名为"归化",有很多蒙古族、汉族在这里从事畜牧业、农业、园艺业和手工业的生产。呼和浩特很快便发展成为蒙古地区和内地贸易的商业城市。

藏族 西藏地区在明代称为乌斯藏,藏人过着半农半牧的生活,主要的是农业生活,农产品有小麦、荞麦、青稞等。藏族的上层喇嘛和各地的部落首领拥有大量的田庄、财富和奴婢,而广大农民则处于农奴的地位。

洪武时,明朝政府在西藏设立乌斯藏都指挥使司,又委派藏族的上层僧侣充任宣慰使、宣抚使和安抚使等官职,赐给他们印信,通过他们向所属藏人征收赋税。当时西藏喇嘛教的教派很多,有噶当派(红教)、噶举派(白教)、萨迦派(花教)和盆布派(黑教)等,每派又分为若干小派,而以噶举派帕木竹巴法王的权力为最大。明朝在帕木竹巴设万户府,并封帕木竹巴法王为"国师"③。以后每一代的帕木竹巴法王都由明朝政府册封为阐化王。这些事实说明西藏与明朝政府始终保持着隶属关系。

明朝前期,西藏喇嘛教中出现了一个新兴教派格鲁派,因其僧侣戴黄色僧帽,俗称黄教。格鲁派的创始人宗喀巴(1357—1419年)出生于青海西宁地区,于洪武五年(1372年)到西藏求佛法。他在西藏进行了宗教改革,要求僧人严守戒律,禁止其娶妻生子和从事世俗活动,同时加强对经典的研究,以知识服众。黄教在明中叶后势力日大,信仰的人也愈来愈多。宗喀巴有很多弟子,其中最著名的两个弟子,即达赖喇嘛和班禅额尔德尼,他们世

---

① 《国榷》卷六七。
② 万历《宣府镇志》卷二〇。
③ 封国师事见《明太祖实录》卷七三,洪武五年三月。又卷九六,洪武八年正月载"诏置俄力思军民元帅府、帕木竹巴万户府、乌思藏笼答千户所官一十三人"。

世转生,叫"呼毕勒罕"。

宗喀巴弟子释迦也失曾于永乐、宣德时两度来到北京,明朝封他为"大慈法王"。万历时,三世达赖锁南坚错长期居留在西宁等地,使喇嘛教黄教在蒙古得到广泛的传播。达赖三世与蒙古俺达汗十分友好,与明朝的大学士张居正也有书信往还,他在调处蒙古俺达汗与明朝皇帝之间的关系方面,作出过一定的贡献。

在明代,各派的喇嘛僧侣都来北京朝贡。据礼部统计,宣德、正统年间每年有三四十人,景泰时增加十倍,天顺间增加百倍①。当明中叶,北京新建的佛寺达百余所,喇嘛僧侣有数千人,汉人也有信奉喇嘛教的②,明武宗即通晓藏语。明神宗万历间,帕木竹巴法王在西藏的地位已日益动摇,而噶马噶举的势力日大,于万历四十六年(1618年)推翻了帕木竹巴法王的统治。噶马噶举的第二世祖师哈立麻于永乐初也曾来南京,被封为大宝法王。此后噶马法王又屡次派人来北京。神宗派宦官杨英册封该派法王时所立的碑还保存在西藏大招寺院里③。

从永乐五年(1407年)至十二年(1414年)间,明朝政府与阐化王合作修通了从雅州到乌斯藏的驿路,除去以前由甘州到乌斯藏的旧有道路外,又开辟了一条新的捷径④。从此,西藏地方与内地的联系更加密切了。

明朝在四川、甘肃等地设茶马互市与藏人贸易,但这种互市只限于官府,私人贸易是严格禁止的。尽管如此,汉藏两族人民之间的贸易关系始终不断。藏人经常以马匹、氆氇等物来内地换取盐、茶叶和布匹,四川的许多"番"人也"专务贸贩碉门乌茶,蜀之细布,博易羌货,以赡其生"⑤,当时雅安和打箭炉等地,已成为藏汉人民互市的场所。甚至有的人还越山涉水,深入藏族地区,从事贸易活动⑥。

崇祯十四年(1641年),格鲁派首领达赖五世和班禅四世借青海蒙古部固始汗的兵力,推翻了噶马噶举在西藏的统治,从此黄教在西藏的政治地位日益巩固,并且得到青海、蒙古各地喇嘛僧侣的支持。崇祯十五年(1642年),达赖五世又和班禅四世联名派遣使节到沈阳去见清太宗皇太极,西藏

---

① 《明史》卷三三一《阐化王传》。
② 《明宪宗实录》卷五八,成化四年九月。
③ 《西藏考》,北大藏抄本;萧腾麟《西藏闻见录》卷一。
④ 《明史》卷三三一《阐化王传》。
⑤ 《明史》卷三三一《西域传》的《长河西鱼通宁远宣慰司》条。
⑥ 马文升《禁通番以绝边患疏》,载《皇明经世文编》卷六二。

与清朝政府也开始有了联系。

畏吾儿族 畏吾儿(亦作畏兀儿,即今维吾尔族)是明代居住在新疆地区的一个主要的民族。在畏吾儿人聚居的地区除去别失八里和撒里畏吾儿仍旧从事游牧外,其他居住在于阗、喀什噶尔、哈密、吐鲁番、火州、柳城等地的畏吾儿人都以农业为主要的生产。明朝人说于阗"桑麻禾黍,宛如中土"①,又说柳城的锁子葡萄,甘美无核,是很好的酿酒原料②。畏吾儿人地区的手工业也很发达,于阗的胡锦、花蕊布,火州的白氎布,哈密的镔铁器都是畏吾儿人精美的手工艺品。

畏吾儿族地区的耕地和牧场大部分掌握在领主(蒙古族或畏吾儿族)的手中,一般农户只有很少的土地或无土地,他们受到领主的残酷剥削。正德时,哈密的蒙古族领主向每家农户征麦三石、马一匹,还抢掠畏吾儿人的牛羊,强奸他们的妻女。畏吾儿农民的生活非常痛苦,阶级矛盾和民族矛盾都非常尖锐③。

居住在天山南路与北路西部的畏吾儿人,在明初已普遍改信了伊斯兰教,只有住在东部的畏吾儿人,有些仍信佛教。到了15世纪末至16世纪,哈密、吐鲁番等地的畏吾儿族也全都信奉伊斯兰教了。

畏吾儿族地区的城市都是各自为政,互不相属,"地大者称国,小者只称地面"④。洪武、永乐间,这些"小国"或"地面"很快与内地恢复了联系,以后向明朝称臣奉表的有"七八十部"之多⑤。明朝政府先后在撒里维吾儿、哈密等地设立了蒙古赤斤、沙州、哈密、安定、曲先、阿端、罕东、罕东左卫等八卫,卫设指挥。此外在柳州、火城等地又一度设有都指挥等官。在这些卫所之中,以哈密与明朝政府的关系最为密切,明朝政府封哈密统治者为忠顺王,命他总管西域的贡事。

畏吾儿族地区的领主之间常常相互争战,哈密等地又经常遭受蒙古瓦剌等部的侵扰。景泰时,吐鲁番势力强大,攻占哈密城,合并了瓜、沙二州,兵锋及于嘉峪关内的甘州、肃州等地。从此明朝对西域的控制日益松弛,不得不在嘉靖八年(1529年)放弃了哈密⑥。但是当时的哈密仍然是通向"西

---

① 慎懋赏《四夷广记》,《玄览堂丛书》本。
② 《明成祖实录》卷九八,永乐十三年十月。
③ 慎懋赏《四夷广记》,《玄览堂丛书》本。
④ 《明史》卷三二九《西域传》。
⑤ 《明史》卷三三二《西域传》。
⑥ 《兴复哈密王国记》,《纪录汇编》本。

域之襟喉",经过这里来北京和甘肃贸易的使者,始终没有中断。

畏吾儿人善于经营商业。他们或"行贾诸番",或随同使者来内地贸易,有些人并久留不归,与汉人经常往来。另一方面,畏吾儿族地区也有不少汉人,他们大都是被蒙古统治者掳掠和转卖而来的①。

苗、瑶、彝、壮各族　住在云贵两广地区的有苗、瑶、彝、侗、壮、黎、傣等族人民。在明代,这些地区因为长期受到汉族先进经济文化的影响,社会经济都有着不同程度的发展。在农业中尤为显著,并普遍使用犁耕。住在高寒山区的一些部落,生产力比较低下,社会变化不甚明显。生产力较发展、与汉族交往比较频繁的地区,社会已有明显的变化。土地不断向大土地所有者手中集中。英宗天顺时,彝族大地主杨辉在贵州北部共占有庄田145所,茶园26处,蜡崖28处,猎场11处,渔场13处,役使佃户以千百计②。世宗嘉靖时,贵州一个安姓的土司,积累资财在50万金以上,被列为全国第一等富人③。

洪武、永乐时期,明朝政府对云贵两广地区的管理体制基本确立。这些地区的省级机构与内地一样,设都、布、按三司。少数民族地区则沿袭元朝的制度设立土司。土司有的属武职系统,其名目有宣慰使、宣抚使、安抚使、招讨使等,属文职系统的有土知府、土知州、土知县等官职。土官多为世袭其职,不受朝廷迁调,但要负责谨守疆界,缴纳赋税,修护驿道。在西南土司中,女土司占有一定的数量,"大略诸蛮……多女子为政,其袭替多女土官,异于他族"④。如贵州宣慰使彝族女土司奢香,在洪武时率领所部建龙场九驿,并畅通了四川通向云贵的道路。明朝人论这次修路的功绩,"视古唐蒙而无不及"⑤。当时明政府注意对西南各民族实施怀柔政策,在当地整肃吏治,兴办学校,并移内地军民前往屯种,推动了西南地区民族经济和文化的发展。

明朝设立土司的目的是要通过各族的首领来管理各族人民,但各地的土司与明朝也时有矛盾,他们经常发动叛乱。永乐六年(1408年)有贵州思南等三宣慰使的叛乱。正统三年(1438年)有云南麓川(怒江附近)宣慰使思任发的叛乱。万历二十七年(1599年)有播州土司杨应龙的叛乱。明朝政府在平定叛乱之后,往往把这些地区的土司裁撤,改设流官,叫做"改土

---

① 《明英宗实录》卷二五三,景泰六年五月。
② 同上。
③ 何乔新《勘处播州军情疏》,《纪录汇编》本。
④ 毛奇龄《蛮司合志》卷二。
⑤ 田雯《黔书》卷三《奢香传》。

归流"。永乐十一年(1413年),明朝改思南等宣慰司为思南、思州、铜仁、石阡、黎平等府,并设立了贵州布政使司。万历时又改播州地为平越、遵义二府。明朝政府推行改土归流的目的是建立对少数民族地区的直接管理,但是在客观上打破了农奴制度,促进了这些地区地主经济的发展。云贵各地也常有各族人民反抗明政府的起义,如正统十四年(1449年),由于汉官的勒索和明朝连年征讨麓川在沿途向各族人民勒派夫马,使云贵地区米粮艰难,人多死亡,就发生了苗族人民反抗明政府的武装起义。又如景泰、天顺、成化时,广西大藤峡的壮族和瑶族人民也掀起了声势浩大的起义,这次起义的发生,主要是反对"衣食租税"的汉族地主和卫所军官①。

随着明朝政府对西南地区管理的加强,大量的汉人也向云贵等地迁移,他们往往全家迁来落户,有的是随军而来的军户,有的是逃避赋役的民户②。他们中的许多人以后就住在瑶区、彝区成为彝户、瑶户。贵州等地卫所的士兵,因为躲兵役,也往往逃入苗寨③。在琼州的"熟黎"中,有一半都是从闽广各地逃亡来的汉人④。这些汉人把进步的生产工具(铁工具)和生产技术带到了苗、瑶等族聚居的地区,并在这里耕作、开矿、采茶、兴修水利,对于这些地区的开发起了很大的作用。

二　满族的兴起　建州女真部与明朝的战争

女真三部　建州女真部的迁徙及其与明朝的关系　女真族是满族的前身,长久以来居住在今松花江南北及黑龙江一带。早在11世纪时,女真族的完颜等部已经建立金朝,以后又从东北迁入黄河流域,另一些部落直到明初仍然留住在东北,分为海西、建州和野人三部。女真三部社会经济的发展是不平衡的,"野人"部比较落后,"无市井城廓,逐水草而居",以射猎为业⑤。海西、建州两部虽然还过着渔猎的生活,但也从事畜牧与农耕,由于与汉族地区接近,社会进步较快。

女真族一向与汉族、蒙古族和朝鲜族有密切的联系,他们经常以貂皮、牲畜、药材换取内地和朝鲜族的铁制农具,刀、剑、箭镞等武器,缝纫用针以

---

① 田汝成《炎徼纪闻》卷二《大藤峡论》。
② 谢肇淛《滇略》卷四,《五杂俎》卷四《地部》二。
③ 《苗防备览》。
④ 《明史》卷三一九《广西土司》三附。
⑤ 《元史》卷五九《地理》二。

及其他各种手工业品。女真各部之间也彼此进行交换,"野人"部也用皮毛与建州部换米。

洪武时,明朝在辽东压服了蒙古贵族的残余势力,同时设立了辽东指挥使司,开始控制女真族的各个部落。永乐七年(1409年),明朝政府在东北地区设置了奴儿干都司,还先后设置了184个卫所,通过这些卫所对东北各少数民族人民进行管理。卫所的长官全都是各族的首领,由明朝政府赐以印信和官号,并许其持敕书定期来内地贸易。

女真建州部在明初住在牡丹江上源长白山东南一带。永乐时,明朝封建州部首领阿哈出为建州卫都指挥使,猛哥帖木儿为建州卫左都督。猛哥帖木儿就是后来清朝皇室的祖先。这时,住居黑龙江流域的野人部力量强大,南下压迫建州,阿哈出孙李满住率众西走,猛哥帖木儿被野人部所杀,其弟凡察及子童仓、董山等也被迫率部西迁。正统以后,建州部众几经迁徙,相继来到赫图阿拉地方(今辽宁新宾县境)。这一地区物资丰饶,又与明朝的辽、沈连界,从此,建州部与内地的接触更加频繁了。

建州部定居在赫图阿拉以后,他们的首领董山和凡察彼此争夺领导权,明朝政府即以董山为建州左卫都指挥使,凡察为建州右卫都指挥使,令其分领部众,与李满住的建州卫都指挥使合为建州三卫,而皆臣属明朝。建州部的首领很得到明统治者的信任,他们"与大明看边,忠顺有年"①,只要有机可乘,就联合海西等部对辽东大肆劫掠,而且这种情况随着明朝的衰败腐朽日益严重。定居在赫图阿拉以后的建州部,与内地的经济联系更为密切。英宗天顺八年(1464年),明朝政府除去原有的广宁、开原两马市外,又开抚顺关专与建州部贸易。在广宁、抚顺这些地方,每当贡期,使节和商人络绎于途。建州等部与明朝的贸易和战争是交错进行的,有时,一面派贡使来内地贸易,一面又在沿边掠夺和骚扰。

明朝中叶,有很多汉族人民迁来东北落户,其中一部分人是被女真各部掠来的,他们沦为女真贵族的奴隶,替女真贵族耕种土地,对女真各部社会的发展起了重要的作用。

建州女真部的强大及其侵明战争　16世纪后期,隆庆、万历间,女真建州部的社会生产力已有显著的发展。在建州部居住的费阿拉(旧老城)和赫图阿拉等地区,"土地肥饶,禾谷甚茂,旱田诸种,无不有之"②,一般都使

---

① 《国学季刊》一卷二号,天聪四年木刻《谕官军人等榜文》。
② 李民寏《建州闻见录》。

用铁制农具和牛耕,农业在当时已成为主要的生产部门。手工业也很发达,"银、铁、革、木,皆有其工"①。女真族人民为了满足商业的需要,还改进了人参的制作技术。在以前,建州部采集的人参多以水浸,不能持久,至是采取了煮熟晾干的办法,可以长期保存。他们以大量的土产药物和珍贵的兽皮等与汉族贸易,原来的商场只有抚顺一处,万历四年(1576年)又增加了清河、宽甸、瑷阳三处②。

与这一生产力相适应的社会组织是八旗制度,这是在努尔哈赤作建州部首领时期开始建立起来的。八旗制度从表面看是一种军事制度,但它却反映了建州部整个社会经济结构的变化和发展。

八旗制度是在氏族制的基础上发展起来的。在以前,建州部出猎"不计人之多寡,各随族党屯寨而行,猎时每人各取一矢,凡十人设长一人领之"③,其长名牛录(大箭)额真(头目)。到了努尔哈赤时期,建州部的势力日益强大,先后合并了女真部的其他各部落。努尔哈赤把本部和各部的壮丁组织起来,以300丁为1牛录,5牛录为1甲喇(队),5甲喇为1固山(旗),共8固山,约有6万人。壮丁"出则为兵,入则为民"④,"无事耕猎,有事征调"⑤。出兵时,八固山各有不同的旗色,即黄、红、蓝、白、镶黄、镶红、镶蓝、镶白八种旗色,所以八固山又叫八旗。

各旗的首领叫固山额真,即旗主,其下又有梅勒额真、甲喇额真和牛录额真,他们都是各部的氏族贵族,而旗主则是努尔哈赤的最亲近的家族。他们也都拥有大量的财富、奴隶和土地,其中有的人有马"千百为群",田庄或多至五十余所,并皆驱使奴隶为之耕作⑥。

八旗的兵士则出自各部的平民,平民有自己的耕地和牲畜,一般都没有脱离生产,也有一部分人蓄有奴隶一二人或四五人。当时的八旗士兵之家,都有赋税和徭役的负担。努尔哈赤通过八旗的各个头领向所属的平民征兵役和力役,也向他们索取耕牛和各种杂物⑦。

---

① 李民寏《建州闻见录》。
② 《清太祖武皇帝实录》卷一,戊子年四月。
③ 《清太祖武皇帝实录》卷二,天命己亥年。原文为白话,此处引自王先谦《东华录》。
④ 《清太宗实录》卷七,天聪四年五月。
⑤ 魏源《圣武记》卷一。
⑥ 《建州闻见录》"六畜惟马最盛,将胡之家,千百为群,卒胡亦不下十数匹",又:"自奴酋及诸子下至卒胡皆有奴婢(多相买卖)农庄(将胡则多至五十余所),奴婢耕作,以输其主。"
⑦ 并见《建州闻见录》:"凡杂物收合之用,战斗力役之事,奴酋令于八将,八将令所属柳累(按,即牛录)将,柳累将令所属军卒。"

八旗内的奴隶叫做"包衣",译为汉语是"家的"或"家里的"意思。包衣的来源是由于贫富的分化,但更多的是由于俘虏,其中有女真人,也有汉人、蒙古人和朝鲜人。包衣与主人住在一起,替主人从事农耕、狩猎等生产活动和服各种家内的杂役。他们是主人的财产,主人可以任意凌辱、鞭笞和买卖,但不加杀害①。

努尔哈赤是八旗的家长和最高统帅,八旗的旗主都要听从他的指挥。但是在八旗的内部,也存在着浓厚的军事民主主义的作风,遇有军政大事努尔哈赤都要召集八家共议,出兵掠获来的财物也要由八家均分,还规定建州部首领的继承人要由八家共选②。

万历四十四年(1616年),努尔哈赤在赫图阿拉建立了"后金"政权,做了皇帝,还先后颁布了官制和法律,从这时起,女真建州部就有了国家的组织。

努尔哈赤从小被抚养在明朝守辽名将李成梁的帐下,接受了汉族的文化,又学习了作战的本领,后来回到建州,明朝封他为建州卫左都督,并加封龙虎将军。在他统一女真各部并建立"后金"之后,威信日大,兵势日张,这时明朝的内政日趋腐败,军事的防御也松弛了,于是他便与明朝断绝了关系,不再服从明朝的统治,并准备向明进攻。万历四十六年(1618年),努尔哈赤借口报"七大恨"之仇,大举侵明,烧毁了抚顺城,人畜物资全部席卷而去③。万历四十七年(1619年)明朝以杨镐为经略,出镇辽东。明军四路出师,反击金兵。由于中路军首领杜松轻敌,在萨尔浒遇伏,全军覆没,继而其他两路也被金兵击败,另一路撤出。在这次战役后,努尔哈赤在东北的地位更加巩固,明朝对辽东的统治开始动摇。

为了应付辽东的败局,明朝政府起用熊廷弼代杨镐,廷弼招抚流亡,修缮守备,形势有了转机。但是明统治者内部党争不息,熊廷弼很快就被迫离职,后继者袁应泰防守松弛,沈阳、辽阳相继失守,至此除山海关外极小地区外,辽东大小72城全部为"后金"所有。辽沈失陷后,明廷重新起熊廷弼经略辽东,但又任用骄慢的王化贞为广宁巡抚,形成掣肘,"经抚不合",最终又导致广宁失守。熹宗天启六年(1626年),努尔哈赤率兵攻宁远城,明朝军民在袁崇焕的指挥下英勇抗战,金兵大败。努尔哈赤在阵前受重伤,不久

---

① 参考郑天挺《清史探微》三,《清代包衣制度与宦官》。
② 《天聪朝臣工奏议》卷上。
③ 《光海君日记》卷一二七,光海君十年戊午条,载《明代满蒙史料》第十三册,第380页。

死去,他的儿子皇太极继承了皇位,更积极地准备侵明的战争。

皇太极统治东北时期,女真族的社会经济有了进一步的发展。这一发展与他们进入辽河流域地区有很大的关系,耕地面积扩大了,户口增多了。八旗人口大部分从赫图阿拉迁到辽、沈,在这里分得大量的土地。这时,在原来的满洲八旗以外,又增加了蒙古八旗和汉军八旗,共为 24 旗。为了适应经济的发展,女真统治者把原来俘虏的奴隶"编为民户",命其"分屯别居"①。对于辽、沈地区无地的农民,则采取按丁授田和奖励垦荒的办法,向他们征收 1/10 的租赋②。

随着生产的发展,后金统治者发动的掠夺战争也日益扩大。在战争的过程中,他们继续掳掠大批人口,分拨八旗贵族或士兵之家为奴。由于军需紧迫,后金统治者加强了对农民的剥削。当时的"辽、沈农民,将一年所收之谷,尽入于八高(固)山之家",以致"贫不能自食"③,八旗每一牛录所负担的差徭也多至三十余项④。于是"贫者益贫,富者益富","金汉之民,两相困毙"⑤。

明天启七年(1627 年)、崇祯二年(1629 年)皇太极先后出兵攻明,直迫北京。崇祯二年明朝以袁崇焕为督师,率军迎战,解除了金军对北京的威胁。由于皇太极的反间,崇祯把袁崇焕杀了。袁崇焕是抗击女真的一个杰出将领,袁崇焕之死,对于明朝来说是一个很大的损失。

为了进一步侵犯明朝,后金统治者还出兵攻打察哈尔部。当时蒙古察哈尔部林丹汗,一直与明朝联合,树兵与后金为敌。崇祯五年(1632 年),皇太极联合蒙古喀尔喀、科尔沁等部攻打林丹汗,七年(1634 年)占领察哈尔部,林丹汗走死,长城以北的广大地区完全被后金所控制。形势对后金更加有利,明朝在北方的屏藩也被撤除了。此后皇太极多次绕道蒙古进关掳掠,攻陷州县,给明朝统治造成了严重威胁。

崇祯九年(1636 年),皇太极在沈阳改国号为清(天聪元年已不用建州之名而改为满洲)。在这以前,皇太极为了加强君主专制,已把八旗中的三旗直接掌握在自己的手里,还仿照明代制度设立了文馆(内阁)和六部,并宣布在沈阳开科取士,又采用各种办法来招降汉族的官僚地主。这一切都

① 参考《清太宗实录》卷一,天命十一年九月。
② 《满洲老档秘录》上编,天命六年七月谕。《天聪朝臣工奏议》卷上。
③ 《朝鲜仁祖实录》卷四一,庚辰十二月。
④ 《清太宗实录》卷一七,天聪八年十二月。
⑤ 《天聪朝臣工奏议》卷上。

说明清统治者已经有了覆灭明朝的企图。崇祯十四年(1641年),明清在锦州、松山、杏山、塔山、宁远、山海关一线展开决战。明军在决战中主力丧失殆尽,从此无力与清军对抗,清军入关、征伐中原已是迟早的事了。

第四节 明朝的对外关系

一 明朝与南洋各地的关系

明朝与南洋各地的关系 在明朝,我国和亚洲各国之间,特别是与邻近的朝鲜、越南、日本、缅甸、柬埔寨、暹罗、印度以及南洋各国之间的经济文化联系与政治接触比以前更加频繁了。当时,除去与明朝毗邻的国家以外,和其余各国的往来,都要靠海上的交通。

唐宋以来东南沿海地区手工业和商业的日益繁荣,罗盘针的发明,造船技术的提高,气象的测量,地图的绘制以及航路的勘探,都给海外贸易事业的发展创造了有利的条件。明代江浙闽广地区的土地兼并十分激烈,而福建是"三山六海,田居其一",浙江南部也是"山多田少",可供开垦的荒地不多①。失掉土地的农民经常流离失所,出海谋生成为农民的一条重要的出路。出海的人,一小部分是富豪巨商,大多数都是小商人、手工业者和农民。

出海谋生的人到南洋去的最多。明朝初年,在旧港一地居留的中国人约有数千人,在爪哇的杜板、苏鲁马益和新村等地也有中国人数千家。除去旧港、爪哇等地外,在美洛居、浡泥、文莱、吕宋都有大批的中国人②。到了明朝中叶,在南洋的中国人更为增多,其中吕宋已多至数万人,他们"往往久住不反,至长子孙"③。

明朝的商人把瓷器、丝绸、铁器和金属货币带到了南洋,同时收买当地的胡椒、谷米和棉花,发展了中国和南洋的商业关系。留居南洋的中国人,从中国带了铁锄、铁犁、制糖和采矿的工具,带去了茶种和培植胡椒的方法,并且还和南洋的居民共同开发了大量的农田和矿场。迁移到南洋的中国人,对南洋的开发作出了巨大的贡献。

明朝的中国是当时亚洲的一个强大的国家,它在政治经济文化各方面

---

① 张萱《西园闻见录》卷五《乡党》。
② 张燮《东西洋考》卷三《下港》《旧港》等条。
③ 《明史》卷三二三《吕宋传》。

对亚洲各国都有较深远的影响。明朝政府在洪武年间就确立了睦邻友好的对外政策,先后派使臣 30 次对周边 12 个国家进行访问,有 17 个国家的使臣也先后 135 次访问中国。永乐、宣德时,明政府更派遣大批使臣出使亚、非各地,当时的朝鲜、日本、吕宋、暹罗、文莱、冯嘉施兰、苏禄、苗合里、美洛居、古麻剌朗、彭亨、占城、满剌加、爪哇、阿鲁、真腊、三佛齐、浡泥、苏门答腊、南渤利、忽鲁谟斯、柯枝等国都与明朝保持政治和外交关系,并派人来华贸易。永乐二十一年(1423 年)各国使臣和商人到南京的一次就有一千二百多人,一时朝廷为之盈满①。满剌加、浡泥、尼八剌、苏禄、古麻剌朗等国八位国王九人次访问中国,受到明政府的礼遇,其中浡泥国王、苏禄国东王和古麻剌朗国王在访问中国时不幸病故,分别葬于南京安德门外、山东德州北郊、福建福州西湖南面的茶园山。他们的墓葬是明朝与上述国家友好关系的历史见证。明朝政府又在广州、泉州、宁波三地设立了市舶司,专门管理对外贸易的事务。

明朝和南洋各国之间的经济和文化的联系虽然日益发达,但明朝政府对各国使节来华贸易却加以种种的限制,明朝政府严格限制各国使节来华的日期、人数和船数,并且还要呈验"勘合"和"金叶表文",才能入境。尤其是明朝政府屡次颁布禁止民间私自下海的命令,把出国的人看成为"无父无君之辈"和"化外之民",这就使明朝和南洋各国之间的商业活动不可能得到充分的发展。这种情况到穆宗隆庆年间有了比较大的改变。

郑和下西洋 从永乐三年(1405 年)到宣德八年(1433 年)的 28 年间,中国杰出的航海家郑和曾率领船队 7 次下"西洋"②,前后经历了亚、非 30 多个国家。这是一件闻名中外的大事。

郑和到过的地方有占城(今越南南部)、真腊(今柬埔寨)、暹罗(今泰国)、满剌加、吉兰丹、彭亨(以上今马来亚)、苏门答腊、旧港、爪哇、阿鲁、南勃里(以上今印度尼西亚)、锡兰山、溜山(以上今斯里兰卡)、榜葛剌、琐里、加异勒、柯枝、古里、南巫里(以上今印度)、忽鲁谟斯(今波斯湾口)、祖法儿、阿丹(今阿拉伯半岛)、卜剌哇、竹步、木骨都束、麻林(今非洲的东岸)③。

郑和最后一次出使的船队拥有官校、旗军、火长、舵工、班碇手、通事、办事、书算手、医士以及铁锚匠、木舱匠、搭材匠、水手、民梢人等二万七千多

---

① 《明太宗实录》卷一二七,永乐二十一年九月。
② 明朝人以今婆罗洲为界,婆罗洲以西称西洋,婆罗洲以东称东洋,参见《东西洋考》。
③ 郑和的航海图载于茅元仪《武备志》中。

人,共乘坐大船63艘,其中最大的船长44.4丈(合138米)、阔18丈(合56米),有9桅、12帆,可容1000余人①,当时人形容"体势巍然,巨无与比,篷帆锚舵非二三百人莫能举动"②。这是当时航行海上的最巨大的船只。其他各船平均也可容四五百人。船上有航海图、罗盘针。郑和船队每次总是满载着货物往返,携出物品有金银、丝绸、瓷器、铁器、铜钱,等等。携归的是各国土特产品,其中不少是奇货重宝及珍禽异兽等。与郑和同行的马欢在《纪行诗》中说:"归到京华觐紫宸,龙墀献纳皆奇珍。"③

郑和生于洪武四年(1371年),本姓马,云南昆阳州(今昆明晋宁)人④,回族,世代信奉伊斯兰教。洪武时被阉入宫,是历任永乐、洪熙、宣德三朝的太监。世传郑和为"三宝太监","三宝"可能是郑和的小名。他是奉明朝皇帝的命令出使西洋的,出使的主要目的是为了扩大明王朝的政治影响,提高明王朝在国外的地位和威望,同时也用中国的货物去换取海外的奇珍,所以乘坐的船只又叫做"宝船"。郑和每至一地,就表示中国愿意和各国通好,然后与他们进行贸易,约请他们派遣使臣到中国来。这种交往大都是和平进行的,只有极个别的地方发生过武装的冲突。

郑和下西洋加强了中国与南洋各地的联系,很多国家都在和他接触之后派使臣来中国贸易。郑和下西洋也开拓了中国人的眼界,在他的影响下,中国人到南洋去的也日益增多。郑和的历史功绩是不能磨灭的。

二 倭寇在东南沿海地区的骚扰 万历时期的援朝战争

倭寇在东南沿海地区的骚扰 戚继光领导的御倭战争 14世纪以来,日本已进入南北朝分裂的时期,日本西南的封建诸侯组织了一部分武士、浪人和商人,经常在中国沿海进行武装的掠夺和骚扰,他们抢劫中国的商船,掠杀中国沿海的居民,历史上称之为"倭寇"。

从元末明初开始,倭寇就不断在中国沿海各地出没。永乐时,明朝政府一方面允许日本诸侯十年一次来华贸易,并让他们停止武装骚扰;一方面又整饬军备,加强海防,对来犯的倭寇予以沉重的反击。永乐十七年(1419

---

① 祝允明《前闻记》,《纪录汇编》本。
② 巩珍《西洋番国志·自序》。
③ 马欢《瀛涯胜览》。
④ 《明史》卷三〇四《郑和传》,并见袁嘉毅《滇绎》卷三所载郑和父马哈只墓碑。

年),明军在总兵刘江的领导下,于辽东望海埚的战役中,一举歼灭了全部登陆的倭寇①,倭寇从此不敢再作大规模的骚扰。

到了明世宗嘉靖年间,日本进入了"战国"时期。这时,日本分裂为更多的诸侯国,各诸侯都争来通商,有限制的贸易已不能满足其要求,嘉靖二年(1523年)就发生日本诸侯大内氏与日本将军足利氏的管领细川氏在宁波的争贡事件②,他们通商不遂,就用武力抢掠。由于东南沿海一带商品经济的发展,豪富地主下海经商的也日益众多,其中有的人与倭寇勾结,狼狈为奸,于是中国沿海地区的倭患又达到了高潮。

嘉靖二十六年(1547年),明朝以朱纨为浙江巡抚,兼督备倭。朱纨认为乱源所在不仅是倭寇,更主要是由于"闽浙大姓"的通倭。他逮捕了一部分地主富豪和奸商,又积极训练海防军,堵击倭寇。朱纨的这些措施,触犯了"闽浙大姓"的利益,受到在朝的闽、浙官吏的阻挠,不能顺利执行,反被明朝政府"落职按问",终于被迫自杀。至此,明朝"罢巡视大臣不设,中外摇手,不敢言海禁事"③,倭寇更加猖獗。

嘉靖三十二年(1553年),滨海千里,同时告警,倭寇先后攻我上海、苏州以及江北南通、泰州各地。嘉靖三十四年(1555年)又深入徽州、南京,他们在沿途烧杀淫掠,许多工商业市镇受到兵火的洗劫。明朝政府从西南各地调来由苗、瑶、壮各族组成的军队在各地邀击倭寇。同年四月,壮、苗、瑶各族的军队在嘉兴王江泾镇大败倭寇,这是继望海埚以来的又一次大胜利。

在倭寇入侵时,沿海各城的居民都纷纷起来组织武装,保卫家乡。嘉靖三十七年(1558年),倭寇攻掠福建长乐,城崩二十余丈,居民数千"列棚拒战","少壮守阵,老稚妇女运砖石"④,终于击败倭寇。在同一时期,沿海一带的渔民、盐民、商民也都驾船出海参战,迎击倭寇。

到了嘉靖末年,明朝的一部分爱国将领如俞大猷、戚继光、刘显等人,在粤、闽、浙等地的御倭战役中,领导军民,屡次击败倭寇,其中戚继光率领的由农民和矿夫组成的"戚家军"最为英勇。他们大小八十余战,战无不胜,浙江台州之战,福建横屿、平海卫之战,都给来犯的倭寇以歼灭性的打击。

---

① 严从简《殊域周咨录·日本》。
② 《明史纪事本末》卷五五《沿海倭乱》。
③ 《明史》卷二〇五《朱纨传》。
④ 《虔台倭纂》卷上《倭变》,见《玄览堂丛书续集》。

戚继光等统率的军队前后杀倭万余人,基本上荡平了倭寇之患,保障了东南沿海人民的生命财产。

戚继光(1528—1587年),山东牟平人,深通兵法,号令严明,他从事御倭战争达十余年之久,用兵"飙发电举,屡摧大寇"①,在抗击倭寇的战争中他的功绩最大。

明代抗倭战争的胜利具有重大意义。倭寇长期侵扰东南沿海,使这里的经济受到摧残,人民生命财产蒙受莫大损失。平定倭寇之后,东南沿海一带才得安宁,社会生产得以正常进行,同时也为明朝的开放海禁创造了条件。穆宗隆庆元年(1567年),明政府调整海外贸易政策,开放海禁,允许民间与东西"诸番"进行贸易,史称"隆庆开关"②。

万历时期的援朝战争　与戚继光肃清倭寇的同时,日本国内也发生了重大的政治变化。日本的"关白"("关白"是丰臣秀吉的官衔)丰臣秀吉战胜了其他割据的诸侯,统一了日本,日本的经济又有了进一步的发展,商业的发展尤为迅速。丰臣秀吉为了满足封建主和商人的贪欲,积极从事对外扩张。万历二十年(1592年),丰臣秀吉发动了侵略朝鲜的战争。

明朝和朝鲜之间长期保持着友好的关系,没有发生过战争。在边境上,两国的商人络绎不断,两国政府之间的正式贸易年达四五次之多③。朝鲜向我国输出耕牛、苎布、纸张和药材,我国的丝织业与棉纺织业的技术和工具在朝鲜也有一定的推广。

日本丰臣秀吉侵略朝鲜的目的是要占领和统治全部朝鲜,并以朝鲜为根据地,进一步侵略中国。早在日本天正五年(1577年),丰臣秀吉就向织田信长提出平定九州后,"进军进入朝鲜,席卷明朝四百余州,以为皇国版图"④。明朝的大臣也指出:"倭得朝鲜以为巢穴,退可以守,进可以寇,中国从此无息肩之期。"⑤当时日本军十万从釜山登陆,很快便攻陷王京,占平壤,朝鲜八道几尽没。在这个紧急的时候,朝鲜国王李昖遣使向明朝告急求援,明朝以与朝鲜有唇齿相依的关系,不能坐视不救,立即派兵援助朝鲜。

日本侵略朝鲜,引起朝鲜人民无比的愤恨,各地的义军纷起抵抗。万历二十年(1592年)年底,明朝以宋应昌为经略、李如松为东征提督,率南兵大

---

① 《明史》卷二一二《戚继光传》。
② 张燮《东西洋考·周启元序》。
③ 《明史》卷三二〇《朝鲜传》。
④ 日本参谋本部编《日本通史》,朝鲜战役。
⑤ 《皇明经世文编》卷四五一,周孔教疏。

举援朝。明军与朝鲜军民配合作战,于万历二十一年(1593年)二月进围平壤,打垮日本最精锐的小西行长的军队,光复了平壤。继而又攻克了开城,日本军队被迫放弃王京,退据釜山、汉江以南千余里之地复归朝鲜所有。平壤之捷从根本上扭转了朝鲜的战局,士气为之一振。

丰臣秀吉侵略朝鲜虽然失败,但野心不死,为了准备卷土重来,乃假意与明朝讲和,诱明撤兵,以便展开新的进攻。以兵部尚书石星为首的明朝主和派,亦主张对日本妥协,求得暂时的和平。于是明朝政府就堕入丰臣秀吉的阴谋之中,陷于被动地位。

万历二十五年(1597年)二月,和议果然破裂,日本又再度大举入侵朝鲜,明朝政府再派邢玠率兵援朝鲜,明朝将领刘綎、陈璘等人给了日本军队很大的打击。万历二十六年(1598年)二月,丰臣秀吉死,明军反守为攻,在朝鲜南海面上与日本军队决战,日军几至全部被歼。在这场战役中,朝鲜的杰出将领李舜臣、明朝将领邓子龙也先后战死。至此,丰臣秀吉发动的第二次侵略朝鲜的战争又宣告失败。

日本侵略朝鲜的战争的失败,主要是由于朝鲜人民的坚持抗战。而明军的两次援助,也起了重大的作用。

三 西方殖民者的入侵和耶稣会士的东来

西方殖民者的入侵 16世纪时,欧洲的一部分国家,进入了资本主义原始积累的时期。作为资产阶级前驱的殖民主义者,已经开始了海外的掠夺。首先来到东方的是葡萄牙、西班牙,其次是荷兰和英国。

明武宗正德六年(1511年)葡萄牙人攻占了满剌加,随即侵犯我东南海面,劫夺商旅,掠卖人口,贩运违禁物品,甚至武装袭击广东沿海地区。这种海盗的行为,立即遭到明朝的反击。世宗嘉靖二年(1523年),明朝在广东新会海面击败了葡萄牙商船,并缴获其佛郎机炮①,从这年起,明朝政府即严禁与葡人贸易,并封锁了全部通商口岸。

葡萄牙人与倭寇勾结,又在中国浙、闽地区进行各种骚扰,在浙江双屿等地也受到明军的打击。

嘉靖三十二年(1553年)葡萄牙人用欺骗贿赂的手段,买通了明海道副使汪柏,佯言商船遭遇风暴,请求准其在澳门居住,晾晒货物。不到十年,在

---

① 《殊域周咨录》卷九《佛郎机》条。

澳门的葡萄牙人逐渐增多,以至于"筑室千区","夷众万人"①。

追随葡萄牙人之后来到东方的是西班牙人。西班牙人于穆宗隆庆五年(1571年)侵占了吕宋。西班牙人对当地的居民包括留居在吕宋的中国人在内,备加压迫和凌辱。万历二十一年(1593年),西班牙总督郎雷从吕宋率舰队侵美洛居,尽驱该地的华人为兵,"稍怠即鞭挞,有至死者"。为了反抗西班牙人的压迫,华人潘和五号召水手起义,杀死郎雷,撕碎了西班牙海盗的旗帜②。以后西班牙人又在吕宋多次屠杀华人,但都遇到坚决的抵抗。

万历二十九年(1601年)荷兰殖民主义者继葡萄牙、西班牙之后率舰队来到东方,先后于万历三十一年(1603年)和天启四年(1624年)偷袭我澎湖地区,但都被我福建军民击败。荷兰殖民者强占澎湖的阴谋不逞,又转而侵我台湾。

台湾是我国的领土,早在东汉时期就与大陆有频繁的经济联系,元朝在台湾正式设立了澎湖巡检司。明朝建立以后,继续保持着管理台湾军务的澎湖巡检司。同时林道乾、袁进、李忠、颜思齐、郑芝龙等人又先后对台湾进行统治。明代后期在台湾的汉人已有十余万,他们和高山族人民一起对台湾的开发作出了重大的贡献。万历十八年(1590年),葡萄牙的商船经过台湾海峡,见其山川秀丽,称之为"福尔摩萨",这是西方人知道台湾之始。

天启四年(1624年)荷兰人侵入台湾,以后,在这里建立了赤嵌城。荷兰殖民者在台湾征收高额的人头税,把土地收归东印度公司所有,无止境地搜刮台湾的一切富源,还把大批的台湾人民掠卖到爪哇当奴隶③。

但是台湾人民从来没有中断过反对荷兰殖民者的斗争。康熙元年(1662年),台湾人民终于在郑成功的领导下,把荷兰殖民者赶出台湾。

耶稣会士的东来 自从葡萄牙殖民者来到东方,西方传教士也接踵而至。这些传教士多为耶稣会士。万历八年(1580年),一部分耶稣会士来到了澳门,以后又陆续有教士来到中国,其中有利玛窦、庞狄我、龙华民、熊三拔等人。利玛窦在中国传教,根据中国的情况,开创了新的传教方式,主要有三条。第一,走上层路线,与官僚士大夫接交,并争取皇帝的支持,从而在中国立足。第二,随从中国风俗,以减少宣教阻力。如学习华语,读儒家经

---

① 庞尚鹏《抚处濠境澳夷疏》,载《万历南海县志》卷一二。
② 《明史》卷二二三《吕宋传》。
③ 参考刘大年等《台湾历史概述》第10、14、18页。

典,穿着儒服,力图说明基督教义与儒家思想相通。第三,介绍西方的科学技术知识,以此作为门径,取信于士大夫,见重于当道,达到引人入教、徐图发展的目的。

万历二十九年(1601年),利玛窦来到北京,并得到神宗的允许在北京建立教堂。这些传教士带来的科学知识主要有天文历法、数学、地理学、物理学、火器制造等。徐光启是最早接受西学的官僚士大夫,他看到西学可为我所用,提出"欲求超胜,必须会通,会通之前,先须翻译"[1]。正是在他的带动下,一批西方的科学技术的书籍被翻译过来。在天文学方面有《乾坤体》,在数学方面有《几何原本》《同文算指》,在物理学方面有《远西奇器图说》,在水利方面有《泰西水法》,在地理学方面有《坤舆万国全书》《海外舆图全说》《职方外纪》,在火器方面有《则克录》,等等。崇祯皇帝对西学采取了开放态度,先后任用徐光启、李天经主持历局,吸收龙华民、邓玉函、汤若望、罗雅谷等传教士参与修历。崇祯八年(1635年)完成,十六年颁行。这就是有名的《崇祯历书》。不过此时明朝即将灭亡,明朝的科研成果,后来被清代行用。这就是我们今天所用的阴历。

第五节 明后期社会矛盾的激化和农民起义

一 明后期社会矛盾的激化

大土地所有制的恶性发展和人民的极端贫困 明代社会的农业生产经过长期积累,在万历时期达到高峰。伴随着经济的高度繁荣,拥有各种特权的大地主阶层兼并土地的现象日益加剧,严重激化了社会矛盾。

明代皇族向以兼并土地为务,明后期对土地的贪婪达到极点。明朝中期皇庄设置主要在京畿和北方,而到明后期,连远离京师的南直隶长江沿岸也都密布皇庄[2]。此外,最突出的是藩王占田。万历时,福王封藩河南,明神宗一次就赐给他田地200万亩,河南土地不够,并取山东、湖广田益之。蜀王朱自澍在四川占有庄园300多个,"王膳日供一庄,以故富而无与比"[3]。天启时,明熹宗下令拨给桂、惠、瑞三王和遂平、宁国二公主的庄田,

---

[1] 《徐光启集》卷八《历书总目表》。
[2] 《明神宗实录》卷五二〇,万历四十二年五月。
[3] 嘉庆《双流县志》卷四。

少者七八十万亩,多者 300 万亩①,各州县已至无田可拨,于是勒令各地人民分摊银租,叫做"无地之租"。这种情况,是前所未有的。据不完全统计,天启年间宗室勋庄田总面达 50 万顷。以河南为例,有 72 家王室,全省土田半入藩府。皇族王室拼命占地的结果是民田锐减。万历后期成都府"王室庄田占有十七,军屯十二,民间仅十一而已"②。

官僚地主对土地的兼并也异常激烈。如致仕大学士徐阶"有田二十四万亩"③。大学士朱赓侵占了山阴(今绍兴)地区的大部分良田美宅。一般说来,江南的缙绅富室占田少者数百亩,多者数千亩,乃至万亩。河南的缙绅富室,占田少者五七万亩,多者至十余万亩④。

土地高度集中到皇族和官僚地主手中,造成明后期大土地所有制的恶性发展,不仅一般农民面临破产,而且一般地主因没有特权优免而倾家荡产者,也比比皆是。

明末国家的赋役也是很沉重的,万历四十六年(1618 年),明政府借口辽东战事紧急,向人民加派"辽饷",前后 3 次,共征银 520 万两,相当于全年总赋额的 1/3 以上。以后又有各种名目的加派,而且无论地方丰歉,土地肥瘠,皆一概按亩征银,再加以强征丁银、滥派差役,就使得更多的贫苦农民抛弃自己的小块土地,沦为地主的佃农、雇工和奴婢,或成为流民、饥民。

佃农所受的剥削在此时更加苛重。明末江南地区一亩之收,多者不过三石,少者一石,而私租却重至一石二三斗,松江多至一石六斗,苏州多至一石八斗,个别的达两石⑤。除正租外,还有脚米、斛面以至鸡牛酒肉等等附加的租额和大斗大秤的剥削,还有从地主那里转嫁来的差役、赋税和高利贷的盘剥。这种残酷的剥削就逼得佃农连起码的生活也都难以维持,辛勤一年,依然冻馁。

佃农的人身束缚在当时也很严重。某些地区的佃农要替地主保家护院,在地主驱使下无条件地服各种杂役,而且未经地主给假不得自由行动。至于官僚地主的横暴乡里,和王府亲随的荼毒农民,到明末更加猖獗,他们在各地"私设公堂""吊拷租户""驾帖捕民""格杀庄佃",无所而不为,更引

---

① 《明史》卷七七《食货志》。
② 《明神宗实录》卷四二一,万历三十四年五月。
③ 伍袁萃《林居漫录》前集卷一。
④ 分见郑廉《豫变纪略》卷二,《明史》卷二五一《钱士升传》。
⑤ 嘉靖《吴江县志》卷一三《典礼志·风俗》,叶梦珠《阅世编》卷一《田产》。

起了广大农民的愤恨。

沦为长工和奴婢的农民,无论在法律上和实际上都是没有自由的。长工的社会地位高奴婢一等,但平时要受主人的约束,当时的法令规定主人打死长工不抵命。奴婢的身份更低贱,江南等地的奴仆一经与主人立契,世代不能脱籍。在湖北麻城和安徽宁国,一般地主豪绅不用佃农,而用钱买奴仆耕地,以后子孙世世为奴,叫做"伴当"或"世仆"。在明末,仅麻城豪绅梅、刘、田、李四家就拥有世仆三四千人①。

为了攫取更多的货币,兼营工商业的地主较前日益增多。在江南各城镇,很多地主和大商人成为铁坊、油坊、糖坊、囤房、机房的作坊主或当铺的东家②。在北京,勋戚王公也都经理窑场、开张店铺以牟利。万历时,陕西的肃王除去拥有大量庄田外,还在各地设有瓷窑、店房和绒机③。河南的福王也开设很多盐店、客店。他们利用特权在各地劫夺商货,把持行市,无顾忌地掠夺城市贫民、小手工业者和小商人的财富。

与此同时,政府也加强了对城市工商业的掠夺。从万历二十四年(1596年)起,明神宗向全国各地派出矿监税使,即派宦官到各地督领金银等矿的开采或征收商税,将开矿或抽税所得上缴内库。据统计,南北直隶、河南、山东、山西、湖广、浙江、陕西、四川、辽东、广东、广西、江西、福建、云南等省遍设矿监;天津、镇江、仪真(今江苏仪征)、杭州、广州、荆州、临清、东昌(今山东聊城)、苏州、开封、太原、成都、西安、湖口、密云、卢沟桥、桂林等通都大邑则广布税使。从万历二十五年(1597年)到三十四年(1606年),由宦官直接送往北京内库的税款就有白银五百七十余万两、黄金一万二千余两,此外还有金刚钻、水晶、珍珠、纱罗、红青宝石等物,而装进宦官及其爪牙私囊的还不在内。这些宦官往往以开矿为名,强占土地,或巧立商税名目,横征暴敛。他们手下豢养的拳师棒手直入民家,奸污妇女,甚至随意捕杀人民,直接受害的大都是城市居民。

城市居民反矿监税监的斗争 万历以后,明朝社会各种矛盾日益激化,社会不稳定因素与日俱增。这时,除去被明政府称为"流寇""矿盗""饥民""蓝徒""炭党"的破产农民不断起来反抗外,江苏无锡、嘉兴和福建泉州

---

① 康熙《麻城县志》卷三《民物志·风俗》。
② 钱思元《吴门补乘》卷一《风俗补》引黄省曾《吴风录》。
③ 《明神宗实录》卷二〇,万历元年十二月。

一带沦为佃农的农民,往往聚众,宣称不得向地主豪绅输租①。在城市中,行会的手工业工人,也因为钱贱物贵,生活困难,纷纷组织起来,向东家要求增加工资②。规模更大的反抗是在宦官征商以后,各大城镇的居民因不能容忍明朝的苛政,先后掀起了多次反矿监、税监的斗争。

湖广人民反对宦官陈奉的斗争是各地反对宦官征商的先声。万历二十七年(1599年),陈奉在荆州征商。商民恨奉入骨,一呼而聚者数千人,向他抛掷砖石,陈奉逃窜武昌。万历二十八年(1600年),陈奉又在武昌征商,武昌商民聚众万余人,甘与奉同死。暴动的群众把陈奉的同党五六人抛入长江中,迫使陈奉从武昌逃跑。当时,仅在湖广各城镇,前后因征商引起的激变,就有十余次之多。

次年,宦官孙隆在苏州征商。他规定机户"每机一张,税银三钱",又创立新法:"凡缯之出市者,每匹纳银三分。"③此法颁行后,"机户皆杜门罢织",于是机工失业,生活无着。这年六月,苏州的织工、染工两千余人在织工葛贤、钱大、徐元、陆满等四人的领导下,于苏州玄妙观誓神焚香,宣言"欲为吴民剿乱"。他们前后击毙了宦官孙隆的爪牙二人,捶死了税官多人,又火焚了豪富皂隶等十家住宅,并在城郊遍贴榜文,"必欲得宦官乃已",孙隆害怕,连夜往杭州躲避。

反宦官的怒潮在其他各地也此起彼伏。万历三十年(1602年),宦官潘相在江西景德镇征商,引起了当地窑工的激变。三十一年(1603年)宦官王朝在北京门头沟征商,一支由窑工和运煤脚夫组成并有一部分窑户参加的队伍向北京城进发,他们在京城内"填街塞路",举行大示威,迫使明朝皇帝不得不把王朝撤掉。在同一时期,陕西、直隶、福建,以至辽东、云南等地,也纷纷起来驱逐宦官,云南商民还把税监杨荣当众杀掉以泄愤。

全国城市居民反矿监、税监的斗争主要是由于明朝政府加强对城市工商业者的掠夺所造成的,这样的暴动在中国历史上还是第一次见到。参加这一斗争的基本群众是城市的手工业工人、小商人、手工业者和城市贫民,其中有很多是流入城市从事佣工、小贩的破产农民。这种斗争,反映了在商品经济日益发展的情况下,城市的贫民,特别是手工业工人已经开始作为

---

① 万历《秀水县志》卷一《风俗》,万历《无锡县志》卷四《舆地志》。
② 周晖《琐事剩录》卷四《工人齐行》条说:"甚矣工人之贫也,时钱贱物价贵,工人倡为齐行,所争者微,所聚者众。"
③ 沈瓒《近事丛残》。

一支力量参加到反压迫的斗争中来了。由于宦官的征商,一些居住城市的地主兼工商业者、中产以上的商人、作坊主、窑主等类人,也有一部分参加到斗争中来,因为他们的利益也受到一定的损失。这些说明了当时的社会矛盾是极端复杂和尖锐的。

东林党议 张居正去世后,万历初的改革成果迅速化为泡影。此后神宗大权独揽,最初还比较勤政,但从万历十四年(1586年)后,开始怠政,万历二十年后更是晏处深宫,溺志财货,留中章奏,不问政事,从而使王朝统治体系失去重心。行政效率的低下,官员贪污受贿已成为普通风气,政局一发不可收拾。面对国家中枢的瘫痪和吏治的彻底腐败,面对社会各种矛盾的尖锐化,一些正直、开明、清醒官僚士大夫以"家事国事天下事,事事关心"的态度,于万历中期起,渐渐团结成受到社会各阶层关注的政治势力,积极参与中央决策、官吏黜陟,反对无能的大官僚和专擅虐民的宦官,力图挽救陷于严重危机的明王朝。这就是东林党议。

万历三十二年(1604年),被明朝政府革职的吏部郎中顾宪成,与同好高攀龙、钱一本、薛敷教、于孔兼、史孟麟、顾允成等人,在他的故乡无锡东门东林书院讲学。顾宪成认为:"官辇毂,志不在君父,官封疆,志不在民生,居水边林下,志不在世道,君子无取焉。"因此他们经常"讽议朝政,裁量人物",抨击当权派。一时"士大夫抱道忤时者,率退处林野,闻风响附",一部分在职官吏如李三才等也"遥相应合"①。一时间东林书院成为对在朝官员声誉、行动有重大影响的舆论中心。东林党就是以此而得名的。

与东林党同时,另一批官吏士绅又组成浙、齐、楚、宣、昆各党派。这些党派相互之间也有矛盾,但他们都与在朝权贵相勾结,"务以攻东林排异己为事"②。宣党首领汤宾尹是宣城人,昆党首领顾天峻是昆山人,其他各党皆各以乡里命名。在这些党派之中,以浙党声势较大,浙党首领沈一贯、方从哲都先后出任内阁首辅,本身就是当权派的人物。

明神宗皇后无子,王恭妃生子常洛(即光宗),郑贵妃生子常洵(即福王),常洛为长。但神宗宠爱郑妃,欲立常洵,乃迁延不立太子。内阁大学士王锡爵、沈一贯、方从哲等又先后依违其间。东林党人上疏反对,各党派又群起反对东林。于是有"国本"之争、三王并封之争、福王就国之争、"三

---

① 《明史》卷二三一《顾宪成传》。
② 《明史》卷二三六《夏嘉遇传》。

案"之争①,东林党和它的反对派在立太子的问题上展开了长达二十余年的争论。

顺天人李三才,以右佥都御史总督漕运,并巡抚凤阳,作官颇有政绩。他曾先后多次上疏反对矿监、税监,指出矿监、税监的出使是由于神宗的"溺志货财"。他警戒神宗要罢撤征商,否则"一旦众畔土崩","即黄金盈箱,明珠填屋,谁为守之"②。李三才的呼吁得到东林党人的支持,顾宪成等欲造成舆论,推荐他入阁为相,但立即遭到各党派的攻击。李三才入阁的事件,也成为当时党争的中心。

在党争的过程中,东林党人反对以皇帝为首的当权派的胡作非为,反对王公、勋戚对土地的掠夺,反对矿监、税监的横征暴敛,他们这些主张基本上是符合人民要求的,他们的抗争也发生了一些作用。在东林党的反对下,神宗终于立常洛为太子,勋戚郑氏的权势受到一定的压抑。又如神宗欲赐福王400万亩土地,东林党人激烈反对,结果只给了一半。但是在很多问题上,东林党人的反对是无效的,东林党反对征商,明统治者一直没有停止过征商。东林党推李三才为相的愿望也没能实现。

熹宗天启时,统治阶级内部的党争愈演愈烈。最初,东林党人叶向高、邹元标、杨涟、赵南星等人得到执政的机会,浙、昆、宣各党派一度受到排斥。为时不久,以魏忠贤为首的阉宦与浙、齐、楚、宣、昆各党中的一部人结成联盟,被东林党人称为"阉党"。魏忠贤是司礼监秉笔太监,又提督东厂,爪牙有五虎、五彪、十狗、十孩儿、四十孙等名目。不仅如此,魏忠贤还"自内阁、六部、四方总督、巡抚,遍置死党"③,内阁首辅顾秉谦"曲奉忠贤,若奴役然"④。他们排斥异己、专权擅政,荼毒人民,无恶而不为。当时京城内外,都遍布魏忠贤的暗探,只要有人说魏忠贤一句坏话,被暗探听到,就立刻惨遭捕杀。

东林党人杨涟因为上疏劾魏忠贤二十四大奸恶,被锦衣卫缇骑逮捕。左光斗、魏大中、周顺昌、黄尊素等人也都被捕来京,囚禁狱中,受酷刑而死。

---

① 三案即"梃击""红丸""移宫"。梃击案发生于万历四十三年(1615年),有人执木棒打进常洛居住的慈宁宫,供系郑贵妃宫监主使,神宗和首辅方从哲都庇护郑贵妃,东林党人指出这是郑贵妃的阴谋。红丸和移宫案发生在光宗泰昌元年(1620年),这时光宗病危,郑贵妃进泻药,鸿胪寺丞李可灼又进红丸两粒,光宗服药死,廷臣大哗。光宗之李选侍居乾清宫,与郑贵妃有紧密往来,东林党人上疏请其移宫。三案事详见《明史》卷二四四《王之寀传》、卷二一八《方从哲传》。

② 《明史》卷二三二《李三才传》。

③ 《明史》卷三〇五《魏忠贤传》。

④ 《明史》卷三〇六《顾秉谦传》。

但是这些人都能视死如归,坚持与阉党作斗争。天启六年(1626年),魏忠贤派遣缇骑至苏州搜捕周顺昌,苏州居民极为愤慨,聚众达数万人,群趋殴打缇骑,当场击毙缇骑一人。巡抚报告"吴人尽反",并逮捕了为首的颜佩韦、周文元、杨念如、沈扬、马杰等五人,五人遇难壮烈牺牲。这一事件说明,东林党人反宦官的正义行动,得到当时城市居民普遍的支持与同情。

白莲教的起义　逃兵、佃农、奴婢的反抗斗争　明朝末年,各地的农民纷纷利用白莲教组织起义,向腐朽的明政权进行猛烈的进攻。苏州皮工王森,领导白莲教的秘密活动,教徒遍布河北、山东、山西、河南、陕西和四川等地,各有会主、大头目、小头目的称号,组织极为严密。"徒党输金钱,称朝贡,飞竹筹报机事,一旦数百里。"①万历二十三年(1595年),王森从滦州来北京领导秘密活动,白莲教声势日盛,分出教派达十六七支。

万历二十七年(1599年),浙人赵一平与孟化鲸、马登儒等在徐、颍一带传教,建官设号,"以矿税故",号召远近农民,约定"明年二月诸方并起"②。因事泄,一平逃至宝坻被捕。赵一平的起义,可能与苏州王森有一定的联系。

万历三十四年(1606年),又有刘天绪等49人,以善知三世,号召农民,约定同年冬至攻入南京城。这次起义又因事机不密,在南京被明军镇压③。

熹宗天启二年(1622年),山东郓城一带爆发了徐鸿儒领导的起义。徐鸿儒是王森的弟子,在巨野等地传教多年,对组织起义已有充分的酝酿。起义军以红巾为号,先后攻下郓城、邹县、滕县、峄县等地,众至数万人。河北的武邑、衡水、枣强、景州等地的农民也纷起响应。徐鸿儒的起义切断了江南到北京的粮道④,明朝政府不得已把镇守关外的军队调来镇压。同年,徐鸿儒被擒,但他的余部坚持了三年才被镇压下去。

与徐鸿儒起义的同时,各地的兵变也不断发生,甚至连北京、通州的京营操军也起来"哗变"⑤。暴动的士兵往往杀长官,攻州县,占府库,有些后来即逃亡山泽,参加了起义的队伍。士兵的到处哗变,标志着明朝的统治已经动摇了。

---

① 《明史》卷二五七《赵彦传》。
② 《明史》卷二三二《李三才传》。
③ 文秉《定陵注略》卷七。
④ 《罪惟录》传三十一《徐鸿儒》。
⑤ 分见《明熹宗实录》卷二三,天启二年十一月;卷三〇,天启三年六月;卷三四,天启三年十月。

佃农抗租的斗争在天启以后更加激烈了。在福建泉州,由于地主豪绅要增加农民租额,并用大斗来加强对农民的剥削,愤怒的群众执彩旗,鸣鼓吹,声称查看斗斛,不断闯入豪绅大户之家①。在南直隶苏州,农民刑牲聚神,往往鼓众至千余家,"约佃农勿得输租业主,业主有征索,必沉其舟毙其人"②。有些地区的佃农在地主欺凌下,已经"揭竿而起",但很快被镇压下去。

在地主豪绅对家奴的残酷剥削下,奴婢的索契斗争也日益激烈。崇祯三年(1630年),麻城的"世仆"假托"有旨赎仆",群集教场张贴了"叛主"的榜文,奴仆们在树上高悬起"万人一心"的红旗,表示了团结起来为争取挣脱人身束缚而斗争的决心③。不久,江南苏州、松江等地的奴仆也纷纷起来,"一呼千应,各至主门,立逼身契",并且"负耒荷梃,大呼报仇"④。

这些各种各样的斗争,都是明末农民大起义的前奏。

二 明末农民起义

从王二起义到荥阳大会 明熹宗天启七年(1627年),陕西大饥,白水农民王二,率领饥民冲进澄城县,杀死县官张斗耀,揭起了反抗的旗帜。明末农民大起义在陕西开始爆发了。

起义首先在陕北爆发,是因为陕北土地贫瘠,生产落后,工商业不发达,而王公、官绅、地主对该地农民的剥削,政府的征商和辽饷加派也很重。失掉土地的陕北农民在当时只有两条出路,一是投为边兵,一是充当驿卒。但当兵则兵饷长期积欠不放,驿卒所得的工银也不足以糊口。加以崇祯初年,明朝政府又议裁驿卒,农民的生路就完全断绝了。再加以连年水旱天灾,草根树皮都被饥民吃光,以致被迫吃山中的泥土和石块上的青苔。然而就在这样的荒年,县官催租,依然急如星火,广大农民不能忍耐,起义很快就遍及陕西中部和北部地区。思宗崇祯元年(1628年),府谷王嘉胤、汝南王大梁、安塞高迎祥和王左卦等人,先后在陕西举行起义,参加起义的群众有饥民、逃兵和驿卒,他们各自作战,彼此并无联合。崇祯三年(1630年),在陕西又

---

① 乾隆《泉州府志》卷二〇《风俗》引《温陵旧事》。
② 崇祯《吴县志》卷一一《祥异》。
③ 康熙《麻城县志》卷三《民物志·风俗》。
④ 《研堂见闻杂记》。

有神一元、不沾泥、红军友、点灯子等"所在蜂起"。张献忠也在延安起兵,称八大王。

崇祯四年(1631年),各支农民军纷纷从陕西往山西转移,号称为36营,部众至20余万,并先后拥立王自用、高迎祥等为盟主。

面对农民大起义的局势,明朝政府于崇祯二年(1629年)以杨鹤为三边总督,对农民军采取"剿抚兼施"的政策,更主要是招抚。崇祯四年(1631年),招抚失败,杨鹤下狱,明朝政府起用洪承畴为陕西三边总督,改"招抚"政策为急剿政策。

崇祯六年(1633年)冬,农民军冲破明军的包围,会集于黄河以北,彰德府一带,然后履冰渡过黄河。这次渡河是在渑池县境内,史称"渑池渡"。此后农民军转战于河南、湖广、南直隶、四川、陕西诸省,开始形成全国性的大起义。

崇祯八年(1635年)正月,明朝政府命洪承畴出陕西,朱大典出山东,从两面夹击农民军。为了迎击明朝政府的进攻,农民军13家、72营会于河南荥阳,商讨对敌作战方略。在这次会议中,高迎祥的部将李自成,排解了张献忠和老回回在战略上的分歧意见,提出了联合作战、分兵迎击的办法。决定把农民军13家72营分为东、西、南、北四路出击,另外一路往来策应,把主力放在明军最薄弱的东路,以便集中力量击溃明军的夹攻。

李自成进占北京和明的灭亡 荥阳大会以后,东路军由高迎祥、李自成、张献忠率领,向明军发起猛烈的攻势。农民军从河南入安徽,占领明朝的中都凤阳,烧毁了明朝皇室的祖坟。以后农民军因意见不合,高迎祥、李自成率兵回河南。张献忠继续南进,破芦州,堕麻城,扫荡了长江以北广大地区。农民军兵锋所至,明军望风而逃,明朝政府被迫由进攻转为分区防守。

在农民军胜利进军的途中,各地的贫苦农民纷纷起来响应。《怀陵流寇始终录》说:"贫民恨富人,为贼内应。"[1]官僚地主梅之焕上书洪承畴说:农民军"所到之处,逆奴、惯盗及游手游食之徒,从者如市,良民无不呼千岁,间呼万岁",又说"似此光景,抚之一字似无望矣","而剿亦何容易言也"[2]。这封信充分反映了农民军声威的浩大,以至使明朝政府感到剿抚两难。当时的城市贫民、手工业者,也对农民军投入热情。凤阳是工商业比较

---

[1] 《怀陵流寇始终录》卷四。
[2] 康熙《麻城县志》卷一〇《艺文志》,梅之焕《与洪制台书》。

繁华的城市,明朝派宦官杨泽镇守,杨泽及其爪牙勾结乡绅巨富,横征商税,欺压商民。商民恨泽入骨,群起袭击杨泽,迎农民军于颍水之上①。农民军至麻城,麻城的"世仆"也起来开城迎降,张献忠恢复了他们的人身自由,并把这些解放了的世仆编为"新营"。城市贫民和世仆的参加起义,是明末农民起义的一个显著的特点。

农民军的胜利进展,使明政府感到心腹之患大于满洲的威胁,于是把主力军从辽东抽回来镇压起义。崇祯十年(1637年),明朝政府的兵部尚书杨嗣昌制定了四正、六隅、十面网之策,以陕西、河南、湖北、江北为四正,延绥、山西、山东、江南、江西、四川为六隅,合为十面网,从四方八面对农民军施行围剿。这时高迎祥已战死,李自成领导他的部众,转战于川陕之间。农民军大部分集中在李自成和张献忠的旗帜下,形成了两支强大的队伍。但是由于明军的强大和农民军的严重的流寇主义作风,使起义遭受到一时的挫折。崇祯十一年(1638年)十月,李自成在潼关战败,与刘宗敏等18人突围入商雒山。同年,张献忠也在湖北"受抚",明朝政府许其在谷城四郊屯田自养。其他各支农民军也有的"受抚",还有大量的农民军退入山区,养精蓄锐,待机再起。起义的形势转入低潮。

崇祯十一年(1638年)冬,清军大举进关,连陷山东、河北七十余城。十二年春围济南,明政府需要集中兵力抵抗满洲的侵犯,不得已放松了对农民军的镇压。这时,明朝又于辽饷之外,陆续增派了剿饷和练饷,三饷合计每年征银达1670万两,农民在这样沉重的负担下,纷纷破产逃亡。而崇祯十二、十三年之间(1639—1640年),河南、山东、河北等地更连续发生了严重的旱灾和蝗灾。明政府对农民不加抚恤,饥民到处揭竿而起。这一切,给农民军的发展提供了有利的条件。崇祯十二年五月,张献忠再起于谷城,西向四川,粉碎了明政府四正、六隅、十面网的计划。崇祯十三年(1640年),李自成也从四川突围入河南,各地的饥民争相依附,不出几月,队伍发展到数十万。

李自成是陕北米脂县人,身经百战,在他避居山区的时期,终日修武习文,立志要推翻明朝,以成帝王之业。在李自成农民军中,也有一批知识分子如牛金星、宋企郊、李岩、宋献策等。他们得到了李自成的信任,为农民军出谋画策。如杞县举人李岩等,曾按照李自成的主张,提出了"贵贱均田""迎闯王、不纳粮"等等口号,这些口号在当时起了一定的积极作用。

---

① 《怀陵流寇始终录》卷八。

"贵贱均田"①是针对明末土地高度集中的情况提出的。农民军主要活动地区河南是全国土地兼并最激烈的地区之一。这里的大部分土地除去被周、赵、伊、徽、郑、唐、崇、潞、惠、桂、福各家王子分别占有之外,还有拥有土地千顷以上和奴仆数千人的曹、褚、苗、范等地主豪绅。均田正是反映了当时农民这种要求。

"平买平卖"是农民军的一个城市政策。在工商业比较发达的城市里,明朝政府把手工业者和小商人编为"铺行",向他们横征暴敛,勒索财物,名为"和买",实则是公然抢掠。农民军的这个口号,反映了当时城市手工业者和小商人的迫切要求。

农民军还提出了"迎闯王,不纳粮"的口号,每到一处,就宣布"蠲免钱粮,五年不征",并且还打开官府地主的谷仓赈济饥民。当时黄河南北普遍流传着这样的歌谣:"吃他娘,穿他娘,吃着不尽有闯王,不当差,不纳粮","朝求升,暮求合,近日贫汉难存活,早早开门迎闯王,管教大小都欢悦",这些歌谣表达了广大民众对农民军的期待。

从崇祯十三年至十六年前后不过三四年中,李自成领导的农民军不断发展壮大,原来分散在河南、山东一带由袁时中、一斗粟、瓦罐子等人所领导的起义军,都加入了李自成领导的农民军的队伍。崇祯十四年(1641年),这支农民军攻下洛阳,杀死贪暴的福王,又先后大败傅宗龙、汪乔年、丁启睿率领的明军,占领河南全省。接着南攻湖广,破襄阳和湖北的很多州县。崇祯十六年(1643年),李自成改襄阳为襄京,称新顺王。

这年夏,李自成召集文武要员会议,商讨作战方略。牛金星主张先取河北,直捣北京。杨永裕主张先取南京,截断漕运,坐困京师,徐图北伐。顾君恩主张先定关中,然后经山西进捣北京。这三种方案的选择实际上关系到农民军未来的成败。当时国内存在着明王朝、关外清军和农民三种军事力量。第一、第三种方案均以迅速攻取北京为目标。农民军改占北京后,将直接面对关外虎视眈眈的满洲清军,从而使农民军陷入南北夹击的不利地位。第二种方案实为上策。南京作为明朝的留都仍有军事和经济实力,以农民军实力完全可以一举攻占,这样崇祯皇帝在北京则处于满洲清军和农民军的夹击之下,崇祯不可能放弃山海关防线,这样就延缓了农民军过早与清军

---

① 查继佐《罪惟录》纪一七:"李自成僭号大顺,改元永昌,……牛金星教以慈声惑众,谓五年不征,一民不杀,且有贵贱均田之制。"《罪惟录》传三一《李自成传》:"李岩教自成以虚誉来群望,伪为均田免粮之说相煽诱。"

遭遇，可以从容进行政权建设，扩充经济实力，等待时机成熟，直捣北京，再与清军决战，那么鹿死谁手，尚未可知。李自成采纳的是第三种方案。以后农民军虽然攻城占地，节节胜利，但是潜存的战略失误所造成的危机也随之一步步逼近。

崇祯十六年九月，李自成在河南汝州歼灭了孙传庭的军队，乘胜破潼关，直下西安，迅速占领全陕。十七年(1644年)正月，李自成在西安建国，国号大顺，建元永昌，并着手"抚流亡、通商贾、募民垦田"，准备对明政府举行最后的攻击。同年二月，农民军以疾风暴雨之势，从陕西经山西直捣北京。三月十七日，农民军已至北京城下，城外三大营不战而降。十八日，农民军进占外城，十九日晨，崇祯帝在煤山自缢而死。农民军胜利地开进北京。明亡。

李自成在北京的活动　农民军占领北京的时间只有43天，在这个时间内，李自成曾在北京设置了内阁，吏、户、礼、兵、刑、工六政府，比饷镇抚司等政治机构，以牛金星为天祐阁大学士，宋企郊等为尚书分掌六政府，刘宗敏统领比饷镇抚司。农民军还在北京开科举，以策论取士，铸大顺永昌钱币，释放了明朝刑部、锦衣卫的系囚，并把数以万计的宦官尽数驱逐出宫。

农民军设立"比饷镇抚司"的目的，是向明朝的勋戚显宦和富商追赃助饷。规定罪大恶极的处死，财产没收。害民的严刑追赃，"廉洁"的则听其捐输。追赃结果，共得饷银7000万两，其中出自勋戚的占3/10，宦官占3/10，文武官僚占2/10，大商人占2/10[①]。

当农民军进入北京之后，全国的局势发生了错综复杂的变化。一方面明朝的军队还在继续与农民军对抗。农民军占领区内，政权并不稳固。另一方面，东北的清军正在准备大举向关内进攻，明朝的总兵吴三桂还盘踞山海关，随时都有反攻北京的危险。在这种客观形势之下，农民军在襄阳开始的战略失误凸显。对如何应对残明军事力量的反抗，如何阻止清兵的入关，依然没有足够的重视。刘宗敏、李过、田见秀等人开始意满志骄，自行其事，不服从命令。当李自成要他们去打吴三桂时，都不肯服从。他们没有政治远见，看不见满洲贵族军事进攻的意图，更不知如何巩固政权。连比较有见识的李自成在遇到困难之时，也表现为一筹莫展，认为久留北京不如速回西安。又有牛金星、宋企郊、宋献策等人，在进入北京后，整日忙于筹备登基大典，向往做太平宰相，而于天下大势，不闻不问。只有李岩头脑比较清醒，他

---

① 《平寇志》卷一〇。

希望在政治上进行一些适当的改革,迅速建立一种新的秩序。又不赞成农民军在执行"追饷"时对官僚地主一概不加区别地追逼拷打,反对农民军中某些将领的无组织无纪律的作风,并对招抚吴三桂表现了积极支持的态度①,但是李岩的主张并没有被充分地重视。

在这种复杂的情况之下,农民军领导集团内部不能很好合作,因此也就不能应付当前复杂的形势,在吴三桂和清军的联合进攻之下不得不被迫从北京撤退。

张献忠领导的农民军 当李自成从河南、湖北入陕西,并长驱直迫北京之时,张献忠领导的农民军也正在胜利的进展中,并且有力地牵制了明军。张献忠是陕西延安府人,在延绥当兵。崇祯三年(1630年),他率领米脂十八寨农民起义。高迎祥死后,张献忠领导农民军纵横于河南、陕西、四川、湖北、安徽各省之间,多次对明军施以歼灭性的打击。

崇祯十二年(1639年)六月,张献忠再起于谷城,由楚入川,所至披靡。时明朝兵部尚书杨嗣昌驻兵重庆,围剿张献忠。崇祯十四年(1641年),张献忠采取了"以走致敌"的战术,冲破明军的包围,"一昼夜行三百里",直捣襄阳,杀襄王,发饷银15万赈饥民。杨嗣昌见围剿失败,在重庆畏罪自杀,农民军的声威益震。十六年(1643年)五月,张献忠攻下武昌,沉楚王于江。张献忠在武昌建官制,称大西王。后又放弃武昌,席卷湘、赣。

张献忠领导的农民军在湘、赣一带杀贪吏,诛豪绅,又发布檄文:"所在州县,士民照常乐业,钱粮三年免征。"农民军的这些措施,受到了广大农民的欢迎。

崇祯十七年(1644年),张献忠再度入川,"一路州县,望风瓦解"。同年,在成都建国称帝,国号大西,建元大顺,设内阁六部,立五军都督府以统率全军,还派人联络了四川西部诸土司,对他们宣布"蠲免边境三年租赋"。

第六节 清兵入关及其统一全国

一 清朝迁都北京 汉族人民的抗清斗争

李自成、张献忠的抗清斗争 当明末农民起义军胜利进军之时,崛起于东北的满洲贵族已经在关外建号大清,势力日益强大。满洲贵族看到明

---

① 《剿闯小史·制将军李岩谏李自成四事》。

朝政府内部的危机日益激化，早就蓄有覆灭明朝的野心。他们一方面招降纳叛，对明朝的官僚尽力收买，另一方面又经常派兵打进长城，在河北、山东等地大肆劫掠。农民军占领西安后，满洲贵族曾经致书李自成，招诱农民军，要和农民军"协谋同力，并取中原"①，遭到农民军拒绝。李自成进兵北京，推翻了明朝，满洲贵族也大为震动，这时，他们便乘机大举入关。

驻守山海关的明朝总兵吴三桂，在李自成占领北京时投降了清朝。他向清摄政王多尔衮"乞师"共同镇压农民军。同时又发布檄文，号召汉族军民支持满洲贵族对农民军发起反攻。满洲贵族与吴三桂的结合，给农民军造成了不利的形势。

李自成曾派人招降吴三桂，在吴三桂拒绝后，他立即率兵东征。大顺永昌元年（1644 年）四月二十三日，李自成与吴三桂军激战于山海关，由于清军的猝然袭击，农民军失利。山海关败后，北京不能守，四月三十日，农民军放弃北京向陕西撤退。五月一日，清军进占北京。同年九月，清顺治帝从沈阳迁来北京，定北京为清朝的首都。

清朝定鼎北京后，即以全力追击农民军。他们采用各种手段拉拢明朝汉族官僚士人，宣称"倡先投顺者"给以高官厚爵，并为崇祯帝发丧，替明朝"报君父之仇"，又宣布废除三饷加派，这对原明朝治下的官民具有一定的影响力。当时北方的官僚士绅纷纷迎降，与清朝合作镇压农民军。

同年五月，明朝一部分官僚在南京拥立福王朱由崧为帝，年号弘光。弘光政权一方面要抵抗清朝军队南下，同时又要继续剿灭农民军。

这时农民军领导的内部发生了分裂，李岩请分兵河南，为牛金星潜杀。尽管如此，李自成还是拥有几十万军队，仍然在河北真定、山西井陉、河南怀庆、陕西潼关等地继续抗击清兵和明朝残余的军队。清朝统治者在巩固北京统治的同时，对汉族人民施行了圈地、剃发和屠杀等等民族高压的措施。各地人民都起来反抗清统治者。北京近郊的昌平、三河，以及冀中、苏北、山东、山西、河南等地人民的反清斗争，风起云涌，如山东西部的榆园军，山东东部的青州起义军，山西西部吕梁山区的起义军，河南怀庆、卫辉等地的起义军，在河北各地也有很多小规模的农民武装。在这些起义军中都有被清军打散的李自成旧部参加，他们或是独立作战，或是策应李自成的军队抗击清兵②。

---

① 《明末农民起义史料》第 455 页《清帝致西据明地诸帅书稿》。
② 参考谢国桢《清初农民起义资料辑录》。

清顺治二年(1645年)初,清统治者集中军力分两路攻入陕西,一路由阿济格率领,吴三桂为前锋,一路由多铎率领,孔有德为前锋。李自成迎击清军于潼关,经过激烈的战斗,农民军放弃西安,东下湖广。这年四月,农民军来到湖北通山县,李自成遭到当地地主武装的袭击,死于通山县九宫山。①

李自成死后,除去由郝摇旗、刘体纯等继续统率农民军余部之外,另一支由李过、高一功等统率的农民军十余万人也由陕西赶到。他们决定与南明的抗战将领何腾蛟、堵胤锡的军队联合,在湖广抵抗清兵。

同样,清统治者诱降在四川的张献忠领导的农民军,也遭到拒绝。李自成败退陕西时,张献忠便和李自成相约共抗清兵。顺治三年(1646年)冬,张献忠迎击清军于川北西充的凤凰山,遇伏而死。

张献忠死后,他的部将李定国、刘文秀、孙可望等人,也在川南云贵一带与南明桂王政府合作,继续抗清。

江南人民和南明政府的抗清斗争　顺治二年(1645年)春,由多铎率领的另一支清军,开始攻打南京的弘光政府。这时弘光政府内部正在进行激烈的党争和内战,朝政把持在马士英、阮大铖等阉党余孽的手中,这些人只知排斥异己,卖官鬻爵。镇守江北四镇的四个总兵刘泽清、高杰、刘良佐、黄得功在大敌当前之时,互相争权夺利,彼此仇怨极深,都不以国事为重。只有兵部尚书史可法督师江北,坚决抗战。但史可法内受朝廷的牵制,江北四镇又不听指挥,处处遭掣肘。顺治二年(1645年)四月,清军围扬州,史可法困守孤城,誓死不降。多铎曾先后给史可法五封书信,史可法都不启封。二十五日,清兵攻破扬州,大肆屠杀居民,死者不可胜数,史可法战败被俘,不屈牺牲。

五月二十四日,清军占领南京,朱由崧被俘。接着江南苏松所属的各城镇,也先后被清军占领。

同年六月,清廷下令江南人民剃发。蓄发是汉族人民传统的风俗,要强迫剃发,是汉族人民不能接受的。清军入关时,曾在北方下令剃发,三河县等地的人民就举行过反剃发的斗争。至此,江南各地的人民也纷纷起来反抗,其中以江阴、嘉定两地人民的斗争为最激烈。江阴人民推阎应元、陈明遇为领袖,立下"头可断,发不可剃"的誓言,在24万清军的攻击下,苦战了

---

① 关于李自成之死,有三种说法,除通山说外,还有通城县九宫山遇害说和湖南夹山为僧说。

81天①。嘉定人民也组织乡兵,据城不降。在江阴、嘉定相继失陷后,两地的人民都遭清军的屠杀。这两次人民的抗清斗争,对后来东南各地人民的坚持抗清起了很大的鼓舞作用,并且牵制了一部分清军的主力,使得在浙江的鲁王政府和在福建的唐王政府得以从容建立起来。

顺治二年(1645年)六月,明朝官绅张国维等迎鲁王于绍兴,不久,礼部尚书黄道周和郑芝龙等复立唐王于福州,先后建立了鲁王和唐王两个政府。张国维、黄道周等人都主张坚决抗清,他们得到广大人民的支持。但是这两个统治集团之间,为了争"正统",彼此互相水火,各自的内部也纠纷很多,以致不能配合作战。清王朝乘机采取分化离间的策略,先后诱降了鲁王政府拥重兵的方国安和唐王政府的郑芝龙。顺治三年(1646年)六月,两浙失守,张国维自杀,鲁王逃亡海上。鲁王兵败后,清兵又打败黄道周的义兵,并先后占领福建的很多城市,覆灭了唐王政府。这时,除去张名振、张煌言等奉鲁王在浙江沿海一带继续抗清外,守两广的瞿式耜、丁魁楚又在肇庆拥立桂王,成立了桂王政府。

桂王政府成立的时候,清军已控制了黄河流域和长江下游地区。顺治三年(1646年)九月,清军分三路向西南进攻,企图一举消灭明朝的残余势力。在这个紧急时期,李自成的部将李过、高必正、郝摇旗等人率领农民军出现在湘鄂战场。他们和驻守湖南的明军将领何腾蛟等合作,联兵抗击清军,挫败了清军的攻势。

顺治四年(1647年),清兵陷广州,攻肇庆,桂王政府辗转奔逃两广间。郝摇旗部护桂王居柳州,并出击桂林的清兵。顺治五年(1648年),郝摇旗、李过与何腾蛟、瞿式耜的军队,连续大败清兵于岳州、全州,收复了衡阳、长沙等地。这时,在广东、四川等地的农民军也起来响应。已经投降了清朝的明将领,如江西金声桓和广东李成栋等人又背叛了清朝。在清军的后方,榆园军、吕梁山的起义军和关中农民军都发动广泛的攻势,曾经参加过农民起义的陕甘回民也在米喇印、丁国栋领导下举行了反清起义。于是南北呼应,势相连结,在南明时期出现了第一次抗清的高潮。

桂王政府的当权派并没有利用这种有利的形势举行反攻,而是分党分派,争权夺利。以降将李成栋为首的楚党,和由桂王亲近组成的吴党,彼此攻讦无虚日,都想援引外镇的武力来控制桂王政府。桂王政府内部的不团结,就给清军以喘息的机会,不久清军得以重新占领湖广和广西。顺治六七

---

① 韩菼《江阴城守记》。

年间(1649—1650年),何腾蛟、瞿式耜先后在湘潭、桂林的战役中被俘不屈而死。以后李过病亡,他的儿子李来亨和郝摇旗、高必正、刘体纯等被迫率领农民军回到巴东荆襄等地,组成了夔东十三家军,独立抗击清军。反清的斗争又转入低潮。

李定国、李来亨的抗清斗争　在抗清形势再度恶化,桂王政府放弃肇庆、梧州,仓皇西奔无地容身的时候,李定国等领导的农民军又出现在反清斗争的前线。

李定国是陕西榆林的农民,从十岁就参加了起义,在年青时代即以赛尉迟的绰号闻名于张献忠的农民军中。张献忠死后,他一直坚持抗清的战争①。顺治九年(1652年)以前,李定国、孙可望等已向桂王表示,愿意同南明政府联合抗清,遭到桂王政府的拒绝。后来南明政府直到走投无路,才接受孙、李的建议,在贵州安隆所投靠了农民军。顺治九年(1652年),李定国发动了大规模的反攻,他统领西南苗、瑶、壮、彝各族人民所组成的军队东出广西,下桂林,反攻湖南,南入广东,"两蹶名王,天下震动"②,前后败敌数十万人,得到桂王政府建立以来空前未有的大捷。同时,刘文秀出兵四川,大败吴三桂,克复了川南各州县,并与夔东十三家军取得了联系。而活动在东南沿海一带的张煌言、张名振等人率领的抗清队伍在此时也开始反攻,并接受桂王的封号,形成了第二次抗清的高潮。

就在此时,桂王政府中的官僚马吉祥等挑拨李定国和孙可望的关系,顺治十三年(1656年),孙可望发动了进攻李定国的内战,兵败后投降清朝。

清朝政府屡次诱降李定国,均被拒绝③。顺治十六年(1659年)正月,吴三桂攻下云南府城,桂王流奔缅甸,李定国倾其全军设伏于磨盘山,企图一举歼灭吴三桂的追兵,伏兵的全盘计划被内奸泄露,结果失败。顺治十八年(1661年),吴三桂率兵入缅,桂王被俘。次年,李定国在勐腊(今西双版纳东南地区)忧愤而死。李定国反抗民族压迫的斗争在明末的历史上留下了可歌可泣的一页。

夔东十三家农民军的处境在当时也非常艰苦。他们在荆襄、川东的群山中,"屯种山田,岁收麦种草绵,供粮食衣履"④,但仍在李来亨、郝摇旗等

---

① 《怀陵流寇始终录》附《甲申剩事》。
② 王夫之《永历实录》卷一四。名王系指定南王孔有德和敬谨王尼堪。
③ 查继佐《东山国语》及《罪惟录·李定国传》。
④ 王夫之《永历实录》卷一四《李来亨传》。

的领导下,继续坚持抗清的斗争。顺治十六年(1659年),李来亨等曾由水道进攻重庆支援李定国。在李定国败死后,清朝即调动四川、湖广、陕西三省的兵力,围攻这支抗清的队伍。康熙三年(1664年),李来亨在清兵的重围下粮尽援绝,兵败殉国。史称:"来亨败没,中原无寸土一民为明者,唯郑氏(指郑成功)屯海外。"①

郑成功的抗清斗争及其收复台湾　当农民军在西南进行艰苦抗清斗争的时候,东南沿海一带的人民也在郑成功的领导下进行抗清活动。郑成功是郑芝龙的儿子,他们父子都在唐王政府为官,后来郑芝龙降清,郑成功则继续抗清。郑成功以厦门、金门为据点,曾先后围攻福州,攻克台州。清朝派人招降,遭到他的严词拒绝。顺治十六年(1659年),郑成功联合浙江张煌言等发动了一次大反攻,从海道溯长江,直达南京近郊,占领了镇江、芜湖等4州3府24县。他们的行动与李定国的起义军遥相呼应,使清廷大为震动。但由于战略上的错误,郑成功在南京被清兵击败。

为了建立根据地,郑成功于顺治十八年(1661年)率大军在台湾登陆,次年,赶走了窃据台湾的荷兰殖民者,光复了台湾。郑成功在台湾设置府县,建立行政机构,招徕大陆移民,屯田垦荒,又派遣汉族"农师"向高山族人民传播先进的生产技术,加速了台湾地区社会经济的发展。

康熙十二、十三年之交(1673—1674年),原已降清的明朝将领吴三桂、耿精忠和尚之信等又先后起兵反清,这就是所谓的"三藩之乱"。吴三桂起兵云南,尚之信起兵广东,耿精忠起兵福建,郑成功子郑经也乘势攻占了泉、漳、温州等地。吴三桂等三人起兵的目的是与清朝分割土地,因而他们得不到广大人民的支持。三藩的叛乱不久即为清兵所平息,而郑经也退回台湾。

康熙二十二年(1683年),清朝政府大举进攻台湾,郑成功孙郑克塽战败投降,坚持了40年的反清武装斗争至此结束。

二　清朝对边疆各地的用兵和疆域的奠定

清统治者在压服了南方的抗清力量之后,便开始向边疆发展,历经康熙、雍正、乾隆三朝,最后统一了全国,建立了一个空前盛大的王朝。

康熙时清与蒙古准噶尔部的战争　明清之际,在我国西北方居住的蒙

---

①　王夫之《永历实录》卷一四《李来亨传》。

古族分为漠南蒙古、漠北喀尔喀蒙古和漠西厄鲁特蒙古三大部。喀尔喀蒙古内部又分为扎萨克图、土谢图、车臣等三部,厄鲁特蒙古内部分为准噶尔、和硕特、土尔扈特、图尔伯特四部。蒙古族的经济仍以畜牧业为主,但农业也有了发展。在蒙古族社会的内部,土地和牲畜都集中在贵族和寺院喇嘛的手里,蒙古族牧民则在贵族和上层喇嘛的残酷剥削下从事生产。在明朝,蒙古地区的统一局面是比较短暂的,长期处于分裂状态。

还在满族入关以前,漠南蒙古各部早已归附了清朝。清政府赐给蒙古各部首领亲王、郡王、贝勒、贝子等显贵的封爵,同时又世世代代和他们保持婚姻的关系。在清朝政府的笼络下,漠南的蒙古王公已成为清朝巩固全国统治的最得力的助手,并且倚仗他们进一步向西北发展。当时喀尔喀部和厄鲁特蒙古与清政府也有密切的联系。

康熙时,居住在天山北路的厄鲁特准噶尔部的噶尔丹势力日益强大。噶尔丹合并了厄鲁特四部,占据了天山南路的各回城,"威令至于卫藏",又进兵喀尔喀蒙古。准噶尔是厄鲁特部中比较落后的部落,保存了很浓厚的氏族残余,本身不知务农业,奴役土尔扈特部人为之屯田,以供军粮。准噶尔的骑兵在各处烧杀劫掠,兵锋所至,各部的人民都纷纷迁徙避难。

康熙二十七年(1688 年),噶尔丹战败土谢图汗,喀尔喀各部"南徙者蔽地而来,前后相望六十余里","遗弃牛马,死者相枕"①。喀尔喀蒙古大喇嘛哲布尊丹巴以各部风俗、习惯、宗教信仰皆与满洲相同,决定率各部归附清朝②。康熙即拨以科尔沁牧地为各部牧放。

康熙二十九年(1690 年),噶尔丹率兵攻入内蒙古,前军至距古北口九百里的乌珠穆沁(今内蒙古自治区克什克腾旗境内),清廷大为震动。这时,清朝在汉族地区的统治已经比较稳固了,康熙得以三次出兵漠北。康熙二十九年(1690 年)、三十四年(1695 年)、三十六年(1697 年)清兵先后在乌兰布通、昭莫多(今蒙古国宗莫德)等地与噶尔丹军进行了激烈的战斗,噶尔丹皆大败。最初,噶尔丹想借俄罗斯火枪兵攻打清朝,没有成功。他在蒙古各部中日益陷于孤立,走投无路,终于在清军围困下,仰药自杀。噶尔丹既失败,喀尔喀各部回到了原来的居住地。从此,喀尔喀蒙古各部也接受了清朝的各种封号,清朝政府把蒙古各部分编为旗,又在科布多、乌里雅苏台等地派驻将军和参赞大臣,加强了对喀尔喀的统治。

---

① 钱良箨《出塞纪略》。
② 松筠《绥服纪略》。

噶尔丹死后不久,其侄策妄阿拉布坦又在北疆纠集准噶尔部继续与清为敌。策妄阿拉布坦不仅控制了天山南、北路地区,而且在康熙五十六年(1717年)率兵攻入西藏。西藏的达赖喇嘛在清朝入关前已与皇太极有书信的往还。顺治九年(1652年),达赖五世到北京参谒顺治帝,清廷赐给他金册金印,又敕封他为"西天大善自在佛、所领天下释教普通瓦赤喇怛喇达赖喇嘛",达赖从此时才正式得到"达赖喇嘛"的称号。但是西藏"第巴"(行政官)桑结等人,表面上归附清廷,暗地却与准噶尔部噶尔丹勾结。康熙时,达赖五世在西藏逝世,桑结等秘不发丧,立下仓央嘉错为达赖六世。不久,青海各部又在宗喀巴降生的西宁地区另立了一个达赖六世。同时,青海的和硕特部拉藏汗领兵入藏杀掉桑结,清朝即委任他管理藏务。拉藏汗的入藏对准噶尔是不利的,策妄阿拉布坦即乘此时机派兵入藏,杀拉藏汗,又纵兵在西藏各地大肆骚扰。西藏已完全陷于准噶尔之手。

为了驱逐准噶尔的势力,恢复西藏地方的秩序,清朝政府于康熙五十七年至五十九年(1718—1720年)间派兵击败了准噶尔的军队,敕封噶桑嘉错为达赖七世,并护送入藏。达赖七世在拉萨坐床,受到西藏各部僧俗的欢迎,清廷即任命康济鼐和颇罗鼐二人协助达赖、班禅分理前后藏。

雍正、乾隆时西藏局势的稳定 雍正、乾隆间,准噶尔部仍不时在西藏策动叛乱。雍正五年(1727年),康济鼐为叛乱分子所杀,但叛乱不久即被颇罗鼐平定,清朝遂以颇罗鼐统理西藏事务,又在西藏设置了两个驻藏大臣。驻藏大臣的设置,标志着西藏地方与中央政府隶属关系的进一步加强。乾隆十五年(1750年),颇罗鼐子朱尔墨特在准噶尔汗策动下又进行了一次叛乱。叛乱平定后,清廷在达赖下面设置了处理地方行政的噶厦,以四噶布伦分理政事,俱统属于达赖喇嘛。这样,达赖喇嘛的权力就提高了,他不仅是西藏地方的宗教首脑,也是西藏地方的政治首脑。清政府也提高了驻藏大臣的职权,西藏长期混乱的局面才稳定下来。

乾隆五十六年(1791年),廓尔喀军队在西藏大农奴主舍玛尔巴的勾引下侵入后藏,攻日喀则,大掠扎什伦布寺。清朝政府立即发兵入藏,将廓尔喀军队击败,廓尔喀请和。廓尔喀入侵以后,清朝政府再次对西藏的军事、政治等各方面实施了一些重大的改革,重新规定了驻藏大臣和达赖喇嘛的职权和地位。在以前,达赖、班禅及各呼图克图的灵童转世,直接由大农奴主操纵,积弊极深,这时清廷就设立了"金瓶掣签"的制度,到时集诸喇嘛当众抽签听选,而由驻藏大臣亲临监视。此外还整饬藏兵组织,加强防务,并进行了一些减轻赋役、限制农奴主任意滥派乌拉等等措施。清朝政府打败廓尔喀,加强对西藏的管理,对稳定西藏当时的社会秩序,密切西藏与内地的联系,以至粉碎殖民者侵略阴谋都有重大的意义①。

雍正、乾隆时清与蒙古准噶尔部的战争 被准噶尔部逼往青海的厄鲁特蒙古和硕特部的顾实汗子孙,在康熙时接受了清朝政府的封号。雍正元年(1723年),被清朝政府封为亲王的罗卜藏丹津也在策妄阿拉布坦的煽动下,胁从游牧各部发动了叛乱,并屡次派兵大掠西宁等地。清朝政府以岳钟琪率兵迎战。雍正二年(1724年),清兵大败罗卜藏丹津于柴达木,罗卜藏丹津逃往准部,降者数万。清廷分蒙古族为29旗,又在青海设立土司,加强了对青海各族的管理。

准噶尔部长期与清廷为敌,并煽动西北各地反清,因此,战胜准噶尔是清廷是否能进一步完成全国统一的关键。雍正五年(1727年)策妄阿拉布坦死,由其子噶尔丹策零代领其众。雍正七年(1729年),清兵分两路会攻伊犁,北路军失利,准噶尔军追入喀尔喀,蒙古郡王策凌于厄尔德尼昭(光显寺)大败准噶尔军。雍正十年(1732年),噶尔丹策零率军东下,又为策凌所败。清朝政府乃于雍正十二年(1734年)与噶尔丹策零议和。

乾隆时,准噶尔在西藏、青海、喀尔喀蒙古等地的势力,已相继被清朝政府肃清,而准部统治者之间又长期发生了内乱。乾隆二十年(1755年),清兵在西北各蒙古部落的支持下,攻占了伊犁,但策妄阿拉布坦的外甥阿睦尔撒纳降而复叛。阿睦尔撒纳要清朝允许他一人独领四部,清朝没有满足他的愿望,于是战火又起,直到乾隆二十二年(1757年),准部才全部被清兵平定。清朝统治者恨准部长期反抗,下令屠杀,统治者挑起的战争,使无辜的准部人民受到迫害。以后清军即在伊犁等地分驻将军、参赞大臣、领队大臣,巩固了对天山北路蒙古等族聚居地区的统治。原隶属于准噶尔的蒙古唐努乌梁海地,在这时也并入清王朝的版图之内。

乾隆三十五年(1770年)十二月,远居俄国伏尔加河下游的土尔扈特蒙古不堪沙俄政府的压迫,在其首领渥巴锡的带领下,历经千辛万苦,行程万余里,于翌年六月到达伊犁。土尔扈特为厄鲁特蒙古四部之一,明末时因不堪准噶尔部奴役西迁俄国。此时他们返回故土,并向乾隆皇帝献上明永乐时敕封瓦剌首领马哈木的印信。乾隆皇帝即予优厚抚恤和妥善安置。这是清朝完成统一大业中的光辉一页。

乾隆时清与"回部"的战争 居住在天山南路的主要民族是信仰伊斯

---

① 参考1959年北京大学历史系编《史学论丛》所载《西藏是我国不可分割的一部分》一文。

兰教的维吾尔族。维族有素称发达的农业、畜牧业、园艺业和纺织业。这里的农奴主倚仗政治和宗教的特权,对人民进行着控制。

清朝初年,维族人民在准噶尔部的残酷统治下,生活更加痛苦,他们不仅遭受本族农奴主的剥削,还要向准噶尔提供极繁重的贡赋和徭役。准噶尔部不时在各"回城""索子女,掠牲畜",引起维族人民不断起来反抗。在准噶尔统治者的蹂躏下,有些人口繁盛、物产丰盈的城市,几年后就由于户口逃亡死绝,只剩下一片荒土①。

乾隆时,清兵平准部,原来被准部俘虏的维族各城的首领大、小和卓木(即布那敦与霍集占)乘机逃返"回疆"。大、小和卓木为了恢复他们过去对回疆的统治,号召各回城举兵反清,一时各部从者数十万。乾隆二十三年(1758 年),清兵入回疆,大、小和卓木率兵抵抗,在库车、叶尔羌、黑水营等地连败清兵。由于大、小和卓木在各地"虐用其民,厚敛淫刑",逐渐失掉各回城人民的支持,士卒也日益离散,于是在清军增援后的强大兵力的威胁下,终致败走国外,同行的只有"妻孥旧仆三四百人"②。乾隆二十五年(1760 年),清朝政府已平服了天山南路,即在喀什噶尔等地分驻参赞大臣、领队大臣、办事大臣,而皆统属于伊犁将军,至是也巩固了对天山南路的管理。清朝在维族地区规定了较轻的赋役制度,税额仅为原来准部所取的 1/20,在一定程度上减轻了维族人民的负担。

清与"苗疆"、大小金川的战争和改土归流　雍正时,清朝政府任命鄂尔泰为云、贵、广西三省总督,在广阔二三千里的"苗疆"(贵州地区),云南东川、乌蒙、镇雄三土司以及云南西南部与缅甸连界的各边地,大规模施行改土归流。鄂尔泰等对各少数民族的土司采取了招抚和镇压两种办法,先后招降贵州苗、瑶各族二千余寨,又缴纳广西土司的敕印和军器二万余件,并在云南设置了普洱府,以便于对西南各族的管理。

在改土归流的过程中,由于官吏的暴虐和对各族人民的掠夺屠杀,引起了不断的苗民起义。雍正十三年(1735 年),台拱苗寨奋勇抗清,一直到乾隆初年才停止,清廷派兵在"苗疆"前后烧毁了苗寨 1224 座,屠戮苗民达 1.7 万余人③。

乾隆时又有大小金川的战役。大小金川在四川西北部,是藏族定居地

---

① 《蒙古游牧记》卷一四引福庆《异域竹枝词注》及无名氏《新疆纪略》。
② 魏源《圣武记》卷四《乾隆戡定回疆记》。
③ 魏源《圣武记》卷七《雍正西南夷改流记》。

区,"万山丛蠚,中绕汹溪",土产惟青稞、荞麦,俗信喇嘛教,居民皆住石碉中。乾隆十二年(1747年),大金川土司莎罗奔势力强大,起兵攻击邻近各部落,清朝政府派张广泗率兵镇压,"久而无功",乾隆杀张广泗。后又改用岳钟琪,莎罗奔出降,但久而复叛。乾隆三十一年(1766年),清朝政府又派阿尔泰联合九土司攻大金川,大金川反与小金川等部共抗清兵。三十六年(1771年),清兵为大小金川土司所败,乾隆杀阿尔泰。清朝集中兵力,前后耗饷达7000万,至四十一年(1776年)才把大小金川压服①。清朝于该地设美诺厅(后改懋功县)、阿尔古厅,直接由四川省统辖,四川西北部诸土司也逐渐改土归流。

改土归流的主观目的是对西南各族人民进行直接的管理,但也有其积极的一面,它改善了某些少数民族地区落后闭塞的面貌,有利于国内各民族间经济、文化的进一步联系,因而也多少促进了少数民族地区社会经济的发展。

清朝的疆域 乾隆时期,清朝的国内辖地除顺天府和盛京外,还包括称为本部的18行省和称为藩部的内蒙古、青海蒙古、喀尔喀蒙古、西藏、新疆等地。清王朝的疆域北至恰克图,南至海南岛、西沙群岛,西至葱岭,东至外兴安岭、库页岛,已经成为一个幅员广阔、国势强大的统一的封建国家。清王朝的建立和疆域的巩固,无论是对防止西方殖民主义者的入侵或促进国内各族人民经济、文化的联系和发展,在客观上都有积极的意义。

第七节 清朝的社会经济

一 清初农业生产的恢复和发展

清初恢复农业生产的措施 明清之际,由于长期的战乱,以及清军在入关前后的烧杀劫掠和武装镇压,社会经济遭到严重的破坏,到处呈现凋敝的景象。史载当时的北方,直隶是"极目荒凉","百姓流亡十之六七",山东"一户之中止存一二人,十亩之田止种一二亩"②。在南方,扬州、嘉定、江阴、松江、漳州、广州、南昌等城市都受到兵火的洗劫,湖广地区也是"城无

---

① 魏源《圣武记》卷七《乾隆初定金川土司记》《乾隆再定金川土司记》。
② 分见《清世祖实录》卷一二,顺治元年十二月;《清世祖实录》卷一三,顺治二年正月。

完堞,市遍蓬蒿"①。号称膏腴的四川,万历时明朝政府掌有耕地十三万余顷,到顺治时只剩一万多顷了②。

清朝统治者在入关之后,为了满足满洲贵族对土地的贪欲,于顺治元年(1644年)下令圈地,前后共占耕地面积达 166794 顷,除一部分作为满洲贵族的庄田外,另一部分也分给八旗旗丁。圈地虽然规定只圈"近京各州县无主荒地及前明皇室勋戚所遗留庄田",实际很多农民的土地也被圈进去,只拨给他们一些离京较远的"盐碱不毛之地"进行耕作③。北京附近的农民有些逃往河南,有些逃往口外,还有一部分人沦为满洲贵族或八旗旗丁的庄客,备受八旗庄头的蹂躏、奴役和剥削。

为了隔离沿海人民与郑成功和其他反清力量的联系,清统治者颁布了"迁海"的命令,强迫山东、江浙、福建、广东等省的沿海居民内迁,"凡三迁而界始定"。在"迁海"的过程中,堕城郭,烧庐舍,"老弱转死沟壑,少壮流离四方",给东南沿海的人民带来沉重的灾难④。

武装镇压、土地收夺、强制移民以及剃发等各种民族压迫的措施,引起了广大人民的反抗斗争。从明末的农民战争到清初的反抗清朝统治者的斗争,持续达数十年之久。特别是江南人民反剃发的斗争、直隶人民反圈地的斗争、闽广人民反迁海的斗争、佃农的抗租斗争和奴婢的索契斗争的日益激烈,迫使清统治者在康熙时期,不得不逐步改变和收敛这些不利于其统治的措施。

康熙八年(1669年)清朝政府在北京下诏停止圈地,宣称满汉军民,应一律对待,凡该年所圈旗地,立即退还汉民,另由山海关、张家口等处旷土换补⑤。康熙二十四年(1685年),又正式规定,民间所垦田亩,"自后永不许圈"⑥。同时又对八旗庄头的横暴加以相对的限制,这显然是为了缓和因为圈地而激化了的民族矛盾。

在明末农民战争的过程中,有大批的官僚、勋戚、地主豪绅被镇压,原来被他们霸占的土地大部分又重新转归农民所有。清朝初年,在直隶、山东、山西、河南、陕西、甘肃、湖广等地的明朝王公勋戚庄田,其中除直隶的一部

---

① 《明清史料丙编》第 819、901 页。
② 参考《明会典》及《清文献通考》卷一《田赋》。
③ 王庆云《熙朝纪政》卷四《纪圈地》。
④ 王澐《漫游纪略》卷三。
⑤ 光绪《畿辅通志》卷一《诏谕》,康熙八年六月。
⑥ 光绪《畿辅通志》卷一《诏谕》,康熙二十四年四月。

分被清朝政府圈占外,其余的不是荒废,就是仍由原来的佃农耕作。这些佃农事实上已摆脱了王公勋戚的奴役而成为自耕农民。清朝政府把这些庄田改名为"更名田",承认它们属农民所有,"与民田一例输粮"①。清朝政府的这一措施,使一些空闲已久的荒田继续垦辟出来,在一定程度上促进了农业生产的发展。

明末农民战争中有些地区的佃农、雇工和奴婢摆脱了地主的束缚,清朝的法律也把佃户当作"良民",并且有"勿许大户欺凌"佃户的规定②。康熙、雍正时,清朝政府先后命令满洲贵族和汉族地主不得"增租夺佃",并劝谕他们在荒年时要减免地租③。康熙四十三年(1704年),清朝政府又制造了统一的铁斛、铁升颁行全国④,以后又规定地主收租必须以国家的"仓斗"为凭,并在各县"勒石"永禁用"大斗剥佃"⑤。雍正九年(1731年),清朝政府把徽州府一带的"伴当"和"世仆""开豁为良",规定"年代久远,文契无存"的奴仆,一律改入"民籍","概不得以世仆名之"⑥。这些措施虽不能很好地执行,但在缓和社会矛盾方面都具有一定的作用。

根据大清律规定,雇工人比奴婢高一等,但又不等于"凡人"。又据刑部档钞的记载,到了乾隆时期,有一些长工都和他们的雇主"共坐同食"、"平等相称",而且"不立文契","并无主仆名分"⑦,这说明一部分雇工与雇主的关系也有进一步的改善。

清朝入关后,宣布以明代的一条鞭法征派赋役,并免除一切杂派和"三饷"。但由于军需的频繁,常常横征暴敛,杂派无穷,"无日不追呼,无时不敲扑"。一条鞭法虽然曾把一部分税银挪向地亩征派,即按地计丁派役,或丁少地多,或丁多地少,但丁银(又叫丁徭银或徭里银)从未被废止,有地无丁的人被编为下户,仍纳丁银。康熙时,人民的丁银负担极为繁重,山西等地每丁纳银至四两,甘肃巩昌至八九两。农民被迫逃亡,拒绝交纳丁银,各地的官吏又害怕清朝政府催逼,往往少报多留。"或言户有五六丁,止纳一

---

① 《清通典》卷一《食货》一《田制·民田》。
② 《史学工作通讯》1957年第一期所载清雍正时开豁奴婢为良的碑文。
③ 《清圣祖实录》卷二四四,康熙四十九年十一月;王庆云《熙朝纪政》卷四附《不许增租夺佃》。
④ 《熙朝纪政》卷六《纪铁斛铁尺》。
⑤ 光绪《清远县志》卷首,雍正十年《严饬奸佃短少租谷告示》。
⑥ 《史学工作通讯》1957年第一期所载碑文。
⑦ 见《中国近代农业史资料》第113页所载《刑部档钞》。

丁","或言户有九、十丁,只纳二三丁",以至丁额无定,丁银难征①。为了稳定收税的数额,诡知人丁的实数,特别是因为山陕一带部分农民在赋役逼迫下的四出流亡,"任意行走,结成党类",将对清朝的统治不利②。于是在康熙五十一年(1712年)宣布,即以五十年(1711年)全国的丁银额为准,以后额外添丁,不再多征,叫做"圣世滋丁,永不加赋"③。

"永不加赋"只是不再增加丁银,并没有免除丁银。人口有生有死,丁银总额不变,这就需要经常性的除丁或补丁。在这一过程中,由于地主豪富勾结官吏,诡避差役,负担最重的仍然是少地无地的贫民。正如山西布政使高成龄上疏所说:"富者田连千亩,竟少丁差,贫民无地立锥,反多徭役。"④康熙晚年在四川、广东等地开始进行"统计丁粮,按亩均派"的试点。雍正皇帝则把试点方法推向全国。自雍正二年(1724年)开始,清朝政府把"摊丁入亩"的办法陆续推向全国。"摊丁入亩"也称"地丁合一",即把康熙五十年固定的丁银(人丁2462万、丁银335万余两)平均摊入各地田赋银中,一体征收。从此以后,丁银就完全随粮起征,成为清朝划一的赋役制度。⑤

永不加赋和地丁合一是明代一条鞭法的继续和发展,它最终结束了中国历史上人丁、地亩双重征税标准,把税收合并为单一的土地税,简化了国家税收的原则和手续。当时人认为施行的结果,"保甲无减匿,里户不逃亡,贫民免敲扑"⑥,这些话显然渲染过实,但也可以看出地丁合一的推行在当时有稳定社会秩序的作用,使无地少地的农民对国家的赋役负担有所减轻。无地的"市民""乡民""佃民"都不再纳丁银,纳地丁银的人也不再服徭役,而"官有兴作,悉出雇募"⑦,从此基本上不再按丁派役,国家对农民的人身束缚也削弱了。

清初的赋役除去地税、丁银之外,还有漕粮、白粮、经费、火耗以及各种杂项的差徭。火耗是从明代继续下来的在正粮项外的一种额外的加征,这项赋银主要是饱地方官吏的私囊,并不交给政府。康熙时,全国各州县官吏

① 《熙朝纪政》卷一《纪免徭役》,卷三《纪停编审》《纪丁额》《纪丁随地起》。
② 《清圣祖实录》卷二五〇,康熙五十一年五月。
③ 《清圣祖实录》卷二四九,康熙五十一年二月。
④ 《清世宗实录》卷二四,雍正二年九月。
⑤ 地丁合一制度于康熙末年已在广东、四川两省试行,雍正时推行全国,但个别地区在乾隆以后才施行。由于各地情况不同,所摊入的丁银也多寡不一,其数目一般是税银一两,摊丁银一二钱左右,有的不到一钱。
⑥ 《熙朝纪政》卷三《纪丁随地起》。
⑦ 《熙朝纪政》卷一《纪免徭役》。

对火耗任意加增,视为成例,"重者每两至四五钱"①,甚至"税轻耗重,数倍于正额者有之"②。康熙五十六年(1717年),河南宜阳、渑池、阌乡一带以亢挺为首的农民,举行了反对征火耗的暴动,农民围攻县城,捉走县官,虽"总督、总兵不能压平"③。雍正二年(1724年),清朝施行了"耗羡归公"的办法,规定火耗每两不过二钱,由政府划一征收入库,然后再另给官吏"养廉银"。这项措施也减轻了农民的一些负担。

农业生产的恢复和发展 清朝在康熙、雍正、乾隆的统治时期,农业生产比以前有显著的恢复和发展。

农业的发展首先表现为耕地面积的扩大。据康熙二十四年(1685年)奏销册统计,直隶、山西、山东、河南、江南等地的耕地面积比以前都有一定的扩充。山东、河南比顺治时期各增约200万余顷。江南在顺治十八年(1661年)为95.3万余顷,康熙二十四年(1685年)至100万顷,乾隆十八年(1753年)为150余万顷。抛荒最多的四川地区,顺治十八年才1万余顷,到乾隆十八年已增至45.9万余顷④。

从顺治到乾隆的一百余年中,全国垦田面积的总额在不断上升。顺治十八年为549.3万余顷,康熙二十四年增至607万余顷,雍正二年(1724年)增至683万余顷,这已经接近了明代万历时期耕地面积的数字。乾隆十八年增至708万余顷,乾隆三十一年(1766年)增至741万余顷,到了嘉庆十七年(1812年)又增至790余万顷,这已超过了明代万历时期耕地面积的数字⑤。

但是这些数字还不能说明全国实际耕地的总数量,很多官田和地主隐瞒的土地均未计算在内,有一些少数民族地区的耕地,当时称为"回地""夷地""番地""苗田""瑶田""壮田""土司田"等等也都没有查丈,特别是黑龙江、吉林、蒙古、新疆、西藏、青海等地田亩,则根本没有计入⑥。

清朝政府在边疆地区如科布多、伊犁、哈密、乌鲁木齐、西宁、于阗等地,施行屯田。屯田有军屯,也有民屯,民屯亦称为户屯。乾隆三十一年(1766

---

① 《清世宗实录》卷三,雍正元年正月。
② 《皇朝经世文编》卷二七钱陈群《条陈耗羡疏》。
③ 《清史稿》列传卷五一《张廷枢传》。
④ 参考《清文献通考》卷一《田赋》。
⑤ 参考《中国近代农业史资料》第61页《清代耕地面积表》。
⑥ 吉林、黑龙江和新疆的一部分土地到嘉庆时才列入。

年),天山北路军屯地共 17.7 万余亩,户屯地 14.7 万余亩①,到乾隆四十二年(1777 年),军屯地增至 22.7 万余亩,户屯地 28 万余亩。在乌鲁木齐,维、汉两族原垦地为 63 万亩,至乾隆五十三年(1788 年)又多垦余地达 27.3 万余亩②。

  清朝把东北的大部分地区作为禁区,严禁汉人到那里开垦,但是仍有很多人私自出关,前往禁区从事垦殖。乾隆六年(1741 年),奉天各属新编人口仅一万三千八百余人,至乾隆四十六年(1781 年)已达三十九万余人。乾隆三十六年(1771 年)吉林各属新编人口五万六千余人,至乾隆四十五年(1780 年)已达十三万五千余人。垦辟土地的数量也显著增加。据雍正四、五年统计,奉天各属的旗地民田共八万五千三百余顷,至乾隆四十五、四十六年已达十五万六千七百余顷。乾隆十三年(1748 年)吉林各属的民地仅一千五百八十余顷,至乾隆四十五年(1780 年)已达一万一千余顷③。东北的农产品除供本地需用外,还不断往关内销运。

  沿长城的蒙古地区也是不准开垦的,但也有人不顾禁令,私自前往开垦。康熙时,有数十万山东、山西、直隶、陕西的汉人,携家带口,到口外蒙古地区垦荒④。其中有的自耕,有的成为蒙古王公的佃户。当时口外出产的秫米、小米已经行销北京⑤。乾隆以后,热河、察哈尔、宁夏等地垦田愈多,仅郭尔罗斯游牧处所,垦出熟田已有二十六万五千余亩⑥。

  在中原地区因为躲避粮差或失去土地的农民,往往逃入箐密林深的山区或西南各少数民族地区,有的佣工,有的力田,有的种靛、麻、茶、烟,也有的开矿、造纸,清政府一概称之为"棚民"⑦。棚民分散在四川、云南、贵州、广东、广西、福建、江西、湖广、江浙各省,披荆斩棘,把很多荒山旷野变为富饶之乡,他们开垦出来的土地,有一部分已被政府起科。

  清政府虽然不准人民在政府封禁的地区"私垦"田亩,但是对一般的垦荒却采取了积极鼓励的措施。康熙时把垦荒起科的年限宽展到六年甚至十

---

① 《清文献通考》卷一六《田赋》一。
② 光绪《大清会典事例》卷一六三《户部·田赋·新疆赋税》。
③ 据乾隆《盛京通志》卷二四《田赋》,卷三六《户口》,卷三七、三八《田赋》统计数字核算而成。
④ 分见《清圣祖实录》卷二三〇,康熙四十六年七月;《清圣祖实录》卷二四〇,康熙四十八年十一月。
⑤ 《清圣祖实录》卷二四〇,康熙四十八年十一月。
⑥ 刘锦藻《续清文献通考》卷一《田赋》。
⑦ 《雍正朱批谕旨》雍正二年《裴𢓜度奏疏》。

年,并且规定所垦的土地由官府"给以印信,永准为业"①。又采取借给牛种和雇工银两的办法,甚至用垦荒得官以招徕"有力者",令其在指定的地区(如云、贵、四川)雇工开垦。清朝政府对少数民族地区的生产也很注意,除去在新疆、蒙古兴屯之外,对于一部分回族和苗族,还分别借给他们耕具、种子以及加修渠道闸坝的工本,并迁来有经验的老农教苗民耕种②。在福建、台湾的漳化、淡水地区,荒地极多,清朝政府规定高山族可以优先申请,拨地垦耕,这即鼓励了高山族的生产热情。乾隆时,又下令招抚西藏逃亡的藏民,散给他们口粮糌粑,"按人分给籽种,分地耕作",一时归耕的有一千多户。清朝政府施行的这种垦荒政策,对当时耕地面积的增加、农业生产的恢复都起了一些促进作用。

清朝初年在兴修水利方面也取得了很大的成绩。康熙时,由于黄河多年失修,下游堵塞,黄、淮合流,不能入海,"北岸民田皆成巨浸",南面的淮阳七州县也是"一片汪洋",又影响运河阻塞,漕粮不能北达。康熙以靳辅为河道总督,采取疏导和筑堤的办法,约有十年时间(康熙十六年至二十六年,即1677—1687年),通过千万民工的努力,终于把"淮黄故道,次第修复,而漕运大通"。原来淹没之地尽变为民田,使河淮一带的农业生产在一段较长时期内,减少了水患的威胁。黄河在清朝屡次决口,河工也始终不断,但以康熙初年成绩最大,积累的经验也最多。

康熙五十二年(1713年),清朝政府又完成了永定河的修浚工程,主要是开掘了一条二百余里长的新河道,使旧河两岸的"斥卤变为膏腴"③,农民得以回到原来被淹没的地区从事生产。雍正时扩大修筑江浙的海塘也是当时最大的水利工程之一。海塘的修筑保证了沿海地区肥沃的水田免受海潮的侵袭,并且还将一部分海滩开为良田④。其他如修浚苏松的河道,开直隶的水利营田,疏通全国各地的河渠,清朝都很重视。在同一时期,还在宁夏开凿了大清渠、惠农渠、七星渠和昌润渠,原来的唐徕渠、汉延渠也都经过疏通和扩建。

清朝在水利工程方面取得的成绩,与清政府的重视与组织有关。康熙帝对水利学和测量学都有一些研究,还多次亲赴黄河和永定河工地进行勘

---

① 俞森《荒政丛书》附录上《晓谕饥民》。
② 具见《大清会典事例》卷一六六《户部·田赋·开垦》一,雍正二年至四年。
③ 《清圣祖实录》卷二五六,康熙五十二年十月。
④ 翟均廉《海塘录》卷首。

察。他任用的河道总督靳辅,在治水方面很有才干。协助靳辅治河的还有陈潢。陈潢是清朝著名的水利学家,他在护堤工程中,采用了坦坡、减水坝等有效的办法。

清代稻米的单位面积的产量在江南、湖广、四川的膏腴之区,一般可达到两三石,湖广的黄梅、荆州以及江浙、福建、四川的某些地区,上田每亩所获至五六石或六七石①。江南、湖广、四川以及东南沿海等地的粮食总产量比较高,湖广从明末以来就有"湖广熟,天下足"之谣②。高产作物如番薯,从明末种植以来,很快便传布于沿海各省及河南、河北、陕西等省,浙江宁波、温、台等州且以此为"民食之半"。

农业经济作物的种植面积也增加了。桑、茶、棉花、甘蔗、蓝靛、烟草都成为当时极重要的商品化的农产品。原来已经种植了经济作物的地方,现在又有了很大的发展,松江和嘉定"种稻者不过十之三,图利种棉者则又十之七八"③。原来经济作物很少的地方,现在也普遍种植了。在河北冀、赵、深、定诸州,"栽培棉花者占十之八九"④。烟草最初只产于福建,康熙时已传布到湖南、广东、直隶、河南、陕西等省。据说福建所种茶、腊、苎麻、蓝靛之属已占全部土地的 1/3,而烟草之植,又耗地十之六七⑤,其言虽不免过于夸张,但说明福建的大部分土地都已栽种了经济作物。经济作物面积的增加,必须要有较充分的粮食供应为前提,在清代,作为商品的粮食也愈来愈多。

从康熙中叶至乾隆年间是清代农业生产逐渐从恢复走向发展的时期。这时候,大量的荒地被垦辟,原来因战争的蹂躏而生长了野草的土地又全部栽种了粮食和各种农作物,水利兴修了,商品经济在农业中也有一定的发展,这就为清王朝奠定了物质的基础。

土地兼并严重 农业生产恢复和发展的过程,也就是土地日益集中的过程。清朝前期,社会矛盾虽有暂时的缓和,但是土地兼并和地主对农民剥削的现象仍然严重。在北方,满洲贵族在圈占土地之外,又倚其权势继续强占和强买人民的田土,他们的庄头更是无恶不作。雍正时,满洲庄头索保住,在宛平县"横霸一方,田连阡陌,所招佃户,供其驱使"。满洲庄头焦国

---

① 光绪《湖北通志·风俗》,并参考《中国近代农业史资料》。
② 《清圣祖实录》卷一九三,康熙三十八年六月。
③ 乾隆《嘉定县志》卷一二《风俗》一。
④ 方观承《御制棉花图》跋语。
⑤ 俞正燮《癸巳存稿》卷一一《吃烟事述》,并见《皇朝经世文编》。

栋在宝坻县也是"横霸田土千余顷"①。一般汉族地主在此时也乘机兼并土地。《红楼梦》所反映的"几千顷地,几百牲口"的大户人家,在北方农村为数不少。山东的大地主也是"田连阡陌",并普遍招募佃户为之耕种。而相反的,满洲的八旗旗丁在分得土地之后,却没有从土地上获得很多的利益,一部分旗丁把不准买卖的旗地,不断典卖给汉族地主,有的人也沦为佃户和雇工,遭受满洲贵族和地主的剥削奴役,与汉族农民陷入同样的命运②。

在南方,土地的兼并也在继续进行。康熙时,在商品经济比较发展的松江地区,"有心计之家,乘机广收,遂有田连数万亩,次则三四万至一二万者"③。大官僚徐乾学即"买慕天颜无锡田一万顷",高士奇在浙江平湖置田亦有千顷。从康熙的诏谕中看出,当时南方各省的情况是"小民有恒产者十之三四,余皆赁地出租"。经过土地的日益集中,到乾隆时,湖北已是"近日田之归于富户者十之五六,旧时之人,今俱为佃耕之户"。广西也"田大半归富户,而民大半皆耕丁",换言之,乾隆年间大概有一半以上的耕地面积已经被地主瓜分,很多以前有田的农民也都变成地主的佃户或耕丁了④。

蒙族贵族和上层喇嘛,维族的伯克和阿訇,藏族的农奴主和寺院主,也莫不倚仗其政治、宗教的特权,在各地强占农牧民的土地。西藏的土地绝大部分掌握在农奴主和寺院的手中,农民、牧民几乎没有土地。康熙时,美容的苗族土司田雯如在荆州、枝江、石门、宜都、澧州等地大买膏腴的民田。乾隆时,湘西的苗族地主藏谷数千石甚至达万石左右。汉族地主也往往与土司勾结,在少数民族地区兼并土地。

沦为佃户的农民受到地主极其苛重的地租剥削,有的"岁取其半",有的"四六派分",有的甚至把七八成的农产品交纳给地主。在满洲贵族土地上耕种的农民,除去遭受庄头地棍的凌辱之外,甚至还被迫预交二三年的田租,而且随时都有"增租夺佃"的可能。一般佃农在生活上毫无保障,丰年尚不足温饱,一遇天灾人祸,则不得不忍受高利贷的剥削,甚至卖儿鬻女以偿租债。地主对农民的残酷剥削,迫使农民长期生活在痛苦的深渊之中,即使在所谓的"康乾盛世",农民仍然进行着抗租的斗争。

少数民族人民所受的剥削更加惨重,在西藏的农奴除对农奴主和西藏

---

① 《雍正朱批谕旨》第五册《李维钧奏疏》。
② 光绪《大清会典事例》卷一五九《户部·田赋·宗室庄田》乾隆四年。
③ 《阅世编》卷一《田土》。
④ 参考翦伯赞《历史问题论丛》第124页。

地方政府负担苛重的租赋外,还有各种名目的差役——"乌拉"。稍有拖欠,就会受到砍手足、割鼻、挖目等极其残酷的刑罚。在贵州等地的苗民,受到极重的地租和高利贷的剥削,他们与地主的人身依附关系还比较牢固,对地主是"生死惟命",在遇见地主"打冤家"的时候,不仅要出钱出力,生命也没有保障。

二　手工业和商业　资本主义萌芽的缓慢发展

清初恢复手工业生产的措施　清初顺治年间,由于久经兵火,农村凋敝,断绝了一部分手工业原料的供应,又因交通阻塞,国内外的市场也萎缩了,成都的织锦业,"燹于兵火,锦坊尽焚"①,饶州已变为瓦砾之场,在这里的制瓷业也一蹶不振②。素以棉织业发达著称的松江各城镇,因"山左荒乱"以至"布号纷纷歇业"③。苏州、潞安等地的丝织业,在清统治者的垄断和掠夺下,机户逃亡,机张日减。原来发展起来的工商业在此时都受到严重的摧残。

但是这种萧条的年代不久就过去了。随着康熙以后农业生产的逐步恢复,工商业也发展起来。

顺治二年(1645 年),清朝政府曾一度宣布取消匠籍和免征代役银,但不久又恢复了。康熙以后,又把工匠代役银(即班匠银)一概并入田赋内征收,工匠代役银和匠籍的制度才逐渐废除④。从此以后,手工业者对封建国家的人身依附关系又有进一步的松弛。

雍正时施行了地丁合一制度,把无地的"乡民"和"市民"的丁银一律免除,城市工商业者也不再有丁银的负担。刑部档钞也记载乾隆年间,在一般手工作坊内为坊主工作的雇工,很多都与其主人"同坐共食""并无主仆名分"⑤。这些现象,也都标志着清朝的手工业者、小商人和手工业工人的社会地位,比以前有了提高。

在清朝,除军器、铸钱等仍由官府经营,以及在景德镇、南京、苏州、杭州等地还保持了少数官营的瓷窑、丝织工场外,其余的都改由民间经营。清康

---

① 民国《华阳县志》卷三四《物产》引旧志。
② 康熙《饶州府志》序言。
③ 顾公燮《消夏闲记摘抄》的《芙蓉塘》条。
④ 《皇朝文献通考》卷二一,嘉庆《大清会典事例》卷七一七。
⑤ 《中国近代手工业史资料》引《清代刑部档钞》。

熙、雍正时,允许民间开采铜、铁矿,把冶铜和煮盐都改为私营或官督商办①,原来私人织机不得超过一百张的禁令也取消②。说明清政府对民间手工业的种种限制已有相对的放宽,这些措施对当时工商业的发展,是起了积极作用的。

清朝的手工业　与农业紧密结合的家庭手工业是鸦片战争以前最主要的手工业。在康熙、雍正和乾隆时期,作为农村副业的绩麻、纺线、养蚕、织布、缫丝都有了普遍的推广。原来以缫丝织布知名的江南、四川、福建、山东、湖广等地的家庭手工业此时更加发达。与明代一样,湖州的丝和松江布都是"衣被天下",甚至还销行到国外。陕西、江西和贵州等省,在雍正、乾隆年间缫丝、织布也兴旺起来。用柞丝织绸的技术在乾隆时由山东传入贵州,织成的"茧绸",闻名全国③。在少数民族地区,维族、蒙族的毛毯,苗族的苎布、皮布、土花布、洞锦,壮族的壮锦,当时都是极精美的产品。除去缫丝织布以外,作为农村副业的藤器、竹器、柳条器、造纸、陶器、制糖、制茶等家庭手工业,也都相应地发展起来了。

这时,在全国的各大小城市和市镇之中,普遍存在着磨坊、油坊、酒坊、机坊、纸坊、酱坊、弹棉花房、糖坊、木作、铜作、铁作、漆作等大小的手工业作坊。在这些手工作坊之内制成了各种生产用具、食品、器皿、衣饰、书籍、文玩以及特种手工艺的产品和加工品。至于北京的景泰蓝、雕漆、镂金、骨雕、木雕、象牙雕刻、绢花;南京的刻书、包头绢、药材、毡货、库缎;苏州的刺绣、纱绸、织金缎、细木器、小铜器;杭州的杭扇、杭线、杭粉、杭烟、杭剪④;广东的漆、纱、缎、烟、锡;福建的茶,安徽的墨,江西的瓷器,四川的锦缎,贵阳的皮制品,昆明的铜制品,大理的大理石制品,新疆的玉石制品,都是清朝有名的产品。

在康熙、雍正、乾隆时期,原来已有相当发展的杭州、苏州的丝织业、松江的棉纺织业、江西景德镇的制瓷业、广东佛山的铸铁业、四川的煮盐业又都有不同程度的发展,同时还在更多的手工业地区出现了更多的手工业部门。如南京、广州和佛山的丝织业,福州、佛山的棉纺织业,福建、台湾和四川内江的制糖业,福建、云南的制茶业,新疆、云贵、两广等地的铜、铁、铅矿

---

① 阮元《云南通志》卷七六《矿厂》四《京铜》。
② 《续纂江宁府志》卷一五《拾补》。
③ 《皇朝经世文编》卷三七宋如林《请种橡育蚕状》。
④ 范祖述《杭俗遗风》,《小方壶斋舆地丛钞》六帙二。

采冶业。这些手工业产品一部分是出于农村家庭副业,另一部分是出自手工作坊或手工工场。

南京、佛山、广州等地丝织业的发展,已超过了同一时期的苏、杭二州。乾隆时,南京全城的织机有 3 万台,每台织机由 132 种零件构成,所牵的经线到 9000 多根,个别的到 1.7 万根①。雍正时从杭州迁来广州北郊的丝织业行业,到嘉庆、道光年间发展到织工四五万人②,所产的纱缎"甲于天下",号称为"金陵、苏、杭皆不及"③。

苏州和佛山棉染织业的盛况也不减于松江。康熙时,苏州的踹布工匠有七八千人,到了雍正八年(1730 年)已增至 1.9 万余人,他们分别在 450 家踹布坊中从事踹布的工作④。嘉庆、道光时,佛山镇的棉织业除去有不少农民从事家庭手工副业之外,还有很多织棉布的作坊。

制糖、制茶、制烟业也比以前更加发达了,康熙中叶,台湾各糖厂年产蔗糖二三十万石⑤,福建瓯宁一地就有上千的制茶作坊或工场,"每厂大者百余人,小亦数十人"⑥。云南普洱所属的六茶山,雍正时已名重于天下,入山采茶制茶者很多⑦,至于制烟,更是山、陕、福建各地习见的手工业。

云南铜矿的大量开采是雍乾时期的新现象。乾隆时,全省先后发现矿苗 82 处,开办铜厂 300 余处,其中一部分是官督商办的大厂,另一部分则是私营的小厂,"大者其人以数万计,小者以数千计"⑧。乾隆五年至嘉庆十六年间(1740—1811 年)云南铜矿的最高年产量曾几度达到一千四五百万斤⑨。此外,广东、四川、陕西、湖南等地炼铁的土炉,每天能产生铁 1500 斤到 3500 斤,最多时每炉每天产生铁 6000 斤。

所有这一切都说明了清代的手工业生产水平已超过了明代,手工业生产率比以前相对地提高了,商品的产量和品种更加丰富。但是清代的手工业生产主要仍是小商品生产,一般的生产技术、产量和规模都受到很大的限

---

① 同治《上元江宁两县志》七《食货考》"乾嘉间机以三万余计",光绪《续纂江宁府志》一五《拾补》:道光时"缎机以三万计,纱绸绒绫不在此数"。另见陈作霖《凤麓小志》。
② 《三元里人民抗英斗争史料》第 183 页。
③ 乾隆《广州府志》四八《物产》。
④ 《雍正朱批谕旨》四二册李卫奏。
⑤ 乾隆《续修台湾府志》卷一七。
⑥ 蒋蘅《云寥山人文钞》卷二《禁开茶山议》。
⑦ 檀萃《滇海虞衡志》卷一一。
⑧ 《续云南通志稿》卷四四《矿务》引王崧《矿厂采炼篇》。
⑨ 参考严中平《清代云南铜政考》,《中国资本主义萌芽问题讨论集》第 675 页。

制,在农村占重要地位的是与农业紧密结合的家庭手工业,在城市则几乎还都是行会的手工业。

在农村,一个从事织布缫丝的农民,除去纳租交税和偿债之外,在出售产品时又要遭受商业资本的盘剥和"把头""白赖"的勒索,剩余不多①,只能勉强维持单纯的再生产,没有扩大再生产的可能。

在城市,每一个独立的手工业都有行会,甚至当时最进步的手工业,如南京、苏州、杭州、广州、佛山等地的丝织业也都有行会存在。行会是在政府直接控制下的组织,行会的成员要向政府服役纳税。"行市"由政府规定,不得任意增减,"行规"也要经政府的认可,在祭神祠前"勒石永遵"。清朝政府是保护作坊主和大商人的利益的,真正受剥削的是贫苦的手工业者和被雇佣的手工业工人。行会限制学徒与雇工的人数,限制随意增减商品价格,限制新业主的产生,更主要是压制雇工不准他们成立自己的行会,压制雇工不准他们发动"齐行"叫歇的斗争。行会的存在,严重阻碍着手工业的进一步发展②。

国内商业的繁荣和对外贸易的发达 商品生产的发展促成了全国各地商业的繁荣。在康熙、雍正、乾隆时期,许多城市恢复了明代后期的繁盛,有些城市,如南京、广州、佛山、厦门和汉口,则较明代更加发展。长江沿岸的无锡是著名的"布码头",汉口是"船码头",镇江是"银码头"③。佛山虽是一个小镇,但是在乾嘉之间,商铺、市集、作坊如林,共有 622 条大小的街巷④。而汉口镇更是"地当孔道,云贵、川陕、粤西、湖南处处相通,本省湖河,帆樯相属,粮食之行,不舍昼夜",而商业往来,以"盐、当、米、木、花布、药材六行最大"⑤。

当时在西北各地也出现了很多商业的城市,如库伦(今乌兰巴托)、乌鲁木齐、呼和浩特、张家口、多伦诺尔、西宁、打箭炉、伊犁、哈密、阿克苏、叶尔羌等,有些城市如乌鲁木齐"字号、店铺,鳞次栉比"⑥,打箭炉"商旅满关,茶船遍河"⑦,商业极为繁盛。它们的兴起和发展,标志着各族人民之间经

---

① 参考《中国近代农业史资料》第 86 页《商业资本的活动》。
② 行会的资料极丰富,见《江苏省明清以来碑刻资料选集》。
③ 《锡金识小录》备参上。
④ 道光《佛山忠义乡志》卷一《疆域志》。
⑤ 《皇朝经世文编》卷四〇《户部·仓储》下晏斯盛《请设商社疏》。
⑥ 七十一《新疆纪略》上。
⑦ 乾隆《雅安府志》卷七《茶政》。

济联系的加强。

北京是全国贸易的中心。各少数民族地区的商品如关东的貂皮、人参；西藏的红花、藏香；新疆的毡毯，蒙古的裘褐，以及云贵各地贵重的药材都能出现在这里的市场上。清朝政府为了笼络蒙古王公和加强与蒙古地区的商业联系，还在北京城内御河西岸设立"里馆"，在安定门外设立"外馆"，专门接待从蒙古来京的客商①。

瓷器、陶器、绸缎、布匹、烟、酒、茶、粮都是从北京等地向少数民族地区批发的重要商品。为了满足少数民族特殊的需要，临清机户所织的"哈达"专门运销蒙古②，成都机户所织的"哈达"专门运销西藏③。此外，北京的"大字号"还供应蒙古、西藏等地需要的喇嘛念经用品和某些特殊的手工艺品。

内地的商人、小手工业者和手工业工人，相继来到了西北、西南各地。他们在这些地区安家落户，还在蒙古、新疆的各大城市开设了许多商店和作坊。他们之中，有的人为了谋利，有的人为生活所迫，但是通过他们的活动，使内地和边疆的商业联系更加频繁，并且还把内地的很多手工业技术带到了边疆。

清朝的对外贸易比以前也更加发展了。康熙时，江、浙、闽、粤四地的开关和雍正时中俄恰克图条约的签订，也有利于对外贸易的发展。在当时，中国与俄罗斯、朝鲜、越南和南洋各地以及某些欧美国家都有频繁的商业往来，输出的商品一般以棉布、丝绸、瓷器、铁锅、茶、糖为大宗，进口的商品则是哆罗呢、哔哕、玻璃、珊瑚和各种香料、海味等奢侈品。在嘉庆以前，清朝在国际贸易上始终保持出超的地位。

全国最富有的商人是票商(山西的票号商人)、盐商和行商(所谓广东十三行)，这些人很多都是官商，或者是政府的官员。山西商人开设的票号、银号，主要的业务是代官府解钱粮、收赋税以及代官商办理汇兑、存款、放款、捐纳等事，始终没有超出商业资本和高利贷资本的范围。但是也有很少一部分商业资本投到手工业生产，转化为最初的工业资本。

资本主义萌芽的缓慢发展　　随着清初农业、手工业和商业的发展，在中国社会内部孕育着的资本主义萌芽也在缓慢地发展。这表现在某些手工业生产中包买商的活动比明代更加活跃，具有资本主义性质的作坊和手工工

---

① 《天咫偶闻》。
② 见民国二十五年《市政评论》四卷十二期《北平市与蒙古》一文。
③ 陈克绳《西域遗闻·风俗》，见《边疆丛书》。

场比明代更加增多,它们主要出现在江南和广东地区。

包买商通过借贷、预付原料、供应织机等等方式控制小生产者。乾隆时,广东的糖商,"春以蔗本分与种蔗之农,冬而收其糖利,开糖坊者多以是致富"①。又如"赣州各邑皆业苎,闽贾于二月时放苎钱,夏秋收苎,归而造布"②,这是商人采取借贷的形式,使一部分蔗农和苎农为他工作,受他资本的控制。嘉庆时,在广东的佛山镇,"织造棉布的老板和纺工之间,通常总是由老板供给纺工棉花二斤,收回棉纱一斤"③。在苏州的震泽镇,也有很多农民或络工"取丝于行(牙行),代纺而受其值"④。这里的牙行商人已经不仅是介绍买卖,而是把原料交给络工加工,实际上络工已成为他们的雇佣工人了。在南京和苏州的丝织业中,又出现了由大商人开设的"账房"。账房最早开设在康熙年间,是清代丝织业中出现的最进步的经营形式。账房都拥有大量的资本、原料和织机,并把织机原料分给很多小机户,机户将原料送往染坊染色,又将它交与络工络丝,织成绸缎后送归账房批售。在这里,账房已成为组织机户的"大包买商"⑤。苏州的账房除去把织机分发机户外,"还自行设机督织"⑥。账房直接设机坊雇佣工人,他已经是大包买商兼作坊主或工场主的身份了。

在苏州及其周围各市镇,每当清晨,还有大批的织工群聚在桥头待雇。苏州的花缎工聚于花桥,素缎工聚于白蚬桥,纱缎工聚于广化寺桥,锦缎工聚于金狮子桥。吴江黄溪的织工则聚于长春、泰安二桥,他们都不领织机自织,而是为账房或机户雇佣的临时工人⑦。

除丝织业外,其他手工业部门,如棉染织业、造纸业、铸铁业、制糖业、陶瓷业的一部分手工作坊或工场中,也都出现了资本主义的萌芽。乾隆时,苏州共有33家染纸的作坊,雇工共有800余人,平均每个作坊有二十四五人。作坊内部的分工极为细致,共有刷、托、洒、推、梅、插、拖、表等八种工序,并有拖胶匠、刀纸匠、粘补打杂匠人等分工。雇工与坊主的关系是"按日按工给发"货币工资的雇佣关系,一般每人每日的工银是2分4厘,刷纸600张

---

① 李调元《南越笔记》卷一六。
② 吴其濬《植物名实图考》卷一四。
③ 《手工业史资料》第246页,转引1821年《广州英商致印度英商的信》。
④ 道光《震泽县志》卷二《风俗》。
⑤ 陈作霖《凤麓小志》卷三《记机业》。
⑥ 民国《吴县志》卷五一,《物产》二。
⑦ 顾震涛《吴门表隐》卷一《风俗》,道光《黄溪镇志》卷一《风俗》。

为一工,如果有力多作,按件计算,可增至 4 分 5 厘①。这些雇工是短工,与主人"平等相称","并无主仆名分",如不积欠工银,也可以辞工不做。这已经是城市中比较典型的具有资本主义萌芽性质的手工工场了。

但是就在这些手工工场之中,雇佣工人也还没有完全摆脱政府的控制和行会的束缚,根据当时染纸作坊的行会章程可看出:第一,坊内设有监督工人的把头匠作。第二,由官府和作坊主共同议定工价,纸工不得随意叫歇加增,如欲加增,照把持行市、以贱为贵律杖 80。第三,清朝政府设"坊甲"稽查各坊,弹压纸工,禁纸工不得夜出,违者也重杖递籍。第四,除去雇佣关系外,作坊内还有收学徒的制度,除去货币关系外,坊主还负担纸工的饭食,并有茶点银。

行会手工业工人的叫歇斗争　在康熙、雍正、乾隆时期,苏州、杭州、松江等地的织工、踹工、纸工、染工、香工、金箔工、景德镇的窑工、广州的织工和北京的香工,为了摆脱作坊主和政府的束缚,曾经分别起来向作坊主进行了齐行叫歇的斗争。康熙时,仅苏州一地的踹工,先后四次组织了"盈万成千"的工人,向作坊主要求增加工资,并要成立自己的行会——踹匠会馆②。康熙五十四年(1715 年),南翔镇的踹工也在各地散发传单,纠众停工。紧接着苏州等地的织工也都相应而起。在从前,一般是"铺匠相安",或是偶生纠葛,而现在则"流棍之令一出,千百踹匠景从,成群结队,抄打竟无虚日","变乱之势,比诸昔年尤盛"③。正因为齐行叫歇完全代表了手工业工人的利益,所以要钱捐钱,要力出力,"财诚易敛","众更可凭"。这使得清朝政府和各地的作坊主都十分震恐,他们联合起来,千方百计以加强对雇工的镇压。这说明清代康熙、雍正、乾隆时期,行会内部劳资双方的冲突比过去更加激化了。

雍正以后,广州的丝织业、打石业、佛山的绫帽业中,都出现了东家行和西家行两个行会。西家行是工人自己的组织,每遇工人要求增加工资之时,即由西家行的"先生"出面向东家交涉,东家因为怕机工歇工不得不作一些让步④。这显然是当时工人叫歇斗争所取得的胜利果实。

---

① 《奉各宪严禁纸坊工匠把持勒增工价永遵碑》《遵奉各宪详定纸坊条议章程碑》,见《江苏省明清以来碑刻资料选集》第 66—72 页。
② 见《江苏省明清以来碑刻资料选集》第 41 页,《奉钦差部堂各宪驱逐踹染流棍禁碑》。
③ 《江苏省明清以来碑刻资料选集》第 38 页,《遵奉督抚各宪定例永禁碑记》。
④ 《三元里人民抗英斗争史料》第 183 页,《百年前广州丝织工人的生活及其参加三元里抗英斗争的情况》。

第八节 清朝的政治 清朝统治下的社会矛盾

一 康熙、雍正、乾隆时期的制度及其政治措施

从康熙(1662—1722年)中叶到雍正(1723—1735年)、乾隆(1736—1795年)年间,经济逐渐恢复,社会日趋稳定,各种社会矛盾相对的缓和,清朝的统治更加巩固。

中央和地方官制的调整与变化 清朝初年,中央官制如内阁、六部、都察院、大理寺等都仿自明代,组成这些机构的官员虽由满汉分置,但掌握实权的都是满官,汉官备员而已。清制,除内阁外,别设议政王大臣会议,亦称"国议"。议政王大臣会议由满洲贵族组成,汉人不得参预,其权力超出内阁、六部之上,凡军国大事,都由诸王大臣签议。康熙时,满洲大臣鳌拜、明珠相继擅政,各旗主也十分跋扈,这些人最后虽受到康熙的制裁,但议政王大臣会议的制度却没有废除。另一方面,康熙又在宫内设南书房,拣择较有才华的词臣,让他们拟进谕旨,汉官的地位也比过去提高了。

雍正七年(1729年),清朝政府在北京设立了军机处。军机处设军机大臣和军机章京,由皇帝选派亲信的满洲大臣和汉族大臣共同组成,最初是因用兵准部而设的一个暂时的军事行政组织,以后即成为处理全国军政大事的常设的核心机构。但这个核心机构"只供传述缮撰,而不能稍有赞画于其间"①,军机处的裁决权完全出自皇帝。皇帝的"上谕"有两类,一类"明发上谕",交内阁发抄,是宣示天下的谕旨;一类是"廷寄上谕",事涉机密,由军机处直接传达给地方的督抚。从此以后,"国议"已成空名,满洲贵族的势力有一定削弱②,汉族大臣在名义上也可以参预机务。军机处的设立是清朝在中央官制方面的重大变革,主要是加强了皇帝的权力。

明朝重任六科给事中和监察御史,叫做"言官",言官得上书言事,评论朝政。雍正时,以六科给事中改隶都察院,给事中的权力大为削弱。清朝又在康熙初年废除了巡按御史的制度,事权尽归地方的总督或巡抚。

---

① 赵翼《檐曝杂记》卷一。
② 昭梿《啸亭杂录》卷四《议政大臣》。

清朝政府裁撤了宦官二十四衙门,以其事隶属内务府①。大臣所上章奏都由皇帝亲自审阅,不再委任宦官②,明代司礼监专政之弊,至是革除。

清初地方官制也沿袭于明代,但是行省一级的官吏除去布政使、按察使、学政外,还设有总督或巡抚。明朝的督抚主要负责军政,而且大多因事而设,事毕即调任他处。清朝每一省、二省或三省设总督一人,如四川总督、陕甘总督、两江总督,又于每省设巡抚一人,如山西巡抚、山东巡抚。有的设巡抚无总督,有的设总督兼巡抚。巡抚是总揽一省军政、民政的最高官职。总督比巡抚事权更重,但以负责军政为主,兼管民政,对所属地区的人民进行管理。无论巡抚或总督都是皇帝的心腹,事无大小,遇疑难即呈奏皇帝,听候皇帝的指示。雍正时,河南总督田文镜、浙江总督李卫、云贵总督鄂尔泰都是雍正的心腹,李卫、田文镜严厉整饬吏治,鄂尔泰施行改土归流,他们在加强中央对地方的控制方面也有一定的建树。清朝的督抚也是满汉分授。康熙时,汉人任督抚的"十无二三",乾隆初,巡抚满汉各半,总督无一是汉人③,但是知府以下的官吏则多由汉人充任。

清朝政府在边疆地区采取了与内地不同的管理办法。首先在北京设置了一个专门管理少数民族政务的机构,叫做"理藩院"。理藩院的设置最初是为了处理蒙古事务,随着清朝对西北、西南各地区统治的进一步加强,理藩院管理的范围也逐步扩大到蒙古以外的新疆、青海、西藏、四川各少数民族地区,这些地区的行政,如铨选、诉讼、土田、游牧、射猎、封爵、贡纳、邮站、翻译等都归其统领。理藩院的官吏分由满人和蒙古人担任,汉人不得参加④。清朝政府在蒙古、新疆等地设立将军掌边疆军政,又设大臣如参赞大臣、办事大臣,在西藏设驻藏大臣,他们与理藩院并无隶属关系,而是由皇帝特派,和督抚一样,直接听从皇帝的指挥。在各少数民族地区的地方行政机构中,具体处理政务的都是各族的上层统治者,如维族地区的大小"伯克"、蒙古族地区的大小"扎萨克"(盟长、旗长)、藏族地区"噶厦"的官员和大小喇嘛,但是遇有大事都要与中央派来的将军和大臣共同商议,官职也要由理藩院任命。理藩院的设置和将军、大臣直接对少数民族地区的管理,标志着

---

① 顺治初年,清统治者鉴于宦官之弊,革除宦官二十四衙门。十一年复设十三衙门,十八年康熙即位又废止十三衙门。见王庆云《熙朝纪政》卷三。

② 康熙批阅奏章,"不论巨细,即章奏之内有一讹字,必加改正"。雍正批阅奏章往往至深夜,今传有《朱批谕旨》六十册,所收大臣奏章,皆由雍正御批。

③ 《清高宗实录》卷一八四,乾隆八年二月。

④ 光绪《大清会典》卷六三。

中央与少数民族地区政治隶属关系的加强,说明了清朝中央对地方的控制已经深入到边区了。至于对满族留居人数较多的东北地区,则由满洲将军治理。清朝在盛京、吉林、黑龙江各设将军一人,总管该地的军政和民政。

皇权的加强和秘密立储　满族贵族在入关前虽已初步建立了一些以加强皇权为中心的制度,但是满洲的八旗旗主们还保存有极浓厚的氏族的传统势力,旗主在他所属的旗内的地位像君主一样,皇帝的命令必须通过旗主才能对各旗发生效力。入关以后,八旗中的上三旗(镶黄、正黄、正白)已直接受皇帝的指挥,但下五旗仍由满洲贵族统领,奉旗主为君的传统关系并未改变。旗主广占土地,奴役满洲旗丁或佃农耕作,在政治上参加议政王大臣会议,限制君权,极为跋扈。康熙晚年,派皇子出办旗务,其目的是要加强对各旗的控制,但是这些皇子都倚仗各旗的势力,展开了争夺皇位的斗争。

康熙共有 35 子,除立次子胤礽为皇太子外,还有一部分人封亲王。他们多勾结旗下,树立朋党,互相残害。皇四子胤禛(即雍正帝)后来即通过夺嫡取得了皇位。为了削弱旗主的权力,雍正一方面大杀满洲亲贵,严禁满洲亲贵与外吏交结,同时还直接委派他的亲信管理旗务,下令八旗旗丁必须尊奉皇帝为至高无上的君主,并不得在旗主门下行走。① 从此八旗旗主的势力被削弱,皇帝也加强了对旗主和八旗军的统治。

长期以来困扰清皇帝的一个问题是立储的问题。中国传统的立储原则是立嫡之长,从努尔哈赤起,立储问题就不断引发满族贵族内部争权夺利的斗争。康熙帝早年立嫡长子胤礽为皇太子,后父子关系恶化,其他皇子和在朝文武大臣也多有卷入储位之争的。迨康熙去世,由皇四子雍亲王胤禛继位,是为雍正帝。为此雍正帝继位的合法性一直受到质疑。雍正帝即位之初乃创行秘密立储制,即皇帝将立储密旨一份缄藏于乾清宫"正大光明"匾之后,一份由皇帝随身携带,待皇帝去世后,两相验证,即立为新皇帝。在当时秘密立储有缓解清皇室和满族贵族内部矛盾的作用,有利于维护皇权的权威。

对汉人和对其他民族上层分子的笼络　清朝统治者在入关之后,即对汉族官宦人等大加笼络。为了缓和民族矛盾,康熙即位后,又从各方面加强笼络汉人的工作。这一时期所颁布的废止圈地、减免税粮和鼓励垦荒等,都是对缓解满汉矛盾有利的。在康熙、雍正的上谕中,还屡次提到要维护地

---

① 参考《清世宗实录》卷三,雍正元年正月;昭梿《啸亭杂录》卷一《禁抑宗藩》。

主、富民的利益,把他们当作"国家所爱养保护之人"①,佃农欠租的都要"严加惩处",并由官府把租额"勒迫给主"②。清朝政府还通过扩充科举取录的名额,把更多的汉族知识分子吸收到政权中来。康熙十四年(1675年),清朝颁布了捐纳制度,凡是地主士绅的子弟,只要有钱,就可以捐银得实官,以后捐纳一途,即成为科举的一种补充③。康熙十七年(1678年),又宣布在北京开设博学鸿儒科,罗致了全国的"名士"143人,取录了50名,俱授以翰林院的官职,令其纂修明史。当时除去有比较浓厚的反清意识的明遗民如顾亭林、黄宗羲等人外,其他的知名学者如朱彝尊、汪琬、毛奇龄、施闰章等人都来京应选④。与此同时,清朝的皇帝如康熙等还强调"满汉一体",崇奉孔子,提倡理学,编纂图书,竭力宣扬忠君思想和三纲五常等伦理道德。从康熙二十三年(1684年)到四十六年(1707年)之间,康熙帝曾六次南巡,途经山东、河南直达江南南京、苏、杭等地。为了笼络汉人,下令蠲免所到之处的税粮,又召见了许多知识分子,未经考试的即钦赐出身,还在山东曲阜祭孔庙,在南京谒明太祖陵。这就使汉族士人从思想上逐渐削弱了对清政权的敌意,从而死心塌地为清朝政府服务。

  清朝政府对其他各族的上层分子也大加笼络。清朝皇室与蒙古王公贵族保持了世代的婚姻关系,公主嫁蒙古贵族的很多,还赐给他们与满洲贵族同等的封爵,并经常给以大量的俸银、俸币和俸缎,允许他们定期来北京贸易。此外,若遇皇帝出塞围猎,还要颁行一次特赏。康熙四十六年(1707年),康熙亲自巡行蒙古,沿途多留宿蒙古王公之家,表示"大皇帝"的特殊的恩宠⑤。清朝对喇嘛教和伊斯兰教都很尊崇。康熙六十一年(1722年),蒙古哲布尊丹巴呼图克图来到北京,次年死在北京,雍正派人护送回蒙,在库伦为他修建了庆宁寺⑥。乾隆二十八年(1763年),维族的伯克霍集斯、霍什克等来到北京,清朝皆封以王公,赐以华美的住宅,在北京西长安街为他们修建了礼拜寺,还把他们的随从兵士编为八旗的佐领⑦。乾隆四十五

---

  ① 光绪《浙江通志》卷一〇〇《风俗》下,雍正七年谕。
  ② 《大清律例汇集便览》。
  ③ 《清史列传》卷七《宋德宜传》,缪荃孙《云自在龛笔记》。
  ④ 分见《清圣祖实录》卷七一,康熙十七年一月;卷八〇,康熙十八年三月;卷八一,康熙十八年五月。
  ⑤ 《清圣祖实录》卷二三〇,康熙四十六年七月。
  ⑥ 《高宗纯皇帝御制庆宁寺碑记》。
  ⑦ 乾隆《大清一统志》卷七《顺天府》。

年(1780年),班禅额尔德尼六世继达赖五世之后来到北京,以后在北京逝世,乾隆为他修建了"清净化域"。清朝政府又在承德修建了金碧辉煌的八大庙,其富丽的程度远超过当地皇帝的行宫。修建喇嘛教的寺院也成为清朝政府笼络蒙古王公的方法之一。更主要是清朝政府通过理藩院,承认了各族上层统治者在本族内的社会地位及其经济和政治的特权,这样,满族统治者就能利用各族上层分子来统治各族人民了。

文字狱 为了加强皇帝的权威,维护满洲皇帝和贵族在全国的优越的统治地位,清政府对于任何反满思想和活动,都要采取严格的镇压。在康熙、雍正、乾隆三朝,清统治者曾大兴文字狱,前后见于记载的约有七八十起。康熙二年(1663年),浙江湖州富户庄廷鑨刊刻了朱国桢编写的明史,又请人增添了明末天启、崇祯两朝事,其中多有指斥满洲的文句,被人告发。清朝政府把已死的庄廷鑨开棺戮尸,作序者、刊印者、校阅者、售书者、藏书者被杀72人,充军边方的也有几百人①。雍正四年(1726年),满洲隆科多的党人礼部侍郎查嗣庭出为江西考官,出题有"维民所止"四字,清朝政府认为是去掉雍正二字之头,下查嗣庭狱。查嗣庭在狱中病死,又下令戮其尸②。乾隆五十三年(1788年),湖南耒阳生员贺世盛作《笃国策抄》,书中论及清代的政事,以为当时的捐纳制度流弊极多,事发后即被锁拿处死,妻子充军③。这都说明了清政府对汉族地主官绅的猜忌和对他们显示了专制君主的淫威。

雍正时的几次文字狱,不仅用血腥的屠杀加强了对文化思想的统制,而且还亲自著书来驳斥反对者。生员陆生柟作《封建论》,反对清朝的统一和专制的统治,企图恢复三代的"封建",雍正则作《驳封建论》,他说:"中国之一统始于秦,塞外之一统始于元,而极盛于我朝,而皆天时人事之自然,岂人力所能强乎。"④吕留良是清初有名的思想家,具有浓厚的反清意识,他反对专制政治,主张君臣的关系应如朋友,又主张严"华夷"之别,认为孔子赞扬管仲的"攘夷狄"是最高的道德标准。留良早死,其弟子及曾静等人皆崇奉其说,并广为传播。雍正撰辑了《大义觉迷录》一书,并将它颁行天下,他在书中强调了"华夷无别",认为舜是"东夷"之人,文王是"西夷"之人,自己

---

① 《痛史·庄氏史案》。
② 《清世宗实录》卷四八,雍正四年九月。
③ 《清代文字狱档》第三册《贺世盛笃国策案》。
④ 《清世宗实录》卷八三,雍正七年七月。

虽是满族人,却和舜、文王一样,可以完全合法地做中国的皇帝①。他又下诏谕说:"天无二日,民无二主,乃天经地义。"②清代的专制政治,在此时已达于极点了。

军队、法律和保甲法 清王朝的专制统治还表现在加强了对人民的控制。

清王朝在全国各地遍布军队。其中主要是八旗军,其次是绿营(汉人组成的军队),此外在蒙古地区有旗兵(蒙古人组成的军队),西藏地区有番兵(藏人组成的军队),黑龙江地区有索伦兵③。八旗又分为满洲八旗、蒙古八旗和汉军八旗,而最基本的力量是满洲八旗。八旗兵额共有20万人(余丁不计在内),有一半驻防北京和近畿,还有一半驻防于全国各大小城市。八旗驻防屡有变动,乾隆时才稳定下来。据魏源《武事余记》记载,畿辅驻防25处,东北驻防44处,新疆驻防8处,内地驻防20处。盛京、吉林、黑龙江、伊犁、宁夏、热河、绥远、西安、荆州、福州、广州、江宁、杭州、成都等地都设有八旗驻防。八旗驻防军常常在各地骚扰人民,遇有反抗的行动,立即配合其他军队,对人民进行军事的镇压。

清统治者还承袭明律制定并颁布了大清律,大清律可以说是集历代刑法的大成。在大清律中,凡是被统治者认为是"十恶"的,包括"谋反"(企图推翻清王朝)、"谋大逆"(谋毁皇帝的宗庙、宫阙)、"不义"(杀本地的官长)都一律处以极刑,人民的集会结社、聚众罢市、喧闹公堂、编写或歌唱违禁的词曲以及一切有碍于清统治的言论和行动皆不许可。在大清律中,不同阶层的人地位极不平等,佃农欠租要受严重的处罚,奴婢、雇工人犯罪都不能"以良人论"。各民族之间的地位也不平等,旗人犯罪都作特殊处理,而且有"换刑"的权利。此外,维族有"回律",藏族有"番律",蒙族有"蒙古律"④。还有为满洲贵族抓捕奴隶的督捕则例,维护蒙藏等族统治者利益的《理藩院则例》《西宁番子治罪条例》和《苗例》等⑤。清朝还规定汉人不得学蒙古和维吾尔文字,蒙古人也不得学习汉文书⑥。满洲贵族和蒙古王公始终保持世代的婚姻关系,却不许汉人与某些少数民族通婚。

---

① 《大义觉迷录》卷首上谕。
② 《清世宗实录》卷四三,雍正四年五月。
③ 《圣武记》卷一一《武事余记》。
④ 光绪《大清会典》卷五三《刑部》。
⑤ 《清史稿·刑法志》。
⑥ 《大清会典》卷六四《理藩院》。

清王朝推行保甲法来控制人民。保甲法在乾隆时更加严厉施行,不论城乡,每十户立一牌头,十牌立一甲头,十甲立一保长。每户门上悬挂一牌,上书户主姓名丁数,同时登入官府册籍,以便稽查。清朝政府还下令全国城乡的店房、寺院,设立册籍,记录往来客商。又责成地主、窑主、厂主对所属的佃户、佣工严加"管束",或附于牌甲之末,或附于本户之下,如有威胁清统治事件发生,一并连坐治罪。在各少数民族地区,已归流的即按户编为保甲,未归流的由土司、头人、峒长"约束",其他如回民由礼拜寺掌教"约束",蒙族人民由各旗扎萨克"约束"。清朝政府对汉族人民和各少数民族人民之间的往来监视极严,不许少数民族"窝藏"汉人,甚至限制汉族商人不得在少数民族的村寨内留宿。清王朝正是采用了这些办法,使各族人民都不能摆脱它的控制①。

秘密结社的活动 在康熙、雍正、乾隆的统治时期,各种秘密结社活动,仍时隐时现,以各种形式在各地进行,有的规模很小,而且只限于个别的地区。如康熙十二年(1673年)北京杨起隆的起义,康熙六十年(1721年)台湾朱一贵的起义,乾隆三十九年(1774年)山东王伦的起义和乾隆五十一年(1786年)台湾林爽文的起义,都是在秘密结社的组织下发动的。清朝的秘密结社有白莲教、天理教、天地会(又称三合会或三点会)、哥老会等。参加秘密结社的基本群众是贫苦破产的农民,也有一部分手工业工人,还有其他阶层的人民。天地会除去在南方各地的农村建立进行活动的据点外,还控制了交通线上的一部分运输工人。白莲教、天地会等大半都利用宗教迷信作为动员和组织群众的工具,因而有其消极和落后的一面(其中以天地会的迷信色彩较少),但是这都是在清王朝高压政策下被迫采取的组织形式。乾隆以后,当社会矛盾日趋尖锐的时候,农民便利用这种组织形式发动了一系列更大规模的起义。

清朝初年,清政府的一系列改治举措,在巩固统一、稳定国疆、恢复生产和繁荣经济各方面都起着一定积极的作用。但是这些成绩的取得,是在维护满族贵族的利益和对各族人民加强专制统治的情况下完成的。

二 嘉、道中衰和各族人民的起义

社会矛盾的激化 乾隆末年,清王朝的吏治日益腐败,官僚贪污成风,

---

① 俱见光绪《大清会典事例》卷一五八《户部·户口》。

在全国范围内,土地兼并的现象也极为严重,各种社会矛盾日趋尖锐,清王朝嘉庆、道光时期,出现中衰,长期积弱的局面开始形成了。

北京的旗地被旗丁卖掉的已超过半数。这些旗地虽有的被清朝政府赎回,但大都被满洲贵族和汉族地主兼并。满洲贵族和汉族地主又以"增租夺佃"的方法来加重对佃农的剥削。清初,旗地的租银每亩不过三五分,多的到一二钱,这时已增长到三四钱。乾隆五十六年(1791年)户部奏疏还指出"近年生齿日繁,每亩现值租银五六钱至七八钱"①。京畿一带失去土地或无地耕作的农民愈来愈多了。

乾隆时,怀柔地主郝氏占田至"膏腴万顷",宠臣和珅占田8000顷,嘉庆时,广东巡抚百龄到任不足一年,占田达5000顷,满汉军官从军营解职之后,也都以剥削所得,在家乡增产置地②。

一般地主以高利贷为手段在各地霸占田土。乾隆五十一年(1786年),河南大灾,山西地主、商人,闻风而至,"举放利债,借此准折地亩"。湖南苗族地区,高利贷更加猖獗,有客账、营账、放新谷、加贷等名目。苗民"往往收获毕盖无余粒,此债未清,又欠彼债"③,于是被逼抛弃了耕作,田土尽收归地主管业。

在土地日益集中的趋势下,湖南苗民起义提出"逐客民,复故地"的口号,北方的秘密结社天理教,也向教徒征收"种福钱",又叫"根基钱",声明输钱的农民在起义成功后,每人都能分到一块土地。这反映了农民对土地的迫切要求。

清王朝自上而奢侈腐化普遍成风。乾隆每次南巡,都大肆铺张浪费,他对于女乐、珍宝、宴席,无所不爱,每到一处,绅商供奉,斗奇争巧,耗财劳民,岁无虚日。满洲贵族的豪奢在《红楼梦》中更有明显的反映。至于一般的地主官商,据昭梿《啸亭续录》说:"本朝轻徭薄赋,休养生息,百有余年,故海内殷富素封之家,比户相望。"如怀柔郝氏,乾隆住宿他家,所贡奉的"上方水陆珍错至百余品,王公近侍及舆台奴隶皆供食馔,一日之餐费至十余万",京师祝氏"富逾王侯,屋宇至千余间,园亭瑰丽,游十日未竟"④。散居南北各地的盐商、票商、行商,也莫不挥金似土,过着骄奢淫佚的生活。明清

---

① 《八旗通志》卷六五《土田志》四。
② 《清仁宗实录》卷三七,嘉庆四年正月。
③ 宣统《永绥厅志》卷三〇引《陈宏谋奏疏》。
④ 并见昭梿《啸亭续录》。

地方志论述习尚浮华,都说万历时一变,乾隆时又一变。

官吏的贪污更为突出。军机大臣和珅当政二十余年,嘉庆时查抄其家私,估银约八亿两,超过乾隆年间所耗军费的八倍。和珅执政期间,招权纳贿,听任文官贪赃,武官剋饷,被人揭发的贪污案层出不穷,仅督抚、布政使如国泰、王亶望、陈辉祖、伍拉纳、浦霖等人的贪黩案,一次抄没资产动至数十万。乾隆四十六年(1781年),在甘肃布政使王亶望侵冒赈灾银两一案中,除他本人外,因贪赃2万两银以上而被处死的地方官吏共达22人①。

清朝政府征收钱粮或捐税,要在定额之外提取一部分以供官吏额外的开支,叫做"陋规",其名目繁多,如"火耗""斛面""匣费""门包""红案",以及"舟车贴费""行市官价""冰敬炭敬""公费帮费"等等。在"陋规"的名义下使不合法的贪污变为合法。在当时各种官职中,以河道总督最称肥缺,嘉庆时,河工耗银3000万两,一部分即被官吏侵冒。在北京的六部官,一向号称"清苦",但吏部吃"通贿",户部吃"平余",兵部剋扣军饷,刑部吞没赎款,工部也利用兴建大工程渔利,其中唯礼部无污可贪,但礼部官在科举时往往徇情受贿,科场之弊也是史不绝书。

乾隆六十年(1795年),两湖地区毕沅为总督,福宁为巡抚,陈淮为藩司,三人朋比为奸,民谣说:"毕不管、福死要、陈倒包。"②官吏的贪污,使人民恨入骨髓,在白莲教起义时,就提出了"官逼民反"的口号。

清朝政府的财政也日益支绌。康熙时,府库存银5000余万两,雍正时6000余万两,乾隆五十五年(1790年)以前至8000万两。由于军需、河工、宗室俸禄所耗,特别是官吏贪污和乾隆的铺张浪费,乾隆晚年的库存已告匮竭,赋税所得,年剩200万,一遇灾荒,即无办法。当时补救之策是变相加赋,同时又大开捐纳。捐纳有常捐,有大捐,常捐只捐出身虚衔,大捐则卖知府以下的"实官"。出银买官的地主商人,到任后就要竭泽而渔,从农民身上收回捐官的银钱。

清朝的军队此时也日趋腐化,战斗力削弱。八旗驻防军久不操练,高级将领生活腐化,甚至终日居家饮酒看戏,赌博游荡;兵丁也养成游手好闲的习气。乾隆四十九年(1784年),嘉庆随乾隆至杭州阅兵,八旗兵箭箭虚发,甚至有人从马上掉下来③。绿营军也缺乏作战能力。将领们争置田产,剋

---

① 《清高宗实录》卷一一四〇,乾隆四十六年九月;《清史稿》卷一二六《王亶望传》。
② 昭梿《啸亭杂录》。
③ 《清仁宗实录》卷三八,嘉庆四年正月。

扣军饷,过着骄奢逸乐的腐朽生活,一旦与农民军相遇,立即溃逃。嘉庆时,河南巡抚景安,带兵"围剿"川楚农民军,大家便送他绰号叫"迎送伯"①。由于军官剋扣军饷,军队每到一地,就大肆抢劫,军纪败坏,达到顶点。

在清朝政府这种腐败的情况下,地主阶级以及各族上层分子对人民的剥削也更加沉重,起义在各地不断爆发。乾隆六十年(1795年)有湖南、贵州石柳邓等人领导的苗民起义,嘉庆元年(1796年)有齐王氏、姚之富等人领导的川楚白莲教起义,嘉庆十八年(1813年)有河南、北京等地的天理教起义。道光六年(1826年)有新疆地区维族人民的起义,道光十三年(1833年)有赵金龙领导的湘西瑶族人民起义,其中规模较大的是川楚白莲教起义。

白莲教起义 嘉庆元年(1796年)爆发的白莲教起义,前后共经九年,活动地区包括川、楚、陕、甘、豫五省,起义的群众有荆襄的流民、棚民,长江的盐户,川东的逃兵,他们是利用白莲教秘密结社形式发动起来的。

乾隆时,河南鹿邑人刘松曾以白莲教组织起义,事发被捕,遣戍甘肃,他的弟子刘之协、宋之清等又分赴川、陕、湖北一带传教,教徒日众。乾隆五十八年(1793年),清朝政府在荆州、宜昌和川东一带搜捕白莲教,"亲民之吏,多方婪索","株连罗织达数千人",许多农民弃田逃走,盐户也纷纷失业。嘉庆元年(1796年)初,荆州聂傑人、张正谟,襄阳王聪儿(即齐王氏)、姚之富两支起义军先后并起。同年十月,四川达州徐天德、王三槐也随之响应。清朝政府当即派湖广总督毕沅、湖北巡抚惠龄、西安将军恒瑞等率兵"围剿",但起义军很快即蔓延于河南、湖北、四川三省地区。

嘉庆二年(1797年),王聪儿、姚之富等出河南,攻入陕西,西安震动,在川东的起义也声势日盛。三年(1798年),王聪儿、姚之富返至湖北郧西,为清军所困,跳崖自杀,其余部即与川东起义军结合,继续在各地作战。同年川东起义军首领王三槐亦被清统治者诱擒至北京,但起义军的力量并未因此而消沉。嘉庆五年(1800年),起义军过涪江、嘉陵江,袭川西,成都戒严,另一支起义军复穿过岷山草原,转战甘肃秦州、岷州。清朝政府见起义军"愈剿愈炽",而官军又屡被击败,于是一面以大量金钱为饵,招募乡勇,驱之为前锋,一面又采取"坚壁清野""筑塞团练"的办法,尽驱乡民入塞,断绝起义军的粮饷接济。嘉庆六年(1801年),川东起义军首领徐天德战死,起义军又分散为六支,至嘉庆九年(1804年)终于被罗思举、桂涵等率领的乡

---

① 《清仁宗实录》卷四〇,嘉庆四年三月。

勇陆续镇压。

川楚起义军皆分别以白、黄、蓝、青、线(应作绿)五色为号,有掌柜、先锋、元帅之名,长时期内没有建号称王,没有攻取城市,也没有集中的领导,只在各地流动作战,抗击官军。但是他们善于应用各种战术,如劫粮饷、断粮道、冒官兵旗号、椎崖走险,而且每至一地,就得到乡民的支持。嘉庆二年(1797年),将军明亮上疏说起义军:"所至之处,有屋舍以栖止,有衣食火药以接济,有骡、马、刍草以夺骑更换,有逼胁之人为之乡导负运。"又说:"用兵以来,所杀无虑千万,而贼不加少。"①嘉庆在诏书中也指出:"良民不得已而从贼者日以浸多,奔驱三载,不能自拔者数逾十万。"②所以起义军虽丧失了很多首领,仍然坚持达九年之久。

为了"围剿"起义军,清朝政府除集中了五省兵力之外,还先后调来京营满兵、蒙古兵、陕甘回兵、苗疆兵、山西兵、广东兵。清朝政府不仅拥有强大的兵力,而且火器军资,不计其数,所耗军饷共二万万两以上。但诸将只知剋扣军饷,军队又没有作战的能力。嘉庆四年(1799年),颁诸将"纵贼"之罪,其中督抚将军如湖北永保、惠龄,河南景安,陕西宜绵、秦承恩,四川英善、勒保皆被处死或革职。而调赴达州的满洲兵,非但不能与起义军作战,连走山路都很困难,平均两日行军70里。这一切都充分暴露了当时清朝政府政治、军事的腐败,和他们在起义军打击之下的狼狈情况。

苗民起义 在川楚白莲教起义的前一年,湖南、贵州地区还爆发了苗民起义。这次起义前后达12年之久,是清朝苗民反抗规模最大的一次。苗民起义与川楚起义军彼此呼应,使清军顾此失彼,疲于奔命。

这次起义是湘西永绥厅苗民为了反抗汉族军官、地主在苗族居住区的土地收夺、人身奴役和官吏的残酷剥削而发动的。乾隆六十年(1795年)正月,铜仁石柳邓,永绥石三保,凤凰吴陇登、吴半生,乾州吴八月皆起兵围攻厅城。苗民行山地如履平地,能瞄击鸟铳火器,且善于分散伏击,使清兵猝不及防,号称为"三长"③。清朝派湖广总督福宁、云贵总督福康安等率兵十余万攻打起义军,为起义军击败,福宁仅以身免,福康安也死于军中。与此同时,清朝政府还采取了招抚的办法,收买了起义军首领吴陇登,先后诱擒了吴八月和石三保。嘉庆元年(1796年)六月,川楚白莲教大起,苗民起义

---

① 《圣武记》卷九《嘉庆川湖陕靖寇记》二,嘉庆二年九月。
② 《清仁宗实录》卷三九,嘉庆四年二月。
③ 《圣武记》卷七《乾隆湖贵征苗记》《嘉庆湖贵征苗记》。

军中也有白莲教徒,清政府迫于当时的局势,提出了"善后章程六条"与苗民言和,约以"苗地归苗、民地归民",称为"一时姑息之策",而另一方面又集中兵力,围攻坚持斗争的石柳邓。同年十二月,石柳邓败死,但苗民仍未屈服,起义的声势愈来愈高涨了。

嘉庆四年(1799年),湖南、贵州的苗民又同时并起。清统治者采取了与镇压川楚起义军同样的手段,在苗区建立碉堡,召募乡勇,直到嘉庆十一年(1806年)才把苗民的反抗压下去。

这次起义之后,清朝政府在苗疆开屯田12万亩,给无地的苗民和汉民耕种,下令汉官不得在苗地"擅派差役",同时推行了所谓"化导"政策,在苗疆设义学、书院,扩充苗民的科举名额。推行这些政策的主观的动机是想同化他们,但在客观上对于推动苗族地区经济和文化的发展,也有一定的积极意义。

天理教起义 嘉庆十八年(1813年),在北方又爆发了天理教起义。天理教又名八卦教,是白莲教的一个支派,传布于河北、山东、山西、河南各地,按八卦分为八区组织教众。信仰天理教的人主要是贫苦农民,在北京近郊还有奴仆、雇工、小贩、贫苦旗人等等。天理教的组织者有林清、李文成等人。

林清在大兴县黄村等地传教,他平居为人治病,提倡贫者互助,入教的交"根基钱",林清即以"根基钱"分散贫民。当时得到"根基钱"的贫民很多,仅黄村一地即有万余家,因而入教者甚多。李文成在河南滑县传教,乡民说他是"李自成转世"①。

林清和李文成与河北、山东等地的其他教首都有联系,约定在嘉庆十八年(1813年)九月十五日八方共起,不料河南滑县起义的机密泄露,李文成被捕下狱。滑县的教徒为了营救李文成,聚集了3000人,于九月七日攻入滑县,杀死知县强克捷,救出李文成,随即占领浚县、道口镇,山东定陶、金乡、河北长垣、东明等地的教徒也纷起响应。清政府调杨遇春、杨芳等率军镇压。十一月,清军败起义军于司寨(今辉县地),李文成和教徒等纵火壮烈自焚,清军复夺滑县,河南的起义失败。

河南、山东等地的八卦教徒既已提前起义,为清军所困,不能支援大兴。林清等未待援军至,即于九月十五日进入北京城。他们打起"大明天顺"的旗号,有主力二百余人分从东华、西华门攻入皇宫。这时嘉庆正在热河围猎,宫内惊慌万状,临时由他的儿子旻宁(即以后的道光帝)调来火器营军

---

① 《圣武记》卷一〇《嘉庆畿辅靖贼记》。

入宫,阻击起义军。起义军力寡势孤,退出皇宫,这次起义也失败了。

维吾尔人民起义和张格尔发动的叛乱　嘉庆时,清朝政府派赴新疆地区的满洲大臣及其属员,与当地"伯克"相勾结,"敛派回户,日增月盛","赋外之赋,需索称是,皆章京、伯克分肥,而以十之二奉办事大臣"。清统治者和维吾尔族上层分子伯克的横征暴敛,引起各地维吾尔族人民的愤恨,反抗的事件不断发生。这时,英殖民主义者的势力已伸入西亚地区,他们在浩罕、阿富汗等国培养了一批被清朝赶走的维吾尔族统治者的后裔,这些人都在等待机会,准备卷土重来。

早在嘉庆二十五年(1820年),大和卓木之孙张格尔即借新疆南路大臣斌静的荒淫贪暴,乘机煽动维吾尔族反清。张格尔从小在阿富汗受英国的培养,在他的左右经常有英国人跟随,他长期在边疆进行活动,但多次被清军击败。道光六年(1826年),张格尔又窜入南疆,利用宗教欺骗维吾尔族群众,响应者"旬日万计"。张格尔原与浩罕约定,若喀什等城攻破,"玉帛子女共之",并割喀什城与浩罕。这年八月,喀什、英吉尔沙、叶尔羌、和阗皆被张格尔攻破,张格尔遂毁浩罕约,与浩罕军在我国境内火并。清朝政府立即派杨遇春等赴哈密,率军围攻①。

张格尔既占南疆回城,在当地"尽戕居民,毁廨舍",他的欺骗行为已被维吾尔族人民识破,终于被清兵打败,各城也先后被清兵收复。道光七年(1827年)十二月,张格尔被清军俘获,送至北京处死。

张格尔在英殖民主义者的支持下,勾结外国势力,利用了维吾尔族人民的反清斗争,发动武装,进攻祖国,这不是起义,而是叛乱。广大维族人民在看清张格尔欺骗行径之后,转而支持清军,为平息叛乱,维护国家统一作出了贡献。

第九节　清朝的对外关系

一　清朝与邻近各国的关系

在清朝在西北等地进行统一战争之时,与邻近的俄罗斯、缅甸、暹罗、安南、廓尔喀等国也有了接触。

清朝与俄罗斯的关系　俄罗斯的势力在明末清初开始向黑龙江流域扩

---

①　《圣武记》卷四《道光重定回疆记》。

展，先后在中国黑龙江北岸和外兴安岭修建雅克萨和尼布楚两城，侵入索伦、呼尔喀等部。清朝政府多次与之交涉，由于劝说以至警告、抗议均无实效，遂决定"创以兵威"。康熙二十四年（1685年），清朝政府派都统彭春与驻守瑷珲的将军萨布素合水陆军15000人击败俄军，毁雅克萨城。但俄军在清军撤退后，又重新侵入，筑城固守。明年，清又出兵围雅克萨。康熙二十八年（1689年），中俄两国签定了《尼布楚条约》。规定：一、以外兴安岭和额尔古纳河划界，岭北属俄罗斯，岭南属中国，河以北属俄罗斯，河以南属中国。二、毁雅克萨城，迁俄人出境。三、双方得随时交换逃人。四、中俄永相和好并进行贸易。《尼布楚条约》是中俄两国以平等互利的精神签定的条约，这在中俄关系史具有重大的意义。雍正五年（1727年），双方又签定了《布连斯特界约》和《恰克图条约》，以恰克图为两国贸易的商场。自此以后，两国的使节往来不断，经济和文化的联系日益频繁，有一百多年没有发生过战争。乾隆五十七年（1792年），中俄双方订立《恰克图市约》，规范了双边贸易，中俄双方均在边贸中获得利益。

清朝与缅甸、暹罗、越南的关系 明清之际，有大批汉族向云贵边疆迁移，他们以开矿屯垦为业，与当地少数民族有紧密联系，和缅甸各部之间也有频繁的往来。乾隆十五年（1750年），缅王通过我佧伍山茂隆银厂厂主吴尚贤的介绍，来内地通好。从此清朝与缅甸之间开始有了使节往来。

乾隆三十年（1765年），缅兵入云南普洱府境，攻占车里等地。明年，又出兵攻围腾越、永昌各边地。三十二年（1767年），乾隆以明瑞为云贵总督，明瑞率军入缅，为缅人所败。三十四年（1769年），清兵六万分水陆三路侵缅，在缅境与缅议和，但和议牵延未行。乾隆五十三年（1788年），缅王遣使来北京通好，清朝开关市与缅贸易，在此以后，中缅两国保持了长期的和平友好关系。

明清之际，侨居暹罗的中国人很多，乾隆三十六年（1771年），缅王乘暹罗内乱，攻陷暹罗首都，华侨郑昭率兵打退缅兵，迁居民于盘谷，自立为王。郑昭和他的养子郑华都先后遣使来北京通好。

清朝初年，清政府即与越南黎氏王朝建立友好关系。乾隆时，黎朝的统治衰落，阮文惠控制了越南中部、南部。乾隆五十三年（1788年），清朝借口保护黎氏，干涉安南内政，派兵侵入安南，攻陷东京（今河内）。不久，东京被阮文惠收复。阮文惠后改名为阮光平，复派使与清朝通好。

二 西方殖民主义者在中国的活动

西欧殖民主义者的继续东来 16世纪时,西欧的殖民主义者先后来到东方。最早来到中国的是葡萄牙人和西班牙人。葡萄牙人来到中国以后即用欺骗的方式租借我澳门。继葡萄牙人和西班牙人之后来到中国的是荷兰人。荷兰人侵占了我国的台湾,直到康熙元年(1662年)才被郑成功赶走。

早期西方殖民主义者来到中国,主要是想通过通商打开中国的大门。顺治十二年(1655年),通过荷兰传教士为媒介,清朝政府许荷兰定期来中国通商。

继荷兰人之后积极向中国扩展的国家是英国,其次是法国和美国。早在明朝崇祯十年(1637年)英国的商船已来到中国广州的海岸。以后为了与荷兰人争利,英国设法取得郑成功子郑经的同意,在中国沿海的安平、厦门等地进行贸易。17世纪末期,英国商船经常往来于广州、澳门和定海、宁波之间,以海关索费过重,屡次请求清朝政府裁减税收。当时已有人指出"粤东红毛有英圭黎诸国,最为奸宄"[①],18世纪时,英国的纺织手工业有了巨大的发展。在东印度公司的经营之下,英国对远东和中国的商业很快便居于首席的地位。乾隆时,英国以及其他各国来中国的商船日益增多,贸易关系日趋频繁,英人不仅要从葡萄牙人的手中夺取中国的澳门,还希望清朝政府能在浙江地区开辟一个新的商场。但由于清朝政府对通市的种种限制,未能实现。

法国在顺治十七年(1660年)也派商船来到中国。但是法国在商业上的势力远不及荷兰和英国,它同中国的往来只着重在传教方面。史载:"佛郎西货船之至中国者少,而私赴各省之传教者为多。"[②]

早在乾隆四十六年(1781年)美国和中国已发生贸易关系。19世纪以后,美船到中国的数目,已超过了其他国家船只的总和。

天主教的传布及其被禁止 清朝政府定都北京以后,居留北京的一部分西方传教士如汤若望(日耳曼人)等人,仍然得到清朝皇帝的信任,授以官职,命他们掌管钦天监,负责编修历法。汤若望等人采用了利玛窦的传教方法,承认中国的天主教徒得崇拜孔子和祖先,因此天主教也得以在各地传

[①] 夏燮《中西纪事》卷三,《互市档案》引康熙五十七年广东碣石镇总兵陈昂言。
[②] 《中西纪事》卷二《猾夏之渐》。

播。康熙初年,国内有 28 个城市设有天主堂①,共有教徒达 10 万余人。

当时很多中国人和一部分士大夫对天主教传教士抱着怀疑的态度。崇祯时,由徐光启、李天经主持,有传教士参与修成《崇祯历书》,入清后用之为《时宪历》。在颁行中,引发了一场震动一时的"历法之争"。代表人物是新安人杨光先。他编写了《辟邪论》和《不得已》两部书,指出天主教在北京和各省建立教堂,暗自送往迎来,遍布党羽,呼朋引类,煽惑人民,又把 12 省的山川形势,兵马钱粮,尽皆编成图籍,这都是中国极大的隐患。他还以为传教士帮助殖民主义者图日本、取吕宋的行动,更值得中国引为鉴戒。杨光先对传教士的揭露,使清朝政府对这些人不得不存在一定的警惕。他还指责新历谬误,攻讦传教士汤若望。为此汤若望等人下狱论死。恰逢京师地震,传言纷起,孝庄皇太后出面干预,汤若望等人才免一死。杨光先在汤若望被罢斥后任钦天监监正,却以旧法推算历法不验而失败②。杨光先被革职黜归。自此而后,《时宪历》得以行用。

康熙时曾利用传教士南怀仁(比利时人)、白晋(法兰西人)等人替清朝政府编修历书、制造火炮、绘制地图,都取得了一些成绩。康熙四十七年(1708 年),在传教士主持下,开始全国疆域地图测绘工作,经十余年努力,绘成《皇舆全览图》。这是我国首次运用西方科学方法绘制而成的地图。"不但是亚洲当时所有地图中最好的一幅,而且比当时所有欧洲地图都更好、更精确。"③康熙五十四年(1715 年),在康熙亲笔删改的传教士德理格、马国贤上教化王(即教皇)书中,即指出为了报答皇帝的恩宠,希望教化王能派更多精通天文、律吕、算法、画工、内科、外科的传教士来中国效力④。这都说明康熙对西方的科学技术是非常重视的。但是他对传教士的活动监视极严,只准许他们在中国自行其教,而不得在各省"开堂"传教。

康熙末年,清朝政府对西方传教士在各省传教的限制又进一步加强了。这一方面由于清朝政府认为他们的活动危害了清朝的统治,而当时新来的一批传教士又在法国和西班牙的支持下,上书教化王,认为以前准许中国教徒祭天、祭孔子、祭祖先为不合法,耶稣会利玛窦等人的传教方法必须改变,教化王把这件事作为一项禁令,向在中国的传教士颁布,这更引起康熙的不

---

① 《中西纪事》卷二《猾夏之渐》。
② 《清史稿》卷五九《汤若望传》《南怀仁传》。杨光先于康熙四年任钦天监监正,六年撰《不得已》。
③ 李约瑟:《中国科学技术史》第五卷第一分册,第 235 页。
④ 《康熙与罗马使节关系文书》影印本。民国二十一年故宫博物院编。

满,于是再度下谕严禁教士传教。雍正时,清朝政府规定除留京效力的传教士之外,其余各省教士俱安置澳门,令其附舶回国①。乾隆时,"西洋人私赴各处传教者日益众",他们在各地"绘图测镜,消息潜通",甚至与地方官勾结,鱼肉人民②。乾隆五十年(1785年)、嘉庆十六年(1811年),清朝政府又先后制定了西洋人传教治罪条例③,直到鸦片战争以前,西方传教士受到极大的限制,他们企图以传教为名在中国进行各种活动,也始终受到控制。

海禁和闭关政策　清朝政府对西方各国基本上采取闭关政策,即对外贸易的限制政策。

闭关政策产生的根源,从经济上看,是与中国比较稳定的小农自足自给、农业与家庭手工业相结合的经济相适应的。所以他们把对外贸易看做是可有可无的事情,甚至认为开展对外贸易是对外商的一种照顾,正如乾隆给英皇敕谕所说:"天朝物产丰盈,无所不有,原不借外夷货物以通有无,特因天朝所产茶叶、丝斤为西洋各国及尔国必须之物,是以加恩体恤"④。从政治上看,在于以少数民族入主中原的清统治者对汉人可能与洋人联合、颠覆清政权的猜忌与防范。

顺治时,东南沿海一带的人民在郑成功、张煌言等领导下进行了抗清的斗争。为了封锁沿海人民与郑成功等海外抗清势力的联系,清朝政府施行严厉的迁海和海禁,严禁人民下海,又"禁佛郎机人不许入广东省会,荷兰之入贡者亦只令在馆贸易"⑤。当时对外通商的口岸只有澳门一地。

康熙二十二年(1683年),清朝平定台湾,东南各省疆吏请开海禁,康熙以开关"既可充闽粤兵饷,以免腹地省分转输之劳",而又对"闽粤边海生民有益"⑥,于是许民造船出海,并在二十四年(1685年)在广东澳门、福建漳州、浙江宁波、江南云台山(今江苏连云港)设闽、粤、江、浙四榷关与外国通商⑦。除对荷兰、暹罗等国的市舶宣布免税之外,对其他各国来华的商船也减免商税,以示"怀远"。当时沿海各地的商业极为兴盛,西方各国皆争来贸易,苏州船厂每年所造出海的船只多至千余,"商舶交于四省,遍于占城、

---

① 《清文献通考》卷二九八《四裔考》。
② 《中西纪事》卷二《猾夏之渐》。
③ 《清文献通考》卷二九八《四裔考》。《清仁宗实录》卷二四六,嘉庆十六年七月。
④ 《熙朝纪政》卷六《纪英夷入贡》附《敕谕英吉利国王二道》。
⑤ 《粤海关志》卷一七《禁令》一。
⑥ 《圣祖圣训》卷二一。
⑦ 《中西纪事》卷三《互市档案》。

暹罗、真腊、满剌加、浡泥、荷兰、吕宋、日本、苏禄、琉球诸国"①。

　　清朝开关以后,对外贸易悉照明朝旧制。闽粤各关皆设正副监督各一人,相当于以前的市舶使,来船经监督盘验许可后,才能进行贸易。对外贸易的商人叫做"行商"、"洋商",又叫"官商"。对外贸易的组织叫做牙行,又叫"十三行"。为了统一贸易的规程,在康熙五十九年(1720年)又成立了"公行",公行垄断对外贸易,其他的商人不得参与。

　　康熙时,清朝政府虽然开关与外国贸易,但对外国商船的活动极为注意,对逗留外国的中国人也防范极严。康熙下谕地方官要在沿海各地增设炮台,并指出"海外如西洋等国,千百年后,中国必受其累,国家承平日久,务需安不忘危"②。可见康熙对西方殖民主义者始终是存有戒心的。

　　随着当时海上商业的发展,清朝政府对外贸易的限制也日益严格,清朝的闭关自守,最突出的表现是在乾隆、嘉庆时期。

　　乾隆二十二年(1757年),由于英国等殖民者在中国沿海进行种种非法的活动,清朝政府传谕外国商人,从这年开始,只准在广州一口通商,不得再往厦门、宁波等地。此外,清朝政府又制定了很多限制外商的禁例,如外商不得在广东省城过冬,外商需听中国行商的管束,外商不得随意奴役中国人,外商不得在广州自由出入等等③。同时也加强了对内地商人的限制,设立了保商制度。保商受政府委派,拥有对外贸易的特权,凡外来的一切人员、船只、货物及纳税等事皆由保商担保。

　　加税也是限制与西洋各国通商的办法之一。清朝政府的关税分船钞、货税两种。除康熙时曾一度减轻税额外,以后各种名目的附加税日益增多。乾隆时,清朝即以加重浙江等地海关税抵制外船北上④。同时,清朝政府还先后颁行了禁止五谷、金银、铜觔、丝斤出洋的种种禁令。

　　清朝政府对外贸易的限制政策对于殖民主义者在中国的活动起过一定的自卫作用,但在另一方面,也使中国失掉了对外贸易的主动性,使中国传统社会内部已经滋长起来的进步的手工业生产,得不到更进一步的发展。

　　英国使臣和清廷的交涉　　清朝对西方各国采取了限制贸易的政策,使得这些国家来中国通商的事受到很多挫折,特别是他们对于中、俄在北方的

---

　① 姜宸英《海防总论》,《学海类编》本。
　② 《熙朝纪政》卷六《纪市舶》。
　③ 同上。
　④ 萧令裕《英吉利记》:"乾隆二十二年闽督、广督上言,浙关正税,视粤关则例酌议加增一倍,部议从之。"

商业联系十分羡妒,于是各国都支持英国派遣使臣到北京交涉,希望清政府能解除通商的限制,以便于他们更直接地进行殖民经济活动。

乾隆五十八年(1793年),英使马戛尔尼勋爵托词为乾隆祝寿,得到清朝政府的许诺来到北京。当他在热河行宫朝见乾隆时,向清朝皇帝提出了几项重要的要求。内容是:一、派人驻京办理商务,并在北京设商馆收贮货物发卖。二、在宁波、舟山、广州、天津等地自由贸易。三、求占用舟山附近小海岛一处,居留商人,设立贮货站。四、减免货物税及格外征收。五、允许英人自由居住广州等地。六、请求允许西方传教士在各省"开堂"传教。马戛尔尼还带来英皇的书信和礼物。但是他的这些要求全部遭到严词的拒绝,在乾隆给英皇的谕旨中也指出:"所请多与天朝体制不合,断不可行。"并谕"若将来船至浙江、天津,欲求上岸交易,守土文武必不令其停留,立时驱逐,勿谓言之不豫"①。

嘉庆二十一年(1816年),英国复派使臣阿美士德来北京再度进行交涉。由于英国使臣与清政府在朝拜皇帝的礼节上发生了争执,根本没有能够谈判。

英国在几次来华交涉失败之后,就继续派遣商船在中国沿海进行走私活动。此时不仅把大批商品如棉纱等源源运来,甚至向中国输入鸦片。据英国东印度公司的报告,嘉庆二十五年(1820年)输入中国鸦片为4570箱,道光十年(1830年)增为19956箱,道光十五年(1835年)为30202箱,道光十八年(1838年)更增至40200箱。当时许多传教士如郭士立等都成为鸦片最积极的倾销者。

鸦片的走私贸易给中国人民带来深重的苦难。中国人吸食鸦片者愈来愈多,据道光十五年(1835年)统计数量已超过200万人。不仅如此,鸦片的走私贸易还使中国的白银大量外流,以致"自道光三年(1823年)至十一年(1831年)岁漏银一千七八百万两,自十一年至十四年(1834年)岁漏银二千余万两,自道光十四年至十八年(1838年)又"渐漏至三千万两之多"②,由于白银外流,清朝政府的财源日益枯竭。

道光十三年(1833年),英国东印度公司的专卖权被取消,这说明英国整个的资产阶级都要到东方来从事非法的商业活动。此时,英国资产阶级

---

① 《熙朝纪政》卷六《纪英夷入贡》。
② 黄爵滋:《黄少司寇奏疏·请严塞漏卮以培国本疏》,《中国近代史资料丛刊》第一种《鸦片战争》第一册。

已完全掌握了政权,他们为了更好地达到寻求市场和殖民地的目的,就决定用武力轰开中国闭关的大门。

闭关政策的实施,并不能扼制西方殖民主义的入侵。中国能否抵御西方列强的侵略,在于双方的国力的对比,限制对外贸易反而制约中国经济发展,阻碍了中国人了解和学习西方先进文化和科学技术机会,使中国在走向世界近代化的进程中贻误了机遇。

第十节 明清的文化

一 哲学思想

心学崛起 泰州学派与李贽的思想 在明朝,理学仍然是占支配地位的哲学。明朝初年,程朱学派盛极一时。程朱学派的理学得到明朝政府大力的提倡,在明成祖的主持下编纂有《性理大全》等书。著名的理学家薛瑄(1392—1446年)、吴与弼(1391—1469年)等人也都尊崇程朱。明朝中叶,思想领域发生重大变化,长期处于主导地位的程朱学派已趋保守,在学术上丧失了创新精神,一部分士人从对朱学的信仰开始转向对陆学的探求,于是心学兴起。代表人物是王守仁。

王守仁(1472—1528年),浙江余姚人。弘治进士,官至南京兵部尚书。学者称阳明先生。正德时,他看到社会动荡不安,为了整治人心,提出一套心学理论,世称王学、姚江之学。

王守仁在治学方面继承了南宋陆九渊的"心即理也"的学说,也受到佛教禅宗的影响,提出"心外无物"的命题。他认为理不是客观存在的东西,也不是圣人所能制定的,而是存在于每个人的心中,故说:"物理不外吾心,外吾心而求物理,非物理矣。"①王守仁把这种存在于每个人心中的理叫做"良知",而主张人人"致良知"。所谓"致",是因为良知会被人欲所遮掩,所以必下一番"致"的功夫去掉人欲,才能恢复良知的本性。因此"致良知"要求人们努力从事道德修养,随时用道德思想克服非道德思想。

王守仁"致良知"的思想是企图给理学找寻新的理论根据。但是王学在反对程朱学派的传统束缚和启发人大胆思想的一方面,却起了一些积极的作用。王学在明中叶以后对思想界有深远的影响,以王艮为代表的泰州学派和

---

① 黄宗羲《明儒学案》引《传习录》。

李贽不仅是程朱学派的反对派,而且对君主专制政体和封建礼教也给予尖锐的抨击。他们的思想当被当时的程朱宋学派的学人目为异端之尤。

王艮(1483—1541年),号心斋,泰州人,是王守仁的弟子,出身于小商人,中年后才发愤读书。他强调个人的重要性,反对和命运妥协,认为一个人应该有改变环境的"造命"思想。他在理论上的特色是把理学家们终日津津乐道的"圣人之学"与百姓吃饭穿衣等日常生活需求联系起来,认为能否解决"百姓日用"的需求是衡量"圣人之学"的标准。王艮经常在各地讲学论道,并把学问普遍传布给农民、手工业者和小商人。

李贽(1527—1602年),号卓吾,福建晋江人,曾任礼部司务和姚安知府等官,以后辞官不做,到各地讲学。李贽思想源于王学,又不同于王学的宗旨。李贽认为历史评价的标准应该是多元的,并且随着时间的推移而改变,不应该只以孔子的是非作标准。他主张历史评价中的是非"无定质""无定论"。"无定质,则此是彼非,并育而不相害;无定论,则是此非彼,亦并行而不相悖矣。"①这就是说,人们在历史认识上的"是"与"非"可以同时存在,不仅可以"并存",而且可以并"并育",从而推动认识的发展。李贽的进步思想还表现在对当代程朱学者的批判上。他把学者分为"学道"和"道学"两类,认为"学道,其实也","道学,其名也。故世之好名者必讲道学,以道学能起名也。无用者必讲道学,以道学之足以济用也。欺天罔人者必讲道学,以道学之足以售其欺罔之谋也"②。在这里,李贽对言行不一的假儒、假道学进行了淋漓尽致的揭露。他还公开宣称"自私"是人的天性,"趋利避害,人人同心"。他反对道学家"存天理,灭人欲"的说教,以为:"夫私者,人之心也,人必有私,而后其心乃见;若无私,则无心矣。"③这是一种利己主义的人性论,在当时具有启蒙意义。

李贽反传统的态度是坚决的。他晚年到通州讲学,引起社会很大震动,程朱学人甚至把他称为"敢倡乱道,惑世诬民"的"妖人"④,明政府终于逮捕了李贽,他在狱中割喉而死。李贽所著的《藏书》《焚书》在清朝屡次下令烧毁,但仍然流传下来。

王夫之、黄宗羲和顾炎武 明末清初之际,社会动荡激烈,各种思想

---

① 李贽《藏书·世纪列传总目前论》。
② 《初潭集》卷二〇《师友》。
③ 《焚书》卷一《答邓石阳》。
④ 《明神宗实录》卷三六九,万历三十八年闰二月。

交汇碰撞,许多学者在接受明朝亡国惨烈的事实后,反思学术,他们反对空谈,倾向于经世致用之学,并具有反对专制统治和民族压迫的思想。当时著名的学者有王夫之、黄宗羲、顾炎武、方以智、唐甄、傅山、陈确、吕留良等人。

王夫之(1619—1692年),号姜斋,世称船山先生,湖南衡阳人。明亡举兵抗清,后隐居湘西,所著有《噩梦》《黄书》等。王船山从张载的学说出发,比过去更加深入系统地论证了理与气的关系,明确提出"气者,理之依也"和"天下惟器"的主张。在认识论方面,他曾以浙江的山为例,认为人的认识是由对象客体引起的,而对象客体则不依靠主体而独立存在。不能因为一个人没有看见山就说没有山,山是客观存在着的。这是对王守仁"心即理也"看法有力的反击。王夫之更主张从进化发展的观点来看问题,自然和社会都是变化不息的,所以他也反对君主专制,要求改革政治,他在《噩梦》中还提出土地不是帝王的私产,而应当归耕者所有的主张①。

黄宗羲(1610—1695年),浙江余姚人,世称梨洲先生。他的父亲黄尊素被阉党所害,宗羲曾到北京伸冤报仇。清兵南下,他又组织义兵抗清,清政府屡次悬赏缉捕他,以后隐居著述。黄宗羲接受了王守仁心外无理的哲学,但又肯定了"理在气中"的观点。他的最突出的贡献是在政治思想方面,在他的名著《明夷待访录》中,对专制的暴君政治进行了激烈的批判。他指出皇帝把天下作为自己的产业,"以天下之利尽归于己,天下之害尽归于人",任意"敲剥天下之骨髓,离散天下之子女","然则为天下之大害者君而已矣"②。又指出臣对君的关系不是奴仆而应为师友,治天下"不在一姓之兴亡,而在万民之忧乐"。尽管黄宗羲还不是从根本反对专制的君主制度,而是企图通过法治、加强学校舆论和恢复丞相制等办法来限制君权,但他敢于痛快淋漓地揭发了专制皇帝的罪恶本质,并且从"万民之忧乐"来考虑改革,说明他在当时已具有一定的民主主义的思想。此外,反映当时商品经济的高度发展,黄宗羲还提出了"工商皆本"的看法。

顾炎武(1613—1682年)字宁人,号亭林,江苏昆山人,是与王、黄同时的大学者。清兵下江南时,他也曾举兵抗清,以后往来南北,终身不仕,所著有《日知录》《天下郡国利病书》等。顾炎武在哲学思想上继承二程和朱熹,

---

① 王夫之《噩梦》:"若土,则非王者之所得私也。天地之间,有土而人生其上,因资以养焉。有其力者治其地,故改姓受命而民自有其恒畴,不待王者之授之。"

② 黄宗羲《明夷待访录·原君》。

也宣扬了张载"理在气中"的观点。他学识广博,在经学、音韵学、历史学和地理学方面用力尤深。顾炎武反对当时专制的政治,认为"天下兴亡,匹夫有责",他在治学方面主张"博学于文"和"行己有耻",提倡实事求是、踏实钻研的学风并强调民族的气节。后世学者称"古学之兴也,顾氏始开其端"①,对有清一代学术影响很大。

稍晚于以上三大思想家的唐甄(1630—1704年),字铸万,四川达州人,是阳明学派(即王学)学者。在他的《潜书》中提出了"自秦以来凡为帝王者皆贼也"和"杀人者众手,天子实为之大手","若上帝使我治杀人之狱,我则有以处之矣"②等等看法,他对专制君主的批判,与黄宗羲是不谋而合的。

清朝的理学和反理学的思想家颜元、李塨、戴震 在清朝的统治稳定以后,程朱理学又占据支配的地位。康熙极力标榜程朱,把程朱理学作为巩固统治的工具,他编写了《性理精义》,又重新刊行了《性理大全》等书。同时笼络了一批程朱派的学者如魏象枢、汤斌、李光地等人,给他们官做,称为"理学名臣"。另一方面,由于学风从空疏走向朴实,清朝政府又严禁王学,对王学尽力压迫摧残,王学就走向没落了。

但是在清代又有一些学者,如颜元、李塨和戴震等人,既反对程朱学派也反对王学。

颜元(1635—1704年),号习斋,河北博野人,他的学生李塨(1659—1733年),号恕谷,蠡县人,他们都坚决反对程朱和王学,主张实用、实行,当时人称为颜李学派。

戴震(1724—1777年),字东原,安徽休宁人,是乾隆时期的考据学家,有广博的科学知识。他认为气是世界的物质基础,世界就是无止无休的气化过程,他说:"天地之气化,流行不已,生生不息","道犹行也,气化流行,生生不息,是故谓之道"。在认识论方面,他比王夫之"气者,理之依也"的观点更进一步,认为人类的感官本来就是为了适应外在世界而生成的。"耳目鼻口之官接于物,而心通其则",这即肯定了物质世界是人们感觉的来源。戴震在所著《孟子字义疏证》中还提出了以法杀人犹可救,以理杀人无可活的看法,这是对程朱理学的一个重大打击。

---

① 凌廷堪《校礼堂文集》卷三五。
② 唐甄《潜书·室语篇》。

二 考 据

考据学的兴起 从宋以来中国学者就有人考订古书,明末清初的顾炎武、黄宗羲等人在这方面都有广博精湛的研究。顾炎武治经兼及音韵,黄宗羲治经兼通史学。顾黄两人都主张治学是为了"经世致用",反对空谈,以此引导人们正视现实,来反抗清朝的统治。顾、黄两人所提倡的这种学风,对清代学术的发展有深远的影响,他们也成为清朝学术的开山之祖。

稍晚于顾、黄的考据学者有阎若璩和胡渭。阎若璩(1636—1704年),字百诗,山西太原人,世居淮安,他主张对古书大胆怀疑,考证要力求确实。所著《古文尚书疏证》,即采用了比较科学的考据方法,证明古文尚书是一部伪书。胡渭(1635—1714年),字胐明,浙江德清人,所著《禹贡锥指》和《易图明辨》,在辨别古书真伪和提倡疑古精神上都有一定的贡献。清朝的考据从阎、胡开始,但是他们治学的目的已从"经世"转入"避世",从要求社会改革转入"为考据而考据",这是清朝专制统治和民族高压政策所造成的。

乾嘉学派 到了乾嘉时期,清朝的统治更加稳定了,考据之风大盛,并且已发展成为一种专门的学问。由于清朝政府屡兴文字狱,也迫使一部分学者不得不在古书中寻章摘句。提倡考据,对于巩固清朝的统治是有利的。考据的对象以经书为主,由于要通经,又不得不精通文字音韵、名物训诂,甚至地理金石,天算乐历,校勘辑佚,再用这些来解经治史,于是各种学问都走向了考据的道路。

当时考据学者主要分吴皖两派。吴派以惠栋(1697—1758年)为代表。惠栋,苏州元和人,著有《古文尚书考》《九经古义》《周易述》等书。《九经古义》务在恢复汉人讲经的说法。惠栋的弟子江声、余萧客等,在治经方面也颇有成就。吴派的缺点是对汉人解经达到迷信程度。皖派以戴震为代表。戴震著有《声韵考》《声类表》《考工记图》等书。《声韵考》专讲反切、韵书、四声,戴派以后即着重文字音韵和校勘训诂。戴门弟子段玉裁(1735—1815年)所撰《说文解字注》,被称为"千七百年来无此作"[①],在文字学方面获得的成就较大。另一弟子王念孙(1744—1832年)撰有《广雅疏证》和《读书杂志》,也是乾嘉时期有关训诂、校勘的代表作。可见皖派的成绩要超过吴派。

---

① 王念孙《说文解字注序》。

乾嘉时期知名的考据学者共有六十余人,除以上所举诸人外,江永的声韵学,王引之的训诂学,王昶、毕沅的金石考订,钱大昕、王鸣盛的史籍整理,皆能名称一时。赵一清的《水经注释》,卢文弨的《群书拾补》,都是第一流的著作。严可均辑的《全上古三代秦汉三国六朝文》,也有很大的学术价值。

乾嘉考据学派在文禁森严的形势下,终日只在书本内下功夫,使学术完全脱离了实际生活,眼光窄隘,思想闭塞,排挤了一切进步思想的发展。但是他们在整理和保存古典文献方面却有一定的功绩。

三 史 学

明清时期的历史学也有相当的发展,除去历朝官修的《明实录》《清实录》《元史》《明史》《大明一统志》《大清一统志》以及续三通、清三通等之外,私人著述也极为丰富。编年体有谈迁的《国榷》、毕沅的《续资治通鉴》,纪事本末体有谷应泰的《明史纪事本末》、高士奇的《左传纪事本末》,杂史和笔记有王世贞的《弇州山人别集》和沈德符的《万历野获编》,地方志有顾炎武的《天下郡国利病书》和《肇域志》,学术史有黄宗羲的《宋元学案》和《明儒学案》,特别是学案学术史的编纂,是明清学者在历史学方面的一项重大贡献。

明清之际,在社会各种矛盾错综复杂的局面下,出现了研究当代历史之风。黄宗羲所创的浙东学派,专门研究明史,特别是明末的历史。浙东学派的著名历史学家黄宗羲、万斯同、全祖望等都具有浓厚的民族思想,他们写史的目的是表明"国可灭史不可灭"。万斯同(1643—1702年),号季野,鄞县人,所著《明史稿》是清朝官修明史的蓝本。同时,温睿临也编辑了一部专记南明史事的《南疆绎史》。黄宗羲的《南雷集》和全祖望(1705—1755年)的《鲒埼亭集》,表面看是两部文集,其中所写大都是抗清的历史。在清初,谈迁的《国榷》、顾祖禹的《读史方舆纪要》也受到浙东学派的影响。

随着乾嘉时期考据的盛行,历史学也走向考据的道路。钱大昕(1728—1804年)的《廿二史考异》、赵翼(1727—1814年)的《廿二史札记》、王鸣盛(1722—1796年)的《十七史商榷》是清代三部考史的名著。钱书最详于校勘文字,解释训诂名物,纠正史书谬误。王书则详于典章故实,特别是官制、地理。《廿二史札记》着重论证各代的重大历史事件,被称为"儒者有体有用之学"①,在史学考证方面,独创了一种新的体例。

---

① 钱大昕《廿二史札记·序》。

在考据的影响下，对旧史补表、补志、补注和辑佚的工作也取得较大的成绩。在辑佚方面有各种后汉书和晋书的辑佚等。还有一些学者从《永乐大典》中辑出很多失传的史书，如邵晋涵辑出的《旧五代史》、徐松辑出的《宋会要》稿。

清朝学者研究古史也有成绩。康熙时，马骕著《绎史》，搜集大量古代文献的资料，当时人称他"马三代"。乾嘉时，崔述著《考信录》，他对经书大胆怀疑，考证古史也极精核。明清时期，各地纂修方志之风，比过去更加流行。今传方志六千余种，大部分是明清人所修。乾嘉学者章学诚（1738—1810年），号实斋，浙江会稽人，擅长修志，著有《湖北通志》《常德府志》《和州志》《永清县志》等。他认为"方志如古国史，本非地理专门"，又认为修志更主要是求其实用①。

章学诚不仅精于方志学，而且在所著《文史通义》中，也提出了对史学的一些看法。他主张六经皆史，主张修史贵开创而不必拘于成法，又主张修史要有"史意"，史意即史观的意思。

四 编纂《永乐大典》《古今图书集成》和《四库全书》

明清两朝的政府，曾经组织大批学者，编辑了很多卷帙浩繁的类书和丛书，举世闻名的《永乐大典》和《四库全书》，就是在这一时期编成的。

永乐时，明朝政府选派了解缙等儒臣文士共3000人编辑《永乐大典》。《永乐大典》共22937卷（包括目录凡例），装成11095册，约3.7亿字，辑入经、史、子、集、释藏、道经、戏剧、平话、工艺、农艺等图书达七八千种，是我国最大的一部类书。大典所收载的书籍一字不易，完全按照原书整段、整篇乃至整部地抄入。《永乐大典》先后抄录了正副两部，正本早已烧毁，副本曾散失了一部分，在英法联军和八国联军侵入北京时，两次被帝国主义焚毁劫掠，目前存于国内外的仅有三百余册。

康熙、雍正时，清朝政府编辑了《古今图书集成》一万卷。《古今图书集成》共分为历象、方舆、明伦、博物、理学、经济六编，每编又分门别类，搜罗宏富，是《永乐大典》之后的一部大类书。

乾隆时，清朝政府又选派了纪昀等著名学者160余人编辑《四库全书》。《四库全书》分为经、史、子、集四类，所收书共有3457种，79070卷，装

---

① 章学诚《文史通义·外编》三《记与戴东原论修志》。

订成3.6万余册,是我国最大的一部丛书。在这部书中保存了许多珍贵的文献,有的是采自内府藏本,有的是采自藏书家的进献本,有的是《永乐大典》的辑本。编辑历时十年,书成之后,共抄录七部,分贮于北京、热河、沈阳、扬州、镇江和杭州六地。《四库全书》完整保存下来的还有四部。

此外,明清两朝政府还编辑了实录、正史、政书、会典、方略、方志、目录、诗文总集等各种图书,这些书大部分也收入《四库全书》之内。在《四库全书》开馆时,参加编辑的学者戴震、邵晋涵、周永年、纪昀等人,又把《四库全书》内每一部书的渊源、版本、内容都作有详细的考证,写成《四库全书总目提要》,这是我国一部重要的目录学著作。

《永乐大典》和《四库全书》等都是我国极其宝贵的文化遗产,具有很高的史料价值。但是也应指出,乾隆时,曾借编辑《四库全书》为名,对全国所存的书籍作了一番检查,其中不利于清朝统治的书籍全都没有列入,而在列入的图书中有部分也被删改或抽毁。

五 小说和戏剧

明清时代,在文学上表现最辉煌的是小说和戏剧,产生了许多不朽名著,涌现了大批杰出的作家。

《水浒传》《三国志演义》和《西游记》 《水浒传》是一部长篇英雄传奇小说。作者或谓施耐庵,或谓罗贯中,纷纭莫定。这部书是根据宋元以来有关宋江36人故事的话本和杂剧编写而成的。《水浒传》的原本也失传了,今天留传的有繁本、简本、删削本,繁本是明嘉靖时的刊本。《水浒传》可贵之处在于通过对北宋末年黑暗社会的描写,揭示了"官逼民反"的深刻道理,歌颂了梁山泊好汉替天行道、反奸除暴的正义精神。小说成功地塑造了一批江湖英雄形象,很多情节如鲁智深拳打镇关西、林冲风雪山神庙、武松景阳冈打虎、李逵跳楼劫法场等,都充满了传奇色彩。作者不仅写了这些英雄好汉见义勇为、除暴安良的诸多义举,而且赋予他们舍身报国、立功边陲的理想与抱负。小说的结局构思精妙,梁山好汉虽然接受招安,得以立功边陲,但他们当年被逼上梁山的社会并没有改变,处处受到掣肘与迫害,他们不停地寻找为国效力的机会,直到战死疆场、奔走离散,而终归于"魂聚蓼儿洼"的沉寂。悲剧的结局,深刻的内涵,正是《水浒传》成功所在。明清统治者曾把《水浒》列为禁书,但水浒的故事仍在各地广为流传,有的演为戏文,或从说书人的口中传播开来。

明初另一部出色的长篇小说《三国志演义》,是根据长期流传于民间的刘关张桃园三结义的故事编写成的。作者罗贯中,生平事迹难以确考。他是一位多产的作家,以《三国志演义》最著名①。《三国志演义》现存最早的为明嘉靖刊本,最流行的是清初毛宗岗的改削本。《三国志演义》是我国第一部根据历史编次而成的小说,其中十分之七出于正史。这部书描写了魏、蜀、吴三国之间复杂错综的军事和政治斗争,创造了许多杰出的政治家、军事家和外交家的形象。其中最突出的当属毛宗岗所说的"三绝",即"智绝"诸葛亮,"义绝"关羽,"奸绝"曹操。清朝统治者提倡阅读《三国志演义》,宣传其中的忠义思想等等。在用兵时还吸收了书中所介绍的一些传奇式的战略和战术。

明中叶后,长篇神话小说《西游记》刊行于世。《西游记》的作者吴承恩,字汝忠,江苏淮安人,嘉靖二十三年岁贡生,"性敏多慧,博极群书,为诗文下笔立成,复善谐剧"。《西游记》吸收了宋元以来民间传说中有关唐三藏取经的故事,更主要是出于作者的创作。这部书成功地塑造了不受管束、任性勇为的孙悟空的形象,他大闹天宫,闯地府,探龙宫,把三界搅得人仰马翻。小说还描写了一个广大的神魔世界,那里同样充斥着昏庸残暴、营私舞弊、贪财好货,这个神魔世界正是人间黑暗社会的写照。

"三言"和《聊斋志异》 明朝后期,随着城市经济的发展,出现了适合城市居民,反映城市生活的小说、戏曲、歌谣等通俗文学繁荣的局面。要求从程朱理学束缚下解放的哲学思想,对文学的发展也有一定的影响,印刷术的进步更便于通俗文学的流通。这一时期,仅长短篇小说就有一百余种之多,著名的长篇小说有《金瓶梅》《东周列国志》《封神演义》《杨家将》《英烈传》等,短篇小说有"三言二拍"即《喻世明言》《警世通言》《醒世恒言》《拍案惊奇》《二刻拍案惊奇》等。

"三言"的编辑人冯梦龙(1575—1646年)字犹龙,吴县人,是明末著名的通俗文学作家,生平整理和创作的戏剧民歌极为丰富。"三言"是3部共包括120篇无名氏写作的短篇白话小说的小说集,有的是由前一时期的小说改编的,有的则是万历、天启时期的新作品。"三言"中有不少的优秀作品表现了新兴市民阶层的价值观念,具有深刻的社会意义。冯梦龙认为小说的社会教育作用往往大过儒家经典,可"为六经、国史之辅"②。这些小说以后

---

① 贾仲明《录鬼簿续编》。
② 冯梦龙《醒世恒言·原序》。

被编为戏曲,几百年来,极为流行。

清初人蒲松龄(1640—1715年),字留仙,山东淄川人,一生穷困,以授徒为业,所著《聊斋志异》十二卷,是用简练的文言文编写的短篇小说集。作者在自序中说:"集腋为裘,妄续幽冥之录,浮白载笔,仅成孤愤之书,寄托如此,亦足悲矣。"说明作者也是借妖狐鬼怪的故事,隐射社会的黑暗,发泄他愤世疾俗的感情。

《红楼梦》和《儒林外史》 在清朝乾隆时期,杰出的现实主义文学家曹雪芹写出了不朽的古典文学名著——《红楼梦》。

曹雪芹(1715—1763年)名霑,字梦阮,汉军旗人,祖、父皆掌江南织造,他在少年时代过着贵族的豪华生活,晚年穷困潦倒,《红楼梦》就是在这时写成的。全书共120回,前80回为曹作,后40回由高鹗续补。《红楼梦》以贾宝玉、林黛玉、薛宝钗的爱情婚姻悲剧为主线,以贾、王、史、薛四大家族的盛衰为背景,集中描写了大观园内各种女性的悲惨命运,真实生动反映了社会各阶层的生活,反映了当时整个社会的全貌。作者笔下有鲜明的爱憎,对一些善良的被奴役的青年男女表示深切的同情,相反,对那些腐朽的寄生者则加以无情的鞭笞。《红楼梦》的思想内容已经达到中国古典现实主义文学的高峰。

在《红楼梦》成书前后,还出现了两部著名的长篇小说——《儒林外史》和《镜花缘》。《儒林外史》的作者吴敬梓(1701—1754年),字敏轩,安徽全椒人,"素不习治生,性复豪上,遇贫即施"①。这部书以反对传统伦理和科举八股为中心,辛辣地讽刺了当时社会上层,特别是知识分子的各种丑态。《镜花缘》的作者李汝珍是北京大兴县人,他在书中,也提出了反对纳妾、尊重女权和男女平等的主张。

明清的戏剧 《牡丹亭》和《桃花扇》 明清时期,城市经济的繁荣,使戏剧成为城市居民不可缺少的文化生活。在明代,杂剧已日益衰落,来自民间的南戏代之而起,各地的地方戏非常盛行,有余姚、海盐、弋阳诸腔。嘉靖时,昆山乐工魏良辅和剧作家梁辰鱼合作创成了昆曲,昆曲用笛管笙琵合奏,"听之最足荡人",以后传入北京,成为当时最流行的戏曲。沈德符《顾曲杂言》说:"自吴人重南曲,皆祖昆山魏良辅,而北词几废。"明代的传奇也不乏著名的作品,元末明初有高明的《琵琶记》,明初有朱权的《荆钗记》,还有《白兔记》、《拜月记》、《杀狗记》等,以后又有汤显祖的《牡丹亭》。明朝的传奇打破了只限四折的规格,情节也更加复杂了。

---

① 程晋芳《春帆集·文木先生传》。

汤显祖(1550—1617年),字义仍,江西临川人,是明朝万历时期杰出的戏剧作家,他反对在传奇的写作上过分讲求音韵和格律,在他创作的剧本中也就打破音韵格律的限制而注意其结构和思想内容。他的代表作《牡丹亭》是明代传奇艺术的高峰。《牡丹亭》讲述的是杜丽娘与柳梦梅的爱情故事。作者用离奇曲折的情节说明传统伦理道德可以扼杀人的至情乃至生命,而形骸的死亡反而使情摆脱理的束缚而获得新生。浪漫主义的爱情故事揭示的是情与礼的冲突,传递的是个性解放的最初信息。

晚明的另一剧作家李玉所写的传奇《清忠谱》(即《五人义》),直接揭露了宦官魏忠贤的罪恶,颇有现实意义。

清代著名的传奇剧本有洪昇(1645—1704年)的《长生殿》和孔尚任(1648—1718年)的《桃花扇》。《桃花扇》在描述一个秦淮歌妓的爱情故事里,揭露了明末社会的黑暗,和南明小朝廷内部的腐化堕落,作者认为这些就是明朝覆亡的根源。

清朝乾隆时期,陕甘一带的地方剧秦腔传入北京,秦腔虽然有一部分庸俗的东西,但是唱词通俗易懂,较之通行的昆曲、弋阳腔更为观众所喜爱。嘉庆以后,地方戏徽调有一定的发展,徽调在音乐、剧种各方面又吸收了昆曲和秦腔的优点,再加以不断创造和改进,以后传入北京,成为名闻世界的京剧的起源。

六 科学技术

明后期的医学、农学、科学技术和地理学 明代中叶以后,适应社会经济的发展,出现了很多杰出的科学家,写作了很多有关医学、水利、农业、天算各方面的科学巨著,他们创造性地总结了实践中积累的丰富的科学经验,在我国科学发展史上作出了卓越的贡献。

李时珍(1518—1593年),湖广蕲州人,"好读医书","三十年间阅书八百余家"[①],著成《本草纲目》52卷。他在这本书里,对前人鉴定过的药物1558种,重新作了一番精密的审查,又增添了新药374种。他对这些药物加以科学的分类,对它们的名称、形态、性质、功能和制作方法都有详细的解释,并且绘制成图。这本书把我国药物学的研究提高到一个新的阶段,在世界药物学的发展上占有重要的地位。

---

① 《明史》卷二九九《李时珍传》。

徐光启(1562—1633年)字玄扈,松江府上海县人,科学知识极为广博,举凡天文、历算、水利、测量、农桑、物理无不研究,他所写的《农政全书》保存了历代以来的农业科学资料,同时也反映了当代深耕细作的农业生产水平。在这本书里,作者对于农耕工具、农业技术、土壤、水利、施肥、选种、播种、果木接嫁、植桑养蚕各方面都有详尽的记录,特别对于番薯和棉花的种植技术与经营方法,作了重点的介绍。这本书还反映了徐光启的一些开明的思想。他反对传统的"风土论",认为只要钻研技术,北方也可以种稻,薄地也可以种棉①。他又主张一切择种栽培都需要试验,并把试验的成效向农民推广。

与徐光启同时的科学家宋应星,号长庚,江西奉新人。他编写的《天工开物》,除了介绍一般的农业生产经验之外,更着重阐述各种手工业,包括纺织、染色、制盐、造纸、烧瓷、冶铜、炼铁、炼钢、采煤、榨油、制造军器火药等等的生产技术。这本书对每种手工业从原料到制成品的全部生产过程和工序都有较详细的说明,对于一些应用化学的原理也作了分析,还附录了很多精巧的画图,使我们了解当时各种生产工具的构造,也反映出明代一些手工作坊或工场的面貌。

明朝末年,江阴人徐宏祖(1585—1640年)周游全国,考察山川地形,编有《徐霞客游记》一书。徐宏祖不仅是文学家、探险家,也是一个地理学家,对云、贵、川、广的地理考察极为详核。在他的游记里还揭示了我国西南石灰岩地区溶蚀地貌的特征,他是世界上在这方面进行考察的第一人。

此外,明代后期潘季驯的《河防一览》、王徵的《泰西奇器图说》、徐光启和西洋传教士利玛窦合译的《几何原本》等书,在水利测量、天文历算以及机械原理各方面都作出一定的贡献,其中大部分还受到西方科学知识传入的影响。

清朝的医学和天文历算　地图的测绘　清朝的医学也有发展。乾隆时官修的《医宗金鉴》,征集家藏秘笈及世传经验良方,采其精粹,补其未备,并对医学经典《金匮要略》和《伤寒论》等书做了不少考订工作,是一部介绍中医临床经验的名著。嘉庆、道光间,著名医学家王清任编有《医林改错》。王清任,直隶玉田人,有丰富的医学经验,他通过对尸体的精密考察,对于人身的构造提出了一些新的见解②。

---

① 分见徐光启《农政全书》卷二五《树艺》、卷三五《蚕桑广类》各篇。
② 王清任《医林改错》序:"因游滦州之稻地镇,得以亲见人之脏腑,与古人所绘图说不同,因别绘改正脏腑图共二十四件,并著为论,以说明形质构造,而正古人之纰谬。"

清朝自然科学成就最大的是天文历算。康熙帝对天算学有很深的造诣，并聘请西方耶稣会教士南怀仁等制定康熙《永年历》《数理精蕴》《历象考成》等书。当时最著名的历算家有王锡阐、梅文鼎等人。王锡阐（1628—1682年），号晓菴，苏州吴江人，精通中西历法，对两家异说"皆能条其原委，考镜其得失"，所著《晓菴新法》六卷，推算金星过日颇为精确。梅文鼎（1633—1721年），号定九，宣城人，所著历算书达八十余种，其中《古今历法通考》，对回历、西洋历作了许多研究，是我国第一部历学史。清人论历算学"王氏精而核，梅氏博而大，各造其极，难分轩轾"[①]，以后历算学者云起，大率皆宗王、梅。乾隆时蒙族历算家明安图在北京钦天监任职，他写了一本《割圜密率捷法》，在数学上有新的发明。

　　清朝在地图测绘方面也有一定的成绩。康熙时任用一些人，其中也包括西方传教士白晋等人，经过30年测量，制成《皇舆全览图》。乾隆时，又派人赴新疆等地测量，制成《乾隆内府皇舆全图》，这两个地图至今还有很高的参考价值。

七　建筑艺术

　　在明朝，砖石的建筑有了普遍的推广，伟大的长城修整工程和北京城墙、城楼的建筑，就是在此时兴建起来的。江浙一带的海塘也改用石块修建。定陵的地下宫殿完全是用大理石、汉白玉石和砖石砌成，这个巨大的石宫标志着明代中期的建筑水平确有显著的提高。

　　保存到今天的北京宫殿园囿大部分也创建于明代。这些宫殿的复杂的木结构，精致的木雕、石雕以及金光灿烂的鎏金宝顶，处处都体现了手工工匠卓越的技巧。创建于嘉靖时的拙政园，是保存至今的苏州名园之一。园内环水建造的亭榭楼阁，都表现了明代江南建筑的风格。此外，当时在全国各地还兴建了很多巍峨的寺院，幽美的园林和各式各样的建筑物。明代在北京修建的寺院即有一千余所，其中包括佛教、道教、喇嘛教的寺院和伊斯兰教的清真寺，这些寺院的建筑不仅体现了国内汉族、蒙古族、藏族、维吾尔族、回族等各族人民的艺术风格，同时还糅合了东方各国人民如越南、朝鲜、印度、尼泊尔等国人民的某些建筑技术的成就。

　　清代的建筑艺术，有的比明代更加细致精美。在北京的宫殿园囿又经

---

① 阮元《畴人传》清儒之部。

过多次改建，特别是著名于世的圆明园，从康熙时开始创建至乾隆时才最后完工。圆明园周围广达 30 里，共拥有 150 多所精美的楼台和宫殿，堆砌、开凿了不计其数的山石和湖沼，在每所建筑物内，还陈列着精美的陈设、珍贵的文物和各种艺术品，它不仅是一座大园林，而且也是一座大博物馆。圆明园的修建集中了中国传统园林建筑艺术的特点，当时江南地区著名的园林布局也全部被采纳。同时还吸收了西方建筑的精华，建有许多用白石砌成的大楼。这个名园已经在 1860 年被英法侵略者烧光，其中大批珍贵文物也被他们劫掠而去。

在清代兴修的建筑物中，北京的雍和宫、拉萨的布达拉宫、承德的八大庙以及青海、蒙古、西藏各地的各种喇嘛教寺院，有的是西藏式建筑，有的则吸收了汉、藏、蒙、维各族人民的建筑艺术风格和技巧。

明清时代在修建北京的伟大建筑工程中，先后出现了很多杰出的工匠，最著名的有阮安、蒯祥、梁九、雷发达等人。阮安是越南人，从永乐到正统初期，北京的城池、九门、两宫、五府、六部和百官衙署的营建都曾出于他的擘画，木工蒯祥是吴县香山人，永乐间参加北京皇宫的修建工程，有"蒯鲁班"的称号，以后"江南木工巧工皆出于香山"①。

八 绘 画

明代"院派"画风，沿着南宋画院李唐、刘松年、夏珪、马远等人的手法和风格，又加以开拓，以戴进和吴伟等人为代表。他们画的内容很广泛，人物、山水无不精能；从卷轴到壁画，都很擅长，只是后来余派流于潦草。吴门沈周、文徵明等人专师元人，结合文学，成了文人画的领袖，与专业画家形成对峙的流派。

清初王时敏、王鉴、王原祁等人的山水画，接受明末董其昌的理论，也学元人，又趋柔弱。王翚的山水和恽寿平的花卉，取材较宽，合成清代"正统派"的画格。明遗民僧石涛、石溪、八大山人和清中期的扬州画家，并具创造精神。他们的山水、人物、花鸟等各辟新的途径，不专守古人成法，又不脱离优秀传统，开拓了 300 年间绘画艺术史上的新局面。

---

① 《皇明纪略》。

第九章
近代时期上(1840—1864年)

第一节 鸦片战争

鸦片战争前的中国社会和对外贸易 清道光二十年(1840年)爆发了中英鸦片战争。这标志着中国历史近代时期的开始,也是中国半殖民地半封建社会和旧民主主义革命时期的开端。

鸦片战争前四五十年中,清朝政治日趋腐败。官吏贪污成风,财政支绌,军备废弛,国势衰弱。同时,土地兼并剧烈、地主剥削加重,造成许多农民破产流亡,社会危机愈益严重。而西方资本主义的发展和向东方的殖民扩张,使古老的中国遭到空前严重的挑战和冲击。

当时中国社会中,小农业和家庭手工业密切结合着的自然经济,有力地抵抗西方工业品的输入。清朝限制对外通商的闭关政策,也起着保护封建经济的作用。英国急于输出的棉、毛纺织品,在中国都缺乏销路。毛织品的滞销是由于不合内地穿着习惯。外来棉布价格虽比土布略低,但不耐久,缺乏竞争力。从19世纪20年代末到鸦片战争前夕,英国输华棉布虽然增加了1倍多,棉纱虽然增加了5倍多①,但每年总值不及70万英镑②,加上其

---

① 从英国伦敦和利物浦两港输华的:

	棉布(码)	棉纱(磅)
1829年	910000	500000
1835年	10356047	2344482
1840年	21355763	3419560

(根据《英国蓝皮书》,1847年,对华商务关系小组委员会报告书,第145、147页。)

② 1840年3月18日,英国商人麦克维卡(J. Mac Vicar)致外交大臣巴麦尊信说,1838年棉纱输华值超过20万英镑,棉织品达50万英镑,共70万英镑。但1838年数字特高,前后几年都不到70万英镑。

他制造品也不过100万英镑左右。而中国销英茶叶每年约值1000万银元,丝和丝织品约二三百万银元,合计约300万英镑。中英贸易中国出超有利于中国,这是英国资产阶级认为不利的情况。还要提到的是,在20年代,中国每年经英、美商人输出土布多至300多万匹,远销美国、南美洲和澳洲。在30年代输出量减少,但经英商输出的每年也还有几十万匹。

鸦片走私与烟毒泛滥 英国东印度公司久已非法进行鸦片贸易。从19世纪初年开始,鸦片输入中国数量不断增加。据不完全的统计,19世纪最初的20年中,平均每年数量约5000箱(每箱约120斤),30年代迅速增加,到1839年竟增到四五万箱①。其中绝大部分是英国人贩卖的印度鸦片,小部分是美国人以"飞剪式"快船贩运的土耳其鸦片和印度鸦片。贩卖的方式,自20年代起,因在黄埔走私遭禁而改为在广州口外伶仃洋趸船上私卖,到30年代便在东南沿海到处走私。贩卖鸦片的罪恶行为严重破坏了中国的法纪道德并损害了中国人民的健康。中国吸鸦片受毒害的人数不下200万人。中国白银大量外流。根据不完全统计,1821—1840年间,中国白银外流至少在一亿元以上。

白银的大量流出,引起银价剧烈上涨。19世纪初年,白银每两折合制钱略逾千文,30年代末涨到一千五六百文。银价高涨,大大加重了农民和手工业者的负担,因为他们出售产品所得到的是制钱,而交纳捐税要按银价折合。银荒又引起了商业的停滞和物价的上涨。烟毒泛滥的影响波及全国各阶层人民。

中国在嘉庆年间公布的严禁贩卖鸦片的法令,并没有宣布废止。只是封建统治的机器已经在鸦片贸易面前瘫痪了,外国烟贩们破坏法令的行为没有受到有力的制裁。正如马克思所指出的:"浸透了天朝的整个官僚体系和破坏了宗法制度支柱的营私舞弊行为,同鸦片烟箱一起从停泊在黄埔的英国趸船上偷偷运进了天朝。"②但是,银荒所引起的财政困难,烟毒泛滥对于军队和官僚机构的严重腐蚀,人民愤怒的呼声,这些都使清政府不得不考虑如何应付面临的危机。

禁烟问题上的争论 1836—1838年的几年中,鸦片问题引起清政府的讨论。1836年,太常寺卿许乃济奏请承认鸦片为合法贸易品,理由是政府可借

---

① 马士:《中华帝国对外关系史》(中译本)卷一,第239页。马士的统计不包括美国人运卖的土耳其鸦片。

② 马克思《鸦片贸易史》,见《马克思恩格斯全集》卷一二,第588页。

此增加大笔税收,弥补财政困难。这种弛禁主张,受到多数官吏的反对。

1838年6月,鸿胪寺卿黄爵滋①上奏,痛陈鸦片祸害,揭发官吏包庇,主张严惩吸烟者以遏制鸦片的输入。道光帝命令办理禁烟有成效的湖广总督林则徐②进京筹议查禁事宜。一场轰轰烈烈的禁烟运动在各省展开了。北京查获的吸烟犯中竟有皇亲贵族。两广总督邓廷桢③从赞成弛禁转而认真禁烟,12月12日,广州爆发了一万多人的群众示威,反对英、美等国干涉广东当局在商馆前处绞烟贩。到了年底,道光帝决定派林则徐为钦差大臣前往广州查禁鸦片,并命令由他节制广东水师。

林则徐领导的禁烟运动 1839年3月,林则徐到达广州,严查烟贩,整顿水师,惩办不法官兵,晓谕外商呈缴鸦片。当时内有权奸暗中阻难,外有西方鸦片贩子和英国代表威胁恫吓。林则徐坚决宣称"若鸦片一日未绝,本大臣一日不回"。他对鸦片商人采取"劝戒兼施"的办法,责令十三行行商伍绍荣等赴外商居住的洋馆开导。24日,英国驻华商务监督义律(Charles Elliot)从澳门潜入广州洋馆,阻止外商交出鸦片。林则徐下令断绝贸易,派兵监视洋馆,封锁广州、澳门之间的交通线。27日,林则徐再晓谕英商论以理、法、情、势都应永绝贩卖鸦片。义律被迫命令英商缴出鸦片,但暗中又向他们保证烟价由英政府负责,蓄意向中国开衅。

从6月3日到21日,林则徐在虎门海滩公开销毁了英、美等商人呈缴的鸦片21298箱。这是维护国家利益和民族尊严的正义行动。

但是,英国资产阶级决不愿意放弃一本万利的鸦片贸易。林则徐命令外船进口要出具甘结,保证不夹带鸦片,如果查出则货物没官、人犯正法。英国商务监督义律却禁止英船具结,甚至以军舰阻止已经具结愿意进口的一些商船。1840年2月,林则徐就任两广总督,邓廷桢改督闽浙,他们对沿海严加戒备。林则徐支持广东人民的反侵略斗争,并出告示说:"如英夷兵船进入内河,许以人人持刀痛杀。"

英国侵略者发动战争 随着19世纪初期英国资本主义的发展和1825年、1837年接连发生的经济危机,英国资产阶级及其政府早就迫不及待要对中国发动侵略战争。1832年英国东印度公司已派间谍船侦察中国沿海港湾的情报并提出了武装侵略中国的具体建议。在华鸦片贩子和伦敦、曼

---

① 黄爵滋,字德成,号树斋(1793—1853年),江西宜黄人。
② 林则徐,字元抚,又字少穆,晚年署竢村老人(1785—1850年),福建侯官人。
③ 邓廷桢,字维周,号嶰筠(1776—1846年),江苏江宁人。

彻斯特、利物浦的英国商人都纷纷上书英国政府,要求用武力打开中国市场和保护鸦片贸易。1840 年 2 月,英国内阁正式决定发动侵华战争。4 月经英国国会通过,6 月,由英国全权代表义律(George Elliot)统带的侵略军 4000 人,乘舰船 40 余艘到达广东海面并封锁珠江口,鸦片战争正式爆发。广州人民组织水军、义勇加强防守力量,伺机出击敌船。7 月初,侵略军进犯厦门,遇到福建地方军民的抗击,就北驶浙江,攻占防御薄弱的定海。8 月,英国派船到白河口投书,向清政府直接恫吓。穆彰阿、琦善等主张投降妥协的官员乘机宣传英人"船坚炮利",难以取胜,"夷兵之来系由禁烟而起"。琦善在天津海口谈判时答复英人的照会上竟说,林则徐等"受人欺蒙,措置失当,必当逐细查明,重治其罪"。

统治阶级中出现了妥协派和抵抗派的尖锐对立。道光帝派琦善到广州继续谈判,下令将林则徐、邓廷桢革职。两江总督伊里布和义律先行签订了《浙江停战协定》。琦善一到广州,立即裁撤海防措施,专求妥协。1841 年 1 月初,英军突然袭占沙角、大角两炮台。义律向琦善提出议和条件,其内容包括开放广州、赔款 600 万元和割让香港等条款。

琦善虽一意求和,但却不敢接受割让香港的条件。1841 年 1 月 26 日,英军侵占香港。2 月下旬,侵略军一面从定海撤退,一面攻占虎门炮台。广东水师提督关天培①孤军奋战,将士数百人壮烈牺牲。

道光帝原想以牺牲林则徐换取廉价的妥协,后见英方要求十分苛刻,又倾向抵抗。1 月 27 日,道光得知英军攻破大角、沙角炮台,决定下诏"宣战",从各处调兵云集广州。但是林则徐等抵抗派依然被排斥。主持军事的是宗室奕山,他主张"防民甚于防寇"。5 月底,奕山在遭到一些挫败后,就派广州府知府余保纯和侵略者订立一个"赔款"600 万元的"赎城"协定,其中包括清军撤出广州城外 60 里的条款。林则徐虽然一度被命以四品卿衔赴浙江镇海协助防守,但在 6 月间仍被斥责谪戍伊犁。

三元里人民抗英斗争 英国侵略者遇到了中国人民坚决的抵抗。1841 年 5 月 30 日,广州西北郊三元里一带 103 个乡的农民数千人以刀、矛和农具向侵略广州的英军展开了英勇的讨伐。在一天的激烈战斗中,大股英军被农民们层层包围,遭到痛击。第二天早上,经过广州府知府余保纯为敌人求饶,这些替鸦片贩子开辟道路的英国军队才狼狈不堪地逃去。

对于这次人民自发的武装反抗,义律在布告中竟无耻地说"不追究人

---

① 关天培,字仲因,号滋圃(1780—1841 年),江苏淮安府山阳县人。

民这次顽抗,但以后不得再犯"。人民张贴檄文答复说:"我们义民约齐数百乡村同时奋勇灭尽尔等畜类。尔如果有能,就不该转求广府苦劝我们义民使之罢战。"

侵略者扩大战争、清政府妥协投降 1841年4月,英国政府为了扩大侵华战争,派遣璞鼎查(H. Pottinger)来中国代替义律,决定用武力压迫清政府订立一个有广泛侵略权利的通商条约。从1841年8月侵略军一度侵占厦门之后,于10月初接连攻陷浙江定海(第二次陷落)、镇海、宁波三个城市。驻守镇海的署两江总督裕谦①集众宣誓死守,城陷投水自尽。道光帝派遣素不谙兵的皇侄奕经到浙江绍兴主持军事。奕经的作战计划是兵分三路,乘夜冒雨进攻三个失陷的城市,企图以偷袭侥幸取胜,结果三路都遭到惨败,自己逃至杭州。道光帝一面继续调兵遣将,一面准备求和。他派遣盛京将军耆英和已被革职的伊里布到浙江主持对英交涉。5月,浙江海防重镇乍浦陷落。6月中,英军进犯吴淞口,守卫吴淞口炮台的老将陈化成血战殉国。英军进而侵占上海、宝山,溯江而上攻陷镇江,切断南北交通。8月初,英国军舰直抵南京下关江面。军机大臣穆彰阿利用形势,公然声称"兵兴三载,糜饷劳师,曾无尺寸之效",把妥协派造成的军事失败归罪于反侵略的正义主张。由于英国侵略者的军事讹诈,妥协投降路线在清朝统治集团中占了上风。1842年8月29日终于由耆英、伊里布等和英国侵略者在英船上签订了丧权辱国的《南京条约》。

人民的自卫斗争和爱国将士的英勇战斗 由于英国侵略军到处焚劫淫掠,在战争过程中,中国人民自卫的反抗斗争在各处展开。广州、厦门、宁波、台湾、太仓、靖江以及其他各地群众,都自动进行斗争,给英国强盗以沉重打击。农民是反抗斗争的主要力量,参加这些斗争的也有手工业工人、沿海渔民和其他社会下层群众(如浙东宁波等地的黑水党),以及一些有爱国思想的士绅们。群众武装中最正规的组织形式是团练义勇。一般都是自发的临时性的武装组织。广州三元里的农民队伍便是从临时自发的组织发展成为联系各村各乡的经常性组织的。

在清政府的军队中,士兵大都是爱国的,抗战的,此外,还有一些英勇杀敌、顽强抵抗的将官。在虎门力战的关天培,坚守吴淞的陈化成②和定海再

---

① 裕谦,字衣谷,又字鲁山,号舒亭(1793—1841年),蒙古镶黄旗人。
② 陈化成,字莲峰(1776—1842年),福建同安人。

陷时苦战牺牲的葛云飞①等将领和他们部下的官兵,都是鸦片战争中值得纪念的英雄们。所有这些斗争都表现了中国人民反抗侵略者的英勇不屈精神,成为中国近代人民革命斗争的光辉起点。

第一批不平等条约的订立 《南京条约》及其后两年中的一系列不平等条约给中国人民加上了沉重的锁链,使中国社会开始沦为半殖民地半封建社会。《南京条约》规定中国赔款 2100 万元、割让香港、开放五个通商口岸广州、厦门、福州、宁波、上海。它还规定了进出口货税须同英方"秉公议定则例",破坏了中国的关税自主权。1843 年 7 月 22 日在虎门订立的《中英五口通商章程》规定,英国侨民犯罪(指刑事案件)应交英国领事照英国法律办理,这就是所谓"领事裁判权"。中国司法权也开始被破坏了。1843 年 10 月 8 日《中英虎门续约》规定,将来中国如"有新恩施及他国,亦应准英人一体均沾",片面的最惠国待遇开始了。协定关税、领事裁判权和片面的最惠国待遇是束缚半殖民地国家的三条重要链索,是经过英国侵华战争由英国侵略者强加于我国的不平等条约首先规定下来的。

美国资产阶级在鸦片战争中一贯支持英国,《南京条约》订立后,美国接踵而来要求订约。1844 年 7 月,由清钦差大臣耆英和美国专使顾盛(Caleb Cushing)签订了《中美望厦条约》。领事裁判权被扩大为包括到美侨和中国人民之间的民事案件,以及美侨和其他外侨之间的诉讼,中国司法权进一步遭到破坏。进出口货物税率被规定为须得美国领事同意才能改变,"协定关税"的原则被进一步确定了。此外,在这个条约上还第一次规定了外国商轮沿海贸易权和外国兵船各口游弋权。条约还允许美国在五口建造教堂。

接着,法国也派遣专使剌萼尼(J. de Lagrenée)和一支舰队到中国,胁迫耆英在 10 月 24 日订立了《中法黄埔条约》。法国取得中英、中美各约的特权,并迫使清政府取消对天主教的禁令。

比利时和瑞典·挪威(当时是联合王国)等国也都在"利益均沾"的名义下享受对中国的各项特权。

中国开始进入半殖民地半封建社会 鸦片战争和《南京条约》是中国遭受资本帝国主义奴役的起点。中国社会从此发生了根本的变化。中国不再享有完整独立的主权,中国封建经济遭受外国资本主义愈来愈严重的破坏和控制,中国社会开始转化成为半殖民地半封建社会。从此以后,中国社会的主要矛盾,除了原有的封建主义和人民大众的矛盾以外,又加上帝国主

---

① 葛云飞,字雨田(1789—1841 年),浙江山阴人,时任浙江定海镇总兵。

义和中华民族之间的矛盾,并成为最主要的矛盾。在另一方面,中国人民开始肩负起反对帝国主义、反对封建主义的双重任务。中国人民革命和一切反抗斗争都开始带上了资产阶级民主革命的性质。中国历史进入了一个新的历史时期——近代时期。

第二节　鸦片战争后中国社会经济和阶级关系的变化　农民战争的酝酿

鸦片战争后,中国社会经济开始发生重要的变化。19世纪四五十年代是中国社会剧烈动荡的时代。

五口贸易　五口成为"条约口岸",中国门户洞开,西方资产阶级急欲把中国变成他们的商品市场,鸦片战争后的几年中,进口货数量一度猛增。1843年,英国输华棉纱数量(621万磅)加倍于战前。1845年,英国输华棉布数量(1.12亿码)达到战前的5倍。英国棉织品输华总值从战前每年70万英镑左右递增为1845年的170多万英镑。清朝对洋货所抽的进口税很低(约5%),但外商还要走私逃避。厦门在1845年以后成为著名的走私口岸。广州关税在19世纪40年代后叶,逐年减少。宁波在1850年,进口货至少有一半是走私的。

口岸附近地区也出现中国走私商人和走私路线。由于上海洋布充斥,一条逃避内关(杭州北新关)的走私路线,就从上海开辟,经过苏州、嘉兴至澉浦,再行船运至余姚转宁波,分销浙、闽各地。1845年经过这条路线走私的洋布达20万匹[①]。

洋布大量入口,首先打击了口岸附近地区的手工纺织业。40年代中叶,上海附近的松江、太仓等地,手工纺织业开始衰退。根据1845年闽海关报告,由于洋布、洋棉充积,江浙棉布在闽南"不复畅销",而漳州、同安一带原销台湾、江浙以至东北的土布也"壅滞不能出口"。

洋货入口,虽然使沿海地区的手工业和农村副业以及商品经济都受到打击,但各地区的自然经济依然起着顽强的抵抗作用。英国资产阶级曾经幻想短期内把中国变为无限制的市场,但涌入中国的货物大半仍被积压着。1846年以后,洋纱、洋布进口数量显著下降,到50年代才又回升。在鸦片

[①] John K. Fairbank, *Trade and Diplomacy on the China Coast*, Camabridge, Mass: Harvard University Press, 1953, p. 309.

以外的普通商品贸易方面,进出口值的顺差,仍是在中国方面。五口开放后的十几年中,侵略者仍然以鸦片走私为主要掠夺手段。鸦片进口量从 40 年代中叶的每年四万多箱①达到 50 年代的年约七万箱。十余年中,进口鸦片总数达七八十万箱,合三四亿银元。香港成为囤积鸦片和走私的中心。

中国茶、丝出口量几乎是直线地增长。茶叶在 30 年代每年出口量为 5000 万磅强,五口开放后,1843 年增为 7000 万磅,1851 年将及 1 亿磅,即加倍于战前。丝在战前每年出口约 1.2 万包,40 年代后叶每年约 2 万包,1852 年达 3.2 万包,1853 年 6.4 万包,即战前的 5 倍。茶、丝生产也相应地发展。但是这种发展并没有可靠的基础,因为贸易受外商的操纵,茶、丝商人的资本逐渐变成洋行的附属品,有些商人服务或依附于外国洋行,转化为买办商人。贸易价格受控制的结果,使直接生产者受到更大的剥削。在 40 年代和 50 年代初年,白银继续外流,1850 年以后,银价每两竟涨至制钱两千余文。

侵略者在沿海掠卖人口　　中国社会经济呈现变化的同时,侵略势力和人民的矛盾也在加深。五口成为侵略据点,外国军舰经常出入停泊,水手暴徒麇集,抢掠行凶事件随时发生。和鸦片走私同时,还有人口掠卖。五口开放之后不久,英、美、法、西、葡等国侵略者在厦门、汕头、广州、澳门各地,用欺骗、威胁,甚至绑架手段,掠夺劳动者(即所谓苦力)到南北美洲、西印度群岛、非洲等处做苦工。厦门的德记洋行(Tait & co.)就是一身兼任西、葡、荷三国领事的英国人德滴(J. Tait)开设的卖人行②,另有合记洋行(Syme, Muir & co.),它的股东中有美国驻厦门领事。运走的华工在途中往往死亡过半,即使抵达国外也只能过着牛马一般的奴隶生活。这些外国人口贩子的不法行为都受着治外法权和侵略武装的庇护。

"租界"和港、澳成为殖民主义者的侵略基地　　侵略者肆无忌惮地破坏中国主权。1845 年 11 月,英国驻上海领事巴富尔(G. Balfour)和苏松太道员宫慕久议定,将黄浦江边洋泾浜(今延安东路)以北和李家场(今北京东

---

① 马士估计 1845—1849 年从印度运出鸦片总数为 212407 箱,其中销往中国的为 175407 箱(《中华帝国对外关系史》中译本第一卷,第 626 页),数字太低。密切尔(Mitchell)1850 年 11 月 1 日给文翰(Bonham)的备忘录说,这五年中,从孟加拉运华鸦片 124442 箱,从孟买运华 96275 箱,合计 220717 箱,平均每年 44000 箱。

② 1852 年德记印制的卖身契约见 1852—1853 年英国《蓝皮书》,原文如下:"立约字人厦门姓□名□□,今因与英国属国惹而武甲嗟马呀捞立约,愿往彼国做工,限至五年为满,俟船到国之日算起,或耕种,或牧牛羊,或做什工,各听从东家命令使唤,不敢违逆。……"

路)以南的一块地划为英国人租借居留地,称为《上海地皮章程》。这是外国侵略者在中国占有"租界"的开端。1848年,美国人占据另一块地为居留地,后来和英"租界"合并为上海"公共租界"。1849年法国也夺取了一块"法租界"。这些侵略者在1854年7月,乘上海小刀会起义的时机,擅自制定"管理章程",在这些"租界"中成立行政、税收、警察和司法机构,以所谓"工部局"为中心建立殖民统治。香港被英国侵占后,迅速地殖民地化,并且成为走私的中心。葡萄牙在1849年迫使中国海关从澳门撤出,强迫中国居民向其交税,企图霸占澳门。这样,中国沿海一批半殖民地化和殖民地化城市出现了。

社学领导的广州群众斗争 广州地区人民从1841年夏间三元里抗敌斗争之后,就在市郊西北各乡设立升平社学作为抗敌的中心。广州东北各乡的东平和城南各乡的隆平、南平等社学也相继成立。参加社学的人数达十几万人,其中的基本群众是农民,另外还有城乡手工业者和店员等,一些爱国士绅在社学中起了领导组织的作用。

社学声势浩大,1842年底,英国水手行凶后逃入洋馆,广州数万群众围烧洋馆,官府企图阻止无效。1844年,英国企图在广州河南强划租界,经四十八乡三千余人抗议示威而停止。统治者对人民的反抗感到不安。新任两广总督耆英污蔑社学群众为"游棍"、"匪徒"。广东巡抚黄恩彤竟说"粤患未已,不在外而在内"。1846年以后,反侵略斗争围绕着反对外人进入广州城问题而更发展起来。本来《南京条约》并无允许英人入城之说,但侵略者曲解约文硬要进城。1846年1月,耆英竟宣布准英人入城。这立刻引起了群众的暴动。群众大张揭帖,"将攫官而杀之",以警告卖国官吏,并驱逐联络英人的知府刘浔,放火焚烧他的衙门。社学还出告示,约期聚攻洋行。于是英国公使德庇时(John Davis)躲到香港。清政府"抑民顺夷"的政策受到有力的打击。1847年,英国兵船闯入省河,耆英瞒着人民与英方密约两年后开放广州。但人民没有放松戒备。到了1849年,继任粤督的徐广缙看到人民的激烈反抗,不敢实行密约。英国侵略者又使用武力威胁的惯技,把兵船驶入省河。徐广缙准备屈服,但广州人民坚决抵抗,内外城和河南地方居民组织十万人的武装,昼夜操练准备迎敌,城郊各社学群众都枕戈待旦。广州商人也宣布与外国断绝交易。在这种情势下,清政府不敢撄群众之怒,侵略者的恫吓也失效了。徐广缙奏道光帝说,"阻之未必遽开边衅,轻允之必至立启衅端"。"入城问题"就延搁下去。清政府这种表面上的曲顺民意,实际上只是统治者借以躲开就要延烧到自己头上的火焰而已。

主张向西方学习的进步思想家 鸦片战争时期,清朝统治集团内部已经开始分化,有些爱国开明的官员和知识分子要求改变现状,提出学习西方"长技"、了解外国情况,借以抵御外侮的主张。向西方学习在当时是一种进步思想。在这个问题上,林则徐是一个开风气之先的人。他在广州抗敌期间,不断搜集西方情报,翻译西方书报①,编成《四洲志》一书。他又主张采购西方武器,加强海防。湖南学者魏源②曾在裕谦幕府参与抗英事宜。他受林则徐嘱托在《四洲志》的基础上继续收集材料编成《海国图志》③,这是东亚第一部有系统地叙述世界史地的著作。他提倡"师夷之长技以制夷",主张反抗侵略。虽然他认为势可变而"道"不可变,但他提出"执古以绳今是为诬今,执今以律古是为诬古",这种主张变革的见解,在当时也是很先进的观点。

战后阶级矛盾的激化 鸦片战争以后,国内阶级矛盾迅速发展达到空前尖锐的程度。这一方面是外国侵略势力所造成的灾难,另一方面是由于封建社会本身的危机加剧。战前鸦片泛滥和白银外流问题的情况变得更加严重了。纹银和制钱的比价不断上升。总数共达 7000 万元的军费和"赔款",又转化为捐税和浮收,重压在农民身上。江苏的苏、松、太和浙江的杭、嘉、湖各府一石漕赋须纳米二石五六斗。江西也在二三石以上。这些主要农业地区,不但漕额重,浮收多,而且漕弊深。"大户"的负担大部分都摊于"小户"。苏南百分之八九十农民沦为佃户,受着无法交纳足额的地租剥削。在太平军到达南京前,十年之中,江浙各地农民抗漕、抗租的斗争已是如火如荼。1846 年,昭文县(常熟)和镇洋县(太仓)农民先后攻入县署,并拆毁大批豪绅地主的房屋。1849 年,松江农民攻入府署。元和(苏州)、无锡两县农民都拆毁知县衙门。这些在江浙主要农业地区所发生的情况,是全国农村动荡的写照。无论北方南方,农村骚动和群众起义都在不断发生。

白莲教系统(主要在北方)和天地会系统(在南方)的民间秘密组织也在积极活动。少数民族在边远地区也不断进行反抗斗争。全国范围内呈现了大风暴即将来临的景象。

---

① 现存南京图书馆的《澳门新闻纸》抄本四册,就是当时的译稿。
② 魏源,字汉士,号默深(1794—1857 年),湖南邵阳人。
③ 《海国图志》,1844 年刊本 50 卷,以后经一再增订为 1849 年本 60 卷,1852 年本 100 卷。19 世纪 50 年代传入日本。

洪秀全的初期革命活动　　当时广西是清政府统治比较薄弱的地区。天地会在省内到处设立山堂。湖南、广东的天地会起义武装和一些白莲教支派在当地不易容身时,也往往转移到广西来。但是天地会组织散漫,许多山堂不相统属,不容易形成统一集中的行动。40年代后期,广东人洪秀全①、冯云山②创立的拜上帝会进入广西。拜上帝会有严密统一的组织和纪律,因而能够迅速发展,代替旧式组织而成为革命中心力量。

洪秀全出生在广州城北90里花县的一个中农家庭,幼年受过传统的封建教育,由于家贫也参加种田劳动,又做了十几年乡村塾师。他应试几次都落第。鸦片战争的失败和广东人民反侵略斗争的高涨,激发了他的反抗思想,促使他走上革命道路。1843年,他把前此得到的一本宣传基督教的小册子《劝世良言》,加以附会解说,自称接受了上帝的"天命",创立拜上帝会,并且动手打毁了私塾的孔子牌位。

1844年,洪秀全和冯云山到广西贵县、桂平一带山区,在农民中进行了艰苦的宣传组织活动。冯云山做短工,当塾师,结识了很多贫苦人民,在三年中吸收了三千多名群众参加他的组织,这些群众一般都是纯朴农民和开矿工人。这期间洪秀全曾回到家乡写了《原道救世歌》《原道醒世训》等作品,提出了反映农民朴素平等思想的口号,如"天下多男子,尽是兄弟之辈;天下多女子,尽是姊妹之群",鼓舞人们为实现"天下一家,共享太平"的理想而斗争。冯云山留在桂平县紫荆山区领导拜上帝会同地主武装团练进行了斗争。1847年,洪秀全回到紫荆山。不久,他写了《原道觉世训》,宣传反清革命思想。他把地主阶级用以从精神上统治人民的各种神仙菩萨,总称为"阎罗妖",把清朝皇帝也当作阎罗妖的化身(或是如以后的作品中直斥为"咸丰妖"),而把农民反对压迫剥削的理想神化为"皇上帝",号召农民只尊奉皇上帝,共同歼灭清朝皇帝和各种妖魔蛇怪。他又制定了十款天条等宗教条规。十款天条规定严禁奸淫、嗜杀、贪财、赌博、吸烟、饮酒,要求严格的道德生活和组织纪律。

拜上帝会在斗争中迅速发展了自己的力量,形成了以洪秀全、冯云山为首的革命领导核心。参加领导核心的还有种山烧炭的贫农杨秀清③、萧朝

---

① 洪秀全(1814—1864年),广东花县人。
② 冯云山(1822—1852年),广东花县人。起义后在永安州被封为南王。
③ 杨秀清(1823—1856年),广西桂平人,起义后在永安州被封为东王。

贵①和在当地受到排挤的地主富农韦昌辉②、石达开③。

1850年夏天，广西全省的情况更加动荡：拜上帝会和团练的斗争更激烈了，天地会在各地的起义也愈加频繁，大量的饥民在迫切寻求出路。起义时机逐渐成熟。洪秀全号召各地会众到桂平紫荆山区的金田村集中"团营"，编制队伍，准备发动起义。贵县有几千"客家人"与土著械斗败走桂平，也到紫荆山和拜上帝会会合。

在起义风暴将要到来的时刻，道光帝于1850年2月25日死去。第四子奕詝(1831—1861年)继立，于次年改元咸丰(1851—1861年)。咸丰帝为了表示顺应舆论，先后革去穆彰阿、耆英和琦善等人的职务，并命早已告老回籍的林则徐，以钦差大臣署广西巡抚名义前赴广西，镇压农民起义。林则徐在赴广西途中死于广东潮州。当时长期把持政权的一些满族大臣及其依附者都是一些腐朽昏庸的官僚，咸丰帝很想换一批人来应付当时政治、社会的危机。他先任用道光帝的第六子恭亲王奕䜣入值军机，1857年以后，郑亲王端华之弟肃顺渐揽大权。

第三节 太平天国农民战争的爆发和前期革命斗争

从金田起义到建都天京 道光三十年十二月初十日，即1851年1月11日，洪秀全领导的拜上帝会在金田宣布起义，建号太平天国。起义的会众共有一万多人，其中不少是全家乃至全村一同参加的。起义军分别组织男营和女营，在军中实行大体平均的供给制度。这一支组织紧密、纪律严明的太平军，一开始就提出了要打到南京和北京的口号，明确了推翻清朝统治的目标，斗志非常旺盛。清政府调集了两广、湖南、贵州、云南、四川等省的军队，派了军机大臣赛尚阿充任统帅，进行镇压。这些绿营军队十分腐败，战斗力很弱。太平军驻扎在永安州(今广西蒙山县)半年多，在这里封了东、西、南、北、翼等王位，增订了官制，颁行了天历，政权机构已大致建立起来。当1852年4月太平军突围时，一天就击毙清军的四个总兵④。太平军北上围桂林一月未攻克，北取全州时，冯云山中炮牺牲。全军进入湖南以后，湘南

---

① 萧朝贵(？—1852年)，广西武宣人，起义后在永安州被封为西王。
② 韦昌辉(1826—1856年)，广西桂平人，起义后在永安州被封为北王。
③ 石达开(1831—1863年)，广西贵县人，起义后在永安州被封为翼王。
④ 清朝绿营官阶分为提督、总兵、副将、参将、游击、都司、守备、千总、把总等。总兵是仅次于提督的第二级武官。

道州一带有四五万农民、几千挖煤工人参加。萧朝贵率领先锋部队攻打长沙，在城下中炮牺牲。太平军攻长沙不下，继续绕道北进，在益阳和岳州得到一万多艘船只，并有许多水手加入，组成了水军。咸丰二年底（1853年初），太平军攻下武昌，击毙守城的湖北巡抚常大淳，武昌城中"男子从者十之九，女子从者十一二"，形成了一支男妇老幼共五十多万人的队伍。太平军从武昌顺长江东下，以破竹之势在一个月内连下九江、安庆等省会，直达南京。所到之处杀逐官吏豪绅，焚烧田契借券，受到贫苦人民的热烈拥护。3月19日，太平军仅用十天时间即攻下南京，定为都城、改称天京。一个和清朝封建政权对峙十余年的太平天国农民政权正式建立了。

北伐 太平军攻克南京后十天，清提督向荣所率领的清军从广西一直尾随到南京城外孝陵卫，建立江南大营。又半月后，北京派出的钦差大臣琦善所率的清军在扬州设立江北大营。太平天国不顾这种威胁，派出大部分主力军进行北伐和西征。北伐军由林凤祥①和李开芳②统率，在5月8日从扬州出发，准备直捣北京。这支军队表现了高度的机智和顽强的战斗作风，一路上突破了敌人优势兵力的阻击，经皖北，入河南，在河南巩县附近强渡黄河，转入山西，然后跨过太行山，奇袭直隶，逼近保定。清政府大为震动，调集了僧格林沁和胜保所率的八旗兵主力，并抽调了南方战场上部分军队，竭尽全力阻截。北伐军兵力有限，避实蹈虚，移兵东向，占领天津附近静海一带，但因天寒粮缺，被迫撤至阜平、连镇，坚守待援。天京两次派出援军，都受到敌军阻击，未能与北伐军会师。李开芳率领南下接应援军的军队，也被清军围困于山东茌平一带。北伐军经过两年的战斗，最后在咸丰五年（1855年）春间几乎全部牺牲。北伐之役虽因孤军缺援损失了许多精锐部队，但北伐军的英勇战斗大大震撼了清朝的统治，促进了全国革命形势的进一步高涨，对皖北一带捻党革命活动的发展起了直接的推动作用。同时，北伐军牵制了清军的大部分主力，也有利于革命势力在南方的胜利发展。

西征初期和湘军的出现 与北伐同时，太平天国的西征军在赖汉英等指挥之下，于1853年5月溯长江而西，再度攻取了安庆、九江、武汉等长江沿岸的重要城市。西征军在安徽克复了二十多个州县，从此安徽成为太平天国控制的重要地区。西征军在1854年春进入湖南，遭到曾国藩③组织的

---

① 林凤祥（1825—1855年），广西桂平人（一说广东揭阳人）。
② 李开芳（约1826—1855年），广西武缘（今武鸣）人。
③ 曾国藩，字伯涵，号涤生（1811—1872年），湖南湘乡人。

湘军特别是一部分有洋炮装备的湘军水师的顽抗。太平军在西征中取得了一些战果,但在湘潭、武汉和田家镇等几次战役中一路退守,损失船只万余艘。

曾国藩于1852年底以在籍侍郎受派督办团练,组成后来所谓湘军。他一开始就改变地方团练的老办法,以同乡、师生、亲友等各种封建关系纠合一批地主阶级知识分子,充任军队的将领骨干。兵士都由营官自行招募,对象是山区或乡间与外面较少接触的农民。招来后加以蛊惑欺骗,这样,湘军就不同于由无业游民组成的团练,而形成了一支有严格封建隶属关系和浓厚地方色彩的军队。曾国藩在1854年发布《讨粤匪檄》,号召地主阶级知识分子起来反对太平天国。他以"两湖三江"的地方观念,煽动人们对"粤匪"的不满;以"名教奇变"即封建礼教遭到破坏来煽动儒生和士大夫;又宣传"粤匪窃外夷之绪,崇天主之教"和庙宇神佛遭到破坏来煽动落后群众。檄文集中地表现了地主阶级在思想意识上对农民革命的顽抗。湘军的出现是近代地方军阀的开端。

厘金 为了进行大规模的镇压太平军的战争,清政府军费支出激增,而当时又以战争的关系,税收锐减,库空如洗。为了供应庞大的军费开支,咸丰帝曾先后下令铸铁钱、铅钱、大钱和发纸钞,但都不能通行,又推行"捐纳"(卖官鬻爵)、"捐输"(苛派勒索)等办法,仍不能解决军费问题。咸丰三年(1853年)起,清政府准许各地设卡抽取"厘金",就地供应军费。湘军和后来其他地方军队的经费主要都依靠厘金。"厘金"是一种货物通过税,初设时,大体按1%征收,但不久即无限制地增加。而且遍地设卡,一省之内的厘卡往往多至百余处。这种苛税严重地妨碍了商品经济的发展,同时也成为地方官吏贪污勒索的重要来源。

西征的胜利 1854年底,石达开奉命率太平军西上增援,在湖口和九江大败湘军,扭转了西征军的不利局面。接着第三次攻克武昌,进军江西,控制了上游武昌、九江、安庆三大重镇,占领了安徽、江西和湖北的大部分地区,西征获得了巨大胜利。1856年上半年,驻守天京的军队在杨秀清直接指挥下,击溃了清军江北大营,接着又会同部分西征军击溃江南大营。太平天国在军事上和政治上达到了极盛的时期。

天朝田亩制度 太平天国建都南京后,立即颁布了《天朝田亩制度》。这是一个包括政治、经济和社会生活各方面的农民革命纲领。纲领的基本思想在于反对地主占有土地的制度。它提出的办法是:田分九等,"凡分田照人口,不论男妇,算其家口多寡,人多则多分,人寡则寡分"。"凡男妇每一人自十六岁以尚(上)受田,多逾十五岁以下一半",即16岁以上受全份,15岁以下减半。这样分田的主张,首先是从原则上否定了封建土地制度。

《天朝田亩制度》又进一步提出了"有田同耕,有饭同食,有衣同穿,有钱同使,无处不均匀,无人不饱暖"的理想。但太平天国的领袖们并没有找到实现这种理想的办法,只能提出一个绝对平均主义的方案。《天朝田亩制度》规定以25家为农村中社会组织的基本单位(称为"两",以"两司马"为领导人),"凡当收成时,两司马督伍长,除足其二十五家每人所食可接新谷外,余则归国库。凡麦、豆、苎麻、布帛、鸡犬各物及银钱亦然"。这种想把个体生产的小农的产品收归公有加以绝对平均分配的办法,是一种农业社会主义的空想,显然不可能实现。事实上,《天朝田亩制度》所拟的分田和产品分配的办法都无法施行,许多地区"照旧交粮纳税",地主阶级的土地所有制因而仍被保留下来。但是太平天国毕竟没收了许多抗拒革命的反动地主的财物土地,在革命政权的支持下,很多农民不向地主交租或交很少的租。后来太平军进入苏、常地区,这一带封建地主的反动势力较大,阶级斗争情况复杂,但许多地主也悲叹"无租可收""租米不还""各户无租"。这说明了封建剥削关系遭到了巨大的冲击,农民的生活和地位也就有所提高。

地方政权 太平天国在所占领的区域内摧毁了各级地方封建政权,建立起农民的革命政权。凡县一级以上的负责人,一般都由太平军将领担任。一些农民担任了地方乡官。地方政权的建立使革命更加深入,在维护革命秩序和保证农民战争人力物力的支援上都起了重大的作用。虽然还有不少地主混进革命的队伍,窃据乡官的职位,但在上级革命政权和革命军队的控制下和群众的监督下,这些窃据乡官的地主一般不可能像清政权下的里正甲长那样肆意横行。

经济和文化等方面的改革 在经济方面,太平天国通过没收地主、官僚的财物,强迫地主缴纳捐款等方式,对地主阶级进行了沉重的打击。在革命政权支持下,农民反封建的抗租斗争更加普遍地展开。若干被杀的或逃亡的官僚、豪强的土地,实际上归了佃户所有。

财政方面,太平天国在各地征收钱粮,形式上沿袭清朝制度,但实际上由于废除了种种苛杂勒索,赋税大大减轻了。

太平天国起义时所创立的"圣库制度",在建都天京后,继续在军队中实行。天京因为实行军事管理,也实行这个供给制度。这种制度对于保持革命队伍的团结和纯洁性方面有一定的积极作用。

太平天国反对封建宗法制度对妇女的歧视和压迫。在《天朝田亩制度》中就规定分田不论男女("凡分田照人口,不论男妇"),并废除买卖婚姻("凡天下婚姻不论财")。太平天国也禁止娼妓,不准缠足。太平天国还设立了女官,建立了女军,并组织女馆中的妇女从事生产和其他工作①。

手工业方面,太平天国组织了"诸匠营"和"百工衙"(主要在天京),把手工业者按行业组织起来,生产军队和社会需要的军需品和日用品。

商业方面,除天京城内实行圣库制度、禁止私人开设商店外,其他地方商人都可自由贸易,商税很轻。

文化教育方面,太平天国颁印了大批书籍和文件,一般都用比较通俗的文体或诗歌体写成,以便群众传诵,并经常采用"讲道理"的方式向群众宣传。科举考试以太平天国领导人自己拟的试题来选拔人才。太平天国还专门成立删书衙,连几千年来被封建统治阶级看作神圣不可侵犯的儒家经典,也被删改了。

领导集团的内部分裂 但是,农民阶级不是新生产力的代表者,它不能建立真正符合于历史发展的新社会。在革命发展过程中,太平天国的领导人逐渐暴露出了自己的缺点。一些高级领导人开始滋长了追求权力地位的不良倾向,相互间产生了猜疑和不满。革命领袖洪秀全和另一主要领导人杨秀清之间也产生了严重的隔阂。抱有严重个人野心的韦昌辉利用这种矛盾挑拨离间。1856年9月初,正当太平天国取得巨大的军事胜利,革命发展充满希望的时候,韦昌辉在洪秀全的纵容下,于9月1日晚发动内讧,几天之中,杀害了杨秀清②及其部下两三万人,使革命失去了一个杰出的领导者和大批优秀干部、士兵。韦昌辉甚至还要加害回京劝解的石达开。

不久,洪秀全在天京军民的支持下将韦昌辉处死,召石达开进京辅政。石达开有杰出的政治军事才能,在初期革命斗争中贡献很大,威望很高,得到大家的拥护。但洪秀全又猜忌石达开,多方加以抑制,使石达开在天京难以立足。1857年5月,石达开负气率领着大部分精锐部队离开天京,孤军"远征",这使太平军在各个主要战场上的兵力大大削弱,给湘军在江西大举反扑造成机会。石达开军先在江西、福建活动,从1859年起转战湖南、广东、广西、湖北、四川、云南、贵州等省,多次击败清军,对各地的起义运动也

---

① 佚名《金陵纪事》记称:"女人逐日削竹签、担砖、挖沟、驼米稻、割麦豆秋禾,令将裹成之脚脱去缠足布。"又附诗称:"一日万家缠足放。"见《太平天国史料丛编简辑》第二册,第46、53页。

② 杨秀清死于1856年9月2日,即太平天历七月二十七。后来洪秀全把这天定为"东王升天节"。

起了促进作用。但由于远远脱离革命中心,他只能长期进行流寇式的战斗,没有多大作为,最后于 1863 年 6 月在大渡河边全军覆没。

各地各族人民的反清斗争 太平天国在初期几年中的胜利发展,大大推动了全国的反清运动。各地人民的起义斗争如火如荼,在全国范围内形成了以太平天国为中心的农民革命高潮。

天地会系统的反清斗争在长江流域以南的广大区域到处爆发,很多地方的天地会都为响应或是迎接太平军而举起义旗,其中不少参加了太平军。但是分散活动、不相统属仍是天地会的主要弱点。两广、湖南一带,自太平军北上后,各种名目的天地会山堂不断举行起义。1854 年,胡有禄、朱洪英等在广西灌阳县建立"升平天国"。同年,陈开、李文茂等在广东佛山起义,围攻广州城,1855 年转入广西,在浔州建立"大成国",到 1861 年失败。1853 年 9 月,小刀会刘丽川起义,占领了上海县城及附近各县,到 1855 年 2 月才在清军和英法侵略武装的共同镇压下失败。此外,四川、江西、浙江、福建、台湾都有哥老会、小刀会、天地会等各种支派的起义。

白莲教系统的斗争遍及南北,鲁西和直隶南部一带是他们在北方的重要活动中心。在浙江、福建、湖南、贵州等省,有斋教、八卦教等的活动。1855 年,贵州苗族雇农张秀眉举行起义,苗民参加者达数万人,并有白莲教的红号、黄号、白号三支起义军响应配合。

活动于皖北、苏北、豫东南、鲁西南一带的捻军,以破产农民、游民和散兵为主要成分。1853 年,太平天国北伐军经过这一带,更推动了捻军的斗争。1855 年,各路捻军会集于安徽亳州雉河集(今涡阳县城),推张乐行①为大汉明命王。此后,捻军成为黄河长江间最活跃的农民武装力量。

第四节 第二次鸦片战争 太平天国后期的革命斗争

侵略者伪装中立 西方侵略者在 50 年代初年,就不断阴谋以军事侵略继续扩展在中国的特权和利益。咸丰元年底(1852 年 1 月),英国驻上海领事阿礼国(R. Alcock)向英国公使文翰建议,要乘中国太平天国起义爆发的时机,把兵船开入长江,对清政府"不加警告,不给以事先准备的时间",就强占镇江,封锁运河,切断漕运,迫使清政府答应英国的一切要求。1853 年初,太平军从武汉顺流东下,阿礼国又函文翰,建议由英国或是单独行动,或

---

① 张乐行(1811—1863 年),安徽亳州人。

是联合美、法两国,进行武力干涉,并"乘清朝皇帝还握有能够缔结条约的地位时,向他取得这种干涉的报酬"。于是文翰下令沿海英国军舰集中上海。但是太平军迅速占领南京,迫使侵略者暂时宣告"中立"。

此后一年余,英、法、美三国连续派人到天京窥探,想要诱胁太平天国承认他们从清政府得到的特权。1853 年 4 月,英国由文翰把《南京条约》中文本送给太平军,声明要以武力保持英国在上海的特权。东王杨秀清误以为他们同情太平天国,照复嘉奖文翰"忠心归顺",说"天王降旨尔头人及众兄弟"果愿来"投效"或"通商",均可前来天京,但警告他们不要帮助清朝;至于不平等条约和侵略权益则置之不理。文翰离天京经过镇江时,太平天国守将罗大纲又对他严厉斥责了英国人贩卖鸦片的罪行。文翰看到太平天国的新局面,回到上海后,建议英国政府假装"中立",以免一旦"叛党成功",英国陷入"极其狼狈的地位"。年底,法国公使布尔布隆(A. de Bourboulon)也到天京刺探,并要求保护天主教。太平天国将领秦日纲声明太平天国没有压迫天主教,但对不平等条约仍然拒不承认。1854 年 5 月,美国公使麦莲(Robert McLane)到天京和芜湖窥探之后,报告美国国务院说,不可能想象"天王兄弟"将来会承认英、美、法等国和中国所订的一切条约。他建议联合进行武装干涉。6 月间,英国新任香港总督兼驻华代表包令(John Bowring)派遣翻译官麦都思(W. H. Medhurst)等再到天京向太平天国提出一系列的问题。东王诰谕批复其 31 条。其中第一条说,"平定时不惟英国通商,万国皆通商,天下之内兄弟也。立埠之事,候后方定。害人之物为禁"。意思就是说:将来全国平定后,各国皆许通商,不独英国,但通商口岸须待将来再议,鸦片必须严禁。第 18 条说,"前月花旗国(美国)炎(火)轮船来京者,经诰谕他:不但许伊国通商,至万国亦许往来通商。但通商者务要凛遵天令。凡欲来天国通商者,准到镇江焦山下听守镇江大员办理"。这十分明确地指出外人通商必须遵守太平天国法纪,不能以不平等条约为根据。第 19 条说,"天地皆是天父所造,地产万物,煤炭谅亦随处皆有。……此后几欲贩运煤炭者请免来也"。这一条用意显然在于防止外国轮船以贩煤为名前来窥伺,表示了对侵略者一定限度的警惕①。太平天国虽然对侵略者缺乏足够的认识,但所持的严正态度已经使侵略者看出这样的革命政权是不可能强迫就范的。

---

① 《1845 年 6 月太平天国东王答复英人三十一条并责问五十条诰谕》,全文见《新建设》编辑部编《文史》第一辑(1962 年),原件存于英国外交部档案 F. O. 17/214 号中。

英法侵略者发动第二次鸦片战争 《天津条约》 从 1854 年到 1856 年,英、美、法三国曾一再向清政府提出全面"修约"的要求。在清政府拒绝之后,1856 年,英、法两国就组织联军发动了侵略战争,其目的在于扩大鸦片战争所获得的权益,所以也称为第二次鸦片战争。

1856 年 10 月,中国水师在一艘停泊于广州的中国船"亚罗号"上逮捕海盗。英国驻广州领事巴夏礼借口这船曾在香港领过登记证(登记证早已过期),硬说这船是英国船而进行干涉,发动武装挑衅。法国也以在此之前一个私入广西内地的传教士(马赖神父)被杀作为侵略借口。1857 年 12 月,英、法侵略联军攻陷广州。两广总督叶名琛事先毫无准备,临事不作抵抗,结果被俘送印度,死于加尔各答。1858 年 5 月,侵略军攻陷大沽、天津。咸丰帝急忙派大学士桂良和吏部尚书花沙纳到天津议和。跟英、法勾结而这时装作调停人的美、俄公使,也随侵略军同来天津活动。清政府深恐侵略者进攻北京,全部接受了他们的条件,分别和英、法、俄、美四国签订了《天津条约》。侵略者退出天津,并定在第二年再来北京换约。

大沽战役与侵略战争之再起 这时,咸丰帝还担心外国侵略者会和太平天国联合起来,他也害怕外国公使带兵进京换约,可能盘桓不去。因此命令桂良等到上海和侵略者交涉修改《天津条约》,但遭到拒绝。11 月 8 日,桂良等和英国代表额尔金(Lord Elgin)在上海签订了《中英通商章程善后条约》。规定进出口货一律按时价值百抽五征收关税(茶、丝、鸦片除外);洋货进口附缴 2.5% 子口税后,运销内地,不再征税;允许"洋药"(鸦片)公开进口,每百斤纳税 30 两。

清政府调集僧格林沁、胜保等所率的军队,驻扎大沽口到北京的一路上,并宣布大沽设防,不许外船出入。1859 年 6 月,前来换约的英、法公使拒绝按照清政府指定的路线在北塘登陆进京,并蛮横地以军舰攻击大沽炮台。大沽守军奋起抵抗,击沉击伤英、法军舰十余艘。美国军舰在激战时也参加了对大沽的进攻。这些侵略军在遭到迎头痛击之后,不得不狼狈地撤走。

大沽战役后,清政府并没有打算推翻《天津条约》,但是侵略者却要借题扩大侵略利益。同时,他们看到侵略计划还是要通过清政府才能实现,决定用武力压迫清政府使它成为自己更加驯顺的工具。1860 年,英法联合组织更庞大的侵略军,北上进攻。英法统帅事先都奉有两国政府的指示,即如果清帝从北京逃走,中国的无政府状态将有利于太平军及各地人民起义的发展,而对英、法不利,所以必须注意维持清政府。侵略军先占据了舟山、烟台、旅顺等地,继于 8 月攻陷大沽、天津。9 月下旬,侵略军攻至北京城外。

咸丰帝仓皇逃往热河,留其弟恭亲王奕䜣在北京谈判。侵略军在北京进行了极其野蛮的抢劫破坏,北京西北郊宏伟壮丽、被誉为"万园之园"的清帝离宫圆明园经过焚劫后变为废墟。

《北京条约》 由奕䜣出面和英法侵略者签订的《北京条约》,除了全部承认《天津条约》的内容外,还增加了若干新的条款。这两批条约的主要内容综合起来如下:1. 外国公使驻北京,这在当时是侵略者控制清中央政权的一个重要手段。2. 开放新口岸,包括沿海的天津(《北京条约》)、牛庄(后来在营口设埠)、登州(烟台)、台湾(台南)、淡水、潮州(汕头)、琼州和沿长江的镇江、南京、九江、汉口共11个口岸。3. 允许外国教士深入内地传教,外国教士从此可以借传教名义在各地进行不法活动,并且霸占田地,广置产业。4. 外人参与海关行政。5. 修改税则,形成世界少有的低税率。6. 允许鸦片公开进口。7. 赔款给英、法各800万两(《北京条约》)。8. 割"九龙司地方一区"给英国。

俄国东西伯利亚总督穆拉维夫于1858年5月28日用武力胁迫黑龙江将军奕山签订《瑷珲条约》,将黑龙江以北大块土地割给俄国。1860年11月14日,俄国借口"调停有功",又强迫清政府签订《中俄北京条约》,将乌苏里江以东的大片土地也割给俄国。西北地区,除1851年开放的伊犁、塔城两处外,加开喀什噶尔一处通商。

《天津条约》和《北京条约》使中国丧失了大片的领土和大量的主权,中国的半殖民化程度从此迅速加深。通过第二次鸦片战争,外国侵略者一方面打击了对他们还存有疑惧而不够顺从的清政府,但是更重要的是把濒于崩溃的清政府扶植起来,通过它来控制中国,并且直接帮助它来绞杀中国农民革命。

北京政变和那拉氏的掌权 英法联军占据北京期间,留京贵族大臣如奕䜣、文祥等,表现了与外国侵略者较为合作的态度。咸丰帝及在其身边掌握大权的怡亲王载垣、郑亲王端华和协办大学士户部尚书肃顺等人,却仍对列强抱疑惧态度。他们事实上把政治中枢移到热河。奕䜣等一再请咸丰"回銮",咸丰批示:"设使朕率意回銮,夷人又来挟制,朕必将去而复返。"咸丰十一年七月(1861年8月),咸丰帝死在热河,继位的载淳只有五岁。他的生母那拉氏(即慈禧太后或称西太后)①和奕䜣共同定计,于当年九月

---

① 叶赫那拉氏(1835—1908年),满洲镶蓝旗人惠征之女,1852年被选入宫。1856年生同治帝载淳,1857年封懿贵妃。载淳即位后,她被尊为慈禧太后,又称西太后。

(1861年11月)回到北京时发动政变。咸丰帝临死时指定的八个"顾命大臣"中,载垣、端华、肃顺三人被杀或迫令自尽,其他五人被革职。政变后改元同治(1862—1874年),那拉氏和咸丰帝的皇后钮祜禄氏(慈安太后)一同垂帘听政,实权操于那拉氏之手,这样开始了她将近半个世纪的统治(自1861年迄1908年去世,共47年)。奕䜣以议政王名义掌握军机处,兼领新设立的总理各国事务衙门①。这次宫廷政变使英国所培植的势力占了上风,英国资产阶级把政变当作自己的胜利。英国公使卜鲁斯报告英国外交部说:"这次危机之决定转向有利于我们在华利益的方向,实受我们所执行的路线的极大影响。"

李秀成和陈玉成力挽危局 太平天国领导集团的内部分裂,使革命力量受到严重的损失,从这时起,军事上便由原来的胜利进攻转为被动局面。1856年12月,武昌第三次失守,湘军从上游步步下逼。1858年4月,九江也被湘军攻陷。在天京周围,清军江南大营从1857年6月起加强围攻。这样,在1858年,太平天国所控制的地区已经很狭小了。敌方曾国藩等甚至估计在1858年6、7月即可攻下天京。但是,当时全国各地的抗清斗争还在发展,清朝统治下的湖北、江西等处人民也纷纷起义,要求加入太平天国队伍。杰出的青年将领李秀成②和陈玉成③,领导部队奋力战斗,挽转了危急的局面。

李秀成和陈玉成都是贫雇农出身,在革命队伍中经过长期锻炼成为优秀的军事统帅。他们密切合作,于1858年9月击溃清军在浦口一带的江北大营,又于11月在庐州(合肥)三河镇歼灭湘军主力之一李续宾部。这两个战役的胜利,解除了天京的围困和安徽的危急,起了稳定战局的重大作用。

洪仁玕与《资政新篇》 洪秀全的族弟洪仁玕④于1859年从香港来到天京,受封为干王,得到天王重用。他在香港和外国传教士的接触中,接受若干资本主义的思想影响,到天京后,就提出《资政新篇》,主张仿效西方,兴办工厂、矿山、铁路、银行、报馆等等。这种主张在当时是很先进的。洪秀全对这些建议大都批示为"可行",但太平天国缺乏实现这些措施的具体条件,因而这些建议实际是被搁置了。当时天王信用亲属而疏忌主要将领。

---

① 简称"总理衙门""总署""译署"。
② 李秀成(1823—1864年),广西梧州府藤县人。
③ 陈玉成(1837—1862年),广西藤县人。
④ 洪仁玕(1822—1864年),广东花县人。

洪仁玕是洪氏诸王中比较有作为的一人,但和陈玉成、李秀成等将领不能和衷共济。上下内外不能通气,使太平天国后期政治日趋于衰败。

太平军攻取苏南　1859年底,清朝将领和春、张国梁统领的江南大营,以密营深壕层层围困天京。1860年初,李秀成轻骑入京,力请出外谋救应,定计以奇兵奔袭杭州,吸引江南大营分兵往救,再回师破江南大营。他带部队六七千人直趋杭州,于3月19日破城而入。江南大营果然分出主力由张玉良统带驰救杭州。李秀成迅速退军,与陈玉成、杨辅清、刘官芳、李世贤等军分路合攻清江南大营。5月初,在南京东南的雄黄镇(即淳化镇)大会战中,清军前后不相救应,江南大营望风溃退。张国梁在丹阳战死,和春逃至苏州浒墅关自缢。李秀成进军迅速攻下常州、无锡、苏州、嘉兴。苏南除上海一隅,全入太平军掌握,形势为之一振。

反击外国武装干涉　李秀成率军从苏、常东下,引起以上海租界为侵华基地的外国侵略者的恐慌。1860年夏,英法联军还在北方和清军作战,在上海的外国侵略势力已和江浙官吏地主勾结,由美国人华尔(T. Ward)招募外国雇佣兵组成"洋枪队",企图阻挡太平军,但他们两次被李秀成打败。在上海的英、法军队公然直接和太平军作战。1861年春,陈玉成和李秀成从长江两岸进攻武汉,求解安庆之围,英国侵略者又出面干涉阻挡。太平军未能攻取武汉,反而于9月间失了安庆。太平天国在上游的重镇至此全失。

安徽军事挫败期间,李秀成正在攻取浙江。1861年底,太平军再克杭州,清巡抚王有龄自杀。苏南和浙江成为太平天国最后两三年中的重要根据地。

苏浙地区农村的阶级斗争　苏浙一带农村阶级矛盾尖锐,地主阶级势力大,农民也有长期斗争的传统。太平军东下得到贫苦农民的热烈欢迎。在江苏常熟,原被"逼捐勒缴[租税]之户,皆有奚为后我之说"①。在浙江余姚,1861年11月,原先(1858年)由进行减租斗争的佃农们组织的"十八局",为太平军何文庆部领路攻城②。另一方面,苏、浙地主团练武装也作顽强的反抗,一时不易肃清。清督办团练大臣庞锺璐所率常熟城乡团练顽抗了三个多月。浙江湖州举人赵景贤率领团练据城困守直到1862年6月,前后历时及两年。1860年夏,无锡"各乡团练名白头局者蜂起",其中有靠近

---

① 《漏网喁鱼集》,第44页。
② 柯超《辛壬琐记》。

苏州的荡口镇华翼纶局和靠近江阴的河塘桥镇杨宗濂局,号称最强①。浙江诸暨包立身纠集一二万人盘踞包村半年多,十分凶悍。太平军对这些反动武装采取严厉镇压手段,但也往往满足于招抚或约和,使恶势力得以保存下来,伺机蠢动。特别是在苏州附近的永昌徐氏和周庄费氏,都一面假意敷衍太平军,一面和清方官吏暗通声气,并指派爪牙混入太平军,窃据乡官职位,鱼肉人民。太平军没收了大官僚、富豪的财产,如常熟地区"翁、庞、杨、王诸宦②田尽入公"。对于一般土地,太平军继续执行与前期相同的办法,即承认土地私有,但责令地主报明土地数量,领取田凭。也允许地主收租,但租额一般加以规定或限制。在苏南地区,阶级关系复杂,乡官成分不纯。不少地主抗拒不肯登记领凭,甚至设立租息局强迫抗租、欠租的农民缴纳地租,并且怂恿某些乡官出面劝说。有些被阶级异己分子把持的地方政权甚至替地主撑腰。但正如当时目击情况者所记的,在常熟南乡,虽然有告示禁止农民"霸租、抗粮","犯者处斩",但"其所统官员,又任佃农滋事,与示正大相反"③。1861年春,无锡的乡官派书吏依照旧额按户收租,城中地主在四城门外设立"总仓厅"责令佃户完粮。这引起佃农的暴动,"总仓厅"都被拆毁,结果地主们到乡都只能收到半租④。

中外反动势力联合绞杀太平天国革命 清政府在1860年江南大营溃败后就任命曾国藩为两江总督,到1861年底,清政府又任命曾国藩统辖苏、皖、赣、浙四省军务。曾国藩设指挥所于安庆,派曾国荃⑤率湘军主力由上游进攻天京,派左宗棠⑥率另一部湘军从江西进入浙江,派李鸿章⑦纠合安徽地主武装组成"淮军",由英国轮船运到上海,俟机进攻苏常。李鸿章到上海后,和英、美、法侵略者合作,发展淮军势力。

1862年,淮军、英、法军队和"洋枪队"(经一再扩编,由清政府下令改称"常胜军")联合进攻嘉定、青浦、太仓等地。李秀成从太仓指挥部队出击,连战皆捷,打得"洋人敛兵不动"。浙江方面太平军也对侵略者作猛烈抵抗,在宁波阻击英、法军队的进攻,在慈溪击伤"常胜军"头子美国人华尔

---

① 施建烈《纪无锡县城失守克复本末》。
② 《镜稚轩自怡日记》咸丰十一年一月。即翁心存、庞锺璐、杨濒石等显宦之家。
③ 《镜稚轩自怡日记》咸丰十一年二月。
④ 《太平天国史料丛编简辑》第一册,第279页。
⑤ 曾国荃,字叔纯,号沅浦(1824—1890年),湖南湘乡人,曾国藩之弟。
⑥ 左宗棠,字季高(1812—1885年),湖南湘阴人。1862年初,他任浙江巡抚。
⑦ 李鸿章,字少荃(1823—1901年),安徽合肥人。他到上海后不久,署江苏巡抚。

(次日毙命)。正当李秀成欲攻上海时,长江上游告急,庐州失陷,陈玉成在寿州被叛徒诱执送至清军中,于1862年6月壮烈就义。曾国荃部进围天京,洪秀全一日三诏促李秀成回援。10月和11月之间,李秀成在天京外围苦战四十余天,未能攻破敌人营垒。

1863年3月,在李鸿章和英国侵略者官方商量之后,由英国军官戈登统领"常胜军",并以洋枪洋炮武装淮军。从5月起,淮军就和英国侵略者联合反扑,相继攻陷太仓、昆山、吴江,进犯苏州。浙江方面,左宗棠在年初攻陷浙西的严州;法国侵略者组成洋枪队(自称"常捷军")在3月间攻陷绍兴。接着,他们又联合攻陷富阳,窥取杭州。

太平天国革命的失败 太平天国革命已处在危急关头。混入革命队伍的阶级敌人和动摇分子不断发动叛变。1863年1月,常熟守将骆国忠献城叛投淮军,使敌人势力深入苏福省的中心地区。12月,叛徒部云宽等刺杀守苏州的主帅谭绍光降敌。同月,熊万荃等也在浙江海盐、平湖、海宁、乍浦、嘉善叛变。天京长期被围,洪秀全已经丧失初期的革命进取精神,只是一味迷信靠天,丝毫不作筹划。李秀成建议"让城别走",冲出天京另图发展。但洪秀全只想困守,拒绝此议。天京军民在粮困援绝的艰苦条件下,顽强战斗。1864年6月,洪秀全因病不肯服药而死①,幼天王洪天贵福继位。7月19日,天京陷落。李秀成突围,在近郊被俘,他写了数万言的自述后被杀。洪天贵福后来也被俘,死在江西。

太平天国农民战争虽然以失败而结束,但它以暴风骤雨之势,席卷了大半个中国,并且在南京建立了自己的政权,和清政府南北对峙达十余年之久。这场中国历史上规模最大的农民战争猛烈地冲击了封建统治,坚决地抗击了外国的武装侵略,用血和火在中国近代史上写出了壮烈的一章。

---

① 据《李秀成亲供手迹》第65页:"天王斯时已病甚重,四月二十一日而故。此人之病,不食药方,任病任好,不好亦不服药也。"曾国藩改为"五月二十七日服毒而亡"。

第十章
近代时期中(1864—1894年)

第一节　各地武装斗争对反动统治秩序的继续打击(1864—1873年)　农民进行恢复生产的斗争(1864—1880年)

太平天国革命的失败,标志着农民革命高潮的过去。封建统治势力和外国资产阶级逐步勾结起来建立半殖民地半封建统治秩序。清政府急于消灭各地革命的武装力量,并在封建政权一度被打倒的地区恢复剥削制度。与此同时,人民武装斗争在许多地区还继续进行了七八年之久,广大农民则进行抗租抗税的斗争和恢复农业生产的斗争。

捻军在1864年以后的英勇斗争　太平天国失败后,北方最活跃的农民武装力量是捻军。清政府攻陷南京之后,加紧消灭太平军余部,主要是消灭皖、浙的黄文金部和赣、闽的李世贤、汪海洋部,然后把湘系、淮系军队调到北方去对付捻军。捻军在张宗禹(张乐行的族侄)、任化邦和太平军旧将遵王赖文光的领导下,保持着顽强的战斗意志,并且改善战术,加强骑步配合作战,连续取得了辉煌的战果。1865年5月,赖文光指挥捻军在山东曹州歼灭了僧格林沁统带的清军骑兵,击毙僧格林沁。1866年秋末,捻军冲破曾国藩的沿河防堵,分为东西两路活动。东路由赖文光、任化邦率领,回旋于黄河南岸和长江北岸之间的广大地区中。西路由张宗禹率领攻入陕西,联合回民起义军,准备再和东路会师。但在强大的敌人压迫之下,这个计划无法实现。东路捻军苦撑战局,对付李鸿章所率拥有优势配备的淮军,并在1867年初突破包围,在湖北获得大胜,活捉郭松林,大破刘铭传,但遭湘军鲍超袭击,败走山东。淮军在英法侵略武装的支持下,扼守运河,把东捻军围困在山东登莱地区。1867年底,任化邦被叛徒杀害。1868年初,赖文光率残部突围南下,在扬州附近被困覆没。

张宗禹统率的西路捻军不断打垮左宗棠统率的紧紧尾随他们的"老湘军",并和一部分回民起义军取得了联系,但没有在西北建立一个根据地。当赖文光被围的消息传来,西捻军取道山西径趋直隶,攻至北京以南的易州,接着就以暴风骤雨之势横扫直隶、河南、山东三省,使人数占绝对优势的清朝军队疲于奔命,但这已不能挽救东捻军的败亡。1868年,清军将西捻军围困于黄河、运河和徒骇河之间。北方这一支农民军最后被消灭了。在清政府镇压西捻军的战争中,英、法驻天津领事都曾派遣炮舰和马队直接参加战斗。半殖民地统治秩序就是这样由中外反动势力血腥屠杀中国人民而建立起来的。

捻军在1864年至1868年这四年中艰苦作战,纵横直、鲁、晋、陕、豫、鄂、皖、苏八省,严重威胁清朝反动统治的心脏,取得许多辉煌战果。但是捻军没有建立根据地,缺乏明确的革命纲领,组织有很大的灵活性而缺乏稳定性。

贵州苗民起义 五六十年代,西北和云贵少数民族地区的人民起义,也是全国性农民革命的一部分。太平天国和捻军相继失败之后,清政府集中力量对他们进行疯狂的镇压。

贵州苗族人民所遭受的是奴隶式的残酷统治。苗族地区是土司、通事、苗汉地主和高利贷商人榨取、敲诈的场所,因而也是时常发生反抗暴动的地方。秘密宗教在这地区也积极活动。白莲教系统的灯花教和斋教在联系苗族和汉族劳动人民起义中,起着重要的作用。苗族雇农张秀眉是起义军的杰出领袖,他领导群众,自1855年春天起义以后,不断击败清朝军队。但到1867年,湘军大举进攻,1870年和1871年,起义军先后失去台拱和凯里这两个根据地。张秀眉率领群众扼守雷公山一年之久,于1872年4月兵败就义。

云南回民、彝民起义 清政府对西北和西南的汉回两族人民,一面采取制造纠纷以达到分而治之的目的;一面标榜"护汉抑回",利用汉族地主阶级对回族人民进行封建剥削压迫。1854年,云南汉、回地主争夺银矿,引发汉回互杀的许多惨案。1856年,清总督恒春、巡抚舒兴阿密令州县官吏残杀回民。清政府推行的民族压迫政策激起了姚州、蒙化、新兴、建水、澄江各地回族人民的武装反抗。其中在蒙化起义的杜文秀部,于1856年9月攻下大理,大理在十几年中成为起义中心。杜文秀减轻赋税,改善迤西(云南西部)各地人民生活。从1862年起,清政府招降原在迤东进行反抗的马如龙,然后向迤西进攻。1872年李文学领导的彝族起义军支援大理,也遭失败。1872年底,大理城被清军杨玉科部攻陷,杜文秀服毒后自赴清营,要求保全百姓生命。但大理仍被清军洗屠。云南回民起义是回族人民为了反抗清王朝残暴统治而求自身生存的斗争,又是回、汉、彝族农民联合进行的反封建斗争。

陕甘回民起义 陕西、甘肃回民的先后起义,都是反抗民族压迫、反对封建剥削的斗争。这些起义本身不断受到太平天国革命的影响,和捻军也有互相支援的形势。捻军被消灭后,左宗棠率清军大举进攻陕、甘,残酷镇压了陕甘回民起义。

革命失败后农民恢复生产的斗争和抗租斗争 太平天国农民战争失败以后,受到农民起义沉重打击的地主阶级势力在清朝军事力量的支持下卷土重来,恢复残酷的地租剥削。在"田归原主"的口号下,许多地主重新占取土地。接着,新兴湘、淮军阀和地方官僚进行了土地大兼并。农民战争虽然失败,但毕竟迫使封建政权采取一些让步措施,清政府应地主阶级的要求,在江、浙减免漕额约1/3,并且规定了"业七佃三"的减免比例。但即使这样厚于地主而薄于佃农的不合理比例,在一些地区,如苏州附近,仍不免变成一切蠲免全归"业主"。因而在所谓"减漕德政"之中,偏枯的仍是农民。相反地,不断加重的厘金、盐课的最后负担却都落在农民身上。除了租税的重担外,农民还遭受外国资本主义和买办资本对农产品的压榨。半殖民地、半封建统治秩序对社会经济的破坏,大大阻碍了农业生产力的恢复和发展。但是农民反抗地租剥削的斗争正在逐渐展开,对于生产的恢复,起着重要的作用。

农民反抗地租斗争的形式是多样的。在南京、镇江附近,由于劳动力极端缺乏,地主阶级不得不从江北招徕一批农民替他们垦耕荒废的土地。这些客籍农民,和家乡只有一江之隔,就经常采用"弃田而归"也就是把收获谷物和耕牛田具一起带走的斗争方式来反抗地租剥削,并迫使清政府从1869年起允许他们在"无主荒地"垦耕,因而取得一部分土地。在苏州附近,如吴江,农民就用普遍欠租,集体赴官的办法,抵制地主、差役的威迫勒夺。更大规模的,如1862年安徽六合农民暴动和1872年浒墅关拔稻大斗争,都轰动一时。是农民在极艰苦的情况下为了维持生存和继续进行生产所不可缺少的行动。严重的天灾,再加上清政府没有注意水利的保持和修复工作,1876年到1879年,主要农业地区发生了接连4年的灾荒,死亡至少在1000万人以上。1877年,仅山西一省就有500万人死亡。许多农民只得离乡逃荒,生活更加困苦。

第二节 中国社会加速半殖民地化和洋务运动

政治上的加速半殖民地化 从19世纪60年代开始,以英国为首的侵略势力在北京直接控制中国封建政权。英、美、法、俄等国的公使联合干涉中国的内政和外交。英国人赫德(Robert Hart)长期占据海关总税务司的职位,不但把持海关行政,而且包揽其他许多事务。通商口岸的外国领事对地方官吏发号施令,随时派遣兵舰肆行恫吓,督促他们维持侵略者所需要的秩序,这就是所谓"炮舰政策"。更多的西方大小资本主义国家,包括普鲁士、丹麦、荷兰、西班牙、意大利和奥匈帝国(其中许多是经过英国的所谓"介绍")也来和中国建立外交或商务关系,享受不平等条约的一切侵略权利,参加对中国的掠夺。南北战争后的美国资产阶级正忙于开发西部的利益争夺。他们标榜反对英国炮舰政策来取得清政府的好感,同时利用基督教宣传来灌输美国式的"文明"。美国经常利用1858年《天津条约》的规定,在中外纠纷中把自己打扮成居间调停人,借以加强自己对中国国际事务的干涉,并从中取利。

1868年清政府决定遣使出洋,却又为使臣人选和中外礼节感到为难。总理衙门竟任命刚卸任的前美国驻华公使蒲安臣(Anson Burlingane)为"办理中外交涉事务大臣",率领由两位中国官员、一位英国人、一位法国人组成的中国近代第一个外交使团,出访欧美,"笼络各国"。蒲安臣还在美国代表清政府签订了《中美续增条约》(即《蒲安臣条约》)。中国外交使团却要由美国人率通,反映了晚清中国政治、外交的半殖民地色彩。

社会经济的进一步半殖民地化 从19世纪60年代中叶到80年代之初,中国社会经济显著地进一步半殖民化。沿海和长江中游以下的航运,被英国太古、怡和和美国旗昌(1876年前)等洋行控制。道光年间,中国原有沙船3000余号,咸丰年间减至2000多号,到70年代之初,只剩了400号。外国银行(如1867年在上海设立的英国汇丰银行分行,和更早设立的英国麦加利银行)开始操纵中国的金融市场。汇丰银行迅速成为英国资本—帝国主义对中国实行经济侵略的中心机构。外国银行和洋行在中国吸收存款,发行纸币,经营国内外汇兑,并且对清政府进行短期高利的贷款。1869年,苏伊士运河开放通航,西方工业品在中国的进口数量显著增加。

中国迅速地变成外国资本主义的商品市场和原料供应地。外国纺织品的进口数量逐渐增加，由洋行通过买办网送到内地各处。这直接打击农村家庭手工业，使已经处在饥饿线上的农民陷于更加贫困的境遇。

原料生产者也开始成为外国资本主义直接榨取的对象。在60年代，如东北的皮革、山东的帽缏，都已经被外国商人的收购组织向小生产者压价掠夺。70年代以后，压价收买的情形，逐渐严重，以茶叶为例，福建6种茶叶的每担平均价格从1870年的36两跌至1885年的25两。两湖茶价则受俄国砖茶商人的控制。

在不平等条约的压迫和外国资本主义对生产者的直接掠夺下，中国的对外贸易逐渐丧失过去的优势，而且呈现着性质上的变化。在七八十年代，中国旧式商业资本逐渐丧失和外国资本争夺控制市场的能力。1883年带有买办性的封建商人胡光墉为了和外商竞争控制丝价而破产。茶丝这两项长期以来最主要的出口贸易品几乎全被外商控制了。棉花也从80年代开始大量出口（主要向日本）。

少数民族地区的牧业经济开始陷入同样的悲惨命运。1860年英国资本家已经派代理人到蒙古收买驼绒。1882年英商代理人到归化城（呼和浩特）收购该地区的羊毛，从天津大量出口。中国在经济上的半殖民地化的结果之一，就是中国农、牧、手工业的日益破产和农民与手工业者的日益贫困化。

洋务派的产生　和这种情形相适应的是封建政权的显著地买办化。就机构上说，1861年设立的总理各国事务衙门权力不断扩充，成为清中央政府最重要的机构。兼署北洋通商大臣的直隶总督和兼署南洋通商大臣的两江总督成为最有权势的官吏，因为他们是"洋务"的管理者，并与外国侵略势力发生密切的关系。

从清朝封建统治集团本身的变化上说，一批主张学习西方军事、技术，并与外国侵略势力关系更密切的买办化的官僚产生了，这就是所谓洋务派。洋务派在外以湘、淮军阀头子，特别是从1870年起任直隶总督、北洋大臣的李鸿章为代表，在朝廷内以恭亲王奕䜣为代表。他们为维护清王朝的封建统治和扩大本集团的势力，开展各种洋务活动。

洋务派举办新式军事工业　以曾国藩、李鸿章为首的官僚军阀，在六七十年代先后建立了一批新式的军事工业。他们把这些措施标榜为"自强新政"。1865年，李鸿章在上海高昌庙设立江南制造总局，并在南京设立由英国人马格里督办的金陵制造局。这都是以前此为了镇压太平军而设立的小型军火厂("炮局")扩充而成的,而且被他看作淮军的私产。1866年,三口通商大臣(后来改称"北洋通商大臣")崇厚设立天津机器局,供清政府直接控制的军队各营之用。1870年李鸿章接管后加以扩充,分设东西两局。此后,地方性的军火厂在内地各省也逐渐出现。这些工厂在生产上依靠外国技师,在管理上采用腐朽的官僚制度。原料如煤、铁等主要来自外国。产品数量不大、质量不高。这些工业对国防所起的作用不大,对社会经济没有多少影响。其中较有成绩的是由左宗棠、沈葆桢先后主持建立的福建"马尾船政局"。这个船舶修造厂初期也依靠法国技师,并用法国人管理。在60年代,法国资产阶级企图把它变成法国侵略势力的禁脔。这个厂前后造出小型兵船三十余艘。这些船质量较差,不能出海作战,只能供沿海巡逻缉私之用。该局附设的船政学堂却培养了一批海军和科技人才。

反对外国教会侵略行为的斗争 随着外国资本主义侵略势力的深入内地,各地人民群众掀起了反对外国教会侵略行为的斗争。

一些外国传教士以传教和办学堂、医病、育婴等"文化""慈善"事业作为招牌,深入中国内地边区活动。有的外国传教士出入官府,包揽词讼,制造"教民"与群众的纠纷,强夺田产,甚至指使教会武装杀害反对教会的民众(如1869年四川酉阳"教案"),并向清政府提出撤换地方官吏的要求。这种征服者的姿态和不法行为,激起当地人民的愤慨,自发地起来捣毁教堂、驱逐外国传教士。早在1862年,湖南、江西已经发生这种斗争。到60年代后期,在河北、山东、江西、安徽、江苏、福建、台湾、湖北、湖南、四川、贵州以及许多有外国教会的地方,不约而同地都发生了群众性反教会侵略斗争,当时称为"教案"。1870年,发生了著名的"天津教案"。这个事件是由法国领事丰大业以手枪威吓并且射击包围法国天主教堂的群众而引起的。群众给这个凶徒以应有的惩罚,并焚毁教堂。愤怒的群众接着也打死了一批平素以征服者自居的法国教士。这个暴动使得中外反动势力惊慌失措。清政府把曾国藩从南京调到天津来执行残暴镇压的任务。他以"但冀和局之速成,不顾情罪之当否"这种媚外方针,处死天津人民16人,企图这样抑制住人民反侵略的浪头。

但是人民反侵略斗争的潮流仍在继续往前发展,在长江流域各省活动的会党(主要是哥老会)不久就成为反教会斗争的组织者。斗争愈来愈具有农民反侵略运动的鲜明色彩,在70年代,如1876年四川江北厅和涪陵两地人民先后焚毁教堂多处的斗争,就是以农民群众为主体的。中法战争期间,长江沿岸和华南人民进行更大规模的反教会斗争。这一直发展到70年代而形成为斗争的高潮。反教会斗争成为这时期人民群众反对半殖民地半封建统治秩序的一种重要形式。

第三节 官办民用企业的出现 民族资本主义的产生

洋务运动转向民用企业方面发展 自70年代初期开始,洋务派从军事工业转而举办一系列民用企业。当时江南制造局和福建造船局糜费过多,难以维持。1871年,顽固派官吏提出攻击,要求撤销这些局厂,但李鸿章、左宗棠等不肯停办。李鸿章当时致淮系官僚闽抚王凯泰函中说:"闽船创自左公,沪船创自曾相,鄙人早知其不足御侮,徒添糜费,今已成事而欲善其后,不亦难乎"①,意思就是说,善后无策,欲罢不能。为了"求富",并为军用工业提供原料、经费和运输、通讯等设备,洋务运动显然不得不转向民用企业方面发展。

轮船招商局 70年代初,清政府决定兴办轮船公司,其目的一是解决漕运问题,二是为中国船厂所造轮船寻找出路。1872年初,曾国藩死于两江总督任。于是轮船招商局由北洋主办。李鸿章调浙江省承办海漕十余年、由沙户(经营旧式沙船运输的商人)出身的候补知府朱其昂到上海设局招商,特许轮船承运一部分海漕作为补贴,并奏请户部准借20万串(约十三万两)作为"商本","盈亏与官无涉"。但所谓招商局是以官督商办形式兴办的。洋务派虽然允许由商股中选出"商董"并听任他们"自立条议"②,但实际上企业全由官僚操纵,商股没有发言权。朱其昂向苏浙帮商人招股,所得不多③。洋务派本想吸收"诡寄洋行"的买办资金,也没有成功。1873年夏间,李鸿章以招商局"资金太少,恐致决裂",就招致由盛宣怀介绍的多年充任英国怡和洋行买办的广东人唐廷枢为"坐局商董"(即业务经理),目的在于招徕买办资金。洋务派声称"两月间招股近百万",实际上几度募股,到1876年才实收二十几万两④。从此招商局由朱其昂、盛宣怀二人代表官方,唐廷枢和另一买办徐润在名义上代表商方,负责经营。唐、徐两个买办捐得官僚的身份,实际也不代表商人利益。招商局这些"总、会、帮办,俱由

---

① 《李文忠公全书·朋僚函稿》卷一二,第2页。
② 《李文忠公全书·译署函稿》卷一,第40页。
③ 号称招股12万两,缴款的只有1万两。
④ 徐润《愚斋自叙年谱》(第18页)说,1873年拟招百万,仅得47.6万两,这还只是认股,不是实缴的数字。他又说1882年才招足额。

北洋札委"①,他们把持用人"理财"之权,把招商局当作北洋外府,予取予求。盛宣怀除 1882—1884 年的几年因被参劾离局外,前后代表李鸿章把持招商局数十年之久。民间商人股东实际没有发言权。

开平矿务局 70 年代中叶,湘、淮洋务派都在开办采矿事业,其中最重要的是 1878 年李鸿章开办的滦州开平煤矿。最初由天津海关道黎兆棠和唐廷枢等拟定的《开平矿务局章程》规定了官督商办和每年结账按股分红的办法。原定招股 80 万两,直到 1880 年才招得 30 万两,但开销早已超过此数,结果只好由天津机器局、海防局等机构出官款支持。官款商股混杂,矿务局实际成为官局。最初的商股大半出自北洋官吏。1882 年,股本才招足 120 万两。

电报局 1879 年,李鸿章在大沽北塘海口炮台与天津之间试设电报,"号令各营,顷刻响应"。这是中国最早创办的电报。第二年,他在天津设立电报总局,并在天津、上海之间设分局七处,由丹麦大北公司代为购料、雇人、勘路。到 1881 年敷设津沪间电线,全线用银约 18 万两。上海至南京和南京至汉口的电线于 1882 年和 1884 年相继敷设完成。电报局也是官督商办的机构。

机器织布局 1876 年李鸿章接受黎兆棠兴办"机器织布局"的建议,派魏纶先在上海会集商人议订节略,并函南洋提议由南北洋各筹公款,定购机器,存局生息。所议未就而魏纶先于次年到湖南勘矿。1878 年冬,一个可能是买办出身的候补道彭汝琮从上海拟出招商章程寄李鸿章,并亲来谒李自称能筹资 50 万两。李札委他为机器织布局总办。他回沪后招不到股本。第二年他和原与他共同拟议的太古洋行买办郑观应龃龉决裂。李鸿章将彭革职,另委镇江官绅戴恒的侄子浙江候补道戴景冯"就近兼理"局务。1880 年原局撤销,就由戴恒另行筹办,定出章程,认股的有官绅龚寿图、盐商候补道李培松②,商人捐郎中蔡鸿仪和戴恒自己四人各五万两。不久,李鸿章派郑观应总办局务,龚寿图"专管官务"。1881 年郑观应迭以"招商局同人"(即"商人")名义禀请出品免厘和十年专利,1882 年春(光绪八年三月)李鸿章据以上奏获准。郑观应成为织布局的主要筹备者。他和龚寿图发生摩擦,因挪用款项于 1884 年经龚寿图揭发,在广东规避不回。直至 1887 年经淮系官僚江海关道龚照瑗清查,郑观应才禀称原来号称招到股本 50 万两,

---

① 郑观应:《致招商局总办唐景星观察书》,见《盛世危言后编》卷一〇,第 1—2 页。
② 他与郑观应合认五万两。

其中 14 万两是股票押款,另有现金 14 万余两或已放出或押股票,局中已无现银。织布局迟至 1890 年才部分开工。

洋务派所办新式企业的性质　轮、矿、电报、纺织四个局都是洋务派为"求富"而兴办的官督商办企业,也是北洋系买办官僚所凭借的经济体系。洋务派办这些企业的目的是企图借用西方资本主义的一些东西来维护封建统治,并增强本集团的实力和财富。这些企业有私人投资,有新式工人和劳资关系,但又受封建官僚制度的束缚,因而本身就包含着封建主义和资本主义生产关系的严重矛盾。这些资本主义企业实际上就是官僚资本主义的最初形式。各种企业也不可能有计划地发展,因为它们只是中国半殖民地化不断加深过程中的产物。轮船招商局的兴办是由于外国轮船公司已经垄断了中国沿海和长江下游航运,也是由于洋务派已经不能禁止民间"雇搭洋轮"而希望建立自己的航运企业与外商分享利润。照赫德所拟经曾国藩略加修改的章程,中国轮要向各海关交纳和外国轮船一样的船钞货税。轮船招商局以分享利权办法和太古、怡和订立齐价合同,勾结妥协,共同垄断①。电报的兴办也是由于丹麦大北公司已经于 1871 年从香港架设海底电线到上海,而且在 1874 年已经把它私行连接到陆地上来。煤矿的开采,则符合当时侵略者在中国以至远东航运的需要。织布局的创办是外国布匹大量进口引起的。80 年代以后洋纱进口量大增,于是洋务派就想积极发展纱厂。

民族资本主义的开始产生　这个时期,一部分官僚、地主、商人(包括一些买办商人)投资于洋务派所办的新式企业,他们的资金成为这些企业中的"商股"。除了洋务派官僚集团的成员以及和他们有密切关系的一些人外,一般的投资者都是被侵渔的对象。在这些企业中出现了官僚买办资产阶级(即大资产阶级)的前身和民族资产阶级的前身。

另一部分民族资产阶级的前身是小型新式企业的投资者,他们资本一般不过数千元,最多也不过数万元。另有一部分旧式手工工场或大作坊采用机器,成为新式小企业如机器缫丝业、小型面粉厂之类,但数量很有限。民族资产阶级在七八十年代都还没有形成为一种独立的阶级力量。

帝国主义对中国社会经济各部门的破坏,是为了把中国半殖民地化和殖民地化,但却不可避免地造成了自己的对立物。洋务派对民族资本采取压迫侵渔和垄断窒塞的手段。在外国资本主义和封建买办势力的双重压迫

---

① 经元善早就说"即如招商与怡和、太古订立三家合同,但能压抑华商,不能止遏外人,西人决无此措施",见《居易初集》卷二,第 42 页。

下,民族资本只是在夹缝中勉强挤出一条生路,资金少,规模小,力量很弱。正因为这样,民族资产阶级不可能摆脱封建主义和帝国主义的羁绊,而对它们保持着既有矛盾又有依附的双重关系,使自身具有先天的软弱性和两面性。

近代产业工人的开始出现 洋务运动发生时期,资本—帝国主义正在中国加紧进行半殖民地原始积累。农村自然经济遭到愈来愈严重的破坏。封建统治势力和侵略势力密切结合,地租、高利贷剥削和资本—帝国主义榨取合为一体,这是中国民族资本不可能充分发展的根本原因。外来势力对农村生产力的严重破坏只是使农民极端贫困化以至饥饿死亡。从农村游离出来的农民和破产手工业者虽然提供了大量的劳动力来源,但其中只有少数人转化为新式产业工人。有的破产流浪,成了无业游民。绝大多数农民脱离不开土地,逃不掉空前的残酷剥削。新式产业工人也没有遭到更好的命运。他们从四五十年代开始出现于外人在沿海各地所办的运输业、船舶修造业和一些进出口品加工工厂中,首先受外国资产阶级侵略势力的无情压榨,接着又在官僚企业和民族企业中受到封建势力和资本主义的剥削。这些情况使得中国新产生的工人阶级具有强烈的反抗性。

第四节 中国沿边遭受侵略和中法战争

在19世纪70年代和80年代初叶,西方资本主义在中国沿边进行的侵略,目的在于夺取一定的地区作为独占性的市场以至殖民地。他们并且想以这些地区为根据地向更广阔的中国腹地伸张侵略势力。因此,这十几年中,沿边侵略和侵略者对内地开放的要求是互相配合地进行的。侵略者的行动和要求不断遭到中国人民的反对和打击。

阿古柏侵入新疆及英、俄对新疆的侵略 早在19世纪60年代,资本主义国家已经在觊觎中国的边疆地区。1867年清朝的总理各国事务衙门在致各省督抚书中,就说"海氛之波涛未息,山陬之游徽纷来"。60年代被侵略者争夺的最主要地区是西北的新疆。1865年,中亚细亚浩罕汗国的一个军官阿古柏(Yakub Beg)乘新疆回民起义的机会侵入新疆,逐步占据了天山南北的大部分地区。英俄商人也乘机而入,都得到阿古柏的优待并非法地扩充贸易(1868年),到1872年和1873年,阿古柏竟以"独立国君主"("艾米尔")的名义前后和俄、英订约,企图分裂中国领土。这个阴谋只是由于中国坚持收复自己领土、并由左宗棠统率大军消灭阿古柏势力后,才被打破。新疆大部收复后,又经过反复交涉,1881年,被沙俄以"代管"名义占领多年的伊犁地区(除了西境霍尔果斯河以西一带外)才归还中国。中国使臣曾纪泽这次在俄京折冲樽俎很有功劳。

英国势力开始侵入西藏 60年代初年英国在印度的侵略势力,在进一步伸入中国的两个邻邦哲孟雄(即锡金)和不丹之后,就准备侵入西藏地区,并且派遣侵略分子以传教游历为名入藏侦查。西藏地方官吏和僧俗人民对于这些"披楞"(藏语英人)侵略者不断加以阻挡、驱逐。清政府也下令截回从内地潜赴西藏地方的外国传教士。到了1875年,英国在占领中国一个重要邻邦缅甸的大部地区("下缅甸")之后,要求从缅甸进入云南,同时又阴谋从印度侵入西藏。

在云南回民起义结束之后,英国就向总理衙门索取从缅甸进入云南的"游历"护照,并以将近200人的武装部队组织所谓游历团。这不能不引起云南边境人民的警惕和反抗。1875年2月,英国翻译官马嘉理在蛮允地方被群众拒绝通过,在争执中被杀死。英国侵略者以此为借口提出种种勒索,在1876年胁迫清政府订立所谓《中英烟台条约》,一面扩大在中国内地的侵略权利和侵略范围,一面以"专条"规定英国得派员由中国内地经西藏地方到印度,或由印度进入西藏地方"探路"。英国侵入西藏的企图受到西藏地方官民的反抗。1885年英国人马科蕾(Macaulay)扬言要带兵3000从哲孟雄进入西藏,但在反抗的压力下被迫暂时推迟。

日本和美国对中国领土台湾的侵略 在这时期,更露骨的侵略还是来自海上。一方面外国侵略的矛头指向与中国有唇齿关系的两个邻邦朝鲜和越南,并且企图把这两个国家当作跳板侵入中国的东北和西南;另一方面侵略者在中国沿海进行军事挑衅,直接侵略中国领土。法国侵略越南并侵入中国云南、广西地区,引起了1883—1885年的中法战争;日本在美国的支持下侵略中国领土台湾,侵入朝鲜,直到发动中日甲午战争。

美国侵略者早就阴谋占据从元朝以来就正式成为中国领土的台湾。1856年美公使巴驾(P. Parker)向国务院提出"法占朝鲜、英占舟山、美占台湾"的建议。当时美国军火贩子(拉华雷公司等)甚至肆无忌惮地在台湾地面插上美国国旗表示强盗的心愿。1867年美国竟以台湾地方高山族袭击美水手为借口派遣两只兵舰实行武力侵犯。高山族以原始的武器英勇地击退侵略者。日本明治维新(1868年)之后,一批军国主义者鼓吹"征韩论"和"征台论",得到了美国侵略分子的支持。美国资产阶级企图利用日本军国主义给它打头阵,在远东创造有利于美国侵略行动的借口和局势。1874

年发生了日本武装侵略中国台湾地方的事件。日本明治政府以琉球人在台湾被杀为借口,于 1874 年 4 月派兵三千余在台湾南部琅峤登陆,劫掠焚杀,经当地高山族据险击败后,退守龟山。而日军中疫疫流行,兵士大批死亡。美国伪装调停人由其公使和天津领事出面劝清政府向日本妥协赔款。在美、英两国压力之下,清政府反而向日本赔偿抚恤金等 50 万两。琉球原是独立国,并与中国有册封朝贡关系。1879 年日本不顾清政府的强烈抗议,竟然强行吞并琉球,改为冲绳县。

日本和美国对中国邻邦朝鲜的侵略 1871 年美舰炮轰朝鲜江华岛,被朝鲜军民击退。1875 年,日本兵船又进攻江华岛,迫使朝鲜订立《江华条约》(1876 年),从此朝鲜的门户被打开。1882 年《美朝条约》是美国对朝鲜第一个不平等条约,以后欧洲各国也相继与朝鲜签约。在 1882 年朝鲜爆发的以驱逐日本侵略势力为目的的"壬午兵变"中,或是在 1884 年朝鲜"开化党"发动的"甲申政变"中,美国都积极支持日本加紧对朝鲜的侵略。

1885 年初,日本公使井上馨迫使朝鲜订立"赔款""惩凶"的《汉城条约》。在美国极力替日本侵略者撑腰的情况下,清政府以防备日本为目的派遣到朝鲜的官员吴大澂等,一筹莫展。结果 1885 年 4 月,李鸿章反而和日本代表伊藤博文在天津订立了同意日本此后有权派兵到朝鲜的条约。

中法战争 1883—1885 年法国侵略越南和中国的中法战争,也是中越人民反对法国侵略的战争。在战争过程中,中越人民在越南北部并肩作战,顽强抗击侵略势力,多次取得胜利。同时中国人民在中国沿海许多地方展开保卫战,又在内地各处展开大规模的反侵略斗争,给法国侵略者以有力的打击。

法国侵略者在 18 世纪已经侵略越南,要求割地通商。到了第二次鸦片战争时期,法国胁迫越南订立包括强割南部三省和昆仑岛的不平等条约,并在 1867 年再次侵略越南,强割下交趾的其他三省。普法战争中法国失败之后,法国资产阶级妄想在东方取得补偿,加紧侵略越南。1874 年强迫越南订下了实际上把越南变为法国保护国的《柴棍(西贡)条约》。到了 80 年代,法国更加紧控制越南,并要从红河侵入中国的云南。这时期云南各地人民展开了反抗法国侵略者的坚决斗争。在越南北部,以刘永福为首的中国农民起义军旧部早在 1873 年已有抗击法国侵略者的辉煌战绩,现在又英勇地投入战斗。刘永福率领黑旗军,在河内地区和越南军民一齐抗法,1883

年 4 月在河内城外纸桥大败法军,击毙其主将李维业(H. Rivière)。刘永福以战功被越南政府委任为三宣提督。此后黑旗军就成为在越南北部抗法的一支劲旅。法国侵略者看到越南人民反抗力量不断增大,就在 8 月间攻入顺化,胁迫越南国王投降,使顺化政府完全成为法国的傀儡,然后以全力镇压抗法的越南人民。

　　清政府的态度,以李鸿章为首的洋务派为代表,始终不敢支援越南人民反抗法国的斗争。在全国舆论压迫之下,洋务派提出了"明交暗战"的主张,就是和侵略者维持正常关系而派些没有旗帜番号的军队去援助黑旗军。后来又正式派些军队到镇南关(解放后改称友谊关)外谅山一带驻扎,表示只求保境,不和法国决裂。1883 年底侵略者进攻防守越南山西的黑旗军,清军将领坐视不救,引起国内舆论的愤怒谴责。但法国侵略军却毫不客气地进攻清军,1884 年 4 月,徐延旭在北宁溃败。法国派兵舰到中国沿海示威。清政府急调淮系将领潘鼎新到前线主持军事,而李鸿章却又和法国海军将官福禄诺(E. Fournier)在天津订立和约,并密订日期将各路中国军队分别撤回。

　　由于前线官兵坚决还击法国侵略者的无理进攻,李鸿章向法国妥协的阴谋失败。于是从 1884 年 6 月到 1885 年 4 月中法战争又继续了十个月之久。

　　在这十个月中,淮系洋务派坚持不战。法国侵略者以偷袭手段击毁马江船厂和停泊在福州马尾港口内的中国福建水师舰队。事后北洋始终不肯抽调兵船南下参加战斗。进攻台湾的法国侵略军遭到地方军民的抗击。在镇南关外一带的李鸿章嫡系潘鼎新部,丝毫没有斗志,1885 年初竟然撤入关内,连关口都一度陷入敌人之手。沿边军民愤慨要求抗敌,1885 年 3 月,年近 70 的老将冯子材督率各军在镇南关前奋勇反攻,取得镇南关大捷和谅山大捷,法国茹费理内阁因此倒台。形势对中国有利,但李鸿章却已派英籍海关职员金登干(J. D. Campbell)潜赴巴黎和法外交部秘密谈判,达成屈辱的协议。于是前线虽然奏捷,而撤兵之命已下。

　　1885 年 4 月 4 日由清政府授权金登干和法国在巴黎订立《停战协定》,6 月 9 日,李鸿章与法国驻华公使巴德诺正式签订《中法新约》,给予法国在中国云南、广西、广东三省与中越边境开埠通商的特权。中法战争的结果中国不败而败。

第五节　中日甲午战争

1885—1894年即中法战争后到中日战争这十年中,是民族矛盾日益激化的阶段。

西方自由资本主义正在向垄断资本主义阶段即帝国主义过渡,表现了更强烈的掠夺性和侵略性,列强分割世界的斗争更加激烈。

外国资本主义进一步控制中国市场　就对外贸易说,90年代初年资本主义国家输入中国的货物比70年代初年增长一倍以上,其中鸦片和棉布各占1/5,棉纱从70年代初的3%弱跃增为14%强,开始占重要位置的商品有煤油(输入农村作灯油用)、染料、针等物。而机械在输入的货物中所占比重不及1%。中国市场进一步被外国资本主义控制,中国农村的自然经济也进一步被破坏了。中国输出的货品茶丝两大宗从70年代初年的占出口总值80%,减为不及60%。大豆(1%强)、猪鬃、皮革、菜油和短绒棉花(5%弱)等农业品和原料都是被搜括出口的对象。这都说明中国经济的进一步半殖民地化和农村被榨取的情况日益严重。

外国侵略势力深入朝鲜　由于洋务派官僚对外实行妥协政策,边疆危机没有缓解而是更严重了。日本在美国的支持下,积极准备大举侵入朝鲜和中国东北部。当时全世界几乎被资本主义各国瓜分,朝鲜成为美、英、俄、法、德和日本争夺的场所。李鸿章、袁世凯[①]等想在朝鲜发展北洋势力,这当然不能防止英、美各资本主义侵略势力的深入朝鲜。就朝鲜局势而言,北洋派官僚军阀正是前门拒虎后门引狼,日本势力没有被阻挡,而英、美以至沙俄的侵略势力反而愈来愈深入。前后通过李鸿章推荐到朝鲜充当外交、财政官员的德国人穆麟德(P. G. von Møllendorff)和美国人德尼(O. Denny),先后把沙俄和美国侵略势力引进朝鲜。德尼在1890年居然推荐前此勾引日本侵略台湾的美国人李仙得充当朝鲜税务司。李鸿章所标榜的"以夷制夷"的政策,其结果只是使朝鲜和中国更多受制于西方列强和日本。

英国吞并缅甸、侵犯西藏　英国在中法战争之后,以防止法国势力进入"上缅甸"为借口,急忙实行对缅甸的全部的侵占。1885年底,英国侵略军攻入当时缅甸首都曼德勒,俘虏缅王。1886年7月清朝政府被强迫和英国签订条约,承认英国吞并缅甸的事实。

---

① 袁世凯,字慰亭(1859—1916年),河南项城人。

英国虽然在1886年假装答应放弃侵入中国西藏地方的野心,但1888年,英军悍然向中国西藏地方隆土山要隘发动进攻。1890年清政府和英国订立了《藏印条约》。1893年12月,清政府又订《藏印续约》,同意英国开放亚东为通商地点,于是英国打通了侵入西藏地方的大门。

官僚集团加紧控制新式企业 从80年代中叶开始,北洋官僚集团变本加厉地把所办的民用企业变为派系私产。商股遭侵吞,洋债侵入并控制了轮船招商局。80年代后期的五六年中,淮系洋务派计划大借外资,和美国合办"华美银行",以银行为"总枢"举办各项"新政",以大量出卖铁路利权为交换条件。前后数次交涉,都因为遭到朝野舆论的激烈反对而中止。淮系洋务派在机器织布局的名义下,对纺纱业也进行垄断,由官僚投资经营的"纺织新局"①于是产生了。新洋务派官僚张之洞,得李鸿章的特别许可,在广东筹设纺织官局,不久他移督湖广,就将工厂移设武昌,成立湖北纺织官局。张之洞得到北京的支持,在淮系之外另树一帜,开办了许多"官局"(即官办工厂),但企业本身都成为官僚机构,没有发展前途。李鸿章的上海织布局在1893年遭火焚毁。1894年他派盛宣怀接手重建,改称"华盛纺织总厂"。当时十年专利已经满期,各地绅商也在讨论设立纱厂。所以李鸿章和盛宣怀等在计划重建华盛纺织厂时就决定在上海、宁波、镇江等处集股分设10厂,"官督商办",限定全国纱机40万锭,布机5000张。这时期实际成立的有华盛、华新(即"纺织新局")、裕源、裕晋、大纯5厂,均在上海,另有通久源厂,在宁波。

初期的改良思想 80年代刚诞生的中国资产阶级对于挽救民族危机和发展资本主义开始提出一些见解,发出一些呼声,但还不可能形成一种政治运动。孙中山②在中法战争后已经认为清政府没有希望,但他在1894年还上书李鸿章,要求实行改革,以达到"人能尽其才,地能尽其利,物能尽其用,货能畅其流"。康有为③在1888年感到民族危机的严重,上书皇帝要求下诏罪己,虽然已经主张"变法",但只是发挥了"法弊必变"的老说法,还没有揭示具体的政治内容。早期改良思想家开始抨击官办企业的垄断和官督商办的侵渔。《盛世危言》的作者郑观应说"官不能护商,而反能病商"。他

---

① 即龚照瑗主办的纺纱局。
② 孙文,字逸仙(1866—1925年),广东香山人。在日本进行革命活动时曾以"中山樵"的假名署于寓所门首,所以人称孙中山。
③ 康有为,一名祖诒,字广厦,号长素,又号更生(1858—1927年),广东南海人。

们憧憬西方资本主义国家的议会政治，以为有议会政治就可以"达民情、张国威、御外侮"①，而且把议会政治看作可以是封建地主和资产阶级联合的政权，他们对于洋务派除了反对官僚包揽商务而外，也没有从政治上和思想上同他们划清界限。

这个时期农民斗争潮流逐渐高涨。1891年长江一带数十城市的暴动，是会党领导的反对各地外国教会的武装斗争的重要发展。这些斗争有很多农民参加，有的发展为反对封建统治的武装起义（如四川大足余栋臣的起义）。这些斗争使清政府和外国侵略者都受到很大的震动。

甲午战前的国际国内形势 在国内外矛盾极端尖锐的形势下发生了1894—1895年的中日战争。这是日本军国主义者以吞并朝鲜并向中国大陆扩张为目的而发动的侵略战争。

当时西方资本主义已进入帝国主义时代，东亚成为殖民主义侵略势力的争夺焦点。朝鲜更是日、俄、英、美的角逐场所。当时西方国家和日本都把中国看作它们侵略朝鲜的障碍。于是英国采取勾结日本进攻朝鲜的方针，并且逐渐形成英、美、日联合的形势。日本军国主义者以十年的时间暗中准备一举摧毁中国海陆军力的战争。以西太后和李鸿章为代表的清朝统治集团，却在外交上妥协退让，在国防上坐视军备的废弛。

1891年李鸿章奏报："综核海军战备，尚能日新月异。目前限于饷力，未能扩充。但就渤海门户而论，已有深固不摇之势"②。他一味饰词敷衍以逢迎西太后的铺张浪费。直至1894年中日战争前夕，他还奏称据英国水师提督查看，大连炮台"工坚费省"，"各局厂制造西洋枪炮、药弹、水雷均能力求精进"。由于1888年北洋海军成军后就不再添船购炮，实际上，中国军备和日本相较已略处于劣势。李鸿章却把希望寄托在一旦中日发生冲突时由英、俄出面排解，于是中国在外交上和军事上陷入完全被动地位。

日本发动侵略战争 1894年朝鲜发生了东学党农民起义，日本决定乘机下手。朝鲜统治者同时向中国和日本乞援，日本驻朝鲜署理公使杉村就向袁世凯假意表示：如果清政府派兵到朝鲜，日本不会借题出兵。6月初，淮军叶志超部开抵朝鲜牙山，但日本先已设立大举侵朝的大本营。6月9日，日军在仁川登陆，由日本驻朝公使大鸟圭介率领一部分侵略军于次日进驻汉城，日军陆续开抵汉城。14日，日本政府通过所谓"朝鲜内政改革案"，

---

① 郑观应《盛世危言·议院》。
② 《李文忠公全书·奏稿》卷七二，第4页。

并决定以武力执行这个把朝鲜变为日本殖民地的方案。正如日本外务大臣陆奥宗光在他的回忆录中所说的,"日本假借这个好题目",是为了"索性借此时机促成中日关系的破裂"①。李鸿章看到形势紧张,急命袁世凯和大鸟磋商"中日同时撤兵"。大鸟拒绝撤兵,但伴称"不再添兵到朝鲜"。这连袁世凯都认为不可靠,因为"前言俱食,后言何可信"②。李鸿章依然把希望完全寄托于英、俄对日本施加压力。6月25日,他电袁世凯说俄皇已训令驻日俄使"勒令〔日本〕照华议同时撤兵"。他又令叶志超的部队"仍静待勿妄动"③,并电斥丁汝昌说:"日虽添军谣四起,并未与我开衅,何必请战。"④这样,海陆军将士都在思想上被解除武装了。接着,在26日,日本公然提出"改革朝鲜内政"的要求后,英国立即通知俄国"绝对不愿对日本采取威胁手段"⑤。然而李鸿章到了7月1日还幻想要求英国派海军到横滨"勒令撤兵,再议善后"⑥。

西太后和李鸿章的妥协求和路线引起了清统治集团中一部分言官的反对。以户部尚书翁同龢为首的主战派,形成了一个拥护光绪皇帝的"帝党",反对当权派西太后系官僚,即所谓"后党"。侍读学士文廷式揭露李鸿章"终身以洋人为可恃,……至今日而天下之利权归于赫德,北洋之兵权归于德璀琳,故一有变端,傍徨而罔知所措"⑦。在7月14日"速筹战备以杜狡谋"的密谕⑧催促下,李鸿章拟出了他的作战计划,即加调卫汝贵、左宝贵等军进平壤,而命令叶志超撤出牙山退到平壤,把朝鲜南部完全放弃。但日本先下手了,7月23日,日军占领朝鲜王宫,控制朝鲜政权。25日,日本海军在牙山口外的丰岛附近偷袭击沉中国运输船高升号。同日,驻牙山地区的叶志超、聂士成等部在敌人进攻后溃退平壤。于是8月1日,中国和日本同时宣战。

平壤之战 局势本来还是很有可为的。虽然朝鲜政府已经为日军所控制,但是朝鲜人民仍以极高的热情支持中国军队,共同抵抗日本侵略军。中

---

① 《伯爵陆奥宗光遗稿》,第323页。
② 《李文忠公全书·电稿》卷一五,第45页。
③ 同上书,第52页。
④ 同上。
⑤ 俄国红档(《中日战争》第七册,第236页)。
⑥ 《清光绪朝中日交涉史料》卷一三,第30页。
⑦ 《清光绪朝中日交涉史料》卷一四,第4页。
⑧ 同上书,第27、28页。

国集中在平壤的军队数达二万多人。日本还没有控制海上航路，不敢把军队送到仁川登陆，而取道离平壤一千多里的釜山，因此运输很迟缓。中国军队本来有较充裕的时间进行战守准备，但是淮军和东北系军队不相统属，没有积极备战。到了9月15日敌军进攻平壤，据守北城的总兵左宝贵率部坚持抵抗，壮烈牺牲。但身为主帅的叶志超，却仓皇下令大军后撤，一直退过鸭绿江。

黄海海战 仅仅两天之后(9月17日)，北洋海军与日本舰队在黄海开战。中国方面虽然船舰吨数较多而速度不及敌人，在战斗中损失很大。但许多将士都能舍身杀敌。"致远"舰受重伤后，管带邓世昌鼓轮猛冲求撞敌舰，中炮火壮烈牺牲。"经远"舰管带林永升和全船士兵坚持战斗，与船俱毁。海战结果日本海军也受了重创。但在这一次海战后，李鸿章下令海军只能守口，"不得出大洋浪战"，放弃了制海权。于是陆路战事形势也就更加不利了。

清军在辽东、威海一再失利　投降派屈辱求和 后党官僚和淮系洋务派不从平壤和黄海两个战役中吸取应有的教训，反要利用军事的失败作为政治资本来压倒主战的舆论。9月底恭亲王奕䜣再度主持总理衙门，一意主张由英国调停，竟然表示愿意赔款。日本军国主义者乘机加紧进攻，从10月下旬开始，一路日军渡鸭绿江攻陷九连城和安东，另一路日军在花园口登陆，占领凤凰城和金州，从后路包抄攻陷防务号称巩固的大连和旅顺。辽东半岛全部陷落，日军占领旅顺后屠杀当地居民二万余人。主和派就把希望寄托在表面中立、暗中支持日本的美国，请它或是单独出面，或是联合欧洲各国调停战事。由于美国方面的示意，清政府在年底派遣户部侍郎张荫桓和湖南巡抚邵友濂为全权大臣，聘请曾任美国国务卿的科士达(J. W. Foster)作为顾问，前往日本广岛议和。日本一面利用和谈的空气来麻痹清朝统治集团，继续进攻；一面拒绝承认张、邵的"全权"，迫使他们立即回国，并通过科士达要求清政府派遣确能代表它割地求和的最上层人物如奕䜣、李鸿章等。1895年2月中，北洋海军在威海卫全军覆没，投降派如奕䜣、孙毓汶等就内定割地求和。到3月中，主战派推荐的湘军在关外溃败，牛庄、营口、田庄台等地接踵沦陷。日本海军攻占澎湖列岛。于是西太后、李鸿章等向侵略者表示完全屈服。

投降派的屈膝求和和人民的英勇的反抗是一个鲜明的对照。就东北地区说，岫岩群众以抬枪和敌军相持多日，辽阳群众扼险拒敌，迫使敌人放弃占领辽阳的企图，奉天东边道一带民团向敌人反攻，收复被占领的宽甸城。

当时中国海陆军虽然受挫,但是全国人心奋发要求抵抗,而日本已经罄其所有海陆军力量作孤注一掷,如陆奥宗光所说的"国内军备殆已空虚",军需也已告缺乏①。假如中国坚持抵抗,日本就要捉襟见肘,难以为继。因此,中日战争的失败结局,是国内反动派的投降路线造成的。

马关条约 1895年4月17日李鸿章代表清政府在日本马关谈判签约,《马关条约》主要内容为:1. 朝鲜完全"自主",实际上即承认日本对朝鲜的控制,并禁止中国协助朝鲜抵抗日本的侵略。2. 割让辽东半岛、台湾、澎湖列岛。3. 赔偿日本军费二万万两。4. 允许日本资本家在通商口岸设立各种工厂。5. 开放沙市、重庆、苏州、杭州为商埠,允许日本商船驶到上述各地。日本军国主义从中国侵占土地,勒索巨款,并进一步掠夺物资财富来发展它的帝国主义势力。马关条约标志着外国对华侵略进入帝国主义新阶段。

"公车上书"和兴中会的成立 中国人民不能容忍清政府的割地求和。马关"议和"条款传出后,以康有为为首的在北京应试的举人签名上书,主张迁都抗战。这次轰动一时的"公车上书"也就是开明士绅和资产阶级化知识分子展开政治运动的前奏。孙中山于1894年冬在檀香山华侨中间秘密组织革命团体"兴中会",到1895年2月又在香港成立兴中会总会,组织广州一带会党,预定当年秋末在广州发动武装起义,但以事机泄露而失败。孙中山在这时期还没有明确的资产阶级民主革命纲领,兴中会这样的团体也带有浓厚的旧式秘密组织色彩。

台湾人民的抗日斗争 台湾人民保卫祖国神圣领土,抗击日本侵略军的武装斗争是甲午战争中最有声色的一幕。《马关条约》传出之后,4月25日,台北人民罢市抗议,宣告饷银不准运出,税收留供抗敌。台湾士绅致电清政府反对割地;人民发出檄文誓杀李鸿章等卖国贼。5月底,日军先在基隆东面三貂角强行登陆,开始侵台战争;6月2日,李鸿章的儿子李经方代表清政府在基隆口外日舰上处理"让渡"手续。从5月底到6月初,台北士绅推巡抚唐景崧为总统,企图在"台湾民主国"自主抗战的名义下抵抗日本侵略者。但到6月初,基隆失陷,台北、台中的官绅仓皇内渡,敌军从台北向南进攻,台湾人民拥护台南守将刘永福进行浴血抗战。英勇的台湾军民先后在台北新竹和台中彰化、云林等处阻击敌人。刘永福的亲军七星队在彰化的保卫战中,几乎全部壮烈牺牲。10月间,日军海陆联合进攻,台南守军弹尽援绝,于21日失陷。刘永福事先乘船内渡。台湾人民在各地继续坚持反抗斗争。

---

① 陆奥宗光《蹇蹇录》第十九章。

第六节 民族危机和社会变化

甲午战后帝国主义加紧宰割中国 甲午战争后,帝国主义侵略势力像洪水一般冲进中国。欧美垄断金融资本已经不以对中国的商品倾销为满足,而要求直接控制中国领土,以保障资本输出的最大利益。当时全世界大部分经济落后的地区已被帝国主义国家瓜分完毕,它们在中国的争夺就表现得特别尖锐、激烈。但是帝国主义者毕竟不能以瓜分非洲一样的方式来瓜分中国,而且它们害怕中国再发生像太平天国那样猛烈的革命运动,因此它们一面维持清朝政权,一面分别夺取"租借地"和铁路线,划分"势力范围"。中国的领土完整和主权遭到更严重的破坏,东北和山东的一部分地区(如所谓"租借地"和铁路附属地带)开始遭受殖民地式的统治。帝国主义瓜分宰割中国的阴谋正在不断酝酿和发展。19世纪最后5年,中国面临的民族危机空前严重。

俄法集团在战后第一次大借款期间的勒索侵占 甲午战争后,《马关条约》割让辽东半岛给日本,俄国认为此举损害了它在中国的侵略利益,便纠合法、德两国,一面迫使清政府加付3000万两的所谓"赎金"给日本,一面促使日本把辽东半岛退还中国。俄、法两国结成一个侵略集团,又以"辽事出力应有酬劳"为理由,向清政府肆行勒索。为了偿还对日本的第一期"赔款",清政府在1895年7月6日,和俄、法银行家签订了一个由沙俄政府出面担保的四亿法郎(约合一亿两白银)借款合同,借款实收94.125%,年息四厘(4%)。俄、法银行家联合组织了"华俄道胜银行",提出控制中国财政的目标,如"承包税收""经营有关中国国库的各项业务""发行货币,偿付中国政府所负的债息",以及"修建中国境内的铁路及安装电线"等等。在借款交涉的过程中(6月20日),法国胁迫清政府割给云南边区的猛乌、乌得等地,开放云南河口、思茅为商埠,并给予法国在云南、广西、广东三省开矿的优先权①。贷款合同成立之后,9月间,法国又要求由"费务林公司"(Fives-Lilles)修建并经营从越南同登伸到中国龙州的铁路②,并于次年(1896年6月5日)订立这项合同。这就开了外国侵占中国铁路线的恶例,

---

① 《中外旧约章汇编》第一册,第621—624页。
② 同上书,第652页。

也就是后来法国强修滇越铁路①的先声。此后法国就把西南三省看作它的势力范围,并计划进一步向四川扩张。俄国不断向北京施加压力,积极支持法国。英国一面和法国约定无论何方在四川、云南两省取得的特权,均由双方分享(1896年1月15日《伦敦协定》),一面又乘机向总理衙门强称"两乌"的割让损害英国利益,要求把云南边区野人山地方割给英国,并开放西江通商,作为"补偿"②。

英德集团夺取第二次大借款权 沙俄在北京的政治势力和法国的金融资本结合起来,形成对中国南北夹攻的阵势。英国就和被俄、法撇开了的德国联合组成另一个侵略集团。于是1896年初,在清政府为筹措对日本第二期"赔款"而进行的借款交涉中,就出现了两个帝国主义集团争相向中国贷款的闹剧。总理衙门大臣说自己"终日处在虎豹丛中"③。3月23日,第二次贷款权被英国"汇丰银行"和德国"德华银行"抢走了,这个高利贷合同规定借款数目1600万英镑(约合一亿两),九四折扣,年利五厘(5%),偿款期限为36年,不得提前偿清;同时又规定款未偿清前海关行政不得改变,这样来保证英国人占据海关总税务司的位置④。

沙俄诱订中俄密约和夺取中东路 沙俄在"共同防日"的幌子下,引诱清政府和它订立盟约,从而实现侵占东北甚至华北作为势力范围的阴谋。这时清朝统治集团中亲俄派头子是西太后和李鸿章。李鸿章"一意联络俄人",主张完全投靠沙俄。亲英派的长江流域疆吏,如刘坤一、张之洞等,这时也建议和沙俄缔订密约⑤。沙俄先由公使喀西尼(А. П. Кассини)要求建造通过东北的铁路,以便将俄国的西伯利亚铁路和海参崴连接起来。它又利用俄皇尼古拉二世加冕典礼的机会,指名要李鸿章充贺使,和俄国财政大臣维特(Витте)进行秘密谈判。1896年6月3日在莫斯科签订的所谓"中俄密约",在对日防守同盟的名义下,规定由道胜银行在黑龙江、吉林修造铁路,给俄国以必要时运兵过境的权利。接着清出使俄、德大臣许景澄在9月间和道胜银行签订《东省铁路合同》,这就成为沙俄占据中东铁路及其附

---

① 1897年6月18日和1898年4月10日总理衙门致法国公使照会(《中外旧约章汇编》第一册,第721、745页)。

② 经过一年多的谈判,1897年2月4日,李鸿章和英国订立《滇缅条约附款》和《西江通商专条》(见上书,第686—690页)。

③ 《翁文恭公(翁同龢)日记》,光绪二十二年一月二十三日。

④ 《中外旧约章汇编》第一册,第642—643页,《英德借款详细章程》第二款、第七款。

⑤ 《清季外交史料》卷一一五,第21页,刘坤一奏;《张文襄公全集》卷三七,第36—38页。

属地带的根据。

各国激烈争抢卢汉路权 帝国主义国家对于贯穿中国心脏地区的卢汉（卢沟桥到汉口）铁路线，争夺尤为激烈。张之洞原是这条铁路的倡议者。早在1889年，他从两广总督任被调到湖广（即湖南、湖北），主要就是为了主持修路事宜。但是，1890年，李鸿章主张将该路经费移建京奉铁路。1896年，清政府颁发"上谕"，招股实华商承办卢汉路，但问津者都是以外商资金冒名影射的买办商人们，其中包括工部尚书许应骙（广东番禺人）的堂弟许应锵。真正华商吃过洋务派"官督商办"的亏，不敢再来尝试。到了8月间，由于买办官僚盛宣怀的建议，张之洞和直隶总督王文韶联衔上奏，请借外债，并设立"铁路公司"，还推荐盛宣怀任督办。于是帝国主义各国展开争夺。首先俄法集团由法国公使施阿兰（A. Gérard）出面，要求法商承办①。继之，和盛宣怀勾结的美国垄断资本洛克菲勒、哈里曼集团的"华美合兴公司"派遣前参议员华士宾（W. D. Washburn）为代表，到上海、武昌活动，要求"包办全工，事权独揽"②。最后，英、德两国资本家提出联合要求③，并要承办粤汉铁路。这些侵略目的如此明显，争抢又如此激烈，清政府当然不敢答应。于是1897年5月，在法国迫使清政府保证海南岛"不割让"之后两个月，张之洞决定向一个"欧洲小国"比利时的银行团借款并决定用比国工程师监修铁路，以免这条干线落入欧洲强国手里。7月27日，铁路借款合同④正式签订。但是比利时银行团实际上却是法、比金融资本的联合组织，结果这条铁路依然被俄、法集团控制。于是英国向东北展开攻势，和山海关到奉天（沈阳）线铁路督办、亲英派官僚胡燏棻商定任用英国人金达（Kinder）为技师长。10月18日，俄国警告英国说，"俄国政府认为，同俄国边界接壤的中国各省，必须不落入俄国之外的任何国家的影响之下"⑤。

俄、德、法占夺海港和强划势力范围 到了1897年底，帝国主义开始以武力强占中国沿海港口，民族危机达到空前严重的阶段。11月4日，德国借口山东曹州巨野县群众焚毁教堂杀死德教士，派遣海军占领胶州湾。德国在中日战争后，一直蓄意夺取中国港口，在它计划中考虑过的有大鹏湾、厦门、舟山和胶州湾等处。1896年，李鸿章从俄国到西欧游历，德国外交部

---

① 施阿兰《使华记》，第175—176页。
② 《张文襄公全集》卷四五，第23页。
③ 盛宣怀《愚斋存稿初刊》卷一，第23页。
④ 《中外旧约章汇编》第一册，第709页。
⑤ 《英国蓝皮书》1898年，中国第一号，第6页。

就向他流露过这个意思。李鸿章提出交换条件,希望德国允许增加中国关税以提高他个人在清统治集团中已经没落的政治地位①。1896年底,德国公使海靖向总理衙门公然索取胶州,但俄、法暗中通知清政府不得应允德国要求②。1897年底,在沙皇尼古拉向德皇威廉表示不反对德国侵占胶州之后③,德帝国主义悍然侵占胶州湾(青岛)。清政府下令不许山东官兵进行抵抗。德国照会俄国,承认它"不仅把朝鲜而且把华北全部包括北京与黄海都划在内的独占势力范围",并且声明支持俄国在亚洲和其他地方的侵略政策④。于是俄国一面表示支持德国的侵占行为,一面于12月14日突然将舰队驶入旅顺口,开始了对旅大地区的侵占。德国外交部向俄国表示支持,并以"这些事情将标志着中华帝国慢慢的和逐步的瓦解"⑤而表示快意。

1898年3月6日,李鸿章同德国签订了《中德胶澳租界(实即"租借地")条约》,租期99年。三星期后(3月27日),李鸿章、张荫桓等又同俄国订立了《旅大租地条约》,期限25年,可以延长。中国在这些"租借地"的行政权和驻军权都被剥夺。德国还取得从胶州经潍县、济南直至"山东边境"和从胶州经沂州、莱芜到济南的两条铁路线的独占权,并且垄断沿线两旁各30华里以内的矿产。德国不久开始修建胶济铁路。山东全省成为德帝国主义的势力范围。俄国在"租约"中,还取得直达旅大的中东铁路支线(包括后来所谓"南满铁路")及其经过地方铁路利益的独占权⑥。东北全部成为它的势力范围。再过14天(4月9日),清政府又同意了法国提出的云南、广西、广东三省"不割让",广州湾(湛江)"租借"99年和全国邮政管理权的要求。于是俄、德、法三国在中国划定了"势力范围"。

英国争夺势力范围和第三次大借款权　半世纪以来在中国维持着最优越的侵略地位的英帝国主义,加紧要求增强它在政治上和财政上对中国的控制,企图永久占据海关总税务司的地位。它积极扩充在长江流域和华南各省侵略势力,阴谋进一步伸入华北。事后企图把自己粉饰为热心维护中国领土完整的英帝国主义,在1897年底和1898年中,不但积极参加了势力范围的争夺,而且提出了广泛的政治上和经济上的侵略要求。1897年秋,

---

① 《德国外交文件》(D.G.P.)第十四卷,上册,3363号。
② 《清季外交史料》卷一二五,第8—9页。
③ 《德国外交文件》第十四卷,上册,3711号。
④ 同上。
⑤ 同上书,3734号。
⑥ 《中外旧约章汇编》第一册,第754页(1898年5月7日《续订旅大租地条约》第三款)。

英国先由一个公司出面,与盛宣怀草签第三次大借款 1600 万英镑的合同,然后由英公使窦纳乐(C. M. MacDonald)向总理衙门要求粤汉、沪宁、宁汉三条铁路权,作为交换条件①。交涉延至胶州、旅大被侵之后,英国又提出更多的要求,包括对中国重要税收(海关、厘金、盐课、常关)的管理权和从缅甸修铁路到长江流域的权利②,同时要求开放大连和进一步保证它永远占据海关总税务司的地位。于是俄国以李鸿章为内应,来进行对第三次借款的竞争。1898 年 1 月 15 日,俄国以"绝交"恫吓清政府,迫它拒绝英国开放大连的要求③。总理衙门也不敢接受英国贷款及其附带条件,而于 2 月 10 日向英国保证凡英国对华贸易"超过他国"时由英人充当总税务司;又于次日照会英国,"扬子江沿岸各省"不以"租押或其他名义让予他国"④。长江流域这个广大地区竟然成为英国的"势力范围"了。清政府在英、俄之间,左右为难,一度想不举行第三次借款而筹办国内公债,因此发行了"昭信股票"。但它本身威信早已扫地,民间应者寥寥。结果 3 月 1 日,清政府仍然同意签订由赫德阴谋撮合的汇丰、德华两银行的 1600 万英镑借款合同。合同规定:八三折扣(83%)付款,年息四厘五(4.5%),期限 45 年;在同时期内,海关总税务司由英人充任;苏州、淞沪、九江、浙东厘金和宜昌、鄂、皖盐厘统归总税务司征收管理。帝国主义贷款的高利贷性质一次超过一次;英国不但控制中国海关而且部分地控制中国的厘金、盐税了⑤。

英国在南方借口抵制法国的势力范围,在 6 月间,强划九龙深圳湾到大鹏湾(即九龙半岛新界地区)为定期 99 年的"租借地",只许中国保留九龙城内地面和从九龙通至新安的陆路以及附近的一个码头⑥。在北方,它又借口抵制沙俄势力,将军舰集中威海卫,于 7 月 1 日和庆亲王奕劻等订立专条,把刘公岛和威海湾内群岛以及全湾沿岸十英里地面强"租"25 年⑦。英国还提出五条铁路干线的要求,包括天津镇江线,晋、豫到长江线,广州九龙线,浦口信阳线和苏杭宁波线。总理衙门在 9 月 6 日居然照复接受除津镇一线外这一在中国腹地的庞大铁路系统的侵略要求。英国又于 10 月间,强

---

① 《愚斋存稿初刊》卷二八,第 13 页。
② 《英国蓝皮书》1898 年,中国第一号,第 11 页。
③ 《翁文恭公日记》光绪二十三年(丁酉)十二月二十二日。
④ 《中外旧约章汇编》第一册,第 731—733 页。
⑤ 同上书,第 733—738 页,1898 年 3 月 1 日《英德续借款合同》。
⑥ 《中外旧约章汇编》第一册,第 769 页,《展拓香港界址专条》。
⑦ 《中外旧约章汇编》第一册,第 782—783 页。

迫清政府签订了包括北京经天津至山海关和从山海关到营口两条铁路线的所谓《关内外铁路借款合同》。为了夺取津镇这条重要铁路权,英国和德国谈判划分铁路投资的范围(1898年9月英德协定),并加强英德金融资本的合作,终于在1899年5月,迫使清政府和英德银行团订立草合同,规定津镇铁路北段归德国建筑,南段归英国建筑①。1899年4月,英俄缔结协议,互相承认分别在长江流域和长城以北的"势力范围"。

在英国的支持下,日本于1898年4月取得了福建省"不割让"的保证,把福建划为自己的势力范围。

瓜分局势的形成　这样,在1896—1898的两三年中,中国大部分地区被帝国主义划作势力范围,中国沿海的重要港口被外国侵占或控制,中国主要铁路干线都落在外国手里,连粤汉路路权也在1898年4月被当时还忙于进行对西班牙战争的美帝国主义抢去了②。

列宁指出:"欧洲各国政府(最先恐怕是俄国政府)已经开始瓜分中国了。不过它们在开始时不是公开瓜分的,而是像贼那样偷偷摸摸进行的。他们盗窃中国,就像盗窃死人的财物一样,一旦这个假死人试图反抗,它们就像野兽一样猛扑到他身上。"③

在民族危机空前严重的这几年中,中国社会经济发生了新的变动。自然经济的基础遭到更大的打击,农民生计日益穷蹙,同时民族工业有了初步的发展。

甲午战后帝国主义设厂垄断中国工业　帝国主义对中国的资本输出,除了攫夺中国经济命脉如路矿等之外,还设立各种工厂,企图垄断中国工业,首先是纺织业。1897年在上海正式开工的,就有英国怡和、老公茂,德国瑞记和美国鸿源四个纱厂。英国又收买中国官商合办的裕晋纱厂,改名协隆。这五个厂共有纱锭16万枚。日商东华纱厂不久也在上海开设。帝国主义各国政府加紧鼓励他们的资本家进行投资。甲午战争前,上海原有由盛宣怀控制的中国官商合办的纱厂五家,纱锭十几万枚④,中国每年仍输

---

① 《中外旧约章汇编》第一册,第898—903页。
② 《中外旧约章汇编》第一册,第746页,1898年4月14日,《粤汉铁路借款合同》。
③ 列宁:《中国的战争》,见《列宁全集》卷四,第335—336页。
④ 1895年海关册(中文本,上海口,页32)作"五家,纱锭十二万枚"。英领事詹悟生说:《马关条约》签订前,华厂有五六家,开工的纱锭15万枚(见汪敬虞编,《中国近代工业史资料》第二辑上册,第182页)。由盛宣怀控制的有华盛、华新、大纯、裕源、裕晋五厂,见《愚斋存稿初刊》卷五,第42页。

出大量原棉(主要向日本),而从印度输入大量棉纱。在侵略特权庇护之下,帝国主义把上海变成它们在华纺织业的中心。中国纱厂渐难立足,不断倒闭、出卖(如裕晋)、"出租"或招洋商入股(如裕源纱厂)。帝国主义资本输出的结果,首先是对于中国工业的压迫。

  民族工业的初步发展 但是外资的大量侵入,不能不在一时期内刺激中国资本主义的发展。《马关条约》后,清政府既允许外人投资,也就不能禁止民间设厂。洋务派对工业垄断的时代已经过去了,官办企业不能维持,"官督商办"的信用也已丧失干净。因此,在一部分官僚(如胡燏棻)和资产阶级维新派(如康有为)的呼吁下,清政府谕令各省"招商多设织布、纺绸等局,广为制造"。于是国内商办工业的兴起,就成为不可遏阻的事情。1895—1898年间,根据不完全的统计,新创办的厂、矿五十余家,资本约1200万元。在纺织业方面,上海外国纱厂林立,华厂易受倾轧。于是无锡业勤纱厂(1896年)、苏州苏纶纺织厂(1897年)①、杭州通益公纺织厂(1897年)和南通大生纱厂(1898年)先后兴办。缫丝工厂在上海、苏、杭等地迅速增加,1898年仅上海一处就达二十家左右。面粉、火柴等公司在国内各地纷纷开设。1897年,张之洞奏说:"数年以来,江苏、浙江、湖北等省陆续添设纺纱、缫丝、烘茧各厂约三十余家。……沪、苏、江宁等处有购机器制造洋酒、洋蜡、火柴、碾米、向来火者。……陕西现已集股立机器纺织局。……四川已购机创设煤油,并议立洋蜡公司。……山西亦集股兴办煤铁,开设商务公司。至于广东海邦,……近年新增必更不少,天津、烟台更可类推。湖北、湖南两省已均有购机造火柴及榨棉油者。湖南诸绅现已设立宝善公司筹仪各种机器制造土货之法,规模颇盛②。似此各省气象日新,必且愈推愈广。"③这是对当时资本主义发展情况一个很生动的写照。但是民族资本还只是封建经济汪洋大海中的一些小岛,没有力量对抗帝国主义巨大资本对中国工业的逐渐控制。

  大资产阶级势力的迅速扩张 和帝国主义侵略势力密切联系的大资产阶级势力,在这时期却在迅速扩张。盛宣怀系官僚买办集团不但继承了洋务派的衣钵,并且加紧投靠帝国主义。除了仍旧握有轮船招商局、电报局以

---

  ① 先由陆润庠经理,后于1898年改由祝承桂承办。
  ② 王先谦组织的宝善公司,仍是官督商办,后改官办。
  ③ 《张文襄公全书》卷四五,第18页。这里所举各项企业,一部分(主要如纺纱业)是属于官僚资本主义性质的。

及上海华盛总厂的纺织系统外,盛宣怀又从张之洞手中接收了湖北的汉阳铁厂。华盛纱厂以不断捏报亏折的手法,成为盛氏的私产。汉阳铁厂后来和大冶铁矿、萍乡煤矿合组成为汉冶萍公司,愈来愈依靠日本资本家而逐渐被日本帝国主义所控制。盛宣怀又把卢汉路的"铁路公司"偷偷改为"铁路总公司",企图依靠外资把持全国铁路。1897年开业的中国通商银行,也具有浓厚的封建买办性质。盛宣怀拟定的营业办法是"于通商大码头用洋人为总管,于内地各省用晋人为总管,……专用西帮,仍悬通商银行招牌,而悉照西号(山西票号)办法"①。在他心目中,银行只是山西票号的化身和准备偿付外债的厘金盐课的收存所,甚至还要允许英国公司派员驻行查核②。他所招揽的银行股东,大部分是官场人物。号称中国第一家新式银行的通商银行,就是这样露骨的官僚买办的金融机构。它对于民族工业当然不可能起真正的推动作用。官僚买办势力的发展和帝国主义加紧侵略的形势是分不开的。

发展较为显著的民族资产阶级上层　微弱的民族资产阶级在这时期有了初步的发展。中下层力量发展得十分有限。上层力量的发展较为显著。更多的官僚富商,即所谓"绅商",投资于新式工业,他们本身亦官亦商,和封建势力有密切关系。他们投资的企业随时有被帝国主义挤倒的危险。他们和官僚买办势力之间也存在着矛盾。如无锡业勤厂主杨宗濂兄弟本来依靠淮系而成为上海织布局的投资者。杨氏兄弟都身兼官商。杨宗濂本人和翁同龢关系极密③。1893年,织布局被焚,李改派盛宣怀接管,并改组为华盛总厂④。杨氏兄弟只好另行设厂,这样才有1896年无锡业勤纱厂的设立。杨氏兄弟一面和盛宣怀官僚买办集团有利益矛盾,一面又和官僚势力有密切关系。苏州和南通的纺织厂最初是由有关地方当局派绅招集商股,以官商合资形式组织成立的,因而在开始时都是官商不分的,但不久由于形势的改变,改为"由商承办"(如苏纶纺织厂),或实际变成商办(如大生纱

---

① 《盛宣怀未刊信稿》,第73页。
② 同上书,第41页。
③ 甲午前七八年中,杨和翁往来极密。癸巳(1893年)春,杨告翁"上海一织布局,杨藕舫(宗瀚,宗濂弟)办;一洋纺局,龚仰蘧(照瑗)东。织布局现在每月出货十二三万,每日日用五百两,获利约五百两,每月可得一万二千利。又云洋纱局获利亦厚"(《翁文恭公日记》卷三二,第21页)。织布局这些内幕情况是从不公开的。
④ 翁日记云"布局合肥派盛杏孙,艺芳(杨宗濂)兄弟无分"(《翁文恭公日记》卷三二,第78页)。可以看出翁代他们不平的口气。

厂)。苏纶纺织厂初设时,苏绅陆润庠因亲丧家居,以国子监祭酒身份被派为"总办苏州商务绅董"。他名义上"自开两厂"①(苏经丝厂与苏纶纱厂),实际上是向商务局"承领息借商本"②,因此他既是"商董"又是官派经理,厂权实际属于商务局。到他服满赴京,两厂才由另一绅士祝承桂承租包办五年,成了商办企业,但遇事"仍由江苏藩司(即布政使司)会同商务局督察商办"③。祝承桂和其他负责人原来也都是官绅④。南通大生纱厂原由张謇奉张之洞命招股创办,但招股困难,改议官商合办,以他所领到张之洞署两江总督时购买搁置的纱机2.04万锭,作为官股25万两。大生纱厂成立的经过十分困难。张謇自己没有多少资本,如果没有两江官方(主要是刘坤一)的关系,他的纱厂是不可能创办起来的,而两江督署对张謇的支援就因为他本人是有政治影响的官绅。如上所述,就江南一隅已可看出这时期新兴资产阶级上层和封建统治势力极其密切的关系。

下层群众在危机形势下酝酿新的革命风暴 广大人民群众遭受更直接的侵略压迫和更严重的封建剥削,革命形势正在迅速发展。抗捐、抗税的风潮席卷全国十余省份。捣毁厘捐局的事件时有所闻。各地发生农民暴动以至武装起义。1898年,苏北、皖北、河南都发生大刀会、小刀会等组织的起义。广西天地会领导的起义,攻下梧州、浔州等地。四川大足县哥老会首领余栋臣⑤再度组织农民群众,在打教堂的号召下同时进行反封建的斗争。四川、湖北两省人民纷纷卷入战斗。湖广总督张之洞奏报说,"飘布所到之处,人民起而随之"。在1898年初,资产阶级维新派的首领康有为警告说,"自台事后,天下皆知朝廷之不可恃。人无固志,奸宄生心。陈涉辍耕于陇上,石勒倚啸于东门。加以贿赂昏行暴乱于上,胥役官差蹙乱于下,乱机遍伏,即无强敌之偪,揭竿斩木已可忧危"⑥。

甲午战后两三年中,人民斗争的锋芒突出地朝向帝国主义。除了各地风起云涌反对外国教会的斗争外,在侵略势力直接蹂躏下的"租界""租借

---

① 《刘忠诚公(坤一)奏议》卷二五,第4页,"自开两厂以为之倡"。
② 同上书,卷三二,第54页,当时办法,商股交商务局,开厂人向商务局出息借本。
③ 汪敬虞编:《中国近代工业史资料》第二辑下册,第687页。
④ 如费念慈(屺怀)就是退职官吏和富绅,也是翁系官僚。
⑤ 绰号余蛮子。"蛮子"是勇于斗争的美称,并没有"蛮不讲理"的意思。当时余蛮子的威名传布中外。
⑥ 康有为第五次上皇帝书,光绪二十三年十二月。《戊戌变法》(《中国近代史资料丛刊》)第二册,第192页。

地"和铁路线地带,到处都有人民的暴动和武装斗争。19世纪末年中国人民群众规模巨大的反帝运动正在酝酿。

第七节 资产阶级维新运动——戊戌变法

维新运动的性质和阶级基础 在上述民族危机严重和社会矛盾尖锐的情况下,资产阶级改良派发动了变法维新运动。维新运动具有爱国救亡、政治改革和思想启蒙的三重性质。

七八十年代,从反对封建统治的专横腐败而提出的零星改良建议,到中日战争后发展为一套政治主张,并且形成了一个以资产阶级改良派为中心的维新政治运动。这时期的改良派客观上是开始发展的资产阶级上层的政治代表,其中主要代表人物是康有为、梁启超、谭嗣同和严复。他们提出了变法维新的主张,所以也称为维新派。

康有为 康有为是变法理论和纲领的主要提出者。他出生于广东南海县,早年饱受封建主义的传统教育。1876年,他投于同邑学者朱次琦①门下,治程、朱兼及陆、王理学三年。1879年,他移居西樵山白云洞,开始研究道、释书籍,并阅读清初顾炎武和顾祖禹的著作。1882年,他到北京应顺天乡试不第,归途经上海,购读江南制造局和英美教士"广学会"的译书。1888年,他再到北京,以一个秀才的身份上书皇帝,请求变法,被都察院阻格不能上达。1891年以后,他在广州讲学,署学舍②为"万木草堂"。这几年中,他著就《新学伪经考》并写了《孔子改制考》一部分稿和"秘不示人"的《大同书》初稿。《新学伪经考》刊于1891年,宣告东汉以来所谓古文经学都是"新莽"(王莽)一朝之学,出于刘歆伪造。这部书在学术上破除盲目信古思想,在政治上打击了顽固派"恪守祖训"反对变革的思想,因而引起顽固官吏的嫉视,于1894年被给事中余联沅参劾毁版。"大同"思想提出历史不断发展的见解,认为其最高发展阶段是"大同极乐世界"。这在当时是有积极意义的学说。1895年,康有为到北京应试,发动来京应试的各省举人进行公车上书③(即第二次上书),都察院拒不收,但上书稿被缮印散

---

① 朱次琦,字子襄(1807—1881年),长期在南海县九江乡讲学,被称为九江先生,传说洪秀全也曾从他受业,但不可信。
② "学舍"先在广州长兴里,1892年迁卫边街邝氏祠堂,1893年再迁至府学堂的仰高祠。
③ 汉代以公家车马送应举之人赴京,故后人以"公车"为进京应试举人的代称。

发,影响甚大。榜发,他成进士,授工部主事,来到署,又上书(第三次上书)陈自强雪耻之策,分富国、养民、教士、练兵四项,得到光绪帝的赞许。一个月后,他又上书(第四次上书)请设议院,但都察院和工部的长官都拒不肯代达。这几次上书的内容,就是他提出变法的纲领。"富国"的具体主张,就是取消各省原有禁令,允许人民办工厂、制机器,发展铁路、轮船事业。这些事业都要"纵民为之,由官保护"。"养民"的重点在于发展工农商业,诸如利用新的科学知识和技术,提高农业生产,讲求制造技术上的发明,给予专利,甚至允许民间制造枪炮,此外还鼓励商会和大公司的组织,并由国家协助。"教士"的内容,就是广开学堂,招收学生,每人除"专学一经以为根本"外,要着重学习"专门之业"。为了推行这个纲领,他在"求人才"的名义下,提出一种代议制度,即由每十万户推出一个"议郎",也就是绅商推选的新式议员。这些主张遭到顽固派官吏的坚决反对。

梁启超、严复、谭嗣同 梁启超[①],广东新会人。他师事康有为于万木草堂,协助他著述和在北京进行政治活动。变法运动开始后,他成为最有力的政治鼓动家。严复[②]毕业于福州船政学堂,随兵船实习数年,被派赴英留学。他注意研究西方文物制度,回国后努力译述,最早译出的有赫胥黎的《天演论》(1898年初刊印),以"物竞天择、适者生存"的生物进化学说警醒国人。1895年他在天津《直报》先发表《论世变之亟》一文,鼓吹发愤图强,又发表《原强》《救亡决论》等文,主张废八股,倡新学和废除专制政治。谭嗣同[③]是维新运动中最激进的人物。他出身于大官僚家庭,生于北京,游历甚广,西北至新疆,东南至台湾,大江南北踪迹几遍。他胸襟开豁,对新事物感觉敏锐,阅览甚博,受王船山(夫之)著作影响最大,也推重龚自珍和魏源。当时民族资本主义开始发展,他也热心于一些工矿企业的创办。维新运动开始时,他在湖南,没有参加北京强学会。1896年春,他到北京,结识梁启超[④]。1896—1897年,他写成《仁学》两卷,大胆批判封建制度和传统道

[①] 梁启超,字卓如,号任公(1873—1929年),广东新会人。
[②] 严复,本名宗光,字又陵,后改字几道(1853—1921年),福建侯官(今闽侯)人。
[③] 谭嗣同,字复生(1865—1898年),湖南浏阳人。
[④] 梁启超在《饮冰室诗话》和《三十自述》中都说乙未年(1895年)和谭定交。但谭自记"乙未冬间,刘淞芙归自上海,袖出一书云南海贻嗣同者,并致殷勤之意。若旧相识。嗣同大惊,南海何因知有嗣同。……其明年春(1896年),〔赴北京〕道出上海,往访,则归广东矣。后得交梁(启超)、麦(孟华)、韩(文举)、龙(泽厚)诸君"(《湖南历史资料》,1960年第一期)。则二人相识应在丙申年春。

德,主张冲破封建主义的一切网罗。

从强学会到《时务报》 1895 年 8 月,康有为和梁启超在北京组织"强学会",并出版《中外纪闻》,日印千份,附《京报》分送朝士大夫。同年 10 月,上海设立强学分会。参加学会的人多半是中小官僚和达官贵绅的子弟。学会的目的就是组织这些人讲习资产阶级政治,借以形成一股新的政治力量,正如梁启超所说的,学会兼具学校和政党的性质。学会在北京和上海的设立,分别得到有力官吏翁同龢的支持和张之洞的一时赞助。谭嗣同写当时情况说,"内有常熟(翁),外有南皮(张),名士会者千计,款亦数万"①。这些"名士"中有倾向维新派的如翁系官僚文廷式,也有单纯投机取巧的如李鸿藻的亲信门生张孝谦和张之洞的儿子张权等。但这些关系都挡不住反动势力对强学会的破坏。李鸿章的姻亲、御史杨崇伊上疏攻击强学会,参劾文廷式。结果北京强学会被查封,同时上海的强学分会也被张之洞取消了。康有为回到广州继续著作,完成《孔子改制考》和《礼运注》两书,并推动两广(包括港、澳)的维新运动。当时风气已开,各种学会的组织和报刊的传播已成为不可阻遏的事情。1896 年春,上海强学会会员黄遵宪、汪康年等议办报馆,继续强学会的活动,并延请梁启超到上海任编辑。8 月,《时务报》(旬刊)在上海发刊,揭出"变法图存"的宗旨。梁启超在报上陆续发表《变法通议》等论文,大声疾呼,抨击顽固派"因循不察,渐移渐变,百事废弛,卒至疲敝不可收拾"。《变法通议》等论文代表当时思想界的新潮,是对旧制度的公开挑战。《时务报》在数月中每期销至万余份。但是《时务报》经费仍是仰赖张之洞的捐助,汪康年又以张之洞的旧幕僚身份操报馆经济用人大权。梁启超因为在报上撰文批评金陵"自强军"聘用西洋(德国)教习,指摘他们"半属彼中兵役,而攘我员弁之厚薪",触怒张之洞②,又与汪康年龃龉,结果于 1897 年 11 月离上海赴湖南,主讲长沙时务学堂。

维新运动在各地迅速开展 湖南成为运动的重要中心 1897 年这一年中,各地纷纷创办报刊。澳门出版康梁系的《知新报》③,在报上刊登《孔子改制考》,以变革和发展的思想,鼓吹变法。天津出版严复等编辑的《国闻报》。长沙出版了《湘学新报》。鄂督张之洞、湘抚陈宝箴分别札饬湖北、

---

① 谭嗣同致欧阳中鹄信,见《谭嗣同全集》,第 332 页。此信"乙未除夕"作于湖北。
② 《汪穰卿(康年)先生传记遗文》卷二,第 16 页。
③ 原名《广时报》,1896 年底梁启超由上海到澳门筹办出版。次年阴历正月二十一日《知新报》创刊。

湖南各书院订阅《时务报》和《湘学新报》。在陈宝箴和提学使江标的热心提倡下,湖南一时成为维新运动的中心。各省新办的学堂中,长沙时务学堂成绩最著,影响最大。各省纷纷成立学会,如桂林的"圣学会"、苏州的"苏学会"、北京的"知耻学会"和"西学会",其中亦以湖南的"南学会"为最著。谭嗣同于1897年10月应陈宝箴、陈三立父子之招,从南京回到长沙,和江标、黄遵宪、熊希龄、徐仁铸、梁启超、唐才常等讨论推行新政并发起成立南学会,谭嗣同演说鼓吹变法,讲义交唐才常主办的《湘报》陆续发表。这些言论和梁启超在"时务学堂"所讲的民权学说,都被湖南顽固士绅王先谦、叶德辉等目为洪水猛兽,力加挨斥。张之洞甚至电令陈宝箴限制《湘报》的议论。但是从1897年11月德国强占胶州开始,国事更加危急。1898年春,总理衙门对德、俄屈服,分别订立"租借"港口的合同,更引起全国人民巨大的震动和愤怒。维新思想随着民族危机的加深而更迅速地传播着。变法运动以1898年4月间由康、梁等在北京组织的保国会的成立而进入新的阶段。

维新派与顽固派的大论战 这两三年中,维新派对顽固派、洋务派在思想领域中展开了尖锐的斗争。他们的争论主要是围绕着下面几个主题:

第一,旧法是否可变?顽固派从"天不变道亦不变"的哲学观点出发,坚持"祖宗之法不可变"。主张"人治",反对"法治"。例如湖南顽固派学者曾廉说:"同是周官之法度,周公存则法度举,周公亡则法度紊"①,"治天下而徒言法,不足以治天下"②。他甚至由此推论,一切具体制度,包括八股取士,皆不宜改,因为"中国一切皆非为制度之不良,而但为人心之败坏而已"③。叶德辉也说:"与其言变法,不如言变人。"④徐致祥说,"变人"之道无他,只须给皇帝开经筵讲理学就行,因为孟子说过"一正君而国治矣"⑤。洋务派也认为封建纲常制度不可变,只是他们需要一些更适合于帝国主义半殖民地统治要求的改变。

维新派吸收西洋"进化论"的哲学观点,指出"变者古今之公理"。康有为把公羊学家所谓"据乱、升平、太平"三世解释为君主专制、君主立宪和民主共和的政治发展各阶段。他主张当时中国社会应该进入"升平世"即君主立宪时代。他指出清朝已经改变前代法制,而且清朝本身又屡次改变自

---

① 曾廉《蠡庵集》卷七,第19页。
② 同上书,卷一八,《论保甲》。
③ 同上书,卷二一,《习用论》。
④ 叶德辉《輶轩今语评》,见《翼教丛编》卷四,第16页。
⑤ 《嘉定先生奏议》卷下,第27页。

己的法制,以此来驳斥"祖宗之法不可变"的说法。他进一步诘问:清朝祖宗的成法已经不能用以保卫祖宗所开辟的疆土,难道因为要守法而就不要守土了吗?对于只要"治人"不要"治法"的诡辩,维新派正面指出要学习新的学问,才能造就新人才,才有"治人"。

第二,要不要让绅商享受政治权利?顽固派认为"民有权则君无权",民权是"违反纲常",是"用夷变夏",提倡民权是"率天下而乱"①。洋务派同意这样看法,张之洞提出"民权四无益说"②。顽固派如叶德辉还提出"废君主则政出多门,地方割据之局成"③。维新派不能、也不敢引用西方早期资产阶级的民权理论(如卢梭的社会契约说)和人权学说来反对顽固派把君主看作"自天作命"的传统说法,而且他们也同样害怕君权被推翻将引起革命或是割据之局。他们大都主张"民智未开"不能即设议院,而只是希望给绅商一些政治权利,借以达到所谓"君民共治"的目标。他们还要极力躲开对方提出的"离经悖道"的责难。康有为向《礼运》的大同说寻找民主政治的根据,说"民主之大公,尤为孔子所愿望";梁启超甚至企图证明代议制度自古已有,把汉代的"议郎"曲解为西方议院的议员。这些论点都说明了维新派还缺乏有力的理论根据。梁启超在长沙时务学堂讲学时,着重发挥"民权"的理论。他认为"国者何,积民而成也,国政者何,民自治其事也",国家不是"君相之私产",因此他提出"以群为体,以实为用"④。"群"的概念是从19世纪西方资产阶级社会学(即"群学")搬来的,所指的是社会上不同的团体。但是他们在国家民族危难深重的时候,着重指出"能兴民权者,国无可亡之理",主张"合举国内四万万人之身为一体,合四万万人之心为一心"来抵抗外侮,在政治上有进步意义。

第三,要不要废除八股,提倡新学?顽固派这时期依然拒绝"西学",洋务派只要"西学"皮毛,提出"中学为体、西学为用"的原则。维新派一些人士如严复,对"旧学"开始作了一些批判,认为无论汉学或宋学⑤以至词章之学,都"无用无实",无补于国家的危亡。这代表当时最激烈的论调。他批评洋务派"盗西法之虚声,而沿中土之积弊",提出学习西方就要"穷理劝学",也就是说要开办学校,学习西洋社会政治学说和自然科学。但对于

---

① 《翼教丛编》卷六《岳麓书院宾凤阳等上王益吾(先谦)祭酒书》。
② 《劝学篇》内篇第六《正权》。
③ 《翼教丛编》卷四,《輶轩今语评》。
④ 梁启超:《爱国论》,《饮冰室文集》之三,第73—74页。
⑤ 详见本书最后一节。

"中学为体、西学为用"的说法,维新派并没有表示反对,他们自己甚至也沿袭这种说法。因此维新派在这方面的争论,实际上只是集中在反对八股取士这一点。

从这次论战中,可以看出,旧势力是死心踏地地维护一切旧制度。而维新派毕竟提出了学习西方先进学说,寻找救国道路的主张。他们初步批判了君主专制政体,介绍了一些西方资产阶级民主思想。封建主义的思想壁垒初次被打破了一个缺口,给后来民主革命学说的传播提供了初步的条件。变法讨论的本身也打破了过去人民不得议政的沉寂局面,一时报章纷纷出版,学会和学堂公开讨论宣传,这样就形成了近代中国第一次思想解放潮流。

维新派要求以皇帝权力推行新政 维新派要光绪皇帝效法的只是日本明治天皇和俄国彼得大帝。他们理想的政治改革只是封建地主阶级和新兴的资产阶级上层相互妥协的君主立宪制度。他们自身也十分害怕革命,极力宣传近世革命的"惨烈"。但是在民族危机极端严重的时候,他们奋起高呼救亡,使运动呈现了鲜明的爱国色彩。

光绪二十三年底(1898年初)康有为在北京上书皇帝(第五次上书),提出国家就要沦亡的警告。他说:"割台之后两载遂有胶州。……事变之来,日迫一日。……恐皇上与诸臣求为长安布衣而不可得矣。"他同时指出,人民反抗活动在近几年中的酝酿,也已成为对统治者的严重威胁。他请求皇帝下罪己诏,广集群材,明定国是,从此将国事付国会议行。他强调指出"图保自存之策,舍变法外别无他图"。此奏被工部堂官扣压,未能上呈。后由翁同龢向光绪推荐,光绪准备召见。恭亲王奕䜣以皇帝接见小臣不合制度相阻,改由总理衙门大臣与康有为面谈,并令康有为条陈所见。于是在1898年1月,康有为就上有名的《应诏统筹全局折》①,提出"能变则全,不变则亡;全变则强,小变仍亡"②的主张,建议(1)"大誓群臣以定国是";(2)"立'对策所'以征贤才";(3)在内廷设"制度局",协助皇帝谋议新政。这三条办法,说明维新派要求以皇帝权力推行新政,吸收维新派参预政权,并在这些基础上进行对政权机构的改革。

保国会 接着,更多的港湾被外国侵占,全国震动,统治集团内部所谓帝党和后党的矛盾加剧,当权的顽固派暂时收敛了气焰。维新派在1898年4月间成立的保国会,以三年前一个上谕的几句话作为组织团体的根据,但

---

① 此折被顽固派抑压了一个多月,到3月5日才转到光绪手中。
② 《戊戌变法》第四册,第197页。

它揭著"保国、保种、保教"的宗旨,组织全国性的(北京、上海的两个总会)和各省的救亡团体。保国保种就是保卫国家和民族的生存。保教就是维护康有为所谓孔教。在"保教"的名义下,保国会规定会员"德业相劝、过失相规、患难相恤",企图这样来达到康、梁等主张"合群"的目的,从这里可以清楚地看出维新运动是局限于少数官绅和知识分子圈子里的一种政治活动,虽然有一定的群众性,但是脱离广大下层群众。

百日维新 6月11日,光绪帝颁布"明定国是"的上谕,开始"百日维新"。维新派通过皇帝发出一系列改革命令。但是顽固派已在磨刀霍霍地伺机反扑。就在上谕发布的第四天,支持维新派的帝党领袖户部尚书、军机大臣翁同龢被撤去一切职务勒令回籍;那拉氏的亲信协办大学士、兵部尚书荣禄署理直隶总督统率北洋军队。第二天,光绪帝派康有为充总理衙门章京,许以专折奏事。康有为编写并进呈《日本变政考》等书,建议光绪模仿日本明治维新,推行各项新政改革。

从6月到9月间,新政的措施,主要表现在下列方面:(1)对旧机构的改革,如裁撤詹事府、通政司等闲散衙门和"督抚同城"各省分的巡抚以及东河总督;裁撤绿营;允许官民上书言事;(2)废除八股改试策论,取消各地书院,改设新式学校,在北京设立京师大学堂,准许自由创立报馆和学会;(3)设立路矿总局、农工商总局和各省的商务局,以推动工商业的发展,提倡商办实业,组织商会。

这些措施并没有引起政权实质上的变动,也根本没有提到设立议院,但旧制度的局部破坏(尽管只是对于早已失去存在理由的一些部门和一些具体制度的破坏),和一些极必要的新制度的建立,也引起旧势力的顽强反抗。不论顽固派和洋务派都竭力阻挠新政,地方官吏中只有湖南巡抚陈宝箴积极支持新政。颁发的诏令大都成为废纸。到了9月初,礼部尚书怀塔布、许应骙等公然阻挠部员上书,反对新政。光绪帝下令将礼部堂官①全体革职,任命谭嗣同、杨锐、刘光第、林旭四人为四品卿衔军机章京,参预新政。顽固派和维新派之间的斗争更加激烈。

维新运动在顽固派反击下迅速失败 那拉氏早已密切注意她所掌握的政权可能发生动摇。一切不满意裁撤旧衙门和冗员以及废除八股的顽固势力,都集合在她周围。怀塔布等人奉她的旨意到天津和荣禄密谋。荣禄调军队聚集在天津和长辛店,具体计划如何不得而知,一时盛传他们将在秋

---

① 即满汉尚书各一人和侍郎各二人。

季以皇帝赴天津阅兵为名乘机迫光绪退位。光绪身处危境,密谕杨锐等设法。维新派想出依靠军事实力派的办法,推荐袁世凯可用。袁世凯于1895年在小站练兵,一度参加过强学会,不久投靠荣禄,任直隶按察使并统带新建陆军。光绪召袁世凯进京,以侍郎候补专办练兵事务。光绪还接见来华访问的日本前首相伊藤博文,向他请教变法经验。顽固派感到形势紧张,西太后遂于9月21日发动政变,光绪被软禁于中南海瀛台,那拉氏以"训政"名义重掌政权。

维新派前此幻想依靠一些外国(英、日)的同情来反对另一些外国(如德、俄)对那拉氏的支持。他们曾经推荐英国传教士李提摩太(Timothy Richard)为光绪顾问,甚至主张聘伊藤博文为客卿。政变发生后,康有为和梁启超在英国和日本的帮助下流亡国外。谭嗣同表现了英勇牺牲的精神。他说:"各国变法无不从流血而成,今中国未闻有因变法而流血者……有之请自嗣同始。"9月28日,他和杨锐、刘光第、林旭、杨深秀、康广仁六人同被杀害,人称"戊戌六君子"。维新派的改革措施,除京师大学堂外,几乎全部被废止,许多赞成新政的官吏被革职驱逐。

戊戌变法的失败,说明了企图用改良的方法挽救中国的道路走不通,也反映了当时新旧力量对比的悬殊。当时由封建官僚、豪绅、富商转化的资产阶级刚在形成,维新运动主要是由一批有资本主义倾向的知识分子来提倡推动。由于他们本身的软弱,不敢和旧势力及侵略势力公开决裂,因而只能依靠没有实权的光绪皇帝推行新政,并照搬日本明治维新模式实行变法。结果在强大的保守势力反击下,"百日维新"迅速失败。

第八节　民族危机加深和义和团反帝运动

资产阶级维新运动不能阻挡帝国主义侵略的狂潮。到了1899年的上半年,帝国主义列强之间(英、德、俄)完成了关于划定势力范围的协议。连西方其他国家如意大利和奥匈帝国,也阴谋来华夺取侵略基地。清政府在全国愤激舆论的压力下,拒绝了意大利强迫"租借"三门湾的要求。1899年9月,美帝国主义提出"门户开放"宣言。

美国垄断资本向中国市场大举进攻　帝国主义在中国划分势力范围的斗争中,美国是一个后起者。但是到19世纪末,美国工业生产已经超过西欧各国。美国的纺织品、钢铁工业品、石油、面粉大量倾销中国。在中国南部和长江流域,美国遇着英国的激烈竞争。1897年,美孚石油公司阴谋通过买办势力向广西当局夺取豁免厘金的特权,把广西变成美国煤油的势力范围①。但被英国反对而失败。在这些地区,美货的推销还要利用英国长期建立的买办网,因而不能和英国公开冲突。于是美国垄断资本就特别着重对华北和东北市场的进攻。在这些地区,美国的纺织品和钢铁制造品迅速夺取了英国的市场。美国铁轨和机车大量输入。美国煤油以减价推销办法,击败俄国石油的优势。天津、牛庄和烟台在这几年中成为美货输入中国的主要口岸。

所谓"门户开放"的宣言 各国在势力范围内实行垄断,对于美国的庞大侵略计划是有妨碍的,同时,这对于早已取得最优越地位的英国也不是最有利的,因此,美国取得英国的事先同意,在1899年9月6日由美国国务卿海约翰(John Hay)向英、俄、德三国发出照会,要求:(1)各国在"利益范围"和"租借地"内,不得对条约口岸或他国的既得利益加以干涉。(2)在这些地区的条约口岸中,规定的税率适用于各国的装卸货物;不得侵夺关税收入。(3)这些地区对船舶征收的港口税,各国一律;铁路的货物运费也不能有差别待遇。在11月中,美国又先后向日、意、法发出同样的照会。这些要求清楚地说明了美帝国主义不是什么"反对破坏中国领土完整",而是主张列强各国在华势力范围也要允许美国自由出入,不妨碍美国扩张它的侵略利益。由于海约翰的照会符合当时各侵略国的主要利益,因此各国先后答复表示同意②。"门户开放"宣言实际上是美帝国主义凭借自己优越的经济实力而采取的一个积极侵略方针。此后半世纪中,美国每一次对中国的侵略行动,都以所谓"门户开放"为冠冕堂皇的理由。同时,美帝国主义从19世纪末年到辛亥革命后几年中,也一直在阴谋强占三都澳,企图夺取福建作为它的势力范围。

清政府加紧搜括 资产阶级维新运动没有能够促使清政府走上改革之路。统治机构在戊戌政变后继续腐烂。北京的王公大臣们高谈"筹饷练兵"③、增厘折漕,以及糖、盐、烟、酒、茶叶的加税和田契、房契的加税,再加上豪商捐输,种种方法都用尽了,但并不能挽救财政的破产。官吏舞弊中饱比实际报解数目总要多出三倍。清中央政府一年收入只有8000万两,除了

---

① 福森科:《瓜分中国的斗争和美国的门户开放政策(1895—1900年)》,生活·读书·新知三联书店1958年版,第75—76页。

② 俄法两国对美国照会有保留,不肯放弃它们在自己势力范围内享有的在税收和运费方面的特殊待遇。

③ 《光绪朝东华录》第四册,第4401页,刚毅等奏。

以2000多万两付洋债利息,3000多万两付军饷,2000多万两付"洋务"之外,剩下的只有几百万两,中央和直省地方经费以至八旗兵饷都没有着落①。于是西太后接受礼亲王世铎的提议,命令大学士军机大臣、六部九卿会议,决定要各省督抚把对关税、厘金、盐课的"陋规中饱"尽量吐出,并命令直督裕禄和大买办盛宣怀把开平煤矿、轮船招商局和电报局的"余利"全部归公。西太后特派刚毅到江南、广东等号称富饶的地方进行搜括。但官吏吐出的赃款不多,"陋规"反因此而合法化,各地巧立名目渔利的办法更多了。盛宣怀和刚毅勾结,由刚毅奏称他对招商、电报两局"只有督办之名",全无实权,至于各局总办如黄祖络、龚照瑗、沈能虎、黄建筦等这些买办官吏,也都被说成一清如水,毫无侵蚀。结果只是由招商局每年"报效"六万两,电报局每年"报效"四万两了事②。盛宣怀报效刚毅和西太后的数目,不问可知。清政府加紧搜括,官吏放肆贪污,一切灾难落在人民身上。

铁路和教会对华北社会的破坏性影响 华北的社会经济恶化特别剧烈,农村受到毁灭性的破坏。当时山东、直隶两省铁路都在兴修,京津、津榆、榆锦③各段铁路先后完成。卢汉铁路在湖北、河北两头同时施工。河北从卢沟桥到正定的一段,在1900年完工。铁路经过的地方,洋货倾销,旧式交通运输骤被弃置,失业农民和游民数目剧增。运河运输被沿海轮船代替,漕米改征折色。运河河道成为废物,沿河城市衰落。这种情况严重影响了河北、山东、苏北人民的生计。农民、失业的运输工人、破产的手工业者和小商人等下层群众形成了反抗斗争的庞大队伍。

拆铁路、打教堂是这时群众自发反抗斗争的重要内容。部分外国传教士在中国为非作歹,不但霸占田产,包揽词讼,干涉行政,甚至自居为一方之主,非法组织武装,收买地方败类作为爪牙,鱼肉乡民。所谓"教民"中,有不少恶霸地主、罪犯、讼棍、地痞。他们在外国教士的包庇下"作奸犯科,无所不至",讹诈善良,欺凌孤弱,强占人妻,横侵人产。教会的横暴引起人民的反抗,外国教士又乘机以"教案"为名,勒索巨款,责令当地人民摊派。因此乡间群众众口一声说外国教堂是万恶之源。民谣道"不下雨,地发干,全是教堂遮住天"。

德帝国主义在山东修造胶济铁路,所过之处恃强逞凶,在高密一地就枪杀农民二十余人,起因是占地钉地柱和农民冲突。农民看到铁路不但影响

---

① 《光绪朝东华录》第四册,第4389—4396页。
② 同上书,第4417—4418页。
③ 津榆:天津至榆关(山海关);榆锦:榆关至锦州。

自己生计,而且带来侵略压迫,因此反对铁路和反对教会就成为各地农民自发反侵略斗争的两个具体内容。

义和团的性质和特点　1898 年,义和团在山东河北交界地区起义。义和团运动是以农民为主体的群众反帝运动,民族危机促成了运动的爆发,因此农民群众斗争的锋芒更鲜明地朝向帝国主义。

义和团本称义和拳,义和拳和白莲教有源流上的关系,它和白莲教的支派八卦教在嘉庆十三年(1808 年)同被清政府禁止,但它仍在山东、直隶、豫东、苏北、皖北等地继续发展。它继承了白莲教的战斗传统,但本身不是一个教门。它以设厂练拳作为组织群众的方法,但同时宣传持符念咒可以"降神附体、刀枪不入",希望用这样的方法来鼓舞斗志。到了 19 世纪末叶,面对着拥有近代武器的侵略者,义和拳就把"刀枪不入"改为"枪炮不伤"。义和拳也采取"乾字号"(以黄布为标志)、"坎字号"(以红布为标志)等名称组织队伍,但和八卦教是有区别的。当时山东、河北的反动官吏,如蒋楷、劳乃宣等,诬蔑义和拳是"邪教",怂恿清政府严厉镇压,以斩首和凌迟处死等刑律对付参加斗争的群众。

义和拳的参加者,绝大部分是农民,另一部分是失业的城市劳动者和运输工人。阶级成分本来比较单纯,反封建性质也很鲜明。但在中华民族和外国侵略者矛盾激化、农民斗争锋芒朝向帝国主义的时候,斗争的反封建性质逐渐被掩盖下去了。

义和团在山东的斗争　1898 年夏间,山东、河北交界各地农民纷纷组织拳会反对帝国主义。山东巡抚张汝梅派员到冠县一带调查,并和地方主要官吏,包括曾在曹州府屠杀大刀会的毓贤①商议,然后上奏说,"直隶山东交界各州县人民多习拳勇,创立乡团,名曰义和。……如任其自立私会,官不为理,不但外人有所借口,并恐日久别酿事端。……应请责成地方官谕饬绅众,化私会为公举,改拳勇为民团,既顺舆情,亦易钤束"②。张汝梅、毓贤等看到群众声势浩大,阴谋对义和拳进行暗中控制,同时又提出"分别良莠"加以迫害③。北京政府给张汝梅的命令也是"密饬地方文武加意弹压"④。但义和拳在不断斗争中得到发展。1898 年秋末,河北威县赵三多领

---

① 时已升任按察使。
② 《义和团档案史料》上册,第 16 页。
③ 《直东剿匪电存》卷一,第 1、5 页,光绪二十四年九月张汝梅先后致直督裕禄两电。
④ 《直东剿匪电存》卷一,第 1 页。亦见《义和团档案史料》,第 19 页。

导的义和拳在冠县 18 村发动起义,攻打教堂,遭到河北、山东反动军队的联合镇压。1899 年春,德帝国主义借口沂州教案,派兵侵入沂州(今临沂一带),占据日照县城。1899 年 3 月,清政府以毓贤代张汝梅任山东巡抚。

1899 年秋末和冬间,平原县人民在义和拳领导下,进行反对"教民"乘灾囤积居奇的斗争。他们击退了平原知县蒋楷的进攻。参加起义的有在茌平设拳厂的朱红灯和本明和尚等教门头目。他们斗争很勇敢,但给运动增加了不少迷信落后的色彩。毓贤派兵镇压,捕杀朱红灯、本明等。但他不同意对未参加起义的义和拳实行一律严厉镇压的政策。帝国主义对毓贤不满,要求清政府派媚外官员袁世凯代替毓贤。袁世凯从直隶带新军 7000 人到山东,并就地扩充军队。他一面以武力缉捕坚持斗争的义和拳首领,一面严令地方官和地主团练加强防范,防止义和拳闹事。山东义和拳运动暂时转入低潮。

义和团在直隶的发展　　直隶义和拳早已十分活跃。1899 年下半年逐渐由东南部向北推进。1900 年三四月间,保定以北的定兴、涞水、易州、固安、涿州一带和天津以西的文安、霸县等地,已经受到义和团的控制。清政府一再命令直督裕禄"派兵弹压""严行禁止"。裕禄也一再增调军队进行镇压。但义和团却越剿越多。5 月底 6 月初,义和团破坏保定到北京之间的铁路和若干车站。涿州被义和团占领。

帝国主义者在五六月之交,派遣侵略军队在塘沽相继登陆。

美、英、法、意、日、俄、德军队,以保护使馆为名强进北京。帝国主义的公开挑衅,激起人民更大的愤怒。西太后处于两面受敌的困境,一时举棋不定。义和团在清军暂时放松镇压的形势下,大量进入北京和天津城内。

帝国主义开始武装干涉　　帝国主义指责清政府镇压不力,决定直接出兵,组成英、美、日、俄、德、法、奥、意八国的侵略联军来镇压中国人民。义和团群众以旧式武器甚至赤手空拳和敌人搏斗。他们从 6 月 13 日到 18 日,在落垡、廊坊等地堵击由英国海军少将西摩(Edward Seymour)率领的各国侵略军 2000 人。6 月 18 日,董福祥部甘军也投入阻击战,迫使侵略军沿运河向天津退却。6 月 17 日,帝国主义军队攻占大沽炮台并向天津进攻,八国联军战争正式爆发。

统治者的两面手法　　清政府在得到外国进攻大沽的报告后,于 6 月 21 日,被迫向帝国主义宣战。清政府一方面调兵遣将,勉强抵抗,另一方面又一再向外国求和。驻守天津的直隶提督聂士成部和由山海关调来的马玉昆部在曹福田、张德成等率领的义和团积极配合下,与侵略军激战多日,聂士成在战斗中英勇牺牲。7月14日,天津被外国侵略军攻陷。清政府在被迫继续抵抗的同时,进一步加紧求和。

东南互保 东南各省督抚,在英、美、日、德势力的操纵下,和帝国主义者磋商妥协条件,订立了所谓"东南互保章程"(6月26日),保证在"长江及苏沪内地"替侵略者维持秩序。两广李鸿章、湖广张之洞、两江刘坤一和山东袁世凯等买办官僚直接和帝国主义勾结起来,共同镇压人民的反侵略斗争。

侵略军的野蛮暴行 从8月4日到14日,十天之中,义和团和少数清军英勇抗击八国侵略军四万余人的进犯。西太后在7日电诏李鸿章任议和全权代表。14日北京陷落,她挟着光绪帝出逃,经山西到陕西西安。在逃亡途中,她下谕各地痛"剿"义和团。

由德国将领瓦德西统带的八国侵略军在北京、保定、张家口及附近地区杀人放火,奸淫抢劫,穷凶极恶,无所不为,表现了帝国主义凶残、野蛮的本性。北京几世纪来的文物遇到空前的浩劫,被劫掠的重要文献中,包括当时仅剩八百多本的《永乐大典》的大部分。八国联军的将官、士兵和一些外国传教士都参加了洗劫的行为。

在八国侵略军强占北京、天津,实行军事殖民统治的同时,沙俄占据东北三省的重要城市。无论在东北、直隶和内蒙,义和团及其所号召的群众都坚持反抗。

康梁系的"勤王"运动 1899年起,康有为和梁启超在日本、南洋、美洲等地组织"保皇会",宣称奉有光绪的"衣带密诏",在华侨中骗取大量的款项。1900年春夏间,康、梁派人在广西镇南关(今友谊关)组练武装,在广东联络会党(并曾密谋以菲律宾人和日本人各五百名组成雇佣军),企图攻占两粤,进窥湘鄂。7月,唐才常在上海邀集改良派人士数十人(包括容闳、严复、文廷式、汪康年、郑观应等),倡议设立"中国国会",宣称"不认通匪矫诏之伪政府"。唐才常又在长江一带设立"自立会",吸收会党、清军官兵和一部分知识分子为会员,组织"自立军",准备在两湖、安徽等处同时起兵"勤王"。长江一带会党所发的凭证"飘布"上,原来普遍印有"灭洋""杀尽洋鬼"等字样,唐才常按照梁启超的意图,收回各种飘布而换以"富有票",完全删去会党所原有的反帝口号。自立军有日本人参与密谋,指挥起兵的总机关设在汉口英租界内,预拟的起兵宣言中着重要保护洋人、洋行、教堂。康有为给各埠保皇会的信中说,勤王之兵是"助外人攻团匪以救上,英既相助,则我可立于不败之地"。康、梁和唐才常等同时也对张之洞、刘坤一等

第十章 近代时期中(1864—1894年)

地方大吏寄有幻想,希望他们也起兵"勤王",反对西太后。但当帝国主义决定仍然承认以西太后为首的清政府时,张之洞就在英国领事同意下到租界内逮捕了唐才常等人(8月21日),加以杀害。自立军在安徽、两湖十余处的零散起事也迅即被镇压下去。各省自立会成员和维新人士牵连被杀者达数百人。

兴中会举行惠州起义 在义和团运动时期,孙中山领导的兴中会也联络两湖、闽、粤的三合会、哥老会,准备武装起义。1900年六七月间,当义和团控制北京城时,英国曾阴谋在南方以两广总督李鸿章为首,制造"独立"政府,分裂中国。在英国影响下,兴中会一度同意与李鸿章合作。同时日本企图占领福建(于8月底已在厦门制造借口,派遣海军登陆),允许以军械及军官供给兴中会。10月初,孙中山由台湾命郑士良在惠州率会党群众发动起义,并在起义后攻向厦门,以便取得接应。起义军在半个多月内曾经发展到两万多人,屡次击败沿途的清军。日本在各帝国主义牵制下,感到分割中国领土的阴谋一时不能实现,就停止对兴中会接济军械,并迫使孙中山等离开台湾。起义军在弹尽援绝情况下,只得自行解散。资产阶级革命派这时没有能在会党之外建立革命的群众基础,又对帝国主义者抱有不切实际的幻想,惠州起义也就只成为一次单纯的军事冒险。

帝国主义从着手瓜分到不敢瓜分中国 各帝国主义在纷纷派遣军队来镇压义和团的同时,企图乘机抢夺地盘,扩大侵略势力。沙俄占据整个东北后,又控制了山海关至北京的铁路,声称要将直隶全省作为俄国的势力范围。德国准备攻取烟台,扩大在山东的侵略,并在南京、上海停泊战舰,要将势力深入长江。英国则在上海驻重兵,并加紧控制张之洞、刘坤一①,力图巩固在长江流域的势力;同时阴谋在两广制造以李鸿章为首的"独立"政权,占据华南。日本计划吞并福建,8月间已派兵在厦门登陆。法国则企图占取云南。美国阴谋"租借"秦皇岛、舟山、三沙湾。各帝国主义间剑拔弩张,有发生火并的可能,为了共同镇压义和团运动,不能不暂时谋取妥协。更重要的是,帝国主义在义和团群众的打击下,已经感受到中国人民巨大的反抗力量。八国侵略军统帅瓦德西说:"无论欧美日本各国,皆无此脑力与

---

① 1900年8月英外交大臣电致刘坤一、张之洞云:"目下北京失和,嗣后停战议和时,他国非我所知,我英凤重两江总督及湖广总督,自专恃二人主议。"见《刘坤一遗集》,中华书局版,第六册,第2586页。八国侵略军统帅瓦德西(A. Waldersee)在《拳乱笔记》中也一再提及英国以金钱供给刘、张。

兵力可以统治此天下生灵四分之一。……故瓜分一事,实为下策。"1900年7月,美国向各国发出第二次门户开放通牒,提出"保持中国领土和行政的完整",即要求暂时不瓜分,以防止别国占领更多的地盘。10月16日英、德订立协定,声称对华政策的原则是要将中国的河川海港向各国自由开放,"不利用现在事变为本国谋中国之领土利益"。帝国主义不敢也不能瓜分中国,只有仍然扶植清朝政府,通过这个共同代理人来统治中国,在形式上"保持中国的领土与行政完整",实质上建立对中国的共管。在这个基础上,各帝国主义强迫清政府签订了1901年9月的《辛丑条约》。

《辛丑条约》 《辛丑条约》规定要清政府向帝国主义认错道歉;惩办"得罪"帝国主义的官员;勒索赔款4.5亿两(分39年偿付,本利合计近10亿两),关税盐税都由帝国主义控制,作为偿付赔款之用;在北京设东交民巷使馆区,使馆区及北京至大沽和山海关的铁路允外国军队驻守,大沽炮台完全拆毁;由清政府下令永远禁止中国人成立或加入反帝性质的各种组织,违者处死刑。

《辛丑条约》是帝国主义加在中国人民身上的沉重枷锁,清朝政府竟然宣称要"量中华之物力,结与国之欢心",表示从此要忠顺地做帝国主义统治中国的工具。

第十一章
近代时期下(1901—1919年)

第一节 20世纪初年革命形势的发展和资产阶级革命政党的成立(1901—1905年)

20世纪开头的十年中,中国人民群众和帝国主义及其代理人清王朝统治者之间的矛盾愈来愈激化了。

帝国主义加紧控制清政府和加紧掠夺通商、路、矿等利权 自光绪二十七年(1901年)《辛丑条约》订立以后,帝国主义对中国的侵略进入了一个新的阶段。外国军队驻扎北京,并可在从北京到大沽口和山海关的各战略要地驻兵,把清中央政府放在他们的军事控制之下。光绪二十九年(1903年),英、美、日三国在《辛丑条约》的基础上,和清政府分别订立了新的《通商行船条约》①,这些条约规定开放长沙、万县、安庆、惠州、江门(英约)和东北的沈阳、大东沟两处(日约)作为通商口岸,并且整顿内河水道以便外商轮船通行。此外,还规定了中国民间使用机器进行纺织和制造一切有外国进口货的工业品,都要和洋商在口岸设厂一样,由海关征收加倍于洋货进口税的所谓"出厂税"。英、美商约中还规定了清政府应"招徕华洋资本兴办矿业",以便于帝国主义加紧掠夺中国矿权。从1902年起两三年中,英、法在隆兴公司的名义下联合夺取云南省七个府的矿权(1902年),英国夺取安徽铜官山矿权(1902—1904年),法国夺取四川巴县、万县油矿权(1902年)和福建建宁等三府矿权(1902年),比利时夺取顺德、内丘、临城各地的矿权(1902年)。帝国主义划分地区进行矿权的争夺,严重地蹂躏了中国主权。

---

① 《中外旧约章汇编》第二册,第101—114页(英约),第181—191页(美约),第192—199页(日约)。

同一时期(1902—1903年),就铁路方面说,正太(俄,后归法)、沪宁(英)、汴洛(比)三条重要路线都被大买办盛宣怀在"借款官办"的名义下陆续出卖了。路、矿利权的不断丧失,是20世纪初年中国遭受帝国主义侵略的严重问题。同时,帝国主义加紧在中国投资设厂和扩张银行活动范围。美国的花旗银行和比利时的华比银行这时也在上海开业。中国的经济命脉和财政金融进一步被帝国主义控制了。

日、俄争夺东三省 这一时期,帝国主义列强间对中国若干地区控制权的争夺更趋激烈。东北在《辛丑条约》后成为英、美、日对沙俄激烈争夺的场所。沙俄企图独占东北,妄想建立所谓"黄俄罗斯",拒绝从东北撤兵。中国人民要求收回东北,在各地掀起拒俄运动,留日学生也组织了"拒俄义勇队",准备开往东北。日本在英日同盟(1902年1月)和美国"门户开放"侵略政策的支持下,于1904年2月在中国领土东北地区发动了日俄战争,把沙俄势力打退到东三省北部,自己控制了南部。1905年9月的日俄分赃条约是在美国朴次茅斯(Portsmouth)地方由美政府居中订立的。对于日、俄帝国主义在中国境内进行战争,清政府居然宣布"中立",不加干涉,而且在战后承认"旅(顺)大(连)租借地"和南满铁路及其有关的一切权利全部由沙俄转让给日本。这引起各阶层人民极大的愤怒。

英军侵藏 英国乘东北局势紧张的机会,在1903年12月派遣军队侵入西藏地方,1904年8月英国侵略军攻陷拉萨。达赖十三世事先离开拉萨经青海北上。但西藏地方军民坚决抵抗英国侵略军,沿途截击英军,江孜保卫战尤其激烈。英国侵略军大掠拉萨,强迫三大寺负责人等签订所谓《拉萨条约》。通过这个条约,英国在西藏取得了许多政治、经济特权。这个条约遭到全国人民首先是藏族人民的坚决反对。英国在1906年就转而和清政府重新谈判,谈判的结果英帝国主义仍然攫取许多权利,包括江孜、噶大克两处开放为商埠。

清政府的所谓"新政" 在20世纪初年民族危难深重的局势下,清政府为了保住自己的统治,从光绪二十六年底即1901年初西太后在西安宣布"变法"开始,清政府陆续推行了一系列所谓"新政"。"新政"的一部分措施,是以缓和统治者和人民之间的矛盾为目的,因而是具有改革性质的措施,如废科举、设学校、派留学生、裁冗员、设立商部(1903年9月)、颁布提倡和保护民族工业的一些办法(如《奖励公司章程》《商会简明章程》和铁路、矿务章程)之类。在另一方面,"新政"的整个精神则是赋予中国政治以更多的买办性,更适应帝国主义侵略的需要。"新政"的有力主张者湖广总督张之洞说过:"非变西法不能化中国仇视外国之见,不能化各国仇视朝廷之见。"①又说:"变法则事事开通,各国商务必然日加畅旺。"②当时所颁布的铁路章程和矿务章程,表面上声称对于"华洋官商"一体"保护",实际上更有利于帝国主义的经济侵略和资本输出。

"新政"的另一重要内容是练兵筹饷以巩固统治。1903年北京设立练兵处,地方成立督练公所,开始改革军制。1905年北京设立巡警部,举办警政,地方也开始编练警察。无论中央地方,每项"新政"都是以加重旧捐税或另增新捐税来充经费,其中以练兵款项为最大。各省陆续招练新军的结果就是一些新军阀的产生。北洋新军到1905年达六镇(师)之多,直隶总督北洋大臣袁世凯势力最大,成为新兴军阀的最有力者。他同时夺取盛宣怀长期垄断的招商局和电报局(1903年),并通过商部,派买办官僚唐绍仪接收盛宣怀的"铁路总公司"(1905年),这样使自己成为新兴的大买办官僚。袁世凯也是"新政"的积极主张者和推行者,他此时已成为封建势力的主要支柱和帝国主义的主要代理人。当时清政府中枢力量日益衰微,庆亲王奕劻主政,贿赂公行,一切听袁世凯摆布。北京新成立的外务部、练兵处等机构实际都在袁世凯掌握之中。

阶级矛盾在新形势下迅速发展 这样的政权当然不能应付民族危机,也无法缓和国内阶级矛盾。以封建制度为基础的社会经济已在迅速趋于崩溃,这加速了广大农民群众的贫困化并促使他们走上革命的道路。中小工商业者受到大买办官僚的压迫,也急切要求新的出路。握有一部分经济实力并和清政府关系密切的资产阶级上层要求直接分享政权,和清政府也存在着不小的分歧。阶级矛盾的发展是帝国主义加紧从政治、经济各方面控制中国的结果,也是封建政权寄生于侵略势力之下而日益腐败反动的必然结果。

农民抗捐斗争和旧式武装起义 农民一直是反对帝国主义和封建势力的主力军。从1901年到1905年,农民群众的斗争表现为两种主要形式。一种是遍及全国的抗捐斗争。这是各地在举办"新政"名义下增加捐税所直接引起的。其中规模较大的是1904年7月江西乐平反对靛捐的斗争。当地官吏以兴办学堂为名,增加靛捐。种靛农民由会党夏廷义率领冲入县城,捣毁学堂以及盐卡、厘卡,焚烧县署,打毁教堂,和清政府军队相持多日。

---

① 《张文襄公电稿》卷四五,第31页。
② 同上书,卷四二,第16页。

又如著名的梧州闹捐,也属于这一类。另一种形式是由会党领导的旧式武装起义。如直隶人民在 1901 年和 1902 年就鲜明地举起"扫清灭洋"的大旗。规模更大的是 1903 年到 1905 年广西全省数十州县人民的武装斗争。统治者感到"防剿俱穷"。广西巡抚王之春向法国殖民主义者"乞援",引起全国舆论的激烈反对。清朝统治者命两广总督岑春煊在广西进行残酷的镇压。由于会党没有统一领导,起义暂时失败,但广西地区的革命斗争形势依然继续发展。

城镇手工业者和商人不能维持正常的营业,不断掀起抗捐罢市的斗争。

中国人民斗争的锋芒指向官府、地主、豪商,同时也打击教堂、洋行这些侵略势力的据点。反封建斗争和反帝斗争已经逐渐地结合起来。

收回利权运动 各阶层人民反对帝国主义控制矿权、路权的收回利权运动,从 1903 年起就逐渐开展起来。路权问题的斗争尤其尖锐。京汉、津浦、道清、沪杭甬等铁路预定通过的省份的人民都提出了收回自办的要求。1904 年 4 月,湖北、湖南、广东三省人民进行了要求废除 1898 年被美国攫取的粤汉路权的斗争,得到其他省份的响应。留日学生组织"三省铁路联合会",力争废约自办。留美学生也有类似表示。次年,粤汉路权终于从美国手中收回了。收回利权也是符合当时发展较速的资产阶级上层的利益的。

抵制美货运动 1905 年,由于美帝国主义迫害在美华工而激起的抵制美货运动,也是一次广泛的群众反帝爱国斗争。运动从上海开始,迅速发展到沿海、沿江如广州、汉口、天津等各城市。国内各地工商业者、农民、工人、学生、妇女都热烈参加这个运动,并以演说、标语、文章进行大规模的反侵略宣传,使运动成为一个具有鲜明的反帝色彩的群众性斗争。上海的民族资产阶级最先通过商会领导这个运动,但在帝国主义和反动统治势力的共同压迫下,他们动摇妥协了,各地运动也就逐渐消沉了。但这个运动表示了中国各阶层人民的反帝情绪正在迅速高涨。

新型知识分子的出现 就在 20 世纪初年民族危机加深,社会经济崩溃,农民群众革命化和各阶层人民反帝爱国情绪普遍加强这种形势的推动下,一批新型的知识分子出现了,他们通过爱国运动逐渐走上民主革命的道路。

20 世纪初年各地新式学校纷纷成立,赴日本留学也成为一时风尚,这样就产生了一批新型的知识分子和青年学生。他们所接受的是资产阶级文化教育,他们一般出身于社会的中下层(大多数是中、小地主和小商人家庭出身),深受社会动荡的刺激和农民群众革命形势的影响,因此其中一些人就能够从西方资产阶级政治文化中吸取其曾经是革命和民主的有用部分，而使自己在当时革命潮流中，成为先觉的进步力量。

资产阶级的形成及分化为左右两翼　这几年，民族工业有了新的发展，棉纺织、缫丝、面粉、火柴各业发展最快，民族资产阶级已经初步形成，并开始分化为左右两翼。资产阶级的右翼原是官僚、地主、大商人等上层分子通过投资新式工业转化过来的。他们的经济力量较大，社会地位较高，和帝国主义、封建主义有密切联系。他们的政治代表者是流亡国外的维新派康梁系和国内实业界领袖人物张謇、汤寿潜等。他们联合一部分地主商人、绅士形成为企图以立宪挽救清朝政权的立宪派。左翼的基本成员是中、小工商业者，以及一些华侨中、小工商业者，即中、小资产阶级。他们的社会经济地位都很低，迫切要求政治保障和经济发展。他们的政治代表就是以孙中山为首的小资产阶级、资产阶级革命派。新型的小资产阶级、资产阶级知识分子从20世纪初年开始，逐渐摆脱康梁所主张的保皇立宪的影响而趋向孙中山的革命主张，他们成为革命派中人数最多和最活跃的部分。

爱国团体的成立及其倾向革命　这时期国内爱国团体纷纷成立。光绪二十八年即1902年，爱国知识分子蔡元培①等在上海组织"中国教育会"和"爱国学社"。留日学生在东京组织"青年会"。这些爱国团体已经是带有革命倾向的组织。他们从宣传"爱国御侮"进而宣传"革命排满"。1903年留日学生把"拒俄义勇队"改为反满的"军国民教育会"。

从1903年到1905年之间鼓吹革命的书报大量出版，正式革命团体在国内外相继成立。留日学生在这些宣传工作和组织工作方面都起了重要的作用。

革命宣传鼓动家章炳麟、邹容、陈天华　在革命宣传工作方面，章炳麟②、邹容③和陈天华④是这时期的杰出人物。章炳麟是具有热烈爱国思想的旧知识分子，早年即以研究经学湛深著称，文章雄厚有力。他在1902年就在东京留学生中倡议举行"支那亡国二百四十二年纪念会"，进行反对清政府的宣传。他自己不久就回国工作。1903年5月，留日学生创办的《江苏》杂志第三期取消光绪年号，改用黄帝纪元，公开宣传革命。同时，章炳

---

① 蔡元培，字鹤卿，号子民（1868—1940年），浙江绍兴人。
② 章炳麟，原名绛，字枚叔，号太炎（1869—1936年），浙江余杭人。
③ 邹容，原名绍陶，字蔚丹（1885—1905年），四川巴县人。
④ 陈天华，字星台，别号思黄（1875—1905年），湖南新化人。

麟在上海《苏报》上发表了传诵一时的《驳康有为论革命书》，痛斥保皇派主张"中国只可立宪不能革命"的谬论，揭露康有为在公羊学幌子下主张"帝王万世、祈天永命"的反动说教。

1903年邹容从日本回到上海，其时不满20岁，他发表了震人耳目的《革命军》，提出了开创"中华共和国"的号召，要求永远根绝君主专制，反抗外人干涉中国革命独立。《革命军》在当时宣传品中销路最广，影响最大。邹容在此书出版后遭到反动势力的深忌，被清政府通过上海租界巡捕局拘捕监禁，于1905年因受折磨死于狱中。

陈天华在1903年发表了《警世钟》和《猛回头》两个小册子，以通俗的文字尖锐地指出帝国主义已是中国的主子，清政府只是卖国的专制统治者。陈天华沉痛地写道"这朝廷，原是个，名存实亡。替洋人，做一个，守土官长。压制我，众汉人，拱手降洋"。清楚地指出当时清政权和人民对立的关键所在，这就大大超过了当时一般反满派的认识和言论。陈天华主张以全民抵抗来反对帝国主义的侵略干涉。在《警世钟》中，他写道："洋兵不来便罢，洋兵若来，奉劝各人把胆子放大，全不要怕他。读书的放了笔，耕田的放了犁耙，做生意的放了职事，做手艺的放了器具，齐把刀子磨快，子药上足，同饮一杯血酒，呼的呼，喊的喊，万众直前。"他不愧为这时期革命派中最激进的先锋和最卓越的鼓动家和宣传家。

这一时期各省在日本的留学生，多到八九千人。他们之间许多人以省为名称出版刊物如《江苏》《浙江潮》《湖北学生界》等。当时的风气是"以不言革命为耻"。革命思想的传播有一日千里之势。

革命团体华兴会、光复会、日知会　　在组织工作方面，除了孙中山领导的以华侨工商业者为主的兴中会仍在国外进行活动外，国内有1903年由黄兴①、陈天华、宋教仁②等在长沙组织的"华兴会"，和1904年由章炳麟、蔡元培、陶成章③在上海组织的"光复会"。这两个团体的特点在于联络会党发动武装起义，它们本身也采取类似会党的组织形式。华兴会联络湖南哥老会马福益领导的"洪江会"，并和湖北新军中革命青年和武汉一些学生所组织的"科学补习所"取得联系，准备在1904年11月武装占领长沙，并计划湘鄂同时起事。但事前泄露失败，马福益被杀，黄兴等潜赴日本。光复会会员

---

① 黄兴，原名轸，字廑午，号克强（1874—1916年），湖南善化（长沙）人。
② 宋教仁，字遯初，署桃源渔父（1882—1913年），湖南桃源人。
③ 陶成章，字焕卿（1877—1912年），浙江绍兴人。

陶成章奔走联系浙江温州、台州、处州等地的会党,把各府分散的秘密组织联为一气,计划以浙江、福建革命力量作两湖后援①。长沙起义计划失败后,陶成章亦避至日本。"科学补习所"被破坏后,湖北革命党人刘静庵、张难先等就借基督教的圣公会名义在武昌设立"日知会",继续进行革命宣传,深入新军士兵群众。

同盟会的成立及其三民主义革命纲领　革命形势的急速发展客观上要求一个全国性的统一政党来领导革命的进行。地方性革命活动的受挫也促成了这个要求的实现。1905年8月20日,以孙中山为领袖的资产阶级革命政党中国革命同盟会,在日本东京正式成立。中国革命同盟会是以各革命团体的成员和留日学生为基础组成的。这个革命组织的成立标志着中国资产阶级民主革命运动的发展从分散的活动走向统一的趋向。

同盟会的最初成员多数是小资产阶级知识分子。在1905年到1907年3年中加入的会员,其出身可考知者有379人,其中留学生和学生354人,占93%以上。官僚和有功名的知识分子10人,教师、医生8人,各占2%强。资本家、商人6人,占1%强。贫农1人。这些统计可以说明同盟会中比较活跃分子的出身成分。

同盟会具有近代资产阶级政党的性质,推举了总理(孙中山)和其他工作负责人员(黄兴等),也提出了资产阶级革命纲领。同盟会的纲领在同盟会成立大会上通过的行动纲领,即准备在起义时散发的《军政府宣言》中,被概括为"驱除鞑虏、恢复中华、建立民国、平均地权"十六字的口号。后来,在孙中山写的《民报发刊词》(1905年10月)中规定为民族、民权、民生三大主义,即三民主义。

在民族主义方面,同盟会纲领要求首先推翻清政府,这个要求得到最大多数人的拥护。但它把打击的对象集中在满族统治者身上,没有能够提出从根本上推翻封建势力,甚至没有提出反对帝国主义。在民族、民主的革命纲领中放过帝国主义这个最主要的敌人,是半殖民地资产阶级自身的软弱性、妥协性的表现,也是纲领的主要弱点。更大的错误是同盟会在预拟的军政府《对外宣言》中竟承认不平等条约、外债和侵略特权,希望这样来换取帝国主义对革命保持"中立"。

在民权主义方面,同盟会提出了建立民主共和国的要求。他们当时所理解的是资产阶级民主共和国。就其要求推翻几千年君主专制并在人民心

---

① 魏兰《陶焕卿先生行述》(原油印本,存上海历史研究所)。

目中树立民主共和国的观念而言,这是同盟会和孙中山的伟大贡献,在斗争中也起了有力的号召作用。但是,在帝国主义时代的半殖民地、半封建中国,资产阶级民主共和国始终只是一种幻想,根本原因就在于软弱的资产阶级没有能力领导人民战胜帝国主义和封建主义联合的反动势力。

在民生主义方面,"平均地权"口号的提出,表示了孙中山和同盟会的少数会员已经看到土地问题的重要性。他们看到欧美资本主义所造成的极度不平等现象和无可避免的社会危机,企图以"核定地价""征收单一税"这种"平均地权"的办法,把封建土地所有制改变为资产阶级的"土地国有",借以"预防"西方资本主义社会中的阶级对立和"社会革命"。孙中山在《民报发刊词》中提出了"睹其祸害于未萌,诚可举政治革命、社会革命毕其功于一役"的见解。这种想法表明,中国年轻的资产阶级希望能和农民建立良好的关系,从而维持共和国的长久寿命,避免再来一次革命。但这只能是一种小资产阶级的主观社会主义的空想。因为限制地价的办法,并不能防止资本主义的发展和阶级的对立,而更重要的问题是,不发动广大农民群众用革命暴力没收地主的土地,就不可能推翻封建土地所有制,因而所谓"土地国有"也是无法达到的。因此,这样的土地纲领只证明了中国资产阶级不可能真正领导农民群众进行反封建的斗争。

但是推翻清朝政府、建立民主共和国、解决土地问题这三个革命要求的提出,毕竟是同盟会和孙中山对中国民主革命一个重要阶段的重要贡献。这在当时起着很大的振奋人心的作用。特别是坚决推翻清朝政府这个号召,把国内各阶层反对清政府的力量(包括地主阶级中对满洲贵族统治不满的一些人)汇合起来,结成革命联合战线。这样,同盟会就成为当时的革命领导力量。

第二节 同盟会成立后革命形势的发展

1905年到1911年是旧民主主义革命迅速发展达到高峰的时期。

同盟会成立之后,立即着手准备发动武装起义,并展开宣传,和坚持改良的君主立宪派进行政治上、思想上的论战。这些是同盟会对于促进革命高涨的重要贡献。

革命派与改良派的论战 革命派在1905年到1906年与改良派进行了激烈的论战,这在当时具有深刻的思想影响。康、梁等改良派对西方资本主义社会接触愈多,就愈害怕下层群众起来冲击旧社会秩序。梁启超在日本横滨主办的《新民丛报》,大力鼓吹"开明专制",以抵制民主革命思潮。当时国内多数知识分子还不能分清改良派和革命派的思想界限。以西太后为首的清政府,一度也把康、梁等保皇党和孙中山革命派看作同样的危险分子。1904年5月军机处下令把《新民丛报》和革命书报一律查禁。这样,改良派的宣传就更容易起着迷惑舆论破坏革命的作用。

1906年,同盟会在《民报》第三号的号外上,列举12个问题,指出改良派和革命派的根本分歧,其中要点是:"《民报》主共和,《新民丛报》主专制";"《民报》以政府恶劣,故望国民之革命;《新民丛报》以国民恶劣,故望政府以专制";"《民报》以为革命所以求共和,《新民丛报》以为革命反以得专制"。此后一年多中,双方的争论集中于要不要革命,要不要实行民主政治,要不要改变土地所有制这三个问题上。

首先,改良派宣传,革命要引起"暴动""内乱",要招致外国的干涉和"瓜分",因此要"爱国"就不应革命。革命派驳斥说,清政府不断出卖土地和利权,要爱国就必须推翻清政府,而改良派所爱的"国"实际上就是这个"洋奴"政府。革命派指出清政府是帝国主义的工具,这是他们进步之处,但没有坚持反对帝国主义的干涉,而希望避免"群众暴动",希望"有秩序"地进行革命,希望依靠单纯的军事暴动迅速推翻清政府了事,这种幻想是资产阶级软弱性的表现。

其次,改良派诬蔑中国人民没有行使共和国公民的政治权利的能力,连实施君主立宪一时都谈不到,还要经过十年以上的"开明专制"。革命派以美、法资产阶级革命的历史证明,不革命就连立宪也得不到,同时以西方资产阶级的"天赋人权说"驳斥改良派反对共和的谬论。指出"兴民权、改民主"才是中国的出路。革命派除了搬用西方资产阶级"自由、平等、博爱"这些口号而外,并没有可以对于广大下层群众发生实际影响的理论武器,因而对自己所提出的"民权""民主"不能赋予应有的群众性内容。但是他们能够指出人民群众解脱专制压迫之后就有能力实行民主政治,这在当时是很先进的观点。章炳麟在《民报》第四号上以犀利的笔锋驳斥康、梁的论点。他说:"夫谓国民不可革命而独可立宪者,何也?岂有立宪之世,一人圣明于上,而天下皆生番野蛮者哉!""今日之民智,不必恃他事以开之,而但恃革命以开之。"这成为一时传诵的警句。

最后,改良派以梁启超为代表,宣称地主占有土地是不可剥夺的、"正义"的权利,"土地国有"是危及"国本",并且表示对革命派所提出的其他问题还可以商量,这个问题丝毫不能让步。这种主张说明了资产阶级右翼分子与地主阶级的密切联系。革命派从"土地为生产要素","本不当有私有者"①,指出地主占有土地的不合理性质。他们从地主垄断土地、农民反而沦为佃农指出"地权失平",从生产者遭受"徒手坐食"的"地主强权"压迫指出"人权失平"。急进的民主主义者把自身对于劳动群众的热烈同情和法律理论结合,从而提出"贫民革命"的法理根据,给改良派以一个有力的打击。

在这两年的论战中,革命派以小资产阶级的急进的民主主义观点战胜了改良派的反动理论,推动了思想潮流的进步。但是在要不要反对帝国主义和要不要依靠农民群众进行革命这两个关键问题上,革命派在论战中采取犹豫回避的态度,没有明确提出反帝反封建的任务,也就不可能给敌人以毁灭性的打击。

同盟会联络会党力量发动武装起义　同盟会把武装斗争放在革命运动的首要地位。他们首先从联络会党下手。

1906年江西萍乡和湖南的浏阳、醴陵一带农民群众举行了起义。这次起义是由同盟会派人联系会党发动组织的。起义军迅速占领了几个州县,清政府调集了五六省军队才把起义镇压下去。

萍浏醴起义大大鼓舞了革命情绪。1906年和1907年之间,光复会革命党人陶成章、徐锡麟和女革命者秋瑾等在浙江继续联络会党。秋瑾以绍兴大通学堂为据点,招致金华、处州、绍兴三府各属会党首领,运动杭州军、学两界,约定起义,但缺乏严密的组织,号令也不统一。1907年6月,绍兴、嵊县和金华各处先后单独发动起义失败。徐锡麟在匆促中刺杀安徽巡抚恩铭,希望以冒险的军事暴动夺取安庆,结果徒以身殉。随后秋瑾在绍兴也被捕壮烈牺牲。

孙中山在不及一年的时间中,接连六次发动了两广和云南沿边的武装起义,即潮州黄冈起义(1907年5月)、惠州七女湖起义(6月)、钦州、廉州、防城起义(9月)、镇南关(今友谊关)起义(12月)、钦州马笃山起义(1908年3月)和云南河口起义(4月)。孙中山在镇南关起义中亲自参加战斗。这些起义给人民群众以很大的鼓舞。但起义本身基本上都是依靠地方性的会党组织,或是通过会党联系自发斗争的群众,由同盟会派人前往领导,给予金钱和军火的援助,如潮、惠、钦、廉诸役;或是以会党组织小型敢死队企图夺取一个据点(如马笃山和河口之役)。这些缺乏群众性的军事冒险行

---

① 胡汉民《民报之六大主义》,载《民报》第三号。

动都只能归于失败。

革命派内部的分歧　　同盟会虽然在组织的形式上把各革命团体的成员统一起来,但它们的行动依然是分散的,意见也往往是分歧的。这造成了同盟会内部的不团结。华兴会的宋教仁、刘揆一反对孙中山和胡汉民等只注意在南部发动起义。1907年,同盟会中四川、两湖会党头目张伯祥等另组"共进会",并把同盟会纲领的"平均地权"改为"平均人权"。陶成章也以光复会名义单独活动。小资产阶级革命者具有满腔的革命热情,但是脱离群众、急于求成、不能从失败中吸取经验教训。多数人认为会党不足与谋事,因而主张把工作专注于联系新军,不知应该深入发动农民群众。少数人如汪精卫竟然希望以暗杀清朝亲贵侥幸一逞。

人民群众的反抗斗争形势正在蓬勃发展。这些自发性的斗争,在1906年和1907年有记录可查的将近200次。群众爱国运动也在不断发生,规模较大的如1907年江、浙人民为了沪杭甬铁路借款而掀起的反英运动。立宪派为了切身的利害关系,在这些运动中表现得十分活跃。

清政府的"预备立宪"和立宪派的立宪运动　　在西太后统治的最后两三年中(1906—1908年),清政府企图以宣布"预备立宪"来抵制革命影响,并争取资产阶级立宪派和地方绅士的支持。1906年8月,西太后根据考察宪政回国的清宗室载泽等五大臣的意见,采取"以退为进"的办法,下诏预备立宪。1907年,又宣布在中央筹设资政院,在各省筹设咨议局。于是立宪派的政治团体,在各地纷纷成立,其中较大的如江、浙以张謇等为首的"预备立宪公会",湖南的"宪政公会",广东的"自治会"。这些团体是资产阶级上层人物和地方封建势力代表的集合。他们主张用"叩头请愿"方式促使立宪实现。康、梁的"保皇会"从1907年初改组为"帝国宪政会"。同年7月,梁启超在东京成立类似政党的"政闻社"组织,向国内进行联络,标榜要求实行国会制度,建立责任内阁,借以抵制革命派的活动。但他在西太后心目中仍是罪在不赦,政闻社在第二年就被查禁消灭了。

在统治力量日趋解体的形势下,清政府利用"预备立宪"的招牌,在1907年以"改官制"为名,把权力集中在满洲贵族手里,同时减削地方督抚的权力,把其中最有势力的张之洞和袁世凯内调,给予军机大臣名义,夺去实权。"中央集权"是革命势力紧压下清统治集团内部呈现裂痕的一种表现。1908年,西太后以"九年后实行立宪"答复江浙立宪派的请愿运动,在同时颁布的《钦定宪法大纲》,也是毫无诚意的表示。光绪三十四年十月即1908年11月,光绪帝、西太后在两日之中先后死去。溥仪继立,改元宣统

(1909—1911 年)。溥仪年幼,其父载沣以摄政王监国。以载沣为首的统治集团依然没有改弦更张的打算。

帝国主义侵华势力调整相互关系　日俄战争后两三年中,帝国主义在中国的侵略势力已经有了重要的变化和调整。一方面欧洲各帝国主义忙于准备世界大战,急于重新调整它们之间的关系。英国利用第二次英、日同盟(订立于 1905 年 8 月)和英、法资本在华合作侵略的关系,促使日、法互相承认其在中国和越南的侵略地位,再以法国居中促使日、俄达成对中国东北划分侵略范围的谅解,最后由法国调处沙俄和英国在亚洲各地侵略势力的关系。因此 1907 年日法协定、日俄协定和英俄协定相继成立,瓜分中国若干地区的阴谋正在暗中进行着。另一方面,美国从日本军国主义的支持者变成了主要的竞争者。1907 年,清政府改变东北官制,新任东三省总督的徐世昌和奉天巡抚唐绍仪都是袁世凯系人物。袁世凯本人当时正任外务部尚书。于是 1907—1908 年美国通过袁系进行东北的"新法铁路"和"东三省银行"的交涉,阴谋逐步控制中国。但是由于英、法、日、俄关系的调整,1908 年美国也和日本成立谅解[1],保持其单独进行侵略的计划。

美帝国主义的宗教、文化活动　配合经济侵略,美帝国主义也没有放松精神上的奴化和渗透活动,某些教会势力把一些传教和文化、慈善事业看作他们渗透和控制中国的手段。有的美国传教士[2]就公然说,这是"使用最圆满、最巧妙的方式来控制中国的发展","使美国在精神的、商业的影响上,取回最大可能的收获"。1908 年,美国国务院将"庚子赔款"未付的一部分"退还"中国,借以吸引中国学生赴美留学,并在中国办理文化事业,希望这样在知识分子中造成一批亲美势力。

美国在东三省的侵略活动　四国银行团的成立　从 1909 年到 1911 年,帝国主义对中国利权的争夺达到白热化的程度。日、俄、英帝国主义以 1910 年的日、俄第二次协约和 1911 年英、日第三次同盟为基础,加强合作侵略中国。美国为了打破和日本竞争中的孤立状况,在 1909 年联合英国夺取在东北修筑锦瑷铁路的权利。美国国务卿诺克斯在同年 11 月提出所谓"满洲铁路中立化计划",企图由美国控制东北所有铁路。1911 年,美国又提出目的在于控制东北农业的计划。长江更是帝国主义纷纷逐鹿的场所。粤汉铁路(1905 年收回商办)和川汉铁路(同年由地方决定商办)在

---

[1] 即《罗脱(Root)、高平协定》。
[2] 史密斯(Smith)。

1908年都被邮传部内定收为国有。张之洞在1909年6月和英、法、德三国银行订立"湖广铁路借款合同"。美国要求参加借款,并在国内成立包括摩根公司、坤洛公司、花旗银行和哈里曼(所谓"铁路大王")等在内的银团,和英、法、德资本家合组"四国银行团",打算控制中国的财政、金融并垄断对清政府的贷款。1910年5月,四国银行团在巴黎议决湖广铁路借款总额应为600万镑,四国均分。清政府在人民愤怒的抗议之下,一时不敢签字。

亲贵揽权与立宪派请愿早开国会 在革命潮流高涨的形势下,清朝政府一面加紧投靠帝国主义,一面极力把政权集中在少数年轻的皇族亲贵手里。1909年,摄政王载沣在罢斥袁世凯之后,就和载洵、载涛兄弟三人总揽陆海军权。在1909年和1910年先后成立的各省咨议局和北京的资政院中,立宪派都占优势,形成了一个政治势力。立宪派打算以敦促清政府早开国会来分取一部分政权。立宪派主要人物张謇以江苏咨议局议长身份,在1909年底集合十省咨议局代表组织"国会请愿同志会",并在1910年连续举行三次大请愿。但他们所得到的答复只是"预备立宪"时间缩短为五年的空话。在资政院中,由各省咨议局选出的议员,还组织一个"宪友会",和"钦选议员"也就是纯粹的封建官僚对抗。这些官僚议员也先后组织了一个"宪政实进会"和另一个更小的团体"辛亥俱乐部"。1911年5月,清政府宣布成立"责任内阁"。这实际上是一个"皇族内阁",在内阁大臣13人中满蒙贵族占了9人,其中皇族又占5人。军权、政权的高度集中引起了汉族军阀、官僚和资产阶级立宪派的普遍不满,造成清政府完全孤立摇摇欲坠的局面。

群众反抗斗争的新高潮 下层群众的反抗斗争,到1910年,已经形成了全国范围的新高潮。各地人民反对清政府借"新政"名目苛索侵扰(如户口捐、自治捐、学堂捐)的斗争风起云涌。这一年,江苏全省有一半州县发生抗捐斗争,"聚众毁学、拆屋伤人之事,几于无地不有,无日不有"。河南许多州县人民反对"自治捐",往往数万人集合拆毁县署。山东莱阳农民在五月间反对"新政"勒索,数万人围攻县署,"捣大户、捉富豪",并发展为武装起义。广西人民武装斗争遍及数十州县,发出"官逼民反,绅逼民变"的愤怒呼声。全国各地反对官府、地主、土豪、劣绅的农民抗捐、抗租斗争,如怒火般遍地燃烧起来。这一年,长江流域各地灾情严重,官僚、地主、奸商和外国洋行囤积抬价,并偷运米粮出口,于是沿江中下游各省人民纷纷掀起抢米风潮。长沙人民由抢米斗争发展为数万人焚烧巡抚衙门、银行、税局、教堂、洋行以至日本领事馆的大规模反帝反封建斗争。这种形势促使革命派在各地加紧进行酝酿起义的工作。

各地群众反对帝国主义掠夺铁路矿山的"收回利权"斗争，也在蓬勃地发展。1907 年，江浙人民反对英国夺取沪杭甬路权。晋、豫人民要求从英国公司手里收回两省矿权。冀、鲁、豫三省人民要求从英、德两国手中收回津镇(津浦)路权。1909 年，山东人民要求收回峄县中兴等煤矿的德国股份，安徽人民要求废除英国开采铜官山煤矿合同。云南人民成立"保地会"，反对法国修建滇越路。1910 年，山西、河南、山东、云南、东北各地人民要求收回矿权。特别是 1909 年到 1910 年川、鄂、湘、粤四省人民要求收回粤汉、川汉铁路的斗争，以巨大的声势冲击着帝国主义在中国的经济势力。在一些斗争中，革命派通过所联系的群众，推动督促立宪派控制的咨议局进行一定的反抗斗争，如山西、云南都有这种情况。

同盟会的两次广州起义 孙中山看到革命形势的新发展，连续指示同盟会的一些负责者，要他们乘机发动起义。在 1910 年 2 月和 1911 年 4 月，同盟会两次在广州起义，但这些仍然都是单纯的军事冒险，结果都失败了。在有名的第二次广州起义即黄花岗起义中，同盟会从各地调来的许多重要骨干在起义战斗中壮烈牺牲。葬于黄花岗的七十二烈士的英勇事迹，振奋了全国的人心，对于革命起了很大的推动作用。

保路运动 清政府变本加厉投靠帝国主义。1911 年 1 月，大买办盛宣怀被任为邮传部尚书，和帝国主义磋商大批借款。4 月 15 日，清政府以"改革币制"和"振兴东三省实业"为名，和英、美、法、德四国银行团订立了 1000 万镑借款协定，接着又同意向日本 1000 万日元借款的要求。5 月 8 日，以奕劻为首的新内阁成立。第二天，在帝国主义策动和盛宣怀力主之下，清政府不顾一切，以上谕宣布川汉、粤汉铁路收为国有，另谕"借款正合同签字势难久延"。同月 20 日，全长 1800 公里的国内主要铁路干线的修筑权，就在 600 万镑借款的名义下被断送了。

作为辛亥革命前奏的各省人民保路运动开始了。川汉、粤汉铁路都是在各省集资筹办，四川是按地租 3% 出谷米作为铁路股本。在"国有"的名义下，这些资金被清政府没收干净，路权又被清政府出卖给帝国主义。因此在铁路问题上，各省人民以及地主绅商、立宪派都跟清政府和帝国主义发生了切身利益上的直接冲突，形成为具有广泛群众性的保路运动。立宪派力求控制这个运动。川、鄂、湘、粤四省的绅商先以请愿方式要求铁路仍归商办，然后又退一步要求把民间股本改为股票发给股东，但都遭到清政府的拒绝。7月间,各省咨议局要求"另简大员组织内阁",也遭到清政府的斥责。立宪派对清政府也绝望了,只好另谋出路。保路风潮和有关各界人民群众的革命运动迅速地配合起来。湖北宜昌几千筑路工人和清军发生武装冲突。湖南长沙、株洲万余工人罢工示威。各地纷传会党克期攻城、攻署的消息。特别是在保路风潮最激烈的四川,运动发展到全省一百四十余县,参加"保路同志会"的各地人民达到数万人,会党也乘机公开活动。9月7日,四川总督赵尔丰在督署前枪杀请愿群众数十人。在这个大惨案发生之后,革命党人和会党在各地组织"保路同志军"进行武装斗争。

第三节 武昌起义和清王朝的覆灭 中华民国临时政府的成立

辛亥革命在武昌首先爆发 由保路运动掀起的人民反抗怒潮,是各种矛盾迅速激化和全国革命高潮已经酝酿成熟的表现,向反动统治的总攻击在武昌开始了。

文学社和共进会几年来在湖北进行了比较踏实和深入的士兵群众工作,湖北新军士兵参加这两个革命组织或有联系的达到五千多人,占全省新军人数的1/3左右。四川人民将保路运动推向武装斗争的形势,直接鼓舞了在湖北的革命党人,决定立即准备武装起义。宣统三年即1911年9月,文学社(主要领导人蒋翊武、刘复基等)和共进会(主要领导人孙武、蔡济民等)联合组成起义的指挥机构,制订了起义的具体计划。10月9日,起义指挥机构遭到破坏,几个主要领导人或死或伤或逃出武昌,湖广总督瑞澂等按照查获的党人名册大肆搜捕。但是各部分的革命士兵们,在没有总指挥部的紧急情况下,仍然自行互相联系,根据原来的计划步骤,坚决勇敢地在10月10日夜间举行了武装起义。

革命政权的建立 经过一夜的战斗,起义的士兵们胜利占领了武昌城。这时,如何建立革命政权成为革命党人面临的迫切问题。革命党人错误地认为革命政权需要旧势力中有名望地位的人出面号召领导。原清军协统黎元洪(他在起义的当晚还亲手杀害了革命党人)被拥立为中华民国军政府都督,而立宪派官僚原湖北咨议局议长汤化龙则被推为政务部长。革命党人在起义后的最初几天里,虽然曾以蔡济民等骨干分子组成的谋略处作为统筹处理各项事务的领导机构,并且一度打击了立宪派包揽内务、外交、财政、司法等重要部门的局面①,但是一直未能形成坚强和团结的革命领导核心,相反是旧官僚军人和立宪派分子纷纷聚集在黎元洪周围,逐步攫取了军事和政治上的重要权力。

各省迅速响应起义 武昌起义在群众普遍的革命要求的基础上爆发,起义的胜利又迅速推动湖北和全国各地群众革命热情的高涨。群众踊跃参加湖北军政府募集的革命军队,数日内就编足五个协(旅)。在10月17日至11月2日的汉口战役中,这些还来不及训练的士兵曾一再以勇敢的冲锋肉搏击退南下的清军,许多工农群众自动前来参加助战、运送粮弹。在湖南、陕西、广东、江苏、山西、河南、直隶等全国大多数省份中,也都有下层群众和会党自发地起来暴动,冲击清朝反动统治。散布在各地的革命党人,这时都积极发动了新军和会党的起义。邻近湖北的湖南、陕西、江西三省,首先在十多天内就起义宣布脱离清政府独立;接着是山西和云南在10月底前宣布独立。此外,在11月份内相继独立的有贵州、江苏、浙江、广西、安徽、福建、广东、山东(山东不久又被袁世凯唆使反动势力宣布"取消独立")、四川等省,即全国24省区中已有14省脱离了清政府的控制,其余地区也正在酝酿或爆发着大小不等的起义斗争。

立宪派和旧官僚乘机在各省夺取权力 但是,面临着如此广泛和猛烈的革命高潮,资产阶级革命党人却没有一个统一的坚强的领导组织和领导核心,也没有把革命推向前进的统一的革命步骤。他们不能也不敢发动广大农民把反封建的斗争进一步深入发展下去,只想赶快使革命结束,稳定"秩序",以避免外国的干涉。革命党人所表现的软弱性和妥协性,使立宪派感到可以乘机夺取权力和窃取革命果实。在独立的各省中,许多立宪派人都以原咨议局议员的身份,摇身一变,自己宣称为主张共和的人民代表,钻进革命政权,竭力使革命缓和下来,尽量避免革命的震荡。江苏的立宪派和绅商勾结清江苏巡抚程德全伪装响应革命,宣告"和平光复",除程德全改称江苏都督外,一切照旧,"仅用竹竿挑去了抚衙大堂屋上的几片檐瓦,

---

① 汤化龙等在10月16日草拟了《军政府组织条例》,串通革命党人居正出面伪称为同盟会本部所拟,开会通过。根据这条例组成的军政府,除由都督黎元洪总揽军、政两方面大权外,军事方面的参谋部(谋略处撤销并入参谋部)和军令部部长都由旧军官担任,只有军务部长为革命党人孙武;行政方面由汤化龙任政事部长,其下所属内务、外交、理财、司法等各局负责人全部由汤化龙拉进立宪派人充任。立宪派人的这种包揽阴谋引起革命党人的不满,于10月25日开会改订条例,取消政事部,改所属各局为部,新立各部多数由革命党人负责,仅任汤化龙以编制部长闲职,汤不久即去上海、南京活动。

以示革命必须破坏"①。湖南独立十天后,立宪派就以原咨议局议长谭延闿为首,用阴谋政变的手段杀害了革命党人都督焦达峰等,夺取了湖南的政权。

帝国主义采用政治阴谋方式破坏革命 各帝国主义在革命爆发后就立即调集军舰和军队(集中于武汉江面的外国军舰在 10 月 20 日已达 16 艘),准备对中国革命进行武装干涉。北京的外交团会议要求清政府起用两年前被罢退的袁世凯,并由美国代表入宫提出,应使袁世凯"作为朝廷的顾问兼皇权执行者",以挽救垂危的清朝统治。清政府急忙在 10 月 14 日任命袁世凯为湖广总督,统率北洋军南下镇压革命。袁世凯认为尚未满足自己和帝国主义的要求,就迟迟不出,向清政府索取更多的权力。11 月初,袁世凯被任命为内阁总理大臣,湖北前线和近畿各路军队也都归袁调遣,清政府的军、政大权实际都落入袁世凯的手中。袁世凯于 11 月 2 日攻占汉口后,回京组阁。

这时,日本和沙俄特别热衷于用武装干涉方式在中国扩大侵略利益。10 月 24 日日本内阁通过的决议②认为,要乘当前最有利时机求得"满洲问题的根本解决",即吞并东三省南部,并进一步控制"中国本部",使列强承认日本在华的"优势地位",因此准备出兵占领山海关至天津、北京的铁路。沙俄也乘机在蒙古制造分裂活动并企图占据东三省北部。11 月 3 日,沙皇内阁会议上做出了"与日本在中国共同行动的决定"。然而,日俄这种大规模武装干涉的企图受到了其他帝国主义的牵制。英、美等帝国主义不愿意日、俄在华势力的过分扩张,英国也担心长江一带(是英国的主要势力范围,这时已成为革命中心地区)重大侵略利益会因为露骨干涉而遭到革命人民的打击。更重要的是,革命在各地迅猛而广泛的开展,使得英美等帝国主义感到已不是武装镇压所能济事。英国公使朱尔典(J. N. Jordan)在 11 月 6 日致英国外相电称:"这个运动的广泛蔓延的性质,以及它到处获得成功的事实,已使一切用武力来挽救这个国家的企图失去了可能性。"虽然直接的武力干涉看来不容易使革命失败,但帝国主义看出了革命党人的一个显然可以加以利用的严重弱点,即从起义一开始就表现出对帝国主义的妥协和幻想(宣告承认旧有一切条约和赔款、外债,幻想得到帝国主义的同情和帮助)。于是,帝国主义就转而主要采用在"中立"的幌子下,以间接的政治阴谋方式来破坏革命。办法是一面加紧扶植袁世凯(11 月 23 日公使团

---

① 《辛亥革命江苏地区史料》,第 125 页。
② 日本外务省编《日本外交年表并主要文书》上册,第 356—357 页。

会议上,美国公使提议"保障袁世凯的地位并给以便宜行事的机会",经各国公使赞同并委托英使朱尔典与袁世凯讨论更好的行动方案。12月6日,监国摄政王载沣即被迫宣布"不再预政",袁世凯的权力更为集中),另一方面就和袁世凯共同策划对革命党人的"和平"谈判圈套,以引诱加胁迫的手段使革命党人妥协,交出政权。11月26日,经朱尔典和袁世凯密议,由汉口英领事出面向湖北军政府建议停战议和。同时命冯国璋在11月27日加紧攻陷汉阳(但立即密令冯国璋攻下汉阳后停军不进,只以隔江炮击威胁武昌)。经过这样的软硬兼施,终于在英领事的诱说下达成武汉的局部停战,接着又发展为全国范围的停战与12月18日起在上海举行的南北和谈。

南京临时政府的成立　这时,上海、浙江、安徽已在11月上旬相继起义独立,苏、浙等省联军又在12月2日攻下南京。12月底,各省都督府代表在南京选举刚从国外归来的孙中山为临时大总统,黎元洪为副总统。1912年1月1日,中华民国临时政府在南京正式成立。宣布共和政体,改用公历,以1912年为民国元年。28日,由每省选派参议员组成临时参议院,作为立法机关。

南京临时政府和临时参议院在资产阶级民主革命高涨时期产生,领导者主要是革命派,但立宪派和旧官僚也都参加进来(政府部长9人中,立宪派和旧官僚共占6人,参议员43人中,立宪派占9人),并极力使革命带上温和的色彩。临时政府是中国民族资产阶级在历史上仅有的一次掌握了不到三个月即告夭折的政权。它名义上是全国性的中央政府,但是"政府号令,不出百里"①。中央政府的权力并不能行于许多被立宪派和旧官僚所控制的地方政权。软弱的中国资产阶级没有力量建立起巩固的资产阶级政权,南京临时政府是一个实例。

革命派和清政府都被迫把政权移交给袁世凯　帝国主义和袁世凯所布置的"和谈"圈套,其主要的内容是迫使革命派交出政权。上海和谈一开始,英、美、俄、日、法、德六国领事就同时各以同样内容的照会面交南北两方专使,照会以露骨粗暴的威胁口气"向双方专使令其注意于必须速行商定停止目下争战之法"。装作拥护革命的立宪派首领张謇等人则极力在革命内部施加压力,制造妥协空气,破坏革命。张謇致袁世凯的密电称:"甲日满退,乙日拥公,东南诸方,一切通过。……愿公奋其英略,旦夕之间勘定大

---

① 《太炎先生(章炳麟)自定年谱》,载于《近代史资料》1957年第1期,第125页。

局。"①表示了立宪派对袁世凯的忠诚。革命派受到内外反动力量的压迫,又不能发动广大群众力量对反动派进行反击,这时反而处于孤立无援的地位。在一片妥协声中,只有步步退却,同意在清帝退位和袁世凯表示赞同共和的条件下,把政权让给袁世凯。

袁世凯一面从革命派取得了让与政权的保证,一面又策动军队和官吏胁迫清帝退位。2月12日,清朝皇帝宣告自行"逊位"。接着,孙中山也辞临时大总统职,并由临时参议院选袁世凯为临时大总统。清政府和南京临时政府都把政权移交给大地主大买办阶级的总代表袁世凯,帝国主义也就继续保持了在中国的统治地位。

辛亥革命的成就与失败　辛亥革命推翻了统治中国二百六十多年的清朝政府,最后地结束已持续了两千多年的中国君主专制制度,建立了民主共和国,这是革命的主要成就。但是软弱的中国资产阶级不能够发动广大农民群众的力量,摧毁封建社会的经济基础,废除封建土地所有制,以致革命终于又被帝国主义及其走狗大地主大买办所绞杀。毛泽东指出:"国民革命需要有一个大的农村变动。辛亥革命没有这个变动,所以失败了。"②

辛亥革命只推翻了一个清王朝,但没有推翻帝国主义和封建主义的剥削和压迫。帝国主义和封建势力继续统治着中国,因此,辛亥革命从根本上来说是失败了。

第四节　辛亥革命前后的蒙古和西藏

孙中山的"五族共和"的主张　辛亥革命时期,孙中山在国内民族问题上提出了"五族共和"的口号,主张各民族在脱离清朝统治之后,以平等的地位共同建立民主共和国。他说:"所谓独立者,对于满清为脱离,对于各省为联合,蒙古、西藏意亦同此。"③辛亥革命是全国性的革命,在全国范围内发生了深刻的影响。"五族共和,遂深注于四亿同胞之心目。"④在广大的少数民族地区,普遍发生了响应革命、拥护共和的行动。但同时也出现了一部分少数民族上层分子在帝国主义煽惑下进行的分裂行为。在某些地区,

---

① 《南通张季直先生传记》,第150页。
② 《湖南农民运动考察报告》,载《毛泽东选集》第一卷,第17页。
③ 《孙中山选集》上卷,第82页。
④ 同上书,第100页。

如蒙古、西藏,分裂和反分裂的斗争甚至是相当激烈的。

内蒙地区的革命活动 辛亥革命以前,内蒙地区已有一部分蒙族和汉族同盟会会员在学校、军队、士绅和会党中进行革命活动,他们也联系了一部分农民反抗土豪贪官的武装组织"独立队"。武昌起义以后,这些倾向革命的独立队曾打进陶林和凉城,并集合各路"独立队"组成革命军,在 1911 年 12 月一度攻占丰镇。1912 年 1 月,山西革命军进入内蒙,和当地革命分子一同攻占包头、萨拉齐等地,组织了革命政府。

日俄在内外蒙古擅划势力范围和外蒙封建主的分裂活动 清朝政府对于内外蒙古地区的管理,一向是一方面派遣办事大臣或都统等官员,同时又通过蒙族王公和"活佛"等喇嘛教上层僧侣,对当地人民进行统治。日俄战争以后,沙俄和日本在一系列公开和秘密的协定中,将内外蒙古擅自划分为各自的"势力范围",如在 1907 年 7 月的日俄密约中,由日本"承认俄国在外蒙古的特殊利益",以交换沙俄承认日本在朝鲜的侵略地位。1912 年 7 月的第三次日俄密约,又以北京所在的子午线(东经 116°27′)划内蒙古为东西两部,分别作为日俄的"势力范围"。日本和沙俄在蒙古地区的侵略,自此愈加露骨。1911 年 7 月,外蒙古的王公和上层喇嘛在沙俄的唆使下,集会阴谋分裂,并派代表到彼得堡向沙皇政府请援。沙俄乘机派兵千余人进入外蒙,并命俄国驻北京公使要挟清政府在外蒙停办"新政"。1911 年 12 月,外蒙封建王公活佛等公然宣称"独立",以活佛哲布尊丹巴为皇帝(额真汗)。这种在沙俄导演下出现的外蒙封建主反对辛亥革命的叛乱行为,引起中国人民普遍的反对。1912 年 11 月,沙俄和外蒙签订所谓"俄蒙协约"及商务专条,规定由俄国扶助外蒙"自治"和训练军队,供应军火,不准中国中央政府军队进入外蒙,并规定俄人在外蒙可以自由行动,免纳进出口税及其他一切捐税,享有治外法权等各种特权。外蒙古在实际上已完全被沙俄所控制。1913 年 11 月,袁世凯政府不顾舆论的反对,和沙俄签订了中俄《声明文件》①,承认外蒙古的"自治权",及"关于外蒙古政治、土地、交涉事宜",须与沙俄"协商",也就是承认沙俄在外蒙古的统治地位。

内蒙封建主的分裂行为及其失败 在沙俄和外蒙封建主的煽惑下,一部分内蒙的王公喇嘛也公然进行了分裂活动,反对辛亥革命。1912 年 1 月,黑龙江省呼伦贝尔地区巴尔虎等旗封建主率兵攻占海拉尔、满洲里等地,声称"独立"。1915 年 11 月,袁世凯政府签订与沙俄妥协的《呼伦条

---

① 见《中外旧约章汇编》第二册,第 947—949 页。

约》,将呼伦贝尔划为"特区",规定中国中央政府军队非经沙俄同意,不得进入这个地区。1912年7月,哲里木盟科右前旗扎萨克图郡王乌泰和科右后旗镇国公拉喜敏珠尔也举兵叛乱,进攻洮南、镇东(今吉林省镇赉县),在散发的所谓"东蒙古独立宣言"中声称:"共和实有害于蒙古。今库伦皇帝派员劝导加盟,并由俄国供给武器弹药,兹宣告独立。"叛乱分子遭到多数内蒙人民和王公的反对,被中央政府派军队迅速击败,乌泰等人逃往呼伦贝尔和外蒙等地。此外,还有一部分内蒙封建主(如扎鲁特左旗协理台吉官布扎曾,曾一度率叛兵攻入开鲁城)和土匪(如巴布札布,与俄日都有勾结,取得大量武器金钱)在内蒙地区窜扰抢掠,杀害人民。他们在失败后也都逃往外蒙或呼伦贝尔。

辛亥革命前后英国对西藏的侵略 英国在1904年武装入侵西藏之后,一步步扩展在西藏的侵略势力。清政府在这样的边疆危机中,也不得不采取一些措施,进一步加强中央政府对西藏地方的管理。1907年起,清政府在西藏举办所谓"新政",同时在西康一带进行设县命官,并准备设立西康省。1910年2月,清中央政府所派军队进驻拉萨时,十三世达赖喇嘛在英国的煽诱下潜逃印度。1911年,英国乘辛亥革命爆发的时机,唆使西藏的一部分亲英反动分子在各地制造叛乱,攻击中央驻防军队,迫使其从西藏撤退。1912年,英国将十三世达赖喇嘛由印度送回西藏,阴谋在西藏成立所谓"独立"政府。达赖派遣叛军进扰西康,北京政府命四川都督尹昌衡及云南都督蔡锷派军击溃在西康的叛军。英国见叛军溃退,竟于1912年8月向中国政府提出蛮横干涉中国内政的无理要求,包括中国中央政府不得"干涉西藏内政",不得派官吏在西藏行使行政权,不得无限制派军队留驻西藏等等,并要挟中国派代表与英国谈判关于西藏问题的条约。1913年10月,袁世凯政府派代表参加在印度北部西姆拉召开的所谓"中英藏会议"。英国代表麦克马洪(McMahon)一手把持会议,在会上提出一个所谓解决西藏问题的方案,包括中国不得驻兵藏境,"中国政府与西藏有争议时,由印度政府判决之","西藏内政暂由印度政府监督",等等,公然企图使西藏从中国分裂出去,由英国在印度的殖民政府来奴役西藏人民。这个方案遭到中国人民的坚决反对,袁世凯政府也拒绝接受。1914年7月,英国和西藏地方代表私自签订所谓"西姆拉条约",中国政府代表拒绝在这个条约上签字,会议破裂,以后的历届中国政府也从未承认这个条约。在会议期间,从来没有讨论过中国和印度的边界。由英国代表所捏造,并背着中国中央政府而同西藏地方代表在秘密换文中提到的所谓划定中印东段边界的"麦克马洪线",自然更是完全非法和毫无效力的。

第五节　袁世凯窃取政权和二次革命　洪宪复辟和护国战争

封建买办旧势力仍然统治着中国　辛亥革命推翻了两千多年的君主专制制度,但没有触动封建土地所有制也没有改变封建官僚统治机构。在中华民国招牌后面出现的,是帝国主义支持的以大军阀袁世凯为首的大地主、大资产阶级统治。

袁世凯在1912年3月就任临时大总统后,按照《临时约法》的规定,提出前此奉他命令加入同盟会的唐绍仪为内阁总理。唐于3月25日到南京组织内阁。主要阁员或是由袁世凯的亲信充任,如内务(赵秉钧)、陆军(段祺瑞)、海军(刘冠雄)等部,或是实际上受袁的控制,如外交(陆征祥)、财政(熊希龄)、交通(施肇基)等部。同盟会只分到了教育(蔡元培)、司法(王宠惠)、农林(宋教仁)、工商(陈其美)等在当时视为闲散的四个部门。这就是所谓"同盟会中心"内阁。4月初,南京临时参议院议决临时政府迁北京。于是袁世凯以北洋六镇新军为基础,以冯国璋、段祺瑞等将领为骨干,增募军队,扩大势力,在长江以北各省严行戒备。他任用粤系买办官僚梁士诒和北洋系买办官僚周学熙,掌握京汉、津浦等主要铁路和交通银行以及北方重要的厂矿企业。他基本上保存了清朝官僚机构,接受了以清大臣徐世昌为首的封建官僚集团,并以赵秉钧、陆建章等为爪牙,组织特务警察系统。这样,围绕着袁世凯构成一个最反动的军阀、买办、官僚、特务集团。封建买办旧势力仍然统治着中国。

同盟会迅速褪色　同盟会勉强掌握着南方几个省的政权,并在临时参议院中占有优势。但是同盟会自身原是一个松弛的各阶级联盟,内部本来就很庞杂。南京临时政府成立后,同盟会成为公开组织,由于各地官僚和立宪派分子的纷纷加入而益形涣散。同盟会修订的政纲,规定"以巩固中华民国,实行民生主义为宗旨",但在政治上主张"完成行政统一,促进地方自治",实际是在允许袁世凯政治统一的条件下,希望保存同盟会在某些地区的实力和地位。对于"实行民生主义"的内容,不提"平均地权"和"土地国有",而代以空洞的"采用国家社会政策"一语。这个政纲比起旧纲领是很大一步的倒退,对广大群众当然没有什么号召力量。

下层群众对革命失望　以前在反满斗争中结合起来的各阶级力量开始迅速地分化。首先,工人、农民、手工业者以及游民等下层群众在各地形成的革命的浩大声势,已受到旧官僚、立宪派甚至革命派在新政权名义下的压迫摧残。在湖北,军政府早已通令:由各州县士绅维持清末的"自治公所",组织团练警察;此外甚至还有袁世凯旧部徐抚辰组织的"湖北全省保安总社",指挥地主武装,镇压各地农民。革命派右翼分子刘公、季雨霖等也联络黎元洪以军队镇压鄂北自发起义的"江湖会"革命群众。下层群众没有得到革命的丝毫好处。各地被免除或减轻了的捐、税,由袁世凯政府通令"迅速恢复",并将"新税一一进行"①。各地民军被解散后不加安置,造成数十万人的失业流亡。革命派自己远远离开下层群众,下层群众也不能不对革命表示失望。这样,革命派就丧失了对袁世凯进行斗争的群众基础。

资产阶级右翼结党拥袁 原属于立宪派的资产阶级上层分子,在武昌起义后,纷纷钻入革命阵营,成为反满联合阵线的上层势力。随着清朝的覆灭,他们又急急拉着同盟会右翼分子,一齐投向袁世凯的反动阵营。1912年初,武汉同盟会右翼孙武、刘成禺等组织了以黎元洪为首的"民社",高呼"拥黎、联袁、拒孙"。章炳麟在武昌起义后不久,就宣布退出同盟会,声称"革命军起,革命党消"②。接着,在1912年初,他纠集一些借口对南京临时政府青年干部不满因而脱离革命阵营的人另组"中华民国联合会",和江浙立宪派张謇、汤寿潜等合作,组织"统一党"。在袁世凯政府成立之后两个月,5月9日,"统一党""民社"就和原属"宪友会"③的籍忠寅等人组织的"国民协进会"等团体合并为拥袁的共和党④。共和党以两湖、江浙原来的立宪派为核心,以黎元洪为名义上的董事长,联合同盟会右翼分子和同盟会对抗,企图分享袁世凯政权的余沥。原属"宪友会"的另一部分人组成以汤化龙、林长民为首的"共和建设讨论会"和以旧政客孙洪伊为首的"共和统一党"。这两个团体和当时尚在海外的梁启超关系密切。它们和共和党实质上并无二致。这些团体都主张由袁世凯集中权力,把中国统一于他的统治之下。此外还有以蔡锷、王芝祥为首,由过去和同盟会或立宪派有联系的一批政客官僚组成的"统一共和党"。它号称第三大党,依违于同盟会和共和党之间。

国民党的成立 孙中山在辞去临时大总统职务以后,同盟会的一些领

---

① 《袁大总统文牍类编》,上海会文堂,1925年版,第97页。
② 意思是说:革命军已起,革命党应该取消了。
③ "宪友会"见本章第二节。
④ 据《张謇日记》(1962年影印本)第二十四册,壬子三月,"二十三日(即5月9日),统一党与民社、国民协进会、国民公党、国民公会、共进会合并,开成立共和党大会"。

导人物,如黄兴、宋教仁等想通过国会和政党政治来实现资产阶级民主,企图以《临时约法》和责任内阁制来约束袁世凯的野心和权力。但到了 6 月中,袁世凯就以不经内阁同意副署而发出总统命令的办法迫使唐绍仪和同盟会几个阁员于 16 日辞职。接着,袁世凯就先提出由官僚陆征祥组阁,迫使参议院通过阁员名单,继以自己的亲信赵秉钧代理国务总理,把国务院变成总统府的秘书厅。到 9 月 29 日他就正式任命赵秉钧为国务总理,责任内阁制被完全取消了。

1912 年 8 月间,同盟会联合"统一共和党""国民共进会""国民公党"和"共和实进会"等立宪派、旧官僚团体组成"国民党"。同盟会改组的理由,据"国民党"的《组党宣言》说:中国同盟会的组织是为推翻"清帝专制",现在"破坏告终,建设之事不敢放置,爰易其内蕴,进而入于政党之林"①。显然,他们认为在推翻清朝以后,开始建设的时候,就不需要像同盟会那样的革命组织,而要改组成为一个允许官僚政客参加的政党。宋教仁是改组同盟会的主要负责者。至于早已投靠袁世凯的魏宸组,更坚决主张取消同盟会这个名称②。一部分同盟会员拒绝参加国民党,甚至有痛哭失声者。国民党虽然推孙中山为理事长并成为参议院中第一大党,但却没有对袁世凯斗争的决心和力量。8 月间,袁世凯邀请孙中山到北京,假意附和他的主张。孙中山虽然认为袁世凯不可靠,但是革命的势力已经涣散分化,因而只好表示愿意把一切国事交付于袁,而自己专力从事实业,立志在 10 年内修筑 20 万里铁路。9 月间,黄兴奉孙中山之召到北京,也受袁世凯欺骗,竟然向参议院疏通国民党议员,于 9 月 29 日通过赵秉钧为正式国务总理。赵秉钧内阁中有六个阁员也由他介绍填写参加国民党的誓愿书,黄兴以为只要阁员参加了国民党就可以把袁世凯的御用内阁变成为"国民党内阁"。

梁启超在同年 10 月自日本归国。他和汤化龙、林长民等把"共和建设讨论会"和"共和统一党"合并为"民主党"。"民主党"和"共和党"一样,主要经费来源都是依靠袁世凯的津贴。不少立宪派人已都被袁世凯收买成为他的政治工具了。

资产阶级上下层政治力量的升降 资产阶级的政治力量,经过 1912 年的这样一番大分合,依附袁世凯的以妥协改良为特色的资产阶级上层势力上升了。国内增加了一批奔走投机的政客议员,其中不少是原来的革命党

---

① 《中国国民党史稿》第一册,第 127 页。
② 魏宸组的演说词见黄远庸《远生遗著》卷二。

人。他们"朝秦暮楚,宗旨靡定,权利是猎,臣妾可为"。一部分革命党人对这种情况愤慨失望,但除了发些牢骚之外,也无能为力。资产阶级下层的政治力量遭到排斥而下降了。在湖北,下层革命党人曾经掀起"群英会暴动"和"南湖事变",希图推翻黎元洪等封建势力的统治,但结果是成百上千人被屠杀。1912年底,曾经参加武昌起义的闲散穷困士兵数千人组成"同志乞丐团",宣称"择因革命而致暴富者与前清贪污官吏之家,善求周济衣食"。也被黎元洪拘拿首要,驱散附从而受到镇压。蔡济民《书愤》诗写道:"无量金钱无量血,可怜购得假共和",表达了下层革命党人的深深愤慨。

"宋案"与"二次革命" 1912年底第一届国会选举举行了。选举法规定:20岁以上的男子"有值五百元以上之不动产者""在小学校以上毕业者"才有投票资格。全国绝大多数的工农下层群众和占人口半数的妇女都被剥夺了选举权和被选举权。这样产生的国会主要只是代表上层资产阶级和地主士绅的国会。国民党在宋教仁主持下极力从事竞选活动。结果国民党取得了在国会参、众两院中压倒多数议席。宋教仁希望以国会多数党领袖的地位组织责任内阁、掌握实权。在预定的国会正式开会以前,宋教仁亲自到长江各省宣传演说,扩大影响。袁世凯看到这种情形,认为是对其统治地位的威胁,便指使人刺杀宋教仁。1913年3月20日,宋教仁在上海车站遇刺,两天后因伤重逝世。

从查获的宋案凶手与北京来往文电中,暴露了刺宋的指使者正是袁世凯及其国务总理赵秉钧。袁世凯凶暴独裁的阴谋既被揭穿,孙中山立即主张兴师讨袁,表示"非去袁不可"的决心。但是国民党在南方几省掌有兵权的都督们多数认为起义时扩编的军队已经大量裁撤,兵力不足。黄兴也对讨袁军事缺乏信心,主张"法律解决",听候法院审判。他仍然幻想依靠国民党议员在国会中占多数的地位,通过国会合法斗争来控制或是推翻袁世凯。国民党多数领导人不能下决心讨袁,袁世凯却已打定主意以武力消灭国民党在南方几省的势力。帝国主义也在这时大力支持袁世凯。英、法、德、日、俄五国银行团在1913年4月和袁世凯政府签订善后大借款合同,借款2500万镑(约合2.8亿银元),以盐税收入为抵押。帝国主义开始直接控制了中国的盐务机构。美帝国主义也在这时(1913年4月)抢先承认了袁世凯政府。袁世凯外得帝国主义的支持,内则唆使共和党、民主党等在1913年5月合并改组为进步党,来对付国民党。同时,北洋军队已经陆续南下。1913年6月,袁世凯下令撤免国民党在江西、安徽、广东三省的都督李烈钧、柏文蔚、胡汉民。到这时候,国民党才被迫应战,发动讨袁的"二次革命"。江西、江苏、安徽、广东、福建、湖南、四川等省先后宣布独立。但是,国民党在军力对比和军事形势上都处于不利地位,党内领导人和独立各省都督中不少人对讨袁军事徘徊犹豫。一年多以来的无原则妥协已使国民党力量涣散,失去广大人民的拥护。"二次革命"在不到两个月的短时间就完全失败。长江各省被袁世凯控制。孙中山、黄兴被加以"乱党"罪名,严令通缉。他们被迫再一次逃亡日本。

袁世凯破坏约法和国会并扩大专制独裁的权力 袁世凯一面在南方镇压"二次革命",另一面在北京还暂时保留着国民党议员占多数的国会,以便由这个国会选举他做正式大总统。这批国民党员贪恋议员地位(年俸5000元),依然留在北京,和进步党合作议订宪法,有的声称可以运用国会和法律来倒袁,更有不少人为袁世凯所收买。

1913年7月,袁世凯提出由进步党的熊希龄组织内阁。进步党人多数就是原来的立宪派分子,他们多年来梦想在立宪政体下组阁执政,这时认为机会来到,声称要组成"第一流人才与第一流经验"的内阁。但是袁世凯只是要利用自居为中间派的进步党作为政治工具,替他铺设走向进一步专制独裁的道路。所以当此内阁在9月组成时,只有司法、教育、农商等少数几个闲散次要的部长职位由梁启超、汪大燮、张謇等进步党人来点缀,内阁的实权仍然掌握在袁派官僚的手中。

国会为了适应袁世凯早日做上正式总统的要求,竟然违反法定程序,在宪法订出之前就仓促通过总统选举法,并急忙在10月6日进行选举。袁世凯在这一天派了自称"公民团"的便衣军警和流氓数万人包围众议院,叫嚣威胁议员们非选出袁世凯不可,否则不准走出会场。议员们忍饥终日,从早八时至晚十时,投票三次才选出袁世凯为大总统。第二天又选出黎元洪为副总统。英、法、俄、日、德等帝国主义国家同时宣布承认袁政府,表示对袁世凯的支持。

袁世凯刚刚由国会选为正式总统,就立即下手破坏国会。11月,袁世凯借口国会中的国民党议员在几月前与"二次革命"有关系,下令解散国民党,派军警搜缴国民党议员438人的议员证书、证章。又由军警把住国会大门检查议员证书、证章,使国会因无法凑足一半以上的出席人数而不能开会。残余的议员提出质问,熊希龄还出面为袁辩护,说"大总统于危急存亡之秋,为拯溺救焚之计,……事关国家治乱,何能执常例以相绳?"接着,袁世凯就连残余议员也下令遣散,宣告国会完全解散。这个国会自4月召集到12月被解散,只存在了九个月。各地方的自治会和各省省议会随即也由袁通令一律取消。袁世凯另外指派了 80 个官吏组成"政治会议",作为御用的咨询机构。熊希龄在副署了所有解散国民党、解散国会、设立政治会议等命令之后,也被袁世凯在 1914 年 2 月抛弃。袁世凯已经不需要这个进步党总理和"第一流人才"内阁来供使用和点缀,需要的是更加集中和扩大的独裁权力。

袁世凯又召集了一个"约法会议",按照他的意旨在 1914 年 5 月订出《中华民国约法》,完全废除了《临时约法》。袁氏约法把总统的权力扩大到专制皇帝的程度:废除责任内阁制和国务院,由一个类似皇帝时代宰相的"国务卿""赞襄"总统(其下还有"左丞"、"右丞"),在总统府内设立政事堂;由总统任命一些"参政",组成供咨询的"参政院",并代行立法机关的权力。辛亥革命后所建立的资产阶级民主制度,包括《临时约法》、国会等等,至此已全部被袁世凯摧毁。军阀、买办、大地主的专制独裁统治则被用法律的形式肯定下来。"中华民国"已经只是一块空招牌,袁世凯则决心连这块招牌也要去掉。

日本提出灭亡中国的二十一条 袁世凯要通过称皇称帝来最高度地集中独裁专制的权力,帝国主义者也希望袁世凯能够加强对国内的控制,以便于通过他来扩大它们的侵略势力。1914 年前后,德、英、美等国先后怂恿袁世凯称帝。日本也以支持袁世凯称帝为交换条件,来趁机夺取大量权益。

1914 年 8 月,帝国主义列强为重新瓜分殖民地而发动第一次世界大战。欧洲的帝国主义国家忙于互相厮杀,日本便企图趁机独占中国。日本宣布参加了英、法、俄等国组成的协约国集团,借口对德宣战,派遣军队占据青岛和胶济铁路,夺取德国在山东的侵略地位。1915 年 1 月,日本向袁世凯提出目的在于独占中国的二十一条要求,内容包括五大项:

一、承认日本占有德国在山东全部特权,并加以扩大,也就是把山东变为日本的势力范围。

二、承认日本在"南满"和"东部内蒙古"的"优越地位"及特殊权利(包括"任便居住往来",经营农工商业、开矿、筑铁路、聘顾问等等),并延长旅顺、大连的租借期及南满、安奉铁路租借期限至 99 年。

三、将汉冶萍公司作为中日合办,附近矿山不准公司以外的人开采。

四、中国沿海港湾及岛屿,不得让与或租与他国。

五、"中国中央政府须聘用有力之日本人充为政治、财政、军事等各顾问",中国的警察机关和兵工厂由中日合办,日本有在武昌与九江、南昌间及南昌与杭州间,南昌与潮州间铁路的建造权,在福建筑铁路、开矿、筑海港船厂的优先权等等。

按照二十一条,中国实际将成为日本的附属国,其内容的狠毒,超过过去各种不平等条约。这些条款暴露出日本军国主义企图独吞中国的狂妄的贪欲和梦想,因此,当二十一条内容传出后,全国人民不约而同立即发动了大规模的爱国抗日运动。各地学生和留日学生首先罢课演讲、发布传单宣言,工人罢工,各城市普遍展开了抵制日货运动。然而袁世凯竟下令严禁抵制日货,把爱国人民诬为"乱徒""乱党",进行镇压。在日本提出最后通牒之后,竟在5月9日承认了除第五项("容日后协商")之外的全部要求,以换取日本支持他复辟帝制的阴谋。

袁世凯的帝制复辟 自此以后,袁世凯就更加紧进行帝制复辟活动。7月,袁世凯授意美国顾问古德诺(Goodnow)写出一篇《共和与君主论》,说中国人知识太低,"率行共和制,断无善果","中国如用君主制,较共和制为宜"。接着,袁世凯手下的政客杨度等就以古德诺的谬论为据,发起"筹安会"鼓吹帝制,并且通电各省军阀官僚,要他们讨论"君主民主国体二者以何者适于中国"。于是,在北京和各地出现了军阀官僚策动的各种各样请愿团体,上书要求袁世凯称帝。买办官僚梁士诒等组织了"全国请愿联合会",向参政院请愿组织"国民代表大会"投票解决国体问题。袁世凯为了更快地登上帝位,甚至等不及让圈定的各省"代表"到北京开会,就统一指挥各省"代表"就地投票。结果,以这种方式制造出来的"民意",以全部一致的票数同意改行君主政体,并推戴袁世凯为"中华帝国皇帝"。12月12日,经过参政院根据"民意"劝进,袁世凯宣布接受推戴,并预定自翌年(民国五年)起改元"洪宪",准备举行"登极"大典。

袁世凯当时认为国内有他所豢养的军阀、官僚可供驱使,国外有帝国主义的支持,再运用武力、阴谋、金钱、欺骗等种种手段,就可以倒转历史车轮,实现封建君主帝制的复辟。但是他的倒行逆施立即使自己处于人民公敌的地位,遭到全国人民的唾弃和坚决反对。

讨袁的"护国运动" 孙中山是坚决反袁的。他认为过去因为国民党妥协涣散,以致有"二次革命"的悲惨失败。1914年7月,他在日本组织中华革命党,规定入党的都要按指印、立誓约,绝对服从孙中山,要求把这个团体变成严密的组织。但是由于国民党已经失去在人民群众中的声望,中华革命党在这时只成为一个少数人狭隘的秘密团体。中华革命党主要在沿海各省进行了一些零散的军事冒险活动,而没有深入民间,不能在全国反袁、反复辟的斗争中起组织和领导的作用。国民党中的一部分人如李烈钧、柏文蔚、陈炯明等，没有参加中华革命党。他们这时虽然也在广东、云南、四川等省和进步党及地方军阀合作反袁，但在群众中影响不大。

首先在云南爆发的反袁运动，也就是所谓"护国运动"，是由一些受过革命民主思想熏陶的中下层军官策动起来的。地方军阀唐继尧实际上是被迫参加这个运动却又一变而成为运动的领导者。以梁启超为首的进步党人，本来曾经拥袁，但后来被袁世凯抛弃。他们就想利用人民的力量和声势来倒袁。梁启超的弟子蔡锷（辛亥革命时曾任云南都督），在梁的策动下秘密离京进入云南，联络唐继尧和国民党军人李烈钧等，于1915年12月25日正式宣布云南独立，组成"护国军"，向四川、贵州、广西三路出兵。护国军本身的力量虽然不大，但一旦举起讨袁的旗帜，配合上全国人民和各派力量集成的反袁潮流，对袁世凯便成为重大的威胁。贵州、广西、广东、浙江、陕西、四川、湖南等省在数月内相继宣告独立，通电促袁退位。反袁的势力迅速增长。

窃国大盗的末路 日本在袁世凯筹备帝制时，已发觉他的地位并不稳固。1915年10月，日本联合英、俄两国警告袁世凯应暂缓称帝。12月，日本又联合英、俄、法、意四国再度对袁警告，声称"以后对中国决定执行监视之态度"。同时，日本暗中支持进步党、中华革命党和其他各派反袁势力的倒袁活动，准备在混乱局面中乘机取利。

袁世凯的极端集中权力和一贯以阴谋权术防制异己，甚至在亲信的北洋系军阀官僚中也引起疑惧不满。他们看到袁世凯败势已成，就观望待变或与反袁势力联系。袁手下最重要的两个部将冯国璋（江苏都督）和段祺瑞（帝制前为国务总理）这时也都另有打算。冯国璋利用自己在袁世凯和西南反袁势力之间举足轻重的地位，左右操纵，投机取巧，曾经联合浙江、江西等若干省军阀密谋迫袁取消帝制。袁世凯在内外压力下不得不于1916年3月宣布撤销帝制，企图仍以总统地位继续进行统治，并恢复黎元洪、徐世昌和段祺瑞的职务，希望他们出来解围。段祺瑞便乘机向袁要索兵权和责任内阁权力。1916年6月，这个窃国大盗在举国反对、众叛亲离的窘况中死去。

反袁运动表现了各阶层人民群众对几年来袁世凯独裁、卖国、复辟帝制的痛恨。但是，以梁启超为灵魂的进步党人和地方军阀夺取运动的领导权，作为自己的政治资本。袁世凯虽然被推翻了，公开的帝制复辟活动虽然被粉碎了，但中国仍然继续被大小封建军阀统治着，黑暗混乱的程度有加无已。

第六节 北洋军阀的黑暗统治和帝国主义在中国的争夺

军阀割据争夺局面的出现 袁世凯死后,黎元洪以副总统继任大总统,袁世凯所废除的《临时约法》和国会又被恢复起来。段祺瑞以内阁总理掌握北京政府的实际权力。袁世凯时期已经逐渐形成的各派系军阀势力,在反袁运动中都乘机扩大了自己的力量。中国出现了大小军阀割据、争夺的局面,各个帝国主义分别扶植这些军阀变成自己的代理人,支持它们在中国的争夺,以便从中取利。

北洋军阀中皖系与直系的矛盾,在袁世凯死后更加表面化起来。以段祺瑞为首的皖系军阀控制了安徽、浙江、山东、福建等省,并利用把持的中央政府的地位扩张势力。日本帝国主义以皖系军阀为主要代理人,同时也支持北洋军阀别支如在东北的奉系军阀张作霖和在徐州统率"定武军"的张勋①。原来的进步党政客在国会恢复后自称不标党名,但改称为宪法研究会(通常被称为研究系),仍以梁启超、汤化龙为首与皖系勾结。以冯国璋为首的直系军阀控制江苏、江西、湖北等省。西南各省在反袁运动中宣告独立后,也扩张势力而形成滇系军阀(以唐继尧为首,控制滇、黔、川等省)和桂系军阀(以陆荣廷为首,控制两广、湖南)。长江流域和西南等省原来都被英帝国主义认为是自己的"势力范围",在这些地区形成的地方军阀也主要是亲英美的势力。段祺瑞依靠日本帝国主义的支持,企图凭武力控制全国。美英帝国主义便支持直系和西南军阀,以与日本对抗。欧洲的各帝国主义正忙于战争,这时能有力量与日本争夺中国的主要是美帝国主义。

在参战问题上爆发的府院之争 段祺瑞以责任内阁总理名义总揽大权,独断专行,把没有实力的总统黎元洪视作监印官。国会中一部分旧国民党议员(这时改称"宪政商榷会",简称"商榷系",以张继、吴景濂为首)与皖系及研究系争夺权力,主张"联冯制段",于1916年10月由国会选出冯国璋为副总统,并和黎元洪相联结。在府(总统府)院(国务院)之争,直皖之争,商榷系与研究系之争的背后,也是美、日帝国主义之争。这两个方面的争夺,在中国参加世界大战的问题上爆发出来。

日本为了独自掠夺和控制中国,在1914年至1916年间曾一再阻止中

---

① 张勋得到德、日帝国主义的支持,蓄意推翻民国,进行复辟。他和所率的定武军都仍留发辫,被称为"辫子军"。

国接受"协约国"方面英、法、俄等国的诱使参战(英、法、俄等国想利用中国广大的人力物力,并避免为德国所用)。日本在逼使袁世凯签订二十一条之后,又在1916年7月和帝俄订立了互相支持在中国的侵略利益的第三次日俄协定及第四次密约①。1917年2、3月,日本又促使英、法、俄等国承认日本在战后继续保有在山东的特权。这时,日本就转而促使中国参战,以便进一步从军事、外交、财政等方面控制中国。段祺瑞也企图以参战为名取得日本的借款、军火等援助,来扩大自己的势力。美国在1917年2月宣布与德国绝交后,曾经要求中国和它一致行动,但见到日本在积极唆使段祺瑞政府参战,就又主张中国暂时无须对德宣战。黎元洪、政学会议员(从商榷会分化出来,以谷钟秀、张耀曾为首)和直系军阀也都反对参战。孙中山、章炳麟和上海等地的商会也反对参战。于是段祺瑞企图使用武力威胁的手段来对付反对势力。1917年4月,段祺瑞召集以皖系督军为骨干的各省督军及督军代表二十余人,在北京召开督军团会议。督军团在段祺瑞指使下,向黎元洪和国会施加压力,威胁他们同意参战。

1917年5月10日,国会开会讨论参战问题。段祺瑞指使军警、流氓、乞丐数千人自称"公民请愿团"包围国会,殴辱议员,叫嚷国会必须当天通过参战案。多数议员在气愤下拒不开会讨论。内阁中非皖系阁员也相率辞职。在两方僵持情况下,段祺瑞和研究系政客指使督军团胁迫黎元洪解散国会,黎元洪则在亲英美势力支持下将段祺瑞免职。段祺瑞就到天津筹备组织临时政府,策划以武力继续把持政权。皖系和追随皖系的督军在段祺瑞的唆使下,纷纷宣布独立,通电声称要率军"直捣京师",进行"兵谏"。黎元洪在束手无策的情况下,邀请张勋进行调停。

张勋复辟 张勋率领辫子军(定武军)5000人自徐州北上,先胁迫黎元洪在6月下令解散国会(这个国会自1916年8月恢复,到这时还不到一年),接着就于7月1日在北京拥清废帝溥仪复辟,改民国六年为宣统九年。这是民国成立以来的第二次封建帝制复辟,北京城内一时又挂出了前清的龙旗,街头叫卖着"宣统上谕",一班遗老旧臣(包括康有为在内)纷纷翎顶袍褂进宫叩头,请安谢恩。

段祺瑞先假手张勋驱逐黎元洪和解散国会,然后再打起维护共和的旗号出兵讨伐张勋。他自任讨逆军总司令,以梁启超、汤化龙为参赞,率军进

---

① 日俄第四次密约第一条为:"两缔约国承认,双方重要利益须要中国不落在任何第三国之政治势力之下……。"第三国即指美国。条约全文见尹寿松编《中日条约汇纂》,第865—867页。

攻北京。日本派青木中将为段策划军事,并垫付军费100万元。张勋军队在7月12日迅速被击溃,历时11天的复辟丑剧就此结束。段祺瑞乘机复任国务总理。原来的副总统冯国璋代黎元洪为总统,但北京政府的实权仍在段祺瑞手中。

段祺瑞毁弃约法和孙中山领导的"护法运动" 段祺瑞声称过去的民国和国会已为张勋复辟所破坏,现在的民国是在他手里"再造"的。在研究系政客的策划下,段祺瑞决定抛弃旧国会和《临时约法》,另行召集一个由各省军阀指派的临时参议院。

段祺瑞的专权和废弃国会引起国内公开的分裂。亲英美的桂系、滇系军阀宣布"暂行自主"。孙中山主张拥护《临时约法》和恢复国会,反对段祺瑞"以伪共和易真复辟"。1917年7月,孙中山率领宣布自主的海军舰队到达广州,旧国会中商榷系和政学系的议员一百多人也追随南来。9月,孙中山在广州召集国会的非常会议,组织军政府。非常会议选出孙中山为大元帅,陆荣廷和唐继尧为元帅(陆、唐二人都不就职)。孙中山把《临时约法》和国会看作"民国"(资产阶级共和国)最重要的象征,然而几年以来,只是军阀们在民国招牌下实行大地主、大买办阶级的专政,《临时约法》和国会都被一再蹂躏破坏,已成为对民国的一种讽刺。《临时约法》对人民已没有什么号召力,国会更成为政客争逐名利、卖身分赃的活动场所。孙中山希望依靠桂系、滇系地方军阀的力量进行护法运动,但这些地方军阀只是暂时利用孙中山的名望来向北洋军阀讨价还价,对孙中山的护法活动则是多方刁难,而且随时准备将他排挤出去。

段祺瑞加紧投靠日本 段祺瑞政府在1917年8月对德、奥宣战以后,更加紧投靠日本。日本寺内内阁采用所谓"菊分根"的政策,利用日本乘世界大战时机所赚的大量资金到中国进行侵略性的资本输出,并用以控制段祺瑞。1917年和1918年两年间,日本以各种名义秘密或公开借给段政府的款项达数亿日元①。段祺瑞则将铁路、矿产、森林、电讯事业等等各方面的权益成批地出卖给日本。他又用日本的借款、军火,由日本军官训练"参战军"(三师四旅),扩充皖系的实力。1918年5月,段政府与日本秘密签订陆军和海军的《共同防敌军事协定》②,派出军队由日本指挥,随同日军出兵

---

① 其中约一亿四五千万日元的借款由日本首相寺内正毅的私人代表西原龟三经手,通常称为"西原借款"。

② 协定全文见《中外旧约章汇编》第二册,第1365—1370页。

西伯利亚干涉俄国革命。短期内进入东北的日军数达七八万人，日本迅速取代了沙俄在东三省北部的侵略地位，日本侵略势力从此笼罩于整个东北地区。段祺瑞的卖国行动在规模上超过了袁世凯，中国面临着被日本变为附属国的严重危机。这种危机又一次激起中国人民的爱国运动。1918 年 5 月，留日学生彭湃等在东京游行抗议段日间的军事协定，遭到日本政府的殴打逮捕。他们纷纷罢课回国，组织救国团体，进行爱国宣传。北京、天津、上海、福州等地学生也起而力争废约，反对日本侵略和段政府卖国。

蓝辛、石井协定 美国在 1917 年 4 月参加欧洲大战以后，一时没有余力在中国大规模地扩展侵略势力，又不甘心坐看中国被日本独占，就采取和日本妥协分赃的办法。1917 年 11 月，美、日订立《蓝辛、石井协定》，美国承认"日本在中国，特别在中国之与日本属地接壤的部分有特殊利益"①，日本则承认美国的门户开放政策。这是两个强盗在互不相下的情况下，只好暂时互相承认对方的侵略权益，同时准备在下一阶段展开更进一步的掠夺和竞争。协定订立以后，蓝辛(美国国务卿)通知中国说："假如我们退出，整个地盘便落入日本手里，设想中国也不愿意。"

段祺瑞的"武力统一"政策及与直系军阀的矛盾 段祺瑞依靠日本的借款和支持，推行其专制的"武力统一"政策，对西南各省发动内战。1917 年 10 月，段祺瑞派军队进入湖南与护法军作战。但冯国璋企图勾结亲英美的西南军阀，来挤走段祺瑞，提出"和平统一"口号。11 月，进入湖南的直系军队就通电主张停战，并自动撤兵。段祺瑞于是再度策动督军团在天津开会(1917 年 12 月及 1918 年 1 月)，又勾引奉军开入关内，对冯国璋施加压力。同时段氏以副总统地位和两湖地盘为饵，引诱直系头目曹锟派兵进攻西南。曹锟指挥所属吴佩孚等直军攻占长沙、衡阳，但是段祺瑞却任命皖系军阀张敬尧为湖南督军。曹锟、吴佩孚与段祺瑞之间的矛盾又逐步发展。1918 年 6 月，吴佩孚与护法军订立停战协定。8 月，吴佩孚通电主张和平。直系军阀和西南军阀联合反对皖系和奉系军阀，其背后是美英帝国主义和日本帝国主义间的争夺。

孙中山被军阀政客排挤　离开护法军政府 西南军阀在跟直系靠拢的

---

① 日本政府在 1917 年 6 月曾向美国声明："日本在华向有卓越的政治与经济的利益。"石井在向蓝辛说明"特殊利益"的内容时，曾举例说：假如中国遭受天灾或瘟疫，或发生内乱，或"成为共产主义的巢窟"，日本安全便受到"威胁"，便可作干涉中国内政的"自卫"行动。实际即要把中国当作日本的保护国。见《石井子爵回忆录》。

同时,阴谋排斥孙中山。1918年2月,西南各省军阀组成"西南自主各省护法联合会",与孙中山领导的护法军政府对峙。5月,政学系政客勾结滇、桂军阀策动改组护法军政府。政学系出面拉拢一部分商榷系议员,在非常国会中操纵通过改组军政府案,废除以孙中山为首的元帅制,改用总裁制,设总裁七人,孙中山被列为七总裁之一。政学系推出旧官僚岑春煊为主席总裁,实际由桂系军阀陆荣廷独裁。孙中山被迫离粤赴沪。护法运动的失败,使孙中山认识到,军阀是"南与北如一丘之貉",不可能依靠军阀进行革命。孙中山在上海著书立说,沉痛地回顾辛亥以来遭受的挫折失败,摸索继续推动革命前进的道路。

"安福国会" 段祺瑞所推行的"武力统一"政策,遇到直系军阀和西南军阀的阻梗,就决定一面加紧训练自己的"参战军",一面设法把直系势力排挤出中央政府。他利用日本的借款收买一批政客,组成以徐树铮、王揖唐为首的"安福俱乐部",操纵新国会的选举。新国会,也就是所谓"安福国会"①,于1918年8月开幕,在全部议员四百余人中,安福系占据了三百八十多人。9月,段祺瑞操纵"安福国会"选出旧官僚徐世昌为总统。冯国璋为首的直系势力被排出中央政府。曹锟、吴佩孚成为直系的新首领。他们在英、美帝国主义的支持和影响下,继续与皖系军阀对抗。

新四国银行团与南北议和 到1918年夏秋间,世界大战接近结束,美、英等西方帝国主义立即加紧进行在中国的争夺。美国在6月间向英、法、日三国提议把五国银行团改组为新四国银行团,即排除俄、德两国,加进美国,由新四国银行团整个包揽外国对中国的借款。这是美国力求打破日本在对华投资借款上的优势,阴谋以国际共管形式将联合投资机构控制在自己手里。日本面对西方三国的压力,同意参加这样的新银行团,并同意停止单独对段政府的借款,但要求新银行团的投资范围将"满蒙除外",以保持自己的势力范围(新银行团以后在1920年5月成立)。10月,美、英、法等西方帝国主义向北京政府和南方军政府施加压力,要求它们停战议和,以便于推行庞大的经济侵略计划,并打破日本单独控制皖系、统治中国的局面。南、北政府在1919年1月派出代表在上海议和。双方在划分地盘和分配四国

---

① 在这次国会选举中,为了把当选议员限制到地主、官僚和大资产阶级的代表。在修订的议员选举法中规定了极高的选举人和被选举人资格。例如在北京参加选参议员的选举人必须是"年纳直接税1000元以上者,或有100万元以上之财产,经营农工商业,经主管官厅证明者",或"曾在国立大学或外国大学本科毕业,以其所学任事满三年者"。

银行团准备给予的借款上争吵不休,谈判在五四运动大风暴中宣告破裂。

第七节 社会经济的变化和工人阶级的壮大

农业衰退、农民破产 辛亥革命以后,全国范围都处在大小军阀的封建割据统治下。国内年年战争不休,战事遍及各省。四川一省从1912年到1933年共发生战事400次以上。遭受战祸地区的人民,生命财产遇到极残暴的蹂躏掠夺。1919年初,全国军队达138万人,军费占去国家财政收入的4/5①。军阀又尽力搜刮财富,霸占土地。皖系军阀段芝贵在原籍合肥及芜湖等4县占有良田数万亩。河南彰德1/3的土地为袁世凯一家所有。东北军阀汤玉麟、吴俊升等各拥有良田八九万亩。张宗昌、靳云鹏、冯国璋、张作霖等人以裕宁屯垦无限公司名目在吉林省领有田地、森林、矿山达1320余万亩。

大量农民在地租、高利贷、捐税、战争和各种剥削掠夺之下,被迫破产流亡,耕地面积相应缩减②,农业生产遭受严重破坏。

农民在残酷统治下,被迫起来反抗。1913年至1914年,白朗("白狼")所率领的农民队伍,自河南鲁山出发,转战于豫、鄂、皖、陕、甘五省广大地区。人数从数百人扩大到数万人。在袁世凯和各省派出的一二十万军队全力攻击下,才最后失败。此外,贫苦农民为反抗租税和暴政而掀起的骚动,到处发生③。广大农民处在活不下去的情况下,迫切地要求生路。

民族资本暂时得到发展 民族资本主义在这时期有进一步的发展。第一次帝国主义世界大战在1914年8月爆发,英、法、德、俄等帝国主义国家忙于火并厮杀,暂时放松了对中国的压迫。这使民族工业得到了发展的机会。

帝国主义对中国的经济压迫暂时放松,欧美输华的洋货在大战期间急剧减少。以1913年的指数为100,英国的输华货物在1918年减至51.5,约

---

① 根据总统徐世昌在《裁兵计划》中的说明。
② 有的著作根据《东方杂志》第三十卷十八号,说耕地面积以1914年为100%,至1918年缩为83%。但这个数字是缺乏分析的,不可作为依据。
③ 就天津《大公报》和上海《时报》上极不完全的记录,农民骚动在1915年有17次,1916年14次,1917年22次,1918年至1919年五四前15次,共计68次。其中有人数记载的40次,33.7万余人。

减一半;法国减至29.6,不到战前的1/3;德国货完全停止进口①。只有美国和日本乘机扩大在中国的侵略势力。美国在1917年和1918年输华货物已达6000万两左右,约合1913年英货入口数的60%。当日本提出二十一条、武装侵占山东,进行一系列露骨侵略时,中国人民掀起了大规模的抵制日货运动,日本货输入的增长趋势一时也稍有缓和。洋货输入减少和国外因战事对某些货物需求的增加,使民族工业在国内市场上获得了一些空隙,同时还取得了一定的国外市场,因而在短期内出现了前所未有的迅速发展。

轻工业的迅速发展　民族工业在这时期的发展,主要是在轻工业中的棉纺织、面粉两业,此外,在毛织、针织、玻璃、造纸、搪瓷等部门也新设了不少工厂。

棉纺织业方面,由于意外的厚利(如申新一厂以30万元的资本,在1917年盈利40万元,1918年盈利80万元②),引起投资扩建旧厂和设立新厂的高潮。在1914年至1922年9年间,民族资本新设的纱布厂达54家,民族资本所有的纱锭自1913年的50万锭增至1922年的150万锭,布机由2000台增至6700台③。

面粉工业方面,1913年全国华商开设的面粉厂50余家,1919年增至120余家。在大战期间,中国面粉外销到欧、美、日本和南洋各地,改变了过去外国面粉大量输入的情况(1913年面粉入超240余万担,1919年出超240余万担④)。

帝国主义控制下的重工业　重工业主要都在帝国主义势力的控制之下。机械冶炼生铁的全国总产量在1913年为97513吨,1919年产量增至237063吨,全部都为帝国主义通过投资或贷款所控制⑤。铁矿砂的全国总产量自1913年的459711吨增加到1919年的1349846吨,全部都在日本帝国主义控制下⑥。机械开采的煤产量1919年为12804636吨(1913年:7677570吨),3/4以上都被帝国主义控制⑦。在轮船航运业方面,中国领水里帝国主义的航运势力始终占据绝对优势的地位,中国轮船在总吨位上的

---

① 《六十五年来中国国际贸易统计》第十五表,杨端六等编。
② 荣德生《乐农自订行年纪事》。
③ 严中平《中国棉纺织史稿》,第186—188页。
④ 周秀鸾《第一次世界大战时期中国民族工业的发展》,第39页。
⑤ 严中平等编《中国近代经济史统计资料选辑》,第127页。
⑥ 同上书,第129页。
⑦ 同上书,第124页。

比重,连 1/4 都不到①。

金融业的投机性的发展　银行业在这一时期也有较大的发展。1911年全国华资银行只有 15 家(若除去官办银行,只有 8 家),1912 年至 1919 年间新设立的银行数达 66 家②。但是,欧战时期工商业发展所引起对金融业的需要,只是银行大量增加的部分原因,这些银行主要却是为进行公债投机而设立的。北洋军阀政府为支付军费政费大量发行公债(1912 年至 1919 年发行了近六亿元③),以年息三分(30%)以上的高利吸引银行投资。银行把大部分资金进行高利贷性质的公债投机,实际上是资助军阀统治和军阀混战,给国民经济带来破坏。

帝国主义和封建主义压迫下的民族资本的特点　民族资本近代工业在这时期的发展既然仅限于以消费品生产为主的轻工业方面,而缺乏重工业方面的基础,就没有、也不可能建立起独立的经济体系。帝国主义依然是阻碍中国资本主义发展的最严重的势力。即使在民族工业发展最快的棉纺织业中,外国资本在中国所设纺织厂的纱锭和布机,也还分别占到 46.7% 和 59.2%(1919 年)④。民族工业既受到帝国主义的压迫,在资金、设备、技术和原料等方面又必须在不同程度上依赖于帝国主义。民族工业发展的薄弱,不但表现于和帝国主义侵略资本对比上居于绝对劣势,就是和国内的封建经济、商业资本、高利贷资本及金融业资本对比起来,也是居于绝对劣势。民族产业资本在农业生产部门中完全没有地位。中国的商业资本不是从属于产业资本,而高额的封建地租率、高利贷利率和商业利润都限制产业资本的形成和扩大。但是民族工业又只有依赖一部分地主、商人和官僚的投资才得以举办起来。在民族工业中,分散、落后的小企业占很大比重,工场手工业始终大量地存在。据北洋军阀政府农商部不完全的统计,1919 年全国 10515 家工厂中,使用原动力的工厂只有 360 家⑤。民族工业是软弱和落后的,但它又是当时国民经济中最先进的部分,也代表了当时最进步的生产关系。民族工业和帝国主义、封建主义存在着矛盾,但又在不同程度上依赖于他们。这种进步的一面和落后的一面之同时存在,正是半殖民地半封建中国民族资本两重性特点的表现。

① 严中平等编《中国近代经济史统计资料选辑》,第 219、221 页。
② 张郁兰《中国银行业发展史》,第 27、51 页。
③ 同上书,第 62 页。
④ 严中平等编《中国近代经济史统计资料选辑》,第 136 页。
⑤ 彭泽益编《中国近代手工业史资料》第二卷,第十九章,附录(三)。

工人阶级人数迅速增加和高度集中　随着中国资本主义的进一步发展和帝国主义在中国投资的扩张,中国工人阶级的人数也迅速增加起来。现代产业工人在 1913 年约有 100 万人,到 1919 年,已增加到二三百万人。城市小工业和手工业工人、店员等有一千多万人。

在全国总人口中,产业工人的人数虽然还是很少,但是他们绝大多数集中在工厂(纱厂、丝厂、面粉厂、火柴厂等)、矿山、铁路、轮船、邮电等几个企业部门。同时这些企业又多数集中在上海(及附近地区)、武汉、天津、香港、广州、青岛、大连、哈尔滨等十几个大城市。其中,大企业中工人人数又占了很大的比重。中国工人阶级这种高度集中的特点,使他们得以较早地联合、团结起来,成为一支强大的战斗队伍。

工人阶级遭受严重压迫　中国工人在帝国主义、封建主义和本国资产阶级的三重压迫下,经济地位非常低下,劳动条件极为恶劣,政治权利也遭到剥夺。工人的工时多数是 12 小时左右,有的多达十四五小时。中国厂矿的设备大多十分恶劣。工人们在厂房狭小、空气污浊、缺乏安全设备的条件下,从事长时间的紧张劳动,职业病和伤亡事故都特别严重。男工工资一般每日只有二三角,低的只有一角左右。女工和童工的工资更低。大战期间物价上涨很快很多,工资的增长则迟缓有限①,因之使工人的经济情况在这时期就相对地更趋于困苦。工厂和矿山中普遍实行包工制,工人受到包工头、把头的封建性的克扣压迫。北洋军阀政府严禁工人罢工,1912 年的《暂行新刑律》和 1914 年的《治安警察条例》,都把罢工、怠工规定为"犯罪"行为②,工人时常遭到无理的逮捕和屠杀。中国工人所受各种压迫的严重性和残酷性,是世界各民族中少见的。

工人阶级在经济上和政治上的斗争　中国的大部分近代工矿业和交通运输业既然都为帝国主义所控制,中国工人阶级的罢工斗争,从一开始起,就很多是发生于外国资本所设的厂矿企业中。在经济上和政治上反对帝国主义,成为中国工人斗争最早也是最鲜明的特点之一。自 1916 年 3 月至 1919 年 4 月,上海英美烟草公司工人在两年间就罢工五次之多。上海日华纱厂工人在 1918 年 8 月、9 月、10 月和 1919 年 2 月也连续举行四次罢工。

---

　　① 据当时农商部统计,1914 年至 1922 年上海批发物价上涨 140%,米价增 135%,而工资只增 80%。

　　② 如《暂行新刑律》第 224 条:"从事同一业务之工人,同盟罢工者,首谋处四等以下有期徒刑、拘役或三百元以下罚款,余人处拘役或三十元以下罚金。"

在 1915 年反对二十一条的抵制日货运动中,许多地方的工人举行了罢工、游行和劝导拒购日货,上海日货厂店中的中国工人几乎全部都罢了工。1916 年 10 月,法国强占天津老西开,扩大租界。天津法租界法资厂店职工一千七百余人举行罢工反对。天津各业工人们组织了"工团",领导了罢工斗争和示威游行,获得各地各阶层人民的同情支援,终于打退了法帝国主义这次侵略行为。在抵制日货和反对强占老西开这两次群众性反帝运动中,工人阶级都已成为推动斗争的中坚力量。

手工业工人的组织和斗争 手工业工人在人数上远比产业工人为多,他们一向受到由作坊主操纵的封建行会的严重束缚,生产上比较分散落后。在近代时期,手工业工人一方面继承了长期以来"齐行""叫歇"的斗争方式和斗争传统,同时突破统治者的一再禁阻,逐步从推出"行头""柱首",领导斗争,发展到设立工人本身的"小行"(或称"小帮""公所",或称某某社)。到 20 世纪初年,上海的各行业手工工人一般已组成全市性的"小行",与作坊主、作头或店主的"大行"并立。1913 年 1 月,上海七八百处作坊的水木工匠数千人联合罢工,要求增加工资。1914 年,全市印染工人、石匠、水炉工人、油漆工匠、锯工、码头、堆装工人等分别在本业小行的领导下进行罢工斗争。这种经济斗争在此后数年中也一直不断发生。手工工人的行帮组织,虽然还存在着不少封建性(如限制收徒,或按籍贯分帮),但比以前完全分散和受店主控制的情况已经前进了一大步。"小行"基本上成为手工工人的斗争组织,这是工人阶级逐步走向自觉的一种重要表现,同时这种组织和斗争又促进了工人的自觉性。

第八节　近代中国的文化思想

近代中国在文化思想领域中呈现着剧烈的变化。代表封建统治阶级旧文化的"旧学"日益委靡不振。主要代表资产阶级文化的"新学"逐渐发展。"新学"的发展和这时期知识分子向西方学习有关,新学包括西方资产阶级的社会学说和自然科学两部分。先进的中国人,以康有为、梁启超、严复、孙中山等人为代表,学习西方社会学说,希望用它来挽救中国的危亡。提倡和传播西学起到了思想启蒙的进步作用,但是他们往往对于占统治地位的封建主义文化采取妥协态度。这种"新学"虽然也和"旧学"交过手,但是打不到几个回合就败下阵来,仅仅在一些局部问题上取得了小胜利。至于自然科学,在没有独立的政治、经济的情况下,不可能有真正发展的机会。

一　早期今文学派影响下经学、史学和文体的变化

封建知识分子中一部分人开始注意现实问题　在 19 世纪初叶,中国绝大多数知识分子依然把主要精力花费在经义和"帖括之学"上面。清初顾(炎武)、黄(宗羲)讲求经世致用的风气久已消散。乾嘉考据学派的传统也已发展到顶而趋于衰歇。社会的动荡和学术空气的窒塞在鸦片战争前就已促使一些有志向的知识分子要求研究现实问题和更有用的学问。这些人敢于讥弹时政,揭露当权派官吏的腐朽。鸦片战争发生后,他们主张抵抗侵略,反对妥协集团,并要求了解西方国家情况,学习外人"长技",改进防御力量。龚自珍①、林则徐、魏源②和早就开始谈论实际问题著有《安吴四种》的包世臣③是这时期的代表人物。

近代早期今文学派　龚自珍　在学术思想方面,乾嘉以后"家家许、郑,人人贾、马"的汉学统治局面开始受到有力的打击。本来经学史上一直存在着今、古文的分歧,也就是西汉和东汉经学的分别。庄存与④著《春秋正辞》,讲求《春秋公羊传》的"微言大义"。他的外孙刘逢禄⑤继承他的学问,著就《公羊何氏释例》。庄、刘二人是近代"今文学派"的先驱,号称通晓"公羊家法"。龚自珍于 1819 年在杭州受教于刘逢禄。此后他就极力提倡公羊学派的见解。他前此已接受包世臣讲求时务的影响,敢于写文章提出对时政的改革主张。1820 年他在北京捐资充内阁中书。当年他写《西域(指新疆)置行省议》和《东南罢番舶议》两文。后者虽已失传,显和当时西方侵略者在东南沿海造成的混乱情况有关。在政治上的革新思想使他深受穆彰阿集团的嫉视。他提倡公羊学派在学术上的反抗思想,这和他在政治上的开明态度是相联系的。

魏源　魏源进一步利用了公羊学派的"张三世、通三统"的说法。这个说法本来是东汉人何休在所著《公羊解诂》的序文中提出的见解,也就是所谓《春秋》"微言大义"中的"非常异义可怪之论"。魏源把"据乱世""升平世"和"太平世"分别解释为太古、中古和"末世"。"末世"据他说就是"弊

---

① 龚自珍,字璱人,号定盦(1792—1841 年),浙江仁和人。
② 魏源,字汉士,一字默深(1794—1856 年),湖南邵阳人。
③ 包世臣,字慎伯,号倦翁,别署安吴先生(1775—1855 年),安徽泾县人。
④ 庄存与,字方耕,一字善恬(1719—1788 年),江苏阳湖(常州)人。
⑤ 刘逢禄,字申受(1776—1829 年),江苏阳湖(常州)人。

极之世"。"末世"结束后社会就要"复返到太古淳朴之初"。这种见解据他自己说是"气运循环",这是一种封建主义的历史循环论。他对时政的具体改革主张,如对于票盐、漕运、水利的一些措施,都不过是替原有制度"祛垢除污"而已。但在文化思想方面他起了很大开风气的作用。他著《诗古微》和《书古微》,提出下列主张:毛诗传和大小序都是伪作,《古文尚书》根本不曾存在,即是东汉马融、郑玄的古文说也不是孔安国原有的。这些主张要求人们摆脱传注,直求经文,而目的是"贯经术、政事、文章于一"①。魏源要求恢复经说的最早面目,不是为了"复古",而是借西京(西汉)以攻乾嘉以来墨守东京(东汉)的风尚。他在经学方面的辨伪工作是为了打开闭塞的风气,提倡经世致用的学问。

史地研究的新发展 在龚、魏公羊学派提倡经世致用和鸦片战争刺激要求了解外国的影响下,中外史地研究也有新的发展。林则徐可称为近代中国开眼看世界的第一人,他在广东领导禁烟运动和抗英斗争时,就组织人翻译各种西文书刊。1841年组织翻译了英国人慕瑞的《世界地理大全》,编成《四洲志》一书,介绍了世界五大洲三十多个国家的地理、历史。林则徐被革职流放时把《四洲志》书稿和资料交给好友魏源。魏源在1843年1月编成《海国图志》50卷,以后又扩展到60卷和100卷,是当时介绍世界史地和总结鸦片战争经验教训的名著,对日本和朝鲜的影响都很大,魏源还著有《圣武记》叙述清朝历史上的所谓"武功",而在目录中拟定以《英吉利夷艘入寇记》结束全书。步其后尘的有福建地方官吏徐继畬②编成的《瀛环志略》③。他从西人地图集直接描绘,附图比较准确。这部书出版不久,就风行日本。西北史地方面出现了一些有价值的著述。其中最重要的是张穆④的《蒙古游牧记》。张穆曾替抵抗派官吏陈庆镛草拟劾穆彰阿疏稿⑤,有名于时。他死时这部书尚未定稿,由另一史地学者何秋涛⑥代为校定付印。何秋涛自己著有《朔方备乘》,汇集了蒙古、新疆、东北和早期中俄关系的史料。这些著作主要是鸦片战争刺激下爱国的知识分子要求认识世界和发愤图强的表现。

---

① 魏源《董子春秋发微》。
② 徐继畬,字健男,号松龛(1795—1873年),山西五台人。
③ 1850年印行。1859年和1860年在日本翻印两次。
④ 张穆,原名瀛暹,字诵风,号石洲(1805—1849年),山西平定人。
⑤ 事见《越缦堂日记》第三十一册,第92页。
⑥ 何秋涛,字愿船(1824—1862年),福建光泽人。

文体的变化　鸦片战争后文学也发生一些变化。龚自珍和魏源都反对当时宗奉桐城派古文的风气。桐城派从康熙末年方苞(号望溪)、刘大櫆(号海峰)开始。他们诵法宋朝曾巩和明朝归有光的文章,自称深得古文义法。他们讲宋儒理学,以孔、孟、韩、欧、程、朱的"道统"自任。他们祖述欧阳修"因文见道"一语,自诩文道合一,和汉学派(乾嘉时代的考据派)对立。考据家钱大昕讥笑桐城派说:"方氏所谓古文义法者,特世俗选本之古本,……法且不知,义更何有。"①刘大櫆的弟子姚鼐(字姬传)力诋汉学派"破碎"。他提出自己的文章理论,以"阴阳刚柔"分别文体,认为只有"圣人"(如孔、孟)能够兼统阴阳二气,诸子以下的文章无有不偏于刚或柔者,但阳刚阴柔各有其美,如"曾、欧之文皆偏于柔之美"②。至于所谓义法,就是"神、理、气、味、格、律、声、色"八字。他主张文章要模仿古人,认为应先学古人文的"粗者"即"格、律、声、色",最后"御其精者(即神、理、气、味)而遗(弃)其粗者"。桐城派所模仿的主要是韩(愈)文。姚鼐认为韩文本身也就是模拟,不过"尽变古人之形貌,虽有模拟,不可得而寻其迹也"③。他又认为扬雄、柳宗元也是模仿古人,虽然"形貌过似",但仍是好文章。可见桐城派所谓文道合一就是把唐宋八家文章加上程朱理学。这种步趋唐宋、排斥创造的文章理论,当然不能为当时思想活泼的知识分子所接受。龚、魏就提出学习先秦诸子,来抵制韩、欧,自己所写文章也想极力摆脱唐宋文体的束缚。龚、魏的文章见解,遭到时人的侧目。道、咸年间时人已有"天下文章尽归桐城"之说。曾国藩更极力提倡桐城派。同、光时代的桐城派末流,所模仿的实际上已经不是唐宋而是明代小品文字。到了清末报章逐渐发达,龚、魏纵横捭阖的文体,便于议论文字的使用,渐受一般人推重。

二　鸦片战争和太平天国革命时期的文化

鸦片战争时期的反侵略文学　鸦片战争和太平天国革命给中国文学提出了新的任务:反侵略和反封建专制主义的任务。从三元里抗敌开始,文学就成为动员和鼓舞反侵略斗争的工具。其中有旧式诗文,也有通俗文字。著名的《全粤义士义民公檄》,其中宣传团练、激励士气的语句,如"仿范里

---

① 《潜研堂集》卷三三,《与友人书》。
② 《复鲁絜非书》。
③ 姚鼐《古文辞类纂》序文。

连衡之制,指顾得百万之师,按尝田捐饷之方,到处有三时之乐。踊跃同袍,子弟悉成劲旅,婉娈如玉,妇女悉能谈兵"。揭露内奸的语句,如"黄阁主和戎之议,自撤藩篱,乌云多蔽日之奸,甘为缪丑"。一望而知是出于封建文人之手,并且是骈俪文字,但传抄甚广,所起作用甚大。张维屏的《三元里》诗,魏源斥责投降派的《寰海十章》都是斗争中出现的好诗篇。旧诗体裁被广泛地应用在歌颂英勇斗争的人民和将士们。有的诗篇虽不甚工,但很能传达当时斗争的实况。如梁信芳关于三元里乡民在牛栏冈会盟的描写,就是一例①。至于乡民所出的揭帖告示和传唱的歌谣,很多使用通俗文字。

太平天国对文体的改革 太平天国农民战争给封建文化以很大的冲击。宣传革命的书籍,由天京的镌刻营和删书衙刊印,大量颁发。从儒家经籍的删改到新历的创造,都表示农民领袖们改造传统文化的意图。他们提倡"文以纪实","朴实明晓",这不但有利于革命宣传,也针对着空疏晦涩的坏文风,提出纠正原则。在太平天国书籍和文件中,文字一般都浅显朴素,有时杂以广西方言,革命意识也都鲜明强烈。但农民终究不能创造一个代替封建文化的新东西。太平天国领袖们所赖以和顽固思想作斗争的意识形态上的工具,只是很不中用的拜上帝会教义。而他们的文学改造又被和教义宣传密切地联系起来,正如《钦定士阶条例》所说的:"文艺虽微,实关品学,一字一句之来,要必绝乎邪说淫词,而确切于天教真理,以阐发乎新天新地之大观。"因此宣传容易流于说教形式。这种情况到后期更加严重。就文体上说,许多宣传文字实际上采用西方教会小册子的形式,而考试取士则袭用传统的策赋律诗。可以看出,没有无产阶级领导的农民战争,不可能创立一个代替封建文化的上层建筑,也不可能创立一种内容和形式很好统一、切合需要的新文学。

三 太平天国革命失败后封建文化的日益没落

经学考据与子书研究 从曾国藩提出保卫"名教"抵制农民革命以后,经过整个19世纪后期,封建文化的反动性质更加显著,封建学术也更委靡

---

① 诗题《牛栏冈》,其中有句如:"十三乡人皆不平,牛栏冈边愤义盟。计不反顾不旋踵,连络一心忘死生。男方弱冠频请缨,妇能执戮愿从征。……自从航海屡交锋,数万官军无此绩。"

不振。顽固派官僚如倭仁、徐桐,都盲目地拒绝学习外国一切事物。洋务派官僚如张之洞,主张"中学为体,西学为用"。他们都是封建正统文化的坚持者。这时期程朱理学恢复了统治。经学继承了汉学派的余绪而更偏重于细碎烦琐的研究。其中礼学号称最有成绩,特别是孙诒让①的《周礼正义》。这部著作被称为"朴学殿军"。作者费尽20年心力去"博稽群家",严辨汉儒家法,但他不敢丝毫怀疑《周礼》本身的可靠性。清代考据学派把唐以后学者已经不很讲求的古代礼书捧出来,并高抬其身价。他们把研究引导到两千年名物(宫室、衣物、饮食)、制度(井田、赋役、军制)和繁文缛节(《仪礼》的冠、昏、丧、祭)的争论中去。一般经学研究也就限于训诂上细碎的发明。较有名的如俞樾②的《群经平议》只是墨守王引之《经义述闻》的成法。这些朴学家力求"以经说经",一般都过信经文,对材料也不可能进行真正严格的审查。这时期子书方面研究,成绩较大。经学考据既难于超越乾嘉时代,更多朴学家的目光转向诸子书。太平天国革命后私家保藏的古本大批流散出来,这也给他们提供有利的条件。但子书研究成绩一般也是限于校勘训诂,其中最著名的是孙诒让的《墨子间诂》和《墨子后语》,以及湖南顽固派学者王先谦③的《荀子集解》。荀学比在乾隆时代初被提倡时占着更有影响的地位。顽固士绅宣称荀学比孟学更"醇正",因为孟子书中还有"民贵君轻"之类的说法,可以被人利用来鼓吹革命。浙江文人李慈铭④本来自署"孟学斋",后来竟改署"荀学斋"了。

金石、甲骨文字的研究 金石学的地位逐渐提高,主要是由于达官贵人对碑版彝器的贪求无厌,题跋考释成为一时文人风尚。但大多数人只讲鉴别以定真赝高低,少数人如王懿荣⑤、吴大澂⑥考释比较精审,大体上能够继承顾炎武、钱大昕的朴实传统。清末甲骨文字的出现更加推动了古文字学的研究。但无论金石和甲骨文字的研究,当时都只限在"小学"范围,不可能引起古文字和古史研究上的革命性影响。

光绪中叶的西北史地研究 西北史地的研究在光绪中叶又很兴盛。提

---

① 孙诒让,字仲容(1848—1908年),浙江瑞安人。
② 俞樾,字荫甫,号曲园(1822—1907年),浙江德清人。
③ 王先谦,字益吾(1842—1917年),湖南长沙人。
④ 李慈铭,字爱伯,号莼客(1829—1894年),浙江绍兴人。
⑤ 王懿荣,字廉生(1845—1900年),山东福山人。
⑥ 吴大澂,字清卿,号恒轩,又号愙斋(1835—1902年),江苏吴县人。

倡者是国子监祭酒清宗室盛昱①和李文田②、洪钧③、文廷式④等人。这些都是翰苑文人；研究风尚一般限于史料秘本的传抄笺注，缺乏实际调查，地理考证往往流于臆测，没有发挥前此张穆、何秋涛等讲求实际的研究精神。洪钧译注西域史料，成《元史译文证补》，是当时较重要的著作。史地研究极端脱离实际的情况，也是封建主义学术文化日趋没落的一种表现。

对西方科学技术的译述介绍 这时期的自然科学还没有成为知识界的一门主要学问。四五十年代虽然已经有人提出学习西方科学的主张，但影响不大。一些人企图模仿西洋制造轮船、鱼雷，试验不断失败。从60年代开始，清政府和湘、淮军阀主要为满足军事要求开办一些学习西方科学技术的机构。北京同文馆在1866年添设天文算学馆，讲授一些现代科学知识。湘、淮军阀把持的江南制造局附设一个翻译馆，对西方科学技术作了较广泛的初步介绍。这些机构也招聘了一批科学家。其中最有名的是李善兰⑤，任同文馆教习，充军机衙门章京。他自己对数学曾有发明，并有在上海和外国教士合译数学力学书籍的经验，但年事已老不能再从事译述。在江南制造局以译书著称的有华蘅芳⑥和徐寿、徐建寅⑦父子。徐建寅充驻德使馆参赞几年，译武器制造和外国各种军事章程多种，因为揭发出使德国大臣李凤苞替李鸿章购买军火舞弊，被排挤回国。在洋务派垄断把持之下，科学得不到发展，科学家也没有前途。西方各国教会在中国推行传教和文化事业，设立学堂，开办印书局，出版报纸。几十年中它们所译科学、技术书籍种数甚多，但一般都是比较粗浅的东西。

四 19世纪末年的新学

改良派对"西学"的看法和介绍 对西方资产阶级文化作比较系统介绍，还是从19世纪末期的资产阶级改良派开始。早在60年代，冯桂芬提出

---

① 盛昱，字伯羲(1850—1900年)，满洲镶白旗人。
② 李文田，字仲约，号若农(1834—1895年)，广东顺德人。
③ 洪钧，号文卿(1839—1893年)，江苏吴县人。
④ 文廷式，字道希(1856—1904年)，江西萍乡人。
⑤ 李善兰，字壬叔(1810—1882年)，浙江海宁人。
⑥ 华蘅芳，字若汀(1833—1902年)，江苏无锡人。
⑦ 徐寿，字雪村(1818—1884年)，徐建寅，字仲虎(1845—1901年)，江苏无锡人。

"采西学"的建议①,大意谓西方"算学、重学、视学、光学、化学等皆得格物至理,舆地书备列百国山川厄塞风土物产,多中人所不及"。所谓"西学"的内容只限于数、理、化学和地理的知识。他把"西学"包括在"洋务"之中,着重指出要以"中国之伦常名教为原本,辅以诸国富强之术"。

七八十年代的改良派对西学的看法,和冯桂芬的见解基本相同。郑观应在《盛世危言》中虽然提出政治上应该变革的主张②,但在学术思想上仍坚持"中学其本也,西学其末也,主以中学,辅以西学",只是他所谓"西学"的内容包括较广,格致舆地以外,兼及历史和"商政、兵法、造船、制器以及农、渔、牧、矿诸务"③。王韬④完全同意郑观应论西学的见解,并著《普法战纪》等书。马建忠⑤精通欧洲文字,留学法国专攻法律数年。他主张应译的西学书籍中,比别人多加了法律一门,包括罗马法、国际法判例、各国商法等。郑、马二人都已提出改革科举制度,把西学列为独立的一科。

严复的译述工作 曾留学英国的严复开始广泛介绍西方资产阶级各种社会学说。这和19世纪末民族危机严重有关。严复痛心中日战争的失败,在1895年以数月之力译出赫胥黎的《天演论》⑥,此后他继续译出资产阶级社会科学书籍多种,在乙未到戊戌几年中脱稿的有亚当·斯密的《原富》、斯宾塞的《群学肄言》等关于经济学、社会学的著作。他又翻译了穆勒《名学》,介绍西洋的逻辑学。他着重介绍了"弱肉强食、适者生存"这种生物进化论观点和"世道必进、后胜于今"这种社会进步观点。在当时中国要求民族生存和变法维新的具体条件下,这些学说的介绍起了思想启蒙的作用。但是他又主张社会只可逐渐改良,"不能期之以骤",这就是这些学说必然引导出来的结论。严复采用的译述方法,是半译半述,准确程度往往不够,但他所提出的对于译文的"信、达、雅"的标准,在今天还是值得提倡的。他在译述中创造了许多新名词,经过严复的系统介绍,中国知识界对西学才有较多的了解。

严复以天津《国闻报》(1897年创刊)传播"西学",并发表《辟韩》等文

---

① 冯桂芬,字林一,号景亭(1809—1874年),江苏吴县人。参阅《校邠庐抗议》中《采西学议》。
② 见《盛世危言》的自序和《议院》篇。
③ 同上书,《西学》篇。
④ 王韬,一名王瀚,又名利宾,字仲弢,号兰卿,又号紫铨,别署天南遁叟(1828—1897年),江苏长洲(属苏州府)人。
⑤ 马建忠,字眉叔(1845—1900年),江苏丹徒人。
⑥ 严璩《侯官严先生年谱》。

以西方资产阶级学说攻击韩愈在《原道》一文中的尊君思想,宣称"夫自秦以来为中国之君者皆其尤强梗者也,最能欺夺者也"。这引起当时极大的震动。张之洞力诋为"洪水猛兽",命屠仁守作《辨辟韩书》驳之,并警告严复"毋易由言"(就是"不要随便说话")。

康有为的大同学说　这时期中国思想界非常活跃,这可以康有为的大同学说和谭嗣同的《仁学》为代表。大同学说的中心思想是历史进化观点。康有为以《礼运》解释公羊,把三世说解释为"乱世""小康"和"大同之世",这就推翻了传统的历史循环说。他把三代和汉、唐、宋、明一律看作小康之世,把汉学、宋学所崇奉的不论荀卿、刘歆、朱熹的学说一概列于"小康之道",单独目孔子为大同学说的创造者,利用孔子名义来推行他的学说,替他作"离经悖道"的挡箭牌。大同学说这样极有创造性的见解,在发展中显然也受到资产阶级社会进步说的影响,他还尖锐地批判"弱肉强食"的理论,说"若循天演之义……其卒也仅余强者之一人,则卒为大鸟兽所食而已"[①]。

谭嗣同的《仁学》　谭嗣同在《仁学》中接受西方自然科学的一种见解,认为"以太"构成客观物质世界。他又用儒家所讲的"仁"来解释"以太"的作用,认为"以太"是体,"仁"是"用"。这是因为自然科学既假定"以太"充满宇宙,儒家传统说法又认为"仁""充塞乎天地之间",所以他很自然地把"以太"和"仁"联系起来,又区别二者体用的不同。这样大胆的带有唯物主义倾向的假设也不是出于偶然,因为这和他所推崇的王夫之的"舍其器则无其道"的主张是一致的。既然"道必依于器而后有其用",那么借"以太"作为"仁"(就是"道","理")的本体也是一种很自然的、合理的假设。这种哲学观点和顽固派"天不变、道亦不变"的主张是针锋相对的。《仁学》中说,"天不新,何以生?地不新,何以运行?日月不新,何以光明?四时不新,何以寒暑发敛之迭更?草木不新,丰缛者歇矣。血气不新,经络者绝矣。以太不新,三界万法皆灭矣"。这就是《仁学》的基本思想。

对外国历史的介绍研究　资产阶级维新派注意研究和介绍外国历史。康有为编写《波兰分灭记》,促使国人警惕敌人的瓜分阴谋。他以《日本变政考》和《俄彼得变政记》两书,宣传日本明治维新和俄国彼得大帝改革的历史经验,作为中国光绪皇帝戊戌维新的榜样。黄遵宪[②]于1887年编成

---

① 《大同书》辛部,古籍出版社1956年版,第285页。
② 黄遵宪,字公度(1848—1905年),广东梅县人,先后任驻日本使馆参赞、驻美国旧金山总领事、驻英国使馆参赞和驻新加坡总领事,戊戌变法时署湖南按察使。

《日本国志》,目的也是在于介绍日本"明治维新"的历史,为中国的维新变法提供借鉴。

所谓"中学为体,西学为用" "新学"传播刚刚开始,《大同书》和《仁学》这两部杰出的著作都还没有公开刊布,"旧学"的维护者洋务派官僚张之洞已经急急发表《劝学篇》(1898年春),坚持"中学为体,西学为用"。封建文人叶德辉编印《翼教丛编》,极力攻击康有为、梁启超等"离经悖道"的见解。但维新派也并不是主张舍"中学"而就"西学"的。在学术思想上他们也同样的是以封建学问为主。戊戌变法《定国是诏》中明言"以圣贤义理之学植其根本,又须博采西学之切于时务者实力讲求,以救空疏迂谬之弊",这和《劝学篇》的主旨没有原则上的不同。梁启超草拟《京师大学堂章程》更是明定"中学为体,西学为用,中西并用观其会通"。维新派所谓"新学"对封建主义文化妥协性质是十分清楚的,但是守旧派连这些改良的主张也不肯接受。

文体、文法与拼音方案的创造 在19世纪末新学的传播中,文体也初步突破了一些旧的拘束。特别是梁启超在《时务报》上发表的文章,明快晓畅,通俗易懂,笔锋常带感情,最受年轻人的欢迎。此外,从实用语言的角度作出的贡献,有马建忠的《马氏文通》(1898年出版)。这部书参照西文文法分析了周秦以后、唐韩愈以前若干作家的一些词语,成为一部系统的汉文文法。至晚从1898年开始,白话文报纸已经出现于无锡等地。90年代有的人以普及儿童教育为目的拟出了汉语拼音的各种方案。

"诗界革命" 在文学方面产生了当时所谓的"诗界革命"。黄遵宪、谭嗣同、梁启超、夏曾佑都以西学的新名词入诗。黄遵宪在诗歌创作方面成绩最大。他早年就在《杂感》诗中提出反对因袭古人。在历次反侵略战争特别是中日战争中,他以强烈的热情、通俗的语句和新颖的形式写出爱国主义的诗篇。其中传诵最广的是反对割台的《台湾行》,如"我高我曾我祖父,艾杀蓬蒿来此土,糖霜茗雪千亿树,岁课金银无万数"等句歌颂中国人民的辛勤缔造,如"成败利钝非所睹,人人效死誓死拒,万众一心谁敢侮!"这样雄壮的诗句表达中国人民誓不放弃台湾的斗志和决心。他的诗篇在形式和风格上都有新的创造,有不少诗和民歌很接近。

西方资产阶级文学的翻译工作也已开始。林纾[①]译法国小仲马名著《茶花女》,于1899年在福州刊印。

[①] 林纾,字琴南,号畏庐(1852—1924年),福建闽县(福州)人。

五　20世纪初叶的中国文化思想

留日学生大量转译介绍西方社会学说　20世纪最初的十年,西方资产阶级社会学说和文学作品大量输入中国。这些作品大部分是由留日学生从日文译本转译过来的。社会学说的主要内容是资产阶级革命学说和政治法律的理论。其中关于法国政治学说的有卢梭《民约论》、孟德斯鸠《万法精理》》[①],关于英国资产阶级政治理论的如约翰·穆勒的《自由原理》等。天赋人权说和资产阶级共和国的方案逐渐被灌输到群众的思想中来,在当时成为反对封建专制政体的重要理论根据。这时期小资产阶级知识分子热心从西方介绍形形色色的学说,形成了薰莸并茂、五色杂陈的局面。其中有无政府主义者克鲁泡特金的著作,也有西方资产阶级改良主义者亨利·乔治的单一税学说。至于马克思主义的重要著作如《共产党宣言》《家庭、私有制和国家的起源》虽有片段译介,还没有在中国知识界中引起反响。外国历史的译著也已脱离了前几年鼓吹效法俄、日变法的风气而着重介绍英、法等国的资产阶级革命史和美国、意大利、希腊等国的独立史。

外国文学作品的翻译　"林译小说"　文学方面,英国诗人拜伦鼓舞希腊独立的《哀希腊》诗,由苏曼殊译为中国旧体诗,传诵甚广。波兰爱国诗人米契维茨、匈牙利爱国诗人裴多菲和被西班牙殖民主义者杀害的菲律宾文人厘沙路的诗篇也都被选择过来。译述工作在国内最有影响的是林纾大量翻译的西方小说。其中如《黑奴吁天录》,是他在1905年由于反对美国虐待华工而引起的全国反美运动高潮中译出的。这部小说经留日学生的戏剧团体"春柳社"改编为话剧剧本,于1907年在东京上演,借以反对民族压迫,激励自立图强。林纾等人所译介的有英国莎士比亚、狄更斯,法国巴尔扎克、雨果和俄国普希金、托尔斯泰的作品。

梁启超的史学观点　资产阶级的观点方法开始被应用在学术的研究上。在20世纪初年,梁启超主张以进化论的观点编写历史,提出"史学革命"的口号。他提倡"新史学",要求打破旧史书以帝王将相的纪、传为主的

---

①　这是张相文1902年的译本。这个译本是从日本人自英译本转为日文的本子再转译过来的,错误甚多而且实际只译了上册(译本见《南园丛稿》第二辑)。严复不满意这个本子,他约在同时期从事另译,书名译为《法意》,但到了1913年才由商务印书馆出版。现在商务印书馆已另出版了新的译本《论法的精神》。

体例和"正统"观点。他也反对单纯排比史实的写作方法,要求解释历史,叙述"人群进化"的现象,找出"公理公例"。曾和严复同编《国闻报》的夏曾佑,在 1904 年出版了以这种观点写的中国历史著作,作为中学教科书①。他揭著宗旨,要求说明"古今人群进化之大例"。

章炳麟的《国故论衡》　章炳麟在同时期也已提出类似的见解。到了辛亥革命前几年,他写成很多学术性的文章,这些后来都编入《国故论衡》,成为一部自成系统的著作。这部书在学术上企图总结清代学术成绩和方法,给予一定的批判,并提出自己的体系。在这部书中章炳麟首先讨论"小学"即语言文字之学,指出"小学"是"国故之本",无论研究经、史、文章都要从"小学"下手,同时着重提出音韵学以补救清代学者偏重字形的缺陷②。其次,他提出对文学的看法。在内容上他确定"文者包络一切箸于竹帛者而为言"③,反对"以感人为文辞,不感者为学说"的狭义解释。他的基本文学思想在于反对浮华、崇尚"名实"。他所谓"名"实际上就是逻辑性和思想性,也就是"名家者流"的"名"。所以他说"文学"就是"文之法式",并作阐明如下:"文生于名,名生于形,形之所限者分,名之所稽者理。分理明察,谓之知文。"他主张学习先秦诸子,并推重魏晋"持论之文",他说与其"持诵《文选》,不如取《三国志》《晋书》《宋书》《弘明集》《通典》观之,纵不能上窥九流,犹胜于滑泽者"④。他指摘唐宋之文,说"自唐以降……观其流势洋洋缅缅,即实不过数语。又其持论不本名家,外方陷敌,内则亦以自债"。又说"晚唐变以谲诡,两宋济以浮夸,斯皆不足邵也"⑤。这些议论都是对当时文字空疏的弊病而痛下针砭。对于名学的特别推重,这和他自己研究印度因明之学所受影响也有关系。最后他在《原学》《原儒》《原道》《原名》等九篇文章中讨论"诸子学",主张"诸子皆出于王官","九流皆言道","道"就是"哲学"。他着重把佛教哲学中"成唯识论"一派的观点和名家学说糅合起来,企图建立自己的哲学体系。这在当时是一个大胆尝试。在政治上,这部书痛驳了康有为假借孔子改制、附会公羊三世借以宣传"君主立宪"、反对革命的主张。但在学术观点上章炳麟表现了他自己主要还是一个古文经学家。

谴责小说与南社　文学在这时期也发生了一些变化。谴责小说开始盛

---

① 《最新中学中国历史教科书》,后来改称《中国古代史》。
② 《国故论衡》(章氏丛书本)卷上,第 4 页。
③ 《国故论衡》(章氏丛书本)卷中,第 59 页。
④ 同上书,第 93 页。
⑤ 同上。

行,最著名的有李宝嘉①的《官场现形记》、吴沃尧②的《二十年目睹之怪现状》和曾朴③的《孽海花》。这些作品揭露了统治阶级的腐朽和外国侵略者的罪恶。辛亥革命前几年中,革命知识分子还创造通俗诗歌、鼓词宣传革命的思想内容。1909年底一些同盟会会员成立"南社",出版杂志,以旧式诗词鼓吹革命。

六　五四以前的新文化运动

尊孔复古的逆流　辛亥革命前几年中,资产阶级文化思想的进展没有能够震撼封建旧文化的根基。革命失败之后,文化思想领域里出现了一股尊孔复古的逆流。封建买办统治势力企图在"保存国粹"的名义下,加强旧思想势力对人们的控制。袁世凯政府公开命令尊孔、读经。1913年10月的《宪法草案》规定"国民教育以孔子之道为修身大本"。

1914年北京政府制定的《教育纲要》规定各学校"均应崇奉古圣贤……尊孔尚孟"。于是无论大、中、小学教育都在提倡复古,君主虽然已被打倒,"至圣先师"的牌位却仍保持着至高无上的尊严。帝国主义分子也时常发出中国必须尊孔复古的谬论。原来的君主立宪派,以康有为为代表,也攻击革命派"全法欧美而尽弃国粹",宣称救国必须提倡孔教。各地士绅纷纷组织"孔教会"或"尊孔会",并发行报刊。其中有康有为主办的《不忍杂志》(1913年2月创刊)。资产阶级"新学"当时被压挤得透不过气来,没有还手的力量。一般知识分子感到惶惑没有出路。

袁世凯反动势力加紧压迫舆论,控制新闻业。民国建立的时候,全国报纸共达五百家左右,仅北京一地就有约一百家。二次革命后,反袁、反帝制的报刊饱受摧残,报纸数目大大减少,内容也充满着反动落后的东西。一些资产阶级、小资产阶级知识分子在日本创办《甲寅》等杂志,其中有些激进民主主义者发表文章,反对帝国主义侵略,揭露军阀官僚的黑暗统治,并且批判知识界中的悲观厌世消极思想④,起了有益的影响。

《新青年》与新文化运动的发端　文化思想战线上空前剧烈的战斗是

---

① 李宝嘉,字伯元,别署南亭亭长(1867—1906年),江苏武进人。
② 吴沃尧,字小允,又字趼人,别署我佛山人(1866—1910年),广东南海人。
③ 曾朴,字孟朴,别署东亚病夫(1871—1935年),江苏常熟人。
④ 如李大钊《厌世心与自觉心》,原载1915年8月《甲寅杂志》第一卷第八号。

以 1915 年 9 月 15 日《青年杂志》在上海创刊开始的。杂志的创办者是陈独秀①,在当时是一个小资产阶级激进民主主义者。他在《敬告青年》一文中,主张中国必须大力提倡"人权"和"科学"。抨击反动派提倡的国粹。杂志从第二年起改名为《新青年》,并于 1916 年底将编辑部移至北京。小资产阶级激进民主主义者的杰出代表李大钊②、鲁迅③,积极提倡新文化的著名学者胡适、钱玄同等先后参加了《新青年》的编辑和撰述。这个刊物联系一批进步的知识分子,成为逐渐展开的新文化运动的中心。李大钊前此留学日本,秘密进行反袁活动,于 1916 年初回国办报,并从事著述。鲁迅于辛亥革命前在日本研究文学,回国后从事教育,坚决反袁。当时他们和陈独秀以及其他进步的小资产阶级知识分子组成了向封建思想文化猛烈冲击的队伍,发起了一场新文化运动。

"民主"与"科学" 新文化运动的基本内容是提倡"民主"与"科学"。"民主"就是资产阶级民主政治,以法国为榜样。这些激进民主主义者大力宣传资产阶级民主思想,反对专制,指出辛亥革命没有建立起民主政治,号召人们积极参与政治,不要把希望寄托在"善良政府、贤人政治"上面④。同时,他们主张运用近代自然科学知识反对迷信落后,宣传无神论,介绍西方资产阶级唯物主义哲学。

"打倒孔家店" 新文化运动的斗争锋芒集中于反动派极力保持的孔子的威权和封建旧礼教。1916 年 8 月国会复会后讨论孔教应否列入宪法的问题,这引起舆论界的激烈论战。陈独秀在《孔子之道与现代生活》⑤等文中指出了儒家学说的封建性质及其与共和制度的根本对立。李大钊在《自然的伦理观与孔子》⑥等文中更指出:孔子被历代"专制君主所利用资以为护符",成为"保护君主政治之偶像"。有的激进民主主义者喊出了"打倒孔家店"的口号,开始了一次轰轰烈烈的思想革命。

向封建礼教进行最激烈挑战的是鲁迅和另一激进民主主义者吴虞。吴虞指出:儒家的孝悌二字是"二千年来专制政治,家族制度联结之根干"⑦。

---

① 陈独秀,字仲甫(1880—1942 年),安徽怀宁人。
② 李大钊,字守常(1888—1927 年),河北乐亭人。
③ 鲁迅,原名周树人,字豫才(1881—1936 年),浙江绍兴人。
④ 陈独秀《吾人最后之觉悟》一文,1916 年 2 月发表于《青年杂志》一卷六号。
⑤ 原载 1916 年 12 月 1 日《新青年》二卷四号。
⑥ 原载 1917 年 2 月 4 日《甲寅日刊》,见《李大钊选集》第 77—80 页。
⑦ 《家族制度为专制主义之根据论》,原载 1917 年 2 月 1 日《新青年》二卷六号。

鲁迅在 1918 年 4 月发表的小说《狂人日记》中更愤怒地揭露在封建礼教的"仁义道德"背后实在是"吃人"二字。

"文学革命" 新文化运动的倡导者还提出了文学改革的主张。早在 1915 年,李大钊已提出文人的任务是"以先觉之明,觉醒斯世"[1],但在当时文学界中未引起应有的重视。只是到思想革命的影响逐渐扩大以后,新文学运动才随之兴起。当时参加新文化运动的资产阶级知识分子,以胡适为代表,提倡白话文和一些文学形式上的改革,即"不用典","不用陈套语","不讲对仗","不避俗字俗语","须讲求文法之结构","不作无病之呻吟","不摹仿古人","须言之有物"[2]等。陈独秀等激进民主主义者则提出了"文学革命"的口号。1917 年 2 月,陈独秀发表《文学革命论》,号召打倒"贵族文学""古典文学""山林文学",建设"国民文学""写实文学""社会文学"[3],鲜明地提出了以资产阶级新文学代替封建主义旧文学的主张,并进一步提出了文学与政治的关系问题。

文学革命中的主将是鲁迅,他从 1918 年 5 月起陆续在《新青年》上发表了《狂人日记》《孔乙己》《药》等小说和多篇杂文,对反动势力进行了尖锐辛辣的抨击,同时也深刻地指出了资产阶级革命派脱离群众,得不到广大群众的理解和支持的根本弱点。这些作品在中国文学史上开创了一个新的时期,成为批判的现实主义新文学的典范。

新文化运动的弱点和十月革命后运动的迅速向前发展 五四以前的新文化运动是中国资产阶级文化反对封建文化的一次空前激烈的斗争。领导这个运动的激进民主主义者本身受着资产阶级世界观的支配和限制,这给运动带来严重的缺点。由于他们忽视人民群众,运动被局限在知识分子的圈子里,没有普及到群众中去,由于他们不敢明确指出他们所进行的实际上就是一场激烈的政治斗争,而企图回避"批评时政"的罪名,新文化运动没有和政治运动紧密结合起来。这些都使运动不能发挥应有的效果。他们对于文化遗产不能正确地提出批判继承的主张,而采取偏激的,甚至全部否定的态度,这也是一个弱点。但是新文化运动在政治上和思想上给封建主义以前所未有的打击,对知识青年摆脱旧思想的束缚起了巨大的作用。1917

---

[1] 《厌世心与自觉心》,原载 1915 年 8 月 10 日《甲寅杂志》一卷八号。
[2] 1916 年 10 月 1 日《新青年》二卷二号,《胡适致陈独秀书》。1917 年 1 月 1 日《新青年》二卷五号,胡适《文学改良刍议》。
[3] 原载 1917 年 2 月 1 日《新青年》二卷六号。

年俄国十月革命的胜利迅速地引起中国先进人物对于世界无产阶级革命学说——马克思列宁主义的热烈欢迎和认真学习。1918年7月1日,李大钊在《新青年》发表《布尔什维主义的胜利》,欢呼"试看将来的环球,必是赤旗的世界"。新文化运动迅速发展为学习和传播马克思列宁主义的运动。通过1919年五四运动,工人阶级登上历史舞台,马克思主义的传播和1921年中国共产党的成立,中国革命终于从资产阶级领导的旧民主主义革命转变为无产阶级领导的新民主主义革命。